SCHÄFFER
POESCHEL

Die Steuerberaterprüfung
Band 2

Michael Preißer (Hrsg.)

Unternehmenssteuerrecht und Steuerbilanzrecht
Prüfung 2018

17., überarbeitete und aktualisierte Auflage

2018
Schäffer-Poeschel Verlag Stuttgart

Bearbeiterübersicht:

G. Kölpin:	Teil A I 4–5, II–VII
T. Maurer:	Teil C
G. Merkl:	Teil A I 1–3, VII
J. Missal:	Teil D
M. Preißer:	Teil A I 1–3, B

Gedruckt auf chlorfrei gebleichtem, säurefreiem und alterungsbeständigem Papier.

Bibliografische Information der Deutschen Nationalbibliothek
Die Deutsche Nationalbibliothek verzeichnet diese Publikation in der Deutschen Nationalbibliografie; detaillierte bibliografische Daten sind im Internet über < http://dnb.d-nb.de > abrufbar.

Print   ISBN 978-3-7910-4062-2   Bestell-Nr. 20471-0005
EPDF   ISBN 978-3-7910-4063-9   Bestell-Nr. 20471-0154

Dieses Werk einschließlich seiner Teile ist urheberrechtlich geschützt. Jede Verwertung außerhalb der engen Grenzen des Urheberrechtsgesetzes ist ohne Zustimmung des Verlages unzulässig und strafbar. Das gilt insbesondere für Vervielfältigungen, Übersetzungen, Mikroverfilmungen und die Einspeicherung und Verarbeitung in elektronischen Systemen.

© 2018 Schäffer-Poeschel Verlag für Wirtschaft • Steuern • Recht GmbH
www.schaeffer-poeschel.de
service@schaeffer-poeschel.de
Redaktion: Thomas Stichler | www.conscripto.de
Umschlagentwurf: Goldener Westen, Berlin
Umschlaggestaltung: Kienle gestaltet, Stuttgart
Satz: DTP + TEXT Eva Burri, Stuttgart • www.dtp-text.de

April 2018

Schäffer-Poeschel Verlag Stuttgart
Ein Unternehmen der Haufe Group

Der Herausgeber

Prof. Dr. Dr. h.c. Michael Preißer
ist Rechtsanwalt und Steuerberater, seit 01.01.2012 Partner bei PRS Preißer von Rönn Schultz-Aßberg in Hamburg (vormals Of counsel bei Graf von Westphalen in Hamburg) und Professor für Steuerrecht und Wirtschaftsprivatrecht an der Leuphana Universität Lüneburg. Er war vorher in der bayerischen Finanzverwaltung, dann als Professor an der Beamtenfachhochschule in Hamburg tätig. Gastprofessuren in Paris (2004/2005), in Orel (Russland, 2007/2008) und Pinsk (Weißrussland) runden den Dozenteneinsatz ab. Herr Prof. Preißer war 2008 Mitbegründer des europäischen Steuerrechtsinstituts »2isf« mit Sitz in Paris. Er ist Autor zahlreicher Aufsätze und Monographien sowie Referent des BMF, des DAI und der BFA. Er ist im UN-Sonderauftrag mit der Installierung des Steuerberater-Berufs in Weißrussland befasst und seit Oktober 2015 Leiter des Studiengangs »Tax Master L.L.M.« an der Universität Lüneburg.

Die Autoren

Gerhard Kölpin
Dipl.-Finanzwirt (FH), ist Steuerberater und unterhält eine eigene Kanzlei in Norderstedt.

Prof. Dr. Torsten Maurer
ist Steuerberater, Studiengangleiter und Professor für Unternehmenssteuerrecht und Wirtschaftsrecht an der Dualen Hochschule Baden-Württemberg Stuttgart und Referent in der Aus- und Fortbildung von Steuerberatern bei der Steuerberaterkammer Stuttgart. Daneben ist er Lehrbeauftragter der Steinbeis Hochschule Berlin und Autor in verschiedenen Fachzeitschriften zu Fragen des Gesellschafts- und Steuerrechts.

Prof. Dr. Gerald Merkl
ist Steuerberater, Studiendekan, Studienganleiter Rechnungswesen Steuern Wirtschaftsrecht (RSW) und Professor für Bilanz- und Unternehmenssteuerrecht, zudem wissenschaftlicher Leiter des Masterstudiengangs Steuern Rechnungslegung Prüfungswesen (SRP) an der Dualen Hochschule Baden-Württemberg Stuttgart. Daneben langjähriger Referent in der Aus- und Fortbildung von Steuerberatern, Wirtschaftsprüfern und Fachanwälten sowie Autor zu Fragen des Bilanz- und Ertragsteuerrechts.

Johann Missal
Diplom-Wirtschaftsjurist (FH), M.I.Tax, ist als Steuerberater bei der PricewaterhouseCoopers AG in Hamburg tätig. Seine Beratungsschwerpunkte liegen im Bereich des internationalen Steuerrechts sowie der Unternehmenstransaktionen und -strukturierungen.

Prof. Dr. Dr. h.c. Michael Preißer
s.o.: Der Herausgeber.

Vorwort des Herausgebers zur 17. Auflage (Prüfung 2018)

Die schlechten Ergebnisse der Steuerberaterprüfung in den letzten Jahren sind vordergründig darauf zurückzuführen, dass viele Kandidaten mit der Einkommensteuer-Klausur nichts anzufangen wussten. Dahinter verbirgt sich jedoch die Erfahrung, dass (zu) viele Examenskandidaten mit vorgefertigten Klausurschemata bzw. mit kurzfristig eingepauktem, auf das pure Bestehen des Examens hin ausgerichtetem Wissen in die Prüfung gehen.

So wichtig und richtig es ist, dass man in der Vorbereitung eine größere Anzahl von Klausuren (am besten 10 Arbeiten pro Einzelklausur, also insgesamt 30 Klausuren) schreibt, um ein Gespür für eine sechsstündige Arbeit – und für die Korrektur derselben – zu bekommen, so wenig darf man sich auf die lediglich thematische Wiederholung der einmal gestellten Aufgaben verlassen. Das Problem der »Sachverhaltsquetsche« bezieht sich auf alle drei Klausuren und führt zu einer entsprechenden Abwertung der Arbeiten.

Nur mit dem nötigen Rüstzeug – breitem steuerrechtlichen Grundlagenwissen, Kenntnis fachgebietsübergreifender bzw. interdisziplinärer Zusammenhänge und nicht zuletzt dem notwendigen Klausuren-Know-how – lassen sich die Arbeiten im schriftlichen Teil gut bewältigen. Dazu gehören ferner eine Portion Mut und die Gelassenheit, sich auf jede Aufgabe neu einzustellen. Das erlernte Wissen muss flexibel einsetzbar und frisch abrufbar sein.

Alle Autoren der vorliegenden drei Bände haben sich daher seit der ersten Auflage dem Ziel verschrieben, dem Leser flexibel einsetzbares Fach- und Klausurwissen als sichere Basis für den Prüfungserfolg zu vermitteln.

Hamburg, im Februar 2018　　　　　　　　　　　　　　　　　　　　　　Michael Preißer

Vorwort der Autoren zur 17. Auflage (Prüfung 2018)

Teil A Besteuerung der Einzelunternehmen

Nicht nur Goethe war ein Freund der Buchführung, wohl wegen seiner Vorliebe für geschlossene Systeme. Ohne im zweiten Band Grundkenntnisse der Buchführung zu vermitteln (vielmehr werden diese vorausgesetzt), erhält der Leser zahlreiche Gelegenheiten, seine Fähigkeiten auf diesem Gebiet zu testen und zu vervollkommnen.

Zunächst wird die **Einnahmeüberschussrechnung** (EÜR) erläutert. Getreu dem Konzept, so strukturiert wie möglich vorzugehen, wird die EÜR anhand der Vermögenskategorien vorgestellt, so wie sie auch im Bilanzrecht wiederkehren. Dies erlaubt eine fast synoptische Darstellung beider Gewinnermittlungstechniken, der EÜR und des Betriebsvermögensvergleichs, die sich spätestens bei der Verprobung (Wechsel der Gewinnermittlung) bezahlt macht. Auch das EÜR-Formular wird einer kritischen Bestandsaufnahme unterzogen.

Die Darstellung des **Bilanzsteuerrechts**, oft auch als »Mathematik des Steuerrechts« bezeichnet, schließt sich an und wird abgerundet durch »technische Aspekte«. Kernpunkt der Abhandlung des Bilanzsteuerrechts ist der Vergleich der Handelsbilanz mit der Steuerbilanz, welcher für die steuerliche Gewinnermittlung immer noch von Bedeutung ist. Sie ist gegliedert in Bilanzierungsgrundsätze, Bewertungsgrundsätze und Bewertungsvorschriften. Im Hauptteil werden die Bilanzierungs- und Bewertungsvorschriften des Steuerrechts und ihre Anwendung im Rahmen der (noch geltenden?) Maßgeblichkeit dargestellt und erläutert. Da die internationale Rechnungslegung immer stärkeren Einzug in den Abschluss deutscher Unternehmen hält, wird der Einzelabschluss nach IFRS ebenfalls ausführlich behandelt.

Die Darstellung wird abgerundet durch die Besprechung der einzelnen Bilanzpositionen unter Berücksichtigung der bindenden höchstrichterlichen Finanzrechtsprechung.

Im Abschnitt »Technische Aspekte« werden die Auswirkungen der Berichtigungen von Bilanzposten und Posten der Gewinn- und Verlustrechnung auf den steuerlichen Gewinn erläutert. Beschrieben werden die Methoden der Mehr- und Wenigerrechnung, wie sie in der steuerlichen Außenprüfung verwendet werden (häufiger Prüfungsgegenstand). Darüber hinaus wird die Notwendigkeit der Anpassung der von der steuerlichen Außenprüfung berichtigten Posten in der Buchführung des geprüften Unternehmens dargestellt.

Teil B Besteuerung der Personengesellschaften

Der knappen »Ressource« Gesetz (hauptsächlich: § 15 Abs. 1 Nr. 2, § 15 Abs. 3 und § 16 Abs. 1 Nr. 2 EStG) steht ein umfangreiches Themengebiet gegenüber. Die (nur im deutschsprachigen Wirtschaftsraum sehr) populäre Personengesellschaft stellt immer noch die am weitesten verbreitete Rechtsform des so genannten Mittelstandes dar. Damit wird zwanglos die Praxis- und Prüfungsrelevanz verdeutlicht.

Hauptthemen in der geschlossenen Darstellung (einzig § 15a EStG und § 6 Abs. 5 EStG werden in anderem Sachzusammenhang erläutert) der Steuerfragen und Gewinnermittlung der Personengesellschaften sind:

- die weitgehende steuerrechtliche Verselbständigung der Personengesellschaften, die ihren Niederschlag in dem Terminus »**Mitunternehmerschaft**« gefunden hat;
- die sich daraus ableitende Divergenz zwischen der Handelsbilanz einer Personengesellschaft einerseits und der Steuerbilanz einer Mitunternehmerschaft andererseits;
- insbesondere aber das Phänomen der so genannten **Doppelgesellschaften** (allen voran die Betriebsaufspaltung und die GmbH & Co. KG), die hauptsächlich unter dem Regime der Besteuerung der Mitunternehmerschaften, aber auch der Kapitalgesellschaften stehen und von daher beide Techniken in sich vereinen.

Eine immer größere Bedeutung – auch in der Klausuren-Praxis – kommt den Vorschriften zur **betrieblichen Umstrukturierung** von Personenunternehmen zu, auf die verstärkt eingegangen wird.

Den Abschluss der Darstellung bilden (bis heute ungelöste) Fragen der Bilanzierung der Beteiligung an einer Personengesellschaft, die Folgen einer Veräußerung der Beteiligung und schließlich die Thematik des Ausscheidens durch An-/Abwachsung.

Die Erläuterung zu den Steuerfragen der Personengesellschaft dient in erster Linie der kritischen Aufbereitung und Auseinandersetzung mit der umfangreichen Judikatur, da viele der vorgestellten Rechtsinstitute »Geschöpfe« der BFH-Rechtsprechung sind.

Teil C Körperschaftsteuer

Das Körperschaftsteuergesetz ist seit dem grundlegenden Wandel 2001 laufend weiteren umfangreichen Änderungen unterzogen worden. Dieser Wandel betrifft zwar in erster Linie die Rechtsfolgen von Gewinnausschüttungen; er hat aber auch Auswirkungen auf die Einkommensermittlung von Kapitalgesellschaften. Diese Auswirkungen sind in erster Linie systembedingte Änderungen (z.B. §§ 8b Abs. 1 und 2, 8c, KStG oder § 4h EStG i.V.m. § 8a KStG).

Mit der Abgeltungsteuer (2009) ist die Besteuerungsebene der Anteilseigner komplett neu geregelt worden. Die Reflexwirkungen auf die Ebene der »dividenden-produzierenden« Kapitalgesellschaft sind angesprochen und werden aufgezeigt.

Innerhalb des vorliegenden Gesamtwerkes nimmt das Körperschaftsteuerrecht nur einen vergleichsweise kleinen Raum ein. Dieser entspricht aber der Wertigkeit dieses Rechtsgebietes innerhalb des Steuerberaterexamens, in dem erfahrungsgemäß ein Drittel bis die Hälfte der zweiten Klausur das Körperschaftsteuerrecht umfasst. Das Werk folgt weitgehend dem Klausurschema von Körperschaftsteuerklausuren. Zunächst sind Ausführungen zur persönlichen Steuerpflicht zu machen, die bei einer Kapitalgesellschaft mit Sitz im Inland relativ knapp ausfallen können, aber nie fehlen dürfen.

Der Schwerpunkt der Klausuren liegt auf der Ermittlung des Einkommens bzw. auf der Berechnung der Körperschaftsteuerbelastung. Bei Problemstellungen in Bezug auf die Ermittlung des Einkommens kommt es neben der Lösung der Detailprobleme vor allem auf die Systematik der Einkommensermittlung an; der Nutzer sollte sich deswegen an dem in Kap. III 2.2 vorgelegten Schema orientieren und sich überlegen, ob ein Vorgang zu Änderungen innerhalb oder außerhalb der Bilanz führt.

Es ist davon auszugehen, dass die Steuerfolgen von **Gewinnausschüttungen**, insbesondere die verdeckte Gewinnausschüttung (aber auch die **verdeckte Einlage**) weiterhin einen wesentlichen Schwerpunkt von Klausuren bilden werden. Daher sind in diesem Teil Beispiele eingearbeitet worden, die selbständig gelöst werden sollten.

Teil D Umwandlungssteuerrecht

Der Beruf des Steuerberaters ist gekennzeichnet durch die Vielfalt des verwobenen Steuerrechts, das trotz der Bekundungen der Politik bzw. des Gesetzgebers in den letzten Jahren nicht einfacher geworden ist. Die Schnelllebigkeit der Gesetze ist unter anderem sehr gut am Umwandlungssteuerrecht nachzuvollziehen: Wurde gerade die letzte Gesetzesänderung »verdaut«, steht schon die nächste vor der Tür. Die Idee des Herausgebers und des Verlages, für die Praxis und zur Vorbereitung auf die Steuerberaterprüfung ein kompaktes, aber dennoch auf alle Themengebiete des Examens hinführendes Werk zu schaffen, wurde auch in diesem Teil zielorientiert umgesetzt. Von besonderer Bedeutung ist die Vorherigkeit (Präzedenz) des Zivilrechts (hier: des Umwandlungsrechts). Mit der thematischen Fokussierung auf die Besteuerung von Gesellschaften wird dem Leser in dem Teilbereich »Umwandlungssteuerrecht« ein Weg aufgezeigt, sich in allen einschlägigen steuerrelevanten Themen schnell zurechtzufinden. Die Bedeutung des Umwandlungssteuerrechts (innerhalb und außerhalb des UmwStG!) für die Steuerberaterprüfung wächst zusehends.

Hamburg, Lüneburg, Stuttgart, im Februar 2018
Gerhard Kölpin
Torsten Maurer
Gerald Merkl
Johann Missal
Michael Preißer

Vorwort des Herausgebers zur 1. Auflage

System statt Chaos

Vor gut 20 Jahren hat Ludwig Schmidt das Einkommensteuerrecht von den Fesseln der unzähligen (und sporadischen) Erkenntnisquellen zweiten Ranges befreit, in dem er eine Kommentierung des EStG vorlegte, die nur dem Gesetz verpflichtet war. Eine ähnliche Leistung vollbrachten Tipke und Kruse mit dem Kommentar zum Verfahrensrecht. Damit war das Steuerrecht in diesen Kernbereichen für den Praktiker berechenbar geworden. Spätere Werke folgten.

Der Lernende (und damit Suchende) steht hingegen der Fülle des Stoffes – zumal angesichts des unüberhörbaren Abgesangs auf das »chaotische Steuerrecht« – nach wie vor ratlos gegenüber. Dieses Anliegen haben wir aufgegriffen.

Das vorliegende Werk unternimmt den Versuch, das gesamte Steuerrecht – soweit es für das schriftliche Steuerberaterexamen von Bedeutung ist – in drei Bänden auf faire, d.h. überschaubare Weise aufzubereiten. Das Gliederungskonzept der drei Bände lehnt sich an die Vorgaben der Prüfung an. Während es im dritten Band (Verfahrensrecht, Umsatzsteuerrecht und Erbschaftsteuerrecht) in Reinform verwirklicht werden konnte und den Klausuren des ersten Tages entspricht, haben wir uns bei den ersten zwei Bänden eher von dogmatischen Aspekten leiten lassen. Im ersten Band wird das materielle Ertragsteuerrecht (Einkommen- und Gewerbesteuerrecht sowie das Internationale Steuerrecht) präsentiert, so wie es für jedermann (und jede Frau) gilt. Dem zweiten Band ist das Unternehmenssteuerrecht vorbehalten, das von den drei Unternehmensträgern (Einzelperson, Personengesellschaft und Kapitalgesellschaften) geprägt ist und sich insbesondere mit den Fragen der jeweiligen Gewinnermittlung auseinandersetzt. Das immer wichtigere Umwandlungssteuerrecht wird aus Gründen des Sachzusammenhangs ebenfalls im zweiten Band abgehandelt.

Wir holen den Leser (besser: Mitarbeiter) bei vorhandenen Grundkenntnissen (Buchführung, Erstellen von Steuererklärungen, rechtliche Grundlagen) ab und zeigen die Strukturen der Rechtsgebiete auf. Dabei haben die zahlreichen Beispiele, die sich an der aktuellen BFH-Rechtsprechung, der Gestaltungsberatung und an typischen Klausurproblemen orientieren, weniger illustrierenden, sondern »kooperativen« Charakter. Das Buch ist – getreu einem Motto von Konfuzius, wonach nur das selbst Erstellte (und nicht das Gehörte oder Gelesene) zum Verständnis beiträgt – als aktives Medium konzipiert. Somit ist das Werk für jeden Autodidakten als ausschließliche Grundlage für das StB-Examen geeignet. Es erspart allerdings nicht die notwendige Praxis im Schreiben von sechsstündigen Klausuren. Besonders wichtig war uns die Verzahnung der einzelnen Teildisziplinen. Sowohl in den Beispielen wie im Text wird auf die Interdisziplinarität, auch zu den rechtlichen Disziplinen (Gesellschaftsrecht und Erbrecht), Wert gelegt.

Wir wollen mit dem dreibändigen Lehrwerk auch ein ausbildungspolitisches Ziel verfolgen, nachdem es kein Hochschul-Curriculum für den Beruf des Steuerberaters gibt.

Die Darstellungen erfolgen auf gesicherter dogmatischer Grundlage der jeweiligen Einzeldisziplin, orientieren sich primär am Gesetz, vernachlässigen aber nicht die weiteren

»Quellen« des Steuerrechts, insbesondere die Richtlinien und BMF-Schreiben, soweit sie als Hilfsmittel in der Prüfung zugelassen sind. In einzelnen, meist hochaktuellen Fragen mag uns der Leser nachsehen, dass wir auch bemüht waren, die Diskussion mit zu gestalten.

Da Steuerrecht – ähnlich dem Prozessrecht – auch »Praxisrecht« ist, können alle Autoren auf eine Doppelqualifikation als Theoretiker und Praktiker verweisen, die durch Prüfungserfahrung ergänzt wird. Bei rein theoretischen Ansätzen zur Durchdringung des Steuerrechts treten die vorhandenen Strukturen nur allzu gerne in den Hintergrund, um einem Prinzip den Vortritt zu lassen.

So war es eine glückliche Fügung, dass sich im Autorenkreis die Kraft des Südens (Bähr, Maurer, J. Schmidt, Schuster) und die Klarheit des Nordens (Kölpin, V. Schmidt, Vollgraf) zusammengefunden haben, um mit dem Herausgeber und dem Schäffer-Poeschel Verlag gemeinsam das Erstlingswerk zu erstellen.

Wir möchten an dieser Stelle den wissenschaftlichen Mitarbeitern danken, die maßgeblich am Zustandekommen des Werkes beteiligt waren. Aus der Vielzahl sind insbesondere die Studenten des Fachbereichs Wirtschaftsrecht an der Hochschule Lüneburg, Dominic Reuters und Frank Hülskamp, hervorzuheben, ebenso wie Assessor, Dipl.-Finanzwirt Henning H. Rüth und RA/StB Dr. Thomas Lange, die uns mit ihren kritischen Anmerkungen vorangebracht haben. Herr Holger Köllmann hat das Projekt in technischer Hinsicht von Anfang bis Ende begleitet.

Es würde uns freuen, wenn mit dem vorliegenden Werk das Steuerrecht insgesamt wieder berechenbarer und überschaubarer wird, auch wenn der Weg zu dieser Erkenntnis nicht immer einfach ist (»per aspera ad astra«). Die Leser sind – mit ihrer Kritik – eingeladen, uns auf diesem – gelegentlich steinigen – Weg zu begleiten.

Lüneburg, im Juli 2002　　　　　　　　　　　　　　　　　　　　　　　　Michael Preißer

Band 1: Ertragsteuerrecht		Band 2: Unternehmenssteuerrecht und Steuerbilanzrecht		Band 3: Verfahrensrecht, Umsatzsteuerrecht, Erbschaftsteuerrecht	
Teil A	**Einkommensteuer I – Kernbereiche**	**Teil A**	**Besteuerung der Einzelunternehmen**	**Teil A**	**Abgabenordnung/Finanzgerichtsrecht**
Kapitel I	Grund- und Strukturfragen bei der Einkommensteuer	Kapitel I	Grundfragen der Gewinnermittlung (inklusive § 4 Abs. 3-Rechnung)	Kapitel I	Einführung
Kapitel II	Der Zustandstatbestand – Überschusseinkünfte	Kapitel II	Der Betriebsvermögensvergleich	Kapitel II	Allgemeines Steuerschuldrecht
Kapitel III	Der Zustandstatbestand – Gewinneinkünfte	Kapitel III	Einzelne Aktivposten	Kapitel III	Haftung
Kapitel IV	Der Erwerbsaufwand (das objektive Nettoprinzip) und § 12 EStG	Kapitel IV	Geringwertige Wirtschaftsgüter	Kapitel IV	Das steuerliche Verwaltungsverfahren
Kapitel V	Das subjektive Nettoprinzip inklusive der Berücksichtigung der Kinder und der Besteuerung der Alterseinkünfte	Kapitel V	Einzelne Passivposten	Kapitel V	Aufhebung, Änderung und Berichtigung von Steuerverwaltungsakten
		Kapitel VI	Übertragung von Wirtschaftsgütern auf andere Betriebsvermögen	Kapitel VI	Das außergerichtliche Rechtsbehelfsverfahren
Teil B	**Einkommensteuer II – Übergreifende Komplexe**	Kapitel VII	Technische Fragen	Kapitel VII	Das finanzgerichtliche Verfahren
Kapitel I	Personelle Zurechnung (Drittaufwand, Nießbrauch/Treuhand, Angehörigenverträge u.a.)	**Teil B**	**Besteuerung der Personengesellschaft als Mitunternehmerschaft**	Kapitel VIII	Vorläufiger Rechtsschutz
Kapitel II	Realisationstatbestände (Steuerentstrickung im Privatvermögen/Betriebsvermögen versus betriebliche Umstrukturierung)	Kapitel I	Grundfragen zur Mitunternehmerschaft inklusive Einkunftsermittlung	Kapitel IX	Vollstreckung von Steueransprüchen (§§ 249ff. AO)
Kapitel III	Einkommensteuer – Rechtsnachfolge (vorweggenommene Erbfolge, Erbfall und Erbauseinandersetzung)	Kapitel II	Das Betriebsvermögen und die Ermittlung des laufenden Gewinns bei der Mitunternehmerschaft	Kapitel X	Die Außenprüfung (§§ 193ff. AO)
Kapitel IV	Verluste im Ertragsteuerrecht	Kapitel III	Die Doppelgesellschaften im Konzept der Mitunternehmer-Besteuerung	Kapitel XI	Steuerstraftaten und Steuerordnungswidrigkeiten
Teil C	**Gewerbesteuer**	Kapitel IV	Anfang und Ende einer PersG	**Teil B**	**Umsatzsteuerrecht**
Kapitel I	Einführung und Berechnungsschema	Kapitel V	Die Beteiligung an einer PersG inklusive Personenstandsänderungen, insb. die Veräußerung	Kapitel I	Einführung
Kapitel II	Steuergegenstand und Steuerpflicht	Kapitel VI	Sonderfragen	Kapitel II	Hinweise für die Bearbeitung von USt-Klausuren
Kapitel III	Die Besteuerungsgrundlage (§§ 6 bis 9 GewStG)	**Teil C**	**Körperschaftsteuerrecht**	Kapitel III	Unternehmer und Unternehmen als Anknüpfungspunkte des Umsatzsteuerrechts
Kapitel IV	Spezifika der Gewerbesteuer	Kapitel I	Das Körperschaftsteuersystem vor und nach dem Steuersenkungsgesetz	Kapitel IV	Leistungen
Teil D	**Internationales Steuerrecht**	Kapitel II	Die persönliche Körperschaftsteuerpflicht	Kapitel V	Leistungsaustausch (Leistungen gegen Entgelt)
Kapitel I	Strukturierung der Fallgestaltungen im Internationalen Steuerrecht (inklusive der Grenzpendlerproblematik)	Kapitel III	Die sachliche Körperschaftsteuerpflicht	Kapitel VI	Inland/Ausland
Kapitel II	Die deutschen Doppelbesteuerungsabkommen (DBA)	Kapitel IV	Die steuerliche Behandlung der Ergebnisverwendung bei Kapitalgesellschaften	Kapitel VII	Geschäftsveräußerung nach § 1 Abs. 1a UStG
Kapitel III	Auslandsbeziehungen eines Steuerinländers (Fälle der unbeschränkten Steuerpflicht)	Kapitel V	Die Bedeutung der Organschaft	Kapitel VIII	Steuerbefreiungen entgeltlicher Inlandsumsätze
Kapitel IV	Regelungsbereiche des Außensteuergesetzes (AStG)	Kapitel VI	Die steuerliche Behandlung von Kapitalmaßnahmen	Kapitel IX	Bemessungsgrundlage und Steuersatz bei entgeltlichen Umsätzen
Kapitel V	Besteuerung der Steuerausländer im Inland	**Teil D**	**Umwandlungssteuerrecht**	Kapitel X	Entstehen und Fälligkeit der Steuer
Kapitel VI	Exkurs: Die Bedeutung des Gemeinschaftsrechts	Kapitel I	Allgemeines	Kapitel XI	Besteuerung unentgeltlicher Wertabgaben
		Kapitel II	Zivilrechtliche Grundlagen der Umwandlung	Kapitel XII	Unrichtiger oder unberechtigter Steuerausweis
		Kapitel III	Steuerrechtliche Grundlagen der Umwandlung	Kapitel XIII	Grenzüberschreitende Warenbewegungen
		Kapitel IV	Umwandlung von der KapG auf die PersG	Kapitel XIV	Vorsteuerabzug
		Kapitel V	Verschmelzung	Kapitel XV	Vorsteuerberichtigung
		Kapitel VI	Spaltung	Kapitel XVI	Besteuerungsverfahren
		Kapitel VII	Einbringung in eine KapG	**Teil C**	**Erbschaftsteuerrecht**
		Kapitel VIII	Formwechsel	Kapitel I	Das Erbschaftsteuerrecht inklusive der erbrechtlichen Grundlagen
				Kapitel II	Schenkungsteuerrecht: Vermögensübertragungen zu Lebzeiten im Erbschaftsteuergesetz
				Kapitel III	Das Binnenrecht des Erbschaftsteuergesetzes (inklusive Bewertung)

Inhaltsverzeichnis

Vorwort des Herausgebers zur 17. Auflage (Prüfung 2018)		VII
Vorwort der Autoren zur 17. Auflage (Prüfung 2018)		IX
Vorwort des Herausgebers zur 1. Auflage		XIII
Inhaltsübersicht »Die Steuerberaterprüfung« Band 1–3		XV
Abkürzungsverzeichnis		XXIII
Inhaltsverzeichnis Teil A		3
A	**Besteuerung der Einzelunternehmen**	**15**
I	**Grundfragen der Gewinnermittlung (inklusive § 4 Abs. 3-Rechnung)**	**16**
1	Betriebsvermögensvergleich und Einnahmenüberschussrechnung	16
2	Die Überschussrechnung im Einzelnen	23
3	Bedeutung der Entnahmen und Einlagen bei der Gewinnermittlung	69
4	Absetzung für Abnutzung	90
5	Investitionszulage	116
II	**Der Betriebsvermögensvergleich**	**117**
1	Bilanzierungsgrundsätze	117
2	Maßgeblichkeit der Handelsbilanz für die Steuerbilanz	131
3	Einzelne Ansatzvorschriften	142
4	Bewertungsfragen	150
5	Bewertungsmaßstäbe und Erwerbsmodalitäten	171
III	**Einzelne Aktivposten**	**187**
1	Grundstücke und Gebäude	187
2	Technische Anlagen, Maschinen, Betriebs- und Geschäftsausstattung	197
3	Beteiligungen an Kapitalgesellschaften	198
4	Wertpapiere	202
5	Vorräte	210
6	Forderungen und ihre Bewertung	218
7	Bewertung von Fremdwährungsposten in der Bilanz	223
IV	**Geringwertige Wirtschaftsgüter**	**231**
V	**Einzelne Passivposten**	**235**
1	Steuerfreie Rücklagen	235
2	Rückstellungen	249
3	Verbindlichkeiten	261
VI	**Übertragung von Wirtschaftsgütern auf andere Betriebsvermögen**	**267**
1	Grundsatz	267

2	Übertragungen in das Gesamthandsvermögen einer Personengesellschaft	267
3	Ergänzende Bestimmungen	270
4	Überführung von Wirtschaftsgütern zwischen dem inländischen Betriebsvermögen und einer ausländischen Betriebsstätte	271
VII	**Technische Fragen**	**274**
1	Notwendigkeit von Anpassungen	274
2	Die »Mehr/Weniger«-Rechnung	276
3	Notwendigkeit der Anpassungen an die Prüferbilanz	286
4	Bilanzberichtigung, Bilanzänderung und Bilanzenzusammenhang	292

Inhaltsverzeichnis Teil B 301

B	**Besteuerung der Personengesellschaft als Mitunternehmerschaft**	**307**
I	**Grundfragen zur Mitunternehmerschaft inklusive Einkunftsermittlung**	**307**
1	Die Personengesellschaft im Steuerrecht – Überblick	307
2	Mitunternehmerschaft versus Personengesellschaft und andere Begrifflichkeiten	311
3	Transparenzgrundsatz und Besteuerung gemäß § 15 Abs. 1 S. 1 Nr. 2 EStG	314
4	Technik des Transparenzgrundsatzes: Die Gewinnkomponenten der Mitunternehmer	334
5	»Mehr- und Weniger-Rechnung« bei der Personengesellschaft (Mitunternehmerschaft)	342
II	**Das Betriebsvermögen und die Ermittlung des laufenden Gewinnes bei der Mitunternehmerschaft**	**344**
1	Übersicht zur Gewinnermittlung bei der Mitunternehmerschaft – Schema	344
2	Die Gewinnermittlung auf der ersten Stufe (I): Das Steuerergebnis der Gesamthand	345
3	Die Ergänzungsbilanz: Individueller Anteil am Gesamthandsergebnis	349
4	Das Sonder-Betriebsvermögen und die Sonderbilanz	351
III	**Die Doppelgesellschaften im Konzept der Mitunternehmer-Besteuerung**	**363**
1	Klarstellung	363
2	Die GmbH & Co. KG	363
3	Die (atypisch) stille Gesellschaft, insbesondere die GmbH & atypisch still	380
4	Die Betriebsaufspaltung	388
5	Die »neue« KGaA und neuere Typenverbindungen	417

IV	**Anfang und Ende einer Personengesellschaft**	421
1	Gründung einer Personengesellschaft	421
2	Der Sonderfall: Die Einbringung nach § 24 UmwStG	426
3	Die laufende Besteuerung der Personengesellschaft	447
4	Die Auflösung der Personengesellschaft	447
5	Die Realteilung der Personengesellschaft	447

V	**Die Beteiligung an einer Personengesellschaft inklusive Personenstandsänderungen, insbesondere die Veräußerung**	457
1	Einführung	457
2	Die Bilanzierung der Beteiligung	458
3	Der Eintritt in die Personengesellschaft	462
4	Die Veräußerung der Beteiligung (§ 16 Abs. 1 Nr. 2 EStG)	462
5	Das Ausscheiden durch An-/Abwachsung	475
6	Die Vererbung	481

VI	**Sonderfragen**	482
1	Inter-/intrasubjektive Übertragungen von Wirtschaftsgütern bei einer Mitunternehmerschaft	482
2	§ 35 EStG im Recht der Personengesellschaften	484
3	Die Thesaurierungsbegünstigung (ab 2008)	490
4	Belastungsvergleich	504
5	§ 15 Abs. 1 Nr. 2 EStG und das SEStEG	505

Inhaltsverzeichnis Teil C 509

C	**Körperschaftsteuerrecht**	513

I	**Das Körperschaftsteuersystem vor und nach dem Steuersenkungsgesetz**	513
1	Das Prinzip des Anrechnungsverfahrens	513
2	Das Prinzip der »hälftigen« (anteiligen) Doppelbelastung	514
3	Die Prinzipien der Unternehmenssteuerreform	515

II	**Die persönliche Körperschaftsteuerpflicht**	516
1	Die persönliche Steuerpflicht von Körperschaften und Sondervermögen	516
2	Die persönliche Steuerpflicht von Kapitalgesellschaften	518
3	Besteuerung der öffentlichen Hand	522
4	Besteuerung von steuerbegünstigten Körperschaften	526

III	**Die sachliche Körperschaftsteuerpflicht**	534
1	Überblick	534
2	Ermittlung des Einkommens einer Kapitalgesellschaft	534
3	Körperschaftsteuerliche Besonderheiten	537
4	Verdeckte Gewinnausschüttungen (vGA)	550

5		Verdeckte Einlagen	593
6		Materielles und formelles Korrespondenzprinzip	607
IV		**Die steuerliche Behandlung der Ergebnisverwendung bei Kapitalgesellschaften**	**613**
1		Überblick	613
2		Steuerliche Folgen der Gewinnthesaurierung	613
3		Rechtsfolgen von Gewinnausschüttungen	614
4		Steuerliche Folgen von Verlusten	615
V		**Die Bedeutung der Organschaft**	**620**
1		Überblick	620
2		Gesellschaftsrechtliche Grundlagen der Organschaft	620
3		Steuerrechtliche Voraussetzungen der Organschaft	621
4		Einkommensermittlung bei der Organschaft	626
5		Besonderheiten der Organschaft	634
VI		**Die steuerliche Behandlung von Kapitalmaßnahmen**	**637**
1		Die Behandlung von Kapitalerhöhungen	637
2		Die Behandlung der Kapitalherabsetzung	639
3		Die steuerliche Behandlung der Liquidation	641

Inhaltsverzeichnis Teil D 649

D		**Umwandlungssteuerrecht**	**653**
I		**Allgemeines**	**653**
1		Entstehungsgeschichte des Umwandlungsgesetzes	653
2		Steuerliches Pendant: das Umwandlungssteuergesetz	655
II		**Zivilrechtliche Grundlagen der Umwandlung**	**656**
1		Fälle der Verschmelzung	657
2		Verschmelzung zur Aufnahme	661
3		Verschmelzung zur Neugründung	662
4		Fälle der Spaltung	663
5		Formwechsel	666
6		Vermögensübertragung	666
III		**Steuerrechtliche Grundlagen der Umwandlung**	**667**
1		Aufbau und Rechtsquellen	667
2		Zeitliche Anwendung des Umwandlungssteuergesetzes	670
3		Steuerliche Rückwirkung	670

IV	Umwandlung von der Kapitalgesellschaft auf die Personengesellschaft	678
1	Steuerliche Regelungen für den übertragenden Rechtsträger – Ermittlung des Übertragungsgewinns	679
2	Steuerliche Regelungen für den übernehmenden Rechtsträger – Ermittlung des Übernahmeergebnisses bzw. eines Beteiligungskorrekturgewinns	682
3	Gewinnerhöhung und -minderung durch Vereinigung von Forderungen und Verbindlichkeiten – Übernahmefolgeergebnis	694
4	Besteuerung nicht wesentlich beteiligter Anteilseigner	695
5	Vermögensübergang auf eine natürliche Person	695
6	Umwandlung von der GmbH in die GmbH & Co. KG	696
7	Formwechsel von einer Kapitalgesellschaft in eine Personengesellschaft	698
V	**Verschmelzung von Kapitalgesellschaften**	**699**
1	Steuerliche Behandlung beim übertragenden Rechtsträger	700
2	Steuerliche Behandlung beim übernehmenden Rechtsträger – Ermittlung des Übernahmeergebnisses bzw. eines Beteiligungskorrekturgewinns	704
3	Gewinnerhöhung und -minderung durch Vereinigung von Forderungen und Verbindlichkeiten – Übernahmefolgeergebnis	711
4	Auswirkungen auf den steuerlichen Eigenkapitalausweis: Nennkapitalherabsetzung beim übertragenden Rechtsträger und Nennkapitalerhöhung beim aufnehmenden Rechtsträger	711
5	Besteuerung der Anteilseigner der übertragenden Kapitalgesellschaft	713
VI	**Spaltung**	**716**
1	Bilanzielle Darstellung der Spaltung	718
2	Spaltung im Steuerrecht	719
3	Steuerliche Regelungen für den übertragenden Rechtsträger – Ermittlung des Übertragungsgewinns	720
4	Steuerliche Behandlung beim übernehmenden Rechtsträger – Ermittlung des Übernahmeergebnisses bzw. eines Beteiligungskorrekturgewinns	726
5	Auswirkungen auf den steuerlichen Eigenkapitalausweis	726
6	Besteuerung der Anteilseigner der übertragenden Kapitalgesellschaft	726
VII	**Einbringung in eine Kapitalgesellschaft**	**730**
1	Steuerliche Ansätze bei der Kapitalgesellschaft	733
2	Veräußerungspreis und Anschaffungskosten bei der Einbringung	737
3	Zeitpunkt der Einbringung und Rückwirkung	739
VIII	**Formwechsel**	**751**
	Stichwortregister	753

Abkürzungsverzeichnis

A	Abschnitt
a.A.	anderer Ansicht
a.a.O.	am angegebenen Ort
AB	Anfangsbestand
ABl. EG	Amtsblatt der Europäischen Gemeinschaften
Abs.	Absatz
Abschn.	Abschnitt
AdV	Aussetzung der Vollziehung
a.E.	am Ende
AE	Anteilseigner
AEAO	Anwendungserlass zur Abgabenordnung
a.F.	alte Fassung
AfA	Absetzung für Abnutzung
AFG	Arbeitsförderungsgesetz
AG	Aktiengesellschaft; Arbeitgeber
aG	ausschüttbarer Gewinn
AIG	Gesetz über steuerliche Maßnahmen bei Auslandsinvestitionen der deutschen Wirtschaft (Auslandsinvestitionsgesetz)
AK	Anschaffungskosten
AktG	Aktiengesetz
Alt.	Alternative
AN	Arbeitnehmer
AnfG	Gesetz über die Anfechtung von Rechtshandlungen außerhalb des Insolvenzverfahrens vom 05.10.1994 (BGBl I 1994, 2911)
Anm.	Anmerkung
AO	Abgabenordnung
arg.	argumentum
Art.	Artikel
AStG	Außensteuergesetz
AV	Anlagevermögen
Az.	Aktenzeichen
BA	Betriebsausgabe
BaföG	Bundesausbildungsförderungsgesetz
BAG	Bundesarbeitsgericht
BauGB	Baugesetzbuch
BayObLG	Bayrisches Oberstes Landesgericht
BB	Betriebs-Berater (Zeitschrift)
BBauG	Bundesbaugesetz
Bd.	Band
BE	Betriebseinnahmen
BesitzG	Besitzgesellschaft
BetriebsG	Betriebsgesellschaft
BeurkG	Beurkundungsgesetz

BewG	Bewertungsgesetz
BfF	Bundesamt für Finanzen
BFH	Bundesfinanzhof
BFHE	Bundesfinanzhof-Entscheidungen
BFH/NV	Sammlung amtlich nicht veröffentlichter Entscheidungen des Bundesfinanzhofes
BgA	Betrieb gewerblicher Art
BGB	Bürgerliches Gesetzbuch
BGBl	Bundesgesetzblatt
BGH	Bundesgerichtshof
BGHSt	Bundesgerichtshof in Strafsachen
BGHZ	Amtliche Entscheidungssammlung des Bundesgerichthofs
BilReG	Bilanzreformgesetz
BiRiLiG	Bilanzrichtliniengesetz
BMF	Bundesminister/-ium für Finanzen
BMG	Bemessungsgrundlage
BP	Betriebsprüfung
BPO	Betriebsprüfungsordnung
BRAGO	Bundesgebührenverordnung für Rechtsanwälte
BRD	Bundesrepublik Deutschland
BR-Drs.	Bundesratsdrucksache
BS	Buchungssatz/Betriebsstätte
Bsp.	Beispiel
BStBl	Bundessteuerblatt
BT-Drs.	Bundestagsdrucksache
Buchst.	Buchstabe
BV	Betriebsvermögen
BVerfG	Bundesverfassungsgericht
BVerfGE	Bundesverfassungsgericht-Entscheidungen
BVerfGG	Bundesverfassungsgerichtgesetz
BVerwG	Bundesverwaltungsgericht
BVV	Betriebsvermögensvergleich
Bw	Buchwert
bzgl.	bezüglich
BZRG	Bundeszentralregistergesetz
bzw.	beziehungsweise
CH	Schweiz
DB	Der Betrieb (Zeitschrift)
DBA	Doppelbesteuerungsabkommen
DepotG	Depotgesetz
dgl.	dergleichen
d.h.	das heißt
DNotI	Informationsdienst des Deutschen Notarinstituts
DStjG	Deutsche Steuerjuristische Gesellschaft e.V. (Band)
DStR	Deutsches Steuerrecht (Zeitschrift)
DStRE	Deutsches Steuerrecht Entscheidungsdienst
DStZ	Deutsche Steuer-Zeitung

EB	Eröffnungsbilanz
EBITDA	Earnings before Interests, Taxes, Depreciation and Amortisation
EFG	Entscheidungen der Finanzgerichte (Zeitschrift)
EFH	Einfamilienhaus
EG	Erdgeschoss; Europäische Gemeinschaft
EGAO	Einführungsgesetz zur Abgabenordnung
EGHGB	Einführungsgesetz zum HGB
EGV	Vertrag zur Neugründung der europäischen Gemeinschaft vom 25.03.1957
EigZulG	Eigenheimzulagengesetz
Einf.	Einführung
ErbbauVO	Erbbaurechtsverordnung
ErbGleichG	Erbrechtsgleichstellungsgesetz vom 16.12.1997, BGBl I 1997, 2968
ErbStG	Erbschaftsteuergesetz
ErbStR	Erbschaftsteuerrecht
Erl.	Erlass
ESt	Einkommensteuer
EStDV	Einkommensteuer-Durchführungsverordnung
EStG	Einkommensteuergesetz
EStR	Einkommensteuer-Richtlinien
ETW	Eigentumswohnung
EU	Europäische Union
EuGH	Gerichtshof der Europäischen Gemeinschaften
EÜR	Einnahmen-Überschuss-Rechnung
E-USt	Einfuhrumsatzsteuer
EV	Eigentumsvorbehalt
e.V.	eingetragener Verein
evtl.	eventuell
EW	Einheitswert
EWIV	Europäische wirtschaftliche Interessenvereinigung
EZ	Erhebungszeitraum
f., ff.	folgende, fortfolgende
FA	Finanzamt
FAGO	Geschäftsordnung für die Finanzämter
FG	Finanzgericht
FGG	Reichsgesetz über die freiwillige Gerichtsbarkeit vom 17.05.1898
FGO	Finanzgerichtsordnung
FGO-ÄndG	FGO-Änderungsgesetz
FinMin	Finanzministerium
FinVerw	Finanzverwaltung
FN	Fußnote
FN-IdW	Fachnachrichten des Instituts der Wirtschaftsprüfer
FörderGG	Fördergebietsgesetz
FR	Finanz-Rundschau
FVG	Gesetz über die Finanzverwaltung
GABl.	Gemeinsames Amtsblatt des Landes Baden-Württemberg
GbR	Gesellschaft bürgerlichen Rechts
geb.	geboren
gem.	gemäß

GenG	Genossenschaftsgesetz
GewO	Gewerbeordnung
GewSt	Gewerbesteuer
GewStDV	Gewerbesteuer-Durchführungsverordnung
GewStG	Gewerbesteuergesetz
GewStR	Gewerbesteuer-Richtlinien
GF	Geschäftsführer
G'fter	Gesellschafter
GFZ	Geschossflächenzahl
GG	Grundgesetz
ggf.	gegebenenfalls
GmbH	Gesellschaft mit beschränkter Haftung
GmbHG	Gesetz betreffend die Gesellschaft mit beschränkter Haftung
GmbHR	GmbH-Rundschau
GrESt	Grunderwerbsteuer
GrEStG	Grunderwerbsteuergesetz
GrS	Großer Senat
GrStG	Grundsteuergesetz
GrStR	Grundsteuer-Richtlinien
GruBo	Grund und Boden
G + V	Gewinn- und Verlustrechnung
GVG	Gerichtsverfassungsgesetz
GWG	Geringwertige Wirtschaftsgüter
H	Hinweis (zu Richtlinien)
h.A.	herrschende Auffassung
HB	Handelsbilanz
HFA	Hauptfachausschuss
HFR	Höchstrichterliche Finanzrechtsprechung (Entscheidungsammlung)
HGB	Handelsgesetzbuch
HK	Herstellungskosten
h.L.	herrschende Lehre
h.M.	herrschende Meinung
HR	Handelsregister
HS	Halbsatz
HV	Handelsvertreter
i.d.F.	in der Fassung
i.d.R.	in der Regel
IdW	Institut der Wirtschaftsprüfer
i.e.S.	im engeren Sinne
i.H.v.	in Höhe von
inkl.	inklusive
insb.	insbesondere
InsO	Insolvenzordnung
InvZulG	Investitionszulagengesetz
i.R.d.	im Rahmen der/des
i.S.d.	im Sinne der/des
i.S.e.	im Sinne eines/-r

IStR	Internationales Steuerrecht (Zeitschrift)
i.S.v.	im Sinne von
i.Ü.	im Übrigen
i.V.m.	in Verbindung mit
i.w.S.	im weiteren Sinne
JGG	Jugendgerichtsgesetz i.d.F. vom 11.12.1974
JStG	Jahressteuergesetz
Kap.	Kapitel
KapESt	Kapitalertragsteuer
KapG	Kapitalgesellschaft
KapVermStG	Kapitalvermögensteuergesetz
Kfz	Kraftfahrzeug
KG	Kommanditgesellschaft
KGaA	Kommanditgesellschaft auf Aktien
Kj.	Kalenderjahr
Komm.	Kommentar
KÖSDI	Kölner Steuerdialog (Zeitschrift)
KraftStG	Kraftfahrzeugsteuergesetz
KSt	Körperschaftsteuer
KStG	Körperschaftsteuergesetz
KStR	Körperschaftsteuer-Richtlinien
KWG	Kreditwesengesetz
LAG	Landesarbeitsgericht
Lit.	Literatur
LSG	Landessozialgericht
LSt	Lohnsteuer
LStDV	Lohnsteuer-Durchführungsverordnung
LStR	Lohnsteuer-Richtlinien
lt.	laut
L + F	Land- und Forstwirtschaft
L + L	Lieferungen und Leistungen
m.a.W.	mit anderen Worten
m.E.	meines Erachtens
MEG	Miterbengemeinschaft
MFH	Mehrfamilienhaus
Mio.	Millionen
MoMiG	Gesetz zur Modernisierung des GmbH-Rechts und zur Bekämpfung von Missbräuchen
Mrd.	Milliarden
MU	Mitunternehmer
MüKo	Münchener Kommentar
Mu-To-RL	Mutter-Tochter-Richtlinie
m.w.N.	mit weiteren Nachweisen

nat.	natürliche/-r/-s
NATO	Nordatlantischer Verteidigungspakt (»North Atlantic Treaty Organization«)
ND	Nutzungsdauer
n.F.	neue Fassung
NJW	Neue Juristische Wochenschrift
Nr.	Nummer
nrkr.	nicht rechtskräftig
NWB	Neue Wirtschaftsbriefe
OECD-MA	OECD-Musterabkommen
OFD	Oberfinanzdirektion
o.g.	oben genannte/-r/-s
OG	Obergeschoss
oGA	offene Gewinnausschüttung
OHG	Offene Handelsgesellschaft
OLG	Oberlandesgericht
OrgG	Organgesellschaft
OrgT	Organträger
OVG	Oberverwaltungsgericht
OWiG	Gesetz über Ordnungswidrigkeiten
PartG	Partnerschaftsgesellschaft (steht auch für Parteiengesetz)
PartGG	Partnerschaftsgesellschaftsgesetz
PassG	Passgesetz
PersG	Personengesellschaft
PersHG	Personenhandelsgesellschaft
PV	Privatvermögen
R	Richtlinie
RA	Rechtsanwalt
RAP	Rechnungsabgrenzungsposten
RennwLottAB	Ausführungsbestimmungen zum Rennwett- und Lotteriegesetz
RfE	Rücklage für Ersatzbeschaffung
RFH	Reichsfinanzhof
RG	Reichsgericht
RIW	Recht der Internationalen Wirtschaft
rkr.	rechtskräftig
Rn.	Randnummer
Rspr.	Rechtsprechung
Rz.	Randziffer
S.	Satz
s.	siehe
SB	Schlussbilanz
s.b.	sonstiger betrieblicher
SEStEG	Gesetz über steuerliche Begleitmaßnahmen zur Einführung der Europäischen Gesellschaft und zur Änderung weiterer steuerrechtlicher Vorschriften
SE-VO	Verordnung über das Statut der Europäischen Gesellschaft (SE)

SGB	Sozialgesetzbuch
sog.	so genannte/-r/-s
SolZ	Solidaritätszuschlag
StÄndG	Steueränderungsgesetz
StB	Steuerbilanz; Steuerberater
StBerG	Steuerbereinigungsgesetz
StBG	Steuerberatergesetz
StBGebV	Steuerberatergebührenverordnung
StbJb	Steuerberater-Jahrbuch
StED	Steuerlicher Eildienst (Zeitschrift)
StEntlG	Steuerentlastungsgesetz vom 24.03.1999, BGBl I 1999, 402
Steufa	Steuerfahndung
StGB	Strafgesetzbuch
StKl.	Steuerklasse
StMBG	Gesetz zur Bekämpfung des Missbrauchs und zur Bereinigung des Steuerrechts
stpfl.	steuerpflichtig
StPfl.	Steuerpflichtige/-r
StPO	Strafprozessordnung
str.	strittig
StSenkG	Steuersenkungsgesetz vom 23.10.2000, BGBl I 2000, 1428
StuW	Steuern und Wirtschaft
StVBG	Steuerverkürzungsbekämpfungsgesetz
StVergAbG	Steuervergünstigungsabbaugesetz
TabakStG	Tabaksteuergesetz
TB	Teilbereich
TW	Teilwert
Tz.	Textziffer
u.a.	unter anderem
UBg	Die Unternehmensbesteuerung (Zeitschrift)
UE	Umwandlungssteuererlass
u.E.	unseres Erachtens
UmwG	Umwandlungsgesetz
UmwStG	Umwandlungssteuergesetz
UntStFG	Unternehmenssteuerfortentwicklungsgesetz vom 20.12.2001, BGBl I 2001, 3858
UR	Umsatzsteuer-Rundschau (Zeitschrift)
USt	Umsatzsteuer
UStÄndG	Umsatzsteueränderungsgesetz
UStB	Der Umsatz-Steuer-Berater (Zeitschrift)
UStDV	Umsatzsteuer-Durchführungsverordnung
UStG	Umsatzsteuergesetz
USt-Id-Nr.	Umsatzsteueridentifikationsnummer
USt-VA	Umsatzsteuervoranmeldung
u.U.	unter Umständen
UV	Umlaufvermögen
UVR	Zeitschrift für Umsatzsteuer- und Verkehrsteuerrecht

VA	Voranmeldung, Verwaltungsakt
Var.	Variante
v.A.w.	von Amts wegen
VAZ	Voranmeldungszeitraum
vE	verdeckte Einlage
vEK	verwendbares Eigenkapital
VermBG	Vermögensbildungsgesetz
VerwGrS	Verwaltungsgrundsätze
vGA	verdeckte Gewinnausschüttung
vgl.	vergleiche
VollStrA	Vollsteckungsanweisung
VorSt (VSt)	Vorsteuer
VRt	Verlustrücktrag
VStG	Vermögensteuergesetz
V + V	Vermietung und Verpachtung
VVt	Verlustvortrag
VwGO	Verwaltungsgerichtsordnung
VwVG	Verwaltungsvollstreckungsgesetz
VwZG	Verwaltungszustellungsgesetz
VZ	Veranlagungszeitraum
WertV	Wertermittlungsverordnung
WG	Wirtschaftsgut
wG	wirtschaftlicher Geschäftsbetrieb
wistra	Zeitschrift für Wirtschaft, Steuer, Strafrecht
Wj.	Wirtschaftsjahr
WK	Werbungskosten
WM	Wertpapier-Mitteilungen
WoP	Wohnungsbauprämie
WP	Wirtschaftsprüfer
WPg	Die Wirtschaftsprüfung (Zeitschrift)
ZASt	Zinsabschlagsteuer
z.B.	zum Beispiel
ZEV	Zeitschrift für Erbrecht und Vermögensnachfolge
ZFH	Zweifamilienhaus
ZG	Zollgesetz
Ziff.	Ziffer
ZPO	Zivilprozessordnung
z.T.	zum Teil
z.v.E.	zu versteuerndes Einkommen
ZVG	Zwangsversteigerungsgesetz
zzgl.	zuzüglich

Teil A Besteuerung der Einzelunternehmen

Inhaltsverzeichnis Teil A

A	**Besteuerung der Einzelunternehmen**	15
I	**Grundfragen der Gewinnermittlung (inklusive § 4 Abs. 3-Rechnung)**	16
1	Betriebsvermögensvergleich und Einnahmenüberschussrechnung	16
1.1	Überblick	16
1.2	Der technische Unterschied im Einzelnen	18
1.3	Der Personenkreis für die Überschussrechnung	19
1.4	Formalia (Aufzeichnung, Wahl der Gewinnermittlung)	20
1.4.1	Aufzeichnung und Aufbewahrung	20
1.4.2	Wahl der Ermittlungsart	22
1.4.3	Sonderfallgruppe (BFH vom 24.06.2009, BStBl II 2009, 993)	23
2	Die Überschussrechnung im Einzelnen	23
2.1	Der »Überschuss« der Betriebseinnahmen über die Betriebsausgaben	29
2.1.1	Die Betriebseinnahmen im Gewinnsteuerrecht (Zeile 11 bzw. Zeile 15 der AnlEÜR 2017)	29
2.1.2	Besonderheiten bei den Betriebseinnahmen	31
2.1.3	Die Sonderbehandlung durchlaufender Posten (§ 4 Abs. 3 S. 2 EStG)	32
2.2	Die Technik des § 11 EStG	33
2.2.1	Leistungen an Erfüllungs statt und erfüllungshalber	33
2.2.2	Der »kurze Zeitraum« bei den regelmäßig wiederkehrenden Betriebseinnahmen und -ausgaben	34
2.2.3	§ 11 EStG und der Betriebsausgaben-Abfluss	35
2.3	Einzelne Posten der Überschussrechnung	36
2.3.1	Das Umlaufvermögen (Zeile 25 der AnlEÜR 2017)	36
2.3.2	Das abnutzbare Anlagevermögen (Zeilen 28–35 der AnlEÜR 2017)	38
2.3.3	Das nicht abnutzbare Anlagevermögen (evtl. Zeile 35 der AnlEÜR 2017)	40
2.4	Spezialfragen der Überschussrechnung	41
2.4.1	Entnahmen und Einlagen (technische Fragen) (Zeilen 18–20)	41
2.4.2	Die Bedeutung von (Bar-)Geld	46
2.4.3	Probleme mit der Umsatzsteuer bei der Überschussrechnung	47
2.4.4	Der Tausch	48
2.4.5	Gewillkürtes Betriebsvermögen bei § 4 Abs. 3 EStG	49
2.4.6	§ 4 Abs. 3 EStG bei Erwerb und Verkauf mit wiederkehrenden Zahlungen	50
2.4.7	Zusammenfassung (Schema zur § 4 Abs. 3-Rechnung)	51
2.5	Der Wechsel der Gewinnermittlung	57
2.5.1	Gründe für den Wechsel	57
2.5.2	Das technische Problem und die Lösung	58
2.5.3	Zusammenfassende Fallstudie	60
2.5.4	Ausgewählte Fragen zum Wechsel	67
2.5.4.1	Der Rechnungsabgrenzungsposten	67

2.5.4.2	Die Rücklage für Reinvestition (§ 6c EStG) und andere Rücklagen (= Zeilen 86–89 Anlage EÜR 2017)	67
2.5.4.3	EÜR und Übergang zur Liebhaberei	68
2.6	Ausblick	68
3	Bedeutung der Entnahmen und Einlagen bei der Gewinnermittlung	69
3.1	Arten und Notwendigkeit der einzelnen Korrekturposten – Übersicht	69
3.2	Die Entnahmen beim Einzelunternehmer	71
3.3	Die Einlagen beim Einzelunternehmer	77
3.3.1	Grundzüge und Wirkungsweise der Einlage	77
3.3.2	Gegenstand der Einlage, insbesondere die Nutzungs(-aufwands-)einlage	78
3.3.3	Die Bewertung der Einlage	79
3.4	Gesellschaftsrechtliche Privatvorgänge, insbesondere die Einlage	82
3.4.1	Der Privatbereich und die gesellschaftsrechtliche Gewinnermittlung – Überblick	82
3.4.1.1	Die Sphäre der Personengesellschaften	82
3.4.1.2	Die Sphäre der Kapitalgesellschaften	83
3.4.2	Steuerrechtliche Fragen zum Privatbereich der Personengesellschafter	84
3.4.3	Der Privatbereich der Gesellschafter bei einer Kapitalgesellschaft, insbesondere die verdeckte Einlage	86
3.5	Erweiterter Anwendungsbereich	88
3.5.1	Neue (nichtfiskalische) Betätigungsfelder für Entnahmen/Einlagen	88
3.5.2	Der »Einsatz« im Outbound-Bereich – Überblick	89
4	Absetzung für Abnutzung	90
4.1	Planmäßige Abschreibung auf das abnutzbare Anlagevermögen – Absetzung für Abnutzung und Substanzverringerung (ohne Gebäude-AfA)	90
4.1.1	Einführung (Zweigleisigkeit der AfA)	90
4.1.2	Die planmäßige AfA im Steuerrecht – Überblick	91
4.1.2.1	Ein (erster) Vergleich der linearen und der degressiven AfA	91
4.1.2.2	Die Leistungs-AfA gemäß § 7 Abs. 1 S. 6 EStG	92
4.1.3	Die Ausnahme: Absetzung für außergewöhnliche technische oder wirtschaftliche Abnutzung (§ 7 Abs. 1 S. 7 EStG)	92
4.1.4	AfA-Berechtigung	94
4.1.5	Beginn und Ende der AfA	94
4.1.5.1	Beginn der AfA	94
4.1.5.2	Ende der AfA: Ausscheiden des Wirtschaftsguts	94
4.1.6	Die Bemessungsgrundlage bei der AfA (R 7.3 EStR)	95
4.1.7	Nachträgliche Herstellungskosten	95
4.1.8	Nachholung unterlassener AfA (R 7.4 Abs. 10 EStR und H 7.5 EStH)	97
4.1.9	AfA nach außergewöhnlicher Absetzung oder Teilwertabschreibung	97
4.1.10	AfA nach Gewährung eines Zuschusses in einem auf das Jahr der Anschaffung oder Herstellung folgenden Wirtschaftsjahr	97
4.1.11	Maßgeblichkeit der Handelsbilanz für die Steuerbilanz bei der Wahl der linearen oder degressiven AfA	97
4.1.12	Übersicht: lineare, degressive und Leistungs-AfA	98

4.2	AfA bei Gebäuden	98
4.2.1	Allgemeines	98
4.2.2	Lineare AfA nach § 7 Abs. 4 EStG	99
4.2.2.1	Der AfA-Satz	99
4.2.2.2	Außerordentliche Absetzung (AfaA)	100
4.2.2.3	Beginn der Nutzungsdauer (§ 11c Abs. 1 EStDV)	100
4.2.2.4	Bemessungsgrundlage für die AfA	101
4.2.2.5	Überführung von Grundstücken und Grundstücksteilen vom Privatvermögen in das Betriebsvermögen und umgekehrt (R 7.3 Abs. 6 EStR)	102
4.2.2.6	Zuschuss in einem dem Jahr der Anschaffung oder Herstellung folgenden Wirtschaftsjahr	103
4.2.2.7	AfA nach einer Wertaufholung gemäß § 6 Abs. 1 Nr. 1 S. 4 oder gemäß § 7 Abs. 4 S. 3 EStG	103
4.2.2.8	Besonderheiten bei nachträglichen Herstellungskosten	103
4.2.3	Staffel-degressive AfA nach § 7 Abs. 5 EStG	104
4.2.3.1	Degressive AfA bei neuen Wohngebäuden	104
4.2.3.2	Übergang zu anderen AfA-Methoden und Absetzung für außergewöhnliche Abnutzung	105
4.2.3.3	Bemessungsgrundlage für die AfA	105
4.2.3.4	Nachträgliche Herstellungskosten	105
4.2.4	AfA bei Personengesellschaften (bei Mitunternehmern)	105
4.2.5	Nachholung unterlassener AfA	106
4.2.6	Maßgeblichkeit der Handelsbilanz für die Steuerbilanz bei der Wahl der linearen oder degressiven AfA	107
4.2.7	AfA bei selbständigen Gebäudeteilen	107
4.3	Gemeinsame Vorschriften für erhöhte Absetzungen und Sonderabschreibungen (§ 7a EStG, R 7a EStR)	107
4.3.1	Nachträgliche Herstellungs- oder Anschaffungskosten	107
4.3.2	Nachträgliche Minderung der Anschaffungs- oder Herstellungskosten	108
4.3.3	Mindestabsetzung bei erhöhten Absetzungen	109
4.3.4	AfA neben Sonderabschreibungen	109
4.3.5	Kumulierungsverbot	109
4.3.6	Abschreibungen bei mehreren Beteiligten	109
4.3.7	Buchmäßiger Nachweis	109
4.3.8	AfA nach Sonderabschreibungen	110
4.4	Investitionsabzugsbetrag und Sonderabschreibung gemäß § 7g EStG	111
4.4.1	Regelung des § 7g EStG	111
4.4.2	Persönliche Voraussetzungen	111
4.4.3	Sachliche Voraussetzungen	112
4.4.4	Höhe des Investitionsabzugsbetrags (§ 7g Abs. 2 EStG)	113
4.4.5	Höhe der Sonderabschreibung (§ 7g Abs. 5 EStG)	113
4.4.6	Begünstigte Wirtschaftsgüter (§ 7g Abs. 3 S. 1 EStG)	113
4.4.7	Hinzurechnung des Investitionsabzugsbetrags	113
4.4.8	Herabsetzung der Anschaffungs- oder Herstellungskosten	113
4.4.9	Rückgängigmachung des Abzugs (§ 7g Abs. 4 EStG)	113
4.4.9.1	Fehlende Hinzurechnung des Abzugsbetrags	113

4.4.9.2	Fehlende betriebliche Nutzung des begünstigten Wirtschaftsguts in einer inländischen Betriebsstätte	114
4.4.10	Anwendung bei Personengesellschaften	114
4.4.11	Abschließende Beispiele	114
4.4.12	Sonderthema: Ansparrücklage und Betriebsveräußerung	116
5	Investitionszulage	116
II	**Der Betriebsvermögensvergleich**	**117**
1	Bilanzierungsgrundsätze	117
1.1	Allgemeines	117
1.2	Vollständigkeitsgebot	117
1.3	Unterschied Vermögensgegenstand/Wirtschaftsgut	117
1.4	Persönliche Zurechnung der Wirtschaftsgüter	118
1.4.1	Allgemeine Grundsätze	118
1.4.2	§ 39 Abs. 2 Nr. 1 AO in der Bilanzierung	118
1.4.2.1	Unmittelbarer Anwendungsfall des wirtschaftlichen Eigentums	119
1.4.2.2	Ergänzungstatbestände (Auflistung)	119
1.5	Das Finanzierungsleasing als besondere Form des wirtschaftlichen Eigentums	121
1.5.1	Das Leasing als »Auslöser« für § 39 Abs. 2 Nr. 1 AO	121
1.5.2	Die allgemeinen Kriterien der subjektiven Zuordnung beim Leasing	121
1.5.3	Besonderheiten in der bilanziellen Darstellung des Leasings	123
1.6	Mietereinbauten	125
1.6.1	Allgemeines	125
1.6.2	Scheinbestandteile	125
1.6.3	Betriebsvorrichtungen	126
1.6.4	Sonstige Mietereinbauten/Mieterumbauten	126
1.6.4.1	Erste Fallgruppe: Mieter ist wirtschaftlicher Eigentümer	126
1.6.4.2	Zweite Fallgruppe: Betriebliche Zweckbauten	126
1.6.4.3	Dritte Fallgruppe: Immaterielle Wirtschaftsgüter	126
1.6.5	Klausurtechnik	127
1.7	Das Betriebsvermögen aus steuerlicher Sicht	128
1.7.1	Grundsatz	128
1.7.2	Notwendiges Betriebsvermögen	129
1.7.3	Notwendiges Privatvermögen	129
1.7.4	Gewillkürtes Betriebsvermögen	129
1.7.5	Gliederung des Betriebsvermögens	130
1.8	Bilanzierungsverbote	131
2	Maßgeblichkeit der Handelsbilanz für die Steuerbilanz	131
2.1	Grundsatz der Maßgeblichkeit der Handelsbilanz für die Steuerbilanz	131
2.1.1	Allgemeines	131
2.1.2	Der Grundsatzbeschluss des Bundesfinanzhofs vom 03.02.1969	132
2.1.3	Durchbrechung der Maßgeblichkeit	133
2.1.4	Aufstellung einer abweichenden Steuerbilanz	134
2.1.5	Anpassung der Bilanzposten außerhalb der Bilanz	136

2.1.6	Schematische Darstellung der Abweichungen zwischen Handelsbilanz und Steuerbilanz	137
2.1.6.1	Darstellung der Abweichungen für alle Unternehmensformen	137
2.1.6.2	Darstellung der Abweichungen nur für Kapitalgesellschaften	139
2.1.6.3	Darstellung der Abweichungen für Personengesellschaften	140
2.1.6.4	Darstellung der Abweichungen nur für Einzelunternehmen und im Rahmen des Sonderbetriebsvermögens bei Personengesellschaften	140
2.1.7	Klausurtechnik	141
3	Einzelne Ansatzvorschriften	142
3.1	Immaterielle Vermögensgegenstände	142
3.1.1	Bilanzierungsvorschriften	142
3.1.1.1	Grundsätzliches Bilanzierungsgebot	142
3.1.1.2	Bilanzierungsverbot	142
3.1.1.3	Entgeltlicher Erwerb eines immateriellen Wirtschaftsguts	144
3.1.2	Immaterielles Gesamtwirtschaftsgut	144
3.1.3	Immaterielle Einzelwirtschaftsgüter	144
3.2	Rechnungsabgrenzungsposten	146
3.2.1	Aktive Rechnungsabgrenzung	146
3.2.2	Passive Rechnungsabgrenzung	147
3.2.3	Gemeinsame Voraussetzung für die Bildung von Rechnungsabgrenzungsposten	147
3.2.4	Spezialvorschriften	148
3.2.5	Damnum (Disagio)	149
4	Bewertungsfragen	150
4.1	Bewertungsgrundsätze	150
4.1.1	Allgemeines	150
4.1.2	Die einzelnen Grundsätze	150
4.1.2.1	Bilanzidentität (§ 252 Abs. 1 Nr. 1 HGB)	150
4.1.2.2	Going-Concern-Prinzip (§ 252 Abs. 1 Nr. 2 HGB)	150
4.1.2.3	Einzelbewertung, Stichtagsprinzip (§ 252 Abs. 1 Nr. 3 HGB)	151
4.1.2.4	Vorsichts-, Realisations- und Imparitätsprinzip (§ 252 Abs. 1 Nr. 4 HGB)	151
4.1.2.5	Abgrenzungsgrundsätze (§ 252 Abs. 1 Nr. 5 HGB)	151
4.1.2.6	Bewertungsstetigkeit (§ 252 Abs. 1 Nr. 6 HGB)	151
4.1.2.7	Wertaufhellungsgrundsatz (§ 252 Abs. 1 Nr. 4 HGB)	152
4.1.3	Anwendungsgrundsätze für die Wertaufhellung	154
4.1.3.1	Tag der Bilanzaufstellung	154
4.1.3.2	Bessere Erkenntnis nach der Bilanzaufstellung	154
4.1.3.3	Wertaufhellende und wertbeeinflussende Tatsachen	154
4.1.3.4	Wertaufhellende Tatsachen	154
4.1.3.5	Wertbeeinflussende Tatsachen	155
4.1.3.6	Die Wertaufhellungstheorie bei Pauschalbewertungen	155
4.1.3.7	Realisationsprinzip	156
4.2	Bewertungsvorschriften nach Handels- und Steuerrecht	159
4.2.1	Handelsrechtliche Bewertung des abnutzbaren Anlagevermögens	159
4.2.2	Steuerrechtliche Bewertung des abnutzbaren Anlagevermögens	160
4.2.3	Handelsrechtliche Bewertung des nicht abnutzbaren Anlagevermögens	160

4.2.4	Steuerrechtliche Bewertung des nicht abnutzbaren Anlagevermögens	161
4.2.5	Handelsrechtliche Bewertung des Umlaufvermögens	162
4.2.6	Steuerrechtliche Bewertung des Umlaufvermögens	162
4.2.7	Voraussichtlich dauernde Wertminderung und Wertaufholung im Steuerrecht	163
4.2.7.1	Gesetzliche Vorschriften	163
4.2.7.2	Anweisungen der Finanzverwaltung	163
4.2.7.3	Definition der dauernden Wertminderung	163
4.2.7.4	Teilwertabschreibung beim abnutzbaren Anlagevermögen	164
4.2.7.5	Wertaufholung beim abnutzbaren Anlagevermögen	165
4.2.7.6	Teilwertabschreibung beim nicht abnutzbaren Anlagevermögen	166
4.2.7.7	Wertaufholung beim nicht abnutzbaren Anlagevermögen	169
4.2.7.8	Teilwertabschreibung beim Umlaufvermögen	169
4.2.7.9	Wertaufholung beim Umlaufvermögen	170
4.2.7.10	Die Verwaltungsmeinung zur dauernden Wertminderung (Kritik)	170
5	Bewertungsmaßstäbe und Erwerbsmodalitäten	171
5.1	Anschaffungskosten	171
5.1.1	Handelsrecht	171
5.1.2	Steuerrecht	171
5.1.2.1	Einzelkosten/Gemeinkosten	172
5.1.2.2	Gesamtkaufpreis für mehrere Wirtschaftsgüter	172
5.1.2.3	Gebäudeabbruch im Zusammenhang mit dem Erwerb eines Grundstücks	172
5.1.2.4	Übernahme von Verbindlichkeiten	176
5.1.2.5	Anschaffung in Fremdwährung	176
5.1.2.6	Umsatzsteuer (Vorsteuer)	176
5.1.2.7	Zuschüsse zur Anschaffung oder Herstellung von Anlagegütern	176
5.1.2.8	Nachträgliche Anschaffungskosten und nachträgliche Minderung der Anschaffungskosten	177
5.1.2.9	Garantierückbehalt	177
5.1.2.10	Verdeckte Gewinnausschüttung	177
5.1.2.11	Tausch	178
5.1.2.12	Finanzierungskosten	178
5.1.2.13	»Fiktive« Anschaffungskosten in Fällen des unentgeltlichen Erwerbs	178
5.1.2.14	Unentgeltlicher Erwerb im Privatvermögen und Einlage in das Betriebsvermögen	179
5.1.2.15	Gesetzliche Regelung für »anschaffungsnahe Herstellungskosten«	180
5.2	Herstellungskosten	180
5.2.1	Handelsrecht	180
5.2.2	Steuerrecht	181
5.3	Börsen- oder Marktpreis	183
5.4	Beizulegender Wert	183
5.5	Teilwert	184
5.5.1	Allgemeines	184
5.5.2	Vermutungen für die Höhe des Teilwerts (Teilwertvermutung)	185
5.5.3	Widerlegung der Teilwertvermutung	185
5.5.4	Besonderheit bei der Bestimmung der Höhe der Teilwertabschreibung	185

5.5.5	Teilwertabschreibung bei festverzinslichen Wertpapieren	185
5.6	Gemeiner Wert	186
III	**Einzelne Aktivposten**	**187**
1	Grundstücke und Gebäude	187
1.1	Allgemeines	187
1.2	Gebäudeteile	189
1.2.1	Grundsatz	189
1.2.2	Gebäudeteile als selbständige Wirtschaftsgüter	189
1.2.3	Einteilung eines Gebäudes nach Funktionszusammenhang (R 4.2 Abs. 4 EStR)	189
1.2.4	Zugehörigkeit von Grundstücken und Grundstücksteilen zum Betriebsvermögen von Einzelunternehmen	191
1.2.4.1	Notwendiges Betriebsvermögen (R 4.2 Abs. 7 EStR)	191
1.2.4.2	Gewillkürtes Betriebsvermögen (R 4.2 Abs. 9 EStR)	192
1.2.4.3	Behandlung der Grundstückseinnahmen und -ausgaben	192
1.2.4.4	Wegfall der Voraussetzungen für die Behandlung als Betriebsvermögen	192
1.2.5	Zugehörigkeit von Grundstücken und Grundstücksteilen zum Betriebsvermögen von Personengesellschaften	193
1.2.5.1	Notwendiges Betriebsvermögen (R 4.2 Abs. 11 und 12 EStR)	193
1.2.5.2	Gewillkürtes Betriebsvermögen	194
1.2.5.3	Grundstücksteile im Betriebsvermögen von Personengesellschaften	194
1.2.5.4	Wegfall der Voraussetzungen für die Behandlung als Betriebsvermögen	195
1.2.6	Zugehörigkeit von Grundstücken und Grundstücksteilen zum Betriebsvermögen von Kapitalgesellschaften	195
1.2.7	Weitere Fälle zu R 4.2 EStR	195
2	Technische Anlagen, Maschinen, Betriebs- und Geschäftsausstattung	197
2.1	Technische Anlagen und Maschinen	197
2.2	Betriebs- und Geschäftsausstattung	197
2.3	Geleistete Anzahlungen	198
2.4	Anlagen im Bau	198
3	Beteiligungen an Kapitalgesellschaften	198
3.1	Vorbemerkung	198
3.2	Begriff	198
3.3	Bewertung	199
3.3.1	Anschaffungskosten	199
3.3.2	Niedrigerer beizulegender Wert/Teilwert	199
3.4	Beteiligungserträge	200
3.4.1	Allgemeines	200
3.4.2	Sonderfall der »phasengleichen Aktivierung«	201
3.4.3	Höhe der Beteiligungserträge	201
4	Wertpapiere	202
4.1	Allgemeines	202
4.2	Zurechnung der Wertpapiere zum Betriebsvermögen	202
4.3	Anschaffungskosten	202
4.4	Niedrigerer Stichtagswert/Teilwert	202

4.4.1	Grundsatz	202
4.4.2	Ermittlung des niedrigeren Teilwerts	204
4.5	Einzelbewertung/Durchschnittsbewertung	205
4.6	Anwendung von Verbrauchsfolgeverfahren?	206
4.7	Bezugsrechte und junge Aktien	206
4.8	Behandlung der Stückzinsen	207
4.9	Behandlung der Wertpapiererträge	208
4.9.1	Steuerliche Behandlung der Erträge aus Aktien	208
4.9.2	Buchhalterische Behandlung	208
4.9.3	Beteiligung einer Kapitalgesellschaft	209
4.9.4	Buchmäßige Behandlung der Erträge aus festverzinslichen Wertpapieren	209
5	Vorräte	210
5.1	Definition	210
5.2	Teilwertabschreibungen bei Warenvorräten	210
5.2.1	Teilwertabschreibung beim Sinken der Einkaufspreise	210
5.2.2	Teilwertabschreibung bei Unbrauchbarkeit oder Beschädigung der Ware	210
5.2.3	Teilwertabschreibung beim Sinken der Verkaufspreise	211
5.3	Gängigkeitsabschlag	211
5.4	Verlustfreie Bewertung/retrograde Ermittlung des Teilwerts	212
5.5	Bewertungsvereinfachungsverfahren	212
5.5.1	Durchschnittsbewertung	212
5.5.1.1	Handelsrechtliche Regelung	212
5.5.1.2	Steuerrechtliche Regelung	212
5.5.2	Verbrauchsfolgeunterstellung	213
5.5.2.1	Handelsrechtliche Regelung	213
5.5.2.2	Steuerrechtliche Regelung	214
5.5.2.3	Unterschied Handelsrecht/Steuerrecht	214
5.5.2.4	Vorratsbewertung nach der Lifo-Methode	214
5.5.2.5	Teilwertabschreibungen (R 6.9 Abs. 6 EStR)	217
5.6	Festwert	217
5.6.1	Handelsrechtliche Regelung	217
5.6.2	Steuerrechtliche Regelung	217
6	Forderungen und ihre Bewertung	218
6.1	Forderungen im Anlagevermögen und Umlaufvermögen	218
6.2	Bewertung der Forderungen	219
6.2.1	Anschaffungskosten	219
6.2.2	Niedrigerer Stichtagswert/Teilwert	219
6.2.3	Verrechnungsverbot	222
6.2.4	Sonderfall der Forderung: Unfertige Bauten auf fremdem Grund und Boden	222
6.2.4.1	Grundsatz	222
6.2.4.2	Bewertung	222
6.2.4.3	Die neuere einschlägige BFH-Rechtsprechung	223
7	Bewertung von Fremdwährungsposten in der Bilanz	223
7.1	Einleitung	223
7.2	Bewertungsgrundsatz	224

7.3	Zeitpunkt der Bewertung	225
7.3.1	Devisenbestände und Konten in ausländischer Währung	225
7.3.2	Forderungen und Verbindlichkeiten in ausländischer Währung	225
7.3.3	In ausländischer Währung angeschaffte Vermögensgegenstände	226
7.3.4	Schwebende Geschäfte	226
7.4	Devisentermingeschäfte	227
7.5	Geschlossene Position	228
7.6	Wertpapiere in ausländischer Währung	229
IV	**Geringwertige Wirtschaftsgüter**	**231**
V	**Einzelne Passivposten**	**235**
1	Steuerfreie Rücklagen	235
1.1	Übertragung stiller Reserven bei der Veräußerung bestimmter Anlagegüter (§ 6b EStG)	235
1.1.1	Grundsatz	235
1.1.2	Voraussetzungen	236
1.1.3	Übertragung aufgedeckter stiller Reserven	236
1.1.3.1	Begünstigte Wirtschaftsgüter	236
1.1.3.2	Höhe der Übertragung	237
1.1.4	Bildung einer Rücklage	237
1.1.5	Auflösung der Rücklage	238
1.1.6	Gewinnzuschlag	238
1.1.7	Übertragung von Gewinnen aus der Veräußerung von Anteilen an Kapitalgesellschaften	239
1.1.7.1	Allgemeines	239
1.1.7.2	Die steuerfreie Rücklage	239
1.1.7.3	Anwendung auf Personengesellschaften	241
1.1.7.4	Behandlung von einbringungsgeborenen Anteilen	241
1.1.8	Übertragungsmöglichkeiten in personeller Hinsicht, insbesondere bei Mitunternehmern	242
1.1.9	Aufgabe oder Veräußerung des Betriebs	244
1.1.10	Fortführung der Rücklage bei der Realteilung von Personengesellschaften	244
1.1.11	Reinvestitionsrücklage in der Handelsbilanz	244
1.2	Übertragung stiller Reserven bei Ersatzbeschaffung (R 6.6 EStR)	244
1.2.1	Voraussetzungen	244
1.2.2	Höhere Gewalt/behördlicher Eingriff	246
1.2.3	Entschädigung	246
1.2.4	Übertragung aufgedeckter stiller Reserven	246
1.2.5	Ersatzwirtschaftsgut	248
1.2.6	Bildung einer Rücklage für Ersatzbeschaffung (RfE)	248
1.2.7	Auflösung der Rücklage	248
1.2.8	Aufgabe und Veräußerung des Betriebs	249
1.2.9	Neuere Rechtsprechung zu R 6.6 EStR	249
1.3	Rücklage gemäß § 7g Abs. 3 EStG	249

2	Rückstellungen	249
2.1	Allgemeines	249
2.2	Rückstellungen in der Handelsbilanz	250
2.2.1	Bilanzierungsvorschriften (§§ 249 und 274 Abs. 1 HGB)	250
2.2.2	Bewertungsvorschriften (§ 253 Abs. 1 und 2 HGB)	250
2.3	Rückstellungen in der Steuerbilanz	250
2.3.1	Bilanzierungsvorschriften (Grundregel)	250
2.3.2	Gesetzliche Vorschriften über Rückstellungen im Steuerrecht	250
2.3.2.1	Präzisierung der Grundregel	251
2.3.2.2	Ausnahmen von der Grundregel	252
2.3.3	Bewertung von Rückstellungen in der Steuerbilanz (§ 6 Abs. 1 Nr. 3a EStG)	252
2.4	Spezielle Probleme bei der Bildung von Rückstellungen in der Steuerbilanz	255
2.4.1	Der Haupttyp: Rückstellung für ungewisse Verbindlichkeiten	255
2.4.2	Rückstellung für öffentlich-rechtliche Verpflichtungen	255
2.5	Besondere Rückstellung in der Handelsbilanz	259
2.6	Auflösung der Rückstellung	260
3	Verbindlichkeiten	261
3.1	Verbindlichkeiten im Anlagevermögen und Umlaufvermögen	261
3.2	Bewertung der Verbindlichkeiten	262
3.2.1	Erfüllungsbetrag	262
3.2.2	Höherer Stichtagswert/Teilwert	262
3.2.3	Abgeld/Aufgeld	262
3.2.4	Verbindlichkeiten in ausländischer Währung	263
3.2.5	Abzinsung von Verbindlichkeiten	263
3.3	Bewertung von Rentenverbindlichkeiten	265
3.4	Saldierungsverbot	266
3.5	Verpflichtungsübernahmen	266
VI	**Übertragung von Wirtschaftsgütern auf andere Betriebsvermögen**	267
1	Grundsatz	267
2	Übertragungen in das Gesamthandsvermögen einer Personengesellschaft	267
3	Ergänzende Bestimmungen	270
3.1	Übertragung mit dem Buchwert	270
3.2	Übertragung mit dem Teilwert	270
4	Überführung von Wirtschaftsgütern zwischen dem inländischen Betriebsvermögen und einer ausländischen Betriebsstätte	271
4.1	Gesetzliche Regelung	271
4.2	Anwendung bestehender Vorschriften	271
4.2.1	Ausgleichsposten nach dem Betriebsstättenerlass	271
4.2.2	Ausgleichsposten nach § 4g EStG	272
4.2.3	Gesetzliche Regelung der finalen Entnahme und der finalen Betriebsaufgabe	273

VII	**Technische Fragen**	274
1	Notwendigkeit von Anpassungen	274
1.1	Betriebsvermögensvergleich	274
1.2	Die Zweischneidigkeit der Bilanz	274
1.3	Gewinnauswirkung von Bilanzberichtigungen auf das Ergebnis von zwei aufeinander folgenden Jahren	274
1.4	Gewinnauswirkung der Berichtigung von Entnahmen und Einlagen	275
2	Die »Mehr/Weniger«-Rechnung	276
2.1	Die Bilanzpostenmethode	276
2.2	Die G + V-Methode	277
2.3	Einzelfälle (gleichzeitig formale Darstellung)	278
2.3.1	Erhöhung eines Aktivpostens	278
2.3.2	Erhöhung eines Passivpostens	281
2.3.3	Änderungen im »Privatbereich«	282
2.3.4	Korrektur der nicht abzugsfähigen Betriebsausgaben gemäß § 4 Abs. 5, 5b und 7 EStG	284
2.3.5	Zusammenfassung/Formular bei der Mehr/Weniger-Rechnung	285
3	Notwendigkeit der Anpassungen an die Prüferbilanz	286
3.1	Allgemeines	286
3.2	Anpassungsbuchungen in der Buchführung des geprüften Unternehmens	287
4	Bilanzberichtigung, Bilanzänderung und Bilanzenzusammenhang	292
4.1	Bilanzberichtigung und Bilanzänderung	292
4.1.1	Bilanzberichtigung nach § 4 Abs. 2 S. 1 EStG	292
4.1.2	Bilanzänderung nach § 4 Abs. 2 S. 2 EStG	294
4.2	Der Bilanzenzusammenhang und seine Durchbrechung	296

A   Besteuerung der Einzelunternehmen

Das Gliederungskonzept des zweiten Bandes folgt der wirtschaftlichen Realität und zugleich den rechtlichen Rahmenbedingungen, die auch für das Steuerrecht bindend sind. Es gibt nach dem deutschen Unternehmensrechtsverständnis nur drei Unternehmensträger: die Einzelperson, die PersG und die KapG. Die Unternehmens-Trias ist als Konstante für das (Ertrag-)Steuerrecht bindend, wenngleich die Wissenschaft immer wieder eine Gleichbesteuerung aller Unternehmensträger postuliert (sog. rechtsformneutrale Besteuerung). Sämtliche Versuche, die Rechtsformneutralität im Ertragsteuerrecht einzuführen, scheiterten bis zum heutigen Tag. Man hat sich für die Ertragsteuer auf den kleinsten gemeinsamen Nenner verständigt und gewährt PersG, die ihre Gewinne einbehalten, seit dem VZ 2008 auf Tarifebene Steuersätze, die denen von KapG angenähert sind (die sog. Thesaurierungsbesteuerung).[1]

Das »gewachsene« dreiteilige Unternehmensrecht (insb. das Gesellschaftsrecht) sollte nicht durch ein steuerliches Kunstprodukt aufgebrochen werden. Außerdem trägt das Steuerrecht der Dreiteilung, zumindest der Zweiteilung in Personenunternehmen und Körperschaften, hinreichend Rechnung.

Jeder dieser Unternehmensträger ermittelt als Ergebnis seiner wirtschaftlichen Betätigung den Gewinn mit eigenen Bilanzvorschriften, der sodann die betriebliche[2] Besteuerungsgrundlage darstellt. Die Gewinnermittlungen der PersG und der KapG folgen – auch hier – als jeweilige Spezialregelung der Gewinnermittlung des Einzelunternehmers. Die betriebliche Besteuerungsgrundlage des Einzelunternehmers ist die vorgezogene Klammer für alle Unternehmensträger.

---

[1] Etwas anders sieht es im Erbschaftsteuerrecht aus: Dort erfolgt die Unternehmensbewertung seit 2009 weitgehend rechtsformneutral.
[2] Hier als Sammelbegriff für gewerbliche, selbständige und L + F-Einkünfte.

I Grundfragen der Gewinnermittlung (inklusive § 4 Abs. 3-Rechnung)

Das deutsche Einkommensteuerrecht fußt auf einer Zweiteilung der Einkünfte in Gewinn- und Überschusseinkünfte (sog. **Dualismus** der Einkunftsarten bzw. der Einkunftsermittlung; § 2 Abs. 2 EStG).

Für die **Gewinnermittlung** sind mehrere Ermittlungstechniken vorgesehen. Die wichtigsten sind dabei der – auf einer Bilanz basierende – Betriebsvermögensvergleich (BVV[3]) nach § 4 Abs. 1 EStG und die Überschussrechnung nach § 4 Abs. 3 EStG.[4] Beide Ermittlungstechniken sind gleichberechtigt und stehen selbständig nebeneinander.[5]

Beginnend[6] mit der Überschussrechnung werden im ersten Gliederungspunkt die wichtigsten Gemeinsamkeiten und Unterschiede der betrieblichen Gewinn-Einkunftsermittlungen dargestellt. Die thematische Überleitung zum Bilanzrecht, dem die anschließende Darstellung gewidmet ist, leistet hier der »Wechsel der Gewinnermittlung«, dem zugleich die Funktion eines Kurzrepetitoriums der Bilanztechnik zukommt.

1 Betriebsvermögensvergleich und Einnahmenüberschussrechnung

1.1 Überblick

Die Vorgängerbestimmung (§ 12 Abs. 1 S. 3 EStG 1925) zur heutigen »Einnahmen-Ausgaben-Rechnung« (bzw. Einnahmenüberschussrechnung, Überschussrechnung oder abgekürzt: EÜR) nach § 4 Abs. 3 EStG machte die Anwendung dieser »vereinfachten« Gewinnermittlungstechnik von fehlenden wesentlichen Schwankungen im Betriebsvermögen abhängig. Diese Wechselbezüglichkeit zwischen (einer Bestandsveränderung in) dem Betriebsvermögen und der Überschussrechnung wurde im Jahre 1954 fallengelassen.

Damit ist der Weg für ein **verselbständigtes technisches** Verständnis der Überschussrechnung nach § 4 Abs. 3 EStG frei geworden. Natürlich führen nur Geschäftsvorfälle, die durch **WG des Betriebsvermögens** ausgelöst werden, zu berücksichtigungsfähigen Ergebnissen bei der Überschussrechnung. Anders formuliert: Erträge oder Aufwendungen mit WG des Privatvermögens sind für die steuerliche Gewinnermittlung nach § 4 Abs. 3 EStG obsolet. Damit ist gleichzeitig zum Ausdruck gebracht, dass zentrale Begriffe der betrieblichen Ge-

---

3 Dieser wiederum lässt sich historisch auf die Reinvermögenszugangstheorie zurückführen, der zufolge das Gesamtergebnis betrieblicher Betätigung einschließlich der (z.B. durch Verkauf) realisierten Wertsteigerungen erfasst wird.
4 Diese basiert grundsätzlich auf der **Quellentheorie**. Daneben kommt noch die Gewinnermittlung nach Durchschnittssätzen in der Landwirtschaft (§ 13a EStG) sowie die ertragsunabhängige Tonnagesteuer nach § 5a EStG (aus dem Betrieb von Handelsschiffen) in Betracht.
5 H.M. (vgl. *Weber-Grellet* in *Kirchhof/Söhn*, § 4 D 3 sowie *Segebrecht/Gunsenheimer*, Einnahmenüberschussrechnung, 14. Aufl., Rz. 3).
6 Dieser Aufbau ist gelegentlich kritisiert worden. An ihm wird dennoch festgehalten, da sich anhand § 4 Abs. 3 EStG die Grundzüge der Gewinnermittlung besser erklären lassen. Außerdem hat die Überschussrechnung durch die Einführung (und Beifügung) eines Formulars (Anlage EÜR) ab 01.01.2004 eine gewisse Aufwertung erfahren.

winnermittlung wie Betriebseinnahmen (BE), Betriebsausgaben (BA) oder der Begriff des WG in beiden Ermittlungsmethoden einheitlich gebraucht werden.

Zwei Gesichtspunkte sind bei der Auslegung von § 4 Abs. 3 EStG allerdings in der Rspr. des BFH von Bedeutung gewesen:

- Anders als die bilanzielle Gewinnermittlung durch BVV nach § 4 Abs. 1 und §§ 5 ff. EStG (inkl. §§ 4a–e EStG) ist die Überschussrechnung vom Gesetzgeber sehr zurückhaltend mit (heute) nur fünf Sätzen geregelt worden. Die als **Ist- oder Geldrechnung** konzipierte § 4 Abs. 3-Rechnung ist insoweit zwangsläufig lückenhaft (eine »lex imperfecta«[7]).
- Die Regelungslücken werden dabei weitestgehend – unter dem Gesichtspunkt der »**Totalgewinnidentität**« – durch einen Rückgriff auf die Rechtsfolgen der bilanzierenden Gewinnermittlung geschlossen. Die Rspr. lässt sich dabei in der Beurteilung der Gewinnauswirkung von Geschäftsvorfällen, bezogen auf die gesamte Lebensdauer des Unternehmens, von einem **einheitlichen** Gewinnbegriff leiten (BFH vom 06.12.1972, BStBl II 1973, 293).[8] Die unterschiedliche zeitlich-periodische Berücksichtigung der einzelnen Geschäftsvorfälle ändert nichts an dieser Grundsatzfeststellung (zuletzt BFH vom 15.04.1999, BStBl II 1999, 481).

Der **Vordruck** (Anlage EÜR) ist nur von Gewinn(einkunfts)erzielern auszufüllen, deren Betriebseinnahmen über 17.500 € liegen.[9] Gem. § 84 Abs. 3d i.V.m. § 60 Abs. 4 EStDV und § 150 Abs. 7 und 8 AO ist für Wj. ab 2011 vorgeschrieben, dass die EÜR mittels Datenfernübertragung an das FA übermittelt werden. Laut BMF-Schreiben vom 01.07.2011 wurde der erstmalige Anwendungszeitpunkt der E-Bilanz auf das Jahr 2012 um ein Jahr verschoben. In Härtefällen kann gem. § 60 Abs. 4 S. 2 EStDV i.V.m. § 150 Abs. 8 AO beantragt werden, dass von der elektronischen Übertragung abgesehen wird (BMF vom 19.01.2010, BB 2010, 370). Mit Urteil des BFH vom 16.11.2011 (BStBl II 2012, 129) ist nunmehr verbindlich geklärt, dass sich die Abgabepflicht des Vordrucks aus § 51 Abs. 1 Nr. 1a EStG ergibt (ausreichende Ermächtigungsgrundlage).

Aus redaktionellen Gründen wird daher der Vordruck (abgekürzt: AnlEÜR) vor der eigentlichen Diskussion der EÜR (Kap. I 2) abgedruckt und kurz charakterisiert. Im Text wird bei den Einzelerläuterungen auf die jeweilige Zeile des Vordrucks verwiesen.

---

7 Der Begriff wird hier in dem Sinne gebraucht, dass die gesetzliche Regelung nicht den kompletten Regelungsbedarf abdeckt (vgl. *Weber-Grellet*, a.a.O., § 4 A 23 – im Unterschied zur Frage, ob die Norm ohne echte Verweisungen auf andere Gesetze auskommt).
8 Im Urteil des FG Münster vom 20.02.2002 (EFG 2002, 900) ist der einheitliche Gewinnbegriff auch bei der Überentnahmediskussion des § 4 Abs. 4a EStG beizubehalten und nicht durch AfA-Hinzurechnungen (sog. Cashflow I) zu korrigieren. Ebenso Zeile 32 und 33 AnlEÜR.
9 Identische (Aufgriffs-)Grenze wie die Kleinunternehmer-Regelung in § 19 Abs. 1 UStG.

1.2 Der technische Unterschied im Einzelnen

Als Eckpfeiler zur Charakterisierung der Hauptunterschiede werden herkömmlich die Begriffe »Soll-Rechnung« bei der Bilanzierung und »Ist-Rechnung« bei § 4 Abs. 3 EStG verwendet.

Beispiel 1: Ermittlungsbedarf bei Kleinunternehmer U
U erbringt am 27.12.01 ordnungsgemäß eine – umsatzsteuerfreie – Lieferung (bzw. eine Dienstleistung) gegenüber dem Kunden K. Hierüber wird noch in 01 eine Rechnung über 10.000 € erstellt. Die Rechnung wird im Februar 02 von K bezahlt.
Gleichzeitig bestellt U am 22.12.01 Ware auf Ziel vom Lieferanten L (5.000 € zzgl. 19 % USt). Die Ware wird am 20.01.02 bezahlt; die Wiederbeschaffungskosten (TW) der Ware betragen am 31.12.01 nur noch 4.000 €.
U möchte die Auswirkungen wissen, je nachdem, ob er bilanziert oder nach § 4 Abs. 3 EStG seinen Gewinn ermittelt.

Während beim BVV die Inventur bzw. die Bestandskonten (Grundlagen der Schlussbilanz) die maßgeblichen Informationen für die Gewinnermittlung nach § 4 Abs. 1 EStG liefern, spielt die Ermittlung und Bewertung des BV bei der Überschussrechnung grundsätzlich keine Rolle. Damit sind insb. Forderungen und Verbindlichkeiten für die Gewinnermittlung nach § 4 Abs. 3 EStG irrelevant (vgl. BFH vom 13.02.2003, BFH/NV 2003, 848).

Unter dem Regime des § 4 Abs. 3 EStG werden im jeweiligen VZ nur die **tatsächlichen Betriebs-Einnahmen und Betriebs-Ausgaben** dieser Periode erfasst. Anders als bei den Überschusseinkünften nach § 2 Abs. 2 Nr. 2 EStG (§ 2 Abs. 1 Nr. 4–7 EStG), die ebenfalls grundsätzlich der Quellentheorie[10] folgen, werden jedoch bei der § 4 Abs. 3-Rechnung auch **realisierte Wertveränderungen** des BV (Hauptfall: Veräußerungen von Anlage-WG[11]) berücksichtigt.

Lösung: Bei ordnungsgemäßer[12] Lieferung (Leistung) des U ist unter dem Gewinnregime des BVV die Forderung des U als Aktivposten und damit als Gewinn (i.H.v. 10.000 €) im Jahre 01 auszuweisen, während bei der Kassenrechnung (»Ist- oder Cash-Prinzip«) des § 4 Abs. 3 EStG erst die Bezahlung im Jahre 02 zu einem Gewinnausweis führt.
Ebenso bleibt nach der Überschussrechnung der Wareneinkauf in 01 unberücksichtigt – und dies in zweifacher Hinsicht:
- Erstens erfolgt eine Gewinn- (hier: Verlust-)Berücksichtigung erst mit der Bezahlung in 02 und
- zweitens bleibt die beim Bilanzierenden ggf. vorzunehmende TW-AfA nach § 6 Abs. 1 Nr. 2 S. 2 EStG (bei voraussichtlich dauernder Wertminderung) unberücksichtigt, da eine Bestandsermittlung und -bewertung bei der Überschussrechnung gerade nicht stattfindet.

---

10 Danach werden nur die Erträge aus der Quelle besteuert, aber nicht die Veräußerung der Einkunftsquelle selbst.
11 Gem. § 4 Abs. 3 S. 4 EStG ist seit 05.05.2006 diese Regelung auch auf Veräußerungen von Anteilen an KapG, Wertpapieren und vergleichbaren nicht verbrieften Forderungen und Rechten, Grund und Boden sowie Gebäude des **Umlaufvermögens anwendbar**.
12 Wegen des Realisationsgebotes nach § 252 Abs. 1 Nr. 4 HGB (ggf. i.V.m. § 5 Abs. 1 EStG) ist der Gewinn aus der Lieferung (Dienstleistung) nur dann als Forderung auszuweisen, wenn der Anspruch (hier: aus Kaufvertrag) entstanden ist und ihm keine Gewährleistungsansprüche (z.B. Minderung, Schadensersatz) gegenüberstehen.

Die steuerlichen Auswirkungen hängen demnach von den persönlichen Leistungsmerkmalen im jeweiligen VZ ab und können – je nach Gewinnermittlungsart und Steuersatz – zu einer unterschiedlich hohen Steuerbelastung führen. Es gibt **kein Gebot** einer »**Totalsteueridentität**«.

1.3 Der Personenkreis für die Überschussrechnung

Ausgehend von **§ 2 Abs. 2 Nr. 1 EStG** i.V.m. § 2 Abs. 1 Nr. 1–3 EStG kommen als (Gewinn-)Überschussrechner nur Land- und Forstwirte (L + F), Freiberufler und Gewerbetreibende in Betracht. Nachdem L + F in diesem Buch nicht näher behandelt wird, erschließt sich das Wahlrecht der Gewinnermittlung nach § 4 Abs. 1 EStG bzw. nach § 4 Abs. 3 EStG grundsätzlich nur für Freiberufler und Gewerbetreibende. Für die Gewerbetreibenden sehen allerdings §§ 140[13], 141[14] AO regelmäßig die Buchführungspflicht vor, sodass im Ergebnis nur Freiberufler und nichtkaufmännische Kleinstgewerbetreibende zwischen beiden Techniken wählen dürfen. Der Kreis der potentiellen § 4 Abs. 3-Rechner ist durch die deutliche Anhebung der Buchführungsgrenzen in § 141 AO durch das KleinUntFördG wesentlich erweitert worden.

Gem. § 241a HGB gelten für Wj. ab 2008 neue **Zwei-Jahres-Grenzen** für die handelsrechtliche Buchführungspflicht: Es besteht für Einzelkaufleute dann **keine Buchführungspflicht**, wenn – ab 2016 – bei zwei aufeinander folgenden Geschäftsjahren sowohl die **Umsatzerlöse unter 0,6 Mio. €** als auch der **Jahresüberschuss unter 60.000 €** blieb(en).

Beispiel 2: Steuerliche Zweiklassengesellschaft auf dem Flohmarkt
Ein Angestellter A (Dipl.-Ing.) und ein Selbständiger S (Dipl.-Ing. FH) verkaufen auf dem Flohmarkt je einen **zwei Jahre alten Laptop** (AK: 2.100 €; betriebsgewöhnliche ND: drei Jahre[15]) für 1.000 € (netto). Der Laptop wurde in beiden Fällen ausschließlich bei der Arbeit eingesetzt und ist in den Veranlagungen vom FA als Arbeitsmittel anerkannt worden.

Lösung: A konnte bei seiner Einkunftsermittlung nach § 19 EStG die jährliche AfA für den Laptop i.H.v. je 700 € als WK nach §§ 19, 9 Abs. 1 Nr. 7 S. 1 (Nr. 6 S. 2) EStG absetzen, ohne den Veräußerungsgewinn zu besteuern.
Der selbständige Ingenieur S hatte ebenso bei der laufenden Gewinnermittlung die (betragsmäßig identische) AfA als BA nach § 4 Abs. 4 i.V.m. § 4 Abs. 3 S. 3, § 7 Abs. 1 EStG zu berücksichtigen. Anders als bei Überschusseinkünften sind jedoch bei der Gewinneinkunftsart des § 18 EStG die Wertsteigerungen der eingesetzten betrieblichen WG zu berücksichtigen. Nachdem der Restwert des Laptop 700 € (2.100 € AK ./. 1.400 € AfA) und der Kaufpreis 1.000 € betragen, hat S noch einen Veräußerungsgewinn von 300 € zu versteuern. Mit der **Steuerverhaftung** der bei den Gewinneinkunftsarten eingesetzten WG (sog. **BV**) ist – im Unterschied zum PV (WG,

---

13 Nach § 140 AO ergibt sich auch für das Steuerrecht eine übertragene Buchführungspflicht aus §§ 238 ff., 1 ff. HGB (bzw. den kaufmännischen Nebengesetzen) für alle Kaufleute. Wegen § 1 Abs. 2 HGB n.F. (seit 01.07.1998) gilt dies für die Gewerbetreibende nicht, deren Betrieb einen in kaufmännischer Weise eingerichteten Geschäftsbetrieb nicht erfordert (kein Handelsgewerbe). Für diese Rest-Gruppe der Klein(st)gewerbetreibenden hängt die Buchführungspflicht in Zukunft davon ab, ob sie sich in das HR nach § 2 HGB eintragen lassen oder nicht.
14 Eine originäre steuerliche Buchführungspflicht besteht für alle Gewerbetreibende, die die dort genannten Grenzen für den Umsatz (600.000 €) bzw. den Gewinn (60.000 €) überschreiten; diese gilt allerdings erst nach Aufforderung durch das FA ab Beginn des nächsten Jahres, das der Aufforderung folgt (§ 141 Abs. 2 AO).
15 Aufgrund der AfA-Tabellen (BStBl I 2000, 1532 und BStBl I 2001, 860 Nr. 6.14.3.2) wird bei PC von drei Jahren ND ausgegangen.

die im Bereich der Überschusseinkünfte verwendet werden) – der eigentliche Unterschied der Einkunftsarten i.S.d. Dualismusdiskussion angesprochen. WG des PV sind nicht steuerverstrickt und Wertentwicklungen (nach oben/unten) werden dort nur ausnahmsweise respektive selektiv (§§ 17, 23 EStG) erfasst.

1.4 Formalia (Aufzeichnung, Wahl der Gewinnermittlung)

1.4.1 Aufzeichnung und Aufbewahrung

Anders als beim BVV (§§ 145 ff. AO) fehlen für die Überschussrechnung von Gesetzes wegen sowohl eine ausdrückliche Aufzeichnungspflicht als auch eine Aufbewahrungspflicht. Abgesehen von zahlreichen Einzelaufzeichnungspflichten innerhalb[16] und außerhalb[17] des EStG, die auch für den Überschussrechner gelten, hat der Überschussrechner in der Art der Aufzeichnung der BE bzw. BA freie Hand. Die Vorfrage der Aufzeichnungspflicht hat vor allem Konsequenzen für das Folgeproblem der Schätzung seitens des FA.

Beispiel 3: Die Handakte des Rechtsanwalts
Nur aus der Handakte (Endabrechnung/Kostenblätter) des Strafverteidigers R ergibt sich für das Jahr 01, dass ein jugendlicher Sexualstraftäter sein Honorar (5.000 € brutto) durch wirksame Abtretung einer Exklusivveröffentlichung in der BamS (Titel: Gerontophiler Eindringling im Altenheim: »Ich war drin«) beglichen hat. Im Rahmen einer Außenprüfung im Jahre 08 (Prüfungszeitraum: 01–05) geht es um die Frage, ob die Unterlagen aus der Handakte verwertbar sind, ggf. ob bei berechtigter Verweigerung die Einnahmen geschätzt werden dürfen.

Im Falle nicht ordnungsgemäßer Aufzeichnung der Unterlagen hat die Finanzverwaltung grundsätzlich die Möglichkeit der Schätzung (§ 162 Abs. 2 S. 2 AO). Diese Rechtsfolge greift natürlich nicht, wenn es keine einschlägige Aufzeichnungs- und Aufbewahrungspflicht gibt. Für die § 4 Abs. 3-Rechnung wird mehrheitlich die Auffassung vertreten, dass es zwar keine bestimmte Form der Aufzeichnung (z.B. keine Notwendigkeit einer geschlossenen Kassenbuchführung oder einer täglich-chronologischen Aufzeichnung oder der Entnahmen-/Einlagenerfassung[18]) gäbe, hingegen eine **vollständige Belegsammlung bzgl. der BE** und ein dokumentierter Nachweis der **betrieblichen Veranlassung jeder BA** vorliegen müsse. Ansonsten dürfe geschätzt werden. Diese Grundsätze (Einzelaufzeichnung der BE gem. § 22 UStG i.V.m. §§ 63 bis 68 UStDV) hat der BFH auch im Urteil vom 26.02.2004 bei fehlerhaften Aufzeichnungen im **Taxi**gewerbe angewandt; sie führten zu einer revisionsfesten Schätzung, nachdem sog. Schichtzettel nicht aufbewahrt wurden (BStBl II 2004, 599).

Lösung: Vorgreiflich ist darauf hinzuweisen, dass nur solche Informationen abgefragt werden dürfen, die nicht dem Berufsgeheimnis unterliegen (§ 200 i.V.m. § 102 AO). Diese gerade bei der Außenprüfung eines Berufsträgers geltenden Ermittlungsvorschriften führen dazu, dass bzgl. der Handakte eines RA (StB/WP) reine Mandanten-Tatsachen mangels Entbindung vom Berufsge-

---

16 Beispiel: § 4 Abs. 3 S. 5 EStG: Verzeichnis des nicht abnutzbaren AV; § 4 Abs. 4a S. 6 EStG: Schuldzinsenabzug; § 4 Abs. 7 EStG: nicht abzugsfähige BA; § 6c Abs. 2 EStG: Übertragung stiller Reserven.
17 Nach §§ 143, 144 AO muss bei Händlern der Wareneingang und -ausgang aufgezeichnet werden; insb. fallen darunter allerdings die umfangeichen Aufzeichnungspflichten nach dem UStG (§ 22 UStG; s. allerdings auch die Erleichterung nach § 63 UStDV).
18 So auch der BFH vom 12.12.2001 (StuB 2002, 508) und *Heinicke* in *Schmidt*, § 4 Rz. 374 f.

heimnis nicht preisgegeben werden dürfen. Anderseits stellen hiervon separierte Eintragungen ermittlungstaugliche Besteuerungsgrundlagen dar. Bei textlich-körperlicher Trennung kann die Auskunft zu Daten, die aus den Kostenblättern ersichtlich sind, nicht verweigert werden.[19]

Die steuerrelevante Information der wirksamen Abtretung des Pressehonorars kann jedoch nur dann abgefragt (bzw. bei Verweigerung geschätzt) werden, wenn sie noch aufbewahrt sein müsste. Aus dem Gesamtkontext des § 147 AO entnimmt die h.M. (Finanzverwaltung und Rspr.[20]) eine **zehnjährige Aufbewahrungspflicht** (§ 147 Abs. 3 i.V.m. § 147 Abs. 1 Nr. 1 und 4 AO) für sämtliche Belege. Die nur sechsjährige Aufzeichnungspflicht für sonstige Unterlagen kommt im Umkehrschluss zum Tragen, wenn sie zur Überprüfung des Vollständigkeitsgebotes bzgl. der BE und des Richtigkeitsgebotes bei den BA **nicht erforderlich** sind.

Für umsatzsteuerpflichtige BE – wie im vorliegenden Fall – wird schließlich auf das Aufzeichnungsgebot des § 22 UStG zurückgegriffen und insoweit die Zehnjahresfrist reklamiert. Diese Auffassung (mit dem Ergebnis, dass für Ärzte u.Ä. aufgrund der USt-Befreiung eine kürzere Frist gilt) kann aber nicht richtig sein, da das USt-Recht nicht über die Dauer der einkommensteuerrelevanten Aufzeichnung zu entscheiden hat.[21]

Mit den o.g. Argumenten kann das FA die Herausgabe der Handakte verlangen (Zehnjahresfrist) und bei verweigerter Mitwirkung eine Zuschätzung vornehmen. Hierbei liegt auch kein Verstoß gegen § 50 Abs. 2 BRAO (fünfjährige Aufbewahrung der Handakte) vor, da mit § 147 Abs. 3 S. 2 AO sichergestellt ist, dass durch kürzere berufliche Aufbewahrungspflichten die steuerlichen Fristen nicht außer Kraft gesetzt werden können.

Für **Taxiunternehmer** entschied der BFH am 18.03.2015 (NFH/NV 2015, 978), dass aus den sog. Schichtzetteln, die nach § 147 AO aufzubewahren sind, Rückschlüsse auf die Kassenbuchführung gezogen werden können.

Für einen sehr illustrativen Fall (Kosmetikstudio mit Zeitwertkonten) hat das FG Saarland am 21.06.2012 (Az.: 1 K 1124/10) allerdings entschieden, dass für **bargeldintensive Betriebe** ein detailliertes Kassenkonto/-buch zu führen ist. Eine elektronische Form der Kassenerfassung nach dem Office-Modell **Datev** (rein rechnerische Erfassung der Tageseinnahmen als Summenzahlen ohne ISt-Abgleich) genügt diesem Erfordernis **nicht**.

Zu einer vergleichbaren Fallgruppe (**Apotheker verwendet eine PC-Kasse**) entschied der BFH am 16.12.2014, BStBl II 2015, 519), dass im Rahmen einer Außenprüfung Zugriff auf die Kassendaten genommen werden kann.

Hinweis: Nach dem Erlass des BayLfSt vom 20.01.2017 (DStR 2017, 398) gilt allgemein, dass:
- elektronische Kontoauszüge auch elektronisch archiviert werden und dass diese Aufzeichnungen den Anforderungen des BMF-Schreibens vom 14.11.2014 (BStBl I 2014, 1450) genügen müssen (insb. in Bezug auf Vollständigkeit, Richtigkeit und Unveränderbarkeit[22]) und dass auch Gewinnermittler nach § 4 Abs. 3 EStG diese Grundsätze zu akzeptieren haben.
- elektronische Kontoauszüge auch dem Datenzugriffsrecht gem. § 147 Abs. 6 AO unterliegen.

---

19 Ähnliches gilt für die sog. Patientenkartei bei Ärzten etc.
20 Dies wird mit allgemeinen Überlegungen zur Feststellungslast im Steuerrecht begründet, § 200 AO-Kartei, Karte 2.2. sowie zum Umfang der Aufzeichnungspflicht (BFH vom 15.09.1992, BFH/NV 1993, 76): Alle Bankauszüge sind vorzulegen, wenn über dieses Girokonto des § 4 Abs. 3-Rechners sowohl betrieblicher als auch privater (!) Bankverkehr abgewickelt wird.
21 Zur Konkurrenz von USt- und ESt-Aufzeichnungspflichten (für Bewirtungskosten gem. § 4 Abs. 3 und 7 EStG) s. FG Berlin vom 27.02.2002, EFG 2003, 378, wonach bei konkreten Zweifeln bzgl. der strengen Voraussetzungen des § 4 Abs. 7 EStG der Vorsteuerabzug nicht zu versagen ist.
22 S. hierzu den Entwurf des BMF vom 24.03.2017 zur Kassensicherungs-VO (NWM ID IAAAG-42112).

1.4.2 Wahl der Ermittlungsart

Für den verbleibenden Kreis der Gewinneinkunftserzieler (**Freiberufler und Kleinstgewerbetreibende**[23]), die zwischen der Ermittlung nach § 4 Abs. 1 EStG und nach § 4 Abs. 3 EStG wählen dürfen, stellt sich wegen der z.T. deutlichen Steuerauswirkungen die Frage, wie (und wie häufig) dieses **Wahlrecht** ausgeübt werden kann. Die umfangreiche Rspr. des BFH – und ihre Übernahme seitens der Verwaltung[24] – kann man auf drei zentrale Aussagen zurückführen[25]:

- Mit der Erstellung einer **Eröffnungsbilanz** hat der Steuerbürger sein Wahlrecht konkludent ausgeübt und sich für den BVV (§ 4 Abs. 1 EStG) entschieden.
- Die **Nichteinrichtung einer Buchführung** lässt nur dann auf eine entsprechende Ausübung des Wahlrechts (Überschussrechnung) schließen, wenn sich der StPfl. über die Voraussetzung des Wahlrechts im Klaren war. Für den Fall allerdings, dass es dem Steuerbürger am Willen (und Bewusstsein) fehlt, einen Gewinn aus einer bestimmten gewerblichen Betätigung zu erzielen, ist die Wahl ausgeschlossen (BFH vom 21.07.2009, BFH/NV 2009, 1979).[26] Umgekehrt bedeutet die Einrichtung einer Buchführung noch keine definitive Entscheidung für die Bilanzierung (BFH vom 19.03.2009, BStBl II 2009, 659). Erst mit der Erstellung eines Abschlusses (= Eröffnungsbilanz) wird das Wahlrecht ausgeübt. Umgekehrt entschied der BFH (Urteil vom 30.01.2013, BStBl II 2013, 684), dass der StPfl., der seine vermeintlichen Überschusseinkünfte mit der Gegenüberstellung der Einnahmen und Werbungskosten ermittelt, dadurch noch nicht sein Wahlrecht zur Gewinnermittlung (nach § 4 Abs. 3 EStG) ausgeübt habe.
- Das Wahlrecht ist grundsätzlich für jeden Gewinnermittlungszeitraum (neu) und zu Beginn des VZ auszuüben; es darf aber nicht zu einem willkürlichen (beliebigen) Wechsel der Ermittlungsart kommen.
- Im Urteil des BFH vom 02.06.2016 (NWB-AAAAF-81842: StPfl. beanspruchte die Teilwertabschreibung) ist für den BFH die tatsächliche Handhabung entscheidend. Als Indiz dafür gilt die Übersendung an das FA. Der BFH führte aus, dass ein **wiederholter Wechsel** der Ermittlungsart für das **gleiche Wj.** nur bei Vorliegen eines **besonderen Grundes** zulässig sei. Dies sei nicht der Fall, wenn es sich beim StPfl. um einen Irrtum über die steuerlichen Folgen der Wahl handelt.

Nicht selten wurde im Anschluss an eine Außenprüfung eines § 4 Abs. 3-Rechners, die zum Ergebnis gewerblicher Tätigkeit gelangt, der Antrag gestellt, für die geprüften Jahre (wenigstens für das letzte Jahr) zur Bilanzierung überzugehen. Der Grund war (vor Einführung des § 4 Abs. 5b EStG zum VZ 2008) offensichtlich und lag in der **sofortigen** Berücksichtigung der drohenden GewSt-Belastung qua **Rückstellungsbildung**, die dem Überschussrechner vorenthalten ist. Zu Recht untersagte die Rspr. die nachträgliche Änderung der getroffenen Wahl (vgl. FG Nürnberg vom 16.02.2001 unter Hinweis auf BFH vom 31.08.1994, BFH/NV 1995, 390 sowie BFH vom 09.12.2003, BFH/NV 2004, 633).

---

23 Das FG Hamburg hat die allgemeine Aufzeichnungspflicht auch für Prostituierte angenommen (FG Hamburg vom 16.11.2016, NWB ID-NAAAG-38024).
24 R 4.5 Abs. 1 EStR 2012 sowie H 4.5 Abs. 1 EStH 2012.
25 BFH vom 18.03.1993 (BStBl II 1993, 549), vom 01.10.1996 (BFH/NV 1997, 403), vom 09.02.1999 (DStRE 1999, 577 bzw. BFH/NV 1999, 1195) sowie aus der Literatur *Herrmann/Heuer/Raupach*, § 4 Anm. 88; sowie *Weber-Grellet* in *Kirchhof/Söhn*, § 4 Anm. D 40.
26 In diesem Fall bleibt nur noch die Möglichkeit einer Schätzung nach §§ 4, 5 EStG!

Voraussetzung und Folgen der Wahlrechtsausübung haben eine große Bedeutung beim Wechsel der Gewinnermittlungsart (s. Kap. 2.5).

Mit Urteil vom 20.12.2012 (BFH/NV 2013, 816) hat sich der BFH bei der Frage der im Rahmen des Kindergeldes anzusetzenden Erwerbstätigkeit des Kindes (§ 32 Abs. 4 S. 2 EStG) für die einheitliche Ausübung des Wahlrechts (durch das Kind!) ausgesprochen.

1.4.3 Sonderfallgruppe (BFH vom 24.06.2009, BStBl II 2009, 993)

Für den praxisrelevanten Fall der Aufnahme eines neuen Partners (G'fters) in ein bestehendes Einzelunternehmen (bzw. in eine Einzelpraxis) **gegen Zuzahlung** für materielle und immaterielle WG in das **Privatvermögen des Inhabers**[27] liegt nach der Rspr. ein entgeltlicher Erwerb einer mitunternehmerischen Beteiligung vor. Dabei wird nach § 24 UmwStG die Einbringung der Einzelpraxis als nunmehriger MU-Anteil in die neue **GbR** (allgemein: in die PersG) unterstellt[28], wobei der neue Partner einen MU-Anteil erwirbt. Für den Fall, dass die Gesellschaft weiterhin den Gewinn nach § 4 Abs. 3 EStG ermittelt, sind nach dem o.g. BFH-Urteil die **AK** des neuen Partners (G'fters) für den (folgerichtigen) Erwerb des MU-Anteils in **einer steuerlichen Ergänzungsrechnung** des **Neu-G'fters** zu erfassen. Mit anderen Worten stehen die Abschreibungen (§ 7 EStG) für die anteiligen neuen AK auf die Praxisgegenstände (= Eintrittspreis des Neu-G'fters) nur diesem zu.

2 Die Überschussrechnung im Einzelnen

Vorweg: Charakterisierung des Formulars »Anlage EÜR« (Version 2017)

Der dreiseitige Vordruck ist in vier Teile gegliedert. Die Hauptpunkte Betriebseinnahmen (kurz: BE = 1. Teil) und Betriebsausgaben (kurz: BA = 2. Teil) werden im 3. Teil zur Ermittlung des Gewinns (inkl. der Angaben zu § 4 Abs. 4a EStG) zusammengefasst. Im 4. Teil sind gebildete und aufgelöste Rücklagen und Ansparabschreibungen anzugeben.

Nach dieser Grobcharakterisierung lässt ein Blick auf die erste Hauptrubrik (Erfassung der **BE**) die »Logik« des Vordrucks schnell erkennen.

Das Formular beginnt in materieller Hinsicht – nach der Feststellung, ob eine Gesamtveräußerung vorliege (Zeile 9) – in Zeile 10 mit der Frage nach der Realisation (Veräußerung, Entnahme) von Grundstücken, um (viel später) die relevanten Folgerungen vorzunehmen (BE des Erlöses und BA des Restwerts, Zeile 35, s. hier unter Kap. 2.3.3).

Die Betriebseinnahmen folgen in den Zeilen 11-22, wobei die Auflistung und Unterscheidung weitgehend von den USt-Folgen dominiert wird.

Getrennt nach dem USt-Schicksal der jeweiligen Einnahmen (umsatzsteuerpflichtig; umsatzsteuerbefreit; nicht umsatzsteuerbar; ermäßigter USt-Satz; USt nach Durchschnittssätzen) werden in den Zeilen 11-15 zunächst die **Netto-Einnahmen** (ohne USt) eingetragen. Erst in Zeile 16 wird gesondert die – auf privatrechtlicher Ebene – vereinnahmte USt eingetra-

---

27 Im Urteilsfall ist ein Arzt gegen Zahlung für den Patientenstamm und für die Praxisgegenstände in eine ärztliche Einzelpraxis aufgenommen worden.
28 Vgl. hierzu *Preißer*, Teil B, Kap. IV 2.7.1 a), Beispiel 3.

2017

Anlage EÜR

Bitte für jeden Betrieb eine gesonderte Anlage EÜR übermitteln!

1 Name des Steuerpflichtigen bzw. der Gesellschaft/Gemeinschaft/Körperschaft

2 Name

3 Betriebs-)Steuernummer — 77 17 1 — 99 15

Einnahmenüberschussrechnung
nach § 4 Abs. 3 EStG für das Kalenderjahr 2017 Beginn Ende

4 davon abweichend 131 2017 132

5 Art des Betriebs 100

6 Rechtsform des Betriebs

7 Einkunftsart 103 Land- und Forstwirtschaft = 1, Gewerbebetrieb = 2, Selbständige Arbeit = 3

8 Betriebsinhaber 104 Stpfl./Ehemann/Person A (Ehegatte A/Lebenspartner[in] A)/Gesellschaft/Körperschaft = 1, Ehefrau/Person B (Ehegatte B/Lebenspartner[in] B) = 2, Beide Ehegatten/Lebenspartner(innen) = 3

9 Wurde im Kalenderjahr/Wirtschaftsjahr der Betrieb veräußert oder aufgegeben? (Bitte Zeile 78 beachten) 111 Ja = 1

10 Wurden im Kalenderjahr/Wirtschaftsjahr Grundstücke/grundstücksgleiche Rechte entnommen oder veräußert? 120 Ja = 1 oder Nein = 2

1. Gewinnermittlung
Betriebseinnahmen 99 20 EUR Ct

11 Betriebseinnahmen als umsatzsteuerlicher **Kleinunternehmer** (nach § 19 Abs. 1 UStG) 111

12 davon nicht steuerbare Umsätze sowie Umsätze nach § 19 Abs. 3 Satz 1 Nr. 1 und 2 UStG 119 (weiter ab Zeile 17)

13 Betriebseinnahmen als **Land- und Forstwirt**, soweit die Durchschnittssatzbesteuerung nach § 24 UStG angewandt wird 104

14 Umsatzsteuerpflichtige Betriebseinnahmen 112

15 Umsatzsteuerfreie, nicht umsatzsteuerbare Betriebseinnahmen sowie Betriebseinnahmen, für der Leistungsempfänger die Umsatzsteuer nach § 13b UStG schuldet 103

16 Vereinnahmte Umsatzsteuer sowie Umsatzsteuer auf unentgeltliche Wertabgaben 140

17 Vom Finanzamt erstattete und ggf. verrechnete Umsatzsteuer (Die Regelung zum 10-Tageszeitraum nach § 11 Abs. 1 Satz 2 EStG ist zu beachten.) 141

18 Veräußerung oder Entnahme von Anlagevermögen 102

19 Private Kfz-Nutzung 106

20 Sonstige Sach-, Nutzungs- und Leistungsentnahmen 108

21 Auflösung von Rücklagen und Ausgleichsposten (Übertrag aus Zeile 89)

22 **Summe Betriebseinnahmen** (Übertrag in Zeile 71) 159

Betriebsausgaben 99 25 EUR Ct

23 Betriebsausgabenpauschale **für bestimmte Berufsgruppen** und/oder Freibetrag nach § 3 Nr. 26, 26a und/oder 26b EStG 190

24 Sachliche Bebauungskostenpauschale für **Weinbaubetriebe**/Betriebsausgabenpauschale für **Forstwirte** 191

25 Waren, Rohstoffe und Hilfsstoffe einschl. der Nebenkosten 100

26 Bezogene Fremdleistungen 110

27 Ausgaben für eigenes Personal (z. B. Gehälter, Löhne und Versicherungsbeiträge) 120

Absetzung für Abnutzung (AfA)

28 AfA auf unbewegliche Wirtschaftsgüter (Übertrag aus Zeile 6 der Anlage AVEÜR) 136

29 AfA auf immaterielle Wirtschaftsgüter (Übertrag aus Zeile 9 der Anlage AVEÜR) 131

30 AfA auf bewegliche Wirtschaftsgüter (Übertrag aus Zeile 13 der Anlage AVEÜR) 130

Übertrag (Summe Zeilen 23 bis 30)

2017AnlEÜR801 — Okt. 2017 — 2017AnlEÜR801

Zeile	Bezeichnung	Kennzahl
	Übertrag (Summe Zeilen 23 bis 30)	
31	Sonderabschreibungen nach § 7g Abs. 5 und 6 EStG (Übertrag aus Zeile 13 der Anlage AVEÜR)	134
32	Herabsetzungsbeträge nach § 7g Abs. 2 Satz 2 EStG (Erläuterungen auf gesondertem Blatt)	138
33	Aufwendungen für geringwertige Wirtschaftsgüter nach § 6 Abs. 2 EStG	132
34	Auflösung Sammelposten nach § 6 Abs. 2a EStG (Übertrag aus Zeile 19 der Anlage AVEÜR)	137
35	Restbuchwert der ausgeschiedenen Anlagegüter (Übertrag der Summe der Einzelbeträge aus Spalte „Abgänge" der Anlage AVEÜR ohne Zeile 22)	135
36	Nicht abziehbare Beträge (AfA und Restbuchwerte)	139 —
	Raumkosten und sonstige Grundstücksaufwendungen (ohne häusliches Arbeitszimmer)	
37	Miete/Pacht für Geschäftsräume und betrieblich genutzte Grundstücke	150
38	Aufwendungen für doppelte Haushaltsführung (z. B. Miete)	152
39	Sonstige Aufwendungen für betrieblich genutzte Grundstücke (ohne Schuldzinsen und AfA)	151
	Sonstige unbeschränkt abziehbare Betriebsausgaben	
40	Aufwendungen für Telekommunikation (z. B. Telefon, Internet)	280
41	Übernachtungs- und Reisenebenkosten bei Geschäftsreisen des Steuerpflichtigen	221
42	Fortbildungskosten (ohne Reisekosten)	281
43	Kosten für Rechts- und Steuerberatung, Buchführung	194
44	Miete/Leasing für bewegliche Wirtschaftsgüter (ohne Kraftfahrzeuge)	222
45	Beiträge, Gebühren, Abgaben und Versicherungen (ohne solche für Gebäude und Kraftfahrzeuge)	223
46	Werbekosten (z. B. Inserate, Werbespots, Plakate)	224
47	Schuldzinsen zur Finanzierung von Anschaffungs- und Herstellungskosten von Wirtschaftsgütern des Anlagevermögens (ohne häusliches Arbeitszimmer)	232
48	Übrige Schuldzinsen	234
49	Gezahlte Vorsteuerbeträge	185
50	An das Finanzamt gezahlte und ggf. verrechnete Umsatzsteuer (Die Regelung zum 10-Tageszeitraum nach § 11 Abs. 2 Satz 2 EStG ist zu beachten.)	186
51	Rücklagen, stille Reserven und/oder Ausgleichsposten (Übertrag aus Zeile 89)	
52	Übrige unbeschränkt abziehbare Betriebsausgaben	183

Zeile	**Beschränkt abziehbare Betriebsausgaben und Gewerbesteuer**	nicht abziehbar EUR / Ct	abziehbar EUR / Ct
53	Geschenke	164	174
54	Bewirtungsaufwendungen	165	175
55	Verpflegungsmehraufwendungen		171
56	Aufwendungen für ein häusliches Arbeitszimmer (einschl. AfA und Schuldzinsen)	162	172
57	Sonstige beschränkt abziehbare Betriebsausgaben	168	177
58	Gewerbesteuer	217	218

Zeile	**Kraftfahrzeugkosten und andere Fahrtkosten**	Kennzahl
59	Leasingkosten	144
60	Steuern, Versicherungen und Maut	145
61	Sonstige tatsächliche Fahrtkosten ohne AfA und Zinsen (z. B. Reparaturen, Wartungen, Treibstoff, Kosten für Flugstrecken, Kosten für öffentliche Verkehrsmittel)	146
62	Fahrtkosten für nicht zum Betriebsvermögen gehörende Fahrzeuge (Nutzungseinlage)	147
63	Fahrtkosten für Wege zwischen Wohnung und erster Betriebsstätte; Familienheimfahrten (pauschaliert oder tatsächlich)	142 —
64	Mindestens abziehbare Fahrtkosten für Wege zwischen Wohnung und erster Betriebsstätte (Entfernungspauschale); Familienheimfahrten	176 +
65	**Summe Betriebsausgaben** (Übertrag in Zeile 72)	199

(Betriebs-)Steuernummer

Ermittlung des Gewinns

Zeile	Beschreibung	Kennzahl	EUR	Ct
71	Summe der Betriebseinnahmen (Übertrag aus Zeile 22)			
72	abzüglich Summe der Betriebsausgaben (Übertrag aus Zeile 65)	—		
	zuzüglich			
73	– Hinzurechnung der Investitionsabzugsbeträge nach § 7g Abs. 2 Satz 1 EStG aus 2014 (Erläuterungen auf gesondertem Blatt)	180 +		
74	– Hinzurechnung der Investitionsabzugsbeträge nach § 7g Abs. 2 Satz 1 EStG aus 2015 (Erläuterungen auf gesondertem Blatt)	181 +		
75	– Hinzurechnung der Investitionsabzugsbeträge nach § 7g Abs. 2 Satz 1 EStG aus 2016 (Erläuterungen auf gesondertem Blatt)	182 +		
76	– Gewinnzuschlag nach § 6c i. V. m. § 6b Abs. 7 und 10 EStG	123 +		
	abzüglich			
77	– Investitionsabzugsbeträge nach § 7g Abs. 1 EStG	187 —		
78	Hinzurechnungen und Abrechnungen bei Wechsel der Gewinnermittlungsart (Erläuterungen auf gesondertem Blatt)	250		
79	Ergebnisanteile aus Beteiligungen an Personengesellschaften (auch Kostenträgergemeinschaften)	255		
80	Korrigierter Gewinn/Verlust	290		
81	Bereits berücksichtigte Beträge, für die das Teileinkünfteverfahren bzw. § 8b KStG gilt	Gesamtbetrag 261 / Korrekturbetrag 262		
82	Steuerpflichtiger Gewinn/Verlust vor Anwendung des § 4 Abs. 4a EStG	293		
83	Hinzurechnungsbetrag nach § 4 Abs. 4a EStG	271 +		
84	**Steuerpflichtiger Gewinn/Verlust**	219		

Nur bei Personengesellschaften/gesonderten Feststellungen:

85 Anzusetzender steuerpflichtiger Gewinn/Verlust nach Anwendung des § 4 Abs. 4a EStG ohne Berücksichtigung des Teileinkünfteverfahrens bzw. § 8b KStG (Betrag lt. Zeile 80 zuzüglich Betrag lt. Zeile 83)

(zu erfassen in den Zeilen 5, 6 und/oder 8 der Anlage FE 1 bzw. in Zeile 4 der Anlage FG)

2. Ergänzende Angaben | 99 27

Rücklagen und stille Reserven
(Erläuterungen auf gesondertem Blatt)

Zeile	Beschreibung	Kz	Bildung/Übertragung EUR Ct	Kz	Auflösung EUR Ct
86	Rücklagen nach § 6c i. V. m. § 6b EStG, R 6.6 EStR	187		120	
87	Übertragung von stillen Reserven nach § 6c i. V. m. § 6b EStG, R 6.6 EStR	170			
88	Ausgleichsposten nach § 4g EStG	191		125	
89	Gesamtsumme	190		124	

(Übertrag in Zeile 51) — (Übertrag in Zeile 21)

3. Zusätzliche Angaben bei Einzelunternehmen | 99 29

Entnahmen und Einlagen i. S. d. § 4 Abs. 4a EStG

Zeile	Beschreibung	Kz	EUR	Ct
90	Entnahmen einschl. Sach-, Leistungs- und Nutzungsentnahmen	122		
91	Einlagen einschl. Sach-, Leistungs- und Nutzungseinlagen	123		

2017AnlEÜR803

Anlage AVEÜR 2017
Anlageverzeichnis/Ausweis des Umlaufvermögens zur Anlage EÜR

Name des Steuerpflichtigen bzw. der Gesellschaft/Gemeinschaft/Körperschaft

(Betriebs-)Steuernummer: 77 | 17 | 1 | 99 | 40

Zeile	Gruppe/Bezeichnung des Wirtschaftsguts	Anschaffungs-/Herstellungskosten/Einlagewert (EUR/Ct)	Buchwert zu Beginn des Gewinnermittlungszeitraums (EUR/Ct)	Zugänge (EUR/Ct)	Sonderabschreibung nach § 7g Abs. 5 und 6 EStG (EUR/Ct)	AfA/Auflösungsbetrag (EUR/Ct)	Abgänge (insgesamt Übertrag in Zeile 35 der Anlage EÜR) [3] (EUR/Ct)	Buchwert am Ende des Gewinnermittlungszeitraums (EUR/Ct)
3	**Grundstücke und grundstücksgleiche Rechte** – Grund und Boden	100	101	102			105	106
4	Gebäude	110	111	112		114	115	116
5	Andere (z. B. grundstücksgleiche Rechte)	120	121	122		124	125	126
6	Summe					190 (Übertrag in Zeile 26 der Anlage EÜR)		
7	**Häusliches Arbeitszimmer** – Anteil Grund und Boden	200	201	202			205	206
8	Gebäudeteil	210	211	212		214 (zu erfassen in Zeile 55 der Anlage EÜR)	215	216
9	**Immaterielle Wirtschaftsgüter** (z. B. erworbene Firmen-, Geschäfts- oder Praxiswerte)	320	321	322		324	325	326
10	**Bewegliche Wirtschaftsgüter (ohne GWG)** – Kraftfahrzeuge	400	401	402	403	404	405	406
11	Büroausstattung	410	411	412	413	414	415	416
12	Andere	420	421	422	423	424	425	426
13	Summe				480 (Übertrag in Zeile 31 der Anlage EÜR)	490 (Übertrag in Zeile 29 der Anlage EÜR)		
14	Sammelposten 2017	440		432		434		436
15	Sammelposten 2016	440	441			444		446
16	Sammelposten 2015	450	451			454		456
17	Sammelposten 2014	460	461			464		466
18	Sammelposten 2013	470	471			474		
19	Summe					499 (Übertrag in Zeile 30 der Anlage EÜR)		
20	**Finanzanlagen** – Anteile an Unternehmen etc. [2]	500	501	502			505	506
21	Andere	510	511	512			515	516
22	**Umlaufvermögen** [1]	600		602			605	606 (zu erfassen in Zeile 25 der Anlage EÜR)

1) nur Umlaufvermögen i. S. d. § 4 Abs. 3 Satz 4 EStG (z. B. Wertpapiere, Grund und Boden sowie Gebäude) bzw. § 32b Abs. 2 Satz 1 Nr. 2 Satz 2 Buchstabe c EStG
2) für deren Erträge das Teileinkünfteverfahren bzw. § 8b KStG gilt
3) Summe der Einzelbeträge ohne Betrag aus Zeile 22

2017AnlAVEÜR811 – Okt. 2017 –

gen (inkl. der USt auf die unentgeltliche Wertabgabe). Zeile 17 enthält die auf öffentlich-rechtlicher Ebene vom FA erstattete USt, soweit davon betriebliche Vorgänge betroffen sind.

Etwas überraschend, weil ebenfalls als Korrekturposten konzipiert, werden in der Zeile 21 überhöht (oder unzulässig) gebildete – und daher aufzulösende – Rücklagen erfasst. Diese Erfassung als BE geht offensichtlich auf in den Vorjahren gebildete Rücklagen, die dort BA waren, zurück. Ob dies eine Vereinfachung für den Anwender darstellt, bleibt abzuwarten.

Die Erfassung der **BA** hingegen (= zweiter, umfangreicher Komplex mit den Zeilen 23–65) lässt zunächst eine sinnvolle Struktur erkennen. Nach den Pauschalen (für bestimmte Berufsgruppen und Forstwirte) werden zunächst die AK für das Umlaufvermögen erfasst (25), während die darauf entfallende und bezahlte VorSt gesammelt in Zeile 49 eingetragen wird. Der nächste BA-Abzug gilt den zugekauften (Sub-)Unternehmensleistungen (26) sowie den Personalkosten (27). Danach wird die AfA (inkl. § 6 Abs. 2 EStG = GWG-Regelung und inkl. des Sammelpostens) für WG des abnutzbaren Anlagevermögens als BA eingetragen; richtig ist auch, dass in Zeile 35 der »Restbuchwert«[29] für ausgeschiedene WG Berücksichtigung findet.

Der Kritik in den Vorauflagen, dass bislang in dieser Kategorie (Anlagevermögen/Umlaufvermögen/BA) die historischen **AK** für die im VZ veräußerten WG des **nicht abnutzbaren AV sowie für bestimmte Veräußerungsfälle von WG des UV**[30] fehlten, ist die Verwaltung mit der Anlage AVEÜR 2014 nachgekommen.

Neu (ab 2016) ist die Rz. 36 »Nicht abziehbare Beträge« (**AfA und Restbuchwerte**), in die Beträge einzutragen sind, die in den Zeilen 28–35 enthalten sind und die den Gewinn nicht mindern dürfen.

Die sonstigen aufgelisteten laufenden BA orientieren sich hingegen an der gesetzlichen Vorgabe des § 4 Abs. 4 und insb. Abs. 5 EStG (sowie § 4 Abs. 4a EStG) und stellen insoweit eine sinnvolle Hilfe für den Steuerbürger dar. Es ist noch auf die geänderte Berücksichtigung der Kfz-Kosten (jetzt Zeilen 59–64) hinzuweisen.

Die Zeilen 90 und 91 (Erfassung der Entnahmen und Einlagen) tragen der Tatsache Rechnung, dass auch bei der § 4 Abs. 3-Rechnung der Privatbereich von der Gewinnermittlung zu trennen ist[31], um das richtige betriebliche Ergebnis zu erzielen.

»Ergänzende« Angaben zu den Rücklagen und zu den Ansparabschreibungen (Zeilen 86–89) runden nach der zusammenfassenden Additions-/Subtraktionsrechnung für die Gewinnermittlung (Zeilen 71–84) den Vordruck ab.

Fazit: Zusammenfassend kann der Vordruck trotz Auslassungen[32] als Hilfe für den Anwender interpretiert werden.

Die im folgenden Textteil vorgenommene Orientierung an den Hauptgruppen der WG (Anlagevermögen/Umlaufvermögen), die allein eine gleichzeitige Diskussion zum Bilanzrecht ermöglicht, findet sich auch andeutungsweise im neuen Vordruck wieder.

---

29 Aber falsche Bezeichnung: Es muss bei § 4 Abs. 3 EStG »Restwert« heißen, da hier keine Bücher geführt werden.
30 Vgl. die ab dem 05.05.2006 anzuwendende Neuregelung in § 4 Abs. 3 S. 4 EStG. Bei Veräußerung von Anteilen an KapG, von Wertpapieren und vergleichbaren nicht verbrieften Forderungen und Rechten, von Grund und Boden sowie Gebäuden des UV ist wie beim nicht abnutzbaren AV zu verfahren. Für diese Fälle ist nunmehr die Anlage AVEÜR (hier: Umlaufvermögen) eingeführt worden.
31 S. aber sogleich bei der Entnahme-Diskussion BFH vom 21.08.2012, BStBl II 2013, 117.
32 Zumindest alle in § 4 Abs. 3 EStG geregelten Fälle (also auch der »durchlaufende Posten«, aber vor allem § 4 Abs. 3 S. 5 EStG) hätten sich im Vordruck wiederfinden müssen.

2.1 Der »Überschuss« der Betriebseinnahmen über die Betriebsausgaben

2.1.1 Die Betriebseinnahmen im Gewinnsteuerrecht *(Zeile 11 bzw. Zeile 15 der AnlEÜR 2017[33])*

Anders als die BA (§ 4 Abs. 4 EStG) und anders als die Einnahmen (§ 8 EStG) sind die BE nicht gesetzlich definiert. Abstrakt-theoretisch wird der Anwendungsbereich durch eine doppelte Analogie zu den o.g. Bestimmungen erschlossen: BE sind Zugänge (Zuflüsse), die in Geld oder Geldeswert bestehen und durch den Betrieb veranlasst sind.[34]

> **Beispiel 4: Die Incentive-Reise des schlitzohrigen Steuerberaters**
> StB Cleverle C konzentriert sich auf die Beratung von KapG. Ohne zum Prüfungstestat berechtigt zu sein, prüft und zertifiziert C die Abschlüsse der Neumax-AG. Vom Vorstand der AG erhält er dafür kostenlos eine Informationsreise zur Steueroase Bahamas (Flugticket zu 2.000 €). Der Flug mit der Lufthansa bringt C einen Bonus im Rahmen seines Miles & More-Vertrages (Wert: 200 €) ein. Bei Reiseantritt hatte C seine StB-Zulassung bereits zurückgegeben müssen; außerdem ist der Flugschein auf ihn als Privatperson ausgestellt.

Häufig wird in der Überschussrechnung, insb. bei Freiberuflern, nicht der monetäre Zahlungsweg eingeschlagen. Die »Abrechnung« in Form von Naturalien oder von erhaltenen Dienstleistungen führt über die analoge Anwendung von § 8 Abs. 2 EStG zum Ansatz des objektiven Endverbraucherpreises als BE.[35] Darüber hinaus besteht Einigkeit, dass folgende Modalitäten einer BE nicht entgegenstehen, wenn eine hinreichende **Kausalität** zwischen der beruflich-betrieblichen **Vorleistung und dem Entgelt** besteht:

- Die Bezeichnung der Gegenleistung (als Honorar oder dgl.) hat nur Indizwirkung.
- Die zivilrechtliche Causa (Leistung mit/ohne Rechtspflicht; gesetzes- oder sittenwidrige Vertragsgrundlage) ist nach § 40 AO unbeachtlich.
- Eine Gegenleistung ist auch dann eine BE, wenn sie vor Beginn (vorherige BE) oder nach Abschluss der Erwerbsquelle (nachträgliche BE) erfolgt.[36]
- Zahlungen von Dritten (nicht Vertragspartner des Überschussrechners) oder an Dritte (z.B. an Angehörige des Überschussrechners) sind bei vorliegendem Zustandstatbestand (Einkunftsquelle) ebenfalls BE.

Andererseits ist geklärt, dass in folgenden Fällen **keine BE** anzusetzen ist:

- ersparte Aufwendungen[37];
- fiktive Einnahmen (Grund: Es werden nur Ist-Einnahmen besteuert);

---

33 Bei diesen Zeilen ist die BE immer netto (ohne USt) anzusetzen. Eine etwaige – vom Abnehmer erhaltene – USt bei USt-pflichtigen Umsätzen ist in Zeile 16 einzutragen.
34 Grundlegend BFH vom 01.10.1993 (BStBl II 1994, 179). So sind Leistungen der Kaskoversicherung für den Diebstahl eines betrieblichen Pkw auch dann BE, wenn dieser vor der Wohnung des Betriebsinhabers geparkt war (BFH vom 20.11.2003, BFH/NV 2004, 567). Offen blieb im Urteil lediglich die Frage des Privatanteils.
35 Offensichtlich greift die Bezeichnung der Überschussrechnung als reine »Geldrechnung« zu kurz.
36 Allgemein setzt die Besteuerung einen Zustandstatbestand (eine Einkunftsquelle wie z.B. ein Vertragsverhältnis) und einen Handlungstatbestand (Zufluss von Einnahmen oder Entstehen einer Forderung) voraus (s. *Preißer*, Band 1, Teil A, Kap. I).
37 Bei (im Voraus vereinbarter) unentgeltlicher ärztlicher Behandlung (oder zinsloser Darlehensgewährung) liegen keine BE vor, auch wenn ein Erwerbstatbestand gegeben ist (kein Handlungstatbestand).

- steuerfreie Einnahmen[38];
- Einnahmen im Rahmen anderer Rechtsverhältnisse (anderer Einkunftsquellen);
- das Fehlen eines Zustandstatbestandes (= private Veranlassung).

Lösung: Der Gewinneinkunftserzieler C (§ 18 EStG) erhält von seinem Auftraggeber das Honorar für eine unerlaubte[39], aber steuerrelevante Tätigkeit in Form eines Reisegutscheins. Weil dieser erst nach Rückgabe seiner Bestellungsurkunde eingelöst wurde, liegt eine nachträgliche BE (§ 24 Nr. 2 EStG) vor, die durch die vorherige freiberufliche Tätigkeit verursacht war. Die Bezeichnung – »privates Geschenk« – ist dabei unbeachtlich. Nach § 8 Abs. 2 EStG analog ist der am Flugschalter zu zahlende Preis von 2.000 € als BE anzusetzen (BFH vom 20.04.1989, BStBl II 1989, 641).
Problematisch ist allerdings die Prämie der Lufthansa. Zwar werden mittelbare Vorteile wie Bonusgutschriften als wirtschaftlicher Wertzugang nach § 8 Abs. 2 EStG gewertet[40], die mögliche Steuerfolge (BE) setzt jedoch auch hier eine eindeutige betriebliche Veranlassung voraus, wie dies z.B. bei Dienstleistern des Hotel- und Fluggewerbes der Fall ist. Zwar rechtfertigt die Zuwendung eines Dritten (Lufthansa; »verursachender« Vertragspartner ist die Neumax-AG) die Annahme einer BE, letztlich scheitert die Steuerpflicht jedoch an § 3 Nr. 38 EStG, da der eingeräumte Bonus von 200 € nicht den Jahresfreibetrag von 1.080 € überschreitet.

Ähnliche Probleme treten in der häufig diskutierten Fallgruppe des **Einnahmeverzichts** (besser: Forderungsverzichts) auf.

Beispiel 5: Der großzügige Dr. Mabuse M
M behandelt seinen Kollegen Frankenstein F wegen dessen Blutarmut in 17. Die ärztliche Leistung (Liquidationswert: 3.000 €) wird dem Kollegen nicht in Rechnung gestellt. Wegen des progressiven Krankheitsverlaufes bei F verzichtet M auch in 18 auf die Beitreibung der Forderung.

Lösung: Bekanntlich führt eine Rechnung allein (mit einem offenen Zahlungsbetrag) zu keiner Ist-Einnahme. Erst recht kann – wie hier – aus der unterlassenen Rechnungsstellung nicht auf eine Einnahme nach § 4 Abs. 3 EStG geschlossen werden. **In 17** liegt demnach **keine BE** vor.
Für 18 sind zwei Lösungen denkbar:
- Entweder haben sich M und F im Voraus auf eine unentgeltliche Behandlung verständigt (vergleichbar der Dienstleistung unter Angehörigen[41]). Dann kann eine Forderung nicht entstehen; ein Verzicht ist begrifflich nicht möglich. Eine BE liegt nicht vor.
- Eine allein praxisgerechte Auslegung führt hier jedoch zu einem Honoraranspruch. Dabei wird – im Anschluss an die ständige BFH-Rspr. (BFH vom 31.07.1991, BStBl II 1992, 375) – danach differenziert, ob der Forderungserlass privat oder betrieblich motiviert war. Bei einem betrieblich verursachten Verzicht (Beispiel: Aufrechterhalten des Kundenkontaktes) ist der Erlass steuerunbeachtlich, wie dies im Ergebnis auch bei einem Bilanzierenden der Fall

---

38 Neben den bei § 4 Abs. 3 EStG häufigen Befreiungstatbeständen von § 3 Nr. 26 EStG (Übungsleiterpauschale von 2.400 €) und von § 3 Nr. 38 EStG (Sachprämien i.H.v. 1.080 €) hat dies vor allem Auswirkung auf das Teileinkünfteverfahren (TEV), soweit die Beteiligung an einer KapG im BV eines § 4 Abs. 3-Rechners gehalten wird (vgl. § 3 Nr. 40 S. 2 EStG, der ausdrücklich auf die Subsidiaritätsbestimmung von § 20 Abs. 8 EStG verweist).
39 Die Prüfung der Jahresabschlüsse ist den WP vorbehalten.
40 BFH vom 22.07.1988 (BStBl II 1988, 995) sowie vom 09.08.1996 (BStBl II 1997 und BMF vom 14.10.1996, BStBl I 1996, 1192).
41 S. auch bzgl. Verträgen unter nahen Angehörigen *Pfeffer/Zipfel*, BB 2010, 343.

wäre.[42] Ein privat veranlasster Verzicht führt hingegen zu einer Entnahme der Forderung – und somit in der Auswirkung zu einer BE (s. Kap. 2.4.1).
Das Motiv des M ist als privat einzustufen; er hat daher **in 18** zusätzlich 3.000 € zu versteuern.

2.1.2 Besonderheiten bei den Betriebseinnahmen

In einer der Hauptfallgruppen der Überschussrechnung (Gewinnermittlung von Ärzten) ist auf folgende Besonderheit in der Rspr. zu verweisen, die bereits zur Technik des § 11 EStG überleitet.

> **Beispiel 6: Ärztliche Liquidation (vor und nach der Gesundheitsreform)**
> Zahnarzt Z rechnet mit seinen Privatpatienten über eine Inkasso-GmbH ab, während die Honorarabrechnung mit den Kassenpatienten durch quartalsmäßige Abschlagszahlung der Kassenärztlichen Vereinigung (KV) erfolgt. Bei der GmbH ging am 30.12.17 der Scheck des Patienten P über 1.000 € ein; der Betrag wurde am 14.01.18 dem Z auf dessen Konto gutgeschrieben. Die KV überwies den Betrag für das III. Quartal 17 i.H.v. 120.000 € am 05.01.18; der Betrag wurde am 08.01.18 dem Konto des Z gutgeschrieben.

Aufgrund der Geltung des § 11 EStG bei allen Überschussermittlungen (d.h. für § 4 Abs. 3 EStG ebenso wie für die eigentlichen Überschusseinkünfte nach § 2 Abs. 1 Nr. 4–7 EStG) ist in zeitlicher Hinsicht der Zufluss der Einnahmen in dem jeweiligen VZ zu erfassen. Die einzige Ausnahme hiervon bildet § 11 Abs. 1 S. 2 EStG, wenn sog. regelmäßig wiederkehrende Einnahmen vorliegen und der Zufluss dieser Einnahmen kurzzeitig, d.h. innerhalb von **zehn Tagen** (H 11 EStH 2012), erfolgt und **in diesem Zeitraum auch fällig** sind (H 11 »Allgemeines« sowie OFD Nordrhein-Westfalen, StED 2016, 364).

> **Lösung:**
> - Mit dem Eingang des Schecks bei der Inkasso-GmbH am 30.12.17, die insoweit als (Empfangs-)Bevollmächtigte des Z (vgl. § 164 BGB) angesehen wird, ist das Honorar des P dem Z noch in 17 zugeflossen (H 11 EStH 2012).
> - Umgekehrt wird die Überweisung der Abschlagszahlung seitens der KV als regelmäßig wiederkehrende Einnahmen des Z behandelt (vgl. BFH vom 06.07.1995, BStBl II 1996, 266[43]). Bei Gutschrift bis zum 10.01. des Folgejahres wird sie dem alten VZ, hier dem Jahre 17, zugerechnet.
>
> Z hat in 17 noch 121.000 € als BE zu versteuern.

Eine weitere Besonderheit bei § 4 Abs. 3, § 11 EStG sind **betriebliche Sachgeschenke** und dabei insb. die Frage des Zuflusses.

Weitere Hinweise:
1. USt-Vorauszahlungen sind regelmäßig wiederkehrende Ausgaben (Zeile 50). Umgekehrt sind USt-Erstattungen regelmäßig wiederkehrende Einnahmen (Zeile 17). Nach dem BFH-Urteil vom 01.08.2007 (BStBl II 2008, 282), dem sich die Verwaltung angeschlossen

---

42 Die gewinnwirksame Einbuchung der Forderung wird durch die erfolgswirksame Ausbuchung der Forderung ausgeglichen, sodass im Ergebnis ein neutraler Vorgang gegeben ist.
43 Dabei kommt es – seit BFH vom 24.07.1986 (BStBl II 1987, 16) – nicht auf die gleiche Höhe der Einnahmen (die Gleichmäßigkeit), sondern auf die »Gleichartigkeit« des Zahlungsvorganges an.

hat (BMF vom 10.11.2008, BStBl I 2008, 958) ist es jedoch nicht zu beanstanden, wenn sämtliche **USt-Zahlungsvorgänge** einheitlich **nicht** als regelmäßig wiederkehrende Einnahmen/Ausgaben behandelt werden (sog. Praktiker-Methode).
2. Bei **Investitionszuschüssen** hat der § 4 Abs 3-Rechner ein Wahlrecht, diese als AK-Minderung oder als Betriebseinnahme zu erfassen (R 6.5 EStR 2012). Falls er sich für die Option als Betriebseinnahme entscheidet, muss der StPfl. – nach dem BFH-Urteil vom 29.11.2007, BStBl II 2008, 561 – das Wahlrecht im **Jahr der Zusage** ausüben.
3. Zum Wert einer Arztpraxis hat der BFH am 09.08.2011 (BStBl II 2011, 875) entschieden, dass sich bei einer Vertragsarztpraxis der beim Verkauf der Praxis erzielte Kaufpreis (= Praxiswert) untrennbar auf die Zulassung als Vertragsarzt bezieht.
4. Für den Fall, dass ein Rechtsanwalt Honorare für eine **Betreuung über mehrere Jahre** (hier: Erbrechtsmandat) vereinnahmt, kommt die Tarifermäßigung des § 34 Abs. 2 Nr. 4 EStG nicht in Betracht (BFH vom 30.01.2013, DB 2013, 969).
5. Mit Beschluss vom 08.03.2016 (BFH/NV 2016, 1008) hat der BFH klargestellt, dass bei einer Zahlung im **Lastschriftverkehr** ein Abfluss i.S.d. § 11 Abs. 2 S. 1 EStG dann vorliegt, wenn der StPfl. durch die Erteilung einer Einzugsermächtigung sowie einer ausreichenden Deckung seines Girokontos alles getan hat, um die Zahlung zum Zeitpunkt der Fälligkeit zu gewährleisten.[44]
6. Für die häufig gestellte Frage des üblichen Disagios gem. § 11 Abs. 2 S. 3 EStG gilt die 5 %-Grenze der Verwaltung nach der Erkenntnis des BFH vom 08.03.2016 (DStR 2016, 1408; dortiges Disagio: 10 %) lediglich als **Nichtaufgriffsgrenze** für die Verwaltung. Die Marktüblichkeit sei eine Frage der Beweislast mit Umkehrung der Beweislast zu Lasten des FA!

2.1.3 Die Sonderbehandlung durchlaufender Posten (§ 4 Abs. 3 S. 2 EStG)

Der 1965 zusätzlich eingefügte S. 2 von § 4 Abs. 3 EStG stellt eine Ausnahme vom Zufluss- und Abflussgrundsatz der Überschussrechnung dar. Durch die Nichterfassung von BE/BA, die im Namen und für Rechnung eines anderen vereinnahmt oder verausgabt werden (sog. durchlaufende Posten), sollte ein Aufblähen des Zahlenwerks vermieden werden, wie nachfolgender Fall belegt.

> **Beispiel 7: Das umfangreiche Zahlenmaterial eines RA**
> RA R zahlt für den Mandanten M1 im November 17 einen Gerichtskostenvorschuss über 1.000 € beim Landgericht ein, den er im Februar 18 von M1 – zusammen mit den Portoauslagen von 100 € und dem Honorar von 10.000 € zzgl. 19 % USt – zurückerhält.
> Ähnlich geht R bei M2 vor (Zeugengebühr i.H.v. 500 € im Dezember 17); nur erhält er – nach Einleitung des Verbraucherinsolvenzverfahrens – den verauslagten Betrag nicht zurück.

Als durchlaufende Posten kommen nur die im **fremden Namen** und auf **fremde Rechnung** erhaltenen sowie geleisteten Beträge in Betracht. Aus diesem Grunde können z. B. die vom Geschäftspartner erhaltenen USt-Beträge lt. Rechnung (»brutto«) nie durchlaufende Posten

---

44 Der Zeitpunkt der Abbuchung ist demnach für § 11 Abs. 2 EStG in dieser Fallgruppe nicht entscheidend.

sein, da nur der leistende Unternehmer ein USt-Schuldverhältnis mit dem Staat begründet und in dieser Eigenschaft **selbst (USt-)Schuldner** ist (§ 13a UStG).[45]

Lösung:
- Gerichtskostenvorschüsse (sowie verauslagte Gebühren für Genehmigungen bei Behörden) sind der Prototyp durchlaufender Posten, da die Streitpartei zur Zahlung verpflichtet ist. Damit wird der Kostenvorschuss für M1 in der Überschussrechnung des R weder in 17 als BA noch in 18 als BE erfasst.
- Anders verhält es sich mit den Portoauslagen[46], da diese nicht im Namen des Mandanten anfallen, sondern eigene Kosten des RA sind. Diese (100 €) werden in 18 ebenso erfasst wie das Honorar von 10.000 €; beide Beträge sind mit 19 % USt behaftet, sodass R 12.019 € (10.100 € zzgl. 19 % = 1.919 € USt) im Februar 18 zu versteuern hat. Die Portokosten sind, ebenso wie die an das FA abzuführende USt, erst im Zeitpunkt der Zahlung als BA zu erfassen.
- Im Abrechnungsverhältnis zu M2 greift R 4.5 Abs. 2 S. 3 EStR 2012, wonach R nicht in 17 den Vorschuss als BA abziehen kann, sondern erst in dem Jahr, in dem mit einer Erstattung nicht mehr zu rechnen ist (hier in 18).

Hinweis: Veruntreute Fremdgelder eines Rechtsanwalts/Notars behalten auch bei der Verwendung für eigene Zwecke ihre Eigenschaft als »durchlaufende Posten« (BFH vom 10.12.2014, BStBl II 2015, 643) und sind folglich nicht anzusetzende BE.

2.2 Die Technik des § 11 EStG

Das bei der Überschussrechnung grundsätzlich obwaltende »Kassenprinzip« ist Ausfluss von § 11 EStG. Wenn dort von Zu- und Abfluss die Rede ist, werden diese Vokabeln in der Rspr. substituiert durch die Begriffe »Erlangung (Zufluss) und Verlust (Abfluss) der wirtschaftlichen Verfügungsmacht«. Dieser Auslegung kommt insb. bei bargeldlosen Zahlungen sowie bei Leistungen erfüllungshalber große Bedeutung zu.

2.2.1 Leistungen an Erfüllungs statt und erfüllungshalber

Bei der nachfolgenden Auflistung ist insb. darauf zu achten, dass der Zufluss- und Abflusszeitpunkt immer auf die jeweilige Person und Situation des § 4 Abs. 3-Rechners zu beziehen ist und beide Zeitpunkte nicht identisch sein müssen.
- **Abtretung**: Zufluss und Abfluss im Zeitpunkt der Abtretung, wenn Abtretung an Erfüllungs statt (§ 364 Abs. 1 BGB). Bei Abtretung erfüllungshalber (d.h. die Forderung bleibt daneben bestehen) erst Zufluss und Abfluss, wenn der Schuldner tatsächlich zahlt. Dagegen soll es nach der Rspr. des BFH (vom 30.10.1980, BStBl II 1981, 305) auch bei der Abtretung zahlungshalber zum sofortigen Zufluss und Abfluss kommen, wenn die Forderung fällig, unbestritten und einziehbar ist.[47]

---

45 Dies ändert nichts daran, dass der private Geschäftspartner (der Privatverbraucher) die USt wirtschaftlich trägt (= Kennzeichen der indirekten Steuer). Vgl. *V. Schmidt*, Band 3, Teil B, Kap. I und XVI.
46 In diesem Sinne hat der 9. Senat des BFH im Bereich der WK, für die § 4 Abs. 3 S. 2 EStG analog anzuwenden ist, entschieden, dass Umlagen und Nebenentgelte eines Mietverhältnisses keine durchlaufenden Posten sind (BFH vom 27.07.1999, BFH/NV 2000, 179).
47 Gleichfalls BFH vom 22.04.1966, BStBl III 1966, 394.

- **Aufrechnung**: Maßgeblich ist die Aufrechnungserklärung mit einer fälligen Gegenforderung (s. Beispiel 8).
- **Kreditkarte**: Zufluss durch **Zahlung** des Kartenausgebers. Abfluss nach h.M. mit Unterschriftsverpflichtung.[48]
- **Scheck**: Zufluss bei Entgegennahme, wenn der Scheck gedeckt ist (auch, wenn er sich auf gesetzwidrige Geschäfte bezieht; s. BFH vom 20.03.2001, BStBl II 2001, 482 für Bestechungsgelder[49]). Abfluss mit Hingabe des Schecks.
- **Überweisung**: Zufluss grundsätzlich erst mit Gutschrift. Abfluss mit Eingang des Überweisungsauftrages bei der Schuldnerbank, falls Konto gedeckt (bzw. Kreditrahmen vorhanden) ist.[50]
- **Wechsel**: Einheitlicher Zeitpunkt: Diskontierung (Einlösung) des Wechsels.

2.2.2 Der »kurze Zeitraum« bei den regelmäßig wiederkehrenden Betriebseinnahmen und -ausgaben

Abgesehen von der Festlegung von Rspr. und Verwaltung auf **zehn Tage** als dem maßgeblichen »Kurzzeit-Zeitrahmen« **vor und nach dem 31.12.** sind noch zusätzliche Voraussetzungen zu berücksichtigen, um abweichend vom »Kassensturz« zum Jahresende Ergebnisse zeitversetzt dem Kj. zuzuordnen, zu dem sie wirtschaftlich gehören.

Beispiel 8: Eine »aufrechnende Psychologin«
Die Dipl.-Psychologin A betreibt ihre Praxis in gemieteten Räumen. Sie hat die Miete (1.000 €/Monat) im Nachhinein zu entrichten (spätestens zum 3. des Folgemonats). Ab November 17 zählt auch der Vermieter der Praxis (V) zu ihren Patienten. A verrechnet daraufhin am 06.01.18 die noch ausstehende Miete für Dezember 17 und für Januar 18 mit der Honorarforderung 17 in gleicher Höhe (erfolgreiche Behandlung).

Gelegentlich unterliegen beide Geschäftspartner, ungeachtet unterschiedlicher Einkunftsarten, dem gleichen Ermittlungssystem des § 11 EStG.

Lösung: Aus Sicht der A ist zunächst festzuhalten, dass ihre Honorarforderung in 17 für die Gewinnermittlung ohne Bedeutung ist.[51]
Mietzinsen hingegen sind regelmäßig wiederkehrende Einnahmen (bei V) bzw. Ausgaben (bei A). Nachdem die wirksame Aufrechnung[52] am 06.01.18 erfolgte, könnte die Miete für Dezember 17 als regelmäßig wiederkehrende BA zu berücksichtigen sein. Der »Verlust der wirtschaftlichen Verfügungsmacht« über diesen Betrag liegt innerhalb des Zehn-Tages-Zeitraumes. Fraglich ist, welche Bedeutung der **Fälligkeit** (hier: für die Dezembermiete 17 am 03.01.18) zukommt. In H 11 »Allgemeines – Kurze Zeit« EStH 2012 werden zwei BFH-Urteile zitiert.

---

48 Statt aller *Krüger* in *Schmidt*, EStG (2016), § 11, Rz. 50 (Stichwort: »Kreditkarte«).
49 Diese Rspr. wird für Strafverteidiger wichtig, wenn die strenge Rspr. der Oberlandesgerichte zum GeldwäscheG höchstrichterlich bestätigt wird.
50 So auch H 11 »Überweisungen« EStH sowie BFH vom 07.12.1999 (BFH/NV 2000, 825) zu § 9 EStG.
51 Umgekehrt muss V die Miete für Dezember 17 erst in 18 als Einnahmen §§ 8, 21 EStG erfassen.
52 Eine wirksame Aufrechnung setzt nach § 387 BGB zwei gleichartige und gegenseitige Forderungen voraus, von denen die Aktivforderung (mit der aufgerechnet wird) erfüllbar und die Passivforderung (gegen die aufgerechnet wird) fällig ist.

- Nach dem BFH-Urteil vom 24.07.1986 (BStBl II 1987, 16) muss die Fälligkeit der regelmäßig wiederkehrenden Einnahmen/Ausgaben in dem Kurzzeit-Korridor von je zehn Tagen liegen. Dies ist hier der Fall.
- Das zitierte spätere BFH-Urteil vom 23.09.1999 (BStBl II 2000, 121) stellt klar, dass es für die wirtschaftliche Zugehörigkeit nicht auf den Fälligkeitszeitpunkt ankommt (missverständliche Wiedergabe in den EStH). Durch die Bezugnahme auf das vorherige BFH-Urteil wird aber dokumentiert, dass die Fälligkeit innerhalb des 20-Tages-Zeitraumes liegen muss (H 11 »Allgemeines« sowie OFD Nordrhein-Westfalen, StED 2016, 364).

Die Miete für Dezember 17 (fällig bis spätestens 03.01.18) kann ohne Probleme noch bei der Gewinnermittlung 17 berücksichtigt werden.

2.2.3 § 11 EStG und der Betriebsausgaben-Abfluss

In Zusammenhang mit dem Betriebsausgabenabzug und mit § 11 Abs. 2 EStG sind auch die Darlehensgeschäfte eines Überschussrechners zu sehen. Während für BA generell § 4 Abs. 4 ff. EStG sowie § 12 EStG zu berücksichtigen sind, sind beim § 4 Abs. 3-Rechner zusätzlich § 11 Abs. 2 EStG sowie »systemimmanente« Regeln zu befolgen.

Beispiel 9: Der fremdfinanzierte Unternehmensberater U
U, selbständiger Unternehmensberater, finanziert seit Geschäftsbeginn am 20.12.17 Büro und Sekretärin mittels eines sog. Vorzugsdarlehens. Die Valuta beträgt 200.000 € bei einem Auszahlungsbetrag von 190.000 €; 10 % Zinssatz (jährlich im Voraus) sowie 1 % Tilgung (ebenfalls jährlich im Voraus) und zehnjährige Zinsfestschreibung waren vereinbart. Wie ist die vertragsgemäße Abwicklung am 27.12.17 (Überweisung der Bank von 190.000 €; Tilgungsleistung von 2.000 € für 18; Zinszahlung von 20.000 €) bei der Gewinnermittlung des U zu behandeln?

Lösung: Das Darlehen ist betrieblich veranlasst, sodass auch die Zinsen gem. § 4 Abs. 4 EStG zum Abzug zuzulassen sind (§ 4 Abs. 4a EStG ist nicht einschlägig; § 12 EStG steht nicht entgegen). Die Überweisung selbst (190.000 €) ist ebenso wenig wie die Tilgung (2.000 € für 18) bei der Überschussrechnung steuerrelevant, da es sich um unbeachtliche **Bewegungen im Vermögensbereich** handelt.[53]
Die am 27.12.15 für das Jahr 16 überwiesenen Zinsen sind regelmäßig wiederkehrende BA, die innerhalb des Zehn-Tages-Zeitraumes fällig waren (»jährlich im Voraus«) und auch bezahlt wurden: Die Zinsen (20.000 €) sind BA des Jahres 16.
Hingegen ist das einbehaltene Disagio (Damnum) von 10.000 € sofortige BA des Jahres 15, da eine Aktivierung als Rechnungsabgrenzungsposten und Verteilung über die zehnjährige Laufzeit – wie dies bei der Bilanzierung der Fall ist (§ 5 Abs. 5 Nr. 1 EStG) – bei der Überschussrechnung nicht möglich ist. Das Damnum stellt auch keine periodisch wiederkehrende gleichartige Zahlung dar, da – erst in zehn Jahren – neu verhandelt wird und dann die Restvaluta ggf. ohne weiteres Abgeld fällig gestellt wird. Zwar unterliegt das Damnum dem neuen Anwendungsbereich des § 11 Abs. 2 S. 3 EStG (Entgelt für längerfristige Kapitalüberlassung), die Verwaltung (BMF vom 15.12.2005, BStBl I 2005, 1052 mit Ankündigung einer Gesetzesinitiative) belässt es aber in diesem Fall bei der Altregelung (Rz. 15 des BMF-Schreibens vom 20.10.2003, BStBl I 2003, 546: Sofortabzug).[54]

---

53 Andere Erklärung: Gleichbehandlung mit der Bilanzierung, bei der mit der Aufnahme des Darlehens eine erfolgsneutrale Aktiv-Passivmehrung verbunden ist.
54 S. auch H 11 »Zeitliche Anwendung« EStH 2012.

Gegen das Damnum als BA bestehen – wegen § 42 AO und insb. wegen der Höhe (nur 5 % der Valuta) und wegen des Zeitraumes (Leistung innerhalb von drei Monaten seit Auszahlung) gem. BMF vom 20.10.2003, BStBl I 2003, 546 – dort zum neuen Bauherren-Erlass – keine grundsätzlichen Bedenken.
In 17 ist das Damnum des U voll (10.000 €) als BA abzuziehen.

Hinweis: Der BFH hat durch Beschluss vom 07.12.2010 (BStBl II 2011, 346) das BVerfG zu der Frage angerufen, ob die rückwirkende Einführung der Aufteilung eines in einem Einmalbetrag (im Jahre 2004) geleisteten Erbbauzinses auf die Laufzeit des Erbbaurechts verfassungswidrig sei. Gem. § 52 Abs. 30 S. 1 EStG ist die Regelung des § 11 Abs. 2 S. 3 EStG im Jahre 2004 (durch das RiLi-UmsG vom 09.12.2004) rückwirkend eingeführt worden (s. auch BayLfSt vom 12.08.2011, DB 2011, 2003).

2.3 Einzelne Posten der Überschussrechnung

Vorbemerkung: Wegen des didaktisch angestrebten, von der Rspr. des BFH immer wieder durchgesetzten und von der Wissenschaft geforderten **einheitlichen Gewinnverständnisses** hält sich der Aufbau an die Begriffswelt des Bilanzrechts, um sogleich die technischen Unterschiede bei der § 4 Abs. 3-Rechnung aufzuzeigen.

2.3.1 Das Umlaufvermögen *(Zeile 25 der AnlEÜR 2017)*

Wie beim Bilanzierenden gibt es natürlich auch beim Überschussrechner Umlaufvermögen (UV), so wie es in R 6.1 Abs. 2 EStR 2012 definiert ist: WG, die zur Veräußerung, Verarbeitung oder zum Verbrauch bestimmt sind. Im Unterschied zur Gewinnermittlung durch BVV erfährt das UV beim Überschussrechner jedoch eine andere Behandlung.

Für den Regelfall des UV nimmt sich § 4 Abs. 3 EStG dieser Vermögenskategorie nicht ausdrücklich an, sodass es bei der Aussage von § 11 EStG verbleibt, wonach mit der Bezahlung der angeschafften Waren (bzw. der Roh-, Hilfs- und Betriebsstoffe) diese Geschäftsvorfälle als BA abschließend gewürdigt sind. Spätere Ereignisse wie Verlust, Diebstahl, Zerstörung können **nicht ein zweites Mal erfolgswirksam** (auch nicht durch eine Teilwertabschreibung) berücksichtigt werden. Dies liegt zum einen an der für die Gewinnermittlung nach § 4 Abs. 3 EStG irrelevanten Inventur, zum anderen an dem Grundsatz der »Totalgewinnidentität«, verglichen mit dem Bilanzierenden. Nachdem sich bei diesem die Anschaffung als erfolgsneutral[55] erweist, wird die **erst- und einmalige** Gewinnauswirkung später durch Verkauf oder durch betrieblichen Verlust dokumentiert.

Um das Steuersparmodell mit **gewerblichen GbR für Wertpapieranlagen** zu stoppen, sind im Jahre 2006 mit § 4 Abs. 3 S. 4 und S. 5 EStG auch Anteile an KapG, Wertpapiere und vergleichbare nicht verbriefte Forderungen und Rechte, Grund und Boden sowie Gebäude **des UV** in den Anwendungsbereich des § 4 Abs. 3 S. 4 EStG einbezogen worden.[56]

---

55 Aktiv-Passivmehrung bei Kauf auf Ziel bzw. Aktivtausch bei Barzahlung.
56 »Gesetz zur Eindämmung missbräuchlicher Gestaltungen« vom 28.04.2006, BGBl I 2006, 1095. Dies gilt für die dort genannten WG des **UV**, die nach dem 05.05. angeschafft, hergestellt oder in das BV eingelegt worden sind.

Für Letztere (d.h. für die aktuell einbezogenen WG des UV) gilt daher die Behandlung wie beim nicht abnutzbaren Anlagevermögen (s. Kap. 2.3.3).

Nach dem Verbot der Doppelberücksichtigung (keine zweimalige BA) wird das UV bei der Überschussrechnung nur einmal, nämlich beim bezahlten Erwerb oder in den Fällen der Neuregelung des § 4 Abs. 3 S. 4 EStG bei Veräußerung bzw. Entnahme, aufwandswirksam berücksichtigt.

Beispiel 10: Die »Goldrochade« bei Zahnärzten
Der Zahnarzt Z verfährt wie einige seiner Kollegen: Die Schmerzen des Patienten (P) können – lege artis – nur durch eine neue Goldfüllung behoben werden. Zu diesem Zweck entnimmt Z das Altgold des P mit einem Tauschwert von 1.000 €. Damit soll das Behandlungshonorar zur Hälfte abgegolten sein. P erhält eine Füllung mit Neugold. Das gesammelte Altgold (insgesamt 10.000 €) tauscht Z später gegen Feingoldpräparate, um es zukünftig bei anderen Patienten schmerzlindernd einzusetzen. Beim Tausch (Altgold gegen Feingold) geht ein Fünftel durch Unachtsamkeit verloren.

Die häufig bei Außenprüfungen festgestellten Goldtransaktionen der Zahnärzte führten nicht nur zu einem – zwischenzeitlich gefestigten – Case-Law des BFH, sondern in der Praxis auch zu zahlreichen Hinterziehungsverfahren. Das Steuerrecht verdankt dieser Fallgruppe einen wertvollen Beitrag zur Charakterisierung und Behandlung des UV bei der Überschussrechnung.

Lösung:
a) Das einbehaltene Altgold stellt als betrieblicher Zufluss eines wirtschaftlichen Vorteils in Geldeswert eine BE nach § 8 Abs. 2 EStG (Honorarersatz[57]: Ansatz mit dem gemeinen Wert[58]) dar; 1.000 € (Gold) + 1.000 € (unterstellt: bezahltes Honorar) als BE.
b) Wenn, wie hier, das Altgold zur betrieblichen Wiederverwendung (wenngleich nur für Tauschzwecke) aufbewahrt wird, ist damit Vorratsvermögen angeschafft. Dies ist jedoch eine BA (i.H.v. 1.000 €), sodass sich BE und BA wieder ausgleichen. Etwas anderes (kein betriebliches UV, da kein BV) gilt nur, wenn das gesammelte Altgold nicht verbraucht wird, sondern zur privaten Vermögensbildung angeschafft sein soll.[59] Dies muss zwangsläufig eine Entnahme sein (s. sogleich).
c) Der spätere Tausch des Altgoldes gegen Feingoldpräparate (Wert: 10.000 €) zur Verwendung als neues Zahngold stellt eine erneute BE (Hilfsgeschäft: Veräußerung von BV) und gleichzeitig eine BA (Anschaffung des neuen Zahngoldes) in derselben Höhe dar. Die beiden Vorgänge gleichen sich hier wieder aus.[60]
d) Schließlich kann der Verlust von 1/5 des Altgoldes (2.000 €) keine nochmalige BA-Berücksichtigung finden, da ausschließlich der Ersterwerb als BA behandelt wird.

---

57 Für den Fall, dass P über den Verbleib des Altgoldes uninformiert bleibt (und er es nicht in Anrechnung bringt), kommt ein Betrug(-sversuch) nach § 263 StGB durch Unterlassen in Betracht. Dies wird aber nur bei einer Aufklärungspflicht aus vorausgegangenem Tun (Ingerenz) bejaht, die nicht vorliegen dürfte.
58 Fraglich, ob dieses Ergebnis auf § 6 Abs. 4 EStG (früher: § 7 Abs. 2 EStDV) gestützt werden kann (so aber *Segebrecht/Gunsenheimer*, Einnahme-Überschussrechnung, 14. Aufl., Rz. 277).
59 Nach BFH vom 26.05.1994 (BStBl II 1994, 750) ist dies dann der Fall, wenn es in max. sieben Jahren nicht verbraucht wurde.
60 BFH vom 12.07.1990 (BStBl II 1991, 13 – Altgold gegen Zahngold) gegen BFH vom 17.04.1986 (BStBl II 1986, 607 – Altgold gegen privates Feingold).

Hinweis: Für den Fall, dass der § 4 Abs. 3-Rechner es irrtümlich unterlässt, die BA für Umlaufvermögen im Jahr des Abflusses geltend zu machen und der Steuerbescheid schon bestandskräftig ist, hat der BFH am 30.06.2005 (BStBl II 2005, 758) entschieden, dass die BA erst im Zeitpunkt der Veräußerung bzw. der Entnahme abgezogen werden können. Das BFH-Urteil deckt sich mit der in 2006 überarbeiteten gesetzlichen Regelung für nicht abnutzbares Anlagevermögen und bestimmte WG des UV (u.a. GruBo und Gebäude; § 4 Abs. 3 S. 4 EStG) und ist als rechtsfolgenkonsistente Erkenntnis zu begrüßen.

2.3.2 Das abnutzbare Anlagevermögen *(Zeilen 28–35 der AnlEÜR 2017)*

Bereits früh hatte man erkannt, dass das Abflussprinzip bei WG des abnutzbaren Anlagevermögens (mit der Folge: AK als BA) zu Gunsten der wirtschaftlichen Verursachung – **nunmehr: AfA als BA** – zurücktreten müsse. Mit § 4 Abs. 3 S. 3 EStG finden seit 1954 – analog zur Bilanzierung – die Vorschriften der §§ 7, 7a ff. EStG, § 82a EStDV über die AfA Anwendung. Dies gilt sowohl für die »Planabschreibung« des § 7 EStG, als auch für die Absetzung für erhöhte Abnutzung, sowie für Sonderabschreibungen. Keine Anwendung findet § 4 Abs. 3 S. 3 EStG hingegen für die außerplanmäßige Teilwertabschreibung nach § 6 Abs. 1 Nr. 1 EStG, da die dortige bilanzmäßige Bewertung gerade beim Überschussrechner nicht greift.[61]

Andererseits findet die GWG-Regelung des § 6 Abs. 2 EStG (bzw. die Neuregelung des § 6 Abs. 2a EStG) Anwendung, da es sich hierbei um eine materielle AfA-Regelung handelt, obwohl die Bestimmung im bilanziellen Bewertungsrecht bei § 6 EStG steht (R 6.13 Abs. 3 EStR 2012). Diese **Rechtsauffassung** ist nunmehr **Gesetz** geworden (§ 4 Abs. 3 S. 3 EStG). Für die Frage der erstmaligen Berücksichtigung wird auf § 9a EStDV verwiesen (Jahr der Anschaffung ist das Jahr der Lieferung).

Beispiel 11: Die rasante Fahrt der Hebamme mit Ikone
Hebamme H benutzt seit Januar 12 einen Citroën 2 CV ausschließlich für Dienstfahrten. Nachdem für eine Hebamme eine Pauschalregelung für BA nicht in Betracht kommt, möchte sie wissen, wie sich die Anschaffung der »Ente« zu 6.000 € (brutto) steuerlich amortisiert. Dabei ist zu berücksichtigen, dass sie im März 17 auf der Fahrt zu einer Hausgeburt einen Totalschaden (Versicherungsentschädigung: 500 €) erlitten hat. Im Pkw von H fuhr immer eine baumelnde Ikone des Heiligen Christophorus mit, die sie gleichzeitig mit dem Pkw zu 150 € erworben hat. Der Schutzzweck der Ikone versagte offensichtlich bei dem Unfall.

Eine der Vorfragen zur Berücksichtigung der AfA als BA wird immer sein, ob die konkreten WG überhaupt **BV-Eigenschaft** haben oder PV darstellen. Losgelöst von der Streitfrage, ob es bei § 4 Abs. 3 EStG ein gewillkürtes BV gibt (s. Kap. 2.4.5), bereitet die Annahme von (notwendigem) BV bei ausschließlicher betrieblicher Nutzung keine Probleme. Dies gilt hier sowohl für den »2 CV« als auch für den »Christophorus«.[62] Bei der Ikone, die keine Sachgesamtheit mit dem Pkw bildet, ist eventuell die Eigenschaft als **»abnutzbares«** WG fraglich. Bei Kunstgegenständen kommt allenfalls eine wirtschaftliche Abnutzung (s. aber

---

61 An dieser Stelle bekommt die AfA § 7 Abs. 1 S. 7 EStG erhöhte Bedeutung, da auf diese gesetzlich Bezug genommen ist (s. auch *Segebrecht/Gunsenheimer*, Einnahmen-Überschussrechnung, 14. Aufl., Rz. 560).
62 Eine private Veranlassung (§ 12 Nr. 1 EStG) ist wegen des identischen Erwerbszeitpunktes und des identischen Einsatzes mit dem Betriebs-Pkw auszuschließen (a.A. vertretbar).

BFH vom 26.01.2001, BStBl II 2001, 194)[63] in Betracht. Dies ist nach gesicherter BFH-Rspr. (BFH vom 09.08.1989, BStBl II 1990, 50) jedoch bei Kunstwerken anerkannter Meister[64] sowie bei Sammelstücken nicht der Fall, da hier eher mit einem Wertzuwachs zu rechnen ist.

Lösung: Nachdem H Einkünfte in einem ähnlichen Beruf nach § 18 EStG (BFH vom 23.08.1996, BStBl III 1966, 677) erzielt, kann sie ihren Gewinn nach der Überschussrechnung ermitteln (§ 18, § 2 Abs. 2 Nr. 1, § 4 Abs. 3 EStG).

- Beim **Pkw** ist im Anschaffungsjahr **12** nach § 4 Abs. 3 S. 3 EStG i.V.m. § 7 EStG nur die AfA als BA zu berücksichtigen. AfA-BMG ist nach § 9b EStG der Bruttobetrag i.H.v. 6.000 €, da H nach § 4 Nr. 14 UStG steuerbefreite Umsätze tätigt. Bei unterstellter linearer AfA nach § 7 Abs. 1 macht H für zwölf Monate die AfA geltend. Als betriebsgewöhnliche ND für Pkw wird seitens der Finanzverwaltung (BStBl I 2000, 1532) ein Zeitraum von sechs Jahren angenommen; die jährliche lineare AfA beträgt 1.000 €. Für den Pkw können **in 12** und in den Folgejahren (**13–17**) bis zum Unfall je 1.000 € als jährlicher AfA-Betrag angesetzt werden.
- Bei der **Ikone** wurde festgestellt, dass es sich um ein abnutzbares (und eigenständiges) WG des betrieblichen AV handelt und dass sie bei einem Wert von 150 € sofort nach § 6 Abs. 2 EStG als GWG abgeschrieben werden kann (BA), da der Grenzwert (nunmehr wieder 410 €) immer netto ermittelt wird.[65]
- Der (Betriebs-[66])Unfall im Jahre **17** führt – in Analogie zur Bilanzierung – zur »Ausbuchung« des **Restwerts als BA** und zum Ansatz der Versicherungsentschädigung als BE. Bis zum Ausscheiden ist zunächst die »laufende« AfA[67] von 3/12 (d.h. 1/4) der Jahres-AfA als BA (250 €) zu erfassen. Sodann ist der Restwert von 750 € als BA anzusetzen.
- Die Versicherungsentschädigung von 500 € ist bei einem – wie hier – ausschließlich betrieblich eingesetzten Pkw in voller Höhe als BE zu erfassen.

Bei einem **gemischt genutzten** Pkw soll die Versicherungsentschädigung nach dem (vom BFH aus verfahrensrechtlichen Gründen aufgehobenen) Urteil des FG Hamburg vom 15.04.2002 (EFG 2002, 1285; dort: Kaskoversicherung gegen Diebstahl) entsprechend dem Nutzungsgrad aufgeteilt werden. Danach führt nur der betriebliche Anteil zu BE, während der private Anteil einen steuerneutralen Zugang im PV (sog. Privateinnahme) darstellt. Der BFH hat im Urteil vom 20.11.2003 (BStBl II 2006, 7(!)) die Frage der Aufteilung ausdrücklich offen gelassen.

R 4.5 Abs. 3 S. 2 EStR 2012 erwähnt ausdrücklich (und zum ersten Mal, obwohl es schon bisheriger Praxis entsprach) die Abschreibungspflicht für einen erworbenen **(derivativen) Praxis- bzw. Geschäftswert** für den § 4 Abs. 3-Rechner.

Exkurs 1: Die **GWG**-Regelung bei § 4 Abs. 3 EStG
Durch das Unternehmenssteuerreformgesetz 2008 wurde die Vorschrift des § 6 Abs. 2 EStG geändert und in § 6 EStG wurde ein neuer **Abs. 2a** eingefügt:

---

63 Ausnahmefall: über 300 Jahre alte Meistergeige, die im Konzertalltag eingesetzt wird; hier kann es nach BFH vom 26.01.2001 (BStBl II 2001, 194) – Fall zu § 9 EStG – zu einem technischen Verschleiß kommen, auch wenn ein wirtschaftlicher Wertzuwachs gegeben ist.
64 Hierfür gibt es – je nach OFD-Bezirk – unterschiedliche Auffassungen. In den meisten Fällen liegt bei Überschreiten der 10.000 €-Anschaffungsgrenze ein Kunstwerk eines anerkannten Meisters vor.
65 Bei der Grenzberechnung ist immer vom Nettobetrag auszugehen (R 9b Abs. 2 S. 2 EStR). Dies gilt unabhängig davon, ob ein Vorsteuerabzug besteht oder nicht.
66 Bei einem privat veranlassten Unfall (bzw. bei einem Unfall unter Alkoholeinfluss) wird ebenfalls der Restwert ausgebucht (BFH vom 24.05.1989, BStBl II 1990, 8). Keine Entnahme!
67 Bei Ausscheiden des WG galt immer schon die »Pro rata temporis«-Regelung.

- Die Wertgrenze für GWG wurde zunächst von 410 € auf **150 €** herabgesetzt und sodann wieder auf **410 €** heraufgesetzt. Dabei handelt es sich – wie bisher – um die AK/HK, vermindert um einen darin enthaltenen Vorsteuerbetrag (§ 9 Abs. 1 EStG) oder den nach § 6 Abs. 1 Nr. 5 bis 6 EStG an deren Stelle tretenden Wert (Einlagewert).[68]
  Hinweis: Für Anschaffungen ab **01.01.2018** ist die Sofortabschreibung bis zu AK bzw. HK von bis zu **800 €** zulässig.
- Die Aufwendungen für die GWG **sind** im Jahr der Anschaffung, Herstellung oder Einlage des WG oder der Betriebseröffnung **in voller Höhe als Betriebsausgaben abzusetzen** (Fortfall des bisherigen Wahlrechts). Sie sind in Zeile 33 der AnlEÜR 2017 einzutragen.
- Das nach bisherigem Recht zu führende besondere **Verzeichnis** für GWG **entfällt**.
- Für abnutzbare bewegliche WG des Anlagevermögens, die einer selbständigen Nutzung fähig sind, **ist** im Wirtschaftsjahr der Anschaffung, Herstellung oder Einlage des WG oder der Eröffnung des Betriebs ein Sammelposten **zu bilden**, wenn die AK/HK, vermindert um einen darin enthaltenen Vorsteuerbetrag (§ 9 Abs. 1 EStG) oder der nach § 6 Abs. 1 Nr. 5 bis 6 an deren Stelle tretende Wert für das einzelne WG 150 €, **aber nicht 1.000 € übersteigen**.
- Der in der Nr. 4 genannte **Sammelposten** ist im Wirtschaftsjahr der Bildung und in den folgenden vier Wirtschaftsjahren mit jeweils **einem Fünftel gewinnmindernd aufzulösen** (und in Zeile 34 AnlEÜR 2017 einzutragen).
- **Scheidet ein WG** i.S.d. Nr. 4 aus dem Betriebsvermögen **aus**, so wird der **Sammelposten nicht gemindert**.

Exkurs 2: Mit dem WachstumsBeschlG 2009 (BGBl I 2009, 3950) ist die kurzzeitig ausgesetzte **degressive AfA** (§ 7 Abs. 2 und 3 EStG) i.H.v. maximal 25 % für bewegliche WG wieder eingeführt worden.

Neu (ab 2016) ist die Rz. 36 »Nicht abziehbare Beträge« (AfA und Restbuchwerte), in die Beträge einzutragen sind, die in den Zeilen 28–35 enthalten sind und die den Gewinn nicht mindern dürfen.

2.3.3 Das nicht abnutzbare Anlagevermögen *(evtl. Zeile 35 der AnlEÜR 2017[69])*

Ohne die Klarstellung in § 4 Abs. 3 S. 4 und 5 EStG würden sämtliche Überschussrechner mit hohen Investitionen, die beim Kauf von Grundbesitz oder beim Erwerb von betrieblichen Beteiligungen erforderlich sind, auf einen (zu) langen Zeitraum steuerliche Verluste generieren. Von daher werden die AK in dieser betrieblichen Vermögenskategorie erst bei der späteren Veräußerung oder Entnahme – als Gegengröße zum Verkaufserlös – angesetzt.

> **Beispiel 12: Die Vorfreude des Architekten**
> Architekt (A) – Überschussrechner – erhält von seinem jetzigen Auftraggeber, der Neuen Heimat-AG als Honorar 100 neue Aktien eben dieser AG für Arbeiten in 17 (kein Dividendenrecht). Ein Jahr vorher hatte er 1.000 Wertpapiere der N.H.-AG zu einem Börsenkurs von 100 € erworben. In den Jahren 16–18 erhält er 10 % Nettodividende auf den Nennbetrag der Aktie (52,50 €). In 17 stieg der Kurs auf 150 € und in 18 auf 200 €, als er die Aktien verkaufte.
> Freut sich A zu früh über den realisierten Wertzuwachs?

---

68 Ab 01.01.2018 beträgt die Wertgrenze für GWG 800 €.
69 S. auch (letzte) Spalte »Buchwert« in AVEÜR 2017.

Aktien gehören dann zum nicht abnutzbaren AV, wenn sie – wie hier – nicht zur kurzfristigen Spekulation (sodann UV, aber gleiche Behandlung gem. § 4 Abs. 3 S. 4 und 5 EStG) erworben werden und in Bezug zur eigenen beruflichen (betrieblichen) Tätigkeit des Erwerbers stehen. Reine Geldgeschäfte, bei denen die Kapitalanlage im Vordergrund steht (d.h. bei einem eigenen wirtschaftlichen Gewicht, bei dem die Gewinnung eines Auftraggebers nicht im Vordergrund steht), erfüllen nicht die BV-Eigenschaft, sondern bleiben nach BFH vom 31.05.2001 (BStBl II 2001, 828) PV.

Nach § 4 Abs. 3 S. 5 EStG treten die skizzierten Steuerfolgen nur ein, wenn die WG in einem Anlageverzeichnis geführt werden.

Lösung:
- Der Erwerb der 1.000 Aktien **in 16** zu 100 € führt zu AK von 100 T€, die erst beim Verkauf **in 18** als BA berücksichtigt werden, wenn gleichzeitig der Erlös von 200 T€ als BE anzusetzen ist.
- Schwieriger gestaltet sich der Erwerb der 100 Wertpapiere **in 17**. Diese repräsentieren als geldwerte Leistung das Honorar und sind nach § 8 Abs. 2 EStG zu versteuern.
Gleichzeitig stellen sie AK für WG des nicht abnutzbaren AV dar, die als BA erst **in 18** zu erfassen sind. Mit dem Urteil des BFH vom 01.02.2001 (BStBl II 2001, 546) ist daher die realisierte Wertsteigerung der Aktien als BE **in 18** mit einem Betrag von 5 T€ (20 T€ ./. 15 T€) zu erfassen. Dabei spielt es im betrieblichen Bereich keine Rolle, ob der Aktienerwerb zu einer »wesentlichen« Beteiligung nach § 17 EStG führte, da die Aktien hier ihrer Rechtsnatur nach BV sind.
- Unter Geltung des **Teileinkünfteverfahrens** wird die Dividende gem. § 3 Nr. 40 Buchst. d S. 2 EStG nur mit 60 % angesetzt.
- In einem – vor allem dogmatisch – interessanten Urteil vom 07.11.2001 (BStBl II 2002, 865) hat der BFH etwaige **Wertänderungen** von Dividendenansprüchen losgelöst von der (im Urteilsfall aufgrund DBA gegebenen) Steuerfreiheit des Dividendenbezugs behandelt. Danach können solche Wertveränderungen, z.B. aufgrund von Wechselkursschwankungen zwischen dem Ausschüttungsbeschluss und der tatsächlichen Dividendenzahlung, durchaus zu steuerrelevanten Ergebnissen führen. Soweit sich solche Wertpapiere im BV eines Überschussrechners befinden, tritt der steuerliche Erfolg erst mit Zufluss der Dividende ein. Bis zu diesem Zeitpunkt eingetretene Kursveränderungen ordnet der BFH den Einkünften zu, konkret: Sie erhöhen oder vermindern die heute nach dem (Halb-)Teileinkünfteverfahren (TEV) besteuerten Kapitalerträge.

Nochmals: In § 4 Abs. 3 S. 4 und S. 5 EStG sind folgende Gegenstände des UV in den Anwendungsbereich des § 4 Abs. 3 S. 4 EStG einbezogen:
- Anteile an KapG,
- Wertpapiere und vergleichbare nicht verbriefte Forderungen und Rechte,
- Grund und Boden sowie Gebäude.

2.4 Spezialfragen der Überschussrechnung

2.4.1 Entnahmen und Einlagen (technische Fragen) *(Zeilen 18–20)*

Wie bereits erwähnt, ist § 4 Abs. 3 EStG eine lückenhafte Vorschrift. So sind alle Vorgänge, die beim BVV als Entnahmen und Einlagen einen Korrekturposten zum reinen Vermögensvergleich (§ 4 Abs. 1 S. 1 EStG) bilden, um somit das rein-betriebliche Ergebnis zu ermitteln, bei der Überschussrechnung nicht vorgesehen. Da sich die Tatbestände auch hier nicht vermeiden lassen, sah sich die Rspr. gezwungen, außerbetriebliche Wertzugänge (Einlagen) sowie Wertabführungen (Entnahmen) im Ergebnis der Gewinnermittlung nach § 4 Abs. 1 EStG gleichzustellen. In der »Sprache« der Überschussrechnung sind **Entnahmen wie BE und Einlagen wie BA** zu behandeln.

> **Beispiel 13: Der Standardfall einer Pkw-Privatfahrt – die gesetzliche Luxusantwort**
> Kioskverkäufer K (kein buchführungspflichtiger Kaufmann, § 141 AO-Grenzen sind unterschritten) fährt täglich (300 x/Jahr) mit seinem am 02.01.10 erworbenen, gebrauchten E-Klasse Mercedes (umgerechneter Listenpreis 25.000 €) von der Wohnung an der Außenalster in Hamburg zu seinem Kioskstand (Jungfernstieg); Entfernung ca. 1 km. Ansonsten ist er lt. ordnungsgemäß geführtem Fahrtenbuch zu 80 % mit dem Pkw betrieblich (Einkaufsfahrten und Fahrten zwischen Wohnung und Kiosk) unterwegs. 2.000 km werden für Privatfahrten nach Sylt (zweite Wohnung) zurückgelegt. Insgesamt fährt er mit seinem Mercedes 20.000 km/Jahr, die zu genau 20.000 € Pkw-Kosten (netto; davon 2.000 € ohne Vorsteuerabzug; inkl. AfA) führen. Die Pkw-Kosten i.H.v. 20.000 € wurden voll als BA abgezogen.
>
> **Alternative:** K ist ohne Fahrtenbuch unterwegs.

Die Eigengesetzlichkeit der § 4 Abs. 3-Rechnung ist in allen Einzelfällen der Entnahmen und Einlagen zu beachten. Für die – wegen der Charakterisierung des Pkw als WG des notwendigen BV[70] – hier vorliegenden Nutzungsentnahme (§ 4 Abs. 1 S. 2 EStG analog) der Privatfahrten bedeutet dies:

> **Lösung:** Im **Ausgangsfall** führt die private Nutzung des Pkw zu einer **Nutzungsentnahme** gem. § 6 Abs. 1 Nr. 4 S. 2 und 3 EStG und damit zu einer Hinzurechnung als BE, da K die Pkw-Kosten voll-umfänglich als BA behandelt hat.
> Aufwendungen für Fahrten zwischen Wohnung und Betrieb zählen grundsätzlich zu den betrieblichen Aufwendungen gem. § 4 Abs. 5 S. 1 Nr. 6 EStG, sofern der Pkw dem BV zuzuordnen ist. Die private Nutzung wird bei einer betrieblichen Nutzung von mehr als 50 % durch einen pauschalen Nutzungswert (1 % des inländischen Listenpreises[71]) berücksichtigt gem. § 6 Abs. 1 Nr. 4 S. 2 EStG. Wahlweise kann stattdessen aber auch der tatsächliche private Nutzungswert ermittelt werden gem. § 6 Abs. 1 Nr. 4 S. 3 EStG.
> Bei ordnungsgemäßer und laufender Führung eines Fahrtenbuches[72] ermittelt sich der Nutzungsanteil nach gefahrenen Kilometern. Dabei zählen Fahrten zwischen Wohnung und Betrieb zu betrieblichen Fahrten.

---

70 Bei einem betrieblichen Nutzungsgrad von über 50 % (R 4.2 Abs. 1 EStR 2012) ist der Pkw in vollem Umfang sog. notwendiges BV und als solches unproblematisch bei der Überschussrechnung als BV anzusetzen; so auch BMF vom 18.11.2009 (BStBl I 2009, 1326, Rz. 1 ff).

71 Bei Benutzung von **Elektrofahrzeugen** erfolgte durch das neue ReisekostenR (ab 2013/2014) gem. § 6 Abs. 1 Nr. 4 S. 2, 2. HS EStG eine Reduzierung des Listenpreises. Für Kfz, die ab dem 18.02.2016 erworben wurden (Kauf oder Leasing), gibt es einen **Umwelt-Bonus** von 4.000 € (rein elektrisch betrieben) bzw. 3.000 € (Plug-in-Hybride). Der zur Hälfte von den **Herstellern als Rabatt** zu gewährende Anteil führt zu **niedrigeren AK**. S. auch BFH vom 30.11.2016 (DB 2017, 345) zur Berücksichtigung von Kraftstoffkosten des AN, die er selbst getragen hat.

72 Zur privaten Pkw-Nutzung allgemein (und zuletzt) BMF vom 18.11.2009 (BStBl I 2009, 1326) mit drei Teilen:
  • betriebliche Nutzung allgemein,
  • pauschale Ermittlung des privaten Nutzungsanteils und -werts,

Die »eigentlichen« Privatfahrten werden in dem obigen Beispiel bei einem Anteil von 20 % (2.000 km) bei einem Fahrtenbuch wie folgt abgerechnet:

20.000 € x 20 % = 4.000 € private **Nutzungsentnahme (BE i.H.v. 4.000 €)**.

Dabei ist noch die USt i.H.v. 19 %, bezogen auf 3.600 €[73], zu berücksichtigen (684 €); somit erhöht sich – wegen § 12 Nr. 3 EStG – die Nutzungsentnahme auf **4.684 €**.

Für Fahrten zwischen Wohnung und Betriebsstätte und Familienheimfahrten sind die nicht abziehbaren Betriebsausgaben nach § 4 Abs. 5 S. 1 Nr. 6 S. 3 2. Alt. EStG zu ermitteln.

In der **Alternative (kein Fahrtenbuch)** erfolgt die Berechnung aufgrund der 1 %-Regelung gem. §§ 4 Abs. 5 Nr. 6 i.V.m. 6 Abs. 1 Nr. 4 S. 2 EStG.[74]

- 1 %-Regelung – Privater Nutzungsanteil gem. § 6 Abs. 1 Nr. 4 S. 2 EStG:
  25.000 € x 1 % x 12 Monate =   3.000 €

- Hinzurechnung – Pauschaler Wertansatz Fahrten Wohnung – Betrieb
  gem. § 4 Abs. 5 S. 1 Nr. 6 S. 3 EStG:
  25.000 € x 0,03 % x 1 km x 12 Monate =   90 €
  abzgl. 0,30 x 1 km x 300 Tage =   90 €
  Differenz   0 €   0 €

- Prüfung der Kostendeckelung
  Gesamtaufwendungen: 20.000 €
  Pauschale Wertansätze (Summe 1 + 2):   3.000 €
  Höchstbetrag der pauschalen Wertansätze: 20.000 €

Ein Betrag von 3.000 € ist nach der 1 %-Regelung als Entnahme zu berücksichtigen und wieder hinzuzurechnen.

Hinweis: Verwendet der StPfl. das zum BV gehörende Kfz zur Erzielung anderer, außerbetrieblicher Einkünfte, so ist diese Nutzung nicht durch die Bewertung der privaten Nutzung nach der 1 %-Regelung abgegolten.[75] Der BFH begründet diese Entscheidung damit, dass die 1 %-Regelung sich explizit nur auf die private Nutzung bezieht. Daraus folgt, dass die Verwendung des Fahrzeugs zur Erzielung anderer steuerbarer Einkünfte nicht von der 1 %-Regelung gedeckt ist.[76] Die Nutzung in solchen Fällen ist mit den auf sie tatsächlich entfallenden Kosten als Entnahme zu erfassen. Bei den anderen steuerbaren Einkünften mindern sie allerdings als BA oder WK (bis auf Kapitalvermögen) die Einkünfte.

Neben der Nutzungsentnahme kommt die Entnahme von Gegenständen in Betracht. Im Unterschied zu den Entnahmen sind (bloße) Nutzungen und Dienstleistungen nicht einlagefähig, Sachgegenstände (oder allgemeiner: WG) hingegen schon.

- konkrete Ermittlung der privaten Nutzung (Fahrtenbuch etc.),
- ein Schlussteil (inkl. USt).

73 Von den 10.000 € sind 2.000 € nicht vorsteuerverhaftet gewesen; diese münden bei der Berechnung der USt nach § 3 Abs. 9a Nr. 1 UStG nicht in die BMG, sodass nur 20 % von 18.000 €, d.h. 3.600 € den USt-pflichtigen Umsatz nach § 10 UStG darstellen. Vgl. hierzu V. *Schmidt*, Band 3, Teil B, Kap. XII 5.1.2.
74 Inländischer Listenpreis des Kfz im Zeitpunkt seiner Erstzulassung zzgl. der Kosten für Sonderausstattung; s. hierzu (inländischer Listenpreis; auch für reimportierte Kfz; auch für gemietete oder geleaste Kfz) auch BMF vom 18.11.2009 (BStBl I 2009, 1326); der BFH prüft, ob der Ansatz des höheren Listenpreises anstelle des handelsüblichen Verkehrspreises rechtmäßig ist (Az.: VI R 51/11).
75 BFH vom 26.04.2006, Az.: X R 35/05, DStR 2006, 1876. Hier wurde der Pkw eines Gewerbebetriebs zusätzlich zur Ausführung einer anderen Tätigkeit als Prokurist bei einer Fabrik benutzt.
76 Der Auslegung des BFH nach Sinn und Zweck zufolge ist die Verwendung des Kfz zur Erzielung weiterer Einkünfte nicht als private Nutzung i.S.d. Vorschrift anzusehen.

Beispiel 13a: Das geänderte Fahrverhalten des K (aus Beispiel 13)
Spätestens nach der Lösung zu Beispiel 13 besinnt sich K seiner politischen Aufgabe als ökobewusster Kioskbesitzer. Er schenkt den voll abgeschriebenen Mercedes (AK im Jahre 10: 20.000 €) im Dezember 16 seiner Lebensgefährtin.
Von ihr erhält er im Gegenzug ein gleichwertiges, höchstens noch zwei Jahre nutzbares Motorrad (Marke Chopper-Rex) mit einem Schätzwert von 100 €. Seitdem »choppt« K morgens und abends beruflich an der Binnenalster.

Bei Umwidmung eines Gegenstandes vom bisherigen BV in nunmehriges PV (Entnahme des Mercedes) und umgekehrt bei einer Überführung eines WG vom PV in das BV (Einlage des Motorrads) findet unmittelbar kein Zahlungsvorgang statt. Die Überschussrechnung muss aber die Frage beantworten, wie sich diese Vorgänge im Zeitpunkt der Nutzungsänderung und später auf die Ermittlung des betrieblichen Ergebnisses auswirken. Dabei ist als Ausgangspunkt für alle weiteren Überlegungen vom **Teilwert** des eingelegten, wie des entnommenen WG, auszugehen. § 6 Abs. 1 Nr. 4 und 5 EStG sind analog anzuwenden (BFH vom 09.11.2000, BStBl II 2001, 190). Die Kernaussage des (Teil-)Wertansatzes ist in das System der Überschussrechnung einzupassen.

Lösung: Die **Entnahme** des Mercedes **Ende 16** ist mit dem TW von 100 € (§ 6 Abs. 1 Nr. 4 EStG analog) anzusetzen und als BE zu erfassen. Wiederum vergleichbar mit einem Bilanzierenden hat der § 4 Abs. 3-Rechner den Restwert als BA abzuziehen, da bei der vorliegenden Realisierung von betrieblichen Wertsteigerungen bei beiden Gewinnermittlungsarten nur die **stillen Reserven** zu versteuern sind. Diese setzen sich **nur aus der Differenz** zwischen dem TW und dem noch nicht abgeschriebenen Rest- oder Buchwert zusammen. K hat, da der Mercedes bereits auf »0« gesetzt ist, nur 100 € als Entnahmedifferenz (BE) zu versteuern.
Für die **Einlage** des Motorrads gilt § 6 Abs. 1 Nr. 5 EStG ebenfalls analog mit dem TW. Da die Einlage eines WG – für die weitere Behandlung dieses WG – mit einer Anschaffung vergleichbar ist, gelten die gleichen Grundsätze bei § 4 Abs. 3 EStG wie beim Erwerb. Entsprechend der Rechtsnatur des jeweiligen WG – hier: abnutzbares AV – wird der Einlagewert (TW) nicht im Zeitpunkt der Einlage (als BA) erfasst, sondern nur sein Wertverzehr während der betrieblichen Nutzung. Bezogen auf die zweijährige Nutzungsdauer des Chopper-Rex wird beim Einlagewert von 100 € eine Jahres-AfA von 50 € gebildet und grundsätzlich nur diese als BA gem. § 4 Abs. 3 S. 4 EStG analog berücksichtigt.

In einer häufig vorkommenden Fallgruppe (Freiberufler mit mehrstöckigem Haus, das sowohl betrieblich genutzt wird und auch fremden bzw. eigenen Wohnzwecken dient) hat der BFH im Urteil vom 10.11.2004 (BFH/NV 2005, 605) für den Fall einer **vorübergehenden** Umwidmung von zwei Zimmern (statt betrieblicher Nutzung: nunmehrige übergangsweise Vermietung zu Wohnzwecken) eine denkwürdige Entscheidung getroffen. Nachdem er in bekannter Weise darauf abstellte, dass eine Entnahme auch ohne Entnahmeerklärung durch bloße Nutzungsänderung angenommen werden kann, wurde die Rechtsfolge einer **Zwangsentnahme** aber teleologisch reduziert und gilt folglich nur für den Fall, dass es zu einer **dauernden** (privaten) **Nutzungsänderung** kommt. Ist diese nur vorläufig geplant, so bedarf es einer eindeutigen Entnahmeerklärung, da das strittige WG (zwei Zimmer) nicht dauernd dem BV entzogen sei. Diese Entscheidung ist nur vor dem Hintergrund der geänderten Rspr. zum gewillkürten BV beim EÜ-Rechner (s. Kap. 2.4.5) nachvollziehbar, da nunmehr auch bei § 4 Abs. 3 EStG neben dem Begriff des »geduldeten BV« auch gewillkürtes BV möglich ist.

In diese restriktive Rspr. (Zurückdrängen von »Entnahme-Sachverhalten«) fügt sich auch das Urteil des BFH vom 21.08.2012 (BStBl II 2013, 117), wonach bei einer **Absenkung der betrieblichen Nutzung unter 10 %** (gegenüber dem Vorjahr: > 10 %) nicht alleine von Gesetzes wegen von einer **Entnahme** ausgegangen werden kann. Bei gewillkürtem BV verliert das WG diese Eigenschaft nur durch eine Auflösung des betrieblichen Zusammenhangs.

Werden diese Überlegungen auf alle denkbaren (Kategorien von) WG übertragen, die bei der Überschussrechnung entnommen oder eingelegt werden können, ergibt dies in Übereinstimmung mit der Rspr. des BFH[77] folgendes Bild:

Entnahme von:	Auswirkung auf die Überschussrechnung:
Umlaufvermögen	Teilwert als (fiktive) BE (= Rückwirkende Änderung der BA bei Zahlung) In den Fällen des § 4 Abs. 3 S. 4 EStG sind die AK erst jetzt als BA zu erfassen Gemeiner Wert als (fiktive) BE in den Fällen des § 4 Abs. 1 S. 3 EStG
Abnutzbares AV	Siehe Lösung zu Beispiel 13a [Teilwert (= BE) ./. Restwert (= BA)] Gemeiner Wert als (fiktive) BE in den Fällen des § 4 Abs. 1 S. 3 EStG
	[Gemeiner Wert (= BE) ./. Restwert (BA)]
Nicht abnutzbares AV	Teilwert als (fiktive) BE Gem. § 4 Abs. 3 S. 4 EStG sind die AK erst jetzt als BA zu erfassen Gemeiner Wert als (fiktive) BE in den Fällen des § 4 Abs. 1 S. 3 EStG
Nutzungsentnahme	Siehe Lösung zu Beispiel 13 (Privatanteil = fiktive BE)
Forderungen	BE i.H.d. Werts der Forderung, da kein späterer Eingang möglich
Verbindlichkeiten (Tilgung mit Privatmitteln)	BA bei Verbindlichkeiten, die beim Kauf von UV eingegangen worden sind (Ausnahme: UV i.S.d. § 4 Abs. 3 S. 4 EStG), sonst keine Auswirkung

Umgekehrt hat die Einlage[78] folgende Auswirkungen:

Einlage von:	Auswirkung auf die Überschussrechnung:
Umlaufvermögen	BA In den Fällen des § 4 Abs. 3 S. 4 EStG erst im Zeitpunkt der Veräußerung oder Entnahme als BA (= Teilwert, bzw. gemeiner Wert in den Fällen des § 4 Abs. 1 S. 7, 2. HS EStG) zu erfassen

---

77 BFH vom 25.04.1990 (BStBl II 1990, 742) vom 24.05.1989 (BStBl II 1990, 8) vom 26.01.1994 (BStBl II 1994, 353) und vom 18.05.2000 (BStBl II 2000, 524 – zu L + F).
78 So auch BFH vom 09.11.2000 (BStBl II 2001, 190).

Einlage von:	Auswirkung auf die Überschussrechnung:
Abnutzbares AV	Siehe Lösung zu Beispiel 13a (Teilwert als Einlagewert, der über die AfA in der Folgezeit abgeschrieben wird; GWG sofort) Gemeiner Wert als Einlagewert in den Fällen des § 4 Abs. 1 S. 7, 2. HS EStG
Nicht abnutzbares AV	§ 4 Abs. 3 S. 4 EStG: Erst im Zeitpunkt der Veräußerung oder Entnahme als BA (= Teilwert) zu erfassen In den Fällen des § 4 Abs. 1 S. 7, 2. HS EStG ist die BA = gemeiner Wert
Forderungen (selten)	BA im Zeitpunkt der Einlage und BE bei Zahlung
Verbindlichkeiten	Unbeachtlich

Mit Urteil vom 27.01.2016 (BStBl II 2016, 534) hat der BFH klargestellt, dass eine Entschädigung für den Nutzungsausfall insgesamt als BE zu erfassen ist, wenn das Kfz als notwendiges oder als gewillkürtes BV behandelt wurde.

2.4.2 Die Bedeutung von (Bar-)Geld

Die soeben geführte Entnahmen-/Einlagendiskussion erleichtert das Verständnis für die Aussage, dass Geld an sich zwar als die Recheneinheit bei der Überschussrechnung (Ist-Einnahmen) bezeichnet werden kann, Veränderungen des Kassenbestandes durch **private** Zu- und Abgänge aber **keinen Einfluss** auf das Ergebnis bei § 4 Abs. 3 EStG haben. Anders als bei einem Bilanzierenden bildet der Kassenbestand hier keine Grundlage für die Gewinnermittlung und der Vorfall an sich, der zur Erhöhung (Einlage) oder Verminderung des Geldbestandes (Entnahme) geführt hat, ist eben nicht betrieblich veranlasst. Da Geld die »Währungseinheit« der § 4 Abs. 3 EStG-Rechnung ist, darf eine Beeinflussung dieses Grundparameters durch außerbetriebliche Vorgänge nicht zu einem Gewinn-(Verlust-)Ausweis führen.

Diese Zurückhaltung gegenüber Bestandsveränderungen beim »Geld« bei der Überschussrechnung ist auch die Ursache dafür, dass der BFH lange Zeit **Geldverluste**, wie sie sich etwa bei einem Einbruchdiebstahl oder durch eine Kassenunterschlagung ereignen, nur bei einer sog. »geschlossenen Kassenführung«, d.h. bei einer chronologischen Kassenbuchführung (nachgewiesen durch ununterbrochene Tageslosungen), als BA berücksichtigen wollte (BFH vom 25.01.1962, BStBl III 1962, 366). Erst seit 28.11.1991 (BStBl II 1992, 343; bestätigt, BFH vom 12.12.2001, StuB 2002, 508) ist geklärt, dass Geldverluste, die ihre Ursache im **betrieblichen** Bereich haben, auch bei der Überschussrechnung zu **BA** führen (Beispiel: Gelddiebstahl durch Betriebsangehörige).

Bedeutsam ist in diesem Zusammenhang das Urteil des FG München vom 11.12.2002 (EFG 2003, 625), in dem für ein- und dasselbe Konto eines § 4 Abs. 3-Rechners, über das private und betriebliche Geschäftsvorfälle abgewickelt wurden, grundsätzlich auf **ein betriebliches** Konto entschieden wurde. Dies darf aber nicht darüber hinwegtäuschen, dass ein § 4 Abs. 3-Rechner nicht verpflichtet ist, für private und betriebliche Vorgänge zwei getrennte Konten zu unterhalten. Er muss allerdings durch Aufzeichnungen dafür Sorge tragen, dass die Herkunft der Gelder eindeutig nachgewiesen werden kann. Nachdem der BFH im Urteil vom 12.06.2003 (BFH/NV 2003, 1323) diese Grundsätze noch einmal bekräftigte, hat er sich gleichzeitig gegen sog. Strafzuschätzungen ausgesprochen für den Fall, dass die Trennung beider Sphären mit Schwierigkeiten verbunden ist.

Der BFH hat sich im Urteil vom 21.08.2012 (BStBl II 2013, 16) für einen Fall der kurzfristigen Geldeinlage auf ein betriebliches Konto und des damit beanspruchten Schuldzinsenabzugs nach § 4 Abs. 4a EStG a.F. mit der Bedeutung des »Geldes« in der EÜR-Rechnung auseinandergesetzt. Allerdings hat der BFH das Problem (Irrelevanz des Geldes für § 4 Abs. 3 EStG[79]) dahingestellt sein lassen, da er nur um eine analoge Anwendung des § 4 Abs. 4a EStG bemüht war.

2.4.3 Probleme mit der Umsatzsteuer bei der Überschussrechnung

Zu den zentralen Aussagen zur Behandlung der USt bei der Überschussrechnung gehören:

- Die USt ist kein durchlaufender Posten bei § 4 Abs. 3 EStG, da sie vom Unternehmer auf eigene Rechnung und in eigenem Namen an das FA abgeführt wird (Kennzeichen der indirekten Steuer);
- **strenge Unterscheidung** zwischen der **privatrechtlich** vereinnahmten USt als BE (= *Zeile 16*) sowie der dem Geschäftspartner bezahlten Vorsteuer als BA[80] (= *Zeile 49*) und der demgegenüber an das FA **öffentlich-rechtlich** abgeführten USt(-Zahllast) als BA (= *Zeile 50*) – und umgekehrt der VSt-Erstattung als BE (= *Zeile 17*);
- Bedeutung des Vorsteuerabzugs für § 9b EStG (bei fehlender VSt-Abzugsberechtigung ist die bezahlte USt = Teil der AK/HK);
- (BA-)Abzugsverbot der USt bei der »Entnahme-USt« gem. § 12 Nr. 3 EStG.

Daneben treten in der Praxis immer wieder folgende Probleme auf:

a) die Erstattung (von zuviel gezahlter USt/VSt),
b) das zeitliche Auseinanderfallen bei der »Entnahme-USt«[81] sowie
c) überhaupt die zeitliche Erfassung von USt-Vorauszahlung und Erstattung als regelmäßig wiederkehrende Beträge.

Zu a): Eine seitens des FA geleistete **Steuererstattung**, die in Zusammenhang mit USt/VSt steht, kann mehrere Gründe haben, z.B. einen Vorsteuerüberhang, zu hohe Vorauszahlungen oder aber eine Verrechnung mit einer privaten (persönlichen) Steuer des Unternehmers (z.B. mit dessen Einkommensteuer). Je nach betrieblicher oder privater Veranlassung des Zahlungsvorgangs ist die Erstattung als BE (betriebliche Veranlassung = *Zeile 17 der AnlEÜR 2017*) oder überhaupt nicht (private Veranlassung) zu erfassen. Entsprechendes gilt für die Verrechnung.

> **Beispiel 14: Drunter und drüber**
> Unternehmer U hat in 17 gegenüber dem FA in der letzten USt-Voranmeldung (für Dezember 17) 10.000 € VSt zu Recht geltend gemacht. Am 20.01.18 erhält U den Erstattungsbetrag, gemindert um eine ESt-Abschlusszahlung von 6.000 €. Der Saldo von 4.000 € wird auf sein Betriebskonto überwiesen.

---

79 Vgl. statt aller *Segebrecht/Gunsenheimer*, Einnahmen-Überschussrechnung, 14. Aufl., Rz. 599.
80 Rechtsgrundlage kann dafür § 433 BGB (Brutto-Kaufpreiszahlungsverpflichtung) oder § 631 BGB (Brutto-Werklohnvereinbarung) sein.
81 USt für unentgeltliche Wertabgaben.

Lösung:
- In 17 ist wegen § 11 EStG nichts veranlasst.
- In 18 kann die »Verrechnung mit der ESt-Schuld«, wegen § 12 Nr. 3 EStG (hier: ESt als Personensteuer) nicht zu einer Minderung der Einnahmen führen.
- Folglich hat U in 18 den rechnerischen Erstattungsbetrag von 10.000 € als BE zu erfassen.[82]

Zu b): Bei der »**Entnahme-USt**« wird häufig der Bruttobetrag angesetzt (s. Beispiel 13: Nutzungsentnahme private Pkw-Fahrt mit 2.380 €[83] statt mit 2.000 €). Für den Fall, dass die Entnahme noch in 17 einkommensteuerlich brutto erfasst wird, die darauf entfallende USt jedoch erst in 18 bezahlt wird, stellt sich die Frage, ob – wegen § 12 Nr. 3 EStG – diese Zahlung in 18 als BA erfasst werden darf.

- Isoliert betrachtet, verstößt der BA-Abzug in 17 gegen § 12 Nr. 3 EStG. Sodann ist rückbezüglich die einkommensteuerliche Behandlung als **Bruttoentnahme** in 18 falsch und ggf. über § 174 AO zu korrigieren. Deshalb ist es korrekt, in Hinblick auf § 12 Nr. 3 EStG die Entnahme netto anzusetzen und folgerichtig, weil gesetzeskonform, die hierauf bezahlte USt nicht als BA abzuziehen.
- Wegen der häufig anders geübten Praxis hat sich jedoch die sog. Praktikermethode durchgesetzt, die Entnahme einkommensteuerlich brutto anzusetzen und die hierauf bezahlte USt zum BA-Abzug zuzulassen.

Bei einer in sich geschlossenen, konsistenten Gesamtlösung ist gegen die Praktikermethode nichts einzuwenden.

Zu c): USt-Vorauszahlungen sind **regelmäßig wiederkehrende** Ausgaben (Zeile 49).

Gleichwohl gilt für die Ermittlung des kurzen Zeitraums (Zehn-Tages-Frist) zu beachten, dass sich der Zehn-Tages-Zeitraum nicht durch § 108 Abs. 3 AO (Sonnabend, Sonntag oder Feiertag) verlängert (vgl. BFH vom 11.11.2014, VIII R 34/12, BStBl II, 2015, 285).

Nach dem BFH-Urteil vom 01.08.2007 (BStBl II 2008, 282), dem sich die Verwaltung angeschlossen hat (BMF vom 10.11.2008, BStBl I 2008, 958) ist es jedoch nicht zu beanstanden, wenn **sämtliche USt-Zahlungsvorgänge einheitlich nicht** als regelmäßig wiederkehrende Einnahmen/Ausgaben behandelt werden (sog. Praktikermethode).

Hinweis: Der BFH hat mit Urteil vom 12.11.2014 (BFH/NV 2015, 486) auch zu **Unrecht erstattete Vorsteuern als Betriebseinnahmen** erfasst.

2.4.4 Der Tausch

Der praxisrelevante Fall[84] des Tausches mit Zuzahlung (sog. Tausch mit Baraufgabe) führt zu einem Realisationstatbestand einerseits (altes WG) und zum Erwerb eines neuen WG andererseits. Damit ist ganz allgemein die Wertermittlung beider WG relevant, die sodann in das

---

82 Vom BFH (Urteil vom 26.03.1991, BFH/NV 1991, 614) erweitert für den Fall, dass sich die VSt im Vorjahr nicht einkommensmindernd ausgewirkt hat.
83 Im obigen Beispiel musste die BMG – wegen der EuGH-Rspr. (USt wegen Eigenverbrauch nur auf vorsteuerentlastete Kosten) – geändert werden; für Zwecke dieses Verständniskomplexes beträgt der Nettobetrag 2.000 € und der Bruttobetrag 2.380 €.
84 Auf den schulmäßigen Grundfall, dass sich zwei gleichwertige WG gegenüberstehen und diese getauscht werden, wird mangels Praxisbedeutung nicht näher eingegangen.

»Raster« der Überschussrechnung einzustellen ist. Die zentrale Formel lautet: **Der gemeine Wert des hingegebenen WG – zzgl. einer Zuzahlung – stellt die AK des neuen WG dar (vgl. § 6 Abs. 6 EStG).** Um zu (auch rechnerisch) richtigen Ergebnissen zu gelangen, empfiehlt sich eine Zerlegung des Tausches in ein Veräußerungsgeschäft und in ein Erwerbsgeschäft.[85]

Beispiel 15: Neu gegen alt
Der mobile Verkäufer M startet seine selbständige Verkaufskarriere im Januar 17 mit einem geschenkten Mini-Cooper (Wert 2.000 €; zweijährige ND), um eilige Arzneimittel von Castrop nach Rauxel zu befördern. In 18 zeichnet sich ein erster Erfolg ab, obwohl M immer noch in der Umsatz- und Gewinnzone von § 4 Abs. 3 EStG (§ 141 AO) verharrt. Als Optimist legt er sich für sein Geschäft einen neuen BMW-Mini zu. Der ortsansässige BMW-Händler erstellt am 01.12.18 folgende Rechnung:

BMW-Mini	20.000 €
./. Inzahlungnahme Mini-Cooper (MC)	./. 200 €
Zuzahlung netto	19.800 €
+ 19 % USt auf 20.000 €[86]	3.800 €
Rechnungsbetrag	26.000 €

Es wird ein Skonto von 2 % bei Zahlung innerhalb von sieben Tagen gewährt. Trotz Skontoabzug macht M mit dem neuen Pkw noch schlechtere Geschäfte.

Lösung: M, der kein Angehöriger eines freien Berufs, sondern Gewerbetreibender ist, ermittelt dennoch zu Recht seinen Gewinn durch Einnahmen-Ausgaben-Rechnung. Für den MC (alt) kann der M die planmäßige AfA als BA zum Abzug bringen, in 17 und 18 je 1.000 €. Nachdem der Restwert 0 beträgt, stellen die angesetzten 200 € einen sonstigen betrieblichen Ertrag dar: BE i.H.v. 238 € (brutto).
Für den neuen BMW-Mini ermittelt der vorsteuerabzugsberechtigte M die AfA-BMG nicht nach dem Zuzahlungsbetrag von 19.800 €, sondern inkl. des gemeinen Werts des MC (ohne USt), also i.H.v. 20.000 €. Hiervon werden als AK-Minderung 2 % Skonto (400 €) abgezogen. Die AfA-BMG beträgt somit 19.600 €. Die AfA in 18 beträgt nach § 7 Abs. 1 EStG 272,22 € (19.600 € x 1/6, davon 1/12). Die gezahlte USt i.H.v. 3.724 € stellt eine BA dar.

2.4.5 Gewillkürtes Betriebsvermögen bei § 4 Abs. 3 EStG

Zu den bis zum Jahre 2003 ungelösten Fragen der steuerlichen Gewinnermittlung gehörte die von der Verwaltung für **unzulässig** gehaltene Möglichkeit, bei § 4 Abs. 3 EStG gewillkürtes BV zu bilden. Bekanntlich erlaubt die von der h.M. bei § 4 Abs. 1 (§ 5 Abs. 1) EStG vorgenommene **Dreiteilung** des Vermögens [(Notwendiges) PV, Notwendiges BV und Gewillkürtes BV] die Bildung von **Wahl-BV**. Dies sind WG, die entweder ihrer Art nach (sog. **neutrale WG** wie z.B. Wertpapiere) oder aufgrund der Mischnutzung (**betrieblicher Nutzungsgrad** zwischen **10 % und 50 %**) sowohl BV als auch PV sein können. Sie müssen objektiv für den Betrieb geeignet und subjektiv dazu bestimmt sein.[87] Beim BVV dokumentiert der bilanzierende Gewinnermittler, durch den (Nicht-)Bilanzausweis seine Entscheidung.

---

85 Dies entspricht auch der zivilrechtlichen Konzeption in § 480 BGB.
86 Der gemeine Wert des in Zahlung genommenen Autos abzüglich USt ist als Teil der Gegenleistung der USt-Bemessungsgrundlage hinzuzurechnen (vgl. § 10 Abs. 1 S. 2 UStG).
87 R 4.2 Abs. 1 S. 3 EStR 2012.

Der BFH hat sich im Urteil vom 02.10.2003 (BStBl II 2004, 985) erstmalig zum gewillkürten BV bei der Überschussrechnung bekannt, wenngleich er in der Sache selbst (Pkw mit < 10 % betrieblicher Nutzung = PV) zu einem anderen Ergebnis kam (kommen musste).

Der BFH hatte sich, insb. in den Folgeentscheidungen vom 22.04.2004 (BFH/NV 2004, 1256), vom 16.06.2004 (BFH/NV 2005, 173) und vom 10.11.2004 (BFH/NV 2005, 753) den weiterführenden Argumenten der Literatur[88] angeschlossen:
- Die Versagung des gewillkürten BV bei § 4 Abs. 3 EStG führt zu einem Verstoß gegen den Grundsatz der »Total-Gewinnidentität« (s. auch § 16 Abs. 2 S. 2 EStG: Bilanznotwendigkeit für alle Gewinnermittler bei Veräußerung!).
- Die Dreiteilung des Vermögens selbst ist ohne Grundlage.
- Die fehlende Dokumentation kann freiwillig erbracht werden.

Bei der Erleichterung über die BFH-Entscheidung darf aber nicht vergessen werden, dass im Ergebnis nur der **Veräußerungsgewinn** des jeweiligen WG betroffen ist[89], da die Ermittlung des richtigen laufenden Gewinns ohnehin zu identischen Ergebnissen führt.[90] Mit der Zulässigkeit der (willkürlichen) Erfassung gewinnt der § 4 Abs. 3-Rechner nur eine Nachweis-Erleichterung, da er ansonsten jede einzelne betriebliche Nutzung (im Beispiel: jede Betriebsfahrt) wegen § 88 AO (und den allgemeinen Beweisregeln) nachweisen muss. Der Veräußerungsgewinn ist hingegen zu 100 % (falls BV) oder gar nicht (falls PV) stpfl.

Im o.g. Urteil hat der BFH die Anerkennung des gewillkürten BV bei § 4 Abs. 3 EStG allerdings von der **unmissverständlichen und zeitnahen Zuordnung** zum Betriebsvermögen des StPfl. abhängig gemacht.

Die Verwaltung folgte mit Schreiben vom 17.11.2004 (BStBl I 2004, 1064) der BFH-Rspr. und macht die Anerkennung von folgenden Voraussetzungen abhängig:
1. Das WG muss zu mindestens 10 % betrieblichen Zwecken dienen.[91]
2. Der Nachweis ist durch zeitnah erstellte Aufzeichnungen zu erbringen; zeitnah ist eine Aufzeichnung, wenn sie bis zum Ende des VZ erfolgt; bei **unterjährigem** Erwerb und Zuordnung eines gewillkürten BV erscheint eine vorher dokumentierte Zuordnung ratsam.
3. Der Nachweis der Zuordnung (inkl. der Unterlagen) ist beim zuständigen FA mit der Einnahmen-Überschuss-Rechnung einzureichen.

2.4.6 § 4 Abs. 3 EStG bei Erwerb und Verkauf mit wiederkehrenden Zahlungen

Auf zwei Besonderheiten der Überschussrechnung ist noch hinzuweisen. Beim **Erwerb einzelner WG des Anlagevermögens oder des Umlaufvermögens i.S.d. § 4 Abs. 3 S. 4 EStG gegen wiederkehrende Zahlungen** (hier: **Leibrenten**) ergeben sich die AK aus dem Barwert der Leibrentenverpflichtung. Bei den laufenden Rentenzahlungen ist grundsätzlich nur der Zinsanteil, der sich aus dem Unterschiedsbetrag zwischen den laufenden Zahlungen und dem jährlichen Rückgang des Barwerts ergibt, als BA abzuziehen (der Rest ist der unbeachtliche Tilgungsanteil). R 4.5 Abs. 4 S. 4 EStR 2012 erlaubt als Vereinfachungsregelung, dass die

---

88 Vgl. statt aller *Weber/Grellet* in *Kirchhof/Söhn*, § 4 D 154 ff. sowie – konzentriert – *Heinicke* in *Schmidt*, EStG (2017) § 4 Rz. 166 ff.
89 Daneben besteht die Möglichkeit, erleichtert Investitionszulage zu erhalten.
90 Hinzu kommen noch die Vorteile des InvZulG sowie des Investitionsabzugsbetrages gem. § 7g EStG.
91 S. hierzu aber bereits oben BFH vom 21.08.2012, BStBl II 2013, 117: Die Reduzierung auf < 10 % hat keine automatische Entnahme zur Folge!

laufenden Rentenzahlungen mit dem Barwert verrechnet werden und lässt nach Überschreiten dieses Barwerts den Abzug der **vollen Rentenzahlung als BA**[92] zu.

Umgekehrt ist beim **Verkauf** von WG des UV i.S.d. § 4 Abs. 3 S. 4 EStG gegen **Ratenzahlung** (oder Veräußerungsleibrente) grundsätzlich R 4.5 Abs. 5 S. 1 EStR 2012 zu berücksichtigen. Danach ist in jedem Wj. i.H.d. in demselben Wj. zufließenden Kaufpreisraten (oder Rentenzahlungen) ein Teilbetrag der AK/HK als BA abzusetzen.

Beim abnutzbaren Anlagevermögen räumt R 4.5 Abs. 5 S. 2 EStR 2012 dem Veräußerer ein Wahlrecht ein. Danach kann in jedem Jahr ein Teilbetrag der noch nicht als BA (d.h. noch nicht als AfA) berücksichtigten AK/HK i.H.d. in diesem Jahr zufließenden Kaufpreisraten (oder Rentenzahlungen) als BA abgesetzt werden.

2.4.7 Zusammenfassung (Schema zur § 4 Abs. 3-Rechnung)

Die wichtigsten Aussagen zur Überschussrechnung sind in der nachfolgenden **Übersicht**[93] zusammengefasst:

---

92 Auf das von *Kölpin* (Kap. V 3; dort zum Bilanzierenden) gebildete Beispiel wird verwiesen.
93 Übersicht erstellt im Rahmen einer Studienarbeit von *Jens Schäfermeier, Frank Hülskamp* und *Dominic Reuters* (FH Lüneburg).

§ 4 Abs. 3-Rechnung: Bewertung/Berechnung der Bilanzpositionen

Posten der Überschussrechnung	Rechtsgrundlage	Weitere Ausführungen
Allgemeines (Überschuss der BE über die BA)	• § 4 Abs. 4, § 8 EStG analog (BE sind Zugänge in Geld, die durch den Betrieb veranlasst sind) • § 4 Abs. 4, § 8 Abs. 2 EStG analog (**Naturalien;** BE sind Zugänge in Geldeswert, die durch den Betrieb veranlasst sind)	hinreichende Kausalität zwischen (geleisteter) Vorleistung und (bezogenem) Entgelt genügt für Klassifizierung als BE!
Besonderheiten bei den BE	**Sonderfall: Forderungsverzicht als Betriebseinnahme?** (nur falls Forderung entstanden; nicht, falls im Vorhinein unentgeltliche Leistung vorgesehen) **Betrieblich veranlasster Honorarverzicht** (z.B. weiterbestehende Geschäftsbeziehung) → Steuerunbeachtlicher Erlass Rechtsfolge: Keine BE **Privat veranlasster Honorarverzicht** (z.B. Freund ist »pleite«) → Steuerbeachtlicher Erlass Rechtsfolge: BE gegeben	• Zufluss gem. § 11 EStG • konkrete Bezeichnung • zivilrechtliche Vorschriften sind unbeachtlich gem. §§ 40 f. AO **Keine BE** liegen vor bei: • ersparten Aufwendungen • fiktiven Einnahmen • steuerfreien Einnahmen des § 3 EStG (z.B. § 3 Nr. 28, Nr. 38, Nr. 40 S. 2 EStG) • Einnahmen aus anderen Einkunftsarten • privater Veranlassung
Sonderbehandlung durchlaufender Posten gem. § 4 Abs. 3 S. 2 EStG	**Voraussetzungen:** • im Namen eines anderen • für Rechnung eines anderen • vereinnahmt/verausgabt • Fremdgelder, die erkennbar vom StPfl. als solche behandelt werden	**Beispiel:** • Gerichtskostenvorschuss, da Mandant zahlungsverpflichtet ist **Gegenbeispiele** (keine durchlaufenden Posten): • Portoauslagen • VSt/USt
Umlaufvermögen	• für Anteile an KapG, für Wertpapiere und vergleichbare nicht verbriefte Forderungen und Rechte, für Grund und Boden sowie Gebäude des UV **ausdrückliche Regelung in § 4 Abs. 3 S. 4 EStG** • für übriges UV keine Regelung in § 4 Abs. 3 EStG • Definition gem. R 6.1 Abs. 2 EStR 2008 WG, die zur Veräußerung, Verarbeitung oder zum Verbrauch bestimmt sind • Geltung des Zufluss-/Abflussprinzips gem. § 11 EStG (»Cash-Prinzip«)	• Bezahlung des i.S.d. § 4 Abs. 3 S. 4 EStG angeschafften UV = BA bei Veräußerung im Zeitpunkt des Zuflusses des Veräußerungserlöses, bei Entnahme im Zeitpunkt der Entnahme • Bezahlung des angeschafften (übrigen) UV = BA im Zeitpunkt der Bezahlung • Wertveränderung am UV darf nicht erneut als BA erfasst werden

§ 4 Abs. 3-Rechnung: Bewertung/Berechnung der Bilanzpositionen

Posten der Überschussrechnung	Rechtsgrundlage	Weitere Ausführungen
Abnutzbares Anlagevermögen	a) **Prüfungsreihenfolge** aa) BV vorhanden? bb) abnutzbar? cc) BMG, falls abnutzbares AV • bei umsatzsteuerbefreitem Gewinnermittler: Bruttobetrag (inkl. VSt) = BMG • bei umsatzsteuerpflichtigem (vorsteuerberechtigtem) Gewinnermittler: Nettobetrag = BMG (§ 9b Abs. 1 EStG) b) AfA = BA (§ 4 Abs. 3 S. 3 EStG) c) **Anwendungsmöglichkeiten der AfA** { Planmäßige AfA gem. § 4 Abs. 3 S. 3 i.V.m. § 7 Abs. 1, 2 EStG | Erhöhte AfA gem. § 4 Abs. 3 S. 3 i.V.m. § 7a ff. EStG | Sonder-AfA gem. § 4 Abs. 3 S. 3 i.V.m. § 7a ff. EStG | GWG und Sonderposten (§ 6 Abs. 2a EStG) gem. § 4 Abs. 3 S. 3 i.V.m. § 6 Abs. 2 EStG | **Keine** außerplanmäßige TW-AfA gem. § 6 Abs. 1 Nr. 1 EStG → Anwendung untersagt! } Anwendungsmöglichkeit für AfA bei der § 4 Abs. 3-Rechnung (+)	**Sonderfall: Unterjähriges Ausscheiden des WG** (z.B. durch Unfall) a) laufende AfA (pro rata temporis) bis zum Ausscheiden erfassen (BA) b) Feststellen des Restwerts c) Berücksichtigung des Restwerts als BA d) evtl. Ersatzleistungen (von Versicherungen etc.) als BE (BFH vom 20.11.2003, BFH/NV 2004, 567, wobei aber offen bleibt, ob ein privater Nutzungsanteil anzusetzen ist)

§ 4 Abs. 3-Rechnung: Bewertung/Berechnung der Bilanzpositionen

Posten der Überschussrechnung	Rechtsgrundlage	Weitere Ausführungen
Nicht abnutzbares Anlagevermögen	**§ 4 Abs. 3 S. 4 EStG:** a) AK des nicht abnutzbaren AV sind als **BA** anzusetzen bei: – einer späteren Veräußerung, – einer späteren Entnahme b) Verkaufserlös ist **BE** c) **Voraussetzung:** Führen eines **gesonderten Verzeichnisses** gem. § 4 Abs. 3 S. 5 EStG	**Beispielfall:** | VZ | Vorfall | Rechtsfolge | |---|---|---| | 02 | Statt Geldhonorar 100 Aktien zum Kurs von 150 € (Aktien = BV) | a) Geldwerte Leistung i.S.v. §§ 4 Abs. 4, 8 Abs. 2 EStG analog (→ **BE i.H.v. 15 T€**) b) gleichzeitig AK zur Anschaffung der Aktien | | 08 | Aktien des VZ 02 werden verkauft (VP: 20 T€) | a) geldwerte Leistung i.S.v. §§ 4 Abs. 4, 8 Abs. 2 EStG (→ **BE i.H.v. 20 T€**) b) wegen § 4 Abs. 3 S. 4 EStG **BA i.H.v. 15 T€** |
Entnahmen	• Ansatz mit TW gem. § 6 Abs. 1 Nr. 4 S. 1, 1. HS EStG analog als BE (also Ansatz mit Kaufpreis bzw. gerechter Schätzwert) • Ansatz mit gemeinem Wert gem. § 6 Abs. 1 Nr. 4 S. 1, 2. HS EStG analog als BE in Fällen von § 4 Abs. 1 S. 3 EStG (Berücksichtigung eines Gewinnaufschlags, § 9 Abs. 2 BewG) • Abzuziehen ist von den BE der Gegenwert, also der Rest- bzw. der Buchwert als BA **Rechenschema:** TW/gemeiner Wert gem. § 6 Abs. 1 Nr. 4 S. 1, 1. HS/2. HS EStG → **BE** ./. Restwert bzw. Buchwert des WG → **BA** (= Entnahmedifferenz ist als **BE** zu versteuern)	**Entnahmefähig** sind: • Nutzungen • Dienstleistungen • Sachgegenstände (WG) gem. § 4 Abs. 1 S. 2 EStG
Einlagen	• Ansatz mit TW gem. § 6 Abs. 1 Nr. 5 EStG analog als BA (also Ansatz mit Kaufpreis bzw. gerechter Schätzwert • Ansatz mit gemeinem Wert gem. § 6 Abs. 5a EStG analog als BA in den Fällen des § 4 Abs. 1 S. 7, 2. HS EStG (Berücksichtigung eines Gewinnaufschlags, § 9 Abs. 2 BewG) • Beachte § 4 Abs. 3 EStG! Bei nicht abnutzbaren WG der AV und bei Anteilen an KapG, bei Wertpapieren und vergleichbaren nicht verbrieften Forderungen und Rechten, bei Grund und Boden sowie Gebäuden des **UV** erst bei Veräußerung/ Entnahme zu berücksichtigen.	Einlagefähig sind **nur**: **WG** (Sachgegenstände und Rechte) gem. § 4 Abs. 1 S. 7 EStG

§ 4 Abs. 3-Rechnung: Bewertung/Berechnung der Bilanzpositionen

Posten der Überschussrechnung	Rechtsgrundlage	Weitere Ausführungen
Einlagen (Fortsetzung)	• TW/gemeiner Wert des des eingelegten WG ist als BMG für die AfA zu werten • maßgeblich als BA ist der Werteverzehr während der betrieblichen Nutzung → **AfA**	
(Bar-)Geld	• **Private Zu- bzw. Abgänge von Bargeld:** → kein Einfluss auf das Ergebnis gem. § 4 Abs. 3 EStG, da der Kassenbestand und die entsprechende Entnahme/Einlage von **Geld nicht betrieblich** veranlasst ist • **Betriebliche Geldverluste** → betriebliche Geldeingänge sind ohnehin BE (vgl. §§ 4 Abs. 4, 8 Abs. 1 EStG analog) → Geldverluste mit Ursache im betrieblichen Bereich (Diebstahl durch Angestellte) sind BA	
Vorsteuer/Umsatzsteuer	**Generelles (zur USt):** • kein durchlaufender Posten gem. § 4 Abs. 3 S. 2 EStG • privatrechtlich vereinnahmte USt (aus Veräußerungsgeschäften) ist als BE zu behandeln (§§ 4 Abs. 4, 8 Abs. 1 EStG analog) • an das FA abgeführte USt (aufgrund der öffentlich-rechtlichen Verpflichtung) ist BA gem. § 4 Abs. 4 EStG • Vorsteuererstattung ist als BE anzusehen • besondere Beachtung §§ 9b, 12 Nr. 3 EStG	**Sonderfall: Erstattung zu viel gezahlter USt/VSt** a) Gründe: • Vorsteuerüberhang • Verrechnung mit privaten/persönlichen Steuern (z.B. ESt) des Unternehmers b) Konsequenzen: • Erfassung als BE c) Beachte: • Sonderregelung gem. § 12 Nr. 3 EStG (keine Minderung der BE durch Verrechnung mit privater ESt-Schuld → voller Ansatz des teilweise verrechneten Erstattungsbetrags als BE • Beachtung des Zu- und Abflusses gem. § 11 Abs. 1 und 2 EStG

§ 4 Abs. 3-Rechnung: Bewertung/Berechnung der Bilanzpositionen

Posten der Überschussrechnung	Rechtsgrundlage	Weitere Ausführungen

Tausch	**Sachverhalt:**
	Tausch eines vorhandenen WG gegen anderes WG unter Zuzahlung eines bestimmten Betrages für das neue WG
	
	Vorgehen:
	a) Realisationstatbestand und somit Wertermittlung des alten WG gem. § 4 Abs. 3 S. 4 EStG
	b) Erwerbstatbestand und somit Wertermittlung des neuen WG (Wert gem. § 6 Abs. 1 Nr. 1 S. 1 EStG; TW gem. § 6 Abs. 1 Nr. 1 S. 3 EStG)
	c) Zerlegung des Tausches in ein Veräußerungs- und in ein Erwerbsgeschäft
	
	Formel:
	Wert des hingegebenen WG stellt die AK des neuen WG dar (s. auch H 16 Abs. 2 EStH 2008)
		Rechnerische Ermittlung (Vorgehen):
		a) zunächst korrekte Ermittlung des tatsächlichen Wertes des WG unter Berücksichtigung von AfA (BA) gem. § 6 Abs. 1 Nr. 1 S. 1 EStG analog (Wertansatz) i.V.m. § 4 Abs. 3 S. 3 EStG i.V.m. § 7 Abs. 1 und 2 EStG (AfA)
		b) Aufdeckung des tatsächlichen Wertes (stille Reserven) des WG
		    aufgedeckter Wert (Verkaufs-/Tauscherlös)
		    ./. Restwert (nach AfA; s. unter a)
		    = sonstiger betrieblicher Ertrag (→ **BE**)
		c) Prüfung der VSt-Abzugsbefugnis
		d) Da sonstiger betrieblicher Ertrag (siehe b) schon als BE berücksichtigt wurde, ist die BMG für neues WG: Preis (Netto- bzw. Bruttopreis; s. c) + BE (s. unter b)
		    = gemeiner Wert des WG
		    Dieser ist AfA-BMG
		e) Berechnung der AfA für neues WG gem. § 4 Abs. 3 S. 3 i.V.m. § 7 Abs. 1 und 2 EStG

2.5 Der Wechsel der Gewinnermittlung

Der häufig vorkommende Wechsel der Gewinnermittlung, insb. der hier einzig behandelte Übergang von der § 4 Abs. 3-Rechnung zur Bilanzierung (§ 4 Abs. 1 EStG)[94], beinhaltet zugleich ein Repetitorium zur Buchführung und zum Bilanzwesen.

2.5.1 Gründe für den Wechsel

Externe wie subjektive Gründe führen aus der Überschussrechnung in die Bilanzierung (Synonyma: doppelte Buchführung, BVV).

Der wichtigste **persönliche Grund** ist der freiwillige Wechsel, wenn für den Unternehmer mit der bisherigen »Zettelwirtschaft« die Kontrolle über Außenstände und das vorhandene BV verloren geht. Allein durch das Abstimmungsgebot bei der doppelten Buchführung (G + V-Ergebnisse müssen mit dem Kapitalkonto übereinstimmen; die persönlichen Kreditoren- und Debitorenkonten sind – im Abschluss – identisch mit den einschlägigen Sachkonten Forderungen und Verbindlichkeiten) ist die Kontrolle gewährleistet. Dessen ungeachtet waren und sind z.T. noch heute mit der Bilanzierung steuerliche Vorteile verbunden, an denen der Überschussrechner nicht teilnimmt. Ein willkürlicher mehrfacher Wechsel innerhalb eines kurzen Zeitraumes ist untersagt. In einem Grundsatzurteil vom 09.11.2000 (BStBl II 2001, 102) hat der BFH jedoch einen mehrfachen Wechsel innerhalb des – dem Wechsel folgenden – dreijährigen »Korrekturzeitraumes« für zulässig erachtet.

Als **gesetzliche** Gründe für den Wechsel kommen vor allem in Betracht:

- das Merkmal »Kaufmann« i.S.d. § 1 HGB ist erstmalig erfüllt. Damit besteht Buchführungspflicht nach Handelsrecht (§ 238 HGB) und nach Steuerrecht (§140 AO); s. aber § 241a HGB[95];
- wegen Überschreitens der Aufgriffsmerkmale in § 141 AO – zuletzt geändert durch das Gesetz vom 28.07.2015; Gewinnschwelle: 60.000 €, Umsatzschwelle 600.000 € – erfolgt an den Kleingewerbetreibenden (bzw. an den L + F) die Aufforderung des FA, ab Beginn des nächsten Jahres Bücher zu führen (§ 141 Abs. 2 AO);
- der Betrieb (die Praxis) wird veräußert bzw. aufgegeben (§ 16 Abs. 2 S. 2 EStG)[96];
- eine finanzamtliche Schätzung nach § 162 Abs. 2 S. 2 AO;
- das Ausscheiden aus einer PersG (Überschussermittlung[97]);
- **sowie immer häufiger** (zuletzt BFH vom 13.09.2001, BFH/NV 2002, 254): die Einbringung eines § 4 Abs. 3-Betriebes in eine KapG (§ 20 UmwStG)[98] oder in eine PersG (§ 24 UmwStG[99]). Eine Übergangsbilanz ist zumindest nach Auffassung der Verwaltung (DStR 2001, 1435) obligatorisch, unabhängig davon, welche der drei Varianten (Buchwert-, Zwischenwert oder Teilwertvariante) gewählt wird.

---

94 Vgl. zum umgekehrten Fall (BVV → § 4 Abs. 3 EStG; dort insb. zum Zeitpunkt) den BFH-Beschluss vom 09.12.2003 (Az.: IV B 68/02).
95 Hierzu Kap. 1.3.
96 Beispiel: Das Urteil des FG Hannover (Aufnahme eines Sozius gegen Zahlung in das PV) vom 31.07.2002 (EFG 2003, 165).
97 § 16 Abs. 2 S. 2 EStG analog. S. hierzu den illustrativen Fall des BFH vom 19.08.1999 (BStBl II 2000, 179) zum Ausscheiden aus einer zweigliedrigen PersG mit Erfassung offener Honorarforderungen bei Übergeber/Übernehmer.
98 S. Näheres hierzu in BB Special 1 (zu BB 2011, Heft 35), 15: »Einbringung in Kapitalgesellschaften«.
99 BFH vom 13.10.1989, BStBl II 1990, 287 (zu § 20 UmwStG) sowie BFH vom 13.09.2001, BFH/NV 2002, 254 (zu § 24 UmwStG; dort ohne Anspruch des Einbringenden auf »Billigkeits-Verteilung des Übergangsgewinnes«).

Der Antrag selbst (gerichtet auf den Wechsel der Gewinnermittlung) muss substantiiert vorgelegt werden; eine Belegsammlung alleine genügt den Anforderungen nicht (BFH vom 16.12.2004, BFH/NV 2005, 881[100]).

Hinweis: Für den Fall, dass gem. § 24 UmwStG die einbringende **und** die übernehmende PersG ihren Gewinn nach § 4 Abs. 3 EStG ermitteln **und** die Buchwertfortführung vorgesehen ist, wird nach der Verfügung der OFD Niedersachsen (DB 2015, 1756) auf die **Bilanzierung verzichtet**. Rn. 24.03 des UmwStE ist überholt.

2.5.2 Das technische Problem und die Lösung

Der skizzierte Wechsel und die damit verbundenen Probleme sind allein vom Richtliniengeber gesehen (R 4.6 EStR 2012) und nur dürftig (Anlage 1 zu R 4.6 EStR 2012) geregelt worden. Wegen der Notwendigkeit einer **Eröffnungsbilanz** im Zeitpunkt des Übergangs werden alle vorhandenen WG nunmehr in Bilanzposten so dargestellt, als ob von Anfang an bilanziert worden wäre. Dies hat zur Folge, dass ab diesem Zeitpunkt die Grundsätze der Bilanzierung gelten und alle Geschäftsvorfälle der neuen Ermittlungsmethode unterworfen werden. Dieser (methodische) **Bruch** kann zur Folge haben, dass bestimmte Geschäftsvorfälle gewinnmäßig **doppelt oder überhaupt** nicht erfasst werden. Wegen des Grundsatzes der Totalgewinnidentität darf jeder Geschäftsvorfall nur einmal erfolgswirksam erfasst werden. Das Dilemma wird schließlich dadurch gelöst, dass zum Ausgleich der Mehrfach- oder Nullbelastung eine **Gewinnberichtigung** durch **Zu- und Abschläge** im Jahr des Übergangs erfolgt. Nach R 4.6 Abs. 1 S. 4 EStR 2012 kann ein etwaiger Übergangsgewinn auf das Jahr des Übergangs und die beiden folgenden Jahre verteilt werden. Eine Verteilung eines etwaigen **Übergangsverlusts** kommt nach dem Urteil des BFH vom 23.07.2013 (BStBl II 2013, 820) **nicht** in Betracht.

Um das Übergangsproblem leichter zu bewältigen, empfiehlt sich folgende Kontrollüberlegung[101]:

Vorfragen:	
1.	Welche Gewinn-(Verlust-)Auswirkung hat der konkrete Geschäftsvorfall?
2.	Ist der Erfolg bereits (unter der Überschussrechnung) eingetreten?
3.	Welche Erfolgsauswirkung kommt unter dem Bilanz-Regime in Betracht, ohne dass eine Zu-/Abrechnung erfolgt?
Folgen:	
4.	Bei identischer (d.h. einmaliger) Gewinnauswirkung: keine Korrektur.
4.a	Bei doppelter Gewinnauswirkung: **Abschlag**, falls Aktivposten und **Zuschlag**, falls Passivposten.
4.b	Bei fehlendem Erfolgsausweis: umgekehrt zu (4a), **Zuschlag** bei Aktivposten und **Abschlag** bei Passivposten.

---

100 Das Urteil betrifft den Fall eines Landwirts, der für die EÜR optiert.
101 S. auch *Heinicke* in *Schmidt*, EStG, § 4 Rz. 656. Hier mit Ergänzung der Frage-Trias.

Beispiel 16: Der »Wandler«

Der Bauchladenverkäufer E (Arbeitsstätte: Dortmunder Westfalenstadion) ändert freiwillig seine in 17 praktizierte Überschussermittlung und bilanziert ab 18. Bei den Vorarbeiten zur Eröffnungsbilanz auf den 01.01.18 wird von E folgendes Inventar ermittelt:
a) Ein neuer Bauchladen wurde im Januar 17 für 1.000 € (netto; 4 Jahre ND) erworben.
b) Vom Fleischgroßhändler H hat E zehn Großportionen »Thüringer« zum Einstandspreis von 100 €/Packung erworben, die zwar verkauft, aber noch nicht bezahlt wurden.
c) Seine kompletten Bareinnahmen in 17 betragen 10.000 € (netto); A, Inhaber einer VIP-Lounge, hat den kompletten Verzehr in 17 zu 500 € noch nicht bezahlt.

E möchte wissen, wie seine Eröffnungsbilanz – ohne USt/VSt – aussieht und was er vom Wechsel zu erwarten hat. Geld ist nicht vorhanden.

Lösung:
1. Die Eröffnungsbilanz zum 01.01.16 des E hat folgendes Aussehen (in €):

A	Eröffnungsbilanz zum 01.01.16		P
Bauchladen (./. Jahres-AfA)	750	Kapital	250
Forderungen	500	Verbindlichkeiten	1.000
	1.250		1.250

2. Ggf. erforderliche Zu- und Abschläge können nur bei einer Synopse der Gewinnermittlungsarten ermittelt werden.

a) Bauchladen	
1.	Als WG des abnutzbaren AV wird der Bauchladen nach beiden Ermittlungsregimen identisch behandelt.
2.	Als BA wurde in 17 nur die jährliche AfA berücksichtigt.
3.	Nach Einbuchung wird die AfA (ab 18 ff.) fortgeführt.
4.	Eine Berichtigung erübrigt sich.
b) Verbindlichkeiten aus Warenlieferungen[102]	
1.	Gekaufte Waren führen zur aufwandswirksamen Erhöhung des **Wareneinsatzes und sind somit BA.**
2.	Bislang (Überschussrechnung) ist in 17 – mangels Bezahlung – noch keine Gewinnauswirkung eingetreten.
3.	Nach Passivierung der Verbindlichkeiten aus L+L in der EB ist die spätere Bezahlung (BS: Verbindlichkeiten an Geld) erfolgsneutral (Passivtausch bei überzogenem Konto oder Aktiv-Passivminderung bei ausreichendem Bankguthaben).
4.	Damit der Geschäftsvorfall überhaupt erfasst wird, hat ein Abschlag von 1.000 € zu erfolgen.

---

102 Wiederum anders ist das Ergebnis bei bezahltem Warenbestand; dort ergäbe sich ohne Korrektur eine doppelte Aufwandsberücksichtigung.

c) Forderungen aus L+L (hier: 500 €)	
1.	Verkaufte Waren führen zu BE.
2.	Mangels Bezahlung in 17 ist der Vorfall in 17 noch nicht erfasst.
3.	Nach Aktivierung der Forderung wird die spätere Bezahlung gewinnneutral verbucht.
4.	Zur einmaligen Erfassung wird eine Berichtigung durch Zuschlag i.H.v. 500 € vorgenommen.

Somit ist ein (saldierter) Abschlag als Gewinnberichtigung von 500 € im Jahr des Übergangs vorzunehmen.

2.5.3 Zusammenfassende Fallstudie

Bei dem nachfolgenden umfassenden Fall zum Übergang kann der Leser zusätzlich zur Wechselthematik zwanglos seine Buchführungs- und Bilanzkenntnisse überprüfen.

Beispiel 17: Der komplette Übergang

Ein Kleingewerbetreibender K, der bisher seinen Gewinn nach § 4 Abs. 3 EStG ermittelte, hat zum 01.01.16 aufgrund des Hinweises des FA eine doppelte Buchführung eingerichtet und die nachstehende Eröffnungsbilanz aufgestellt:

A	Eröffnungsbilanz zum 01.01.18 (in €)[103]		P
Grund und Boden	8.000	Kapital	54.200
Gebäude	29.000	Rückstellung für GewSt	1.500
Maschinen	9.000	Pensionsrückstellung	6.500
Firmenwert	5.000	Darlehen	10.000
Hilfs- und Betriebsstoffe	8.000	Verbindlichkeiten L+L	28.000
Fertigerzeugnisse	30.000	sonstige Verbindlichkeit	1.500
Forderungen aus L+L	10.000	USt	11.000
Vorsteuer	8.700		
Wertpapiere des UV	9.500		
Bank, Kasse	4.300		
Damnum	200		
	121.700		121.700

Die Bilanzposten im Einzelnen:
1. Die Anschaffung des Grundstücks erfolgte in 14. Die AK betrugen 6.000 €. Am 01.01.18 ergibt sich ein nachgewiesener TW von 8.000 €.
2. Der Bilanzwert des Gebäudes errechnet sich aus den HK abzüglich der AfA (§ 7 Abs. 4 EStG).
3. Die AK der Maschine betrugen 15.000 €. Während der Gewinnermittlung nach § 4 Abs. 3 EStG wurden hiervon 3.000 € AfA als BA abgesetzt, sodass sich zum 31.12.17 ein Restwert von 12.000 € ergibt. In der EB wurde der niedrigere TW von 9.000 € angesetzt (die technische Zulassung für Maschinen dieser Art wird ab 18 durch den TÜV nur unter erheblichen Einschränkungen gewährt).

---
103 »Historische« Bilanz, so wie sie – ohne Berücksichtigung des Gliederungsschemas (§ 266 HGB) – aufgestellt wurde.

4. In 17 ist für den Erwerb eines Konkurrenzbetriebes der Betrag von 5.000 € gezahlt worden.
5. Die Hilfs- und Betriebsstoffe wurden mit den AK von 8.000 € bewertet; der TW betrug am 01.01.18: 6.000 €.
6. Die Bewertung der Fertigerzeugnisse erfolgte gem. § 6 EStG mit den HK.
7. Die Kundenforderungen wurden mit dem Nennbetrag angesetzt.
8. Bei der VSt handelt es sich um die von Dritten in Rechnung gestellte VSt, die noch nicht mit der USt verrechnet werden konnte.
9. Die Wertpapiere im Wert von 10.000 € wurden am 12.11.16 zu Spekulationszwecken gekauft. Der Wert am 31.12.17 betrug nur noch 9.500 €. Dieser wurde in der EB angesetzt. In 18 wird mit einer Wertsteigerung gerechnet.
10. Die Bestände der liquiden Mittel stimmen mit den Kontoauszügen bzw. dem gezahlten Nennbetrag überein.
11. Das Damnum betrifft das auf der Passivseite ausgewiesene Darlehen, das am 31.12.16 aufgenommen wurde. Hierbei hat die Bank vereinbarungsgemäß ein Disagio von 4 % abgezogen. Vereinbarungsgemäß ist das Darlehen in 18 zu tilgen.
12. Die Gewerbesteuerrückstellung ist richtig errechnet worden und konnte bei der EÜR nicht berücksichtigt werden.
13. Bei der Pensionsrückstellung handelt es sich um die nach steuerlichen Grundsätzen (§ 6a EStG) richtig berechnete Verpflichtung gegenüber Mitarbeitern des K.
14. Zum Darlehen s. Tz. 10.
15. Die Lieferantenschulden sind mit den Nennbeträgen erfasst.
16. Bei den sonstigen Verbindlichkeiten handelt es sich um die LSt und die Sozialabgaben (1.000 €), die erst am 12.01.18 entrichtet wurden und aus Vereinfachungsgründen um Verbindlichkeiten gegenüber Kreditinstituten, die aus dem Kauf der Wertpapiere des UV resultieren (es soll nur die Behandlung verdeutlicht werden).
17. Bei der USt handelt es sich um die geschuldete Jahresumsatzsteuer 18 (ohne VSt).

Lösung: Die Lösung erfolgt tabellarisch, wobei die Auswirkungen bzgl. der Bilanzposten (Korrektur der Eröffnungsbilanz), sowie die Hinzu- und Abrechnungen »aufgelistet« werden.
Der sich in der Summe ergebende Übergangsgewinn von 5.900 € (56.900 € ./. 51.000 €) erhöht im ersten Jahr nach dem Wechsel den laufenden Gewinn des K; er kann **auf Antrag auf die beiden nächsten Jahre verteilt werden**.
Etwaige Übergangsverluste werden nicht gesondert festgestellt, sondern sind gem. § 2 Abs. 3 EStG (horizontaler und vertikaler Verlustausgleich) sowie ggf. i.R.d. § 10d EStG (Verlustabzug) zu berücksichtigen.
Ein Übergangsverlust kann nicht auf Antrag auf drei Jahre verteilt werden (R 4.6 Abs. 1 S. 4 EStR 2012 im Umkehrschluss sowie BFH vom 23.07.2013, BStBl II 2013, 820).

Bilanzposten	Anmerkung	Korrektur-Bilanzposten	Anmerkung	Hinzu- bzw. Abrechnung (G+V)
1. Die Anschaffung des Grundstücks erfolgte in 12. Die AK betrugen 6.000 €. Am 01.01.16 ergibt sich ein nachgewiesener TW von 8.000 €.				
Grund und Boden	Ansatz der AK gem. § 253 Abs. 1 S. 1 i.V.m. § 255 Abs. 1 HGB bzw. § 6 Abs. 1 Nr. 2 S. 1 EStG **Rechtsfolgen:** Ansatz max. zu AK (AK-Prinzip)	./. 2.000 €	bei WG des **nicht abnutzbaren AV** – bei § 4 Abs. 3 EStG und bei §§ 4 Abs. 1, 5 EStG – Gewinnauswirkung erst beim Realisationstatbestand (= Verkauf, Entnahme, § 16 EStG) **Rechtsfolgen: keine Korrektur**	0 €
2. Der Bilanzwert des Gebäudes errechnet sich aus den HK abzüglich der AfA gem. § 7 Abs. 4 EStG.				
Gebäude	Ansatz der HK gem. § 253 Abs. 1 S. 1 i.V.m. § 255 Abs. 2 HGB bzw. § 6 Abs. 1 Nr. 1 S. 1 EStG **Rechtsfolgen:** Ansatz max. zu (fortgeführten) AK/HK	0 €	bei WG des abnutzbaren AV erfolgt ebenfalls eine identische Gewinnauswirkung **Rechtsfolgen:** • nur die AfA als BA (§ 253 Abs. 3 S. 1 HGB i.V.m. § 7 Abs. 4 (bzw. Abs. 5) EStG • **keine Korrektur**	0 €
3. Die AK der Maschine betrugen 15.000 €. Während der Gewinnermittlung nach § 4 Abs. 3 EStG wurden hiervon 3.000 € AfA als BA abgesetzt, sodass sich zum 31.12.15 ein Restwert von 12.000 € ergibt. In der EB wurde der niedrigere TW von 9.000 € angesetzt.				
Maschinen	• Kein Ansatz(-wahlrecht) gem. § 253 Abs. 3 S. 3 HGB bei »vorübergehender Wertminderung« mit dem niedrigeren Wert, dieses Ansatzwahlrecht besteht nur bei Finanzanlagen (§ 253 Abs. 3 S. 4 HGB) • **Achtung:** § 253 Abs. 3 S. 3 HGB für Fälle der »dauernden Wertminderung« • § 6 Abs. 1 Nr. 1 S. 2 EStG ist TW-AfA nur bei voraussichtlich dauernder Wertminderung möglich Hier ist von einer dauernden Wertminderung auszugehen. **Hinweis:** Bei vorübergehender Wertminderung erfolgt eine Korrektur des Bilanzpostens von + 3.000 €	(+ 3.000 €)	bei TW-AfA in der EB muss ein Abschlag i.H.v. 3.000 € erfolgen, da TW-AfA bisher (in § 4 Abs. 3 EStG) nicht berücksichtigt ist (»dauernde Wertminderung«) Bei dauernder Wertminderung erfolgt somit eine Korrektur (**Abschlag**). **Hinweis:** Keine Korrektur bei vorübergehender Wertminderung (**Abschlag**)	./. 3.000 €

Bilanzposten	Anmerkung	Korrektur-Bilanzposten	Anmerkung	Hinzu- bzw. Abrechnung (G+V)
4. In 15 ist für den Erwerb eines Konkurrenzbetriebes der Betrag von 5.000 € gezahlt worden.				
Geschäftswert	• Steuerliche Ansatzpflicht des derivativen Firmenwerts (»entgeltlich«) gem. § 246 Abs. 1 S. 4 HGB (HGB-Aktivierungspflicht) bzw. § 6 Abs. 1 Nr. 2 S. 1 EStG für immaterielle WG des AV • AfA gem. § 253 Abs. 3 S. 1 und 2 HGB gem. § 7 Abs. 1 Nr. 2 S. 1 (auf 15 Jahre verteilt) **Ergebnis:** 5.000 : 15 Jahre = 333,33 € (steuerlich) **Hinweis:** S. aber § 248 Abs. 2 HGB.	./. 333,33 €	Identische Behandlung bei § 4 Abs. 3 EStG bzw. § 4 Abs. 1 EStG Ansatz der anteiligen AfA (1/15) gem. § 7 Abs. 1 S. 3 EStG **Rechtsfolgen: keine Korrektur**	0 €
5. Die Hilfs- und Betriebsstoffe wurden mit den AK von 8.000 € bewertet; der TW betrug am 01.01.16 6.000 €.				
Hilfs- und Betriebsstoffe	Ansatz gem. § 253 Abs. 1 S. 1 i.V.m. § 253 Abs. 4 HGB (in der HB gilt das strenge Niederstwertprinzip) bzw. § 6 Abs. 1 Nr. 2 S. 1 EStG mit den AK/HK (offensichtlich keine dauernde Wertminderung)	0 €	Bei bezahltem WG des UV (Ausnahme: UV i.S.d. § 4 Abs. 3 S. 4 EStG) erfolgt eine Hinzurechnung, da sonst kein Geschäftsvorfall »zweimal aufwandswirksam« erfasst wäre: a) bei § 4 Abs. 3 EStG mit der Bezahlung (wegen § 11 EStG) und b) bei BVV nach § 4 Abs. 1 EStG durch Verbrauch der WG (wegen BV lt. Inventur oder Wareneinsatz). **Achtung:** bei unterlassener TW-AfA in der EB kann Ende 05 eine TW-AfA vorgenommen werden, falls es sich um eine voraussichtlich dauernde TW-AfA handelt. **Folge:** • Bilanzposten: ./. 2.000 € • Hinzurechnung (G+V): + 6.000 €	+ 8.000 €
6. Die Bewertung der Fertigerzeugnisse erfolgte gem. § 6 EStG mit den HK.				
Fertigerzeugnisse	Ansatz gem. § 253 Abs. 1 S. 1 i.V.m. § 255 Abs. 2 S. 1 HGB zu HK bzw. § 6 Abs. 1 Nr. 2 S. 1 EStG zu AK/HK (30.000 €)	0 €	Hinzurechnung, da sich sowohl bei § 4 Abs. 3 EStG (wg. § 11 EStG »Zahlung«) als auch aufgrund der Aktivierung in der EB und der späteren Aufwandsverbuchung (über die Bestandsveränderung) auswirken **Rechtsfolgen: Zuschlag** (da »zweimal aufwandswirksam«)	+ 30.000 €

Bilanzposten	Anmerkung	Korrektur-Bilanzposten	Anmerkung	Hinzu- bzw. Abrechnung (G+V)
7. Die Kundenforderungen wurden mit dem Nennbetrag angesetzt.				
Kundenforderungen	Ansatz gem. § 253 Abs. 1 S. 1 i.V.m. § 255 Abs. 1 S. 1 HGB bzw. § 6 Abs. 1 Nr. 2 S. 1 EStG zu AK **Rechtsfolgen:** Einbuchung der Forderungen erfolgte in der EB zum Nennwert (10.000 €)	0 €	In der § 4 Abs. 3-Rechnung mangels Zahlung (§ 11 EStG) nicht erfasst; per 01.01.05 erfolgte nur die Einbuchung des Nennwertes auf das Bestandskonto! Die spätere Zahlung wirkt als Aktivtausch erfolgsneutral. **Rechtsfolgen:** zur Vermeidung der **Nichterfassung** des Erlöses wird ein Zuschlag vorgenommen	+ 10.000 €
8. Bei der Vorsteuer handelt es sich um die von Dritten in Rechnung gestellte Vorsteuer, die noch nicht mit der USt verrechnet werden konnte.				
Vorsteuer	Ansatz gem. § 253 Abs. 1 S. 1 HGB bzw. § 6 Abs. 1 Nr. 2 S. 1 EStG als Aktiva	0 €	Da bislang keine Verrechnung mit der USt erfolgt ist und diese sich bei § 4 Abs. 3 EStG im Zeitpunkt der Bezahlung als BA ausgewirkt hat **Rechtsfolgen: Zuschlag** i.H.d. VSt	+ 8.700 €
9. Kauf von Wertpapieren in Spekulationsabsicht				
Wertpapiere des UV	Ansatz gem. § 253 Abs. 1 i.V.m. § 255 HGB (es gilt nach § 253 Abs. 3 S. 4 HGB – Finanzanlagen – das Niederstwertprinzip) bzw. § 6 Abs. 1 Nr. 2 S. 1 EStG mit den AK (nur vorübergehende Wertminderung) **Hinweis:** Bei dauernder Minderung keine Korrektur des Bilanzpostens	+ 500 €	Bei WG des **UV i.S.d. § 4 Abs. 3 S. 4 EStG** – bei § 4 Abs. 3 EStG und §§ 4 Abs. 1, 5 EStG – Gewinnauswirkung erst beim Realisationstatbestand (= Verkauf, Entnahme) **Rechtsfolgen: keine Korrektur** **Hinweis:** Liegt eine dauernde Wertminderung vor, ebenfalls keine Korrektur, da gleiche Behandlung von TW-AfA bei § 4 Abs. 3 EStG und §§ 4 Abs. 1, 5 EStG (vgl. § 4 Abs. 3 S. 3 EStG)	0 €
10. Die Beträge stammen mit den Kontoauszügen bzw. den gezahlten Nennbeträgen überein.				
Bank, Kasse	Ansatz gem. §§ 246 Abs. 1 S. 1, 247 Abs. 1 HGB bzw. § 6 Abs. 1 Nr. 2 S. 1 EStG	0 €	Diese Posten werden sowohl bei § 4 Abs. 3 EStG als auch bei § 4 Abs. 1 EStG gleich behandelt, d.h. sog. »Bestandskonten« ohne Gewinn-/Verlustauswirkung **Rechtsfolgen: keine Korrektur**	0 €

Bilanzposten	Anmerkung	Korrektur-Bilanzposten	Anmerkung	Hinzu- bzw. Abrechnung (G+V)
11. Das Damnum betrifft das auf der Passivseite ausgewiesene Darlehen, das am 31.12.14 aufgenommen wurde. Die Bank hat vereinbarungsgemäß ein Disagio von 4 % abgezogen. Vereinbarungsgemäß ist der Betrag in 16 zu tilgen.				
Damnum	• Ansatz des Darlehens gem. § 253 Abs. 1 S. 2 HGB mit dem »Erfüllungsbetrag« bzw. gem. § 6 Abs. 1 Nr. 3 S. 1 EStG. • Das Damnum (Disagio) **darf** gem. § 250 Abs. 3 HGB bzw. **ist** gem. § 5 Abs. 5 Nr. 1 EStG als aktiver RAP auf der Aktivseite anzusetzen und abzuschreiben.	0 €	• Das Damnum ist bei § 4 Abs. 3 EStG im Zeitpunkt der Zahlung (hier in 03) komplett als BA zu erfassen (§ 11 EStG) • Beim BVV ist das Damnum gem. § 5 Abs. 5 EStG auf die Laufzeit des Darlehens zu verteilen; insofern erfolgte korrekte Aktivierung (BS: aktiver RAP 400 € an Darlehen 400 €) • **Aber:** Durch die Auflösung des aktivierten Damnums ergibt sich eine nochmalige BA! (BS: Zinsaufwand 200 € an aktiver RAP 200 €) **Rechtsfolgen: Zuschlag** i.H.d. aktivierten Disagios	+ 200 €
12. Die Gewerbesteuerrückstellung ist richtig errechnet worden und konnte bei der § 4 Abs. 3-Rechnung nicht berücksichtigt werden.				
Steuerrückstellung	• Ansatz gem. § 253 Abs. 1 S. 2 HGB »mit dem notwendigen Erfüllungsbetrag« bzw. gem. § 6 Abs. 1 Nr. 3a EStG.	0 €	Die für Steuerzwecke noch mögliche Rückstellung muss zu einem Abschlag führen, da ansonsten der aufwandswirksame Geschäftsvorfall nicht erfasst würde: a) bei § 4 Abs. 3 EStG mangels Zahlung und b) bei BVV nach § 4 Abs. 1 EStG wegen der neutralen Ausbuchung der Schuld (BS: GewSt-Rückstellungen an Bank) **Hinweis:** Beachte § 4 Abs. 5b EStG	./. 1.500 €
13. Es handelt sich um eine nach steuerlichen Grundsätzen (§ 6a EStG) richtig berechnete Verpflichtung gegenüber Mitarbeitern des K.				
Pensionsrückstellung	Ansatz gem. §§ 249 Abs. 1 S. 1, 253 Abs. 1 S. 2 HGB »mit dem notwendigen Erfüllungsbetrag« bzw. gem. § 6a Abs. 1 EStG (»Pensionsrückstellungen«) zzgl. § 253 Abs. 2 S. 2 HGB	0 €	Rückstellungen mangels Zahlung bei § 4 Abs. 3 EStG und wegen der neutralen Ausbuchung der Schuld bei BVV gem. § 4 Abs. 1 EStG nicht erfasst (vgl. 11.) **Rechtsfolgen: Abschlag** zur Erfassung der BA **Wichtig:** Es ist in der EB darauf zu achten, dass der nach § 6a EStG maßgebliche Steuerwert – und nicht der nach versicherungsmathematischen Grundsätzen gebildete – Betrag genommen wird!	./. 6.500 €

Bilanzposten	Anmerkung	Korrektur-Bilanzposten	Anmerkung	Hinzu- bzw. Abrechnung (G+V)
14. Zum Darlehen siehe 11.				
Darlehen	Ansatz des Darlehens gem. § 253 Abs. 1 S. 2 HGB mit dem »Erfüllungsbetrag« bzw. gem. § 6 Abs. 1 Nr. 3 S. 1 EStG mit den AK/TW		Alle Geschäftsvorgänge im Zusammenhang mit dem Darlehensbetrag, d.h. Auszahlung/ Rückführung) haben – bei § 4 Abs. 3 EStG und dem BVV gem. § 4 Abs. 1 EStG – identische Gewinnauswirkung **Rechtsfolgen: keine** Korrektur (da nur Buchung von Bestandskonten)	0 €
15. Die Lieferantenschulden sind mit dem Nennbetrag erfasst.				
Verbindlichkeiten L+L	Ansatz der VB gem. § 253 Abs. 1 S. 2 HGB mit dem »Erfüllungsbetrag« bzw. gem. § 6 Abs. 1 Nr. 3 S. 1 EStG mit den AK/TW **Rechtsfolgen**: Einbuchung der Verbindlichkeiten in EB zum Nennwert (28.000 €)	0 €	In der § 4 Abs. 3-Rechnung mangels Zahlung (§ 11 EStG) nicht erfasst; per 01.01.05 erfolgte nur die Einbuchung der VB aufs Bestandskonto (**BS**: EB-Wert an VB L+L)! Die spätere Bezahlung wirkt als Aktiv-Passiv-Minderung erfolgsneutral (**BS**: VB L+L an Bank) **Rechtsfolgen**: Zur Vermeidung der **Nichterfassung** muss ein Abschlag vorgenommen werden	./. 28.000 €
16. Bei den sonstigen Verbindlichkeiten handelt es sich um die LSt und die Sozialabgaben (1.000 €), die erst am 12.01.16 entrichtet wurden und auf Vereinfachungsgründen um Verbindlichkeiten gegenüber Kreditinstituten, die aus dem Kauf der Wertpapiere des UV resultieren (10.000 €).				
Sonstige Verbindlichkeiten	Ansatz der sonstigen Verbindlichkeiten gem. § 253 Abs. 1 S. 2 HGB mit dem »Erfüllungsbetrag« bzw. gem. § 6 Abs. 1 Nr. 3 S. 1 EStG (1.000 €)	0 €	Bei § 4 Abs. 3 EStG mangels Zahlung nicht erfasst; in der EB per 01.01.05 erfolgte Einbuchung auf Bestandskonto (s.o.); die spätere Zahlung wirkt als Aktiv-Passiv-Minderung erfolgsneutral (s.o.) **Rechtsfolgen**: Zur Vermeidung der **Nichterfassung** erfolgt ein Abschlag (als BA)	./. 1.000 €
17. Bei der USt handelt es sich um die geschuldete Jahresumsatzsteuer (ohne VSt).				
Umsatzsteuer	Ansatz gem. § 253 Abs. 1 S. 2 HGB bzw. § 6 Abs. 1 Nr. 3 S. 1 EStG als VB (Passiva)	0 €	Da bislang keine Verrechnung mit der VSt erfolgt ist (s. unter 8.), und diese sich bei § 4 Abs. 3 EStG im Zeitpunkt der Zahlung als BE ausgewirkt hat **Rechtsfolgen**: **Abschlag** in Höhe der USt (s. unter 8.)	./. 11.000 €

2.5.4 Ausgewählte Fragen zum Wechsel

Aus dem Bereich der Spezialfragen lassen sich zwei Gruppen bilden: In der technischen Kategorie verdeutlichen insb. die Behandlung der Rechnungsabgrenzungsposten und die Überführung einer Rücklage die Unterschiede beider Methoden, während der Gesetzgeber mit § 4 Abs. 4a EStG – Neuregelung des Mehrkontenmodells – einen Beitrag zur Harmonisierung (Synthese) der Gewinnvorschriften geleistet hat.

2.5.4.1 Der Rechnungsabgrenzungsposten

Kein Bilanzposten verdeutlicht die Wirkungsweise des Übergangs besser als der Rechnungsabgrenzungsposten.

> **Beispiel 18: Der »ARAP«: ein steuerliches Chamäleon?**
> Ein in der Eröffnungsbilanz zum 01.01.18 ausgewiesener ARAP (aktiver RAP) i.H.v. 100 € steht in Zusammenhang mit einer Mietzahlung für Büroräume. Die in 17 bezahlte Miete für den Zeitraum 01.02.17 bis 31.01.18 betrug 1.200 €.
>
> **Lösung:**
> - In der EÜR ist gem. § 11 Abs. 2 EStG der volle Betrag als BA abgezogen worden.
> - In der Buchführung des Jahres 18 wird – spätestens – am 31.01.18 gebucht.
>
>   **BS:** Mietaufwand 100 €   an   aktiver RAP 100 €
>
> - Zur Vermeidung der doppelten Aufwandserfassung von 100 € erfolgt eine Hinzurechnung von 100 €.

2.5.4.2 Die Rücklage für Reinvestition (§ 6c EStG) und andere Rücklagen[104]
(= Zeilen 86–89 Anlage EÜR 2017)

Die Rücklage für Reinvestition nach § 6b EStG ist auch für den Überschussrechner mittels § 6c EStG anwendbar. Der BFH hatte am 30.01.2013 (BStBl II 2013, 684) den Fall zu entscheiden, wie bei einem § 4 Abs. 3-Rechner der Antrag auf eine § 6b-Rücklage zu behandeln sei. Im Ergebnis wurde dieser Antrag in einen begehrten Abzug nach § 6c Abs. 1 EStG uminterpretiert. Das Wahlrecht nach § 4 Abs. 3 EStG und nach § 6c EStG ist folglich einheitlich auszuüben.

> **Beispiel 19: Der »Reinvestor«**
> Der Überschussrechner Ü veräußert in 17 eine unbebaute Grundstücksfläche für 10.000 € (AK: 2.000 €). In 18 und 19 nimmt er für je 3.000 € nach § 6b Abs. 1 S. 3 EStG begünstigte Erweiterungsbauten an seinem Ladengebäude vor. Zum 31.12.18 wechselt Ü die Gewinnermittlungsart.

Trotz der inhaltlichen Restriktionen ist eine Übertragung stiller Reserven von Grund und Boden auf Gebäude möglich, § 6b Abs. 1 S. 2 Nr. 3 EStG. Wenn, wie hier, die Übertragung nicht im Jahr der Veräußerung des alten WG erfolgen kann, so kann der Bilanzierende eine Rücklage bilden, die den Ertragsausweis (sonstiger betrieblicher Ertrag durch Anlageabgang)

---

104 Die nachfolgende Darstellung gilt sinngemäß für:
  - den Investitionsabzugsbetrag nach § 7g Abs. 1 Nr. 1c EStG,
  - die Rücklage für Ersatzbeschaffung gem. R 6.6 Abs. 5 EStR 2012.

ausgleicht. Der Überschussrechner ist gem. § 6c Abs. 1 S. 2 EStG – mangels Bilanzausweis »Rücklage« – auf den Ausweis einer BA angewiesen. Wird die Investition nicht (bzw. nicht in dem gesetzlichen Zeitraum von vier [sechs] Jahren) durchgeführt, so ist sie gewinnerhöhend aufzulösen; in der EÜR führt dies zu einer BE.

Lösung:
- In 17 kommt es zu einem vorläufigen Ertrag des Überschussrechners i.H.v. 8.000 €, da den Einnahmen von 10.000 € die AK von 2.000 € (§ 4 Abs. 3 S. 4 EStG[105]) als BA gegenübergestellt werden. I.H.d. geplanten Reinvestition von 6.000 € kann Ü nach § 6c EStG **fiktive BA** bilden, sodass sich die saldierten Erträge des Jahres 17 auf 2.000 € belaufen.
- In 18 überträgt Ü (immer noch Überschussrechner) das erste Teilvolumen von 3.000 € auf die Erweiterungsbauten (Folge: geminderte AfA-BMG); dieser Abzug von den AK/HK des neuen WG (hier: des Erweiterungsbaus) sind aber BA; diese stehen in 18 in gleicher Höhe (fiktive) BE gegenüber. Der Vorgang ist **neutralisiert**.
- Zum 31.12.18 bzw. 01.01.19 hat Ü in seiner Eröffnungsbilanz eine **Rücklage** für **Reinvestition** (jetzt nach § 6b EStG) i.H.v. 3.000 € zu bilden.
- Die Einstellung einer Rücklage führt dabei **nicht** zu einem **Korrekturabschlag**, da die bilanzielle Behandlung dieser Rücklage in ihrer Wirkung mit der Überschussrechnung identisch ist.
- In 19 (nunmehr: »Bilanzierungs-Regime«) wird die gebildete Rücklage von 3.000 € beim zweiten Erweiterungsbau aufgelöst:
  BS: Rücklage (§ 6b EStG) 3.000 €   an   Erweiterungsbau 3.000 €.

  Die sofortige Gewinnrealisierung wird durch eine geringere Abschreibung auf das Gebäude ausgeglichen und temporär in die Länge gezogen.

In *Zeile 88* ist mit dem SEStEG der Ausgleichsposten nach § 4g EStG hinzugekommen. Investitionsabzugsbeträge sind in den *Zeilen 73–75* einzutragen.

2.5.4.3 EÜR und Übergang zur Liebhaberei
Falls ein mit Gewinnerzielungsabsicht geführter Betrieb in einen steuerlich unbeachtlichen Liebhaberei-Betrieb umqualifiziert wird, sind ab diesem Zeitpunkt Einnahmen/Ausgaben steuerlich unbeachtlich.

Der BFH hat mit Urteil vom 11.05.2016 (Az.: X R 61/14, DB 2016, 1725 ff.) entschieden, dass im Übergangszeitpunkt kein Wechsel der Gewinnermittlungsart vorzunehmen und kein Übergangsgewinn zu versteuern ist.

2.6 Ausblick

In der allgemeinen Diskussion um die Steuervereinfachung wird der Luxus mehrerer Gewinnermittlungstechniken (BVV, EÜR sowie § 13a EStG) weitgehend hingenommen, während die Abschaffung der sieben Einkunftsarten und deren Reduzierung auf zwei (bzw. drei) breiter Konsens zu sein schien.[106]

---
105 Vgl. R 6b.2 Abs. 11 S. 3 EStR 2012.
106 Vgl. nur *Kirchhof*, Karlsruher Entwurf, DStR 2001, 913 und *Bareis*, StuW 2002, 135; kritisch zuletzt *Kiesewetter/Niemann*, StuW 2003, 60 (ein willkürlicher Einkommensbegriff wird durch einen anderen ersetzt; außerdem mit Fehlernachweis der »*Bareis*«-Beispiele).

Die Bestrebungen in der Vergangenheit, die Bastion der verschiedenen Gewinntechniken zu schleifen, sind Legende. Das hatte seinen Hauptgrund in der Leerformel der Maßgeblichkeit[107] – und damit in der fehlenden Aussagekraft der StB auf der Basis der HB.

Das BilMoG (2009, BGBl I 2009, 1102) hat sich – wie bereits aufgezeigt wurde (und bei den Folgedarstellungen unter Teil A Kap. II deutlich wird) noch stärker von der Maßgeblichkeit distanziert.

3 Bedeutung der Entnahmen und Einlagen bei der Gewinnermittlung

3.1 Arten und Notwendigkeit der einzelnen Korrekturposten – Übersicht

Die Ermittlung des **steuerlichen Gewinns** (§ 2 Abs. 2 Nr. 1 EStG) erfolgt auf mehreren Stufen. Unabhängig von der Ermittlungsart bilden die Entnahmen und Einlagen einen Korrekturposten, um außerbetriebliche (private) Faktoren bei der Ermittlung des **betrieblichen** Ergebnisses zu eliminieren. Unter dem Regime der Bilanzierung werden alle privaten »Störgrößen« gem. § 4 Abs. 1 S. 1 EStG nach dem BVV (exakt: nach dem Vergleich der Schlusskapitalien) herausgerechnet, weil sie in der Rechengröße »(Eigen- oder Schluss-)Kapital« enthalten sind.[108] Bei der EÜR wird die Privatsphäre bereits einen Schritt vorher berücksichtigt, wenn die Summe der BE und BA ermittelt wird. Dabei werden die zu berücksichtigenden Entnahmen – vom Ergebnis her – als BE behandelt. Umgekehrt bilden die zu berücksichtigenden Einlagen eine steuerliche Abzugsgröße, die – als (fiktive) BA – abgezogen werden. Insoweit kann man bei § 4 Abs. 1 EStG (und bei § 4 Abs. 3 EStG) von einer Norm sprechen, die nur die betriebliche Leistung erfassen will.

Die anderen Korrekturposten auf dem Weg zum **steuerlichen Betriebsergebnis** als der entscheidenden Zielgröße stellen die steuerfreien Einnahmen und die privaten Lebenshaltungskosten nach § 12 Nr. 1 EStG dar, die hermetisch ausgeschlossen sind. Schließlich erfolgt noch eine Nichtberücksichtigung der sog. nicht abzugsfähigen BA (§§ 4 Abs. 5, Abs. 5a und Abs. 5b sowie 7 EStG) i.R.d. außerbilanziellen Hinzurechnung (bei Bilanzierenden).

Die Wirkungsweise der letztgenannten Korrekturposten ist eine andere als bei den Entnahmen/Einlagen. Aus steuerpolitischen Gründen werden bestimmte Vermögensmehrungen (z.B. nach § 3 EStG bzw. nach InvZulG) nicht berücksichtigt oder es werden Vermögensminderungen (hauptsächlich nach § 4 Abs. 5 EStG) steuerlich nicht zur Kenntnis genommen. Der zuletzt indizierte Verstoß gegen den Grundsatz des objektiven Nettoprinzips, wonach jeder Erwerbsaufwand zum steuerlichen Abzug zuzulassen ist, ist nach dem BVerfG-Beschluss vom 07.12.1999 (BStBl II 2000, 162) nur bei »Vorliegen wichtiger Gründe« hinnehmbar. In der steuerlichen Normenhierarchie handelt es sich dabei meist um Lenkungs- oder Sozialzwecknormen.

---

107 S. dazu *Kölpin*, Kap. II 2.1.6 und 2.1.7.
108 In der laufenden Buchhaltung stellt bekanntlich das Privatkonto – neben der G + V – ein Unterkonto des Kapitalkontos dar. Wenn demnach das Schlusskapital durch eine Einlage erhöht wird, muss diese nach dem BVV wieder abgezogen werden.

Rein schematisch ergibt sich für beide Gewinnmethoden folgendes Bild **(Gewinn 02)**:

	BVV (§ 4 Abs. 1 EStG)	**EÜR (§ 4 Abs. 3 EStG)**
1. Schritt:	SK der StB (02)	BE (02)
	./. SK der StB (01)	./. BA (02)
dabei: ohne steuerfreie Einnahmen und ohne Privataufwand (§ 12 Nr. 1 EStG)		
2. Schritt:	+ Entnahmen	+ »BE« (soweit Entnahmen)
	./. Einlagen	./. »BA« (soweit Einlagen)
3. Schritt:	Außerbilanzielle Hinzurechnung der nicht abzugsfähigen BA	a) entweder vorweg keine Erfassung nicht abzugsfähiger BA oder b) spätere Eliminierung
	Einkommensteuerlicher Gewinn (02)	**Einkommensteuerlicher Gewinn (02)**

Die unterschiedliche technische Wirkungsweise der Entnahmen einerseits und der nicht abzugsfähigen BA andererseits verdeutlicht folgendes Beispiel:

Beispiel 20: Der bilanzierende Kioskbesitzer
Der freiwillig bilanzierende K (aus Beispiel 13) nutzt seinen Betriebs-Pkw zu 20 % privat und soll 12.600 km im Jahr für Fahrten zwischen Wohnung und Betriebsstätte (d.h. Entfernungskilometer p.a.: 6.300 km) zurücklegen. Die gesamte Fahrleistung beträgt 20.000 km, der gebuchte Kfz-Aufwand 20.000 € (Fahrtenbuchvariante).[109]

Mit der Vollerfassung des Pkw als Betriebsvermögen sind zwei Korrekturen durchzuführen, soweit der bereits gebuchte betriebliche Aufwand von 20.000 € betroffen ist:

1. Zum einen ist die Nutzungsentnahme von 4.000 € (im Folgenden wird nur netto gerechnet) gem. § 4 Abs. 1 S. 1 und 2 EStG – dem Grunde nach – und gem. § 6 Abs. 1 Nr. 4 S. 3 EStG – der Höhe nach – zu erfassen **und**
2. zum anderen ist der nach § 4 Abs. 5 Nr. 6 S. 3 EStG ermittelte Anteil für die Fahrten zwischen Wohnung und Betrieb als nicht abzugsfähige BA auszuscheiden.

Lösung: Die Nutzungsentnahme von 4.000 € wird spätestens bei der Erstellung der Hauptabschlussübersicht (HÜ) als Entnahme gebucht und mindert insoweit das – laufend entwickelte – (Schluss-)Kapitalkonto des K. Beim BVV wird der Betrag wieder hinzugerechnet, um den Privataufwand vollständig zu kompensieren.
Der Betrag der nicht abzugsfähigen BA (Fahrten Wohnung/Betrieb) könnte – folgerichtig – ebenso als Entnahme mit den gleichen Konsequenzen behandelt werden. In einer sehr versteckt

---

[109] Zur **Unfallvariante** (auf/von der Betriebsfeier) s. oben die Darstellung zu § 4 Abs. 3 EStG (Kap. 2.3.2). Zum **Diebstahl** eines Betriebs-Pkw anlässlich einer Privatfahrt hat der BFH am 14.08.2007 (BStBl II 2007, 762) entschieden, dass es sich hier weder um eine BA noch um eine Entnahme handelt. Der Vorgang ist wie bei einem Unfall anlässlich einer Privatfahrt als Vermögensverlust der privaten Sphäre zuzurechnen.

angeordneten Richtlinienregelung **(R 4.10 Abs. 1 S. 3 EStR 2012)** wird jedoch die Behandlung als Entnahme verboten. Von daher bleibt als einzige Sanktion die **außerbilanzielle Hinzurechnung**.

Diese differenzierte Behandlung wird im ganzen Ertragsteuerrecht (auch im Körperschaftsteuerrecht) entsprechend gehandhabt und führt zu folgenden Konsequenzen:

- Die steuerliche Gewinnermittlung des **jeweiligen** Jahres (VZ) ist identisch.
- Mit der außerbilanziellen Hinzurechnung ist der Tatbestand für diese Rechenperiode abgeschlossen und findet keine weitere Berücksichtigung.
- Mit der Behandlung als **Entnahme** wird jedoch das Kapitalkonto auf **Dauer gemindert**, da die Korrektur nach § 4 Abs. 1 S. 1 EStG nur der Gewinnermittlung dient; die Übertragung des reduzierten Saldos vom Privatkonto auf das Kapitalkonto bleibt wegen der **Bilanzidentität** bestehen. Damit beeinflusst der Nutzungstatbestand peremptorisch (auf Dauer) das Kapital und wirkt sich spätestens bei der Veräußerung bzw. Aufgabe des Betriebes nach § 16 EStG gewinnerhöhend aus.

Der scheinbar lapidare Unterschied kann auch außersteuerlich beachtliche Auswirkungen erzeugen, wenn es sich z.B. um Korrekturen im Rechnungskreis von PersG handelt. Bekanntlich hat das Kapitalkonto nicht nur Auswirkungen für die steuerliche Gewinnermittlung, sondern dient auch als BMG für die (künftige) Gewinnverteilung oder für die Berechnung eines etwaigen Auseinandersetzungsanspruches!

Eine »innere« Rechtfertigung für diese unterschiedliche Behandlung kann nur darin gesehen werden, dass Nutzungsentnahmen bereits in der laufenden Buchführung Berücksichtigung finden, während die Korrektur nach § 4 Abs. 5 EStG häufig erst durch die Außenprüfung der Finanzverwaltung erfolgt. Dieses Praktikabilitätsargument verfängt aber nicht mehr, wenn bereits in der laufenden Buchführung – wie bei den meisten EDV-Buchführungsprogrammen – ein eigenes Konto »Nicht abzugsfähige BA« eingerichtet ist.

3.2 Die Entnahmen beim Einzelunternehmer

Nach der Legaldefinition von § 4 Abs. 1 S. 2 EStG sind Entnahmen »alle WG (Bar-Entnahmen, Waren, Erzeugnisse, Nutzungen und Leistungen)«, die der Unternehmer für betriebsfremde Zwecke im Laufe des Wj. entnommen hat. In § 6 Abs. 1 Nr. 4 EStG ist sodann die Entnahme der Höhe nach definiert: Grundsätzlich ist sie mit dem **Teilwert** anzusetzen.

Beispiel 21: Der Bauunternehmer als Vermieter
Bauunternehmer B errichtet in 01 auf dem betrieblichen Grundstück ein Gebäude. Bei der Herstellung werden Materialien aus seinem Betrieb verwendet; ebenso werden die AN des B eingesetzt. B arbeitet selbst mit. Nach Fertigstellung wird das bilanzierte Gebäude von 02 bis 05 an seine AN vermietet, ab 06 an fremde Mieter zu Wohnzwecken. Das Mietwohnhaus bedeckt ca. 70 % der Fläche des ursprünglich betrieblichen Grundstücks.

Für die ertragsteuerliche Erfassung und Behandlung von Entnahmen sind zu prüfen:

1. entnahmefähiges WG nach § 4 Abs. 1 S. 2 EStG,
2. Entnahmehandlung,
3. (betriebsfremder) Zweck der Entnahme,

4. ggf. Buchung der Entnahme inkl. USt-Fragen,
5. Bewertung der Entnahme nach § 6 Abs. 1 Nr. 4 EStG und
6. ggf. Steuerbefreiung der Entnahme.

Bereits auf der ersten Stufe (1. »Gegenstand der Entnahme«) überrascht das Gesetz mit der Einbeziehung von **Nutzungen und Leistungen** in den Anwendungsbereich der in das PV überführbaren Gegenstände. Damit ist klargestellt, dass **jede Wertabgabe** (aus dem Betrieb) zu einer Entnahme führen kann, auch wenn diese im Einzelfall kein bilanzierungsfähiges WG darstellt (wie z.B. Nutzungen und Leistungen, BFH vom 26.10.1987, BStBl II 1988, 348). Damit sind auch immaterielle WG entnahmefähig. Nicht entnahmefähig (keine Leistungsentnahme) ist allerdings die Arbeitskraft des Unternehmers, da sie dem Betrieb nichts gekostet hat (BFH vom 04.08.1959, BStBl III 1959, 421).

Der Wechsel von der betrieblichen Sphäre in die außerbetriebliche Sphäre ist ein tatsächlicher Vorgang (2.). Da sich dieser Vorgang nicht durch einen Übertragungsakt (wie bei einer Übereignung an Fremde) manifestiert, ist zumindest eine **deutliche Handlung** eine weitere Voraussetzung (zuletzt BFH vom 14.05.2009, BStBl II 2009, 811). Inwieweit die Umwidmung eines WG (geänderte Nutzungsabsicht) eine Entnahme herbeiführen kann, hängt vom konkreten Rechtsvorgang ab.[110] In dieser Frage liegen zwei für den Bereich von L + F wichtige BFH-Entscheidungen vor, wonach das Brachliegen einer Wiese – bei entsprechender Erklärung – bereits zu einer Entnahme führen kann (BFH vom 17.01.2002, BStBl II 2002, 356); ein weiterer Grenzfall wurde am 13.12.2001 (BStBl II 2002, 80) entschieden, wonach vor der eigentlichen Betriebsaufgabe eine Entnahme durch Nutzungsüberlassung an Angehörige angenommen werden kann. Eine Stornierung der Entnahme (mit Ex-tunc-Wirkung) ist grundsätzlich nicht möglich. Vielmehr muss das WG wieder eingelegt werden.

Der **private Zweck** (3.) ist immer gegeben, wenn das transferierte WG (bzw. der transferierte Wert) im Zielbereich den Charakter von (notwendigem) **PV** oder von eindeutigen Aufwendungen der **privaten Lebensführung** (nach § 12 Nr. 1 EStG) hat. Schwieriger gestaltet sich diese Frage bei einem WG des gewillkürten BV (mit Nutzungsänderung) bzw. im Falle der Überführung des WG in einen anderen Betrieb des Unternehmers, zumal wenn sich dieser im Ausland befinden sollte.

Ansonsten galt bei Übertragungen **innerhalb von** mehreren **Betrieben** eines Unternehmers der sog. **finale Entnahmebegriff**, wonach immer dann als Realisationstatbestand eine Entnahme vorliegt, wenn die Erfassung der stillen Reserven in den »Ziel-Betrieben« nicht gewährleistet ist (BFH vom 14.06.1988, BStBl II 1989, 187). Damit wurden insb. grenzüberschreitende Übertragungen von WG (Hauptfall: vom inländischen Stammhaus in die ausländische Betriebsstätte) der Besteuerung unterworfen. Soweit dieser Grundsatz allgemeine Geltung beanspruchte, hat der BFH im Urteil vom 17.07.2008 (BStBl II 2009, 464 – allerdings mit reservierter Aufnahme der Verwaltung, vgl. Schreiben des BMF vom 20.05.2009, BStBl I 2009, 671) die finale Entnahmetheorie **aufgegeben**[111] (**arg.: fehlender Außenumsatz**). Für den wichtigsten Fall der Überführung von WG in ausländische Betriebsstätten hat der Gesetzgeber mit dem SEStEG (§ 4 Abs. 1 S. 3 EStG; sog. Steuerentstrickung mit zahlreichen Ausnahmetatbeständen und dem neuen Ansatz des »gemeinen Werts«) ohnehin eine neue Rechtsgrundlage geschaffen (s. sogleich im Text unter Exkurs »SEStEG«

---

110 Reine Erklärungen bzw. Buchungen ohne schlüssige Handlung genügen nicht der Entnahmehandlung.
111 Zu den verbleibenden Streitpunkten s. *Mitschke*, DB 2009, 1376.

und s. das Beispiel 21a) sowie für den umgekehrten Fall der »grenzüberschreitenden Einlage« (s. das Beispiel 24a unter Kap. 3.3.3; s. auch Kap. 3.5.2).

Mit § 4 Abs. 1 S. 4 EStG ist jedoch die – als überholt geltende – finale Entnahmetheorie vom Gesetzgeber des JStG 2010 wieder eingeführt worden. Mit der Reinstallation durch das Regelbeispiel (Verlagerung eines WG in die ausländische Betriebsstätte) hat sich der Sache nach für diesen Hauptanwendungsfall nichts geändert; der Sachverhalt ist nur klargestellt worden.

Die hierzu weiterentwickelte Fallgruppe, dass auch **außersteuerliche** Vorgänge die Entnahmehandlung ersetzen können[112], genießt dessen ungeachtet noch die volle Bedeutung. Es muss jedoch betont werden, dass die vom BFH hierzu entschiedenen **Ausnahmetatbestände (keine Entnahme)** eine weitaus größere Rolle spielen (Schicksal von Einzel-WG anlässlich eines Strukturwandels[113], Liebhaberei[114] und Abschluss eines DBA[115]; s. dazu auch *J. Schmidt*, Band 1, Teil D). Die Verbuchung (4.) der Entnahme ist aus formellen Gründen (der ordnungsgemäßen Buchführung) erforderlich, ist aber selbst keine Tatbestandsvoraussetzung für die Steuerfolgen der Entnahme. Der konkrete Buchungssatz wiederum hat bei gegebener USt-Pflicht (nach § 3 Abs. 1b UStG bzw. nach § 3 Abs. 9a UStG) die Entnahme immer **brutto** (inkl. USt) zu erfassen, da ansonsten gegen das Abzugsverbot von § 12 Nr. 3 EStG verstoßen wird.[116]

Entscheidend ist, dass mit dem Ansatz des **Teilwerts** (bzw. mit dem **gemeinen Wert**) die betrieblich gebildeten stillen Reserven beim Verlassen der Betriebssphäre steuerlich erfasst werden. Während die Sachentnahmen geregelt sind, kann die Bewertung der Nutzungsentnahme im Einzelfall Schwierigkeiten bereiten. So besteht bis zum heutigen Tage Unsicherheit – genährt durch einen Vorlagebeschluss vom 23.01.2001 (BStBl II 2001, 395) – ob bei einem Privatunfall mit einem Betriebs-Pkw (Nutzungsentnahme) die stillen Reserven bei der Bewertung als betrieblicher Vermögensverlust berücksichtigt werden müssen.[117] Eine weitere Ausnahme von diesem Grundsatz sieht § 6 Abs. 1 Nr. 4 S. 4 und 5 EStG nur für den Fall von sog. **Sachspenden an steuerbefreite** Körperschaften vor. Dies hat seinen Grund darin, dass der Spendenvorgang an sich außerbetrieblicher Natur ist und demzufolge eine nicht gewollte Entnahme vorliegt. Beim Vorliegen der gesetzlichen Voraussetzungen[118] kann die Spende zum Buchwert entnommen werden.

---

112 So kann durch eine Zuwendung von Todes wegen ein Einzel-WG aus dem Betrieb ausscheiden. Dieser Vorgang, der auf erbrechtlichen Normen (Erfüllung eines Sachvermächtnisses) beruht, wird einer Entnahme gleichgestellt. Vergleichbare Beispiele: Wegfall der persönlichen Voraussetzungen bei einer Betriebsaufspaltung oder Wegfall der BV-Eigenschaft von Sonder-BV bei Vererbung von PersG-Anteilen.
113 Bei Überführung eines WG aus einem Gewerbebetrieb in einen L + F-Betrieb, bleiben nach BFH vom 14.06.1988 (BStBl II 1989, 187) die stillen Reserven verhaftet.
114 Beim Übergang zur Liebhaberei werden die stillen Reserven nicht eingefroren, sondern später bei aufgeschobener Gewinnrealisierung voll versteuert.
115 BFH vom 16.12.1975 (BStBl II 1976, 246).
116 Bei einer umsatzsteuerpflichtigen Sachentnahme (»Eigenverbrauchslieferung«) nach § 3 Abs. 1b Nr. 1 UStG ist folgender BS zu bilden:
 BS: per Entnahme 119 € an WG (alt) 100 €
                                an USt   19 €
117 Nach dem vorlegenden VIII. Senat ist dies nicht der Fall, da in § 6 Abs. 1 Nr. 4 EStG nur eine Regelung für Sachentnahmen getroffen wurde. S. dazu auch *Beiser*, DB 2003, 15 sowie BFH vom 26.11.2003, BFH/NV 2004, 337.
118 Im Einzelnen:
 • Der Empfänger ist eine nach § 5 Abs. 1 Nr. 9 KStG steuerbefreite Körperschaft bzw. eine juristische Person des öffentlichen Rechts.
 • Die Spende muss in unmittelbaren Abschluss an die Entnahme erfolgen und sie darf nicht in der Form einer Nutzung oder Leistung erbracht werden.

Schließlich sind Fälle denkbar (6.), bei denen die Entnahme ausdrücklich steuerbefreit ist (§ 52 Abs. 15 EStG a.F.: Überführung von L+F-Betriebsvermögen in private Altenteilerwohnungen).

Lösung:
- Die Errichtung des Gebäudes könnte eine Entnahme des Grund und Bodens sein, auf dem das Gebäude errichtet ist, ebenso wie das Material (Sachentnahme) und der Lohneinsatz (Leistungsentnahmen) entnommen sein könnten. Lediglich die eigene Arbeitskraft des B scheidet mangels betrieblicher »Wertaggregation« aus. Dies ist dann der Fall, wenn die genannten WG für die **Errichtung eines WG im PV** entnommen werden (ähnlich BFH vom 14.05.2009, BStBl II 2009, 811). Dies ist aber hier nicht der Fall. Vielmehr wird zunächst ein Betriebsgebäude hergestellt und später das »fertige« WG entnommen (s. sogleich).
- Die Erstellung des Wohnhauses wäre dann eine Entnahme, wenn dieses WG (notwendiges) PV wäre.[119] Gebäude (und der damit zusammenhängende Grund- und Bodenanteil, BFH vom 11.03.1980, BStBl II 1980, 740) werden nach R 4.2 Abs. 4 EStR 2012 je nach ihrer Funktion als eigenständige WG behandelt. Der hier gegebene Nutzungszweck ist die Vermietung zu fremden Wohnzwecken. Die Loslösung von der betrieblich-operativen Zielsetzung eines Bauunternehmens ist offensichtlich. Dennoch ordnen Rspr. und Verwaltung das Wohnhaus für eigene AN als notwendiges BV ein (R 4.2 Abs. 4 S. 3 EStR 2012) und ordnen dies sogar dem eigenbetrieblich genutzten (!) Gebäudeteil unter. Insoweit erfolgte zu Recht die Aktivierung des bebauten Grundstücks in den Jahren 02–05 mit den HK (Selbstkosten inkl. zulässiger Gemeinkosten – ohne Arbeitskraft des B).
- Mit der Vermietung an Fremde verliert das Wohnhaus die Eigenschaft als eigenbetrieblich genutzter Gebäudeteil. Aufgrund der (noch) geltenden Dreiteilung des Vermögens kommt die Eingruppierung als gewillkürtes BV oder als (notwendiges) PV in Betracht. Wenn – wie hier – der Zusammenhang mit dem (Ursprungs-)Betrieb so weit gelöst ist und wenn durch die Erstellung des Wohnhauses der Charakter zur Vermögensverwaltung überwiegt, liegt nach BFH vom 09.08.1989 (BStBl II 1990, 128) eine Entnahme durch schlüssiges Handeln vor.[120] Eine Buchung bzw. eine Erklärung an das FA ist hierfür nicht erforderlich.
Es muss jedoch auch betont werden, dass es **keine Zwangsentnahme** gibt. Ein WG bleibt BV, solange es keine eindeutige Zuordnung zum notwendigen PV gibt (BFH vom 29.09.2003, Az.: IV B 203/01). In mehreren Entscheidungen aus dem Jahre 2004 lag es dem BFH daran, die von der Verwaltung vorschnell angenommene »Zwangsentnahme« wegen einer Nutzungsänderung zu annullieren. In folgenden Konstellationen ist daher – trotz Nutzungsänderung – **nicht** von einer **Entnahme** auszugehen:
- Im Urteil vom 29.11.2004 (Az.: IV B 37/03) bestätigt der BFH seine Auffassung, dass die entgeltliche Bestellung eines Erbbaurechts an einem betrieblichen Grundstück nicht dessen Entnahme zur Folge hat.
- Ebenfalls stellt die entgeltliche Bestellung eines Erbbaurechts eines L+F-Grundstücks dann keine Entnahme dar, wenn die Nutzungsänderung nur eine vergleichsweise geringe Fläche betrifft (BFH vom 26.08.2004, BFH/NV 2005, 674);
- mit dem Urteil vom 25.11.2004 (BFH/NV 2005, 547) verdeutlicht der BFH, dass die Bebauung von L+F-Flächen nur dann eine Entnahme darstellt, wenn damit notwendiges PV geschaffen wird;

---

119 Vgl. BFH vom 25.04.2003 (BFH/NV 2003, 1407) für den Bau eines privaten Wohnhauses entschieden, das auf dem im Sonder-BV befindlichen Grundstück errichtet wurde.
120 Wiederum anders wird die Belastung des Betriebsgrundstücks mit einem Erbbaurecht nicht einer schlüssigen Entnahmehandlung gleichgestellt (BFH vom 10.12.1992, BStBl II 1993, 342).

- schließlich führt die Vermietung des Gebäudeteils eines Betriebsgebäudes dann nicht zu einer Entnahme, wenn sie nur vorübergehend ist (kein notwendiges PV) – Urteil vom 10.11.2004 (BFH/NV 2005, 547).

Es ist eine offensichtliche Tendenz der BFH-Rspr., das Institut der »konkludenten (Zwangs-) Entnahme« zu reduzieren und sie nur als ultima ratio anzuwenden. Dies ist bei der **dauerhaften** Begründung **notwendigen PV** der Fall.

Exakt in diese Richtung zielt das BFH-Urteil vom 21.08.2012 (BStBl II 2013, 117), wo bei einer einmaligen Absenkung des betrieblichen Nutzungsanteils unter 10 % (bei der EÜR) noch keine Entnahme anzusetzen ist.

- Bewertet wird das entnommene Wohnhaus mit dem Teilwert nach § 6 Abs. 1 Nr. 4 S. 1, 1. HS EStG.[121] Dabei sind nach zutreffender Teilwertvermutung die Wiederbeschaffungskosten anzusetzen. Diese werden im Regelfall mit dem Einzelveräußerungspreis übereinstimmen und dabei möglicherweise den Wert der Arbeitsleistung des B mitumfassen (dagegen nicht, wenn die Arbeitsleistung des B für die Erstellung eines WG im PV entnommen worden wäre).

Mit der Entnahme unterliegt das Wohnhaus nicht mehr der betrieblichen Steuerverhaftung[122]; der Wertzuwachs unterliegt jedoch ab 06 für weitere zehn Jahre nach § 23 Abs. 1 S. 2 EStG dem Steuerzugriff für »private Veräußerungsgeschäfte«.

Eine gänzlich andere Fallgruppe für eine (mögliche) Entnahme deckt das BFH-Urteil vom 26.11.2003 (BFH/NV 2004, 337) ab. Der als Geschäftsführer tätige Sohn fügt dem Unternehmen Schaden zu: Liegt wegen der verwandtschaftlichen Nähe eine Entnahme vor (§ 6 Abs. 1 Nr. 4 S. 1, 1. HS EStG: TW-Ansatz) oder muss ein betrieblicher Schadensersatzanspruch aktiviert und entsprechend bewertet werden (Geltung des Vorsichtsprinzips)? Ohne sich entscheiden zu können, hat der BFH die Frage an die Tatsacheninstanz (!) zurückgegeben.

Exkurs (SEStEG): Eine **Abweichung** vom Ansatz mit dem Teilwert schafft das am 09.11.2006 beschlossene Gesetz über steuerliche Begleitmaßnahmen zur Einführung der Europäischen Gesellschaft und zur Änderung weiterer steuerlicher Vorschriften (**SEStEG**).[123] Demnach steht nach dem im § 4 Abs. 1 EStG neu eingefügten S. 3[124] der Ausschluss oder die Beschränkung[125] des Besteuerungsrechts der Bundesrepublik Deutschland hinsichtlich des Gewinns aus der Veräußerung oder der Nutzung eines WG einer Entnahme für betriebsfremde Zwecke gleich. Nach § 4 Abs. 1 S. 5 EStG (i.d.F. des JStG 2010) gilt dies aufgrund der Regelung in Art. 10d Abs. 1 Fusionsrichtlinie nicht für Anteile an einer Europäischen Gesellschaft oder Europäischen Genossenschaft, in den Fällen einer Sitzverlegung von einem Mitgliedstaat der EU in einen anderen Mitgliedstaat. Hier soll der Gewinn aus einer späteren Veräußerung der Anteile ungeachtet der Bestimmungen eines DBA nach § 15 Abs. 1a S. 1 EStG besteuert

---

121 Näher zum Teilwert *Kölpin*, Kap. II 5.5.
122 Zum Sonderfall des § 52 Abs. 15 EStG (rückwirkende Abwahl der Nutzungswertbesteuerung in L + F) vgl. BFH vom 06.11.2003, BFH/NV 2004, 565.
123 BT-Drs. 16/2710, 25.09.2006.
124 Der von der Finanzverwaltung angewandte und bisher im BS-Erlass (BMF vom 24.12.1999, BStBl I 1999, 1076, Tz. 2.4) geregelte Entstrickungstatbestand der Aufdeckung der stillen Reserven bei Wegfall des deutschen Besteuerungsrechts auf WG des BV wird durch die jetzige gesetzliche Regelung nochmals klargestellt.
125 Entgegen der bisherigen Auffassung der Finanzverwaltung (BS-Erlass, Tz. 2.6.1) liegt eine Beschränkung des deutschen Besteuerungsrechts auch bei einem DBA mit Anrechnungsmethode vor.

werden.[126] In den Fällen des § 4 Abs. 1 S. 3 EStG ist die Entnahme gem. § 6 Abs. 1 Nr. 4 S. 1, 2. HS EStG mit dem gemeinen Wert[127] anzusetzen.

Erfolgt eine Überführung eines WG des AV in eine andere BS des StPfl. innerhalb der EU, so ist an dieser Stelle auf die Möglichkeit der Bildung eines Ausgleichspostens gem. § 4g EStG hinzuweisen.

Beispiel 21a (SEStEG): Der größenwahnsinnige Blumenhändler
A betreibt einen rosigen Blumenladen am Hamburger Flughafen. Da er davon besessen ist, überall auf der Welt für seine Kunden Blumen verkaufen zu können, begründet er eine Betriebsstätte am J.F.K.-Flughafen (New York) in den USA. Im Zuge dieser Erweiterung überführt er seinen Kleinlastwagen in die USA, um dort die Blumen schneller zum Flughafen zu transportieren. Zum Zeitpunkt der Überführung betrug der TW des Wagens 10.000 €. Einen Tag vor der Überführung bot ihm sein Nachbar N (Autohändler) 13.000 € (netto) für diesen an. Zwei Monate später musste A enttäuscht feststellen, dass er zwar seine Blumen in den USA verkaufen kann, aber niemand seine Blumen kaufen will. Er veräußert den Wagen in den USA für umgerechnet 12.000 €. Im DBA-USA ist die Freistellungsmethode vereinbart.

Lösung: Mit der Überführung des Wagens in die Betriebsstätte in den USA wird dieser auch deren BV. Aufgrund der vereinbarten Freistellungsmethode im DBA-USA werden die durch diese Betriebsstätte erwirtschafteten Gewinne nur in den USA besteuert (in diesem Fall ergibt sich ein Verlust von: 13.000 € ./. 12.000 € = 1.000 €). Somit liegt ein Ausschluss des Besteuerungsrechts der Bundesrepublik Deutschland vor. Nach § 4 Abs. 1 S. 3 EStG wird diese Überführung einer Entnahme gleichgestellt. Nach § 6 Abs. 1 Nr. 4 S. 1, 2. HS EStG ist diese Entnahme mit dem gemeinen Wert zu bewerten. Der gemeine Wert ist nach § 9 Abs. 2 BewG der Wert, der im gewöhnlichen Geschäftsverkehr nach der Beschaffenheit des WG bei einer Veräußerung zu erzielen wäre. In diesem Fall hätte A bei Veräußerung an seinen Nachbarn 13.000 € (netto) erzielen können. Somit ist die Entnahme gem. § 4 Abs. 1 S. 3 i.V.m. § 6 Abs. 1 Nr. 4 S. 1, 2. HS EStG i.V.m. § 9 Abs. 2 BewG mit 13.000 € (+ 19 % USt) anzusetzen.

Hinweis: Mit Urteil vom 17.07.2008 (BStBl II 2009, 464) hat der BFH aufgrund der Neuregelung des SEStEG keine Grundlage für das Fortbestehen der sog. »**finalen Entnahmelehre**« gesehen. Diese ging bei der Überführung eines Einzel-WG aus einem inländischen Stammhaus auf eine ausländische Betriebsstätte – bei Vorliegen einer DBA-Freistellung – von einer Gewinnrealisierung aus. Nachdem dieser Erkenntnisprozess (Weitergeltung oder Abschaffung der finalen Entnahmetheorie) aber derzeit als (noch) nicht abgeschlossen beurteilt wird, sind mit **§ 4 Abs. 1 S. 4, § 16 Abs. 3a und § 52 Abs. 8b EStG i.d.F. des JStG 2010** Regelungen eingeführt worden, die diesen Erkenntnisprozess nicht beenden, sondern – im Gegenteil – die alten Grundsätze für Wirtschaftsjahre, die vor dem 01.01.2006 enden, festschreiben. Damit wird in Altfällen auch die Verteilungsmöglichkeit des Überführungsgewinnes nach Tz. 2.6. des Betriebsstätten-Erlasses (BStBl I 1999, 1076) erhalten bleiben.[128]

---

126 Für Anteile an KapG im PV gilt § 17 Abs. 5 EStG.
127 Im Gegenteil zum Teilwert wird hier ein Gewinnaufschlag berücksichtigt (Fremdenvergleichspreis) § 9 Abs. 2 BewG.
128 So die Begründung in der Gegenäußerung des BRats zum JStG (2010) auf S. 6 vom 27.08.2010 (BR-Drs. 17/2823).

3.3 Die Einlagen beim Einzelunternehmer

Während die Entnahmen ein weitgehend »befriedetes« Rechtsgebiet darstellen, findet bei den Einlagen seit längerer Zeit eine lebhafte Diskussion über den ursprünglichen Anwendungsbereich von § 4 Abs. 1 S. 7 EStG sowie über die Bedeutung der Erweiterungstatbestände statt, die vom Gesetzgeber und von der Rspr. geschaffen wurden. Darüber hinaus hat die Debatte über die Zulässigkeit der Nutzungs(-aufwands-)einlage maßgeblich die Entscheidungsfindung zum sog. »Drittaufwand«[129] beeinflusst.

3.3.1 Grundzüge und Wirkungsweise der Einlage

Die Begehrlichkeit nach und die Phantasie für ein umfangreiches (und hoch angesetztes) Einlagevolumen verdeutlicht das nachfolgende Beispiel:

Beispiel 22: Steuersubvention qua XXL-Einlage
Der vormalige Landwirt und künftige Großhotelier H findet nach einer Bohrung auf seinem Grundstück eine heiße und mineralhaltige Wasserquelle, die sich später als Quelle künftigen Reichtums erweisen sollte. Noch bevor in den nächsten Jahren auf dem Areal das bekannte Bäderzentrum XXL entsteht, wird in den Besprechungen mit dem Finanzministerium über den Wert der »Wassergrundstücke« verhandelt. H versteht nicht, warum sein StB auf einen besonders hohen Wert drängt – und ihn auch zugestanden bekommt –, da H ansonsten doch bei den Auseinandersetzungen mit dem FA immer um niedrige Ansätze bemüht ist.

Praktische Steuerpolitik wird nicht nur mittels neuer Steuergesetze gemacht, welcher Art sie im Einzelnen auch sein mögen.[130] Viel häufiger und ohne jeglichen Parlamentsvorbehalt erfolgt dies durch entsprechende Zugeständnisse der Behörden im Bereich der **Wertfindung** von steuerbaren Sachverhalten. Besonders bei der Ermittlung des **Teilwertes** bestehen – mangels Praktikabilität aufgrund der Legaldefinition in § 6 Abs. 1 Nr. 1 S. 3 EStG (bzw. nach § 10 BewG) – enorme Gestaltungsmöglichkeiten, die auch zu hohen Werten führen können, wie Beispiel 22 belegt.

Lösung:
- Die Einlage der Grundstücke in das BV des H erfolgt gewinnneutral, da durch den Zugang zum BV (BS: per Grundstücke an Kapital) – gleich, in welcher Höhe – zunächst das Bilanzvermögen des H erhöht wird. Diese Betriebsvermögensmehrung führt beim BVV vorläufig zu einem Gewinnausweis (auf der 1. Stufe), sie wird jedoch – in identischer Höhe – durch den Abzug der Einlagen auf der 2. Stufe (§ 4 Abs. 1 S. 1 EStG) voll kompensiert.
- Die **indifferente** Wertfindung bei der reinen **Einlagehandlung** steht aber in krassem Gegensatz zu der Folgewirkung. Mit einem hohen Einlagewert wird z.B. bei WG des abnutzbaren Anlagevermögens, die hier nicht vorliegen, ein hohes Abschreibungsvolumen geschaffen. S. aber das Urteil des BFH vom 04.12.2006, BStBl II 2007, 508, in dem der Große Senat bei einem im »Privatbereich entdeckten Kiesvorkommen«, das später in das Betriebsvermögen

---

129 S. ausführlich *Preißer*, Band 1, Teil B, Kap. I (Drittaufwand als Problem der personellen Zurechnung).
130 Bekanntlich kann es sich bei Steuergesetzen entweder um Fiskalzwecknormen, um Sozialzwecknormen oder um Pauschalierungsnormen – mit je unterschiedlichem Auslegungsgehalt (vgl. *Tipke*, StRO, 362 ff., 713 ff., 119) – handeln.

eingelegt wurde, zwar den (betrieblichen) Teilwertansatz für richtig erachtete, aber sodann im BV keine Absetzung für Substanzverringerung (AfS) zuließ.[131]
- Bei allen eingelegten WG schafft ein **hoher Bilanzansatz** ein größeres Buchkapital in der Bilanz (»Bilanzoptik«). Wegen der Bilanzidentität perpetuiert sich der Buchwert bis zum Verkauf oder der Aufgabe des Betriebes. Dort bildet die Größe »Buchkapital« (= Wert des BV, vgl. § 16 Abs. 2 EStG) eine Abzugsgröße. Je höher bekanntlich dieser Subtrahend ist, desto geringer ist der Saldo, also der stpfl. Veräußerungsgewinn.

3.3.2 Gegenstand der Einlage, insbesondere die Nutzungs(-aufwands-)einlage

Entgegen der umfangreichen Regelung bei den Entnahmen sind die gesetzlichen Anwendungsfälle bei der Einlage gem. § 4 Abs. 1 S. 8 EStG (i.d.F. des JStG 2010) auf zwei Beispiele, nämlich die Bareinzahlungen und die sonstigen WG, beschränkt. Diese Zurückhaltung des Gesetzgebers führte in den 80er-Jahren zu einer heftigen Auseinandersetzung über den Anwendungsbereich der Norm. Die Vertreter der »Spiegelbildlichkeitstheorie« (bzw. des Veranlassungsgrundsatzes) interpretierten **S. 8** leg. cit. nur als exemplarische (und damit analogiefähige) Regelung, während sie für die Gegenmeinung abschließenden Charakter hatte und damit analogieunfähig war. Der GrS hat am 26.10.1987 die – über ein Jahrzehnt schwelende – Rechtsfrage entschieden (BStBl II 1988, 348).

Beispiel 23: Die betriebliche Teilhabe am Privatvermögen
H kauft nach den positiven Einlageerfahrungen (Beispiel 22) ein Buchexemplar der aktuellen Ausgabe des EStG und verblüfft nach der Lektüre von § 4 Abs. 1 EStG seinen StB mit der Frage, ob er nicht auch folgende betrieblich genutzte »Privatvorteile« einlegen könne:
- die Kosten, die ihm anlässlich der betrieblichen Nutzung seines Privat-Pkw entstehen,
- die Kosten, die seiner Frau anlässlich seiner betrieblichen Nutzung ihres Pkw entstehen,
- die Arbeitsleistung seiner in den Schulferien im Hotel unentgeltlich mitarbeitenden Kinder.

Dabei argumentiert H wie folgt: »Das, was bei der Entnahme für das FA möglich ist (S. 2), müsse bei der Einlage (S. 7) für den Unternehmer auch ermöglicht werden«.

Das aus dem Gleichheitssatz geborene Petitum des H würde zu noch stärkeren steuerlichen Vergünstigungen führen als dies bei der Einlage eines WG mit (zu) hohem Wert der Fall ist. Mit dem BS (Aufwand an Einlage) ist ein eindeutiges verlustwirksames Ergebnis erzielt, da die neutrale Einlage-Einbuchung[132] (als laufender Geschäftsvorfall) durch den einseitigen Abzug der Einlage **nach dem BVV** (nach dem Kapitalienvergleich) ein steuerliches Negativergebnis ergibt. Das Hauptproblem liegt dabei in der fehlenden Überprüfbarkeit (Praktikabilitätsargument), während andererseits die eindeutig vorliegende betriebliche Veranlassung (§ 4 Abs. 4 EStG) nicht zu verleugnen ist.

Lösung:
- Nach der Auffassung des GrS sind – anders als bei der Entnahme – nur **bilanzierungsfähige WG** einlagefähig. Damit sind zwar Nutzungsrechte (z.B. eine Nutzungsüberlassung aufgrund

---

131 S. aus der Literatur *Fischer*, NWB, Fach 3, 14601.
132 Es wird das eine Unterkonto des Kapitalkontos (das G + V-Konto) belastet, während der identische Betrag dem anderen Unterkonto (Privatkonto) gutgeschrieben wird. Damit liegt ein Null-Ergebnis vor.

gesicherter Rechtsposition) einlagefähig[133] (zum Wert s. sogleich), **nicht aber bloße Nutzungen** (wie z.B. eine bloße Kapitalüberlassung). Diese Aussage gilt auch für reine **Dienstleistungen**. Hauptentscheidendes Argument war neben der identischen Auslegung der Begriffe WG[134] und Vermögensgegenstand (§ 246 HGB), dass nur das als Korrekturposten nach § 4 Abs. 1 EStG abgezogen werden könne, was vorher eben dieses BV angereichert habe. Damit sind bloße Nutzungen fremden[135] Vermögens bzw. fremde Dienstleistungen nicht als Einlage zu berücksichtigen.

- Anders sieht die Situation bei der betrieblichen Nutzung des **eigenen** PV aus. Die Rspr. des BFH lässt hier die Aufwendungen **einschließlich der anteiligen AfA (!)** zum BA-Abzug zu (so auch R 4.7 Abs. 1 S. 2 EStR 2012). Damit können die betrieblich veranlassten durchschnittlichen Pkw-Kosten des eigenen Kfz des H qua »Aufwand an Einlage« aufwandswirksam werden.

Der vom BFH 1987 entschiedene Sachverhalt betraf ein **zinsverbilligtes Darlehen**, das innerhalb eines internationalen Konzernverbundes von einer Schwestergesellschaft – grenzüberschreitend – der anderen Schwestergesellschaft gewährt wurde, wonach der empfangene Zinsvorteil als Einlage bei der Muttergesellschaft[136] geltend gemacht wurde. Für diese – enorm praxisrelevante – Fallgruppe der Darlehensgewährung ist damit entschieden (durch BFH vom 04.07.2001, BFH/NV 2001, 1553 bestätigt), dass die (bloße) Darlehensgewährung nicht mittels Einlage erfolgt. Dies ist erst dann der Fall, wenn auf die Rückzahlungsforderung verzichtet wird (bilanzierungsfähiges WG). Auf zwei weitere Besonderheiten ist hinzuweisen:

- Der BFH hält in analoger Anwendung von § 4 Abs. 4 EStG die Einlage von verlustträchtigen WG (Hauptfall: Wertpapiere mit sinkender Tendenz) nicht für zulässig, da bei einem Gewerbetreibenden die Gewinnerzielungsabsicht auch bzgl. des einzelnen WG zu prüfen ist.
- Gegenstände des notwendigen PV (wie z.B. ein Swimmingpool) können ebenfalls nicht in ein BV eingelegt werden.

Während die sonstigen Voraussetzungen (Einlagewille/Einlagehandlung/Einlagebuchung) mit denen der Entnahme identisch sind (s.o.), traf der Gesetzgeber bei der Bewertung nach § 6 EStG eine differenzierende Regelung.

3.3.3 Die Bewertung der Einlage

Die Grundregel der Bewertung der eingelegten WG mit dem **Teilwert** nach § 6 Abs. 1 Nr. 5 EStG (und nicht mit den historischen AK) verfolgt den Zweck, nur die während der Zugehörigkeit des WG zum BV akkumulierten stillen Reserven zu besteuern. Eine Ausnahme (Ansatz »höchstens« mit den niedrigeren AK) wird für zwei WG-Kategorien gemacht:

a) »Kurzzeit«-WG (§ 6 Abs. 1 Nr. 5 S. 1 Buchst. a EStG: maximal drei Jahre alte WG) und
b) »wesentliche-KapG«-Beteiligungen nach § 17 EStG (§ 6 Abs. 1 Nr. 5 S. 1 Buchst. b EStG).

---

133 Der Einlagewert solcher unentgeltlich erworbenen Nutzungsrechte ist freilich mit »0« anzusetzen, damit zusammenhängende laufende Aufwendungen sind dann aber als Aufwand abzusetzen.
134 Wegen des in § 4 Abs. 1 S. 8 EStG ausdrücklich erwähnten Begriffs des WG musste der vorlegende 1. Senat des BFH am 20.08.1986 (BStBl II 1987, 65) einen neuen WG-Begriff kreieren, der sich am geldwerten Vorteil des § 8 Abs. 1 EStG orientierte.
135 Mit »fremd« ist hier eine andere Person als der Unternehmer gemeint, der die entsprechenden Einkünfte i.S.d. § 2 EStG »erzielt«.
136 Umgekehrt wurde der Darlehensvorteil bei der gewährenden Schwestergesellschaft als vGA bei der Muttergesellschaft erfasst.

Der Zweck dieser Regelung wird im Falle des **Buchst. a)** mit der Missbrauchsabwehr (u.a. keine Verlustverlagerung in den Betrieb) und im Falle des **Buchst. b)** mit dem Gleichstellungsgedanken[137] angegeben. Probleme mit der Gesetzesbegründung treten allerdings bei abnutzbaren »**Kurzzeit**«-WG (im Falle des Buchst. a)) auf, da dort die ohnehin niedrigeren Einlagewerte noch um die (z.T. fiktive) AfA gekürzt wird.

> **Beispiel 24: Die geprellte »Einlegerin«**
> Die frisch diplomierte Diplom-Ingenieurin I startet ihre selbständige Beratungstätigkeit in 18 mit einem im Studium vor zwei Jahren selbst entwickelten Patent (geschätzter Wert: 20.000 €), einer Daimler-Aktie, die sie zum Studienabschluss (17) geschenkt bekam (Börsenwert in 17: 100 €; Börsenwert in 18: 50 €) und einem Mini Cooper MC, den sie sich in 16 für 10.000 € (ND: vier Jahre) zulegte. Wegen der Produktionseinstellung wird der MC in 18 mit demselben Wert wie in 16 gehandelt. I, für ihre Cleverness bekannt, will die Einlage-Maxime »Höchstwert« realisieren. Erfolgreich?

Unabhängig von der konkreten Gewinnermittlung (EÜR oder BVV) ist § 6 Abs. 1 Nr. 5 EStG zu befolgen. Die Vorfrage nach der Einlagefähigkeit der einzelnen Gegenstände nach § 4 Abs. 1 S. 5 EStG kann umfassend bejaht werden. § 5 Abs. 2 EStG verbietet nicht die Einlage eines im Privatbereich entwickelten, immateriellen WG, da die Zuordnung des WG (zum PV oder BV) Vorrang vor einem etwaigen Ansatzverbot hat, das ohnehin nur für die im Betrieb entwickelten, immateriellen WG gilt.

> **Lösung:**
> a) Beim **Patent** stellt sich die Frage, ob I das Patent selbst oder lediglich die Nutzung des Patents, das ansonsten in ihrem PV verbleibt, einlegen will. Eine Abspaltung der Nutzung des immateriellen WG vom Eigentum des WG dürfte aber bei **Personenidentität** (Inhaber des Patents und Lizenznehmerin wären jeweils I) nicht zulässig sein. Für diesen Zweck müsste I eine GmbH als Lizenznehmerin gründen. Von daher ist das Patent mit dem TW (Marktwert) im Einlagezeitpunkt (d.h. mit 20 T€) anzusetzen, auch wenn die Gestehungskosten in 16 niedriger gewesen sein mögen, da insoweit keine Anschaffung oder Herstellung[138] vorlag. Bei dieser gesetzeskonformen Lösung ist aber zu bedenken, dass der BFH in dieser Frage vom sog. **finalen Einlagebegriff** ausgeht (BFH vom 26.10.1987, BStBl II 1988, 348 sowie vom 20.09.1990, BStBl II 1991, 82). Danach darf nur steuerfrei gebildetes oder bereits versteuertes Vermögen mit dem TW angesetzt werden; ansonsten, wenn etwa ein Einnahmeverzicht eines Dritten vorliegt, ist der TW mit »0« anzusetzen, da hier kein Abschreibungspotential kreiert werden darf. Nach diesen Ausführungen hat I während ihrer Studienzeit mit dem Patent steuerfreies Vermögen gebildet, sodass die gesetzliche Lösung (Einlage: 20 T€) auch mit der wertenden Äußerung des BFH übereinstimmt.
> b) Die Daimler-Aktie stellt ein »Kurzzeit«-WG (§ 6 Abs. 1 Nr. 5 Buchst. a EStG) dar. Obwohl I die Aktie geschenkt bekam, sind ihr nach § 11d EStDV analog die AK des Rechtsvorgängers zuzurechnen (100 €). Die Regelung in § 6 Abs. 1 Nr. 5 EStG ist jedoch so zu interpretieren, **dass immer der niedrigere** Wert anzusetzen ist: Ansatz der Aktie demnach mit 50 €.
> Allein für den Fall wesentlicher Beteiligungen (Buchst. b) hat der BFH vom 25.07.1995 (BStBl II 1996, 684) gegen den Wortlaut des Gesetzes entschieden, dass die »höheren« AK

---

137 Wenn schon die Veräußerung des PV ausnahmsweise bei § 17 EStG steuerbar ist, muss dies erst recht – mit identischen Werten – für die in das BV eingelegten »wesentlichen Beteiligungen« gelten.
138 M.E. hat an dieser Stelle die analoge Wertung von § 5 Abs. 2 EStG einzusetzen.

angesetzt werden dürfen. Diese Auslegung contra legem wurde mit einem Nichtanwendungserlass (BMF vom 05.12.1996, BStBl I 1996, 1500) versehen. Die Frage, ab wann die Beteiligung an einer KapG im fraglichen Zeitpunkt eine wesentliche Beteiligung i.S.d. § 17 EStG ist, kann demnach dahingestellt bleiben.

c) Der MC muss nach § 6 Abs. 1 Nr. 5 S. 2 EStG mit den **fortentwickelten AK** angesetzt werden. Bei einer ND von vier Jahren für gebrauchte Kfz ergibt dies 5.000 €. Dies soll auch dann gelten, wenn sich die AfA bislang steuerlich nicht ausgewirkt hat (R 6.12 S. 2 EStR 2012). Die (Verwaltungs-)Lösung widerspricht m.E. der Zielsetzung von § 6 Abs. 1 Nr. 5 EStG. Danach soll der Transfer von Privatverlusten in die Betriebssphäre vermieden werden. Ein Missbrauchstatbestand ist in der vorliegenden Fallgruppe nicht ersichtlich. Erst dann, wenn konkrete Anhaltspunkte für eine Verlustverlagerung vorliegen, sollte mit den Mitteln von § 42 AO oder – besser – mit § 4 Abs. 4 EStG analog reagiert und die fingierte AfA berechnet werden.

Annex: Anders als bei Patenten kann der **personenidentische Grundstückseigentümer** das Eigentum in seine einzelnen Komponenten aufspalten. Dies ist etwa der Fall, wenn der Unternehmer das Eigentum im PV behält und nur die Nutzungen einlegt (Lösung s. Beispiel 24: Ansatz der Selbstkosten). Für den Fall, dass zulässigerweise unentgeltliche Nutzungsrechte in den Betrieb eingelegt werden, ist nach derzeitiger Rspr.(-Entwicklung) wie folgt zu differenzieren[139]:

- Beim **Nießbrauchsvorbehalt**, der in den Betrieb eingelegt wird (Beispiel: Eigentümer des Grundstücks werden die Kinder und der Unternehmer behält sich den Nießbrauch vor), soll der Unternehmer das WG »Nutzungsrecht« mit den AK ansetzen, die er ursprünglich selbst hatte. M.E. muss aber – um eine Übereinstimmung mit der Wertung von § 6 Abs. 1 Nr. 5 (insb. S. 3) EStG herbeizuführen – von den historischen AK die AfA (soweit davon ein Betriebsgebäude betroffen ist) abgezogen werden. Dieser reduzierte und fortgeführte Betrag ist der Einlagewert.[140]
- Beim **Zuwendungsnießbrauch** ist nach dem Erwerbsvorgang zu unterscheiden:
  - Wurde das Eigentum erstmalig aufgespalten und ist dabei der Nießbrauch unentgeltlich begründet und als solcher eingelegt worden, dann ist die Einlage offensichtlich mit »0« anzusetzen, da kein künstliches Abschreibungspotential gebildet werden darf.[141]
  - Wenn der Zuwendungsnießbrauch allerdings vorher entgeltlich erworben und sodann übertragen wurde, kann die Einlage mit dem TW angesetzt werden.

Exkurs (das SEStEG und die Einlage): Eine weitere Bewertungsfallgruppe hat der Gesetzgeber geschaffen:

Korrespondierend zur Entnahme steht gem. § 4 Abs. 1 S. 8, 2. HS EStG n.F. die Begründung des Besteuerungsrechts des Bundesrepublik Deutschland hinsichtlich des Gewinns aus der Veräußerung eines WG einer Einlage gleich.[142] In diesen Fällen ist das WG gem. § 6 Abs. 1 Nr. 5a EStG mit dem gemeinen Wert (§ 9 Abs. 2 BewG) anzusetzen.

---

139 Vgl. auch aus der Literatur *Heinicke* in *Schmidt*, § 4 Rz. 360 (»Nießbrauch« und »Nutzung«) sowie *Weber-Grellet* in *Schmidt*, § 5 Rz. 176.
140 Als weiterer Beleg dieser Auffassung mag gelten, dass die Summe der kraft Entnahme ermittelten Entnahme-(Teil-)werte nicht höher sein darf als der spätere Einlagewert.
141 BFH vom 26.10.1987 (BStBl II 1988, 348) und weiter vom 20.09.1990 (BStBl II 1991, 82).
142 Der Wechsel von einem eingeschränkten (DBA mit Anrechnungsmethode) zu einem uneingeschränkten Besteuerungsrecht ist nicht als Einlage zu behandeln, da das WG bereits steuerverstrickt war; BT-Drs. 16/2710, 25.09.2006, 28.

Beispiel 24a:
Sachverhalt wie oben Beispiel 21a mit dem Unterschied, dass der Kleinlastwagen in den USA im Rahmen der Eröffnung der Betriebsstätte angeschafft wurde. Nachdem die Geschäftslage sich in den USA verschlechtert hat, entschließt sich A den Wagen in das BV seines Ladens in Deutschland zu überführen. Der TW betrug zu diesem Zeitpunkt ebenfalls 10.000 €. Der gemeine Wert beträgt umgerechnet 13.000 €. Nach einem Jahr Nutzung verkauft er diesen für 12.000 € (netto).

Lösung: Mit der Überführung des Wagens in das BV des Ladens in Deutschland, wird nach DBA-USA das Besteuerungsrecht der Bundesrepublik Deutschland begründet. Der Gewinn (hier Verlust i.H.v 1.000 €) aus der Veräußerung ist dem Blumenladen in Deutschland zuzurechnen. Somit steht die Überführung einer Einlage gem. § 4 Abs. 1 S. 8, 2. HS EStG gleich und wird gem. § 6 Abs. 1 Nr. 5a EStG mit dem gemeinen Wert i.H.v. 13.000 € angesetzt.

3.4 Gesellschaftsrechtliche Privatvorgänge, insbesondere die Einlage

Außerbetriebliche Vorgänge müssen bei der Gewinnermittlung von PersG und von KapG ebenso eliminiert werden, wie beim Einzelunternehmer. Der private Korrekturbedarf wird dort noch um die – mit der Korrektur einhergehenden – Gefahr der »Schieflage« im Verhältnis der G'fter untereinander verschärft (»Disquotale« Entnahmen/Einlagen). Dies hängt mit der Bedeutung der Entnahmen/Einlagen als gesellschaftsrechtlich bestimmender Faktor im Kräfteparallelogramm der G'fter unter-/zueinander zusammen. So werden in den meisten Gesellschaftsverträgen (bei PersG wie bei KapG) die laufenden Entnahme-/Einlage-Tatbestände zumindest bei der Auseinandersetzung, wenn nicht schon im Vorfeld beim Gewinnbezugs- und Mitspracherecht berücksichtigt. Sie bilden zusammen mit dem ersten Gründungsbeitrag die »Gesellschaftsquote«.

3.4.1 Der Privatbereich und die gesellschaftsrechtliche Gewinnermittlung – Überblick

3.4.1.1 Die Sphäre der Personengesellschaften

Die Terminologie und Vorgehensweise bei der Berücksichtigung von Privatvorgängen im Rahmen der Gewinnermittlung von **PersG** stimmt mit denen des Einzelunternehmers überein. Der maßgebliche Gewinn aus der StB wird – entsprechend dem gesellschaftsrechtlichen Verteilungsschlüssel – auf die G'fter (MU) aufgeteilt und i.R.d. Kapitalkonten der G'fter berücksichtigt.

Beispiel 25: Grundfall zur Gewinnermittlung bei PersG – Privatbereich
Der StB-Gewinn der A-B-OHG (G'fter A, B zu je 50 %) beträgt im VZ 16 100 T€. Beide G'fter haben ein identisches Anfangskapital von 10 T€. A entnimmt aus der Gesellschaftskasse 20 T€, B legt in die Kasse 30 T€ ein. Wie hoch ist der gewerbliche Gewinn von A und B?

Bei PersG ist – in technischer Hinsicht – auf zwei Aspekte zu achten:
- Erstens kann der Privatbereich zwei Rechnungskreise betreffen, den Buchungskreis der PersG selbst, der sog. Gesamthand, und den davon getrennten Bereich des Sonder-BV. Die Entnahmen/Einlagen fallen getrennt an und werden getrennt zugewiesen.
- Zweitens gibt es – in der Praxis häufig befolgte – Empfehlungen von Fachverbänden (z.B. Bundessteuerberaterkammer) zum Ausweis des Kapitals von PersG in Anlehnung

an § 266 HGB.[143] Diese (optischen) Empfehlungen ändern nichts an den hier mitgeteilten Grundsätzen und müssen ggf. in diese Sprache »übersetzt« werden.

Lösung:

Kapitalkonto A:	01.01.16		10.000 €
	Gewinnanteil	+	50.000 €
	Entnahme	./.	20.000 €
	31.12.16		**40.000 €**

Die gewerblichen Einkünften von A nach § 15 Abs. 1 Nr. 2 EStG betragen **50 T€** [40 T€ ./. 10 T€ + 20 T€ (Entnahme), vgl. § 4 Abs. 1 EStG].

Kapitalkonto B:	01.01.16		10.000 €
	Gewinnanteil	+	50.000 €
	Einlage	+	30.000 €
	31.12.16		**90.000 €**

Die gewerblichen Einkünfte von B nach § 15 Abs. 1 Nr. 2 EStG betragen **50 T€** [90 T€ ./. 10 T€ ./. 30 T€ (Einlage), vgl. § 4 Abs. 1 EStG].

3.4.1.2 Die Sphäre der Kapitalgesellschaften

Demgegenüber erfolgt die Gewinnermittlung bei **KapG**, die mit dem z.v.E. identisch ist[144], in einer anderen Sprache. Wird der StB-Gewinn nach der Methode des BVV gem. § 4 Abs. 1 EStG ermittelt[145], ergibt dies folgendes Szenario:

- In einem ersten Schritt werden auch dort die Eigenkapitalien der KapG (§ 266 Abs. 3 (A) HGB) am Ende und zu Beginn[146] des Wj. verglichen.
- In einem zweiten Schritt werden als Entnahmen (»außerbetriebliche Wertabgänge«) die dort sog. (offenen und verdeckten[147]) **Gewinnausschüttungen** hinzugerechnet und die **Einlagen** (als gezeichnetes Kapital bzw. als Kapitalrücklage[148]) abgezogen.

Der offensichtliche und systemimmanente Unterschied zu den PersG besteht darin, dass die KapG als juristische Personen (eigener Rechtsträger des Gesellschaftsvermögens) keine Kapitalkonten für die G'fter kennen (Trennungsprinzip!).

Die PersG als Gesamthandssubjekt muss ihr Vermögen direkt den G'ftern qua (bilanziellem) Kapitalkonto zuweisen.

---

143 Hier nicht zu verwechseln mit dem Ausweis der G'fter – Kapitalkonten als Kapitalkonto I/II/III (festes/variables Kapitalkonto). Dies sind nur Varianten des für PersG grundsätzlich vorgesehenen Konzepts.
144 S. aber H 41 KStR zur Verlustberücksichtigung.
145 Daneben gibt es die Möglichkeit, den StB-Gewinn der KapG durch die Ableitung aus der HB (über den Jahresüberschuss) zu ermitteln. Zu den verschiedenen Methoden s. *Maurer*, Teil C, Kap. III 2.
146 Korrekt muss es heißen: EK am Ende des vorherigen Wj. Aufgrund der Bilanzidentität sind die jeweiligen Größen (im Beispiel: EK Ende 10 = EK Anfang 11) idealtypisch identisch.
147 Die vGA wird außerbilanziell hinzugerechnet. Der Verf. ist sich darüber im Klaren, dass vGA nach der Rspr. des BFH »betrieblich« veranlasst sein sollen und nur wegen einer fehlenden Privatsphäre der KapG außerbilanziell hinzugerechnet werden.
148 Rechtsgrundlagen: § 272 Abs. 1 HGB (»gezeichnetes Kapital«) und § 272 Abs. 2 HGB (»Kapitalrücklage«).

3.4.2 Steuerrechtliche Fragen zum Privatbereich der Personengesellschafter

Einlagen und Entnahmen beruhen steuerlich auf drei Grundannahmen (Axiomen):

1. Tatbestandsvoraussetzung sind Vermögenstransfers zwischen dem **Privatbereich** und dem **Betriebsbereich** des Unternehmers (Einlage; umgekehrt bei Entnahme);
2. Die Rechtsfolge bei der Entnahme heißt **Gewinnrealisation**, wenn betriebliche Einzel-WG von dem Transfer betroffen sind; die Entnahme löst gewinnwirksam stille Reserven auf.
3. Die Einlage führt umgekehrt zur Steuerverhaftung künftiger Reserven.

Aus diesem Grund können die Fragen zum »steuerrelevanten« Privatbereich bei PersG nur dann auftreten, wenn der Transfer aus dem (oder in den) Privatbereich des G'fter stattfindet.

Damit sind – im Vorfeld – thematisch alle Übertragungen ausgeschlossen, die den Konfliktbereich zwischen dem Einzelbetrieb des G'fter und »seiner« PersG betreffen. Diese »**zwischenbetrieblichen**« Fragen des PersG-G'fters sind – als betrieblicher Umstrukturierungsvorgang – § 6 Abs. 5 S. 3 ff. EStG überantwortet.[149] Andererseits können die privatbetrieblichen Transfers sowohl das Gesamthandsvermögen (Beispiel: Einmalige Beitragsleistung durch eine private Sacheinlage) als auch das Sonder-BV (Beispiel: Umqualifizierung eines privaten WG durch Überlassung an die PersG) betreffen. Für letztere gelten keine Besonderheiten. Die Ausführungen zum Einzelunternehmer (s. Kap. 3.2) gelten sinngemäß.

Schwierigkeiten treten jedoch dann auf, wenn der Transfer zwischen dem PV und dem Gesamthandsvermögen erfolgt. Das Entnahme-/Einlagemodell des EStG wird durch die anderen G'fter als **Mitträger** des Gesamthandsvermögens gestört.

> **Beispiel 26: »Private« Turbulenzen bei einer OHG**
> A und B sind paritätisch G'fter der A-B-OHG. A überträgt aus seinem PV einen GmbH-Geschäftsanteil (5%-Beteiligung an der X-GmbH) auf die OHG und steigert damit seine Quote auf 60%. B baut auf einem Teil des Betriebsgrundstücks der OHG ein EFH, in dem er mit seiner Familie wohnt.
>
> **Alternative:** Die Einlage ist ohne Auswirkung auf das Beteiligungsverhältnis (es bleibt bei der je 50%igen Beteiligung).

Beide Tatbestände beleuchten schlagartig das rechtliche Zuordnungsproblem. Mit der Wertzuführung in das gemeinschaftliche Gesamthandsvermögen durch einen G'fter (und spiegelbildlich mit dem Wertabgang) partizipiert der Partner **unmittelbar** an der Wertveränderung.[150] Zugleich ist es für die steuerliche Beurteilung von Bedeutung, ob mit dem »Privattransfer« eine Veränderung der »Gesellschaftsquote« verbunden ist. Für den Fall, dass der Privattransfer die Quote verändert (d.h. bei einer Einlage zu einer Vermehrung der Anteilsrechte und vice versa zu einer Verminderung führt), hat sich der Terminus »offene Einlage« eingebürgert. Umgekehrt, wenn der Privattransfer ohne Auswirkung auf die G'fterstellung bleibt, hat man den aus dem Recht der KapG entlehnten Begriff der »verdeckten Einlage« eingeführt.

---

[149] S. dazu *Preißer*, Teil B, Kap. II sowie – einführend – *Kulosa* in *Schmidt*, § 6 Rz. 551.
[150] Dies hat seinen gesellschaftsrechtlichen Hintergrund in §§ 717 ff. (718) BGB, wonach – für alle PersG – alle G'fter in ihrer gesamthänderischen Verbundenheit Vermögensträger sind.

Lösung:
- Die einseitige und dauerhafte Nutzungsänderung des betrieblichen Grundstückareals mit der Bebauung eines privaten Wohnhauses durch B löst den betrieblichen Zusammenhang dieser Grundstücksfläche.[151] Damit liegt eine Entnahme gem. § 4 Abs. 1 S. 2 i.V.m. § 6 Abs. 1 Nr. 4 EStG vor: Der TW ist hierfür anzusetzen (BFH vom 30.06.1987, BStBl II 1988, 418).[152] Fraglich ist jedoch, wer die stillen Reserven zu versteuern hat. Nachdem von dem Vermögensabgang beide Partner betroffen sind, ordnet der BFH die **Entnahme allen G'ftern** zu, wenn sie einvernehmlich erfolgt ist (BFH vom 28.09.1995, BStBl II 1996, 276[153]).
- Für die Übertragung eines Einzel-WG aus dem PV in die PersG hat sich im Anschluss an das Urteil des BFH vom 19.10.1998 (BStBl II 2000, 230) folgende gefestigte Auffassung gebildet (vgl. BMF vom 29.03.2000, BStBl I 2000, 462):
  - Werden bei der Einbringung eines privaten Einzel-WG (im Fall: eine § 17 EStG-Beteiligung[154]; s. auch BFH vom 05.06.2008, BStBl II 2008, 965) Gesellschaftsrechte gewährt (**offene Sacheinlage**), so liegt keine Einlage (nach § 6 Abs. 1 Nr. 5), sondern ein **tauschähnlicher** (Anschaffungs-)Vorgang vor (= Ausgangsfall). Der Ansatz mit dem gemeinen Wert gem. **§ 6 Abs. 6 EStG analog** in diesem Fall ist vom BFH im Urteil vom 24.01.2008 (DB 2008, 900) nochmals unterstrichen worden. Er führt zu AK des MU (sowie ggf. zu Veräußerungstatbeständen nach §§ 17, 20 Abs. 2, 23 EStG).
  - Werden keine Gesellschaftsrechte gewährt, liegt eine »**verdeckte Einlage**« vor, die steuerlich als Einlage nach § 6 Abs. 1 Nr. 5 EStG beurteilt wird[155] (= Alternative); aber auch dabei muss es sich um einlagefähige WG handeln (nicht etwa bei der bloßen Bilanzierung »Ausleihung an verbundene Unternehmen«, ohne dass mit der Kapitalüberlassung ein Verzicht auf die Rückzahlung verbunden war; vgl. BFH vom 06.11.2003, BStBl II 2004, 416).
  - Bei einem ungleichen Verhältnis der eingebrachten WG und der gewährten Gesellschaftsrechte sind die Grundsätze kombiniert anzuwenden (so bereits BFH vom 17.07.1980, BStBl II 1981, 11).[156]
  - Umgekehrt führt die Übertragung von **Einzel-WG aus der PersG in das PV** des G'fters spiegelbildlich zu einem tauschähnlichen Vorgang, wenn sie mit der Minderung von Gesellschaftsrechten verbunden ist; dafür könnte sich auch der Terminus »offene Entnahme« einbürgern. Bei einer »verdeckten Entnahme« (Überführung in das PV ohne Minderung der Anteilsrechte) greift § 6 Abs. 1 Nr. 4 EStG (s. bereits das obige Beispiel zum Privathaus eines G'fters).

---

151 S. hierzu BFH vom 25.04.2003, BFH/NV 2003, 1407.
152 Etwas anderes gilt nur, wenn die OHG das Privatgrundstück an den G'fter zu fremdüblichen Bedingungen verkaufen würde, da hierdurch das Vermögen der PersG nicht geschmälert wird (so auch BFH vom 28.07.1998, BStBl II 1999, 53).
153 Entsprechend führt die nicht betrieblich bedingte Darlehensgewährung an einen G'fter zu einer Entnahme, die allen G'fter anteilig als Entnahme angerechnet wird (anteilige Minderung ihrer Kapitalkonten, so der BFH vom 09.05.1996, BStBl II 1996, 642).
154 Zu den weiteren Konsequenzen, wenn es sich bei dem eingelegten Privat-WG um eine »wertgeminderte wesentliche Beteiligung« i.S.d. § 17 EStG handelt vertritt auch jetzt die Verwaltung a.a.O. (BStBl I 2000, 462, Tz. III.1) die Auffassung, dass der mit einem Tauschvorgang verbundene Veräußerungsverlust nach § 17 Abs. 2 S. 4 EStG zu berücksichtigen sei.
155 Die Verwaltung lässt diese Aussage für alle privaten Einzel-WG gelten, während die Literatur (DStR 2000, 1713) den Vorgang nur auf die Ausnahmetatbestände der §§ 17, 23 EStG und § 21 UmwStG (hierzu *Stegemann*, BB 2003, 79 mit der Folge des § 21 Abs. 4 UmwStG) beschränkt wissen möchte.
156 Vgl. dazu Beispiel 5 bei der GmbH & Co. KG (s. *Preißer*, Teil B, Kap. III 2.4.3).

Bei PersG, insb. im Beteiligungsverbund von Doppelgesellschaften (Beispiel: Betriebsaufspaltung), zählt ein Darlehen der PersG an Geschäftspartner der Betriebs-GmbH zum BV der PersG. Es sind Fälle denkbar, dass ein solches Darlehen dem Sonder-BV eines G'fters zugeordnet wird, wenn die Beteiligung an der GmbH selbst zum notwendigen Sonder-BV II des G'fters gehört. In diesen Fällen erfolgt der »Einbuchungsvorgang« kraft verdeckter Einlage (BFH vom 25.11.2004, BFH/NV 2005, 610).

Um an dieser Stelle nochmals etwaigen Missverständnissen vorzubeugen, so handelt es sich bei dem soeben diskutierten Komplex nur um Vorgänge zwischen dem Privatbereich des G'fters und dem Betriebsbereich seiner PersG. Bei **innerbetrieblichen** Übertragungen gilt **§ 6 Abs. 5 EStG**.

3.4.3 Der Privatbereich der Gesellschafter bei einer Kapitalgesellschaft, insbesondere die verdeckte Einlage

Anders als bei der PersG haben Übertragungsvorgänge zwischen dem G'fter (aus dessen PV) und der KapG nur mittelbaren Einfluss auf die anderen G'fter. So kann – z.B. bei einer Einlage durch einen G'fter – die Wertsteigerung der Anteile der anderen G'fter wegen der Abkoppelung der Beteiligung als eigenes WG vom Vermögen der juristischen Person nur als **Reflex** verstanden werden. Die Bedeutung der Vorgänge, gerade für G'fter einer KapG, hat der Gesetzgeber des StSenkG 2000/2001 durch die erstmalige und vermehrte Verwendung des Begriffes der »verdeckten Einlage« in § 6 Abs. 6 S. 2 EStG und in § 23 Abs. 1 S. 5 Nr. 2 EStG unterstrichen. Damit wird inhaltlich die verdeckte Einlage einer Veräußerung nach § 17 Abs. 1 S. 2 EStG gleichgestellt.

Im umgekehrten Fall, der Überführung von WG aus der KapG in das PV des G'fter, führt die Anerkennung der Leistungsbeziehungen zwischen KapG und ihren G'fter zu einem gewöhnlichen Veräußerungsgeschäft. Wird dabei der fremdübliche Preis unterschritten, so wird der Vorgang als vGA behandelt.[157] Bei einem überhöhten Kaufpreis wird auch hier von einer vE (verdeckte Einlage) gesprochen.

Nach der **Neufassung** des § 8 Abs. 3 KStG (2007) findet sich nunmehr zwar nicht die Legaldefinition, aber zumindest die Rechtsfolge der verdeckten Einlage in § 8 Abs. 3 S. 3 KStG.

Folge: Bei der KapG wird der Vorteil entweder als Kapitalrücklage nach § 272 Abs. 2 Nr. 4 HGB[158] oder aber (zumeist) als außerordentlicher Ertrag ausgewiesen, und umgekehrt erhöhen sich nachträglich die AK der Beteiligung des G'fters.

Diese Rechtsfolge **(verdeckte) Einlage** und – vice versa – (nachträgliche) AK auf die Beteiligung gelten nach der Rspr. des BFH in folgenden Fallgruppen:

- Verzicht des G'fters auf eine **vollwertige Forderung** gegen die KapG (BFH vom 09.06.1997, BStBl II 1998, 307), wenn der Verzicht gesellschaftsrechtlich veranlasst ist.[159]

---

157 S. dazu näher *Maurer*, Teil C, Kap. IV.
158 Handelsbilanziell wird noch eine »willentliche« Zahlung des G'fters in die Kapitalrücklage gefordert.
159 So kommen nach FG Münster (Urteil vom 09.07.2002, EFG 2003, 30) als Gründe für einen gesellschaftlichen Verzicht (Gegenbegriff: schuldrechtlich oder betrieblicher Verzicht) in Betracht:
  - (allgemein) bei Anwendung des verkehrsüblichen Sorgfaltsmaßstabs wäre kein Verzicht ausgesprochen worden;
  - (speziell) die übrigen G'fter haben keinen Forderungsverzicht ausgesprochen, bzw. wenn der betreffende G'fter der GmbH gegenüber sog. Patronatserklärungen abgegeben hat.

- Rückzahlung einer offenen Gewinnausschüttung (BFH vom 29.08.2001, BStBl II 2001, 173) oder einer überhöhten Vorabausschüttung (BFH vom 10.09.2003, BFH/NV 2004, 231).
- Direkt-Einzahlung in die Kapitalrücklage (BFH vom 27.04.2000, BStBl II 2001, 168).
- Übernahme von Kosten der TochterG durch die MutterG (BFH vom 05.06.2003, BFH/NV 2003, 1412).
- Die Übertragung von Einzel-WG nach einem vorherigen Einbringungsvorgang gem. § 20 UmwStG (Einzelunternehmen → GmbH) des nunmehrigen Besitzunternehmens auf die Betriebs-GmbH könnte in Fällen der Betriebsaufspaltung sowohl eine Entnahme (beim Besitzunternehmen) wie eine verdeckte Einlage bei der Betriebs-GmbH sein (BFH vom 16.06.2004, BFH/NV 2004, 1701 zur Rechtslage vor § 6 Abs. 6 S. 2 EStG n.F.)

Umgekehrt genügt eine Schuldübernahme für die GmbH und der gleichzeitige Verzicht auf Regressforderungen gegen die KapG noch nicht für die Annahme einer Einlage (BFH vom 20.12.2001, BFH/NV 2002, 678).[160] Bei der GmbH stehen sich hier gewinnneutral gegenüber: der Freistellungsanspruch und die Verbindlichkeit. Bei Bezahlung werden beide Posten miteinander verrechnet.

Zur Abrundung ist noch die Behandlung der **(bloßen) Nutzungsvorteile** im Verhältnis der KapG zu ihren G'fter nachzutragen.

Beispiel 27: Verbilligte Darlehensgewährung an die Einmann-GmbH
A, zu 100 % G'fter der A-GmbH, gewährt seiner GmbH ein zinsloses Darlehen i.H.v. 100.000 €. Banküblich ist ein Zins von 8 %. A refinanziert das Darlehen aufgrund der guten Beziehungen zu seiner Hausbank durch einen Zins von 6 %.

Die zinslose Darlehensgewährung ist eine **unentgeltliche Nutzungsüberlassung** von Kapital. Dabei wird – wie so häufig – zwischen Darlehensgeber und Darlehensnehmer keine gesicherte Rechtsposition zur Überlassung des Kapitals vorliegen (der Darlehensvertrag allein reicht hier nicht aus). Eine Nutzungs-(aufwands-)einlage wird nicht gebucht.

Im Anschluss an die allgemeinen Ausführungen zur **unzulässigen Nutzungseinlage**, aber noch in dem gleichen Beschluss, hat der BFH für das Verhältnis der KapG zum nutzungsgewährenden G'fter ausgeführt (BFH vom 26.10.1987, BStBl II 1988, 348):

- Die GmbH ermittelt ihr Ergebnis **getrennt** vom Ergebnis der G'fterbeteiligung.
- Die GmbH kann dabei nur die **ihr erwachsenen Aufwendungen** (und keine fiktiven Aufwendungen des G'fter) absetzen.
- Der G'fter könne Aufwendungen in Zusammenhang mit einer Nutzungsüberlassung daher auch nicht als nachträgliche AK auf seine Beteiligung ansetzen.
- Er kann aber die damit zusammenhängenden **tatsächlichen** Aufwendungen als BA oder als WK bei seiner Kapitaleinkunftsermittlung ansetzen.
- Insb. gibt es keine »Spiegelbildlichkeit« von vGA und vE.

---

160 Eine Einlage liegt erst dann vor, wenn die KapG den Freistellungsanspruch einbucht.

Lösung:
- Die GmbH hat aus der zinslosen Darlehensgewährung keinerlei (Aufwands-)Konsequenzen zu ziehen, kann insb. keinen fiktiven Aufwand (8 T€) geltend machen.
- A kann aber die aufgewendeten Zinsen (6 T€) als BA (§ 4 Abs. 4 i.V.m. § 20 Abs. 8 EStG) abziehen, wenn er die Beteiligung betrieblich hält.
- Hält er die Beteiligung privat, führt dies zum grundsätzlich zum Ausschluss des WK-Abzuges gem. §§ 2 Abs. 2 S. 2, 20 Abs. 9 EStG.

3.5 Erweiterter Anwendungsbereich

Die zentrale Bedeutung der Entnahmen-/Einlagenregelung für die Gewinnermittlung hat mehrfach die Begehrlichkeit des Gesetzgebers auf sich gezogen, sich des Konzepts zu bedienen. Bei der gleichzeitigen Verfolgung steuerpolitischer Motive mit diesem fiskalischen Instrument musste es zu Soll-Bruchstellen kommen. Darüber hinaus wird auf das Rechtsinstitut auch bei grenzüberschreitenden Sachverhalten zurückgegriffen, und zwar nach der BFH-Rspr. noch vor den Spezialregelungen des AStG oder etwaiger DBA.

3.5.1 Neue (nichtfiskalische) Betätigungsfelder für Entnahmen/Einlagen

Immer wieder wurde (und wird) in der steuerpolitischen Diskussion § 10a EStG a.F.[161] zu neuem Leben erweckt. Danach wurde in den ersten Jahren der Nachkriegszeit der **nicht entnommene** Gewinn **nicht** versteuert. Wohl mit Recht (Verwendungsfreiheit) ist bezweifelt worden, ob das Steuerrecht einen Beitrag zur Erhöhung der Eigenkapitalquote leisten soll.

In eine ähnliche Richtung geht auch die Regelung zum Schuldzinsenabzug bei Mischzinsen, § 4 Abs. 4a EStG.[162] Auch dort hat der Gesetzgeber mit seinen ersten Regelungsbemühen durch das StEntlG (Zusammenfassung aller Konten, beschränkter typisierender BA-Abzug bis 50 % von damals 8.000 DM) massive Kritik ausgelöst. Er hatte auf den Hauptvorwurf, dass die Verwendungsfreiheit des Gewinns nicht mit der Finanzierungsfreiheit des Unternehmers verwechselt werden darf, reagiert und einen neuen § 4 Abs. 4a EStG vorgelegt, dessen S. 3 schon wieder dem Rotstift des StÄndG 2001 zum Opfer fiel (Stichwort: Jahresübergreifende Berechnung).[163]

Allerdings sind in der gesetzlichen Neufassung sowie im amtlichen Einführungsschreiben noch Ungereimtheiten enthalten, die sich nur aus der Gemengelage der politischen Zielsetzung mit fiskalischen Termini erklären lassen. Als Beispiele seien genannt:

- Bei der Definition der Überentnahmen in § 4 Abs. 4a S. 2 EStG lehnen sich das Gesetz und noch stärker die amtliche Auslegung (Tz. 8, a.a.O. BStBl I 2000, 588) zu Recht an die Begriffe (Gewinn/Einlage/Entnahme) aus der StB an. Dabei handelt es sich um die **nicht modifizierten** Größen von § 4 Abs. 1 EStG. Überraschenderweise wird im Einführungsschreiben auch die »außerbilanzielle Hinzurechnung« dem Gewinnbegriff untergeordnet. Dies ist zumindest problematisch.
- Auch § 4 Abs. 4a S. 3 EStG bedurfte mit Tz. 16 einer klarstellenden Interpretation durch das Verwaltungsschreiben, die bereits wieder zurückgenommen wurde.

---

161 Nicht zu verwechseln mit der Neufassung des § 10a EStG (Sonderausgaben für Altersvorsorge).
162 Zur grundlegenden Diskussion des § 4 Abs. 4a EStG vgl. *Preißer*, Band 1, Teil A, Kap. IV 2.12.
163 In diese Richtung zielt auch der Beschluss des BFH vom 06.02.2002 (BFH/NV 2002, 647).

Hinweis: Nach dem Urteil des BFH vom 23.03.2011 (BStBl II 2011, 753) sind Schuldzinsen zur Finanzierung von **Umlaufvermögen** (im Urteilsfall: für ein Warenlager) bei **Überentnahmen** nur begrenzt abziehbar. Für eine Gleichbehandlung von UV und AV besteht demnach kein Anlass.

3.5.2 Der »Einsatz« im Outbound-Bereich – Überblick[164]

An den unterschiedlichsten Stellen begegnet das Korrekturinstitut. Die Ausgangssituation ist durch ein Stammhaus (»Muttergesellschaft«) im Inland und Unternehmensaktivitäten (Beteiligungen, Betriebsstätte) im Ausland gekennzeichnet. Rein dogmatisch hängt mit der Fallgruppe auch die Frage zusammen, wie eng (oder weit) der Betriebsbegriff definiert ist, da jede Entnahme einen »außerbetrieblichen« Bezug erfordert. Die Rspr. hat dazu den **finalen Betriebsbegriff** oder **finalen Entnahmebegriff** gebildet, wie die Beispiele zeigen. Als stereotype Anwendungsfälle kommen in Betracht:

a) Verbringen eines Einzel-WG in das Ausland,
b) Liefer- und Leistungsverkehr zwischen Mutter- und Tochtergesellschaft,
c) Austauschbeziehungen zwischen Stammhaus und Betriebsstätte,
d) Abschluss eines DBA zwischen den beteiligten Staaten,
e) Wohnsitzverlegung des Unternehmers.

Zu a): Die Überführung eines Einzel-WG in die ausländische Betriebsstätte führt grundsätzlich zur **Steuerentstrickung, wenn die Betriebsstätte in einem Land mit Freistellungs-DBA und seit der Einführung von SEStEG in § 4 Abs. 1 S. 3 EStG auch in einem Land mit Anrechnungs-DBA liegt**. Dies ist ein Substitutionsvorgang für eine Entnahme. Dennoch kann für einen Zehn-Jahres-Zeitraum die Steuerfolge der Entnahme bis zum endgültigen Ausscheiden des WG durch einen steuerlichen Ausgleichsposten vermieden werden.[165] Diese grundsätzlich und pauschal zugelassene Möglichkeit ist durch das BMF-Schreiben vom 24.12.1999 (sog. Betriebsstättenerlass) für die Zukunft dezidiert geregelt[166] worden. Danach ist bei DBA-Ländern mit **Freistellungslösung**[167] bei gewerblichen Einkünften der **Merkposten** weiterhin zugelassen[168], wird aber – je nach der Kategorie des WG – unterschiedlich gehandhabt. So ist z.B. die Differenz zwischen dem Fremdvergleichspreis und dem Buchwert bei WG des **abnutzbaren AV** zeitanteilig – reziprok zur Abschreibung in der ausländischen BS – erfolgswirksam aufzulösen. Bei Ausscheiden des WG aus der ausländischen BS ist der (noch vorhandene) Merkposten sofort aufzulösen. Die gleiche Rechtsfolge (sofortige Auflösung des Ausgleichspostens) gilt, wenn der Merkposten noch im zehnten Jahr nach der Überführung bestehen sollte.

Exkurs: Für den umgekehrten Fall, dass ein Steuerausländer ein Einzel-WG in die deutsche Steuerobhut (Betriebsstätte oder PersG-Beteiligung) verbringt, hat der BFH am 05.06.2002

---

164 Wegen Einzelheiten s. *J. Schmidt*, Band 1, Teil D, Kap. III.
165 Statt einer Ertragsbuchung wird die Differenz zwischen Fremdvergleichspreis und Buchwert in einen passiven Ausgleichsposten eingestellt (BFH vom 12.02.1990, BStBl 1990, 72).
166 BMF vom 24.12.1999 (BStBl I 1999, 1076); zur Kritik aus der Literatur statt aller *Baranowski*, IWB 2000, 419.
167 Bei Nicht-DBA-Ländern und solchen DBA-Ländern mit Anrechnungsmethode bei gewerblichen Einkünften kommt es nicht zu einer »Entlassung« aus der deutschen Steuerpflicht.
168 Band 1, Teil D, Kap. III.

Grundsätze für die Einlage von Grundstücken in eine deutsche KG aufgestellt (BFH/NV 2002, 1383). Danach liegt eine Veräußerung der im Inland belegenen Grundstücke – und damit ein Steuertatbestand gem. § 49 Abs. 1 Nr. 2 Buchst. f EStG – dann vor, wenn diese (gesellschaftsrechtliche) Sacheinlage auf einem variablen Kapitalkonto mit dem Charakter eines Forderungskontos verbucht wird. Umgekehrt kann der Ausländer die Steuerpflicht (nach § 49 Abs. 1 Nr. 2 Buchst. f EStG) vermeiden, wenn er die Grundstücke nicht veräußert. Dies ist der Fall bei einer echten Einlage auf dem Eigenkapitalkonto bei der KG.

Zu b): Als Korrekturinstrument für **unangemessene Verrechnungspreise** beim Liefer- und Leistungsverkehr zwischen Mutter- und Tochtergesellschaft greift der BFH grundsätzlich auf die bei KapG modifizierte Entnahmen-/Einlagenregelung zurück. M.a.W. werden die Tatbestände zunächst über vGA und vE korrigiert. Das Verhältnis dieser nationalen Korrekturmechanismen zu § 1 AStG, sowie zu den DBA-Regeln, ist nunmehr geklärt[169]; die Verwaltung wendet vorrangig die nationalen Mechanismen (vGA und vE) an.

Zu c): Die Aufteilung des BV zwischen Stammhaus und BSt stellt ein DBA-Internum dar und wird über die Definition des **Betriebsstätten-Gewinnes** nach Art. 7 OECD-MA geregelt. Dabei wurden zwischenzeitlich mit Schreiben vom 25.08.2009 (BStBl I 2009, 888) die sog. Betriebsstätten-Verwaltungsgrundsätze den Änderungen des SEStEG angepasst (s. hierzu ausführlich Band 1 Teil D). Hierzu liegt die BetriebsstättengewinnaufteilungsVO (BsGaV) vor.

Zu d): Beim **Neuabschluss eines DBA** (und dem Verbleib eines WG im Quellen-Vertragsstaat) verzichtet der deutsche Ansässigkeitsstaat regelmäßig auf den Zugriff auf das Welteinkommen, soweit gewerbliche Einkünfte betroffen sind. Der ausländische Quellenstaat behält sich in der Regel den Zugriff auf das dort eingesetzte BV vor. Damit ersetzt – in problematischer Weise – dieser völkerrechtliche Vorgang die ansonsten erforderliche Entnahmehandlung.[170]

Zu e): Die **Wohnsitzverlegung** des Unternehmers wird folgerichtig als eine konkludente Entnahmehandlung gewertet, wenn mit ihr die Entlassung des WG aus der deutschen Steuerobhut verbunden ist (BFH vom 12.04.1978, BStBl II 1978, 494).

4 Absetzung für Abnutzung

4.1 Planmäßige Abschreibung auf das abnutzbare Anlagevermögen – Absetzung für Abnutzung und Substanzverringerung (ohne Gebäude-AfA)

4.1.1 Einführung (Zweigleisigkeit der AfA)

Die Grundlage für die planmäßige Abschreibung liefert das Handelsrecht. Gem. § 253 Abs. 3 S. 1 HGB müssen bei WG (VG), deren Nutzung zeitlich begrenzt ist, sog. planmäßige Abschreibungen vorgenommen werden (vgl. § 253 Abs. 3 S. 1 HGB: »[...] **sind** die AK oder HK um planmäßige Abschreibungen zu vermindern.«).

Der für die Ermittlung der planmäßigen Abschreibungen aufzustellende Plan muss die AK oder HK auf die Geschäftsjahre verteilen, in denen der VG voraussichtlich genutzt werden

---

169 S. hierzu J. *Schmidt*, Band 1, Teil D.
170 Eine Ausnahme von der Gewinnrealisation in diesem Zeitpunkt liegt natürlich dann vor, wenn schon vorher die Reserven erfasst wurden.

kann.[171] Zulässig ist jede Abschreibungsmethode, die den Grundsätzen ordnungsmäßiger Buchführung (GoB) entspricht. Das bedeutet, dass die Abschreibungsmethode zu einer sinnvollen Verteilung der AK oder HK führen muss, die durch die wirtschaftlichen Gegebenheiten gerechtfertigt ist, und bei der keine willkürlichen stillen Reserven gebildet werden.[172]

Steuerlich wiederholen § 6 Abs. 1 Nr. 1 EStG und § 4 Abs. 3 S. 3 i.V.m. §§ 7 ff. EStG das gleiche Thema (Abschreibungspflicht bei abnutzbaren WG des AV), allerdings mit einer anderen Begrifflichkeit: Absetzungen für Abnutzung und für Substanzverringerung.

Bei der Bewertung des **abnutzbaren Anlagevermögens** in der StB ist ausschließlich die Absetzung für Abnutzung bzw. für Substanzverringerung gem. § 7 EStG zulässig. Eine Abweichung von den in § 7 EStG geregelten Absetzungs-Methoden ist nicht zulässig.

Die gesetzliche Zweigleisigkeit kann wegen der Maßgeblichkeitsdoktrin nach dem Gesetz zur Modernisierung des Bilanzrechts (BilMoG) zu unterschiedlichen Ansätzen in der HB und der StB führen (s. Kap. II 2).

Die steuerlichen AfA-Regelungen gelten für **alle Einkunftsarten** (§ 9 Abs. 1 S. 3 Nr. 7 EStG).

4.1.2 Die planmäßige AfA im Steuerrecht – Überblick

§ 7 EStG kennt vier reguläre AfA-Methoden:

1. die lineare Abschreibung (§ 7 Abs. 1 S. 1 und 2 EStG) für alle abnutzbaren WG (auch immaterielle WG),
2. die degressive Abschreibung in fallenden Jahresbeträgen (§ 7 Abs. 2 EStG) nur für bewegliche WG des AV. Die Vorschrift gilt (wieder) für nach dem 31.12.2008 und vor dem 01.01.2011 angeschaffte oder hergestellte bewegliche WG (§ 7 Abs. 2 EStG i.d.F. des JStG 2009); der AfA-Satz beträgt das 2,5-Fache des linearen AfA-Satzes, höchstens jedoch 25 %,
3. die Leistungs-AfA (§ 7 Abs. 1 S. 6 EStG) nur für bestimmte bewegliche Anlagegüter (die tatsächliche Leistung muss messbar sein) und
4. die Absetzung für Substanzverringerung (AfS) gem. § 7 Abs. 6 EStG. Die AfS kommt nur bei Bodenschätzen (Bergbauunternehmen, Steinbrüchen, etc.) in Betracht; sie wird linear oder nach Maßgabe des Substanzverzehrs vorgenommen.

4.1.2.1 Ein (erster) Vergleich der linearen und der degressiven AfA

Für jeden Steuerberater – und in vielen Klausuren – gehört die Berechnung der günstigsten AfA zum Standardrepertoire.

> **Beispiel 28: AfA-Folgen**
> A stellt für seinen Betrieb (Wj. 01.05.–30.04.) her:
> a) Eine Hofpflasterung auf seinem Garagengrundstück für 24.000 €, betriebsgewöhnliche ND 20 Jahre; Zeitpunkt der Fertigstellung: 02.08.01;
> b) eine Krananlage für 120.000 €, ND zehn Jahre; Zeitpunkt der Fertigstellung: 02.03.02.

---

171 Nach § 253 Abs. 3 HGB in der durch das BilRUG geänderten Fassung müssen planmäßige Abschreibungen bei selbst geschaffenen immateriellen Vermögensgegenständen des Anlagevermögens und bei einem entgeltlich erworbenen Geschäfts- oder Firmenwert über einen Zeitraum von zehn Jahren erfolgen, wenn in Ausnahmefällen die voraussichtliche Nutzungsdauer nicht verlässlich geschätzt werden kann; bei verlässlicher Schätzung ist hingegen die betriebsgewöhnliche Nutzungsdauer heranzuziehen, die im Einzelfall weniger als zehn Jahre betragen kann.
172 *ADS*, Rechnungslegung und Prüfung der Unternehmen, 5. Aufl., § 253 HGB, Anm. 339.

Lösung:
a) Hofpflasterung (unbewegliches WG – Außenanlage):

HK	24.000 €
./. AfA (5 % der HK, anteilig mit 9/12)	./. 900 €
Buchwert am 30.04.02:	23.100 €

b) Krananlage (bewegliches WG – Betriebsvorrichtung):

HK	120.000 €
./. AfA (25 % der HK, anteilig mit 2/12)	./. 5.000 €
Buchwert am 30.04.02:	115.000 €

4.1.2.2 Die Leistungs-AfA gemäß § 7 Abs. 1 S. 6 EStG

Die selten praktizierte Leistungs-AfA bei beweglichen WG setzt einen entsprechenden Leistungsnachweis über eine atypische Nutzung voraus (R 7.4 Abs. 5 EStR), der am besten aus den Daten des Vorgänger-WG zu ermitteln ist.

Beispiel 29: Leistungs-AfA
Die voraussichtliche Gesamt-Fahrleistung eines Lkw beläuft sich auf 200.000 km. Die AK des Fahrzeugs betragen 80.000 €. Die tatsächliche Jahresfahrleistung des Lkw wird nach dem Kilometerzähler im
- 1. Wj. mit 90.000 km (= 45 % der Gesamtleistung),
- 2. Wj. mit 40.000 km (= 20 % der Gesamtleistung),
- 3. Wj. mit 70.000 km (= 35 % der Gesamtleistung) festgestellt.

Lösung: Die Leistungs-AfA beträgt:
- im 1. Wj. 36.000 € (45 % der AK),
- im 2. Wj. 16.000 € (20 % der AK) und
- im 3. Wj. 28.000 € (35 % der AK).

4.1.3 Die Ausnahme: Absetzung für außergewöhnliche technische oder wirtschaftliche Abnutzung (§ 7 Abs. 1 S. 7 EStG)

Diese Absetzung ist für alle WG, aber nicht neben der degressiven AfA zulässig (§ 7 Abs. 2 S. 4 EStG). Sie ist in ihren Voraussetzungen mit der TW-AfA vergleichbar, setzt aber im Unterschied zu dieser eine dauernde Nutzungsbeeinträchtigung voraus. Die AfaA tritt neben die normale AfA.

Beispiel 30a: Der Unfall mit dem gebrauchten Pkw[173]
Unternehmer U verunglückt mit einem gebrauchten Pkw (AK in 01: 20 T€) auf einer Dienstfahrt (01). Für den Pkw war eine ND von vier Jahren angesetzt. Er lässt den Pkw zunächst nicht reparieren, wodurch sich eine Verkürzung der ND auf zwei Jahre ergibt. In 02 erfolgt die Reparatur (Kosten 3.000 €); der Pkw ist »wiederhergestellt«.

---

[173] Ähnliches Beispiel bei *Drenseck* in *Schmidt*, § 7.

Lösung:
- Der durch den Unfall verursachte Schaden beeinflusst die ND des Pkw und stellt damit eine außergewöhnliche technische Abnutzung i.S.d. § 7 Abs. 1 S. 7 EStG dar.
- Zusätzlich zur normalen AfA von 5 T€ kann U in 01 als AfaA 3 T€ absetzen. Damit reduziert sich auch die AfA-BMG für die nächsten Jahre.
- Gem. § 7 Abs. 1 S. 7, 2. HS EStG führt der Wegfall der AfaA in 02 zu einer Zuschreibung der Reparaturkosten auf die fortgeführten AK. Die Reparaturkosten selbst sind in 02 als BA absetzbar.

Beispiel 30b: Der Unfall mit dem gebrauchten Lkw (aus StB-Prüfung 2013)
Der Einzelkaufmann E hat in seinem Betriebsvermögen einen Lkw, den er am 30.06.01 für 48.000 € erworben hat. Der Lkw wurde entsprechend einer Nutzungsdauer von acht Jahren abgeschrieben und am 31.12.01 mit 45.000 € bilanziert. Am 02.01.02 ist durch einen Unfall ein Wertverlust eingetreten. Der Teilwert des Lkw war infolge des Unfalls 30 % niedriger als der Buchwert vom 31.12.01. Da der Lkw trotz des Unfalls einsatzfähig war, hat E auf eine Reparatur verzichtet. Die erhaltene Versicherungsentschädigung i.H.v. 10.000 € hat E seinem privaten Girokonto gutschreiben lassen und den Betrag privat verwendet.
Da die Nutzungsdauer am 31.12.02 nur noch vier Jahre beträgt, hat E 25 % der Anschaffungskosten des Lkw als Abschreibung gebucht:

Abschreibung auf Sachanlagen	12.000 €	an	Andere Anlagen (Fahrzeuge)	12.000 €

Weitere Buchungen sind in diesem Zusammenhang nicht erfolgt.

Lösung: Am 02.01.02 kommt es infolge des Unfalls zu einer außergewöhnlichen Abnutzung des Lkw. Damit liegen die Voraussetzungen für eine AfaA gem. § 7 Abs. 1 S. 7 EStG (neben der normalen AfA) vor. Dabei handelt es sich um ein Abwertungswahlrecht. Soweit aus der Aufgabenstellung hervorgeht, dass der Unternehmer einen möglichst niedrigen steuerlichen Gewinn wünscht, muss aus diesem Grund die Abwertung vorgenommen werden.
Die AfA gem. § 7 Abs. 1 S. 1 EStG vor der Vornahme der AfaA beträgt 12,5 % von 48.000 € für 1 Monat = 500 €.
Die AfaA beträgt 30 % von 44.500 € = 13.350 €.
Die AfA gem. § 7 Abs. 1 S. 1 EStG nach der Vornahme der AfaA beträgt entsprechend der Rest-Nutzungsdauer von 5 Jahren 5 % von 31.150 € für 11 Monate = 5.711 €.
Die Versicherungsentschädigung ist eine Betriebseinnahme, weil sie betrieblich veranlasst ist. Eine Rücklage für Ersatzbeschaffung gem. R 6.6 Abs. 7 EStR kann nicht gebildet werden, weil E eine Reparatur von Anfang an ausgeschlossen hat.

Berichtigungsbuchung:

Außerplanmäßige AfA	13.350 €	an	Andere Anlagen	13.350 €
AfA	6.211 €	an	Andere Anlagen	6.211 €

4.1.4 AfA-Berechtigung[174]

Im Anschluss zur Diskussion der personellen Zurechnung in Band 1 werden – in gebotener Kürze – die potentiellen AfA-Berechtigten aufgelistet:

- zivilrechtlicher Eigentümer,
- wirtschaftlicher Eigentümer,
- Leasingnehmer (unter bestimmten Voraussetzungen),
- bei Miteigentum: einheitliche AfA.

Hervorzuheben ist dabei, dass immer nur **eine** Zuordnungsperson AfA-berechtigt ist.
Es gibt keine beliebige Vermehrung des AfA-Potenzials.

4.1.5 Beginn und Ende der AfA

4.1.5.1 Beginn der AfA

Die AfA wird erstmalig im Jahre der Anschaffung bzw. der Herstellung oder der Einlage des WG berücksichtigt. Etwaige Zweifelsfragen beantwortet § 9a EStDV, wonach für die Anschaffung auf die Lieferung und für die Herstellung auf die Fertigstellung abgestellt wird.

Im Jahr der Anschaffung oder Herstellung des WG vermindert sich für dieses Jahr der AfA-Betrag um jeweils ein Zwölftel für jeden vollen Monat, der dem Monat der Anschaffung oder Herstellung vorangeht (§ 7 Abs. 1 S. 4 EStG). Auch für die Frage des Beginns der ratierlichen (monatlichen) AfA kann auf **§ 9a EStDV analog** (Lieferung/Fertigstellung in welchem Monat?) zurückgegriffen werden.

> **Beispiel 31: AfA im Jahr der Anschaffung**
> Anschaffung eines WG am 04.04. des Wirtschaftsjahres
>
> **Lösung:** AfA im Jahr der Anschaffung: **9/12** der Jahres-AfA.

4.1.5.2 Ende der AfA: Ausscheiden des Wirtschaftsguts

Im Jahr des Ausscheidens des WG wird die planmäßige AfA bis zum Ausscheidenstag zeitanteilig (pro rata temporis) weiter berechnet.

Die Weiterberechnung der AfA (und damit die korrekte Ermittlung des Rest-BW) hat Auswirkungen auf:

- die BMG der unentgeltlichen Wertabgaben,
- die Rücklage für Ersatzbeschaffung (R 6.6 EStR) oder für Reinvestitionen nach § 6b EStG (wegen der Höhe der übertragbaren stillen Reserve),
- die Betriebsveräußerung oder Betriebsaufgabe (Abgrenzung zwischen laufendem Gewinn und Veräußerungsgewinn).

---

174 Zur personellen Hinzurechnung von Einkünften s. *Preißer*, Band 1, Teil B, Kap. I.

4.1.6 Die Bemessungsgrundlage bei der AfA (R 7.3 EStR)

Die BMG für die AfA bilden grundsätzlich die AK oder HK, jedenfalls nie der Zeitwert (BFH vom 26.01.2001, BFH/NV 2001, 897: dort zu einer »Zanoli«-Geige mit einem Zeitwert von 85.800 DM).[175] Von den AK/HK werden ggf. abgezogen:

- ein Zuschuss (R 7.3 Abs. 4 S. 1 EStR) sowie
- eine übertragene steuerfreie Rücklage (§ 6b Abs. 6 EStG, R 7.3 Abs. 4 S. 1 EStR).

Als Ersatzwert ist bei der **Einlage** in das BV der Einlagewert (§ 6 Abs. 1 Nr. 5 EStG: grundsätzlich der TW) maßgebend. Für Einlagen ab 01.01.1999 wird davon eine **Ausnahme** bei solchen WG gemacht, die vor der Einlage zur Erzielung von Überschusseinkünften genutzt wurden. Dort mindern sich die AK oder HK (gemeint ist: die AfA-BMG) um sämtliche AfA, AfS, Sonderabschreibungen oder erhöhten Absetzungen, die bis zum Zeitpunkt der Einlage vorgenommen worden sind (§ 7 Abs. 1 S. 5 EStG).[176] Dies bedeutet, dass nach wie vor der TW als Einlagewert gilt und von ihm alle mit dem WG erzielten WK-AfA abgezogen werden, um die maßgebliche AfA-BMG (genannt: AK/HK) zu erzielen (s. hierzu Kap. 4.2.2.4). Im Fall des unentgeltlichen Erwerbs ist nach der Art der WG zu unterscheiden:

- Beim Erwerb eines ganzen Betriebs gilt gem. § 6 Abs. 3 EStG Buchwertfortführung; die AfA des Rechtsvorgängers wird fortgesetzt.
- Beim Erwerb von einzelnen WG aus betrieblichem Anlass aus einem anderen BV ist gem. § 6 Abs. 4 EStG der gemeine Wert der AfA-Berechnung zugrunde zu legen.
- Bei Einzel-WG aus dem PV führt der Nachfolger die AfA gem. § 11d EStDV fort.

4.1.7 Nachträgliche Herstellungskosten

Bei der linearen und bei der Leistungs-AfA ist folgende Berechnung vorzunehmen:

Rest-Buchwert
+ HK (ab Beginn des Wj. ansetzen – R 7.4 Abs. 9 S. 3 EStR)
_____
= **Gesamtbetrag**

Vorstehender Betrag ist gleichmäßig auf die neu zu schätzende Rest-ND zu verteilen (R 74 Abs. 11 S. 1 EStR).

Bei der degressiven AfA ist folgende Berechnung anzuwenden:

Rest-Buchwert
+ HK (ab Beginn des Wj. ansetzen – R 7.4 Abs. 9 S. 3 EStR)
_____
= **Neuer Buchwert**

Auf den vorstehenden Buchwert ist der nach der geschätzten Rest-ND des WG neu zu bestimmende AfA-Satz anzuwenden (R 7.4 Abs. 9 S. 1 EStR).

---

[175] Bei Seeschiffen abzüglich Schrottwert (H 7.3 »AK« EStH; ein ins Gewicht fallender Schrottwert ist erst anzunehmen, wenn er mehr als 40.000 € beträgt (OFD vom 29.04.2002, Az.: S 2190 – 9/02 – St 32, DB 2002, 1025).

[176] Dies ist der wesentliche Unterschied zu § 6 Abs. 1 Nr. 5 S. 2 EStG, wenn dort beim anzusetzenden Einlagewert von den AK/HK – abzüglich der AfA der maximal letzten drei Jahre – auszugehen ist.

Beispiel 32: Nachträgliche Herstellungskosten bei degressiver AfA

C hat im Januar 01 eine Betriebsvorrichtung für 200.000 € hergestellt (ND 20 Jahre) und nach § 7 Abs. 2 EStG abgeschrieben. BW am 31.12.05: 118.098 €. Im Mai 06 sind nachträgliche HK i.H.v. 50.000 € entstanden, ohne dass sich dadurch die Gesamt-ND der Betriebsvorrichtung veränderte.

Lösung:

Betriebsvorrichtung:

Buchwert am 31.12.05	118.098 €
+ nachträgliche HK	50.000 €
=	**168.098 €**

Die AfA 06 gem. § 7 Abs. 2 EStG (entsprechend der Rest-ND von 15 Jahren: 13,33 %) beträgt **22.407 €**. Wechsel zur linearen AfA im 14. Jahr:

Buchwert Ende 6. Jahr	145.691 €
./. AfA 7. Jahr	19.421 €
Buchwert Ende 7. Jahr	126.270 €
./. AfA 8. Jahr	16.832 €
Buchwert Ende 8. Jahr	109.438 €
./. AfA 9. Jahr	14.588 €
Buchwert Ende 9. Jahr	94.850 €
./. AfA 10. Jahr	12.644 €
Buchwert Ende 10. Jahr	82.206 €
./. AfA 11. Jahr	10.958 €
Buchwert Ende 11. Jahr	71.248 €
./. AfA 12. Jahr	9.497 €
Buchwert Ende 12. Jahr	61.751 €
./. AfA 13. Jahr	8.231 €
Buchwert Ende 13. Jahr	53.520 €
./. AfA 14. Jahr	7.646 €
Buchwert Ende 14. Jahr	45.874 €
AfA ab 15. bis 20. Jahr	7.646 €

AfA gem. § 7 Abs. 2 EStG im 14. Jahr:	7.134 €
AfA gem. § 7 Abs. 1 EStG im 14. Jahr: (53.520 €/7)	7.646 €

Deshalb ist der Übergang auf die lineare AfA im 14. Jahr (d.h. im 9. Jahr nach Entstehung der nachträglichen HK) zweckmäßig.

Exkurs: Durch die Vorschrift des § 6 Abs. 1 Nr. 1a EStG ist der sog. anschaffungsnahe Aufwand gesetzlich geregelt. Diese Regelung, die hier unter Kap. II 5.1.2.15 näher erläutert wird[177], ist auch bei der Thematik der nachträglichen HK zu berücksichtigen.

---

177 S. auch *Preißer*, Band 1, Teil A, Kap. IV 2.11.2 für den V + V-Bereich.

4.1.8 Nachholung unterlassener AfA (R 7.4 Abs. 10 EStR und H 7.5 EStH)

Willkürlich unterlassene AfA darf nicht nachgeholt werden (BFH vom 08.04.2008, BFH/ NV 2008, 1660). Versehentlich unterlassene AfA kann und muss nachgeholt werden: Bei linearer AfA ist der Rest-BW auf die Rest-ND zu verteilen; bei degressiver AfA ist der AfA-Satz anzuwenden, der der Rest-ND entspricht. Diese Regelung gilt entsprechend bei unterlassener AfS, wobei aber immer eine gleichmäßige Verteilung auf die Rest-ND – H 7.5 »unterbliebene AfS« EStH – erfolgt.

> **Beispiel 33: Nachholung versehentlich nicht in Anspruch genommener AfA**
> Im Juli 01 schaffte D ein WG für 10.000 € an, ND fünf Jahre, und nahm darauf für das Wj. 01 eine AfA i.H.v. 10 % (§ 7 Abs. 1 S. 4 EStG) vor. Im Wj. 02 setzte D irrtümlich keine AfA an, sodass er in der Bilanz per 31.12.02 einen BW von 9.000 € auswies. Die Veranlagungen 01 und 02 sind bestandskräftig.
>
> **Lösung:** Berechnung der AfA für das Wj. 03: bei Restbuchwert (9.000 €) und Rest-ND (3,5 Jahre) ergibt sich eine AfA i.H.v. 2.571 € (R 7.4 Abs. 10 EStR).

Eine bisher unterlassene AfA kann jedoch dann nicht nachgeholt werden, wenn ein WG des notwendigen Betriebsvermögens zunächst nicht bilanziert wurde und die Bilanzierung in einem späteren Wirtschaftsjahr nachgeholt wird. In diesem Fall ist das WG mit dem Wert einzubuchen, mit dem es bei von Anfang an richtiger Bilanzierung zu Buch stehen würde. Dadurch geht die bislang nicht in Anspruch genommene AfA verloren.[178]

4.1.9 AfA nach außergewöhnlicher Absetzung oder Teilwertabschreibung

Bei linearer Absetzung ist der Restbuchwert auf die Rest-ND zu verteilen, eine gleichzeitige Verkürzung des Rest-ND hat eine Erhöhung des AfA-Satzes zur Folge. Nach einer TW-AfA ist die degressive AfA – bei WG, die vor dem 01.01.2008 angeschafft oder hergestellt wurden – weiterhin zulässig.[179]

4.1.10 AfA nach Gewährung eines Zuschusses in einem auf das Jahr der Anschaffung oder Herstellung folgenden Wirtschaftsjahr

Die AfA bemisst sich nach dem um den Zuschuss geminderten Buchwert des WG (R 7.3 Abs. 4 S. 2 EStR).

4.1.11 Maßgeblichkeit der Handelsbilanz für die Steuerbilanz bei der Wahl der linearen oder degressiven AfA

Da gem. § 5 Abs. 1 EStG i.d.F. des BilMoG die umgekehrte Maßgeblichkeit nicht mehr besteht, kann in der StB eine nach § 7 EStG zulässige AfA-Methode ohne Rücksicht auf die in der HB berücksichtigte Abschreibung frei gewählt werden.

---

178 BFH vom 24.10.2001 (BStBl II 2002, 75).
179 *Schmidt*, EStG, Rz. 94 zu § 7.

4.1.12 Übersicht: lineare, degressive und Leistungs-AfA

Interessante Ergebnisse werden bei einem Langzeitvergleich der verschiedenen AfA-Methoden erzielt.

Beispiel 34: Gegenüberstellung der linearen und degressiven AfA
Anschaffung einer Maschine im Januar 01, AK 10.000 €, betriebsgewöhnliche ND acht Jahre.

	Linear (in €)	Degressiv (in €)
AK 01	10.000	10.000
./. AfA 01	1.250	2.500
Buchwert 31.12.01	8.750	7.500
./. AfA 02	1.250	1.875
Buchwert 31.12.02	7.500	5.625
./. AfA 03	1.250	1.406
Buchwert 31.12.03	6.250	4.219
./. AfA 04	1.250	1.055
Buchwert 31.12.04	5.000	3.164
./. AfA 05	1.250	791
Buchwert 31.12.05	3.750	2.373
./. AfA 06	1.250	593
Buchwert 31.12.06	2.500	1.780
./. AfA 07	1.250	445
Buchwert 31.12.07	1.250	1.335
./. AfA 08	1.249	1.334
Buchwert 31.12.08	1	1

Bei Inanspruchnahme der degressiven AfA ist es zweckmäßig, nach dem vierten Jahr auf die lineare AfA überzugehen. Die Berechnung der linearen AfA ab dem Jahr 05 erfolgt durch die Verteilung des Buchwerts per 31.12.04 auf die Rest-ND von vier Jahren (3.164 € : 4) und beträgt 791 €.

4.2 AfA bei Gebäuden

4.2.1 Allgemeines

Für Gebäude und für Gebäudeteile, die selbständige unbewegliche WG sind, gilt grundsätzlich die **typisierende AfA** nach § 7 Abs. 4 S. 1 EStG (linear) oder nach § 7 Abs. 5 EStG (degressiv). Der Begriff des Gebäudes bestimmt sich nach den Vorschriften des Bewertungsgesetzes (R 7.1 Abs. 5 EStR; im Einzelnen s. Kap. II 1).

Dabei teilt das EStG die Gebäude in drei Gruppen ein und setzt die AfA unabhängig von der tatsächlichen ND fest. Dies gilt auch für den Fall, dass die voraussichtliche ND länger ist, als sie den im § 7 Abs. 4 S. 1 EStG zugrunde gelegten Prozentsätzen entspricht. Eine Abweichung von den in § 7 Abs. 4 S. 1 EStG vorgeschriebenen AfA-Sätzen ist nur im Fall des § 7 Abs. 4 S. 2 EStG zulässig, d.h. bei tatsächlich kürzerer ND.

Für die AfA sind Gebäude[180] grundsätzlich als Einheit zu behandeln. **Unselbständige Gebäudeteile** sind deshalb **einheitlich** mit dem Gebäude abzuschreiben, zu dem sie gehören. Unselbständigkeit von Gebäudeteilen liegt vor bei einem einheitlichen Nutzungs- und Funktionszusammenhang mit dem Gebäude, der folglich eine gesonderte AfA ausschließt (Umkehrschluss aus H 7.1 »Gebäudeteile« EStH).

Selbständige Gebäudeteile sind selbständige WG (R 4.2 Abs. 3 EStR), die gesondert abzuschreiben sind (H 7.1 »Gebäudeteile« EStH). Selbständigkeit von Gebäudeteilen ist gegeben bei einem **nicht einheitlichen** Nutzungs- und Funktionszusammenhang mit dem Gebäude. Das ist insb. bei folgenden Gebäudeteilen anzunehmen:

- **Betriebsvorrichtungen**, die zu einem BV gehören. Das gilt selbst dann, wenn sie wesentlicher Bestandteil des Gebäudes sind (§§ 68 Abs. 2 Nr. 2 und 99 Abs. 1 Nr. 1 BewG);
- **Scheinbestandteile**: vom Grundstückseigentümer für seine eigenen Zwecke vorübergehend eingefügte Anlagen und Anlagen für die besonderen Bedürfnisse des Mieters oder Pächters, deren ND nicht länger ist als die Vertragslaufzeit (vgl. § 95 BGB);
- **Ladeneinbauten** und -umbauten, Schaufensteranlagen, Gaststätteneinbauten u.Ä. (schneller Wandel des Geschmacks);
- **sonstige selbständige Gebäudeteile**, die unterschiedlich (eigenbetrieblich, fremdbetrieblich oder zu eigenen bzw. fremden Wohnzwecken) genutzt werden (R 4.2 Abs. 4 EStR).

Hieraus ergeben sich für die Bilanzierung und Bewertung folgende Konsequenzen:

- Betriebsvorrichtungen und Scheinbestandteile gelten als bewegliche WG,
- die anderen selbständigen Gebäudeteile als unbewegliche WG.

Nach dem Prinzip der Einzelbewertung ist eine getrennte Bilanzierung und Bewertung der einzelnen selbständigen Gebäudeteile erforderlich.

Bei den sonstigen selbständigen Gebäudeteilen i.S.d. R 4.2 Abs. 4 EStR sind für die einzelnen Gebäudeteile unterschiedliche AfA-Sätze und AfA-Methoden zulässig und zum Teil geboten (R 7.4 Abs. 6 S. 2 EStR).

Vor der Klärung der Detailfragen muss jedoch immer vorweg geprüft werden, ob es sich bei dem Gebäude wirklich um **AV** handelt. So ist in der letzten Zeit in mehreren BFH-Entscheidungen eindringlich auf diese »Vorfrage« hingewiesen worden.[181]

4.2.2 Lineare AfA nach § 7 Abs. 4 EStG

4.2.2.1 Der AfA-Satz

Folgende AfA-Sätze sind zu berücksichtigen:

- Bei Wirtschaftsgebäuden (Gebäude im BV, die nicht Wohnzwecken dienen), für die der Bauantrag nach dem 31.03.1985 gestellt worden ist, beträgt der AfA-Satz **3 %**.
- Bei sonstigen Gebäuden mit Fertigstellung nach dem 31.12.1924 ist ein AfA-Satz von **2 %** anzuwenden. Bei historischen Gebäuden (Fertigstellung vor dem 01.01.1925) beläuft sich der AfA-Satz auf **2,5 %**.

---

180 Hierzu (sowie zu den nachfolgenden Differenzierungen) ausführlich Kap. III 1.
181 Zuletzt am 04.10.2001 (BFH/NV 2002, 329) entschieden für einen gewerblichen Grundstückshändler, der EFH mit Vorkaufsrecht zu Gunsten der Mieter errichtet hat.

Vorgenannte AfA-Sätze sind Mindestsätze, die nicht unterschritten werden dürfen. Auch bei nachträglicher Änderung der AfA-BMG bleibt der AfA-Satz unverändert. Ein **höherer AfA-Satz** bei tatsächlich verkürzter (Rest-)ND wird nicht ausgeschlossen (H 7.4 »nachträgliche AK oder HK« EStH).

Beispiel 35: Die verschiedenen linearen AfA-Sätze
A hat im Januar 01 ein Gebäude auf fremdem Grund und Boden errichtet; die HK betrugen 100.000 €. Der Vertrag mit dem Grundeigentümer war auf 25 Jahre begrenzt. Das Gebäude sollte nach Ablauf der Pachtzeit auf Kosten des Pächters abgerissen werden. Im Oktober 20 konnte A den Grund und Boden zum 01.01.21 (Übergang der Nutzungen und Lasten) erwerben. Bei dem Gebäude handelt es sich um:
a) ein Wirtschaftsgebäude und
b) ein sonstiges Gebäude.

Vor dem Eigentumsübergang von Grund und Boden auf A ist die AfA nach § 7 Abs. 4 S. 2 EStG am günstigsten (ND = Vertragsdauer). Nach dem Eigentumsübergang auf A ist die typisierende AfA nach § 7 Abs. 4 S. 1 EStG anzuwenden.

Lösung:
a) Wirtschaftsgebäude:
AfA im Jahr 20: 4 % von 100.000 € (§ 7 Abs. 4 S. 2 EStG)
AfA im Jahr 21: 3 % von 100.000 € (§ 7 Abs. 4 S. 1 Nr. 1 EStG)
b) sonstiges Gebäude:
AfA im Jahr 20: 4 % von 100.000 € = 4.000 € (§ 7 Abs. 4 S. 2 EStG)
AfA im Jahr 21: 2 % von 100.000 € = 2.000 € (§ 7 Abs. 4 S. 1 Nr. 2a EStG)

In jedem Fall ist die gesamte abzusetzende AfA (das sog. AfA-Volumen) auf die AK/HK begrenzt.

4.2.2.2 Außerordentliche Absetzung (AfaA)
Die Absetzung für außergewöhnliche technische oder wirtschaftliche Abnutzung ist zulässig (§ 7 Abs. 4 S. 3 EStG). Den Hauptanwendungsfall bei Gebäuden bilden Abrisskosten (H 7.4 EStH).[182] Im Urteil vom 17.09.2008 (BStBl II 2009, 301) hat der BFH bei einem Gebäude AfaA im Bereich der V + V-Einkünfte für den Fall der außergewöhnlichen wirtschaftlichen Abnutzung gewährt, da nach Beendigung des Mietverhältnisses das Gebäude weder vermietet noch (sinnvoll) verkauft werden konnte.

4.2.2.3 Beginn der Nutzungsdauer (§ 11c Abs. 1 EStDV)
Bei Anschaffung oder Herstellung vor dem 21.06.1948 beginnt die ND am 21.06.1948; bei Anschaffung oder Herstellung nach dem 20.06.1948 beginnt die ND mit dem Zeitpunkt der Anschaffung oder Fertigstellung.
Im Jahr der Anschaffung oder Herstellung darf die lineare Gebäude-AfA nur **pro rata temporis** abgesetzt werden.

---

[182] Der BFH hat diesen Anwendungsfall (dort: Abrisskosten vor der Errichtung eines selbst genutzten Objekts) im Urteil vom 26.02.2001 (BFH/NV 2002, 16) auf die Vorkosten des § 10e Abs. 6 EStG erweitert.

Beispiel 36: Anschaffung im Lauf des Wirtschaftsjahres
B hat ein Gebäude errichtet. Die HK betrugen 300.000 €.
a) Das Gebäude ist im Mai 01 fertig gestellt worden.
b) Das Gebäude ist im Juli 01 fertig gestellt worden.

Lösung:
a) 8/12 von 2 % von 300.000 € = 4.000 € (§ 7 Abs. 4 EStG)
b) 6/12 von 2 % von 300.000 € = 3.000 € (§ 7 Abs. 4 EStG)
Bei Wirtschaftsgebäuden sind statt 2 % AfA jetzt 3 % anzusetzen, wenn der obligatorische Kaufvertrag oder der Bauantrag nach dem 31.12.2000 erfolgte. Bei älteren Wirtschaftsgebäuden 4 % (statt 2 %) gem. § 7 Abs. 4 S. 1 Nr. 1 EStG, wenn der Bauantrag nach dem 31.03.1985 und vor dem 01.01.2001 gestellt wurde.

4.2.2.4 Bemessungsgrundlage für die AfA

Vorgreifend wird darauf hingewiesen, dass es sich nachfolgend um Betriebsgebäude handelt.

Vorgang	BMG
Anschaffung, Herstellung etc. vor dem 21.06.1948	Wertansatz in der (DM) EB
Anschaffung, Herstellung nach dem 20.06.1948	Grundsätzlich AK/HK
Nach der Übertragung einer RfE oder § 6b-Rücklage	Die um die Rücklage geminderten AK/HK
Bei abgesetzten Zuschüssen gem. R 6.5 EStR	Die um die Zuschüsse geminderten AK/HK
Bei unentgeltlichem Erwerb des ganzen Betriebs nach dem 20.06.1948	Die BMG des Rechtsvorgängers[183] (§ 6 Abs. 3 EStG)
Bei Erwerb nur des Gebäudes aus betrieblichem Anlass aus einem anderen BV nach dem 20.06.1948	Der gemeine Wert (§ 6 Abs. 4 EStG)
Bei Erwerb des Gebäudes aus privatem Anlass und anschließender Einlage in das BV nach dem 20.06.1948	Der Einlagewert gem. § 6 Abs. 1 Nr. 5 EStG

Für Einlagevorgänge ist folgende **wichtige Ausnahme** zu beachten: Bei Gebäuden, die vor der Einlage zur Erzielung von Überschusseinkünften i.S.v. § 2 Abs. 1 Nr. 4–7 EStG genutzt wurden, mindert sich der Einlagewert um die AfA, die AfS, die Sonderabschreibungen oder die erhöhten Absetzungen, die bis zum Zeitpunkt der Einlage vorgenommen worden sind, höchstens jedoch bis zu den fortgeführten AK/HK; ist der Einlagewert niedriger als dieser Wert, bemisst sich die weitere AfA vom Einlagewert (§ 7 Abs. 1 S. 5 EStG). Ausführliche Beispiele enthält das BMF-Schreiben vom 27.10.2010 (BStBl I 2010, 1204).

---

[183] Für den Fall der umwandlungsrechtlichen Gesamtrechtsnachfolge und der Fortführung von erhöhten Absetzungen.

Beispiel 37: AfA nach Einlage des Miethauses

Sachverhalt	€		€
Anschaffungskosten	700.000	AfA-Bemessungsgrundlage:	
Teilwert (TW)	1.000.000	TW ./. AfA	
bisherige AfA	350.000	(Einlagewert ist höher als historische AK)	650.000
Anschaffungskosten	700.000	AfA-Bemessungsgrundlage:	
Teilwert	400.000	AK ./. AfA	
bisherige AfA	350.000	(Einlagewert ist geringer als historische AK)	350.000
Anschaffungskosten	700.000	AfA-Bemessungsgrundlage:	
Teilwert	100.000	Teilwert	
bisherige AfA	350.000	(Einlagewert ist niedriger als fortgeführte AK)	100.000

Folgende Besonderheiten sind bei einer **nachträglichen Änderung** der Ausgangsbeträge noch zu beachten:

- Nachträgliche HK erhöhen vom Jahr ihrer Entstehung an die AfA-BMG; sie sind so zu berücksichtigen, als wären sie zu Beginn des Jahres aufgewendet worden (R 7.4 Abs. 9 S. 3 EStR).
- Absetzungen für außergewöhnliche technische oder wirtschaftliche Abnutzung vermindern vom folgenden Jahr an die AfA-BMG; das gilt auch für die TW-AfA (§ 11c Abs. 2 S. 1 EStDV).
- Nach Zuschreibungen gem. § 7 Abs. 4 S. 3 EStG und nach Wertaufholungen gem. § 6 Abs. 1 Nr. 1 S. 4 EStG erhöht sich die AfA-BMG vom folgenden Wj. an um den Betrag der Zuschreibung/Wertaufholung (§ 11c Abs. 2 S. 3 EStDV).

4.2.2.5 Überführung von Grundstücken und Grundstücksteilen vom Privatvermögen in das Betriebsvermögen und umgekehrt (R 7.3 Abs. 6 EStR)

Bei Gebäuden, die der StPfl. aus einem BV in das PV überführt hat, sind die weiteren AfA nach dem TW (§ 6 Abs. 1 Nr. 4 EStG) oder gemeinen Wert (§ 16 Abs. 3 S. 3 EStG) zu bemessen, mit dem das Gebäude bei der Überführung steuerlich erfasst worden ist.

Bei Gebäuden, die aus dem **nicht steuerbaren PV**[184] in ein BV überführt wurden, sind die weiteren AfA nach dem gem. § 6 Abs. 1 Nr. 5 EStG maßgeblichen Wert zu bemessen (R 7.3 Abs. 6 S. 1 EStR). Die Höhe der weiteren AfA richtet sich in diesen Fällen nach § 7 Abs. 4 S. 2 EStG und der tatsächlichen Rest-ND des Gebäudes im Zeitpunkt der Überführung (R 7.4 Abs. 10 S. 1 Nr. 1 EStR). Zur AfA-BMG bei eingelegten Gebäuden, die vor der Einlage zur Einkünfteerzielung verwendet wurden, s. § 7 Abs. 1 S. 4 EStG.

Beispiel 38: AfA nach einer Entnahme

Unternehmer U hat im Juli 01 ein Mietwohngrundstück (Gebäudebaujahr: 1930) für 600.000 € (Gebäudeanteil: 500.000 €) angeschafft. U hat das Grundstück von Anfang an als gewillkürtes BV behandelt. Am 30.06.09 entnimmt er das Grundstück aus dem BV, um es künftig privat zu vermieten (Einkünfte aus V+V). Im Zeitpunkt der Entnahme betrug der TW des Gebäudes 650.000 €. Wie hoch ist die AfA?

---

184 Bei Überführung aus dem steuerbaren PV (Überschusseinkünfte) gilt bekanntlich § 7 Abs. 1 S. 4 EStG.

Lösung: BMG für die AfA nach der Entnahme ist der TW i.H.v. 650.000 € (R 7.3 Abs. 6 S. 4 EStR). Die AfA für 09 beträgt:
- im BV 6/12 von 2 % von 500.000 € = 5.000 €,
- im PV 6/12 von 2 % von 650.000 € = 6.500 €.

4.2.2.6 Zuschuss in einem dem Jahr der Anschaffung oder Herstellung folgenden Wirtschaftsjahr

Wird ein Zuschuss, der gem. R 6.5 Abs. 2 S. 3 EStR »erfolgsneutral« behandelt werden soll, in einem auf das Jahr der Anschaffung oder Herstellung folgenden Wj. vereinnahmt, so bemisst sich die weitere AfA im Fall des § 7 Abs. 4 S. 1 EStG nach den um den Zuschuss geminderten AK/HK, im Fall des § 7 Abs. 4 S. 2 EStG nach dem um den Zuschuss geminderten Buchwert (R 7.3 Abs. 4 S. 2 EStR).

Beispiel 39: AfA bei einem nach dem Jahr der Anschaffung gezahlten Zuschuss
Der Großhändler C schafft im Juli 01 ein Wirtschaftsgebäude an. Die AK betragen 400.000 €. Die AfA wird im Jahr 01 zutreffend mit 3 % für sechs Monate berücksichtigt. Der Buchwert am 31.12.01 beträgt demnach 394.000 €.
Im Jahr 02 gewährt die **Betriebsstätten**gemeinde dem Großhändler für die Anschaffung des Gebäudes einen Zuschuss i.H.v. 100.000 €.

Lösung: Bei der sog. erfolgsneutralen Behandlung des Zuschusses im Jahr 02 ist der Betrag vom Buchwert des bezuschussten Gebäudes zu kürzen. Die AfA wird danach mit 3 % vom gekürzten Buchwert berechnet. Die AfA des Jahres 02 beträgt: 3 % von 294.000 € = **8.820 €**.

4.2.2.7 AfA nach einer Wertaufholung gemäß § 6 Abs. 1 Nr. 1 S. 4 oder gemäß § 7 Abs. 4 S. 3 EStG

Gem. § 11c Abs. 2 S. 3 EStDV erhöht sich die AfA-BMG nach einer Zuschreibung bzw. nach einer Wertaufholung um eben diesen Betrag.

Beispiel 40: AfA nach einer TW-AfA und einer späteren Wertaufholung
Bei einem Gebäude (AK 500.000 €, AfA-Satz 3 %, Buchwert am 01.01.01 350.000 €) wurde im Wj. 01 eine TW-AfA i.H.v. 150.000 € wegen einer von der zuständigen Behörde verfügten Nutzungsbeschränkung vorgenommen. Im Jahr 03 führen entsprechende Eingaben des Eigentümers zur Aufhebung der Nutzungsbeschränkung. Der Eigentümer nimmt deshalb am 31.12.03 zutreffend eine Zuschreibung i.H.v. 141.000 € vor.

Lösung:
- AfA im Jahr 02/03: je 3 % von (500.000 € ./. 150.000 €) 350.000 € = 10.500 €.
- AfA im Jahr 04: 3 % von (500.000 € ./. 150.000 € + 141.000 €) 491.000 € = 14.730 €.

4.2.2.8 Besonderheiten bei nachträglichen Herstellungskosten

In den Fällen des § 7 Abs. 4 S. 1 EStG wird der für das Gebäude maßgebliche Prozentsatz auf die bisherige AfA-BMG, vermehrt um die nachträglichen HK, angewendet. Wenn auf diese Weise die volle Absetzung innerhalb der tatsächlichen ND nicht erreicht wird, so können die weiteren AfA wie in den Fällen des § 7 Abs. 4 S. 2 EStG bemessen werden.

In den Fällen des § 7 Abs. 4 S. 2 EStG bemisst sich die weitere AfA nach dem um die nachträglichen HK vermehrten Restwert und der Rest-ND des Gebäudes; aus Vereinfachungsgründen kann die AfA auch nach dem bisher für das Gebäude maßgeblichen Prozentsatz bemessen werden (R 7.4 Abs. 9 S. 2 EStR).

Für den Fall, dass mit den nachträglichen HK ein **anderes WG** entstanden ist, gilt Folgendes:

Die AfA ist nach der Summe aus dem Buchwert oder Restwert des WG und den nachträglichen HK sowie nach der voraussichtlichen ND des anderen WG zu bemessen (H 7.3 »nachträgliche AK oder HK« EStH und R 7.4 Abs. 9 S. 4 EStR).

Beispiel 41: Nachträgliche HK
Ein StPfl. hat im Juli 01 ein Betriebsgrundstück (Gebäudebaujahr: 1940) für 200.000 € (Gebäudeanteil: 180.000 €) erworben. Ende März 20 muss wegen einer Straßenverbreiterung ein Teil des Erdgeschosses abgebrochen werden, um eine Fußgängerpassage auszubauen. Fertigstellung im August 20. Durch den Abbruch ist ein Sechstel der Bausubstanz abgetragen worden. Die Kosten für den Abbruch betrugen 5.000 € (zzgl. 19 % USt), die HK für den Umbau des verbliebenen Erdgeschosses 40.000 €. Die Rest-ND liegt nicht unter 50 Jahre.

Lösung: Die Abbruchkosten sind sofort abzugsfähige BA.

AK des Gebäudes im Juli 01	180.000 €
./. AfA für Juli 01–März 20 (2 % für 18 3/4 Jahre)	./. 67.500 €
Restwert am 31.03.20	112.500 €
AfaA wegen Teilabbruchs des Gebäudes (1/6)	18.750 €
AfA 20:	
AfA 2 % von (180.000 € + 40.000 €)	4.400 €
+ AfaA wegen Teilabbruchs des Gebäudes	18.750 €
Zusammen	23.150 €
AfA 21:	
2 % von (180.000 € + 40.000 € ./. 18.750 €)	
– H 7.3 »nachträgliche AK oder HK«,	
H 7.4 »nachträgliche AK oder HK« EStH und	
§ 11c Abs. 2 S. 1 EStDV	4.025 €
Kontoentwicklung Gebäude:	
AK	180.000 €
./. AfA Juli 01–31.12.19	./. 66.600 €
Buchwert am 31.12.19	113.400 €
+ nachträgliche HK	40.000 €
./. AfA 20	./. 4.400 €
./. AfaA 20	./. 18.750 €
Buchwert am 31.12.20	130.250 €
./. AfA 21	./. 4.025 €
Buchwert am 31.12.21	126.225 €

4.2.3 Staffel-degressive AfA nach § 7 Abs. 5 EStG

4.2.3.1 Degressive AfA bei neuen Wohngebäuden

Nach der aktuellen Fassung des § 7 Abs. 5 EStG kommt die degressive AfA in Betracht bei Gebäuden, die entweder vom StPfl. aufgrund eines nach dem 31.12.2003 und vor dem 01.01.2006 gestellten Bauantrags hergestellt oder aufgrund eines nach dem 31.12.2003 und vor dem 01.01.2006 abgeschlossenen obligatorischen Vertrags bis zum Ende des Jahres der Fertigstellung angeschafft werden. Sie beträgt – in Staffelsätzen:

- im Jahr der Fertigstellung/Anschaffung und in den folgenden neun Jahren jeweils 4 %,
- in den darauffolgenden acht Jahren jeweils 2,5 %,
- in den darauffolgenden 32 Jahren jeweils 1,25 %.

Im Fall der **Anschaffung** ist die degressive AfA nach § 7 Abs. 5 EStG nur zulässig, wenn der Hersteller für das veräußerte Gebäude weder die AfA nach § 7 Abs. 5 EStG noch Sonderabschreibungen oder erhöhte Absetzungen in Anspruch genommen hat (§ 7 Abs. 5 S. 2 EStG).

Folgerichtig schließt der BFH vom 03.04.2001 (BStBl II 2001, 599) für den Zweiterwerber im Herstellungsjahr die AfA nach § 7 Abs. 5 Nr. 3 EStG aus, wenn sie bereits beim Ersterwerber berücksichtigt wurde. In den Folgejahren kann die degressive AfA durchaus vom Zweiterwerber geltend gemacht werden, da es bei der Gebäude-AfA kein Verbot des AfA-Wechsels gibt; s. auch BFH vom 15.02.2005 (BStBl II 2006, 51).

4.2.3.2 Übergang zu anderen AfA-Methoden und Absetzung für außergewöhnliche Abnutzung

Der Übergang von der degressiven AfA zur linearen AfA nach § 7 Abs. 4 EStG (und umgekehrt) ist nicht zulässig (H 7.4 »Wechsel der AfA-Methode bei Gebäuden« EStH). Die einzige Ausnahme hiervon (bei gleicher Gebäudequalität) sind die Erwerbsfälle (s. Kap. 4.2.3.1).

Das Übergangsverbot gilt nicht für Gebäude, die von Wirtschaftsgebäuden zu sonstigen Gebäuden umgewidmet werden und umgekehrt. Nach der Nutzungsänderung ist stets die lineare AfA vorzunehmen (R 7.4 Abs. 8 S. 2 EStR). Absetzungen für außergewöhnliche technische oder wirtschaftliche Abnutzung sind zulässig (R 7.4 Abs. 11 S. 2 EStR).

4.2.3.3 Bemessungsgrundlage für die AfA

Hierzu wird auf die Ausführungen unter Kap. 4.2.2.4 verwiesen.

4.2.3.4 Nachträgliche Herstellungskosten

Die weiteren AfA bemessen sich nach den um die nachträglichen HK erhöhten AK/HK und dem für das Gebäude maßgeblichen Prozentsatz (H 7.3 »nachträgliche AK oder HK« EStH und H 7.4 »nachträgliche AK oder HK« EStH).

4.2.4 AfA bei Personengesellschaften (bei Mitunternehmern)

MU können das Wahlrecht einer AfA nach § 7 Abs. 4 oder 5 EStG wegen des Grundsatzes der Mitunternehmerschaft als Gewinnermittlungssubjekt nur einheitlich ausüben. Das gilt nicht, soweit bei einzelnen G'ftern die Voraussetzungen des § 7 Abs. 5 EStG (Hersteller oder Erwerber im Jahr der Fertigstellung) nicht erfüllt sind.

Tritt bei einer PersG, die sich für die AfA nach § 7 Abs. 5 EStG entschieden hat, ein G'fterwechsel ein, so kann der neu Eingetretene für seinen Gebäudeanteil nur § 7 Abs. 4 EStG anwenden.

> **Beispiel 42: AfA bei Mitunternehmern**
> C, D, E und F haben als GbR gemeinsam ein Mietwohngebäude errichtet. Die HK betragen 400.000 €, die Fertigstellung erfolgte am 30.09.01. C wünscht eine AfA nach § 7 Abs. 4 EStG.

D, E und F wollen die AfA nach § 7 Abs. 5 EStG in Anspruch nehmen. Zum 30.06.03 verkauft D seinen Anteil an dem Gebäude für 120.000 € an G.

Lösung: Die AfA für 01 und 02 ist einheitlich nach § 7 Abs. 4 oder Abs. 5 EStG vorzunehmen, z.B. (wenn der Bauantrag nach dem 31.12.1995 gestellt wurde):

AfA 01 und 02: C, D, E, F je 5 % von 100.000 €	5.000 €
AfA 03: C, E, F je	5.000 €
D (für ein halbes Jahr)	2.500 €
G 2 % von 120.000 € für ein halbes Jahr	1.200 €

Rein technisch geschieht die individuelle Korrektur durch das Aufstellen von **Ergänzungsbilanzen**[185], mittels derer die einheitliche, in der Hauptbilanz vorgenommene AfA für den neuen G'fter korrigiert wird.

4.2.5 Nachholung unterlassener AfA

Versehentlich unterlassene AfA nach § 7 Abs. 4 S. 1 EStG können, wenn sich die tatsächliche ND des Gebäudes nicht geändert hat (§ 7 Abs. 4 S. 2 EStG), nur in der Weise nachgeholt werden, dass weiterhin die gesetzlich vorgeschriebenen Prozentsätze angesetzt werden, auch wenn sich hierdurch der Abschreibungszeitraum über 40 bzw. 50 Jahre hinaus verlängert (BFH vom 03.07.1984, BStBl II 1984, 709).

Versehentlich unterlassene AfA nach § 7 Abs. 5 EStG können nicht nachgeholt werden (BFH vom 20.01.1987, BStBl II 1987, 491 und vom 11.12.1990, BFH/NV 1991, 391).

Beispiel 43: Keine Nachholung der AfA gem. § 7 Abs. 5 EStG
Herstellung eines Wohngebäudes im Jahr 01, die HK betragen 1.000.000 €. Im Jahr 02 wird versehentlich keine AfA abgesetzt.

Lösung:

HK 01		1.000.000 €
./. AfA 01: 4 %	./.	40.000 €
Buchwert 31.12.01		960.000 €
./. AfA 02	./.	0 €
Buchwert 31.12.02		960.000 €
AfA 03–08 je 5 %	./.	40.000 €
AfA 09–14 je 2,5 %	./.	25.000 €
AfA 15–50 je 1,25 %	./.	12.500 €

Die AfA ab dem Jahr 51 (bis zur Vollabschreibung) beträgt gem. § 7 Abs. 4 EStG je 2 % von 1.000.000 €.

---

185 S. näher bei *Preißer*, Teil B, Kap. I 4.2.3.

4.2.6 Maßgeblichkeit der Handelsbilanz für die Steuerbilanz bei der Wahl der linearen oder degressiven AfA

Da gem. § 5 Abs. 1 EStG i.d.F. des BilMoG die umgekehrte Maßgeblichkeit nicht mehr besteht, kann in der StB eine nach § 7 EStG zulässige AfA-Methode ohne Rücksicht auf die in der HB berücksichtigte Abschreibung frei gewählt werden.

4.2.7 AfA bei selbständigen Gebäudeteilen

Nach § 7 Abs. 5a EStG sind die Bestimmungen über die Gebäude-AfA auch auf Gebäudeteile, die selbständige unbewegliche WG sind (vgl. R 4.2 Abs. 4 EStR), sowie auf Eigentumswohnungen und auf im Teileigentum stehende Räume entsprechend anzuwenden.

Zu den selbständigen unbeweglichen WG i.S.v. § 7 Abs. 5a EStG gehören auch Mietereinbauten und -umbauten, die keine Scheinbestandteile oder Betriebsvorrichtungen sind (R 7.1 Abs. 6 EStR).

4.3 Gemeinsame Vorschriften für erhöhte Absetzungen und Sonderabschreibungen (§ 7a EStG, R 7a EStR)

4.3.1 Nachträgliche Herstellungs- oder Anschaffungskosten

Werden im Begünstigungszeitraum für erhöhte Absetzungen[186] oder Sonderabschreibungen[187] nachträgliche AK/HK aufgewendet, so bemessen sich vom Jahr der Entstehung der nachträglichen AK oder HK an bis zum Ende des Begünstigungszeitraums die AfA, die erhöhten Absetzungen und die Sonderabschreibungen nach den um die nachträglichen AK oder HK erhöhten ursprünglichen AK oder HK (§ 7a Abs. 1 S. 1 und 2 EStG).

> **Beispiel 44: Nachträgliche HK**
> Für ein bewegliches WG mit einer betriebsgewöhnlichen ND von 15 Jahren und AK i.H.v. 15 T€, für das im Jahr der Anschaffung 20 % Sonderabschreibung gem. § 7g EStG[188] in Anspruch genommen wurde, werden im vierten Jahr des Begünstigungszeitraums nachträgliche HK (3.000 €) aufgewendet. Für das WG wird die lineare AfA in Anspruch genommen.
>
> **Lösung:**
>
> | | Abschreibungen | BMG |
> |---|---|---|
> | AK | | 15.000 € |
> | Abschreibungen der ersten drei Jahre: | | |
> | AfA: 3 x 6,66 % | 3.000 € | |
> | Sonderabschreibung: 20 % | 3.000 € | |
> | nachträgliche HK | | + 3.000 € |
> | Abschreibungen im vierten Jahr: | | |
> | AfA: 6,66 % von 18.000 € | 1.200 € | |
> | Sonderabschreibung: 20 % von 3.000 € | 600 € | |

---

186 Definition: AfA, die anstelle der regulären AfA treten.
187 Definition: AfA, die neben der regulären AfA vorgenommen werden können.
188 Auf eine Einzelaufstellung aller Fälle für die Sonder-AfA bzw. für die erhöhte Absetzung wurde verzichtet; nur die besonders praxisrelevante § 7g EStG-AfA wird unter Kap. 4.4 näher dargestellt.

Abschreibung im fünften Jahr:
AfA: 6,66 % von 18.000 €   1.200 €
                                                                          9.000 €   ./. 9.000 €
Restwert am Ende des Begünstigungszeitraums   9.000 €

Vom sechsten Jahr an beträgt die AfA entsprechend der Rest-ND von zehn Jahren (1/10 von 9.000 €) **900 €**.

4.3.2 Nachträgliche Minderung der Anschaffungs- oder Herstellungskosten

Werden im Begünstigungszeitraum die AK/HK eines WG nachträglich gemindert, so bemessen sich vom Jahr der Minderung an bis zum Ende des Begünstigungszeitraums die AfA, die erhöhten Absetzungen und die Sonderabschreibungen nach den geminderten AK/HK (§ 7a Abs. 1 S. 3 EStG).

Beispiel 45: Nachträgliche Minderung der Anschaffungskosten
Ein Unternehmer hat im Jahr 01 eine Maschine angeschafft (AK 20.000 €, ND zehn Jahre) und für 01 folgende Abschreibungen in Anspruch genommen:

- Sonderabschreibung gem. § 7g EStG (10 % von 20.000 €)   2.000 €,
- AfA gem. § 7 Abs. 1 EStG (10 % von 20.000 €)   2.000 €.

Im Februar 02 erhält der Unternehmer einen Rabatt (§ 255 Abs. 1 S. 3 HGB) auf den Kaufpreis der Maschine i.H.v. 1.000 € zzgl. 19 % USt.

Lösung:

		Abschreibungen	BMG
AK			20.000 €
Abschreibungen im ersten Jahr:			
AfA	10 % von 20.000 €	2.000 €	
Sonderabschreibung	10 % von 20.000 €	2.000 €	
Rabatt			./. 1.000 €
Abschreibungen im zweiten Jahr:			
AfA	10 % von 19.000 €	1.900 €	
Sonderabschreibung	10 % von 19.000 €	1.900 €	
AfA im dritten bis fünften Jahr:			
3 x 10 % von 19.000 €		5.700 €	
		13.500 €	./. 13.500 €
Restwert am Ende des Begünstigungszeitraums			5.500 €

Die AfA für 06 beträgt 5.500 € verteilt auf die Rest-ND von fünf Jahren = 1.100 €.

Zur – thematisch vergleichbaren – Rückzahlung eines Zuschusses wird auf R 7a Abs. 4 S. 3 EStR und H 7a EStH unter »Beispiele« hingewiesen.

4.3.3 Mindestabsetzung bei erhöhten Absetzungen

Bei WG, bei denen erhöhte Absetzungen in Anspruch genommen werden, müssen in jedem Jahr des Begünstigungszeitraums mindestens Absetzungen i.H.d. AfA nach § 7 Abs. 1 oder 4 EStG berücksichtigt werden (§ 7a Abs. 3 EStG).

4.3.4 AfA neben Sonderabschreibungen

Neben Sonderabschreibungen sind nur lineare Absetzungen zulässig (§ 7a Abs. 4 EStG).[189]

4.3.5 Kumulierungsverbot

Die Inanspruchnahme von erhöhten Absetzungen und Sonderabschreibungen aus verschiedenen Vorschriften bei einem WG sind ausgeschlossen (§ 7a Abs. 5 EStG). Das gilt nicht, wenn nachträgliche AK/HK Gegenstand einer eigenen Abschreibungsvergünstigung sind und sowohl für das WG im ursprünglichen Zustand als auch für die nachträglichen AK/HK Abschreibungsvergünstigungen aufgrund verschiedener Vorschriften in Betracht kommen (R 7a Abs. 7 EStR).

Dies ist etwa der Fall, wenn bei einem ursprünglich nach § 7g EStG begünstigten WG später gem. § 4 Fördergebietsgesetz begünstigte nachträgliche HK aufgewendet werden.

4.3.6 Abschreibungen bei mehreren Beteiligten

Bei WG, die mehreren Beteiligten zuzurechnen sind, dürfen erhöhte Absetzungen und Sonderabschreibungen nur anteilig für diejenigen Beteiligten vorgenommen werden, die sämtliche Voraussetzungen für die Inanspruchnahme der erhöhten Absetzungen oder Sonderabschreibungen erfüllen. Dies gilt aber nur, soweit die einzelne Steuervergünstigung gesellschafter- und nicht gesellschaftsbezogen auszulegen ist. In diesen Fällen kann nach einem G'fterwechsel der Neu-G'fter nicht an den Vergünstigungen partizipieren (so zuletzt der BFH am 07.11.2006, BStBl II 2008, 545 für § 82f EStDV).

Die erhöhten Absetzungen und Sonderabschreibungen dürfen von den Beteiligten, bei denen die Voraussetzungen dafür erfüllt sind, nur einheitlich vorgenommen werden (§ 7a Abs. 7 EStG).

4.3.7 Buchmäßiger Nachweis

Für die Inanspruchnahme von erhöhten Absetzungen und Sonderabschreibungen sind die buchmäßigen Nachweise lt. § 7a Abs. 8 EStG zu erbringen.

---

[189] Der BFH hat im Urteil vom 14.03.2006 (BStBl II 2006, 799) entschieden, dass eine Sonderabschreibung nicht ausgeschlossen wird, wenn für ein WG in früheren Jahren eine AfA in fallenden Jahresbeträgen vorgenommen wurde.

4.3.8 AfA nach Sonderabschreibungen

Sind für ein WG Sonderabschreibungen vorgenommen worden, so bemessen sich nach Ablauf des Begünstigungszeitraums die AfA bei allen WG – außer bei Gebäuden und bei WG i.S.d. § 7 Abs. 5a EStG – nach dem Restwert und der Rest-ND (§ 7a Abs. 9 EStG). Bei Gebäuden und WG i.S.d. § 7 Abs. 5a EStG ist wie folgt zu verfahren (R 7a Abs. 9 EStR): Nach Ablauf des Begünstigungszeitraums gem. § 3 ZRFG sowie §§ 3 und 4 des FörderGG ist die lineare AfA in Anlehnung an § 7 Abs. 4 S. 1 und 2 EStG nach einem um den Begünstigungszeitraum verminderten Abschreibungszeitraum von 25 Jahren bei einem AfA-Satz von 4 %, von 33 1/3 Jahren bei einem AfA-Satz von 3 % (§ 7 Abs. 4 S. 1 Nr. 1 EStG) oder von 50 Jahren (§ 7 Abs. 4 S. 1 Nr. 2a EStG) zu bemessen.

Beispiel 46: Das Handelsschiff der Partenreederei
Die Partenreederei A hat am 01.04.01 ein Handelsschiff (20.000 t) in ungebrauchtem Zustand vom Hersteller für 12 Mio. € erworben. Die Voraussetzungen des § 82f EStDV sind erfüllt.
a) Im Dezember 04 fallen nachträgliche HK von 1 Mio. € an (nur Innenausbau, keine Erhöhung des Schrottwerts). Der Schrottwert des Schiffes beträgt 90 €/t. Das Handelsschiff hat eine betriebsgewöhnliche ND von zwölf Jahren. Wie hoch sind die Abschreibungen für die Jahre 01–07? Es sollen die höchstmöglichen Abschreibungen ermittelt werden.
b) Für das unter a) genannte Handelsschiff fallen im Jahr 08 weitere nachträgliche HK von 2 Mio. € an (nur Innenausbau, keine Erhöhung des Schrottwerts). Die unter Berücksichtigung der nachträglichen Herstellungsarbeiten neu zu schätzende Rest-ND weicht nicht von der rechnerischen Nutzungsdauer ab. Wie hoch ist die Abschreibung für 08?

Lösung:

01:

§ 7 Abs. 1 EStG: 1/1 von 8 1/3 % von	12.000.000 €	
abzüglich Schrottwert (H 7.3 »Anschaffungskosten« EStH) ./.	1.800.000 €	
	10.200.000 €	850.000 €
§ 82f EStDV: 40 % von	12.000.000 €	4.800.000 €
		5.650.000 €

02 und 03:

§ 7 Abs. 1 EStG: je 8 1/3 % von	10.200.000 €	850.000 €

04:

§ 7 Abs. 1 EStG: 8 1/3 % von	10.200.000 €	
+ nachträgliche HK	1.000.000 €	
	11.200.000 €	933.333 €
§ 82f EStDV: 40 % von	1.000.000 €	400.000 €
		1.333.333 €

05:

§ 7 Abs. 1 EStG: 8 1/3 % von	11.200.000 €	933.333 €

Restwert am Ende des Begünstigungszeitraums (5 Jahre):

AK	12.000.000 €
+ nachträgliche HK	1.000.000 €
./. Schrottwert	./. 1.800.000 €
	11.200.000 €
./. Abschreibung 01	./. 5.650.000 €
./. Abschreibung 02	./. 850.000 €
./. Abschreibung 03	./. 850.000 €
./. Abschreibung 04	./. 1.333.333 €
./. Abschreibung 05	./. 933.333 €
restliches Abschreibungsvolumen	1.583.334 €

AfA 06:
(bei Rest-ND von 7 Jahren): 1/7 von 1.583.334 €   226.190 €

AfA 07:
(wie 06):   226.190 €

08:

Restliches AfA-Volumen am 31.12.05	1.583.334 €
./. AfA 06 und 07 (2 × 226.190 €)	./. 452.380 €
restliches AfA-Volumen am 31.12.07	1.130.954 €
+ nachträgliche HK 08	2.000.000 €
neues AfA-Volumen	3.130.954 €

AfA 08:
(bei Rest-ND von fünf Jahren): 1/5 von 3.130.954 €   626.191 €

4.4 Investitionsabzugsbetrag und Sonderabschreibung gemäß § 7g EStG

4.4.1 Regelung des § 7g EStG

Die jetzige Fassung gilt gem. § 52 Abs. 23 EStG erstmals in Wirtschaftsjahren, die nach dem 17.08.2007 enden.

Die Verwaltung hat mit BMF-Schreiben vom 20.03.2017 (BStBl I 2017, 423) zu Zweifelsfragen Stellung genommen.

4.4.2 Persönliche Voraussetzungen

Gem. § 7g Abs. 1 Nr. 1 EStG dürfen die Investitionsabzugsbeträge nur in Anspruch genommen werden, wenn der Betrieb am Ende des Wirtschaftsjahres, in dem der Investitionsabzugsbetrag vorgenommen wird, folgende Größenmerkmale nicht überschreitet:

- bei Gewerbebetrieben oder der selbständigen Arbeit[190] dienenden Betrieben, die ihren Gewinn nach § 4 Abs. 1 oder § 5 EStG ermitteln, ein Betriebsvermögen von 235.000 €.

---

190 S. aber BFH-Beschluss vom 13.10.2009 (DB 2009, 2521): Für Freiberufler gibt es in 2007 keine § 7g-Ansparabschreibung (§ 7g EStG a.F.), sondern – ceterum paribus – einen Investitionsabzugsbetrag nach § 7g EStG n.F.

Verwaltung (s. oben) und Rspr. (BFH vom 13.10.2009, DB 2009, 2521) akzeptieren, dass einem drohenden Überschreiten der Schwellenwerte durch Entnahmen »kurz vor Toresschluss (= Bilanzstichtag)« Einhalt geboten wird.
- bei Betrieben der Land- und Forstwirtschaft einen Wirtschaftswert oder einen Ersatzwirtschaftswert von 125.000 €.
- bei Gewerbebetrieben, der selbständigen Arbeit dienenden Betrieben und Betrieben der Land- und Forstwirtschaft, die ihren Gewinn nach § 4 Abs. 3 EStG ermitteln, einen Gewinn ohne Berücksichtigung des Investitionsabzugsbetrags von 100.000 €.
- Als weitere Voraussetzung kann ein Investitionsabzugsbetrag nur bei **aktiven** Betrieben vorgenommen werden. Dies wurde im BMF-Schreiben vom 08.05.2009, BStBl I 2009, 633 seitens der Finanzverwaltung deutlich herausgestellt. So kann z.B. bei einer Betriebsverpachtung im Ganzen § 7g EStG nicht in Anspruch genommen werden.[191] Es ist anzunehmen, dass die Finanzverwaltung an dieser Beurteilung auch bei der reformierten Vorschrift des § 7g EStG festhalten wird.

Die vorstehenden Größenmerkmale gelten auch für die Inanspruchnahme der Sonderabschreibung, und zwar für den Schluss des Wirtschaftsjahres, das der Anschaffung oder Herstellung vorangeht.

4.4.3 Sachliche Voraussetzungen

Folgende sachliche Voraussetzungen sind für die Gewährung des Investitionsabzugsbetrags erforderlich (§ 7g Abs. 1 S. 2 Nr. 2 EStG):

Der StPfl. muss die Summen der Abzugsbeträge und die nach den Absätzen 2 bis 4 hinzuzurechnenden oder rückgängig zu machenden Beträge nach amtlich vorgeschriebenen Datensätzen durch Datenfernübertragung übermitteln. Auf Antrag kann die Finanzbehörde zur Vermeidung unbilliger Härten auf eine elektronische Übermittlung verzichten. Im Falle dieses Verzichts müssen sich die Summen der Abzugsbeträge und der nach den Absätzen 2 bis 4 hinzuzurechnenden oder rückgängig zu machenden Beträge aus den beim Finanzamt einzureichenden Unterlagen ergeben.[192]

Hinweis:
Für die Inanspruchnahme der Sonderabschreibung ist es erforderlich, dass das WG im Wirtschaftsjahr der Anschaffung oder Herstellung und in dem darauf folgenden Wirtschaftsjahr in einer inländischen Betriebsstätte des Betriebs ausschließlich oder fast ausschließlich betrieblich genutzt wird.

Zur (grundsätzlich zulässigen) Wiederholung einer Ansparrücklage, wenn die ursprüngliche Investition nicht innerhalb des Zweijahreszeitraumes geltend gemacht wurde (vgl. BFH vom 06.09.2006, BStBl II 2007, 860).

---

191 Wiederum anders verhält es sich bei einer Betriebsaufspaltung: Dort können sowohl Besitz- wie Betriebsgesellschaft Ansparabschreibungen bilden (großzügige Auslegung der Verwaltung).
192 Änderung des § 7g Abs. 1 S. 1 Nr. 2 EStG durch das Steueränderungsgesetz 2015.

4.4.4 Höhe des Investitionsabzugsbetrags (§ 7g Abs. 2 EStG)

Der StPfl. kann für die künftige Anschaffung oder Herstellung eines abnutzbaren beweglichen WG des Anlagevermögens einen Investitionsabzugsbetrags i.H.v. bis zu 40 % der voraussichtlichen AK oder HK gewinnmindernd abziehen. Abzugsbeträge können auch dann vorgenommen werden, wenn dadurch ein Verlust entsteht oder sich erhöht.

Die Summe der Beträge, die im Wirtschaftsjahr des Abzugs und in den drei vorangegangenen Wirtschaftsjahren insgesamt abgezogen und nicht wieder hinzugerechnet oder rückgängig gemacht wurden, darf je Betrieb 200.000 € nicht übersteigen.

4.4.5 Höhe der Sonderabschreibung (§ 7g Abs. 5 EStG)

Im Jahr der Anschaffung oder Herstellung und in den folgenden vier Jahren können Sonderabschreibungen bis zu insgesamt **20 %** der AK/HK in Anspruch genommen werden.

4.4.6 Begünstigte Wirtschaftsgüter (§ 7g Abs. 3 S. 1 EStG)

WG i.S.v. § 7g EStG sind abnutzbare bewegliche WG des AV. Die Voraussetzung, dass es sich um »neue« Anlagegüter handeln muss, ist fortgefallen.

4.4.7 Hinzurechnung des Investitionsabzugsbetrags

Im Wirtschaftsjahr der Anschaffung oder Herstellung des begünstigten WG ist der für dieses WG in Anspruch genommene Investitionsabzugsbetrag i.H.v. 40 % der AK oder HK gewinnerhöhend hinzuzurechnen; die Hinzurechnung darf den nach § 7g Abs. 1 EStG abgezogenen Betrag nicht übersteigen.

4.4.8 Herabsetzung der Anschaffungs- oder Herstellungskosten

Die AK oder HK des begünstigten WG können in dem Wirtschaftsjahr der Anschaffung oder Herstellung des WG um bis zu 40 %, höchstens jedoch um die Hinzurechnung nach Kap. 4.4.7 gewinnmindernd herabgesetzt werden; die Bemessungsgrundlage für die AfA, erhöhten Absetzungen und Sonderabschreibungen sowie die AK oder HK i.S.v. § 6 Abs. 2 und Abs. 2a EStG verringern sich entsprechend.

4.4.9 Rückgängigmachung des Abzugs (§ 7g Abs. 4 EStG)

In zwei Fällen ist der Investitionsabzug rückgängig zu machen:

4.4.9.1 Fehlende Hinzurechnung des Abzugsbetrags

Soweit der Investitionsabzugsbetrag nicht bis zum Ende des dritten auf das Wirtschaftsjahr des Abzugs folgenden Wirtschaftsjahres hinzugerechnet wurde, ist der Abzug rückgängig zu machen. Wurde der Gewinn des maßgebenden Wirtschaftsjahres bereits einer Steuerfestsetzung oder einer gesonderten Feststellung zugrunde gelegt, ist der entsprechende Steuer- oder Feststellungsbescheid insoweit zu ändern. Das gilt auch dann, wenn der Steuer- oder Feststellungsbescheid bestandskräftig geworden ist; die Festsetzungsfrist endet insoweit nicht, bevor die Festsetzungsfrist für den Veranlagungszeitraum abgelaufen ist, in dem das dritte auf das Wirtschaftsjahr des Abzugs folgende Wirtschaftsjahr endet.

4.4.9.2 Fehlende betriebliche Nutzung des begünstigten Wirtschaftsguts in einer inländischen Betriebsstätte

Wird das begünstigte WG nicht bis zum Ende des dem Wirtschaftsjahr der Anschaffung oder Herstellung folgenden Wirtschaftsjahres in einer inländischen Betriebsstätte des Betriebs ausschließlich oder fast ausschließlich betrieblich genutzt, sind der Investitionsabzug sowie die Herabsetzung der AK oder HK, die Verringerung der Bemessungsgrundlage und die Hinzurechnung des Abzugs rückgängig zu machen. Wurden die Gewinne der maßgebenden Wirtschaftsjahre bereits Steuerfestsetzungen oder gesonderten Feststellungen zugrunde gelegt, sind die entsprechenden Steuer- oder Feststellungsbescheide insoweit zu ändern. Das gilt auch dann, wenn die Steuer- oder Feststellungsbescheide bestandskräftig geworden sind; die Festsetzungsfristen enden insoweit nicht, bevor die Festsetzungsfrist für den Veranlagungszeitraum abgelaufen ist, in dem die Voraussetzungen des § 7g Abs. 1 S. 2 Nr. 2 Buchst. b EStG erstmals nicht mehr vorliegen. § 233a Abs. 2a AO ist nicht anzuwenden.

4.4.10 Anwendung bei Personengesellschaften

Bei PersG und Gemeinschaften sind die Vorschriften des § 7g EStG mit der Maßgabe anzuwenden, dass an die Stelle des StPfl. die Gesellschaft oder die Gemeinschaft tritt.

4.4.11 Abschließende Beispiele

Fünf abschließende Beispiele runden die Diskussion ab.

Beispiel 47: Tatsächliche Anschaffungskosten sind zutreffend

Geplante AK für eine Maschine (ND: 5 Jahre) im Jahr 01	80.000 €
in Anspruch genommener Abzugsbetrag 01	32.000 €
Anschaffung der Maschine im Januar 02 für	80.000 €

Lösung:

Gewinnerhöhende Hinzurechnung des Abzugsbetrags 01 im Jahr 02	32.000 €
Auf eine Kürzung der AK wird verzichtet.	
./. AfA 02 gem. § 7 Abs. 1 EStG (20 %)	./. 16.000 €
./. Sonderabschreibung 02 gem. § 7g Abs. 5 EStG (20 %)	./. 16.000 €
Verbleiben	0 €

Es bleibt dem StPfl. aber im Rahmen seines diesbezüglichen Wahlrechts freigestellt, ob er von der Möglichkeit der Sonderabschreibung gem. § 7g Abs. 5 EStG Gebrauch macht.

Beispiel 48: Tatsächliche Anschaffungskosten sind höher als angenommen

Geplante AK für einen Baukran im Jahr 01	200.000 €
in Anspruch genommener Abzugsbetrag 01	80.000 €
Anschaffung des Baukrans im Januar 02 für	220.000 €

Lösung:

Gewinnerhöhende Hinzurechnung 02 von 40 % der AK, höchstens Abzugsbetrag 01	80.000 €

Außerbilanzliche Hinzurechnung.

Es besteht die Möglichkeit, im Jahr 02 die AK des Baukrans um 40 %, höchstens um den 01 in Anspruch genommenen Abzugsbetrag, gewinnmindernd zu kürzen. Das sind 80.000 €.

BS: Sonst. betriebl. Aufwendungen   80.000 €   an   Anlagekonto   80.000 €

Der Kürzungsbetrag verringert die AfA-Bemessungsgrundlage für AfA, Sonderabschreibungen und erhöhte Absetzungen.

Beispiel 49: Tatsächliche Anschaffungskosten sind niedriger als angenommen (aus StB-Prüfung 2012)
Bei der Gewinnermittlung für 01 hatte ein Einzelunternehmer für die beabsichtigte Anschaffung einer Verpackungsmaschine einen Investitionsabzugsbetrag i.H.v. 40 % der aus damaliger Sicht voraussichtlichen Anschaffungskosten i.H.v. 20.000 € in Anspruch genommen.
Im Herbst 02 wurde eine Verpackungsmaschine, die den Vorstellungen des Unternehmers zur Verpackung seiner Waren entsprach und die Schutz vor Beschädigungen und Verschmutzung bietet, zu einem besonders günstigen Preis angeboten. Der Unternehmer erwarb eine solche Maschine am 30.12.02 zum Preis von 16.000 € zzgl. 19 % USt. Die Bezahlung der Rechnung erfolgte am 28.01.03. Die betriebsgewöhnliche Nutzungsdauer der Verpackungsmaschine beträgt 8 Jahre.
Nach einem erfolgreichen Probelauf am 30.12.02, dem Tag der Lieferung, wurde die Maschine ab Januar 03 im Vertrieb regulär bei der Warenverpackung eingesetzt.
Folgende Buchungen hat der Unternehmer am 30.12.02 vorgenommen:

BS: Maschinen   16.000 €   an   Verbindlichkeiten L+L   19.040 €
      Vorsteuer   3.040 €

      Abschreibung auf Sachanlagen   2.000 €   an   Maschinen   2.000 €

Lösung:
Gewinnerhöhende Hinzurechnung 02 von 40 % der AK   6.400 €

Außerbilanzliche Hinzurechnung:
Soweit der Abzugsbetrag 01 nicht hinzugerechnet wurde, nämlich i.H.v. 1.600 €, ist der Abzug – spätestens nach Ablauf der Investitionsfrist gem. § 7g Abs. 1 S. 2 Buchst. a EStG – durch Berichtigung der Steuerfestsetzung 01 rückgängig zu machen.
Es besteht die Möglichkeit, im Jahr 02 die AK der Verpackungsmaschine um 40 %, höchstens um den 01 in Anspruch genommenen Abzugsbetrag, gewinnmindernd zu kürzen. Das sind 6.400 €.

BS: Sonst. betriebl. Aufwendungen   6.400 €   an   Anlagekonto   6.400 €

Der Kürzungsbetrag verringert die Bemessungsgrundlage für AfA, Sonderabschreibungen und erhöhte Absetzungen, hier:

AK   16.000 €
abzgl. Kürzungsbetrag   6.400 €
AfA-Bemessungsgrundlage   9.600 €
AfA 12,5 % für einen Monat   100 €

Beispiel 50: Keine Investition bis zum Ende des dritten auf den Abzug folgenden Wirtschaftsjahrs

Geplante AK für eine Maschine (ND: 5 Jahre) im Jahr 01   80.000 €
in Anspruch genommener Abzugsbetrag 01   32.000 €
Keine Investition bis 31.12.04

Lösung: Die Gewinnkürzung ist durch Berichtigung der Steuerfestsetzung 01 rückgängig zu machen.

Beispiel 51: Überführung des angeschafften WG in eine ausländische Betriebsstätte

Geplante AK für eine Maschine (ND: 5 Jahre) im Jahr 01   80.000 €
in Anspruch genommener Abzugsbetrag 01   32.000 €
Anschaffung der Maschine im Januar 02 für   80.000 €
Hinzurechnung des Abzugsbetrags und Kürzung der AK im Kalenderjahr 02.
Überführung der Maschine im Februar 03 in eine Betriebsstätte in Dänemark.

Lösung: Die Gewinnkürzung, die Kürzung der AK und die damit verbundene Verringerung der AfA ist durch berichtigte Steuerfestsetzungen der Jahre 01 und 02 rückgängig zu machen. Ab dem Jahr 03 ist die AfA nach den ungekürzten AK zu bemessen.

4.4.12 Sonderthema: Ansparrücklage und Betriebsveräußerung

Für den Fall, dass eine Ansparrücklage in Zusammenhang mit einer Betriebsveräußerung aufzulösen war, entschied der BFH im Urteil vom 20.12.2006 (BStBl II 2007, 862), dass dieser Ertrag Teil des steuerbegünstigten Gewinns wegen Betriebsveräußerung sei.

5 Investitionszulage

Da Investitionszulagen in der schriftlichen Prüfung in der Vergangenheit nicht vorkamen, haben wir uns seit der 9. Auflage zum ersatzlosen Wegfall entschieden.

II Der Betriebsvermögensvergleich

1 Bilanzierungsgrundsätze

1.1 Allgemeines

Die Bilanzierungsgrundsätze ergeben sich im Wesentlichen aus den §§ 243–246 und 264 Abs. 2 HGB. Sie bestehen aus:

- Einhaltung der Grundsätze ordnungsmäßiger Buchführung (§ 243 Abs. 1 und § 264 Abs. 2 S. 1 HGB),
- Klarheit und Übersichtlichkeit des Jahresabschlusses (§ 243 Abs. 2 HGB),
- Grundsatz der Aufstellung in deutscher Sprache und Euro (§ 244 HGB),
- Vollständigkeit des Jahresabschlusses (§ 246 Abs. 1 HGB),
- Verrechnungs- und Saldierungsverbot (§ 246 Abs. 2 HGB),
- Grundsatz wahrer und getreuer Einsichtsvermittlung (§ 264 Abs. 2 HGB).

Zu den Bilanzierungsgrundsätzen gehört auch die personelle Zuordnungsfrage, **wer** den Vermögensgegenstand bzw. das WG bilanzieren muss. Ferner zählen zu den Bilanzierungsgrundsätzen:

- die Einteilung des BV in notwendiges und gewillkürtes BV und
- die Gliederung des BV in abnutzbares und nicht abnutzbares Anlagevermögen sowie Umlaufvermögen.

1.2 Vollständigkeitsgebot

Die Vorschrift des § 246 Abs. 1 S. 1 HGB bestimmt, dass der Jahresabschluss alle Vermögensgegenstände, Schulden, Rechnungsabgrenzungsposten, Aufwendungen und Erträge zu enthalten hat, soweit gesetzlich nichts anderes bestimmt ist. Diese Regelung verlangt, dass der Kaufmann – neben den Rechnungsabgrenzungsposten – alle Vermögensgegenstände, die ihm gehören oder deren wirtschaftlicher Eigentümer er ist, zu bilanzieren hat. Die Beschränkung des Bilanzierungsgebots auf Vermögensgegenstände des BV bei Einzelkaufleuten und Personenhandelsgesellschaften ergibt sich aus § 5 Abs. 4 PublG.

1.3 Unterschied Vermögensgegenstand/Wirtschaftsgut

Zunächst soll die Frage geklärt werden, ob ein Unterschied zwischen dem handelsrechtlichen Begriff »Vermögensgegenstand« und dem steuerlichen Begriff »WG« besteht. Das Hauptkriterium des Vermögensgegenstands ist nach überwiegender Auffassung in der Literatur die Einzelveräußerbarkeit und -verwertbarkeit. Die wirtschaftliche Einzelveräußerbarkeit setzt jedoch keine Veräußerbarkeit im Rechtssinn voraus. Sie liegt nämlich auch dann vor, wenn gesetzliche oder vertragliche Beschränkungen eine Veräußerung des Vermögensgegenstands im Einzelfall ausschließen.[193]

Beim WG steht nach ständiger BFH-Rspr. (z.B. Urteil vom 28.09.1990, BStBl II 1991, 187) die selbständige Bewertbarkeit im Vordergrund. Im Beschluss vom 26.10.1987 (BStBl II 1988, 348) hat der Große Senat des BFH unter Hinweis auf § 5 Abs. 1 S. 1 EStG (Maßgeblichkeit der HB für die StB) darauf hingewiesen, dass der im ESt-Recht verwendete Begriff des WG dem handelsrechtlichen Begriff des Vermögensgegenstands **voll entspricht**. Damit ist sichergestellt, dass bei der steuerlichen Gewinnermittlung der Begriff »WG« mit dem des Vermögensgegenstands nach Handelsrecht gleichgesetzt werden kann.

Diese zur (danach unzulässigen) Nutzungseinlage ergangene BFH-Entscheidung gehört zu den Grundfesten des Bilanzrechts und der allgemeinen Gewinnermittlung im Steuerrecht.[194]

1.4 Persönliche Zurechnung der Wirtschaftsgüter

1.4.1 Allgemeine Grundsätze

Die Vermögensgegenstände/WG sind für die Bilanzierung grundsätzlich dem **Eigentümer** zuzurechnen (§ 240 Abs. 1 HGB[195], § 39 Abs. 1 AO). Bei Gesamthandseigentum ist der Gegenstand den Beteiligten anteilig zuzurechnen (§ 39 Abs. 2 Nr. 2 AO). Dem Kaufmann werden aber nicht nur die Vermögensgegenstände zugerechnet, die in seinem zivilrechtlichen Eigentum stehen. Im Bilanzrecht wird das zivilrechtliche Eigentum durch wirtschaftliche Betrachtungsweisen überlagert; dabei werden nicht im Eigentum des Kaufmanns befindliche Vermögensgegenstände bei Bejahung der wirtschaftlichen Zugehörigkeit dem Kaufmann zugerechnet (§ 246 Abs. 1 S. 2, 2. HS HGB). Ausfluss der wirtschaftlichen Betrachtungsweise ist das Institut des **wirtschaftlichen Eigentums**. Wenn ein anderer als der Eigentümer die tatsächliche Herrschaft über ein WG in der Weise ausübt, dass er den Eigentümer im Regelfall für die betriebsgewöhnliche ND von der Einwirkung auf den Gegenstand ausschließen kann, so ist ihm das WG für die Bilanzierung zuzurechnen (§ 246 Abs. 1 S. 2 HGB, § 39 Abs. 2 Nr. 1 S. 1 AO).

Es bleibt aber festzuhalten, dass sich trotz dieser eigenständigen wirtschaftlichen Betrachtungsweise im Steuerrecht aus der Gesetzesformulierung (vgl. § 246 Abs. 1 S. 2 HGB, § 39 Abs. 2 AO: »Abweichend«) eine **rechtliche Erstzuständigkeit** des zivilrechtlichen Eigentümers ergibt.

1.4.2 § 39 Abs. 2 Nr. 1 AO in der Bilanzierung

Im Wesentlichen ergeben sich folgende Fälle der wirtschaftlichen Zurechnung.

---

193 Vgl. *ADS*, Rechnungslegung und Prüfung der Unternehmen, HGB § 246, Anm. 16.
194 S. insb. zur Nutzungseinlage Kap. I 3.3.2.
195 § 240 Abs. 1 HGB verlangt: »der Kaufmann hat seine Vermögensgegenstände zu verzeichnen«.

1.4.2.1 Unmittelbarer Anwendungsfall des wirtschaftlichen Eigentums
Eine andere Person als der Eigentümer übt die tatsächliche Herrschaft über ein WG aus.

Beispiel 1: Wirtschaftliches Eigentum
Der Mieter eines Bürohauses erstellt Einbauten in den gemieteten Räumen. Die betriebsgewöhnliche ND der Einbauten beläuft sich auf zehn Jahre. Der fest abgeschlossene Mietvertrag hat eine Laufzeit von 15 Jahren.

Lösung: Durch den festen Einbau in das gemietete Gebäude wird der Vermieter Eigentümer der eingebauten Sachen (§ 946 BGB). Da der Mieter die Einwirkung des Vermieters (Eigentümers) auf die eingebauten Gegenstände während der gesamten ND der Einbauten ausschließt, ist der Mieter als wirtschaftlicher Eigentümer anzusehen (näher s. Kap. 1.6.4.1). Er muss deshalb die Einbauten bilanzieren.

1.4.2.2 Ergänzungstatbestände (Auflistung)
Als Ergänzung der allgemeinen Grundsätze sind folgende Rechtsinstitute zu berücksichtigen:

- **Eigentumsvorbehalt**: Die Bilanzierung erfolgt beim Sicherungsgeber (= Käufer der Ware, vgl. § 246 Abs. 1 S. 2 HGB).

Beispiel 2: Eigentumsvorbehalt
Der Inhaber eines Baugeschäfts erwirbt bei einem Großhändler Stahlträger für ein laufendes Bauvorhaben. Der Stahlhändler liefert die Träger unter Eigentumsvorbehalt bis zur vollständigen Begleichung der Rechnung.

Lösung: Der Bauunternehmer muss die empfangenen Stahlträger im Rahmen seines Vorratsvermögens bzw. unter den teilfertigen Bauten bilanzieren, obwohl er bis zur Bezahlung der Rechnung nicht Eigentümer der Ware ist (BFH vom 03.08.1988, BStBl II 1989, 21).
Umgekehrt gelten für den Inhaber des Baugeschäfts die Grundsätze der (grundsätzlich nicht zu bilanzierenden) schwebenden Geschäfte.

- **Sicherungsübereignung**: Die Bilanzierung ist beim Sicherungsgeber vorzunehmen (§ 246 Abs. 1 S. 2 HGB, § 39 Abs. 2 Nr. 1 S. 2 AO).
- **Treuhandverhältnis**: Die Bilanzierung liegt beim Treugeber (§ 39 Abs. 2 Nr. 1 S. 2 AO).[196]
- **Eigenbesitz**: Die Bilanzierung ist vom Eigenbesitzer (Beispiel: Der Unterschlagende) durchzuführen (§ 39 Abs. 2 Nr. 1 S. 2 AO).
- **Einkaufskommissionsgeschäfte**: Die Bilanzierung erfolgt nach h.M. beim Kommittenten.[197]
- **Unterwegs befindliche Ware** (schwimmende und rollende Ware): Die Ware muss von demjenigen bilanziert werden, der die Verfügungsmacht hat (BFH vom 03.08.1988, BStBl II 1989, 21).

---

196 S. hierzu im Einzelnen *Preißer*, Band 1, Teil B, Kap. I.
197 Statt aller *Gnam/Federmann*, HdB, Stichw. 78, Rz. 24.

Beispiel 3: Schwimmende Ware
Ein Kaffeeimporteur kauft eine Partie Rohkaffee in Brasilien. Der brasilianische Lieferant verschifft die Ware am 15.12.01 und schickt dem Importeur die Konnossemente. Der Importeur nimmt die Konnossemente am 23.12.01 auf. Die Ware selbst gelangt erst am 25.01.02 in das Lager des Importeurs.

Lösung: Es handelt sich hier um sog. schwimmende Ware. Der inländische Importeur muss den Rohkaffee am 31.12.01 als »unterwegs befindliche Ware« in seinen Warenbestand aufnehmen und bilanzieren. Zwar ist die Ware körperlich noch nicht in den Machtbereich des Importeurs gelangt. Durch den Empfang eines kaufmännischen Traditionspapiers (vgl. § 448 HGB: die Übergabe des Papiers ersetzt die Warenübergabe) hat er jedoch die Verfügungsmacht über die Ware erhalten. Dieser Umstand ist nach dem Urteil des BFH vom 03.08.1988 (BStBl II 1989, 21) maßgebend für die wirtschaftliche Zurechnung der Ware.
Der Vollständigkeit halber sei darauf hingewiesen, dass in der Lit. bei unterwegs befindlicher (schwimmender oder rollender) Ware überwiegend der Übergang der Preisgefahr[198] als Kriterium der wirtschaftlichen Zurechnung angesehen wird.[199]

- **Gebäude auf fremdem Grund und Boden**: Die Bilanzierung erfolgt beim Mieter bzw. Pächter des Grundstücks (ständige BFH-Rspr., z.B. BFH vom 31.10.1978, BStBl II 1979, 399 und zuletzt BFH vom 14.05.2002, BStBl II 2002, 741 zum wirtschaftlichen Eigentum einer MU, die auf der Grundstückshälfte ihres Mannes ein Gebäude errichtet, wenn ihr bei Beendigung ein Verwendungsanspruch nach §§ 812, 951 BGB zusteht).
Zur Steuergestaltung bei der Bilanzierung von Herstellungskosten für Gebäude auf fremdem Grund und Boden hat der BFH am 09.03.2016 ein bemerkenswertes Urteil gesprochen (BStBl II 2016, 976):
Errichtet der Unternehmer-Ehegatte mit eigenen Mitteln ein Gebäude auf einem auch dem Nichtunternehmer-Ehegatten gehörenden Grundstück, wird der Nichtunternehmer-Ehegatte – sofern keine abweichenden Vereinbarungen zwischen den Eheleuten getroffen werden – sowohl zivilrechtlicher als auch wirtschaftlicher Eigentümer des auf seinen Miteigentumsanteil entfallenden Gebäudeteils. Dieser Gebäudeteil gehört zu seinem Privatvermögen.
Die vom Unternehmer-Ehegatten für die typisierte Verteilung seines eigenen Aufwands gebildete Bilanzposition kann nicht Sitz stiller Reserven sein. Daraus folgt zum einen, dass dem Unternehmer-Ehegatten Wertsteigerungen, die bei dem im Privatvermögen des Nichtunternehmer-Ehegatten befindlichen Gebäudeteil eingetreten sind, ertragsteuerrechtlich nicht zugerechnet werden können. Auf der anderen Seite kann der Unternehmer-Ehegatte in dieser Bilanzposition nicht dadurch stille Reserven bilden, dass er hierauf ertragsteuerrechtliche Subventionsvorschriften anwendet, die der Gesetzgeber nur für Wirtschaftsgüter des Betriebsvermögens, nicht aber für Wirtschaftsgüter des Privatvermögens vorgesehen hat (Fortführung des BFH-Urteils vom 19.12.2012, BStBl II 2013, 387).
Übertragen in derartigen Fällen sowohl der Unternehmer-Ehegatte den Betrieb als auch beide Eheleute ihre Miteigentumsanteile an dem Grundstück samt Gebäude unentgeltlich

---

[198] Übergang der Preisgefahr: Die Gefahr des zufälligen Untergangs der Ware geht auf den Käufer über, der trotz des Verlustes der Ware den Kaufpreis zahlen muss.
[199] So z.B. *Kleineidam* in *Federmann/Gnam*, HdB, Stichw. 14c, Rz. 11 m.w.H.

auf einen Dritten, kann dieser den Miteigentumsanteil des Nichtunternehmer-Ehegatten zum Teilwert in seinen Betrieb einlegen und von diesem Wert AfA vornehmen.

Die FinVerw hat mit dem BMF-Schreiben vom 16.12.2016 (BStBl I 2016, 1431) zu dem Sachverhalt Stellung genommen und sich der Auffassung des BFH angeschlossen.

1.5 Das Finanzierungsleasing als besondere Form des wirtschaftlichen Eigentums

1.5.1 Das Leasing als »Auslöser« für § 39 Abs. 2 Nr. 1 AO

Den Leasingverträgen kommt eine Vorreiterrolle in der Rspr. des BFH zum wirtschaftlichen Eigentum zu. Bereits 1970 hatte der BFH mit zwei Entscheidungen[200] den Grundstein für die subjektive Zuordnung des Leasinggegenstandes in der Person des Leasinggebers **oder** des Leasingnehmers gelegt. In beiden Fällen ging es um das sog. »Mobilien-Leasing«, wonach bewegliche Anlagegüter vom Leasinggeber überlassen werden. Die dortigen Grundsätze, die die Verwaltung von der BFH-Rspr. übernommen hat (s. BMF vom 19.04.1971, BStBl I 1971, 264), sind zwischenzeitlich auf das »Immobilien-Leasing«, bei dem bebaute Grundstücke Gegenstand des Leasingvertrages sind, übertragen worden (BFH vom 29.09.1971, BStBl II 1972, 13 und 188).

Entscheidend für die Zuordnung des Leasinggegenstandes ist zunächst die genaue zivilrechtliche Charakterisierung des Vertrages als (besondere) Form des Mietvertrages oder als Ratenkaufvertrag. Bei der vorrangigen Zuordnung als Mietvertrag überlagern die Grundsätze zur Bilanzierung schwebender Geschäfte die Kriterienfindung in der Zuordnungsfrage.

Voraussetzung ist dabei stets, dass sich der Gegenstand im zivilrechtlichen Eigentum des Leasinggebers befindet und **nur qua wirtschaftliches Eigentum** ausnahmsweise dem Vertragspartner (Leasingnehmer) für Bilanzierungszwecke zugewiesen wird.

1.5.2 Die allgemeinen Kriterien der subjektiven Zuordnung beim Leasing

Nach den Rspr.-Grundsätzen ist danach beim **Mobilienleasing**[201] der Leasinggegenstand dem **Leasingnehmer** als dessen wirtschaftliches Eigentum zuzuordnen, wenn **kumulativ**

- eine feste, von keiner Seite kündbare Grundmietzeit (GMZ) festgelegt ist,
- die während der GMZ vom Leasingnehmer zu entrichtenden Leasingraten die AK oder HK des Leasinggebers sowie dessen Nebenkosten und Finanzierungskosten decken (Ausnahme: Teilamortisationsverträge[202]) **und**
- wenn **alternativ** eine von den weiteren drei Voraussetzungen vorliegt:
  - GMZ > 90 % der ND (ND) oder < 40 % der ND oder
  - bei einer GMZ zwischen 40 % und 90 % der ND eine (wirtschaftlich wertlose) Kauf- oder Verlängerungsoption gegen ein Entgelt, das unter der Amortisation des objekti-

---

[200] BFH vom 26.01.1970 (BStBl II 1970, 264) und BFH vom 18.11.1970 (BStBl II 1971, 133).
[201] Zu einer besonderen Variante (Forderungsverkäufe als sog. »Doppelstockmodell«) vgl. FG Berlin vom 09.12.2003 (EFG 2004, 766).
[202] Hinweis auf BMF vom 23.12.1991 (BStBl I 1992, 13).

ven Wertes des Leasinggegenstands im Zeitpunkt der Ausübung der Option liegt[203] oder
- wenn der Leasinggegenstand auf die speziellen Bedürfnisse des Leasingnehmers zugeschnitten ist (Spezial-Leasing).

Wirtschaftliches Eigentum des Leasingnehmers liegt bei Sale- und Lease-back-Gestaltungen **nicht** vor, wenn die betriebsgewöhnliche Nutzungsdauer des Leasinggegenstands länger ist als die Grundmietzeit und dem Leasingnehmer ein Andienungsrecht eingeräumt ist (BFH vom 13.10.2016, BFH/NV 2017, 494).

In allen anderen Vertragsgestaltungen erfolgt die Zurechnung des Leasinggegenstands beim **Leasinggeber**.

Beispiel 4: Zurechnung des Leasing-Gegenstands (aus StB-Prüfung 2010)

Ein Unternehmer schließt im Jahr 01 einen unkündbaren Leasingvertrag (Laufzeit 01.07.01 bis 30.06.04) über einen Lieferwagen mit der Hanse Leasing AG ab. Die monatliche Miete beträgt 1.100 € + 19 % USt. Am 01.07.01 muss der Unternehmer eine Sonderzahlung von 6.000 € + 19 % USt leisten. Die betriebsgewöhnliche Nutzungsdauer des Lieferwagens beläuft sich nach der amtlichen AfA-Tabelle auf sechs Jahre.

Nach dem Leasingvertrag kann der Unternehmer den Lieferwagen nach Ablauf der Grundmietzeit für 22.000 € zzgl. USt erwerben.

Die Hanse Leasing AG hat den Lieferwagen im Juni 01 für 40.000 € zzgl. USt erworben. Die Nebenkosten (Finanzierung usw.) der Hanse Leasing AG betragen während der Grundmietzeit 4.000 €.

Lösung:

Es handelt sich um einen Finanzierungsleasingvertrag mit Kaufoption. Der Leasingvertrag ist während der Grundmietzeit unkündbar und die Raten des Leasingnehmers zzgl. der Sonderzahlung (45.600 €) decken die AK + Nebenkosten (44.000 €) des Leasinggebers.

Der Lieferwagen ist dem Leasinggeber zuzurechnen, weil sich die Grundmietzeit (3 Jahre) auf 50 % der betriebsgewöhnlichen Nutzungsdauer (6 Jahre) beläuft und der vereinbarte Anschlusskaufpreis i.H.v. 22.000 € einem Entgelt entspricht, das höher ist als die fortgeschriebenen AK (40.000 € ./. AfA von 20.000 €); Hinweis auf das BMF-Schreiben vom 19.04.1971, III. 3. a), BStBl I 1971, 264.

Für das **Immobilienleasing** gelten noch folgende Besonderheiten:

- Leasingverträge über **Grund und Boden**:
  Bei Leasingverträgen ohne Option und mit Mietverlängerungsoption erfolgt die Zurechnung beim Leasinggeber. Bei Leasingverträgen mit Kaufoption wird der Grund und Boden genauso behandelt wie das aufstehende Gebäude.
- Leasingverträge über **Gebäude**:
  Bei den Leasingverträgen über Gebäude gelten im Wesentlichen die gleichen Zurechnungskriterien wie beim Mobilienleasing. Der angemessene Preis für den Fall der Kaufoption

---

[203] Angemessener Preis bei Kaufoption: Der bei Anwendung linearer AfA nach der amtlichen AfA-Tabelle ermittelte BW oder der niedrigere gemeine Wert im Zeitpunkt der Veräußerung. Angemessene Anschlussmiete: Mietbetrag, der ausreicht zur Deckung des Wertverzehrs, der sich auf der Basis des unter Berücksichtigung der linearen AfA nach der amtlichen AfA-Tabelle ermittelten BW oder des niedrigeren gemeinen Werts und der Rest-ND lt. AfA-Tabelle ergibt.

ist der unter Anwendung der linearen AfA ermittelte BW des Gebäudes zuzüglich des BW für den Grund und Boden oder der niedrigere gemeine Wert des Grundstücks im Zeitpunkt der Veräußerung. Die Zurechnung des Gebäudes beim Leasingnehmer im Fall der Mietverlängerungsoption erfolgt nur, wenn die Anschlussmiete höchstens 75 % der ortsüblichen Miete für ein vergleichbares Grundstück beträgt.

1.5.3 Besonderheiten in der bilanziellen Darstellung des Leasings

Während die Bilanzierung in den Fällen, in denen der Leasinggegenstand dem Leasinggeber zuzurechnen ist, keine Besonderheiten aufweist[204], sind im Fall der Bilanzierung des Leasinggegenstands beim Leasingnehmer einige Buchungsregeln zu beachten, die im nachfolgenden Beispiel dargestellt werden.

> **Beispiel 5: Buchungen im Fall der Bilanzierung des Leasinggegenstands beim Leasingnehmer**
>
> Die AK des Leasinggebers für eine Maschine (ND lt. AfA-Tabelle: **zehn Jahre**) am **05.01.00** betragen 100.000 € + 19 % USt. Die Bezahlung erfolgt durch Banküberweisung am 25.01.00. Entsprechend den Vereinbarungen im Leasing-Vertrag zwischen Leasinggeber und Leasingnehmer wird die Maschine sofort (05.01.00) im Betrieb des Leasingnehmers angeliefert und dort installiert. Die anfallenden Installationskosten von 9.000 € + 19 % USt (Banküberweisung am 20.01.00) sind vereinbarungsgemäß vom Leasingnehmer zu tragen.
>
> Lt. Leasing-Vertrag hat der Leasingnehmer an den Leasinggeber jeweils bis zum 15. des laufenden Monats – erstmalig am 15.01.00 – monatliche Leasingraten von 1.250 € + 19 % USt zu zahlen. Die letzte Rate ist am 15.12.09 zu entrichten.
>
> Dargestellt wird die buchmäßige Behandlung, wenn der Leasinggegenstand, wie nach den Sachverhaltsmerkmalen erforderlich, dem Leasingnehmer zugerechnet und infolge dessen bei ihm bilanziert wird.

Lösung:

a) Behandlung in der Buchführung des Leasinggebers in 00:

Buchung bei Anschaffung der Maschine:

BS:	Leasing-Durchgangskonto	100.000 €	an	Geldkonto	119.000 €
	Vorsteuerkonto	19.000 €			

Buchung bei Lieferung an Leasingnehmer:

BS:	Kaufpreisforderung	100.000 €	an	Leasing-Durchgangskonto	100.000 €

---

[204] Der Leasinggegenstand ist beim Leasinggeber nach den allgemeinen Regeln als AV auszuweisen, die vereinnahmten Leasingraten stellen (Miet-)Erträge dar. Beim Leasingnehmer sind die gezahlten Leasingraten als (Miet-)Aufwand zu erfassen. Bei Jahresüberhängen (z.B. durch Sonderzahlungen) können Rechnungsabgrenzungsposten infrage kommen.
Nach BFH vom 28.02.2001 (BStBl II 2001, 645) ist allerdings für degressive Raten beim Mobilien-Leasing kein aktiver RAP zu bilden.

außerdem:
- 19 % USt[205] auf Summe der Leasingraten (Lieferung der Maschine),
- 19 % von 150.000 € = 28.500 €.

BS: Forderung Leasingnehmer   28.500 €   an   USt-Schuld   28.500 €

Buchung der einzelnen Leasingraten:
Zunächst ist eine Aufteilung der Leasingraten in einen Zins-/Kostenanteil und einen Tilgungsanteil vorzunehmen.

Summe der Raten   150.000 €
./. AK der Maschine   ./. 100.000 €
in den Leasingraten enthaltene Zins-/Kostenanteile   50.000 €

Digitale Verteilung des Zins-/Kostenanteils auf die Leasingzeit

Formel für die Berechnung des gemeinsamen Nenners: $\frac{(1+n) \times n \text{ (Ratenanzahl)}}{2}$

Bei Zugrundelegung von 120 Monatsraten: $\frac{(1+120) \times 120}{2}$

Aufteilung im Jahr 00:

Bruch	Zinsanteil gesamt	Zinsanteil pro Jahr
120/7260	von 50.000 €	826,45 €
119/7260	von 50.000 €	819,56 €
118/7260	von 50.000 €	812,67 €
117/7260	von 50.000 €	805,79 €
116/7260	von 50.000 €	798,90 €
115/7260	von 50.000 €	792,01 €
114/7260	von 50.000 €	785,12 €
113/7260	von 50.000 €	778,24 €
112/7260	von 50.000 €	771,35 €
111/7260	von 50.000 €	764,46 €
110/7260	von 50.000 €	757,58 €
109/7260	von 50.000 €	750,69 €
Summe Zinsanteile		**9.462,81 €**
Summe der Raten		15.000,00 €
Tilgungsanteil		**5.537,19 €**

Buchung 00 (monatlich):

BS: Geldkonto   1.250 €   an   Leasingerträge   1.250 €

Am Ende des Geschäftsjahrs:

BS: Leasingerträge   5.537 €   an   Kaufpreisforderung   5.537 €

---

205 Zur USt s. *V. Schmidt*, Band 3, Teil B, Kap. XI.

Buchung bei Zahlung der USt durch den Leasingnehmer:

BS: Geldkonto 28.500 € an Forderung Leasingnehmer 28.500 €

b) **Behandlung in der Buchführung des Leasingnehmers in 00:**

Buchung bei Empfang der Maschine:

BS: Maschinenkonto 100.000 € an Leasing-Verbindlichkeit 100.000 €

Buchung der vom Leasinggeber berechneten USt:

BS: Vorsteuerkonto 28.500 € an Leasing-Verbindlichkeit 28.500 €

Buchung der Installationskosten:

BS: Maschinenkonto 9.000 € an Geldkonto 10.710 €
Vorsteuerkonto 1.710 €

Buchung der AfA am Jahresende:

BS: AfA-Konto 10.900 € an Maschinenkonto 10.900 €

Buchung der einzelnen Leasingraten:

BS: Leasing-Aufwandskonto 1.250 € an Geldkonto 1.250 €

Buchung am Ende des Geschäftsjahrs:

BS: Leasing-Verbindlichkeit 5.537 € an Leasing-Aufwandskonto 5.537 €

Buchung bei Zahlung der USt an den Leasinggeber:

BS: Leasing-Verbindlichkeit 28.500 € an Geldkonto 28.500 €

1.6 Mietereinbauten

1.6.1 Allgemeines

Unter Mieterein- und -umbauten sind Baumaßnahmen zu verstehen, die der Mieter eines Gebäudes oder Gebäudeteils auf seine Rechnung an dem gemieteten Gebäude/-teil vornehmen lässt. Reine Reparaturarbeiten zählen nicht zu den Mieterein- oder -umbauten. Bei der steuerlichen Beurteilung der Mieterein- bzw. -umbauten unterscheidet man folgende WG.[206]

1.6.2 Scheinbestandteile

Unter Scheinbestandteilen versteht man das Einfügen von Sachen zu vorübergehendem Zweck (§ 95 BGB). Scheinbestandteile sind anzunehmen, wenn die ND der eingefügten Sachen länger ist als die voraussichtliche Mietdauer und somit wirtschaftlich nicht verbraucht sind. Die eingefügten Sachen haben nach dem Ausbau nicht nur einen Schrottwert, sondern sie repräsentieren einen beachtlichen Wiederverwendungswert. Nach den gesamten

---

[206] S. BMF vom 15.01.1976 (BStBl I 1976, 66); Grundsätze bestätigt durch BFH vom 11.06.1997 (BStBl II 1997, 774).

Umständen (insb. nach Art und Zweck der Verbindung) kann damit gerechnet werden, dass die eingebauten Sachen später wieder entfernt werden. Scheinbestandteile werden als bewegliche WG des Anlagevermögens aktiviert.

1.6.3 Betriebsvorrichtungen

Betriebsvorrichtungen sind Maschinen und sonstige Vorrichtungen aller Art, die zu einer Betriebsanlage gehören (§ 68 Abs. 2 Nr. 2 BewG) und im Zweifel dem Betrieb dienen (und nicht dem Aufenthalt von Personen). Zu einzelnen Betriebsvorrichtungen wird auf H 7.1 »Betriebsvorrichtungen« EStH hingewiesen. Betriebsvorrichtungen sind als bewegliche Anlagegüter zu aktivieren.

1.6.4 Sonstige Mietereinbauten/Mieterumbauten

1.6.4.1 Erste Fallgruppe: Mieter ist wirtschaftlicher Eigentümer

Wirtschaftliches Eigentum des Mieters liegt vor, wenn zwar der mit Beendigung des Mietvertrags entstehende Herausgabeanspruch des Eigentümers (nach §§ 946, 951, 812 BGB) die durch den Ein- bzw. Umbau geschaffene Substanz umfasst, dieser Anspruch jedoch keine wirtschaftliche Bedeutung hat. Das ist z.B. regelmäßig dann der Fall, wenn die eingebauten Sachen während der voraussichtlichen Mietdauer verbraucht werden oder der Mieter bei Beendigung des Vertrags mindestens die Erstattung des noch verbliebenen gemeinen Werts verlangen kann.

Derartige Mietereinbauten sind als **unbewegliche Anlagegüter** aktivierungspflichtig. und abzuschreiben nach den für Gebäude geltenden Bestimmungen (BFH vom 15.10.1996, BStBl II 1997, 533).

1.6.4.2 Zweite Fallgruppe: Betriebliche Zweckbauten

Mietereinbauten/-umbauten dienen unmittelbar den **besonderen betrieblichen oder beruflichen Zwecken** des Mieters und es besteht kein einheitlicher Nutzungs- und Funktionszusammenhang mit dem Gebäude.

Eine unmittelbare sachliche Beziehung zum Betrieb des Mieters liegt nicht vor, wenn es sich um Baumaßnahmen handelt, die auch unabhängig von der vom Mieter vorgesehenen Nutzung hätten vorgenommen werden müssen. Mietereinbauten, die den besonderen betrieblichen oder beruflichen Zwecken des Mieters dienen, sind als unbewegliche Anlagegüter zu aktivieren abzuschreiben nach den für Gebäude geltenden Bestimmungen (BFH vom 15.10.1996, a.a.O.).

1.6.4.3 Dritte Fallgruppe: Immaterielle Wirtschaftsgüter

Baumaßnahmen, die weder zu Scheinbestandteilen oder Betriebsvorrichtungen führen noch den sonstigen Mietereinbauten zuzuordnen sind, werden als immaterielle WG behandelt. Es handelt sich hierbei um Mietereinbauten/-umbauten, die in einem einheitlichen Nutzungs- und Funktionszusammenhang mit dem Gebäude stehen, z.B. Einbau von Türen und Fenstern durch den Mieter.

Diese Mietereinbauten/-umbauten sind gem. § 248 Abs. 2 HGB und § 5 Abs. 2 EStG nicht aktivierungsfähig, weil sie nicht entgeltlich erworben, sondern vom Mieter selbst hergestellt worden sind.

Beispiel 6: Mietereinbauten
Ein Mieter lässt in die für sein Großhandelsgeschäft als Büro gemieteten Räume eine Sprinkleranlage einbauen. Die HK betragen 60.000 €. Die betriebsgewöhnliche ND der Anlage beläuft sich auf 20 Jahre. Der Mietvertrag hat vom Einbau der Anlage an noch eine restliche Laufzeit von 25 Jahren.

Lösung:
- Zunächst muss untersucht werden, ob es sich bei der Sprinkleranlage um einen Scheinbestandteil handelt. Die Frage ist zu verneinen, weil die Anlage nach Ablauf des Mietverhältnisses aus Gründen des Feuerschutzes vom Mieter nicht ausgebaut werden darf.
- In einem zweiten Schritt ist zu prüfen, ob die Sprinkleranlage eine Betriebsvorrichtung ist. Bei der Untersuchung der Frage, ob eine Betriebsvorrichtung vorliegt, ist der bestehende Funktionszusammenhang von Bedeutung. Das Vorliegen einer Betriebsvorrichtung hängt davon ab, ob die Anlage auf die besonderen Belange des Betriebes zugeschnitten ist. Das ist hier nicht der Fall. Die Sprinkleranlage ist unabhängig von der speziellen Nutzung der Mieträume als Büro grundsätzlich bei jeder Nutzung des Gebäudes dienlich und wünschenswert. Damit liegt ein Nutzungs- und Funktionszusammenhang mit dem Gebäude und nicht mit dem Gewerbebetrieb des Mieters vor.
- Bei dieser Sachlage ist zu prüfen, ob der Mieter als wirtschaftlicher Eigentümer der Anlage anzusehen ist. Da der Mietvertrag ab Einbau der Sprinkleranlage noch eine Laufzeit hat, die über die betriebsgewöhnliche ND der Anlage hinausgeht, wird der Grundeigentümer vom Mieter über die gesamte Nutzungszeit von der Einwirkung auf die Anlage ausgeschlossen. Das macht den Mieter zum wirtschaftlichen Eigentümer der Anlage.
- In einem solchen Fall liegt ein sonstiger Mietereinbau vor, der als **unbewegliches WG** vom Mieter zu bilanzieren ist. Die HK der Sprinkleranlage sind gem. § 7 Abs. 1 EStG linear auf die ND von 20 Jahren verteilen.

1.6.5 Klausurtechnik

Zunächst ist zu prüfen, ob es sich überhaupt um einen Mietereinbau oder -umbau handelt. Aktivierbare Mietereinbauten oder -umbauten liegen nur vor, wenn der Mieter eines Gebäudes auf seine Rechnung Baumaßnahmen an dem gemieteten Gebäude oder Gebäudeteil vornehmen lässt oder selbst vornimmt, wenn die Aufwendungen des Mieters **kein Erhaltungsaufwand** sind (vgl. BMF vom 15.01.1976, BStBl I 1976, 66).

Danach ist zu untersuchen, um welche Art Mietereinbau oder -umbau es sich handelt. Das genannte BMF-Schreiben gibt die Reihenfolge der Prüfung wie folgt vor:

1. Handelt es sich um einen Scheinbestandteil?
2. Handelt es sich um eine Betriebsvorrichtung?
3. Handelt es sich um einen sonstigen Mietereinbau oder -umbau,
    - bei dem der Mieter wirtschaftlicher Eigentümer des von ihm geschaffenen sonstigen Mietereinbaus ist oder
    - der Mietereinbau den besonderen betrieblichen oder beruflichen Zwecken des Mieters dient und mit dem Gebäude nicht in einem einheitlichen Nutzungs- und Funktionszusammenhang steht oder
    - beim Mieter ein immaterielles WG des Anlagevermögens entsteht.

Prüfungsschema für Mietereinbauten und -umbauten

```
Scheinbestandteil? --ja--> materielles bewegliches WG
      |nein
      v
Betriebsvorrichtung? --ja--> materielles bewegliches WG
      |nein
      v
sonstige Mietereinbauten?
      |nein
      v
1. wirtschaftliches Eigentum? --ja--> materielles unbewegliches WG
      |nein
      v
2. für besondere gewerbliche Zwecke? --ja--> materielles unbewegliches WG
      |nein
      v
weder 1. noch 2.? --ja--> immaterielles WG
```

1.7 Das Betriebsvermögen aus steuerlicher Sicht

1.7.1 Grundsatz

Die Qualifikation ergibt sich aus R 4.2 EStR. Unter BV versteht man nicht nur die positiven (aktiven) WG eines Unternehmens, sondern auch die negativen (passiven) WG, die Schulden. Immer noch gültig ist die Dreiteilung der WG in

- notwendiges BV (s. Kap. 1.7.2),
- gewillkürtes BV (s. Kap. 1.7.4) und
- notwendiges PV (s. Kap. 1.7.3).

Diese nur in der Theorie einfache Unterscheidung zwischen BV und PV beschäftigt immer wieder die Gerichte. Für die (wohl) praxisrelevanteste Frage der Zuordnung von Grundstücken zum PV oder zum BV eines Grundstückshändlers hat der BFH am 12.12.2002 (BStBl II 2003, 297) wieder einmal auf die beim Erwerb bestehende (bedingte) Verkaufsabsicht abgestellt.[207]

---

[207] Ähnlich problematisch ist die Zuordnung von GmbH-Anteilen bzw. Wertpapieren (zuletzt BFH vom 13.06.2002, BFH/NV 2002, 1301).

1.7.2 Notwendiges Betriebsvermögen

Zum notwendigen BV zählen die WG, die ausschließlich oder überwiegend sowie unmittelbar eigenbetrieblich genutzt werden. Für den nicht seltenen Fall einer Beteiligung als WG des notwendigen BV hat zuletzt der BFH am 12.02.2001 (StuB 2001, 658) die generalisierbare Definition verwendet:

Ein WG gehört dann zum notwendigen BV, wenn es dem Betrieb dergestalt unmittelbar dient, dass es objektiv erkennbar zum unmittelbaren Einsatz im Betrieb selbst bestimmt ist. Dabei wird nicht vorausgesetzt, dass es »erforderlich« ist.

Wiederum für den konkreten Fall der Beteiligung liegt dies dann vor, wenn durch die Beteiligung die gewerbliche Betätigung des StPfl. entscheidend gefördert wird oder diese dazu dient, den Produktabsatz zu gewährleisten.

1.7.3 Notwendiges Privatvermögen

Den Gegensatz dazu bildet das notwendige PV. Zum notwendigen PV zählen die WG, die ausschließlich oder zu mehr als 90 % privat genutzt werden.

1.7.4 Gewillkürtes Betriebsvermögen

Die o.g. Extreme werden durch das Institut des gewillkürten BV ergänzt. Die Voraussetzungen für die Behandlung von WG als gewillkürtes BV sind:

- Die WG müssen in einem gewissen objektiven Zusammenhang mit dem Betrieb stehen und ihn zu fördern bestimmt und geeignet sein.
- Die WG dürfen nicht überwiegend eigenbetrieblich genutzt werden.
- Die WG dürfen nicht ausschließlich oder fast ausschließlich privat genutzt werden.
- Entscheidend für das Vorliegen von gewillkürtem BV ist außer den vorgenannten Voraussetzungen der **Ausweis des WG** in der Bilanz (sog. Willkürakt).

Bei der Zuordnung zum gewillkürten BV sind zwei Kategorien von WG zu unterscheiden:

1. gemischt genutzte WG und
2. sog. neutrale WG.

Die **gemischt genutzten** WG können in vollem Umfang zum gewillkürten BV gezogen werden, wenn sie zu mindestens 10 % bis zu 50 % eigenbetrieblich genutzt werden (R 4.2 Abs. 1 S. 6 EStR). Bei den **neutralen** WG sind ausschließlich die vorgenannten Voraussetzungen für die Zuordnung zum gewillkürten BV maßgebend.

In seinem Urteil vom 02.10.2003 (BFH/NV 2004, 132) hat der IV. Senat des BFH entschieden, dass die Gewinnermittlung durch Einnahmenüberschussrechnung nach § 4 Abs. 3 EStG der Bildung gewillkürten Betriebsvermögens nicht entgegensteht. Mit dieser Entscheidung ist eine langjährig in der steuerlichen Fachliteratur geführte Diskussion beendet worden. Die bisherige höchstrichterliche Finanzrechtsprechung ging in gefestigter Rechtsauffassung regelmäßig davon aus, dass gewillkürtes Betriebsvermögen nur bei der Gewinnermittlung durch Bestandsvergleich (§ 4 Abs. 1/§ 5 Abs. 1 EStG) gebildet werden dürfe. Eine Ausnahme bildete lediglich ein Urteil des BFH aus dem Jahr 1993, in dem der X. Senat Bedenken gegen diese Rechtsprechung äußerte. Im Schrifttum ist die BFH-Rechtsprechung zum gewillkürten Betriebsvermögen bei der Überschussrechnung nach § 4 Abs. 3 EStG fast einheitlich kritisiert worden.

Der IV. Senat ist nunmehr der herrschenden Meinung im Schrifttum gefolgt und trägt zur Begründung seiner geänderten Rechtsauffassung vor, dass die bisherige unterschiedliche Behandlung von gewillkürtem Betriebsvermögen bei der Gewinnermittlung durch Betriebsvermögensvergleich und durch Überschussrechnung durch das Gesetz nicht gerechtfertigt ist. Der Begriff des Betriebsvermögens sei einheitlich und unterscheide sich in § 4 Abs. 3 EStG nicht von § 4 Abs. 1 EStG. Dabei könne es nicht darauf ankommen, dass der Begriff des gewillkürten Betriebsvermögens eine Schöpfung der Rechtsprechung sei. Denn nach dieser Rechtsprechung beruhe der Begriff des gewillkürten Betriebsvermögens auf einer Auslegung des gesetzlichen Begriffs des Betriebsvermögens. Schon im Jahr 1955 habe der BFH (Urteil vom 12.05.1955, BStBl III 1955, 205) eine Beschränkung der Anerkennung von gewillkürtem Betriebsvermögen auf bestimmte Gruppen von StPfl. mit der Begründung abgelehnt, dass sie weder im Gesetz noch in den Grundsätzen ordnungsmäßiger Buchführung eine Stütze fände und die rechtliche Gestaltungsfreiheit einer großen Zahl von StPfl. ohne zwingende sachliche Gründe einschränke.

Der BFH geht auch auf die im Schrifttum geäußerte Kritik ein, dass ein unterschiedliches Betriebsvermögen bei der Gewinnermittlung durch Betriebsvermögensvergleich und bei der Gewinnermittlung durch Einnahmenüberschussrechnung dem Grundsatz der Gesamtgewinngleichheit widerspricht. Verweigert man dem Überschussrechner die Bildung von gewillkürtem Betriebsvermögen, so führt das zu einem anderen Gesamtgewinn als beim Bilanzierenden. Der unterschiedliche Gesamtgewinn wiederum hat eine unterschiedliche Steuerbelastung der laufenden Einkünfte und der Betriebsveräußerungs- und -aufgabegewinne zur Folge. Dieser zwangsläufig entstehende unterschiedliche Gesamtgewinn würde gegen den Gleichheitsgrundsatz (Art. 3 Abs. 1 GG) verstoßen. Schon aus diesem Grund kann dem Gewinnermittler nach § 4 Abs. 3 EStG die Bildung von gewillkürtem Betriebsvermögen nicht versagt werden.

Die Finanzverwaltung hat das BFH-Urteil zusammen mit einem erläuternden BMF-Schreiben vom 17.11.2004 (BStBl I 2004, 1064) übernommen.[208] Die damit mögliche Erfassung eines zu mehr als 10 % betrieblich genutzten Pkw als gewillkürtes BV des § 4 Abs. 3-Rechners führt aber gem. § 6 Abs. 1 Nr. 4 S. 2 EStG ab dem **VZ 2006** insoweit zu einer Korrektur, als der Gesetzgeber die 1 %-Regel für den privaten Nutzungsanteil nur für jene Kfz angewandt sehen will, die zu **mehr als** 50 % betrieblich genutzt werden.

1.7.5 Gliederung des Betriebsvermögens

Das BV ist in der Bilanz zu gliedern in AV, Umlaufvermögen und Schulden (§ 247 Abs. 1 HGB).[209] Eine weitere Untergliederung ergibt sich für KapG aus § 266 HGB.

Die herkömmliche Unterscheidung zwischen AV und Umlaufvermögen folgt der Definition des § 247 Abs. 2 HGB für das AV, wonach es sich um WG handeln muss, die dauernd dem Betrieb dienen. Die Auswirkungen der Unterscheidung verdeutlicht die Entscheidung des BFH vom 21.06.2001 (BFH/NV 2001, 1641).

---

208 S. dazu auch *Preißer*, Kap. I 2.4.5.
209 Die ausdrückliche Erwähnung der RAP in § 247 Abs. 1 HGB bestätigt nur, dass es sich dabei um keine WG (Vermögensgegenstände) handelt.

Beispiel 7: Grundstücke einmal so, einmal andersrum
Die Eheleute EM und EF betreiben einen gewerblichen Grundstückshandel. Sie vermieteten als Automatenaufsteller auch Grundstücksflächen an verschiedene Betreiber von Spielhallen. Ab 02 vermieten sie ein Gebäude an eine GmbH, bei denen EM und EF die Haupt-G'fter sind.
Welche Auswirkungen ergeben sich für den Bilanzposten »bebaute Grundstücke«?

Lösung:
- Solange die betroffenen Grundstücke zum gewerblichen Grundstückshandel von EM und EF gehören, stellen sie Umlaufvermögen dar.
- Mit der Vermietung an die »eigene« GmbH von EM und EF ist eine Betriebsaufspaltung begründet worden, da sowohl die personelle Verflechtung (EM und EF sind Allein-Eigentümer des Grundstücks und gleichzeitig die Mehrheits-G'fter der GmbH) als auch die sachliche Verflechtung gegeben ist.
- Ab 02 ist das an die GmbH vermietete Gebäude **AV** der Besitzgesellschaft geworden. In dieser Eigenschaft wird der – im Bilanzposten »bebaute Grundstücke« enthaltene – Gebäude-Anteil planmäßig abgeschrieben. Dies war vorher (bei der Eigenschaft als Umlaufvermögen) nicht der Fall.

1.8 Bilanzierungsverbote

Folgende Aufwendungen dürfen nicht aktiviert werden:

- Aufwendungen für die Gründung des Unternehmens und für die Beschaffung des Eigenkapitals (§ 248 Abs. 1 HGB),
- selbst geschaffene Marken, Drucktitel, Verlagsrechte, Kundenlisten oder vergleichbare immaterielle Vermögensgegenstände des Anlagevermögens (§ 248 Abs. 2 S. 2 HGB n.F.), während **andere selbstgeschaffene immaterielle Vermögensgegenstände** des Anlagevermögens seit/mit Geltung des BilMoG aktiviert werden dürfen, § 248 Abs. 2 S. 1 HGB n.F. (neues Aktivierungswahlrecht),
- Aufwendungen für den Abschluss von Versicherungsverträgen (§ 248 Abs. 3 HGB).

Vorstehende Bilanzierungsverbote gelten gem. § 5 Abs. 1 S. 1 EStG auch für die StB.

2 Maßgeblichkeit der Handelsbilanz für die Steuerbilanz

2.1 Grundsatz der Maßgeblichkeit der Handelsbilanz für die Steuerbilanz

2.1.1 Allgemeines

Durch das BilMoG wurde die die Vorschrift zur Maßgeblichkeit der HB für die StB (§ 5 Abs. 1 S. 1 EStG grundlegend geändert. Die **Neuregelung** ist gem. § 52 Abs. 1 S. 1 EStG i.V.m. Art. 15 des BilMoG **erstmals für den Veranlagungszeitraum 2009** anzuwenden.

Achtung: Die Bestimmungen des **BilMoG** zur Änderung von Vorschriften des HGB sind verpflichtend erst für das **nach dem 31.12.2009** beginnende Geschäftsjahr anzuwenden (Art. 66 Abs. 3 EGHGB).[210]

Gem. § 5 Abs. 1 S. 1 EStG n.F. sind die Ansätze in der HB grds. maßgeblich für die Ansätze in der StB. Soweit die Vermögensgegenstände und Schulden in der HB nach den handelsrechtlichen Bilanzierungs- und Bewertungsvorschriften zutreffend angesetzt wurden, sind sie unverändert in die StB zu übernehmen, wenn nicht ein anderer Ansatz im Rahmen der Ausübung eines **steuerlichen Wahlrechts** gewählt wird.

Soweit steuerliche Bilanzierungs- oder Bewertungs**wahlrechte** bestehen, dürfen diese für die StB unabhängig vom Ansatz in der HB ausgeübt werden (§ 5 Abs. 1 S. 1 EStG[211]).

Beim Vorliegen von **übereinstimmenden Wahlrechten** im Handelsrecht und im Steuerrecht **kann** der Unternehmer das Wahlrecht in der HB und in der StB abweichend treffen.

Beispiel 8: Wahlrecht gem. Handelsrecht und Steuerrecht
Ein Einzelunternehmer wünscht Wertpapiere, die er bisher in seinem PV gehalten hat, als gewillkürtes BV in die StB aufzunehmen, um damit sein Betriebskapital zu verstärken.

Lösung: Da sowohl nach Handelsrecht als auch nach Steuerrecht ein Bilanzierungswahlrecht besteht, kann der Unternehmer die Entscheidung, die Wertpapiere zu bilanzieren, in der HB und in der StB unabhängig voneinander treffen.

2.1.2 Der Grundsatzbeschluss des Bundesfinanzhofs vom 03.02.1969

Zur Auswirkung der Maßgeblichkeitsprinzips nach § 5 Abs. 1 S. 1 EStG auf die einzelnen Bilanzierungsvorschriften des Handelsrechts wurden im Beschluss des BFH vom 03.02.1969 (BStBl II 1969, 291) folgende Grundregeln aufgestellt[212]:

1. **Aktivierungs- und Passivierungsgebote nach Handelsrecht**
   Sie führen auch in der StB zu einem Aktiv-/Passiv-**Gebot**.
   Ausnahmen: Rückstellung für bedingt rückzahlbare Zuwendungen gem. § 5 Abs. 2a EStG, Drohverlustrückstellung gem. § 5 Abs. 4a EStG und Rückstellung für Aufwendungen, die in künftigen Wirtschaftsjahren als AK/HK eines WG zu aktivieren sind gem. § 5 Abs. 4b EStG.

2. **Aktivierungs- und Passivierungsverbote in der HB gelten auch für die StB**

3. **Bilanzierungswahlrechte nach Handelsrecht**
   a) **Aktivierungswahlrechte**
      Wenn lt. Handelsrecht aktiviert werden **darf**, dann **muss** in der StB aktiviert werden (HB-Aktivierungswahlrechte führen zu einem StB-Aktivierungsgebot).
   b) **Passivierungswahlrechte**
      HB-Passivierungswahlrechte führen zu einem StB-Passivierungsverbot

---

[210] Eine Ausnahme bilden die Vorschriften, die aus der erforderlichen Umsetzung von EU-Richtlinien resultieren und erstmals auf das nach dem 31.12.2008 beginnende Geschäftsjahr anzuwenden sind.
[211] Hinweis auf das BMF-Schreiben vom 12.03.2010 zur Maßgeblichkeit der HB für die steuerliche Gewinnermittlung, BStBl I 2010, 239.
[212] Vgl. zuletzt BFH vom 06.03.2003, BFH/NV 2003, 1542 zur Darlehensforderung einer PersG.

4. Bilanzierungswahlrechte nach Steuerrecht

Steuerrechtliche Bilanzierungswahlrechte können unabhängig vom Ansatz in der HB ausgeübt werden (§ 5 Abs. 1 S. 1 EStG); so ist z.B. der Ausweis von gewillkürtem BV in der StB auch möglich, wenn kein Ausweis in der HB erfolgt.

5. Bewertungswahlrechte nach Handelsrecht

Die Maßgeblichkeit tritt hinter den Bewertungsvorbehalt des § 5 Abs. 6 EStG zurück. Bei handelsrechtlichen Bewertungswahlrechten ist zu prüfen, ob die nach Handelsrecht möglichen Werte steuerlich zulässig sind. Wenn steuerlich ein Wert bindend vorgeschrieben ist, so ist er gem. § 5 Abs. 6 EStG auch dann in der StB anzusetzen, wenn in der HB ein anderer (handelsrechtlich zulässiger) Wert angesetzt wurde (vgl. Kap. 2.1.3).

Beispiel 9: Spezialnormenvorbehalt gem. § 5 Abs. 6 EStG
In der HB wurden die Warenvorräte nach der Fifo-Methode bewertet.

Lösung: Steuerlich ist von den handelsrechtlichen Verbrauchsfolgeunterstellungs-Verfahren gem. § 6 Abs. 1 Nr. 2a EStG nur die Lifo-Methode zulässig. Für die StB ist deshalb eine Abweichung von dem in der HB angesetzten Wert erforderlich.

6. Bewertungswahlrechte nach Steuerrecht

Sind nach § 6 EStG oder anderen Vorschriften des Steuerrechts verschiedene Wertansätze möglich, so kann der Ansatz in der StB unabhängig von der HB gewählt werden (§ 5 Abs. 1 S. 1 EStG).

Beispiel 10: Die »neue« Maßgeblichkeit
Der Unternehmer möchte ein angeschafftes Fahrzeug gem. § 7 Abs. 1 S. 6 EStG nach Maßgabe der Leistung abschreiben.

Lösung: Der Unternehmer kann die Leistungs-AfA in der StB in Anspruch nehmen, ohne dass er diese AfA-Methode auch in der HB anwendet.

2.1.3 Durchbrechung der Maßgeblichkeit

Die Maßgeblichkeit der HB für die StB wird in folgenden Fällen durchbrochen:

- Ein Ansatz in der HB verstößt gegen **zwingende** Bilanzierungs- oder Bewertungsvorschriften des **Handelsrechts** bzw. gegen die Grundsätze ordnungsmäßiger Buchführung; d.h. ein unrichtiger HB-Ansatz ist nicht bindend für die StB. In diesem Fall ist der Unternehmer gehalten, in der StB einen den steuerlichen Bilanzierungs- und Bewertungsvorschriften entsprechenden Bilanzansatz vorzunehmen.

Beispiel 11: Unrichtiger Ansatz in der HB
Der Unternehmer hat in seiner HB die HK für einen Anbau an seinem Bürogebäude nicht aktiviert, sondern als Aufwand gebucht.

Lösung: Die Nichtaktivierung der HK für die Erweiterung des Gebäudes verstößt gegen § 255 Abs. 2 S. 1 HGB. In der StB sind die Aufwendungen für die Herstellung des Anbaus als nachträgliche HK des Gebäudes zu aktivieren (BFH vom 09.05.1995, BStBl II 1996, 621).

- Der konkrete Ansatz in der HB bzw. die HB-Bewertung entsprechen nicht den **steuerlichen** Bilanzierungs- oder Bewertungsvorschriften.[213]

Beispiel 12: Der niedrigere Stichtagswert bei vorübergehender Wertminderung
In der Bilanz einer OHG wurden die hergestellten Fertigwaren mit einem unter den HK liegenden Wert (beizulegender Wert) gem. § 253 Abs. 4 S. 1 HGB angesetzt. Der Stichtagswert beruht auf einer nur vorübergehenden Wertminderung, ist aber kein Börsen- oder Marktwert.

Lösung: In der StB ist der niedrigere Teilwert nach § 6 Abs. 1 Nr. 2 S. 2 EStG nur zulässig, wenn er auf einer voraussichtlich dauernden Wertminderung beruht. Wegen dieser zwingenden steuerlichen Bewertungsvorschrift ist in der StB von dem (handelsrechtlich zulässigen) Wert der HB über die Vorschrift des § 5 Abs. 6 EStG abzuweichen und dort die HK anzusetzen.

2.1.4 Aufstellung einer abweichenden Steuerbilanz

Der Spezialnormenvorbehalt gem. § 5 Abs. 6 EStG macht in zunehmendem Maß für steuerliche Zwecke die Abweichung von einzelnen Positionen der HB erforderlich. Das führt normalerweise dazu, eine gesonderte, von der HB abweichende StB aufzustellen.

In der abweichenden StB werden die den steuerrechtlichen Vorschriften nicht entsprechenden HB-Positionen durch steuerlich zulässige Ansätze ersetzt. Das führt zu einem von der HB abweichenden (Eigen-)Kapital in der StB.

Bei Einzelunternehmen und PersG wird das steuerliche Kapital anhand der in der StB ausgewiesenen Aktiva und Passiva errechnet und ausgewiesen.

Beispiel 13: Unterschiedliches Kapital in der HB und StB
Ein Einzelunternehmen hat die HB per 31.12.01 mit einem Kapital i.H.v. 120.000 € aufgestellt. In dieser HB wurden bei den Warenvorräten für schwer verkäufliche Waren pauschale Gängigkeitsabschläge i.H.v. insgesamt 7.000 € vorgenommen und der Gesamtbestand mit einem Wert von 50.000 € aktiviert. Die Verkaufspreise hat der Unternehmer bisher nicht herabgesetzt.

Lösung: Nach dem Steuerrecht sind pauschale Gängigkeitsabschläge grundsätzlich nicht zulässig. Eine TW-AfA bei schwer verkäuflichen Waren ist nur möglich, wenn der Unternehmer den Verkaufspreis herabsetzt (BFH vom 24.02.1994, BStBl II 1994, 514). Aus diesem Grund sind die Vorräte in der StB mit 57.000 € auszuweisen. Das Kapital in der StB beträgt demnach 127.000 €.

Beim Ausweis des Kapitals in der abweichenden StB einer **KapG** besteht im Gegensatz zur Bilanz bei Personenunternehmen eine Besonderheit bezüglich der Ermittlung des Kapitals. Der Ausweis und die Bezeichnung des Eigenkapitals der KapG sind gesetzlich festgelegt (§§ 266 und 272 HGB). Die unter Beachtung dieser Vorschriften in der HB passivierten Eigenkapital-Positionen werden bei der Aktiengesellschaft vom Aufsichtsrat oder ggf. von der Hauptversammlung nach Billigung durch den Aufsichtsrat (§§ 172 und 173 Abs. 1 AktG) und bei der GmbH von den G'ftern (§ 42a Abs. 2 GmbHG) im Rahmen der Feststellung des

---

[213] Rechtsprechung zu diesem Thema: BFH vom 04.06.2008 (BStBl II 2009, 187) zur Rückgängigmachung von Sonderabschreibungen in der HB mit der Folge, dass in der StB keine Zuschreibung erfolgen darf; s. dazu auch BMF vom 11.02.2009 (Az.: IV C 6 – S 2170/0).

Jahresabschlusses beschlossen. Im Zuge der Feststellung des Jahresabschlusses wird auch die Ergebnisverwendung beschlossen. Die in der HB gem. § 272 HGB als Eigenkapital passivierten Positionen sind somit »festgeschrieben«. Sie dürfen in der gesondert aufgestellten StB nicht verändert werden.

Für den Ausweis des Gewinnunterschieds zwischen der HB und der StB muss deshalb ein besonderer Posten ausgewiesen werden. In der Regel wird dieser Posten als »Gewinnunterschied lt. StB« bezeichnet.

Beispiel 14: Posten »Gewinnunterschied laut StB«
Die X-GmbH hat auf den 31.12.01 folgende vorläufige **HB** (in €) aufgestellt:

A			P
Sonstiges AV	100.000	Gezeichnetes Kapital	50.000
Beteiligung	60.000	Jahresüberschuss	145.500
Sonstiges Umlaufvermögen		KSt-Rückstellung	30.000
	90.000	GewSt-Rückstellung	24.500
	250.000		250.000

Bei der Bewertung der Beteiligung (BW = AK: 70.000 €) wurde eine außerplanmäßige Abschreibung gem. § 253 Abs. 3 S. 4 HGB i.H.v. 10.000 € vorgenommen, die auf einer vorübergehenden Wertminderung beruht.

Lösung: In der StB muss die Beteiligung mit den AK von 70.000 € ausgewiesen werden, weil eine TW-AfA nur bei voraussichtlich dauernder Wertminderung zulässig ist (§ 6 Abs. 1 Nr. 2 S. 2 EStG). Das ergibt einen Mehrgewinn lt. StB vor Steuern i.H.v. 10.000 €. Die Steuern auf diesen Mehrgewinn betragen: GewSt 1.252 € (bei einem Hebesatz von 350 v.H.) und KSt 1.500 €. Der Mehrgewinn lt. StB unter Berücksichtigung der Steuern beträgt: 7.275 €. Dieser Betrag ist als besonderer Posten in der StB auszuweisen. Die **StB** (in €) zeigt dementsprechend folgendes Bild:

A			P
Sonstiges AV	100.000	Gezeichnetes Kapital	50.000
Beteiligung	70.000	Jahresüberschuss	145.500
Sonstiges Umlaufvermögen		Mehrgewinn lt. StB	7.275
	90.000	KSt-Rückstellung	31.500
		GewSt-Rückstellung	25.725
	260.000		260.000

Der Vollständigkeit halber wird darauf hingewiesen, dass KapG in den Fällen, in denen der Gewinn laut StB höher ist als das Ergebnis der HB, eine aktive Steuerabgrenzung gem. § 274 Abs. 1 S. 2 HGB vornehmen **können**. Die Rückstellung für latente Steuern gem. § 274 Abs. 1 S. 1 HGB jedoch **muss** bei KapG gebildet werden, wenn der Gewinn lt. StB niedriger ist als das HB-Ergebnis.

2.1.5 Anpassung der Bilanzposten außerhalb der Bilanz

Da die gesonderte StB nur als Grundlage für die steuerliche Gewinnermittlung dient und wegen der Aufstellung einer HB keine außersteuerliche Verwendung findet, erscheint den meisten Unternehmern die Erstellung dieser zweiten Bilanz zu aufwendig. Dem kann Rechnung getragen werden, indem nur die HB aufgestellt und das Ergebnis dieser Bilanz für steuerliche Zwecke außerbilanziell korrigiert wird.

Die in Kap. II 2.1 dargestellten Ansätze in der HB, die den steuerlichen Bilanzierungs- und/oder Bewertungsvorschriften nicht entsprechen, können auch außerhalb der Bilanz den steuerlichen Vorschriften angepasst werden (§ 60 Abs. 2 EStDV). Das geschieht auf die Weise, dass das HB-Ergebnis um die Gewinnauswirkungen korrigiert wird, die sich aus den abweichenden steuerlichen Bilanzierungen ergeben. Dabei ist auch zu bedenken, dass die abweichenden steuerlichen Bilanzierungen wegen der Zweischneidigkeit der Bilanz (Bilanzidentität) stets Auswirkungen auf **zwei** Wirtschaftsjahre haben, es sei denn, die steuerlichen Korrekturen betreffen die Betriebseröffnungs- oder -schlussbilanz. Die für die SB eines Jahres festgestellten Gewinnabweichungen wirken sich durch die automatische Berichtigung der identischen Eröffnungsbilanz des Folgejahres auf den Gewinn dieses Jahres mit umgekehrtem Vorzeichen aus.

Beispiel 15: Auswirkung der Berichtigung eines Bilanzpostens auf den Gewinn zweier Jahre
Der Unternehmer nimmt in seiner HB auf den 31.12.01 bei seinen Warenvorräten eine Abschreibung gem. § 253 Abs. 4 HGB i.H.v. 10.000 € auf 90.000 € vor. Die Wertminderung war nicht von Dauer. Am 31.12.02 werden die Vorräte wieder mit den AK von 120.000 € ausgewiesen.

Lösung: Die Abschreibung nach § 253 Abs. 4 HGB kann steuerlich nicht anerkannt werden, weil der niedrigere TW nur bei voraussichtlich dauernder Wertminderung angesetzt werden darf (§ 6 Abs. 1 Nr. 2 S. 2 EStG). Die Nichtanerkennung der in der HB vorgenommenen Abschreibung führt zu einer Erhöhung des steuerlichen Gewinns für das Wirtschaftsjahr 01 i.H.v. 10.000 € (Weniger an Wareneinsatz). Da der HB-Ansatz am 31.12.02 steuerlich nicht zu beanstanden ist, vermindert sich der steuerliche Gewinn 02 um 10.000 € (Mehr an Wareneinsatz).

Für die technische Durchführung der außerbilanziellen Gewinnkorrekturen bedient man sich zweckmäßigerweise der sog. Bilanzpostenmethode, wie sie bei steuerlichen BP durch die Finanzbehörden angewendet wird. Die Bilanzposten-Methode basiert auf der Gewinnermittlung durch BVV, bei dem sich der Gewinn aus dem Unterschiedsbetrag zwischen dem Endvermögen des Wirtschaftsjahres und dem Endvermögen des vorangegangenen Wirtschaftsjahres ergibt (§ 4 Abs. 1 S. 1 EStG). Die Korrektur des Unterschiedsbetrages um die im Lauf des Wirtschaftsjahres getätigten Entnahmen und Einlagen hat hier keine Bedeutung, weil es um die Berichtigung jeweils nur eines Bilanzpostens geht. Die Bilanzpostenmethode zeigt die Gewinnauswirkungen auf, die durch die Berichtigung von Bilanzposten und deren Auswirkung auf das bilanzielle Kapital entstehen.

Als technisches Hilfsmittel für die Durchführung der Bilanzpostenmethode dient die **Bilanzposten-Übersicht**. Zur Technik der Erstellung einer Bilanzposten-Übersicht wird auf Kap. VII 2 hingewiesen.

Die Verwendung der Bilanzposten-Übersicht sorgt dafür, dass die Folgewirkungen aus der außerbilanziellen Korrektur von Bilanzposten zutreffend erfasst werden und keine Beträge verloren gehen. Das gilt umso mehr, als die außerbilanziellen Korrekturen zum Teil

Bilanzposten betreffen, die langzeitig in der Bilanz fortgeführt werden müssen. Hier ist z.B. der Firmenwert zu nennen, der über einen Zeitraum von 15 Jahren abgeschrieben wird. Bei Gebäuden sind sogar noch erheblich längere Abschreibungszeiten zu berücksichtigen.

Es muss in den Fällen der steuerlichen Anpassung von Bilanzposten außerhalb der Bilanz darauf geachtet werden, dass auch die Steuerrückstellungen lt. HB für steuerliche Zwecke außerbilanziell korrigiert werden müssen.

Das Problem der Fortführung von abweichenden Bilanzposten in der StB taucht auch im Zusammenhang mit der steuerlichen Außenprüfung auf, in deren Folge Anpassungen an die Betriebsprüfungs-StB vorzunehmen sind. Da die steuerliche BP nicht selten Bilanzberichtigungen vornimmt, die der Unternehmer nicht in seine HB übernehmen muss – und auch nicht übernehmen will –, entsteht auch hier das Bedürfnis der außerbilanziellen Korrekturen mit den bereits beschriebenen Folgen.

2.1.6 Schematische Darstellung der Abweichungen zwischen Handelsbilanz und Steuerbilanz

2.1.6.1 Darstellung der Abweichungen für alle Unternehmensformen

Die nachfolgenden Abweichungen der Ansätze in der StB von denen der HB gelten **für alle Unternehmensformen**. Sie betreffen den ersten Abschnitt des Dritten Buches des HGB (§§ 238–263 HGB), der die Bilanzierungs- und Bewertungsvorschriften für alle Kaufleute enthält. Die Darstellungen zur StB verstehen sich in Ergänzung zur HB.

Schematische Darstellung der Abweichungen		
Bilanzposten	Handelsbilanz	Steuerbilanz
Immaterielle VG	Bilanzierung: selbst geschaffen Aktivierungswahlrecht (§ 248 Abs. 2 S. 1 HGB) Wertbeibehaltung bei entgeltlich erworbenem Firmenwert (§ 253 Abs. 5 S. 2 HGB)	Bilanzierung: selbst geschaffen Aktivierungsverbot (§ 5 Abs. 1 S. 2 EStG) zwingend Wertaufholung, es sei denn, der Wert ist voraussichtlich von Dauer (§ 6 Abs. 1 Nr. 1 S. 4 EStG)
Abnutzbares AV	Für GWG wird Vollabschreibung allgemein bejaht	Für GWG Vollabschreibung oder Poolbildung (§ 6 Abs. 2 und 2a EStG)
Nicht abnutzbares AV	Bewertung: niedrigerer beizulegender Wert für Finanzanlagen bei voraussichtlich nicht dauernder Wertminderung (§ 253 Abs. 3 S. 4 HGB)	Bewertung: nicht zulässig (§ 6 Abs. 1 Nr. 2 S. 2 EStG)
UV	Bewertung: niedrigerer Börsen- oder Marktpreis, niedrigerer beizulegender Wert auch bei voraussichtlich nicht dauernder Wertminderung (§ 253 Abs. 3 S. 1 und 2 HGB)	Bewertung: nicht zulässig (§ 6 Abs. 1 Nr. 2 S. 2 EStG)

Bilanzposten	Handelsbilanz	Steuerbilanz
UV (Forts.)	Vorräte dürfen nach dem Lifo- oder Fifo-Verfahren bewertet werden; Fremdwährungsforderungen werden mit dem Devisenkassamittelkurs vom Bilanzstichtag bewertet (§ 256a HGB)	Bewertung der Vorräte nur nach dem Lifo-Verfahren zulässig (§ 6 Abs. 1 Nr. 2a S. 1 EStG); Fremdwährungsforderungen werden mit dem Briefkurs vom Zugangstag, ggf. mit dem niedrigeren Briefkurs vom Bilanztag (bei dauernder Wertminderung) bewertet
Aktiver RAP	Kein Aktivierungswahlrecht für Zölle, Verbrauchsteuern und USt auf Anzahlungen Aktivierungswahlrecht für das Damnum – Disagio (§ 250 Abs. 3 HGB)	Aktivierungspflicht nach § 5 Abs. 5 S. 2 EStG Aktivierungspflicht nach § 5 Abs. 5 Nr. 1 EStG i.V.m. BFH vom 03.02.1969, BStBl II 1969, 291
Verbindlichkeiten	Bewertung: Erfüllungsbetrag (§ 253 Abs. 1 S. 2 HGB) Fremdwährungsverbindlichkeiten: Bewertung mit dem Devisenkassamittelkurs vom Bilanzstichtag (§ 256a HGB)	Bewertung: Anschaffungskosten bei unverzinslichen Verbindlichkeiten mit einer Laufzeit ab 12 Monaten mit 5,5 % abgezinster Nennbetrag (§ 6 Abs. 1 Nr. 3 S. 1 EStG) Fremdwährungsverbindlichkeiten: Bewertung mit dem Geldkurs vom Zugangstag, ggf. mit dem höheren Briefkurs vom Bilanzstichtag (bei dauernder Werterhöhung[214])
Rückstellungen	Bilanzierung/Ansatz: Passivierungszwang (§ 249 Abs. 1 HGB)	Bilanzierung/Ansatz: grundsätzlich Passivierungszwang (§ 5 Abs. 1 S. 1 EStG) **mit folgenden Ausnahmen:** • Rückstellung für bedingt rückzahlbare Zuwendungen: **nur eingeschränkt zulässig** (§ 5 Abs. 2a EStG) • Rückstellung wegen Verletzung fremder Urheberrechte: **nur eingeschränkt zulässig** (§ 5 Abs. 3 EStG) • Rückstellung für Jubiläumszuwendungen: **nur eingeschränkt zulässig** (§ 5 Abs. 4 EStG)[215] • Rückstellung für drohende Verluste aus schwebenden Geschäften: **nicht zulässig** (§ 5 Abs. 4a EStG)

---

214 S. hierzu BFH vom 23.04.2009 (BStBl II 2009, 778).
215 S. auch BFH vom 18.01.2007 (BStBl II 2008, 956) und BMF vom 08.12.2008 (BStBl I 2008, 1013).

Bilanzposten	Handelsbilanz	Steuerbilanz
Rückstellungen (Forts.)		• Rückstellungen für Aufwendungen, die in späteren Wj. als AK/HK für ein WG zu aktivieren sind: **nicht zulässig** (§ 5 Abs. 4b EStG) • Pensionsrückstellungen: **nur zulässig**, soweit die steuergesetzlichen Voraussetzungen erfüllt sind (§ 6a EStG)
	Bewertung: Der nach vernünftiger kaufmännischer Beurteilung notwendige Erfüllungsbetrag inkl. künftiger Preis- und Kostensteigerungen (§ 253 Abs. 1 S. 2 HGB)	Bewertung: Der nach den Wertverhältnissen vom Bilanzstichtag erforderliche Betrag ohne künftige Preis- oder Kostensteigerungen (§ 6 Abs. 1 Nr. 3a Buchst. f EStG) Einschränkungen bei folgenden Rückstellungen: • für gleichartige Verpflichtungen (§ 6 Abs. 1 Nr. 3a Buchst. a EStG) • für Sachleistungsverpflichtungen (§ 6 Abs. 1 Nr. 3a Buchst. b EStG) • für Verpflichtungen, mit deren Erfüllung künftige Vorteile verbunden sind (§ 6 Abs. 1 Nr. 3a Buchst. c EStG) wegen Verpflichtungen, für deren Entstehen der laufende Betrieb ursächlich ist (§ 6 Abs. 1 Nr. 3a Buchst. d EStG)
	Bei Rückstellungen mit einer Restlaufzeit von mehr als einem Jahr Abzinsung mit dem durchschnittlichen Marktzins der vergangenen sieben Geschäftsjahre. Pensionsrückstellungen dürfen pauschal mit dem durchschnittlichen Marktzinssatz abgezinst werden, der sich aus einer angenommenen Restlaufzeit von 15 Jahren ergibt.	Für Verpflichtungen Abzinsung mit 5,5 % (§ 6 Abs. 1 Nr. 3a Buchst. e EStG) Pensionsrückstellungen sind nach den Regeln von § 6a EStG zu bewerten.

2.1.6.2 Darstellung der Abweichungen nur für Kapitalgesellschaften

Die folgenden Abweichungen der Ansätze in der StB von denen der HB gelten **nur für KapG**. Sie gehen zurück auf den zweiten Abschnitt (erster Unterabschnitt) des Dritten Buches des HGB (§§ 264–289 HGB), der aus ergänzenden Bilanzierungs- und Bewertungsvorschriften für den Einzelabschluss der KapG besteht.

Schematische Darstellung der Abweichungen		
Bilanzposten	Handelsbilanz	Steuerbilanz
Vermögensgegenstände, die zum notwendigen Sonder-BV bei einer PersG gehören[216]	Bilanzierung: Bilanzierungspflicht (§ 246 Abs. 1 HGB)	Bilanzierungsverbot, weil die Aktivierung in der Sonderbilanz bei der PersG Vorrang hat (BFH vom 18.07.1979, BStBl II 1979, 750)
Abgrenzung latenter Steuern	Aktivierungswahlrecht (§ 274 Abs. 1 S. 2 HGB)	keine Bilanzierung möglich, weil kein WG
Rückstellungen wegen latenter Steuern	Bilanzierung: Passivierungszwang (§ 274 Abs. 1 S. 1 HGB)	Bilanzierung: Passivierungsverbot, weil die Steuern nicht dem Ergebnis der StB entsprechen (h.M.[217])

2.1.6.3 Darstellung der Abweichungen für Personengesellschaften

Bei den nachfolgenden Abweichungen zwischen HB und StB handelt es sich um spezifisch steuerliche Bilanzierungsprobleme ausschließlich **der Bilanzen von PersG**.

Schematische Darstellung der Abweichungen		
Bilanzposten	Handelsbilanz	Steuerbilanz
VG des Gesamthandsvermögens	Bilanzierung: Bilanzierungspflicht (§ 246 Abs. 1 HGB)	Bilanzierung: Bilanzierungspflicht (§ 5 Abs. 1 S. 1 EStG) **Ausnahme** Bilanzierungsverbot, wenn aus der Sicht der PersG jeglicher betriebliche Anlass für den Erwerb des WG fehlt (BFH vom 22.05.1975, BStBl II 1975, 804)
VG des Sonder-BV	Bilanzierung: keine Bilanzierung	Bilanzierung: Bilanzierung in einer steuerlichen Sonderbilanz

2.1.6.4 Darstellung der Abweichungen nur für Einzelunternehmen und im Rahmen des Sonderbetriebsvermögens bei Personengesellschaften

Die folgende Regelung gem. § 7 Abs. 1 S. 4 EStG führt **nur bei Einzelunternehmen** und bei **PersG** zu einer Abweichung zwischen der StB und der HB, weil nur in diesen Unternehmensformen entsprechende Einlagen in das steuerliche BV denkbar sind. Bei PersG beschränkt sich die Anwendung der Vorschrift allerdings auf Einlagen in das **Sonder-BV** der G'fter. Hier kommt es nicht zu einer wertmäßigen Abweichung zwischen der HB und der StB, sondern gar zu einer abweichenden Bilanzierung, weil das Sonder-BV in der HB nicht auszuweisen ist.

---

216 Beispiel: Die Komplementär-GmbH überlässt »ihrer« KG ein Grundstück zur Nutzung.
217 Z.B. *Bordewin*, DStZ 1987, 443.

Der Vollständigkeit halber soll erwähnt werden, dass die Einbringung von WG aus dem PV des G'fters in das **Gesamthandsvermögen** der PersG gegen Gewährung von Gesellschaftsrechten nach dem Urteil des BFH vom 19.10.1998 (BStBl II 2000, 230) i.V.m. dem BMF-Schreiben vom 29.03.2000 (BStBl I 2000, 462) als tauschähnlicher Vorgang und damit als Anschaffungsgeschäft der PersG und als Veräußerungsgeschäft des G'fter anzusehen ist. In diesem Fall sind die AK der Gesellschaft als AfA-Bemessungsgrundlage anzusetzen.

Schematische Darstellung der Abweichungen		
Bilanzposten	Handelsbilanz	Steuerbilanz
Abnutzbares AV	Bewertung: in das BV eingelegte Vermögensgegenstände: BMG für die planmäßige Abschreibung = Einlagewert	Bewertung: in das BV eingelegte WG, die vor ihrer Einlage zur Erzielung von Einkünften i.S.v. § 2 Abs. 1 Nr. 4–7 EStG verwendet wurden: AfA-BMG = AK oder HK abzüglich der bisher vorgenommenen Abschreibungen (§ 7 Abs. 1 S. 4 EStG)

2.1.7 Klausurtechnik

Wenn in der Aufgabenstellung der Klausur die Maßgeblichkeit der HB für die StB (§ 5 Abs. 1 EStG) eine Rolle spielt, müssen zwingende Übereinstimmungen und notwendige Abweichungen (steuerliche Bewertungsvorbehalte) bzw. gewünschte Abweichungen (steuerliche Wahlrechte) zwischen der HB und der StB dargelegt und unter Angabe der einschlägigen Vorschriften begründet werden.

Sollen nach der Aufgabenstellung sowohl die Ansätze in der HB als auch die in der StB ermittelt werden, ist entsprechend der Vorschrift des § 5 Abs. 1 S. 1 EStG bei der Anfertigung der Lösung die folgende Reihenfolge unbedingt einzuhalten:

a) Feststellungen zum Ansatz des Postens in der HB unter Angabe der gesetzlichen Vorschriften,
b) Feststellungen zur Bewertung des Postens in der HB unter Angabe der gesetzlichen Vorschriften,
c) Feststellungen zum Ansatz des Postens in der StB unter Angabe der gesetzlichen Vorschriften,
d) Feststellungen zur Bewertung des Postens in der StB unter Angabe der gesetzlichen Vorschriften.

Anschließend ist anzugeben,

- bei welchen Posten übereinstimmende Bilanzierungen und Bewertungen in der HB und StB vorzunehmen sind,
- bei welchen Posten die Bilanzierung und/oder Bewertung in der HB und StB zwingend voneinander abweichen,
- bei welchen Posten aufgrund der Ausübung eines steuerlichen Wahlrechts die Bewertung in der HB und StB voneinander abweicht.

Wenn Bilanzposten in der HB und StB zwingend voneinander abweichen, ist zusätzlich zu den Vorschriften, aus denen sich die unterschiedlichen Ansätze ableiten, auf die Vorschrift des § 5 Abs. 6 EStG (Spezialnormenvorbehalt) zu verweisen.

3 Einzelne Ansatzvorschriften

3.1 Immaterielle Vermögensgegenstände

3.1.1 Bilanzierungsvorschriften

3.1.1.1 Grundsätzliches Bilanzierungsgebot

Immaterielle Vermögensgegenstände sind grundsätzlich zu aktivieren (§ 246 Abs. 1 S. 1 HGB). Das gilt sowohl für die immateriellen Vermögensgegenstände des Anlagevermögens als auch für die des Umlaufvermögens. Das Bilanzierungsgebot gilt über die Maßgeblichkeit der HB auch für die StB.

3.1.1.2 Bilanzierungsverbot

Das grundsätzliche Aktivierungsverbot für nicht entgeltlich erworbene immaterielle Vermögensgegenstände des Anlagevermögens im Handelsrecht ist fortgefallen. Stattdessen gilt nunmehr ein partielles Aktivierungswahlrecht gem. § 248 Abs. 2 HGB.

In der StB dürfen immaterielle Vermögensgegenstände des AV nicht aktiviert werden, wenn sie nicht entgeltlich erworben wurden, sondern im Betrieb geschaffen wurden (sog. originäres immaterielles WG), vgl. § 5 Abs. 2 EStG. Das Bilanzierungsverbot umfasst nicht die immateriellen Vermögensgegenstände des Umlaufvermögens. Letztere sind – in der HB und in der StB – auch zu bilanzieren, wenn sie nicht von einem Dritten erworben, sondern vom Unternehmen selbst hergestellt wurden.

> **Beispiel 16a: Das selbst geschaffene immaterielle Wirtschaftsgut (aus StB-Prüfung 2013)**
> Die Transport- und Fahrzeugbau GmbH hat seit längerem ein Forschungsprojekt für eine neuartige Anhängervorrichtung für Sattelschlepper durchgeführt. Im Jahr 02 fielen in der Forschungsphase an:
> - Gehälter des Forschungspersonals (Einzel- und Gemeinkosten)   200.000 €,
> - Materialkosten (Einzel- und Gemeinkosten) für die Fertigstellung eines Forschungsprojekts (Prototyp)   100.000 €.
>
> Nach erfolgreichem Probelauf des Prototyps Ende März 02 wurde unter Anwendung der Forschungsergebnisse mit der Entwicklung begonnen. In der Entwicklungsphase (01.04. bis 30.11.02) sind folgende Aufwendungen angefallen:
> - Gehälter Entwicklungspersonal (Einzel- und Gemeinkosten)   230.000 €,
> - Material für die Entwicklung (Einzel- und Gemeinkosten)   150.000 €,
> - produktionsbezogene Abschreibungen (anteilig)   40.000 €,
> - Verwaltungskosten Entwicklung   15.000 €.
>
> Forschung und Entwicklung konnten erfolgreich voneinander getrennt werden. Sämtliche Aufwendungen wurden auf Aufwandskonten (Material- und Stoffverbrauch, Personalaufwendungen, sonstige betriebliche Aufwendungen und Abschreibungen) gebucht.

Nach Abschluss der Entwicklungsphase wurde am 01.12.02 mit der Produktion der neuartigen Anhängervorrichtung für Sattelschlepper begonnen. Die GmbH rechnet mit einer fünf Jahre dauernden Nutzung zur gleichartigen Produktion.

Lösung: Mit der Herstellung und Weiterentwicklung des Prototyps hat die GmbH einen immateriellen Vermögensgegenstand des Anlagevermögens selbst hergestellt. Es handelt sich nicht um einen entgeltlichen Erwerb durch ein einheitliches Rechtsgeschäft.
Für selbst hergestellte immaterielle Vermögensgegenstände besteht gem. § 248 Abs. 2 S. 1 HGB ein Ansatzwahlrecht, soweit kein Vermögensgegenstand aus dem Negativkatalog des § 248 Abs. 2 S. 2 HGB vorliegt. Unter der Prämisse, dass die GmbH ein möglichst hohes Kapital in der Handelsbilanz ausweisen möchte, ist von dem Aktivierungswahlrecht Gebrauch zu machen.
Die Bewertung erfolgt gem. § 253 Abs. 1 S. 1 HGB mit den Herstellungskosten, d.h. mit den Einzel- und Gemeinkosten des Materials und der Fertigung sowie dem Verzehr des Anlagevermögens (§ 255 Abs. 2 S. 1 und 2 HGB). Für den Ansatz der Verwaltungskosten besteht nach § 255 Abs. 2 S. 3 HGB ein Ansatzwahlrecht. Zur Erzielung eines möglichst hohen Eigenkapitals werden diese ebenfalls einbezogen.
Angesetzt werden gem. § 255 Abs. 2a S. 1 HGB nur die Entwicklungskosten (hier lt. Sachverhalt eindeutig abgrenzbar von den Forschungskosten) von dem Zeitpunkt an, ab dem es höchst wahrscheinlich ist, dass ein verwertbarer Vermögensgegenstand entsteht. Dieser Zeitpunkt dürfte Ende März 02 (nach dem erfolgreichen Probelauf) liegen.

Ermittlung der Herstellungskosten:
Gehälter Entwicklungspersonal	230.000 €,
Materialeinsatz Entwicklung	150.000 €,
Abschreibungen	40.000 €,
Verwaltungskosten Entwicklung	15.000 €,
Summe	435.000 €.

Der Vermögensgegenstand (VG) ist mit Abschluss der Entwicklungsphase wie folgt zu aktivieren:

Herstellungskosten	435.000 €
Handelsbilanzansatz am 31.12.02	427.750 €

Buchungssatz für die Handelsbilanz:
Immaterielle VG	435.000 €	an	Aktiv. Eigenleistung	435.000 €
Abschreibung	7.250 €	an	Immaterielle VG	7.250 €

In der Steuerbilanz ist der Ansatz selbst geschaffener immaterieller Wirtschaftsgüter gem. § 5 Abs. 2 EStG nicht zulässig. Infolge der Aktivierung in der Handelsbilanz entsteht eine temporäre Wertansatzdifferenz zwischen dem handelsrechtlichen und dem steuerrechtlichen Wertansatz. In diesen Fällen sind die darauf beruhenden latenten Steuern gem. § 274 Abs. 1 S. 1 HGB erfolgswirksam abzugrenzen. Bei einer geschätzten Steuerbelastung von 30 % von 427.750 € betragen diese 128.325 €.

Buchungssatz für die Handelsbilanz:
Steuern vom Einkommen und Ertrag	128.325 €	an	Passive latente Steuern	128.325 €

Bei der steuerlichen Gewinnermittlung sind die latenten Steuern in der Überleitungsrechnung nach § 60 Abs. 2 S. 1 EStDV dem Gewinn wieder hinzuzurechnen.

3.1.1.3 Entgeltlicher Erwerb eines immateriellen Wirtschaftsguts

Ein immaterielles WG ist entgeltlich erworben worden (sog. derivatives immaterielles WG), wenn es durch einen Hoheitsakt oder ein Rechtsgeschäft gegen Hingabe einer bestimmten Gegenleistung übergegangen oder eingeräumt worden ist (R 5.5 Abs. 2 S. 2 EStR).

Als i.S.d. Aktivierungspflicht **unschädlicher unentgeltlicher** Erwerb kommen gem. R 5.5 Abs. 3 EStR in Betracht:

- Übergang i.R.d. unentgeltlichen Übertragung eines Betriebs, Teilbetriebs oder Mitunternehmeranteils: Aktivierung mit dem BW des Rechtsvorgängers (§ 6 Abs. 3 EStG);
- unentgeltlicher Erwerb als Einzel-WG aus betrieblichem Anlass: Aktivierung mit dem gemeinen Wert (§ 6 Abs. 4 EStG);
- Einlage in den Betrieb: Aktivierung mit dem Einlagewert (TW bzw. fortgeschriebene AK; § 6 Abs. 1 Nr. 5 EStG).

3.1.2 Immaterielles Gesamtwirtschaftsgut

Als immaterielles Gesamt-WG bezeichnet man den Geschäfts- oder Firmenwert. Er setzt sich aus einer Vielzahl von Einzelwerten zusammen (betriebliche Vorteile und Vorzüge), denen einzeln das Merkmal der Veräußerbarkeit fehlt und damit der Rang eines selbständigen WG.

Gem. § 246 Abs. 1 S. 4 HGB ist der Geschäftswert als der Unterschiedsbetrag zu aktivieren, um den die für die Übernahme eines Unternehmens bewirkte Gegenleistung den Wert der einzelnen Vermögensgegenstände des Unternehmens abzüglich der Schulden im Zeitpunkt der Übernahme übersteigt.

Für die StB wird das handelsrechtliche Bilanzierungsgebot über den Maßgeblichkeitsgrundsatz nach § 5 Abs. 1 EStG übernommen.

Nach Handelsrecht ist der Firmenwert planmäßig abzuschreiben (§ 253 Abs. 3 S. 1 und 2 HGB). Nach Steuerrecht muss der Firmenwert linear auf 15 Jahre verteilt werden (§ 7 Abs. 1 S. 3 EStG). Für den Geschäftswert einer Freiberuflerpraxis (Praxiswert) lässt der BFH eine Abschreibung auf drei bis zehn Jahre zu.[218] Außerplanmäßige Abschreibungen (Teilwertabschreibungen) sind zulässig und handelsrechtlich ggf. geboten.

3.1.3 Immaterielle Einzelwirtschaftsgüter

Das immaterielle Einzel-WG tritt als selbständiges WG in Erscheinung. Es ist regelmäßig einzeln veräußerbar. Man unterscheidet

- **geschäftswertähnliche immaterielle Einzel-WG:**
  Teils nicht abnutzbar (z. B. Linienbuskonzession) und teils abnutzbar (Verlagswert); vgl. dazu BMF-Erlass vom 20.11.1986, BStBl I 1986, 532;
- **sonstige immaterielle Einzel-WG:**
  z.B. Patente, ungeschützte Erfindungen, Gebrauchsmuster, Warenzeichen, Urheberrechte, Verlagsrechte, Belieferungsrechte, zeitlich begrenzte Wettbewerbsverbote, Fabrikationsverfahren, Rezepturen, Know-how, Lizenzen und Software (nur Trivialprogramme sind materielle WG[219]; Computerprogramme, deren AK nicht mehr als 410 € betragen, sind

---

218 Vgl. *Lambrecht* in *Kirchhof-kompakt*, § 7 Rz. 75 m.w.N. (FN 5).
219 Allein mit dieser Einstufung (»materielle WG«) wird die Sofortabschreibung als GWG gem. § 6 Abs. 2 EStG (vgl.: »bewegliche WG«) ermöglicht.

stets als Trivialprogramme zu behandeln, R 5.5 Abs. 1 S. 2 und 3 EStR und BMF vom 18.11.2005, BStBl I 2005, 1025 zur Einführung von ERP-Software).

Die sonstigen immateriellen Einzel-WG sind regelmäßig abnutzbar und entsprechend ihrer **wirtschaftlichen** ND abzuschreiben. Außerplanmäßige Abschreibungen (Teilwertabschreibungen) sind zulässig und handelsrechtlich ggf. geboten. Bei Warenzeichen ist gem. BMF-Erlass vom 27.02.1998 (BStBl I 1998, 252) von einer ND von 15 Jahren auszugehen, wenn der StPfl. keine kürzere ND darlegt und ggf. nachweist.

Beispiel 16b: Das erworbene immaterielle Wirtschaftsgut (aus StB-Prüfung 2014)
Im Januar 13 zog der Einzelunternehmer Roland Ritter (RR) in Betracht, in seinem Unternehmen künftig ein betriebswirtschaftliches Softwaresystem (ERP-Programm) einzusetzen. Der gewerbliche EDV-Berater Kurt König (KK) erstellte daraufhin eine auf die betrieblichen Bedürfnisse von RR abgestimmte Planung und berechnete seine Leistung im Februar 13 mit 10.000 € zuzüglich 19 % USt.
Im März 13 beauftragte RR den Berater KK mit der Erstellung und Implementierung (Herstellung der Einsatzbereitschaft) des aus drei Modulen bestehenden Softwaresystems.
Im Juni 13 wurden die Angestellten in der Bedienung der Software geschult. Die Rechnung der Fa. KK lautete über 6.000 € zuzüglich 19 % USt. Die Schulungen für die 3 Module sind vom Umfang her gleichwertig.
Die Module »Logistik und Personal« wurden im Juli 13 in den betrieblichen Räumen implementiert und konnten noch im selben Monat entsprechend der Planung genutzt werden. Berechnet wurden dafür im Juli 13 von KK 200.000 € zuzüglich 19 % USt.
Das Modul »Finanzen« wurde entsprechend den getroffenen Vereinbarungen im November 13 in den betrieblichen Räumen implementiert. Berechnet wurden dafür im November 13 von KK 100.000 € zuzüglich 19 % USt.
Für die vorgenommene Übernahme der Daten aus den bisherigen Systemen (sog. Datenmigration) wurden im Dezember 13 von KK 9.000 € zuzüglich 19 % USt berechnet. Die Bezahlung der Rechnung erfolgte im Januar 14.
Die betriebsgewöhnliche Nutzungsdauer kann mit fünf Jahren angenommen werden.

Lösung: Das Softwaresystem ist wegen des einheitlichen Nutzungs- und Funktionszusammenhangs **ein** Wirtschaftsgut. Das gilt auch, wenn die Module zu unterschiedlichen Zeitpunkten oder von unterschiedlichen Softwareherstellern erworben werden (BMF vom 18.11.2005, BStBl I 2005, 1025).[220] Im Handelsrecht gibt es keine andere Beurteilung, sodass handelsrechtlich ebenfalls **ein** Vermögensgegenstand vorliegt.
Mit dem Erwerb der Software liegt ein aktivierungspflichtiger Anschaffungsvorgang vor (BMF vom 18.11.2005, a.a.O., Rz. 3). Der Abschluss eines Werkvertrags führt grundsätzlich zu Anschaffungskosten. Anhaltspunkte für eine zu Herstellungskosten führende Mitwirkung durch RR (und damit eine Werkleistung) sind nicht ersichtlich. Das Softwaresystem ist als abnutzbares, immaterielles Wirtschaftsgut des Anlagevermögens zu aktivieren (§ 246 Abs. 1 S. 1 HGB, § 5 Abs. 1 EStG bzw. R 4.2 Abs. 1 S. 1 EStR und BMF vom 18.11 2005, a.a.O.).
Die Bewertung erfolgt gem. §§ 253 Abs. 1 S. 1, Abs. 3 HGB, 6 Abs. 1 Nr. 1 S. 1 EStG mit den Anschaffungskosten nach § 253 Abs. 1 HGB, § 5 Abs. 1 S. 1 EStG. Die Abschreibung kann nur

---

[220] Kritische Auseinandersetzung mit dem BMF-Schreiben vom 18.11.2005 von *Dobner/Hagl* in NWB 22/2017, 1651.

linear nach §§ 255 Abs. 3 HGB, 7 Abs. 1 S. 1 EStG über die betriebsgewöhnliche Nutzungsdauer von fünf Jahren erfolgen.

Nach dem BMF-Schreiben vom 18.11.2005, a.a.O., Rz. 14 sind die Planungskosten als sofort abziehbare Betriebsausgaben zu behandeln, da sie als sog. Vorkosten im Zusammenhang mit der Kaufentscheidung stehen.

Ebenso sind nach dem BMF-Schreiben vom 18.11.2005, BStBl I 2005, 1025, Rz. 15 die Aufwendungen für die Schulung der Arbeitnehmer betreffend die Bedienung der Software sofort abziehbare Betriebsausgaben.

Die in Rechnung gestellte Umsatzsteuer ist als Vorsteuer abziehbar und gehört gem. § 9b Abs. 1 EStG nicht zu den Anschaffungskosten des Softwaresystems.

Wird ein eingerichtetes Softwaresystem angeschafft, beginnt die Abschreibung mit der Betriebsbereitschaft des Wirtschaftsguts (generell § 9a EStDV). Die Betriebsbereitschaft ist mit Abschluss der Implementierung hergestellt. Bei der stufenweisen Einführung von Modulen ist der Zeitpunkt der Betriebsbereitschaft der ersten Module für den Beginn der AfA maßgeblich (BMF-Schreiben vom 18.11.2005, a.a.O., Rz. 20). Die AfA beginnt damit im Juli 13. Die nachträgliche Erweiterung des Programms um Module führt zu nachträglichen Anschaffungskosten des Wirtschaftsguts Software, da es sich bei den weiteren Modulen um unselbständige Wirtschaftsgüter handelt und eine wesentliche Verbesserung des Programms vorliegt (BMF-Schreiben vom 18.11.2005, a.a.O., Rz. 9).

Die Aufwendungen für die Übernahme der Daten in das Programm (Datenmigration) sind sofort als Betriebsausgaben abziehbar (BMF-Schreiben vom 18.11.2005, a.a.O., Rz. 19). Diese Leistung wurde von KK im Jahr 13 erbracht, aber erst im nächsten Jahr bezahlt, sodass am 31.12.13 eine Verbindlichkeit zu erfassen ist (§ 246 Abs. 1 S. 1 HGB i.V.m. § 5 Abs. 1 S. 1 EStG).

Die Anschaffungskosten des aus drei Modulen bestehenden Softwaresystems betragen 300.000 €. Die AfA beträgt gem. § 7 Abs. 1 Sätze 1, 2 und 4 EStG 20 %, im Jahr 13 für 6 Monate = 30.000 €; demnach beläuft sich der Bilanzansatz am 31.12.13 auf 270.000 €.

3.2 Rechnungsabgrenzungsposten

3.2.1 Aktive Rechnungsabgrenzung

Als Definition dient: Ausgaben vor dem Bilanzstichtag, die Aufwand für eine bestimmte Zeit nach diesem Stichtag darstellen (§ 250 Abs. 1 S. 1 HGB, § 5 Abs. 5 S. 1 Nr. 1 EStG).

Beispiel 17: Aktive Rechnungsabgrenzung
Die A-AG bezahlt am 01.12.01 die vierteljährlich fällige Kfz-Versicherung für Dezember 01 bis Februar 02 i.H.v. 3.000 € und am 20.12.01 die Kfz-Steuer für die Zeit vom 05.12.01 bis 04.12.02 i.H.v. 1.200 €.

Lösung:
Kfz-Versicherung: aktive Rechnungsabgrenzung   2.000 €
Kfz-Steuer: aktive Rechnungsabgrenzung   1.100 €

3.2.2 Passive Rechnungsabgrenzung[221]

Als Definition dient: Einnahmen vor dem Bilanzstichtag, die Ertrag für eine bestimmte Zeit nach diesem Stichtag darstellen (§ 250 Abs. 2 HGB, § 5 Abs. 5 S. 1 Nr. 2 EStG).

Beispiel 18: Passive Rechnungsabgrenzung
Die E-AG hat bei der Vermietung von Büroräumen für eine Mietdauer von 24 Monaten von der Firma F bei Vertragsabschluss am 01.07.01 einen Betrag von 24.000 € erhalten. Die laufenden Mietzahlungen ermäßigen sich wegen dieser Vorleistung vertragsgemäß auf 300 € monatlich.

Lösung: Passive Rechnungsabgrenzung am 31.12.01 i.H.v. 18.000 €.

3.2.3 Gemeinsame Voraussetzung für die Bildung von Rechnungsabgrenzungsposten

Folgende Voraussetzungen sind für die Bilanzierung von RAP erforderlich:

- Vorleistung eines Vertragspartners für eine zeitraumbezogene Gegenleistung des anderen Vertragspartners,
- Ausgabe oder Einnahme vor dem Bilanzstichtag,
- Aufwand oder Ertrag für eine bestimmte Zeit nach dem Bilanzstichtag.

Beispiel 19a: Bestimmte Zeit nach dem Stichtag
Die B-AG hat für einen Werbespot im Fernsehen, der in der Zeit vom 01.11.01 bis 31.01.02 an jedem Dienstag jeweils einmal gesendet wird, insgesamt 200.000 € zu zahlen und bis zum 31.12.01 auch bezahlt.

Der BFH hat in diesem Zusammenhang einen Aktiven RAP für (degressive) Raten beim Mobilien-Leasing am 28.02.2001 (BStBl II 2001, 645) allein aus dem Grund nicht zugelassen, da man in diesem Fall keine Vorauszahlung des Nutzungsentgeltes für eine **bestimmte** Zeit annehmen kann. Anders als beim Immobilien-Leasing gäbe es hier keinen gleich bleibenden objektiven Wert der Nutzungsüberlassung, da die Reparaturanfälligkeit bei beweglichen WG diesem Erfahrungswert widerspricht.

Lösung: Ein Aktiver Rechnungsabgrenzungsposten ist i.H.v. 66.667 € vertretbar, weil in den fest vereinbarten Sendeterminen im Monat Januar 02 eine **bestimmte Zeit nach dem Bilanzstichtag** gesehen werden kann.
Lt. BFH-Urteil vom 23.02.2005 (BStBl II 2005, 481) führt die Aufhebung eines für eine bestimmte Laufzeit begründeten Schuldverhältnisses gegen Entschädigung nicht zur Bildung eines passiven RAP. Derartige Entschädigungen bedeuten kein Entgelt für eine vom Empfänger noch zu erbringende Gegenleistung, sondern für eine einmalige vor dem jeweiligen Stichtag durch Aufhebungsvertrag (Verzicht) bereits vollzogene Leistung. Der »wirtschaftliche Grund« für diese Einnahmeerzielung liegt somit vor dem Bilanzstichtag. Damit ist der Realisationsgesichtspunkt (s. Kap. 4.1.3.7) zu dem maßgeblichen Kriterium für die Bildung eines RAP (und nicht die Gewinnverteilung als solche) gemacht worden.

---

[221] Zur Abgrenzung eines (unzulässigen) PRAP von der (richtigen) Ertragsbuchung vgl. BFH vom 20.03.2003 (BFH/NV 2003, 1403).

Beispiel 19b: Zahlung vor dem Stichtag, Aufwand nach den Stichtag (aus StB-Prüfung 2013)
In der Bilanz einer OHG wurde ein RAP für eine Werbeaktion gebildet. Eine Werbeagentur hatte im September 02 mehrere Anzeigen entworfen und in vier Wochenendausgaben einer überregional bekannten Tageszeitung veröffentlicht. Die nach Abschluss der Werbeaktion im Jahr 02 in Rechnung gestellten und gezahlten 3.000 € zuzüglich 570 € USt wurden zunächst gebucht:

Werbeaufwand	3.000 €			
Vorsteuer	570 €	an	Bank	3.570 €

Im Rahmen der Abschlussarbeiten erinnerte sich der Buchhalter der OHG an die Aussage der Werbeagentur, die Aktion würde »den Kunden noch mindestens bis zum Sommer 03 in Erinnerung bleiben und für Umsätze sorgen«. Er buchte daraufhin:

Aktive Rechnungsabgrenzung	2.000 €	an	Werbeaufwand	2.000 €

Lösung: Ein aktiver Rechnungsabgrenzungsposten ist zu bilden, wenn Ausgaben **vor** dem Bilanzstichtag vorliegen, die Aufwand für eine (bestimmte) Zeit **nach** dem Stichtag darstellen. Das ist hier nicht der Fall. Die Zahlung an die Werbeagentur stellt Aufwand des Jahres 02 dar, weil die Werbemaßnahme in diesem Jahr durchgeführt wurde. Eine Bilanzierung als RAP kommt nicht in Betracht.
Es liegt auch kein immaterielles Wirtschaftsgut vor. Die Voraussetzungen für die Annahme eines (immateriellen) Wirtschaftsguts sind u.a. die Einzelbewertbarkeit und die Einzelveräußerbarkeit. Beides ist bei einer Werbemaßnahme nicht gegeben. Zu erwartende Nutzungsvorteile sind gem. Beschluss des Großen Senats des BFH vom 26.10.1987 (BStBl II 1988, 348) weder selbständige Wirtschaftsgüter noch Vermögensgegenstände.

Korrekturbuchung:

Werbeaufwand	2.000 €	an	Aktive Rechnungs-abgrenzung	2.000 €

3.2.4 Spezialvorschriften

Nach Steuerrecht (§ 5 Abs. 5 S. 2 EStG) **müssen** folgende Ausgaben aktiv abgegrenzt werden (im Handelsrecht gibt es keine entsprechende Vorschrift):

- als Aufwand berücksichtigte Zölle und Verbrauchsteuern, soweit sie auf am Abschlussstichtag auszuweisende WG des Vorratsvermögens entfallen,
- als Aufwand berücksichtigte Umsatzsteuer auf am Abschlussstichtag auszuweisende Anzahlungen.

Bei der letztgenannten Abgrenzung handelt es sich um die USt auf erhaltene Anzahlungen, wenn die Anzahlungen mit dem Bruttobetrag passiviert werden.

Beispiel 20a: Buchung der USt auf Anzahlungen

Geldkonto	11.900 €	an	erhaltene Anzahlungen	11.900 €
aktive Rechnungsabgrenzung	1.900 €	an	USt-Schuld	1.900 €

Beispiel 20b: unzutreffende Buchung der Anzahlung (aus StB-Prüfung 2014)
Am 20.12.13 erhielt die Elektronikmarkt GmbH vom Kunden Q den Auftrag zur Überarbeitung seiner Ersatzteillager-Datenbank. Q leistete sofort eine Anzahlung über 2.380 €. Die GmbH buchte bei Eingang des Betrags am 21.12.13:

Bank	2.380 €	an	sonst. betriebl. Erträge	2.380 €

Lösung: Die erhaltene Anzahlung darf mangels Gewinnrealisierung (§ 252 Abs. 1 Nr. 4 HGB, § 5 Abs. 1 EStG) noch nicht als Ertrag gebucht werden. Die Gesellschaft hat ihrerseits die geschuldete Leistung noch nicht erbracht. Die im Fall der Nichtleistung zurückzuzahlende Anzahlung ist auf dem Verbindlichkeitskonto »erhaltene Anzahlungen« zu buchen.
Die USt ist gem. § 13 Abs. 1 Nr. 1a UStG entstanden (das Geld wurde vereinnahmt). Die USt-Schuld ist gem. § 246 Abs. 1 S. 1 HGB, § 5 Abs. 1 EStG anzusetzen und gem. § 253 Abs. 1 S. 2 HGB, § 6 Abs. 1 Nr. 3 EStG mit dem Erfüllungsbetrag zu bewerten.
Korrekturbuchung:

Sonst. betriebl. Erträge	2.380 €	an	erhaltene Anzahlungen	2.380 €
aktive Rechnungsabgrenzung	380 €	an	USt-Schuld	380 €

Die vorstehende Buchung stellt die sog. Bruttomethode lt. Steuerrecht dar. Seit BilMoG favorisiert das Handelsrecht für die Buchung der erhaltenen Anzahlung die Nettomethode, d.h. den Ausweis der Verbindlichkeit mit dem Nettobetrag ohne USt (vgl. IDW RH HFA 1017 Pkt. 3). Mit Schreiben vom 29.06.2015 (BStBl I 2015, 542) hatte der BMF entschieden, dass bei Abschlagszahlungen nach § 632a BGB die Gewinnrealisierung schon eintreten sollte, wenn der Anspruch auf die Abschlagszahlung entstanden ist. Diese Anweisung wurde mit BMF-Schreiben vom 15.03.2016 (BStBl I 2016, 279) zurückgenommen und die Grundsätze des BFH-Urteils vom 14.05.2014 (BStBl II 2014, 968) auf Abschlagszahlungen nach § 8 Abs. 2 HOAI a.F. begrenzt.

3.2.5 Damnum (Disagio)

§ 250 Abs. 3 HGB regelt das handelsrechtliche Aktivierungswahlrecht für das Damnum. In der StB **muss** das Damnum aktiviert werden (§ 5 Abs. 1 EStG i.V.m. BFH vom 03.02.1969, BStBl II 1969, 291). Die Auflösung des Damnums in der StB ist

- nach der linearen Methode bei Fälligkeitsdarlehen und
- nach der digitalen Methode bei Tilgungsdarlehen[222] vorzunehmen.

Beispiel 21: Digitale Auflösung des Damnums
Aufnahme eines Darlehens; Nennbetrag	200.000 €
Auszahlungsbetrag	190.000 €
Damnum	10.000 €

Laufzeit des Darlehens zehn Jahre,
Zinsen 6 % p.a., Tilgung 1 % + ersparte Zinsen
Einbuchung des Darlehens:

Geldkonto	190.000 €	an	Darlehensverbindlichkeit	200.000 €
Damnum (RAP)	10.000 €			

---

[222] Daneben wird eine Abschreibung auf die Zinsfestschreibungsdauer zugelassen.

Lösung: Das Damnum ist auf die Kreditlaufzeit nach der digitalen Methode zu verteilen. Ermittlung des Nenners für den Bruch (n = Laufzeit des Kredites in Jahren):

$$\frac{(1+n) \times n}{2} = \frac{(1+10) \times 10}{2} = 55$$

Der Zähler des Bruches entspricht dem jeweiligen Jahr der Kreditlaufzeit in umgekehrter Reihenfolge (erstes Jahr der Laufzeit = 10, letztes Jahr der Laufzeit = 1).

1. Jahr	10/55 von 10.000 €	=	1.818 €
2. Jahr	9/55 von 10.000 €	=	1.636 €
...			
letztes Jahr	1/55 von 10.000 €	=	182 €

Mit Urteil vom 29.11.2006 entschied der BFH (DB 2007, 718 mit Anm. von *Hoffmann*, a.a.O., 719), dass für ein Disagio, das anlässlich einer Schuldverschreibung auf bestimmte Laufzeit vereinbart wurde, in der StB ein aktiver RAP zu bilden ist.

Hingegen darf nach Urteil des BFH vom 07.03.2007 (BStBl II 2007, 697) kein passiver RAP für eine von der Bank vereinnahmte Vorfälligkeitsentschädigung gebildet werden.

4 Bewertungsfragen

4.1 Bewertungsgrundsätze

4.1.1 Allgemeines

Die Bewertungsgrundsätze des § 252 HGB sind als Mussvorschrift formuliert. Von den Grundsätzen darf nur in begründeten Ausnahmefällen abgewichen werden (§ 252 Abs. 2 HGB).

4.1.2 Die einzelnen Grundsätze

4.1.2.1 Bilanzidentität (§ 252 Abs. 1 Nr. 1 HGB)

Die Wertansätze in der Eröffnungsbilanz des Geschäftsjahrs müssen mit denen der SB des vorhergehenden Geschäftsjahrs übereinstimmen. Durch die Bilanzidentität wird die zutreffende Zerlegung des Unternehmenstotalgewinns in Periodenteilgewinne sichergestellt. Wegen ihrer Zweischneidigkeit (SB des abgelaufenen Wirtschaftsjahres = Eröffnungsbilanz des folgenden Wirtschaftsjahres) werden durch die Bilanz (Ausnahme: Betriebseröffnungsbilanz und Betriebsschlussbilanz) die Betriebsergebnisse zweier Wirtschaftsjahre beeinflusst. Eine Durchbrechung des Bilanzenzusammenhangs ist deshalb grundsätzlich unzulässig.

4.1.2.2 Going-Concern-Prinzip (§ 252 Abs. 1 Nr. 2 HGB)

Bei der Bewertung ist von der Fortführung der Unternehmenstätigkeit auszugehen, wenn dem nicht tatsächliche oder rechtliche Gegebenheiten entgegenstehen. Das Going-Concern-Prinzip bedeutet vor allem, dass die Liquidationswerte des AV im Jahresabschluss keine Rolle spielen.

4.1.2.3 Einzelbewertung, Stichtagsprinzip (§ 252 Abs. 1 Nr. 3 HGB)

Die Vermögensgegenstände und Schulden sind zum Abschlussstichtag einzeln zu bewerten. Der Grundsatz der Einzelbewertung macht es erforderlich, die Bewertungsgrundsätze des § 253 HGB auf jeden einzelnen Aktiv- und Passivposten anzuwenden. Wertminderungen einzelner Vermögensgegenstände dürfen nicht mit Wertzuwächsen anderer Vermögensgegenstände saldiert werden.

Die Bewertung hat nach den Wertverhältnissen am Abschlussstichtag zu erfolgen. Damit enthält die Vorschrift von § 252 Abs. 1 Nr. 3 HGB auch das Stichtagsprinzip. Das Stichtagsprinzip begründet die Stichtagsbezogenheit des Jahresabschlusses. In die Bewertung sind alle Ereignisse einzubeziehen, die bis zum Bilanzstichtag eingetreten sind. Zur Wertaufhellung wird auf Kap. 4.1.2.7 verwiesen.

4.1.2.4 Vorsichts-, Realisations- und Imparitätsprinzip (§ 252 Abs. 1 Nr. 4 HGB)

Es ist vorsichtig zu bewerten, namentlich sind alle vorhersehbaren Risiken und Verluste, die bis zum Abschlussstichtag entstanden sind, zu berücksichtigen (Vorsichtsprinzip). Gewinne sind nur zu berücksichtigen, wenn sie am Abschlussstichtag realisiert sind (Realisationsprinzip). Mit Imparitätsprinzip ist die Ungleichbehandlung von Risiken und Chancen gemeint: Während die Risiken schon vor der Verdichtung zu einer echten Schuld qua Rückstellung berücksichtigt werden müssen, werden die Chancen als Gewinne erst dann erfolgswirksam »verbucht«, wenn die konkrete erbrachte Leistung mängelfrei, d.h. nicht einredebehaftet ist.

4.1.2.5 Abgrenzungsgrundsätze (§ 252 Abs. 1 Nr. 5 HGB)

Aufwendungen und Erträge des Geschäftsjahres sind unabhängig von den Zeitpunkten der entsprechenden Zahlungen im Jahresabschluss zu berücksichtigen. Die Abgrenzungsgrundsätze sind die Basis der periodengerechten Erfolgsermittlung.

4.1.2.6 Bewertungsstetigkeit (§ 252 Abs. 1 Nr. 6 HGB)

Die auf den vorhergehenden Jahresabschluss angewandten Bewertungsmethoden sind beizubehalten. Im Zusammenhang mit der Bewertungsstetigkeit ergeben sich folgende Fragen:

- Welcher Anwendungsbereich ist von der Bewertungsstetigkeit betroffen?
- Wann liegt ein begründeter Ausnahmefall i.s.v. § 252 Abs. 2 HGB vor, in dem von der Bewertungsstetigkeit abgewichen werden darf?

Zum Anwendungsbereich der Bewertungsstetigkeit finden sich in der Literatur folgende Meinungen:

- Der Grundsatz ist nicht auf Ansatzwahlrechte anzuwenden.
- Der Grundsatz gilt nur für Bewertungs**methoden**.
- Der Grundsatz ist nicht auf pflichtgemäße Änderungen von Bewertungsmethoden anzuwenden (z.B. nach Gesetzesänderungen).
- Der Grundsatz betrifft nicht die steuerlichen Bewertungswahlrechte.

Ausnahmefälle, in denen die Abweichung von der Bewertungsstetigkeit begründet ist, sind nach herrschender Meinung[223] vor allem die folgenden:

---

[223] So z.B. *ADS*, Rechnungslegung und Prüfung der Unternehmen, HGB § 252, Anm. 107.

1. Das Bilanzrecht ändert sich durch Änderung der gesetzlichen Vorschriften.
2. Ein Inhaber- oder G'fterwechsel führt zu einer geänderten Geschäftspolitik.
3. Das Unternehmen schließt sich einem Konzern an und muss dessen Bewertungsmethoden übernehmen.
4. Die Veränderung des Kostenrechnungssystems führt zu veränderten Kostenverrechnungen und wirkt sich dadurch entscheidend auf die Ermittlung der HK aus.
5. Die geänderte (neue) Bewertungsmethode führt zu einer klareren oder übersichtlicheren Darstellung der Vermögens-, Finanz- und Ertragslage.
6. Die Durchbrechung des Grundsatzes der Bewertungsstetigkeit hat eine bessere Vergleichbarkeit der Jahresabschlüsse zur Folge.
7. Anpassung an die Ergebnisse einer steuerlichen BP.

Grundsätzlich ist die Durchbrechung des Grundsatzes der Bewertungsstetigkeit immer zulässig, wenn das Unternehmen begründen kann, dass das Gebot der Willkürfreiheit beachtet wurde.

4.1.2.7 Wertaufhellungsgrundsatz (§ 252 Abs. 1 Nr. 4 HGB)

Der Kaufmann hat wertaufhellende Tatsachen, die ihm in der Zeit **zwischen dem Bilanzstichtag und dem Tag der Bilanzaufstellung** bekannt werden, bei der Bewertung der WG in der Bilanz zu berücksichtigen. Die Anwendung dieses Grundsatzes auch für die StB wurde in mehreren Urteilen bestätigt, zuletzt durch BFH vom 11.12.2001 (BFH/NV 2002, 486).

Die Wertaufhellung macht es erforderlich, dass bei der Bilanzierung und Bewertung nicht nur die am Bilanzstichtag vorliegenden und bekannten Verhältnisse zu berücksichtigen sind, sondern auch zwischen dem Stichtag und dem Tag der Bilanzaufstellung bekannt werdende Stichtagsverhältnisse verarbeitet werden müssen. Besonders bei Forderungsbewertungen und Rückstellungen ist der Wertaufhellungs-Grundsatz von Bedeutung, weil hier die Bemessung der Höhe innerhalb eines gewissen Schätzungsrahmens liegt, der dem Unternehmer zugebilligt wird.

Beispiel 22: Wertaufhellende Tatsachen I
Das Bauunternehmen Max Mörtel soll bei Ausschachtungsarbeiten auf einer Baustelle das Fundament des Gebäudes auf dem Nachbargrundstück beschädigt haben. Nach Behauptungen eines Mieters des Nachbargrundstücks soll die Beschädigung des Fundaments bei Baggerarbeiten am 20.12.01 eingetreten sein. Der Eigentümer des Nachbargrundstücks, Nils Neben, verlangt deshalb die Reparatur des Fundaments auf Kosten des Unternehmers Mörtel und Schadensersatz für die Wertminderung des beschädigten Gebäudes. Neben machte seine Ansprüche im Januar 02 mit einem Schreiben an die Fa. Mörtel geltend. Der von Neben verlangte Schadensersatz beträgt 25.000 €. Die erforderlichen Aufwendungen für die Beseitigung der Schäden am Fundament des Nachbarhauses (Einzelkosten und angemessene Teile der notwendigen Gemeinkosten) schätzt Mörtel auf 40.000 €. Da zwischen Neben und Mörtel keine Einigung über die Schadenshöhe erzielt werden konnte, reichte Neben am 12.09.02 eine Klage gegen das Bauunternehmen Mörtel ein, in der er die Beseitigung der Schäden an seinem Gebäude und die Zahlung des Schadensersatzes wegen Wertminderung verlangte.
Das Bauunternehmen Mörtel bilanziert regelmäßig auf den 31.12. eines jeden Jahres. Die Bilanzen wurden jeweils am **30.04.** des Folgejahres aufgestellt. Beurteilt werden soll die Rückstellungsbildung an den Bilanzstichtagen 31.12.01 bis 31.12.03. Dabei sollen folgende Fallalternativen berücksichtigt werden:

1. Alternative: Der Rechtsstreit zwischen Mörtel und Neben wird mit Urteil vom 15.12.03 vollen Umfangs zu Gunsten des Beklagten entschieden, weil der Firma Mörtel kein Verschulden nachgewiesen werden konnte. Das Urteil wurde im Januar 04 rechtskräftig.

2. Alternative: Das Urteil erging am 15.01.04.

3. Alternative: Kläger und Beklagter einigen sich am 17.03.04 in einem außergerichtlichen Vergleich. Danach hat Mörtel den entstandenen Schaden zu beseitigen. Neben verzichtet auf den Schadensersatz.

Lösung:

31.12.01
Die Verpflichtung zur Reparatur des Fundaments und zur Leistung von Schadensersatz wurde durch die am 20.12.01 eingetretene Beschädigung begründet. Damit besteht für das Unternehmen Mörtel die Pflicht, in der Bilanz per 31.12.01 entsprechende Rückstellungen zu bilden (§ 249 Abs. 1 HGB). Die Höhe der Rückstellungen beläuft sich auf 40.000 € für die Beseitigung des Schadens und auf 25.000 € für den geforderten Schadensersatz. Die Geltendmachung der Ansprüche im Januar 02 stellt eine wertaufhellende Tatsache dar, die den am Bilanzstichtag vorliegenden Sachstand untermauert und für die Höhe der Rückstellung wegen Schadensersatz von Bedeutung ist.

31.12.02
Die Rückstellungen vom 31.12.01 sind unverändert fortzuführen, weil sich die Verhältnisse gegenüber dem letzten Bilanzstichtag nicht verändert haben.

31.12.03
1. Alternative: Obwohl das Urteil zu Gunsten der Fa. Mörtel vor dem Bilanzstichtag erging, sind die Rückstellungen am 31.12.03 nicht aufzulösen, weil von der Rspr. verlangt wird, dass zur Wahrung des Vorsichtsprinzips nur ein **rechtskräftiges** Urteil Grundlage für die entsprechende Bilanzierung sein kann (so BFH vom 26.04.1989 BStBl II 1991, 213[224]). Der Eintritt der Rechtskraft des Urteils noch vor Aufstellung der Bilanz auf den 31.12.03 ist **nicht** als wertaufhellende Tatsache zu werten (BFH vom 30.01.2002, BStBl II 2002, 688). Insoweit wurden die Grundsätze der Senatsentscheidung des BFH vom 17.01.1973 (BStBl II 1973, 320) aufgegeben.

2. Alternative: Da das Urteil zu Gunsten der Fa. Mörtel erst nach dem Bilanzstichtag ergangen ist, dürfen die Rückstellungen am 31.12.03 noch nicht aufgelöst werden. Eine nach dem Bilanzstichtag ergehende klageabweisende endgültige Entscheidung vermag nicht rückwirkend und auch nicht »wertaufhellend« das tatsächlich zum Abschlussstichtag fortbestehende Risiko der Inanspruchnahme zu beseitigen (BFH vom 27.11.1997, BStBl II 1998, 375).

3. Alternative: Der im Jahr 04 geschlossene Vergleich zwischen Mörtel und Neben stellt eine wertbeeinflussende Tatsache dar, die keine Rückschlüsse auf den Abschlussstichtag 31.12.03 zulässt (BFH vom 03.07.1991, BStBl II 1991, 802). Die Rückstellung wegen Schadensersatz darf am 31.12.03 nicht aufgelöst werden, weil das Risiko der Inanspruchnahme an diesem Stichtag noch fortbestand. Ähnlich wird nach BFH vom 30.01.2002, a.a.O. ein Rechtsmittelverzicht des Prozessgegners zwischen Bilanzstichtag und Bilanzerstellung nicht als wertaufhellende Tatsache angesehen.

---

224 BFH vom 30.01.2002, DB 2002, 871.

4.1.3 Anwendungsgrundsätze für die Wertaufhellung

Für die Anwendung der Wertaufhellung bei der Bilanzierung und Bewertung sind folgende Grundsätze von Bedeutung:

4.1.3.1 Tag der Bilanzaufstellung

Unter dem i.R.d. Wertaufhellungstheorie so bedeutsamen Tag der Bilanzaufstellung ist der Tag zu verstehen, an dem die entscheidenden Bilanzarbeiten abgeschlossen werden und die Bilanz im Wesentlichen fertig gestellt ist. Der BFH hat in seinem Urteil vom 27.04.1965, a.a.O.[225] ausgeführt, dass die Wertaufhellungstheorie nur anwendbar ist, wenn die Bilanz innerhalb einer angemessenen Frist nach Ablauf des Wirtschaftsjahres aufgestellt wird. Als Fristen für die Bilanzaufstellung sind gesetzlich festgelegt:

- für KapG grundsätzlich drei Monate (§ 264 Abs. 1 S. 2 HGB),
- für kleine KapG sechs Monate (§ 264 Abs. 1 S. 3 HGB),
- für sonstige Unternehmen innerhalb der einem ordnungsgemäßen Geschäftsgang entsprechenden Zeit (§ 243 Abs. 3 HGB).

Diese Fristen sind auch steuerlich zu beachten. Die Rspr. (BFH vom 06.12.1983, BStBl II 1984, 227) hat bei einem Einzelunternehmer die Bilanzerstellung innerhalb einer Frist von einem Jahr nach Ablauf des Geschäftsjahres als noch ordnungsmäßig bezeichnet.

4.1.3.2 Bessere Erkenntnis nach der Bilanzaufstellung

Besteht die Ungewissheit noch am Tag der Bilanzaufstellung fort, so muss der Kaufmann nach bestem Wissen und Gewissen über den Wertansatz entscheiden (sog. subjektive Bilanzrichtigkeit). Eine nachträglich erkennbare Fehlbeurteilung macht die Bilanz nicht unrichtig (BFH vom 11.10.1960, BStBl II 1961, 3). Sie ist auch kein Grund für eine Bilanzberichtigung gem. § 4 Abs. 2 EStG.

4.1.3.3 Wertaufhellende und wertbeeinflussende Tatsachen

Die Wertaufhellungstheorie, zu der der BFH in seinem Grundsatzurteil übrigens ausdrücklich feststellt, dass sie keine Abkehrung vom Stichtagsprinzip bedeute, unterscheidet zwischen wertaufhellenden und wertbeeinflussenden Tatsachen.

4.1.3.4 Wertaufhellende Tatsachen

Nach BFH vom 04.04.1973 (BStBl II 1973, 485) liegen wertaufhellende Tatsachen vor, wenn der Bilanzierende bis zur Bilanzaufstellung Kenntnis von Stichtagsverhältnissen erlangt hat, die am Bilanzstichtag noch nicht bekannt waren und ihn in die Lage versetzen, den objektiven Wert, z.B. der Forderungen, am Bilanzstichtag zu erkennen. So macht z.B. der vollständige Forderungseingang bis zur Bilanzaufstellung deutlich, dass am Bilanzstichtag eine Minderbewertung objektiv nicht gerechtfertigt war. Deshalb sind die wertaufhellenden Tatsachen bei der Bilanzaufstellung zu berücksichtigen.

---

[225] Bestätigt durch BFH vom 28.03.2000, BStBl II 2002, 227.

Beispiel 23: Wertaufhellende Tatsachen II
Ein Kaufmann erfährt vor der Bilanzaufstellung zum 31.12. des Vorjahres, dass bei seinem Kunden, gegen den er eine Forderung bilanziert, am 30.12. des vorangegangenen Kj. das Warenlager durch Feuer völlig vernichtet wurde und der Kunde wegen Unterversicherung zahlungsunfähig geworden ist.

Lösung: Die Forderung des Kaufmanns gegen den Kunden ist am 31.12. des Vorjahres auf den niedrigeren beizulegenden Wert abzuschreiben, weil die Zahlungsunfähigkeit des Kunden in einem Ereignis vor dem Bilanzstichtag begründet ist.

4.1.3.5 Wertbeeinflussende Tatsachen

Wertbeeinflussende Tatsachen sind nach Ansicht des BFH solche, die keine Rückschlüsse auf die Wertverhältnisse am Bilanzstichtag zulassen und deshalb nicht zu einer objektiven Wertfindung beitragen. Die wertbeeinflussenden Tatsachen wirken sich auf das neue Wj. aus. Da sie für das abgelaufene Geschäftsjahr keine bessere Einsicht liefern, bleiben sie bei der Bilanzaufstellung für die abgelaufene Periode unberücksichtigt.

Beispiel 24: Wertbeeinflussende Tatsachen
Der Unternehmer schließt mit einem Geschäftspartner, der ihn vor dem Bilanzstichtag wegen Schadensersatz verklagt hat, nach dem Stichtag, aber vor dem Tag der Bilanzaufstellung einen außergerichtlichen Vergleich.

Lösung: Der nach dem Bilanzstichtag geschlossene Vergleich erhellt nicht die Stichtagsverhältnisse, sondern setzt neue Fakten. Das Ergebnis des Vergleichs ist bei der Bewertung der Rückstellung wegen Schadensersatz nicht zu berücksichtigen.

4.1.3.6 Die Wertaufhellungstheorie bei Pauschalbewertungen

Der BFH hat mit dem bereits zitierten Urteil vom 27.04.1965, a.a.O. einen Weg gesucht, Erkenntnisse zwischen Bilanzstichtag und Bilanzaufstellung für eine zutreffende Bilanzierung nutzbar zu machen. In dem Urteilsfall ging es um eine Rückstellung für Wechselobligo. Der entscheidende Satz in dem Urteil lautet: »Umstände, aus denen man zur Zeit der Bilanzaufstellung Schlüsse auf das Bestehen oder Nichtbestehen eines Rückgriffsrisikos ziehen kann, müssen i.d.R. vom Kaufmann berücksichtigt werden, auch wenn sie am Bilanzstichtag noch nicht eingetreten oder noch nicht bekannt waren.«

In dem Urteil des BFH vom 19.12.1972 (BStBl II 1973, 218) führt der Senat dazu weiter aus: »Eine Bilanz würde nicht den GoB entsprechen, wenn der Kaufmann bei ihrer Aufstellung für die Bewertung bedeutsame Verhältnisse nicht berücksichtigt, die ihm rechtzeitig zur Kenntnis gekommen sind oder die er bei sorgfältiger Erforschung der Umstände des Bilanzstichtags hätte erkennen müssen.«

Auch in diesem Urteil ging es um die Pauschalrückstellung für das Wechselobligo. Dazu heißt es dann: »Aufgrund der Einlösung der Wechsel bis zum Tag der Bilanzaufstellung ist der Schluss gerechtfertigt, dass ein Ausfall der durch Wechsel gesicherten Forderung bzw. eine Inanspruchnahme aus einem weitergegebenen Wechsel am Bilanzstichtag nicht drohte, sodass für die Bildung eines Delkrederes oder einer Rückstellung kein Anlass besteht.«

Beispiel 25: Wertaufhellung bei Pauschalbewertungen
Ein Unternehmer hat am Bilanzstichtag einen Bestand an weitergegebenen Wechseln i.H.v. 1.000.000 €. Bis zum Tag der Bilanzaufstellung (15.03. des Folgejahres) sind alle am Bilanzstichtag im Umlauf befindlichen Wechsel von den Bezogenen eingelöst worden.

Lösung:

Gesamtbetrag der am Bilanzstichtag weitergegebenen Wechsel, für die das Pauschalverfahren angewendet wird	1.000.000 €
Grundsätzlich maßgeblicher Prozentsatz: 3 %	
Rechnerische Pauschalrückstellung	30.000 €
am Tag der Bilanzaufstellung noch nicht eingelöste Wechsel vom Bilanzstichtag	0 €
zulässige Pauschalrückstellung in der StB	0 €

Die vorgenannten Grundsätze sind bei der Bildung von Pauschalwertberichtigungen auf Forderungen, soweit dadurch das reine Ausfallrisiko berücksichtigt werden soll, entsprechend anzuwenden.

4.1.3.7 Realisationsprinzip

Das Realisationsprinzip regelt den zeitgerechten Ausweis von Aufwendungen und Erträgen. Es gilt deshalb als Bilanzierungsgrundsatz im Rahmen der GoB.[226] Das Realisationsprinzip ist gesetzlich geregelt unter den Bewertungsgrundsätzen des Handelsrechts in § 252 Abs. 1 Nr. 4 HGB. Nach dieser Vorschrift sind Gewinne nur zu berücksichtigen, wenn sie am Bilanzstichtag realisiert sind. Die gesetzliche Regelung des Realisationsprinzips gilt auch für die steuerliche Gewinnermittlung (§ 5 Abs. 1 S. 1 EStG).

Das Realisationsprinzip wird hier zunächst für das Handelsrecht und danach für den Bereich des Steuerrechts dargestellt.

Handelsrechtlich hat das Realisationsprinzip zwei Komponenten:

- Regelung der Ertragsrealisierung[227],
- Feststellung, mit welchen Werten die noch nicht realisierbaren Erzeugnisse und Leistungen ausgewiesen werden müssen.[228]

Erträge sind erst dann auszuweisen, wenn der Unternehmer seine nach den vertraglichen Vereinbarungen geschuldete Leistung vollständig erbracht hat. Bis zum Zeitpunkt der Erbringung von Leistung und Gegenleistung handelt es sich um ein schwebendes Geschäft, aus dem keine Erträge ausgewiesen werden dürfen.[229] Die Realisierung des Gewinns tritt bei der Ausführung der Lieferung oder Leistung ein. Erst in diesem Zeitpunkt werden die Aufwendungen des leistenden Unternehmers gewinnmindernd erfasst und der Ertrag wird diesem Aufwand gegenüber gestellt. Dadurch tritt die Gewinnrealisierung des Geschäfts ein. Daraus folgt, dass Aufwendungen für ein Geschäft, das in dem entsprechenden Wirtschaftsjahr noch nicht erfüllt wurde, am Bilanzstichtag zu aktivieren sind, damit sie noch

---

226 *Schmidt*, EStG, § 5 Anm. 78 m.w.N.
227 Zur Bedeutung s. Kap. 3.2.3 (RAP).
228 *Schmidt* in *Gnam/Federmann*, HdB, Stichw. 66, Rz. 49.
229 Nach h.M. wird bei schwebenden Geschäften unterstellt, dass sich Leistung und Gegenleistung gleichwertig gegenüberstehen. Aus diesem Grund kommt eine Bilanzierung schwebender Geschäfte grds. nicht in Betracht (z.B. *ADS*, Rechnungslegung und Prüfung der Unternehmen, § 246 HGB, Rz. 115 m.w.N.).

nicht gewinnwirksam werden. Das geschieht dadurch, dass die **unfertigen Erzeugnisse/ Arbeiten** mit den **HK** (§ 255 Abs. 2 HGB) in der Bilanz ausgewiesen werden.

Besonderheiten ergeben sich in Fällen der **mehrjährigen** Fertigung. Grundsätzlich ist der Gewinn aus einem über mehrere Jahre laufenden Fertigungsauftrag erst im Jahr der Fertigstellung des Werkes zu erfassen. In den vor dem Zeitpunkt der Fertigstellung liegenden Abrechnungsperioden sind die für den Auftrag angefallenen Aufwendungen zu aktivieren, soweit sie gem. § 255 Abs. 2 HGB zu den HK gehören.[230] Nach Literaturmeinung ist eine Teilgewinnrealisierung in den einzelnen Jahren der Fertigung nur zulässig, wenn folgende Voraussetzungen vorliegen[231]:

- mehrjährige Fertigung,
- Auslastung des Unternehmens zu einem wesentlichen Teil durch die mehrjährige Fertigung,
- erhebliche Beeinträchtigung des Einblicks in die Ertragslage des Unternehmens bei Gewinnausweis erst nach der Fertigstellung,
- Möglichkeit der sicheren Gewinnermittlung für die Jahre der Fertigung aufgrund von Vorkalkulationen und der Abgrenzung der Gesamtleistung in Teilleistungen,
- Berücksichtigung von Garantieleistungen und Nachbesserungen,
- Nichtvorliegen von Anzeichen für Einwendungen des Abnehmers, die sich negativ auf das Gesamtergebnis auswirken könnten.

Für die anteilige Gewinnrealisierung in den Jahren der Fertigung wird im Schrifttum ein **Wahlrecht** angenommen.[232]

Die **ertragsteuerliche** Beurteilung des Realisationsprinzips ergibt sich aus den handelsrechtlichen Grundsätzen im Rahmen der Maßgeblichkeit der HB für die StB (§ 5 Abs. 1 S. 1 EStG) i.V.m. der einschlägigen Rechtsprechung des BFH.[233]

Das Realisationsprinzip im Steuerrecht soll hier dargestellt werden am Beispiel **fertiger und unfertiger Arbeiten im Baugewerbe.**

Bauleistungen werden regelmäßig in der Form von Werk- und Werklieferungsverträgen erbracht. Ein Werklieferungsvertrag liegt vor, wenn das Werk unter Verwendung eines oder mehrerer Hauptstoffe erstellt wird, die der leistende Unternehmer selbst beschafft (§ 651 BGB). Ein Werkvertrag ist gegeben, wenn der Unternehmer nur zur Herstellung des Werks verpflichtet wird und für die Leistung kein Hauptstoff verwendet wird oder wenn die benötigten Hauptstoffe vom Auftraggeber beigestellt werden (§ 631 BGB).

Bezüglich der Gewinnrealisierung ist der Zeitpunkt der ausgeführten Lieferung oder Leistung entscheidend. Die Ausführung einer Werklieferung liegt vor, sobald dem Auftraggeber die Verfügungsmacht an dem erstellten Werk verschafft wurde. Die Verschaffung der Verfügungsmacht geschieht durch die Übergabe und Abnahme des fertiggestellten Werks. Eine Werkleistung ist mit der Fertigstellung (Vollendung) des Werks ausgeführt. Die Abnahme des Werks durch den Auftraggeber ist nicht erforderlich.

Einer besonderen Beurteilung bezüglich der Gewinnrealisierung unterliegen selbständig abrechenbare Teilleistungen. Voraussetzung für das Vorliegen einer **selbständigen, gesondert abrechenbaren** Teilleistung ist, dass die Gesamtleistung nach wirtschaftlicher

---

[230] Mindestens zu aktivieren sind die Material- und Fertigungseinzelkosten; ein Wahlrecht besteht für die Material-, Fertigungs- und Verwaltungsgemeinkosten (vgl. Kap. 5.2.1).
[231] *ADS*, Rechnungslegung und Prüfung der Unternehmen, § 252 HGB, Rz. 84 und 85.
[232] *ADS*, Rechnungslegung und Prüfung der Unternehmen, § 252 HGB, Rz. 86.
[233] Z.B. BFH vom 08.12.1982 (BStBl II 1983, 369).

Betrachtungsweise teilbar ist und nicht als Ganzes, sondern in Teilen geschuldet wird. Wann eine Teilleistung diese Voraussetzung erfüllt, hängt von den Umständen des Einzelfalls und vor allem davon ab, welche Vereinbarungen die Vertragsparteien getroffen haben. Eine Teilleistung wird die vorgenannte Voraussetzung dann erfüllen, wenn für bestimmte Teile einer wirtschaftlich teilbaren Leistung das Entgelt gesondert vereinbart worden ist.[234]

> **Beispiel 26: Selbständig abrechenbare Teilleistung**
> Ein Bauunternehmen hat den Auftrag erhalten, eine ganze Siedlung von schlüsselfertigen Einfamilienhäusern zu erstellen. Er hat mit dem Auftraggeber für die einzelnen Gebäude Festpreise vereinbart. Nach den Bestimmungen des Werklieferungsvertrags soll jedes einzelne Haus gesondert abgenommen und abgerechnet werden.
> **Lösung:** Die Lieferung der einzelnen Gebäude stellt jeweils eine selbständige Teilleistung dar. Im Zeitpunkt der Abnahme jedes einzelnen Hauses tritt die Gewinnrealisierung für diesen Teil der Gesamtleistung ein. Erfolgt die Abnahme der Teilleistung vor dem Bilanzstichtag und wird die Rechnung bis zum Stichtag noch nicht erteilt, so ist die Teilleistung als fertige, noch nicht abgerechnete Arbeit mit dem Bruttorechnungspreis (inkl. Umsatzsteuer) zu aktivieren.

Im BMF-Schreiben vom 20.02.2003 (BStBl I 2003, 174), das zur Umsatzbesteuerung ergangen ist, wird auch eine Teilung der Gesamtleistung bei Erd-, Außenputz-, Zimmerer- und Dachdeckerarbeiten nach Häusern oder Blöcken, bei Innenputz- und Malerarbeiten nach Geschossen oder Wohnungen und bei Tischler- und Glaserarbeiten nach einzelnen Stücken für zulässig gehalten. Wohlgemerkt ist eine solche Teilung – wie bereits ausdrücklich betont – nur dann möglich, wenn die getrennte Abnahme und Abrechnung vertraglich ausdrücklich vereinbart wurde.

Mit Urteil vom 14.05.2014, VIII R 25/11 (DStR 2014, 2010) hat der BFH zu den Abschlagszahlungen gem. § 8 Abs. 2 der Honorarordnung für Architekten und Ingenieure (HOAI) Stellung genommen und entschieden, dass die Gewinnrealisierung nicht erst mit der Abnahme oder Stellung der Honorarschlussrechnung eintritt, sondern bereits dann, wenn der Anspruch auf Abschlagsrechnung entstanden ist. Die Entscheidung wird damit begründet, dass in dem besonderen Fall von § 8 Abs. 2 HOAI weder die Abnahme der Planungsleistung noch die Stellung einer Honorarschlussrechnung für die Entstehung des Honoraranspruchs von Bedeutung sind.

Der BMF hat mit Schreiben vom 29.06.2015, IV C 6 – S 2130/15/10001 (DB 2015, 1566) die vorgenannte BFH-Entscheidung auch für die Abschlagszahlungen nach § 632a BGB und nach § 15 Abs. 2 HOAI für anwendbar erklärt. Offensichtlich beabsichtigt die FinVerw mit dieser Entscheidung die Bilanzierungspraxis für Abschlagszahlungen bei Werkverträgen zu ändern.[235] Diese Handhabung verstößt gegen die GoB, die im Steuerrecht gem. § 5 Abs. 1 S. 1 EStG zu berücksichtigen sind. Ein »Alleingang« für steuerliche Zwecke dürfte nicht zulässig sein. Deshalb ist mit Rechtsstreitigkeiten und einer abschließenden Klärung durch den BFH zu rechnen.

---

234 BFH vom 13.12.1979 (BStBl II 1980, 239).
235 Vgl. auch *Ringwald*, NWB 2015, 2356.

4.2 Bewertungsvorschriften nach Handels- und Steuerrecht

Die Ausführungen zu Kap. 4.2.1–4.2.7 erfolgen in der Form eines Kurzkommentars, da sie nur technische Basis-Informationen zur Wiederholung enthalten, an denen der Leser sein Wissen verproben kann.

4.2.1 Handelsrechtliche Bewertung des abnutzbaren Anlagevermögens

Die handelsrechtliche Bewertung der Positionen des AV ist wie folgt vorzunehmen:

- **Ausgangswert:**
  AK/HK, vermindert um planmäßige Abschreibungen gem. § 253 Abs. 3 S. 1 und 2 HGB (§ 255 Abs. 1 und 2 HGB).

- **Wertminderungen:**
  - Niedrigerer Stichtagswert, voraussichtlich vorübergehende Wertminderung: Wahlrecht bei Finanzanlagen gem. § 253 Abs. 3 S. 4 HGB.
  - Niedrigerer Stichtagswert, voraussichtlich dauernde Wertminderung: zwingend gem. § 253 Abs. 3 S. 3 HGB.

- **Werterhöhungen:**
  Bei Wegfall der Voraussetzungen ist Wertaufholung (Obergrenze AK/HK, vermindert um planmäßige Abschreibungen gem. § 253 Abs. 1 S. 1 HGB) geboten gem. § 253 Abs. 5 HGB.

Beispiel 27: Handelsrechtliche Bewertung des abnutzbaren AV
A hat am 02.01.01 für 30.000 € eine Maschine mit einer betriebsgewöhnlichen ND von zehn Jahren erworben. Nach einem Jahr Nutzung stellte sich heraus, dass die elektronische Steuerung der Maschine anfällig war. Wegen ständiger Unterbrechungen in der Betriebsbereitschaft konnte die Maschine im Jahr 02 nur zu 80 % ihrer normalen Auslastung genutzt werden. Am 31.12.03 beträgt der beizulegende Wert der Maschine 22.000 €, nachdem durch eine kleine Reparatur nach dem Motto »gewusst wie« die Störanfälligkeit auf Dauer beseitigt worden war.

Lösung:

AK 01	30.000 €
./. planmäßige Abschreibung 01 und 02	./. 6.000 €
Zwischensumme	24.000 €
./. außerplanmäßige Abschreibung (20 %)	./. 4.800 €
BW 31.12.02	**19.200 €**
Planmäßige Abschreibung 03 (19.200 € : 8 =)	2.400 €

Anmerkung:
Wenn es sich um eine voraussichtlich dauernde Wertminderung handelt, muss die außerplanmäßige Abschreibung vorgenommen werden (§ 253 Abs. 3 S. 3 HGB).
Nach der Reparatur mit endgültiger Mängelbeseitigung im Jahr 03 muss eine Zuschreibung auf 21.000 € (= 24.000 € ./. 3.000 €) vorgenommen werden gem. § 253 Abs. 5 HGB.

4.2.2 Steuerrechtliche Bewertung des abnutzbaren Anlagevermögens

Die steuerrechtliche Bewertung der Positionen des AV ist wie folgt vorzunehmen:

- **Ausgangswert:**
  AK/HK, vermindert um die AfA gem. § 7 und § 6 Abs. 1 Nr. 1 S. 1 EStG.

- **Wertminderungen:**
  - Niedrigerer Teilwert: Wahlrecht[236] bei voraussichtlich dauernder Wertminderung (§ 6 Abs. 1 Nr. 1 S. 2 EStG).
  - Niedrigerer Ansatz wegen Vornahme einer AfaA (§ 7 Abs. 1 S. 7 EStG).
  - Minderung aus der Übertragung von steuerfreien Rücklagen, Sonderabschreibungen, erhöhte Absetzungen: Wahlrecht.

  Ein entsprechender Ausweis in der HB ist nicht erforderlich (§ 5 Abs. 1 S. 1 EStG).

- **Werterhöhungen:**
  Bei Wegfall der Voraussetzungen ist Wertaufholung geboten, Höchstwert: fortgeschriebene AK oder HK bzw. fortgeschriebener Einlagewert; es sei denn, der TW ist niedriger gem. § 6 Abs. 1 Nr. 1 S. 4 EStG bzw. § 7 Abs. 1 S. 6 EStG.
  Nach vorheriger Minderung aus der Übertragung von steuerfreien Rücklagen, Sonderabschreibungen oder erhöhten Absetzungen ist die Wertaufholung nicht zulässig, auch wenn und soweit Zuschreibungen in der HB erfolgen (BFH vom 04.06.2008, BStBl II 2009, 187).

Beispiel 28: Steuerrechtliche Bewertung des abnutzbaren AV
Der Sachverhalt entspricht Beispiel 27.

Lösung: Eine Abschreibung auf den niedrigeren TW darf am 31.12.02 nur vorgenommen werden, wenn die Wertminderung voraussichtlich von Dauer sein wird. Die den Mangel voll beseitigende Reparatur im Jahr 03 führt zu dem Ergebnis, dass die Wertminderung nicht von Dauer ist. Eine TW-AfA auf den 31.12.02 ist deshalb nicht zulässig. Aus diesem Grund stellt sich die Frage nach der im Steuerrecht zwingenden Wertaufholung in diesem Fall nicht. Die Maschine ist in der StB am 31.12.02 mit 24.000 € und am 31.12.03 mit 21.000 € anzusetzen.

4.2.3 Handelsrechtliche Bewertung des nicht abnutzbaren Anlagevermögens

Die handelsrechtliche Bewertung der Positionen des nicht abnutzbaren AV ist wie folgt vorzunehmen:

- **Ausgangswert:**
  AK/HK gem. §§ 253 Abs. 1 S. 1, 255 Abs. 1 und 2 HGB.

- **Wertminderungen:**
  Niedrigerer Stichtagswert, voraussichtlich vorübergehende Wertminderung: Wahlrecht nur für Finanzanlagen gem. § 253 Abs. 3 S. 4 HGB.

---

236 Bei der Gewinnermittlung nach § 5 EStG (Einkünfte aus Gewerbebetrieb) ist das Maßgeblichkeitsprinzip zu beachten. Danach sind auch im Ertragsteuerrecht die handelsrechtlichen Vorschriften der §§ 252–256, 279 und 280 HGB maßgebend, es sei denn, das Steuerrecht schreibt etwas Abweichendes vor. Dadurch wird das Wahlrecht zum Ansatz des niedrigeren TW lt. Steuerrecht vom teilweise herrschenden Ansatzzwang für den niedrigeren Stichtagswert laut Handelsrecht überlagert.

- **Werterhöhungen:**
  Bei Wegfall der Voraussetzungen ist Wertaufholung (Obergrenze AK/HK gem. § 253 Abs. 1 S. 1 HGB) geboten gem. § 253 Abs. 5 HGB.

  Beispiel 29: Handelsrechtliche Bewertung des nicht abnutzbaren AV
  B hatte im Jahr 01 ein unbebautes Grundstück für 100.000 € erworben, um es irgendwann einmal mit einem Bürohaus für seinen Betrieb zu bebauen. Zum Ende des Jahres 04 erfuhr B von einem »Gewährsmann«, der an und für sich immer sehr gut unterrichtet ist, dass sein Grundstück wahrscheinlich nicht bebaut werden dürfe. Im Jahr 05 wurde dann ein Bebauungsplan veröffentlicht, der diese Information bestätigte. Dadurch trat eine Wertminderung des Grundstücks um 80 % der AK ein. Aufgrund eines Widerspruchs gegen den Bebauungsplan wurde das Bauverbot im Jahr 06 aufgehoben; dadurch stieg der Wert des Grundstücks zum 31.12.06 auf 180.000 €.
  Lösung: Die Mitteilung des »Gewährsmannes« reicht für eine außerplanmäßige Abschreibung nicht aus; erst die rechtswirksame Veröffentlichung des Bebauungsplans führt zu einer Wertminderung des Grundstücks und kann eine Abschreibung auslösen. Ob durch die Aufstellung von Bebauungsplänen eine Wertminderung von Dauer eintritt, kann angesichts der häufigen Änderungen solcher Pläne zweifelhaft sein. Deshalb ist das Grundstück in der HB am 31.12.01 bis 31.12.04 mit den AK von 100.000 € zu bilanzieren; am 31.12.05 müsste der niedrigere beizulegende Wert von 20.000 € nur angesetzt werden, wenn die Wertminderung als dauerhaft anzusehen ist (§ 253 Abs. 3 S. 3 HGB).
  Der Wiederanstieg des Grundstückswerts erlaubt am 31.12.06 eine Zuschreibung in der HB bis zu den AK von 100.000 € (§ 253 Abs. 1 S. 1 und Abs. 5 HGB).

4.2.4 Steuerrechtliche Bewertung des nicht abnutzbaren Anlagevermögens

Die steuerrechtliche Bewertung der Positionen des nicht abnutzbaren AV ist wie folgt vorzunehmen:

- **Ausgangswert:**
  AK/HK gem. § 6 Abs. 1 Nr. 2 S. 1 EStG.

- **Wertminderungen:**
  - Niedrigerer Teilwert: Wahlrecht bei voraussichtlich dauernder Wertminderung gem. § 6 Abs. 1 Nr. 2 S. 2 EStG.
  - Minderung aus der Übertragung von steuerfreien Rücklagen: Wahlrecht; Voraussetzung ist ein entsprechender Ausweis in der HB gem. § 5 Abs. 1 S. 2 EStG.

- **Werterhöhungen:**
  Bei Wegfall der Voraussetzungen ist Wertaufholung (Obergrenze: AK/HK/Einlagewert, es sei denn, der TW ist niedriger) geboten gem. § 6 Abs. 1 Nr. 2 S. 3 EStG.
  Nach vorheriger Minderung aus der Übertragung von steuerfreien Rücklagen, Sonderabschreibungen oder erhöhten Absetzungen ist die Wertaufholung auch dann nicht vorzunehmen, wenn und soweit Zuschreibungen in der HB erfolgen (BFH vom 04.06.2008, BStBl II 2009, 187).

Beispiel 30: Steuerrechtliche Bewertung des nicht abnutzbaren AV
Der Sachverhalt entspricht dem in Beispiel 29.

Lösung: In der StB ist die TW-AfA wegen voraussichtlich nicht dauernder Wertminderung unzulässig (§ 6 Abs. 1 Nr. 2 S. 2 EStG). Das Grundstück ist deshalb durchgängig mit den AK von 100.000 € zu bilanzieren.

Wegen mangelnder TW-AfA ist die steuerlich zwingende Wertaufholung hier nicht relevant.

4.2.5 Handelsrechtliche Bewertung des Umlaufvermögens

Die handelsrechtliche Bewertung der Positionen des Umlaufvermögens ist wie folgt vorzunehmen:

- **Ausgangswert:**
  AK/HK gem. §§ 253 Abs. 1 S. 1, 255 Abs. 1 und 2 HGB.

- **Wertminderungen:**
  Niedrigerer Börsen- oder Marktpreis bzw. Stichtagswert: Zwingend gem. § 253 Abs. 4 S. 1 und 2 HGB.

- **Werterhöhungen:**
  Bei Wegfall der Voraussetzungen ist Wertaufholung (Obergrenze AK/HK gem. § 253 Abs. 1 S. 1 HGB) zwingend gem. §§ 253 Abs. 5 HGB.

Beispiel 31: Handelsrechtliche Bewertung des Umlaufvermögens
C hat Wertpapiere im Umlaufvermögen. Die AK von 100.000 € wurden im Vorjahr entsprechend dem Börsenkurswert auf 80.000 € abgeschrieben. Wegen der Kurssteigerung auf 105.000 € beabsichtigt C in der Bilanz des laufenden Jahres einen Zwischenwert von 95.000 € anzusetzen.

Lösung: Der Ansatz eines Zwischenwerts ist nicht zulässig (§ 253 Abs. 5 HGB). C muss bis zu den AK (hier: 100.000 €) aufstocken.

4.2.6 Steuerrechtliche Bewertung des Umlaufvermögens

Die steuerrechtliche Bewertung der Positionen des Umlaufvermögens ist wie folgt vorzunehmen:

- **Ausgangswert:**
  AK/HK gem. § 6 Abs. 1 Nr. 2 S. 1 EStG.

- **Wertminderungen:**
  - Niedrigerer Teilwert: Wahlrecht bei voraussichtlich dauernder Wertminderung gem. § 6 Abs. 1 Nr. 2 S. 2 EStG.
  - Abschreibungen zum Ausgleich von Wertschwankungen in nächster Zukunft: Wahlrecht (BFH vom 17.07.1956, BStBl III 1956, 379) für im Preis stark schwankende Waren.
  - Minderung aus der Übertragung von steuerfreien Rücklagen: Wahlrecht.

- **Werterhöhungen:**
  Bei Wegfall der Voraussetzungen ist Wertaufholung (Obergrenze: AK/HK/Einlagewert, es sei denn, der TW ist niedriger) geboten gem. § 6 Abs. 1 Nr. 2 S. 3 EStG.

Nach vorheriger Minderung aus der Übertragung von steuerfreien Rücklagen, Sonderabschreibungen oder erhöhten Absetzungen ist die Wertaufholung auch zwingend, wenn und soweit Zuschreibungen in der HB erfolgen (BFH vom 04.06.2008, BStBl II 2009, 187).

Beispiel 32: Steuerrechtliche Bewertung des Umlaufvermögens
Der Sachverhalt entspricht Beispiel 31.

Lösung: Es ist eine Wertaufholung bis zu den AK i.H.v. 100.000 € vorzunehmen (§ 6 Abs. 1 Nr. 2 S. 3 i.V.m. Nr. 1 S. 4 EStG).

4.2.7 Voraussichtlich dauernde Wertminderung und Wertaufholung im Steuerrecht

4.2.7.1 Gesetzliche Vorschriften

TW-Abschreibungen in der StB sind nur zulässig, wenn die Wertminderung voraussichtlich von Dauer ist (§ 6 Abs. 1 Nr. 1 S. 2, § 6 Abs. 1 Nr. 2 S. 2 EStG).

WG, die bereits am Schluss des vorangegangenen Wj. zum abnutzbaren AV des Unternehmers gehört haben, sind mit den um die AfA geminderten AK oder HK anzusetzen, es sei denn, der TW ist aufgrund einer voraussichtlich dauernden Wertminderung niedriger (§ 6 Abs. 1 Nr. 1 S. 4 EStG). WG, die bereits am Schluss des vorangegangenen Wj. zum nicht abnutzbaren AV oder zum Umlaufvermögen des Unternehmers gehört haben, sind mit den AK oder HK anzusetzen, es sei denn, der TW ist aufgrund einer voraussichtlich dauernden Wertminderung niedriger (§ 6 Abs. 1 Nr. 2 S. 3 EStG).[237]

4.2.7.2 Anweisungen der Finanzverwaltung

Im BMF-Schreiben vom 02.09.2016 (BStBl I 2016, 995), das den BMF-Erlass vom 16.07.2014 (BStBl I 2014, 1162) ersetzt, hat die Finanzverwaltung eerneut dazu Stellung genommen, wie die **voraussichtlich dauernde** Wertminderung i.S.v. § 6 Abs. 1 Nr. 1 S. 2 und Nr. 2 S. 2 EStG zu beurteilen ist. Ferner wird in dem Schreiben die zwingende Wertaufholung gem. § 6 Abs. 1 Nr. 1 S. 4 und Nr. 2 S. 3 sowie § 7 Abs. 1 S. 6 EStG erläutert. Dabei sind zusätzliche Erkenntnisse bis zur Aufstellung der HB bzw. StB weiterhin zu berücksichtigen (BMF vom 02.09.2016, a.a.O. Rn. 6). Ferner geht das BMF in seinem Schreiben von einer dauernden Wertminderung aus, wenn der Börsenwert zum Bilanzstichtag unter denjenigen im Zeitpunkt des Aktienerwerbs gesunken ist und der Kursverlust die Bagatellgrenze von 5 % der Notierung bei Erwerb überschreitet. Auf die Kursentwicklung nach dem Bilanzstichtag komme es hierbei nicht an.

4.2.7.3 Definition der dauernden Wertminderung

Eine voraussichtlich dauernde Wertminderung bedeutet ein voraussichtlich nachhaltiges Absinken des dem WG innewohnenden Werts unter den maßgeblichen BW; eine nur vorübergehende Wertminderung reicht für eine TW-AfA nicht aus. Die Definition der voraussichtlich dauernden Wertminderung ist dem Handelsrecht entlehnt, sodass insoweit von einer Zusammenführung des Handels- und Steuerrechts gesprochen werden kann.

---

[237] Der BFH hat mit Urteil vom 25.02.2010 (BStBl II 2010, 784) die Verfassungsmäßigkeit des Wertaufholungsgebots auch in den Fällen bejaht, in denen davon TW-Abschreibungen betroffen sind, die mehr als zehn Jahre vor der Gesetzesänderung (StEntlG 1999/2000/2002) vorgenommen wurden.

Die Wertminderung ist voraussichtlich nachhaltig, wenn der StPfl. hiermit aus der Sicht des Bilanzstichtags aufgrund objektiver Anzeichen ernsthaft zu rechnen hat. Aus der Sicht eines sorgfältigen und gewissenhaften Kaufmanns müssen mehr Gründe für als gegen eine Nachhaltigkeit sprechen. Grundsätzlich ist von einer voraussichtlich dauernden Wertminderung auszugehen, wenn der **Wert des WG am Bilanzstichtag die Bewertungsobergrenze während eines erheblichen Teils der voraussichtlichen Verweildauer im Unternehmen nicht erreichen wird**.[238] Wertminderungen aus besonderem Anlass (z.B. Katastrophen oder technischer Fortschritt) sind regelmäßig von Dauer. Zusätzliche Erkenntnisse bis zum Zeitpunkt der Aufstellung der StB sind zu berücksichtigen.

4.2.7.4 Teilwertabschreibung beim abnutzbaren Anlagevermögen

Gem. § 6 Abs. 1 Nr. 1 EStG sind Teilwertabschreibungen nur möglich bei einer **voraussichtlich dauernden Wertminderung**.

Eine voraussichtlich dauernde Wertminderung ist somit auch im Steuerrecht nur anzunehmen, wenn der jeweilige beizulegende Wert an den Bilanzstichtagen während eines erheblichen Teils der ND unter dem planmäßigen BW liegt. Man geht davon aus, dass die planmäßigen Abschreibungen nicht allen Wertschwankungen folgen können, sondern sie nur trendmäßig berücksichtigen. Erhebliche dauerhafte Wertminderungen aus besonderem Anlass (z.B. Naturereignisse, technische Überalterung) sind auch steuerlich stets durch TW-Abschreibungen zu realisieren. Hierzu gehört m.E. auch der Fall, dass infolge des technischen Fortschritts die Wiederbeschaffungskosten dauerhaft gesunken sind.

Nach den Vorstellungen der Verwaltung ist eine dauernde Wertminderung beim AV gegeben, wenn der jeweilige Stichtagswert mindestens für die **halbe Rest-ND unter dem planmäßigen Rest-BW** liegt.[239] Die verbleibende Rest-ND ist für Gebäude nach § 7 Abs. 4 und 5 EStG, für andere WG nach den amtlichen AfA-Tabellen zu bestimmen (vgl. Rz. 8 des BMF-Schreibens vom 02.09.2016, a.a.O.).

> **Beispiel 33: Dauernde Wertminderung beim abnutzbaren AV**
> Der StPfl. ist Eigentümer eines Bürogebäudes, das auf fremdem Grund und Boden errichtet ist. Zum 31.12.01 betragen die fortgeführten AK 200.000 €. Die Rest-ND liegt bei 25 Jahren, der jährliche AfA-Betrag beträgt 8.000 €. Aufgrund eines Überangebots an Büroraum ist der TW zum 31.12.01 gem. einem entsprechenden steuerlich anzuerkennenden Gutachten auf 150.000 € gesunken. Bis zur Bilanzaufstellung Ende Mai 02 hat sich die Lage am Markt nicht entspannt.
>
> **Lösung:** Eine TW-AfA ist nicht zulässig. Die Minderung ist voraussichtlich nicht von Dauer, da der niedrigere Stichtagswert bei planmäßiger Abschreibung schon nach etwa sieben Jahren, d.h. schon vor Ablauf von 50 % der Rest-ND, erreicht wird.

Nach alledem ist für die StB Folgendes festzuhalten:

- **Der** Ansatz des niedrigeren Teilwerts ist nur bei einer voraussichtlich **dauernden Wertminderung** zulässig. Eine dauerhafte Wertminderung wird dabei als ein nachhaltiges Absinken des Wertes unter den BW definiert.

---

238 Mit Urteil vom 14.03.2006 (BStBl II 2006, 680) hat der BFH die Grundsätze des BMF-Schreibens zur dauernden Wertminderung beim abnutzbaren Anlagevermögen bestätigt.
239 S. aber FG Münster vom 14.01.2005 (EFG 2005, 683; Revision ist eingelegt): Keine schematische Anwendung der Verwaltungsformel; insb. soll dies bei Gebäuden mit einer Rest-ND von > 5 Jahren nicht möglich sein.

- Damit kann eine TW-AfA erst **dann** in Betracht kommen, wenn der TW niedriger als der planmäßige Rest-BW ist.
- Eine TW-AfA ist bei einer nur vorübergehenden Wertminderung nicht möglich.
- Dem StPfl. wird bei dem Begehren des Ansatzes eines niedrigeren TW die Feststellungslast auferlegt (im Vergleich zum bisherigen Recht eine Umkehrung der Beweislast). Das bedeutet, dass die Unternehmen nachweisen müssen, dass ein niedrigerer TW angesetzt werden darf.
- Eine Beibehaltung des niedrigeren TW für folgende Bilanzstichtage ist nur dann vorgesehen, wenn auch an diesen Stichtagen die dauernde Wertminderung vorliegt; ansonsten ist eine Zuschreibung zu den fortgeführten AK **zwingend** vorgeschrieben.

4.2.7.5 Wertaufholung beim abnutzbaren Anlagevermögen

Durch § 6 Abs. 1 Nr. 1 S. 4 und § 7 Abs. 1 S. 7, 2. HS EStG wurde in das Gesetz eine **zwingende Wertaufholung** eingeführt und zwar dann, wenn der StPfl. nicht nachweisen kann, dass der TW niedriger ist als der fortgeführte BW (= AK abzgl. AfA). Die Feststellungslast wird dabei dem StPfl. aufgebürdet; dies steht im Widerspruch zur vorherrschenden handelsrechtlichen Auffassung, dass im Zweifel von einer dauernden Wertminderung auszugehen ist.

Für die Frage der Wertaufholung kommt es nach Ansicht der Verwaltung (Rz. 27 des BMF-Schreibens vom 02.09.2016, a.a.O.) nicht darauf an, ob die konkreten Gründe für die vorherige TW-AfA weggefallen sind. Auch die Erhöhung des TW aus anderen Gründen führt zu einer Korrektur des Bilanzansatzes.

Der Bilanzansatz ergibt sich für jeden Bilanzstichtag aus dem Vergleich der um die zulässigen Abzüge geminderten AK/HK oder dem an diese Stelle tretenden Wert als Bewertungsobergrenze und dem niedrigeren TW als Untergrenze.

> **Beispiel 34: Das Gebäude in Flughafennähe (aus StB-Prüfung 2015)**
> Im Januar 2010 hat der Einzelunternehmer Ludwig Lenz (LL) das Gebäude in der Flughafenrandstraße 15 fertig gestellt. Der Bauantrag war im Jahr 2008 gestellt worden. Die Herstellungskosten betrugen 600.000 €. In dem von LL nur für eigene betriebliche Zwecke genutzten Gebäude befinden sich Büroräume und ein Ladengeschäft.
> Von den Herstellungskosten hat LL einen bei der Veräußerung eines Gebäudes im Juli 2010 entstandenen Gewinn i.H.v. 100.000 € zulässig nach § 6b Abs. 1 EStG abgezogen.
> Im Dezember 2012 wurden Planungen zu langjährigen Bauarbeiten beim nahe gelegenen Flughafen bekannt, die zu einem erheblichen Rückgang der Verkehrswerte der Grundstücke in der Flughafenrandstraße führten. LL nahm zum 31.12.2012 neben der planmäßigen AfA für 2012 bei dem Gebäude eine zulässige Teilwertabschreibung auf 200.000 € vor.
> In der Bilanz zum 31.12.2013 und in der Buchführung 2014 wurde der Buchwert des Gebäudes jeweils um die zulässige AfA nach § 7 Abs. 4 S. 1 EStG verringert.
> Im Dezember 2014 wurden die Planungen zu den langjährigen Bauarbeiten fallen gelassen. Die Verkehrswerte der Grundstücke in der Flughafenrandstraße stiegen daraufhin unverzüglich sogar über das Niveau von 2012 an. Der Teilwert des Gebäudes von LL beträgt am 31.12.2014 unstrittig 610.000 €.
>
> **Lösung:** Die AfA-Bemessungsgrundlage für die Jahre 2010 bis 2012 beträgt 500.000 € (Herstellungskosten abzüglich übertragene Rücklage nach § 6b EStG), der AfA-Satz 3 % (§ 7 Abs. 4 S. 1 Nr. 1 EStG).

Die im Kalenderjahr 2012 vorgenommene Teilwertabschreibung i.H.v. 255.000 € mindert ab 2013 die AfA-Bemessungsgrundlage; sie beträgt 245.000 € (Herstellungskosten abzüglich Teilwertabschreibung).
Am 31.12.2014 liegt kein Grund mehr vor, den niedrigeren Teilwert beizubehalten. Nach § 6 Abs. 1 Nr. 1 S. 4 i.V.m. § 7 Abs. 1 S. 7, 2. HS EStG ist zwingend eine Wertaufholung vorzunehmen. Als Bewertungobergrenze sind gem. § 6 Abs. 1 Nr. 1 S. 1 EStG die fortgeführten Herstellungskosten anzusetzen.
Folgende Berechnung ist vorzunehmen:

	Bw-Entwicklung €	fortgeführte HK €
Zugang HK 01/2010	600.000	600.000
Übertragung 6b-Rücklage	./. 100.000	./. 100.000
AfA-Volumen und BMG	500.000	500.000
AfA 2010	./. 15.000	./. 15.000
AfA 2011	./. 15.000	./. 15.000
AfA 2012	./. 15.000	./. 15.000
Vorläufiger Wert 31.12.2012	455.000	455.000
Teilwert-Abschreibung	./. 255.000	
Buchwert 31.12.2012	200.000	
AfA 2013	./. 7.350	./. 15.000
AfA 2014	./. 7.350	./. 15.000
Vorläufiger Wert 31.12.2014	185.300	425.000
Teilwert-Zuschreibung	+ 239.700	
Buchwert 31.12.2014	**425.000**	**425.000**

4.2.7.6 Teilwertabschreibung beim nicht abnutzbaren Anlagevermögen

Für die Frage der dauernden Wertminderung bei WG des AV, deren Nutzung zeitlich nicht begrenzt ist, kann kein einheitlicher Prognosezeitraum angegeben werden. Es ist darauf abzustellen, ob die Gründe, die zu einer niedrigeren Bewertung führen würden, voraussichtlich dauernd anhalten werden. Erfahrungen aus der Vergangenheit werden bei der Prognose zu berücksichtigen sein.

Der auf der Unverzinslichkeit einer im Anlagevermögen gehaltenen Forderung beruhende Wert ist keine voraussichtlich dauernde Wertminderung und rechtfertigt deshalb keine Teilwertabschreibung (BMF-Schreiben vom 02.09.2016, Rz. 15, a.a.O.).

Kursschwankungen von börsennotierten Aktien des AV stellen nur eine voraussichtlich dauernde Wertminderung dar, wenn der Börsenwert zum Bilanzstichtag unter denjenigen im Zeitpunkt des Aktienerwerbs gesunken ist und der Kursverlust die Bagatellgrenze von 5 % der Notierung bei Erwerb überschreitet (Rz. 17 des BMF-Schreibens vom 02.09.2016, a.a.O.). Zur Teilwertabschreibung bei festverzinslichen Wertpapieren s. BFH vom 08.06.2011 (BStBl II 2012, 716).

Beispiel 35: Dauernde Wertminderung bei Beteiligungen (aus StB-Prüfung 2010)
In der Bilanz des Unternehmers am 31.12.08 befinden sich börsennotierte Wertpapiere (Aktien der X-AG), die seit dem Jahr 03 als Beteiligung gehalten werden, um daraus resultierende Geschäftsbeziehungen zu sichern. Die ursprünglichen AK i.H.v. 150.000 € wurden bis zum 31.12.08 in den Bilanzen ausgewiesen. Infolge der Finanz- und Wirtschaftskrise fiel der Wert

der Papiere bereits im Februar 09 auf 75.000 € und erholte sich bis zum Zeitpunkt der Bilanzaufstellung im Mai 10 auch nicht mehr.

Bei einer – ebenfalls strategischen – Beteiligung an der Y-AG entwickelte sich der Kurs anders. Nach einer stabilen Kursentwicklung bis zum 31.12.07 (damaliger Kurswert/AK: 40.000 €) ging der Kurs hier bereits zum 31.12.08 auf 28.000 € zurück, um dann zum 31.12.09 nochmals 11.000 € an Wert einzubüßen, sodass der jetzige Wert mit 17.000 € (Zeitpunkt der Bilanzerstellung) zu bemessen ist. Der Unternehmer ist unschlüssig, was zu tun ist und bittet um Rat.

In beiden Fällen ist der Wertansatz in der Bilanz per 31.12.09 zu beurteilen.

Lösung:
Vorbemerkung: Die außerplanmäßige Abschreibung bei Vermögensgegenständen des Anlagevermögens in der HB und die Teilwertabschreibung in der StB sind davon abhängig, dass eine voraussichtlich dauernde Wertminderung vorliegt (§ 253 Abs. 3 S. 3 HGB, § 6 Abs. 1 Nr. 2 S. 2 EStG).

Voraussichtlich dauernde Wertminderung im Handelsrecht:
Für die voraussichtlich dauernde Wertminderung i.S.d. Handelsrechts gibt es keine festen Regeln. Eine Wertminderung wird als voraussichtlich nachhaltig angesehen, wenn der Unternehmer damit am Bilanzstichtag aufgrund objektiver Anzeichen ernsthaft rechnen muss. Aus der Sicht des Kaufmanns müssen mehr Gründe für als gegen eine Nachhaltigkeit sprechen.

Zur voraussichtlich dauernden Wertminderung im Steuerrecht s. Kap. 4.2.7.3.

Zur Beteiligung an der X-AG:
Da der Wert der Beteiligung bereits im Februar 09 auf einen Wert unter die AK gesunken ist und diese Wertminderung am Tag der Bilanzaufstellung für das Jahr 09 noch anhielt, ist die Wertminderung von Dauer aus der Sicht des Handelsrechts erfüllt, sodass eine außerplanmäßige Abschreibung in der HB auf 75.000 € geboten ist. Steuerlich sind die Anweisungen im BMF-Schreiben vom 02.09.2016 (a.a.O.) zu beachten. Danach ist von einer voraussichtlich dauernden Wertminderung bei börsennotierten Aktien des Anlagevermögens auszugehen, wenn der Börsenkurs zu dem jeweils aktuellen Bilanzstichtag unter die AK gesunken ist und der Kursverlust die Bagatellgrenze von 5 % der Notierung bei Erwerb überschreitet.

Da die Voraussetzungen für das Vorliegen einer voraussichtlich dauernden Wertminderung nach der Rechtsprechung und den Verwaltungsanweisungen gegeben sind, ist eine Teilwertabschreibung in der StB zulässig.

Zur Beteiligung an der Y-AG:
Auf die Ausführungen zur Bewertung der Beteiligung an der X-AG wird hingewiesen. Auch bei dieser Beteiligung liegen die Voraussetzungen für eine nachhaltige Wertminderung vor. Infolgedessen ist der Ansatz in der HB auf den Wert von 17.000 € außerplanmäßig abzuschreiben. Die Voraussetzungen für eine Teilwertabschreibung in der StB sind ebenfalls erfüllt. Der Unternehmer hat das Wahlrecht, den Ansatz aus der HB in die StB übernehmen oder in der StB auf eine Teilwertabschreibung zu verzichten.

Beispiel 36: Dauernde Wertminderung bei Wertpapieren des Anlagevermögens (aus StB-Prüfung 2011)
Ein Einzelunternehmer hat im Januar 08 börsennotierte Aktien zur langfristigen Stärkung seines Anlagevermögens erworben und mit den Anschaffungskosten wie folgt gebucht:

Wertpapiere des Anlagevermögens
(X-Aktien)   100.000 €   an   Bank   100.000 €

Wertpapiere des Anlagevermögens (Y-Aktien)	50.000 €	an	Bank	50.000 €

Entgegen den Erwartungen des Unternehmers verloren die X-Aktien im Jahr 09 recht deutlich an Wert. Im Jahr 10 und dann bis zur Aufstellung des Jahresabschlusses 10 im Jahr 11 gingen die Kurse weiter stetig, aber nur noch leicht, zurück.

Die Werte der Y-Aktien verloren im Jahr 09 recht deutlich an Wert. Bis zur Bilanzaufstellung für das Jahr 09 im März 10 blieben die Kurse zunächst unverändert. Im Herbst 10 erholten sie sich überraschend deutlich und stiegen seitdem stetig leicht an. Die Kurse vom Januar 08 wurden bisher aber noch nicht wieder erreicht.

Die Werte der bilanzierten Aktien entwickelten sich wie folgt:

	31.12.09	31.03.10	31.12.10	31.03.11
X-Aktien	74.000 €	73.000 €	72.000 €	71.000 €
Y-Aktien	26.000 €	26.000 €	40.000 €	41.000 €

Im Jahresabschluss 09 hat der Unternehmer die Aktien in der Handelsbilanz mit dem höchstmöglichen Wert und in der Steuerbilanz mit dem niedrigstmöglichen Wert ausgewiesen.
Wie sind die Aktien in der Steuerbilanz am 31.12.10 anzusetzen?

Lösung:
Vorbemerkung: Im Fall der X-Aktien liegt am 31.12.09 und 31.12.10 eine dauernde Wertminderung vor, weil die Werte ständig bis zum Tag der Bilanzaufstellung im Jahr 11 gefallen sind. Bei den Y-Aktien ist die dauernde Wertminderung nur am 31.12.09 zu bejahen, da sich der Wert nach einem Kursverfall im Jahr 09 seit Herbst 10 deutlich erholt hat und seitdem stetig gestiegen ist.

Demnach wurden die Wertpapiere dem Sachverhalt entsprechend am 31.12.09 wie folgt bilanziert:

Handelsbilanz
X-Aktien	100.000 €
Y-Aktien	50.000 €

Steuerbilanz
X-Aktien	74.000 €
Y-Aktien	26.000 €

Ansatz der Wertpapiere in der Steuerbilanz am 31.12.10:
X-Aktien, Wahlrecht: 72.000 € (niedrigerer Teilwert gem. § 6 Abs. 1 Nr. 2 S. 2 EStG) oder 74.000 € (Beibehaltung des Bilanzansatzes vom 31.12.09). Das steuerliche Wahlrecht kann unabhängig vom Ansatz in der Handelsbilanz ausgeübt werden (§ 5 Abs. 1 S. 1 letzter HS EStG).
Y-Aktien: 40.000 € (zwingende Wertaufholung gem. § 6 Abs. 1 Nr. 2 S. 3 i.V.m. Nr. 1 S. 4 EStG).

Nach dem BFH-Urteil vom 24.10.2012 (BStBl II 2013, 162) ist die auf der Unverzinslichkeit einer im Anlagevermögen gehaltenen Forderung (hier: Darlehensforderung gegen eine Tochtergesellschaft) beruhende Teilwertminderung keine voraussichtlich dauernde Wertminderung und rechtfertigt deshalb keine Teilwertabschreibung.

4.2.7.7 Wertaufholung beim nicht abnutzbaren Anlagevermögen

Durch den Verweis auf § 6 Abs. 1 Nr. 1 S. 4 in § 6 Abs. 1 Nr. 2 EStG gilt das strikte **Wertaufholungsgebot** auch für die WG des nicht abnutzbaren AV.

Allerdings wirkt die Wertaufholung stärker als bei den WG des abnutzbaren AV, weil beim nicht abnutzbaren AV planmäßige Abschreibungen nicht zu berücksichtigen sind. Mit anderen Worten kommt es beim nicht abnutzbaren AV zu einer **höheren Zuschreibung**, da die »fortgeführten AK« mangels planmäßiger Abschreibungen den ursprünglichen AK entsprechen.

Können die historischen AK/HK nicht mehr nachgewiesen werden, so gilt der BW, der in der ältesten noch vorhandenen Bilanz als Anfangswert ausgewiesen ist, als Bewertungsobergrenze, es sei denn, die Finanzverwaltung legt – z.B. anhand von dort vorhandenen Unterlagen – eine höhere Bewertungsobergrenze dar (Rz. 28 des BMF-Schreibens vom 02.09.2016, a.a.O.).

Bei börsennotierten und börsengehandelten Wertpapieren kommt in Fällen der Wertaufholung nach erfolgter Inanspruchnahme einer Teilwertabschreibung die Bagatellgrenze von 5 % nicht zur Anwendung. Die Wertaufholung ist auf den aktuellen Börsenkurs am Bilanzstichtag, maximal auf die Anschaffungskosten, vorzunehmen (Rz. 17 des BMF-Schreibens vom 02.09.2016, a.a.O.).

4.2.7.8 Teilwertabschreibung beim Umlaufvermögen

Steuerrechtlich ist für die Durchführung einer TW-AfA – wie bereits dargestellt – von entscheidender Bedeutung, ob eine voraussichtlich dauernde Wertminderung vorliegt. Diese wird auf den Zeitraum des **voraussichtlichen Verbleibs** des Umlaufvermögens im BV zu beziehen sein, denn das Umlaufvermögen ist **nicht** dazu bestimmt, dem Betrieb **auf Dauer** zu dienen.

Das Umlaufvermögen wird für den Verkauf oder Verbrauch gehalten. Deshalb kommt bei der Bestimmung einer voraussichtlich dauernden Wertminderung dem Zeitpunkt der Veräußerung/Verwendung eine besondere Bedeutung zu. Hält die Wertminderung bis zum Verkaufs- oder Verbrauchszeitpunkt an, so ist sie **von Dauer**. Sind bis zur Aufstellung der Bilanz die WG noch im Betrieb, so sind alle Erkenntnisse bis zu diesem Zeitpunkt zu berücksichtigen. Zusätzliche Erkenntnisse nach dem Bilanzstichtag bis zu den Zeitpunkten **Verkaufszeitpunkt, Verbrauchszeitpunkt und Bilanzaufstellung** sind also zu berücksichtigen.

Bei börsennotierten, börsengehandelten und aktienindexbasierten Wertpapieren ist von einer voraussichtlich dauernden Wertminderung auszugehen, wenn der Börsenwert zum Bilanzstichtag unter denjenigen im Erwerbszeitpunkt gesunken ist und der Kursverlust die Bagatellgrenze von 5 % der Notierung bei Erwerb überschreitet. Bei einer vorangegangenen Teilwertabschreibung ist für die Bestimmung der Bagatellgrenze der Bilanzansatz am vorangegangenen Bilanzstichtag maßgeblich (Rz. 17 des BMF-Schreibens vom 02.09.2016, a.a.O.).

Nach h.M. beruhen auch Forderungsabsetzungen auf einer dauernden Wertminderung. Das gilt insb. für das Ausfallrisiko. Wird der Gläubiger voraussichtlich nur den Minderbetrag erhalten, so ist die Wertminderung dauerhaft (gewissermaßen endgültig). Ebenso sind weiterhin die Kosten der Forderungseinziehung sowie eventuelle Zinsverluste wegen verspäteten Eingangs zu berücksichtigen, die den Forderungswert endgültig mindern. Daher hält *Groh* auch eine Pauschalwertberichtigung weiterhin für möglich, da es sich bei ihr um nichts anderes als um eine TW-AfA im Rahmen einer Gruppenbewertung handele.

In einem umfangreich begründeten Urteil vom 07.09.2005 (DStR 2005, 1975) hat der BFH allgemein gültige Grundsätze für die TW-AfA bei **teil-(halb-)fertigen Bauten** ausgesprochen. Die Bemessung einer TW-AfA bemisst sich danach nach dem **gesamten Verlust** des noch nicht abgewickelten Bauauftrags; sie ist also nicht vom jeweiligen Fertigungsgrad abhängig. In seiner Allgemeingültigkeit kann das Urteil auf alle »unfertigen Erzeugnisse« angewandt werden.

4.2.7.9 Wertaufholung beim Umlaufvermögen

Durch den Verweis auf § 6 Abs. 1 Nr. 1 S. 4 im § 6 Abs. 1 Nr. 2 EStG gilt das strikte, **rechtsformneutrale** Wertaufholungsgebot – wie beim nicht abnutzbaren AV – auch für die WG des Umlaufvermögens.

Bei börsennotierten und börsengehandelten Wertpapieren kommt in Fällen der Wertaufholung nach erfolgter Inanspruchnahme einer Teilwertabschreibung die Bagatellgrenze von 5 % nicht zur Anwendung. Die Wertaufholung ist auf den aktuellen Börsenkurs am Bilanzstichtag, maximal auf die Anschaffungskosten, vorzunehmen (Rz. 17 des BMF-Schreibens vom 02.09.2016, a.a.O.).

Das Wertaufholungsgebot wird wegen der Umschlagshäufigkeit des Umlaufvermögens wirtschaftlich nicht so gravierend sein.

4.2.7.10 Die Verwaltungsmeinung zur dauernden Wertminderung (Kritik)

Die Ausführungen des BMF zur TW-AfA beim **AV** passen in das handelsrechtliche Bewertungssystem und folgen im Kern der gefestigten handelsrechtlichen Rechtsauffassung zur voraussichtlich dauernden Wertminderung. Eine TW-AfA in der StB wird systemgerecht nur noch gewährt, wenn handelsrechtlich ein **Abschreibungsgebot** vorliegt.

Problematisch ist die Anwendung der Verwaltungsanweisung jedoch im Fall von langlebigen abnutzbaren WG (vor allem Gebäuden). Es ist schwierig, eine Prognose für einen so langen Zeitraum wie die halbe Rest-ND eines Gebäudes zu erstellen. Deshalb wird in der Literatur[240] in Abweichung von dem BMF-Schreiben vorgeschlagen, eine Wertminderung dann als dauerhaft zu betrachten, wenn in Zukunft kein Anlass für eine Werterhöhung gesehen wird und dabei als Prognosezeitraum eine Spanne von fünf Jahren bzw. bei einer Rest-ND von weniger als fünf Jahren die Zeit bis zum Ende der ND heranzuziehen.

Groh[241] beleuchtet die dauernde Wertminderung bei unverzinslichen und niedrig verzinslichen Ausleihungen und wirft die Frage auf, ob die Bilanzierung mit dem niedrigeren Barwert steuerlich noch zulässig ist. Er hält die handelsrechtliche Meinung, dass es sich nicht um eine dauerhafte Wertminderung handele, für nicht zwingend.

Mit der Untersuchung der dauernden Wertminderung beim **Umlaufvermögen** hat die Finanzverwaltung absolutes Neuland betreten. Man konnte nicht auf handelsrechtliche Grundsätze zurückgreifen, weil die Abschreibung auf den niedrigeren Stichtagswert beim Umlaufvermögen nach § 253 Abs. 4 S. 1 und 2 HGB ohne Rücksicht auf die Dauerhaftigkeit der Wertminderung zwingend ist. Nach dem BMF-Schreiben vom 02.09.2016 liegt eine dauerhafte Wertminderung vor, wenn die Minderung bis zum Zeitpunkt der Aufstellung der Bilanz oder bis zu dem vorangegangenen Zeitpunkt der Veräußerung oder des Verbrauchs anhält.[242] Dieser Ansatz des BMF-Schreibens geht in die richtige Richtung, soweit die Wertminderung bis zum Verkaufs- bzw. Verbrauchszeitpunkt der Vorräte als Indiz für die Wertminderung von Dauer herangezogen wird. Soweit jedoch auf den Zeitpunkt der Aufstellung der Bilanz

---

240 Z.B. *Dietrich*, DStR 2000, 1629 m.w.N.
241 DB 1999, 982.
242 Rz. 16 des BMF-Schreibens vom 02.09.2016, a.a.O.

abgestellt wird, werden in der Literatur Zweifel an der Richtigkeit geäußert, weil der Zeitpunkt der Bilanzaufstellung willkürlich sei und insofern gegen das Stichtagsprinzip verstoße.[243]

5 Bewertungsmaßstäbe und Erwerbsmodalitäten

5.1 Anschaffungskosten

5.1.1 Handelsrecht

Die Definition der AK ergibt sich aus § 255 Abs. 1 HGB. Danach sind AK die Aufwendungen, die geleistet werden, um einen Vermögensgegenstand zu erwerben und ihn in einen betriebsbereiten Zustand zu versetzen, soweit sie dem Vermögensgegenstand einzeln zugeordnet werden können. Zu den AK gehören auch die Nebenkosten und die nachträglichen AK. Anschaffungspreisminderungen sind abzusetzen. Nach der gesetzlichen Definition der AK gehören zum Anschaffungsvorgang

- der Erwerb und
- die Versetzung des angeschafften Vermögensgegenstands in den Zustand der Betriebsbereitschaft.

a) Erwerb
Unter Erwerb versteht man die Überführung eines Vermögensgegenstands aus einem fremden in den eigenen Verfügungsbereich. Maßgebend für den Zeitpunkt der Anschaffung ist die Erlangung der Verfügungsmacht.

b) Betriebsbereitschaft
Der Zeitpunkt der Betriebsbereitschaft ist bei Gegenständen des Anlage- und Umlaufvermögens unterschiedlich zu beurteilen. Bei Anlagegegenständen kommt es auf den Zeitpunkt der Nutzbarkeit, bei Umlaufgütern auf die Verbrauchbarkeit, Verwertbarkeit oder Veräußerbarkeit an.

Gem. § 255 Abs. 1 S. 2 HGB sind auch nachträgliche AK zu berücksichtigen. Damit wird sichergestellt, dass nachträgliche Erhöhungen des Kaufpreises und der Nebenkosten in die AK einbezogen werden. Auch die Aufwendungen für eine spätere Änderung der Betriebsbereitschaft fallen unter die nachträglichen AK. Nachträglich eingetretene Minderungen sind folgerichtig von den AK abzusetzen (§ 255 Abs. 1 S. 3 HGB).

5.1.2 Steuerrecht

Im Steuerrecht fehlt es an einer gesetzlichen Definition der AK. Die Finanzverwaltung bedient sich infolgedessen der handelsrechtlichen Begriffsbestimmung (H 6.2 »Anschaffungskosten« EStH). Ergänzende Regelungen zu den AK ergeben sich aus der Rspr. und einschlägigen Verwaltungsanweisungen. Nachstehend werden verschiedene Regelungen zu den steuerlichen AK dargestellt.

---

[243] So *Dietrich*, DStR 2000, 1632 und *Hommel/Berndt*, FR 2000, 1313.

5.1.2.1 Einzelkosten/Gemeinkosten

Im Rahmen der AK sind nur die bei der Anschaffung angefallenen Einzelkosten anzusetzen, nicht dagegen die Gemeinkosten. Das gilt auch bei der Herstellung der Betriebsbereitschaft. In der Lit. wird auch dann, wenn für die Betriebsbereitschaft umfangreiche Installationen erforderlich sind, der ausschließliche Ansatz von Einzelkosten befürwortet.[244]

Glanegger[245] führt hingegen aus, dass auch bei betriebsinternen Nebenkosten nur die angefallenen Einzelkosten zu berücksichtigen sind.

5.1.2.2 Gesamtkaufpreis für mehrere Wirtschaftsgüter

Nach bisheriger Rechtsauffassung ist der Gesamtkaufpreis aufzuteilen im Verhältnis der objektiven Werte (BFH vom 10.10.2000, BStBl II 2001, 183).

Beispiel 37: Aufteilung eines Gesamtkaufpreises

Der Unternehmer A erwirbt ein bebautes Grundstück. Der Kaufpreis für das Gesamtgrundstück beträgt 700.000 €. Ein Sachverständiger schätzt den Verkehrswert des Grund und Bodens auf 500.000 € und den des Gebäudes auf 300.000 €.

Lösung: Der Gesamtkaufpreis von 700.000 € ist auf den Grund und Boden und das Gebäude nach dem Verhältnis der Verkehrswerte aufzuteilen:

Grund und Boden 62,5 % des Gesamtkaufpreises	437.500 €
Gebäude 37,5 % des Gesamtkaufpreises	262.500 €
Gesamt	700.000 €

Inzwischen hat der BFH mit Urteil vom 27.07.2004 (BFH/NV 2004, 1645) entschieden, dass bei einer Übertragung mehrerer WG die von den Vertragsparteien vorgenommene Aufteilung des Kaufpreises auf die einzelnen WG grundsätzlich – auch im Fall der gemischten Schenkung – der Besteuerung zugrunde zu legen ist. Allerdings darf diese Aufteilung nicht zu einer unangemessenen wertmäßigen Berücksichtigung einzelner WG oder Gebäudeteile über dem jeweiligen Verkehrswert führen. Die OFD Rheinland hat das Urteil in der Kurzinformation Einkommensteuer Nr. 3 vom 06.01.2006 (DB 2006, 73) kommentiert und lässt die Anwendung auf vergleichbare Fallgestaltungen zu.

5.1.2.3 Gebäudeabbruch im Zusammenhang mit dem Erwerb eines Grundstücks

5.1.2.3.1 Allgemeiner Grundsatz

Wird mit dem Abbruch eines Gebäudes innerhalb von drei Jahren nach dem Erwerb begonnen, so spricht der Beweis des ersten Anscheins dafür, dass der Erwerber das Gebäude in der Absicht erworben hat, es abzureißen (BFH vom 06.02.1979, BStBl II 1979, 509). Zur Frage der Beweislast wird auf das BFH-Urteil vom 13.11.1979 (BStBl II 1980, 69) hingewiesen.

Die Unterscheidung erfolgt somit danach, ob das Gebäude in Abbruchabsicht oder ohne Abbruchabsicht erworben wurde.

Nachfolgend ist davon auszugehen, dass ein bebautes Grundstück mit der Absicht des Abbruchs des aufstehenden Gebäudes erworben wurde. Dabei gibt es folgende Alternativen:

---

244 Z.B. *Schmidt* in *Gnam/Federmann*, HdB, Stichw. 11 Rz. 15.
245 *Schmidt*, EStG, Rz. 87 zu § 6.

```
                        ┌─────────────────────────┐
                        │   Abbruch zum Zweck     │
                        └───────────┬─────────────┘
                    ┌───────────────┴───────────────┐
        ┌───────────┴────────────┐       ┌──────────┴──────────────┐
        │ des Neubaus eines      │       │ der Freimachung des     │
        │ Gebäudes               │       │ Grund und Bodens        │
        └───────────┬────────────┘       └──────────┬──────────────┘
           ┌───────┴────────┐                ┌──────┴───────┐
    Gebäude            Gebäude         Gebäude          Gebäude
    ist verbraucht     ist nicht       ist verbraucht   ist nicht
                       verbraucht                       verbraucht
```

Gebäude ist verbraucht	Gebäude ist nicht verbraucht	Gebäude ist verbraucht / Gebäude ist nicht verbraucht
AK = AK des Grund und Bodens, Abbruchkosten = HK des Neubaus (BFH vom 04.12.1984, BStBl II 1985, 208 und vom 15.02.1989, BStBl II 1989, 604)	AK bzw. Rest-Buchwert und Abbruchkosten = HK des Neubaus (BFH vom 04.12.1984, a.a.O.)	AK bzw. Rest-Buchwert und Abbruchkosten = AK des Grund und Bodens (BFH vom 12.06.1978, BStBl II 1978, 620 und vom 15.02.1989, a.a.O.)

Beispiel 38: Das baufällige Hafengebäude (aus StB-Prüfung 2010)

Der Unternehmer hat ein Grundstück, das mit einem baufälligen Hafengebäude bebaut ist, im Mai 01 erworben. Das Hafengebäude, dessen Mauern bereits tiefe Risse hatten, wurde schon seit mehreren Jahren nicht mehr genutzt. Der Kaufpreis betrug 200.000 € (der Unternehmer ging trotz der Baufälligkeit davon aus, dass hiervon 5 % auf das Gebäude entfallen). Folgerichtig buchte der Unternehmer den Kaufpreis mit 190.000 € auf dem Konto Grund und Boden und mit 10.000 € auf dem Konto Gebäude.

Von Ende Juni bis Anfang Juli 01 wurde das alte Hafengebäude komplett abgerissen (Abbruchkosten 15.000 € zzgl. 19 % USt).

Auf dem Grundstück hat der Unternehmer im Jahr 01 mit dem Neubau eines Gebäudes begonnen, das im Februar 02 bezugsfertig wurde. Die bis zum 31.12.01 angefallenen Baukosten von 150.000 € zzgl. 19 % USt wurden wie folgt gebucht:

Gebäude	150.000 €			
Vorsteuer	28.500 €	an	Bank	178.500 €

Lösung:

Hier handelt es sich um die Anschaffung eines mit einem verbrauchten Gebäude bebauten Grundstücks. In diesem Fall stellt der gesamte Kaufpreis AK für den Grund und Boden dar. Der auf dem Gebäudekonto gebuchte anteilige Grundstückskaufpreis muss auf das Konto Grund und Boden umgebucht werden.

Die bis zum 31.12.01 angefallenen Baukosten für den Neubau dürfen mangels Fertigstellung bis zum Stichtag nicht auf dem Gebäudekonto erfasst werden, sondern sind als »Gebäude im Bau« zu aktivieren.

Da der Abbruch des alten Gebäudes im Kausalzusammenhang mit der Errichtung eines Neubaus steht, werden die Abbruchkosten den HK für das neue Gebäude zugerechnet und auf dem Konto »Gebäude im Bau« erfasst.

Beispiel 39: Das abgerissene Einfamilienhaus (aus StB-Prüfung 2013)
Der Unternehmer U bewohnte bis Februar 02 ein älteres Einfamilienhaus auf einem ihm gehörenden Grundstück (500 qm) unmittelbar neben seinem Einzelunternehmen. U hatte das Grundstück fünf Jahre zuvor erworben. Anfang 02 entschloss sich U zu einem Umzug und zum Bau einer kleinen Lagerhalle auf diesem Grundstück. Er stellte im Januar 02 einen entsprechenden Bauantrag bei der zuständigen Behörde. Im März 02 wurde das Einfamilienhaus abgerissen, und schon am 01.10.02 konnte die neue Lagerhalle in Betrieb genommen werden.
Der Verkehrswert einschließlich Nebenkosten (=Teilwert) des Grund und Bodens im Jahr 02 beträgt 100 € pro qm. Der Verkehrswert einschließlich Nebenkosten (=Teilwert) des Einfamilienhauses betrug vor dem Abbruch noch 20.000 € und die Abbruchkosten wurden von dem beauftragten Unternehmen mit 12.000 € zuzüglich 19 % USt berechnet.
Daneben entstanden U für den Neubau der Lagerhalle Kosten von 30.000 € zuzüglich 5.700 € in Rechnung gestellter USt. Die Nutzungsdauer der Halle beträgt 20 Jahre.

U hat bisher wie folgt gebucht:
30.03.02

Sonst. betriebl. Aufwendungen	12.000 €			
Vorsteuer	2.280 €	an	Bank	14.280 €

Von April bis Oktober 02 jeweils bei Rechnungseingang und sofortiger Überweisung, hier zusammengefasst:

Gebäude (Lagerhalle)	30.000 €			
Vorsteuer	5.700 €	an	Bank	35.700 €
AfA auf Gebäude	1.500 €	an	Gebäude (Lagerhalle)	1.500 €

Lösung: Mit der Absicht zur betrieblichen Nutzung (Indiz: Bauantrag) wird das Grundstück notwendiges Betriebsvermögen des Gewerbebetriebs. Grund und Boden sowie das zum Abbruch vorgesehene Einfamilienhaus sind einzulegen. Die Bewertung erfolgt mit dem Teilwert. Die Anschaffung des Grundstücks durch U liegt mehr als drei Jahre zurück, sodass § 6 Abs. 1 Nr. 5 S. 1 Buchst. a EStG bei der Bewertung der Einlage keine Rolle spielt. Der Einlagewert beträgt 50.000 € (500 qm x 100 €).
Bei dem Einfamilienhaus handelt es sich um eine Einlage mit Abbruchabsicht. In diesem Fall gehören der Wert des Hauses und die Abbruchkosten zu den Herstellungskosten der Lagerhalle (H 6.4 »Aufwendungen im Zusammenhang mit einem Grundstück, Abbruchkosten« Nr. 4 EStH).

Die Herstellungskosten der Lagerhalle betragen:

Wert des eingelegten Gebäudes	20.000 €
Abbruchkosten	12.000 €
Rechnungen für den Neubau	30.000 €
Summe	62.000 €

Die AfA beträgt 5 % für drei Monate (5 % von 62.000 € x 3:12)   775 €

Berichtigungsbuchungen:

Grund und Boden	50.000 €	an	Einlagen	50.000 €
Gebäude (Lagerhalle)	20.000 €	an	Einlagen	20.000 €
Gebäude (Lagerhalle)	12.000 €	an	Sonst. betr. Aufwand	12.000 €
Gebäude (Lagerhalle)	725 €	an	AfA	725 €

Die Ausführungen zum Gebäudeabbruch im Zusammenhang mit dem Erwerb eines Gebäudes sind sinngemäß auch auf Teilabbrüche anzuwenden. Der Rest-BW des abgebrochenen Gebäudeteils ist ggf. im Wege der Schätzung zu ermitteln. Vgl. BFH vom 20.04.1993, BStBl II 1993, 504.

Wenn der StPfl. das Gebäude selbst erbaut oder mehr als drei Jahre vor dem Abbruch erworben hat, ist der Rest-BW des abgebrochenen Gebäudes durch Absetzung für außergewöhnliche Abnutzung i.S.d. § 7 Abs. 1 S. 5 EStG abzuschreiben und die Abbruchkosten sind laufende Betriebsausgaben (BFH vom 28.03.1973, BStBl II 1973, 678). Diese Regelung gilt sowohl, wenn der Gebäudeabbruch zum Zweck des anschließenden Neubaus eines Gebäudes als auch zwecks Freimachung des Grund und Bodens erfolgt.

In einer wichtigen Entscheidung vom 16.04.2002 (BStBl II 2002, 805) zum Fall von Abbruchkosten eines **selbstgenutzten Gebäudes** weicht der IX. Senat in den Voraussetzungen und Rechtsfolgen von den o.g. Grundsätzen ab. Wenn – wie im Fall der Selbstnutzung – das Gebäude vorher nicht zur Erzielung von Einkünften genutzt wurde, dann stehen die Abbruchkosten dieses Gebäudes im Zusammenhang mit der Errichtung des Neubaus und bilden HK des neuen Gebäudes.[246]

5.1.2.3.2 Klausurtechnik

Zu beachten ist, dass die unter Kap. 5.1.2.3.1 geschilderten Grundsätze nur bei dem sog. **Erwerb mit Abbruchabsicht** und bei der Einlage mit Abbruchabsicht gelten. Bei **selbst hergestellten Gebäuden** und bei Gebäuden, die **nach Ablauf von drei Jahren** nach der Anschaffung abgebrochen werden, stellen die Abbruchkosten Betriebsausgaben dar und der Restbuchwert ist erfolgswirksam auszubuchen. Daraus entwickelt sich folgende Klausurtechnik:

Zunächst ist festzustellen,

- ob das abgebrochene Gebäude vom StPfl. selbst hergestellt wurde oder
- ob das abgebrochene Gebäude nach Ablauf von drei Jahren nach der Anschaffung abgebrochen wurde.

In diesen Fällen ist die Klausurlösung so zu formulieren, dass die Abbruchkosten als Betriebsausgaben zu erfassen sind und der Restbuchwert gewinnwirksam auszubuchen ist. Ausschließlich in dem Fall, dass der Gebäudeabbruch innerhalb von drei Jahren nach der Anschaffung erfolgt, sind die Regeln gem. Kap. 5.1.2.3.1 zu prüfen und entsprechend anzuwenden.

---

246 Damit steht die Entscheidung vom 22.01.2003 (BFH/NV 2003, 765) im Einklang, dass die Abbruchkosten dann zu Vorkosten gem. § 10e Abs. 6 EStG führen, wenn das Gebäude nicht mit Abbruchabsicht erworben wurde.

5.1.2.4 Übernahme von Verbindlichkeiten

Wird ein WG gegen Übernahme einer Leibrentenverpflichtung angeschafft, stellt der Barwert der Rente die AK dar. Der Barwert kann wahlweise nach den §§ 12 ff. BewG oder nach versicherungsmathematischen Grundsätzen berechnet werden (R 6.2 S. 1 EStR). Dagegen sind die AK eines WG, das durch Ratenkauf ohne besondere Zinsvereinbarung angeschafft wird, stets mit dem nach den §§ 12 ff. BewG zu ermittelnden Barwert im Zeitpunkt der Anschaffung anzusetzen (R 6.2 S. 2 EStR).

Bei Anschaffung durch Übernahme von Verbindlichkeiten hat die spätere Veränderung der Verbindlichkeiten (z.B. Fortfall einer Rentenverpflichtung) keine Auswirkungen auf die Höhe der AK.

5.1.2.5 Anschaffung in Fremdwährung

Bei Wechselkursänderungen nach dem Zeitpunkt der Erstverbuchung ändern sich die AK nicht.[247]

5.1.2.6 Umsatzsteuer (Vorsteuer)

Die (bei der USt) abziehbare Vorsteuer ist nicht Teil der AK. Die (bei der USt) nicht abziehbare Vorsteuer gehört zu den AK. Die Regelung des § 9b Abs. 1 S. 2 EStG, nach der geringfügige nicht abzugsfähige Teile der Vorsteuern den AK oder HK nicht zugerechnet werden mussten, wurde durch das StÄndG 2001 angesichts der geringen praktischen Bedeutung dieser Vorschrift aus Gründen der Steuervereinfachung ersatzlos gestrichen.

Bei Berichtigung der Vorsteuer in einem späteren Wj. stellen der Mehrbetrag oder Minderbetrag Betriebseinnahmen bzw. Betriebsausgaben dar (§ 9b Abs. 2 EStG).

> **Beispiel 40: Vorsteuer im Zusammenhang mit AK**
> Der Unternehmer U erwirbt eine Maschine für 10.000 € + 1.900 € USt. Wie hoch sind die AK der Maschine, wenn der Unternehmer
> a) zu 100 % zum Vorsteuerabzug berechtigt ist,
> b) gar nicht zum Vorsteuerabzug berechtigt ist,
> c) zu 70 % zum Vorsteuerabzug berechtigt ist?
>
> **Lösung:** Die AK betragen im Fall
> a) 10.000 €,
> b) 11.900 €,
> c) 10.570 €.

5.1.2.7 Zuschüsse zur Anschaffung oder Herstellung von Anlagegütern

Der StPfl. hat das Wahlrecht, den Zuschuss als Betriebseinnahme oder Minderung der AK zu erfassen (R 6.5 EStR). Bei der Gewährung eines Zuschusses in einem späteren Wj. besteht das Wahlrecht zwischen der Buchung als Betriebseinnahme oder Minderung der ursprünglichen AfA-Bemessungsgrundlage bzw. des BW (R 6.5 Abs. 3 EStR).[248] Weicht die Bewertung von der HB ab, ist das bezuschusste Wirtschaftsgut in ein besonderes, laufend zu führendes Verzeichnis aufzunehmen (R 6.5 Abs. 2 S. 4 EStR).

---

247 H.M., z.B. *ADS*, Rechnungslegung und Prüfung der Unternehmen, § 255 HGB, Rz. 64 m.w.N.
248 Mit Urteil vom 28.05.2015 (BFH/NV 2015, 1577) hat der BFH entschieden, dass ein Automobilzulieferer Werkzeugkostenzuschüsse seines Auftraggebers **gewinnerhöhend erfassen muss**, wenn der Auftraggeber Eigentümer der Werkzeuge wird.

Wird der Zuschuss in einem Wj. vor der Anschaffung oder Herstellung des WG gewährt, so hat der StPfl. das Wahlrecht zwischen der Erfassung als Betriebseinnahme oder der Bildung einer steuerfreien Rücklage (Zuschussrücklage gem. R 6.5 Abs. 4 EStR).

5.1.2.8 Nachträgliche Anschaffungskosten und nachträgliche Minderung der Anschaffungskosten

Für die Annahme nachträglicher AK ist ein bloßer kausaler oder zeitlicher Zusammenhang mit der Anschaffung nicht ausreichend. Vielmehr kommt es auf die Zweckbestimmung der Aufwendungen an (BFH vom 03.08.2005, BStBl II 2006, 369). Allerdings können **AK** eines WG nur solche Kosten sein, die nach wirtschaftlichen Gesichtspunkten dessen Beschaffung tatsächlich zuzuordnen sind.

Rabatte und Boni mindern die AK im Zeitpunkt der Entstehung der Ansprüche. Bei Skonti tritt die Minderung der AK erst im Zeitpunkt der Zahlung des Kaufpreises ein (BFH vom 27.02.1991, BStBl II 1991, 456).

5.1.2.9 Garantierückbehalt

Die Minderung der AK tritt nur im Fall der endgültigen Einbehaltung der Garantiesumme (ohne eigene oder fremde Nachbesserung) ein.

5.1.2.10 Verdeckte Gewinnausschüttung

Bei unangemessener Kaufpreisvereinbarung zwischen der KapG und ihrem G'fter sind die AK zu korrigieren.

Beispiel 41: AK bei vGA[249]
Der StPfl. E ist Bauunternehmer (Einzelunternehmer) und außerdem als Allein-G'fter an der Schöner-Bauen-GmbH beteiligt. E ist G'fter-GF der GmbH. Im Februar 02 verkaufte E der GmbH gebrauchte Büromaschinen und Büromöbel aus seinem Einzelunternehmen zu einem Preis von 20.000 € zuzüglich 19 % USt. Der BW der veräußerten WG betrug am 31.12.01 5.000 €; der gemeine Wert abzgl. USt ist mit 10.000 € anzunehmen.
Bei der Lösung wird von folgenden Fallalternativen ausgegangen:
a) Die Beteiligung gehört zum BV des E.
b) Die Beteiligung gehört zum PV des E.

Lösung: I.H.d. Differenz zwischen dem gemeinen Wert (abzgl. USt) der Anlagegüter und dem gezahlten Preis liegt eine vGA i.S.v. § 8 Abs. 3 S. 2 KStG vor. Die folgende zahlenmäßige Darstellung entspricht dem Halbeinkünfteverfahren.

a) Im Einzelunternehmen E:
Erlös aus der Veräußerung von Anlagegütern 10.000 €
Erträge aus Beteiligung 10.000 €
steuerbefreit i.H.v. 50 % gem. § 3 Nr. 40 EStG

Bei der GmbH:
AK für Anlagegüter 10.000 €
vGA 10.000 €
(zunächst Aufwand; aber Hinzurechnung bei der Einkommensermittlung)

---

[249] Hierzu ausführlich *Maurer*, Teil C, Kap. III (vGA).

b) Im Einzelunternehmen E:

Erlös aus der Veräußerung von Anlagegütern	10.000 €
Einlage	10.000 €

Beim StPfl. E:

Einnahmen aus Kapitalvermögen	10.000 €
steuerbefreit i.H.v. 50 % gem. § 3 Nr. 40 EStG	

Bei der GmbH:

AK für Anlagegüter	10.000 €
vGA	10.000 €

(zunächst Aufwand; aber Hinzurechnung bei der Einkommensermittlung)

5.1.2.11 Tausch

Als AK gilt der gemeine Wert des hingegebenen WG (abzüglich der darin enthaltenen USt), beim Tausch mit Baraufgabe zuzüglich geleisteter Ausgleichszahlung bzw. abzüglich empfangener Ausgleichszahlung.

Beispiel 42: AK beim Tausch mit Baraufgabe

A und B schließen ein Tauschgeschäft ab. B liefert an A einen neuen Lkw (gemeiner Wert abzgl. USt: 300.000 €) und erhält von A ein gebrauchtes Fahrzeug (gemeiner Wert abzgl. USt: 200.000 €). A zahlt zusätzlich an B einen Betrag von 119.000 € (einschl. USt). B erteilt dem A folgende Rechnung:

Lieferung eines Lastkraftwagen		300.000 €
+ 19 % USt		57.000 €
Summe		357.000 €
Inzahlungnahme eines Altfahrzeugs	200.000 €	
+ 19 % USt	38.000 €	./. 238.000 €
noch zu entrichten		119.000 €

Lösung:

AK bei A:

gemeiner Wert des hingegebenen Altfahrzeugs	200.000 €
+ geleistete Zahlung	100.000 €
gesamt	300.000 €

AK bei B:

gemeiner Wert des hingegebenen Neufahrzeugs	300.000 €
./. erhaltene Zahlung	./. 100.000 €
gesamt	200.000 €

5.1.2.12 Finanzierungskosten

Finanzierungskosten gehören nicht zu den AK (BFH vom 24.05.1968, BStBl II 1968, 574).

5.1.2.13 »Fiktive« Anschaffungskosten in Fällen des unentgeltlichen Erwerbs

Bei unentgeltlichem Erwerb eines **Betriebs, Teilbetriebs oder MU-Anteils** wird mit den Buchwerten des Rechtsvorgängers bewertet, sofern die Besteuerung der stillen Reserven sichergestellt ist (§ 6 Abs. 3 EStG n.F.); diese Behandlung schließt es aus, im Übergang der

Verbindlichkeiten des übertragenen Betriebs ein Entgelt zu sehen (BFH vom 05.07.1990, BStBl II 1990, 847). Bei unentgeltlichem Erwerb eines **einzelnen** WG aus betrieblichem Anlass aus einem anderen BV erfolgt die Bewertung mit dem gemeinen Wert (§ 6 Abs. 4 EStG).

Beispiel 43: Unentgeltlicher Erwerb eines einzelnen WG aus betrieblichem Anlass
Ein Großhändler veranstaltet für seine Kunden (Einzelhändler) einen Verkaufswettbewerb mit Campingartikeln. Der Gewinner des Wettbewerbs erhält nach Beendigung der Aktion kostenlos ein Hauszelt übereignet. Das Zelt hat im Zeitpunkt der Übereignung einen gemeinen Wert von 1.190 €. Als Kaufpreis hat der Großhändler für das Zelt 1.000 € + 19 % USt entrichtet.

Lösung: Bei dem Großhändler liegt Werbeaufwand vor. Das Zelt stellt kein Geschenk i.S.v. § 4 Abs. 5 S. 1 Nr. 1 EStG dar, weil der Hingabe des Gegenstands eine Gegenleistung (Durchführung der Verkaufsaktion) gegenüber steht. Aus diesem Grund ist der Vorgang bei dem Großhändler auch umsatzsteuerbar und umsatzsteuerpflichtig.
Beim Einzelhändler ist ein unentgeltlicher Erwerb i.S.v. § 6 Abs. 4 EStG gegeben. Das Zelt ist mit dem gemeinen Wert inkl. USt als Wareneingang zu erfassen. Die USt auf eine Leistung gem. § 3 Abs. 1b Nr. 3 UStG kann nicht in einer Rechnung ausgewiesen werden. Demgemäß hat der Einzelhändler keinen Vorsteuerabzug (vgl. Abschn. 24a Abs. 3 UStR 2005. Es gibt keine neuere Verwaltungsauffassung).

5.1.2.14 Unentgeltlicher Erwerb im Privatvermögen und Einlage in das Betriebsvermögen

Der unentgeltliche Erwerb hat in der Regel private Gründe. Unentgeltlich erworbene WG gelangen infolgedessen durch eine Einlage aus dem PV in das BV. Die Frage des entgeltlichen oder unentgeltlichen Erwerbs im Bereich des PV hat insofern nur Bedeutung im Hinblick auf die Bewertung der Einlage. Die Einlage von unentgeltlich erworbenen WG ist gem. § 6 Abs. 1 Nr. 5 S. 1, 1. HS EStG mit dem TW zu bewerten (Ausnahme wesentliche Kapitalbeteiligungen i.S.v. § 17 Abs. 1 EStG). Bei der Einlage von entgeltlich oder teilentgeltlich erworbenen WG gilt gem. § 6 Abs. 1 Nr. 5 S. 1, 2. HS EStG unter bestimmten Voraussetzungen eine Beschränkung des Einlagewerts auf die (fortgeschriebenen) AK.

Die Schenkung unter Auflage stellt einen unentgeltlichen Erwerb dar (BFH vom 26.11.1985, BStBl II 1986, 161). Unter Auflage unentgeltlich erworbene Gegenstände sind deshalb stets mit dem TW einzulegen.

Die gemischte Schenkung ist als teilentgeltlicher Erwerb zu behandeln (BFH vom 26.11.1985, a.a.O.). Bei Gegenständen, die der StPfl. durch eine gemischte Schenkung erworben hat, gilt deshalb die Einschränkung gem. § 6 Abs. 1 Nr. 5 S. 1, 2. HS EStG, sodass im Falle des Erwerbs innerhalb von drei Jahren vor dem Einlagetag die anteiligen (fortgeschriebenen) AK für die Bewertung der Einlage maßgebend sind.

Beispiel 44: Einlagewert bei teilentgeltlichem Erwerb im Privatvermögen
Der pensionierte Hochschullehrer V schenkt seiner Tochter T ein unbebautes Grundstück. Da er sich seinen lange gehegten Wunsch, eine Weltreise zu unternehmen, erfüllen möchte, lässt er sich von seiner Tochter einen Teil des Grundstückswerts in bar vergüten. Der Zeitwert (TW) des Grundstücks beträgt nach einem Sachverständigengutachten 100.000 €. Die Zahlung der Tochter beläuft sich auf 10.000 €.
T legt das Grundstück 2 1/2 Jahre nach der Schenkung in das BV ihres Einzelunternehmens ein. Das Grundstück hat zu diesem Zeitpunkt einen Zeitwert (Teilwert) von 120.000 €.

Lösung: Es handelt sich um eine gemischte Schenkung im PV. Zwecks Ermittlung des Einlagewerts bei T ist die Schenkung in einen entgeltlichen und einen unentgeltlichen Teil aufzuteilen:

Gesamtwert des Grundstücks	100.000 €
Zahlung von T	10.000 €
das sind 10 %	
Ermittlung des Einlagewerts des Grundstücks:	
90 % des TW	108.000 €
+ AK von T	10.000 €
Einlagewert gesamt	**118.000 €**

5.1.2.15 Gesetzliche Regelung für »anschaffungsnahe Herstellungskosten«

Die Vorschrift von § 6 Abs. 1 Nr. 1a EStG lautet wie folgt:

»Zu den HK eines Gebäudes gehören auch Aufwendungen für Instandsetzungs- und Modernisierungsmaßnahmen, die innerhalb von drei Jahren nach der Anschaffung des Gebäudes durchgeführt werden, wenn die Aufwendungen ohne USt 15 % der AK des Gebäudes übersteigen (anschaffungsnahe HK). Zu diesen Aufwendungen gehören nicht die Aufwendungen für Erweiterungen i.S.d. § 255 Abs. 2 S. 2 des Handelsgesetzbuchs sowie Aufwendungen für Erhaltungsarbeiten, die jährlich üblicherweise anfallen.«[250]

Mit der Einführung von § 6 Abs. 1 Nr. 1a EStG endet die Diskussion um die Zulässigkeit der Aktivierung anschaffungsnaher HK in den Fällen, die der Definition der HK im HGB nicht genügen (vgl. BFH vom 12.09.2001, BFH/NV 2002, 966 und 968 und BMF vom 18.07.2003, BStBl I 2003, 386).

5.2 Herstellungskosten

5.2.1 Handelsrecht

Der Begriff der HK ergibt sich aus § 255 Abs. 2 HGB. HK sind die Aufwendungen, die für die Herstellung eines Vermögensgegenstands, seine Erweiterung oder für eine über seinen ursprünglichen Zustand hinausgehende wesentliche Verbesserung entstehen.[251] Der Mindestansatz umfasst die Materialeinzelkosten, die Fertigungseinzelkosten und die Sonderkosten der Fertigung sowie angemessene Teile der Materialgemeinkosten, der Fertigungsgemeinkosten und des Wertverzehrs des Anlagevermögens, soweit dieser durch die Fertigung veranlasst ist. Ein Ansatzwahlrecht besteht für angemessene Teile der Kosten der allgemeinen Verwaltung sowie für angemessene Aufwendungen für soziale Einrichtungen des Betriebs, für freiwillige soziale Leistungen und für betriebliche Altersversorgung.

Eine besondere Regelung enthält § 255 Abs. 3 HGB für Fremdkapitalzinsen. Grundsätzlich gehören die Zinsen nicht zu den HK. Zinsen für Fremdkapital, das zur Finanzierung der Herstellung eines Vermögensgegenstands verwendet wird, dürfen jedoch angesetzt werden,

---

250 Neue Rspr. zu § 6 Abs. 1 Nr. 1a EStG: BFH-Urteile vom 14.06.2016, IX R 25/14 (BStBl II 2016, 992), IX R 15/15 (BStBl II 2016, 996) und IX R 22/15 (BStBl II 2016, 999) sowie Anwendungserlass des BMF vom 20.10.2017, Thema: Schönheitsreparaturen und Behandlung von anschaffungsnahen Herstellungskosten bei einem aus mehreren Einheiten bestehenden Gebäude.
251 Eine wesentliche Verbesserung eines Vermögensgegenstands kann auch in einer Veränderung mit dem Ziel einer neuen betrieblichen Gebrauchs- oder Verwendungsmöglichkeit begründet sein (BFH vom 25.01.2006, BStBl II 2006, 707).

soweit sie auf den Zeitraum der Herstellung entfallen. Als HK sind nur Aufwendungen anzusetzen. Soweit die bei der Herstellung anfallenden Kosten keine Aufwendungen darstellen (z.B. Eigenkapitalzinsen), gehören sie nicht zu den HK.

5.2.2 Steuerrecht

Im Steuerrecht gibt es keine Legaldefinition der HK. Deshalb werden die handelsrechtlichen Vorschriften in das Steuerrecht übertragen. Einzelheiten zu den steuerlichen HK ergeben sich aus R 6.3 EStR. Zu beachten ist, dass die Vorschrift des R 6.3 Abs. 1 EStR 2012, nach der angemessene Teile der allgemeinen Verwaltungskosten, der sozialen Einrichtungen des Betriebs, für freiwillige soziale Leistungen und für die betriebliche Altersversorgung in die HK einzubeziehen sind, durch das BMF-Schreiben vom 25.03.2013 (BStBl I 2013, 296) vorerst suspendiert wurde. Dadurch ist das Wahlrecht für den Ansatz der vorbezeichneten Verwaltungskosten in der StB vorläufig weiter gültig.

Beispiel 45: Ermittlung der steuerlichen HK aus einem Betriebsabrechnungsbogen
Ein Handwerksunternehmen hat folgenden BAB aufgestellt (in €):

Kostenart	Summe	Material	Fertigung	Verwaltung	Vertrieb
Hilfsstoffe	10.000	1.000	7.000	1.000	1.000
Gemeinkosten/Löhne	80.000	8.000	72.000		
Gehälter	30.000		3.000	21.000	6.000
Raumkosten	6.000	600	4.200	600	600
Verwaltungskosten	20.000			20.000	
Bürokosten	2.000			1.200	800
Vertriebskosten	5.000				5.000
kalk. Abschreibungen	20.000	2.000	14.000	2.000	2.000
kalk. Wagnis	4.000		1.600		2.400
Ist-Kosten	**177.000**	**11.600**	**101.800**	**45.800**	**17.800**
Zuschlagsgrundlagen		180.000	110.000	411.400	411.400
		(Materialeinsatz)	(Fertigungslöhne)	(Herstellkosten des Umsatzes)	
Zuschlagsatz		**6,44 %**	**92,54 %**	**11,13 %**	**4,33 %**

Am 31.12.11 ist laut Inventur eine teilfertige Arbeit vorhanden. Nach den Aufzeichnungen im Unternehmen sind auf diese teilfertige Arbeit bis zum Bilanzstichtag folgende Einzelkosten angefallen: Fertigungslöhne i.H.v. 7.200 €, Fertigungsmaterial i.H.v. 4.500 € und Kosten für Subunternehmer i.H.v. 1.200 €.
Die buchhalterischen (steuerlichen) Abschreibungen betrugen im Jahr 01 28.000 €. Sie sind nach demselben Schlüssel auf die Kostenstellen zu verteilen wie die kalkulatorischen Abschreibungen. Zu ermitteln sind anhand des vorstehenden BAB die HK der teilfertigen Arbeit (Mindestwert) für die StB am 31.12.11.

Lösung: Zu den steuerlichen HK (Mindestansatz) gehören die Materialeinzelkosten und -gemeinkosten sowie die Fertigungseinzelkosten und -gemeinkosten. Nicht zu den HK zählen die kalkulatorischen Kosten.[252] Sie sind deshalb vor der Ermittlung der HK aus den Gemeinkosten des BAB herauszunehmen. Soweit es sich um kalkulatorische Ersatzkosten handelt, sind sie durch entsprechende Aufwendungen zu ersetzen. Das trifft hier zu auf die kalkulatorischen Abschreibungen, die gegen die buchhalterischen Abschreibungen auszutauschen sind. Korrektur der Zuschlagsätze für Material-Gemeinkosten (MGK) und Fertigungs-Gemeinkosten (FGK):

	Material	Fertigung
Ist-Kosten lt. BAB	11.600 €	101.800 €
./. kalkulatorische Abschreibungen	./. 2.000 €	./. 14.000 €
./. kalkulatorische Wagnisse		./. 1.600 €
Zwischensumme	9.600 €	86.200 €
+ buchhalterische Abschreibungen	2.800 €	19.600 €
korrigierte Ist-Kosten	**12.400 €**	**105.800 €**
korrigierter Zuschlagsatz	**6,9 %**	**96,2 %**

Ermittlung der steuerlichen HK (Mindestansatz):

Materialeinsatz	7.200 €
+ 6,9 % MGK	496 €
+ Fertigungslöhne	4.500 €
+ 96,2 % FGK	4.329 €
+ Sondereinzelkosten der Fertigung	1.200 €
HK	**17.725 €**

Beispiel 46: Herstellungskosten bei selbst hergestelltem Anlagevermögen (aus StB-Prüfung 2011)

Ein Einzelunternehmer lässt eine Produktionsmaschine für seinen Betrieb durch seine Arbeitnehmer selbst herstellen. Die Maschine wird ab ihrer Fertigstellung am 01.10.01 zur Produktion von Werkzeugen eingesetzt.

Die Material- und Fertigungskosten für die Herstellung der Maschine betrugen 25.000 €. Die angemessenen Gemeinkosten haben 15.000 € und die anteiligen Kosten der allgemeinen Verwaltung 3.500 € betragen.

Außerdem nahm der Unternehmer zur Finanzierung der Maschine ein Darlehen auf. Die auf den Zeitraum der Herstellung der Maschine entfallenden Zinsen belaufen sich auf 1.200 €.

Die Material- und Fertigungskosten hat der Unternehmer als HK angesehen und die Maschine, die eine ND von fünf Jahren hat, unter Berücksichtigung einer linearen AfA von 5.000 € zum 31.12.01 mit 20.000 € aktiviert.

---

[252] Gem. § 255 Abs. 2 S. 1 HGB sind HK die Aufwendungen, die durch den Verbrauch von Gütern und die Inanspruchnahme von Diensten für die Herstellung eines Vermögensgegenstands entstehen. Kalkulatorische Kosten hingegen sind keine Aufwendungen.

Lösung: Die Maschine ist am 31.12.01 mit den HK abzüglich einer AfA von 20 % für drei Monate zu bilanzieren.
Die Mindest-HK umfassen gem. § 255 Abs. 2 S. 2 HGB die Material- und Fertigungskosten zzgl. der angemessenen Gemeinkosten. Die Verwaltungskosten und die Zinsen unterliegen einem Einbeziehungswahlrecht (§ 255 Abs. 2 S. 3 und Abs. 3 S. 2 HGB).
Ermittlung des Bilanzansatzes:

HK	40.000 €
./. AfA (20 % für 3 Monate)	2.000 €
31.12.01	38.000 €

5.3 Börsen- oder Marktpreis

Für das Umlaufvermögen besteht gem. § 253 Abs. 4 S. 1 HGB ein Abschreibungsgebot auf den niedrigeren Wert am Bilanzstichtag, der sich aus dem Börsen- oder Marktpreis ergibt. Der Börsenpreis ist der an einer amtlich anerkannten Börse festgestellte Preis.[253] Der Marktpreis ist der Preis, der an einem Handelsplatz oder in einem Handelsbezirk für Vorräte einer bestimmten Gattung von durchschnittlicher Art und Güte zu einem bestimmten Zeitpunkt oder in einem bestimmten Zeitabschnitt im Durchschnitt bezahlt wird.[254] Auf die Börsen- oder Marktpreise darf für die Bewertung in der Bilanz nur zugegriffen werden, wenn tatsächlich zu diesen Preisen Umsätze stattgefunden haben.[255]

Aus der Formulierung in § 253 Abs. 3 S. 1 HGB, die Gegenstände des Umlaufvermögens sind mit dem niedrigeren Wert anzusetzen, der sich **aus einem Börsen- oder Marktpreis ergibt**, muss abgeleitet werden, dass das Umlaufvermögen nicht direkt mit dem Börsen- oder Marktpreis vom Bilanzstichtag bewertet werden soll. Vielmehr ist der Börsen- oder Marktpreis bei Vermögensgegenständen, die nicht zum Verkauf bestimmt sind, um die Anschaffungsnebenkosten zu erhöhen. Bei Vermögensgegenständen, die zum Verkauf an der Börse bestimmt sind, müssen die voraussichtlichen Verkaufsspesen abgezogen werden.[256]

5.4 Beizulegender Wert

Der den Vermögensgegenständen am Abschlussstichtag beizulegende Wert gem. § 253 Abs. 3 S. 3 und Abs. 4 S. 2 HGB entspricht dem Zeitwert des Gegenstands. Der beizulegende Wert kommt in Betracht bei Anlagegütern und bei Gegenständen des Umlaufvermögens, die keinen Börsen- oder Marktpreis haben. Der beizulegende Wert ist der objektive Wert eines Vermögensgegenstands, der sich am Markt und an der Verkehrsauffassung orientiert. Neben den Marktgegebenheiten ist bei der Wertermittlung der Zustand des zu bewertenden Vermögensgegenstands zu berücksichtigen.[257] Für die Wertfindung wird i.d.R. der Wiederbeschaffungspreis maßgebend sein. Für die zum Verkauf bestimmten Gegenstände

---

253 *ADS*, Rechnungslegung und Prüfung der Unternehmen, § 253 HGB, Rz. 459.
254 *ADS*, § 253 HGB, Rz. 464.
255 *ADS*, § 253 HGB, Rz. 465.
256 *Tanski* in *Gnam/Federmann*, HdB, Stichw. 148b, Rz. 38.
257 *Tanski* in *Gnam/Federmann*, HdB, Stichw. 148b, Rz. 14.

gibt es auch die Möglichkeit, die Bewertung nach dem Prinzip der verlustfreien Bewertung, ausgehend vom erzielbaren Verkaufspreis, vorzunehmen.

Beispiel 47: Verlustfreie Bewertung
Der Kaufmann K hat in seinem Bestand am Bilanzstichtag einen Warenposten, der schwer verkäuflich ist. K hat deshalb den Verkaufspreis pro Stück auf 50 € herabgesetzt. Der Einkaufspreis der Ware betrug 40 € pro Stück. Bis zum Verkauf der Ware erwartet K noch folgende Kosten pro Stück:
Verpackungskosten 1,50 €, sonstige Vertriebskosten 4 €, Verwaltungskosten 5 €, Zinsen 0,50 €.

Lösung: Berechnung des beizulegenden Wertes

Voraussichtlicher Verkaufserlös	50,00 €
./. Verpackungskosten	./. 1,50 €
./. sonstige Vertriebskosten	./. 4,00 €
./. Verwaltungskosten	./. 5,00 €
./. Zinsen	./. 0,50 €
beizulegender Wert	39,00 €

5.5 Teilwert

5.5.1 Allgemeines

Der TW ist ein rein steuerlicher Bewertungsmaßstab. Seine Definition ergibt sich aus § 6 Abs. 1 Nr. 1 S. 3 EStG. Es handelt sich um den beim fiktiven Erwerb des ganzen Betriebs für das einzelne WG anzusetzenden anteiligen Gesamtkaufpreis. Für die Bestimmung des TW hat die Rspr. folgende Grenzwerte bestimmt:

- **Wiederbeschaffungskosten/Wiederherstellungskosten**
  Die obere Grenze des TW wird von den Wiederbeschaffungskosten für ein WG gleicher Art und Güte im Zeitpunkt der Bewertung gebildet (BFH vom 17.07.1956, BStBl III 1956, 379). Zu den Wiederbeschaffungskosten zählen alle Aufwendungen, die bei einer Wiederbeschaffung anfallen würden, z.B. auch die Anschaffungsnebenkosten (BFH vom 08.03.1968, BStBl II 1968, 575).
  Für die im Betrieb hergestellten WG ist die obere Grenze des TW mit den Wiederherstellungskosten gleichzusetzen. Als Wiederherstellungskosten gilt der Reproduktionswert, der außer den steuerlichen HK auch anteilige Verwaltungs- und Vertriebsgemeinkosten umfasst (BFH vom 27.05.1974, BStBl II 1974, 508).
  Die Wiederbeschaffungskosten/Wiederherstellungskosten kommen als TW i.d.R. für solche WG in Betracht, die im Betrieb voll genutzt werden.

- **Einzelveräußerungspreis**
  Als untere Grenze des TW wird der Nettoeinzelveräußerungspreis abzüglich der Veräußerungskosten angesehen (BFH vom 25.08.1983, BStBl II 1984, 33). Der Einzelveräußerungspreis wird dem TW bei den WG entsprechen, die im Betrieb entbehrlich sind.

5.5.2 Vermutungen für die Höhe des Teilwerts (Teilwertvermutung)

Zunächst gilt die Vermutung, dass der TW im Zeitpunkt der Anschaffung oder Herstellung des WG bzw. kurze Zeit danach den tatsächlichen AK oder HK entspricht (BFH vom 07.11.1990, BStBl II 1991, 342). Diese Vermutung beruht auf der Annahme, dass ein Kaufmann für ein WG i.d.R. keine größeren Aufwendungen tätigt, als ihm das WG für seinen Betrieb wert ist. Macht der Kaufmann geltend, dass diese Vermutung bei einem Anschaffungs- oder Herstellungsvorgang nicht zutrifft, so muss er darlegen, weshalb der TW des angeschafften oder hergestellten WG niedriger ist.

Bei nicht abnutzbaren WG wird angenommen, dass der TW bei Anschaffung oder Herstellung und kurze Zeit danach noch den tatsächlichen AK oder HK entspricht. Bei abnutzbaren WG treten an die Stelle der AK oder HK die (durch die AfA) fortgeschriebenen AK oder HK. Wenn keine besonderen Umstände vorliegen, kommt kurze Zeit nach Anschaffung oder Herstellung eines WG keine TW-AfA in Betracht. Für die im Betrieb genutzten älteren WG gilt die vom BFH entwickelte Teilwertvermutung nicht.

5.5.3 Widerlegung der Teilwertvermutung

Besondere Umstände, durch die die von der Rspr. entwickelte TW-Vermutung widerlegt werden kann, sind insb. zwischenzeitlich eingetretene Preisrückgänge. Wenn der Preis für ein WG auf dem Markt gefallen ist, wird der gedachte Erwerber des Betriebs nicht bereit sein, den vom Betriebsinhaber gezahlten Neupreis – ggf. gemindert um die AfA – zu entrichten. Damit sind in diesen Fällen die Voraussetzungen für eine TW-AfA erfüllt.

Auch durch den Nachweis einer Fehlmaßnahme kann die TW-Vermutung widerlegt werden (BFH vom 12.08.1998, BFH/NV 1999, 305). Beim Bekanntwerden von verborgenen Mängeln ist die TW-Vermutung ebenfalls widerlegt.

5.5.4 Besonderheit bei der Bestimmung der Höhe der Teilwertabschreibung

Ein beim Erwerb gezahlter Überpreis rechtfertigt allein keine Teilwert-AfA auf den niedrigen Vergleichswert zu einem späteren Bilanzstichtag. Der Überpreis nimmt jedoch an einer aus anderen Gründen gerechtfertigten Teilwert-AfA in dem Verhältnis teil, das dem gegenüber dem Anschaffungszeitpunkt gesunkenen Vergleichspreis entspricht.[258]

5.5.5 Teilwertabschreibung bei festverzinslichen Wertpapieren

Mitte 2011 entschied der BFH (DB 2011, 1834), dass eine Teilwertabschreibung auf festverzinsliche Wertpapiere unter ihren Nennwert allein aufgrund gesunkener Kurse unzulässig ist. Nach Auffassung des BFH liege keine dauernde Wertminderung vor, da der Gläubiger zum Laufzeitende in jedem Fall den Nennbetrag des Wertpapiers erhalte. Für eine zulässige Abschreibung auf den Teilwert müssen darüber hinaus Zweifel an der Bonität des Schuldners vorhanden sein.

---

258 BFH vom 07.02.2002 (BStBl II 2002, 294).

5.6 Gemeiner Wert

Auch der gemeine Wert ist ein rein steuerlicher Bewertungsmaßstab. Er wird in § 9 Abs. 2 BewG definiert. Es handelt sich um den im gewöhnlichen Geschäftsverkehr erzielbaren Einzelveräußerungspreis.

Im Bilanzsteuerrecht ist der gemeine Wert nur maßgebend

- beim Tausch von WG,
- beim unentgeltlichen Erwerb eines einzelnen WG aus betrieblichem Anlass aus einem anderen BV,
- bei der Geringfügigkeitsgrenze nach § 8 EStDV,
- bei der Betriebsaufgabe (§ 16 Abs. 3 S. 5 und 6 EStG).

III Einzelne Aktivposten

1 Grundstücke und Gebäude

1.1 Allgemeines

Für Zwecke der Bilanzierung wird unterschieden in

- unbebaute Grundstücke,
- bebaute Grundstücke und
- Gebäude auf fremden Grundstücken.

Zivilrechtlich bilden der Grund und Boden und das Gebäude bei einem bebauten Grundstück eine Einheit.[259] Für den Ausweis der Grundstücke in der Bilanz von Personenunternehmen gibt es keine gesetzliche Vorschrift. Im Rahmen der Bilanzgliederung für KapG (§ 266 Abs. 2 HGB) werden Grundstücke, grundstücksgleiche Rechte und Bauten einschließlich der Bauten auf fremden Grundstücken in einer Position ausgewiesen. Bewertungstechnisch muss jedoch eine Trennung in Grund und Boden einerseits und Gebäude andererseits vorgenommen werden, weil nur beim Gebäude (abnutzbares AV) planmäßige Abschreibungen gem. § 253 Abs. 2 S. 1 HGB vorgenommen werden können.

Gebäude auf fremdem Grund gehören dann nicht zu den Bestandteilen des Grundstücks, wenn sie in Ausübung eines Rechts an einem fremden Grundstück (z.B. Erbbaurecht) vom Berechtigten auf diesem errichtet worden sind.[260] Für denjenigen, der das Gebäude auf fremdem Grund und Boden erstellt hat, entsteht in dem Fall zivilrechtliches Eigentum an dem Gebäude.[261]

Bauten auf fremdem Grund und Boden, die im rechtlichen und im wirtschaftlichen Eigentum des Herstellers stehen, sind nach der Rspr. (BFH vom 14.04.1988, BFH/NV 1989, 95 und vom 25.02.2010, BStBl II 2010, 670) bei diesem als Gebäude zu aktivieren. Dabei wird wirtschaftliches Eigentum immer dann angenommen, wenn der Hersteller bei Beendigung des Nutzungsverhältnisses einen (werthaltigen) **Verwendungsersatzanspruch** (aus §§ 951, 812 BGB) gegen den Eigentümer des Grundstücks hat.

Beispiel 1: Gebäude auf fremdem Grund
Ein Unternehmer errichtet auf einem gepachteten Grundstück mit Genehmigung des Grundstückseigentümers ein Werkstattgebäude, das er nach Beendigung der Pachtzeit auf seine Kosten abreißen muss.

Lösung: Der Unternehmer muss das Gebäude als sein eigenes WG bilanzieren und die HK linear auf die Nutzungsdauer (Restlaufzeit des Pachtvertrags) verteilen, § 7 Abs. 1 EStG (d.h. nicht nach den für Gebäude geltenden Vorschriften).

---

259 § 94 Abs. 1 S. 1 BGB.
260 § 95 Abs. 1 S. 2 BGB.
261 BGH vom 12.07.1984, NJW 1985, 789.

Zur Behandlung von Gebäuden, die von einem **Ehegatten** auf dem im Miteigentum der Ehegatten stehenden Grundstück errichtet werden, wird auf die einschlägige BFH-Rspr. und auf die ausführliche Darstellung zum Drittaufwand verwiesen.[262]

Exkurs: Andere Bauwerke auf fremdem Grund
Die gleichen Grundsätze wie bei Gebäuden auf fremdem Grund und Boden gelten bei anderen Bauwerken auf fremdem Grund, z.B. Bodenbefestigungen.

Beispiel: Das Grundstück der Ehefrau (aus StB-Prüfung 2014)
Hilde Ritter (HR) ist die Ehefrau des Einzelunternehmers Roland Ritter (RR). HR hat ihrem Ehemann ab 01.01.13 aufgrund einer Vereinbarung ein unbefestigtes und unbebautes Grundstück bis auf Weiteres zur Nutzung überlassen und ihm die Errichtung von Bauten für seinen Gewerbebetrieb erlaubt. Bei Beendigung der Nutzungsmöglichkeit soll RR von seiner Ehefrau den Zeitwert etwaiger Bauwerke erstattet bekommen.

Das Grundstück hatte HR im Jahr 02 für 200.000 € erworben. Der Teilwert des Grundstücks im Jahr 13 beträgt 250.000 €.

Anfang März 13 entschloss sich RR dazu, auf dem Grundstück befestigte Parkplätze zu errichten. Er beauftragte einen Kleinunternehmer, der § 19 Abs. 1 UStG anwendet, mit der Befestigung des Grundstücks. Das Grundstück wurde mit Schotter und Teer soweit hergerichtet, dass die Transportfahrzeuge (kleinere Lkw) dort in den kommenden zehn Jahren ohne weitere erforderliche Baumaßnahme abgestellt werden können. Die Baumaßnahmen wurden noch im März 13 beendet. Die Rechnung des Unternehmers lautete über 4.760 €. Das Material hat RR von einem Baumarkt selbst erworben und den Rechnungsbetrag von 1.190 € einschließlich 19 % USt überwiesen.

Lösung: HR ist und bleibt Eigentümerin des Grundstücks (§ 246 Abs. 1 S. 2 HGB, § 39 Abs. 1 AO). Dies ist unabhängig von der Nutzungsüberlassung an RR.

Das entstandene Nutzungsrecht ist nicht einlagefähig. Eine Zurechnung nach § 246 Abs. 1 S. 2 HGB bzw. § 39 Abs. 2 Nr. 1 AO erfolgt nicht (H 4.2 Abs. 1 »Nutzungsrechte/Nutzungsvorteil« EStH).

Die Befestigung des Grundstücks mit Herstellung von Parkplätzen führt bei RR zu einem abnutzbaren Vermögensgegenstand bzw. Wirtschaftsgut des Anlagevermögens (§ 246 Abs. 1 S. 1 HGB, § 5 Abs. 1 EStG bzw. R 4.2 Abs. 1 S. 1 EStR, R 6.1 Abs. 1 EStR). HR ist zwar zivilrechtliche Eigentümerin des Grundstücks (§ 94 BGB), da aber RR die Baukosten zu 100 % trägt und bei Beendigung der Nutzung gegen seine Ehefrau einen Anspruch auf Entschädigung aus einer vertraglichen Vereinbarung bzw. gesetzlich hat (§§ 951, 812 BGB), ist RR wirtschaftlicher Eigentümer des durch die Baumaßnahmen entstandenen Vermögensgegenstands/Wirtschaftsguts (vgl. H 4.7 »Eigenaufwand für ein fremdes Wirtschaftsgut« EStH).

Die Bewertung der Außenanlage erfolgt gem. §§ 253 Abs. 1 S. 1 HGB, 6 Abs. 1 Nr. 1 S. 1 EStG mit den Herstellungskosten nach § 255 Abs. 2 HGB, § 5 Abs. 1 EStG. Die Vorsteuer ist nur aus der Materialrechnung abziehbar (§ 15 Abs. 1 Nr. 1 UStG) und deshalb nicht in die Herstellungskosten einzubeziehen (§ 9b Abs. 1 EStG). Es ergeben sich Herstellungskosten in Höhe von 5.760 €.

Die Abschreibung erfolgt planmäßig linear gem. § 253 Abs. 3 HGB, § 7 Abs. 1 EStG über die betriebsgewöhnliche ND von zehn Jahren; im Jahr 13 zeitanteilig für zehn Monate nach § 7 Abs. 1 S. 4 EStG mit 480 € (5.760 € x 1/10 x 10/12).

---

262 Z.B. BFH vom 14.05.2002 (BStBl II 2002, 741) sowie *Preißer*, Band 1, Teil B, Kap. I.

1.2 Gebäudeteile

1.2.1 Grundsatz

Man unterscheidet zwischen unselbständigen und selbständigen Gebäudeteilen. Unselbständige Gebäudeteile stehen in einem Nutzungs- und Funktionszusammenhang mit dem Gebäude. Sie sind Bestandteile des Gebäudes und werden mit diesem gemeinsam bilanziert und abgeschrieben. Selbständige Gebäudeteile stehen **nicht** im Nutzungs- und Funktionszusammenhang mit dem Gebäude. Sie dienen vielmehr besonderen Zwecken, z.B. dem in dem Gebäude unterhaltenen Gewerbebetrieb. Selbständige Gebäudeteile werden als **selbständige WG** behandelt (R 4.2 Abs. 3 S. 1 EStR).

1.2.2 Gebäudeteile als selbständige Wirtschaftsgüter

Selbständige Gebäudeteile werden nach R 4.2 Abs. 3 EStR wie folgt eingeteilt:

a) **Besonderen Zwecken** dienende Gebäudeteile, die vom **Eigentümer** errichtet worden sind:
   - Betriebsvorrichtungen (R 7.1 Abs. 3 EStR und H 7.1 EStH),
   - Scheinbestandteile (R 7.1 Abs. 4 EStR):
     - für Zwecke des Eigentümers eingebaut,
     - für Zwecke des Mieters oder Pächters eingebaut.

b) **Ladeneinbauten, Schaufensteranlagen, Gaststätteneinbauten u.Ä., die einem schnellen Wandel des modischen Geschmacks unterliegen (R 4.2 Abs. 3 S. 3 Nr. 3 EStR) mit einer ND von sieben Jahren** lt. BMF vom 30.05.1996 (BStBl I 1996, 643).

c) **Besonderen Zwecken** dienende Gebäudeteile, die vom **Mieter** errichtet worden sind (sog. Mietereinbauten) – BFH vom 11.06.1997 (BStBl II 1997, 774):
   - Scheinbestandteile,
   - Betriebsvorrichtungen,
   - sonstige Mietereinbauten und -umbauten,
     - die sich im wirtschaftlichen Eigentum des Mieters befinden,
     - die unmittelbar den besonderen betrieblichen oder beruflichen Zwecken des Mieters dienen oder
     - die unabhängig von der vom Mieter vorgesehenen betrieblichen oder beruflichen Nutzung sind (s. auch unter »Bilanzierungsgrundsätze«).

1.2.3 Einteilung eines Gebäudes nach Funktionszusammenhang (R 4.2 Abs. 4 EStR)

Unabhängig von der möglichen Gruppierung von Gebäudeteilen als selbständige WG werden alle Gebäude(-teile) nach ihrer Funktion eingeteilt (einzige Ausnahme von der bilanziellen Einheitsbetrachtung eines WG). Hiernach gibt es **vier unterschiedliche** Nutzungen, die zu vier verschiedenen WG führen können:

1. eigenbetrieblichen Zwecken dienend,
2. fremdbetrieblichen Zwecken dienend,
3. fremden Wohnzwecken dienend,
4. eigenen Wohnzwecken dienend.

Die sonstigen selbständigen Gebäudeteile i.S.v. R 4.2 Abs. 4 EStR stellen getrennte selbständige WG dar.

Beispiel 2a: Selbständige Gebäudeteile i.S.v. R 4.2 Abs. 4 EStR
Ein Grundeigentümer nutzt sein Gebäude wie folgt:
Das Erdgeschoss dient dem eigenen Gewerbebetrieb. Im Obergeschoss liegt die Privatwohnung des Eigentümers. Das Dachgeschoss ist für Wohnzwecke fremdvermietet. Der Keller des Gebäudes ist an einen fremden Gewerbetreibenden als Lagerraum vermietet.

Lösung: Das Gebäude besteht bilanzsteuerrechtlich aus vier verschiedenen selbständigen WG:
1. dem EG als eigengewerblich genutzten Gebäudeteil,
2. dem Keller als fremdgewerblich genutzten Gebäudeteil,
3. dem DG als zu fremden Wohnzwecken genutzten Gebäudeteil,
4. dem OG als zu eigenen Wohnzwecken genutzten Gebäudeteil.

Die einzelnen unterschiedlich genutzten Gebäudeteile werden wie selbständige Gebäude behandelt. Jeder Gebäudeteil ist hinsichtlich einer evtl. Bilanzierung getrennt darauf zu untersuchen, ob er zum notwendigen oder gewillkürten BV oder zum notwendigen PV gehört. Soweit für die Bewertung eine Abschreibung zu berücksichtigen ist, kommt die für Gebäude maßgebliche AfA gem. § 7 Abs. 4 oder 5 EStG zur Anwendung (§ 7 Abs. 5a EStG).
Der Grund und Boden teilt für die Zuordnung zum BV oder PV das Schicksal des Gebäudes. Er ist nach demselben Verhältnis aufzuteilen wie das aufstehende Gebäude (ständige Rechtsprechung seit dem Urteil des BFH vom 12.07.1979, BStBl II 1980, 5; zuletzt BFH vom 13.10.2005, BStBl II 2006, 68).

Beispiel 2b: Die vermietete Wohnung (aus StB-Prüfung 2012)
Das Grundstück in der Hafenstraße 11 hatte der Einzelunternehmer W. seit Jahren gemietet und am 01.05.01 käuflich erworben. W. hat das Grundstück in vollem Umfang mit 200.000 € (Grund und Boden 50.000 € und Gebäude 150.000 €) zutreffend bilanziert.
Das Gebäude hat im Erdgeschoss und in der ersten Etage eine Nutzfläche von jeweils 120 qm. Das Erdgeschoss und die erste Etage werden von W. für eigene betriebliche Zwecke genutzt. In der zweiten Etage befindet sich eine Wohnung mit einer Nutzfläche von 80 qm. Die Wohnung wurde bis zum 31.08.01 fremdvermietet. Der Grund und Boden wird im Verhältnis der Nutzfläche der Wohnung zum gesamten Gebäude vom Wohnungsinhaber genutzt.
Nach dem Auszug des bisherigen Mieters war es W. trotz ernsthafter Bemühungen bis Mitte November 01 nicht gelungen, einen Nachmieter zu finden. W. entschloss sich daher kurzfristig, die Wohnung in der zweiten Etage selber zu nutzen. Er kündigte seine bisherige Mietwohnung und zog bereits am 01.12.01 in seine nun selbst genutzte Wohnung in der Hafenstraße 11 ein. Ende November 01 hatte W. gleich von mehreren Interessenten Kaufangebote für das Grundstück erhalten, da die Gegend um die Hafenstraße aufgrund bekannt gewordener Sanierungspläne erheblich an Attraktivität gewinnen sollte. Trotz der gebotenen Kaufpreise von 300.000 € (einschließlich Anschaffungsnebenkosten und einem unveränderten Anteil des Grund und Bodens von 25 %) lehnte W. einen Verkauf ab, da er sein erworbenes Grundstück nun erst recht in Zukunft für sich und seinen Betrieb nutzen möchte.
Die hier nicht bezifferten Mieteinnahmen und die ebenfalls nicht genannten laufenden Grundstückskosten hat W. zutreffend gebucht.

Lösung: Die Bilanzierung des gesamten Grundstücks bis zum Auszug des Mieters als notwendiges Betriebsvermögen (eigenbetrieblich genutzte Geschosse) und als gewillkürtes Betriebsvermögen (vermietetes Geschoss) ist geboten bzw. zulässig. Auch während des Leerstands kann das zweite Obergeschoss als (gewillkürtes) Betriebsvermögen behandelt werden, weil es nur durch den Auszug des Mieters nicht zum Privatvermögen geworden ist.

Erst im Zeitpunkt der Umwidmung der Wohnung in notwendiges Privatvermögen durch die Nutzung als Privatwohnung des W. am 01.12.01 muss die Bilanzierung des zweiten Obergeschosses mit Hilfe einer Entnahme beendet werden. Die Entnahme ist mit dem Teilwert zu bewerten. Der Ermittlung des Teilwerts kann der Angebotspreis von 300.000 € für das gesamte Grundstück zugrunde gelegt werden.

Die anteilige Nutzfläche der eigengenutzten Wohnung umfasst 25 % der Gesamtnutzfläche des Gebäudes. Damit beläuft sich der auf die eigengenutzte Wohnung entfallende Teil des Angebotspreises (= Teilwert) auf 75.000 €. Die privat genutzte Wohnung ist am 01.12.01 mit 75.000 € zu entnehmen.

Die anteiligen Buchwerte der Wohnung am 01.12.01 betragen:

Grund und Boden 25 % von 50.000 €	12.500 €
Gebäude 25 % von 150.000 € (nach Abzug von 2 % AfA für 7 Monate)	37.063 €

BS: Privatkonto 75.000 € an Grund und Boden 12.500 €
              Gebäude 37.063 €
              sonst. betriebl. Erträge 25.437 €

Die Aufteilung der einzelnen Gebäudeteile erfolgt nach ständiger Rspr. nach dem Verhältnis der Nutzflächen. Ein bisher zum Privatvermögen gehörender Gebäudeteil, der nunmehr für fremde gewerbliche Zwecke vermietet wird, bleibt nach dem BFH-Urteil vom 21.04.2005 (BStBl II 2005, 604) Privatvermögen, auch wenn der StPfl. einen weiteren, schon vorher für fremde betriebliche Zwecke vermieteten Gebäudeteil dem gewillkürten Betriebsvermögen zugeordnet hat.

1.2.4 Zugehörigkeit von Grundstücken und Grundstücksteilen zum Betriebsvermögen von Einzelunternehmen

1.2.4.1 Notwendiges Betriebsvermögen (R 4.2 Abs. 7 EStR)

Zum notwendigen BV gehören Grundstücke und Grundstücksteile, die ausschließlich und unmittelbar für eigenbetriebliche Zwecke genutzt werden und dem Betriebsinhaber gehören. Eigenbetrieblich genutzte Grundstücksteile brauchen wegen untergeordneter Bedeutung **nicht als BV** behandelt zu werden (sog. Grundstücksteile von »**untergeordnetem Wert**«), wenn ihr Wert

- weder mehr als 1/5 des gemeinen Werts des ganzen Grundstücks noch
- mehr als 20.500 € beträgt (§ 8 EStDV).

Bei der Prüfung, ob der Wert eines Grundstücksteils mehr als ein Fünftel des Werts des ganzen Grundstücks beträgt, ist in der Regel das Verhältnis der Nutzflächen zugrunde zu legen. Ein Grundstücksteil ist mehr als 20.500 € wert, wenn der Teil des gemeinen Werts des ganzen Grundstücks, der nach dem Verhältnis der Nutzflächen auf den Grundstücksteil entfällt, 20.500 € übersteigt (R 4.2 Abs. 8 S. 3 und 4 EStR).

Beispiel 3: Grundstücksteil von untergeordneter Bedeutung – Fall I
Von einem Grundstück mit einer Nutzfläche von 3.000 qm wird ein Teil mit einer Nutzfläche von 500 qm eigenbetrieblich genutzt. Der gemeine Wert des ganzen Grundstücks beträgt 300.000 €.

Lösung: Das Grundstück wird zwar zu weniger als einem Fünftel eigenbetrieblich genutzt, der Wert des eigenbetrieblich genutzten Grundstücksteils beträgt jedoch 50.000 €. Der eigenbetrieblich genutzte Grundstücksteil ist als notwendiges BV zu bilanzieren, weil sein Wert den Betrag von 20.500 € übersteigt.

Beispiel 4: Grundstücksteil von untergeordneter Bedeutung – Fall II
Ein StPfl. ist an einer Grundstücksgemeinschaft zu 50 % beteiligt. Das dieser Grundstücksgemeinschaft gehörende Grundstück hat einen gemeinen Wert von 150.000 €; es wird zu 25 % vom Gewerbebetrieb des StPfl. genutzt.

Lösung: Dem StPfl. gehören entsprechend seiner Beteiligung an der Grundstücksgemeinschaft auch von dem gewerblich genutzten Teil des Grundstücks nur 50 %, das sind 12,5 % von 150.000 € = 18.750 €. Der dem StPfl. gehörende betrieblich genutzte Grundstücksteil braucht nicht als BV behandelt zu werden, weil sein Wert nicht mehr als ein Fünftel des Werts des ganzen Grundstücks beträgt und auch 20.500 € nicht übersteigt.

1.2.4.2 Gewillkürtes Betriebsvermögen (R 4.2 Abs. 9 EStR)
Zum gewillkürten BV gehören Grundstücke und Grundstücksteile, die nicht eigenbetrieblich genutzt werden und nicht eigenen Wohnzwecken (= notwendiges PV) dienen, wenn sie in einem gewissen objektiven Zusammenhang mit dem Betrieb stehen und ihn zu fördern bestimmt und geeignet sind.

Beispiel 5: Gewillkürtes BV
Ein Kaufmann lässt auf einem zu seinem PV gehörenden Grundstück zur Absicherung eines für sein Einzelunternehmen aufgenommenen Kredits eine Hypothek eintragen.

Lösung: Das Grundstück kann als gewillkürtes BV behandelt werden, weil durch die Besicherung des betrieblichen Kredits ein Zusammenhang mit dem Betrieb hergestellt wurde und das Grundstück den Betrieb fördert.

1.2.4.3 Behandlung der Grundstückseinnahmen und -ausgaben
Einnahmen und Ausgaben im Zusammenhang mit Grundstücken und Grundstücksteilen, die als (notwendiges oder gewillkürtes) BV behandelt werden, sind BE und BA. Aufwendungen für einen eigenbetrieblich genutzten Grundstücksteil sind auch dann BA, wenn der Grundstücksteil gem. § 8 EStDV wegen seiner untergeordneten Bedeutung nicht als BV behandelt wird (R 4.7 Abs. 2 S. 4 EStR).

1.2.4.4 Wegfall der Voraussetzungen für die Behandlung als Betriebsvermögen
Beim Wegfall der Voraussetzungen als BV ist zu unterscheiden, ob das Grundstück nur die Eigenschaft als **notwendiges** BV verliert, aber weiter als **gewillkürtes** BV behandelt werden kann oder ob das Grundstück **notwendiges PV** geworden ist. Nur im Fall der Umwidmung des Grundstücks in PV liegt zwingend eine Entnahme vor (Hinweis auf R 4.3 Abs. 3 EStR).

1.2.5 Zugehörigkeit von Grundstücken und Grundstücksteilen zum Betriebsvermögen von Personengesellschaften[263]

1.2.5.1 Notwendiges Betriebsvermögen (R 4.2 Abs. 11 und 12 EStR)
Zum notwendigen **steuerlichen BV** gehören:

1. Grundstücke, die zum zivilrechtlichen Gesamthandsvermögen der MU der PersG gehören. Hiervon wird jedoch eine **Ausnahme** gemacht, wenn das zum Gesamthandsvermögen gehörende Grundstück ausschließlich oder fast ausschließlich der **privaten Lebensführung** eines, mehrerer oder aller G'fter dient (ständige BFH-Rechtsprechung, zuletzt BFH vom 30.11.2000, BFH/NV 2001, 597).

   Beispiel 6: Das »Privathaus« der OHG
   Ein im Gesamthandsvermögen der A, B & C OHG angeschafftes Einfamilienhaus wird ab Anschaffung von dem G'fter A unentgeltlich privat bewohnt.

   Lösung: Das Einfamilienhaus stellt notwendiges PV der G'fter[264] dar und darf in der StB der OHG nicht ausgewiesen werden.

   Dient ein im Gesamthandseigentum der G'fter stehendes Grundstück teilweise der privaten Lebensführung eines, mehrerer oder aller MU der Gesellschaft, so braucht der andere Grundstücksteil nach Meinung der Finanzverwaltung nicht als BV behandelt zu werden, wenn für diesen Grundstücksteil die Grenzen des § 8 EStDV nicht überschritten sind (R 4.2 Abs. 11 S. 3 EStR). M.E. widerspricht diese Verwaltungsanweisung der Maßgeblichkeit der HB für die StB. Handelsrechtlich ist das gesamte Grundstück als BV zu behandeln (§ 246 Abs. 1 HGB). Infolge der Maßgeblichkeit gilt das grundsätzlich auch für die StB. Die Zugehörigkeit des privat genutzten Grundstücksteils zum notwendigen PV und das damit verbundene Bilanzierungsverbot in der StB führt zur Durchbrechung der Maßgeblichkeit **nur für den privat genutzten Grundstücksteil**. Für den anderen (nicht privat genutzten) Grundstücksteil verbleibt es beim Aktivierungsgebot – auch in der StB – über den Grundsatz der Maßgeblichkeit.

2. Grundstücke oder Grundstücksteile, die nicht Gesamthandsvermögen der MU der PersG sind, sondern einem, mehreren oder allen Mitunternehmern gehören, aber dem Betrieb der PersG ausschließlich und unmittelbar dienen **(Sonder-BV I)**.

   Beispiel 7: Notwendiges Sonder-BV – Fall I
   Die B & Co. KG nutzt ein dem G'fter B gehörendes Grundstück vollen Umfangs als Lagerplatz.

   Lösung: Das Grundstück ist notwendiges Sonder-BV I des G'fters B und muss in einer steuerlichen Sonderbilanz ausgewiesen werden.

3. Grundstücke und Grundstücksteile, die dem Betrieb der PersG dienen und einer **anderen Gesamthandsgemeinschaft** oder Bruchteilsgemeinschaft gehören, an der auch andere Personen beteiligt sind, die nicht MU der PersG sind, soweit die Grundstücke und Grundstücksteile den MU der PersG nach § 39 Abs. 2 Nr. 2 AO zuzurechnen sind.

---
263 S. zu diesem Problemkreis allgemein *Preißer*, Teil B, Kap. II.
264 Um Missverständnissen vorzubeugen: Es gibt kein PV der PersG!

Beispiel 8: Notwendiges Sonder-BV – Fall II
Der G'fter C der C & D OHG ist zu 30 % gemeinsam mit seinen Geschwistern, die nicht G'fter der OHG sind, an einer Grundstücksgemeinschaft beteiligt. Die OHG nutzt das Grundstück der Grundstücksgemeinschaft vollen Umfangs als Lagerplatz.

Lösung: Das Grundstück ist zu 30 % notwendiges Sonder-BV I des C und in einer steuerlichen Sonderbilanz zu aktivieren.

Dient ein Grundstück dem Betrieb der Gesellschaft nur zum Teil, so sind die den MU zuzurechnenden Grundstücksteile lediglich mit ihrem betrieblich genutzten Teil notwendiges BV. Betrieblich genutzte Grundstücksteile, deren Wert im Verhältnis zum Wert **des ganzen Grundstücks**, nicht im Verhältnis zum Wert des Grundstücksteils des G'fters, von untergeordneter Bedeutung ist, brauchen nicht als BV behandelt zu werden (R 4.2 Abs. 12 S. 3 EStR i.V.m. § 8 EStDV).

Beispiel 9: Sonder-BV von untergeordneter Bedeutung
Der G'fter B der B & Co. KG ist zu 30 % an einer Erbengemeinschaft beteiligt. Die KG nutzt die Hälfte des Grundstücks der Erbengemeinschaft (gemeiner Wert: 100.000 €) für betriebliche Zwecke.

Lösung: Von dem durch die KG betrieblich genutzten Teil des Grundstücks (gemeiner Wert: 50.000 €) sind dem G'fter B 30 % = 15.000 € zuzurechnen. Insoweit liegt notwendiges Sonder-BV I vor, das aber wegen untergeordneter Bedeutung des Grundstücksteils (weder mehr als ein Fünftel des Werts des ganzen Grundstücks noch mehr als 20.500 €) nicht als BV behandelt zu werden braucht.

1.2.5.2 Gewillkürtes Betriebsvermögen
Gewillkürtes BV ist nur im Bereich des Sonder-BV möglich. Grundstücke oder Grundstücksteile, die nicht im Gesamthandseigentum der MU einer PersG sind, sondern im Allein- oder Miteigentum eines oder mehrerer MU stehen, können gewillkürtes BV dieser MU sein (gewillkürtes Sonder-BV). Bezüglich der Voraussetzungen gelten die Grundsätze wie bei Einzelunternehmern.

Beispiel 10: Gewillkürtes Sonder-BV
Der G'fter F der F & G OHG ist Alleineigentümer einer Lagerhalle, die er an einen Kunden der OHG vermietet hat.

Lösung: Da ein objektiver Zusammenhang zwischen der Lagerhalle und dem Betrieb der OHG besteht, kann der G'fter F die Lagerhalle zu seinem gewillkürten Sonder-BV I machen.

1.2.5.3 Grundstücksteile im Betriebsvermögen von Personengesellschaften
Selbständige Grundstücksteile i.S.v. R 4.2 Abs. 3 EStR sind bei PersG im gleichen Umfang möglich wie bei Einzelunternehmen. Grundstücksteile i.S.v. R 4.2 Abs. 4 EStR sind im Gesamthandsvermögen nicht möglich, weil die Vermögensgegenstände des Gesamthandsvermögens gem. § 246 Abs. 1 HGB vollen Umfangs zu bilanzieren sind. Nur i.R.d. Sonder-BV sind selbständige Grundstücksteile i.S.v. R 4.2 Abs. 4 EStR denkbar.

Beispiel 11: Gebäudeteil i.S.v. R 4.2 Abs. 4 EStR im Sonder-BV
Der Kommanditist G der G-GmbH & Co. KG vermietet der KG das Kellergeschoss eines in seinem PV befindlichen Gebäudes als Aktenarchivraum.

Lösung: Das Kellergeschoss (selbständiger Gebäudeteil) ist notwendiges Sonder-BV I des G'fter G und muss gemeinsam mit dem anteiligen Grund und Boden in einer Sonderbilanz aktiviert werden.

1.2.5.4 Wegfall der Voraussetzungen für die Behandlung als Betriebsvermögen
Es gelten dieselben Grundsätze wie bei Einzelunternehmen.

1.2.6 Zugehörigkeit von Grundstücken und Grundstücksteilen zum Betriebsvermögen von Kapitalgesellschaften

Grundstücke, die zum Gesellschaftsvermögen von KapG gehören, sind immer vollen Umfangs als BV zu bilanzieren (§ 246 Abs. 1 S. 1 HGB). Selbständige Grundstücksteile i.S.v. R 4.2 Abs. 3 EStR sind auch i.R.d. BV von KapG denkbar. Sie werden wie bei Einzelunternehmen und PersG als selbständige WG getrennt vom Grundstück oder Gebäude bilanziert und abgeschrieben.

Selbständige Grundstücksteile i.S.v. R 4.2 Abs. 4 EStR kommen bei KapG nur im Hinblick auf unterschiedliche AfA-Sätze[265] in Betracht. Werden Teile eines Grundstücks oder Gebäudes von einem G'fter der KapG unentgeltlich oder gegen ein objektiv zu geringes Entgelt privat genutzt, so liegt eine vGA vor.

1.2.7 Weitere Fälle zu R 4.2 EStR

Nachstehend werden gängige Fälle von selbständigen Grundstücks- und Gebäudeteilen dargestellt.

Beispiel 12: Das »private« Betriebsgrundstück
A erwarb am 03.01.05 ein unbebautes Grundstück von 1.000 qm Größe für 50.000 €, das er ab 01.04.05 für Lagerzwecke seines Betriebs nutzte. Da er das Grundstück mit privaten Geldmitteln erworben hatte, behandelte er es als PV. Die Wertsteigerung bis zum 01.04.05 betrug 5.000 €. Wie ist das Grundstück bilanzmäßig zu behandeln?

Lösung: Der Grundstückskauf aus privaten Geldmitteln konnte von A zunächst als Privatvorgang behandelt werden, weil eine betriebliche Nutzung des Grundstücks nicht gegeben war. Ab 01.04.05 wurde das Grundstück durch den Gewerbebetrieb des A genutzt. Damit ist es notwendiges BV geworden (R 4.2 Abs. 7 S. 1 EStR). Das Grundstück ist mit Wirkung vom 01.04.05 in das BV einzulegen, Einlagewert gem. § 6 Abs. 1 Nr. 5a EStG: AK = 50.000 €.

Beispiel 13: Das »gespaltene« Grundstück
B ist Eigentümer eines älteren Einfamilienhauses mit einem Wert (einschließlich Grund und Boden = 18.000 €) von 80.000 €. In zwei Räumen mit einer Fläche von zusammen 50 qm

---

[265] Für Gebäudeteile, die Wirtschaftsgebäude darstellen, 3 %, für Wohnzwecken dienende Gebäudeteile 2 % oder 2,5 % linear bzw. degressive AfA-Sätze gem. § 7 Abs. 5 EStG.

betreibt er seinen Gewerbebetrieb »Handelsvertretung«. Die übrigen Räume mit einer Fläche von 150 qm nutzt B für eigene Wohnzwecke.
Welcher Teil des Grundstücks muss oder darf in das BV aufgenommen werden?

Lösung: Eigenbetrieblich genutzte Grundstücksteile stellen selbständige WG dar (R 4.2 Abs. 4 S. 1 EStR). Sie sind notwendiges BV (R 4.2 Abs. 7 S. 1 EStR).
Der betrieblich genutzte Grundstücksteil ist auch nicht von untergeordneter Bedeutung i.S.v. § 8 EStDV:

Gebäudewert:	25 % von 62.000 € =	15.500 €
Bodenwert:	25 % von 18.000 € =	4.500 €
Zusammen		20.000 €

Zwar beträgt der Grundstücksteil (GruBo und Gebäude) nicht mehr als 20.500 €, aber sein Wert beträgt mehr als ein Fünftel des Werts des ganzen Grundstücks.
Der betrieblich genutzte Grundstücksteil muss als notwendiges BV bilanziert werden. Der übrige Grundstücksteil darf nicht bilanziert werden (notwendiges PV).

Beispiel 14: Der große Stellplatz von untergeordneter Bedeutung
C erwarb am 02.05.02 in Hamburg-Altona ein unbebautes Grundstück mit einer Größe von 800 qm für 160.000 €. Auf dem Grundstück errichtete C mit HK von 1,47 Mio. € ein Mietwohnhaus (Fertigstellung am 01.05.05). Im Tiefkeller des Gebäudes richtete C 40 Kfz-Stellplätze ein, von denen er 25 zum Abstellen von Lieferwagen seines Lebensmittelfilialbetriebs nutzt. Die anteiligen Baukosten für die betrieblich genutzten Stellplätze betragen 18.000 €. Der auf diese Stellplätze entfallende anteilige Bodenwert beträgt 400 €.
Wie ist der eigenbetrieblich genutzte Grundstücksteil bilanziell zu behandeln?

Lösung: Grundsätzlich ist der eigenbetrieblich genutzte Gebäudeteil einschließlich des dazu gehörenden Anteils vom Grund und Boden als notwendiges BV bilanzierungspflichtig (R 4.2 Abs. 7 S. 1 EStR).
Hier ist der eigenbetrieblich genutzte Grundstücksteil jedoch von untergeordneter Bedeutung i.S.v. § 8 EStDV (Wert = weniger als 1/5 des Werts des ganzen Grundstücks und weniger als 20.500 €). Der eigenbetrieblich genutzte Grundstücksteil braucht deshalb nicht in der StB ausgewiesen zu werden.
Zu beachten ist jedoch, dass, wenn zu einem bestimmten Bilanzstichtag die vorbezeichneten Wertgrenzen nicht überschritten werden und deshalb von einer Bilanzierung abgesehen wurde, durch Wertsteigerungen des Grundstücks an einem Folgebilanzstichtag die Wertgrenzen des § 8 EStDV überschritten sein können und dadurch eine Bilanzierungspflicht eintritt.

Beispiel 15: Für jeden etwas
D ist Eigentümer eines bebauten Grundstücks. Der Wert des Grund und Bodens beträgt 150.000 €, der des Gebäudes 400.000 €. Das Gebäude wird wie folgt genutzt:
- 150 qm für die eigene Gaststätte des D,
- 150 qm durch Vermietung an den Weinlieferanten des D als Büroraum,
- 150 qm durch Vermietung als Wohnungen und
- 50 qm für eigene Wohnzwecke des D.

Welcher Teil des Grundstücks ist notwendiges BV?
Welcher Teil des Grundstücks kann als gewillkürtes BV behandelt werden?
Mit welchem Wert sind die betreffenden Grundstücksteile in der Bilanz anzusetzen?

Lösung: Der eigenbetrieblich genutzte Grundstücksteil ist notwendiges BV. Der an den Weinlieferanten vermietete Grundstücksteil kann als gewillkürtes BV behandelt werden (R 4.2 Abs. 9 S. 1 EStR). Ob der durch Vermietung als Wohnungen genutzte Grundstücksteil auch als gewillkürtes BV behandelt werden kann, kommt auf den Einzelfall an (objektiver Zusammenhang mit dem Betrieb). Der für eigene Wohnzwecke genutzte Grundstücksteil ist als notwendiges PV nicht bilanzierungsfähig.

Bilanzansätze:
eigenbetrieblicher Teil
Gebäude   3/10 von 400.000 € = 120.000 €
GruBo   3/10 von 150.000 € = 45.000 €
gewerblich vermieteter Teil
Gebäude   3/10 von 400.000 € = 120.000 €
GruBo   3/10 von 150.000 € = 45.000 €
ggf.: zu Wohnzwecken vermieteter Teil
Gebäude   3/10 von 400.000 € = 120.000 €
GruBo   3/10 von 150.000 € = 45.000 €

2 Technische Anlagen, Maschinen, Betriebs- und Geschäftsausstattung

2.1 Technische Anlagen und Maschinen

Technische Anlagen und Maschinen gehören zum abnutzbaren AV. Sie sind immer – auch, wenn sie Betriebsvorrichtungen sind – den **beweglichen** WG zuzuordnen. Deshalb kommen für technische Anlagen und Maschinen in der StB Absetzungen für Abnutzung nach § 7 Abs. 1 oder Abs. 2 EStG in Betracht, d.h. die AK oder HK können linear, degressiv oder nach Maßgabe der Leistung abgeschrieben werden. Zu den Einzelheiten dieser Absetzungsmethoden s. *Kölpin*, Kap. I 4.

2.2 Betriebs- und Geschäftsausstattung

Auch die Betriebs- und Geschäftsausstattung gehört zum **beweglichen** abnutzbaren AV. Die Ausführungen zur Absetzung für Abnutzung bei den technischen Anlagen und Maschinen gelten entsprechend für die Betriebs- und Geschäftsausstattung.

2.3 Geleistete Anzahlungen

Als Aktivposten »geleistete Anzahlungen« im Bereich des Sachanlagevermögens (§ 266 Abs. 2 A.II.4 HGB) sind die vom Unternehmer erbrachten **Vorleistungen**[266] für die Anschaffung von Vermögensgegenständen des Sachanlagevermögens auszuweisen, wenn das Investitionsgut bis zum Bilanzstichtag noch nicht geliefert wurde. Davon abzugrenzen sind die unter den immateriellen Vermögensgegenständen auszuweisenden Anzahlungen für die Beschaffung von immateriellen Anlagegütern (§ 266 Abs. 2 A.I.4 HGB). Der Anzahlungsbetrag wird im Zeitpunkt der Lieferung – in der Regel im Folgejahr – auf das entsprechende Anlagekonto umgebucht.[267]

2.4 Anlagen im Bau

Der Ausweis unter der Bezeichnung »Anlagen im Bau« kommt in Betracht für Aufwendungen im Zusammenhang mit der Erstellung von Anlagen auf dem **eigenen Grund** und Boden des bilanzierenden Unternehmers. Die Anlagen im Bau werden mit den Teil-HK bewertet, die bis zum Bilanzstichtag angefallen sind. Im Zeitpunkt der Fertigstellung der Anlage wird der Saldo des Kontos auf das entsprechende Anlagekonto umgebucht.

3 Beteiligungen an Kapitalgesellschaften

3.1 Vorbemerkung

In diesem Kapitel werden nur die Beteiligungen an KapG behandelt. Zur Beteiligung an einer PersG s. *Preißer*, Teil B, Kap. V.

3.2 Begriff

Beteiligungen sind Anteile an anderen Unternehmen, die dazu bestimmt sind, dem eigenen Geschäftsbetrieb durch Herstellung einer dauernden Verbindung zu jenen Unternehmen zu dienen. Dabei ist es unerheblich, ob die Anteile in Wertpapieren verbrieft sind oder nicht (§ 271 Abs. 1 HGB). Anteile an KapG rechnen im Zweifel dann zu den Beteiligungen, wenn deren Nennbeträge insgesamt den **fünften Teil** des Nennkapitals dieser Gesellschaft **überschreiten** (§ 271 Abs. 1 S. 3 HGB). Bei besonderen Verhältnissen, z.B. bei großem wirtschaftlichem Einfluss auf die KapG, kann auch bei geringeren Anteilen eine Beteiligung vorliegen.

Liegt bei verbrieften Anteilen an einer KapG keine Beteiligung vor, so handelt es sich um Wertpapiere des AV oder UV. Beteiligungen dagegen gehören grundsätzlich zum AV.

---

266 Zur Parallelproblematik bei der USt s. *V. Schmidt*, Band 3, Teil B, Kap. IV und XI.
267 Zu Anzahlungen im Bereich der Überschusseinkünfte (insb. zum Zeitpunkt der Erfassung) s. BFH vom 28.06.2002 (BStBl II 2002, 758), wonach die Vorleistungen erst in dem Zeitpunkt als WK gem. § 11 Abs. 2 S. 2 EStG voll abzugsfähig sind, ab dem deutlich wird, dass sie ohne Gegenleistung bleiben.

3.3 Bewertung

3.3.1 Anschaffungskosten

Beteiligungen an KapG sind grundsätzlich mit den AK zu bewerten. Zu den AK gehören nach der Rspr. außer dem eigentlichen Kaufpreis auch die Nebenkosten des Erwerbs, besonders Maklercourtage und Provisionen. Nach der Rspr. sind auch nachträgliche AK auf Beteiligungen zu aktivieren. Als solche kommen vor allem Zuschüsse zur Deckung von Verlusten und Ausgaben sowie Nachschüsse in Betracht.[268]

Bei der Einlage von (wesentlichen) Beteiligungen ist auf § 6 Abs. 1 Nr. 5b EStG zu achten. Verdeckte Einlagen stellen nach § 6 Abs. 6 S. 2 EStG zusätzliche AK für die Beteiligung dar, und zwar i.H.d. TW des eingelegten WG.[269]

Bei der Gründung einer GmbH oder bei Erhöhung ihres Kapitals sind die Anteile nur i.H.d. eingezahlten Betrags zu aktivieren und sind auch nur in dieser Höhe als angeschafft anzusehen. Die Einzahlungsverpflichtung kann bei der Bemessung der AK der Anteile erst dann berücksichtigt werden, wenn sie nach den Umständen des Einzelfalls ausreichend konkretisiert ist und damit echten Schuldcharakter hat. Das ist regelmäßig bei einer förmlichen Anforderung der Fall. Die Einzahlungsverpflichtung ist in diesem Zeitpunkt zu passivieren. Gleichzeitig ist ein dem Passivposten entsprechender Betrag als AK zu aktivieren (Erlass des FinMin Niedersachsen vom 27.02.1969, DB 1969, 415).

3.3.2 Niedrigerer beizulegender Wert/Teilwert

Beteiligungen können am Bilanzstichtag gem. § 253 Abs. 3 S. 4 HGB in der HB mit dem niedrigeren beizulegenden Wert angesetzt werden, wenn dieser aufgrund einer voraussichtlich **vorübergehenden** Wertminderung niedriger ist als die AK; bei Vorliegen einer **dauernden** Wertminderung **müssen** sie mit dem niedrigeren Stichtagswert angesetzt werden. In der StB ist der Ansatz mit dem niedrigeren TW nur zulässig, wenn die Wertminderung von Dauer ist (§ 6 Abs. 1 Nr. 2 S. 2 EStG).

Der TW von Beteiligungen an KapG bestimmt sich nach dem inneren Wert und den Ertragsaussichten der Gesellschaft. Als allgemeine Tendenz ist zu beachten: Eine Beteiligung an einer KapG, die keine Erträge bringt und bei der mit der Rückzahlung des Nennkapitals nicht zu rechnen ist, darf in aller Regel nicht mit den dem Nennbetrag der Beteiligung entsprechenden AK bewertet werden. Eine Ausnahme von diesem Grundsatz rechtfertigt sich jedoch, wenn das Trägerunternehmen als Kaufmann diese Eigenschaft der Beteiligung beim Erwerb kannte und sie bewusst in Kauf nahm. Bis zum einwandfreien Beweis des Gegenteils muss davon ausgegangen werden, dass sich der Kaufmann einen gleichwertigen Vorteil verspricht, der ihm den Aufwand für die Beteiligung wert ist und bleibt.

Der objektive Wert einer Beteiligung richtet sich grundsätzlich nach den Wiederbeschaffungskosten. Diese entsprechen bei kursführenden Anteilspapieren nicht zwingend dem Börsenkurswert. Das ergibt sich schon daraus, dass eine Beteiligung an der Börse nicht gehandelt wird und demgegenüber die Börsenkurswerte der Wertpapiere auch von Spekula-

---

[268] Mit Urteil vom 19.12.2000 (BStBl II 2001, 345) entschied der BFH, dass der AK-Begriff im EStG sowohl bei Gewinneinkünften (§ 6 EStG) wie bei Überschusseinkünften (§§ 17, 23 EStG) einheitlich verwendet wird.
[269] Ansonsten (PV) gilt § 17 Abs. 1 S. 2 EStG.

tionsabsichten der Aktienerwerber und -veräußerer sowie von allgemeinen politischen und wirtschaftlichen Entwicklungen, Erwartungen und Tendenzen beeinflusst werden. Diese Faktoren haben nicht den gleichen Einfluss auf den Wert einer Beteiligung; deren innerer Wert muss sich deshalb bei einem sinkenden Börsenkurswert nicht zwingend verändern.

Der BFH hat in einem Grundsatzurteil am 06.11.2003 (BStBl II 2004, 416; Fall zur Betriebsaufspaltung) die Möglichkeit einer TW-Abschreibung auf eine Beteiligung an einer KapG geprüft und unter folgenden Voraussetzungen zugelassen und diese zusammengefasst: Entweder stellt sich die Anschaffung als **Fehlmaßnahme** dar oder die Wiederbeschaffungskosten sind nach Erwerb gesunken, sodass sich der innere Wert der Beteiligung vermindert hat. Dabei spielen nicht nur die Ertragslage eine wichtige Rolle, sondern auch – und dies ist das Novum der Entscheidung – **die funktionale Wertbestimmung**.

Werden die wirtschaftlichen Erwartungen bei Gründung einer GmbH nicht erfüllt und wird hierdurch das Geschäftsergebnis nachhaltig beeinflusst, so rechtfertigt dies den Ansatz eines niedrigeren TW dieser Beteiligung wegen Vorliegens einer Fehlmaßnahme.

Bei Organschaftsverhältnissen mit Ergebnisabführungsvertrag können beim Organträger TW-AfA wegen Verlusten der Organgesellschaft insb. dann nicht vorgenommen werden, wenn der Organträger über eine 100 %ige Beteiligung an der Organgesellschaft verfügt.

Bei **Auslandsbeteiligungen** rechtfertigen die Abwertung der ausländischen Währung und die Aufwertung der inländischen Währung eine TW-AfA nicht, wenn der innere Wert der Anteile unverändert geblieben ist.[270] Einen charakteristischen Fall zur TW-Abschreibung auf Auslandsbeteiligungen entschied das FG Köln am 25.06.2002 (DStRE 2003, 4 = GmbHR 2003, 244). Eine dauerhafte Wertminderung i.S.d. § 6 Abs. 1 Nr. 2 S. 2 EStG läge bei einer Auslandsbeteiligung nicht schon dann vor, wenn eine Überschuldung vorhersehbar ist. Vielmehr müssen zur Ertragslage (-aussicht) noch die funktionale und wirtschaftliche Bedeutung des ausländischen Beteiligungsunternehmens herangezogen werden. Bei einem regionalen Marktführer, der vom inländischen Stammhaus weiterhin finanziell unterstützt wird, sei dies der Fall. Im Ergebnis rechtfertigte die bilanzielle Überschuldung keine TW-Abschreibung.

3.4 Beteiligungserträge

3.4.1 Allgemeines

Nach den allgemeinen Bilanzierungsgrundsätzen sind die Beteiligungserträge nicht erst im Zeitpunkt ihres Zuflusses, sondern bereits mit der Entstehung des Anspruchs zu erfassen. Der Gewinnanspruch gegenüber KapG entsteht mit der Beschlussfassung der dafür zuständigen Organe, eine Gewinnausschüttung vorzunehmen. In allen Bilanzen, die auf einen nach der Beschlussfassung liegenden Stichtag aufzustellen sind, ist für den Anspruch eine »Forderung gegen Unternehmen, mit denen ein Beteiligungsverhältnis besteht« unter gleichzeitiger Buchung eines »Ertrags aus Beteiligungen« zu bilden.

---

270 S. *Herrmann/Heuer/Raupach*, ESt- und KSt-Kommentar, Anm. 18a zu § 6 EStG.

3.4.2 Sonderfall der »phasengleichen Aktivierung«

Der BGH geht abweichend vom allgemeinen Grundsatz in seinem Urteil vom 12.01.1998 (DStR 1998, 383) bei einer Konzerngesellschaft in deren HB von einer Aktivierungspflicht für den Dividendenanspruch aus, wenn

- die Muttergesellschaft alle Anteile der Tochtergesellschaft hält,
- die Geschäftsjahre deckungsgleich sind,
- der Jahresabschluss der Tochtergesellschaft vor dem der Muttergesellschaft festgestellt wird und
- die G'fterversammlung der Tochtergesellschaft die Ausschüttung des Gewinns an die Muttergesellschaft beschlossen hat.

Schon vorher hatte der EuGH in seinem Urteil vom 27.06.1996 (EuGH-Tätigkeitsbericht 18/96, 10) entschieden, dass diese Auslegung des nationalen Rechts mit dem Gemeinschaftsrecht (4. EG-Richtlinie) übereinstimmt. Der BFH hatte in verschiedenen Urteilen die zwingende phasengleiche Aktivierung in der **StB** bei beherrschender Beteiligung bestätigt.

Der GrS des BFH vom 07.08.2000 (BStBl II 2000, 632) hat nunmehr die Rspr. zur sog. phasengleichen Aktivierung von Dividendenansprüchen geändert. Er hat entschieden, dass eine KapG, die mehrheitlich an einer anderen KapG beteiligt ist und diese kraft ihrer Stimmenmehrheit beherrscht, die zivilrechtlich erst durch Gewinnverwendungsbeschluss nach dem Bilanzstichtag entstehenden Dividendenansprüche nicht schon in ihrer Bilanz zum Bilanzstichtag »phasengleich« aktivieren darf. In der Urteilsbegründung stellt der GrS fest, dass der erst durch den **Gewinnverwendungsbeschluss nach dem Bilanzstichtag** entstehende Dividendenanspruch am Bilanzstichtag noch **kein aktivierungsfähiges WG** darstellt und verneint deshalb im Grundsatz die Möglichkeit der Aktivierung einer Dividendenforderung. Damit ist vor allem die frühere Auffassung des BFH widerlegt, wonach bei einer Mehrheitsbeteiligung die Forderung auf den Gewinn der Beteiligungsgesellschaft »wirtschaftlich« bereits im alten Jahr entstanden sei. Nach richtiger Erkenntnis des GrS gibt es nur rechtlich entstandene Forderungen.

Die »neue« Rspr. ist zwischenzeitlich (BFH vom 31.10.2000, BStBl II 2001, 185) auf alle Fälle der Beherrschung einer KapG ausgedehnt worden, die früher zu einer phasengleichen Aktivierung geführt haben, z.B.

1. bei einem beherrschenden Einzelunternehmer,
2. bei einer beherrschenden PersG sowie
3. bei einer Betriebsaufspaltung, bei der sich die Beteiligung im Sonder-BV II befindet.

3.4.3 Höhe der Beteiligungserträge

Als Erträge sind nicht nur die ausgeschütteten Nettobeträge zu erfassen, sondern bei kapitalertragsteuerpflichtigen Erträgen die ungekürzten Gewinnausschüttungen. Bei Einzelunternehmen und PersG als Beteiligten ist die KapESt als Entnahme zu behandeln. Der Beteiligungsertrag ist gem. § 3 Nr. 40 EStG i.H.v. 40 % steuerfrei.

Ist der Beteiligte eine KapG, so ist die KapESt als Aufwand zu buchen und dem StB-Gewinn bei der Einkommensermittlung gem. § 10 Nr. 2 KStG außerhalb der Bilanz hinzuzurechnen. Die Beteiligungserträge sind bei KapG gem. § 8b Abs. 1 und Abs. 5 KStG zu 95 % steuerbefreit. Beispiele zur Buchung und steuerlichen Behandlung der Erträge sind in Kap. 4 zu finden.

4 Wertpapiere

4.1 Allgemeines

Für die Besprechung der Bilanzierung und Bewertung von Wertpapieren wurden hier die Dividendenpapiere (Aktien) und die festverzinslichen Wertpapiere (Obligationen und Schuldverschreibungen) ausgewählt.

4.2 Zurechnung der Wertpapiere zum Betriebsvermögen

Wertpapiere können bei Personenunternehmen (Einzelunternehmen und PersG) sowohl zum BV als auch zum PV gehören. Für die Zuordnung zum BV oder PV gelten die allgemeinen Regeln (R 4.2 Abs. 1 EStR), die ausführlich in Kap. II 1 dargestellt sind.

Die zum BV gehörenden Wertpapiere sind entweder Bestandteil des AV (§ 271 Abs. 1 HGB) oder des UV. Die Zuordnung zum AV oder UV hat Bedeutung für die Bewertung der Wertpapiere (Niederstwertprinzip beim UV). Die Zurechnung von Wertpapieren zum steuerlichen BV richtet sich nach den Regeln von R 4.2 Abs. 1 EStR.

4.3 Anschaffungskosten

Die AK bestehen aus dem Kaufpreis, den Maklergebühren und der Bankprovision. Kreditkosten und Zinsen für den zum Erwerb der Wertpapiere aufgenommenen Kredit gehören nicht zu den AK.

4.4 Niedrigerer Stichtagswert/Teilwert

4.4.1 Grundsatz

Bei Wertpapieren des AV hat der Kaufmann nach § 253 Abs. 3 S. 4 HGB in der HB das Wahlrecht, bei voraussichtlich vorübergehender Wertminderung die AK oder den niedrigeren beizulegenden Wert anzusetzen; bei voraussichtlich dauernder Wertminderung muss der niedrigere Stichtagswert angesetzt werden. Für die Bewertung der Wertpapiere des UV besteht für die HB das strenge Niederstwertprinzip gem. § 253 Abs. 4 S. 1 HGB, nach dem der niedrigere Stichtagswert angesetzt werden muss.

Gem. § 6 Abs. 1 Nr. 2 S. 2 EStG dürfen Wertpapiere in der StB – unabhängig von der Zugehörigkeit zum AV oder UV – mit dem TW bewertet werden, wenn dieser aufgrund einer voraussichtlich **dauernden Wertminderung** niedriger als die AK ist.

> **Beispiel 16: Niedrigerer Stichtagswert – Fall I**
> Ein Einzelunternehmer hält Wertpapiere in seinem AV. Die Papiere wurden bisher mit den AK i.H.v. 20.000 € bilanziert. Zum Bilanzstichtag 31.12.01 ist der Wert der Papiere vorübergehend auf 18.000 € (inkl. Anschaffungsnebenkosten) gefallen.
>
> **Lösung:** Der Unternehmer kann die Wertpapiere in seiner HB mit den AK oder dem niedrigeren Stichtagswert bewerten (§ 253 Abs. 3 S. 4 HGB). In der StB ist eine Abwertung auf den niedrigeren

TW nicht zulässig, weil die Wertminderung nicht von Dauer ist (§ 6 Abs. 1 Nr. 2 S. 2 EStG). Die Maßgeblichkeit der HB wird durch den Spezialnormenvorbehalt des § 5 Abs. 6 EStG durchbrochen.

Beispiel 17: Niedrigerer Stichtagswert – Fall II
Der Sachverhalt entspricht Beispiel 16 mit der Abwandlung, dass die Wertminderung von Dauer ist.

Lösung: Der Unternehmer muss die Wertpapiere in seiner HB mit dem niedrigeren Stichtagswert von 18.000 € bewerten (§ 253 Abs. 3 S. 3 HGB). Der in der HB ausgewiesene Wert ist in die StB zu übernehmen (Maßgeblichkeit der HB gem. § 5 Abs. 1 S. 1 EStG).

Beispiel 17a: Niedrigerer Stichtagswert – Fall III
Der Sachverhalt entspricht Beispiel 16 mit der Abwandlung, dass die Wertpapiere zum UV gehören; vorübergehende Wertminderung.

Lösung: Der Unternehmer muss die Wertpapiere in seiner HB mit dem niedrigeren Stichtagswert von 18.000 € bewerten (§ 253 Abs. 4 S. 1 HGB). Der in der HB ausgewiesene Wert ist in der StB nicht zulässig, weil die Wertminderung nicht von Dauer ist (§ 6 Abs. 1 Nr. 2 S. 2 EStG). Die Maßgeblichkeit der HB wird durch den Spezialnormenvorbehalt des § 5 Abs. 6 EStG durchbrochen.

Beispiel 18: Niedrigerer Stichtagswert – Fall IV
Der Sachverhalt entspricht Beispiel 16 i.V.m. Beispiel 17 mit der Abwandlung, dass die Wertpapiere zum UV gehören; dauernde Wertminderung.

Lösung: Der Unternehmer muss die Wertpapiere in seiner HB mit dem niedrigeren Stichtagswert von 18.000 € bewerten (§ 253 Abs. 4 S. 1 HGB). Der in der HB ausgewiesene Wert ist in die StB zu übernehmen (Maßgeblichkeit der HB gem. § 5 Abs. 1 S. 1 EStG).

Der TW von kursführenden Wertpapieren wird regelmäßig vom Börsenkurs bestimmt. Die Anschaffungsnebenkosten dürfen bei einer TW-AfA nur anteilig abgeschrieben werden (BFH vom 29.04.1999, BStBl II 2004, 639), d.h. Abschreibung der in den AK enthaltenen Nebenkosten im Verhältnis des Kursrückgangs.

Beispiel 19: Anteilige Abschreibung der Anschaffungsnebenkosten
Ein Unternehmer erwirbt im April 01 Wertpapiere im Nennwert von 2.000 € zum Kurs von 120 % zzgl. 5 % Nebenkosten (Makler- und Bankkosten). Am Bilanzstichtag (31.12.01) beträgt der Kurs 115 %.

Lösung:
Die AK der Wertpapiere betragen:

2.000 € x 120 % = 2.400 € + 5 % Nebenkosten = 120 €, zusammen: 2.520 €.

Berechnung des Teilwerts: $\dfrac{2.520\ € \times 115}{120\ €} = 2.415\ €$

Allerdings kommt eine Abschreibung auf den niedrigeren Teilwert in der Steuerbilanz nur in Betracht, wenn die Wertminderung voraussichtlich von Dauer ist. Das ist entsprechend dem jeweiligen Sachverhalt nach den Anweisungen in dem BMF-Schreiben vom 02.09.2016 (a.a.O.) zu entscheiden.

Beispiel 20: Teils anteilige und teils volle Abschreibung der Anschaffungsnebenkosten
Ein Unternehmer hat vor dem 01.01.1991 Wertpapiere im Nennwert von (umgerechnet) 1.000 € zum Kurs von 200 % erworben. Er hat folgende Anschaffungsnebenkosten gezahlt: Bank- und Maklerkosten 7 %, Börsenumsatzsteuer 2,5 ‰.
Am Bilanzstichtag (31.12.01) beträgt der Kurs 180 %.

Lösung:
Die AK der Wertpapiere betragen:
1.000 € x 200 % = 2.000 € + 7 % Bank- und Maklerkosten = 140 € + 2,5 ‰ Börsenumsatzsteuer = 5 €, zusammen: 2.145 €.

Berechnung des TW:
Aus den AK ist zunächst die Börsenumsatzsteuer herauszunehmen; die korrigierten AK betragen danach 2.140 €.

Zur Frage der Abschreibung auf den niedrigeren TW in der Steuerbilanz wird auf die entsprechende Anmerkung im Beispiel 19 hingewiesen.

4.4.2 Ermittlung des niedrigeren Teilwerts

Bei der Bewertung mit dem niedrigeren TW sind folgende Grundsätze zu beachten:

- Für Wertpapiere, die einen Börsenkurs haben, gilt der Börsenkurs vom Bilanzstichtag (zzgl. etwaiger anteiliger Nebenkosten).
- Bei ausländischen Wertpapieren ist der TW unter Anwendung des Börsenkurses der Wertpapiere und des Devisenkurses vom Bilanzstichtag zu berechnen.

Beispiel 21: Teilwert von ausländischen Wertpapieren
Anschaffung von US-Aktien im Nennwert von 1.000 US-$ im August 01 zum Börsenkurs von 2.500 US-$. Der Devisenkurs (Geld) im August 01 betrug 0,9157 US-$/€.
Der Börsenkurs der Wertpapiere am 31.12.01 belief sich auf 2.200 US-$, der Devisengeldkurs am 31.12.01 betrug 0,9246 US-$/€, der Devisenkassamittelkurs 0,09288 US-$/€.

Lösung: Die Wertpapiere sind im August 01 mit 2.500 US-$/0,9157 = 2.730 € einzubuchen.

Handelsbilanz:
Die Bewertung zum Bilanzstichtag 31.12.01 erfolgt mit dem Devisenkassamittelkurs von 2.200 US-$/0,9288 = 2.368 €.

Steuerbilanz:
Die Bewertung zum Bilanzstichtag 31.12.01 erfolgt mit dem Zugangswert von 2.730 €. Ein Wahlrecht zum Ansatz des niedrigen Teilwerts zum Devisengeldkurs von 2.200 US-$/0,9246 = 2.379 € besteht, wenn die Wertminderung voraussichtlich von Dauer sein sollte (so auch BFH vom 23.04.2009, BStBl II 2009, 778 zur Parallel-Thematik der Wertzuschreibung bei Fremdwährungsverbindlichkeiten: Bei einer Restlaufzeit von 10 Jahren berechtigt ein Kursanstieg nicht zur Zuschreibung). Allerdings stellen normale Kursschwankungen bei börsennotierten WG nach Verwaltungsmeinung grds. **vorübergehende** Wertminderungen dar.

- Bei Wertpapieren junger Unternehmen sind die Zukunftsaussichten zu berücksichtigen, sodass in den ersten Jahren TW-AfA wegen schlechter Ertragslage allgemein nicht in Betracht kommen.
- Bei nicht notierten Wertpapieren ist der TW aus Verkäufen abzuleiten.

4.5 Einzelbewertung/Durchschnittsbewertung

Grundsätzlich gilt bei Wertpapieren die Einzelbewertung (§ 252 Abs. 1 Nr. 3 HGB, § 6 Abs. 1 S. 1 EStG). Bei Vorhandensein einer Vielzahl von Wertpapieren und häufigen Zu- und Abgängen ist die Einzelbewertung zu AK jedoch sehr schwierig. Die höchstrichterliche Finanz-Rspr. hat zwei Möglichkeiten für die Bewertung unterschieden:

1. Soweit der Identitätsnachweis durch ein Wertpapiernummern-Verzeichnis geführt werden kann, ist die Einzelbewertung durchzuführen. Das ist der Fall bei Verwahrung der Wertpapiere im **Streifbanddepot**.
2. Kann der Identitätsnachweis nicht geführt werden, so ist die Durchschnittsbewertung anzuwenden, z.B. bei der Wertpapierverwahrung im **Girosammeldepot**. Die Finanzverwaltung hält dann sowohl die Durchschnittsbewertung nach dem gewogenen Mittel als auch die Staffelmethode für anwendbar. Voraussetzung ist allerdings, dass es sich um (annähernd) gleichwertige WG handelt.

Beispiel 22: Durchschnittsbewertung

X-Aktien, Nennwert pro Stück: 100 €

Bestand am 01.01.01	10 Aktien	2.000 €
Zukauf im März 01	5 Aktien	1.050 €
Zukauf April 01	5 Aktien	950 €
Zukauf August 01	10 Aktien	1.700 €
=	30 Aktien	5.700 €

Es erfolgen Verkäufe von fünf Aktien im April 01 zum Kurs von 195 € und von weiteren fünf Aktien zum Kurs von 180 € im Oktober 01.

Lösung:

a) Ermittlung des Durchschnittswerts nach dem **gewogenen** Mittel:
5.700 € : 30 = 190 €.
Berechnung des BW der verkauften Wertpapiere:
10 Aktien i.H.v. 190 € (Durchschnittswert) = 1.900 €
Berechnung des Veräußerungsverlustes:
Verkaufserlöse   5 x 195 € = 975 €
               5 x 180 € = 900 €   1.875 €
abzgl. BW (= Durchschnittswert)   ./. 1.900 €
Veräußerungsverlust   ./.   25 €

b) Ermittlung des Durchschnittswerts nach der **Staffelmethode:**

Bestand 01.01.01	10 Aktien		2.000 €
Zukauf März 01	5 Aktien	+	1.050 €
Zukauf April 01	5 Aktien	+	950 €
			4.000 €
Durchschnittswert	4.000 € : 20 = 200 €		
Abgang April 01	5 Aktien i.H.v. 200 €	./.	1.000 €
Verbleiben			**3.000 €**
Zukauf August 01	10 Aktien	+	1.700 €
			4.700 €
Durchschnittswert	4.700 € : 25 = 188 €		
Abgang Oktober 01	5 Aktien i.H.v. 188 €	./.	940 €
Verbleiben			**3.760 €**

Berechnung des Veräußerungsverlustes:

Verkaufserlöse	5 x 195 €		975 €
	+ 5 x 180 €		900 €
			1.875 €
abzgl. BW der Verkäufe im April		./.	1.000 €
abzgl. BW der Verkäufe im Oktober		./.	940 €
Veräußerungsverlust			**65 €**

4.6 Anwendung von Verbrauchsfolgeverfahren?

Die Bewertung von Wertpapieren unter Anwendung von Verbrauchsfolgeunterstellungen (Fifo- und Lifo-Verfahren) ist m.E. weder in der HB noch in der StB zulässig. Da die Anwendungsmöglichkeit von Verbrauchsfolgeunterstellungen sowohl nach § 256 HGB als auch nach § 6 Abs. 1 Nr. 2a S. 1 EStG auf Vermögensgegenstände des **Vorratsvermögens** eingeschränkt wurde, ist die Zulässigkeit von Verbrauchsfolgeverfahren für die Bewertung der Wertpapiere in der HB und StB zu verneinen. Zum Vorratsvermögen zählen Roh-, Hilfs- und Betriebsstoffe, unfertige und fertige Erzeugnisse sowie Handelswaren. Wertpapiere hingegen gehören nicht dazu.

4.7 Bezugsrechte und junge Aktien

Nach ständiger Rechtsprechung des BFH, zuletzt Urteil vom 07.12.2004 (BStBl II 2005, 468), bestehen die AK eines Bezugsrechts auf eine junge Aktie aus einem nach der **Gesamtmethode** zu errechnenden und **abzuspaltenden** Teil der AK (BW) der für das Bezugsrecht notwendigen Altaktien.[271] Da ein Teil der in der alten Aktie verkörperten, auch die künftige Gestaltung umfassenden Gesellschaftsrechte auf das aus ihr hervorgegangene Bezugsrecht entfällt, ist es folgerichtig, dem Bezugsrecht auch einen Teil der Kosten als AK

---

271 Ebenso der BFH vom 19.12.2000 (BStBl II 2001, 345) für die Veräußerung von Anteilen im PV.

zuzuordnen, die für den Erwerb der Altaktie aufgewendet werden mussten, und den BW der Altaktie um denselben Betrag zu mindern, so wie es in der Gesetzgebung für Gratisaktien bestimmt ist (§ 3 KaperhStG).

Beispiel 23: Kapitalerhöhung aus G'ftermitteln
Je vier Altaktien wird eine junge Aktie gegen Zuzahlung von 100 € ausgegeben; BW der Altaktie: 100 €, Börsenkurs der Altaktie vor Kapitalerhöhung: 200 €, Börsenkurs des Bezugsrechts: 16 €.

Lösung:
BW des Bezugsrechts:

$$\frac{\text{BW Altaktie} \times \text{Börsenkurs Bezugsrecht}}{\text{Börsenkurs Altaktie (vor Kapitalerhöhung)}} = \frac{100\ \text{€} \times 16\ \text{€}}{200\ \text{€}} = 8\ \text{€}$$

AK für eine junge Aktie: 100 € + (4 x 8 €) = 132 €
BW der Altaktie nach Kapitalerhöhung: 100 € ./. 8 € =   92 €

Beispiel 24: Kapitalerhöhung aus Gesellschaftsmitteln
Je drei Altaktien wird eine junge Aktie (ohne Zuzahlung) ausgegeben; BW der Altaktie: 100 €.

Lösung:
BW der Altaktie und der jungen Aktie nach Kapitalerhöhung:

$$\frac{3 \times 100\ \text{€}}{4} = 75\ \text{€}$$

4.8 Behandlung der Stückzinsen

Wenn festverzinsliche Wertpapiere im Verlauf des Zinszahlungszeitraums mit dem laufenden Zinsschein veräußert werden, so muss der Erwerber dem Veräußerer regelmäßig die bereits entstandenen Zinsen für die seit dem letzten Zinszahlungstermin verflossene Zeit vergüten. Diese Zinsen werden als Stückzinsen bezeichnet.[272] Die Stückzinsen gehören nicht zu den AK der Wertpapiere; sie stellen vielmehr AK für den erworbenen Zinsanspruch dar.

Beispiel 25: Stückzinsen
Eine Obligation über nominell 10.000 €, verzinslich mit 8 %, wird am 01.08.00 zum Kurs von 98 % + 2 % Nebenkosten erworben.

Kaufpreis	9.800,00 €
+ 2 % Nebenkosten	196,00 €
+ Stückzinsen 01.07.– 01.08.	66,66 €
Endbetrag	**10.062,66 €**

Lösung:

Wertpapiere	9.996,00 €	an	Bank	10.062,66 €
Sonstige Forderungen	66,66 €			

---
272 S. zur ESt-Problematik der Stückzinsen *Preißer*, Band 1, Teil A, Kap. II 2.3.5.4.

4.9 Behandlung der Wertpapiererträge

4.9.1 Steuerliche Behandlung der Erträge aus Aktien

Werden die Anteile hingegen im Betriebsvermögen eines Einzelunternehmens oder einer PersG gehalten, an der natürliche Personen beteiligt sind, wird das Halbeinkünfteverfahren ab 2009 durch das **Teileinkünfteverfahren** ersetzt.

Beim G'fter (natürliche Person) sind die ausgekehrten Gewinne der KapG zur Abmilderung der Doppelbesteuerung zu 60 % (§ 3 Nr. 40 EStG) stpfl.

Aufwendungen können im Gegenzug ebenfalls zu 60 % steuerlich geltend gemacht werden (§ 3c Abs. 2 EStG).

Die steuerlichen Belastungswirkungen ab dem VZ 2009 zeigt die folgende Berechnung, wobei die GewSt und der SolZ aus Vereinfachungsgründen außer Betracht bleiben:

a) Ebene der KapG

Gewinn vor Steuern	100,00 €
./. KSt (15 %)	./. 15,00 €
Gewinn nach KSt	85,00 €
./. KapSt (25 %)	./. 21,25 €
Auszahlung an den Anteilseigner	**63,75 €**

b) Ebene des Anteilseigners (natürliche Person) Teileinkünfteverfahren

Erhaltene Dividende (Auszahlung, »Bardividende«)	63,75 €
+ von der KapG einbehaltene KapSt	+ 21,25 €
Dividendeneinnahme i.S.v. § 20 Abs. 1 Nr. 1 EStG	85,00 €
davon 40 % steuerfrei (§ 3 Nr. 40 S. 1 Buchst. d EStG)	./. 34,00 €
Stpfl. Dividendeneinkünfte	**51,00 €**

4.9.2 Buchhalterische Behandlung

Die Dividenden sind auf dem Konto »Erträge aus Wertpapieren« zu erfassen. Die Erfassung der Dividenden ist im Jahr des Ausschüttungsbeschlusses vorzunehmen. Mit dem Ausschüttungsbeschluss entsteht der Anspruch auf Zahlung der Dividende. Die Aktiengesellschaft muss von den ausgeschütteten Dividenden die Kapitalertragsteuer der Bardividende einbehalten. Die KapESt wird auf die ESt/KSt des Dividendenempfängers angerechnet und privat verbucht.

Beispiel 26:
(Zahlen s. Berechnung in Kap. 4.9.1)

Lösung:

Bank	63,75 €	an	Wertpapiererträge	85,00 €
Privat	21,25 €			

Wegen der Steuerbefreiung von 40 % der Erträge gem. § 3 Nr. 40 EStG ist zur Ermittlung des steuerlichen Gewinns eine außerbilanzielle Kürzung von 34 € vorzunehmen.

4.9.3 Beteiligung einer Kapitalgesellschaft

Bei der Beteiligung von KapG an anderen KapG gelten 5 % der gem. § 8b Abs. 1 KStG steuerbefreiten Einnahmen als nicht abzugsfähige BA (§ 8b Abs. 5 KStG). § 3c Abs. 1 EStG ist nicht anzuwenden. Im Ergebnis wird durch den pauschalen Ansatz von nicht abzugsfähigen BA i.H.v. 5 % die Steuerbefreiung auf 95 % der Einnahmen begrenzt.

Beispiel 27:
Sachverhalt s. Beispiel 26; aber: Beteiligung einer KapG.

Lösung: Es erfolgt diesmal eine außerbilanzielle Kürzung von 95 % von 85,00 € (steuerfrei gem. § 8b Abs. 1 und Abs. 5 KStG i.H.v. 80,75 €).
Gleichzeitig kommt es wegen § 10 Nr. 2 KStG (nicht abziehbare Steuer) zu einer außerbilanziellen Hinzurechnung der KapESt, die hier zunächst als Steueraufwand verbucht ist, von 21,25 €.

4.9.4 Buchmäßige Behandlung der Erträge aus festverzinslichen Wertpapieren

Die Zinszahlungen werden entweder halbjährlich oder einmal im Jahr nachträglich vorgenommen. Auf die Zinsen entsteht mit Ablauf des Zinszahlungszeitraums ein Rechtsanspruch. Infolgedessen sind die Zinsen periodengerecht zu erfassen. Die steuerliche Behandlung der Zinsen ist unterschiedlich (steuerfrei, Einbehaltung einer 25 %igen KapESt).

Beispiel 28: Erträge aus festverzinslichen Wertpapieren
Ein Gewerbetreibender hat in seinem BV eine 6 %ige Anleihe im Nennwert von 10.000 €. Die Zinsen unterliegen der 25 %igen KapESt + 5,5 % SolZ.
Zinszahlungstermine: 01.06. und 01.12.
Zinseingänge: Für die Zeit vom 01.12.00 bis 31.05.01 am 01.06.01, für die Zeit vom 01.06.01 bis 30.11.01 am 01.12.01.
Die Zinsen für Dezember 00 wurden in der Bilanz per 31.12.00 als sonstige Forderung ausgewiesen (50 €).

Lösung:

Buchungen im Jahr 01:
am **01.06.**

Bank	220,87 €	an	Sonstige Forderungen	50,00 €
Privat	79,13 €		Zinserträge	250,00 €

am **01.12.**

Bank	220,87 €	an	Zinserträge	300,00 €
Privat	79,13 €			

am **31.12.**

Sonstige Forderungen	50,00 €	an	Zinserträge	50,00 €

Für einen Sonderfall, die Bilanzierung eines verzinslichen Genussscheines, hat der BFH am 18.12.2002 (BStBl II 2003, 400) entschieden, dass es auch dann bei der Aktivierungspflicht für die Zinsansprüche des abgelaufenen Jahres verbleibt, wenn der Schuldner des Genussscheins die Ansprüche solange nicht bedienen muss, bis ihm kein Bilanzverlust entsteht. Der Grundsatz der Nichtbilanzierung schwebender Geschäfte tritt hier zurück, da bei einem Dauerschuldverhältnis der Gewinn – und damit die Zinsansprüche – zeitanteilig realisiert wird (werden[273]).

5 Vorräte

5.1 Definition

Unter Vorräten sind die Bestände an Roh-, Hilfs- und Betriebsstoffen, an unfertigen und fertigen Erzeugnissen sowie an Handelswaren zu verstehen.

5.2 Teilwertabschreibungen bei Warenvorräten

WG des UV sind in der HB und in der StB mit den AK oder HK zu bewerten (§ 253 Abs. 1 S. 1 HGB, § 6 Abs. 1 Nr. 2 S. 1 EStG). Gem. § 253 Abs. 4 S. 1 und 2 HGB ist in der HB auf den niedrigeren Wert abzuschreiben, der sich aus einem Börsen- oder Marktpreis ergibt, bzw. – mangels eines Börsen- oder Marktpreises – auf den niedrigen beizulegenden Wert.

In der StB darf nur dann auf den niedrigeren TW abgeschrieben werden, wenn dieser auf einer voraussichtlich dauernden Wertminderung beruht[274]. Eine Abschreibung auf den niedrigeren TW kann bei der Bewertung eines Warenlagers in der StB auf folgende Sachverhalte gestützt werden.

5.2.1 Teilwertabschreibung beim Sinken der Einkaufspreise

Sind am Bilanzstichtag Börsen- oder Marktpreise vorhanden, so bereitet die Feststellung des niedrigeren TW (= Wiederbeschaffungskosten) keine Schwierigkeiten. Liegen am Bilanzstichtag keine Börsen- oder Marktpreise vor, wird aber dennoch eine TW-AfA damit begründet, dass die Wiederbeschaffungskosten unter den AK oder HK liegen, so sind an die vom Unternehmer zu erbringenden Nachweise besonders dann strenge Anforderungen zu stellen, wenn der allgemeine, für die betroffenen Waren maßgebende Preisspiegel nicht nachhaltig gesunken ist.

5.2.2 Teilwertabschreibung bei Unbrauchbarkeit oder Beschädigung der Ware

Eine Abschreibung auf den niedrigeren TW ist zulässig und geboten, wenn den Waren Mängel anhaften, die nicht behoben werden können.

---

273 Mit einer Entscheidung vom gleichen Tag hat der I. Senat zur Bilanzierung von Optionsgeschäften (Stillhaltergeschäft) Stellung genommen (BFH vom 18.12.2002, BFH/NV 2003, 702).
274 Bei einer Abweichung von der HB sind die Wirtschaftsgüter in besondere, laufend zu führende Verzeichnisse aufzunehmen (R 6.8 Abs. 1 EStÄR).

5.2.3 Teilwertabschreibung beim Sinken der Verkaufspreise

Wertminderungen (wie z.B. durch Unmodernwerden, Verschmutzung, Beschädigung oder Sinken des Verkaufspreises) rechtfertigen eine TW-AfA dann, wenn der voraussichtlich erzielbare Verkaufspreis die Selbstkosten zuzüglich des durchschnittlich erzielbaren Unternehmergewinns nicht erreicht (BFH vom 24.07.2003, BFH/NV 2004, 34).

Dabei muss der Kaufmann seine bis zur Aufstellung der Bilanz erlangte Kenntnis der Verhältnisse am Bilanzstichtag berücksichtigen. Nach der Rechtsprechung des BFH bestehen jedoch keine Bedenken, dass die nach den Verhältnissen am Bilanzstichtag erzielbaren Verkaufspreise anhand der tatsächlich nach dem Bilanzstichtag erzielten Verkaufserlöse bemessen werden (sog. retrograde Methode).[275]

Als niedrigerer Teilwert ist der Betrag anzusetzen, der von dem voraussichtlich erzielbaren Veräußerungserlös nach Abzug des durchschnittlichen Unternehmergewinns und des nach dem Bilanzstichtag noch anfallenden betrieblichen Aufwands verbleibt. Im Regelfall kann davon ausgegangen werden, dass der Teilwert dem Betrag entspricht, der sich nach Kürzung des erzielbaren Verkaufserlöses um den **nach dem Bilanzstichtag noch anfallenden Teil des durchschnittlichen Rohgewinns** ergibt (R 6.8 Abs. 2 S. 4 EStR).

Soweit es dem StPfl. aufgrund der tatsächlichen Gegebenheiten des Betriebs, z.B. wegen Fehlens entsprechender Warenwirtschaftssysteme, nicht möglich ist, die für die Ermittlung des Teilwerts nach der vorgenannten Subtraktionsmethode notwendigen Daten zugrunde zu legen, wird es nicht beanstandet, wenn der Teilwert nach der sog. Formelmethode ermittelt wird (R 6.8 Abs. 2 S. 5 EStR).

Lange Lagerdauer und damit sinkende Verkaufsmöglichkeiten von Waren rechtfertigen eine Abschreibung auf den niedrigeren TW nicht, solange diese Waren zu den ursprünglich kalkulierten Preisen oder doch ohne ins Gewicht fallende Preisabschläge den Kunden angeboten und auch verkauft werden.[276]

Wenn bei einem rentabel geführten Betrieb der Verkaufspreis bewusst nicht kostendeckend kalkuliert ist (sog. **Verlustprodukte**), ist eine TW-AfA **nicht** zulässig (BFH vom 29.04.1999, BStBl II 1999, 681).

5.3 Gängigkeitsabschlag

Pauschale Gängigkeitsabschläge bei schwer verkäuflichen Waren, wie sie im Handelsrecht üblich sind, dürfen bei der steuerlichen Gewinnermittlung grundsätzlich nicht berücksichtigt werden. Ausnahmen gibt es für den Sortimentsbuchhandel und den Musikalienhandel. Für diese Branchen hat die Finanzverwaltung TW-AfA in Anknüpfung an die lange Lagerzeit von Waren zugelassen.[277]

---

[275] Nach BFH vom 25.07.2000 (BStBl II 2001, 566) kann die retrograde Methode auch bei individualisierbaren WG eingesetzt werden.
[276] BFH vom 08.12.2003 (BFH/NV 2004, 648).
[277] DB 1976, 1458; StEK, EStG, § 6 Abs. 1 Nr. 2, Anweisung Nr. 17.

5.4 Verlustfreie Bewertung/retrograde Ermittlung des Teilwerts

Nach der BFH-Rspr. ist die verlustfreie Bewertung von Waren und sonstigen Vorräten nicht auf große Warenlager beschränkt, bei denen es technisch schwierig ist, die Wareneinstandspreise im Einzelnen zu ermitteln. Sie stellt selbst dann eine geeignete Methode zur Ermittlung des TW dar, wenn am Bilanzstichtag der kalkulierte oder der nach den Erfahrungen der Vergangenheit erzielbare Veräußerungserlös den AK entspricht oder darunter liegt. Bei der retrograden Bestimmung des TW sind als Selbstkosten insb. die noch anfallenden Verkaufs-, Vertriebs- und Verwaltungskosten sowie ggf. auch anteilige betriebliche Fixkosten zu berücksichtigen. Die nach dem Bilanzstichtag entstehenden Selbstkosten können allerdings nur insoweit berücksichtigt werden, als auch der gedachte Erwerber des Betriebs (Teilwertdefinition) sie berechtigterweise geltend machen könnte (H 6.8 »retrograde Bewertungsmethode« EStH; BFH vom 25.07.2000, BStBl II 2001, 566).

Beispiel 29: Verlustfreie Bewertung

AK der Ware	650 €
geschätzter Verkaufserlös	800 €
noch zu erwartende Gemeinkosten:	
Verwaltungskosten	120 €
Verpackungs- und Frachtkosten	100 €
sonstige Vertriebskosten	30 €

Lösung:

Geschätzter Verkaufserlös	800 €
./. Verwaltungskosten	./. 120 €
./. Verpackungs- und Frachtkosten	./. 100 €
./. sonstige Vertriebskosten	./. 30 €
TW	550 €

5.5 Bewertungsvereinfachungsverfahren

5.5.1 Durchschnittsbewertung

5.5.1.1 Handelsrechtliche Regelung
Gleichartige Vermögensgegenstände des Vorratsvermögens sowie andere gleichartige oder annähernd gleichwertige bewegliche Vermögensgegenstände und Schulden können jeweils zu einer Gruppe zusammengefasst und mit dem gewogenen Durchschnittswert angesetzt werden (§ 240 Abs. 4 HGB).

5.5.1.2 Steuerrechtliche Regelung
Enthält das Vorratsvermögen am Bilanzstichtag WG, die im Verkehr nach Zahl, Maß oder Gewicht bestimmt werden (vertretbare WG) und bei denen die AK oder HK wegen Schwankungen der Einstandspreise im Lauf des Wj. im Einzelnen nicht mehr einwandfrei festzustellen sind, so ist der Wert dieser WG zu schätzen. In diesen Fällen stellt die Durchschnittsbewertung (Bewertung nach dem gewogenen Mittel der im Laufe des Wj. erworbenen und ggf. zu Beginn des Wj. vorhandenen WG) ein zweckmäßiges Bewertungsverfahren dar (R 6.8 Abs. 3 EStR).

Beispiel 30: Methoden der Durchschnittsbewertung
Zum Vorratsvermögen eines Unternehmers gehören WG gleicher Art, die im Verlauf des Wj. zu unterschiedlichen AK erworben wurden. Der Endbestand besteht aus zwei Einheiten.

	Datum	Einheiten	Preis/Einheit	Gesamtpreis
AB	01.01.	4	300 €	1.200 €
Einkauf	05.03.	4	400 €	1.600 €
Einkauf	02.07.	3	500 €	1.500 €
Einkauf	09.09.	3	567 €	1.701 €
Gesamt		14		6.001 €
Verkäufe:	04.04.	2		
	16.08.	7		
	08.11.	3		

Lösung:
Bewertung mit dem gewogenen Mittel:

Gesamtpreis : Gesamtmenge = 6.001 € : 14 Einheiten = 428,70 €
Bewertung des Endbestands: 2 Einheiten i.H.v. 428,70 € = 857,40 €
Permanente Durchschnittsbewertung (Staffelmethode):

	Menge	Preis/Einheit	Gesamtpreis	**Durchschnittswert**
Bestand 01.01.	4	300,00 €	1.200,00 €	
Zugang 05.03.	4	400,00 €	1.600,00 €	
	8		2.800,00 €	x 1/8 = 350,00 €
Verkauf 04.04.	2	350,00 €	700,00 €	
	6	(350,00 €)	2.100,00 €	
Zugang 02.07.	3	500,00 €	1.500,00 €	
	9		3.600,00 €	x 1/9 = 400,00 €
Verkauf 16.08.	7	400,00 €	2.800,00 €	
	2	(400,00 €)	800,00 €	
Zugang 09.09.	3	567,00 €	1.701,00 €	
	5		2.501,00 €	x 1/5 = 500,20 €
Verkauf 08.11.	3	500,20 €	1.500,60 €	
Bestand 31.12.	2	500,20 €	1.000,40 €	

5.5.2 Verbrauchsfolgeunterstellung

5.5.2.1 Handelsrechtliche Regelung

Soweit es den Grundsätzen ordnungsmäßiger Buchführung entspricht, kann für den Wertansatz gleichartiger Vermögensgegenstände des Vorratsvermögens unterstellt werden, dass die zuerst oder dass die zuletzt angeschafften oder hergestellten Vermögensgegenstände zuerst verbraucht oder veräußert worden sind (§ 256 HGB).

5.5.2.2 Steuerrechtliche Regelung

StPfl., die ihren Gewinn nach § 5 EStG ermitteln, können für den Wertansatz gleichartiger WG des Vorratsvermögens unterstellen, dass die zuletzt angeschafften oder hergestellten WG zuerst verbraucht oder veräußert worden sind, soweit dies den handelsrechtlichen Grundsätzen ordnungsmäßiger Buchführung entspricht (§ 6 Abs. 1 Nr. 2a EStG).

In seinem Schreiben vom 12.05.2015 (BStBl I 2015, 462) weist das BMF ausdrücklich darauf hin, dass mit der Vorschrift des § 6 Abs. 1 Nr. 2a EStG neben der Bewertungsvereinfachung auch die Verhinderung der Besteuerung von Scheingewinnen erreicht werden soll. Damit widerspricht das BMF dem VIII. Senat des BFH (Urteil vom 20.06.2000, BStBl II 2001, 636), der den Zweck der gesetzlichen Vorschrift ausschließlich in der Bewertungsvereinfachung sieht.

Ferner wird in dem BMF-Schreiben erneut betont, dass eine Bewertung nach der Lifo-Methode voraussetzt, dass sie den handelsrechtlichen Grundsätzen ordnungsmäßiger Buchführung entspricht. Diese Voraussetzung ist nach dem BMF-Schreiben erfüllt, wenn die am Ende des Wirtschaftsjahres vorhandenen Wirtschaftsgüter mengenmäßig vollständig erfasst sind und die Anwendung der Lifo-Methode nach den betriebsindividuellen Verhältnissen zu einer Vereinfachung bei der Bewertung des Vorratsvermögens führt.

5.5.2.3 Unterschied Handelsrecht/Steuerrecht

Während im Handelsrecht die Verbrauchsfolgeunterstellung nach verschiedenen Methoden (Lifo und Fifo) zulässig ist, beschränkt sich diese Bewertungsvereinfachung im Steuerrecht ausschließlich auf die **Lifo-Methode**.

5.5.2.4 Vorratsbewertung nach der Lifo-Methode

Gem. R 6.9 Abs. 4 EStR kann die Bewertung durch das »permanente Lifo-Verfahren« oder durch das »Perioden-Lifo-Verfahren« durchgeführt werden. Das permanente Lifo-Verfahren setzt eine laufende mengen- und wertmäßige Erfassung aller Zu- und Abgänge voraus. Beim Perioden-Lifo-Verfahren wird der Bestand nur zum Ende des Wj. bewertet. Für das Perioden-Lifo-Verfahren sind drei Fälle zu unterscheiden:
1. Der Endbestand entspricht mengenmäßig dem Bestand am Anfang des Jahres.
2. Der Endbestand ist mengenmäßig kleiner als der Bestand am Anfang des Jahres.
3. Der Endbestand ist mengenmäßig größer als der Bestand am Anfang des Jahres.

Wenn der Endbestand dem Anfangsbestand entspricht oder mengenmäßig kleiner ist als der Anfangsbestand, dann wird der Stückpreis des Vorjahresbestandes übernommen. Das bedeutet, dass die Abgänge des laufenden Jahres mit den Einstandspreisen der Zugänge des laufenden Jahres verrechnet werden.

Beispiel 31: Perioden-Lifo-Verfahren, gleich bleibender Bestand

Anfangsbestand	2.000 kg i.H.v. 25 € = 50.000 €
Zugänge	4.000 kg
Abgänge	4.000 kg

Lösung:
Endbestand	2.000 kg i.H.v. 25 € = 50.000 €

Bei Bestandserhöhungen gibt es zwei Möglichkeiten der Bewertung:

1. Der Mehrbestand wird mit dem Altbestand verschmolzen und es wird ein neuer, gewogener Durchschnittswert des Gesamtbestands ermittelt.
2. Der Mehrbestand wird als sog. **Layer** (= Ableger für Mehrbestand des Wirtschaftsjahres) selbständig fortgeführt; dadurch entsteht ein zweiter Bestandsposten, der abweichend vom Anfangsbestand bewertet wird.

Beispiel 32: Perioden-Lifo-Verfahren, erhöhter Endbestand

Anfangsbestand	2.000 kg i.H.v. 25 € = 50.000 €
Zugang I	1.500 kg i.H.v. 40 € = 60.000 €
Zugang II	1.500 kg i.H.v. 30 € = 45.000 €
Abgänge	2.000 kg
Endbestand	3.000 kg

Marktpreis am Bilanzstichtag: 45 € pro kg

Lösung:
Durchschnittsmethode:

2.000 kg i.H.v. 25 €	50.000 €
+ 1.000 kg i.H.v. 40 €	40.000 €
	90.000 €

Layer-Methode:

Layer I = Anfangsbestand 2.000 kg i.H.v. 25 €	50.000 €
Layer II = 1.000 kg i.H.v. 40 €	40.000 €
	90.000 €

Beispiel 33: Durchschnittsmethode, Fortentwicklung im Folgejahr
Die Bewertung im Vorjahr entspricht Beispiel 31, Durchschnittsmethode.

Anfangsbestand	3.000 kg i.H.v. 30 € = 90.000 €
Zugänge	4.000 kg i.H.v. 35 € = 140.000 €
Abgänge	4.500 kg
Endbestand	2.500 kg

Marktpreis am Bilanzstichtag: 45 € pro kg

Lösung:
Endbestand: 2.500 kg i.H.v. 30 € = 75.000 €

Beispiel 34a: Layer-Methode, Fortentwicklung im Folgejahr
Bewertung im Vorjahr wie Beispiel 31, Layer-Methode.

Anfangsbestand:	Layer I	2.000 kg		50.000 €
	Layer II	1.000 kg		40.000 €
Summe				90.000 €
Zugänge	4.000 kg i.H.v. 35 €			140.000 €
Abgänge	4.500 kg			
Endbestand	2.500 kg			

Marktpreis am Bilanzstichtag: 45 € pro kg

Lösung:

Endbestand:	Layer I	2.000 kg i.H.v. 25 €	50.000 €
	Layer II	500 kg i.H.v. 40 €	20.000 €
Endbestand gesamt:			70.000 €

Beispiel 34b: Weiße Tafelweine (aus StB-Prüfung 2015)
Seit einigen Jahren führt der Einzelunternehmer Ludwig Lenz (LL) in seinem Weinsortiment neben hochwertigen Weinen auch eine Gruppe von weißen Tafelweinen, die sich trotz eines niedrigen Preisniveaus durch einen gehaltvollen Fruchtgeschmack und eine mehrjährige Lagerfähigkeit auszeichnen. Da LL diese Weine von mehreren Produzenten und jeweils mit geringfügigen Unterschieden beim Einkaufspreis bezieht, wendet er für diese Weine seit Jahren ein besonderes und zulässiges Bewertungsverfahren an. Der Weinbestand wird dabei von LL nur am Bilanzstichtag bewertet.
In seiner Bilanz zum 31.12.2013 hatte LL einen Bestand dieser Weine von insgesamt 2.000 Flaschen. Der Wertansatz wurde wie folgt ermittelt:

900 Flaschen aus dem Bestand vom 31.12.2010 =	2.430 €
500 Flaschen aus dem Bestand vom 31.12.2011 =	1.400 €
400 Flaschen aus dem Bestand vom 31.12.2012 =	1.112 €
200 Flaschen aus dem Bestand vom 31.12.2013 =	580 €
Bilanzansatz 31.12.2013	5.522 €

Im Jahr 2014 hat LL 5.000 Flaschen Wein dieser Gruppe erworben. Die Anschaffungskosten betrugen dafür insgesamt 15.000 €. Die Einkäufe und die Verkäufe wurden richtig gebucht. Am 31.12.2014 betragen die Einkaufspreise für eine Flasche Wein dieser Qualität ca. 3,10 €. Der Bestand laut Inventur betrug am 31.12.2014 noch 1.500 Flaschen.

Lösung: Unabhängig von der Bewertung in der Handelsbilanz (Einzelbewertung, Durchschnittsverfahren nach § 240 Abs. 4 HGB oder ein Verbrauchsfolgeverfahren nach § 256 HGB) kann LL das steuerliche Wahlrecht aus § 6 Abs. 1 Nr. 2a EStG ausüben.
Soweit im Handelsrecht die Lifo-Methode angesetzt wird, führt die Maßgeblichkeit nach § 5 Abs. 1 S. 1 EStG ebenfalls zur Bewertung mit der Lifo-Methode im Steuerrecht.
Die Aufzeichnungspflichten aus § 5 Abs. 1 S. 2 und 3 EStG wurden laut Sachverhalt erfüllt.
Aus der im Sachverhalt dargestellten Bewertungsmethode bis zum 31.12.2013 ist zu schließen, dass LL die nach § 6 Abs. 1 Nr. 2a EStG zulässige Perioden-Lifo-Methode angewendet und dabei die Mehrbestände jedes Wirtschaftsjahres als besondere Posten (Layer) ausgewiesen hat. Diese Methode ist gemäß R 6.9 Abs. 4 EStR steuerlich zulässig und wegen der Bewertungsstetigkeit fortzuführen (§§ 252 Abs. 1 Nr. 6 HGB i.V.m. § 5 Abs. 1 S. 1 EStG).

Bei der Inventur am 31.12.2014 hat sich der Bestand gegenüber den Vorjahren vermindert. Nach R 6.9 Abs. 4 S. 6 EStR sind Minderbestände nach dem Lifo-Verfahren zu kürzen. Es werden damit die ältesten Layer, und zwar vom 31.12.2010 (900 Flaschen zu 2.430 €), vom 31.12.2011 (500 Flaschen zu 1.400 €) und vom 31.12.2012 (nur noch 100 Flaschen zu 278 €), fortgeführt, d.h., der Layer vom 31.12.2013 wird vollen Umfangs und der vom 31.12.2012 teilweise aufgelöst.

Das im Steuerrecht bestehende Wahlrecht, den niedrigeren Teilwert anzusetzen, kommt nicht zum Zuge, weil ein niedrigerer Teilwert am 31.12.2014 nicht vor liegt. Das gilt für jeden einzelnen noch vorhandenen Layer. Die Wertansätze der Layer betragen von 2,70 € bis 2,80 € pro Flasche, der Teilwert am 31.12.2014 beträgt 3,10 € pro Flasche (vgl. R 6.9 Abs. 6 S. 2 EStR). Ein mit Zustimmung des Finanzamts möglicher Wechsel zur Durchschnittsbewertung würde zu einem höheren Gewinn 2014 führen, weil die angewendete Lifo-Methode wegen der über die Jahre insgesamt gestiegenen Einkaufspreise zu einem geringeren Bilanzansatz führt. Ein Methodenwechsel kommt daher nicht in Betracht, wäre mangels eines eigenständigen Wahlrechts im Steuerrecht auch nur zulässig, soweit dieses Verfahren im Handelsrecht zur Anwendung käme. Der Bilanzansatz zum 31.12.2014 beträgt 4.108 € (Layer 2012 = 2.430 €, Layer 2011 = 1.400 €, aus Layer 2013: 278 €).

5.5.2.5 Teilwertabschreibungen (R 6.9 Abs. 6 EStR)

Auch bei Anwendung der Lifo-Methode ist in der HB das Niederstwertprinzip (§ 253 Abs. 4 S. 1 und 2 HGB) zu beachten. Dabei ist der Stichtagswert der zu einer Gruppe zusammengefassten WG mit dem Wertansatz, der sich nach der Lifo-Methode ergibt, zu vergleichen. Sind Layer gebildet worden, so ist der Wertansatz des einzelnen Layers mit dem Stichtagswert zu vergleichen und ggf. gesondert auf den niedrigeren beizulegenden Wert abzuschreiben.

In der StB besteht das Wahlrecht zum Ansatz des niedrigeren Teilwerts, wenn die Wertminderung voraussichtlich von Dauer ist.

5.6 Festwert

5.6.1 Handelsrechtliche Regelung

Vermögensgegenstände des Sachanlagevermögens sowie Roh-, Hilfs- und Betriebsstoffe können, wenn sie regelmäßig ersetzt werden und ihr Gesamtwert für das Unternehmen von nachrangiger Bedeutung ist, mit einer gleich bleibenden Menge und einem gleich bleibenden Wert angesetzt werden, sofern ihr Bestand in seiner Größe, seinem Wert und seiner Zusammensetzung nur geringen Veränderungen unterliegt. Jedoch ist in der Regel alle drei Jahre eine körperliche Bestandsaufnahme durchzuführen (§ 240 Abs. 3 HGB).

5.6.2 Steuerrechtliche Regelung

Für das Steuerrecht gilt die gleiche Regelung wie im Handelsrecht (vgl. H 6.8 »Festwert« EStH). Zur nachrangigen Bedeutung des Gesamtwertes hat die Finanzverwaltung wie folgt Stellung genommen: Der Gesamtwert der für einen einzelnen Festwert infrage kommenden WG ist für das Unternehmen grundsätzlich von nachrangiger Bedeutung, wenn er im Durchschnitt der dem Bilanzstichtag vorangegangenen fünf Bilanzstichtage 10 % der Bilanzsumme nicht übersteigt.

Für den bei der alle drei Jahre durchzuführenden körperlichen Bestandsaufnahme festgestellten Wert gilt das Folgende (H 6.8 »Festwert« EStH mit Hinweis auf R 5.4 Abs. 3 S. 2–5 EStR):

Übersteigt der Inventurwert den bisherigen Festwert um mehr als 10 %, so ist der ermittelte Wert als neuer Festwert maßgebend. Der bisherige Festwert ist so lange um die AK oder HK der im Festwert erfassten und nach dem Bilanzstichtag des vorangegangenen Wj. angeschafften oder hergestellten WG aufzustocken, bis der neue Festwert erreicht ist.

Übersteigt der bei der Inventur ermittelte Wert den Festwert um nicht mehr als 10 %, so kann der bisherige Festwert beibehalten werden.

Ist der Inventurwert niedriger als der bisherige Festwert, so kann der ermittelte Wert nach R 5.4 Abs. 3 EStR als neuer Festwert angesetzt werden. Das gilt uneingeschränkt nur, wenn der Bestand **mengen**mäßig geringer geworden ist. In Fällen eines nur **wert**mäßig niedrigeren Inventurwerts ist eine TW-AfA nur zulässig, wenn die Wertminderung voraussichtlich von Dauer ist (§ 6 Abs. 1 Nr. 1 Nr. 2 S. 2 EStG). Bei Unternehmern, die ihren Gewinn nach § 5 EStG ermitteln, ist in der HB das Niederstwertprinzip gem. § 253 Abs. 4 S. 1 und 2 HGB zu beachten.

Beispiel 35: Festwertanpassung nach der Inventur (aus StB-Prüfung 2010)
In einem Unternehmen ergab die Bestandsaufnahme beim Restaurantgeschirr auf den 31.12.01 einen Festwertansatz von 7.500 €. Die Bilanzansätze auf den 31.12.01 bis 03 beliefen sich zutreffenderweise auf 7.500 €; der Zukauf 04 wurde mit 1.200 € (netto) in voller Höhe als Aufwand gebucht.
Die Bestandsaufnahme auf den 31.12.04 ergibt vorhandenes Hotelgeschirr mit AK von 30.000 €. Der Festwertprozentsatz für Geschirr beträgt unstreitig 30 %. Die durchschnittliche Restnutzungsdauer des am 31.12.04 vorhandenen Geschirrs beläuft sich auf drei Jahre.

Lösung: Der Festwert lt. Bestandsaufnahme am 31.12.04 beträgt 30 % von 30.000 € = 9.000 €. Der Inventurwert übersteigt den bisherigen Festwert um mehr als 10 %. Der Inventurwert ist als neuer Festwert maßgebend. Der bisherige Festwert ist aus den AK der im Festwert erfassten WG aufzustocken, bis der neue Festwert erreicht ist (R 5.4 Abs. 3 S. 2 und 3 EStR):

Festwert 01.01.04	7.500 €
Zukäufe 04	1.200 €
Festwert 31.12.04	8.700 €

6 Forderungen und ihre Bewertung

6.1 Forderungen im Anlagevermögen und Umlaufvermögen

Forderungen können zum AV (mittel- und langfristige Forderungen) oder zum UV (Forderungen aus Lieferungen und Leistungen und andere kurzfristige Forderungen) gehören.

Exkurs zur Aktivierung eines Instandhaltungsanspruchs:
Gem. BFH vom 12.02.2015, IV R 29/12 (DStR 2015, 811) ist die Aktivierung des Instandhaltungsanspruchs des Pächters wie folgt zu beurteilen: Übernimmt der Pächter die nach der gesetzlichen Regelung dem Verpächter obliegende Pflicht zur Instandhaltung der verpachteten Sache, ist der Instandhaltungsanspruch des Verpächters auch dann nicht zu aktivieren, wenn sich der Pächter mit der Instandhaltung im Rückstand befindet. Nach den Ausführungen

des Senats kann dahingestellt bleiben, ob zwischen dem Verpächter und dem Pächter eine Forderung besteht; denn selbst bei Bestehen einer Forderung wäre diese mit 0 € zu bewerten, weil der Verpächter keine Aufwendungen hat, die zu AK der Forderung führen könnten.

6.2 Bewertung der Forderungen

6.2.1 Anschaffungskosten

Forderungen sind mit den AK zu bewerten (§ 253 Abs. 1 S. 1 HGB, § 6 Abs. 1 Nr. 2 S. 1 EStG). Als AK ist der Nennwert der Forderung anzusetzen. Das gilt auch für unverzinsliche Forderungen (BFH vom 24.10.2006, BStBl II 2007, 469).

6.2.2 Niedrigerer Stichtagswert/Teilwert

Forderungen des AV **müssen** mit dem niedrigeren Stichtagswert bewertet werden, wenn die Wertminderung voraussichtlich von Dauer ist (§ 253 Abs. 3 S. 3 HGB). Forderungen des UV **müssen** in der HB mit dem niedrigeren Stichtagswert bilanziert werden (§ 253 Abs. 4 S. 1 und 2 HGB).

In der StB darf nach § 6 Abs. 1 Nr. 2 S. 2 EStG der niedrigere TW der Forderung nur angesetzt werden, wenn er auf einer voraussichtlich dauernden Wertminderung beruht.

Eine **Bewertung von Forderungen unter dem Nennwert** kommt in Betracht

a) bei Minderwert der Forderung wegen
   - Ausfallwagnis,
   - innerbetrieblichen Zinsverlustes,
   - Belastung mit Skonti oder sonstigen Erlösschmälerungen,
   - Belastung mit Kosten (Mahnungen, gerichtliche Verfolgung, Zwangsvollstreckung);

b) bei zu niedriger Verzinsung und Unverzinslichkeit der Forderung;

c) bei Forderungen in ausländischer Währung, wenn der Devisenkurs gesunken ist.

Zu a): Die Abschreibung ist in Form der Einzelbewertung oder Pauschalbewertung (Delkredere) vorzunehmen[278]; eine USt-Berichtigung erfolgt nur im Fall der **Uneinbringlichkeit** (§ 17 Abs. 2 Nr. 1 UStG).[279]

> **Beispiel 36: Bewertung von Forderungen aus Lieferungen und Leistungen**
> Ein Unternehmer hat am 31.12.01 folgende Forderungen aus L+L:
>
> | | |
> |---|---:|
> | Gesamtbestand der Forderungen (inkl. 19 % USt) | 1.190.000 € |
> | In dem Forderungsbestand sind enthalten: | |
> | uneinbringliche Forderungen im Wert von | 42.840 € |
> | dubiose Forderungen im Wert von | 133.280 € |
> | Voraussichtlicher Ausfall 30 % | |

---

[278] S. BFH vom 20.08.2003 (BStBl II 2003, 941) mit der entscheidenden neuen Aussage, dass eine Forderungsabschreibung auch bei Fortbestehen der Geschäftsbeziehungen zulässig ist.

[279] Hierzu im Detail *V. Schmidt*, Band 3, Teil B, Kap. X.

Der allgemeine Forderungsausfall betrug nach den Erfahrungen des Unternehmers in der Vergangenheit 3 % des gesamten Forderungsdurchlaufs. Als Kosten- und Zinsbelastung kann ein Pauschalsatz von 2,5 % als angemessen angesehen werden.

Lösung:

Uneinbringliche Forderungen:
Ausbuchung des Nettobetrags der Forderungen, Kürzung der USt.
Bruttobetrag 41.760 € abzgl. USt 6.840 € = Nettobetrag 36.000 €.

| Forderungsabschreibung | 36.000 € | an | Forderungen aus L + L | 42.840 € |
| USt-Schuld | 6.840 € | | | |

Dubiose Forderungen:
Ausbuchung mit 30 % des Nettobetrags der Forderungen, keine Kürzung der USt. Bruttobetrag 133.280 € abzgl. USt 21.280 € = Nettobetrag 112.000 €; davon 30 % = 33.600 €.

| Forderungsabschreibung | 33.600 € | an | Forderungen aus L + L | 33.600 € |

Pauschalwertberichtigung[280]:
Die Pauschalwertberichtigung (Delkredere) ist vorzunehmen auf den Nettobetrag der Forderungen, der nach Abzug der uneinbringlichen und dubiosen Forderungen vom Gesamtforderungsbestand verbleibt.

Gesamtforderungsbestand		1.190.000 €
./. uneinbringliche Forderungen	./.	42.840 €
./. dubiose Forderungen	./.	133.280 €
verbleiben		1.013.880 €
./. USt	./.	161.880 €
Nettobetrag		852.000 €
Delkredere 3 %		25.560 €

| Forderungsabschreibung | 25.560 € | an | Forderungen aus L + L | 25.560 € |

Kosten- und Zinsbelastung:
Die Pauschalwertberichtigung wegen Kosten- und Zinsbelastung der Forderungen ist mit dem Erfahrungssatz aus der Vergangenheit auf den Bruttobetrag der Gesamtforderungen abzüglich der uneinbringlichen Forderungen[281] zu berechnen.

Gesamtforderungsbestand		1.190.000 €
./. uneinbringliche Forderungen	./.	42.840 €
Bemessungsgrundlage für die Wertberichtigung		1.147.160 €
Wertberichtigung 2,5 %		28.679 €

| Forderungsabschreibung | 28.679 € | an | Forderungen aus L + L | 28.679 € |

---

[280] Zur Frage der (Un-)Zulässigkeit – und zur »Dennoch-Praxis« – der Pauschalwertberichtigung vgl. *Glanegger* in *Schmidt* (2004), § 6 Rz. 374 und *Fischer* in *Kirchhof-kompakt* (2003), § 6, Rz. 136 ff. (141).
[281] Die uneinbringlichen Forderungen werden zum Bilanzstichtag endgültig ausgebucht und können deshalb nach dem Stichtag keine Kosten mehr verursachen.

Zu b) Niedrigverzinsliche Forderungen:

Die Forderung ist auf den Barwert abzuzinsen (BFH vom 24.10.2006, a.a.O.). Die Abzinsung wird allgemein befürwortet bei Forderungen mit einer Laufzeit von mindestens zwölf Monaten.[282]

Ausnahme: Darlehensforderungen gegen Betriebsangehörige sind stets mit dem Nennbetrag anzusetzen (BFH vom 30.11.1988, BStBl II 1990, 117).

Beispiel 37: Abzinsung einer Forderung

In der Buchführung eines Unternehmers wird eine Darlehensforderung i.H.v. 50.000 € gegen einen Kunden ausgewiesen. Das Darlehen wurde wegen der guten Geschäftsbeziehungen zinslos vereinbart. Die Restlaufzeit der Forderung am Bilanzstichtag 31.12.02 beläuft sich auf fünf Jahre. Die Schuld ist von dem Kunden am Ende der Kreditlaufzeit in einem Betrag zu tilgen.

Lösung: Wegen der Zinslosigkeit liegt der beizulegende Wert/TW am Bilanzstichtag unter dem Nennwert der Forderung. Der tatsächliche Wert der Forderung wird durch Abzinsung ermittelt. Bei der Abzinsung in der HB soll nach Meinung in der einschlägigen Lit. der kapitalmarktübliche Zinssatz oder der Zins für die eigene Refinanzierung verwendet werden.[283] Für die StB ist ein Zinssatz von 5,5 % als angemessen anzusehen. Hier kann sich ein Problem im Zusammenhang mit der Maßgeblichkeit der HB für die StB ergeben. Muss die abgezinste Forderung aus der HB in die StB übernommen werden? M.E. ist der HB-Ansatz für die StB bindend. Es gibt – im Gegensatz zur Abzinsung von Verbindlichkeiten (s. Kap. IV 3) – keine steuergesetzlich bindende Vorschrift zur Abzinsung mit dem Zinssatz von 5,5 %. Infolgedessen ist eine in der HB durchgeführte Forderungsabzinsung, die nach handelsrechtlichen Grundsätzen ordnungsmäßiger Buchführung nicht zu beanstanden ist, gem. § 5 Abs. 1 S. 1 EStG in die StB zu übernehmen. Für die Abzinsung kann folgende Formel verwendet werden:

$$B = R : \left(1+\frac{p}{100}\right)^n$$

B = Barwert am Bilanzstichtag
R = Rückzahlungsbetrag
p = Zinssatz
n = Laufzeit in Jahren

Bei einem angenommenen Zinssatz von 6 % würde sich im vorliegenden Fall folgende Abzinsung ergeben:

$$50.000 \text{ €} : (1 + 0,06)^5 = 37.363 \text{ €}$$

Zu c) Forderungen in ausländischer Währung:

Handelsbilanz:

Die Forderung ist in der Bilanz mit dem Devisenkassamittelkurs vom Stichtag anzusetzen (§ 256a HGB).

Steuerbilanz:

Der Devisenbriefkurs (**Briefkurs** = Kurs, zu dem die Banken Devisen ankaufen) vom Bilanzstichtag könnte angesetzt werden, wenn er zu einer niedrigeren Bewertung führt als

---

282 So z.B. *ADS*, Rz. 488 zu § 253 HGB.
283 So z.B. *Pfleger* in *Gnam/Federmann*, HdB, Stichw. 47/1, Rz. 70.

im Zeitpunkt der Einbuchung der Forderung (= AK). I.d.R. dürfte diese Bewertung nicht zulässig sein, weil die Wertminderung nach Verwaltungsmeinung regelmäßig voraussichtlich nicht von Dauer ist.

Bei sog. **geschlossenen Positionen** (Forderungen und Verbindlichkeiten in derselben ausländischen Währung gleichen sich betrags- und fristenmäßig aus) sieht § 254 HGB in der HB die Bildung von Bewertungseinheiten vor. Das bedeutet die Zusammenfassung der in der geschlossenen Position erfassten Posten zu einer Bewertungseinheit.

Einzelheiten zur Bewertung geschlossener Positionen sind aus dem Beitrag »Bewertung von Fremdwährungsposten in der Bilanz« ersichtlich.

6.2.3 Verrechnungsverbot

Forderungen und Verbindlichkeiten dürfen in der Bilanz grundsätzlich nicht miteinander verrechnet werden (Saldierungsverbot gem. § 246 Abs. 2 HGB). § 254 HGB bildet eine Ausnahmeregelung.

6.2.4 Sonderfall der Forderung: Unfertige Bauten auf fremdem Grund und Boden

6.2.4.1 Grundsatz

Nach dem BFH-Urteil vom 28.11.1974 (BStBl II 1975, 398) gehören teilfertige Bauten auf fremdem Grund und Boden nicht zum eigenen körperlichen Vorratsvermögen. Sie werden zwar wegen des bürgerlich-rechtlichen Eigentumsübergangs der fest mit dem Grund und Boden verbundenen Materialien als **Forderungen** gegen den Bauherrn angesehen, jedoch in der Bilanz nicht als Forderungen aus Lieferungen und Leistungen, sondern entweder als materielles WG oder wie ein materielles WG unter dem Vorratsvermögen ausgewiesen (BFH vom 07.09.2005, BStBl II 2006, 298).

6.2.4.2 Bewertung

Da der Begründung dieser Forderungen kein Anschaffungsvorgang zugrunde liegt, sind sie mit den **HK** zu bewerten. Dabei gilt die Vermutung, dass die HK dem Teilwert der Forderung entsprechen, weil davon auszugehen ist, dass ein potenzieller Erwerber des Unternehmens die teilfertigen Bauten im Rahmen des Gesamtkaufpreises zu den bislang angefallenen HK übernehmen würde.

Die Vermutung ist jedoch widerlegbar. Dieser Umstand tritt ein, wenn der auf die bis zum Bilanzstichtag fertig gestellten Teile der Bauten entfallende Anteil der vereinbarten Gesamtvergütung die bisher aufgewendeten HK unterschreitet. In dem Fall sind die teilfertigen Bauten mit diesem niedrigeren Betrag (Teilwert) zu bewerten.

Der BFH begründet diese Bewertung damit, dass er auf den Rechtscharakter der teilfertigen Bauten auf fremdem Grund und Boden als Forderung verweist. Forderungen sind höchstens mit dem Nennbetrag zu bewerten. Da die hier behandelte Forderung ihrem Inhalt nach dem Vergütungsanspruch aus einem Werklieferungsvertrag entspricht, kann sie nicht mit einem über dem Anteil an der Gesamtvergütung liegenden Wert angesetzt werden.

Der BMF stimmt der Auffassung des BFH zur Teilwertabschreibung bei teilfertigen Bauten auf fremdem Grund und Boden grundsätzlich zu, stellt aber Folgendes klar:

»Durch den Ansatz mit dem anteiligen niedrigeren Erlös wirkt sich nur der **bisher** aufgelaufene Verlust bei der Bewertung des WG der halbfertigen Arbeiten steuerlich aus, nicht jedoch ein anteiliger künftiger Verlust, der auf noch zu erbringende Leistungen entfällt.

Derartige drohende Verluste aus schwebenden Geschäften sind nicht in die nach allgemeinen Grundsätzen vorzunehmende Bewertung der als Forderungen auszuweisenden halbfertigen Bauten auf fremdem Grund und Boden einzubeziehen.«

Die Einschränkung der Finanzverwaltung bezüglich der Verluste aus den nach dem Bilanzstichtag noch zu erbringenden Leistungen zielt auf das grundsätzliche Verbot, drohende Verluste aus schwebenden Geschäften steuerlich zu berücksichtigen. In diesem Zusammenhang wird auf das steuerliche Passivierungsverbot für Rückstellungen wegen drohender Verluste aus schwebenden Geschäften (§ 5 Abs. 4a EStG) hingewiesen.

6.2.4.3 Die neuere einschlägige BFH-Rechtsprechung

Im Beschluss vom 28.04.2004 (BStBl II 2005, 21) äußert der IV. Senat ernstliche Zweifel, ob die vom BMF vertretene Ansicht, dass eine Teilwertabschreibung bei den Bauten auf fremdem Grund und Boden nur hinsichtlich des dem jeweiligen Stand der Fertigstellung entsprechenden, auf die Bauten entfallenden Anteils der vereinbarten Vergütung zulässig sei, der Rechtslage entspricht. In diesem Zusammenhang weist der BFH darauf hin, dass ein schwebendes Geschäft erst vorliegt, wenn es erfüllt ist. Vorleistungen sind bis zur Erfüllung des Vertrags erfolgsneutral zu halten.

Der Senat kritisiert die Ausführungen des BMF wegen der mangelnden Begründung, weshalb hinsichtlich der noch **nicht erbrachten** Leistung ein Vorrang des Verbots der steuerlichen Berücksichtigung des drohenden Verlustes vor der Teilwertabschreibung bejaht und hinsichtlich der **erbrachten** Leistung dagegen ein solcher Vorrang auch für den Fall der retrograden Teilwertermittlung wegen gesunkener Verkaufspreise verneint und der Verlustausweis trotz des Grundsatzes der erfolgsneutralen Bilanzierung schwebender Geschäfte zugelassen wird.

Mit Urteil vom 07.09.2005 (BStBl II 2006, 298) hat der VIII. Senat das Urteil des IV. Senats vom 28.04.2004 (a.a.O.) bestätigt. Er hält eine Teilwertabschreibung hinsichtlich des gesamten Verlustes aus dem noch nicht abgewickelten Bauauftrag für zulässig.

7 Bewertung von Fremdwährungsposten in der Bilanz

7.1 Einleitung

Die Bankinstitute haben ab 01.01.1999 das Umrechnungssystem für Devisen nach amerikanischem Vorbild von der Preis- auf die Mengennotierung umgestellt und rechnen Fremdwährungs**verkäufe** an Kunden zum **Geld**kurs und Fremdwährungs**ankäufe** von Kunden zum **Brief**kurs ab. Damit wurde der bis zum 31.12.1998 gültige Grundsatz umgekehrt.

Durch das BilMoG wurde § 256a HGB eingeführt, nach dem auf fremde Währung lautende Vermögensgegenstände und Verbindlichkeiten in der HB zum **Devisenkassamittelkurs** am Abschlussstichtag umzurechnen sind. Für die StB gelten die Bewertungsgrundsätze des § 6 EStG, sodass bei der Bewertung von Fremdwährungsposten regelmäßig Abweichungen zwischen den Ansätzen in der HB und in der StB entstehen.

7.2 Bewertungsgrundsatz

Für die Bewertung von Vermögensgegenständen und Verbindlichkeiten in ausländischer Währung gelten folgende Grundsätze:

Die Währungsumrechnung ist nach dem AK-Prinzip durchzuführen. Dabei sind die AK in ausländischer Währung am Tag der Erstverbuchung zu bestimmen. Der Zeitpunkt der Erstverbuchung von ausländischen Währungsposten ist wie bei den in inländischer Währung valutierenden Posten nach den Grundsätzen ordnungsmäßiger Buchführung zu bestimmen. Der maßgebliche Wechselkurs ist der Kurs im Zeitpunkt der erstmaligen Verbuchung. Welcher Umrechnungskurs der ausländischen Währung (Brief oder Geld) am Tag der Erstverbuchung für die Bewertung zugrunde zu legen ist, ergibt sich aus der nachstehenden Tabelle:

Bewertung von Fremdwährungsposten	
Zu bewertender Posten	Maßgeblicher Umrechnungskurs
Geldbestände in ausländischer Währung	**Brief**kurs
Bankkonten in ausländischer Währung	**Brief**kurs (Ausnahme: s. Erläuterung Nr. 1)
Fremdwährungsforderungen	**Brief**kurs
Fremdwährungsverbindlichkeiten	**Geld**kurs
Vermögensgegenstände, die in ausländischer Währung angeschafft wurden	**Geld**kurs

Für alle vorgenannten Posten gilt für die HB einheitlich der Devisenkassamittelkurs.

Erläuterungen

1. Geldbestände, Konten in ausländischer Währung und Fremdwährungsforderungen sind mit dem Kurs zu bewerten, der für den Umtausch der Devisen in Euro maßgebend ist, d.h. mit dem Kurs, zu dem die Banken Devisen **an**kaufen.

   Bei der Bewertung von ausländischen Geldbeständen und Konten in ausländischer Währung wird in der Lit. gelegentlich unterschieden, ob die Zahlungsmittel aus dem Umtausch inländischer Währung oder aus einem in ausländischer Währung abgewickelten Verkaufsgeschäft stammen.[284] Im ersten Fall wird die Bewertung nach dem AK-Prinzip mit dem Geldkurs befürwortet, weil die ausländischen Zahlungsmittel zum Geldkurs eingetauscht wurden. Im zweiten Fall wird der Kurs als maßgebend angesehen, mit dem die Forderung aus dem Verkaufsgeschäft zu bewerten wäre, nämlich der Briefkurs.

   Beispiel 38: Bewertung eines Devisenkontos
   Die Australien Handels GmbH unterhält ein Devisenkonto zur Abwicklung von Geschäften in australischen Dollar. Die Ein- und Ausgänge auf dem Konto werden mit den jeweiligen Tageskursen bewertet. Das Konto beläuft sich am Bilanzstichtag auf 52.368 AU-$. In der Buchführung der GmbH hat das Konto einen Saldo von 32.414,52 €. Der Briefkurs am Abschluss-Stichtag beträgt 1,6870 AU-$/€.

---

[284] So z.B. *Kleineidam* in Gnam/Federmann, HdB, Stichw. 141, Rz. 87.

Lösung: Durch die Bewertung mit dem Briefkurs vom Bilanzstichtag ergibt sich ein Betrag von 31.042,09 €.
In der HB ist das Konto mit dem Devisenkassamittelkurs zu bewerten (§ 256a HGB). Der Ansatz eines niedrigeren Teilwerts in der StB ist davon abhängig, ob die Wertminderung voraussichtlich von Dauer ist (§ 6 Abs. 1 Nr. 1 S. 2 EStG). Das ist nach nach Verwaltungsmeinung regelmäßig nicht anzunehmen.

2. Fremdwährungsverbindlichkeiten sind mit dem Kurs zu bewerten, der für die Beschaffung der zur Tilgung der Verbindlichkeiten erforderlichen Devisen maßgebend ist, d.h. der Kurs, zu dem die Banken Devisen **ver**kaufen.

3. Vermögensgegenstände, die in ausländischer Währung angeschafft wurden, sind mit dem Betrag als AK zu bewerten, mit dem die bei der Anschaffung in ausländischer Währung entstandene Verbindlichkeit anzusetzen wäre, d.h. Bewertung mit dem Kurs, zu dem die Banken Devisen **ver**kaufen.

7.3 Zeitpunkt der Bewertung

7.3.1 Devisenbestände und Konten in ausländischer Währung

Zur Ermittlung der historischen AK sind die Wechselkurse im Zeitpunkt des Erwerbs zugrunde zu legen. Die Berechnung der fortgeführten AK erfolgt mit den Devisenkursen des Bewertungsstichtags (Bilanzstichtags).

7.3.2 Forderungen und Verbindlichkeiten in ausländischer Währung

Die Forderungen und Verbindlichkeiten sind mit dem Devisenkurs im Zeitpunkt ihrer Entstehung einzubuchen. In der HB sind die Posten mit den Devisenkassamittelkurs vom Bilanzstichtag zu bewerten. Zwecks Feststellung des niedrigeren TW in der StB ist der Wechselkurs des Bewertungsstichtags zu berücksichtigen.

> **Beispiel 39: Bewertung einer Devisenforderung (in Anlehnung an die StB-Prüfung 2011)**
> Ein Exporteur verkauft Waren auf US-$-Basis. Die Forderung i.H.v. 20.000 US-$ entsteht am 15.11., Bilanzstichtag: 31.12.
> - Briefkurs am 15.11.: 0,9327 US-$/€,
> - Devisenkassamittelkurs am 31.12.: 0,9328 US-$/€,
> - Briefkurs am 31.12.: 0,9335 US-$/€,
> - Einbuchung der Forderung am 15.11.: 20.000 € : 0,9327 = 21.443,12 €.
>
> **Lösung:**
> Bewertung der Forderung am 31.12. in der HB (Devisenkassamittelkurs gem. § 256a HGB): 20.000 € : 0,9328 = 21.440,80 €.
> Ansatz der Forderung am 31.12. in der StB mit dem Zugangswert von (20.000 € : 0,9327 =) 21.443,12 €. Ein Ansatz mit dem niedrigeren TW kommt bei Kurswerten regelmäßig mangels dauernder Wertminderung nicht in Betracht.

7.3.3 In ausländischer Währung angeschaffte Vermögensgegenstände

Die AK werden unter Verwendung des Wechselkurses der ausländischen Währung im Zeitpunkt der Anschaffung errechnet. Eine nachträgliche Veränderung der AK infolge von Devisenkursänderungen ist nicht vorzunehmen.

> **Beispiel 40: Bewertung einer Devisenverbindlichkeit und Anschaffungskosten**
> Ein Importeur erwirbt eine Partie Waren im Wert von 50.000 US-$.
> Anschaffungszeitpunkt: 22.12., Bilanzstichtag: 31.12.
> - Geldkurs am 22.12.: 0,9245 US-$/€,
> - Geldkurs am 31.12.: 0,9275 US-$/€,
> - Devisenkassamittelkurs am 31.12.: 0,9260 US-$/€.
>
> **Lösung:**
> Einbuchung der Verbindlichkeit am 22.12.: 50.000 US-$: 0,9287 = 54.083,29 €.
> Bewertung der Verbindlichkeit am 31.12.:
> - **in der HB:**
>   50.000 US-$: 0,9260 = 53.995,68 €.
> - **in der StB:**
>   Ansatz mit den »AK« der Verbindlichkeit i.H.v. 54.083,29 €; der niedrigere Wert der Verbindlichkeit am Bilanzstichtag darf nicht angesetzt werden (Niederstwertprinzip).
>   AK der erworbenen Ware: 54.083,29 €. Dieser Betrag ist auch in der HB und StB am 31.12. anzusetzen.

7.3.4 Schwebende Geschäfte

Die von beiden Vertragsparteien noch nicht erfüllten obligatorischen Geschäfte (schwebende Geschäfte) in Fremdwährung sind im Zeitpunkt des Abschlusses buchmäßig nicht zu erfassen, weil unterstellt wird, dass sich Leistung und Gegenleistung aus dem Geschäft ausgleichen (z.B. beim schwebenden Einkaufskontrakt) oder zu Gunsten des Kaufmanns auswirken (z.B. beim schwebenden Verkaufskontrakt). Eine Bewertung des schwebenden Geschäfts muss erst zum Bilanzstichtag durchgeführt werden. Wenn aus dem Devisenkurs am Stichtag ein Verlust droht, ist in der HB eine Rückstellung für drohende Verluste aus schwebenden Geschäften gem. § 249 Abs. 1 S. 1 HGB auszuweisen. In der StB ist diese Rückstellung nicht zulässig (§ 5 Abs. 4a EStG).

> **Beispiel 41: Schwebendes Geschäft**
> Die Indien Handels KG hat am 18.12.00 einen Einkaufskontrakt über die Lieferung von Antiquitäten mit einem Unternehmen in Indien abgeschlossen. Der Rechnungspreis beläuft sich auf 922.500 INR. Die Ware soll im Februar 01 geliefert werden.
> Der Devisen(geld)kurs beträgt
> - am 18.12.00:   40,04 INR/€,
> - am 31.12.00:   39,84 INR/€.
>
> **Lösung:** Das schwebende Geschäft ist zunächst buchmäßig nicht zu erfassen. Zum Bilanzstichtag 31.12.00 ist jedoch zu untersuchen, ob aus dem Devisenkurs am Stichtag ein Kursverlust droht.

Das Geschäft wurde abgeschlossen mit
einem Preis von 922.500 INR : 40,04 =   23.039,46 €
Nach den Kursverhältnissen am Bilanzstichtag 31.12.00
hat die Verbindlichkeit einen Wert von 922.500 INR : 39,84 =   23.155,12 €
Drohender Verlust dementsprechend   116,66 €

In der HB ist gem. § 249 Abs. 1 S. 1 HGB eine Rückstellung für drohende Verluste aus schwebenden Geschäften zu passivieren. Die Rückstellung ist in der StB nicht zulässig (§ 5 Abs. 4a EStG).

7.4 Devisentermingeschäfte

Das Devisentermingeschäft ist als klassisches Kurssicherungsgeschäft anzusehen. Durch den Abschluss eines Devisentermingeschäftes wird das Risiko des Kursverlustes dadurch ausgeschlossen, dass

- bei Forderungen in ausländischer Währung der Valutabetrag auf den zu erwartenden Zahlungstermin mit dem gegenwärtigen Termin**brief**kurs veräußert wird bzw.
- bei Verbindlichkeiten in ausländischer Währung ein der Schuldsumme entsprechender Devisenbetrag zum gegenwärtigen Termin**geld**kurs gekauft wird.

Beim Abschluss von Devisentermingeschäften sind drei Fälle möglich. Das Devisentermingeschäft kann entweder

a) zeitgleich mit dem Grundgeschäft,
b) vorher oder
c) nachträglich

abgeschlossen werden.

Für die beschriebenen Fälle ergeben sich folgende Bewertungsregeln:

Zu a): Bei zeitgleichem Abschluss des Devisensicherungsgeschäftes ist das Grundgeschäft mit dem Terminkurs des Sicherungsgeschäftes zu bewerten.[285] Durch die einheitliche Bewertung des Grundgeschäftes und des Sicherungsgeschäftes mit dem Devisenterminkurs wird vermieden, aufgrund des strengen Niederst-/Höchstwertprinzips bei verändertem Kurs zum Bilanzstichtag Währungsverluste auszuweisen, die wegen der Kurssicherung am Ende gar nicht entstehen.

Zu b): Wird das Devisensicherungsgeschäft vor dem Grundgeschäft abgeschlossen und das Grundgeschäft erst nach dem Bilanzstichtag durchgeführt, so ist die bilanzielle Behandlung des Sicherungsgeschäftes nach den Grundsätzen der Bilanzierung von schwebenden Geschäften zu behandeln.[286] Wenn nach den Kursverhältnissen am Stichtag ein Verlust droht, ist in der HB eine Rückstellung für drohende Verluste aus schwebenden Geschäften gem. § 249 Abs. 1 S. 1 HGB zu passivieren. Die Rückstellung ist in der StB nicht zulässig (§ 5 Abs. 4a EStG).

Zu c): Bei nachgelagertem Abschluss des Devisensicherungsgeschäftes muss zwecks Bewertung der Forderung/Verbindlichkeit zum Bilanzstichtag festgestellt werden, ob der Terminkurs niedriger oder höher ist als der Kassakurs im Zeitpunkt der Erstverbuchung. Nach dem

---
285 *ADS*, Rechnungslegung und Prüfung der Unternehmen, § 253 HGB, Rz. 100.
286 *ADS*, a.a.O., Rz. 101.

strengen Niederst-/Höchstwertprinzip ist für die Bewertung einer Forderung der Terminkurs maßgebend, wenn er **niedriger** ist als der Kassakurs im Zeitpunkt der Erstverbuchung; bei der Bewertung einer Verbindlichkeit ist danach der **höhere** Terminkurs anzusetzen. Hier ist jedoch die Frage nach dem bilanziellen Ausweis der zutreffenden Vermögens- und Ertragslage zu stellen, wenn aufgrund der Kurssicherung endgültig kein Währungsverlust eintreten kann. Zur Vermeidung des Ausweises eines tatsächlich nicht entstehenden Währungsverlustes kann vom Grundsatz der Einzelbewertung gem. § 252 Abs. 2 HGB abgewichen werden, indem das Grundgeschäft und das Devisensicherungsgeschäft gemeinsam bewertet werden.

Beispiel 42: Bewertung eines gesicherten Devisengeschäftes

Die Asien Import GmbH & Co. KG hat am 06.12.00 ein Warenanschaffungsgeschäft in Hongkong über 40.000 HK-$ getätigt. Die Verbindlichkeit ist vereinbarungsgemäß am 05.02.01 zu begleichen. Zur Absicherung der Währung hat die KG – ebenfalls am 06.12.00 – ein Devisentermingeschäft i.H.v. 40.000 HK-$ zum 05.02.01 abgeschlossen.
Der Devisentermingeldkurs beträgt
- am 06.12.00:   7,1864 HK-$/€,
- am 31.12.00:   7,1978 HK-$/€.

Der Devisenkassamittelkurs am 31.12.00 beträgt 7,1992 HK-$/€.

Lösung: Die Verbindlichkeit ist am 06.12.00 mit dem Devisenterminkurs von 7,1864 HK-$/€, d.h. mit 5.566,07 € einzubuchen.
In der HB wird die Verbindlichkeit mit dem Devisenkassamittelkurs vom 31.12. (40.000 HK-$: 7,1992 =) 5.556,17 €.
In der StB ist die Verbindlichkeit mit dem Betrag der Erstverbuchung zu bilanzieren. Der niedrigere Stichtagswert der Verbindlichkeit darf nicht angesetzt werden (Verbot der Berücksichtigung eines nicht realisierten Gewinns).
Die Thematik war auch in der StB-Prüfungs-Klausur 2015 zu bearbeiten.

7.5 Geschlossene Position

Eine geschlossene Position liegt vor, wenn sich für **eine** Währung Forderungen und Verbindlichkeiten sowie Ansprüche und Verpflichtungen aus schwebenden Geschäften betrags- und fristenmäßig ausgleichen. Voraussetzungen für das Vorliegen einer geschlossenen Position sind demnach

- Währungsidentität,
- Betragsidentität,
- Fälligkeitsidentität.

Für geschlossene Positionen sieht § 254 HGB für die HB die Bildung von Bewertungseinheiten vor. Gem. § 5 Abs. 1a EStG ist die Bildung der Bewertungseinheiten auch für die StB maßgebend.

Beispiel 43: Bewertung einer geschlossenen Position

Eine GmbH hat am Bilanzstichtag 31.12.00 eine Forderung (Entstehung am 30.11.00) über 200.000 AU-$ und eine Verbindlichkeit (Entstehung am 15.12.00) über 150.000 AU-$. Die Forderung und die Verbindlichkeit sind am 15.01.01 fällig.

Zur Bewertung werden folgende Devisenkurse herangezogen:
- Geldkurs am 15.12.00: 1,660 AU-$/€,
- Briefkurs am 30.11.00: 1,680 AU-$/€,
- Geldkurs am 31.12.00: 1,667 AU-$/€,
- Briefkurs am 31.12.00: 1,687 AU-$/€.

Lösung:
- Einbuchung der Forderung am 30.11.
  mit dem Briefkurs von 1,680 AU-$/€ = 119.047,62 €.
- Einbuchung der Verbindlichkeit am 15.12.
  mit dem Geldkurs von 1,660 AU-$/€ = 90.361,45 €.

Bewertung am 31.12.00
Kompensation des Kursverlustes bei der Forderung mit dem Kursgewinn bei der Verbindlichkeit:

Wert der Forderung nach dem Entstehungskurs	119.047,62 €
Wert der Forderung nach dem Stichtagskurs	118.553,65 €
Kursverlust	493,97 €
Wert der Verbindlichkeit nach dem Entstehungskurs	90.361,45 €
Wert der Verbindlichkeit nach dem Stichtagskurs	89.982,00 €
Kursgewinn	379,45 €

Die Forderung ist zum Bilanzstichtag aufgrund des Niederstwertprinzips abzuwerten. Der Forderungsansatz wird wie folgt berechnet[287]:

Entstehungskurs	200.000 AU-$: 1,680 =	119.047,62 €
Kursverlust	./.	493,97 €
Gedeckter Kursverlust	./.	379,45 €
Bilanzansatz		**118.933,10 €**

Die Verbindlichkeit ist mit dem Betrag der Erstverbuchung i.H.v. 90.361,45 € zu bilanzieren.

7.6 Wertpapiere in ausländischer Währung

Die Einbuchung von Wertpapieren in ausländischer Währung erfolgt mit den AK. Werden die Papiere in ausländischer Währung erworben, so sind sie mit dem Devisen**geld**kurs im Zeitpunkt der Erstverbuchung anzusetzen.

Die Bewertung der Wertpapiere am Bilanzstichtag ist mit den AK oder dem niedrigeren Stichtagswert vorzunehmen. Bei der Ermittlung des Stichtagswerts sind

- der Börsenkurs der Wertpapiere und der Devisenkassamittelkurs am Bilanzstichtag in der HB und
- der Devisen**geld**kurs am Bilanzstichtag in der StB

zugrunde zu legen.

---

[287] Vgl. *Kleineidam* in *Gnam/Federmann*, HdB, Stichw. 14a, Rz. 41.

Beispiel 44: Bewertung von ausländischen Wertpapieren

Anschaffung von US-Aktien im Nennwert von	1.000 US-$
am 16.10.00 zum Börsenkurs von	2.500 US-$
Devisenkurs (Geld) am 16.10.00:	0,9235 US-$/€
Devisenkurs (Geld) am 31.12.00:	0,9275 US-$/€
Devisenkassamittelkurs am 31.12.00:	0,9295 US-$/€
Börsenkurs der Aktien am 31.12.00:	2.200 US-$

Die Wertpapiere sollen zum UV gehören.

Lösung: Ausländische Wertpapiere sind am Tage des Erwerbs mit den AK zu bewerten. Die AK entsprechen dem Börsenkurs in ausländischer Währung zum Devisengeldkurs:

2.500 US-$: 0,9235 = 2.707,09 €.

In der **HB** ist der Börsenkurs der Wertpapiere am Bilanzstichtag mit dem Devisenkassamittelkurs vom Abschussstichtag umzurechnen:

2.200 US-$: 0,9295 = 2.366,86 €.

Für die **StB** sind die AK sind zwecks Bewertung am Bilanzstichtag mit dem Wert zu vergleichen, der sich aus dem Börsenkurs in ausländischer Währung, umgerechnet mit dem Devisenkurs vom Stichtag ergibt:

1.200 US-$: 0,9275 = 2.371,97 €.

Die Wertpapiere sind mit den AK zu bewerten. Das Wahlrecht zum Ansatz des niedrigeren TW wird von der Finanzverwaltung mangels dauernder Wertminderung grundsätzlich abgelehnt.

IV Geringwertige Wirtschaftsgüter

Für die Anschaffung, Herstellung oder Einlage von GWG **nach dem 31.12.2009** gelten folgende Regelungen:

a) § 6 Abs. 2 EStG
Die AK oder HK oder der Einlagewert von abnutzbaren beweglichen WG des Anlagevermögens, die einer selbständigen Nutzung fähig sind, **können** im Wirtschaftsjahr der Anschaffung, Herstellung oder Einlage des WG oder der Eröffnung des Betriebs **in voller Höhe als Betriebsausgaben abgezogen werden**, wenn die AK oder HK, vermindert um einen darin enthaltenen Vorsteuerbetrag (§ 9b Abs. 1 EStG), oder der Einlagewert für das einzelne WG 410 € (ab 01.01.2018: **800 €**) **nicht übersteigen**. GWG, deren Wert 250 € übersteigt, sind unter Angabe des Tages der Anschaffung, Herstellung oder Einlage des WG oder der Eröffnung des Betriebs und der AK oder HK oder des Einlagewerts in einem besonderen, laufend zu führenden Verzeichnis aufzunehmen. Das Verzeichnis braucht nicht geführt zu werden, wenn diese Angaben aus der Buchführung ersichtlich sind.

> **Beispiel 1: Wertgrenze und USt**
> Unternehmer A erwirbt im März 2010 ein Fotokopiergerät für 178,50 € (inkl. 19 % USt).
> a) A ist zum vollen Vorsteuerabzug berechtigt,
> b) A ist nicht zum Vorsteuerabzug berechtigt.
>
> **Lösung:** Bei dem Fotokopiergerät handelt es sich um ein GWG i.S.v. § 6 Abs. 2 EStG, weil die AK, vermindert um den darin enthaltenen Vorsteuerbetrag, die Grenze von 150 € nicht übersteigen. Die Abzugsfähigkeit der Vorsteuer bei der Umsatzbesteuerung ist nicht von Bedeutung. Allerdings ist die sofort abzusetzende BA in den Fallalternativen unterschiedlich:
> a) 150,00 €,
> b) 178,50 €.

b) § 6 Abs. 2a EStG
Abweichend von Abs. 2 S. 1 **kann** für die abnutzbaren beweglichen WG des Anlagevermögens, die einer selbständigen Nutzung fähig sind, im Wirtschaftsjahr der Anschaffung, Herstellung oder Einlage des WG oder der Eröffnung des Betriebs ein **Sammelposten gebildet werden**, wenn die AK oder HK, vermindert um einen darin enthaltenen Vorsteuerbetrag (§ 9b Abs. 1 EStG), oder der Einlagewert für das einzelne WG 150 € (ab 01.01.2018: **250 €**), aber nicht 1.000 € übersteigen. Der Sammelposten ist im Wirtschaftsjahr der Bildung und den folgenden vier Wirtschaftsjahren mit jeweils 1/5 gewinnmindernd aufzulösen. Scheidet ein im Sammelposten erfasstes WG aus dem Betriebsvermögen aus, wird der Sammelposten nicht vermindert. Scheidet ein WG im Jahr der Anschaffung, Herstellung oder Einlage aus dem BV aus, liegen die Voraussetzungen für die Berücksichtigung des WG im Sammelposten zum Schluss dieses Wirtschaftsjahrs nicht vor (BMF vom 30.09.2010, BStBl I 2010, 755).

Die AK oder HK oder der Einlagewert von abnutzbaren beweglichen WG des Anlagevermögens, die einer selbständigen Nutzung fähig sind, **können** im Wirtschaftsjahr der Anschaffung, Herstellung oder Einlage des WG oder der Eröffnung des Betriebs **in voller**

Höhe als Betriebsausgabe abgezogen werden, wenn die AK oder HK, vermindert um einen darin enthaltenen Vorsteuerbetrag (§ 9b Abs. 1 EStG), oder der Einlagewert für das einzelne WG **150 €** (ab 01.01.2018: **250 €**) **nicht übersteigen**. Die vorstehende Behandlung ist **für alle in einem Wirtschaftsjahr angeschafften, hergestellten oder eingelegten WG einheitlich anzuwenden**.

Beispiel 2: Einheitliche Ausübung des Wahlrechts
Anschaffung eines abnutzbaren beweglichen WG des Anlagevermögens im Wirtschaftsjahr 01. Die AK betragen 390 € (ohne USt), betriebsgewöhnliche Nutzungsdauer 3 Jahre.

Lösung:
Der Unternehmer hat folgende Wahlmöglichkeiten:
- Sofortabzug der AK als Betriebsausgaben nach § 6 Abs. 2 S. 1 EStG. Übt der Unternehmer sein Wahlrecht zum Sofortabzug aus, darf er im Wirtschaftsjahr 01 für weitere GWG keinen Sammelposten mehr bilden (§ 6 Abs. 2a S. 5 EStG).
- Abschreibung der AK über die Nutzungsdauer von drei Jahren mit jährlich 130 € gem. § 7 Abs. 1 S. 1 EStG. Auch in diesem Fall entfällt für das Wirtschaftsjahr 01 die Möglichkeit zur Bildung eines Sammelpostens (§ 6 Abs. 2a S. 5 EStG).
- Einstellung der AK in einen Sammelposten gem. § 6 Abs. 2a S. 1 EStG. In dieser Alternative entfällt im Wirtschaftsjahr 01 für alle GWG **mit AK von mehr als 150 €** (ab 01.01.2018: **250 €**) **und höchstens 410 €** (ab 01.01.2018: **800 €**) das Wahlrecht zum Sofortabzug der AK gem. § 6 Abs. 2 S. 1 EStG (§ 6 Abs. 2a S. 5 EStG). Lediglich für GWG mit AK, **die 150 €** (ab 01.01.2018: **250 €**) **nicht übersteigen**, hat der Unternehmer im Wirtschaftsjahr 01 ohne Rücksicht auf die Bildung des Sammelpostens die Möglichkeit der Sofortabschreibung der AK (§ 6 Abs. 2a S. 4 EStG).

Scheidet ein WG i.S.d. Nr. 4 aus dem Betriebsvermögen **aus**, so wird der **Sammelposten nicht gemindert.**

Beispiel 3: Bildung eines Sammelpostens
Die B-GmbH schafft im April 2010 mehrere Werkzeugkoffer für ihre Außendienstmonteure an. Der Gesamtkaufpreis beträgt 2.427,60 € (inkl. 19 % USt). Der Kaufpreis (inkl. 19 % USt) für jeden Koffer beträgt 202,30 €. Die GmbH ist zum vollen Vorsteuerabzug berechtigt.

Lösung: Da der einzelne Werkzeugkoffer AK (vermindert um den darin enthaltenen Vorsteuerbetrag) von 170 € hat, kann die GmbH im Jahr 2010 einen Sammelposten i.H.v. 2.040 € bilden, der im Jahr 2010 und in den darauf folgenden vier Jahren mit jeweils 408 € gewinnmindernd aufzulösen ist.

Beispiel 4: Ausscheiden von WG, die im Sammelposten erfasst sind
Die C-OHG erwirbt im August 2010 fünf Pkw-Anhänger, die von ihren Bauarbeitern für Materialtransporte bei Reparaturaufträgen genutzt werden sollen. Der Gesamtkaufpreis (inkl. 19 % USt) für die Anhänger beträgt 4.760 €. Im Jahr 2011 stellt sich heraus, dass die Anhänger fast nie benutzt werden. Die G'fter der OHG beschließen deshalb, vier der Anhänger wieder zu verkaufen. Die Fahrzeuge werden für je 595 € (inkl. 19 % USt) veräußert.
Die OHG ist zum vollen Vorsteuerabzug berechtigt.

Lösung: Die OHG kann im Jahr 2010 einen Sammelposten i.H.v. 4.000 € bilden, der in den Jahren 2010 bis 2014 mit je 800 € gewinnmindernd aufzulösen ist. Das Ausscheiden von vier Anhängern aus dem Betriebsvermögen im Jahr 2011 führt nicht zu einer Verminderung des Sammelpostens. Durch die Veräußerung der Anhänger im Jahr 2011 entsteht ein Ertrag von 2.000 €.

Beispiel 5: Bildung und Fortführung von getrennten Sammelposten in verschiedenen Wirtschaftsjahren

Die D-AG schafft in den Jahren 2010 bis 2012 laufend abnutzbare bewegliche WG des Anlagevermögens an, die einer selbständigen Nutzung fähig sind. Alle diese WG haben AK, die mehr als 150 €, aber nicht mehr als 1.000 € betragen. Die Aufwendungen nach Abzug der Vorsteuer haben betragen:
- 2010:   35.000 €,
- 2011:   50.000 €,
- 2012:   45.000 €.

Lösung: Die AG kann in den Jahren 2010 bis 2012 jeweils einen Sammelposten in der vorgenannten Höhe bilden. Die Posten sind einzeln fortzuentwickeln:

	Sammelposten 2010	Sammelposten 2011	Sammelposten 2012
Bildung 2010	35.000 €		
Teilauflösung 2010	7.000 €		
31.12.2010	28.000 €		
Bildung 2011		50.000 €	
Teilauflösung 2011	7.000 €	10.000 €	
31.12.2011	21.000 €	40.000 €	
Bildung 2012			45.000 €
Teilauflösung 2012	7.000 €	10.000 €	9.000 €
31.12.2012	14.000 €	30.000 €	36.000 €
Teilauflösung 2013	7.000 €	10.000 €	9.000 €
31.12.2013	7.000 €	20.000 €	27.000 €
Teilauflösung 2014	7.000 €	10.000 €	9.000 €
31.12.2014	0 €	10.000 €	18.000 €
Teilauflösung 2015		10.000 €	9.000 €
31.12.2015	0 €	0 €	9.000 €
Teilauflösung 2016			9.000 €
31.12.2016	0 €	0 €	0 €

Gem. R 6.13 Abs. 5 S. 2 EStR gelten nachträgliche AK/HK der im Sammelposten erfassten Wirtschaftsgüter als Zuführung zum Sammelposten des Entstehungsjahres dieser AK/HK.

Beispiel 6: Nachträgliche AK
Der Unternehmer erwirbt im Jahr 01 einen Fahrzeuganhänger für 980 € exkl. USt und erfasst die AK im Sammelposten. Im April 02 entstehen nachträgliche AK i.H.v. 50 €.

Lösung: Die nachträglichen AK sind im Sammelposten 02 zu erfassen. Der Umstand, dass die AK für den Anhänger insgesamt mehr als 1.000 € betragen, hat auf den Sammelposten 01 keine Auswirkung.

c) BMF vom 30.09.2010, Az.: IV C6 – S 2180/09/10001

Nach dem BMF-Schreiben ergeben sich aus den Vorschriften § 6 Abs. 2 und Abs. 2a EStG drei Kategorien von GWG mit unterschiedlicher Behandlung:

GWG mit AK/HK	Wahlrecht	Rechtsfolge	besondere Aufzeichnungspflicht
bis 150 € (ab 01.01.2018: **250 €**)	ja	Sofortabzug oder Aktivierung und Verteilung der AK/HK auf die ND	nein
über 150 € bis 410 € (ab 01.01.2018: **250 € bis 800 €**)	ja	Sofortabzug oder Poolabschreibung oder Aktivierung und Verteilung der AK/HK auf die Nutzungsdauer	nur bei Sofortabzug
über 410 € bis 1.000 € (ab 01.01.2018: **über 800 € bis 1.000 €**)	ja	Poolabschreibung oder Aktivierung und Verteilung der AK/HK auf die Nutzungsdauer	nein

V Einzelne Passivposten

1 Steuerfreie Rücklagen

1.1 Übertragung stiller Reserven bei der Veräußerung bestimmter Anlagegüter (§ 6b EStG)

1.1.1 Grundsatz

Nach § 6b EStG haben Unternehmen die Möglichkeit, die bei der Veräußerung **bestimmter Anlagegüter**[288] aufgedeckten stillen Reserven zunächst vor der Besteuerung zu bewahren und auf bestimmte **Reinvestitionsgüter** zu übertragen. Darüber hinaus dürfen die nicht unter das KStG fallenden Unternehmen, d.h. Personenunternehmen wie Einzelunternehmer und PersG, die bei der Veräußerung von Anteilen an KapG entstehenden Gewinne von den AK angeschaffter Anteile an KapG, abnutzbarer beweglicher WG oder Gebäude abziehen. Dabei müssen Alt-WG und Neu-WG nicht identisch sein. S. im Einzelnen die folgende Tabelle:

Übertragungsmöglichkeiten nach § 6b EStG	
Aufgedeckte stille Reserven bei der Veräußerung von	Übertragbar auf
Grund und Boden[289]	Grund und Boden, Aufwuchs auf Grund und Boden mit dem dazugehörigen Grund und Boden, wenn der Aufwuchs zu einem land- und forstwirtschaftlichen BV gehört, und Gebäude
Aufwuchs auf Grund und Boden mit dem dazugehörigen Grund und Boden, wenn der Aufwuchs zu einem land- und forstwirtschaftlichen BV gehört	Aufwuchs auf Grund und Boden mit dem dazugehörigen Grund und Boden, wenn der Aufwuchs zu einem land- und forstwirtschaftlichen BV gehört, und Gebäude
Gebäuden	Gebäude
Binnenschiffen[290]	Binnenschiffe

Hinweis: Der BFH hat im Urteil vom 23.04.2009 (BStBl II 2010, 664) hingegen die Übertragung auf ein im Wege der **mittelbaren Schenkung** erworbenes Grundstück nicht zugelassen.

Der durch das Steueränderungsgesetz 2015 eingeführte Abs. 2a enthält für Ersatzinvestitionen **einer im EU-/EWR-Raum belegenen Betriebsstätte** folgendes Wahlrecht:
- Die auf den Veräußerungsvorgang entfallende Steuer eines begünstigten Reinvestitionsobjektes kann sofort entrichtet werden oder
- die Steuer kann – auf Antrag – über einen Zeitraum von fünf Jahren gestreckt (in fünf gleichen Jahresraten) bezahlt werden.

---

[288] Neben Grund und Boden sowie Gebäuden zählt nur noch der L+F-Aufwuchs zu den privilegierten Reinvestitionsobjekten; s. aber § 6b Abs. 10 EStG n.F. (ab 2002).
[289] Zur Auslegung von Grund und Boden i.S.v. »nacktem Grund« vgl. BFH vom 20.03.2003, BStBl II 2003, 878, in dem es vor allem um die Beurteilung einer Baugenehmigung (für ein Klärschlammzwischenlager) als eigenständiges WG ging; dies hat der BFH a.a.O. verneint und somit einen Gewinn aus der Veräußerung des Grundstücks für § 6b EStG rücklagenfähig erachtet.
[290] Für Veräußerungen nach dem 31.12.2005 und vor dem 01.01.2011 (§ 52 Abs. 18b EStG).

1.1.2 Voraussetzungen

Die Voraussetzungen für die Übertragung stiller Reserven bei der Veräußerung bestimmter Anlagegüter bzw. der Bildung einer Reinvestitionsrücklage sind aus § 6b Abs. 4 EStG ersichtlich. Im Einzelnen handelt es sich um folgende Punkte:

- Gewinnermittlung nach § 4 Abs. 1 oder § 5 EStG;
- die veräußerten WG müssen in dem Katalog gem. § 6b Abs. 1 S. 1 EStG enthalten sein;
- für Veräußerungen nach dem 31.12.2001 s. auch § 6b Abs. 10 EStG n.F.;
- die veräußerten WG müssen im Zeitpunkt der Veräußerung mindestens sechs Jahre ununterbrochen zum AV einer inländischen Betriebsstätte gehört haben;
- die angeschafften oder hergestellten WG müssen zum AV einer inländischen Betriebsstätte eines Betriebs des StPfl. gehören bei der Anschaffung oder Herstellung von WG, die einem Betriebsvermögen des StPfl. in einem anderen Mitgliedstaat der EU zuzuordnen sind, gibt es auf Antrag anstelle der Übertragung der stillen Reserven die Möglichkeit einer Stundung der Steuern auf den Gewinn aus der Aufdeckung der stillen Reserven über fünf Jahre (§ 6b Abs. 2a EStG)[291];
- der bei der Veräußerung entstandene Gewinn darf bei der Ermittlung des im Inland stpfl. Gewinns nicht außer Ansatz bleiben;
- die Übertragung der stillen Reserven und die Bildung und Auflösung der Rücklage müssen in der Buchführung verfolgt werden können.

1.1.3 Übertragung aufgedeckter stiller Reserven

1.1.3.1 Begünstigte Wirtschaftsgüter

Die Übertragung der bei der Veräußerung aufgedeckten stillen Reserven darf nur auf bestimmte, im Katalog von § 6b Abs. 1 S. 2 EStG genannte WG vorgenommen werden, die im Jahr der Veräußerung oder im vorangegangenen Wj. angeschafft oder hergestellt worden sind.

> **Beispiel 1a: Übertragung auf ein WG, das vor der Veräußerung angeschafft wurde**
> C veräußerte am 15.03.12 ein Kühlhausgrundstück (Anschaffung in 00) zum Preis von 1.000.000 €. Davon entfallen auf Grund und Boden 300.000 €, auf Gebäude 450.000 € und auf Kühleinrichtungen und Isolierungen 250.000 €.
> Das Grundstück stand am 15.03.12 wie folgt zu Buche:
>
> - Grund und Boden   50.000 €,
> - Gebäude   200.000 €,
> - Kühleinrichtungen, Isolierungen 50.000 €.
>
> Am 15.01.12 hat C ein Bürohausgrundstück zum Preis von 600.000 € (davon Grund und Boden 200.000 €, Gebäude 400.000 €) angeschafft.
>
> **Variante:** C schafft das neue Bürohaus am 15.01.13 an.
>
> **Lösung:** Die Veräußerung ist gem. § 6b EStG begünstigt bezüglich Grund und Boden und Gebäude (Kühleinrichtung und Isolierung gehören nicht zu den begünstigten Anlagegütern gem. § 6b Abs. 1 S. 1 EStG).

---

291 S. dazu auch das BFH-Urteil VI R 84/14 vom 22.06.2017 (BFH/NV 2017, 1377).

	aufgedeckte stille Reserven	übertragbar	auf
GruBo	250.000 €	250.000 €	GruBo/Gebäude
Gebäude	250.000 €	250.000 €	Gebäude

Ansatz des erworbenen Bürohausgrundstücks:

	Gebäude	GruBo
Anschaffungskosten	400.000 €	200.000 €
./. Übertragung gem. § 6b EStG	./. 300.000 €	./. 200.000 €
AfA-Bemessungsgrundlage	**100.000 €**	**0 €**
./. AfA 12 (3 %)	./. 3.000 €	
Buchwert 31.12.12	**97.000 €**	**0 €**

1.1.3.2 Höhe der Übertragung

Übertragen werden kann ein Betrag bis zu 100 % der aufgedeckten stillen Reserve. Die aufgedeckte stille Reserve wird dadurch ermittelt, dass der Veräußerungspreis abzüglich der Veräußerungskosten dem Buchwert im Zeitpunkt der Veräußerung gegenübergestellt wird (§ 6b Abs. 2 EStG). Ggf. ist der Buchwert um eine Wertaufholung gem. § 6 Abs. 1 Nr. 1 S. 4 oder § 7 Abs. 1 S. 7 EStG zu erhöhen (R 6b.1 Abs. 2 S. 3 EStR).

1.1.4 Bildung einer Rücklage

Soweit eine Übertragung der aufgedeckten stillen Reserve auf ein anderes WG nicht vorgenommen wurde, kann eine den steuerlichen Gewinn mindernde Rücklage gebildet werden (§ 6b Abs. 3 EStG). Die Rücklage kann auf die in den folgenden **vier** Wj. angeschafften oder hergestellten begünstigten WG i.S.d. § 6b Abs. 1 S. 2 EStG übertragen werden. Die Frist von vier Jahren verlängert sich bei neu hergestellten Gebäuden auf **sechs** Jahre, wenn mit ihrer Herstellung vor dem Schluss des vierten auf die Bildung der Rücklage folgenden Wj. begonnen worden ist.

Lösung der Variante:

a) Buchungssätze im Jahr 12
   Bei Anschaffung des Bürohauses im nächsten Jahr (13) hat C zunächst stille Reserven aufzudecken (Beträge in €):

   Bank   1 Mio.   an GruBo   50.000   und sonst. betriebl. Ertrag   250.000
                        an Gebäude   200.000   und sonst. betriebl. Ertrag   250.000
                        an BVO   50.000   und sonst. betriebl. Ertrag   200.000

   s.b. Ertrag 500.000 (GruBo/Gebäude)   an   § 6b-Rücklage   500.000

b) Buchungssätze im Jahr 13

   bebautes Grundstück   600.000   an Bank (s. Verbindlichkeit)   600.000
   § 6b-Rücklage   500.000   an beb. Grundstück (GruBo)   200.000
                                         an beb. Grundstück (Gebäude)   300.000

Beispiel 1b: Rücklage und latente Steuern (aus StB-Prüfung 2014)
Mit notariellem Vertrag vom 20.12.13 veräußerte die E-GmbH ein nicht mehr benötigtes Lagergrundstück zum Preis von 250.000 € an den Erwerber Müller. Als Tag des Übergangs von Besitz, Nutzung, Gefahr und Lasten wurde ebenfalls der 20.12.13 vereinbart. Der Buchwert des im Jahr 01 angeschafften Lagergrundstücks betrug 100.000 €. Die Kaufpreiszahlung erfolgte am 10.01.14.
Am 20.12.13 wurde gebucht:

Anlagenabgang	100.000 €	an	unbebaute Grundstücke	100.000 €
Forderungen	250.000 €	an	Anlagenverkäufe	250.000 €

Lösung: Im Zeitpunkt des Nutzungs- und Lastenwechsels verliert die GmbH das wirtschaftliche Eigentum am Grundstück (§ 246 Abs. 1 S. 2 HGB, § 39 Abs. 2 Nr. 1 AO). Daher war das Grundstück zutreffend auszubuchen und die Forderung zu erfassen (§ 246 Abs. 1 S. 1 HGB, § 5 Abs. 1 S. 1 EStG). Die Forderung ist gem. §§ 253 Abs. 1 S. 1 HGB, § 6 Abs. 1 Nr. 2 S. 1 EStG mit dem Nennwert von 250.000 € zu erfassen. Die vorgenommene Buchung ist korrekt. Um ein möglichst niedriges steuerliches Ergebnis zu erzielen, kann in der Steuerbilanz eine Rücklage gem. § 6b Abs. 3 EStG in Höhe des erzielten Veräußerungsgewinns (250.000 € abzüglich Buchwert i.H.v. 100.000 €) gebildet werden. Die Voraussetzungen des § 6b Abs. 1 und Abs. 4 Nr. 1–4 EStG sind erfüllt. Speziell ist die nach Nr. 2 geforderte sechsjährige Zugehörigkeit zum Anlagevermögen der GmbH gegeben.
Buchung für die Steuerbilanz:

Zuführung zur Rücklage	150.000 €	an	Rücklage § 6b	150.000 €

Damit liegt eine Differenz i.H.v. 150.000 € zwischen dem handelsrechtlichen und dem steuerrechtlichen Ansatz vor. Da die Differenz nicht permanent besteht, ist in der Handelsbilanz eine passive Steuerabgrenzung gem. § 274 Abs. 1 S. 1 HGB zu bilden. Die latenten Steuern (KSt und GewSt) betragen 30 % von 150.000 € = 45.000 €.
Buchung für die Handelsbilanz:

Steueraufwand	45.000 €	an passive latente Steuern	45.000 €

1.1.5 Auflösung der Rücklage

Die Rücklage ist am Ende des vierten bzw. sechsten auf ihre Bildung folgenden Wj. gewinnerhöhend aufzulösen, soweit sie bis dahin nicht auf ein angeschafftes oder hergestelltes WG i.S.v. § 6b Abs. 1 S. 2 EStG übertragen worden ist (§ 6b Abs. 3 S. 5 EStG).

1.1.6 Gewinnzuschlag

Soweit die Rücklage gewinnerhöhend aufgelöst wird, ohne dass sie auf ein begünstigtes Wirtschaftgut übertragen worden ist, muss der Gewinn des Jahres, in dem die Rücklage aufgelöst wird, für jedes volle Wj., in dem die Rücklage bestanden hat, um 6 % des aufgelösten Betrags erhöht werden (§ 6b Abs. 7 EStG).

1.1.7 Übertragung von Gewinnen aus der Veräußerung von Anteilen an Kapitalgesellschaften

1.1.7.1 Allgemeines

In § 6b Abs. 10 EStG wird gestattet, dass die nicht unter das KStG fallenden Unternehmer (Einzelunternehmen und PersG) Gewinne aus der Veräußerung von **Anteilen an KapG** bis zu einem Betrag von **500.000 €** auf folgende WG (Reinvestitionsobjekte) übertragen können:

- im Wj. der Veräußerung auf die AK/HK von neu angeschafften Anteilen an KapG oder abnutzbaren beweglichen WG(!) oder Gebäuden oder
- in den folgenden zwei Wj. auf die AK/HK von neu angeschafften Anteilen an KapG oder abnutzbaren beweglichen WG(!) oder
- in den folgenden vier Jahren auf die AK von neu angeschafften Gebäuden.

Eine Übertragung des Gewinns auf die im Jahr vor der Veräußerung angeschafften WG ist (anders als in § 6b Abs. 1 EStG) ausdrücklich nicht vorgesehen (R 6b.2 Abs. 13 EStR). Dabei sind außer der betragsmäßigen Begrenzung folgende Besonderheiten zu beachten:

1. Wird die Übertragung auf die AK von neu angeschafften **Anteilen an KapG** vorgenommen, so ist der **gesamte Gewinn** übertragungsfähig.
2. Wird die Übertragung auf die AK von **Gebäuden** oder **abnutzbaren beweglichen WG** vorgenommen, so tritt eine Begrenzung auf den **stpfl. Teil** des Gewinns ein.
3. Wird im Jahr der Veräußerung keine Übertragung der stillen Reserven vorgenommen, so kann der **tatsächlich erzielte Veräußerungsgewinn**, d.h. der Betrag ohne Berücksichtigung der Steuerbegünstigungen des § 3 Nr. 40 i.V.m. § 3c Abs. 2 EStG – jedoch unter Beachtung des Höchstbetrags von 500.000 € – in eine den Gewinn mindernde Rücklage eingestellt werden (§ 6b Abs. 10 S. 5 EStG).

1.1.7.2 Die steuerfreie Rücklage

Die Rücklage kann wie folgt übertragen werden:

1. in den auf ihre Bildung folgenden zwei Wj. in vollem Umfang auf die AK von neu angeschafften Anteilen an KapG oder
2. in den auf ihre Bildung folgenden zwei Wj. zu 60 % auf die AK von abnutzbaren beweglichen WG oder
3. in den folgenden vier Jahren zu 60 % auf die AK von neu angeschafften Gebäuden.

Der bei der Übertragung auf Gebäude oder abnutzbare bewegliche WG nicht übertragungsfähige Teil der Rücklage ist **gewinnerhöhend aufzulösen**. Der Auflösungsbetrag bleibt nach § 3 Nr. 40 i.V.m. § 3c Abs. 2 EStG steuerfrei.

Ist eine Rücklage am Schluss des vierten auf ihre Bildung folgenden Wj. noch vorhanden, ist sie gewinnerhöhend aufzulösen. Dem Gewinn dieses Wj. ist für jedes volle Wj., in dem die Rücklage bestanden hat, ein Betrag von 6 % von 60 % des Rücklagenbetrags außerbilanziell hinzuzurechnen. Der verbleibende Teil des Auflösungsbetrags ist nach § 3 Nr. 40 i.V.m. § 3c Abs. 2 EStG steuerfrei.

> **Beispiel 2: Übertragung von Gewinnen aus der Veräußerung von Anteilen an KapG**
> Der Einzelunternehmer Hupe H hält seit zehn Jahren im BV seines Kfz-Meisterbetriebs eine Beteiligung an der Autoteile-GmbH. Der Buchwert der Beteiligung am 31.12.01 beträgt 100.000 €. H veräußert die Beteiligung im Jahr 02 für 150.000 €.

1. **Fallalternative:** H tätigt in seinem Einzelunternehmen – alternativ – folgende Investitionen:
   a) Anschaffung einer Beteiligung an der Sport-Tuning-GmbH für 75.000 € im Jahr 02
   b) Anschaffung einer Maschine für 100.000 € im Jahr 02
   c) Anschaffung eines Pkw für 50.000 € im Jahr 04
   d) Anschaffung eines Gebäudes auf Erbpachtgrundstück für 170.000 € im Jahr 05

2. **Fallalternative:** H hat im Jahr 02 keine Investitionen getätigt.
   a) H hat auch bis zum 31.12.06 keine Investitionen vorgenommen.
   b) H ist mit 40 % als Mitunternehmer an der H&J-OHG beteiligt. Im Gesamthandsvermögen der OHG wird im Jahr 04 ein Lkw für 80.000 € angeschafft.

Lösung:

1. Alternative:
a) H kann die bei der Veräußerung der Beteiligung an der Autoteile-GmbH aufgedeckte stille Reserve i.H.v. 50.000 € von den AK der im Jahr 02 angeschafften Beteiligung an der Sport-Tuning-GmbH abziehen.
b) H kann den nicht gem. § 3 Nr. 40 i.V.m. § 3c Abs. 2 EStG steuerbefreiten Betrag der bei der Veräußerung der Beteiligung an der Autoteile-GmbH aufgedeckten stillen Reserve i.H.v. 30.000 € von den AK der im Jahr 02 angeschafften Maschine abziehen.
c) H kann am 31.12.02 eine steuerfreie Rücklage i.H.d. bei der Veräußerung der Beteiligung an der Autoteile-GmbH aufgedeckten stillen Reserve bilden. Im Jahr 04 kann er die Rücklage zu 60 % (d.h. i.H.d. nicht gem. § 3 Nr. 40 i.V.m. § 3c Abs. 2 EStG steuerbefreiten Teilbetrags der Rücklage) auf die AK des im Jahr 04 angeschafften Pkw übertragen. Der Restbetrag der Rücklage ist am 31.12.04 gewinnerhöhend aufzulösen. Der Auflösungsbetrag ist gem. § 3 Nr. 40 i.V.m. § 3c Abs. 2 EStG steuerfrei.
d) H kann am 31.12.02 eine steuerfreie Rücklage i.H.d. bei der Veräußerung der Beteiligung an der Autoteile-GmbH aufgedeckten stillen Reserve bilden. Im Jahr 05 kann er die Rücklage zu 60 % (d.h. i.H.d. nicht gem. § 3 Nr. 40 i.V.m. § 3c Abs. 2 EStG steuerbefreiten Teilbetrags der Rücklage) auf die AK des im Jahr 05 angeschafften Gebäudes übertragen. Der Restbetrag der Rücklage ist am 31.12.05 gewinnerhöhend aufzulösen. Der Auflösungsbetrag ist gem. § 3 Nr. 40 i.V.m. § 3c Abs. 2 EStG steuerfrei.

2. Alternative:
a) H kann am 31.12.02 eine steuerfreie Rücklage i.H.d. bei der Veräußerung der Beteiligung an der Autoteile-GmbH aufgedeckten stillen Reserve bilden. Die Rücklage muss spätestens am 31.12.06 gewinnerhöhend aufgelöst werden. Von dem Auflösungsbetrag sind 40 % gem. § 3 Nr. 40 i.V.m. § 3c Abs. 2 EStG steuerfrei.
Im Fall der Auflösung am 31.12.06 sind für die Jahre 03 bis 06 je 6 % des nicht gem. § 3 Nr. 40 i.V.m. § 3c Abs. 2 EStG steuerbefreiten Teilbetrags der Rücklage, d.h. 30.000 € dem Gewinn des Jahres 06 außerbilanziell hinzuzurechnen. Das sind 24 % von 30.000 € = 7.200 €.
b) H kann von der am 31.12.02 in seinem Einzelunternehmen gebildeten Rücklage im Jahr 04 den nicht gem. § 3 Nr. 40 i.V.m. § 3c Abs. 2 EStG steuerbefreiten Teilbetrag der Rücklage bis zur Höhe seiner anteiligen AK des im Gesamthandsvermögen der H&J-OHG angeschafften Lkw auf diese übertragen.
Übertragungsfähiger Teil der Rücklage: 60 % von 50.000 € = 30.000 €, Anteil des H an den AK des Lkw 32.000 €, die Übertragung ist demgemäß zulässig i.H.v. 30.000 €.
Der Restbetrag der Rücklage im Einzelunternehmen H ist am 31.12.04 gewinnerhöhend aufzulösen. Der Auflösungsbetrag ist gem. § 3 Nr. 40 i.V.m. § 3c Abs. 2 EStG steuerfrei.

1.1.7.3 Anwendung auf Personengesellschaften

Die Regelungen des § 6b Abs. 10 EStG i.d.F. des UntStFG gelten bei den zum **Gesamthandsvermögen einer PersG** gehörenden Anteilen an KapG nach Satz 10 der Vorschrift nur, soweit an der PersG keine Körperschaften, Personenvereinigungen oder Vermögensmassen i.S.d. KStG beteiligt sind.

Beispiel 3: Übertragung auf eine PersG, an der eine Körperschaft beteiligt ist
Die Hochbau GmbH & Co. KG hält in Ihrem Gesamthandsvermögen seit sieben Jahren eine Beteiligung an der Schöner-Bauen-GmbH. Die Beteiligung hat am 31.12.01 einen Buchwert von 50.000 €. Im April 02 wird die Beteiligung für 70.000 € veräußert. Im Jahr 02 wurden von der KG keine Investitionen getätigt.
An der GmbH & Co. KG sind beteiligt:
Die Hochbau-GmbH als Komplementär mit einer Vermögens- und Gewinnbeteiligung von 10 % und die Kommanditisten Mörtel und Stein mit je 45 % Beteiligung am Vermögen und Gewinn.

Lösung: An der KG sind zu 90 % natürliche Personen und zu 10 % eine KapG beteiligt. Im Gesamthandsvermögen der GmbH & Co. KG kann dementsprechend am 31.12.02 eine den steuerlichen Gewinn mindernde Rücklage i.H.v. 90 % des bei der Veräußerung der GmbH-Anteile erzielten Gewinns (= 18.000 €) gebildet werden (§ 6b Abs. 10 S. 10 EStG).

1.1.7.4 Behandlung von einbringungsgeborenen Anteilen

§ 6b Abs. 10 EStG ist auf die Veräußerung von einbringungsgeborenen Anteilen i.S.d. § 21 UmwStG nur anzuwenden, wenn die Voraussetzungen des § 3 Nr. 40 S. 4 EStG erfüllt sind. Das bedeutet im Wesentlichen, dass die Vorschriften des § 6b Abs. 10 EStG auf die Veräußerung von einbringungsgeborenen Anteilen erst nach Ablauf von sieben Jahren nach dem Zeitpunkt der Einbringung angewendet werden dürfen.

1.1.8 Übertragungsmöglichkeiten in personeller Hinsicht, insbesondere bei Mitunternehmern

Nach der sog. »gesellschafterbezogenen« Betrachtungsweise sind folgende Übertragungen möglich:

Personelle Übertragungsmöglichkeiten nach § 6b EStG	
Aufdeckung der stillen Reserven im	Übertragung zulässig auf …
Einzelunternehmen des StPfl. oder Sonder-BV bei einer PersG, an der der StPfl. beteiligt ist.	a) ein anderes Einzelunternehmen des StPfl., b) Sonder-BV bei einer PersG, an der der StPfl. als MU beteiligt ist, c) Gesamthandsvermögen einer PersG, an der der StPfl. als MU beteiligt ist, soweit das WG dem StPfl. zuzurechnen ist.
Gesamthandsvermögen einer PersG.	a) Sonder-BV der Mitunternehmer derselben PersG, soweit der Gewinn dem G'fter zuzurechnen ist, b) Einzelunternehmen des G'fter, soweit ihm der Gewinn zuzurechnen ist, c) Gesamthandsvermögen einer anderen PersG, soweit der Gewinn dem G'fter zuzurechnen ist und soweit das WG dem G'fter zuzurechnen ist, d) Sonder-BV bei einer anderen PersG, soweit der Gewinn dem G'fter zuzurechnen ist.

Gem. BFH-Urteil vom 19.12.2012 (BStBl II 2013, 313) ist das Bilanzierungswahlrecht für die Bildung und Auflösung der Rücklage immer durch entsprechenden Bilanzansatz im »veräußernden« Betrieb auszuüben, auch wenn die Rücklage auf Wirtschaftsgüter eines anderen Betriebs des StPfl. übertragen werden soll.

Beispiel 4: Übertragung einer § 6b-Rücklage aus dem Sonder-BV

Unternehmer B hat eine Lagerhalle errichten lassen (Baubeginn Juni 07). Die HK der am 02.11.07 fertig gestellten Halle betrugen lt. Schlussrechnung des bauausführenden Unternehmens 300.000 €. Die betriebsgewöhnliche Nutzungsdauer beläuft sich – zutreffend – auf 40 Jahre. Deshalb setzte B im Jahr 07 eine AfA gem. § 7 Abs. 4 S. 2 EStG i.H.v. 7.500 € ab.

Die HK der Lagerhalle kürzte B um den Gewinn aus der Veräußerung eines unbebauten Grundstücks i.H.v. 140.000 €. Dieses Grundstück hatte B im Januar 00 für 60.000 € erworben und ab 01.07.00 zu Recht als Sonder-BV in einer Sonderbilanz bei der A & B OHG ausgewiesen, an der er mit 40 % beteiligt ist. Am 05.12.07 hat B das Grundstück für 200.000 € veräußert.

Buchungen im Einzelunternehmen B im Dezember 07:

Privatkonto	140.000 €	an	SoPo mit Rücklageanteil	140.000 €
SoPo mit Rücklageanteil	140.000 €		Lagerhalle	140.000 €

Lösung: Die AfA für die Lagerhalle hätte im Jahr 07 nur zeitanteilig (für zwei Monate) angesetzt werden dürfen, weil das Gebäude am 02.11.07 fertig gestellt wurde. Da die Voraussetzung der Sechs-Jahres-Frist des § 6b Abs. 4 Nr. 2 EStG erfüllt ist, dürfen die bei der Veräußerung des Grundstücks aufgedeckten stillen Reserven auf die HK der Lagerhalle übertragen werden. Die

Übertragung der im Sonder-BV des B aufgedeckten stillen Reserven auf das Einzelunternehmen B ist zulässig (§ 6b Abs. 4 S. 1 Nr. 3 EStG).

Veräußerungserlös		200.000 €
./. Buchwert	./.	60.000 €
aufgedeckte stille Reserve		140.000 €
HK der Lagerhalle		300.000 €
./. übertragene stille Reserven	./.	140.000 €
AfA-BMG		160.000 €
./. AfA (3 % gem. § 7 Abs. 4 S. 1 Nr. 1 EStG für 2 Monate)	./.	800 €
Buchwert am 31.12.07		159.200 €

Beispiel 5: Übertragung von einem Gesamthandsvermögen auf ein Einzel-BV
An der Werkzeugbau Kopf & Co. KG sind der Ingenieur Kopf mit 60 % als Komplementär und der Kaufmann Zahl mit 40 % als Kommanditist beteiligt. Zahl betreibt außerdem einen Großhandel in der Form eines Einzelunternehmens.
In der Bilanz der KG wurde anlässlich der Veräußerung eines bebauten Grundstücks im Jahr 01 zulässigerweise eine Rücklage gem. § 6b EStG i.H.v. 120.000 € gebildet. Von dem Rücklagebetrag entfallen 80.000 € auf den Grund und Boden und 40.000 € auf das Gebäude.
Der Kommanditist Zahl erwirbt im Jahr 02 in seinem Einzelunternehmen ein unbebautes Grundstück, das er mit einer Lagerhalle bebauen will, für 110.000 €. Zahl möchte den ihm zustehenden Teil der in der Gesamthandsbilanz der KG gebildeten Rücklage auf die AK des Grundstücks im Einzelunternehmen übertragen.

Lösung: Zahl darf von der in der Gesamthandsbilanz der KG gebildeten Rücklage nur den ihm zuzurechnenden Teil der bei der Veräußerung von Grund und Boden entstandenen Rücklage auf die AK des im Einzelunternehmen angeschafften Grundstück übertragen (§ 6b Abs. 1 S. 2 Nr. 1 EStG):

auf Grund und Boden entfallender Teil der Rücklage	80.000 €			
entsprechend seiner Beteiligungsquote auf Zahl entfallender Teil des Rücklagebetrags (40 %)	32.000 €			
= übertragungsfähiger Teil der Rücklage				
Ausbuchung in der Buchführung der KG:				
SoPo mit Rücklageanteil	32.000 €	an	Kapitalkonto Zahl	32.000 €
Einbuchung in der Buchführung des Einzelunternehmens:				
Kapitalkonto	32.000 €	an	Grundstücke	32.000 €

Zusatz: Zwischen beteiligungsidentischen **Schwester-PersG** ist nach der Neufassung von § 6 Abs. 5 EStG ab VZ 2002 eine Übertragung von Einzel-WG zu Buchwerten nicht mehr möglich. Als probates Mittel gegen die unerwünschte Aufdeckung stiller Reserven in diesem Fall hat sich die Bildung einer § 6b-Rücklage bei der veräußernden PersG erwiesen. Mit der (wieder möglichen) gesellschafterbezogenen Betrachtungsweise des § 6b EStG besteht – aufgrund der Beteiligungsidentität – die steuertechnische Möglichkeit der vollen Übertragung der § 6b-Rücklage auf die AK des WG bei der erwerbenden PersG. Diese Praxis ist durch eine bundesweit abgestimmte Auffassung der Finanzverwaltung (zuletzt OFD Münster vom 02.04.2004, DStR 2004, 1041) »abgesegnet« worden und damit beratungssicher.

1.1.9 Aufgabe oder Veräußerung des Betriebs

Die Auflösung der Rücklage bei Aufgabe oder Veräußerung des Betriebs ist nicht erforderlich. Der Unternehmer darf die Rücklage noch für die Zeit weiterführen, für die sie ohne Aufgabe oder Veräußerung des Betriebs zulässig gewesen wäre (R 6b.2 Abs. 10 S. 1 EStR).

1.1.10 Fortführung der Rücklage bei der Realteilung von Personengesellschaften

Bei der Realteilung einer Mitunternehmerschaft unter Fortführung von Einzelunternehmen kann eine Rücklage anteilig in den Einzelunternehmen fortgeführt werden, wenn die Realteilung auf Übertragung von Teilbetrieben oder Mitunternehmeranteilen gerichtet ist (R 6b.2 Abs. 9 S. 3 EStR).

1.1.11 Reinvestitionsrücklage in der Handelsbilanz

Der korrespondierende Ansatz einer in der Steuerbilanz gewünschten Reinvestitionsrücklage in der Handelsbilanz mit Hilfe eines Sonderpostens mit Rücklageanteil ist durch die Neuregelung des Maßgeblichkeitsgrundsatzes im BilMoG fortgefallen. Zur Erfüllung der Aufzeichnungspflichten nach § 5 Abs. 1 S. 2 EStG ist bei der Bildung der steuerfreien Rücklage der Ansatz in der StB ausreichend. Die Aufnahme des Wirtschaftsguts in das besondere Verzeichnis ist erst bei Übertragung der Rücklage erforderlich (R 6b.2 Abs. 2 EStR).

> **Beispiel 5a: Sonderposten mit Rücklageanteil (aus StB-Prüfung 2011)**
> In der Handelsbilanz auf den 31.12.2009 wurde – wie auch schon im Abschluss zum 31.12.2008 – ein Sonderposten mit Rücklageanteil i.H.v. 300.000 € ausgewiesen. Der Ausweis dieses Sonderpostens mit Rücklageanteil erfolgte wegen der rechtmäßigen Bildung einer Rücklage nach § 6b EStG im steuerrechtlichen Abschluss aufgrund eines Grundstücksverkaufs im September 2008. Die Übertragung der Rücklage ist für einen im Mai 2012 vorgesehenen Grundstückserwerb geplant.
> Wie sind der Sonderposten mit Rücklageanteil und die Rücklage nach § 6b EStG in der Handelsbilanz und in der Steuerbilanz auf den 31.12.2010 zu behandeln?
>
> **Lösung:** Die Übertragung der Rücklage auf ein erworbenes Grundstück ist gem. § 6b Abs. 1 S. 2 EStG zulässig. Voraussetzung ist, dass das Grundstück in den auf die Bildung der Rücklage folgenden vier Wirtschaftsjahren angeschafft wird (§ 6b Abs. 3 S. 2 EStG). Bei der geplanten Anschaffung des Grundstücks im Mai 2012 ist das der Fall.
> Die Rücklage kann in der Steuerbilanz auf den 31.12.2010 fortgeführt werden. Für die Handelsbilanz ist die Beibehaltung des Sonderpostens mit Rücklageanteil bis zur Auflösung der Rücklage in der Steuerbilanz im Jahr 2012 zweckmäßig.

1.2 Übertragung stiller Reserven bei Ersatzbeschaffung (R 6.6 EStR)

1.2.1 Voraussetzungen

Die Voraussetzungen für die Übertragung stiller Reserven bei Ersatzbeschaffung bzw. der Bildung einer Rücklage für Ersatzbeschaffung ergeben sich aus R 6.6 Abs. 1 EStR. Durch die Vorschrift kann der Unternehmer beim **zwangsweisen Ausscheiden** von WG aus dem BV es vermeiden, die aufgedeckten Reserven zu versteuern. Die realisierten stillen Reserven können unter bestimmten Voraussetzungen auf ein angeschafftes **Ersatz-WG** übertragen werden. Bilanztechnisch werden die – als sonstiger betrieblicher Ertrag – erfassten stillen Reserven auf eine Rücklage oder direkt auf das Ersatz-WG umgebucht.

Mit der bilanziellen Erfassung als Rücklage wird der Betrag auch hier dem Betriebsvermögensvergleich i.d.S. entzogen, dass er nicht das Betriebsvermögen am Schluss des Wj., d.h. das Schlusskapital, vermehrt. Der Rücklagenposten ist in seiner technischen Gewinn-Funktion dem Fremdkapital vergleichbar (Minderung des Eigenkapitals), ohne dass er in materieller Hinsicht eine Schuld darstellt.

Im Einzelnen sind folgende Punkte zu berücksichtigen:

- Ein WG des Anlage- oder Umlaufvermögens scheidet infolge höherer Gewalt oder infolge bzw. zur Vermeidung eines behördlichen Eingriffs gegen **Entschädigung** aus dem BV aus.
- Innerhalb einer bestimmten Frist[292] wird ein **Ersatz-WG** angeschafft oder hergestellt, auf dessen AK oder HK die aufgedeckten stillen Reserven übertragen werden.
- In der **HB** wird entsprechend verfahren.

Nicht begünstigt ist daher die (freiwillige) Entnahme eines WG aus dem BV. Eine Rücklage für Ersatzbeschaffung (RfE) kommt auch bei der Beschädigung eines WG durch höhere Gewalt in Betracht (R 6.6 Abs. 7 EStR und H 6.6 »Beispiel für den Fall der Beschädigung« EStH).

Beispiel 6: RfE bei Beschädigung eines Anlagegutes

Ein im BV des Einzelunternehmers D befindliche Turmdrehkran ist im November 01 durch einen Sturm beschädigt worden. Der Kran (Anschaffung im April 00, AK 110.000 €, ND 8 Jahre) stand am 31.12.00 mit 88.000 € zu Buch.

D vereinnahmte noch im Jahr 01 die Versicherungsleistung i.H.v. 10.000 €. Die Instandsetzungsarbeiten wurden erst im April 02 durchgeführt. Die Reparaturrechnung i.H.v. 9.200 € zzgl. 19 % USt ist im Mai 02 bezahlt worden. D möchte am 31.12.01 keine AfaA in Anspruch nehmen, weil der Kran repariert werden soll.

Lösung: D kann am 31.12.01 eine Rücklage für Ersatzbeschaffung bilden. Die Rücklage ist im Zeitpunkt der Reparatur in voller Höhe aufzulösen (R 6.6 Abs. 7 S. 2 EStR). Bilanzansätze am 31.12.01:

1. Turmdrehkran

Buchwert am 31.12.00	88.000 €
./. AfA 01 (20 % degressiv)	./. 17.600 €
Buchwert am 31.12.01	70.400 €

Die Vornahme einer AfaA ist nicht erforderlich und in der StB auch nicht zulässig (voraussichtlich vorübergehende Wertminderung).

2. Rücklage für Ersatzbeschaffung

Ansatz am 31.12.01   10.000 €

Buchungen im Jahr 01:

Geldkonto	10.000 €	an	Sonst. betriebl. Ertrag	10.000 €
Sonst. betriebl. Aufwand	10.000 €		SoPo mit Rücklageanteil	10.000 €

---

[292] Hinweis auf R 6.6 EStR.

Buchungen im Jahr 02:

Reparaturaufwand	9.200 €	an	Geldkonto	10.948 €
Vorsteuer	1.748 €			
SoPo mit Rücklageanteil	10.000 €	an	Sonst. betriebl. Ertrag	10.000 €

1.2.2 Höhere Gewalt/behördlicher Eingriff

Unter »Höherer Gewalt« ist das Ausscheiden des WG infolge von Elementarereignissen (z.B. Brand, Sturm, Überschwemmung), Diebstahl oder durch **unverschuldeten** Verkehrsunfall (BFH vom 14.10.1999, BStBl II 2001, 130) zu verstehen. Keine höhere Gewalt liegt gem. H 6.6 Abs. 2 »Höhere Gewalt« EStH vor bei Material- oder Konstruktionsfehlern und bei Bedienungsfehlern.

Ein »Behördlicher Eingriff« liegt bei Maßnahmen zur Enteignung (oder zu deren Vermeidung) bzw. bei einer Inanspruchnahme des WG für Verteidigungszwecke vor.

1.2.3 Entschädigung

Begünstigt sind die Entschädigungen für das ausgeschiedene **WG selbst**, nicht für Schäden infolge des Ausscheidens, wie Aufräumungskosten, entgehender Gewinn oder Umzugskosten. Die Leistung einer Betriebsunterbrechungsversicherung, soweit diese Mehrkosten für die beschleunigte Wiederbeschaffung eines durch Brand zerstörten WG übernimmt, stellt eine Entschädigung i.S.v. R 6.6 EStR dar.

1.2.4 Übertragung aufgedeckter stiller Reserven

Die beim Ausscheiden des WG aufgedeckte stille Reserve kann auf das angeschaffte oder hergestellte Ersatz-WG durch Abzug von dessen AK oder HK übertragen werden.

> **Beispiel 7: Übertragung der RfE auf ein Ersatz-WG (aus StB-Prüfung 2010)**
> Ein Einzelunternehmer hat im Jahr 01 einen Lkw angeschafft, dessen Buchwert sich am 31.12.08 auf 1 € beläuft. Am 10.11.09 wird der Lkw, den das Unternehmen dringend benötigt, entwendet und einen Monat später in Litauen zerstört aufgefunden. Der Unternehmer macht gegenüber seiner Versicherung noch vor dem 31.12.09 einen Schaden von 37.000 € geltend (unstreitiger Verkehrswert zum Zeitpunkt des Verlustes). Die Versicherung leistet per Banküberweisung am 10.03.10.
> Am 10.04.10 beschafft der Unternehmer ein Ersatzfahrzeug zu einem Preis von netto 120.000 € (betriebsgewöhnliche Nutzungsdauer sechs Jahre). In der Buchführung ist der ganze Vorgang noch nicht erfasst worden.
>
> **Lösung:** Der Lkw ist durch höhere Gewalt aus dem Betriebsvermögen ausgeschieden. Da Ersatzbeschaffungsabsicht besteht, kann der Unternehmer am 31.12.09 i.H.d. aufgedeckten stillen Reserve eine Rücklage für Ersatzbeschaffung (RfE) bilden (Entschädigung abzgl. Buchwert = 36.999 €). Die Forderung an die Versicherungsgesellschaft ist mit 37.000 € zu aktivieren.
> BS:
>
> | | | | | |
> |---|---|---|---|---|
> | Sonstige Forderung | 37.000 € | an | Fahrzeuge | 1 € |
> | | | an | RfE | 36.999 € |

Am 10.03.10 wird der Bankeingang von der Versicherungsgesellschaft gebucht. Am 10.04.10 wird das Ersatzfahrzeug mit seinen AK von 120.000 € auf dem Fahrzeugkonto eingebucht. Anschließend wird die RfE auf das Fahrzeugkonto umgebucht. Infolge der Übertragung der RfE mindert sich die AfA-Bemessungsgrundlage:

AK	120.000 €
abzgl. RfE	36.999 €
AfA-Bemessungsgrundlage	83.001 €
AfA 16,67 % für 9 Monate	10.377 €

BS:

Bank	37.000 €	an	sonstige Forderung	37.000 €
Fahrzeuge	120.000 €	an	Bank	120.000 €
RfE	36.999 €	an	Fahrzeuge	36.999 €
AfA	10.377 €	an	Fahrzeuge	10.377 €

Teilübertragung der RfE: Wenn die Entschädigung nicht in voller Höhe für die Ersatzbeschaffung verwendet wird, darf die Rücklage nur anteilig übertragen werden (Beispiel s. H 6.6 Abs. 3 »Mehrentschädigung« EStH).

Beispiel 8: Teilübertragung der RfE

Durch Überschwemmung der Werkhalle ist eine Maschine des Unternehmers A (Anschaffung im März 00 für 15.000 € +19 % USt, betriebsgewöhnliche ND 5 Jahre, lineare AfA) am 15.01.01 völlig zerstört worden. Die Versicherungsleistung betrug für die Maschine 14.000 € und für Aufräumungsarbeiten 2.000 €.
Am 20.01.01 erwarb A eine neue gleichartige Maschine für 12.000 € +19 % USt. Die ND der neuen Maschine beläuft sich ebenfalls auf fünf Jahre.

Lösung: Eine RfE gem. R 6.6 EStR ist zulässig.

AK März 00	15.000 €
./. AfA 00 (zeitanteilig für zehn Monate)	./. 2.500 €
Buchwert 31.12.00	**12.500 €**
./. AfA für Januar 01	./. 250 €
Buchwert im Zeitpunkt des Ausscheidens	**12.250 €**
Entschädigung für die Maschine	14.000 €
Aufgedeckte stille Reserve	**1.750 €**

Berechnung des übertragungsfähigen Betrags (H 6.6 »Mehrentschädigung« EStH):

$$\frac{1.750\ € \times 12.000\ €}{14.000\ €} = 1.500\ €, \text{ sonstiger betrieblicher Ertrag } 250\ €$$

AfA-BMG für die Ersatzmaschine:

AK	12.000 €
./. übertragene stille Reserve	./. 1.500 €
	10.500 €
./. AfA 20 %	./. 2.100 €
Buchwert 31.12.01	**8.400 €**

1.2.5 Ersatzwirtschaftsgut

Ein Ersatz-WG liegt vor, wenn das angeschaffte oder hergestellte WG wirtschaftlich dieselbe oder eine entsprechende Aufgabe erfüllt wie das ausgeschiedene. Ein Ersatz-WG setzt nicht nur ein der Art nach funktionsgleiches WG voraus, es muss auch **funktionsgleich genutzt** werden (BFH vom 29.04.1999, BStBl II 1999, 561). Die Einlage eines WG in das BV ist keine Ersatzbeschaffung.

Für einen Fall, da zur Vermeidung eines behördlichen Eingriffs ein Grundstück veräußert wird, hat der BFH am 12.06.2001 (BStBl II 2001, 830) auch die **vorgezogene** Anschaffung des Ersatz-WG zugelassen. Allerdings darf der Zeitraum zwischen dem antizipierten Ersatz-WG und der Veräußerung des Alt-WG nicht mehr als zwei bis drei Jahre betragen (s. Kap. 1.1.3.1 = Beispiel 1 zu § 6b EStG).[293]

Der BFH bestätigte im Urteil vom 22.01.2004 (Az.: IV R 65/02, n.v.) nochmals seine Auffassung, dass die Funktionsgleichheit eines WG grundsätzlich die Verwendung des Ersatz-WG in **demselben Betrieb** des StPfl. voraussetzt. Hiervon macht er in dem Urteil nur dann eine **Ausnahme**, wenn die Zwangslage durch Enteignung oder höhere Gewalt zugleich den Fortbestand des bisherigen Betriebs gefährdet oder beeinträchtigt hat.

1.2.6 Bildung einer Rücklage für Ersatzbeschaffung (RfE)

Wurde bis zum Bilanzstichtag noch kein Ersatz-WG angeschafft oder hergestellt, so kann in der StB eine steuerfreie Rücklage i.H.d. aufgedeckten stillen Reserve gebildet werden, wenn zu diesem Zeitpunkt eine Ersatzbeschaffung ernstlich geplant und zu erwarten ist. Zur Erfüllung der Aufzeichnungspflichten nach § 5 Abs. 1 S. 2 EStG ist der Ansatz in der StB ausreichend (R 6.6 Abs. 4 S. 7 EStR). Die Rücklage muss im Jahr des Ausscheidens des WG gebildet werden; eine Nachholung der RfE in einem späteren Jahr ist nicht zulässig (R 6.6 Abs. 4 S. 2 EStR).

1.2.7 Auflösung der Rücklage

Im Zeitpunkt der Ersatzbeschaffung ist die RfE durch Übertragung auf die AK oder HK des Ersatz-WG aufzulösen.

Eine RfE, die wegen des Ausscheidens eines beweglichen WG gebildet wurde, ist am Schluss des ersten auf ihre Bildung folgenden Wj. gewinnerhöhend aufzulösen, wenn bis dahin ein Ersatz-WG weder angeschafft oder hergestellt noch bestellt worden ist. Die Frist von einem Jahr verdoppelt sich bei einer RfE, die aufgrund des Ausscheidens eines Grundstücks oder Gebäudes gebildet wurde. Bei der beabsichtigten Herstellung eines neuen funktionsgleichen Gebäudes beträgt die Frist sechs Wirtschaftsjahre. Soweit das Ersatzwirtschaftsgut bis zum Ablauf der Frist nicht angeschafft oder hergestellt worden ist, ist die Rücklage bei Fristablauf gewinnerhöhend aufzulösen (BFH vom 12.01.2012, DStR 2012, 945, in Abweichung von R 6.6 Abs. 4 S. 4 EStR).

---

293 *Weber-Grellet* (BB 2002, 35) betont den Ausnahmecharakter der Entscheidung und lässt grundsätzlich nur einen Zeitraum zwischen ein und zwei Jahren gelten.

Die Fristen können angemessen verlängert werden, wenn der StPfl. glaubhaft macht, dass die Ersatzbeschaffung noch ernsthaft geplant und zu erwarten ist, aber aus besonderen Gründen noch nicht durchgeführt werden konnte.

1.2.8 Aufgabe und Veräußerung des Betriebs

Die RfE ist betriebsbezogen. Sie ist deshalb bei Aufgabe des Betriebs gewinnerhöhend aufzulösen. Bei Veräußerung des Betriebs kann sie fortgeführt werden, wenn der Erwerber Ersatzbeschaffungsabsicht hat.

1.2.9 Neuere Rechtsprechung zu R 6.6 EStR

Der BFH hat in seinem Urteil vom 22.01.2004 (BStBl II 2004, 421) entschieden, dass die für die Bildung einer RfE erforderliche Funktionsgleichheit des Ersatz-WG grundsätzlich nur erfüllt ist, wenn das neue WG in demselben Betrieb hergestellt oder angeschafft wird, dem auch das ausgeschiedene WG diente. Nur ausnahmsweise ist die Übertragung der stillen Reserven auf ein WG eines anderen Betriebs des StPfl. nach den Grundsätzen von R 6.6 EStR zulässig, wenn die Zwangslage durch die höhere Gewalt oder die Enteignung zugleich den Fortbestand des bisherigen Betriebs selbst gefährdet oder beeinträchtigt hat. Der IV. Senat hat sich jedoch erneut dem langjährigen diesbezüglichen Grundsatz der BFH-Rspr. angeschlossen, dass die analoge Anwendung der wirtschaftslenkenden Bestimmungen der §§ 6b und 7g EStG auf die Vorschrift des R 6.6 EStR nicht zulässig ist.

1.3 Rücklage gemäß § 7g Abs. 3 EStG

Zur Rücklage nach § 7g Abs. 3 EStG (Ansparabschreibung) wird auf die Ausführungen zur Sonderabschreibung gem. § 7g EStG hingewiesen.

2 Rückstellungen

2.1 Allgemeines

Der Begriff der Rückstellung wird in § 249 HGB nicht definiert. In dieser Vorschrift wird lediglich beschrieben, in welchen Fällen Rückstellungen zu bilden sind oder gebildet werden können.

Bei der Rückstellung handelt es sich um einen selbständigen Passivposten, der von den Verbindlichkeiten abzugrenzen ist (§ 266 Abs. 3 B HGB). Die Rückstellung gehört zum Fremdkapital. Rückstellungen werden eingeteilt in Rückstellungen mit Schuldcharakter und Rückstellungen mit Aufwandscharakter:

a) Zu den Rückstellungen mit **Schuldcharakter** gehören:
- Rückstellungen für ungewisse Verbindlichkeiten und Drohverluste (§ 249 Abs. 1 S. 1 HGB),
- Rückstellungen für Gewährleistungen ohne rechtliche Verpflichtung (§ 249 Abs. 1 S. 2 Nr. 2 HGB).

b) Zu den Rückstellungen mit **Aufwandscharakter** gehören
- die Rückstellungen für unterlassene Instandhaltung und Abraumbeseitigung (§ 249 Abs. 1 S. 2 Nr. 1 HGB).

2.2 Rückstellungen in der Handelsbilanz

2.2.1 Bilanzierungsvorschriften (§§ 249 und 274 Abs. 1 HGB)

Rückstellungen **müssen** gebildet werden für:

- ungewisse Verbindlichkeiten,
- drohende Verluste aus schwebenden Geschäften,
- im Geschäftsjahr unterlassene Aufwendungen für Instandhaltung, die im folgenden Geschäftsjahr innerhalb von drei Monaten nachgeholt werden,
- im Geschäftsjahr unterlassene Aufwendungen für Abraumbeseitigung, die im folgenden Geschäftsjahr nachgeholt werden,
- Gewährleistungen, die ohne rechtliche Verpflichtung erbracht werden,
- latente Steuern (gilt nur für KapG).

Für andere als die oben bezeichneten Zwecke dürfen Rückstellungen nicht gebildet werden (§ 249 Abs. 2 HGB).

2.2.2 Bewertungsvorschriften (§ 253 Abs. 1 und 2 HGB)

Rückstellungen sind i.H.d. nach vernünftiger kaufmännischer Beurteilung notwendigen Erfüllungsbetrages anzusetzen. Rückstellungen mit einer Restlaufzeit von mehr als einem Jahr sind mit dem ihrer Restlaufzeit entsprechenden durchschnittlichen Marktzinssatz der vergangenen sieben Geschäftsjahre abzuzinsen. Bei Rückstellungen für Altersvorsorgeverpflichtungen ist der Marktzinssatz aus den vergangenen zehn Geschäftsjahren zu berücksichtigen (§ 253 Abs. 2 S. 1 HGB n.F.).

2.3 Rückstellungen in der Steuerbilanz

2.3.1 Bilanzierungsvorschriften (Grundregel)

Mangels steuerrechtlicher Grundsatzvorschriften richtet sich die Bildung von Rückstellungen in der StB bei der Gewinnermittlung gem. § 5 EStG nach den handelsrechtlichen Vorschriften. Wenn danach eine Rückstellung geboten ist, **muss** auch in der StB eine Rückstellung ausgewiesen werden.

2.3.2 Gesetzliche Vorschriften über Rückstellungen im Steuerrecht

Der Steuergesetzgeber hat die grundsätzlichen o.g. Vorgaben für das Steuerrecht präzisiert bzw. anderweitig geregelt (vgl. auch R 5.7 EStR).

2.3.2.1 Präzisierung der Grundregel
Die Rückstellungen sind wie folgt zu behandeln:

Rückstellung für **bedingt rückzahlbare Zuwendungen**[294]	§ 5 Abs. 2a EStG: Passivierungsaufschub
Rückstellung wegen **Urheberrechtsverletzung**[295]	§ 5 Abs. 3 EStG: Auflösung nach drei Jahren, falls keine Ansprüche geltend gemacht werden
Rückstellung für **Jubiläumszuwendungen**	§ 5 Abs. 4 EStG: strenge Einzelfallvoraussetzungen[296]
Rückstellung für **Aufwendungen, die in späteren Wj. als AK/HK eines WG zu aktivieren sind**[297]	§ 5 Abs. 4b EStG: Rückstellung ist unzulässig
Gewerbesteuerrückstellung	R 5.7 Abs. 1 S. 2 EStR: Passivierungszwang trotz Abzugsverbots der GewSt; außerbilanzielle Neutralisierung
Pensionsrückstellung	§ 6a EStG: Für Neuzusagen Passivierungszwang

Exkurs: Pensionsrückstellung und Rückdeckungsversicherung
Der Abschluss einer Rückdeckungsversicherung dient der Absicherung der Verpflichtungen eines Unternehmens aus gegebenen Versorgungszusagen. In der StB ist der Anspruch aus der Rückdeckungsversicherung nach ständiger Rspr. des BFH mit dem geschäftsplanmäßigen Deckungskapital zuzüglich eines vorhandenen Guthabens aus der Beitragsrückerstattung (sog. Überschussbeteiligung) gesondert aktiv auszuweisen. Die Pensionsrückstellung ist nach den Grundsätzen von § 6a EStG zu passivieren.[298]

Kurzübersicht zu § 6a EStG:

- Erstmalige Bildung der Rückstellung: Voraussetzungen s. § 6a Abs. 2 Nr. 1 und 2 EStG[299];
- Höhe der Rückstellung: Der Teilwert ist
  - bei Pensionsanwartschaften der gleichmäßig auf die Zeit bis zum voraussichtlichen Beginn der Versorgungsleistungen verteilte Barwert (§ 6a Abs. 3 Nr. 1 EStG),
  - bei laufenden Pensionszahlungen der Barwert der künftigen Leistungen (§ 6a Abs. 3 Nr. 2 EStG);

---

294 Z.B. bedingt rückzahlbare Druckbeihilfen, die Autoren an Verlage leisten.
295 Hauptfall: Patentverletzung; allgemein: Schutzrechtsverletzung; s. auch BFH vom 09.02.2006 (BStBl II 2006, 517).
296 S. hierzu BFH vom 18.01.2007, DB 2007, 548: Die Jubiläumsrückstellung setzt nicht voraus, dass sich der Dienstberechtigte rechtsverbindlich, unwiderruflich und vorbehaltlos zu der Leistung verpflichtet hat; s.a. BMF vom 08.12.2008, BStBl I 2008, 1013.
Das BVerfG hat die Regelung in § 5 Abs. 4 EStG (1990) zum Zeitpunkt des Erwerbs der Anwartschaft (nach dem 31.12.1992) für verfassungskonform gehalten.
297 Das gilt auch dann, wenn die WG zu keinem Ertrag mehr führen können (BFH vom 08.11.2016, DStR 2017, 763).
298 Zur **StB** s. BMF vom 03.07.2009, DB 2009, 1506: Bei Pensionsrückstellungen von beherrschenden GmbH-G'ftern einer KapG sind die geänderten Mindestpensionsalter erstmals ab 2010 zu berücksichtigen.
In der **HB** sind die Ansprüche aus der Rückdeckungsversicherung mit der Pensionsrückstellung zu verrechnen (§ 246 Abs. 2 S. 2 HGB).
299 Der BMF hat mit Schreiben vom 18.09.2017 IV C 6 – S 2176/07/10006 (noch nicht veröffentlicht) zur bilanzsteuerrechtlichen Berücksichtigung von Versorgungsleistungen, die ohne die Voraussetzung des Ausscheidens aus dem Dienstverhältnis gewährt werden, Stellung genommen.

- jährliche Zuführung zur Rückstellung: Höchstens der Unterschiedsbetrag zwischen dem Teilwert am Schluss des Wj. und dem Teilwert am Schluss des vorangegangenen Wj. (§ 6a Abs. 4 S. 1 EStG);
- Verbot der Nachholung unterlassener Rückstellungen: Die Nachholung ist nicht zulässig, weil der Gewinn des Wj. nur mit dem gem. § 6a Abs. 4 S. 1 EStG zulässigen Betrag belastet werden darf;
- Auflösung der Rückstellung: Eine Auflösung ist nur insoweit zulässig, wie sich die Höhe der Pensionsverpflichtung gemindert hat (§ 249 Abs. 3 S. 2 HGB i.V.m. R 6a Abs. 22 S. 1 EStR).

Der Rückdeckungsanspruch und die Pensionsrückstellung sind **getrennt** voneinander zu bilanzieren (§ 246 Abs. 2 HGB). Auch bei Rückdeckung in voller Höhe (kongruente Rückdeckung) ist eine Saldierung nicht zulässig (BFH vom 25.02.2004, BStBl II 2004, 654).

In dem zitierten BFH-Urteil vom 25.02.2004 (a.a.O.) führt der I. Senat u.a. aus, dass der Rückdeckungsanspruch des versicherten Unternehmens der Deckungsrückstellung des Versicherers entspricht. Mit dieser Aussage hat der BFH in der Literatur eine Diskussion ausgelöst. Die Frage ist, ob nach der Auffassung des BFH die AK des Rückdeckungsanspruchs wirklich zutreffend bemessen werden, wenn man sie mit der Höhe der Deckungsrückstellung des Versicherers gleichstellt, der diesbezüglich besonderen aufsichtsrechtlichen Vorschriften des Gläubigerschutzes unterliegt. Die vom Senat unterstellte Abhängigkeit von den Wertansätzen eines anderen Unternehmens könnte zudem mit dem Grundsatz der Einzelbewertung von Vermögensgegenständen (§ 252 Abs. 1 Nr. 3 HGB, § 6 Abs. 1 EStG) nicht zu vereinbaren sein.

In der Literatur[300] gibt es demzufolge auch Stimmen, die Handlungsbedarf für die HB sehen. Aus den Folgen des Urteils wird abgeleitet, dass die nach den Vorschriften des § 6a EStG bewertete Pensionsrückstellung offenbar zu niedrig ist, was nach dem Vorsichtsprinzip nicht vertretbar wäre.

2.3.2.2 Ausnahmen von der Grundregel

Folgende Ausnahmen gibt es[301]:

Rückstellung für **Drohverluste bei schwebenden Geschäften**	§ 5 Abs. 4a EStG: keine Rückstellung
Rückstellung für **latente Steuern**	§ 274 Abs. 1 HGB: s. Beispiel 12

2.3.3 Bewertung von Rückstellungen in der Steuerbilanz (§ 6 Abs. 1 Nr. 3a EStG)

Folgende Bewertungsvorschriften für Rückstellungen in der StB ergeben sich aus § 6 Abs. 1 Nr. 3a EStG.

- **Buchst. a:** Bei Rückstellungen für gleichartige Verpflichtungen ist auf der Grundlage der Erfahrungen in der Vergangenheit aus der Abwicklung solcher Verpflichtungen die Wahrscheinlichkeit zu berücksichtigen, dass der StPfl. nur zu einem **Teil** der Summe

---

300 So *Schulze-Osterloh* (BB 2004, 1557, 1561).
301 Betriebliche Verbindlichkeiten, welche beim Veräußerer aufgrund steuerlicher Rückstellungsverbote in der Steuerbilanz nicht bilanziert worden sind, sind bei demjenigen Erwerber, der die Verbindlichkeit im Zuge eines Betriebserwerbs übernommen hat, keinem Passivierungsverbot unterworfen, sondern als ungewisse Verbindlichkeit auszuweisen (BFH vom 14.12.2011, BB 2012, 696).

dieser Verpflichtungen in Anspruch genommen wird. Die betroffenen Rückstellungen müssen mit denen in der Vergangenheit **gleichartig** sein, damit die Erfahrungen der Wahrscheinlichkeit der Inanspruchnahme aus der Vergangenheit bei der Bewertung der aktuellen Rückstellungen zu Recht einfließen können.

- **Buchst. b: Rückstellungen** für Sachleistungsverpflichtungen sind mit den **Einzelkosten** und den angemessenen Teilen der **notwendigen Gemeinkosten** zu bewerten.

- **Buchst. c:** Künftige Vorteile, die mit der **Erfüllung** der Verpflichtung voraussichtlich verbunden sein werden, sind, soweit sie nicht als Forderung zu aktivieren sind, bei ihrer Bewertung wertmindernd zu berücksichtigen.

Beispiel 9: Verpflichtung, die mit künftigen Vorteilen verbunden ist
Ein Unternehmer hat sich verpflichtet, eine gepachtete Kiesgrube nach Beendigung der Pachtzeit aufzufüllen.

Lösung: Bei der Bewertung der Verpflichtung zur Auffüllung der Kiesgrube ist wertmindernd zu berücksichtigen, dass der Unternehmer die bei der Auffüllung durch Dritte zu zahlenden Kippentgelte zu seinen Gunsten vereinnahmen wird. In diesem Sinne sind nach ständiger BFH-Rspr. unbestrittene Rückgriffsansprüche bei der Bewertung der Rückstellung zu berücksichtigen, wenn sie in unmittelbarem Zusammenhang mit der drohenden Inanspruchnahme stehen.

- **Buchst. d: Rückstellungen** für Verpflichtungen, für deren Entstehen im wirtschaftlichen Sinn der laufende Betrieb ursächlich ist, sind zeitanteilig in gleichen Raten anzusammeln (Ansammlungsrückstellung).[302] Diese Regelung gilt auch für die Rückstellung wegen der Verpflichtung, ein Kernkraftwerk stillzulegen.
Zur Frage der nachträglichen Vertragsverlängerung bei bereits gebildeten Ansammlungsrückstellungen ist die BFH-Entscheidung vom 02.07.2014 (BStBl II 2014, 979) zu beachten. Nach der Entscheidung des I. Senats ist die gebildete Rückstellung im Zeitpunkt der Vertragsverlängerung (Verlängerung der Laufzeit) aufzulösen und unter Berücksichtigung der neuen Vertragslaufzeit neu zu berechnen.

Beispiel 10: Ansammlungsrückstellung
Eine GmbH hat ein Grundstück gepachtet und darauf mit Einverständnis des Grundeigentümers ein Gebäude errichtet. Das Gebäude war im Januar 02 bezugsfertig. Nach dem Pachtvertrag hat die GmbH die Verpflichtung, das Gebäude am Ende der Pachtzeit auf ihre Kosten abzureißen und das Grundstück einzuebnen. Die Pachtzeit läuft am 31.12.12 ab. Die zu erwartenden Kosten für die Erfüllung der Verpflichtung betragen am 31.12.02 voraussichtlich 10.000 € und am 31.12.03 voraussichtlich 12.000 €.

Lösung: Die voraussichtlichen Aufwendungen für die Wiederherstellung des ursprünglichen Zustands des Grundstücks sind auf die Dauer der (Rest-)Pachtzeit zu verteilen. Zu diesem Zweck ist eine Rückstellung zu bilden, die kontinuierlich von der Entstehung der Verpflichtung bis zum

---

[302] S. auch BFH vom 21.09.2011 (BStBl II 2012, 197) zur Verpflichtung eines Kfz-Vermieters, dem Mieter nach Veräußerung des vermieteten Fahrzeugs am Ende der Mietzeit einen Teil des Veräußerungserlöses auszuzahlen.

Zeitpunkt der Fälligkeit aufgestockt wird. Dazu werden die voraussichtlichen Aufwendungen für die Erfüllung der Verpflichtung an jedem Bilanzstichtag neu geschätzt.[303]
Berechnung der Rückstellung:
- am 31.12.02: 10 % von 10.000 € = 1.000 €,
- am 31.12.03: 20 % von 12.000 € = 2.400 €.

Der Rückstellungsbetrag ist gem. § 6 Abs. 1 Nr. 3a Buchst. e EStG abzuzinsen. Nach der Vereinfachungsmethode gem. BMF vom 26.05.2005 (BStBl I 2005, 699) ist am 31.12.02 ein Vervielfältiger von 0,585 und am 31.12.03 von 0,618 anzuwenden.
Danach ergibt sich für die StB eine Rückstellung i.H.v.
- 1.000 € x 0,285 = 585 € am 31.12.02 und
- 1.000 € x 0,618 = 618 € am 31.12.03.

Exkurs: Sieben Jahre nach der gesetzlichen Einführung der Abzinsungspflicht hat die Finanzverwaltung nunmehr ausführliche Bestimmungen zur Praktikabilität der Regelung in § 6 Abs. 1 Nr. 3 und Nr. 3a EStG getroffen.

Speziell bei Rückstellungen für Geldleistungsverpflichtungen ist auf den voraussichtlichen Erfüllungszeitpunkt abzustellen.[304] Bei Teilbeträgen sind die Teilleistungen nach ihren Fälligkeiten zu bewerten. Die Laufzeit von Einzelrückstellungen (z.B. für Sachleistungsverpflichtungen) ist zu schätzen.

- **Buchst. e:** Rückstellungen für Verpflichtungen sind mit einem Zinssatz von 5,5 % abzuzinsen.[305] Ausgenommen von der Verzinsung sind Rückstellungen für Verbindlichkeiten, deren Laufzeit am Bilanzstichtag weniger als zwölf Monate beträgt und für Verbindlichkeiten, die verzinslich sind (zur Berechnung s. Kap. 3.2.5). Für die Abzinsung von Rückstellungen für Sachleistungsverpflichtungen ist der Zeitraum bis zum Beginn der Erfüllung maßgebend.

- **Buchst. f:** Bei der Bewertung sind die Wertverhältnisse am Bilanzstichtag maßgebend, künftige Preis- und Kostensteigerungen dürfen nicht berücksichtigt werden.

Eine weitere Bewertungsvorschrift für Rückstellungen enthält R 6.11 Abs. 3 S. 1 EStR. Mit Ausnahme der Pensionsrückstellungen darf die Höhe der Rückstellung in der StB den zulässigen Ansatz in der HB nicht überschreiten. Die Bewertung der Rückstellungen in der StB erfolgt unter Berücksichtigung des Maßgeblichkeitsgrundsatzes. Danach ist der handelsrechtliche Ansatz – unter Berücksichtigung der steuerlichen Ergänzungsregelungen – in die StB zu übernehmen. Die steuerliche Ergänzungsregelung zu den Rückstellungen steht in § 6 Abs. 1 Nr. 3a EStG. Dort heißt es u.a.: »Rückstellungen sind **höchstens** [...] anzusetzen.« Die Finanzverwaltung interpretiert das Wort »höchstens« unter Bezugnahme auf das Handelsrecht und leitet daraus her, dass der handelsrechtliche Ansatz die steuerliche Höchstgrenze bilden soll. Die Interpretation der Finanzverwaltung ist in der Literatur nicht unumstritten.[306]

---

303 Lt. BFH-Urteil vom 02.07.2014 (BStBl II 2014, 979) ist, wenn das der Beseitigungspflicht zugrunde liegende Rechtsverhältnis über das zunächst festgelegte Vertragsende hinaus verlängert wird, dieser Umstand vom nächsten Stichtag an bei der Rückstellungsbildung zu berücksichtigen.
304 Bei Steuerrückstellungen geht man wegen § 233a AO von einer Verzinslichkeit aus, mit der Folge, dass keine Abzinsung vorzunehmen ist.
305 Hinweis auf das BMF-Schreiben vom 26.05.2005 (BStBl I 2005, 699) und auf die BFH-Urteile vom 05.05.2011 (BStBl II 2012, 98) und vom 12.12.2013 (BStBl II 2014, 517).
306 Vgl. *Prinz* (DB 35/2012) und *Reuter*, Die Bewertung der Rückstellungen in der Handels- und Steuerbilanz nach dem Steuerentlastungsgesetz 1999/2000/2002, 51.

2.4 Spezielle Probleme bei der Bildung von Rückstellungen in der Steuerbilanz

2.4.1 Der Haupttyp: Rückstellung für ungewisse Verbindlichkeiten

Zur Passivierung von ungewissen Verbindlichkeiten in der StB sind allgemein folgende Voraussetzungen erforderlich (R 5.7 EStR):

1. Die Verbindlichkeit muss am Bilanzstichtag entweder dem Grunde nach entstanden sein[307] oder – sofern es sich um eine künftig entstehende Verbindlichkeit handelt – im abgelaufenen Wj. bzw. in den vorangegangenen Wj. **wirtschaftlich verursacht** worden sein.[308]
2. Sie muss einem **Dritten**[309] gegenüber bestehen (bzw. eine öffentlich-rechtl. Verpflichtung darstellen) und dem Grunde oder der Höhe nach **ungewiss** sein.
3. Der Schuldner muss mit einer Inanspruchnahme **ernsthaft** rechnen.[310] Die bloße Möglichkeit des Bestehens oder Entstehens einer Verbindlichkeit reicht nicht aus (R 5.7 Abs. 2 EStR).
4. Die Aufwendungen dürfen in künftigen Wirtschaftsjahren nicht zu AK oder HK für ein WG führen.

2.4.2 Rückstellung für öffentlich-rechtliche Verpflichtungen

Die restriktive Rspr. des BFH wird nachstehend am Fall der Rückstellung für öffentlich-rechtliche Verpflichtungen dargestellt.

Zur steuerlichen Beurteilung einer öffentlich-rechtlichen Verpflichtung s.a. R 5.7 Abs. 4 EStR mit einer exemplarischen Auflistung der entschiedenen Fälle (H 5.7 Abs. 4 EStH 2012).

Für die Passivierung einer öffentlich-rechtlichen Verpflichtung verlangt die Rechtsprechung, dass die Verbindlichkeit am Bilanzstichtag **ausreichend konkretisiert** ist. Eine öffentlich-rechtliche Verbindlichkeit ist hinreichend konkretisiert, wenn sich die Verpflichtung aus einem Gesetz ergibt, das ein inhaltlich genau bestimmtes Handeln innerhalb eines bestimmten Zeitraums vorschreibt und an die Verletzung der öffentlich-rechtlichen Verpflichtung Sanktionen knüpft.[311] Zur Konkretisierung der Verpflichtung bedarf es **nicht** unbedingt einer **Verfügung** oder Auflage der zuständigen Behörde.[312]

---

[307] Zur Wahrscheinlichkeit des Bestehens einer ungewissen Verbindlichkeit s. BFH vom 19.10.2005 (BStBl II 2006, 371). Im Urteil vom 16.12.2014, VIII R 45/12 (DStR 2015, 1358) unterscheidet der erkennende Senat zwischen der Wahrscheinlichkeit des Bestehens der Verbindlichkeit und der Wahrscheinlichkeit der Inanspruchnahme aus der Verbindlichkeit. Der StPfl. kann z.B. nach den Umständen des Einzelfalls nicht verpflichtet sein, eine Rückstellung für eine ungewisse Verbindlichkeit wegen eines gegen ihn geführten Klageverfahrens zu bilden, wenn nach einem von fachkundiger dritter Seite erstellten Gutachten sein Unterliegen im Prozess am Bilanzstichtag nicht überwiegend wahrscheinlich ist.
[308] Lt. BFH-Urteil vom 09.11.2016 (BStBl II 2017, 379) ist eine Wartungsverpflichtung bei Flugzeugen nach § 6 LuftBO in der Vergangenheit verursacht, weil wesentliches Merkmal der Überholungsverpflichtung das Erreichen der zulässigen Betriebszeit ist.
[309] Also z.B. nicht bei einer betriebsinternen Verpflichtung. Keine Außenverpflichtung liegt vor, wenn die Verpflichtung zur Prüfung des Abschlusses einer Personengesellschaft ausschließlich durch den Gesellschaftsvertrag begründet ist (BFH vom 05.06.2014, Az.: IV R 26/11, DStR 2014, 1369).
[310] Nach der »Faustformel« des BFH muss mit einer mindestens 51%igen Wahrscheinlichkeit mit der Inanspruchnahme gerechnet werden (s. auch R 5.7 Abs. 6 EStR).
[311] BFH vom 19.08.2002 (BStBl II 2003, 131) und vom 19.11.2003 (BFH/NV 2004, 271). In der letzten Entscheidung (zu Sanierungsverpflichtungen) verneinte der BFH im Hinblick auf das unentschiedene Vorgehen der zuständigen Behörde. Daneben (unabhängig davon) ließ der BFH aber eine Teilwertabschreibung zu. Zur Frage der Konkretisierung der Verpflichtung am Bilanzstichtag s. auch BFH-Urteil zu Entsorgungspflichten nach dem Elektro- und Elektronikgerätegesetz vom 25.01.2017 (BStBl II 2017, 780).
[312] BFH vom 03.05.1983, BStBl II 1983, 572. S. aber R 5.7 Abs. 4 S. 2 EStR 2012, wo bei öffentlich-rechtlichen Verpflichtungen, die nicht kraft Gesetz, sondern erst durch VA entstehen, eben ein solcher (VA)

Eine Rückstellung für öffentlich-rechtliche Verbindlichkeiten darf nach der Rechtsprechung nur gebildet werden, wenn im Zeitpunkt der Bilanzaufstellung Anhaltspunkte dafür gegeben sind, dass der die Verpflichtung auslösende Tatbestand der zuständigen Behörde **bekannt** ist oder alsbald bekannt sein wird. Dieser Umstand soll sicherstellen, dass eine ernsthafte Inanspruchnahme droht.

Für die Beurteilung der ernsthaft[313] drohenden Inanspruchnahme stehen die vertraglichen Verbindlichkeiten den einseitigen Verpflichtungen nicht unbedingt gleich. Bei den vertraglichen Verbindlichkeiten ist davon auszugehen, dass der Vertragspartner seine Rechte kennt und sie deshalb auch in Anspruch nehmen wird. Das gilt auch für vergleichbare Verbindlichkeiten gegenüber der öffentlichen Hand. Bei den einseitigen öffentlich-rechtlichen Verpflichtungen besteht eine Vergleichbarkeit mit den vertraglichen Verbindlichkeiten erst zu dem Zeitpunkt, wenn der »Gläubiger« die sich aus ihnen ergebende Berechtigung kennt. Daraus leitet der BFH die Forderung nach der Kenntnisnahme des die Verpflichtung auslösenden Sachverhalts durch die zuständige Behörde als Voraussetzung für die Zulässigkeit der Rückstellung für öffentlich-rechtliche Verbindlichkeiten her und betont ausdrücklich, dass damit die öffentlich-rechtlichen Verpflichtungen und die privat-rechtlichen Verbindlichkeiten bei der Rückstellungsbildung nicht unterschiedlich behandelt würden. Bis zum Zeitpunkt der Kenntnisnahme der Behörde sei die öffentlich-rechtliche Verpflichtung noch nicht hinreichend als Fremdverbindlichkeit erkennbar.

Beispiel 11a: Die öffentlich-rechtliche Verpflichtung
Der Unternehmer F unterhielt auf einem in einem Industriegebiet belegenen Grundstück eine Fettraffinerie. Nachdem der Betrieb am 30.06.02 stillgelegt wurde, beabsichtigte F, das Grundstück zu veräußern. Da er damit rechnen musste, das Grundstück wegen der im Laufe der vergangenen Jahre in den Boden gesickerten Schadstoffe sanieren zu müssen, bildete er in seiner StB per 31.12.02 eine Rückstellung wegen Umweltschäden i.H.d. voraussichtlichen Sanierungskosten von 175.000 €. Nach Ansicht von F ist die Schadstoffbelastung des Bodens der zuständigen Behörde bisher nicht bekannt.

Lösung: Die Verpflichtung ist wegen der Verunreinigung des Grundstücks durch den Betrieb der Fettraffinerie in der Zeit vor dem Bilanzstichtag entstanden. F muss auch nach den bestehenden gesetzlichen Bestimmungen ernsthaft mit einer Inanspruchnahme rechnen. Jedoch ist die Verpflichtung am Bilanzstichtag 31.12.02 nicht ausreichend konkretisiert, weil die zuständige Behörde von der Schadstoffbelastung noch keine Kenntnis erlangt hat. Bis zum Zeitpunkt der Kenntnisnahme der Behörde ist die Sanierungsverpflichtung nicht als Verbindlichkeitsrückstellung passivierungsfähig.[314] Allenfalls könnte die Verpflichtung Gegenstand einer Aufwandsrückstellung sein, die jedoch in der StB nicht zulässig wäre.

Allerdings könnte F die Kenntnis der Behörde durch eine schriftliche Anzeige herbeiführen und damit vom Zeitpunkt der Kenntnisnahme durch die zuständige Behörde an zu einer auch in der StB passivierungsfähigen Rückstellung kommen.

Wiederum anders darf bei gesetzlichen öffentlich-rechtlichen Verpflichtungen, die eine Frist für die Erfüllung enthalten, in bestimmten Fällen keine Rückstellung gebildet werden, wenn

---

vorausgesetzt wird, bevor eine Rückstellung gebildet werden kann.
313 Deshalb wird vom BFH (19.08.2002, a.a.O.) gefordert, dass die öffentlich-rechtliche Verpflichtung »sanktionsbewehrt« sein muss.
314 Vgl. in diesem Zusammenhang auch das BFH-Urteil vom 11.12.2001 (BFH/NV 2002, 486), nach dem der Verpflichtete bei Schadensersatzansprüchen erst ab dem Zeitpunkt der Kenntnisnahme der Schädigung seitens des Geschädigten ernsthaft mit einer Inanspruchnahme rechnen muss.

die Frist am Bilanzstichtag noch nicht abgelaufen ist (BFH vom 13.12.2007, BStBl II 2008, 516). Im Urteilsfall war ein Tankstellenpächter verpflichtet, gewisse Umrüstungsmaßnahmen durchzuführen, die entsprechend der Immissionsschutz-Verordnung innerhalb einer bestimmten Übergangsfrist gefordert wurden. Aus diesem Sachverhalt leitete der BFH die Entscheidung ab, dass die Verpflichtung an den vor Ablauf der Übergangsfrist liegenden Bilanzstichtagen noch nicht vorgelegen hätte, sondern erst nach Ablauf der Übergangsfrist. Eine andere BFH-Entscheidung (Urteil vom 27.06.2001, BStBl II 2003, 121) betrifft eine Spänetrocknungsanlage, die am Bilanzstichtag nicht mehr den Anforderungen der Immissionsschutz-Verordnung entsprach. Da die Rechtsnorm hier sofort zu erfüllen war und dem Betreiber der Spänetrocknungsanlage vom Gewerbeaufsichtsamt lediglich eine Art Schonfrist eingeräumt wurde, bestand hier nach Ansicht des BFH am Bilanzstichtag eine Verpflichtung des Unternehmers. Ein derartig gelagerter Fall soll mit folgendem Beispiel illustriert werden:

Beispiel 11b: Lärmschutzwand (aus StB-Prüfung 2012)
Gem. Bescheid der Landesregierung vom 15.12.01 ist die Sommer GmbH zu Beiträgen für die Erweiterung einer Lärmschutzwand an der am Grundstück angrenzenden Bundesstraße verpflichtet, weil durch die Arbeiten im Betrieb die zulässigen Lärmpegel überschritten werden (Störerprinzip). Die Erweiterung der Lärmschutzwand erfolgt auf dem Gelände der Bundesstraße. Am 01.01.05 müssen die Baumaßnahmen beginnen und am 30.06.05 müssen sie beendet sein. Ein früherer Termin ist nicht möglich. Nach dem Stand vom 31.12.01 werden die Kosten dafür 100.000 € betragen. Die künftigen Preis- und Kostensteigerungen von jährlich 3 % sind hierbei noch nicht enthalten. Der durchschnittliche Marktzinssatz der letzten sieben Jahre wurde von der Deutschen Bundesbank mit 4 % bekannt gegeben.
Im Rahmen der Abschlussarbeiten wurde Folgendes gebucht:

Sonst. betriebl. Aufwendungen   an   sonstige Rückstellungen   100.000 €

Lösung: Die Verursachung der Verpflichtung zur Durchführung der Lärmschutzmaßnahme ist wegen der Immission von Lärm durch den Betrieb der GmbH bereits in der Zeit vor dem Bilanzstichtag gegeben. Damit ist die Verpflichtung zur Beteiligung an der Schaffung von Lärmschutzeinrichtungen dem Grunde nach entstanden. Die GmbH muss wegen des vor dem Bilanzstichtag ergangenen Bescheids der Landesregierung auch ernsthaft mit einer Inanspruchnahme rechnen. Mögliche Sanktionen bei Nichtbefolgung der Anordnung werden unterstellt. Die eingeräumte Frist zur Errichtung der Lärmschutzwand könnte allenfalls gegen die wirtschaftliche Verursachung einer Verpflichtung am Bilanzstichtag sprechen. Da schon eine rechtliche Verpflichtung am Bilanzstichtag zu bejahen ist, hat das Merkmal der wirtschaftlichen Verursachung in diesem Fall nach der Rechtsprechung (BFH vom 27.06.2001, BStBl II 2003, 121) keine Bedeutung.
Der zu zahlende Beitrag zur Erstellung der Lärmschutzwand wird bei der GmbH nicht zu bilanzieren sein, da bei der GmbH kein Wirtschaftsgut entsteht. Es handelt sich bei der Verpflichtung deshalb nicht um Aufwendungen, die in künftigen Wirtschaftsjahren als Anschaffungs- oder Herstellungskosten eines Wirtschaftsgut zu aktivieren sind (§ 5 Abs. 4b EStG).
Im Ergebnis ist bei der GmbH am 31.12.01 eine Verbindlichkeitsrückstellung zu passivieren. Die Rückstellung ist mit dem Erfüllungsbetrag zu bewerten. Der Erfüllungsbetrag umfasst nach handelsrechtlichen Grundsätzen auch die künftigen Preis- und Kostensteigerungen. In der StB sind die Wertverhältnisse vom Bilanzstichtag maßgebend; künftige Preis- und Kostensteigerungen dürfen nicht berücksichtigt werden (§ 6 Abs. 1 Nr. 3a Buchst. f EStG).

Gem. § 253 Abs. 2 S. 1 HGB und § 6 Abs. 1 Nr. 3a Buchst. e EStG ist der Rückstellungsbetrag abzuzinsen. Der bei der Abzinsung anzuwendende Zinssatz ist für die HB (durchschnittlicher Marktzins der letzten 7 Jahre, hier: 4 %) und die StB (5,5 %) unterschiedlich. Die Formel für die Abzinsung lautet: $B = R : (1 + p/100)^n$. Vgl. auch Kap. 3.2.5.

Wert der Rückstellung am 31.12.01
a) **in der HB:**

zu erwartende Aufwendungen (Stichtagswert)	100.000 €
+ 3 % künftige Preis- und Kostensteigerungen pro Jahr	9.000 €
Erfüllungsbetrag	109.000 €

abgezinst mit 4 % auf 3 Jahre Laufzeit:
109.000 € : 1,124864 = 96.901 €

b) **in der StB:**
zu erwartende Aufwendungen (Stichtagswert)   100.000 €

abgezinst mit 5,5 % auf 3 Jahre Laufzeit:
100.000 € : 1,055 = 86.390 €

Die Unzulässigkeit einer Rückstellung wegen Altlastensanierung hat keine Auswirkung auf die Zulässigkeit einer TW-AfA bei dem kontaminierten Grundstück (BFH vom 19.11.2003, Az.: I R 77/01, BStBl II 2010, 482). Eine solche Abschreibung (als aktivische Wertkorrektur) wäre vorzunehmen, wenn die in den Boden eingesickerten Schadstoffe zu einer dauernden Wertminderung des Grundstücks geführt hätten (§ 253 Abs. 2 S. 3 letzter HS HGB, § 6 Abs. 1 Nr. 2 S. 2 EStG); s. hierzu auch BMF vom 11.05.2010 (BStBl I 2010, 495).

Mit Urteil vom 25.03.2004 (BFH/NV 2004, 1157) hat der BFH entschieden, dass ein Unternehmen, dessen Zweck das Recycling von Bauschutt ist, eine Rückstellung für die nach dem Bilanzstichtag anfallenden Aufbereitungskosten bilden kann, sofern die zeitnahe Verarbeitung behördlich überprüft wird. Das Urteil bezieht sich auf bekannte Voraussetzungen zur Bildung von Rückstellungen wegen öffentlich-rechtlicher Verpflichtungen aus der früheren Rspr. und wendet diese erstmalig auf die neueren Bestimmungen über die Verpflichtung zur Wiederverwertung von Abfallstoffen an. Deshalb wird die Entscheidung auch für andere Recyclingunternehmen von Bedeutung sein.

Rekultivierungsrückstellungen für oberirdische Deponien[315] sind aufgrund ihrer praktischen Bedeutung von der Finanzverwaltung im BMF-Schreiben vom 25.07.2005 (BStBl I 2005, 826), einer Verwaltungsregelung zugeführt worden. Grundsätzlich tragen Aufwendungen in der Errichtungs- und Ablagerungsphase den Charakter von AK/HK, während in der Stillegungs- und Nachsorgephase kein neues (oder funktionstüchtigeres) WG »(bebautes[316]) Grundstück« mehr entstehen kann und die hierauf entfallenden Aufwendungen somit sofort abzugsfähige BA sind.

Unabhängig davon und im Voraus sind Rückstellungen für künftige Maßnahmen der Stillegung und Nachsorge der Deponien zu bilden.

---

315 Hierunter versteht man Abfallbeseitigungsanlagen für die Ablagerung von Abfällen oberhalb der Erdoberfläche.
316 Der Abschreibungszeitraum endet mit der Beendigung der Ablagerungsphase; diese soll auch für »einschlägige« Verwaltungsgebäude gelten.

Mit Urteil vom 06.06.2012 (BStBl II 2013, 196) hat der BFH in der Bilanz von Großbetrieben i.S.v. § 3 BpO eine **Rückstellung für die Erfüllung von Mitwirkungspflichten bei einer BP** – auch vor Erlass einer Prüfungsanordnung – für zulässig befunden. Die Finanzverwaltung hat mit BMF-Schreiben vom 07.03.2013 (BStBl I 2013, 274) die allgemeine Anwendbarkeit des vorstehenden Urteils erklärt, jedoch nicht auf die Fälle, für die eine Anschlussprüfung i.S.d. § 4 Abs. 2 BpO nicht in Betracht kommt. Das BMF-Schreiben nimmt auch Stellung zu den rückstellungsfähigen Aufwendungen.

2.5 Besondere Rückstellung in der Handelsbilanz

Eine besondere Rückstellung in der HB ist die Rückstellung für latente Steuern bei KapG (§ 274 Abs. 1 HGB). Ist der Jahresüberschuss aus der HB höher als das Ergebnis aus der StB und dadurch der Steueraufwand zu niedrig, muss in der HB eine Rückstellung für latente Steuern gebildet werden, wenn sich der zu niedrige Steueraufwand in späteren Jahren voraussichtlich ausgleichen wird. Die Rückstellung ist aufzulösen, sobald die höhere Steuerbelastung eintritt oder mit ihr voraussichtlich nicht mehr zu rechnen ist. Zur Berechnung der Rückstellung s. § 274 Abs. 2 S. 1 HGB.

> **Beispiel 12: Rückstellung für latente Steuern**
> Eine GmbH hat Kosten für einen selbst geschaffenen immateriellen Vermögensgegenstand des AV i.H.v. 20.000 € gem. § 248 Abs. 2 S. 1 HGB in ihrer Bilanz per 31.12.01 aktiviert. In der StB dürfen selbst geschaffene immaterielle WG des AV nicht ausgewiesen werden (§ 5 Abs. 2 EStG). Die in der HB aktivierten Kosten mussten deshalb steuerlich im Jahr 01 als Aufwand behandelt werden. Der StB-Gewinn der GmbH ist also um 20.000 € niedriger als der HB-Gewinn.
>
> **Lösung:** In der HB der GmbH auf den 31.12.01 ist gem. § 274 Abs. 1 HGB eine Rückstellung für latente Steuern in folgender Höhe zu passivieren:
>
> | | | |
> |---|---:|---:|
> | Mehrgewinn lt. HB gegenüber der StB | 20.000 € | |
> | ./. 18,37 %[317] GewSt | ./. 3.674 € | 3.674 € |
> | verbleiben | 16.326 € | |
> | ./. 15 % KSt | ./. 2.449 € | 2.449 € |
> | verbleibender Mehrgewinn | 13.877 € | |
> | **Rückstellung für latente Steuern** | | **6.123 €** |
>
> Da der immaterielle Vermögensgegenstand im Jahr 02 durch Abschreibung (angenommen 25 %) aufgelöst werden muss (§ 282 HGB), ist der handelsrechtliche Gewinn in diesem Jahr niedriger als der Gewinn aus der StB. Dementsprechend ist die Rückstellung für latente Steuern am 31.12.02 anteilig aufzulösen.
>
> | | | |
> |---|---:|---:|
> | Mindergewinn lt. HB gegenüber der StB | 5.000 € | |
> | ./. 18,37 % GewSt | ./. 919 € | 919 € |
> | verbleiben | 4.081 € | |
> | ./. 15 % KSt | ./. 612 € | 612 € |
> | verbleibender Mindergewinn | 3.469 € | |
> | **Teilauflösung der Rückstellung für latente Steuern** | | **1.531 €** |

---

[317] 22,5/1,225 (= Hebesatz 450 %).

Der Vollständigkeit halber wird darauf hingewiesen, dass, wenn der Jahresüberschuss aus der HB niedriger als das Ergebnis aus der StB und dadurch der Steueraufwand zu hoch ist, in der Handelsbilanz ein Aktivposten für latente Steuern gebildet werden darf (§ 274 Abs. 1 S. 2 HGB).

Beispiel 12a: Aktivposten latente Steuern (aus StB-Prüfung 2011)

In der Bilanz der X-GmbH am 31.12.09 wurde zutreffend eine Rückstellung für drohende Verluste aus schwebenden Geschäften i.H.v. 200.000 € gebildet. In der steuerlichen Überleitungsrechnung ist die Rückstellung zutreffend gewinnerhöhend berücksichtigt worden. Wegen der Differenz zwischen dem handelsrechtlichen und dem steuerrechtlichen Ansatz wurde in der Handelsbilanz eine aktive Steuerabgrenzung gem. § 274 Abs. 1 S. 2 HGB i.H.v. 60.000 € ausgewiesen. Zum 31.12.10 ist nur noch mit einem drohenden Verlust von 80.000 € zu rechnen. Aus diesem Grund wurde die Drohverlustrückstellung richtigerweise i.H.v. 120.000 € aufgelöst.
Zur Erstellung der Handelsbilanz wurde wie folgt gebucht:

Rückstellungen 120.000 €   an   Sonstige betriebliche Erträge   120.000 €

Weitere Buchungen sind im Jahr 10 in diesem Zusammenhang bisher nicht erfolgt.

Lösung: Die GmbH hat in der Bilanz vom 31.12.09 von ihrem Bilanzierungswahlrecht gem. § 274 Abs. 1 S. 2 HGB Gebrauch gemacht. Der aktivierte Betrag der latenten Steuern kann nicht geprüft werden, weil die Höhe des Gewerbesteuer-Hebesatzes der Gemeinde, in der die GmbH ihren Gewerbebetrieb hat, nicht bekannt ist. Der von der GmbH gewählte Prozentsatz von 30 % (15 % GewSt ,15 % KSt) ist akzeptabel.
Infolge der Teilauflösung der Drohverlustrückstellung im Jahr 10 weichen die Gewinne lt. Handelsbilanz und Steuerbilanz nur noch i.H.v. 80.000 € voneinander ab. Der Betrag der aktivierten latenten Steuern muss folglich zum 31.12.10 angepasst werden.
Anpassungsbetrag:
30 % von 120.000 € = 36.000 €.
Buchungssatz:
sonstiger betrieblicher Aufwand   36.000 €   an   aktive latente Steuern   36.000 €

2.6 Auflösung der Rückstellung

Unter drei Voraussetzungen sind Rückstellungen aufzulösen:

1. Ganz allgemein sind die Gründe für ihre Bildung entfallen (vgl. § 249 Abs. 3 S. 2 HGB).
2. Die ungewisse Verbindlichkeit stellt keine wirtschaftliche Belastung mehr dar (s. H 5.7 Abs. 13 EStH).
3. Aus Umständen, die noch vor Bilanzerstellung bekannt wurden, aber den Zeitraum bis zum Bilanzstichtag betreffen, ergibt sich, dass mit einer Inanspruchnahme nicht mehr zu rechnen ist (BFH vom 30.01.2002, BStBl II 2002, 688).

3 Verbindlichkeiten

3.1 Verbindlichkeiten im Anlagevermögen und Umlaufvermögen

Verbindlichkeiten können zum AV (mittel- und langfristige Verbindlichkeiten, z.B. als Darlehen) oder zum UV (Verbindlichkeiten aus Lieferungen und Leistungen und andere kurzfristige Verbindlichkeiten – sog. sonstige Verbindlichkeiten[318]) gehören.

Nach den BFH-Urteilen vom 20.10.2004 (BStBl II 2005, 581) und vom 10.11.2005 (BStBl II 2006, 618) bleibt die Passivierungspflicht von Verbindlichkeiten durch den Rangrücktritt des Gläubigers unberührt. Dagegen sind sog. haftungslose Darlehen, bei denen ein Erlass mit Besserungsabrede (Besserungsschein) vorliegt, nicht zu passivieren; s. hierzu auch das BMF-Schreiben vom 08.09.2006 (BStBl I 2006, 497). Das Gleiche gilt für den qualifizierten Rangrücktritt, bei dem die Verbindlichkeit nur aus künftigen Gewinnen oder einem etwaigen Liquidationsüberschuss erfüllt zu werden braucht (s. BFH vom 30.11.2011, BStBl II 2012, 332 und vom 10.08.2016, BFH/NV 2017, 155).

Auf das Verhältnis Rückstellungen/Verbindlichkeiten geht der EuGH im Urteil vom 07.01.2003 (DStRE 2003, 69) unter »True and fair view«-Gesichtspunkten ein.

> **Beispiel 13: Rangrücktrittsvereinbarung (aus StB-Prüfung 2014)**
> Der Gesellschafter B der E-GmbH hat ein kleines Lagergrundstück, das keine wesentliche Betriebsgrundlage darstellt, für einen monatlichen Pachtzins von 500 € an die GmbH verpachtet. Die Pacht ist monatlich am 15. fällig. Infolge von Liquiditätsschwierigkeiten bei der GmbH wurde zwischen Pächterin und Verpächter am 01.07.13 mit Wirkung ab Juli 13 vereinbart, dass die Pachtforderung von B hinter die Forderungen aller übrigen Gläubiger zurücktritt und nur aus den Gewinnen künftiger Wirtschaftsjahre zu zahlen ist (Rangrücktritt).
> Gebucht wurden von Januar bis Juni, jeweils monatlich:
>
> Pachtaufwand   500 €   an   Bank   500 €
>
> **Lösung:** Die Vereinbarung eines Rangrücktritts hat keinen Einfluss auf die handelsrechtliche Bilanzierung der Verbindlichkeit. Im Gegensatz zu einem Forderungsverzicht erlischt oder mindert sich die Verbindlichkeit nicht. Diese wird weiterhin geschuldet und stellt eine wirtschaftliche Belastung dar. Lediglich die Rangfolge der Tilgung ändert sich. Die Pachtverbindlichkeit für Juli bis Dezember in Höhe von 3.000 € ist als Fremdkapital in der Handelsbilanz der GmbH am 31.12.13 auszuweisen.
> Im Steuerrecht unterscheidet man zwischen einem einfachen und einem qualifizierten Rangrücktritt. Beim vorliegenden Sachverhalt handelt es sich um einen einfachen Rangrücktritt. Bei einem einfachen Rangrücktritt vereinbaren Schuldner und Gläubiger, dass eine Zahlung der Verbindlichkeit nur dann zu erfolgen hat, wenn der Schuldner dazu aus Gewinnen oder aus anderem Vermögen künftig in der Lage ist. Gem. § 5 Abs. 2a EStG darf am 31.12.13 weder eine Verbindlichkeit noch eine Rückstellung gebildet werden. Das Ergebnis lt. Handelsbilanz muss zwecks Ermittlung des steuerlichen Gewinns um 3.000 € erhöht werden (s.a. BFH vom 15.04.2015, I R 44/14, DStR 2015, 1551).

---

[318] S. auch § 266 Abs. 3 C Nr. 8 HGB.

3.2 Bewertung der Verbindlichkeiten

3.2.1 Erfüllungsbetrag

Verbindlichkeiten sind mit ihrem Erfüllungsbetrag zu bewerten gem. § 253 Abs. 1 S. 2 HGB, § 6 Abs. 1 Nr. 3 EStG (BFH vom 30.11.2005, BStBl II 2007, 251).

3.2.2 Höherer Stichtagswert/Teilwert

Das für die positiven Vermögensgegenstände des UV geltende Niederstwertprinzip gem. § 253 Abs. 4 S. 1 und 2 HGB verkehrt sich bei Verbindlichkeiten in ein **Höchstwertprinzip**, d.h. der Kaufmann muss den höheren Stichtagswert der Verbindlichkeit im AV ansetzen, wenn er höher ist als die AK, unter der Voraussetzung, dass der höhere Stichtagswert voraussichtlich von Dauer ist. Das gilt für die Verbindlichkeiten des UV auch, wenn die Werterhöhung nicht von Dauer ist. Der Ansatz des niedrigeren Stichtagswerts würde gegen das Verbot des Ausweises nicht realisierter Gewinne verstoßen (§ 252 Abs. 1 Nr. 4 HGB) und ist deshalb nicht zulässig.

In der StB besteht ein Wahlrecht zum Ansatz des höheren TW der Verbindlichkeit, wenn die Werterhöhung voraussichtlich von Dauer ist (§ 6 Abs. 1 Nr. 2 S. 2 EStG).[319]

> **Beispiel 14: Höherer Teilwert einer Verbindlichkeit in der StB**
> Aufnahme einer Verbindlichkeit über 10.000 US-$ im Oktober 01:
>
> - Devisenkurs am Entstehungstag der Verbindlichkeit: 0,93337 US-$/€,
> - Devisenkurs am Bilanzstichtag 31.12.01:   0,93324 US-$/€.
>
> **Lösung:**
> Einbuchung der Verbindlichkeit im Oktober 01 mit
> 10.000 US-$: 0,93337 = 10.713,86 €.
> Passivierung der Verbindlichkeit am 31.12.01 mit dem Zugangswert von 10.713,86 € oder wahlweise – unter der Voraussetzung, dass eine voraussichtlich dauernde Werterhöhung vorliegt – mit dem höheren TW von
> 10.000 US-$: 0,93324 = 10.715,36 €.

3.2.3 Abgeld/Aufgeld

Verbindlichkeiten, bei denen der Erfüllungsbetrag höher ist als der Auszahlungsbetrag – Abzug eines Abgelds (Damnums) oder Aufschlag eines Aufgelds –, sind mit dem Erfüllungsbetrag zu bewerten; das Abgeld bzw. Aufgeld **kann** nach Handelsrecht (§ 250 Abs. 3 S. 1 HGB) und **muss** nach Steuerrecht aktiv abgegrenzt[320] und auf die Laufzeit der Verbindlichkeit verteilt werden (lineare Verteilung bei Fälligkeitsdarlehen, digitale Verteilung bei Tilgungsdarlehen).

---

319 Zur dauernden Werterhöhung von Verbindlichkeiten s. Rz. 32 und 36 des BMF-Schreibens vom 02.09.2016 (a.a.O.).
320 S. auch § 5 Abs. 5 S. 1 Nr. 1 EStG.

Beispiel 15: Digitale Verteilung des Damnums

Aufnahme eines Darlehens, Nennbetrag   200.000 €
Auszahlungsbetrag   190.000 €
Damnum   10.000 €
Laufzeit 5 Jahre, Zinsen 6 % p.a., Tilgung 2 % p.a. + ersparte Zinsen

Lösung:

Geldkonto   190.000 €   an   Darlehensschuld   200.000 €
Damnum   10.000 €

Verteilung des Damnums auf die Kreditlaufzeit[321]

Ermittlung des Nenners für den Bruch:

$$\frac{(1+n) \times n}{2} = \frac{(1+5) \times 5}{2} = 15 \qquad n = \text{Laufzeit des Kredits in Jahren}$$

Der Zähler des Bruches entspricht den Jahren der Laufzeit in umgekehrter Reihenfolge.

Die Verteilung des Damnums erfolgt nach folgender Berechnung:

erstes Jahr	5/15 von 10.000 € =	3.333 €
zweites Jahr	4/15 von 10.000 € =	2.667 €
drittes Jahr	3/15 von 10.000 € =	2.000 €
viertes Jahr	2/15 von 10.000 € =	1.333 €
fünftes Jahr	1/15 von 10.000 € =	667 €
Summe		10.000 €

3.2.4 Verbindlichkeiten in ausländischer Währung

Verbindlichkeiten in ausländischer Währung sind mit dem Devisenkurs im Zeitpunkt ihrer Entstehung einzubuchen. In der HB sind die Posten mit dem Devisenkassamittelkurs vom Bilanzstichtag zu bewerten (§ 256a HGB). Zwecks Feststellung des höheren TW für die StB (ggf. Ansatz als Wahlrecht) ist der Wechselkurs des Bewertungsstichtags zu berücksichtigen.

3.2.5 Abzinsung von Verbindlichkeiten

Die Abzinsung unverzinslicher Verbindlichkeiten verstößt grundsätzlich gegen das Realisierungsprinzip gem. § 252 Abs. 1 Nr. 4 HGB und ist deshalb in der **HB** nicht erlaubt.

Gem. § 6 Abs. 1 Nr. 3 EStG sind Verbindlichkeiten in der **StB** grundsätzlich mit 5,5 % abzuzinsen. Vom Abzinsungsgebot ausgenommen sind

- Verbindlichkeiten, deren Laufzeit am Bilanzstichtag weniger als zwölf Monate beträgt,
- Verbindlichkeiten, die verzinslich sind,
- Verbindlichkeiten, die auf einer Anzahlung oder Vorleistung beruhen.

Zur Passivierung von Darlehensverbindlichkeiten mit steigenden Zinssätzen vgl. BFH-Urteil vom 25.05.2016 (BStBl II 2016, 930).

---

321 Ebenso zulässig: Verteilung auf den Zeitraum der Zinsfestschreibung.

Beispiel 16: Abzinsung einer Verbindlichkeit I
Der Unternehmer nimmt am 02.01.01 von einem Verwandten einen betrieblichen Kredit i.H.v. 30.000 € auf. Aufgrund der verwandtschaftlichen Beziehungen werden keine Zinsen vereinbart. Der Kredit hat eine Laufzeit von zehn Jahren.

Lösung: Die Verbindlichkeit ist in der StB mit dem abgezinsten Betrag zu passivieren (§ 6 Abs. 1 Nr. 3 S. 1 EStG). Entsprechend der Restlaufzeit von neun Jahren ab dem Bilanzstichtag 31.12.01 ergibt sich folgende Berechnung:

Formel für die Abzinsung: $B = R : (1 + p/100)^n$

B = Barwert am Bilanzstichtag
R = Rückzahlungsbetrag
p = Zinssatz
n = Laufzeit in Jahren

Barwert bei einer Laufzeit von 9 Jahren und einem Zinssatz von 5,5 % sowie einem Rückzahlungsbetrag von 30.000 €: B = 30.000 € : 1,619094 = 18.529 €.
Ansatz der Verbindlichkeit in der StB per 31.12.01 mit 18.529 €.

Gem. BMF-Schreiben vom 26.05.2005 (BStBl I 2005, 699) kann der Abzinsungsbetrag aus Vereinfachungsgründen auch nach den §§ 12 bis 14 BewG ermittelt werden.

Beispiel 17: Abzinsung einer Verbindlichkeit II
Die Restlaufzeit einer Verbindlichkeit beträgt am Bilanzstichtag 31.12.01 noch ein Jahr, drei Monate und zehn Tage. Von der Vereinfachungsregelung wird Gebrauch gemacht.

Lösung: Bei Anwendung der Vereinfachungsregelung ist der maßgebende Vervielfältiger nach Tabelle 2 wie folgt zu interpolieren:

Vervielfältiger für zwei Jahre	0,898
Vervielfältiger für ein Jahr	0,948
Differenz	./. 0,050
davon (3/12 + 10/360)	./. 0,014
interpoliert (0,948 ./. 0,014)	0,934

In der steuerlichen Gewinnermittlung zum 31.12.01 ist die Verbindlichkeit (Nennwert 100.000 €) somit i.H.v. 100.000 € x 0,934 = 93.400 € anzusetzen.

Beispiel 18: Abzinsung einer Verbindlichkeit III
Zum Bilanzstichtag 31.12.01 ist eine unverzinsliche Verbindlichkeit zu bewerten, die an jedem ersten Tag eines Monats mit 500 € zu tilgen ist. Von der Vereinfachungsregelung wird Gebrauch gemacht.

Lösung: Der Jahreswert beträgt 12 x 500 € = 6.000 €. Zum Bilanzstichtag 31.12.01 ist eine Restlaufzeit von 1 Jahr und 7 Monaten und 1 Tag maßgebend. Der Vervielfältiger (Kapitalwert) nach Tabelle 3 ermittelt sich wie folgt:

Kapitalwert für 2 Jahre	1,897
Kapitalwert für 1 Jahr	0,974
Differenz	0,923
davon (7/12 + 1/360)	0,541
interpoliert (0,974 + 0,541)	1,515

In der steuerlichen Gewinnermittlung zum 31.12.01 ist die Verbindlichkeit mit 6.000 € x 1,515 = 9.090 € anzusetzen.

3.3 Bewertung von Rentenverbindlichkeiten

Rentenverbindlichkeiten sind mit dem Barwert zu passivieren (§ 253 Abs. 2 S. 3 HGB). Die Abzinsung erfolgt entweder mit dem der Restlaufzeit der Verbindlichkeit entsprechenden durchschnittlichen Marktzinssatz der vergangenen sieben Geschäftsjahre (§ 253 Abs. 2 S. 1 und 3 HGB) oder pauschal mit dem durchschnittlichen Marktzinssatz (§ 253 Abs. 2 S. 2 und 3 HGB).

Für die StB ist gem. R 6.2a EStR der Barwert der Rente grundsätzlich nach §§ 12 ff. BewG zu ermitteln; er kann auch nach versicherungsmathematischen Grundsätzen berechnet werden.[322]

Beispiel 19: Bewertung einer Leibrentenverpflichtung in der StB

Die A & B OHG erwirbt am 15.02.01 ein unbebautes Grundstück gegen die Verpflichtung, der Verkäuferin eine lebenslange monatliche Leibrente von 500 € zu zahlen. Die Verkäuferin hat am 16.08.01 das 65. Lebensjahr vollendet.

Lösung: Die Rentenverpflichtung ist bei der OHG mit dem Barwert zu passivieren. In gleicher Höhe entstehen AK für das Grundstück.

Bewertung im Zeitpunkt der Anschaffung:

Der Barwert der Rentenverpflichtung ist gem. Anlage 1 (zu § 14 Abs. 1 BewG) zum BMF-Schreiben vom 26.09.2011 (BStBl I 2011, 834) zu berechnen. Bei einem Alter der Rentenberechtigten von 64 Jahren: 6.000 € x 12,745 = 76.740 €.

Grundstücke	76.470 €	an	Rentenverbindlichkeit	76.470 €

Bewertung am Bilanzstichtag:

Barwert der Rentenverpflichtung gem. Anlage 1 zum BMF-Schreiben vom 26.09.2011 (BStBl I 2011, 834) bei einem Alter der Rentenberechtigten von 65 Jahren: 6.000 € x 12,468 = 74.808 €. Der im Zeitpunkt der Anschaffung des Grundstücks eingebuchte Barwert ist anzupassen.

Rentenverbindlichkeit	1.662 €	an	Sonst. betriebl. Erträge	1.662 €

---

[322] Für einen Fall der Veräußerungsleibrente BFH vom 02.05.2001 (BFH/NV 2002, 10).

3.4 Saldierungsverbot

Verbindlichkeiten dürfen in der Bilanz grundsätzlich nicht mit Forderungen verrechnet werden (Saldierungsverbot gem. § 246 Abs. 2 HGB).

Ausnahmen:
- Vermögensgegenstände, die ausschließlich der Erfüllung von Schulden aus Altersversorgungsverpflichtungen dienen, sind mit diesen Schulden zu verrechnen (§ 246 Abs. 2 S. 2 HGB),
- Bildung von Bewertungseinheiten (§ 254 HGB).

3.5 Verpflichtungsübernahmen

Die Vorschriften der §§ 4f und 5 Abs. 7 EStG regeln die Übernahme von Verpflichtungen, die beim ursprünglich Verpflichteten Ansatzverboten, Ansatzbeschränkungen oder Bewertungsvorbehalten unterlegen haben. Nach § 5 Abs. 7 EStG sind die übernommenen Verpflichtungen zu den auf die Übernahme folgenden Bilanzstichtagen bei dem Übernehmer so zu bilanzieren, wie sie beim ursprünglich Verpflichteten ohne Übernahme zu bilanzieren wären. Die Vorschrift ist grundsätzlich erstmals für Wirtschaftsjahre anzuwenden, die nach dem 28.11.2013 enden. Auf Antrag kann § 5 Abs. 7 EStG auch für frühere Wirtschaftsjahre angewendet werden. Bei Übertragungen vor dem 14.11.2011 – sog. Altfälle – kann die Vorschrift aber nur dahingehend angewendet werden, dass der durch die Bilanzierung der übernommenen Verpflichtungen entstehende Aufwand auf **20** Jahre verteilt wird.

§ 4f EStG regelt die Behandlung des durch die Bilanzierung der übernommenen Verpflichtung entstehenden Aufwands. Der Aufwand ist auf das Jahr der Verpflichtungsübernahme und die folgenden 14 Jahre gleichmäßig verteilt als Betriebsausgaben abziehbar.

VI Übertragung von Wirtschaftsgütern auf andere Betriebsvermögen

1 Grundsatz

Die Überführung von WG von einem Betriebsvermögen in das andere desselben StPfl. stellt eine Entnahme i.S.d. § 4 Abs. 1 S. 2 EStG aus dem abgebenden und eine Einlage i.S.d. § 4 Abs. 1 S. 8 EStG in das aufnehmende Betriebsvermögen dar, deren Bewertung abweichend von § 6 Abs. 1 Nr. 4 und 5 EStG geregelt ist (BMF vom 08.12.2011, BStBl I 2011, 1279). Gem. § 6 Abs. 5 S. 1 EStG ist die Überführung zum Buchwert vorzunehmen, sofern die Besteuerung der stillen Reserven sichergestellt ist. Das gilt auch für die Überführung aus einem Einzelbetriebsvermögen eines StPfl. in sein Sonderbetriebsvermögen bei einer Mitunternehmerschaft und umgekehrt sowie für die Übertragung zwischen verschiedenen Sonderbetriebsvermögen bei unterschiedlichen Mitunternehmerschaften (§ 6 Abs. 5 S. 2 EStG).

2 Übertragungen in das Gesamthandsvermögen einer Personengesellschaft

Unter bestimmten Voraussetzungen ist auch die Übertragung aus dem Einzelbetriebsvermögen oder Sonderbetriebsvermögen eines StPfl. in das Gesamthandsvermögen einer PersG, an der der StPfl. als Mitunternehmer beteiligt ist, und umgekehrt zum Buchwert vorzunehmen. Das gilt für die Fälle, in denen ein WG unentgeltlich oder gegen Gewährung bzw. Minderung von Gesellschaftsrechten übertragen wird (§ 6 Abs. 5 S. 3 EStG). Diese Regelung ist jedoch nicht anzuwenden, soweit der Anteil einer Körperschaft, Personenvereinigung oder Vermögensmasse an dem WG unmittelbar oder mittelbar begründet wird oder dieser sich erhöht. Insoweit ist das übertragene WG mit dem Teilwert anzusetzen (§ 6 Abs. 5 S. 5 EStG).

Die Übertragungsmöglichkeiten im Einzelnen ergeben sich aus der folgenden Tabelle:

Übertragungsmöglichkeiten nach § 6 Abs. 5 S. 5 EStG		
Übertragung	Gegenleistung	Bewertung
aus anderem Betriebsvermögen des G'fters (inkl. Sonderbetriebsvermögen) in das Gesamthandsvermögen	unentgeltliche Übertragung oder gegen Gewährung von Gesellschaftsrechten auf eine PersG, an der nur natürliche Personen beteiligt sind	Bewertung mit dem Buchwert (§ 6 Abs. 5 S. 3 EStG)
	unentgeltliche Übertragung oder gegen Gewährung von Gesellschaftsrechten auf eine PersG, an der auch Körperschaften, Personenvereinigungen oder Vermögensmassen beteiligt sind	Bewertung mit dem Buchwert, soweit sich durch die Übertragung der Anteil einer **natürlichen** Person an dem übertragenen WG erhöht (§ 6 Abs. 5 S. 3 EStG)

Übertragung	Gegenleistung	Bewertung
		Bewertung mit dem Teilwert, soweit sich durch die Übertragung der Anteil einer **Körperschaft** usw. an dem übertragenen WG erhöht (§ 6 Abs. 5 S. 5 EStG)
aus dem Gesamthandsvermögen in ein anderes Betriebsvermögen des G'fters (inkl. Sonderbetriebsvermögen)	unentgeltliche Übertragung oder Übertragung gegen Minderung der Gesellschaftsrechte auf eine natürliche Person	Bewertung mit dem Buchwert (§ 6 Abs. 5 S. 3 Nr. 1 und 2 EStG)
	unentgeltliche Übertragung oder Übertragung gegen Minderung der Gesellschaftsrechte auf eine Körperschaft, Personenvereinigung oder Vermögensmasse	Bewertung mit dem Teilwert (§ 6 Abs. 5 S. 5 EStG)

Beachte:
Die vorstehende Bewertung gilt dann **nicht**, wenn ein entgeltlicher Veräußerungsvorgang gegeben ist, der wie ein Veräußerungsgeschäft unter fremden Dritten abgewickelt wird, d.h. insb. mit einem Entgelt, das dem **Teilwert** des übertragenen WG entspricht. In diesen Fällen ist das WG beim Erwerber mit den **AK** anzusetzen; der Veräußerer erzielt in derselben Höhe einen **Veräußerungsgewinn** (BMF vom 07.06.2001, BStBl I 2001, 367).

Entgeltliche Übertragungen mit einer Gegenleistung, die niedriger ist als der Teilwert des übertragenen WG, sind in einen voll entgeltlichen und einen voll unentgeltlichen Vorgang aufzuteilen (BMF vom 08.12.2011, BStBl I 2011, 1279, Rn. 15). Der Umfang der Entgeltlichkeit bestimmt sich nach dem Verhältnis des Kaufpreises zum Verkehrswert des übertragenen WG (BMF vom 07.06.2001, a.a.O.).

> **Beispiel 1: Übertragung eines WG auf das Gesamthandsvermögen einer Personengesellschaft zu einem Entgelt, das niedriger ist als der Teilwert**
> Ein StPfl. übereignet einen in seinem Einzelbetriebsvermögen enthaltenen Gabelstapler an eine KG, an der er als Mitunternehmer beteiligt ist, zu einem Preis von 10.000 €. Der Teilwert des Fahrzeugs beträgt im Übereignungszeitpunkt 15.000 €. Der Gabelstapler steht zu diesem Zeitpunkt im Einzelbetriebsvermögen des StPfl. mit 9.000 € zu Buche.
>
> **Lösung:** Es handelt sich um die Übertragung eines WG, das im Betriebsvermögen eines G'fters steht, in das Gesamthandsvermögen der PersG gegen ein Entgelt, das niedriger ist als der Teilwert. Die Übertragung ist im Verhältnis des gezahlten Entgelts zum Verkehrswert des Gabelstaplers in einen entgeltlichen und einen unentgeltlichen Vorgang aufzuteilen. Der Gabelstapler ist bei der KG anzusetzen mit dem gezahlten Entgelt i.H.v. 10.000 € + einem Drittel des Buchwerts = 3.000 €, zusammen 13.000 €.
>
> Gewinnrealisierung im Einzel-BV des A: 13.000 €
> abzüglich Buchwert i.H.v. ./. 9.000 €
> 4.000 €

Mit Urteil vom 19.09.2012 (DStR 2012, 2051) hat der IV. Senat des BFH entgegen der Verwaltungsmeinung entschieden, dass die teilentgeltliche Übertragung eines Wirtschaftsguts des Sonderbetriebsvermögens in das Gesamthandsvermögen nicht zur Realisierung eines Gewinns führt, wenn das Entgelt den Buchwert nicht übersteigt. Das BMF hat mit Schreiben vom 12.09.2013 (BStBl I 2013, 1164) die Veröffentlichung des vorgenannten BFH-Urteils im BStBl vorläufig zurückgestellt, bis der BFH in den anhängigen Verfahren X R 28/12 und I R 80/12[323] entschieden hat.

Anmerkung:
Zur Übertragung von Einzel-WG zwischen (beteiligungsidentischen) PersG liegen unterschiedliche Rechtsauffassungen des I. und des IV. Senats des BFH vor.[324]

Mit BMF-Schreiben vom 29.10.2010 (BStBl I 2010, 1206) wird zu der BFH-Rechtsprechung wie folgt Stellung genommen: Unter die Übertragung von WG nach § 6 Abs. 5 S. 3 Nr. 2 EStG fällt ausschließlich die Übertragung zwischen dem Sonderbetriebsvermögen eines Mitunternehmers in das Gesamthandsvermögen derselben oder einer anderen Mitunternehmerschaft, an der der Mitunternehmer beteiligt ist, oder die umgekehrte Übertragung. Die unmittelbare Übertragung von einzelnen WG zwischen den Gesamthandsvermögen von Schwesterpersonengesellschaften stellt hingegen keinen Anwendungsfall des § 6 Abs. 5 S. 3 Nr. 2 EStG dar und ist somit nicht zu Buchwerten zulässig. Ein Analogieschluss dahingehend, dass eine steuerneutrale Übertragung von WG auch in diesem Fall möglich sein müsse, weil die stillen Reserven auch in diesem Fall in einem inländischen Betriebsvermögen verbleiben, ist für die Übertragung von einzelnen WG zwischen den Gesamthandsvermögen von Schwesterpersonengesellschaften nicht zulässig, da dies eine planwidrige Unvollständigkeit des Gesetzes voraussetzen würde, die nach dem Willen des historischen Gesetzgebers nicht gegeben ist. Dies gilt auch für beteiligungsidentische Schwesterpersonengesellschaften.

Der Gleichheitsgrundsatz ist ebenfalls nicht verletzt, da es im deutschen Steuerrecht keinen allgemeinen Grundsatz gibt, der eine gewinnneutrale Übertragung zulässt oder vorschreibt, soweit die Besteuerung der stillen Reserven im Inland sichergestellt ist.

Bei Erlass von Feststellungsbescheiden ist weiterhin daran festzuhalten, dass die Übertragung eines WG des Gesamthandsvermögens einer Personengesellschaft auf eine beteiligungsidentische Schwesterpersonengesellschaft zur Aufdeckung stiller Reserven führt. Aufgrund des BFH-Beschlusses vom 15.04.2010 (BStBl II 2010, 971) ist allerdings auf Antrag des StPfl. Aussetzung der Vollziehung zu gewähren (§ 361 Abs. 2 und 3 AO).

Mit Beschluss vom 10.04.2013 (DStR 2013, 2158) hat der erste Senat des BFH dem BVerfG die Frage zur Entscheidung vorgelegt, ob die fehlende Buchwertübertragung von Wirtschaftsgütern zwischen beteiligungsidentischen Personengesellschaften gleichheitswidrig ist.

---

323 Der I. Senat hat inzwischen mit Beschluss vom 10.04.2013 (DStR 2013, 2158) die Rechtsfrage dem Bundesverfassungsgericht vorgelegt. S. hierzu ausführlich die Diskussion in Teil B Kap. VI 1.
324 Urteil vom 25.11.2009 (BStBl II 2010, 471) und Beschluss vom 15.04.2010 (BStBl II 2010, 971); siehe hierzu auch *Bünning*, BB 2010, 2357 (Gestaltungsmöglichkeiten).

3 Ergänzende Bestimmungen

3.1 Übertragung mit dem Buchwert

Wird das übertragene WG innerhalb einer Sperrfrist veräußert oder entnommen, ist rückwirkend auf den Zeitpunkt der Übertragung der Teilwert anzusetzen, es sei denn, die bis zur Übertragung entstandenen stillen Reserven sind durch Erstellung einer Ergänzungsbilanz dem übertragenden G'fter zugeordnet worden; diese Sperrfrist endet drei Jahre nach Abgabe der Steuererklärung des Übertragenden für den VZ, in dem die Übertragung erfolgt ist (§ 6 Abs. 5 S. 4 EStG).

Beispiel 2: Erstellung einer Ergänzungsbilanz im Zeitpunkt der Übertragung
Der G'fter A der A & B-OHG, an der nur natürliche Personen beteiligt sind, bringt ein unbebautes Grundstück aus seinem Einzelunternehmen gegen Gewährung von Gesellschaftsrechten in das Gesamthandsvermögen der OHG ein. Das Grundstück hat im Einzelunternehmen A einen Buchwert i.H.v. 80.000 €. Der Teilwert des Grundstücks beträgt 120.000 €.

Lösung: Die Übertragung in das Gesamthandsvermögen wird zum Teilwert vorgenommen. Wegen des zwingenden Ansatzes des Grundstücks in der StB mit dem Buchwert erstellt A eine **negative steuerliche Ergänzungsbilanz**, in der er den Differenzbetrag zwischen dem Buchwert und dem Teilwert des Grundstücks ausweist:

Kapital   40.000 €   Minderwert Grundstück   40.000 €

Wenn das Grundstück veräußert oder entnommen wird, muss die Ergänzungsbilanz aufgelöst werden. Durch die Auflösung der Ergänzungsbilanz entsteht bei dem einbringenden G'fter A ein Gewinn i.H.d. stillen Reserven des eingebrachten Grundstücks im Zeitpunkt der Einbringung.

3.2 Übertragung mit dem Teilwert

Soweit innerhalb von sieben Jahren nach der Übertragung des WG der Anteil einer Körperschaft, Personenvereinigung oder Vermögensmasse an dem übertragenen WG aus einem anderen Grund unmittelbar oder mittelbar begründet wird oder dieser sich erhöht, ist rückwirkend auf den Zeitpunkt der Übertragung ebenfalls der Teilwert anzusetzen (§ 6 Abs. 5 S. 5 EStG).

Beispiel 3: Nachträgliche Begründung der Beteiligung einer KapG an dem übertragenen WG
Der G'fter B der A & B-OHG, an der nur natürliche Personen beteiligt sind, überträgt im Jahr 02 aus seinem Sonderbetriebsvermögen einen Lkw gegen Gewährung von Gesellschaftsrechten in das Gesamthandsvermögen der OHG. Der Lkw steht in der Sonderbilanz des B mit 15.000 € zu Buche und hat einen Teilwert von 20.000 €. Die Übertragung erfolgt zutreffend zum Buchwert. Mit Wirkung vom 01.01.04 veräußert der G'fter A seinen 50 %igen Mitunternehmeranteil an die A-GmbH, die an seiner Stelle als G'fterin in die A & B-OHG eintritt. Infolge des Eintritts der A-GmbH in die OHG wird der Anteil einer Körperschaft an dem übertragenen Lkw i.S.v. § 6 Abs. 5 S. 5 EStG begründet.

Lösung: Da dieser Umstand innerhalb der Frist von sieben Jahren nach der Übertragung eintritt, ist rückwirkend der anteilige Teilwert des Lkw in der Höhe anzusetzen, die dem Beteiligungsverhältnis der KapG an der PersG entspricht. Die A-GmbH ist mit 50 % am Gesamthandsvermögen beteiligt. Dementsprechend ist der Lkw rückwirkend mit 50 % des Buchwerts und 50 % des Teilwerts = 17.500 € anzusetzen. Dadurch tritt im Sonderbetriebsvermögen B eine Gewinnauswirkung von 2.500 € ein.

4 Überführung von Wirtschaftsgütern zwischen dem inländischen Betriebsvermögen und einer ausländischen Betriebsstätte

4.1 Gesetzliche Regelung

Die Regelung in § 4 Abs. 1 S. 3 EStG enthält einen Ersatzrealisierungstatbestand. Durch die Vorschrift wird der Ausschluss oder die Beschränkung des Besteuerungsrechts der Bundesrepublik Deutschland hinsichtlich des Gewinns aus der Veräußerung oder Nutzung eines WG der Entnahme für betriebsfremde Zwecke gleichgestellt. Gem. § 6 Abs. 1 Nr. 4 S. 1, 2. HS EStG ist die Entnahme nach § 4 Abs. 1 S. 3 EStG mit dem gemeinen Wert anzusetzen, d.h. die Differenz zwischen dem gemeinen Wert und dem Buchwert wird besteuert.

Folgerichtig wird die Begründung des Besteuerungsrechts der Bundesrepublik Deutschland hinsichtlich des Gewinns aus der Veräußerung eines WG nach neuem Recht einer Einlage gleichgesetzt (§ 4 Abs. 1 S. 7, 2. HS EStG). Gem. § 6 Abs. 1 Nr. 5a EStG ist die Einlage nach § 4 Abs. 1 S. 7, 2. HS EStG mit dem gemeinen Wert anzusetzen.

4.2 Anwendung bestehender Vorschriften

4.2.1 Ausgleichsposten nach dem Betriebsstättenerlass

Nach Tz. 2.6.1 des sog. Betriebsstättenerlasses (BMF vom 24.12.1999, BStBl I 1999, 1076) verzichtet die Finanzverwaltung auf Antrag aus Billigkeitsgründen auf eine sofortige Versteuerung der stillen Reserven. Die Besteuerung kann durch die Bildung eines Ausgleichspostens vermieden werden.

> **Beispiel 4: Bildung und Auflösung des Ausgleichspostens (1)**
> Ein Unternehmer überführt eine Maschine am 02.01.03 in seine Betriebsstätte in einem DBA-Land. Daten der Maschine:
> AK 100.000 €
> Anschaffungstag 03.01.00
> Nutzungsdauer 10 Jahre
> für die Jahre 00 bis 02 gebuchte AfA   30.000 €
> Fremdvergleichspreis am 02.01.03   84.000 €
> aufgedeckte stille Reserve am 02.01.03   14.000 €
>
> **Lösung:** I.H.d. aufgedeckten stillen Reserve kann in der StB ein passiver Ausgleichsposten gebildet werden. Während des Verbleibens der Maschine in der ausländischen Betriebsstätte ist der Ausgleichsposten entsprechend der Restnutzungsdauer von sieben Jahren jährlich um 2.000 € über Erträge aufzulösen.
> Rückführung der Maschine in das Inland am 31.12.04. Fremdvergleichspreis am Rückführungstag 65.000 €.

Übernahme der Maschine in die inländische StB mit 65.000 € und Übertragung des noch bestehenden Ausgleichspostens von (14.000 € abzgl. Auflösungen 03 und 04 von zusätzlich 4.000 €) = 10.000 €, damit Buchwert der Maschine am 31.12.04: 55.000 €.
Die Thematik war auch in der StB-Prüfungs-Klausur 2015 zu bearbeiten.

Da die Einführung der Vorschrift des § 4 Abs. 1 S. 3 EStG nach der Gesetzesbegründung (s. BT-Drs. 16/2710) der Klarstellung des geltenden Rechts dient, kann davon ausgegangen werden, dass die vorstehende Regelung aus dem Betriebsstättenerlass auch für die neu geschaffene gesetzliche Vorschrift Gültigkeit hat, wenn WG in eine Betriebsstätte in einem DBA-Land außerhalb der EU übertragen werden.

4.2.2 Ausgleichsposten nach § 4g EStG

Sofern ein WG des Anlagevermögens in eine EU-Betriebsstätte überführt wird, besteht die Möglichkeit der Vermeidung der Sofortversteuerung der nach § 4 Abs. 1 S. 3 EStG aufzudeckenden stillen Reserve durch Bildung eines Ausgleichspostens in der StB, der gem. § 4g Abs. 2 EStG grundsätzlich im Wirtschaftsjahr der Bildung und in den vier folgenden Wirtschaftsjahren zu jeweils 1/5 gewinnerhöhend aufzulösen ist. Der Antrag auf Bildung des Ausgleichspostens kann für jedes Wirtschaftsjahr nur einheitlich für alle betroffenen WG gestellt werden.

Der Ausgleichsposten wird ermittelt aus dem gemeinen Wert des überführten WG abzüglich dessen Buchwert im Zeitpunkt der Überführung.

Bei der Auflösung des Ausgleichspostens unterscheidet man zwischen der gewinnerhöhenden und der gewinnneutralen Auflösung.

- Gewinnerhöhende Auflösung
  a) ratierliche Auflösung:
     im Wirtschaftsjahr der Bildung und in den folgenden vier Wirtschaftsjahren;
  b) Vollauflösung bei
     - Ausscheiden des WG aus dem Betriebsvermögen,
     - Ausscheiden des WG aus der Besteuerungshoheit (Transfer in den Nicht-EU-Bereich),
     - Aufdeckung der stillen Reserven des WG nach ausländischem oder entsprechend deutschem Steuerrecht,
     - Verletzung der WG-bezogenen Anzeige-, Aufzeichnungs- oder sonstigen Mitwirkungsrechten (§ 4g Abs. 5 EStG).
- Gewinnneutrale Auflösung (bei WG-Rückführung)
  bei Zuordnungsänderung oder -aufhebung des WG zu anderer Betriebsstätte in anderem EU-Staat (»Rückführung«) in der tatsächlichen Nutzungsdauer, spätestens im Fünf-Jahres-Zeitraum.

Das rückgeführte WG ist mit den fortgeführten AK, erhöht um zwischenzeitlich gewinnerhöhend berücksichtigte Auflösungsbeträge und um den Unterschiedsbetrag zwischen dem Rückführungswert und dem Buchwert im Zeitpunkt der Rückführung, höchstens jedoch mit dem gemeinen Wert anzusetzen.

Beispiel 5: Bildung und Auflösung des Ausgleichspostens (2)
Ein Unternehmer überführt eine Maschine am 02.01.03 in seine Betriebsstätte in einem anderen Mitgliedstaat der EU. Daten der Maschine:
AK 100.000 €
Anschaffungstag 03.01.00
Nutzungsdauer 10 Jahre

für die Jahre 00 bis 02 gebuchte AfA	30.000 €
Teilwert am 02.01.03	84.000 €
aufgedeckte stille Reserve am 02.01.03	14.000 €

Rückführung der Maschine in das Inland am 01.01.05. Der Rückführungswert (= gemeiner Wert abzgl. USt) am Rückführungstag beträgt 65.000 €.

Lösung: I.H.d. aufgedeckten stillen Reserve kann in der StB ein passiver Ausgleichsposten gebildet werden. Während des Verbleibens der Maschine in der ausländischen Betriebsstätte ist der Ausgleichsposten im Wirtschaftsjahr der Bildung und in den vier folgenden Wirtschaftsjahren zu jeweils einem Fünftel (hier: 2.800 €) gewinnerhöhend aufzulösen.
Für den Wertansatz der Maschine in der inländischen StB nach der Rückführung ist folgende Berechnung vorzunehmen (§ 4g Abs. 3 S. 1 EStG):

Buchwert Maschine am 31.12.02	70.000 €
./. AfA 03 und 04	./. 20.000 €
fortgeführte AK am 31.12.04	50.000 €
+ Auflösungsbeträge des Ausgleichsposten 03 und 04	5.600 €
+ Unterschiedsbetrag zwischen dem Rückführungswert und dem Buchwert am 01.01.05 (65.000 € abzgl. 50.000 €)	15.000 €
Zugangswert per 31.12.04	70.600 €
höchstens jedoch gemeiner Wert	**65.000 €**

Der passive Ausgleichsposten gem. § 4g EStG ist ein Merkposten der StB. Da handelsrechtlich zum Buchwert übertragen werden kann, hat der Ausgleichsposten nur Relevanz für die steuerliche Gewinnermittlung.

4.2.3 Gesetzliche Regelung der finalen Entnahme und der finalen Betriebsaufgabe

In § 4 Abs. 1 EStG und § 12 Abs. 1 KStG sowie in § 16 Abs. 3a EStG sind die Grundsätze der Theorie der **finalen Entnahme** gesetzlich festgeschrieben (§ 4 Abs. 1 S. 3 EStG, § 12 Abs. 1 S. 1 KStG) **und die finale Betriebsaufgabe** gesetzlich umgesetzt. Damit soll die jüngere Rechtsprechung des BFH auf diesem Gebiet für nicht anwendbar erklärt werden. Durch die neue gesetzliche Regelung wird die Versteuerung der im Inland entstandenen stillen Reserven im Fall der Verlagerung der betroffenen WG in das vor dem Zugriff der deutschen Steuerbehörden schützende Ausland sichergestellt. Außerdem wurde die Definition des Begriffs »Ausschluss oder Beschränkung des Besteuerungsrechts der Bundesrepublik Deutschland hinsichtlich des Gewinns aus der Veräußerung eines Wirtschaftsguts« gesetzlich verankert (§ 4 Abs. 1 S. 4 EStG und § 12 Abs. 1 S. 2 KStG).

Darüber hinaus wird dem StPfl. die Möglichkeit eröffnet, den durch die Aufdeckung der stillen Reserven entstehenden Gewinn in diesen Fällen auf Antrag in fünf gleichen Jahresraten zu versteuern (§ 36 Abs. 5 EStG).

VII Technische Fragen

1 Notwendigkeit von Anpassungen

1.1 Betriebsvermögensvergleich

Im Fall der Korrektur von Bilanzposten ist es von Bedeutung, welche Auswirkungen die Berichtigung auf den Erfolg (Gewinn oder Verlust) des Unternehmens hat, um den endgültigen Gewinn/Verlust für die betreffenden Wj. zu ermitteln. Grundlage für die Feststellung der Gewinnauswirkungen ist die Gewinnermittlung nach BVV:

Gewinnbegriff gem. § 4 Abs. 1 EStG:
BV am Schluss des Wj.
./. BV am Schluss des vorangegangenen Wj.
=   Erhöhung oder Minderung des BV
+   Entnahmen
./. Einlagen
=   **Gewinn oder Verlust**

1.2 Die Zweischneidigkeit der Bilanz

Mit Ausnahme der Betriebseröffnungsbilanz (auf den Zeitpunkt der Betriebseröffnung) und der Betriebsschlussbilanz (auf den Zeitpunkt der Schließung des Betriebs) sind alle Bilanzen **zweischneidig**. Sie beeinflussen als SB des abgelaufenen Wj. und gleichzeitig EB des folgenden Wj. das Betriebsergebnis zweier Geschäftsjahre. Aus diesem Grund ist die strenge Identität der beiden Bilanzen vorgeschrieben (§ 252 Abs. 1 Nr. 1 HGB). Daraus ergibt sich wiederum der Grundsatz des formellen Bilanzenzusammenhangs, der grundsätzlich nicht durchbrochen werden darf. Zum Bilanzenzusammenhang wird auf die Ausführungen zur Bilanzberichtigung und Bilanzänderung hingewiesen (s. Kap. 4).

1.3 Gewinnauswirkung von Bilanzberichtigungen auf das Ergebnis von zwei aufeinander folgenden Jahren

Das folgende Beispiel soll die Auswirkung von Bilanzberichtigungen auf den Gewinn zweier aufeinander folgender Jahre aufzeigen.

Beispiel 1: Gewinnauswirkung von Bilanzberichtigungen in zwei aufeinanderfolgenden Geschäftsjahren
Beim Unternehmen A hat eine steuerliche BP für die Wj. 01 und 02 stattgefunden. Die Betriebsprüferin nahm in der Bilanz per 31.12.01 verschiedene zusätzliche Aktivierungen vor.

Der Gesamtbetrag der Aktivierungen nach Prüfung beläuft sich auf 14.000 €. Die Bilanz per 31.12.02 wird von der BP unverändert übernommen.

Lösung: Infolge der zusätzlichen Aktivierungen erhöht sich das Kapital per 31.12.01 nach Prüfung um 14.000 €. Das Kapital am 31.12.02 bleibt durch die BP unverändert. Das erhöhte Kapital am 31.12.01 löst eine Gewinnerhöhung für das Wj. 01 i.H.v. 14.000 € aus. Da das Kapital vom 31.12.01 gleichzeitig das Anfangskapital des Wj. 02 darstellt, kommt es bei unverändertem Endkapital im Wj. 02 zu einer Gewinnminderung von 14.000 €. Darstellung mit Hilfe des BVV:

	vor der Berichtigung		**nach** der Berichtigung	
	Jahr 01	Jahr 02	Jahr 01	Jahr 02
Kapital 31.12.	40.000 €	60.000 €	54.000 €	60.000 €
./. Kapital 01.01.	./. 30.000 €	./. 40.000 €	./. 30.000 €	./. 54.000 €
	10.000 €	20.000 €	24.000 €	6.000 €
+ Entnahmen	20.000 €	15.000 €	20.000 €	15.000 €
./. Einlagen	./. 5.000 €	0 €	./. 5.000 €	0 €
Gewinn	25.000 €	35.000 €	39.000 €	21.000 €
./. Gewinn vor Berichtigung			./. 25.000 €	./. 35.000 €
Gewinnunterschied nach Berichtigung			+ 14.000 €	./. 14.000 €

Erläuterung: Die Zweischneidigkeit der Bilanz führt zu dem Ergebnis, dass die Vermögensmehrung am Schluss eines Jahres zu einer Gewinn**erhöhung** im abgelaufenen Jahr und zu einer Gewinn**minderung** in gleicher Höhe im folgenden Jahr führt. Bei einer Vermögensminderung entsteht im abgelaufenen Jahr eine Gewinnminderung und im folgenden Jahr in gleicher Höhe eine Gewinnerhöhung. Jede Änderung eines Bilanzpostens hat Auswirkungen auf den Gewinn **zweier Jahre**.

1.4 Gewinnauswirkung der Berichtigung von Entnahmen und Einlagen

Im Gegensatz zu Bilanzpostenkorrekturen wirken sich Berichtigungen der Entnahmen und Einlagen nur auf das Ergebnis **eines Jahres** aus.

Beispiel 2: Gewinnauswirkung der Berichtigung von Entnahmen und Einlagen
Der Unternehmer B hat im Wj. 03 den Erlös aus der Veräußerung eines privaten Wertpapierpakets i.H.v. 20.000 € auf das betriebliche Bankkonto eingezahlt. Die Buchhalterin kannte den zutreffenden Sachverhalt nicht und buchte den Betrag auf dem Konto »sonstige betriebliche Erträge«. Außerdem erfasste sie die Bankgebühren für das private Wertpapierdepot des B i.H.v. 350 € auf dem Konto »Gebühren und Beiträge«.

Lösung: Der in das Unternehmen eingeflossene Erlös aus dem Verkauf privater Wertpapiere stellt keine Betriebseinnahmen, sondern eine Einlage dar. Die Aufwendungen für das Wertpapierdepot sind als private Kosten der Vermögensverwaltung anzusehen und stellen keine BA, sondern Entnahmen dar.
Entsprechend dieser Beurteilung sind die Einlagen des Jahres 03 um 20.000 € zu erhöhen und die Entnahmen 03 um 350 € zu erhöhen. Da bei der Gewinnermittlung durch BVV die Entnahmen der Differenz zwischen dem Endvermögen des laufenden Wj. und dem Endvermögen des

vorangegangenen Wj. hinzuzurechnen und die Einlagen zu kürzen sind, ergeben sich folgende Gewinnauswirkungen für das Jahr 03:
- Mehr an Entnahmen = Mehr an Gewinn   350 €
- Mehr an Einlagen = Weniger an Gewinn   20.000 €

2 Die »Mehr/Weniger«-Rechnung

Die Mehr/Weniger-Rechnung ist ein Instrument, das in tabellarischer Form einen zuverlässigen Überblick über die **Gewinnauswirkung** von Geschäftsvorfällen liefert. Damit ist sie für die Steuerermittlung (bei allen Unternehmen), für das Ausschüttungsvolumen (bei KapG) sowie allgemein für die Gewinnverteilung (PersG und KapG) bedeutungsvoll.

Grundsätzlich dient sie als schnelle Erkenntnisquelle für Korrektur- oder Vergleichstatbestände. Ihr Einsatzgebiet ist z.B. die **Außenprüfung**, wenn die vorgenommenen Änderungen der Finanzverwaltung mit den Originalbuchungen bzw. der Originalbilanz des Unternehmers verglichen werden. Sie dient aber auch dem WP und StB, wenn etwa auf der Grundlage der Maßgeblichkeit die Werte aus der HB mit denen aus der StB verglichen werden. Ganz allgemein stellt sie ein probates Mittel dar, bei sehr komplexen Geschäftsvorfällen – vor allem bei Gestaltungsüberlegungen und bei Berichtigungen – einen raschen Überblick über die Auswirkungen zu erhalten. Ihre Wirkung kann bei Planspielen und **virtuellen Szenarien** optimal eingesetzt werden.

In der Praxis gibt es zwei Methoden der Mehr/Weniger-Rechnung, die sog. Bilanzpostenmethode und die G+V-Methode. Letztere bewährt sich am besten bei einfachen Geschäftsvorfällen, während die Bilanzpostenmethode bei umfangreichen Änderungen zu sicheren Ergebnissen führt. In der Praxis der Finanzverwaltung praktizieren die Nord- und Süd-Länder der Republik in der Berichtsdarstellung die Bilanzpostenmethode, der Mittelgürtel scheint die G+V-Methode zu favorisieren. Im Folgenden werden die beiden Methoden nebeneinander dargestellt.

2.1 Die Bilanzpostenmethode

Die Bilanzpostenmethode (BiPo-Methode) beruht auf dem BVV und ordnet jeden Geschäftsvorfall einem (oder mehreren) Bilanzposten zu. Es erfolgt dabei eine **Momentaufnahme** des einzelnen Geschäftsvorfalles in seiner Auswirkung auf die Bilanz und damit den Gewinn. Von zentraler Bedeutung ist das Grundverständnis einer jeden Bilanz:

1. Aktiva und Passiva gleichen sich aus (identische Bilanzsumme).
2. Die Summe der Aktiva entspricht der Bilanzsumme.
3. Das (Eigen-)Kapital als reine Rechengröße wird wie folgt definiert:
   Bilanzsumme ./. Fremdkapital
4. Jede Änderung auf der Aktivseite löst automatisch eine Änderung der Bilanzsumme aus und ändert damit das Eigenkapital und den Gewinn.
5. Jede Änderung beim Fremdkapital zieht per se ein geändertes Eigenkapital nach sich.

Drei Besonderheiten treten noch hinzu:

1. Nicht nur der einzelne Geschäftsvorfall wird isoliert in seiner Bilanz-(Gewinn-)Wirkung gezeigt; auch der jeweils davon betroffene Bilanzposten wird einzeln-atomisiert dargestellt. Erst die Präsentation aller betroffenen Bilanzposten ergibt die Gesamtgewinnauswirkung.
2. Obwohl Einlagen/Entnahmen keine eigenständigen Bilanzposten sind, müssen Auswirkungen hierauf im Rahmen der BiPo-Methode erfasst werden, da sie Unterkonten des Kapitalkontos sind.[325]
3. Das G+V-Konto bzw. seine Unterkonten haben in der BiPo-Version nichts zu suchen.[326]

Während die aktiven und passiven Bestandskonten die Variablen in dieser Rechnung darstellen, sind die durch die Bilanzsumme repräsentierte Bilanzgleichung und die Bilanzidentität »naturgegebene« Konstanten. Das berichtete (Eigen- oder Schluss-)Kapital ist die Zielgröße.

Aufgrund des BVV werden die Schlusskapitalien zweier Jahre miteinander verglichen. Dabei führt jede Erhöhung des Schlusskapitals des betreffenden Jahres automatisch zu einer Gewinnerhöhung und – vice versa – führt jede Verminderung des Schlusskapitals 02 zu einer Reduzierung des Gewinns im Jahr 02, da die Vergleichsgröße, das Schlusskapital 01, nicht mehr verändert werden kann.

2.2 Die G+V-Methode

Bei der G+V-Methode werden die Feststellungen der BP entsprechend ihrer Auswirkung auf die Posten der G+V dargestellt. In der Mehr/Weniger-Rechnung nach der G+V-Methode erscheinen – anders als bei der Bilanzposten-Methode, die auch sich gegenseitig wieder aufhebende Gewinnunterschiede bei Vermögensumschichtungen zeigt – nur endgültige Gewinnauswirkungen. Die G+V-Methode ist insoweit übersichtlicher als die Bilanzposten-Methode und einfacher zu handeln.

---

325 Keinen Platz im Erklärungsschema finden die außerbilanziellen Hinzurechnungen, die – mangels Bilanzpostencharakter – zusätzlich (im Annex) dargestellt werden.
326 Dies folgt aus dem Grundsatz der doppelten Buchführung, da ansonsten zweimal der Gewinn erfasst würde. Umgekehrt darf bei der Darstellung nach der G+V-Methode kein Bilanzposten erwähnt werden.

2.3 Einzelfälle (gleichzeitig formale Darstellung)

2.3.1 Erhöhung eines Aktivpostens[327]

Wieder einmal kommt den GWG eine hervorgehobene didaktische Bedeutung zu.

Beispiel 3: Ein Jahr plus, ein Jahr minus inkl. Lösung
Auf dem Konto GWG für das Jahr 01 sind u.a. eine Schreibmaschine im Nettowert von 410 € sowie ein Aufsetzwagen (Schlitten) für die Schreibmaschine im Wert von 40 € enthalten, die beide im Juli 01 angeschafft wurden. Betriebsgewöhnliche ND – seit 2001– neun Jahre (früher fünf Jahre).

	Vor Außenprüfung				Nach Außenprüfung		
A	01.01.01 (in €)		P	A	01.01.01 (in €)		P
BGA	7.500	Kapital	7.001	BGA	7.500	Kapital	7.001
GWG	1	VB	1.000	GWG	1	VB	1.000
s. Aktiva	500			s. Aktiva	500		
	8.001		8.001		8.001		8.001

A	31.12.01 (in €)		P
BGA	8.000	Kapital	7.501
GWG	1	VB	1.000
s. Aktiva	500		
	8.501		8.501

Die Feststellung des Prüfers führt zu folgenden Korrekturen:
- Die Behandlung von Schreibmaschine/Schlitten als GWG gem. § 6 Abs. 2 EStG war unzutreffend, da es sich um ein einheitliches WG handelt und für dieses die Grenze als GWG (410 €[328]) überschritten ist. Vielmehr handelt es sich um ein WG der BGA, das mit 450 € zu aktivieren ist.
- Dieses WG muss zum 31.12.01 abgeschrieben werden; bei neun Jahren ND und linearer AfA (1/9) ergibt sich bei 450 € AK eine Jahres-AfA von 50 €. Nachdem das WG im Juli 01 angeschafft wurde, können in 01 maximal für sechs Monate AfA (25 €) angesetzt werden; damit Bilanzansatz zum 31.12.01: **425 €**, für BGA insgesamt: **8.425 €**.
- Sonst ergeben sich keine Bilanzauswirkungen. Die Stornierung der GWG-Aufwandbuchung wirkt sich nur über die Erhöhung des BGA-Aktivums aus, bei dem aber noch die Jahres-AfA zu berücksichtigen ist.

---

[327] Alle nachfolgenden Beispiele gehen von einem Prüfungszeitraum aus, der die Jahre 01 und 02 umfasst.
[328] Dabei ist gem. § 6 Abs. 2 EStG 2007 (vgl. R 9b Abs. 2 EStR) zu berücksichtigen, dass die 410 €-Grenze für GWG immer netto zu rechnen ist, auch wenn der Erwerber nicht vorsteuerabzugsberechtigt ist.

Dies führt zu folgender Prüferbilanz für 01:

Nach Außenprüfung

A	31.12.01 (in €)		P
BGA	8.425	Kapital	7.926
GWG	1	VB	1.000
s. Aktiva	500		
	8.926		8.926

Bei der Ermittlung des berichtigten Gewinnes für das Jahr 01 bedeutet dies, dass sich der Vermögensvergleich wie folgt darstellen lässt:

Schlusskapital 01	7.926 €
./. Anfangskapital 01	./. 7.001 €
Gewinn nach AP	**925 €**

Die Firma hat demgegenüber ihren Gewinn 01 wie folgt ermittelt:

Schlusskapital 01	7.501 €
./. Anfangskapital 01	./. 7.001 €
ursprünglicher Gewinn	500 €

Korrektur nach der BiPo-Methode:
Ein **Vergleich** der ursprünglichen Firmen-StB (FStB) mit der berichtigten AP-Bilanz (APStB) ergibt den **Gewinnunterschied**: 925 € ./. 500 € = **425 €**. Es ist unschwer zu erkennen, dass es sich dabei um die Berichtigung des falschen Buchungssatzes (der fehlerhaften Bilanz) des Jahres 01 handelt. Dieser Überlegung folgend hat sich für die formale Darstellung folgendes Schema für das Jahr der Gewinnkorrektur eingebürgert:

Posten	FStB	APStB	VU[329]	GU[330]	+	./.
BGA	8.000 €	8.425 €	425 €	425 €	425 €	
–	–	–	–	–	–	–
Summe					+ 425 €	

Es werden dabei nur die zu berichtigenden Bilanzposten entwickelt und dargestellt.

Korrektur nach der G+V-Methode:
Weniger GWG-Aufwandsbuchung = Mehrgewinn	450 €
Mehr an AfA = Wenigergewinn	25 €

Es erfolgt keine Darstellung der bilanziellen Behandlung, lediglich die **Auswirkung auf die G+V-Rechnung wird dargestellt**.

---

[329] Mit VU ist die statische Momentaufnahme gemeint; es wird das Vermögen der FStB mit der APStB verglichen.

[330] Mit GU ist die dynamische »Momentaufnahme« gemeint. Damit wird die Gesamtgewinnauswirkung angesprochen. Diese ist im ersten Jahr der Berichtigung immer identisch mit dem VU. S. aber sogleich für die folgenden Jahre.

Ein weiteres Problem tritt nun in der **Gewinndarstellung des Folgejahres** auf. Wegen der **Bilanzidentität** (Zweischneidigkeit der Bilanz[331]) führt jede Änderung der Vorjahresbilanz (01) automatisch zu einer Korrektur der Folgebilanz (02) und des Gewinnes 02 (und zwar mit **umgekehrten Vorzeichen**).[332] Dies sei an folgendem Kurzbeispiel – mit grafischem Anhang – erläutert:

	01	02
Die Firma nimmt folgende GruBo-Ansätze vor	1,0 Mio. €	1,0 Mio. €
Der Prüfer erhöht nur in 01 den Wert um 100 T€	1,1 Mio. €	1,0 Mio. €
Dies führt wiederum zu folgendem VU	0,1 Mio. €	0,0 Mio. €

Dabei muss aber zusätzlich berücksichtigt werden, dass die Mehrung des Aktivums »GruBo« zum 31.12.01 gleichzeitig eine Mehrung der EB 02 darstellt und damit den Gewinn des Jahres 02 mindert. Jede **Aktivmehrung** in 01 führt zu einer identischen **Gewinnmehrung in 01,** wegen der Zweischneidigkeit der Bilanz automatisch im Folgejahr 02 zu einer identischen Gewinnminderung.

Die obigen Feststellungen des Prüfers lassen sich nun komplett darstellen:

	01	02
FStB – GruBo	1,0 Mio. €	1,0 Mio. €
AP-StB – GruBo	1,1 Mio. €	1,0 Mio. €
Vermögensunterschied (VU)	+ 0,1 Mio. €	0,0 Mio. €
Gewinnunterschied (GU)	+ 0,1 Mio. €	./. 0,1 Mio. €

Zurückkommend auf den Ausgangsfall erfolgt zunächst eine isolierte Darstellung der Folgeentwicklung des Bilanzpostens »BGA«. Der SB-Wert der Schreibmaschine zum 31.12.01 war 425 €. Wegen der Abschreibung in 02 (50 €) wird der Wert zum 31.12.02 folglich 375 € betragen. Auf beide Bilanzen wirkt sich die Entwicklung so aus, wie die Synopse zeigt:

	Vor Außenprüfung				Nach Außenprüfung		
A	31.12.02 (in €)		P	A	31.12.02 (in €)		P
BGA[333]	9.000	Kapital	8.501	BGA	9.375	Kapital	8.876
GWG	1	VB	1.000	GWG	1	VB	1.000
s. Aktiva	500			s. Aktiva	500		
	9.501		9.501		9.876		9.876

---

331 S. Kap. VII 1.2.
332 Dabei wird unterstellt, dass die nächstjährige Folgebilanz richtig ist, also nicht mehr den Fehler wie die Vorjahresbilanz enthält.
333 Die Änderung geht immer von dem neuen Ausgangswert der FStB (9.000 €) aus.

In der schematischen Darstellung der **Bilanzposten-Methode** ergibt dies als Gesamtergebnis:

Posten	FStB	APStB	VU	GU	01 +	01 ./.	02 +	02 ./.
BGA 01	8.000 €	8.425 €	425 €	425 €	+ 425 €			
BGA 02	9.000 €	9.375 €	375 €	./. 50 €				./. 50

Das Beispiel verdeutlicht, dass im Folgejahr 02 in der Spalte Gewinnunterschied »GU« neben dem statischen Vergleich beider Bilanzen, der zu einem »Plus« von 375 führt, noch die gegenläufige Wirkung der Erhöhung aus dem Jahr 01 hinzukommt. Dies ergibt: + 375 € ./. 425 € = ./. 50 € (GU). Eine andere Erklärung hierfür lautet, dass sich im Jahre 02 alleine die AfA von 50 € gewinnwirksam (hier: aufwandswirksam) bemerkbar gemacht hat.

Hieraus kann der allgemeine Schluss gezogen werden, dass sich der VU des Vorjahres (01) in der Rubrik GU des Folgejahres (02) immer mit **negativen Vorzeichen** auswirkt (Grundsatz der Bilanzidentität).

Anmerkungen:

Die Ausführungen zur Erhöhung eines Aktivums gelten sinngemäß reziprok für die Verminderung eines Aktivposten (Gewinnminderung im Änderungsjahr und Gewinnerhöhung im Folgejahr).

Nach der Darstellung in der G + V-Methode ergibt sich folgendes Bild:

1. Weniger GWG-Aufwand = Mehrgewinn 01   450 €
   Mehr an AfA = Wenigergewinn 01   25 €
2. Mehr an AfA = Wenigergewinn 02   50 €

2.3.2 Erhöhung eines Passivpostens

Nach einer Außenprüfung erhöht sich die GewSt um die jeweiligen Ertragsteuermehrungen.

> **Beispiel 4: Die »leidige« GewSt nach einer Außenprüfung**
> Für die Jahre 01 und 02 sind lt. FStB bislang GewSt-Rückstellungen von je 3.000 € gebildet worden. Die Prüfungsfeststellungen führten in der Summe zu einer Erhöhung der GewSt in 01 um 100 € und in 02 um 400 €. Wie sind die Auswirkungen nach der BiPo-Methode und der G+V-Methode?

Korrektur nach der BiPo-Methode:

Anders als bei den Aktiva-Erhöhungen führt die Erhöhung eines Passivum (genauer: von Fremdkapital) zu weniger Eigenkapital und damit zu weniger Gewinn. Wegen der Bilanzidentität wirkt sich dies im Folgejahr mit »umgekehrten Vorzeichen« aus.

Lösung:

	FStB	APStB	VU	GU
GewSt 01	3.000 €	3.100 €	./. 100 €	./. 100 €
GewSt 02	3.000 €	3.500 €[334]	./. 500 €	./. 400 €

Die Ausführungen gelten sinngemäß umgekehrt für die Verminderung eines Passivpostens. Unterstellt, dass im Beispiel 4 die GewSt in 01 um 200 € auf 2.800 € reduziert wird und die GewSt lt. AP in 02 mit 3.500 € angesetzt wird, ergäbe dies für 01 ein Vermögens- und Gewinnplus von 200 €, in 02 hingegen einen VU von ./. 500 € (3.500 € ./. 3.000 €) und einen GU von ./. 700 € (./. 500 € ./. 200 € – aus dem Vorjahr).

Korrektur nach der G+V-Methode:
Nach der G+V-Methode wird isoliert der jeweilige Korrektur-Buchungssatz (z.B. in 02 Steueraufwand 400 an GewSt-Rückstellung 400) zugrunde gelegt.
Mehr Steueraufwand = Wenigergewinn 01   100 €
Mehr Steueraufwand = Wenigergewinn 02   400 €

2.3.3 Änderungen im »Privatbereich«

Korrekturen im Privatbereich (Mehr-/Minder-Entnahmen und -Einlagen) beeinflussen nur den Gewinn des jeweiligen Wj., haben von daher keine Folgewirkung auf Bilanzposten der nächsten Jahre. Dies gilt allerdings nicht für häufig mitbetroffene USt (§ 12 Nr. 3 EStG), da sich dortige Änderungen wegen ihres Charakters als Bestandskonto auf die nächsten Jahre fortsetzen.

Beispiel 5: Mehr Privates/Weniger Privates
a) Für 01 wird eine private Telefonnutzung von 500 € (netto) festgestellt.
b) Eine während des Jahres 02 aktivierte Darlehensforderung von 2.000 € stellt in Wirklichkeit ein Privatdarlehen dar. Der Schuldner hat die Forderung noch in 02 getilgt (BS: Kasse 2.000 € an Darlehen 2.000 €), sodass das Darlehen auch nicht in der SB des Jahres erscheint.

Die Vorgänge betreffen sowohl die Entnahmen (private Telefonnutzung) als auch die Einlagen (privat veranlasster Kassenzugang). Die Korrekturen sind auf den privaten Sektor – und dies auch nur im jeweiligen VZ – beschränkt.

Lösung nach der BiPo-Methode:
a) Die **(Nutzungs-)Entnahme** der betrieblichen Telefonanlage führt zu einer Entnahmeerhöhung in 01 um 500 € zzgl. der (sich gem. § 3 Abs. 9a UStG ergebenden) USt von 95 €. Wegen § 12 Nr. 3 EStG ist die Entnahme mit 595 € anzusetzen; gleichzeitig muss die USt-Mehrung erfasst werden. Dies führt in 01 zu folgenden Konsequenzen:

---

[334] Trotz der Erhöhung der GewSt um nur 400 € in 02 muss berücksichtigt werden, dass zusätzlich bei der Bildung des Bilanzposten »GewSt«-Rückstellung die Erhöhung aus dem Jahr 01 um 100 € miterfasst werden muss. Ansonsten »verpufft« die Erhöhung des Jahres 01. Hierauf (auf die Mitberücksichtigung der Änderungen der Vorjahre) ist insb. bei der Bildung der korrigierten USt für mehrere Jahre zu achten.

Mehr-Gewinn durch Mehr-Entnahmen: + 595 €

	FStB	APStB	VU	GU
USt-Schuld 01	1.000 €	1.095 €	./. 95 €	./. 95 €
USt-Schuld 02	1.000 €	1.095 €	./. 95 €	./. 0 €

Gesamtgewinnauswirkung 01 beträgt somit + 500 €

Anmerkungen:
Die USt-Erhöhung wirkt sich auch auf das Folgejahr aus; dementsprechend ist auch in 02 der entsprechende Bilanzposten (hier: Verbindlichkeiten) um 95 € erhöht. Die Verbindlichkeiten nach der AP betragen in beiden Jahren (01 und 02) nunmehr 1.095 €. Die Mehr-Entnahmen des Jahres 01 i.H.v. 595 € werden gem. § 4 Abs. 1 EStG nach dem Kapitalkontenvergleich erfasst. Dabei zeigt sich, dass auch das berichtigte Kapitalkonto letztlich von dem Vorfall nicht tangiert ist.

BVV		Kapitalkontenentwicklung	
Kapital 31.12.01	7.406 €[335]	Kapital 01.01.01	7.001 €
./. Kapital 01.01.01	./. 7.001 €	+ Gewinn	+ 1.000 €
	405 €		8.001 €
+ Entnahmen	+ 595 €	./. Entnahmen	./. 595 €
Gewinn	1.000 €	Kapital 31.12.01	**7.406 €**

b) Private Darlehensforderung: Von der Verbuchung der privaten Zahlung bleibt das Konto »Kasse« (hier: sonstige Aktiva) unbeeinflusst, da der Betrag tatsächlich das BV vermehrt hat. Auch auf dem Konto »Darlehensforderung« kommt es zu keiner Berichtigung, da dieses weder zu Beginn noch am Ende des Jahres in der Bilanz erschienen ist (Grund: BVV setzt entsprechende Bestände am Jahresende voraus). Die Auswirkung für 02 zeigt sich nur an der aufwandswirksamen Mehrung der Einlagen (02) i.H.v. 2.000 € (= Wenigergewinn, § 4 Abs. 1 S. 1 EStG).
Mehr Entnahmen = Mehrgewinn 2.000 € (Auskehrung der privaten Darlehensforderung)
Mehr Einlagen = Wenigergewinn 2.000 € (Kasseneingang wg. Tilgung der privaten Darlehensforderung)

Lösung nach der G+V-Methode:
Weniger Telefonaufwand = Mehrgewinn 01   500 €
Die Passivierung der USt berührt die G+V-Rechnung nicht, weil die Gegenbuchung auf dem Entnahmekonto vorgenommen wird.
Die Aktivierung und Tilgung der privaten Darlehensforderung hat die G+V-Rechnung nicht berührt. Deshalb bleibt der Vorgang in der G+V-Methode unberücksichtigt.

---

335 Durch die USt i.H.v. 95 € werden die Verbindlichkeiten von 1.000 € auf 1.095 € erhöht. Dadurch verringert sich das Schlusskapital 01 von 7.501 € auf 7.406 €.

2.3.4 Korrektur der nicht abzugsfähigen Betriebsausgaben gemäß § 4 Abs. 5, 5b und 7 EStG

Neben den Berichtigungen im Privatbereich sind noch Korrekturen nach § 4 Abs. 5 EStG zu erfassen.

Beispiel 6: Der spendable Unternehmer
Der Unternehmer im Beispiel 3 versendet in 02 an zehn Geschäftsfreunde Jahreskalender im Wert von je 35 €. Er bucht den Vorfall bei Erhalt der Rechnung der Buchhandlung (350 € zzgl. USt) über Vorsteuer und »Werbeaufwand«.

Nicht abzugsfähige BA sind bei den Korrekturen ähnlich wie die Entnahmen/Einlagen nur im Jahr der Korrektur als Gewinn zu erfassen, der weder die Bilanz noch die G + V-Konten berührt.

Lösung: Die (materiellen!) Voraussetzungen der **besonderen Aufzeichnung** gem. § 4 Abs. 7 EStG für sog. nicht abzugsfähige BA nach § 4 Abs. 5 EStG sind bei einer Verbuchung über das Konto »Werbeaufwand« nicht erfüllt (R 4.11 EStR).[336] Von daher ist der Betrag von 416,50 € (vgl. § 15 Abs. 1a UStG), obwohl die Wertgrenze von § 4 Abs. 5 Nr. 1 EStG hier nicht überschritten ist, außerbilanziell hinzuzurechnen; dem steht die USt-Erhöhung von 66,50 € gegenüber.

Lösung nach der BiPo-Methode:
Der Bruttobetrag von 416.50 € ist dem Gewinn 02 außerbilanziell hinzuzurechnen. Die USt wird am 31.12.02 passiviert.

	FStB	APStB	VU	GU
USt-Schuld 02	0 €	66,50 €[337]	./. 66,50 €	./. 66,50 €

Die Gewinnauswirkung 02 beträgt somit 350 €.

Lösung nach der G+V-Methode:
Mehr an Umsatzsteueraufwand = Wenigergewinn 02   66,50 €
Außerbilanzielle Hinzurechnung = Mehrgewinn 02   416,50 €

Außerdem ist der Gewerbesteueraufwand dem Gewinn außerbilanziell hinzuzurechnen, weil die Gewerbesteuer gem. § 4 Abs. 5b EStG keine bei der steuerlichen Gewinnermittlung abzugsfähige Betriebsausgabe ist.

Lösung nach der BiPo-Methode:
außerbilanzielle Hinzurechnung 01   100 €
außerbilanzielle Hinzurechnung 02   400 €

---

[336] Vgl. zu den Aufzeichnungspflichten BFH vom 15.01.2003 (BFH/NV 2003, 754); dort für rein betrieblich (!) veranlasste Bewirtungskosten.

[337] Trotz der Erhöhung der GewSt um nur 400 € in 02 muss berücksichtigt werden, dass zusätzlich bei der Bildung des Bilanzposten »GewSt«-Rückstellung die Erhöhung aus dem Jahr 01 um 100 € miterfasst werden muss. Ansonsten »verpufft« die Erhöhung des Jahres 01. Hierauf (auf die Mitberücksichtigung der Änderungen der Vorjahre) ist insb. bei der Bildung der korrigierten USt für mehrere Jahre zu achten.

Lösung nach der G+V-Methode:
außerbilanzielle Hinzurechnung 01　　　　　　　　　　　　　　　　　　　100 €
außerbilanzielle Hinzurechnung 02　　　　　　　　　　　　　　　　　　　400 €

2.3.5 Zusammenfassung/Formular bei der Mehr/Weniger-Rechnung

Alle Korrekturen werden in einem einheitlichen Formular erfasst (Beträge in €).

Nach der BiPo-Methode:

Posten	FStB	APStB	VU	GU	Jahr 01 +	Jahr 01 ./.	Jahr 02 +	Jahr 02 ./.
BGA 01	8.000,00	8.425,00	+425,00	+425,00	425,00			
BGA 02	9.000,00	9.375,00	+375,00	./.50,00				50,00
GewSt 01	3.000,00	3.100,00	./.100,00	./.100,00		100,00		
GewSt 02	3.000,00	3.500,00	./.400,00	./.400,00				400,00
USt-Schuld 01	1.000,00	1.095,00	./.95,00	./.95,00		95,00		
USt-Schuld 02	1.000,00	1.161,50	./.161,50	./.66,50				66,50
Summe BiPo-Änderung					425,00	195,00	0,00	516,50
Mehrentnahmen 01					595,00			
Mehrentnahmen 02							2.000,00	
Mehreinlagen 02								2.000,00
Änderungen nach BP					1.020,00	195,00	2.000,00	2.516,50
Gewinn vor BP					500,00		1.000,00	
Bilanzgewinn nach BP					1.325,00		483,50	
außerbilanzielle Hinzurechnung:								
Beispiel 4					100,00		400,00	
Beispiel 6							416,50	
steuerliches Ergebnis					1.425,00		1.300,00	

Nach der G + V-Methode:

Posten	Jahr 01 +	Jahr 01 ./.	Jahr 02 +	Jahr 02 ./.
BGA 01	450,00	25,00		
BGA 02				50,00
GewSt-Aufwand 01		100,00		
GewSt-Aufwand 02				400,00
Telefonkosten 01	500,00			
USt-Aufwand 02				66,50

Posten	Jahr 01		Jahr 02	
	+	./.	+	./.
Änderungen nach BP	950,00	125,00	0,00	516,50
Gewinn vor BP	500,00		1.000,00	
Bilanzgewinn nach BP	**1.325,00**		**483,50**	
außerbilanzielle Hinzurechnung Geschenke			416,50	
außerbilanzielle Hinzurechnung GewSt	100,00		400,00	
steuerliches Ergebnis	**1.425,00**		**1.300,00**	

3 Notwendigkeit der Anpassungen an die Prüferbilanz

3.1 Allgemeines

Wenn eine BP zu Berichtigungen der StB des geprüften Unternehmens geführt hat, stellt der Betriebsprüfer für den Prüfungszeitraum berichtigte StB auf, die den Berichtigungsveranlagungen zugrunde gelegt werden. Zwecks Wahrung des Bilanzenzusammenhangs ist das geprüfte Unternehmen gehalten, seine StB an die Prüferbilanzen anzupassen. Das kann auf zwei Arten geschehen. Entweder werden die Bilanzpostenkorrekturen durch Anpassungsbuchungen in die Buchführung des geprüften Unternehmens übernommen oder die Auswirkungen der Bilanzberichtigungen der BP werden in den Folgejahren durch Gewinnkorrekturen berücksichtigt (§ 60 Abs. 2 S. 1 EStDV).

Die Einbuchung der Abweichungen bei den einzelnen Bilanzposten in der Buchführung des geprüften Unternehmens muss erfolgen, wenn die BP Fehlerkorrekturen vorgenommen hat, die sowohl nach handelsrechtlichen als auch nach steuerrechtlichen Vorschriften erforderlich waren.

Die außerbilanzielle Korrektur der Folgebilanzen ist geboten, wenn die Berichtigungen durch die BP **nur aus steuerlichen Gründen** erfolgt sind. In diesem Fall ist die Buchführung als Grundlage der **HB** von den Berichtigungen nicht berührt.

Ein weiteres Anwendungsgebiet der außerbilanziellen Anpassungen stellen die Fälle dar, in denen die Folgebilanz/en der letzten von der steuerlichen BP korrigierten Bilanz bereits aufgestellt wurde/n. In diesen Fällen sind Anpassungsbuchungen in dem auf den Prüfungszeitraum folgenden Wj. nicht mehr möglich. Die Anpassungsbuchungen müssen im ersten Wj. vorgenommen werden, für das noch kein Jahresabschluss vorliegt. In den dazwischen liegenden Wj. sind die Folgewirkungen der Bilanzpostenberichtigungen durch die BP außerbilanziell zu berücksichtigen.

3.2 Anpassungsbuchungen in der Buchführung des geprüften Unternehmens

Die nachstehenden Beispiele sollen die Anpassungsbuchungen bei den einzelnen Unternehmensformen aufzeigen.

Beispiel 7: Anpassungsbuchungen bei Personenunternehmen
Bei einem Unternehmen fand im Jahr 04 eine Außenprüfung statt. Geprüft wurden die Jahre 01 bis 03. FStB und APStB weichen am 31.12.03 wie folgt voneinander ab:

Bilanzposten	FStB	APStB
Grund und Boden	43.100 €	41.000 €
Gebäude	66.370 €	111.848 €
Betriebsausstattung	9.700 €	15.500 €
Büroeinrichtung	5.100 €	3.850 €
Lagereinrichtung	1.150 €	3.160 €
Fuhrpark	9.050 €	11.950 €
Warenbestand	111.635 €	113.854 €
USt-Erstattungsanspruch	0 €	5.280 €
Rückstellungen	10.200 €	6.378 €
Passive RAP	11.755 €	9.305 €

Im geprüften Unternehmen wurden bisher buchhalterisch keine Konsequenzen aus den Bilanzposten-Berichtigungen durch die BP gezogen.

Lösung:
a) **Angleichungsbuchungen bei einem Einzelunternehmen:**
Die Bilanzposten sind zu korrigieren mit einer Gegenbuchung direkt auf dem Kapitalkonto. Die Soll- und Habenbuchung auf dem Kapitalkonto stellt **keine** Entnahme oder Einlage dar; es handelt sich vielmehr um die Korrektur des Kapitalkontos am 01.01. des Jahres, in dem die Korrekturbuchungen vorgenommen werden.

Kapital	3.350 €	an	Grund und Boden	2.100 €
			Büroeinrichtung	1.250 €
Gebäude	45.478 €	an	Kapital	69.959 €
Betriebsausstattung	5.800 €			
Lagereinrichtung	2.010 €			
Fuhrpark	2.900 €			
Warenbestand	2.219 €			
USt-Erstattungsanspruch	5.280 €			
Rückstellung	3.822 €			
Passive RAP	2.450 €			

b) **Angleichungsbuchungen bei einer PersG:**
Unterstellt wird, dass es sich bei der PersG um eine OHG handelt, an der die G'fter A zu 70 % und B zu 30 % beteiligt sind.

Bei PersG ist die Kapitalangleichung in der für das Einzelunternehmen demonstrierten Weise unübersichtlich.

Man schaltet zweckmäßigerweise ein »Kapitalangleichungskonto« ein. Der Saldo des Kapitalangleichungskontos wird entsprechend dem Beteiligungsverhältnis der G'fter aufgeteilt und auf die Kapitalkonten der G'fter umgebucht.

Kapitalangleichungskonto	3.350 €	an	Verschiedene Konten (s. Einzelunternehmen)	3.350 €
Verschiedene Konten (s. Einzelunternehmen)	69.959 €	an	Kapitalangleichungskonto	69.959 €

Saldo auf dem Kapitalangleichungskonto nach vorstehenden Buchungen:
  69.959 €
  ./. 3.350 €
  66.609 €

Davon entfallen auf den G'fter (46.626,30 €) sowie auf den G'fter B 30 % (19.982,70 €).

Umbuchung des Saldos:

Kapitalangleichungskonto	66.609 €	an	Kapital A	46.626,30 €
			Kapital B	19.982,70 €

Beispiel 8: Gewinnkorrektur und anschließende Angleichungsbuchungen

Im Jahr 05 fand eine AP für die Jahre 01 bis 03 statt. Die Prüfung wird im Oktober 05 abgeschlossen, nachdem die Bilanz per 31.12.04 dem FA eingereicht worden ist.

Prüfungsfeststellungen:
Maschinelle Anlagen
Bei einem Zugang im Jahr 03 wurden die Anschaffungsnebenkosten als Aufwand gebucht.

Kontoentwicklung	vor AP	nach AP
Maschinelle Anlagen		
Zugang Februar 02 lt. FStB	100.000 €	100.000 €
+ Anschaffungsnebenkosten	–	20.000 €
	100.000 €	120.000 €
./. AfA 03 (20 % linear)	./. 20.000 €	./. 24.000 €
	80.000 €	96.000 €

Darlehen
Der Unternehmer nahm im Januar 02 ein Fälligkeitsdarlehen i.H.v. 200.000 € auf. Rückzahlung am 31.12.11; Auszahlungskurs 98 %.

Geldkonto	196.000 €	an	Darlehensschuld	196.000 €

Kontoentwicklung	vor AP	nach AP
Damnum		
Zugang 02	0 €	4.000 €
./. Tilgung	0 €	./. 400 €
31.12.02	**0 €**	**3.600 €**
./. Tilgung	0 €	./. 400 €
31.12.03	**0 €**	**3.200 €**
Darlehensschuld		
31.12.02/31.12.03	196.000 €	200.000 €

Lösung:
Der Gewinn des Jahres 04 ist außerhalb der Bilanz zu korrigieren.

Maschinelle Anlagen	FStB	APStB	VU	GU
01.01.04	80.000 €	96.000 €	+ 16.000 €	–
31.12.04	60.000 €	72.000 €	+ 12.000 €	./. 4.000 €

Damnum	FStB	APStB	VU	GU
01.01.04	–	3.200 €	+ 3.200 €	–
31.12.04	–	2.800 €	+ 2.800 €	./. 400 €

Darlehensschuld
Keine Gewinnänderung

Zusammenfassung:
Außerbilanzielle Gewinnkürzung 04 i.H.v. 4.400 €.

Die **Anpassung der Bilanzposten in der Buchführung** des geprüften Unternehmens ist im Jahr 05 wie folgt vorzunehmen:

Maschinelle Anlagen	12.000 €	an	Kapital	14.800 €
Damnum	2.800 €			
Kapital	4.000 €	an	Darlehensschuld	4.000 €

Beispiel 9: Angleichungsbuchungen bei KapG
Bei der XY-GmbH wurde im Jahr 04 für die Jahre 01 bis 03 eine BP durchgeführt. Der Betriebsprüfungsbericht ging bei der GmbH im November 04 ein. Er enthält folgende Prüfungsfeststellungen:

Grund und Boden
Der Betriebsprüfer aktivierte die im Jahr 03 als Aufwand gebuchten Anschaffungsnebenkosten i.H.v. 15.000 € in der APStB per 31.12.03.

Gebäude
Die von der Gesellschaft für ein im Jahr 03 erworbenes Wohngebäude (Baujahr 01) gebuchte AfA von 5 % der AK von 2 Mio. € (§ 7 Abs. 5 S. 1 Nr. 3 Buchst. b EStG) wurde von der BP nicht anerkannt, weil die GmbH das Gebäude nicht im Jahr der Fertigstellung erworben hat; stattdessen erfolgt der Ansatz einer AfA von 2 % (§ 7 Abs. 4 S. 1 Nr. 2 Buchst. a EStG).

Warenbestand
Der Warenbestand am 31.12.03 musste infolge eines Rechenfehlers bei der Inventur um 10.000 € erhöht werden.

Rückstellungen
Durch Passivierung der Mehrsteuern nach Prüfung erhöhen sich die Rückstellungen am 31.12.03 um 17.350 € für KSt und um 15.600 € für GewSt.

A	Bilanz der GmbH per 31.12.03 vor Prüfung		P
Grund und Boden	100.000 €	Stammkapital	2.000.000 €
Gebäude	1.900.000 €	Rücklagen	200.000 €
Fahrzeuge	250.000 €	Gewinnvortrag	30.000 €
Geschäftsausstattung	70.000 €	Jahresüberschuss	300.000 €
Warenbestand	130.000 €	Rückstellungen	150.000 €
Debitoren	225.000 €	Kreditoren	80.000 €
Geldbestände	85.000 €		
	2.760.000 €		2.760.000 €

Der Betriebsprüfer hat auf den 31.12.03 folgende Bilanz aufgestellt:

A			P
Grund und Boden	115.000 €	Stammkapital	2.000.000 €
Gebäude	1.960.000 €	Rücklagen	200.000 €
Fahrzeuge	250.000 €	Gewinnvortrag	30.000 €
Geschäftsausstattung	70.000 €	Jahresüberschuss	352.000 €
Warenbestand	140.000 €	Rückstellungen	182.950 €
Debitoren	225.000 €	Kreditoren	80.000 €
Geldbestände	85.000 €		
	2.845.000 €		2.845.000 €

Lösung: Erforderliche Angleichungsbuchungen der GmbH im Jahr 04 (entsprechend der Empfehlung lt. HFA-Stellungnahme 2/91):

Grund und Boden	15.000 €	an	Sonst. betriebl. Ertrag	85.000 €
Gebäude	60.000 €			
Wareneinkaufskonto	10.000 €			
Steuern vom Einkommen und Ertrag	32.950 €	an	Rückstellungen	32.950 €

Die Gewinnauswirkungen der Angleichungsbuchungen sind mit einer **außerbilanziellen Kürzung** von 52.050 € rückgängig zu machen. Die Angleichungsbuchungen können auch über offene Rücklagen vorgenommen werden. In dem Fall erübrigt sich eine Gewinnkorrektur.

Beispiel 9a: Angleichungsbuchungen bei Kapitalgesellschaft II (aus StB-Prüfung 2011)
Für die Jahre 08 und 09 fand bei der X-GmbH eine steuerliche BP statt. Die einzige Feststellung im Rahmen dieser Prüfung war die Aufwandsbuchung von 20.000 € Anschaffungskosten für eine am 03.01.09 angeschaffte Maschine. Der Betriebsprüfer aktivierte diesen Betrag und berücksichtigte wegen der fünfjährigen Nutzungsdauer in der Gewinnermittlung lt. BP eine (lineare) AfA von 4.000 €. Aufgrund der Gewinnerhöhung von (saldiert) 16.000 € wurden in der Prüferbilanz

noch Rückstellungen für Gewerbesteuer und Körperschaftsteuer von je 2.400 € gebildet. Als steuerlicher Ausgleichsposten wurde in der Prüferbilanz ein Betrag von 11.200 € ausgewiesen. Die aufgrund der geänderten Steuerbescheide nachzuzahlende Gewerbesteuer und Körperschaftsteuer wurde im November 10 durch Banküberweisung gezahlt und in der Buchführung als Aufwand im Konto Steuern vom Einkommen und Ertrag gebucht.
Außerdem wurde der Anlagenspiegel korrigiert sowie gebucht:

Technische Anlagen und Maschinen	20.000 €	an	Erhöhung des Bestands an Sachanlagen	20.000 €
Abschreibungen auf Sachanlagen	8.000 €	an	Technische Anlagen und Maschinen	8.000 €

Lösung: Zu prüfen ist die Angleichungsbuchung der GmbH. Bei KapG werden die Angleichungsbuchungen in der Form vorgenommen, dass bei den durch BP berichtigten Bilanzposten die Endbestände lt. Prüferbilanz gegen sonstige betriebliche Aufwendungen oder Erträge einzubuchen sind. Die gewinnmäßige Auswirkung dieser Buchungen wird durch außerbilanzliche Hinzurechnungen bzw. Kürzungen neutralisiert.

Die Buchwerte der von der BP berichtigten Bilanzpositionen betragen:

Maschine	16.000 €,
Steuerrückstellungen	4.800 €

Zutreffende Angleichungsbuchung:

Technische Anlagen und Maschinen	16.000 €	an	Sonstige betriebliche Erträge	16.000 €
Sonstige betriebliche Aufwendungen	4.800 €	an	Steuerrückstellungen	4.800 €

Korrekturbuchung (bei Unterstellung, dass das Konto »Erhöhung des Bestands an Sachanlagen« ein Ertragskonto ist):

Erhöhung des Bestands an Sachanlagen	4.000 €	an	Technische Anlagen und Maschinen	4.000 €
Sonstige betriebliche Aufwendungen	4.800 €	an	Steuerrückstellungen	4.800 €

Außerbilanzliche Kürzung	4.000 €
Außerbilanzliche Hinzurechnung	4.800 €

Außerdem ist die Buchung der AfA zu korrigieren. Die zutreffende AfA für das Jahr 10 beträgt 4.000 €.

Korrekturbuchung:

Technische Anlagen und Maschinen	4.000 €	an	Abschreibungen auf Sachanlagen	4.000 €

4 Bilanzberichtigung, Bilanzänderung und Bilanzenzusammenhang

4.1 Bilanzberichtigung und Bilanzänderung

Das Gesetz spricht in § 4 Abs. 2 S. 1 und 2 von Bilanzänderung. In der Praxis hat sich für den Fall des § 4 Abs. 2 S. 1 EStG die Bezeichnung **Bilanzberichtigung** durchgesetzt, während man in den Fällen von § 4 Abs. 2 S. 2 EStG von einer **Bilanzänderung** spricht. Es ergeben sich folgende Grundsätze.

4.1.1 Bilanzberichtigung nach § 4 Abs. 2 S. 1 EStG

Ein unrichtiger Bilanzansatz wird durch den richtigen ersetzt. Ein Bilanzansatz ist unrichtig, wenn er gegen zwingende Vorschriften des Handelsrechts oder Steuerrechts oder gegen die Grundsätze ordnungsmäßiger Buchführung (GoB) verstößt.

Voraussetzungen für eine Bilanzberichtigung:

- Ein Bilanzposten entspricht nicht den zu beachtenden Bilanzierungs- und/oder Bewertungsvorschriften.
- Die Berichtigung der von der Bilanz betroffenen Steuerveranlagungen muss verfahrensrechtlich möglich[338] sein oder die Bilanzberichtigung wirkt sich nicht auf die Höhe der veranlagten Steuer aus.

Eine Zustimmung des FA zur Bilanzberichtigung ist nicht erforderlich. Wenn die falsche Bilanzierung zu Steuerverkürzungen geführt hat, ist der StPfl. zur Bilanzberichtigung verpflichtet (§ 153 Abs. 1 AO).

Einzelheiten zu den Voraussetzungen der Bilanzberichtigung:

1. Fehler in der zu berichtigenden Bilanz: Die Posten in der Bilanz entsprechen nicht den zwingenden Bilanzierungs- und/oder Bewertungsvorschriften des Handels- und des Steuerrechts.
   Nach der Bilanzaufstellung erlangte bessere Kenntnisse über die Verhältnisse am Bilanzstichtag können eine Bilanzberichtigung nicht begründen.
   Mit Beschluss vom 31.01.2013 (BStBl II 2013, 317) hat der Große Senat des BFH den **subjektiven Fehlerbegriff aufgegeben** und festgestellt, dass das Finanzamt im Rahmen der steuerlichen Gewinnermittlung auch dann nicht an die rechtliche Beurteilung gebunden ist, die der vom StPfl. aufgestellten Bilanz (und deren einzelnen Ansätzen) zugrunde liegt, wenn diese Beurteilung aus der Sicht eines ordentlichen und gewissenhaften Kaufmanns im Zeitpunkt der Bilanzaufstellung vertretbar war. Damit ist das Finanzamt auch dann nicht an eine rechtliche Beurteilung in dessen Bilanz gebunden, wenn diese im Zeitpunkt der Bilanzaufstellung zwar objektiv unzutreffend, aber aus der Sicht eines ordentlichen und gewissenhaften Kaufmanns im Zeitpunkt der Bilanzaufstellung subjektiv vertretbar war. Insoweit ist die Regelung in R 4.4 Abs. 1 Sätze 3 und 4 EStR infolge der Entscheidung des Großen Senats als überholt und nicht mehr zutreffend anzusehen.
2. Die Berichtigung der HB ist nicht Voraussetzung für die Berichtigung der StB, weil bei unrichtigen Ansätzen in der HB die Bindung der StB an die HB entfällt.

---

338 Hinweis auf den durch das Jahressteuergesetz 2007 in § 4 Abs. 2 S. 1 EStG eingefügten zweiten Halbsatz: »diese Änderung ist nicht zulässig, wenn die Vermögensübersicht (Bilanz) einer Steuerfestsetzung zugrunde liegt, die nicht mehr aufgehoben oder geändert werden kann«.

3. Die Bilanzberichtigung ist uneingeschränkt möglich, solange die Veranlagungen, denen die zu berichtigende Bilanz zugrunde liegt, noch nicht durchgeführt oder noch nicht bestandskräftig sind. Nach Bestandskraft der Veranlagungen ist eine Bilanzberichtigung nur zulässig, wenn die Berichtigung der Veranlagungen verfahrensrechtlich möglich ist oder sich die Bilanzberichtigung nicht auf die Höhe der veranlagten Steuer auswirkt.

Beispiel 10: Bilanzberichtigung bei bestandskräftiger Veranlagung
A hat per 31.12.01 eine Garantierückstellung i.H.v. 5.000 € gebildet, obwohl nach den tatsächlichen Inanspruchnahmen in der Vergangenheit eine Rückstellung von 10.000 € gerechtfertigt wäre. Die Veranlagung aufgrund der unrichtigen Bilanz war bestandskräftig, als A dem FA anlässlich der Abgabe der ESt-Erklärung für das Jahr 02 den Fehler mitteilte.

Lösung: Auf den 31.12.01 ist eine Bilanzberichtigung vorzunehmen, weil gem. § 173 Abs. 1 Nr. 2 AO eine Bescheidänderung durchzuführen ist. Es lag ein falscher Bilanzansatz vor. Ein grobes Verschulden des StPfl. i.S.v. § 173 Abs. 1 Nr. 2 S. 1 AO ist nicht zu erkennen. Es bestand für den StPfl. in Bezug auf die Bilanzierung und auf den Wertansatz auch kein Wahlrecht.

4. Auch bei der Bilanzberichtigung ist der Bilanzenzusammenhang zu wahren. Grundsätzlich ist die Berichtigung bis zur Fehlerquelle zurück durchzuführen. Wenn das nicht möglich ist, weil einige Veranlagungen bestandskräftig und verfahrensrechtlich nicht berichtigungsfähig sind oder die Festsetzungsverjährung eingetreten ist, so ist die Frage zu prüfen, ob und wann die Berichtigungen vorzunehmen sind.

Der Berichtigung der Anfangsbilanz des ersten berichtigungsfähigen Jahres steht grundsätzlich der Bilanzenzusammenhang entgegen. In den Fällen, in denen der Bilanzenzusammenhang nicht durchbrochen werden darf, ist die Berichtigung in der **SB** des ersten berichtigungsfähigen Jahres **erfolgswirksam** vorzunehmen (R 4.4 Abs. 1 S. 9 EStR, bestätigt durch BFH-Urteil vom 09.05.2012, BStBl II 2012, 725).

Beispiel 11: Erfolgswirksame Berichtigung im ersten berichtigungsfähigen Jahr
Der Unternehmer B hat im Jahr 01 ein unbebautes Grundstück für 200.000 € zuzüglich Anschaffungsnebenkosten i.H.v. 20.000 € erworben. Die Nebenkosten hat er als Aufwand gebucht. Der Fehler wird im Jahr 08 festgestellt. Die Veranlagungen bis einschließlich 05 können nicht mehr berichtigt werden.

Lösung: Eine Berichtigung im Jahr der Fehlerquelle ist nicht möglich. Ein Fall für die Zulässigkeit der Durchbrechung des Bilanzenzusammenhangs ist nicht gegeben. Die Fehlerberichtigung ist deshalb **erfolgswirksam** in der SB des ersten berichtigungsfähigen Jahres (Jahr 06) vorzunehmen (R 4.4 Abs. 1 S. 3 EStR). Es muss eine erfolgswirksame Nachaktivierung der Anschaffungsnebenkosten i.H.v. 20.000 € am 31.12.06 vorgenommen werden.

Eine Ausnahme von dieser Regel besteht nach der Rechtsprechung für

- WG des notwendigen Privatvermögens, die zu Unrecht als BV bilanziert worden sind, und für
- WG des notwendigen BV, die zu Unrecht nicht als solches bilanziert worden sind.

Die vorgenannten WG sind **erfolgsneutral** aus- bzw. einzubuchen (H 4.4 EStH).

Beispiel 12: Erfolgsneutrale Bilanzberichtigung
C hat ein unbebautes Grundstück, das sich in seinem PV befindet, seit dem Jahr 01 betrieblich genutzt, ohne es zu bilanzieren. Als das FA davon erfährt, sind die Veranlagungen für die Jahre 01 bis 09 bestandskräftig.

Lösung: Im Wege der Durchbrechung des Bilanzenzusammenhangs kann die Bilanz per 01.01.10 berichtigt werden, weil sich aus dem falschen Bilanzansatz in den relevanten Veranlagungszeiträumen keine steuerlichen Auswirkungen ergeben haben. Bei der Bilanzberichtigung auf den 01.01.10 sind die Werte aus dem Jahr 01 zugrunde zu legen. Dadurch bleibt die Bilanzberichtigung erfolgsneutral.

Eine besondere Thematik stellt die Bilanzberichtigung anlässlich einer vGA dar, wenn mit der festgestellten vGA eine Ersatzforderung gegen den G'fter-GF eingebucht werden soll (vgl. hierzu allgemein *Maurer*, Teil C, Kap. III 4.4 sowie BFH vom 22.10.2003, BFH/NV 2004, 667).

4.1.2 Bilanzänderung nach § 4 Abs. 2 S. 2 EStG

Ein zulässiger Bilanzansatz wird durch einen anderen zulässigen Bilanzansatz ersetzt. Gem. § 4 Abs. 2 S. 2 EStG ist eine solche Änderung nur zulässig, wenn sie in einem engen zeitlichen und sachlichen Zusammenhang mit einer Bilanzberichtigung steht und soweit die Auswirkung der Bilanzberichtigung auf den Gewinn reicht.

Durch diese gesetzliche Regelung ist es weitgehend möglich, die sich bei einer Außenprüfung ergebenden Mehrgewinne mit einer anderweitigen Ausübung eines Bewertungswahlrechts wieder auszugleichen.

Voraussetzungen für eine Bilanzänderung:
- Es liegt ein Bewertungswahlrecht vor, d.h. der StPfl. kann für den betroffenen Bilanzposten in der StB verschiedene Werte ansetzen.
- Ein Bilanzansatz war im Zeitpunkt der Bilanzaufstellung rechtlich vertretbar, erweist sich aber im weiteren Verlauf als unrichtig (BFH vom 17.07.2008, BStBl II 2008, 924).

Beispiel 13: Bewertungswahlrecht
Bei einem beweglichen abnutzbaren Anlagegegenstand kann entweder die lineare (§ 7 Abs. 1 EStG) oder die Leistungs-AfA (§ 7 Abs. 1 S. 6 EStG) in Anspruch genommen werden.

- Die der Bilanz zugrunde liegenden Veranlagungen sind noch nicht durchgeführt worden oder die der Bilanz zugrunde liegenden Veranlagungen können nach den Vorschriften der AO berichtigt werden.
- Die Bilanzänderung muss in einem engen zeitlichen und sachlichen Zusammenhang mit einer Bilanzberichtigung stehen.
- Die Bilanzänderung ist nur soweit zulässig, wie die Bilanzberichtigung auf den Gewinn reicht.

Beispiel 14: Wertmäßige Grenze für die Bilanzänderung
In der StB per 31.12.02 wurde bei einem nicht abnutzbaren WG des Anlagevermögens eine Teilwertabschreibung vorgenommen, die auf einer vorübergehenden Wertminderung beruht. Der Bilanzansatz vom 31.12.02 wurde in die StB auf den 31.12.03 unverändert übernommen. Der Sachbearbeiter des Finanzamts bemerkt bei den Veranlagungsarbeiten den Fehler und

nimmt in der StB per 31.12.03 gem. § 6 Abs. 1 Nr. 2 S. 3 EStG eine Wertaufholung vor. Gewinnauswirkung: +10.000 €.

Lösung: Der Unternehmer kann im Wege der Bilanzänderung z.B. eine bisher nicht beanspruchte steuerfreie Rücklage bis zur Höhe von 10.000 € bilden, weil die Bilanzänderung sachlich und zeitlich mit der Bilanzberichtigung durch das Finanzamt im Zusammenhang steht und die durch die Bilanzänderung eintretende Gewinnminderung die bei der Bilanzberichtigung eingetretene Gewinnerhöhung nicht übersteigt (§ 4 Abs. 2 S. 2 EStG).

Das Bundesfinanzministerium hat den sachlichen und zeitlichen Zusammenhang mit einer Bilanzberichtigung im Schreiben vom 18.05.2000 (BStBl I 2000, 587) weit ausgelegt: »Der zeitliche und sachliche Zusammenhang zwischen Bilanzberichtigung und Bilanzänderung setzt voraus, dass sich beide Maßnahmen auf dieselbe Bilanz beziehen. Die Änderung der Bilanz eines bestimmten Wj. ist danach **unabhängig** von der Frage, **auf welche WG oder RAP** sich die Berichtigung dieser Bilanz bezieht, bis zur Höhe des gesamten Berichtigungsbetrags zulässig. Ein zeitlicher Zusammenhang liegt darüber hinaus nur vor, wenn die Bilanz unverzüglich nach einer Bilanzberichtigung geändert wird.«

Nach dem BFH-Urteil vom 31.05.2007 (BStBl II 2008, 665) liegt der Zusammenhang einer Bilanzänderung mit einer Bilanzberichtigung auch dann vor, wenn sich die Gewinnänderung im Rahmen der Bilanzberichtigung aus der Nicht- oder der fehlerhaften Verbuchung von Entnahmen und Einlagen ergibt. Das BMF hat mit Schreiben vom 13.08.2008 (BStBl I 2008, 845) auf das Urteil reagiert und sich der Meinung des BFH angeschlossen.

Gem. R 4.4 Abs. 2 S. 6 EStR beziehen sich beide Maßnahmen auf die Bilanz der Mitunternehmerschaft (Gesellschaftsgesamthandsbilanz, Ergänzungsbilanz und Sonderbilanz); beispielsweise kann eine Bilanzberichtigung in der Gesamthandsbilanz eine Bilanzänderung in der Ergänzungsbilanz oder Sonderbilanz der Mitunternehmer zulassen.

Eine Zustimmung des FA zur Bilanzänderung ist nicht erforderlich.

Exkurs zur Geltendmachung eines Investitionsabzugsbetrags im Anschluss an eine Außenprüfung zwecks Kompensation von Gewinnerhöhungen:
Mit Urteilen vom 23.03.2016 (BB 2016, 2096) und vom 28.04.2016 (BB 2016, 2031) hat der BFH – entgegen dem BMF-Schreiben vom 20.11.2013 (BStBl I 2013, 1493) – entschieden, dass Investitionsabzugsbeträge nachträglich (nach Eintritt der Bestandskraft des Steuer- oder Feststellungsbescheids) zur Kompensation von Mehrgewinnen nach Außenprüfungen beantragt werden können. Die Restriktionen für Bilanzänderungen gem. § 4 Abs. 2 EStG stehen dem nicht entgegen, weil der Investitionsabzugsbetrag **außerbilanziell** gebildet wird.

Voraussetzung ist jedoch eine Investitionsabsicht in dem Jahr, für das der Investitionsabzug beantragt wird; die tatsächlich vorgenommene Investition innerhalb der gesetzlichen Investitionsfrist ist dafür ein Indiz. Ein Finanzierungzusammenhang zwischen dem Abzugsbetrag und der Investition ist nach Ansicht des BFH nicht erforderlich.

4.2 Der Bilanzenzusammenhang und seine Durchbrechung

Grundsätzlich ist der Bilanzenzusammenhang (Identität der SB des vorangegangenen Wj. mit der EB des laufenden Wj.) im Interesse der zutreffenden Ermittlung des Totalgewinns von der Gründung bis zur Schließung des Unternehmens zu wahren. Ausnahmsweise darf der Bilanzenzusammenhang durchbrochen werden,

- wenn sich der fehlerhafte Bilanzansatz steuerlich nicht ausgewirkt hat;

    Beispiel 15: Zulässige Durchbrechung des Bilanzenzusammenhangs (Fall I)
    Der Unternehmer bilanziert ein unbebautes Grundstück, das seit seiner Anschaffung im Jahr 01 privat genutzt wird, mit seinen AK von 250.000 €. Der Fehler wird anlässlich einer Außenprüfung für die Jahre 12 bis 14 aufgedeckt.
    Lösung: Korrektur in der EB des Jahres 12 (01.01.12); dadurch erfolgsneutrale Berichtigung.

- wenn der StPfl. den fehlerhaften Bilanzansatz **bewusst zur Erlangung steuerlicher Vorteile** gewählt hat (BFH vom 03.07.1956, BStBl III 1956, 250); jedoch ist die Durchbrechung des Bilanzenzusammenhangs in diesen Fällen nur zulässig, wenn sie sich **zu Ungunsten** des StPfl. auswirkt. Insb. darf dabei bewusst nicht in Anspruch genommene AfA nicht nachgeholt werden, wenn das Verhalten des StPfl. gegen die Grundsätze von Treu und Glauben verstößt (BFH vom 03.07.1980, BStBl II 1981, 255).

    Beispiel 16: Zulässige Durchbrechung des Bilanzenzusammenhangs (Fall II)
    Der Unternehmer hat im Januar 01 eine Maschine angeschafft; AK 10.000 €, ND fünf Jahre. Da er im Jahr 01 einen Verlust erzielt hat, nimmt der Unternehmer in diesem Jahr bewusst keine AfA vor. Die Veranlagung 01 kann verfahrenstechnisch nicht mehr berichtigt werden.
    Lösung: Es muss eine Korrektur in der EB des Jahres 02 (01.01.02) in der Weise vorgenommen werden, dass die Maschine mit dem fiktiven Buchwert von 8.000 € aktiviert wird. Dadurch verliert der Unternehmer die bewusst nicht in Anspruch genommene AfA für das Jahr 01 i.H.v. 2.000 €.

Die Fehlerberichtigung in der Betriebseröffnungsbilanz und in der Betriebs-SB wird vom Bilanzenzusammenhang nicht berührt, weil diesen Bilanzen die Zweischneidigkeit fehlt. Bei Bilanzberichtigungen, die aufgrund von Fehlern notwendig werden, die das FA verursacht hat, darf der Bilanzenzusammenhang nur **zu Gunsten** des StPfl. durchbrochen werden.

Beispiel 17: Unzulässige Durchbrechung des Bilanzenzusammenhangs
Ein Kaufmann hat im Jahr 01 ein unbebautes Grundstück für seinen Betrieb angeschafft. Die AK betrugen 100.000 €. In seiner StB zum 31.12.01 wies er das Grundstück nach Vornahme einer Abschreibung von 30.000 € mit 70.000 € aus, weil er diesen Wert für den TW hielt. In Wirklichkeit war der TW jedoch höher als die AK.
Dem FA gelangten die Gründe für die AfA zunächst nicht zur Kenntnis.
Alle Steuern, denen der Gewinn des Jahres 01 als Besteuerungsgrundlage gedient hat, waren bis zum 31.12.07 verjährt. Die Veranlagungen bis einschließlich 07 sind bestandskräftig und können nach § 173 Abs. 2 AO nicht mehr berichtigt werden.
Erst bei der Veranlagung zur ESt für das Jahr 08 im Laufe des Jahres 09 erlangt das FA Kenntnis von der in 01 zu Unrecht vorgenommenen TW-AfA. In den Bilanzen per 31.12.07 und

31.12.08 wird das Grundstück trotz des immer noch über den AK liegenden TW mit 70.000 € ausgewiesen.

Lösung: Eine Berichtigung der Veranlagung zur ESt und GewSt für das Jahr 01 kommt nicht in Betracht, weil die Festsetzungsverjährung eingetreten ist (§ 169 Abs. 1 AO).

Auch eine Durchbrechung des Bilanzenzusammenhangs, d.h. eine Berichtigung der EB 01.01.08 in der Weise, dass hier – abweichend vom Ansatz in der SB per 31.12.07 – das Grundstück mit 100.000 € angesetzt wird, was bei gleichem Ansatz in der SB per 31.12.08 eine erfolgsneutrale Richtigstellung im Jahr 08 bedeuten würde, ist nicht zulässig, weil der StPfl. weder **bewusst** einen Aktivposten zu hoch noch einen Passivposten zu niedrig angesetzt hatte (H 4.4 »Berichtigung einer Bilanz, die einer bestandskräftigen Veranlagung zugrunde liegt« EStH). Übrig bleibt eine erfolgswirksame Berichtigung der SB per 31.12.08 (R 4.4 Abs. 1 S. 3 EStR). Dadurch erhöht sich der Gewinn 08 um 30.000 €.

Teil B Besteuerung der Personengesellschaften
als Mitunternehmerschaft

Inhaltsverzeichnis Teil B

B	**Besteuerung der Personengesellschaft als Mitunternehmerschaft**	307
I	**Grundfragen zur Mitunternehmerschaft inklusive Einkunftsermittlung**	307
1	Die Personengesellschaft im Steuerrecht – Überblick	307
2	Mitunternehmerschaft versus Personengesellschaft und andere Begrifflichkeiten	311
2.1	Mitunternehmerschaft und Personengesellschaften	311
2.2	Begrifflichkeiten und kohärente Rechtsinstitute	312
2.2.1	Die Gesamthand	312
2.2.2	Kapitalanteil, Vermögenswert und Gesellschaftsanteil	313
2.2.3	Eine Personengesellschaft – eine Mitunternehmerschaft – ein Gewerbebetrieb?	313
3	Transparenzgrundsatz und Besteuerung gemäß § 15 Abs. 1 S. 1 Nr. 2 EStG	314
3.1	Einführung	314
3.2	Ebene der Mitunternehmerschaft	315
3.2.1	Die gewerblich tätige Mitunternehmerschaft	315
3.2.2	Die gewerblich geprägte Personengesellschaft	318
3.2.3	Die weder gewerblich tätige noch gewerblich geprägte Personengesellschaft mit gewerblicher Beteiligung	320
3.2.3.1	Verfahrensrechtliche Konsequenzen	321
3.2.3.2	Materiell-rechtliche Konsequenzen	321
3.2.3.3	Vergleichbare Fallgruppen und Fragestellungen	322
3.3	Ebene der Gesellschafter (Mitunternehmer-Initiative und Mitunternehmer-Risiko)	324
3.3.1	Mitunternehmer-Initiative	324
3.3.2	Mitunternehmer-Risiko	324
3.3.3	Einzelfälle	325
3.3.4	Die verdeckte Mitunternehmerschaft	328
3.3.5	Die doppelstöckige (mehrstöckige) Personengesellschaft	329
3.3.5.1	Die Grundaussage zu § 15 Abs. 1 Nr. 2 S. 2 EStG	329
3.3.5.2	Präzisierungen	330
3.3.6	Der Nießbrauch an der Beteiligung	333
4	Technik des Transparenzgrundsatzes: Die Gewinnkomponenten der Mitunternehmer	334
4.1	Einführung: Zweistufige Gewinnermittlung	334
4.2	Der Hintergrund der Regelung	335
4.2.1	»Gewinnanteil«	335
4.2.2	Vergütungen für Tätigkeit im Dienst der Personengesellschaft und für die Überlassung von Wirtschaftsgütern	336

4.2.3	Die Ergänzungsbilanz	338
4.2.4	Ein Problemfall: Die Tätigkeitsvergütung als Sonder-Betriebseinnahme, Gewinnvorweg oder Entnahme?	339
5	»Mehr- und Weniger-Rechnung« bei der Personengesellschaft (Mitunternehmerschaft)	342

II	**Das Betriebsvermögen und die Ermittlung des laufenden Gewinnes bei der Mitunternehmerschaft**	**344**
1	Übersicht zur Gewinnermittlung bei der Mitunternehmerschaft – Schema	344
2	Die Gewinnermittlung auf der ersten Stufe (I): Das Steuerergebnis der Gesamthand	345
2.1	Die Steuerbilanz der Gesamthand	345
2.2	Auswirkungen für die Gewinnermittlung	346
2.3	Geänderte Gewinnverteilung, insbesondere bei späteren Betriebsprüfer-Feststellungen	348
3	Die Ergänzungsbilanz: Individueller Anteil am Gesamthandsergebnis	349
4	Das Sonder-Betriebsvermögen und die Sonderbilanz	351
4.1	Übersicht	351
4.2	Das Sonder-Betriebsvermögen I	353
4.2.1	Der Grundtatbestand	353
4.2.2	Das Konkurrenzproblem mit dem eigenen Betriebsvermögen	354
4.2.3	Die spezielle Gewinnermittlung beim Sonder-Betriebsvermögen I	356
4.2.3.1	Ein Standardfall (Fremdwährungsdarlehen)	356
4.2.3.2	Pensionszusagen	358
4.3	Das Sonder-Betriebsvermögen II	359
4.3.1	Der Grundtatbestand	359
4.3.2	Anwendungsfälle zum notwendigen und gewillkürten Sonder-Betriebsvermögen II	360
4.3.3	Sonderbetriebsvermögen über die Grenze	362
4.3.3.1	Ausländisches Sonderbetriebsvermögen eines ausländischen Gesellschafters einer inländischen Personengesellschaft	362
4.3.3.2	Ausländisches Sonderbetriebsvermögen eines inländischen Gesellschafters	362
4.4	Verfahrensrechtliche Fragen	362

III	**Die Doppelgesellschaften im Konzept der Mitunternehmer-Besteuerung**	**363**
1	Klarstellung	363
2	Die GmbH & Co. KG	363
2.1	Grundsatzverständnis und Erscheinungsformen	363
2.1.1	Zivilrechtliche Grundlagen, insbesondere bei Errichtung der GmbH & Co. KG	364
2.1.2	Erscheinungsformen der GmbH & Co. KG	365
2.1.3	Das dogmatische Grundmuster im Steuerrecht	365
2.2	Die Gewinnermittlung bei der GmbH & Co. KG	368
2.2.1	Die Grundaussage	368

2.2.2	Die Familien-GmbH & Co. KG	370
2.2.3	GmbH & Co. KG und gewerblicher Grundstückshandel	370
2.2.4	Die »Einmann«-GmbH & Co. KG	371
2.3	Das Betriebsvermögen bei der GmbH & Co. KG	371
2.3.1	Die Handelsbilanz-Besonderheiten	371
2.3.2	Das steuerliche Betriebsvermögen	372
2.4	Besonderheiten	374
2.4.1	Die einheitliche GmbH & Co. KG	374
2.4.2	Die Anteilsveräußerung	375
2.4.2.1	Technische Fragen bei der (unterjährigen) Veräußerung von Anteilen	375
2.4.2.2	§ 15a EStG bei einer GmbH & Co. KG	376
2.4.2.3	Die »In Sich«-Veräußerung	376
2.4.3	Die verdeckte Gewinnausschüttung bei der GmbH & Co. KG	377
2.4.4	Entnahmen und Einlagen bei der GmbH & Co. KG	378
2.5	Die »Körperschaftsklausel«	379
2.6	Ausländische KapG im Sonder-BV einer GmbH & Co. KG	380
3	Die (atypisch) stille Gesellschaft, insbesondere die GmbH & atypisch still	380
3.1	Die Grundaussage zur stillen Gesellschaft	380
3.1.1	Die Unterscheidung zwischen typisch und atypisch stiller Gesellschaft	380
3.1.2	Die stille Beteiligung und deren Veräußerung	384
3.2	Die GmbH & atypisch still – ein Kind der Praxis	385
3.3	Optionen der GmbH & atypisch still	387
4	Die Betriebsaufspaltung	388
4.1	Kennzeichen der Betriebsaufspaltung und Gestaltungsmöglichkeiten	388
4.2	Steuerrechtliche Gestaltungsparameter (Voraussetzungen) bei der Betriebsaufspaltung	391
4.2.1	Die erste Voraussetzung: Die sachliche Verflechtung	392
4.2.2	Die personelle Verflechtung	395
4.2.2.1	Grundzüge, insbesondere die Stimmrechtserfordernisse	395
4.2.2.2	Die Gruppentheorie	396
4.2.2.3	Die Ehegatten- (und Familien-)Betriebsaufspaltung	398
4.2.2.4	Stimmrechtsvereinbarungen und personelle Verflechtung	399
4.3	Die steuerlichen Folgen der Betriebsaufspaltung	402
4.3.1	Begründung der Betriebsaufspaltung (der Weg in die Betriebsaufspaltung)	402
4.3.1.1	Die echte Betriebsaufspaltung	402
4.3.1.2	Die unechte Betriebsaufspaltung im Gründungsstadium	403
4.3.2	Laufende Besteuerung – Chancen und Gefahren	405
4.3.2.1	Das Betriebsvermögen bei der Betriebsaufspaltung, insbesondere beim Besitzunternehmen (Besitzgesellschaft oder EU)	405
4.3.2.2	Die Ermittlung des laufenden Gewinns	407
4.3.2.3	Gewerbesteuerliche Konsequenzen	409
4.3.2.4	Die Investitionszulage bei der Betriebsaufspaltung	410
4.3.2.5	Betriebsaufspaltung und Organschaft	410
4.3.2.6	Betriebsaufspaltung und Anrechnung nach § 35 EStG	411
4.3.3	Beendigung der Betriebsaufspaltung	411

4.4	Besondere Erscheinungsformen der Betriebsaufspaltung	412
4.4.1	Die umgekehrte Betriebsaufspaltung	412
4.4.2	Die kapitalistische Betriebsaufspaltung	413
4.4.3	Die mitunternehmerische Betriebsaufspaltung	413
4.4.4	Sonstige Fälle	415
4.4.5	Die unerkannte Betriebsaufspaltung (bzw. die Betriebsaufspaltung in der Außenprüfung)	415
4.4.6	Betriebsaufspaltung über die Grenze?	416
4.4.7	Der Weg aus der Betriebsaufspaltung	417
5	Die »neue« KGaA und neuere Typenverbindungen	417
5.1	Die Kapitalgesellschaft-KGaA bzw. die GmbH & Co. KGaA	417
5.2	Die Stiftung & Co. KG	418
5.3	Die Limited & Co. KG	419
5.3.1	Besteuerung der Limited	419
5.3.2	Besteuerung der Limited & Co. KG	420
IV	**Anfang und Ende einer Personengesellschaft**	**421**
1	Gründung einer Personengesellschaft	421
1.1	Sacheinlage aus dem Privatvermögen	421
1.1.1	Sonderfall: Sacheinlage auf vermögensverwaltende Personengesellschaft	423
1.1.2	Die Übersicht zu den Einlagen (aus dem Privatvermögen)	423
1.2	Sacheinlage aus dem Betriebsvermögen – Einzel-Wirtschaftsgüter	424
2	Der Sonderfall: Die Einbringung nach § 24 UmwStG	426
2.1	Überleitung von der Sacheinlage (Einzel-Wirtschaftsgüter) zur Einbringung funktioneller Einheiten (Betrieb usw.)	426
2.1.1	Einführung	426
2.1.2	Die Voraussetzungen des § 24 UmwStG	428
2.1.2.1	Einbringung durch Gesamtrechtsnachfolge	428
2.1.2.2	Einbringung durch Einzelrechtsnachfolge	428
2.1.2.3	Die Anwachsung	428
2.1.3	Rechtsfolgen der Einbringung	429
2.1.4	Änderungen des § 24 UmwStG aufgrund des SEStEG (2006) sowie des JStG 2009	429
2.2	Einführender Fall zu § 24 UmwStG	431
2.3	Das Wahlrecht und die unterschiedliche Interessenlage	433
2.3.1	Grundsätzliche Überlegungen	433
2.3.2	Ein schematischer Überblick	435
2.4	Variante – gemeiner Wert	436
2.4.1	Folge für die offene Handelsgesellschaft	436
2.4.2	Folge für den Einbringenden	436
2.5	Buchwertvariante	437
2.5.1	Die erste Buchwertvariante (die sog. Netto-Methode: Kapitalkontenanpassung)	437
2.5.2	Die zweite Buchwertvariante (die sog. Brutto-Methode)	438
2.6	Zwischenwertvariante	439
2.7	Spezialprobleme bei § 24 UmwStG	440

2.7.1	Zuzahlung in das Privatvermögen des bisherigen Einzelunternehmers	441
2.7.2	Die unentgeltliche Aufnahme eines Partners: Fall des § 24 UmwStG?	444
2.7.3	Gegenstand der Einbringung und Voraussetzung für das Wahlrecht	444
2.8	Zusammenfassung der Rechtsfolgen für die Personengesellschaft	446
2.9	Zusammenstellung der denkbaren Fälle zu § 24 UmwStG	446
3	Die laufende Besteuerung der Personengesellschaft	447
4	Die Auflösung der Personengesellschaft	447
5	Die Realteilung der Personengesellschaft	447
5.1	Historische Einleitung und gesellschaftsrechtlicher Hintergrund	447
5.2	Tatbestand und Rechtsfolgen bei einer Realteilung von steuerfunktionalen Einheiten	450
5.2.1	Die Grundaussage	450
5.2.2	Weitere bilanztechnische Folgen	451
5.3	Einzelwirtschaftsgüter als Teilungsmassen	451
5.4	Der Mitunternehmeranteil als Teilungsgegenstand	453
5.5	Realteilung mit Spitzenausgleich	454
5.6	Folgewirkungen bei der Realteilung	456
5.7	Auswirkungen auf andere Steuern	456
V	**Die Beteiligung an einer Personengesellschaft inklusive Personenstandsänderungen, insbesondere die Veräußerung**	**457**
1	Einführung	457
2	Die Bilanzierung der Beteiligung	458
2.1	Die Beteiligung in der Handelsbilanz	459
2.2	Die Beteiligung in der Steuerbilanz	460
3	Der Eintritt in die Personengesellschaft	462
4	Die Veräußerung der Beteiligung (§ 16 Abs. 1 Nr. 2 EStG)	462
4.1	Grundtatbestand und Modalitäten	462
4.1.1	Das Sonder-Betriebsvermögen bei § 16 Abs. 1 Nr. 2 EStG	463
4.1.2	Bruchteilsveräußerung von Mitunternehmeranteilen	464
4.1.3	Veräußerungsvorgang und -zeitpunkt	465
4.1.4	Sonstige Veräußerungsvorgänge	466
4.2	Die Besteuerung beim Veräußerer	466
4.3	Auswirkungen auf die Personengesellschaft und den Neugesellschafter	467
4.3.1	Zu- und Abschreibung (?) in der Ergänzungsbilanz des Erwerbers	468
4.3.2	Fortschreibung der Ergänzungsbilanz	470
4.3.3	Besonderheiten	472
5	Das Ausscheiden durch An-/Abwachsung	475
5.1	Die An-/Abwachsung als Anwendungsfall des § 16 Abs. 1 Nr. 2 EStG	475
5.2	Problemfelder beim Ausscheiden	477
5.3	Die Sachwertabfindung als besondere Form der Abfindungsvereinbarung	479
5.4	Das Anwachsungsmodell	481
6	Die Vererbung	481

VI	**Sonderfragen**	482
1	Inter-/intrasubjektive Übertragungen von Wirtschaftsgütern bei einer Mitunternehmerschaft	482
2	§ 35 EStG im Recht der Personengesellschaften	484
2.1	Grundlagen	484
2.2	Persönlicher und sachlicher Anwendungsbereich – allgemein	485
2.3	Besonderheiten (Steuerermäßigung) bei Mitunternehmerschaften	486
2.3.1	Einheitliche und gesonderte Feststellung (§ 35 Abs. 2 S. 1 EStG)	486
2.3.1.1	Gewinnverteilungsschlüssel (§ 35 Abs. 2 S. 2 EStG)	486
2.3.1.2	Aufteilung bei Auslandsbeteiligungen (§ 35 Abs. 2 S. 3 EStG)	488
2.3.1.3	Mehrstöckige Personengesellschaften (§ 35 Abs. 2 S. 5 EStG)	488
2.3.1.4	Gewerbesteuer-Messbetrag bei unterjähriger Unternehmensübertragung und Gesellschafterwechsel	489
3	Die Thesaurierungsbegünstigung (ab 2008)	490
3.1	Die Intention des Unternehmenssteuerreformgesetzes (2008)	490
3.2	Die Regelung im Überblick	491
3.2.1	Systematische Einordnung	491
3.2.2	Regelungsinhalt des § 34a EStG	491
3.3	Die Tatbestandsmerkmale für den »nicht entnommenen Gewinn«	492
3.3.1	Thesaurierungsbegünstigung	492
3.3.1.1	Nicht entnommener Gewinn (Rz. 11 – 21 BMF)	492
3.3.1.2	Steuerfreie Gewinnanteile (Rz. 17 und 18 BMF)	494
3.3.1.3	Nicht abzugsfähige Betriebsausgaben (Rz. 16 BMF)	495
3.3.1.4	Gewinneinkünfte	496
3.3.1.5	Ausnahme für Veräußerungsgewinne (Rz. 4 – 6 BMF)	496
3.3.1.6	Antragsrecht	496
3.3.1.7	Die persönliche Steuerpflicht	497
3.4	Die Nachversteuerung	497
3.4.1	Der nachversteuerungspflichtige Betrag (Rz. 23 ff. BMF)	498
3.4.2	Nachversteuerungsbetrag (Rz. 27 ff. BMF)	499
3.4.3	Übertragung und Überführung von Wirtschaftsgütern (Rz. 32 ff. BMF)	501
3.4.4	Steuersatz bei der Nachversteuerung	502
3.4.5	Nachversteuerung in sonstigen Fällen	502
3.4.5.1	Betriebsveräußerung, -aufgabe und Einbringung (Rz. 42 BMF)	502
3.4.5.2	Wechsel der Gewinnermittlungsart (Rz. 44 BMF)	502
3.4.5.3	Nachversteuerung auf Antrag (Rz. 45 BMF)	503
3.5	Besonderheiten	503
3.5.1	Unentgeltliche Übertragung und Einbringung gem. § 24 UmwStG (Rz. 47 BMF)	503
3.5.2	Negative Einkünfte	503
3.5.3	Zuständigkeitsregelungen und Verfahrensvorschriften	503
3.5.4	Vorauszahlungen	504
4	Belastungsvergleich	504
5	§ 15 Abs. 1 Nr. 2 EStG und das SEStEG	505

B Besteuerung der Personengesellschaft als Mitunternehmerschaft

I Grundfragen zur Mitunternehmerschaft inklusive Einkunftsermittlung

1 Die Personengesellschaft im Steuerrecht – Überblick

Die PersG nimmt im Steuerrecht eine Zwitterstellung ein. Während sie in den meisten Steuerarten ein eigenständiges Steuerrechtssubjekt ist, gilt dies nicht für die ESt.

Beispiel 1: Die Personengesellschaft im Steuerrecht und § 35 EStG
Die gewerbliche X-OHG (KG, GbR) mit den G'ftern A und B hat in 01 – zusätzlich zu ihren satzungsgemäßen Aktivitäten – ein Grundstück erworben. Wer hat für die in 01 verwirklichten Sachverhalte Steuern zu zahlen? Wer begründet mit welchem FA ein Steuerschuldverhältnis? Welche Bedeutung hat in diesem Zusammenhang § 35 EStG?

Die drei Fragestellungen haben nur ein Thema zum Gegenstand: Ist die PersG ein Steuerrechtssubjekt? Für das Steuerrecht hat der Gesetzgeber die Frage beantwortet, während für das Zivilrecht trotz mehrerer BGH-Entscheidungen aus den Jahren 2001 bis 2012 zur BGB-Gesellschaft[1] die endgültige Antwort noch aussteht.

Lösung: Die nachfolgende Übersicht geht von der Annahme aus, dass die PersG im Beispiel 1 die sonstigen Merkmale der aufgezählten Steuern erfüllt und dass bei allen Rechtshandlungen nur WG der PersG betroffen sind, also z.B. keine Privatgrundstücke der G'fter.

Steuer	Rechtssubjekt	Rechtsgrundlage
1. ESt	die G'fter	§ 15 Abs. 1 S. 1 Nr. 2 EStG i.V.m. § 1 Abs. 1 EStG
2. USt	die PersG; u.U. im Verhältnis zur PersG die G'fter[2]	§ 2 Abs. 1 UStG
3. GewSt	die PersG[3]	§ 5 Abs. 1 S. 3 GewStG
4. Grundsteuer	die PersG	§ 10 GrStG i.V.m. BewG

---

[1] BGH vom 29.01.2001 (DB 2001, 423) und BGH vom 17.07.2001 (NJW 2001, 3121); bestätigt durch BGH vom 18.02.2002 (NJW 2002, 1207): In allen Entscheidungen wird nunmehr von der Rechtsfähigkeit der BGB-Außengesellschaft (= GbR mit Gesamthandsvermögen) ausgegangen (vgl. zum Begriff der Rechtsfähigkeit *Beuthien*, NJW 2005, 855). Zuletzt BGH vom 05.03.2008, NJW 2008, 1737.
[2] S. im Einzelnen *V. Schmidt*, Band 3, Teil B, Kap. III »Unternehmerbegriff«. Auch der G'fter kann in seiner Eigenschaft als Geschäftsführer bzw. als Nutzungsüberlassender an seine PersG Unternehmer i.S.d. § 2 UStG sein.
[3] Dies betrifft die Steuerschuldnerschaft bei der GewSt (§ 5 Abs. 1 S. 3 GewStG).

Steuer	Rechtssubjekt	Rechtsgrundlage
5. Grunderwerbsteuer	die PersG	§ 13 GrEStG
6. Erbschaftsteuer	die PersG (nicht vermögensverwaltend)	§§ 2, 20 Abs. 1 ErbStG

Bei den Objekt- und Verkehrssteuern ist die PersG[4] selbst Steuerschuldnerin, bei der ESt ist es immer der einzelne G'fter[5], der die Ergebnisse der PersG mit seinem Anteil zu versteuern hat.

Das Auseinanderfallen der persönlichen Steuerpflicht verdeutlicht am besten § 35 Abs. 2 EStG, der für die Anrechnung der GewSt auf die ESt die salomonische Regelung bereithält, dass die Anrechnung der GewSt auf die persönliche ESt-Schuld des G'fters nach dem Gewinnverteilungsschlüssel zu erfolgen habe.[6]

Klausurhinweis:
Zum allgemeinen Unterschied der Besteuerung der G'fter einer PersG und einer KapG vgl. den Auszug aus der StB-Ertragsteuerklausur (2009):

Zu beurteilen sind hier nur die allgemeinen Sachverhalte in Bezug auf die einzelnen G'fter vor und nach der formwechselnden Umwandlung. Die formwechselnde Umwandlung selbst und ihre Auswirkung auf die G'fter soll hier nicht näher untersucht werden (vgl. hierzu Teil D, Kap. VIII).

Beispiel 1a: 4. Teilaufgabe der StB-Ertragsteuerklausur 2009
Anton Meyer, geboren am 01.01.1951, mit Wohnsitz in Chemnitz, ist gemeinsam mit Max Nitzsche G'fter der M & N Maschinenbau OHG mit Sitz und einziger Betriebsstätte in Chemnitz. Die G'fter sind zu je 1/2 beteiligt. Die OHG hat ein vom Kalenderjahr abweichendes Wirtschaftsjahr vom 1. Februar bis zum 31. Januar. Die Bilanz zum 31.01.2008 weist einen Gewinn von 100.000 € aus. Das Kapitalkonto von Anton Meyer und Max Nitzsche beträgt je 500.000 €. Der gemeine Wert der Anteile zum 31.01.2008 beträgt je 750.000 €.

Für seine Geschäftsleitungstätigkeit erhält Anton Meyer 3.000 € pro Monat, die auf sein privates Konto überwiesen werden und in der OHG als Aufwand gebucht werden. Ferner steht ihm ein der OHG gehörender Pkw mit einem Bruttolistenpreis von 50.000 € (einschließlich Umsatzsteuer) neben der überwiegend beruflichen auch zur privaten Verwendung zur Verfügung, ein Fahrtenbuch wird nicht geführt.

Am 07.03.2008 überweist Anton Meyer vom Konto der OHG jeweils 11.000 € an das Finanzamt als Vorauszahlung zur Einkommensteuer 2008.

Da Anton Meyer und Max Nitzsche die mit einer OHG verbundenen Haftungsrisiken zu groß geworden sind, wollen sie ihr Geschäft als GmbH weiterführen.

Zu diesem Zweck wandeln sie die OHG mit Notarvertrag vom 01.07.2008 formwechselnd (§ 25 UmwStG) in die M & N GmbH (Stammkapital = 50.000 €) um.

Sie erhalten im Gegenzug einen Stammkapitalanteil von je 25.000 €. Der Formwechsel soll mit steuerlicher Rückwirkung zum 31.01.2008 und zu Buchwerten erfolgen. Die übersteigenden Werte der Kapitalkonten werden bei der GmbH als Kapitalrücklage ausgewiesen.

---

4   Zuständig ist hier das Betriebs-FA (§ 22 Abs. 1 AO i.V.m. § 18 Abs. 1 Nr. 2 AO für die GewSt und § 21 AO für die USt) bzw. das Lage-FA (§ 22 Abs. 1 AO i.V.m. § 18 Abs. 1 AO für die Grundsteuer).
5   Zuständig ist hierfür das Wohnsitz-FA des einzelnen G'fters (§ 19 Abs. 1 S. 1 AO).
6   Im Einzelnen s. Kap. VI 2 sowie BMF vom 24.02.2009, BStBl I 2009, 440.

Anton Meyer und Max Nitzsche werden zu Geschäftsführern der GmbH bestellt; es werden Anstellungsverträge geschlossen, aufgrund derer Anton Meyer wie bisher bei der OHG 3.000 € pro Monat zuzüglich der privaten Nutzung des Firmenwagens erhält.

Am 13.07.2008 erfolgt die Eintragung des Formwechsels ins Handelsregister und die Löschung der OHG.

Am 31.07.2008 übersieht Anton Meyer auf der Fahrt zu einem Kunden ein STOP-Schild und verursacht dadurch einen schweren Verkehrsunfall, bei dem er und der Unfallgegner erheblich verletzt werden.

(Amtliche) Lösung zum Teilsachverhalt »AM«:

Anton Meyer ist unbeschränkt einkommensteuerpflichtig nach § 1 Abs. 1 S. 1 EStG, da er seinen Wohnsitz (§ 12 AO) im Inland.

Er bezieht aus der Beteiligung an der OHG Einkünfte aus Gewerbebetrieb nach § 15 Abs. 1 S. 1 Nr. 2 EStG.

Ferner ist ihm nach § 15 Abs. 1 . 1 Nr. 2 S. 1, 2. HS EStG die Tätigkeitsvergütung und die private Pkw-Nutzung als Gewinn zuzurechnen.

Durch das abweichende Wirtschaftsjahr gilt der Gewinn nach § 4a Abs. 2 Nr. 2 EStG als im Jahr 2008 bezogen.

Ermittlung der Einkünfte aus Gewerbebetrieb (§ 15 EStG):

Der Anton Meyer zuzurechnende Bilanzgewinn beträgt 100.000 € × ½ =	50.000 €
Tätigkeitsvergütung 12 × 3.000 € (01.02.2007 bis 31.01.2008)	36.000 €
Pkw: § 6 Abs. 1 Nr. 4 S. 2 EStG (12 × 500 €)	6.000 €
Summe	92.000 €

Einkünfte aus nichtselbständiger Arbeit (§ 19 EStG):

Aus seiner Tätigkeit für die Gesellschaft vom 01.02.2008 bis zum 30.09.2008 bezieht Anton Meyer Einkünfte aus nichtselbständiger Arbeit nach § 19 EStG.

Die Höhe der Einnahmen beträgt:

8 × 3.000 € =	24.000 €
Pkw-Nutzung vom 01.02.2008 bis zum 31.07.2008: 6 × 500 € =	3.000 €
Summe	27.000 €

Die verhängte Geldstrafe ist nach § 12 Nr. 4 EStG nicht als Werbungskosten abziehbar, mag sie auch mit einer beruflichen Fahrt zusammenhängen.

Die Verteidigerkosten sind hingegen als Werbungskosten abziehbar.

Sie stehen mit der beruflichen Tätigkeit im Zusammenhang. Eine fahrlässige Straftat fällt nicht aus dem Rahmen der beruflichen Tätigkeit heraus.

Einnahmen	27.000 €
Werbungskosten	./. 1.500 €
Einkünfte	25.500 €

Sonstige Einkünfte nach § 22 EStG:

Die Einnahmen aus der privaten Berufsunfähigkeitsrente sind keine Einnahmen aus nichtselbständiger Arbeit.

Es handelt sich um eine vom Anstellungsverhältnis unabhängige Personenversicherung, die das Risiko der Invalidität unabhängig davon absichert, ob die Ursache der Invalidität im beruflichen oder privaten Bereich liegt.

Es liegen sonstige Einkünfte vor, die nach § 22 Nr. 1 S. 3 Buchst. a Doppelbuchst. bb EStG mit dem Ertragsanteil stpfl. sind.

Berechnung:

Einnahmen	3 × 1.000 € =	3.000 €
Ertragsanteil (57. Lebensjahr; Tabelle zu § 22 Nr. 1 S. 3 Buchst. a Doppelbuchst. bb EStG)	25 % =	750 €
Werbungskostenpauschbetrag (§ 9a S. 1 Nr. 3 EStG)		./. 102 €
Einkünfte		648 €

Das Verletztengeld der Berufsgenossenschaft ist nach § 3 Nr. 1 Buchst. a EStG steuerfrei. Es ist aber nach § 32b Abs. 1 Nr. 1 Buchst. b EStG im Rahmen des sog. Progressionsvorbehalts bei der Festlegung des Steuersatzes zu berücksichtigen.

3 × 1.500 €   4.500 €

Ergebnis:

§ 15 EStG	342.000 €
§§ 22, 23 EStG	35.000 €
§ 19 EStG	25.500 €
§ 22 EStG	648 €
Summe der Einkünfte = Gesamtbetrag der Einkünfte	403.148 €
Progressionsvorbehalt	4.500 €

Kurzerläuterung zu den Zahlen zu § 15 und zu §§ 22, 23 EStG:

§ 15 EStG :
342.000 € = 92.000 € (§ 15 EStG) + 250.000 € (§ 16 EStG) [750.000 € (§ 22 Abs. 1 S. 3 UmwStG ./. 500.000 €) = Einbringungsgewinn I

§§ 22, 23 EStG (altes Recht; heute: § 17 EStG):
35.000 € = 800.000 € ./. 728.000 € (500.000 € ./. 22.000 €, vgl. § 20 Abs. 3, Abs. 5 S. 2 UmwStG, + 250.000 €) ./. 2.000 € (Kosten) = 70.000 € / 2 (»damaliges« Halbeinkünfteverfahren).

Hinweis:
Nach **aktuellem** Recht lautet die Lösung:

1. (statt §§ 22,23 EStG): jetzt **§ 17 EStG** mit
   35.000 € = 800 T€ ./. 728 T€ [478 T€ (500 T€ ./. 22 T€) + 250 T€ = **72 T€ ./. 2 T€ × 50 %**]
   (vgl. § 20 Abs. 5 S. 2 und 3 UmwStG i.V.m. § 22 Abs.1 UmwStG i.V.m. AE UmwStG 2011)

2. **§ 15 EStG (342 T€)** = 92 T€ + 250 T€ (§ 16 EStG = **Einbringungsgewinn I** gem. § 22 Abs. 1 S. 4 UmwStG (750 T€ ./. 500 T€))

2 Mitunternehmerschaft versus Personengesellschaft und andere Begrifflichkeiten

2.1 Mitunternehmerschaft und Personengesellschaften

Gesellschaftsrechtlich liegt eine PersG vor, wenn die Beteiligten sich zur gemeinsamen Zweckverfolgung mittels Arbeits- und Kapitaleinsatz zusammenschließen (vgl. § 705 BGB). Dabei wird bei **Außengesellschaften** (Außen-GbR, OHG, KG und Partnerschaft) gemeinsames **Gesamthandsvermögen** gebildet, während dies bei den Innengesellschaften (Unterbeteiligung, stille Gesellschaft etc.) nicht der Fall ist. Schließlich kennt das Gesellschaftsrecht eine weitere Differenzierung nach Personenhandelsgesellschaften (= PersHG wie z.B. OHG und KG) und sonstigen Personengesellschaften (= PersG wie z.B. die GbR).

Im Unterschied zu KapG sind PersG immer noch durch folgende Merkmale gekennzeichnet:

- Grundsatz der Selbstorganschaft (vertretungsberechtigte Organe sind nur die G'fter); anders bei KapG: Grundsatz der Fremdorganschaft.
- Trotz der Annäherung (vgl. § 124 HGB und die oben zitierte BGH-Rspr.) sind die PersG (noch) keine juristischen Personen.
- Die PersG sind in ihrem Bestand nicht vollkommen unabhängig von ihren Mitgliedern.

In § 15 Abs. 1 S. 1 Nr. 2 EStG sind ausdrücklich nur die Personenhandelsgesellschaften (OHG/KG) als Träger der gemeinschaftlichen unternehmerischen Betätigung genannt. Darüber hinaus lässt der Wortlaut die Einbeziehung **anderer** Gesellschaften zu, wenn diese G'fter als Mitunternehmer **(MU)** anzusehen sind. Unter dieser Voraussetzung (mitunternehmerische Qualifikation der G'fter) erfolgt eine **steuerliche »Erhöhung«** der PersG zur steuerlichen **MU-schaft**.

Auf diese Weise sind folgende Gesellschaften (und ihre G'fter) in den Anwendungsbereich des § 15 Abs. 1 Nr. 2 EStG einbezogen:

a) andere PersG wie die GbR (BGB-Gesellschaft), Partenreederei, die sog. fehlerhafte (oder faktische) PersG[7] und atypische Innengesellschaften sowie
b) andere vergleichbare Gemeinschaftsverhältnisse[8] wie die Erbengemeinschaft und die Gütergemeinschaften, ja sogar Bruchteilsgemeinschaften und Nießbrauchskonstellationen und
c) internationale Gesellschaften (ausländische PersG mit inländischer Betriebsstätte und inländischer PersG mit ausländischer PersG)

Darüber hinaus ist der steuerliche MU-Begriff auf verschiedene (und nicht nur gewerbliche) Einkunftsträger anzuwenden. So gibt es neben den gewerblichen MU-schaften auch freiberufliche MU-schaften und L + F-Mitunternehmerschaften (s. Kap. 3.2.1).

Fazit: Die **PersG mutiert zur steuerlichen MU-schaft** bei Vorliegen der Zusatzvoraussetzungen aus dem EStG. Zusätzlich nimmt der Steuerterminus weitere Rechtsgebilde auf, auf die der Transparenzgedanke (G'fter als MU des Betriebs der Gesellschaft) anzuwenden ist.

---

7   Hierunter fallen gesellschaftsrechtlich PersG mit einem »rechtlichen Geburtsfehler – z.B. wegen der Beteiligung Geschäftsunfähiger –«, die aber ins Werk gesetzt wurden.
8   BFH vom 25.06.1984 (BStBl II 1984, 751), vom 05.07.1990 (BStBl II 1990, 837) und vom 03.07.1995 (BStBl II 1995, 617).

2.2 Begrifflichkeiten und kohärente Rechtsinstitute

2.2.1 Die Gesamthand

Mehrere Fachbegriffe durchziehen das Recht der PersG, die sich gerade im Steuerrecht wiederfinden und die – wegen des häufig widersprüchlichen/missverständlichen Gebrauchs – einer kurzen Erklärung bedürfen.

Der Prototyp des gemeinschaftlichen Vermögens einer MU-schaft ist das **Gesamthandsvermögen**. Dieses ist die dritte dem Zivilrecht bekannte Form, wie mehrere Personen gemeinschaftliches Vermögen bilden können.

Beispiel 2: Ein Gegenstand – zwei Personen – drei Eigentumsvarianten
Vorhanden seien: ein Grundstück sowie zwei Personen A und B. A und B wollen wissen, wie sie gemeinsam Eigentümer des Grundstücks sein (werden) können?

Lösung:
- Als erste Möglichkeit gründen A und B eine KapG und bringen das Grundstück in die GmbH (AG) ein. Sodann ist diese als juristische Person Eigentümer. A und B verfügen lediglich über Gesellschaftsrechte an der KapG.
- Als zweite Möglichkeit teilen A und B das Grundstück in zwei (ideelle) Miteigentumshälften und bilden somit gem. §§ 741, 1008 BGB eine Bruchteilsgemeinschaft, bei der ein jeder über seinen Anteil frei verfügen kann (§ 747 BGB). Es erfolgt lediglich eine gemeinschaftliche Verwaltung.
- A und B können ebenso eine PersG (z.B. eine GbR) gründen und in diese das Grundstück einbringen; gem. **§§ 717 ff. BGB** wird dieses Grundstück sodann **Gesamthandsvermögen** mit der Folge, dass es beiden gemeinsam in gesamthänderischer Verbundenheit zusteht. Dies meint, dass bei mehreren Gegenständen, die in diese Vermögensmasse eingebracht werden, **keiner der G'fter** (= Gesamthänder) ein Verfügungsrecht über einen einzelnen Gegenstand hat (§ 719 Abs. 1, 1. HS BGB). Gleichzeitig können die Anteile am Gesamthandsvermögen und die gesellschaftsrechtliche Beteiligung nur gemeinsam veräußert[9] werden (§ 717 BGB; sog. Abspaltungsverbot).

Die weiteren Möglichkeiten des BGB, z.B. gemeinschaftliches Eigentum nach dem WEG bzw. bei Ehepartnern durch Gütergemeinschaft zu bilden, stellen nur Varianten der o.g. drei Grundformen dar.

Für das Steuerrecht kommt dem **Gesamthandsvermögen** allein deshalb große Bedeutung zu, weil gemeinschaftliches Vermögen bei allen **Außengesellschaften** (OHG/KG/unternehmerische GbR) auf diese Weise gebildet wird: So ist z.B. in der HB einer OHG nur Gesamthandsvermögen dargestellt.

---

[9] Die Verfügung über den Anteil am Gesamthandsvermögen wird bei Zustimmung der Partner – entgegen dem Wortlaut von § 719 Abs. 1, 1. HS BGB – zwischenzeitlich vom BGH zugelassen; ansonsten könnten keine Beteiligungen an PersG veräußert werden.

2.2.2 Kapitalanteil, Vermögenswert und Gesellschaftsanteil

Auf der Ebene der G'fter wird man immer wieder mit den Begriffen Kapitalanteil, Vermögenswert und Gesellschaftsanteil konfrontiert.

Beispiel 3: Ein G'fter und mehrere WG der PersG
A ist zu 1/3 an der ABC-Speditions-OHG beteiligt, die Eigentümer und Halter von 100 Lkw ist, denen Schulden von 3 Mio. € gegenüberstehen. Die Buchwerte der Lkw entsprechen zu 2/3 ihren Teilwerten.
Die Bilanz der OHG hat folgendes Aussehen:

A	Bilanz der OHG		P
AV (Lkw)	6.000.000 €	Kapital A	1.000.000 €
		Kapital B	1.500.000 €
		Kapital C	500.000 €
		Verbindlichkeiten	3.000.000 €
	6.000.000 €		6.000.000 €

A möchte über die Bedeutung der Begriffe Kapitalkonto, Gesellschaftsanteil und Vermögenswert seiner Beteiligung informiert werden.

Lösung:
- Der **Kapitalanteil** gibt als rechnerischer Wert (»Bilanzziffer«) den gegenwärtigen Stand der Einlage (inkl. der Veränderungen) des G'fters wieder. Die entscheidende Aussage liegt jedoch in der Relation der jeweiligen Kapitalkontenstände zueinander, da nur das **Verhältnis** der Kapitalkonten zueinander Rechenschaft über die Beteiligungsquote am Gesamthandsvermögen gibt. Vorliegend ist A zu 1/3, B zur Hälfte und C zu einem Sechstel am Vermögen beteiligt.
- Der **Vermögenswert** der A-Beteiligung wird nur indirekt durch die Bilanz wiedergespiegelt. Dazu ist eine Vermögensbilanz erforderlich, die ad hoc ein aktives Gesamthandsvermögen von 9 Mio. € (6 Mio. € = 2/3 der Teilwerte) ausweisen würde; bei identischem Fremdkapital von 3 Mio. € beträgt das echte Reinvermögen der OHG 6 Mio. €. Bei einer 1/3-Beteiligung ist der Vermögenswert des A mit 2 Mio. € anzusetzen.
- Der **Gesellschaftsanteil** des A umfasst neben seinem Vermögenswert vor allem seine gesellschaftsrechtlichen Verwaltungsrechte und -pflichten. Die ideellen Mitwirkungsrechte (Beispiel: Geschäftsführung) fallen hier ebenso darunter wie evtl. Haftungsverpflichtungen.

2.2.3 Eine Personengesellschaft – eine Mitunternehmerschaft – ein Gewerbebetrieb?

Nach einhelliger Auffassung in der Rspr. und im Schrifttum kann eine PersG nur ein Unternehmen (einen Gewerbebetrieb) betreiben.[10] Als weitere Konsequenz gibt es für eine PersG im Steuerrecht nur eine MU-schaft, auch bei verschiedenartiger Tätigkeit.[11] Dies steht im Gegensatz zum Einzelunternehmer, der mehrere organisatorisch und wirtschaftlich getrennte Gewerbebetriebe, zumal in verschiedenen Gemeinden, unterhalten kann.

---

10 Ausnahme: die Zweigniederlassung gem. §§ 13 ff. HGB (vgl. auch § 30 HGB).
11 Einhellige Auffassung (BFH vom 25.06.1996, BStBl II 1997, 202 sowie *Wacker* in *Schmidt* – nachfolgend 33. Aufl., 2014, § 15 Rz. 194).

3 Transparenzgrundsatz und Besteuerung gemäß § 15 Abs. 1 S. 1 Nr. 2 EStG

3.1 Einführung

Die Grundaussage des § 1 Abs. 1 EStG i.V.m. § 15 Abs. 1 S. 1 Nr. 2 S. 1 EStG[12] mit der persönlichen ESt-Pflicht der G'fter (und nicht der PersG) wird als »Transparenzkonzept« bezeichnet. Damit schlagen die Ergebnisse der gemeinsamen gesellschaftsrechtlichen Betätigung bei einer PersG **unmittelbar** auf die individuelle ESt des G'fters durch; exakter: bei einer gewerblichen PersG sind die Beteiligungsergebnisse des G'fters Teil seiner gewerblichen Einkünfte. Der Gegensatz dazu ist die »Abschottungswirkung« bei der Beteiligung an einer KapG. Dort machen sich erfolgreiche Jahre der KapG allein durch die Dividendenhöhe bemerkbar, Verlustjahre hingegen überhaupt nicht[13] bzw. erst im Fall der Veräußerung der Beteiligung.

Die Regelung des § 15 Abs. 1 Nr. 2 EStG verdeutlicht aber auch, dass die gewerblichen Einkünfte eines G'fters aus einem **gemeinschaftlichen** Bezug eines gewerblichen Unternehmens resultieren. Bereits hieraus ergeben sich für die Besteuerung des Personen-G'fters Konsequenzen:

- Die individuelle Gewinnerfassung setzt eine einheitliche Quelle voraus. Insoweit ist die PersG (MU-schaft) verselbständigt; sie ist **Gewinnermittlungssubjekt**. Der Gewinn wird einheitlich bei ihr ermittelt und festgestellt.
- Die PersG (MU-schaft) hat über die Funktion des Gewinnermittlungssubjektes hinaus weitere Besteuerungsmerkmale wie z.B. die Gewerblichkeitseigenschaft (§ 15 Abs. 2 EStG) zu erfüllen, die bei ihr zu prüfen sind. Insoweit ist sie steuerliches **Tatbestandssubjekt**. Die Prüfung der Gewerblichkeit erfolgt demnach auch auf der Ebene der PersG.
- In verfahrensrechtlicher Hinsicht ergänzen die §§ 179, 180 Abs. 1 Nr. 2a und § 182 Abs. 1 AO mit der Notwendigkeit eines einheitlichen und gesonderten **Grundlagenbescheides** die materielle Ausgangslage des § 15 Abs. 1 Nr. 2 EStG.
- Andererseits ist für den G'fter (MU) als **ESt-Subjekt** die Nähe zum Einzelunternehmer festgeschrieben. Auch beim MU wird die Gewerblichkeit nochmals geprüft.

Die Vorwegdarstellung wird Bedeutung für die Frage haben, wie bestimmte personenbezogene Steuermerkmale (z.B. die Verbleibenszeit bei § 6b EStG oder die »Herstellereigenschaft« bei § 7 Abs. 5 EStG) auszulegen sind. Außerdem erklärt die Einheitstheorie am besten das Verhältnis zwischen PersG und G'fter. Die zunehmende Verselbständigung der PersG verdankt ihren Ausgangspunkt der **Aufgabe der Bilanzbündeltheorie** des RFH und des (frühen) BFH zu Anfang der 70er Jahre: Damals hatte man sich die Bilanz einer PersG noch als die konsolidierte Bündelung der Einzelbilanzen der G'fter vorgestellt.[14] Das heutige Verständnis fußt auf einer Einheitsbilanz, die die PersG (MU-schaft) erstellt.

---

12 Im Folgenden nur § 15 Abs. 1 Nr. 2 EStG.
13 Abgesehen von der in engen Grenzen möglichen TW-AfA auf die Beteiligung.
14 Aus der Rspr.: RFH vom 14.07.1937 (RStBl 1937, 937) sowie der (frühe) BFH vom 29.09.1966 (BStBl III 1967, 180). Hingegen ganz deutlich das heutige Verständnis aufzeigend der BFH im Urteil vom 05.07.1972 (mit der erstmaligen Verwendung des Begriffes Sonderbetriebsvermögen – BStBl II 1972, 928).

3.2 Ebene der Mitunternehmerschaft

Auf der Ebene der MU-schaft ist vorweg die gemeinsame Verwirklichung des einschlägigen einkunftsqualifizierenden Merkmals zu prüfen. Auch wegen der Querverweisung aus L + F (§ 13 Abs. 7 EStG) und aus der selbständigen Arbeit (§ 18 Abs. 4 S. 2 EStG) auf § 15 Abs. 1 Nr. 2 EStG ist die von der MU-schaft realisierte Einkunftsart zu prüfen. Darüber hinaus erfordert die »Tatbestandssubjektivität« die Prüfung, ob es sich um eine gewerbliche, freiberufliche oder L + F-Mitunternehmerschaft handelt. Nicht zuletzt kommt der konkret verwirklichten Einkunftsart seit 01.07.1998 erhöhte Bedeutung zu, da seitdem auch die Gründung einer vermögensverwaltenden[15] PersHG (§ 105 Abs. 2 für die OHG bzw. § 161 Abs. 2 HGB für die KG) zulässig ist.

Anders als im Gesellschaftsrecht spielt im Steuerrecht neben der originär-gewerblichen MU-schaft noch die gewerblich geprägte PersG eine wichtige Rolle.

3.2.1 Die gewerblich tätige Mitunternehmerschaft

Die »Gewerbe«-Merkmale des § 15 Abs. 2 EStG müssen zunächst auf der Ebene der Mitunternehmerschaft erfüllt sein. Neben der Umqualifizierung bei vermögensverwaltenden PersG nach §§ 20, 21 EStG kommt dieser Prüfung vor allem bei Verlustzuweisungsgesellschaften[16] und bei Mischaktivitäten eine erhöhte Bedeutung zu.

Beispiel 4: Die vielfältige GbR
Der gemeinsame Aufgabenkatalog der AB-GbR umfasst:
a) die Holznutzung des eigenen gemeinschaftlichen Waldbesitzes,
b) das Erstellen von forstwissenschaftlichen Gutachten und
c) den gewerblichen Holzhandel.

§ 15 Abs. 3 Nr. 1 EStG (sog. »Abfärbetheorie«) hat sich in der mehrfach entschiedenen Fallgruppe der **teilweise gewerblichen Tätigkeit** einer PersG für manche Freiberufler-Sozietät als steuerlicher Bumerang erwiesen, da für den Zusammenschluss von Freiberuflern über § 18 Abs. 4 S. 2 EStG die Ausführungen zu § 15 Abs. 1 Nr. 2 EStG entsprechend gelten. Der eindeutigen Subsumtion als gemeinschaftlich betriebene selbständige Arbeit nach § 18 EStG (Beispiel 4 Fall b) bei zusätzlichen gewerblichen Aktivitäten (Beispiel 4 Fall c); weiteres Beispiel: Medikamentenhandel einer gemeinschaftlichen Tierarztpraxis) steht der Wortlaut des § 15 Abs. 3 Nr. 1 EStG entgegen. Mit dem Tatbestandsmerkmal »auch« in Nr. 1 und der Rechtsfolge »in vollem Umfang« im Einleitungssatz entnahm die Rspr. bis vor kurzem immer eine **voll umfängliche Infektion** der sonstigen Einkünfte durch die (auch minimal) gewerblichen Einkünfte dieser PersG.[17] Es lagen somit komplett gewerbliche Einkünfte vor (BFH vom 05.05.1999, BFH/NV 1999, 1328).

---

15 Darunter versteht man eine PersG, die nur Kapital- oder Immobilienvermögen verwaltet und keinen aktiven Erwerbsgeschäften nachgeht.
16 So muss § 15b EStG auf der Ebene der Gesellschaft geprüft werden; vgl. auch Fondserlass (BMF vom 20.10.2003, BStBl I 2003, 546).
17 § 15 Abs. 3 Nr. 1 EStG wird nur bei PersG (und nicht bei vergleichbaren Rechtsgemeinschaften) angenommen (Anm.: hier gebotene restriktive Auslegung).

Aufgrund der massiven Kritik im Schrifttum[18] hat der BFH im Urteil vom 11.08.1999 (BStBl II 2000, 229) bei äußerst geringfügiger gewerblicher Betätigung eine **Ausnahme** – contra legem – zunächst für den Fall zugelassen, dass die gewerblichen Einnahmen **weniger als 1,25 %** aller Einnahmen ausmachen. Die Tendenz des BFH, die **Abfärbetheorie einzudämmen**, zeigt sich im Folgebeschluss vom 08.03.2004 (BFH/NV 2004, 954), in dem der BFH – allerdings zu einem Abgrenzungsfall gegenüber **L + F** – die Unbeachtlichkeitsgrenze auf 2,81 % anteiliger gewerblicher Umsätze an den Gesamtumsätzen festgesetzt hat.[19] Noch bedeutsamer ist allerdings der textliche Hinweis, dass nunmehr bereits gewerbliche Umsätze im »**geringen Umfang**« unschädlich seien.

In späteren drei Entscheidungen vom 27.08.2014 (DStR 2015, 345, BFH/NV 2015, 592 und 595) ist der BFH nunmehr zu dem Ergebnis gelangt, dass gewerbliche Umsätze **bis zu 3 % unschädlich** sind, wenn sie zugleich die absolute Untergrenze von **24.500 € nicht übersteigen**.

Lösung:
1. Prüfung der Einkunftsarten:
   Die AB-GbR erzielt – isoliert betrachtet – drei verschiedene Einkünfte. Die Nutzung des eigenen Waldbesitzes (a), wozu auch der Verkauf gehört, führt zu forstwirtschaftlichen Einkünften nach § 13 EStG. Bei entsprechender Vorbildung der beiden G'fter ist die Gutachtentätigkeit (b) § 18 EStG zuzurechnen. Der (offensichtlich durch Ankauf fremder Hölzer) durchgeführte Holzhandel (c) erfüllt alle Merkmale gewerblicher Betätigung.
2. Gesamtprüfung:
   Nach der Segmentprüfung hat der BFH in früheren Urteilen zunächst darauf abgestellt, ob bei fehlender Trennbarkeit der Einzelsegmente die gewerbliche Tätigkeit den anderen nicht ohnehin schon das Gepräge gibt.
   Ist das – wie vorliegend – nicht der Fall und können die Segmente neben der abstrakten steuerlichen Prüfung auch betriebswirtschaftlich getrennt werden, so liegen nach der neueren BFH-Erkenntnis, die die Verwaltung übernommen hat (bestätigt durch H 15.8 Abs. 5 EStH), insgesamt gewerbliche Tätigkeiten der AB-GbR vor, wenn die Einnahmen aus dem gewerblichen Holzhandel (c) 3 % der Gesamtumsätze übersteigen.

Die Lösung verdeutlicht einmal mehr den Gestaltungszwang zur **Ausgliederung** der gewerblichen Aktivitäten auf eine personenidentische zweite (Pers- oder Kap-)Gesellschaft, die sich ausschließlich des gewerblichen Bereichs annimmt. BFH (Urteil vom 12.06.2002, BFH/NV 2002, 1554) und Finanzverwaltung folgen aber dann nicht der Ausgliederungstheorie, wenn der Wille der G'fter gar nicht auf die Begründung eines eigenständigen zweiten Gesellschaftsvermögens gerichtet ist. Häufig wird daher die Behauptung einer zweiten gewerblichen Gesellschaft (im Urteilsfall: Saunabetrieb-GbR) neben der freiberuflichen GbR (im Urteilsfall: Massagepraxis-GbR) bereits am fehlenden Willen der beteiligten G'fter scheitern, überhaupt eine eigenständige Gesellschaft zu gründen.

Zur gestaltungstechnischen Ausgliederung gesellt sich an dieser Stelle eine weitere Tendenz in der BFH-Rspr. (Urteil vom 04.11.2004, DStR 2005, 705: der Restauratorenfall), wenn irgend möglich ein vorhandenes Konglomerat von gewerblichen, handwerklichen und

---

18 Verletzung von Art. 3 GG: der Einzelunternehmer (keine Abfärbetheorie) sei gegenüber der PersG bevorzugt.
19 H 15.8 Abs. 5 »geringfügige gewerbliche Tätigkeit« EStH 2010.

künstlerischen Aktivitäten bei einer PersG aufzuteilen und zu einer getrennten Beurteilung zu gelangen. Überspitzt formuliert kann man von einer »richterlichen Ausgliederung« sprechen. Die Grenze der »gewerbefeindlichen« Rspr. liegt allerdings dort, wo der BFH aufgrund eigener Präjudizien in der Urteilsfindung gebunden ist: So führen – nach wie vor – Leistungen von Zahntechnikern, die als PersG erbracht werden, zu gewerblichen Einkünften, die ggf. andere Einkünfte überlagern können (BFH vom 29.07.2004, BFH/NV 2005, 352).

Einen besonders mutigen Schritt tat der BFH mit dem Urteil vom 06.10.2004 (BStBl II 2005, 383) für einen Fall der Beteiligung einer vermögensverwaltenden PersG (Obergesellschaft) an einer gewerblichen PersG (Untergesellschaft). Entgegen R 15.8 Abs. 5 S. 4 EStR 2005 entschied der BFH, dass dies **nicht** zur Folge hat, dass diese Einkünfte damit per se als **gewerblich** gelten. Die Ablehnung dieses Urteils durch die Verwaltung – zunächst durch einen Nichtanwendungserlass zum Ausdruck gebracht (BMF vom 18.05.2005, BStBl I 2005, 698 [= 1, § 15/13]) – führte schlussendlich zur **Änderung des § 15 Abs. 3 EStG**. Seit Inkrafttreten des JStG 2007 findet sich nun in § 15 Abs. 3 Nr. 1 EStG **ein zweiter Halbsatz**, welcher auch die Einkünfte einer vermögensverwaltenden PersG durch das (mitunternehmerische) Halten einer Beteiligung an einer PersHG insgesamt zu gewerblichen Einkünften umqualifiziert.

Zur Abrundung der Thematik ist weiterhin darauf hinzuweisen, dass die Beteiligung eines **Berufsfremden** an einer Freiberufler-GbR nach § 18 Abs. 4 S. 2 EStG i.V.m. § 15 Abs. 1 Nr. 2 EStG (im Beispiel bei der AB-GbR bzgl. der Gutachtenerstellung) in (noch) geltender BFH-Rspr. zu gesamtgewerblichen Einkünften der Sozietät führt. Dies ist schon der Fall, wenn sich ein Minder- oder Andersqualifizierter (Beispiel: Steuerfachangestellter) an einer Berufsträger-Sozietät (Beispiel: StB-GbR) beteiligt.[20] Der BFH bestätigte in seinem Urteil vom 10.08.2010 (BFH/NV 2011, 20) erneut, dass eine Mitunternehmerschaft gewerbliche Einkünfte erzielt, wenn ein Angehöriger eines freien Berufs i.S.d. § 18 Abs. 1 Nr. 1 EStG mit einem Berufsfremden eine Mitunternehmerschaft eingeht. Die genannten Grundsätze (gewerbliche Infektion) gelten auch bei einer mittelbaren Beteiligung (Beteiligung an einer Unter-PersG über eine Ober-PersG, bei der ein Berufsfremder G'fter ist, vgl. BFH vom 28.10.2008, BStBl II 2009, 642); dies gilt selbst bei einem geringen Beteiligungsumfang (im Beispiel: 3,35 % Beteiligung eines Berufsfremden).

Besonders bedeutsam ist in diesem Zusammenhang die Entscheidung des BFH vom 10.10.2012 (BStBl II 2013, 79), wonach selbst dann, wenn die Komplementär-GmbH ohne Ergebnisbeteiligung bei einer Steuer- und Wirtschaftsprüfungs-KG **nur eine Haftungsvergütung** erhält, die KG gewerbliche Einkünfte erzielt.

Für eine bedeutsame Fallgruppe – **gewerbliche Einkünfte** des Partners einer freiberuflichen MU-schaft im **Sonderbetriebsbereich** – setzte der BFH seine restriktive Rspr. zur Abfärbetheorie weiter fort, indem er auch hier eine **Infektion** der individuellen gewerblichen Sondereinkünfte eines Partners auf die Einkunftsart der freiberuflichen Hauptbeschäftigung **ablehnte** (BFH vom 28.06.2006, BStBl II 2007, 378). Im entschiedenen Fall hat eine von Eheleuten paritätisch (50/50) betriebene Zahnarzt-GbR Räume an eine Dentallabor-GmbH vermietet, an der (nur) der Ehemann zu 52 % beteiligt war. Nachdem hier – mangels personeller Verflechtung – keine Betriebsaufspaltung vorlag, waren die von der GbR erzielten

---

20 So führt die Beteiligung einer **KapG an einer GbR** zu gewerblichen Einkünften, auch wenn es sich bei den G'ftern der KapG ausschließlich um Berufsträger handeln sollte (BFH vom 15.05.1997, BFH/NV 1997, 751).

Mieteinnahmen, soweit sie auf den Ehemann entfallen, als gewerblich zu erfassen. Eine Umqualifizierung der freiberuflichen Haupteinkunftsart lehnte der BFH jedoch ab.

Hinweis: Bei der gewerblichen Tätigkeit spielt häufig die Abgrenzungsfrage zur vermögensverwaltenden Tätigkeit eine große Rolle. Von besonderer Bedeutung ist dabei die Fallgruppe des gewerblichen Grundstückshandel – und dort wiederum das Thema der Beteiligung eines einzelnen StPfl. an einer gewerblichen Grundstücksgesellschaft.

Für den Fall, dass ein Beteiligter in eigener Person überhaupt kein Grundstück veräußert, hat der BFH am 22.08.2012 (DB 2012, 2378 = BB 2012, 2657) entschieden, dass der Beteiligte allein durch die Zurechnung der Grundstücksverkäufe der gewerblichen Grundstücksgesellschaft entsprechend Rn. 13 f., 17 und 26 des BMF-Schreibens vom 26.03.2004 (BStBl I 2004, 434) einen gewerblichen Grundstückshandel betreiben kann.

Noch wichtiger erscheint in dem Urteil der Abgrenzungsfall (= Bestätigung der alten Rspr., BFH vom 03.07.1995 = Rn. 16 des BMF a.a.O.), wonach diese Zurechnung zu einem G'fter dann nicht erfolgen dürfe, wenn eine zu einem anderen Zweck gegründete PersG im Rahmen ihres gewöhnlichen Geschäftsbetriebs Grundstücke veräußert.

3.2.2 Die gewerblich geprägte Personengesellschaft

§ 15 Abs. 3 Nr. 2 EStG enthält bewusst eine Absage an das gegensätzliche Urteil des BFH vom 25.06.1984 (BStBl II 1984, 751) und stellt somit die alte **Gepräge-Theorie** wieder her. Danach liegt in steuerlicher Wertung immer eine gewerbliche (geprägte) PersG (MU-schaft) vor, wenn

- sie keiner gewerblichen, aber ansonsten steuerbaren Tätigkeit nachgeht[21],
- sich nur eine oder mehrere **KapG** an ihr als **persönlich haftende G'fter**[22] beteiligt haben und
- die **Geschäftsführung** nur von der (den) KapG oder von Nicht-G'fter ausgeübt wird.

Idealtypisch ist davon die GmbH & Co. KG betroffen, bei der die GmbH alleinige Komplementärin ist und gleichzeitig alleine die Geschäfte der KG führt. Bei der KapG (als Komplementärin) kann es sich nach dem BFH-Urteil vom 14.03.2007 (BStBl II 2007, 924) auch um eine ausländische KapG handeln, wenn diese ihrem rechtlichen Aufbau nach einer deutschen KapG entspricht (Kriterien s. Kap. 2.1).

Im zweiten Satz von § 15 Abs. 3 Nr. 2 EStG wird die Rechtsfolge einer gewerblich geprägten PersG ausgedehnt auf die mehrstöckige PersG, bei der eine GmbH & Co. KG die Komplementärrolle übernimmt.

Die gewerblich geprägte **KapG & Co. KG** ist zu einem Lieblingskind in der Gestaltungsberatung avanciert, wenn es gilt, eine an sich drohende Betriebsaufgabe zu verhindern: Durch die Aufnahme einer GmbH in eine bestehende – aufgabebedrohte – PersG oder durch die Einbringung eines Einzelunternehmens (Betriebs) in eine GmbH & Co. KG kann die Aufdeckung der stillen Reserven bis zur Liquidation der Doppelgesellschaft hinausgeschoben werden. Einige sprechen – in Übertreibung – von einem »Gewerbebetrieb auf Antrag«.[23]

---

21 Aktuell bestätigt durch BFH vom 28.11.2012, BFH/NV 2013, 773 (Leitsatz 8).
22 Dabei orientiert sich das Hess FG (Urteil vom 03.07.2013, Az.: 8 K 2647/06) am typisierenden gesellschaftsrechtlichen Status des Gesellschafters.
23 Vgl. *Reiß* in *Kirchhof-kompakt*, § 15 Rz. 132. »Antrag« ist dabei nicht wörtlich zu nehmen. Immerhin sind bei der Gründung einer GmbH 25 T€ (bzw. die Hälfte, vgl. § 7 Abs. 1 GmbHG) zzgl. der Gründungskosten aufzubringen.

Die an sich eindeutigen Tatbestandsmerkmale des § 15 Abs. 3 Nr. 2 EStG erweisen sich bei näherer Betrachtung als heimtückisch, zumindest als »hochproblematisch«.

Beispiel 5: Die »gewerblich geprägt – gestaltete« PersG (nachgebildet einer StB-Klausur)
Der 80-jährige Flickschuster F betreibt seinen Laden in einem (viel zu) großen Establissement in der Innenstadt von Frankfurt/Main. Das Grundstück mitsamt dem Geschäftsgebäude hat F 1950 von seinem Vater geerbt. Zu seinem Pech findet F weder in der Familie einen Nachfolger für sein redliches Gewerbe noch einen redlichen Käufer für seinen Betrieb. Sein StB rät ihm daher, das »sterbende« Einzelunternehmen in eine GmbH & Co. KG einzubringen, um auf diese Weise – so der StB – der »konfiskatorischen« Besteuerung zu entgehen. Bei der am 01.07.2016 gegründeten GmbH & Co. KG pocht F (der einzige Kommanditist) darauf, wenigstens im Innenverhältnis mitreden zu dürfen, wenn schon die GmbH (Alleingesellschafter: F) im Außenverhältnis das Sagen hat.

Lösung:
- Gegen die Gründung einer KG ohne aktive gewerbliche Betätigung am 01.07.2016 ist wegen §§ 105 Abs. 2, 161 Abs. 2 HGB (Geltung seit 01.07.1998) nichts einzuwenden. Sie erlangt allerdings erst mit der Eintragung in das HR (konstitutive Wirkung!) die Eigenschaft als PersHG, auf die uneingeschränkt die Regeln des HGB anwendbar sind.
- Das Wunschergebnis von F und seinem StB (Fortbestand der steuerlichen Gewerblichkeit) setzt voraus, dass zunächst das Einzelunternehmen zu Buchwerten in die KG eingebracht wurde. Diese nach § 24 UmwStG bestehende Möglichkeit wird unterstellt.
Außerdem muss die GmbH **alleinige** persönlich haftende G'fterin der KG (§ 161 Abs. 2 i.V.m. § 128 HGB) sein. Auch hiervon ist lt. Sachverhalt auszugehen. Sollte neben der GmbH auch F persönlich haftender G'fter sein wollen, läge in Wirklichkeit eine OHG und keine KG vor.
- Fraglich ist jedoch, wie – wegen der notwendigen **alleinigen Geschäftsführungsbefugnis** der GmbH – die Mitsprachebefugnis des F geregelt wird.
§ 164 HGB, der den Kommanditisten von der Geschäftsführung ausschließt, ist nach allgemeiner Auffassung abdingbar, da er eine Regelung des Innenverhältnisses zum Gegenstand hat (vgl. § 163 HGB). Sollte man F im Gesellschaftsvertrag auch zum GF ernannt haben, läuft § 15 Abs. 3 Nr. 2 EStG leer, da nur auf dieses Merkmal (Geschäftsführung) abzustellen ist.
Die **einzige** Möglichkeit, F in dieser Interessenskonstellation Mitspracherechte einzuräumen und trotzdem das Ziel einer gewerblich geprägten PersG zu garantieren, liegt darin, F als GF der Komplementär-GmbH zu bestellen.[24] Somit übt F über die GmbH indirekt die Geschäftsführung der KG aus. Dies kollidiert nicht mit dem Wortlaut des § 15 Abs. 3 Nr. 2 EStG.

Die Lösung des Falles offenbart die gesetzestechnische Schwäche der gewerblich geprägten PersG. Mit einem – **kaum überprüfbaren** – Merkmal des **Innenverhältnisses** (»Geschäftsführung«), das jederzeit ohne Registereintrag geändert werden kann[25], hat der Gesetzgeber eine so weitreichende **Fiktion** wie die der gewerblichen Betätigung angeordnet. Hieraus ergeben sich – selten ausgenutzte – Gestaltungsspielräume.

Je nach Gestaltungsbeliebigkeit kann z.B. eine vermögensverwaltende GmbH & Co. KG für einige Jahre – durch die Aufnahme einer natürlichen Person als Kommanditisten in die

---

24 So auch der BFH vom 23.05.1996 (BStBl II 1996, 523).
25 Nach FG Brandenburg vom 12.12.2001 genügt ein Protokoll der G'fter-Versammlung, in dem die geänderte Geschäftsführung dokumentiert ist.

Geschäftsführung – Überschusseinkünfte und in der nächsten Epoche gewerbliche Einkünfte erzielen, wenn obige Anordnung annulliert wird.

Hinweis: Mit Urteil vom 14.03.2007 (BStBl II 2007, 924) entschied der BFH, dass auch eine **ausländische KapG**, die nach ihrem rechtlichen Aufbau und nach ihrer wirtschaftlichen Gestaltung einer inländischen KapG entspricht, eine PersG gewerblich prägen kann.

Im Urteil vom 15.11.2012 hat das Hessische FG die Geprägeregelung des § 15 Abs. 3 Nr. 2 EStG auf eine vermögensverwaltende **britische Partnership (PersG)** erstreckt (IStR 2012, 157 = EFG 2013, 503).

3.2.3 Die weder gewerblich tätige noch gewerblich geprägte Personengesellschaft mit gewerblicher Beteiligung

Wie schon mehrfach ausgeführt, kann seit der zweiten Jahreshälfte 1998 bedenkenlos eine vermögensverwaltende KG (OHG) gegründet werden. Früher geschah dies durch allmähliches »Herabfahren« einer ursprünglich aktiven PersHG auf das (damals) minderkaufmännische Niveau des § 4 HGB. Probleme treten auf, wenn an einer vermögensverwaltenden KG (OHG/GbR) eine KapG beteiligt ist, ohne dass eine gewerblich geprägte PersG vorliegt.

> **Beispiel 6: Die »Zebragesellschaft« – [Thema der StB-Ertragsteuerklausur 2010, Teil III]**
> Der vermögensverwaltenden A-KG gehören zehn Zinshäuser. Ihre G'fter sind die Eheleute A sowie die A-GmbH. GF der KG sind die A-GmbH und Herr A. In einem der rentablen Mietwohnhäuser steht am Jahresende 16 die Dezembermiete des Studenten S i.H.v. 100 € aus. Was ist zu veranlassen?

Zunächst ist Kennzeichen der MU-schaft, dass auf ihrer Ebene die Einkunftsart ermittelt wird (»Tatbestandssubjekt«). Die Subsumtion erfolgt unabhängig von der Rechtsform. Bei vermögensverwaltenden PersG kommen die Einkunftsarten § 20 und § 21 EStG in Betracht. Soweit an einer solchen KG nur natürliche Personen beteiligt sind, bereitet die Eingruppierung als V + V-Einkünfte oder in solche aus Kapitalvermögen und die Verteilung der Überschusseinkünfte auf die G'fter keine Probleme. In dem Augenblick, in welchem eine KapG beteiligt ist, gibt es nicht nur ein Qualifikationsproblem, sondern auch eine bis heute nicht geklärte Zuständigkeitsfrage, da KapG gem. § 8 Abs. 2 KStG nur gewerbliche Einkünfte erzielen können.

Die PersG (bzw. deren G'fter) erzielt demnach verschiedene Einkünfte (»Zebra-Gesellschaft«).

> **Lösung:** In materieller Hinsicht führt die ausstehende Miete von 100 € dazu, dass sie bei den Eheleuten A wegen des bei ihnen geltenden Zuflussprinzips nach §§ 11, 21 EStG **im VZ 16** nicht zu erfassen ist. Anders ist die Rechtslage bei der GmbH, da der BVV die gewinnwirksame Aktivierung der Mietzinsforderung gebietet. Die Frage, die die Rspr. und die Verwaltung spaltete, gilt dem Zeitpunkt und dem Procedere.

Nach einem langjährigen Streit zwischen dem BFH (zuletzt Urteil vom 21.09.2000, BStBl II 2001, 299), der ein mehrstufiges Verfahren – sog. »Ping-Pong-Lösung« – favorisierte), und der Finanzverwaltung (Nichtanwendungserlass des BMF vom 08.06.1999, BStBl I 1999, 592, das sog. Zwei-Schritte-Modell) hat sich der Große Senat im Beschluss vom 11.04.2005 (BStBl II 2005, 679) der Auffassung der Finanzverwaltung angeschlossen:

- Die Umqualifizierung der Einkünfte vollzieht sich »außerhalb« der Zebragesellschaft.
- Die Umqualifizierung im ESt-Bescheid des G'fters berührt nicht die Grundlagenentscheidung.
- Bei Beteiligungen an Zebragesellschaften stehen die persönlichen Verhältnisse, die zur Umqualifizierung geführt haben, in keinem Zusammenhang mit der Beteiligung.

Die Zweifelsfrage ist damit entschieden (**Umqualifizierung auf der Ebene des G'fters**).

3.2.3.1 Verfahrensrechtliche Konsequenzen

Die Tatsache, dass die Beteiligten an der gemeinsamen Einkunftsquelle unterschiedliche Einkunftsarten realisieren, ist kein Hinderungsgrund für eine einheitliche und gesonderte Einkünftefeststellung (vgl. § 180 Abs. 2 Nr. 1 AO). Hieraus ergibt sich für die PersG die Pflicht, für die betrieblich beteiligten G'fter (GmbH) StB und für die »privat« beteiligten G'fter sowie für die KG (als Einkunftsermittlungssubjekt) Überschussrechnungen zu erstellen. Damit ist der Feststellungsbescheid Grundlagenbescheid für die ESt-/(KSt-)Bescheide der einzelnen G'fter. Die Korrekturvorschriften der AO zu den Grundlagenbescheiden gelten sinngemäß (insb. § 175 Abs. 1 Nr. 1 AO).

3.2.3.2 Materiell-rechtliche Konsequenzen

3.2.3.2.1 Konsequenzen für die privaten Gesellschafter

Für die nicht betrieblich Beteiligten gelten ausnahmslos die Zuflussbestimmungen der §§ 8, 9 und 11 EStG und – vor allem – nicht § 15 Abs. 1 S. 2 EStG, sodass Tätigkeitsvergütungen und dgl. im Rahmen der ursprünglichen Einkunftsart zu erfassen sind. Das Soll-Prinzip (Ausweis von Forderungen etc.) kommt nicht zur Anwendung.

3.2.3.2.2 Konsequenzen für die betrieblich Beteiligten (KapG)

Sämtliche Gewinnermittlungsvorschriften (Soll-Prinzip, Teilwertabschreibung, Bewertungsvorschriften des § 6 EStG) sind anteilig für den betrieblich beteiligten G'fter anzuwenden.

Auf der Ebene der PersG sind dessen WG anteilig zu erfassen und fortzuschreiben.

Diese quotalen Ergebnisse hat der betrieblich Beteiligte in seine StB zu übernehmen. Die Aktivierung der Beteiligung an der vermögensverwaltenden KG selbst folgt den allgemeinen bilanziellen Regeln (spiegelbildliche Übernahme des Kapitalkontos, so wie es in der KG-Bilanz erfasst wird).

Es gilt § 15 Abs. 1 Nr. 2 EStG, der allerdings wegen § 8 Abs. 2 KStG ohnehin greift (Austauschbeziehungen zur KG werden als gewerbliche Einkünfte erfasst).

3.2.3.2.3 Das Betriebsvermögen

Die Differenzierung bei der Einkünfteermittlung setzt sich bei der Erfassung des BV fort. Nur der Anteil des betrieblich beteiligten G'fters unterliegt der Qualifikation des Betriebsvermögens, womit die Steuerverstrickung hinsichtlich des laufenden Gewinns ebenso wie die des Veräußerungsgewinns (§ 16 Abs. 1 Nr. 2 EStG kommt nach Mindermeinung zur Anwendung) betroffen ist.

Für den privat Beteiligten ergeben sich allenfalls Konsequenzen aus §§ 17, 22, 23 EStG.

Für die Frage der **Übertragung von WG** fehlt es bei der Zebra-KG an der Eigenschaft der Mitunternehmerschaft (und damit bei der betrieblich beteiligten GmbH an der Qualifikation als Mitunternehmer). Damit ist für Übertragungen von WG zwischen der KG und der GmbH der Buchwert gem. § 6 Abs. 5 S. 1 EStG anzusetzen. Satz 3 ist nicht einschlägig.

Im Urteil vom 26.04.2012 (BStBl 2013, 142) hat der BFH diese Erkenntnis (**Buchwertfortführung** bei Übertragung eines Einzel-WG) auch auf die Übertragung des WG eines **G'fters (natürliche Person) auf seine Zebra-KG** erstreckt, soweit und wenn die Beteiligung betrieblich gehalten wird. Diese Rechtsfolge wurde mit § 39 Abs. 2 Nr. 2 AO (steuerlich erforderliches Bruchteilseigentum statt Gesamthandseigentum) begründet (**§ 6 Abs. 5 EStG war im Beurteilungszeitraum noch nicht kodifiziert**[26]).

Folgerichtig (anteiliges BV) ist die Rücklagenbildung gem. § 6b EStG für das anteilige BV des betrieblich beteiligten G'fters (GmbH) bei der Zebragesellschaft in beide Richtungen (Rücklagenbildung wie Reinvestition) möglich.

Eine eventuelle GewSt-Anrechnung nach § 35 EStG kommt für alle Beteiligten einer Zebragesellschaft nicht in Betracht.

3.2.3.3 Vergleichbare Fallgruppen und Fragestellungen

3.2.3.3.1 Grundstückshandel mit betrieblicher Beteiligung

Für die nahe liegende Frage der Einbeziehung von vermögensverwaltenden Zebragesellschaften in die Berechnung der schädlichen Drei-Objekt-Grenze sind zwei Aspekte zu unterscheiden:

1. die Ebene der PersG und
2. die Ebene der G'fter.

Zu 1.: Gewerbliche Betätigung auf der Ebene der Zebragesellschaft:
Die Zebra-PersG ist – für sich betrachtet – nicht als Gewerbebetrieb zu behandeln. Bei der vorrangigen Prüfung der Gewerblichkeit auf der Ebene der PersG unterhält sie aber dann einen gewerblichen Grundstückshandel, wenn sie (und nur sie) innerhalb von fünf Jahren mehr als drei Objekte veräußert, die von ihr angeschafft bzw. bebaut wurden. Dabei ist zu berücksichtigen, dass die Drei-Objekt-Grenze keine absolute Größe mehr darstellt (BMF vom 26.03.2004, BStBl I 2004, 434), sondern ihr nur noch Indiz-Wirkung zukommt.

Zu 2.: Gewerbliche Betätigung auf der Ebene der G'fter:
Bei der Beteiligung an PersG allgemein und an Zebragesellschaften im Speziellen gibt es keine Trennungs- oder Abschirmwirkung, die von der PersG ausgeht. Aktivitäten der Zebragesellschaft werden daher dem G'fter unmittelbar zugerechnet (Transparenz-Wirkung), wenn er wenigstens zu 10 % an der Zebragesellschaft beteiligt ist bzw. wenn bei einer geringeren Beteiligungsquote der Verkehrswert des Anteils an der PersG (bzw. des Anteils am veräußerten Objekt) mehr als 250 000 € beträgt (BMF vom 26.03.2004, BStBl I 2004, 434, Rz. 14).

> **Beispiel 7: Die Vermehrung der drei Objekte**
> Veräußern PersG und G'fter im maßgeblichen Fünfjahreszeitraum je zwei Objekte, so unterhält der G'fter (und nicht die PersG) wegen der Zusammenrechnung einen gewerblichen Grundstückshandel.

Dies gilt für den G'fter erst recht bei der Beteiligung an einer gewerblich (qualifizierten) Zebragesellschaft und nach BMF vom 26.03.2004 (BStBl I 2004, 434, Rz. 18 aber auch

---

[26] S. dazu die lesenswerte Rezension von *Schulze zur Wiesche*, DStZ 2012, 833.

bei der Beteiligung an mehreren Zebragesellschaften, die für sich betrachtet noch nicht gewerblich sind; auch dort kann der G'fter wegen der mehrfachen Transparenzwirkung (Addition der Beteiligungen) zum gewerblichen Grundstückshändler werden; in diesem Fall gehören die verschiedenen Beteiligungen zum BV des G'fters.

Dem Fall der Objektveräußerungen (durch die Zebragesellschaft) werden die **Anteilsveräußerungen** (an der Zebragesellschaft) gleichgestellt.

Es findet aber keine Zusammenrechnung von verkauften Grundstücken bei beteiligungsidentischen Schwester-PersG statt (BFH vom 17.12.2008, BStBl II 2009, 795).

3.2.3.3.2 Die Beteiligung eines Berufsfremden an einer Freiberufler-Praxis

Die Thematik der Zebragesellschaften ist auch bei der Beurteilung von freiberuflichen Personenzusammenschlüssen einschlägig (§ 18 EStG). Wegen der Infektionswirkung des § 15 Abs. 3 Nr. 1 EStG sind die Rechtsfolgen aber gegenläufig. Die Beteiligung eines sog. Berufsfremden an einer Freiberufler-GdbR (PartG) führt zu gesamtgewerblichen Einkünften der PersG und ihrer G'fter. Anders als bei der vermögensverwaltenden PersG »infiziert« ein Nicht-Freiberufler die PersG und die anderen G'fter.

Dem Berufsfremden werden in der Rspr. des BFH gleichgestellt:

- die Beteiligung einer KapG an einer freiberuflichen PersG (und zwar unabhängig von der beruflichen Qualifikation der G'fter der KapG, BFH vom 26.03.2004, BStBl II 2004, 303);
- die bloße Innengesellschaft zwischen einem Berufsfremden und dem einzelnen Freiberufler bzw. der Freiberufler-PersG führt zur gewerblichen Betätigung des G'fters bzw. der PersG;
- die bloße kapitalistische Beteiligung eines Freiberuflers an der PersG.

Hinweise:

(1) Gestaltungshinweis: Um der Gefahr der gewerblichen Abfärbetheorie vorzubeugen, kann ein Zusammenschluss unterhalb der »Gesellschaftsebene« einer GbR (bzw. allgemein einer PersG) empfohlen werden. Diese liegt z.B. dann vor, wenn sich die Kooperation auf die berufliche Zusammenarbeit i.S. einer Interessengemeinschaft beschränkt, ohne dass damit die Bildung von gemeinsamem Gesamthandsvermögen (Kennzeichen der Außengesellschaft) verbunden ist. Um einer gewerblichen Innengesellschaft vorzubeugen, sollten keine vermögensmäßigen Absprachen getroffen werden.

Bei internationalen Zusammenschlüssen wird die Gefahr der gewerblichen Abfärbewirkung dadurch vermieden, dass die ausländischen Partner den einschlägigen Berufsnachweis ihres Heimatstaates erbringen können.

(2) Kanzlei-Management: Die (mittelbare) Beteiligung einer niederländischen Holdinggesellschaft an einer deutschen Steuerberatungsgesellschaft kann zum Widerruf der Anerkennung führen (BFH vom 04.09.2012, DStR 2013, 111).

3.3 Ebene der Gesellschafter (Mitunternehmer-Initiative und Mitunternehmer-Risiko)

Die Annahme gewerblicher Einkünfte bei mehreren Beteiligten einer PersG (oder eines vergleichbaren Gemeinschaftsgebildes) setzt des Weiteren voraus, dass jeder einzelne die Merkmale der MU-Initiative und des MU-Risikos erfüllt. Dabei handelt es sich, wie der BFH in einer der grundlegenden Entscheidungen zur MU-schaft vom 25.02.1991 (BStBl II 1991, 691) feststellt, um sog. **Typus**begriffe. Damit ist zum Ausdruck gebracht, dass hier – anders als bei gesetzlichen Tatbestandsmerkmalen – keine abschließende Aufzählung vorliegt, sondern eine summarische Anordnung von Einzelmerkmalen über das (Nicht-)Vorliegen entscheidet, wobei auch eines der üblichen Kriterien fehlen darf.

Die Überprüfung anhand der MU-Kriterien verfolgt den weiteren Zweck, auf der G'fter-Ebene die Gewinnerzielungsabsicht eines jeden MU zu verifizieren. So entspricht es einhelliger Auffassung (ausschlaggebendes Urteil des BFH vom 25.06.1984, BStBl II 1984, 751), dass bei einer **befristeten Kommanditbeteiligung**, die nur für die Laufzeit der Sonder-AfA bzw. der erhöhten Abschreibung (i.d.R. fünf bis sieben Jahre) gezeichnet wurde, die Gewinnerzielungsabsicht dieses G'fters fehlt. Wenn in dieser Zeit die Möglichkeit fehlt, an einer Vermehrung des BV der KG teilzuhaben, sind die zugewiesenen Verluste für diesen G'fter **Liebhaberei** (keine Gewinnchance), auch wenn die KG erfolgreich die Prüfung nach § 15b EStG bestehen sollte.

Am deutlichsten kann das (Nicht-)Vorliegen einer (in diesem Fall allerdings freiberuflichen) MU-schaft im Vergleich einer Büro- zu einer Praxisgemeinschaft aufgezeigt werden (vgl. BFH vom 14.04.2005, BStBl II 2005, 752). Das gemeinsame Auftreten im Außenverhältnis und die gemeinsame Nutzung von Einrichtungsgegenständen macht aus einer Bürogemeinschaft noch keine MU-schaft, solange eine individuelle Gewinnerzielung beabsichtigt ist. Erst bei gemeinschaftlicher Gewinnerzielungsabsicht und bei einem gemeinsamen Geschäfts- (bzw. Praxis-)wert liegt eine Praxisgemeinschaft und damit eine MU-schaft vor.

3.3.1 Mitunternehmer-Initiative

Für das Merkmal der Mitwirkungsbefugnis (MU-Initiative) des einzelnen G'fters genügt es nach ständiger Rspr., dass er wenigstens über die Kontroll- und Widerspruchsrechte eines Kommanditisten (nach §§ 164 ff. HGB) verfügt.[27] Insgesamt kommt dem Merkmal allenfalls bei der Ausgrenzung von minderjährigen Kindern bei den Familien-PersG und bei Innengesellschaften eine besondere Rolle zu.[28]

3.3.2 Mitunternehmer-Risiko

Bedeutsamer ist das Kriterium des MU-Risikos. Hierunter fallen als Mindestvoraussetzung das Ertragsrisiko, worunter eine Beteiligung am Misserfolg verstanden wird (also Gewinn- **und** Verlustbeteiligung) und das Kapitalrisiko, worunter eine Beteiligung an den stillen Reserven (inkl. Firmenwert) fällt. Dieses Merkmal wird beim Ausscheiden des G'fters

---

27 Positiv entschieden durch BFH vom 01.08.1996 (BStBl II 1997, 272).
28 Das Thema der Familien(Pers)G wird hier bei der Frage der personellen Zurechnung von Einkünften behandelt, *Preißer*, Band 1, Teil B, Kap. I 4.4.

evident. Werden mit der Vereinbarung über die Höhe des Auseinandersetzungsanspruches (nach § 738 BGB) auch die zwischenzeitlich mitverdienten stillen Reserven abgegolten, so ist zweifelsfrei das MU-Risiko aufgrund der BFH-Rspr. gegeben.

Von besonderer Bedeutung und kennzeichnend für den Typus-Begriff ist nun, dass eine im Einzelfall vorliegende hohe Ausprägung der MU-Initiative (z.B. durch die alleinige Geschäftsführung) ein geringes MU-Risiko (z.B. kein Anteil an den stillen Reserven oder keine Verlustbeteiligung) ausgleichen kann. Dies gilt auch im umgekehrten Fall.

Eine gewisse **Grenze nach unten** hat allerdings der BFH im Urteil vom 28.10.1999 (BStBl II 2000, 183) gezogen, als einem **Kommanditisten** mit den regulären Mitwirkungsbefugnissen der §§ 164 ff. HGB ohne Beteiligung an den stillen Reserven und ohne Gewinnbeteiligung bei üblicher fester Verzinsung der Kapitaleinlage die MU-Eigenschaft abgesprochen wurde.

Mit einer weiteren restriktiven Entscheidung vom 01.07.2003 (BFH/NV 2004, 27) gibt der BFH zu erkennen, dass er die Prüfungsstation der MU-Eigenschaft wieder ernst nimmt. So genügt es für die Annahme der MU-Stellung bei einer Ehegatten-GbR nicht, wenn die Ehefrau alleine ihren Namen für die Gewerbean- und -ummeldung »hergegeben« hat und ansonsten nur das Firmenkonto auf ihren Namen lautet. Es müssen weitere Merkmale hinzukommen.[29]

Hinweis: In diesem Zusammenhang kommt dem BFH-Urteil vom 16.12.2009 (BFH/NV 2010, 690) erhöhte Praxisbedeutung zu. Für den Fall einer geschenkten KG-Beteiligung an einen Minderjährigen unter Nießbrauchsvorbehalt hat der BFH selbst bei einem dem Schenker (= Nießbraucher) übertragenen Stimmrecht dann noch eine Mitunternehmerschaft angenommen, solange er im Bereich der **Grundlagengeschäfte** – mit Zustimmung des Schenkers – noch sein Stimmrecht ausüben durfte.[30]

Man wird diese Entscheidung wohl als den wirklichen Grenzfall zur An- bzw. Aberkennung der MU-schaft annehmen dürfen.

3.3.3 Einzelfälle

Bei den verschiedenen MU-schaften und den davon betroffenen G'ftern mit prototypischen Erscheinungsbild kann eine tabellarische Auflistung vorgenommen werden:

Gesellschaft	G'fter	MU ja/nein	Ausnahme
(gewerbliche) GbR	GbR-G'fter	wegen der persönlichen Haftung i.d.R. ja	ggf. Haftungsbeschränkung, BMF vom 18.07.2000 (BStBl I 2000, 1198)
OHG	OHG-G'fter	wegen § 128 HGB ja	
KG	Komplementär	wegen § 128 HGB ja	
	Kommanditist	Einzelprüfung	s. gewerbliche GbR
PartnerschaftsG	wie OHG	ja, aber § 18 Abs. 4 EStG	

---

29 Der Urteilsfall ist zusätzlich in verfahrensrechtlicher Hinsicht bedeutsam: Ein Gewinnfeststellungsbescheid ist auch dann noch durchzuführen, wenn gegen einen der Ehegatten ein bestandskräftiger ESt-Bescheid vorliegt (keine sinngemäße Anwendung von § 173 Abs. 1 Nr. 1 AO auf erstmalige Gewinnfeststellungsbescheide).
30 S. Näheres zum mitunternehmerischen Nießbrauch in *Wälzholz*, DStR 2010, 1930.

Besondere Probleme mit der Überprüfung der MU-Merkmale bereiten Innengesellschaften, zunächst am Beispiel der atypischen Unterbeteiligung dargestellt.

Beispiel 8: Der unterbeteiligte Prokurist als Drahtzieher der OHG
A, B und C sind G'fter einer OHG mit einer Einlage von je 50 T€. C ließ sich die Hälfte seiner Einlage vom Prokuristen P zur Verfügung stellen und vereinbarte mit P, dass dieser zur Hälfte am Gewinn- und Verlustanteil des C beteiligt sein sollte. Bei Beendigung der zwischen C und P bestehenden Beziehung soll P seine Einlage zurückerhalten.
Variante: P führt die Geschäfte der OHG alleine und ist zusätzlich am Anteil des B beteiligt, wobei er hier die Einlage, ggf. vermindert um Verlustanteile, zurückerhält.

Innengesellschaften sind durch das Fehlen eines gemeinsamen (dinglich wirkenden) Gesamthandsvermögens gekennzeichnet. Typisch (und namensgebend) für Innengesellschaften ist des Weiteren, dass das Außenverhältnis (dokumentiert durch den Registereintrag) nicht mit den wahren Macht- und Vermögensstrukturen übereinstimmt. Gesellschaftsrechtlich gesprochen, sind die Organverhältnisse abweichend vom Regelstatut des HGB (BGB) geregelt. Neben der stillen Gesellschaft und der Ehegatten-Innen-GbR ist die **Unterbeteiligung** ein Hauptanwendungsfall. Bei dieser liegt keine Beteiligung am Handelsgewerbe vor, vielmehr nur eine **Beteiligung am Gesellschaftsanteil** eines anderen.

Lösung (Ausgangsfall): Schematisch weist die OHG folgende Gesellschaftsstruktur auf:

```
                    OHG
         ┌───────────┼───────────┐
         A           B           C
                                 │
                                 P
```

Mit der Beteiligung des P am OHG-Gesellschaftsanteil des C unterliegen seine Beteiligungseinkünfte § 20 Abs. 1 Nr. 4 EStG. Gleichzeitig stellen die von C an P zu zahlenden hälftigen Gewinnanteile bei C sog. Sonder-BA dar. Man nennt diese Form die typische Unterbeteiligung.
In der **Variante** liegt nicht nur eine zweifache Unterbeteiligung vor, sondern hier ist P wegen der alleinigen Geschäftsführung und der **schuldrechtlichen** Beteiligung[31] an den stillen Reserven so gestellt, dass man von einer **atypischen Unterbeteiligung** spricht.
Dies hat zur Konsequenz, dass P steuerrechtlich in den Kreis der MU einbezogen wird[32] und gewerbliche Einkünfte nach § 15 Abs. 1 Nr. 2 S. 2 EStG versteuert. Dabei wird die Unterbeteiligungsgesellschaft zwischen P und B/C jeweils als MU der Hauptgesellschaft angesehen.
Der auf ihn über C und B entfallende Gewinn wird im Rahmen einer besonderen gesonderten Gewinnfeststellung nach § 179 Abs. 2 S. 3 AO erfasst.

---

31 Eine unmittelbare, dinglich wirkende Beteiligung am Gesamthandsvermögen kommt nur bei den G'ftern (= Hauptbeteiligte) in Betracht.
32 BFH vom 02.10.1997 (BStBl II 1998, 137).

Variante (zu Beispiel 8):

```
            OHG
    ┌────────┼────────┐
    A        B        C
             │        │
             P        P
```

Zusätzliche Merkmale: • Schuldrechtliche Vermögensbeteiligung (B)
 • Geschäftsführung (OHG)

Der BFH bestätigt im Urteil vom 28.03.2003 (BFH/NV 2003, 1308) seine bisherige Rspr. zum atypisch stillen G'fter als MU, wenn dieser mit einer hohen Vermögenseinlage am Gewinn eines Handelsunternehmens beteiligt ist und wie ein Unternehmer auf das Schicksal dieses Unternehmens Einfluss nehmen kann. Ähnlich auch der BFH-Beschluss vom 15.01.2004 (Az.: VIII B 62/03), in dem nochmals betont wird, dass ein eingeschränktes MU-Risiko durch eine besonders starke MU-Initiative ausgeglichen werden kann.

Andererseits verneint der BFH im Urteil vom 27.06.2013 (Az.: IV, R 53/10; n.n.v.) bei einem atypisch stillen G'fter das Mitunternehmerrisiko, wenn ihn **kein Verlustrisiko** trifft.

Insoweit liegt mit den zitierten Urteilen eine **klare Grenzlinie** bei der Frage der Mitunternehmerstellung eines atypisch stillen Gesellschafters vor.

Als besonders schwierig gestaltet sich für die Rspr. die Einordnung von **gesellschaftsrechtlichen Treuhandverhältnissen**. Überlässt der Treugeber die Wahrnehmung der gesellschaftsrechtlichen Befugnisse im Außenverhältnis einem Treuhänder und ist dieser im HR eingetragen, kann es dazu kommen, dass beide (Treugeber wie Treuhänder) als MU der Gesellschaft anzusehen sind. Beim Treugeber ist dies immer der Fall, wenn die charakterisierenden Merkmale der MU-schaft für ihn zutreffen (BFH vom 21.04.1988, BStBl II 1989, 722). Zur MU-schaft des **Treuhänders** liegen zwei BFH-Urteile jüngeren Datums vor, die die rechtliche Entscheidung erleichtern:

- Nach der Entscheidung des BFH vom 04.11.2004 (BStBl II 2005, 168) ist der Treuhänder dann als MU zu behandeln, wenn er im Außenverhältnis unbeschränkt haftet (Treuhand-Komplementär bzw. Treuhand-OHG-G'fter) und wenn das Treuhandverhältnis den Geschäftspartnern gegenüber nicht offen gelegt wird.
- Wiederum anders (keine MU-schaft des Treuhänders) verhält es sich in dem Fall, wenn der Treuhänder lediglich eine Fixvergütung in Abhängigkeit von den Gewinnanteilen des Treugebers erhält. Die Möglichkeit einer Haftung nach § 172 Abs. 4 HGB allein begründet beim Treuhand-(Kommanditisten) kein MU-Risiko (BFH vom 30.06.2005, BFH/NV 2005, 1994).

Nach dem BFH-Beschluss vom 10.12.2009 (BFH/NV 2010, 601) kann der Treuhänder auch dann (Mit-)Unternehmer sein, wenn das Treuhandverhältnis nicht gegenüber den Geschäftspartnern offengelegt wird (Treuhänder trat im Rechtsverkehr im Außenverhältnis allein auf); s. schon BFH vom 04.10.2004, BStBl II 2005, 168.

Zur **verfahrensrechtlichen** Stellung des Treugebers i.R.d. Feststellungsverfahrens vgl. BFH vom 16.05.2013 (Az.: IV R 35/10, n.n.v.): Auf der ersten Stufe des Feststellungsverfahrens soll der Treugeber kein Klagerecht haben (bedenklich!).

3.3.4 Die verdeckte Mitunternehmerschaft

Noch einen Schritt weiter als bei der atypischen Unterbeteiligung, bei der immerhin ein (Innen-)Gesellschaftsvertrag zwischen den beteiligten Personen vorliegt, ging die Rspr. in einzelnen Konstellationen ohne gesellschaftsrechtlichen Zusammenschluss. Dort führte allein die konzentrierte Machtfülle eines Nicht-G'fters zur Annahme einer »verdeckten« MU-schaft.

> **Beispiel 9: Der Nicht-G'fter als Mitunternehmer?**
> S führt die Geschäfte seines bisherigen Einzelunternehmens in der Weise fort, dass er i.R.d. von seiner Ehefrau und seiner Schwester gegründeten GmbH & Co. KG folgende Geschäftsvorfälle tätigt:
> - Er verpachtet das AV seines früheren Einzelunternehmens an die GmbH & Co. KG,
> - S verkauft an die KG sein Umlaufvermögen und
> - er wird alleiniger GF der Komplementär-GmbH.
>
> **Lösung:** In diesem am 22.01.1985 entschiedenen Fall stellte der BFH (BStBl II 1985, 363) die Weichen für die grundsätzliche Anerkennung bzw. Ablehnung der »verdeckten« MU-schaft. Es ist offensichtlich, dass S mit der GmbH & Co. KG kein gesellschaftsrechtlicher Status verbindet; er ist lediglich Angestellter der GmbH und Verpächter an die KG.
> Der BFH führte aus, dass zwar keine formale zivilrechtliche Betrachtungsweise (Vorliegen einer Gesellschaft im zivilrechtlichen Sinne) gefordert wird und somit auch Angestellte, Darlehensgläubiger oder Verpächter als MU in Betracht kämen. Voraussetzung müsse aber immer sein, dass ein **gemeinschaftliches** Handeln zur **gemeinsamen Zweckverfolgung** vorliege.[33]
> Als Anhaltspunkt hierfür gilt nicht nur die Mitarbeit (nicht einmal die hauptsächliche Arbeit) in dem Unternehmen, sondern die Tatsache, dass eine **unangemessen hohe Vergütung** für die erbrachte Leistung vereinbart wurde und dass sich die betreffende Person dabei wie ein Unternehmer verhalte.
> Im damaligen, vom BFH a.a.O. entschiedenen Fall war dies noch nicht der Fall und die MU-schaft des S war folglich zu versagen.
> In mehreren Folgeentscheidungen nahm der BFH bei unüblich hohen Vergütungen (90 % Arbeitslohn des Angestellten gegenüber 10 % verbleibendem Gewinn der Unternehmer-Ehefrau – BFH vom 02.09.1985, BStBl II 1986, 10 – oder eine Tantieme i.H.v. 56 % des Reingewinnes – BFH vom 21.09.1995, BStBl II 1996, 66) eine MU-schaft des angestellten Ehegatten an.

Es ist offensichtlich, dass der BFH in seinen Entscheidungen zur verdeckten MU-schaft bemüht war (ist), mit einem Drittvergleichsmaßstab Leistungsaustauschbeziehungen unter Ehegatten wieder »gerade zu ziehen«, die ansonsten wegen des BA-Abzugs, der sich bei der GewSt definitiv auswirkt, als (Gewerbe-)Steuersparmodell gehandelt worden wären. Mit Einführung von § 35 EStG n.F. ist abzusehen, dass das Rechtsinstitut der verdeckten MU-schaft in Zukunft der Vergangenheit angehören wird.

Auch mit dem Urteil vom 21.04.2009 (BStBl II 2009, 602: keine MU-schaft bei fehlender Gewinnbeteiligung) dokumentiert der BFH seine zurückhaltende Rspr. zur Rechtsfigur der verdeckten MU-schaft.

---

33 Insoweit wird doch wieder auf § 705 BGB zurückgegriffen. So auch ausdrücklich der BFH im Urteil vom 01.07.2003 (BFH/NV 2003, 1564) für den (Nur-)Geschäftsführer der Komplementär-GmbH einer KG, der die G'fter-Position in KG/GmbH ausgeschlagen hat und nur an besonders hohen Gehaltsansprüchen Interesse zeigt.

3.3.5 Die doppelstöckige (mehrstöckige) Personengesellschaft
3.3.5.1 Die Grundaussage zu § 15 Abs. 1 Nr. 2 S. 2 EStG
Die doppelstöckige PersG verdankt ihre Existenz der Tatsache, dass an einer PersG (1) eine weitere PersG (2) beteiligt ist. Die PersG (1) wird Untergesellschaft genannt, die an ihr beteiligte PersG (2) heißt Obergesellschaft. Mit ihr sollten früher laufende und nachträgliche Vergütungen für Tätigkeiten, die gegenüber der Untergesellschaft erbracht wurden, bei letzterer als BA abgezogen werden.

> **Beispiel 10: Das steuerliche »Tiefparterre« (bzw. das »gesellschaftliche Hochhaus«)**
> An der X-KG ist die Y-KG als Komplementärin mit den G'fterinnen A und B beteiligt. Kommanditisten der X-KG sind Frau A und ihr Mann. Frau B erledigt die Geschäfte der X-KG und bekommt dafür ein Gehalt von 100.000 €/Jahr.[34]
>
> ```
>                    X-KG (Untergesellschaft)
>                   ┌────────────┴────────────┐
>        Y-KG (Obergesellschaft)        Herr A und Frau A
>            – Komplementär –             – Kommanditisten –
>           ┌──────┴──────┐
>        Frau A         Frau B
> ```
>
> Vor Einführung des § 15 Abs. 1 S. 1 Nr. 2 S. 2 EStG hat der BFH im Beschluss vom 25.02.1991 (BStBl II 1991, 691) den Charakter **jeder** PersG als eigenständiges **Steuersubjekt** betont und demzufolge nur die Y-KG als MU in der X-KG (neben den Kommanditisten Herrn A und Frau A) behandelt. Die Folge war, dass beide G'fterinnen der Y-KG (Frau A und Frau B) steuerlich nicht an der Untergesellschaft beteiligt waren – abgesehen von der Direktbeteiligung von Frau A. Auf diese Weise hätten Leistungsaustauschbeziehungen zwischen diesen G'ftern auf der »Subebene« mit der Untergesellschaft aufgebaut werden können, deren steuerliche Folgen zu BA bei der Y-KG geführt hätten, da die spezielle Vorschrift des § 15 Abs. 1 Nr. 2 S. 1, 2. HS EStG (Tätigkeitsvergütungen u.a. dürfen den Gewinn der PersG nicht mindern) nicht gegriffen hätte. Vor allem sollten mit dieser Gestaltung Pensionsverpflichtungen der Hauptgesellschafter zur Untergesellschaft mit der Folge gewerbe- und ertragsteuermindernder Wirkung aufgebaut werden.
>
> **Lösung:** Mit Einführung des **2. Satzes** in § 15 Abs. 1 S. 1 Nr. 2 EStG hat der Gesetzgeber im Jahre 1992 diesen Gestaltungsmöglichkeiten einen Riegel vorgeschoben. Danach sind G'fter (die Frauen A/B), die über eine andere PersG (Y-KG) an einer Untergesellschaft (X-KG) beteiligt sind, den unmittelbar beteiligten G'fter (hier: Herrn A) gleichzustellen.
> Außerdem werden die G'fter der Y-KG auf die gleiche Stufe wie Herr A gestellt, soweit davon ihr steuerliches Verhältnis zur X-KG betroffen ist. Dies ist – wie hier bei Frau B – bei Dienstleistungen oder Nutzungsüberlassungen im Verhältnis zur X-KG der Fall. Die GF-Vergütung, die Frau B von der Untergesellschaft erhält, wird im Rahmen der Gewinnermittlung der X-KG nach § 15 Abs. 1 Nr. 2 EStG als gewerblicher Gewinnanteil von Frau B behandelt.
> Außerdem ist darauf hinzuweisen, dass Frau A in **zwei Gewinnermittlungsverfahren** einbezogen ist, einmal zur X-KG und sodann zur Y-KG, bei der sie Hauptg'fterin ist.

---

34 In den meisten Lehrbüchern ist die bildliche Darstellung auf den Kopf gestellt (dort befindet sich die Obergesellschaft auf dem Bild oben). Die hier favorisierte Darstellung wird m.E. besser der zentralen Bedeutung der Untergesellschaft gerecht.

Es ist hervorzuheben, dass die Fiktion der Beteiligung der Subgesellschafter an der Untergesellschaft nur dann greift, wenn es sich bei der vermittelnden Obergesellschaft um eine PersG handelt und beide G'fter (der Subgesellschafter wie die vermittelnde Obergesellschaft) in ihrem Beteiligungsstrang als MU anzusehen sind.

Schließlich wurde mit der Pluralformulierung im Einleitungssatz (S. 2: »Der […] über eine oder **mehrere PersG** beteiligte G'fter […]«) erreicht, dass selbst bei einem über mehrere Ebenen in die Tiefe reichenden Beteiligungsstrang (mehrstöckige PersG) steuerlich der unmittelbare Bezug zur Untergesellschaft hergestellt wird. Auch beliebig viele zwischengeschaltete PersG entfalten keine Abschirmwirkung.

3.3.5.2 Präzisierungen
Unter zwei Aspekten wird § 15 Abs. 3 EStG bei der doppel- bzw. mehrstöckigen PersG diskutiert.

3.3.5.2.1 Die Abfärbetheorie gem. § 15 Abs. 3 Nr. 1 EStG?
Nach früherer BFH-Rspr. galt die Infektionstheorie uneingeschränkt bei der doppelstöckigen PersG.

Mit dem Urteil vom 06.10.2004 (BFH vom 06.10.2004, BStBl II 2005, 383) wollte der BFH diesen Fall der Abfärbung zukünftig unterbinden.

Durch die Einführung eines **zweiten Halbsatzes** in § 15 Abs. 3 Nr. 1 EStG i.d.F. JStG 2007 ist diese neuere BFH-Rspr. jedoch hinfällig geworden. Ähnlich wie bei der Gepägetheorie kodifizierte der Gesetzgeber hier – die zur Rspr. gegensätzliche – Verwaltungsanschauung (vgl. Nichtanwendungserlass des BMF vom 18.05.2005, BStBl I 2005, 698). Die gewerblichen Einkünfte aus dem (mitunternehmerischen) **Halten einer Beteiligung** an einer gewerblich tätigen PersG durch eine vermögensverwaltende PersG qualifizieren somit alle anderen Einkünfte dieser PersG in gewerbliche Einkünfte um.

3.3.5.2.2 Die gewerblich geprägte doppelstöckige PersG gem. § 15 Abs. 3 Nr. 2 EStG
Ohne dass es sich bei der Obergesellschaft um eine KapG handelt, führt die Implementierung einer Komplementär-GmbH bei der Obergesellschaft dazu, dass die Untergesellschaft gem. § 15 Abs. 3 Nr. 2 S. 2 EStG als gewerblich geprägt zu bezeichnen ist.

X-KG-Untergesellschaft

- **Y-GmbH & Co. KG II**
  Komplementär der X-KG
  - GmbH als Komplementär der Y-KG II
  - Gesellschafter B und C als Kommanditisten
- **A**
  Kommanditist

3.3.5.2.3 Bilanz- und Ertragsfragen
a) Die Beteiligung an der Untergesellschaft
Wie bei allen Beteiligungen an Personengesellschaften ist auch die Beteiligung der Obergesellschaft an der Untergesellschaft kein eigenes WG. Sie wird nicht i.S.d. § 6 Abs. 1 Nr. 2 EStG aktiviert, weshalb auch keine Gewinnminderung durch Abschreibung auf einen aktiven Bilanzposten in Betracht kommt (BFH/NV 2010, 2056). Vielmehr soll die Beteiligung zwar in der StB der Obergesellschaft ausgewiesen werden, aber ohne eigene steuerliche Konsequenzen. So kann z.B. keine Abschreibung auf die Beteiligung vorgenommen werden und die Erträge aus der Beteiligung werden steuerneutral nach der Spiegelbildmethode dargestellt.

b) Sonderbilanz und Sondervergütungen
aa) Anteile an der KapG
Im Falle der gewerblich geprägten doppelstöckigen PersG sind zwei Varianten denkbar:
- die Anteile an der Komplementär-GmbH werden von den G'ftern der Obergesellschaft gehalten und
- die Anteile an der Komplementär-GmbH werden von den Direkt-G'ftern der Untergesellschaft gehalten.

In beiden Fällen stellen die Anteile notwendiges Sonder-Betriebsvermögen II der jeweiligen G'fter bei der Untergesellschaft dar (§ 15 Abs. 1 Nr. 2 S. 2 EStG).

Hieraus folgt, dass Gewinnanteile als gewerbliche Erträge umzuqualifizieren sind – und zwar auf der Ebene der Gewinnermittlung bei der Untergesellschaft.

bb) Sonder- und Tätigkeitsvergütungen
Vergütungen der G'fter der Obergesellschaft für Nutzungsüberlassungen und vergleichbare Tätigkeiten bei der Untergesellschaft werden als Sonder-Betriebseinnahmen in der Gewinnfeststellung der Untergesellschaft erfasst.

Umgekehrt verhält es sich mit den Aufwendungen dieses Gesellschafterkreises, wenn sie sich im Organisationsbereich der Untergesellschaft niederschlagen. So gehören etwa Finanzierungsaufwendungen für den Beteiligungserwerb an der Komplementär-GmbH zu Sonderbetriebsausgaben im »Buchungskreis« der Untergesellschaft. Diese Behandlung ist letztlich identisch mit derjenigen der Direkt-G'fter der Untergesellschaft. Daneben können die G'fter der Obergesellschaft Sonderbetriebseinnahmen und -ausgaben im »Buchungskreis« der Obergesellschaft haben, wenn sie in deren Bereich tätig werden.

> **Beispiel 11: Der Wiederholungsfall**
> In Beispiel 10 gewährt B der gewerblich geprägten X-KG ein verzinsliches Darlehen.
>
> **Lösung:** Die Zinsen für das Darlehen sind bei der X-KG als Sonderbetriebseinnahmen des B in der Gewinnfeststellung der Untergesellschaft zu erfassen.

c) Ergänzungsbilanzen
Kommt es zu einer entgeltlichen Übertragung der Beteiligung eines G'fters an der Obergesellschaft, die über dem Wert des Kapitalkontos des G'fters liegt, so sind zwei Ergänzungsbilanzen zu erstellen, wenn sich der Mehrwert auf beide verteilt:

1. In der ersten Ergänzungsbilanz, die bei der Obergesellschaft zu erstellen ist, werden die Mehrwerte dargestellt, die auf das anteilige Gesamthandsvermögen bei dieser entfallen und
2. in einer zweiten Ergänzungsbilanz, die bei der Untergesellschaft zu platzieren ist, werden die Mehrwerte für den Anteil an den stillen Reserven an den letztlich bei der Untergesellschaft erfassten WG eingestellt.

d) Die Ermittlung des Gewinns
aa) Der Gewinn der Untergesellschaft
Der Gesamtgewinn der Untergesellschaft wird aus deren StB entwickelt und um die individuellen Komponenten (Tätigkeitsvergütungen etc.) ergänzt. Die Gewinnanteile sowie die »persönlichen Einkunftskomponenten« sind den G'ftern mitzuteilen. Bei der einheitlichen und gesonderten Gewinnverteilung sind dies die zivilrechtlichen G'fter der Untergesellschaft einschließlich der Obergesellschaft. Zum Gesamtgewinn der Untergesellschaft gehören auch die Ergebnisse aus den Sonder- und Ergänzungsbilanzen ihrer G'fter sowie als individuelle gewerbliche Erträge auch die Vergütungen für die G'fter der Obergesellschaft (§ 15 Abs. 1 Nr. 2 S. 2 EStG).

bb) Der Gewinn der Obergesellschaft
In einer zweiten Grundlagengewinnermittlung wird auf der Ebene der Obergesellschaft zunächst deren StB-Ergebnis, in das auch der Gewinnanteil aus der Beteiligung an der Untergesellschaft eingeflossen ist, festgestellt. Hinzu kommen alle individuellen gewerblichen Komponenten ihrer G'fter gem. § 15 Abs. 1 Nr. 2 S. 1, 2. HS EStG).

3.3.5.2.4 Veräußerungstatbestände
a) Die einzelnen Veräußerungstatbestände
Neben dem Verkauf einzelner WG der Untergesellschaft, die bei ihr zu laufendem Gewinn führen, kann es bei der doppelstöckigen PersG auch zur Veräußerung des Betriebs sowie der Beteiligungen an der Untergesellschaft kommen.

b) Veräußerung des Betriebs
Veräußert die Untergesellschaft ihren ganzen Betrieb bzw. einen Teilbetrieb (d.h. alle wesentlichen Betriebsgrundlagen inkl. des notwendigen Sonderbetriebsvermögens), so kommen §§ 16, 34 EStG zu Gunsten aller G'fter zur Anwendung. Der begünstigte Veräußerungsgewinn wird allen G'ftern anteilig zugeschrieben. Der an persönliche Voraussetzungen geknüpfte Freibetrag gem. § 16 Abs. 4 EStG kann allerdings von der Obergesellschaft nicht ausgenutzt werden.

c) Veräußerung der Obergesellschaft
Veräußert die Obergesellschaft ihren Betrieb (Teilbetrieb), so liegt die Veräußerung eines Mitunternehmeranteils gem. § 16 Abs. 1 Nr. 2 EStG vor.

d) Veräußerung des Anteils der G'fter (natürliche Personen)
Veräußern die G'fter ihre jeweiligen Anteile an der Untergesellschaft bzw. an der Obergesellschaft, so wird auf diese Veräußerung ebenfalls § 16 Abs. 1 Nr. 2 i.V.m. §§ 16 Abs. 4, 34 EStG angewandt.

Hinweis: Für die Frage, wer **Träger des Verlustabzugs** (nach § 10a GewStG) bei **doppelstöckigen PersG** ist, führt der BFH im Urteil vom 11.10.2012 (BStBl II 2013, 176) aus, dass die Obergesellschaft als Mitunternehmerin der Untergesellschaft auch Trägerin des Verlustabzugs sei.

3.3.6 Der Nießbrauch an der Beteiligung

Ein Nießbrauch kann an Beteiligungen an PersG, insb. an Kommanditanteilen, begründet werden. Die steuerliche Behandlung des Nießbrauchs ist weitestgehend in BMF-Schreiben und Erlassen geregelt (zuletzt BMF-Schreiben vom 27.03.2013, BStBl I 2013, 403). Diese beziehen sich grundsätzlich nur auf Vermietungstatbestände. Die steuerliche Behandlung des Nießbrauchs an Unternehmensbeteiligungen orientiert sich an diesen Erkenntnissen.

Die früher h.L. ging für Zwecke der **Begründung** eines Nießbrauchs am Anteil an einer PersG von der sog. **Treuhandlösung** aus. Demnach musste der Nießbrauchbesteller (Inhaber des Gesellschaftsanteils) zunächst aus der Gesellschaft durch Übertragung seines Anteils an den Nießbraucher ausscheiden. Zwischen ihm und dem Nießbraucher wird im Innenverhältnis ein Treuhandverhältnis mit der Verpflichtung des Nießbrauchers zur Rückübertragung der Anteile nach Ablauf des Nießbrauchs vereinbart. Hingegen geht gegenwärtig die h.L. von einer sog **echten Nießbrauchslösung** aus (s. *Wälzholz*, DStR 2010, 1786). Hierbei handelt es sich um eine Nießbrauchsbestellung als dingliche Belastung der Mitgliedschaft ohne Vollübertragung des Gesellschaftsanteils. Strittig ist in diesem Zusammenhang, inwieweit die Möglichkeit der Bestellung eines solchen Nießbrauchs vorher im Gesellschaftsvertrag vereinbart werden soll bzw. von der Zustimmung der Mitgesellschafter abhängig ist (s. *Ulmer* in MünchKomm, BGB, § 705 Rn. 97 ff.). Durch die Abtretung der Beteiligung an den Nießbraucher werden die (Mit-)Verwaltungsrechte – entgegen dem früheren Abspaltungsverbot – aufgespalten, sodass die Mitgliedschaftsrechte aus der Beteiligung von verschiedenen Personen **gemeinschaftlich** ausgeübt werden. Man spricht heute auch von der »Vergemeinschaftung der Mitwirkungsrechte«. In diesem Zusammenhang ist ebenfalls noch strittig, inwieweit sich dies auf die Ausübung der Gesellschaftsrechte – namentlich das Stimmrecht – auswirkt. Nach Auffassung des BGH (BGH vom 09.11.1998, DStR 1999, 246) ist zumindest gesichert, dass bei allen Grundlagenbeschlüssen der Gesellschaft dem G'fter das Stimmrecht nicht entnommen werden kann.

Bzgl. der **Entstehung** (Rechtsgrund) des Nießbrauchs ist hingegen zwischen dem sog **Zuwendungs-**, dem **Vorbehalts-**, dem **Vermächtnis-** und dem **Sicherungsnießbrauch** zu unterscheiden (s. *Carlé/Bauschatz*, KÖSDI 6/2001, 12873). Während beim Zuwendungsnießbrauch sich an der zivilrechtlichen Gesellschafterstellung nichts ändert und nur das Nießbrauchsrecht übertragen wird, stellt der Vorbehaltsnießbrauch den umgekehrten Fall dar, mithin den Zurückbehalt des Nießbrauchsrechts und Übertragung des Gesellschaftsanteils. Um einen Vermächtnisnießbrauch handelt es sich, wenn ein Nachlassgegenstand aufgrund der letztwilligen Verfügung des Erblassers mit der Verpflichtung belastet wird, einem Dritten (Begünstigten) den Nießbrauch an der Sache oder an dem Recht einzuräumen. Schließlich ist ein Sicherungsnießbrauch dadurch gekennzeichnet, dass dieser für Zwecke der Sicherung von Ansprüchen des Nießbrauchers gegen den Besteller eingeräumt wird.

Die **steuerliche Behandlung** des Nießbrauchs ist hingegen von der Form und seiner Natur unabhängig zu beurteilen. Diese Beurteilung ist vielmehr an den **Umfang** des Nießbrauchs geknüpft. Demnach kann der Nießbrauch entweder als Ertrags- oder als Unternehmensnießbrauch ausgestaltet werden.

Die Einräumung eines **Ertragsnießbrauchs** ist dadurch gekennzeichnet, dass der Nießbraucher lediglich einen Anspruch auf den laufenden Gewinnanteil hat (s. *Söffing/Jordan*, BB 2004, 353). Mangels weiterer (Mit-)Verwaltungsrechte kann eine Mitunternehmerstellung nicht erlangt werden (BFH vom 06.05.2010, BStBl II 2011, 261), mit der Folge, dass der Nießbraucher in Abhängigkeit von der **Entstehung** des Nießbrauchs nicht einkommenstpfl. bzw. Einkünfte aus Kapitalvermögen i.S.d. § 20 Abs. 1 Nr. 7 EStG (Ausnahme: § 20 Abs. 8 EStG) oder sonstige Einkünfte gem. § 22 EStG bezieht (s. *Wacker* in *Schmidt*, EStG, §15 Rn. 308). Der Nießbrauchbesteller bleibt hingegen weiterhin Mitunternehmer. Die an den Nießbraucher zu entrichtenden Ertragsanteile stellen bei ihm korrespondierend zu der Behandlung beim Nießbraucher Sonderbetriebsausgaben, Sonderausgaben oder eine unbeachtliche Einkommensverwendung i.S.d. § 12 EStG dar.

Im Unterschied zum Ertragsnießbrauch werden dem Nießbraucher beim **Unternehmensnießbrauch** neben dem Anteil am Gewinn und Verlust weitergehende (Mit-)Verwaltungsrechte eingeräumt (BFH vom 06.05.2010, BStBl II 2011, 261), sodass er auf diese Weise – je nach deren Ausgestaltung – als Mitunternehmer zu qualifizieren ist. Es ist darauf hinzuweisen, dass die Einräumung von (Mit-)Verwaltungsrechten lediglich bei der echten Nießbrauchslösung erforderlich ist, da bei der Treuhandlösung der Nießbraucher diese bereits aufgrund seiner zivilrechtlichen G'fterstellung innehat. Mithin sind die aus dem Anteil bezogenen Gewinne und Verluste solche i.S.d. §15 Abs. 1 S. 1 Nr. 2 EStG (s. *Schulze zur Wiesche*, DB 2008, 2728 zur Problematik i.Z.m. §§4 Abs. 5b, 34a und 35 EStG). Da dem Nießbrauchbesteller bei Vereinbarung einer echten Nießbrauchslösung weiterhin das Stimmrecht zu Grundlagenbeschlüssen zusteht und er weiterhin an den stillen Reserven beteiligt bleibt, ist dieser grds. ebenfalls als Mitunternehmer anzusehen, sodass auch er Einkünfte aus § 15 Abs. 1 S. 1 Nr. 2 EStG erzielt. Dies gilt im Regelfall auch in Fällen der Treuhandlösung (s. *Schulze zur Wiesche*, BB 2004, 355).

Eine Ausnahme von der Mitunternehmerstellung des Nießbrauchbestellers sieht der BFH (BFH vom 23.02.2010, BStBl II 2010, 555) jedoch in den Fällen vorliegen, in denen sowohl Stimm- als auch Verwaltungsrechte nur vom (Vorbehalts-)Nießbraucher wahrgenommen werden sollen.

4 Technik des Transparenzgrundsatzes: Die Gewinnkomponenten der Mitunternehmer

4.1 Einführung: Zweistufige Gewinnermittlung

Die Erfassung des G'fters als ESt-Subjekt sagt noch nichts über die Ermittlung seines Gewinnes aus. Gem. § 15 Abs. 1 **S. 1** Nr. 2 S. 1 EStG setzt sich der gewerbliche Gewinn des MU aus seinem Gewinnanteil (1. HS) und aus Vergütungen für Tätigkeiten im Dienste der PersG sowie für die Überlassung von WG (2. HS) zusammen.

In der Lehre werden hieraus zwei Gewinnermittlungsstufen gebildet, von denen die erste den Anteil des MU am Gesamthands-Gewinn der PersG darstellt und die zweite seinen persönlichen Anteil im Dienste der PersG abbildet. Man kann die erste Stufe auch als die »**kollektive**« Ermittlungsstufe und die zweite als die »**individuelle**« Ermittlungsstufe bezeichnen. In der Praxis der Finanzverwaltung wird die Trennung mittels des **FE 1-For-**

mulars vorgenommen; dort werden etwas verkürzt für die individuelle zweite Ebene die Begriffe »Vergütungen ./. Sonder-BA« (Spalten 6–8) verwendet.

In der Abschlusspraxis einer PersG findet sich noch eine dritte Komponente, die der sog. Ergänzungsbilanzen. Diese stellen zwar (abweichend von der Hauptbilanz) individuelle Werte dar, bilden diese aber im Vergleich zur kollektiven Hauptbilanz ab, sodass sie von der h.M. zu Recht der ersten Ermittlungsstufe zugeschrieben werden.

4.2 Der Hintergrund der Regelung

4.2.1 »Gewinnanteil«

Die erste Ermittlungsstufe (»Gewinnanteil«; es müsste heißen: »Ergebnisanteil«, da hierunter auch Verluste fallen) trägt der Tatsache Rechnung, dass die PersG ein eigenständiges Gewinnermittlungssubjekt ist. Auf der Ebene der MU-schaft wird der aus der HB kommende **HB-Gewinn der PersG** (§ 238 HGB i.V.m. §§ 105, 161 HGB) in das Steuerrecht transformiert (§ 5 Abs. 1 EStG) und bildet als **StB-Gewinn der MU-schaft** die Ausgangsgröße für die Aufteilung unter den G'ftern. Entgegen dem dispositiven § 121 Abs. 3 HGB (Aufteilung nach Köpfen) bildet die konkrete Gewinnverteilungsabrede unter den G'fter die Grundlage für die Aufteilung. In der Kautelarpraxis (= Vertragsgestaltung) wird in dieser Aufteilungsfrage gewohnheitsrechtlich auf den Stand des **Kapitalkontos I** verwiesen.

Wiederum abweichend vom Regelstatut des HGB werden nach den meisten Verträgen in den HB der PersG drei (manchmal vier) Kapitalkonten gebildet[35]:

- Das **Kapitalkonto I** (auch Festkapitalkonto genannt) wird für jeden G'fter nach seiner ursprünglichen Einlage festgesetzt und – abgesehen von Nachschüssen – unverändert fortgeführt. Diese »eingefrorene« Größe repräsentiert als Kapitalanteil die verhältnismäßige Beteiligung am Vermögen der PersG und ist gleichzeitig der unveränderliche Maßstab für die Stimmrechte, den **Gewinn- und Verlustanteil** sowie die Beteiligung am Liquidationsguthaben.
- Das **variable Kapitalkonto II** nimmt die zwischenzeitlichen jährlichen Ergebnisanteile und im Regelfall auch die entnommenen und ggf. eingelegten Beträge (Nachschüsse) auf. Für den Fall, dass die Gesellschaftsverträge – aus Gründen der Eigenkapitalbildung – nicht den ganzen Gewinnanteil für entnahmefähig erklären, wird im Kapitalkonto II nur der nicht entnahmefähige Gewinn erfasst.
- Der entnahmefähige Gewinn wird bei der differenzierten Behandlung dem **Kapitalkonto III** zugeschrieben und kann insoweit als Forderung gegen die PersG gewertet werden. Hierfür hat sich auch die Bezeichnung »Verrechnungskonto« eingebürgert.
- Manchmal wird für die »echten« Forderungen der G'fter gegen die PersG, z.B. aus einer Darlehensvergabe, noch ein **Kapitalkonto IV** gebildet. Ein Kapitalkonto IV (mit dem o.g. Inhalt) wird steuerlich im sog. Sonderbetriebsvermögen (s. Kap. II 4) abgebildet.

(Gelegentlich wird auch eine Kapitalkontenstruktur bei den PersG entsprechend dem Eigenkapitalausweis gem. § 266 Abs. 3 HGB bei KapG empfohlen.[36] Dabei ist darauf zu achten, dass die dortige Begriffswelt – insb. zu den Rücklagen – den PersG fremd ist und nur bei hierauf abgestimmten Gesellschaftsverträgen kompatibel ist.)

---

35 Sehr instruktiv zum Ganzen *Preißer/von Rönn*, Die KG und die GmbH & Co. KG (2013), 3. Aufl., 139 ff.
36 S. Empfehlungen der Bundessteuerberaterkammer (Juli 1999) zum Ausweis des Eigenkapitals in der HB der Personenhandelsgesellschaften.

4.2.2 Vergütungen für Tätigkeit im Dienst der Personengesellschaft und für die Überlassung von Wirtschaftsgütern

§ 15 Abs. 1 Nr. 2 S. 1, **2. HS** EStG hat die Aufgabe, den MU weitgehend dem Einzelunternehmer gleichzustellen. Ebenso wenig wie der Einzelunternehmer »seinen« Unternehmerlohn als BA bei der Gewinnermittlung abziehen darf, verhindert die Erfassung der Tätigkeitsvergütungen von MU als deren gewerblicher Gewinn den steuerlichen BA-Abzug. Noch einen Schritt weiter: es erfolgt mit der zweiten Aussage eine **Umqualifikation** der Einkünfte. Anstelle von Lohn-, Vermietungs- oder von Kapitaleinkünften erzielt der MU bei der entsprechenden Nutzungsüberlassung an die PersG **gewerbliche** Einkünfte. Für diese Erlöse bildet die Verwaltung verkürzt den Ausdruck »Sonder-BE«, denen begriffsnotwendig Aufwendungen als »Sonder-BA« gegenüberstehen.

Die Umqualifikation führt über diesen Akt hinaus zu einer neuen, nur steuerlichen Bilanzkategorie, dem sog. **Sonderbetriebsvermögen**. Mit der gewerblichen Umqualifikation werden aus den vorherigen WG des PV nunmehr WG des (steuerlichen) BV (im Einzelnen s. Kap. II 4).

Beispiel 12: Eine neue Vermögenskategorie

A	Schlussbilanz der AB-OHG in 16		P
Diverse Aktiva	200.000 €	Kapital A	100.000 €
		Kapital B	100.000 €
	200.000 €		200.000 €

Wie ist die Tatsache zu berücksichtigen, dass G'fter A seiner OHG einen Lkw mit AK (Januar 10) von 50.000 € vermietet (Monatsmiete: 500 €), den die OHG zur Besorgung geschäftlicher Angelegenheiten benutzt?

Häufig verbleiben WG im Eigentum eines G'fters, während sie zum betrieblichen Einsatz bei der PersG vorgesehen sind. Anstelle einer möglichen (Sach-)Einlage[37] in das Gesamthandsvermögen der PersG behält sich somit der G'fter das alleinige Verfügungsrecht über den Gegenstand zurück. Der häufigste Fall sind die der PersG zur Nutzung überlassenen Grundstücke. § 15 Abs. 1 Nr. 2 S. 1, 2. HS EStG »zieht« dieses WG in den steuerlichen gewerblichen Rechnungskreis der PersG, an der der G'fter beteiligt ist. § 15 Abs. 1 Nr. 2 S. 1, 2. HS EStG übt insoweit eine gewerblich-betriebliche **Konzentrationswirkung** auf die WG – hin zur PersG – aus.

Mit der Umqualifikation von Vermietungseinkünften zu gewerblichen Einkünften[38] sind die eingesetzten WG zu (steuerlichem) BV geworden, das es in der HB der PersG nicht gibt. Gleichzeitig gelten für diese WG des **Sonder-BV** die Grundsätze der (nun!) gewerblichen Gewinnermittlung nach § 2 Abs. 2 Nr. 1 EStG. Damit sind diese WG nicht nur steuerver-

---

37 Eine andere Möglichkeit ist die der Nutzungseinlage des G'fters (sog. Einlage »quoad usum«), bei der die – nicht bezahlte – Miete nach und nach den festgelegten Gesellschafterbeitrag erreicht und gegen das Kapitalkonto gebucht wird.

38 § 15 Abs. 1 Nr. 2 EStG hat neben der Eigenschaft als Qualifikationsnorm noch die Funktion einer Zurechnungsnorm: WG aus dem Einzelunternehmen werden bei Überlassung an die PersG dieser – qua Sonder-BV – zugerechnet (s. Kap. II 4).

strickt, sondern unterliegen per se der Ermittlung nach § 4 EStG. In der Praxis werden die Ergebnisse in eine steuerliche **Sonderbilanz** eingestellt und – zusammen mit einer Sonder-G+V – fortentwickelt.

Lösung: Für den Lkw des A ist im Januar 16 eine steuerliche Sonderbilanz zu bilden, in die der Lkw eingelegt wird. Entsprechend der Kontendarstellung beim Einzelunternehmer wird der Lkw als WG des abnutzbaren AV bis zum 31.12.16 buchungstechnisch fortentwickelt. Die Ergebnisse aus der Sonderbilanz werden ausschließlich in der Gewinnermittlung des A berücksichtigt, während die Geschäftsvorfälle, die die OHG betreffen (Zahlung der Miete) in deren Buchungskreis berücksichtigt werden. Der Mietaufwand von 6.000 € schlägt sich als gemeinschaftlicher Aufwand von A und B in der G+V der OHG nieder, während der Mietertrag allein von A erfasst wird. Während der Aufwand »sozialisiert« wird, ist der Ertrag »individualisiert«.

Sonder-BV und Sonder-G+V des A (bei der OHG) entwickeln sich in 16 (ND: fünf Jahre für Lkw, degressive AfA gem. § 7 Abs. 2 EStG möglich für Anschaffungen zwischen dem 01.01.2015 und 31.12.2016[39]) wie folgt (in €):

A	Sonderbilanz		P
Lkw	50.000	Mehrkapital A[40]	50.000
	./. 10.000		./. 10.000
	40.000		40.000

	Lkw				AfA				Mietertrag	
AB	50.000	(1)	10.000	(1)	10.000				(2)	6.000
SB	40.000						(3)	10.000	(4)	6.000

	Sonder-G+V				Mehrkapital A				Sonderprivatkonto	
(3)	10.000	(4)	6.000	(5) Verlust	4.000	AB	50.000	(2)	**6.000**	(6)	6.000
		(5)	**4.000**	(6)	6.000					
				SB	40.000					

Erläuterungen:
1. Die nach § 7 Abs. 1 EStG zu bildende lineare AfA beträgt 10.000 €.
2. Mangels Bankkonto im Sonder-BV des A erfolgt die Gegenbuchung des Mietertrages auf dem Privatkonto.
3. Trotz der Verringerung des Kapitalkontos des A um 10.000 € beträgt der **steuerliche (Sonder-)Verlust** des A nach der G+V sowie nach dem BVV (§ 4 Abs. 1 EStG)[41] immer **4.000 €**.
4. Sollte dies der einzige Geschäftsvorfall bei der OHG im Wj. 16 gewesen sein, so setzt sich das Gesamtergebnis des A gem. § 15 Abs. 1 Nr. 2 EStG zusammen aus:

---

39 Lösung ohne degressive AfA.
40 Statt »Mehrkapital« wird auch »Sonderkapital« verwendet.
41 Gewinnermittlung nach § 4 Abs. 1 EStG: 40 T€ (Schlussvermögen) ./. 50 T€ (Anfangsvermögen) + 6 T€ (Entnahme) = ./. 4 T€.

»Gewinnanteil« nach Nr. 2, 1. HS:
(hälftiger Mietaufwand) ./. 3.000 €
Ergebnis nach Nr. 2, 2. HS ./. 4.000 €
gewerblicher Verlust des A aus OHG ./. 7.000 €

Vorbehaltlich der umfassenden Darstellung zum Sonder-BV (s. Kap. II 4[42]) wird nochmals betont, dass die **HB ein Sonder-BV nicht** kennt.

4.2.3 Die Ergänzungsbilanz

Eine gänzlich andere Funktion kommt der Ergänzungsbilanz zu. Sie enthält alle notwendigen **individuellen Abweichungen** eines **G'fters** von den Werten der **Gesamthandsbilanz**. Trotz des Dogmas von der MU-schaft (PersG) als »Gewinnermittlungssubjekt« gibt es zahlreiche in der Person des einzelnen MU liegende Normabweichungen, die in der Ergänzungsbilanz zu berücksichtigen sind. Dies können personenbezogene Steuervergünstigungen sein, die nur einem (nicht allen) G'fter zu gewähren sind.

Der Hauptanwendungsfall für Ergänzungsbilanzen tritt bei der Veräußerung einer Beteiligung an einer PersG ein: Der Kaufpreis stellt immer AK für den Erwerb einer Beteiligung an einer PersG dar und wird im Zweifel höher als das entsprechende Kapitalkonto des veräußernden Alt-G'fters ausfallen.

Beispiel 13: Zivilrecht und Bilanzrecht beim Verkauf einer Beteiligung
An der X-KG sind X (Komplementär) und Y (Kommanditist) beteiligt. Die Kapitalkonten von X und Y betragen jeweils 100.000 €. Nach einem Zerwürfnis mit X veräußert Y die Kommanditbeteiligung an Z. Dieser schätzt den Wert der Beteiligung unter Berücksichtigung des Substanzwertes und der Gewinnchancen auf 150.000 €. Z und Y einigen sich auf diesen Kaufpreis. Bei der Veräußerung einer Beteiligung divergieren – zumindest unter Fremden – immer die Buchwerte und der Kaufpreis. Dieser Mehrwert kann nicht im Kapitalkonto des Erwerbers in der Hauptbilanz berücksichtigt werden, da dieses erstens nur den Buchwert repräsentiert und da vor allem mit einem höheren Kapitalausweis des Neu-G'fters der Beteiligungswert des verbleibenden G'fters sinken würde. Somit sind die Aufwendungen des Erwerbers, soweit sie das Buchkapital des Veräußerers überschreiten, in eine Ergänzungsbilanz einzustellen.

Lösung: Die Bilanzen der X-KG haben vor und nach dem G'fter-Wechsel folgendes Aussehen (in €):

A	Bilanz X-KG (vorher)		P	A	Bilanz X-KG (nachher)		P
Aktiva	300.000	Kap. X	100.000	Aktiva	300.000	Kap. X	100.000
		Kap. Y	100.000			**Kap. Z**	**100.000**
		VB	100.000			VB	100.000

A	Ergänzungsbilanz Z		P
Mehrwert	50.000	Mehrkapital	50.000

---

42 S. auch zur allgemeinen WG-Diskussion des Sonder-BV *Kölpin*, Teil A, Kap. III.

Losgelöst von den Einzelheiten zur Ergänzungsbilanz, die beim Gesellschafterwechsel anzusprechen sind, wird deutlich, dass es sich um eine **akzessorische Ergänzung** zur Hauptbilanz handelt, da der Mehrwert (bzw. Minderwert) mit den WG des Gesamthandsvermögens zusammenhängt. Allein dieser technische Aspekt erlaubt die Berücksichtigung der Ergänzungsbilanz auf der ersten (kollektiven) Stufe der Gewinnermittlung der MU-schaft. Deutlich wird bereits jetzt, dass die Ergänzungsbilanz eine – bilanztechnisch notwendige – Abkehr vom zivilrechtlich geschlossenen Gesamthandsmodell des § 719 BGB darstellt.

4.2.4 Ein Problemfall: Die Tätigkeitsvergütung als Sonder-Betriebseinnahme, Gewinnvorweg oder Entnahme?

Der häufige Fall einer Tätigkeitsvergütung für den GF einer OHG (KG) wirft bereits Probleme in der Zuordnung zu den einzelnen Komponenten der Gewinnermittlung auf. Vorweg werden die generellen Auswirkungen eines GF-Gehalts erläutert.

Als Instrumente der gewinnwirksamen Erfassung der Tätigkeitsvergütung, insb. bei der Korrektur bislang unterlassener erfolgswirksamer Verbuchung, kommen – wie immer – innerbilanzielle Maßnahmen (qua Entnahme) oder außerhalb der Bilanz liegende Möglichkeiten (qua außerbilanzielle Hinzurechnung) in Betracht. Der Unterschied liegt nur in der Fest- und Fortschreibung bei der innerbilanziellen Gewinnzurechnung, da hierdurch das Kapitalkonto des einzelnen G'fters dauerhaft betroffen ist. Bei der Hinzurechnung handelt es sich hingegen nur um einen singulären Vorgang in diesem VZ.

> **Beispiel 14: Ein Vorfall – fünf (mögliche) Buchungen**
> Für das überwiesene Monatssalär des Komplementär K bei der X-KG (8.000 €) finden sich in einem Wj. drei verschiedene Buchungen:
> a) Gehalt an Bank,
> b) Privat an Bank,
> c) Gehalt an Kapital.
>
> Nachdem das Dezembergehalt noch nicht ausgezahlt ist, wird diskutiert, ob
> d) gebucht werden soll:
>   aa) Gehalt an sonstige VB oder
>   bb) »mangels Geschäftsvorfall« nichts.
>
> In den Fällen a) bis c) wurde zusätzlich ein Sozialversicherungsbeitrag einbehalten und zusammen mit dem gleich hohen AG-Anteil an die Sozialversicherungsträger abgeführt;
> In den Fällen a), c) und d) aa) ist gleichzeitig die LSt angemeldet und an das FA überwiesen worden.

Losgelöst von allen gesellschaftsvertraglichen Regelungen lässt die Wertung des § 15 Abs. 1 Nr. 2, 2. HS EStG einen **steuerlichen BA-Abzug** der Tätigkeitsvergütung **nicht** zu. Dabei fallen unter den Begriff der Tätigkeiten eines G'fters sämtliche Dienstleistungen, die dieser im Interesse der Gesellschaft erbringt. Damit werden nicht nur »Managementaufgaben« abgegolten, sondern auch freiberufliche Leistungen (z.B. eines RA/StB), die ein G'fter zu Gunsten seiner PersG erbringt. Ausgenommen sind nach einer (allerdings) uneinheitlichen BFH-Rspr. nur solche Vergütungen, für die keine gesellschaftsrechtliche Veranlassung ersichtlich ist[43] oder wenn Veräußerungsgeschäfte zwischen PersG und G'fter zu fremdüblichen Bedingungen abgeschlossen werden (BFH vom 28.10.1999, BStBl II 2000, 339 – für einen Werkvertrag). Mit dem Beschluss vom 24.04.2002 (BFH/NV 2002, 1292) hat der BFH den (gesellschaftsfreien) Exklusivbereich für G'fter, die gegenüber ihrer PersG Leistungen erbringen, allerdings bedenklich erweitert: Das Architektenhonorar des G'fters für ein Gebäude seiner GbR wurde dem allgemeinen (synallagmatischen) Leistungsaustausch und nicht der Gesellschaftssphäre zugeschlagen (Folge: Besteuerung gem. § 18 EStG).[44]

Die verschiedenartigen Verbuchungen wiederum hängen mit der »offenen« Jahresabschlusspraxis bei PersG zusammen. So kann es vorkommen, dass das (nicht ausbezahlte) GF-Gehalt laufend als Gewinnvorweg behandelt wird und nur noch der Restgewinn unter den G'ftern verteilt wird. Bei der am häufigsten vorkommenden Variante der Aufwandsverbuchung a) des Gehaltes tritt ein Problem bei der Kapitalkontenentwicklung auf. Dort werden die GF-Gehälter gleichzeitig als Entnahmen und Vorabgewinn behandelt.

Lösung:
- Der Unterschied in den Hauptvarianten a) (= Aufwand) und b) (= Entnahme), die beide gegen das Bankkonto gebucht wurden, liegt in der Erfolgsneutralität des Buchungssatzes b), während der aufwandswirksame Buchungssatz a) den Gewinn der KG gemindert hat. Damit steht fest, dass bei a) eine Hinzurechnung nach § 15 Abs. 1 Nr. 2, **2. HS** EStG um monatlich 8.000 €, und zwar **bei K**, als Tätigkeitsvergütung erfolgt.
- Bei b) wird zu Recht ein aktiver Bestandsposten (Bank) verringert, durch die gleichzeitige Verbuchung als Entnahme wird am Jahresende nach dem BVV der identische Betrag nach § 4 Abs. 1 S. 1 EStG wieder hinzugerechnet, sodass sich für die KG (bzw. für K) per Saldo keine Gewinnauswirkung ergibt. Aus steuerlicher Gewinn-Sicht ist keine Korrektur erforderlich. Als weiterer gesellschaftsrechtlicher Unterschied zu a) ist bei der Verbuchung im Fall b) das Kapitalkonto des K alleine belastet, während bei a) durch die Aufwandswirkung bei der KG alle G'fter entsprechend dem Gewinnverteilungsschlüssel belastet sind.

Die technischen Unterschiede bei der Verbuchung, je nachdem ob es sich um **Gewinnvorweg** (oder »Gewinnvoraus«[45]) oder um die Erfassung als **Sondervergütung** handelt, müssen zusätzlich berücksichtigt werden.

Exkurs:
Mit Urteil des BFH vom 23.01.2001 (BStBl II 2001, 621) nimmt der BFH – vor dem Hintergrund des § 15a EStG – die Abgrenzung von Dienstleistungsentgelt und **Gewinnvorab** wie folgt vor:

Dienstleistungsentgelte – ohne Beeinflussung des Kapitalkontos – sind schuldrechtlich vereinbarte Tätigkeitsvergütungen, die bei der PersG zu betrieblich veranlasstem Aufwand und beim G'fter zu **Sonderbetriebseinnahmen** führen.

---

43 In der Lit. (*Reiß* in *Kirchhof-kompakt*, § 15, Rz. 385 u.a.) wird hier mit der »Negativ-Formel« gearbeitet: Bei fehlendem Zusammenhang mit der Gesellschafterstellung findet keine Berücksichtigung nach § 15 Abs. 1 Nr. 2, 2. HS EStG statt.
44 Der Grund für die überraschende Entscheidung des BFH liegt offensichtlich darin, dass die GbR das Ergebnis der Arbeit ihres Architekten über die Gebäude-HK, d.h. über ein aktiviertes WG, zu berücksichtigen hat.
45 Wird das Gehalt als »Gewinnvorab« einem G'fter unterjährig gutgeschrieben, so müssen am Jahresende die Kapitalkonten wieder »glattgezogen« werden.

Sonder-BE liegen vor bei

a) Vereinbarungen in einem besonderen Dienstvertrag
oder
b) Regelungen im Gesellschaftsvertrag, wenn die Vergütung handelsrechtlich als Kosten zu behandeln sind und auch dann zu zahlen sind, wenn kein Gewinn erwirtschaftet wird.

Hat der Kommanditist hingegen Anspruch auf die Berücksichtigung der Tätigkeitsvergütung als Gewinnvorab, so beeinflusst dies lediglich den ihm zuzurechnenden Ergebnisanteil in Form eines höheren Gewinnanteils oder eines geringeren – und ggf. nur nach § 15a EStG zu berücksichtigenden – Verlustanteiles.

Ein Gewinnvorab liegt vor, wenn die Tätigkeitsvergütungen

a) handelsrechtlich nicht als Kosten zu behandeln sind und
b) nur bei Erwirtschaftung eines ausreichenden Gewinnes gezahlt werden.

> **Lösung:** In der ersten Variante läuft es darauf hinaus, dass nach der Vorabberücksichtigung des GF-Gehalts als anteiliger Gewinn des »Managers« (Komplementär, OHG-G'fter) nur noch ein Restgewinn zur Verteilung für die G'fter übrigbleibt.
> Bei der Sondervergütung, die ggf. über ein eigenes Konto des G'fters erfasst wird, wird das Gehalt zusätzlich in einem eigenen Buchungskreis (Sonder-BV) des geschäftsführenden G'fters berücksichtigt.
> In beiden – richtig verbuchten – Varianten wird jedoch der Personalaufwand im Buchungskreis der PersG »sozialisiert« (vergemeinschaftet), während das steuerliche Ergebnis nur von dem tätigen G'fter realisiert wird.
>
> - Der Vorfall c) ist falsch gebucht worden; statt einer Gutschrift auf dem Privatkonto (Einlage) ist das Bestandskonto Bank gemindert; erforderlicher Korrektur-BS: per Kapital 8.000 € an Bank 8.000 €.
>   Ansonsten muss bei c) steuerlich nach § 15 Abs. 1 Nr. 2, 2. HS EStG der gewerbliche Gewinn des K um 8.000 € Sondervergütung erhöht werden.
> - Der **ausstehende Dezemberlohn** (d):
>   Bei bb) (= unterlassener BS) ist vom steuerlichen Gesamtergebnis nichts veranlasst, da der KG-Gewinn (und damit ihr Gewerbeertrag) richtig festgestellt ist.
>   Allerdings ist seitens der KG die vertragliche Verpflichtung zur Bezahlung des Dezembergehaltes nach dem Vollständigkeitsgebot (§ 246 HGB) und nach dem Realisationsgrundsatz (§ 252 Nr. 4 HGB) als Schuld (sonstige Verbindlichkeit) auszuweisen. Gleichzeitig ist dies der einzige Fall (abgesehen von der Pensionsverpflichtung, s. später), in dem ein Personengesellschafter in seiner Sonderbilanz die Tätigkeitsvergütung erfassen darf. Da die Sonderbilanz nur WG erfasst, ist hier ausnahmsweise der Gehalts-**Anspruch** zu aktivieren.
>   Damit (BS in der Sonderbilanz: »Gehaltsforderung an Tätigkeitsvergütung«) ist auch dieser Geschäftsvorfall gewinnwirksam als echte Sonder-BE bei der richtigen Person (K) erfasst.

Nicht selten kommen auch sog. »mittelbare Tätigkeitsvergütungen« vor, bei denen keine direkten Leistungsbeziehungen zwischen der KG und ihren G'ftern bestehen.[46] In einem vom BFH am 10.07.2002 entschiedenen Fall hatte eine KG an eine ausländische Komplementär-

---

46 Hauptfall ist der über die Komplementär-GmbH für die KG tätige Kommanditist.

KapG Entgelte bezahlt. Die zwischengeschaltete KapG gab die Beträge an den Kommanditisten der KG als Gegenleistung für dessen Managementleistungen im Dienste der KG weiter. Über die Erfassung als mittelbare Tätigkeitsvergütungen gelangte der I. Senat zu neuen Erkenntnissen, da er bei der abkommensrechtlichen Würdigung auf den Tätigkeitsort (Ausland!) abstellte (BStBl II 2003, 191).

Hinweise:
(1) **Sondervergütungen** setzen nach dem Urteil des BFH vom 24.01.2008 (BStBl II 2008, 428) allerdings eine (Vor-)Leistung des G'fters voraus, die abgegolten wurde. Fehlt es hingegen an einer Gegenleistung für die kaufmännische oder technische Geschäftsführung, so liegt in der Bezahlung des G'fters eine Entnahme vor. Im vorliegenden Fall sollte der G'fter an noch nicht realisierten Gewinnen der PersG beteiligt werden.
(2) Bei **Aufnahme** eines **neuen G'fters** in eine PersG (gem. § 24 UmwStG) wird häufig mit dem **Gewinn-Vorab-Modell** gearbeitet. Danach erhalten die Alt-G'fter eine über ihre Quote hinausgehenden künftigen Gewinn (und der neue G'fter einen geringeren Gewinn). Damit wird erreicht, dass seitens der Alt-G'fter kein Veräußerungsgewinn (der MU-Anteile) entsteht. Nach einer neueren BFH-Entscheidung gilt dies allerdings **nicht**, wenn der Vorab-Gewinn-Betrag **fixiert ist**. Der BFH hat im Urteil vom 27.10.2015 (BStBl II 2016, 600) entschieden, dass bei einer Übertragung des MU-Anteils (im Urteilsfall gem. § 24 UmwStG) gegen Gewinn-Vorab, der i.S.e. einklagbaren Anspruchs bis zum Erreichen eines Sockelbetrags zu leisten sei, ein **Veräußerungsfall** vorliege. Dies soll nach den Urteilsgründen auch dann der Fall sein, wenn der MU-Anteil gegen einen **variablen** Gewinn-Vorab übertragen werde (s. *Levedag* in NWB 2016, 534).

Als **alternative Gestaltung** wird eine Gewinnverteilung empfohlen, die den Alt-Gesellschaftern einen höheren Gewinnanteil zukommen lässt (vgl. *Strahl* in KÖSDI 2017 (KSp 29), 2917, Tz. B/10).

5 »Mehr- und Weniger-Rechnung« bei der Personengesellschaft (Mitunternehmerschaft)

Die Verprobung des Transparenzkonzeptes erfolgt am besten anhand einer »Mehr- und Weniger-Rechnung« anlässlich einer Außenprüfung bei einer PersG zum Thema »GF-Gehalt«.

Beispiel 15: Eine jede (hier: PersG) ist mal dran
An einer X-OHG sind Y und Z mit gleicher Gewinnquote beteiligt. Y erhält als GF der OHG ein Gehalt von 60.000 €. Der Restgewinn wird unter den G'ftern Y und Z nach dem paritätischen Verteilungsschlüssel (je 1/2) aufgeteilt. Wie üblich, wurde auf eine Kapitalverzinsung nach § 120 f. HGB verzichtet. Als Prüfungsfeststellungen für den VZ 16 sind zu verarbeiten:
a) Z ist nebenher als StB tätig und fertigte für die OHG ein steuerliches Optimierungskonzept an. Hierüber erstellte er der OHG am 20.12.16 eine Rechnung über 10.000 €[47], die in den Bilanzen der OHG als sonstige Verbindlichkeit (31.12.16) ausgewiesen ist (Gegenbuchung: Rechtsberatungskosten); die Rechnung wurde am 30.01.17 bezahlt.

---

47 Hier ohne USt. Zu den USt-Fragen anlässlich des Leistungsaustausches zwischen G'fter und PersG s. *V. Schmidt*, Band 3, Teil B, Kap. III »Unternehmerbegriff«.

b) Die laufend bezahlte GF-Vergütung des Y i.H.v. 5.000 €/Monat ist in 16 als Personalaufwand verbucht worden, ohne dass LSt und Sozialversicherungsbeiträge einbehalten und abgeführt wurden.

Lösung:
- In beiden Fällen a) und b) bleiben die Bilanzposten der OHG unbeanstandet. Die Bilanz der OHG muss die Honorarrechnung des Z als sonstige Verbindlichkeit ausweisen (§§ 246, 252 Nr. 4 HGB).
- Die Honorarrechnung des Z ist gleichzeitig als sonstige Forderung in einer Sonderbilanz des Z i.H.v. 10.000 € zu aktivieren (Gegenbuchung: Beteiligungsertrag bzw. Mehrkapital). Der spätere Zahlungseingang ist sowohl **in 16** wie auch **in 17** obsolet. Diese Behandlung gilt unabhängig von der Streitfrage, ob man die Dienstleistung des Z als unmittelbaren Anwendungsfall der »Tätigkeitsvergütung« versteht oder als hiervon getrennten Vorgang (sodann notwendiges Sonder-BV I).
Mit dem o.g. »Architektenurteil« des BFH vom 24.04.2002 wird die Sphäre der OHG dann verlassen, wenn im Erbringen des Steuer-Konzepts kein – im weitesten Sinne – gesellschaftsrechtlicher Beitrag gesehen wird und sich ein aktivierungsfähiges WG anbietet.
Beide Voraussetzungen liegen jedoch nicht vor:
  - Das Steuerkonzept ist gerade für die OHG erstellt worden und hat darüber hinaus keinen Marktwert (damit – mangels Verkehrsfähigkeit – kein WG) und
  - außerdem verbietet § 5 Abs. 2 EStG die Aktivierung eines im Betrieb geschaffenen immateriellen WG.
- Die GF-Vergütung des Y hingegen ist eindeutig als »Tätigkeitsvergütung« nach § 15 Abs. 1 Nr. 2, 2. HS EStG zu qualifizieren und wird in einem Prüfungsbericht außerbilanziell dem G'fter Y hinzugerechnet. Für eine Erfassung als Entnahme und eine Berücksichtigung in der berichtigten Kapitalkontendarstellung ist sodann kein Platz.

Sollten dies die einzigen Prüfungsfeststellungen gewesen sein, so müssen die Gesamthandsbilanzen der OHG inkl. der Kapitalkontenentwicklung nicht geändert werden.

In der Frage der Geschäftsführervergütung einer PersG sind durch das BFH-Urteil vom 06.06.2002 (BFH/NV 2002, 1268) zur Umsatzsteuer(-barkeit) der GF-Leistungen neue Erkenntnisse erkennbar geworden, die mittlerweile auch die Einkommensteuer erreicht haben. Die Verwaltung (BMF vom 13.12.2002, BStBl I 2003, 68 sowie BMF vom 23.12.2003, BStBl I 2004, 240; für nach dem 30.04.2004 ausgeführte Leistungen s. nunmehr BMF vom 31.05.2007, BStBl I 2007, 503 sowie ergänzend OFD Frankfurt vom 27.06.2007, StEd 2007, 619) hat sich zwischenzeitlich dieser Ansicht angeschlossen.

Danach sind – in Abkehr bisheriger Rspr. (BFH vom 17.07.1980, BStBl II 1980, 622) GF-Tätigkeiten, die gegen ein **garantiertes Sonder-Entgelt** erbracht werden, umsatzsteuerbar und der Charakter der Umsatzsteuereinheit zwischen PersG und G'fter (sog. »Organwaltertheorie«) tritt demzufolge zurück. Der Gegenfall (keine Umsatzsteuerbarkeit) liegt dann vor, wenn es sich um eine gewinnabhängige Vergütung handelt.

II Das Betriebsvermögen und die Ermittlung des laufenden Gewinnes bei der Mitunternehmerschaft

1 Übersicht zur Gewinnermittlung bei der Mitunternehmerschaft – Schema

Die Gewinnermittlung der PersG (MU-schaft) erfolgt auf zwei Stufen. Für die Komplettdarstellung des steuerlichen Gesamtgewinns der MU-schaft gibt es mehrere Schemata. Hier wird eine kombinierte Version favorisiert. Die Abbildung ist zugleich der Fahrplan für die folgenden Ausführungen sowie für die Klausur zur Besteuerung der PersG. Dem Schema liegt die Ermittlung des **Gewinnes** für das **Jahr 16** zugrunde.

I. Gewinnermittlung auf der ersten (kollektiven) Stufe:

HB (Gesamthandsvermögen) (+/./. Ansatz-/Bewertungskorrekturen gem. § 5 Abs. 6 EStG bzw. § 5 Abs. 1 S. 1, 2. HS EStG)	HB 16 StB 16
./. HB (Gesamthandsvermögen) (+/./. Ansatz-/Bewertungskorrekturen gem. § 5 Abs. 6 EStG bzw. § 5 Abs. 1 S. 1, 2. HS EStG)	HB 15 StB 15
→ **StB 16** ./. **StB 15** = BVV gem. § 4 Abs. 1 EStG + Entnahmen 16 gem. § 4 Abs. 1 EStG ./. Einlagen 16 gem. § 4 Abs. 1 EStG	
= **StB-Gewinn** ./. steuerfreie Erträge (§ 3 EStG, InvZul u.a.[48])	
= **steuerliches Ergebnis der Gesamthand (16)**	

Ia. Ermittlung der Ergänzungsbilanzen (pro G'fter):

Ergänzungsbilanz-Vermögen	16
./. Ergänzungsbilanz-Vermögen	15
+ Entnahmen (16) ./. Einlagen (16)	
Steuerliches Ergebnis aus der Ergänzungsbilanz × G'fter	16
= **Gesamtergebnis aus den Ergänzungsbilanzen**	

---

[48] Falls nicht schon in den StB eliminiert. Hier werden auch außerbilanzielle Hinzurechnungen gem. § 4 Abs. 5 Nr. 7 EStG und § 12 EStG berücksichtigt, falls es zu einem Mittelabfluss gekommen ist.

II. Gewinnermittlung auf der zweiten (individuellen) Stufe – getrennt nach G'ftern –

  a) Tätigkeitsvergütungen gem. § 15 Abs. 1 S. 1 Nr. 2, 2. HS, 1. Alt. EStG
  b) Ergebnis aus der (den) Sonderbilanzen eines jeden G'fters

	Sonder-BV (§ 15 Abs. 1 S. 1 Nr. 2, 2. HS, 2. Alt. EStG)	Sonderbilanz 16
./.	Sonder-BV (§ 15 Abs. 1 S. 1 Nr. 2, 2. HS, 2. Alt. EStG)	./. Sonderbilanz 15
+	Entnahmen (Sonderentnahmekonto)	16
./.	Einlagen (Sondereinlagekonto)	16

Sonderbilanzgewinn 16

III. Steuerliches Gesamtergebnis (VZ 2016)

  I   Ergebnis der MU-schaft (»Gewinnanteil«) ⎫
  + Ia Ergänzungsbilanzergebnisse aller G'fter ⎬ **Steuer-Gesamtergebnis der MU-schaft**
  + II Sonderergebnisse aller G'fter   ⎭

Das steuerliche Gesamtergebnis der MU-schaft ist identisch mit dem **Gewerbeertrag** der MU-schaft (§ 7 GewStG). Für Zwecke der einheitlichen und gesonderten Gewinnfeststellung wird der Gewinn zu 1.) entsprechend der Verteilungsabrede aufgeteilt und bildet zusammen mit den jeweiligen Einzelergebnissen (Ia + II) den gewerblichen (bzw. freiberuflichen) Gewinnanteil eines MU.

2 Die Gewinnermittlung auf der ersten Stufe (I): Das Steuerergebnis der Gesamthand

Bei der hier favorisierten Vermögensvergleichsmethode nach § 4 Abs. 1 EStG stehen Inhalte und Abgrenzung des BV methodisch im Vordergrund.[49]

2.1 Die Steuerbilanz der Gesamthand

Die allgemeinen Grundsätze zur Ableitung der StB aus der HB aufgrund der direkten Maßgeblichkeit (§ 5 Abs. 1 EStG) sind hier ebenso anzuwenden wie beim Einzelunternehmer. Dies hat sich auch nach Einführung des Gesetzes zur Modernisierung des Bilanzrechts vom 25.05.2009 (BStBl 2009, 650) (»BilMoG«) nicht verändert (s. BMF vom 12.03.2010, BStBl I 2010, 239, Rn. 2). Wie beim Einzelunternehmer, soweit dieser nicht von der Befreiungsmöglichkeit des § 241a HGB fällt, ergibt sich in formeller Hinsicht bei der gewerblichen MU-schaft die steuerliche Buchführungspflicht bereits aus § 140 AO (i.V.m. § 238 HGB).[50]

Bei der Herleitung aus der HB stellen – in materieller Hinsicht – alle WG des betrieblichen Gesamthandsvermögens in steuerlicher Hinsicht **notwendiges BV** dar. Nach h.A. gibt es

---

[49] Eine andere Vorgehensweise orientiert sich an der G + V der PersG.
[50] Bei den anderen MU-schaften kann sich der Zwang zum BVV aus § 141 AO ergeben. Dessen ungeachtet können freiberufliche MU-schaften freiwillig nach § 4 Abs. 1 EStG die doppelte Buchführung einrichten und so ihren Gewinn ermitteln.

jedoch für die MU-schaft kein gewillkürtes BV (grundlegend BFH vom 23.05.1991, BStBl II 1991, 800). Wenn R 4.2 EStR unter bestimmten Voraussetzungen beim Einzelunternehmer die Behandlung eines Gebäudes, das auch privat genutzt wird, als BV im Ganzen ermöglicht (R 4.2 Abs. 9 EStR), so besteht dieses **Wahlrecht nicht** bei der **PersG** (H 4.2 Abs. 11 EStH 2010). Sollten danach G'fter einer PersG ein/en Gebäude/teil, das/der sich im Eigentum der PersG befindet, dauerhaft privat nutzen, so handelt es sich steuerlich um **notwendiges PV** der G'fter.[51] Mit der Reduzierung der WG-Trias auf zwei Gruppen bei § 15 Abs. 1 Nr. 2 EStG (notwendiges BV der MU-schaft und notwendiges PV) geht – im Gegenzug – in erweiterter Anwendungsbereich des notwendigen BV einher; so zählen von der PersG fremdvermietete Gebäudeteile zu deren notwendigem BV.

In mehreren Entscheidungen wendet der BFH diese Formel (WG wäre kein gewillkürtes BV beim Einzelunternehmer und ist damit auch bei einer MU-schaft notwendiges PV) auch auf sog. »**verlustbringende**« oder »verlustgezeichnete« WG an. Stand im Augenblick der Darlehensvergabe für die (GF der) PersG die Wertlosigkeit des Darlehens bereits fest, ist die Forderung nicht aktivierbar (s. BFH vom 19.02.1997, BStBl II 1997, 399).

2.2 Auswirkungen für die Gewinnermittlung

Unter drei Gesichtspunkten gibt es bei der PersG Besonderheiten, wenn es um die Ableitung des steuerlichen Gewinns der MU aus dem HB-Vermögensvergleich (s. Kap. 1 die zweite und vierte Zeile des Gewinnschemas) geht:

- Wegen der Charakterisierung der PersG als steuerliches Gewinnermittlungssubjekt können WG des Gesamthandsvermögens nur einheitlich behandelt werden.
- Im Privatbereich (Entnahmen/Einlagen) ist darauf zu achten, ob alle G'fter (oder nur einzelne) betroffen sind; dies hat Auswirkungen auf die Entwicklung der Kapitalkonten.
- Wegen der Aufteilung des kollektiven Gewinnes kommt den Gewinnverteilungsabreden und deren Änderung eine besondere Bedeutung zu. Letzteres kommt häufig bei Korrekturen aufgrund späterer Außenprüfungen zum Tragen.

Beispiel 1: Fortführung der Außenprüfung
Bei der X-OHG (obiges **Beispiel 15** Kap. I 5: Y und Z sind zu je 50 % beteiligte G'fter) kommt der Außenprüfer zu weiteren Feststellungen für das Jahr 16:
a) Im Fuhrpark der OHG ist lt. Firmen-StB ein Pkw enthalten, der im November 16 zu 20.000 € zzgl. USt erworben wurde und sogleich der Freundin des Y zum 18. Geburtstag geschenkt wurde. Der zu AK (zusammen mit der Vorsteuer) eingebuchte Pkw war zum 31.12.16 lt. Inventar mit 16.000 € erfasst, da Y die degressive Ganz-Jahres-AfA wünschte, während Z auf einen Bilanzausweis bei linearer AfA von 3.333 € (sechs Jahre ND) mit 16.667 € bestand.
b) Z erhielt von einem Lieferanten der OHG einen Scheck über 4.165 € als Preisnachlass für gekaufte Ware im gesamten Einkaufswert von 35.000 €. Der Scheck wurde dem privaten Konto des Z gutgeschrieben. Die Ware ist noch komplett inventarisiert.
c) Die OHG hat eine Segeljacht, auf der die besten Kunden der OHG alljährlich zu einem Törn eingeladen werden. Die Kosten hierfür (»Personalaufwand« i.H.v. 100.000 €) sind auf dem Konto »Repräsentationsaufwand« verbucht.

---

51 An dieser Stelle fallen HB und StB der PersG wegen § 5 Abs. 6 EStG auseinander.

Die steuerbilanziellen Konsequenzen für die OHG sind vorzunehmen. Dabei haben die Kapitalkonten von Y und Z den identischen Anfangsbestand von 10.000 € (01.01.16) und verzeichnen beide einen Zugang von je 5.000 € Gewinnanteil (jeweiliger Endbestand: 15.000 €).

Neben den eigentlichen Prüfungsfeststellungen macht der Sachverhalt zu a) auf das Problem der begrenzten Steuerrechtsfähigkeit der MU-schaft aufmerksam. Eine Divergenz in den Bilanzwerten der PersG (degressive oder lineare AfA) ist nicht zulässig. Der Eigenschaft der PersG als Gewinnermittlungssubjekt ist es zu verdanken, dass die WG des **Gesamthandsvermögens einheitlich** dargestellt sein müssen. Dies ist auch kein Anwendungsbereich für Ergänzungsbilanzen, da es sich nicht um eine notwendige individuelle Wertkorrektur eines MU handelt. Meinungsverschiedenheiten über Bilanzansätze werden kraft Gesellschafterbeschluss einheitlich entschieden.

Lösung:
1. **Bilanzpostenkorrektur und berichtigter Gewinn 16**
a) Aktivierter Pkw
   - Der Ansatz als WG des BV ist unzutreffend. Auf die verschiedenen Bilanzwerte zum 31.12.16 ist daher nicht näher einzugehen (bei beiden Alternativen wurde zu Unrecht eine Ganz-Jahres-AfA vorgenommen).
   - Mit der Eliminierung des Pkw aus der Bilanz und der Stornierung der Vorsteuer (3.800 €) ist gleichzeitig eine **Entnahme** des Y verbunden, da der Pkw notwendiges PV des Y darstellt (Mehrentnahme Y: 23.800 €).
b) Preisnachlass
   - Der betriebliche Vorgang ist nachträglich als solcher zu erfassen und führt zu Anschaffungspreisminderungen (§ 255 Abs. 1 S. 3 HGB) i.H.v. 3.500 €, die von den bilanzierten AK abzusetzen sind. Der Preisnachlass stellt gleichzeitig eine Änderung der USt-BMG gem. § 17 Abs. 1 UStG dar und führt zu einem Vorsteuerminus (= Umsatzsteuerplus) i.H.v. 665 €.
   - Die Überweisung auf ein Privatkonto des Z ist als dessen **Privatentnahme** (+ 4.165 €) zu erfassen.
c) Segeljacht
   Die Kosten für die Segeljacht sind i.H.v. 100.000 € **außerbilanziell hinzuzurechnen** (§ 4 Abs. 5 Nr. 4 EStG i.V.m. R 4.10 Abs. 1 S. 3 EStR).

Die »Mehr- und Weniger-Rechnung« hat folgendes Aussehen (in €)[52]:

Posten VZ 16	FStB[53]	APStB	VU	GU	16 +	(16) ./.
Fuhrpark	16.667	–	./. 16.667	./. 16.667		16.667
Waren	35.000	31.500	./. 3.500	./. 3.500		3.500
USt	–	4.465	./. 4.465	./. 4.465		4.465
BiPo/Summe			./. 24.632	./. 24.632		24.632

---

52 Zu den Begriffen und zur Technik s. Teil A, Kap. V 2.2.1.
53 FStB = Firmensteuerbilanz.

BiPo/Summe	./. 24.632 €
+ Mehrentnahmen (Z: 4.165 €; Y: 23.800 €)	27.965 €
Mehrgewinn – BP in 16	**3.333 €**
Gewinne FStB (16)	10.000 €
Festgestellter Gesamtgewinn (16)	13.333 €
+ außerbilanzielle Hinzurechnung	100.000 €
Festgestellter Gewinn (16) i.R.d. einheitlichen und gesonderten Gewinnfeststellung	
= **Gewerbeertrag der X-OHG (16)**	113.333 €

2. Kapitalkontenentwicklung (in €)

	Y-FStB	**Y-APStB**	Z-FStB	**Z-APStB**
01.01.16	10.000	10.000	10.000	10.000
Einlagen	–	–	–	–
Gewinn	5.000	6.666	5.000	6.667
Entnahme	–	23.800	–	4.165
31.12.16	15.000	./. 7.134	15.000	12.502

3. Verteilung des festgestellten Gewinnes (in €)

	Insgesamt	G'fter Y (50 %)	G'fter Z (50 %)
Gewinn lt. AP	13.333	6.666	6.667
Außerbilanzielle Hinzurechnung	100.000	50.000	50.000
Zu versteuernde Gewinnanteile		**56.666**	**56.667**

2.3 Geänderte Gewinnverteilung, insbesondere bei späteren Betriebsprüfer-Feststellungen

Gerade im Anschluss an Außenprüfungen ist häufig festzustellen, dass die ursprünglichen Gewinnabreden geändert werden. Immer dann, wenn es sich um einen einseitig verursachten (z.B. Bilanz-)Fehler handelt, der sodann über die Gewinnabrede »vergemeinschaftet« wird, kann man sich leicht Gespräche über eine auch einseitige Steuerverantwortung vorstellen.

Zwar bezieht sich die Gewinnverteilungsabsprache grundsätzlich nur auf den HB-Gewinn, sie wird vom BFH jedoch auch auf den **StB-Gewinn** übertragen (BFH vom 24.10.1996, BStBl II 1997, 241; dort allerdings bei einer Einheitsbilanz). **Nachträgliche** Änderungen unterlagen eigentlich uneingeschränkt dem steuerlichen Rückwirkungsverbot. Mit zwei Entscheidungen ist diese Dogmatik aufgeweicht worden (BFH vom 13.02.1997, BStBl II 1997, 535 und BFH vom 09.09.1999, BFH/NV 2000, 313). Unter zwei Voraussetzungen sind somit nachträgliche Änderungen auch steuerlich zu akzeptieren:

- Bei gerichtlich dokumentierten Vergleichen wird man den Rechtsgedanken des § 175 Abs. 1 Nr. 2 AO (rückwirkendes Ereignis) respektieren müssen, zumal wenn

- zusätzlich im Gesellschaftsvertrag eine Öffnungsklausel für abweichende Gewinnzuweisungen anlässlich späterer steuerlicher Erkenntnis vorhanden ist.

Lässt man (wie die noch h.M.) diese Flexibilität nicht zu, provoziert man – wie in der Praxis häufig – einen steuerlichen Ausgleich »hinter dem Rücken der Finanzverwaltung«, dem diese allenfalls mit einer Schenkungsteuersanktion beikommen kann.

Die Frage der Änderungen **während** des Wj. stellt sich vor allem beim unterjährigen Eintritt von neuen G'ftern (und beim Austritt der Ex-G'fter). Wird tatsächlich eine rückbezügliche Eintrittsvereinbarung vollzogen, soll dies nach h.M. einer erfolgswirksamen[54] Übertragung von **Teilen von MU-Anteilen** gleichkommen.[55] Für Sonderabschreibungen gewährt die Finanzverwaltung ein Wahlrecht, neu eintretende G'fter ab Beginn des Wj. daran zu beteiligen (OFD Hannover vom 27.03.2000, DStR 2000, 730).

3 Die Ergänzungsbilanz: Individueller Anteil am Gesamthandsergebnis

Wie schon erwähnt, nimmt die Ergänzungsbilanz mit ihren Ergebnissen an der Gewinnermittlung auf der ersten (kollektiven) Stufe teil, obwohl es sich um rein persönliche Steuermerkmale eines einzelnen G'fters handelt. Die **bilanztechnische Akzessorietät** – und damit ein praxisorientiertes Kriterium – ist hierfür ebenso verantwortlich zu machen wie die Auslegungsnähe zu § 15a EStG. Auch dort fließt nach heutiger Erkenntnis die Ergänzungsbilanz in das Steuermerkmal »Kapitalkonto« ein und ihre Ergebnisse nehmen am Verlustschicksal des § 15a EStG teil.[56] Abgesehen von den technischen Fragen beim G'fterwechsel wird die Thematik häufig anhand einer persönlichen Steuervergünstigung diskutiert, an der ein G'fter aufgrund eines G'fterwechsels nicht teilnimmt.

Beispiel 2: Geteilte Steuerfreuden
X, zu 1/3 an der gewerblich geprägten GmbH & Co. KG beteiligt, veräußert zum 01.01.14 seinen Anteil an der KG an den Erwerber Z.
Zum BV gehört u.a. ein bebautes Mietwohngrundstück (z.B. für die AN der KG):

	AK/HK	Anteil X	anteiliger Buchwert
GruBo	150.000 €	50.000 €	50.000 €
Gebäude, hergestellt in 12 (§ 7 Abs. 5 EStG AfA)	300.000 €	100.000 €	90.000 €[57]

Der Erwerber Z übernimmt den Anteil des X zu Buchwerten. Entwicklung des Bilanzwertes »Bebautes Grundstück« in 14?

---

54 Vgl. § 16 Abs. 1 S. 2 EStG: laufender Gewinn!
55 Statt aller *Wacker* in *Schmidt*, EStG, § 15, Rz. 454 m.w.N.
56 Zu § 15a EStG und Ergänzungsbilanzen s. auch Kap. V 4.3.
57 Das Wohngebäude (i.S.d. § 7 Abs. 4 Nr. 2 EStG) wurde zwei Jahre gem. § 7 Abs. 5 EStG mit 5 % abgeschrieben, sodass der BW zum 31.12.03 beträgt: 270.000 € [300.000 € ./. 30.000 € (2 × 5 %ige AfA)]; bei X folglich 90.000 €.

Mit § 7 Abs. 5 EStG lag eine personenbezogene (Hersteller-)AfA vor.[58] An dieser erhöhten Abschreibungsmöglichkeit nehmen nur die G'fter einer PersG teil, die diese Voraussetzungen erfüllen. Wegen der These vom »**einheitlichen Gewinnermittlungssubjekt**« muss die AfA und das WG »bebautes Grundstück« in der steuerlichen Hauptbilanz einheitlich gebildet werden. Hierzu erforderliche Korrekturen sind in einer (negativen wie positiven) Ergänzungsbilanz vorzunehmen.

Lösung:

a) Behandlung in der StB der GmbH & Co. KG
Da ein Wechsel der AfA nicht vorgesehen ist, wird in der Hauptbilanz der KG die AfA weiterhin mit 5 % gebildet, sodass der Bilanzposten »bebautes Grundstück« zum 31.12.14 mit 405.000 € ausgewiesen ist (150 T€ GruBo und 255 T€ Gebäude [300 T€ ./. 45 T€ (3 x 5 % der HK)].

b) Korrekturen bei Z
Der neue G'fter darf nicht an der »Hersteller-AfA« partizipieren. Über die Gewinnverteilung in der KG ist dies jedoch kraft Gesetzes der Fall. Für Z kommen nur der nach § 7 Abs. 4 EStG gültige AfA-Satz (2 %) und die lineare Abschreibungsmethode in Betracht. Bezogen auf die **anteiligen** AK von 90.000 € stehen Z jährlich 1.800 € AfA zu.

Jeweils für sich betrachtet wird die überhöhte AfA durch eine **negative** Ergänzungsbilanz i.H.v. 100.000 € (anteiliger Minderwert Gebäude) ausgeglichen und die richtige AfA mittels einer **positiven** Ergänzungsbilanz i.H.v. 90.000 € (Mehrwert Gebäude) gebildet.

A	Negative Ergänzungsbilanz Z zum 01.01.14 (in €)		P
Minderkapital Z	100.000[59]	Minderwert Gebäude	100.000

A	Positive Ergänzungsbilanz Z zum 01.01.14 (in €)		P
Mehrwert Gebäude	90.000	Mehrkapital Z	90.000

Beide Ergänzungsbilanzen werden entsprechend ihrer Zielsetzung fortentwickelt. So wird in der negativen Ergänzungsbilanz die AfA von 5 % mit gegenläufiger Wirkung (»Ertrag«) gebucht, während in der positiven Ergänzungsbilanz des Z die lineare AfA mit 2 % abgesetzt wird.

A	Negative Ergänzungsbilanz Z zum 31.12.14 (in €)		P
Minderkapital Z	100.000	Minderwert Gebäude	100.000
./. Ertrag	5.000	./. AfA	5.000
Kapital (31.12.14)	**95.000**	Wert (31.12.14)	95.000

Aufgrund des reduzierten Minderkapitals ergibt sich ein **Gewinn** aus der **negativen Ergänzungsbilanz** i.H.v. 5.000 €. Damit ist die zu hohe anteilige AfA aus der Hauptbilanz (15.000 € : 3 = 5.000 €) vollständig **neutralisiert**.

---

58 Hier Staffel-degressive AfA gem. § 7 Abs. 5 Nr. 3b EStG (zwischenzeitlich i.d.R. überholt): in den ersten acht Jahren = 5 %. **Klausur-Hinweis:** Schon mehrfach wurden in StB-Klausuren **nicht aktuelle AfA**-Regelungen gebracht (→ Lösung gem. § 52 Abs. 21 EStG). Es ist auch ein aktueller § 7 Abs. 5 Nr. 3b-Fall denkbar.

59 (= anteilige Bemessungsgrundlage für die § 7 Abs. 5-AfA). Nach anderer Ansicht (vorrangige Berücksichtigung der Gesamt-AK des Z) müssen statt 100 T€ nur 90 T€ in die negative Ergänzugsbilanz eingestellt werden; die Abschreibung soll aber die gleiche (5.000 € p.a.) bleiben.

A	Positive Ergänzungsbilanz Z zum 31.12.14 (in €)			P
Mehrwert Gebäude		90.000	Mehrkapital	90.000
./. AfA		1.800	./. Verlust	**1.800**
Wert (31.12.14)		88.200	Kapital (31.12.14)	**88.200**

Z erzielt aus der positiven Ergänzungsbilanz die ihm zustehende AfA von 1.800 €, die gleichzeitig seinen Verlust aus der Ergänzungsbilanz ausmacht.

Anstelle der zweifachen Korrektur mit positiver und negativer Ergänzungsbilanz, die allein bei komplexeren Vorgängen die richtige Gesamtgewinnwirkung garantiert, wird gelegentlich in der Lit. auch nur mit einer positiven Ergänzungsbilanz (wie hier mit 90.000 €) gearbeitet und die Kompensation der zu hohen AfA nur in der Hauptbilanz vorgenommen.

Aus Vereinfachungsgründen ist es auch zulässig (sog. **Praktikermethode**), in der (positiven) Ergänzungsbilanz nur die laufende Minder-AfA (hier: 3.200 €) zu buchen. Bei einer Veräußerung bzw. Entnahme des Grundstücks wird sodann der Buchwert erfolgsneutral aufgelöst.

Die Akzessorietät zwischen Hauptbilanz und Ergänzungsbilanz ist im Urteil des BFH vom 20.11.2014 (BFH/NV 2015, 409) infrage gestellt worden, wenn jetzt

- die **AfA** auf die **Restnutzungsdauer** eines abnutzbaren WG des Anlagevermögens vorzunehmen ist und
- dem G'fter dafür die Abschreibungswahlrechte zustehen, wie wenn er im Zeitpunkt des Anteilserwerbs Einzelunternehmer gewesen wäre.

Hinweis: Mit diesem Urteil kannn es zur **Abweichung** des Abschreibungszeitraumes in der Ergänzungsbilanz gegenüber der Gesamthandsbilanz kommen (so nun auch BMF vom 19.12.2016, BStBl I 2017, 34 sowie *Ley* in KÖSDI 2017, 20278). Für Fälle des § 24 UmwStG ergeben sich keine Auswirkungen (*Demuth* in Gestaltende Steuerberatungspraxis 2017 (KSp 29), Tz. B/64).

4 Das Sonder-Betriebsvermögen und die Sonderbilanz

4.1 Übersicht

Bei allen steuerlichen Standardwerken und in der Praxis zur Besteuerung der PersG nimmt die Sonderbilanz und das Sonder-BV einen hohen Stellenwert ein. Dies liegt zum einen an der dogmatischen Ableitung aus § 15 Abs. 1 S. 1 Nr. 2, 2. HS EStG[60] – anders als bei der Ergänzungsbilanz – und beruht zum zweiten auf der enormen Tragweite in fiskalischer und in steuergestaltender Hinsicht.

Bedingt durch zahlreiche BFH-Entscheidungen, die von der Verwaltung punktuell übernommen wurden (R 4.2 Abs. 2 EStR 2008, H 5.1 und H 15.8 Abs. 4 EStH 2010), hat sich folgende Klassifizierung des Sonder-BV durchgesetzt.

---

[60] Daneben steht § 4 Abs. 1 EStG (BV-Begriff) Pate für die Erklärung des Sonder-BV.

Sonder-BV I		Sonder-BV II	
»WG, deren **Nutzung** betrieblichen Zwecken der **MU-schaft** zugute kommt«		»WG im Zusammenhang mit der **Beteiligung** des G'fters«	
notwendiges Sonder-BV I	**gewillkürtes** Sonder-BV I	**notwendiges** Sonder-BV II	**gewillkürtes** Sonder-BV II
»unmittelbare Nutzung für MU-schaft«	objektiv geeignet und subjektiv für die MU-schaft bestimmt	unmittelbarer Zusammenhang mit der Beteiligung	objektiv geeignet und subjektiv für die Beteiligung bestimmt

Zur Komplettierung der Übersicht wird hinzugefügt, dass in beiden Kategorien aktive wie passive WG vertreten sind.

```
        Sonder-BV I                    Sonder-BV II
        ┌─────┴─────┐                  ┌─────┴─────┐
     aktives     passives           aktives     passives
   Sonder-BV I  Sonder-BV I       Sonder-BV II Sonder-BV II
```

Wie bereits gesehen, zieht jedes Sonder-BV einen eigenen Kontenkreis nach sich (Sonder-WG, Sonder-G + V, Sonderprivatkonto, Sonderkapitalkonto). Innerhalb des Buchungskreises des Sonder-BV gelten die Regeln der doppelten Buchführung und damit des BVV (BFH vom 11.03.1992, BStBl II 1992, 797). Nach der BFH-Rspr. ist die PersG für die Aufstellung der Sonderbilanzen und der Gewinnermittlung des Sonder-BV verantwortlich (BFH vom 23.10.1990, BStBl II 1991, 401[61]). Sie ist getrennt vom Rechenkreis der steuerlichen Gesamthandsbilanz durchzuführen und kennt kein Pendant im Handelsrecht.

Hinweis: Die Trennung in die Kategorien Sonder-BV I und Sonder-BV II wird in der Praxis häufig unterlassen, hat aber enorme Bedeutung für das Verständnis der isolierten Buchungskreise und ist dringend zu empfehlen.

Hauptsächlich für vier Bereiche sind die Unterschiede praxisrelevant:

1. für die Frage der Bilanzierungskonkurrenz
2. für das gewillkürte BV,
3. für die Frage der wesentlichen Betriebsgrundlage und
4. für die korrespondierende Bilanzierung mit der Hauptbilanz.

Die beiden letzten sind die bei weitem wichtigsten Auswirkungen. Auf die genannten Aspekte wird nachfolgend im Detail eingegangen.

Vorweg ist darauf hinzuweisen, dass die eher terminologischen Fragen des gewillkürten BV (oben 2.) bzw. der wesentlichen Betriebsgrundlagen (oben 3.) nur bei exakter Zuordnung zu einer der beiden Kategorien beantwortet werden können. Die Frage nach der Bilanzierungskonkurrenz (zwischen Sonder-BV und einem daneben existierenden Einzelunternehmen = oben 1.) und die »korrespondierende Bilanzierung« (zwischen Gesamthandsbilanz und Sonderbilanz = oben 4.) kommen nur beim Sonder-BV I vor.

---

61 Hierzu sehr kritisch und überzeugend *Knobbe-Keuk*, UR/BilR 1993, 442 f.

Sollten vom Lebenssachverhalt beide Sonder-BV angesprochen sein (etwa bei einer doppelten Betriebsaufspaltung), so geht nach BFH vom 10.05.2012 (BStBl II 2013, 471) das Sonder-BV I dem Sonder-BV II vor.

4.2 Das Sonder-Betriebsvermögen I

4.2.1 Der Grundtatbestand

Die herkömmliche Umschreibung, dass **notwendiges** Sonder-BV I vorliegt, wenn das betreffende WG unmittelbar der MU-schaft dient und bei ihr zum betrieblichen Einsatz kommt, hat zur Konsequenz, dass bei fehlendem Ausweis eine falsche Steuer-Bilanz vorliegt. Andererseits hängt es bei **gewillkürtem** Sonder-BV I neben der objektiven Geeignetheit für den betrieblichen Einsatz allein von der Willensentscheidung der PersG (und ihres G'fters) ab, das konkrete WG als BV zu willküren (zuletzt wieder vom BFH im Beschluss vom 17.12.2009, BFH/NV 2010, 1422 ausdrücklich betont). Bei unterlassenem Bilanzausweis kann der Willkürakt allenfalls zum nächsten Bilanztermin nachgeholt werden, eine falsche Bilanz liegt hier nicht vor.

> **Beispiel 3: Falsche oder richtige Bilanz? – Teil I**
> Der G'fter A einer gewerblichen MU-schaft überlässt der ABC-GbR ein ihm gehörendes Grundstück I, worauf diese den Parkplatz errichtet.
> B erwirbt ein Grundstücksareal II in der Absicht, es einige Zeit später an die GbR zu verpachten.
> C verleast an die GbR eine Immobilie III, damit diese für ihn auf dem Grundstück ein EFH errichtet.

Die Nutzungsüberlassung eines Grundstücks bildet den Prototyp des Sonder-BV I. Hiervon ist der Fall der Sacheinlage[62] einer Immobilie zu unterscheiden, bei der der G'fter jede eigene Verfügungsmacht verliert und stattdessen eine Gesamthandsberechtigung – wie die anderen G'fter auch – erhält. Die Frage der zulässigen bzw. notwendigen Bilanzierung hat nicht nur wegen der Steuerverstrickung des betrieblichen WG weit reichende Konsequenzen.

> **Lösung:**
> - Bei A/Immobilie I liegt notwendiges Sonder-BV I vor.
> - Das Grundstück II stellt für B ein WG des gewillkürten Sonder-BV I dar, da auch eine künftige betriebliche Nutzung geeignet ist, den objektiven Zusammenhang herzustellen. Je nach Willensentscheidung von B (und der GbR) erzielt B gewerbliche Einkünfte (bei Bilanzierung im Sonder-BV) oder Vermietungs-Einkünfte (bei Nichtbilanzierung).
> - C fällt mit dem Immobilien-Leasing weder unter den Anwendungsbereich des notwendigen noch des gewillkürten Sonder-BV I, da das Grundstück III in steuerlicher Hinsicht notwendiges PV des C bildet. Daran ändert selbst eine alternative Ergänzung des Sachverhalts dergestalt, dass die GbR wirtschaftlicher Eigentümer der Immobilie III werden sollte[63], nichts. Hier hat die GbR zwar in ihrer HB das Grundstück III zu aktivieren, darf dies wegen § 5 Abs. 6 EStG aber nicht in der StB.

---

[62] Ebenso fällt die Nutzungseinlage (»quoad usum«) nicht darunter. Hier wird mit dem Nutzungswert (z.B. jährlicher Mietzins) bei einer unentgeltlichen Nutzungsüberlassung kontinuierlich das Kapitalkonto aufgefüllt.
[63] Zur Gestaltung beim Immobilien-Leasing, wonach der Leasingnehmer wirtschaftlicher Eigentümer des Grundstücks wird s. *Kölpin*, Teil A, Kap. II.

Weitere entschiedene Fälle (Sonder-BV: ja/nein):

Entschiedene Fälle			
Notwendiges Sonder-BV I		Gewillkürtes Sonder-BV I	
Sachverhalt	Zugehörigkeit	Sachverhalt	Zugehörigkeit
Grundstücksüberlassung zur (teilweisen) Weitervermietung durch PersG	Ja	Grundstücksüberlassung zur ausschließlichen Fremdvermietung durch PersG	Ja
Darlehensforderungen gegen PersG	Ja	Unbebautes Grundstück als Tauschobjekt	Ja
Vermietung des Pkw an PersG bei einer betrieblichen Nutzung von > 50 %	Ja	Vermietung des Pkw an PersG bei einer betrieblichen Nutzung > 10 % und < 50 %	Ja
G'fter nutzt eigenen Pkw zu > 50 % für betriebliche Zwecke	Nein; es liegt Sonder-BV II vor	Vermietung des Pkw an PersG bei einer betrieblichen Nutzung von < 10 %	Nein; es liegt PV vor
Überlassung einer wesentlichen Betriebsgrundlage an eine PersG durch einen Einzelgewerbetreibenden, an der er beherrschend beteiligt ist (s. BFH vom 18.08.2005, BStBl II 2005, 830) (mitunternehmerische Betriebsaufspaltung)	Ja, Zuordnung zum notwendigen Sonder-BV I bei der Besitzgesellschaft geht der Zuordnung zum Sonder-BV II bei der Betriebsgesellschaft vor	Grundstück des G'fters ohne entsprechende Widmung, um dem Betrieb der PersG zu dienen (fehlender Ausweis in der Buchführung, in einer Sonderbilanz, in der Gesamtbilanz der KG)	Nein (s. BFH vom 06.05.1986, BStBl II 1986, 838)
Erwerb eines Grundstückes in der Absicht, es später an die KG zu veräußern, die noch nicht werbend tätig ist	Nein (s. BFH vom 06.05.1986, BStBl II 1986, 838)	Anteile der Mitunternehmer an einer KapG	Im Einzelfall ja (s. FG Rheinland-Pfalz vom 12.09.1994, EFG 1995, 108 f.)

4.2.2 Das Konkurrenzproblem mit dem eigenen Betriebsvermögen

Eine der umstrittensten Fragen war lange Zeit die Behandlung eines eigenen betrieblichen WG, das der PersG zur Nutzung überlassen wird. Reicht die Konzentrationswirkung von § 15 Abs. 1 Nr. 2, 2. HS EStG aus, um ein WG des G'fters, das bereits in einem BV (**Beispiel** Einzelunternehmen) aktiviert ist, um es steuerlich als Sonder-BV zur MU-schaft zu ziehen?

Beispiel 4: Doppeltes BV?
K, der als Einzelunternehmer eine Kfz-Vertragswerkstatt betreibt, ist zusätzlich als Kommanditist an der Y-KG (Geschäftszweig: Taxigewerbe) beteiligt. K schließt mit der Y-KG einen Jahresmietvertrag über einen Mercedes 220 CDI, den er bis vor kurzem als Firmenwagen gefahren hat und nach Ablauf des Mietvertrages wieder entsprechend nutzen möchte. Ist die AfA für den Mercedes als BA bei der Vertragswerkstatt oder als Sonder-BA bei der Y-KG zu erfas-sen?

Lösung: Entgegen der ursprünglichen Verwaltungsauffassung (so noch der MU-Erlass 1977: sog. »Subsidiaritätsthese«) hat heute bei der Bilanzierungskonkurrenz von Sonderbetrieb und Eigenbetrieb **§ 15 Abs. 1 Nr. 2 EStG Vorrang** vor der Erfassung im Einzelunternehmen (s. aber unten Hinweis!).

Danach kommt § 15 Abs. 1 Nr. 2, 2. HS EStG nicht nur der Charakter einer Qualifikationsnorm zu (aus Überschusseinkünften werden gewerbliche Einkünfte). Vielmehr hat diese Norm auch eine **Zuordnungsfunktion** dergestalt, dass WG im Doppeleinsatz im Zweifel der MU-schaft zugewiesen werden.[64] Die AfA, aber auch die Mieterträge sind im Sonder-BV des K und nicht in dessen Einzelbetrieb zu erfassen. Die steuerliche Übertragung des Pkw aus dem BV des Einzelunternehmens in das Sonder-BV der OHG erfolgt nach den Regelungen des § 6 Abs. 5 S. 2 EStG zum Buchwert. Mangels Rechtsträgerwechsels entstehen in der Handelsbilanz keine neuen Anschaffungskosten für die Beteiligung. Wird hingegen die Stellung als Mitunternehmer aufgegeben (z.B. durch Veräußerung des Anteils) und dabei das Wirtschaftsgut jedoch zurückbehalten, ist das Wirtschaftsgut wieder in der Bilanz des Einzelunternehmens zu erfassen (BFH vom 06.03.2002, BStBl II 2002, 737).

Von diesem Vorrang wird nur bei Leistungen im Rahmen des **laufenden Geschäftsverkehrs eine Ausnahme** gemacht, wenn ein zufälliges Zusammentreffen stattfindet.[65] Diese aus § 97 Abs. 1 Nr. 5 S. 2, 2. HS BewG abgeleitete Auffassung, wonach bewertungsrechtlich gegenseitige Forderungen aus dem regelmäßigen Geschäftsverkehr zwischen G'fter und PersG nicht anzusetzen sind, wird durch den BFH vom 26.03.1987 (BStBl II 1987, 564) auf das Ertragsteuerrecht übertragen.

Handelt es sich bei der das Wirtschaftsgut überlassenden Person wiederum um eine (Schwester-)PersG, so kommen die besonderen Grundsätze der mitunternehmerischen Betriebsaufspaltung zum Tragen (s. BMF vom 28.04.1998, BStBl I 1998, 583). Demnach haben die Grundsätze der Betriebsaufspaltung und die Behandlung als eigenes BV der vermietenden PersG in Fällen einer entgeltlichen Nutzungsüberlassung Vorrang vor der Anwendung des § 15 Abs. 1 S. 1 Nr. 2 S. 1, 2. HS EStG.

Hinweise:
(1) Für den Spezialfall einer Betriebsaufspaltung (das Grundstück des G'fters der Besitzgesellschaft war für die Betriebs-GmbH geeignet) hat der BFH im Urteil vom 17.12.2008 (BStBl II 2009, 371) jedoch entschieden, dass es für die G'fter neben dem gesellschaftsrechtlichen Interessensbereich noch einen **gleichrangigen** privaten (besser: außerbetrieblichen) Bereich gäbe. Jedoch vermag man in dem Urteil noch keinen Rekurs zur (alten) Verwaltungsauffassung zu erkennen, da es sich (wohl) um ein gewillkürtes Sonder-BV (nur »geeignetes Grundstück«) handelte und es letztlich um die allgemeine Frage des Ausweises von gewillkürtem BV ging.
(2) Für den Fall einer teilentgeltlichen Übertragung eines WG des Sonder-BV in das Gesamthandsvermögen entschied der BFH am 19.09.2012 (DStR 2012, 2051 = BFH/NV 2012, 1880), dass diese Übertragung dann nicht zu einer Gewinnrealisation führt, wenn das Entgelt den Buchwert nicht übersteigt (Anm.: der Verkehrswert war ungleich höher als das Teilentgelt).

---

64 Siehe BFH vom 24.03.1999 (BStBl II 2000, 399) sowie BMF vom 28.04.1998 (BStBl I 1998, 583 Nr. 6).
65 Vgl. nur *Wacker* in *Schmidt*, EStG, § 15 Rz. 535.

(3) Bei der abgeschafften Mehrmütterorganschaft ist im Übergangszeitraum die finanzielle Eingliederung auch dann gegeben, wenn die Beteiligung an den Organgesellschaften aus dem Sonder-BV in das Gesamthandsvermögen der Organträger-PersG übertragen wurde (BFH vom 15.02.2012, BStBl II 2012, 751).

4.2.3 Die spezielle Gewinnermittlung beim Sonder-Betriebsvermögen I

Nur beim Sonder-BV I tritt ein weiteres Bilanzproblem auf. Oftmals werden in den Sonderbilanzen WG (Forderungen) ausgewiesen, die mit einem entgegengesetzten Bilanzposten in der Hauptbilanz der PersG (Verbindlichkeiten) korrelieren. Im einfachsten Fall kann man sich das für eine **ausstehende Monatsmiete** für das überlassene WG vorstellen. Da es sich um zwei getrennte Buchungskreise mit unterschiedlichen »Bilanzträgern« (Einzelperson in der Sonderbilanz und PersG in der Hauptbilanz) handelt, kommen zwangsläufig verschiedene Bilanzierungsgrundsätze zum Tragen. Am eklatantesten prallen die verschiedenen Auffassungen beim Imparitätsprinzip des § 252 Abs. 1 Nr. 4 HGB aufeinander, wie schon der Name verrät: Während der Kaufmann drohende Verluste (»schwache Pflichten«) nach dem Vorsichtsprinzip zum Bilanzstichtag berücksichtigen muss, darf (und muss) er Gewinne erst dann ausweisen, wenn er seinerseits einwendungsfrei geleistet hat (Realisationsgebot bei den »schwachen Rechten«).[66] Dies wird bei gegenseitigen Beziehungen beim (vermeintlich) Verpflichteten bereits zu einer Rückstellung führen, während beim (vermeintlich) Anspruchsberechtigten noch lange keine Forderung aktiviert werden darf.

4.2.3.1 Ein Standardfall (Fremdwährungsdarlehen)

Bei Darlehensverträgen zwischen dem G'fter und der PersG wird sich sehr schnell das Problem der – wegen § 252 Nr. 4 HGB – unterschiedlichen Bewertung der gegenseitigen Ansprüche ergeben. Ganz offenkundig ist dies bei Fremdwährungsdarlehen.

> **Beispiel 5: Das Fremdwährungsdarlehen in der MU-schaft**
> B ist zu 50 % an der AB-PartG beteiligt. B gewährt der PartG zum 20.12.01 ein Darlehen i.H.v. 100.000 US-$ (zum Kurs von 1 € = 0,665 US-$; umgerechnet etwa: 150.000 €), das diese zwei Jahre später ebenfalls in US-$ zurückzuzahlen hat. Für das Darlehen werden 5 % Zinsen vereinbart. Zum 31.12.02 ist der Kurs auf 0,66 US-$ gefallen, sodass sich der Kurswert des Darlehens um etwa 1.000 € erhöht. Welche Auswirkungen ergeben sich für beide Bilanzen zum 31.12.02?

Bei Fremdwährungsdarlehen kann der Darlehensgeber nur einen gestiegenen Umrechnungskurs (der Euro steigt gegenüber der ausländischen Währung im Wert (BMF vom 25.02.2000, BStBl I 2000, 372); damit fällt der Wert der in Euro umzurechnenden Auslandsvaluta) durch eine TW-AfA berücksichtigen. Umgekehrt (sinkender Kurs) sind ihm die Hände gebunden, da sich der Kurs bis zum Rückgabetag noch ändern kann (Realisationsgebot). Die durch das BilMoG eingeführte Regelung des § 256a HGB ändert daran nichts, da einerseits die Laufzeit der hier vorliegenden Forderung mehr als zwölf Monate beträgt und andererseits für Zwecke des steuerlichen Ansatzes weiterhin die Grundsätze der ordnungsmäßigen Buchführung des §252 HGB gelten (s. BMF vom 12.03.2010, BStBl I 2010, 239).

---

66 »Drohgewinne« sind noch nicht zu berücksichtigen.

Wiederum anders muss der Darlehensnehmer bei dauerhaft gesunkenen Kursen den höheren Wert der Verbindlichkeit ansetzen (BFH vom 15.11.1990, BStBl II 1991, 228), ohne steigende Kurse berücksichtigen zu dürfen.

> **Lösung:** Auf der Ebene der **PartG (Gewinnermittlungssubjekt)** wird die Schuld einheitlich passiviert. Zum 20.12.01 (und zum 31.12.01) erfolgt dies zum Nennbetrag der Verbindlichkeit i.H.v. 150.000 €. Der gesunkene Kurs zum 31.12.02 führt gem. § 252 Nr. 4 i.V.m. § 253 Abs. 1 S. 2 HGB zum Ansatz des – nachhaltig – erhöhten Erfüllungsbetrages von 151.000 €. Für die StBil der PartG wird das gleiche Ergebnis nach § 6 Abs. 1 Nr. 3 i.V.m. Nr. 2 EStG sowie § 5 Abs. 1 EStG erreicht.
> In der G+V der PartG führt dies – neben dem regulären Zinsaufwand (7.500 €) – zu einem sonstigen betrieblichen Aufwand (Erhöhung der Darlehensschuld um 1.000 €).
> Auf der 2. Stufe der betrieblichen Gewinnermittlung wird das **Sonderergebnis des G'fters B** festgestellt (additive Gewinnermittlung).
> In seiner Sonderbilanz ist die Darlehensforderung gegen die PartG zu erfassen (notwendiges Sonder-BV I, da der PersG von einem G'fter Kapital überlassen wird, die dieses für betriebliche Zwecke unmittelbar nutzt). In der Sonder-G+V des B ist zunächst der Zinsertrag i.H.v. 7.500 € zu erfassen. Nach dem Imparitätsprinzip darf B aber die Wertsteigerung seines Rückzahlungsanspruchs nicht erfassen, da der Ertrag noch nicht gesichert ist.
> Nach nunmehr gesicherter BFH-Rspr. (BFH vom 28.03.2000, BStBl II 2000, 612) und nach h.A. in der Literatur (*Wacker* in *Schmidt*, § 15, Rz. 404 ff. (405) m.w.N.; ähnlich auch *Reiß* in *Kirchhof-kompakt*, § 15, Rz 313 ff.) gilt im Verhältnis von Hauptbilanz und Sonderbilanz (Sonder-BV I) der Grundsatz der **additiven Gewinnermittlung** mit **korrespondierender Bilanzierung**.
> Danach stimmen der sachlich korrespondierende Aufwand und Ertrag betragsmäßig überein. Ebenso weisen die gegenseitigen Forderungen und Schulden in beiden Bilanzen den gleichen Bestand auf. Noch ungeklärt ist, welche der beiden Bilanzen dabei »den Ton angibt«. Losgelöst von abstrakten Überlegungen kann die praxisgerechte Lösung nur lauten, dass **zuerst** der **bilanzielle Regelfall** – egal bei welcher Bilanz – entschieden wird und der Ausnahmetatbestand sich hieran anschließt.
> Vorliegend entspricht es sicher primär dem Vorsichtsprinzip, die Darlehensverbindlichkeit höher anzusetzen als die Forderung einzufrieren, sodass zunächst in der Hauptbilanz der PartG die Schuld mit 151.000 € passiviert wird, um sodann in der Sonderbilanz des B mit der Forderung »nachzuziehen«.
> **Im Ergebnis** erzielt B im Sonder-BV einen Ertrag aus der Werterhöhung seiner Rückzahlungsforderung gegen die PartG i.H.v. 1.000 €.

Exkurs: Verzicht auf die Forderung

Der in diesem Zusammenhang häufig vorkommende Fall des Forderungsverzichts ist vom BFH für beide Gesellschaftsformen (PersG wie KapG) fast identisch gelöst worden (BFH-GrS-Entscheidung vom 09.06.1997, BStBl II 1998, 307).

- Verzichtet der G'fter aus »eigenbetrieblichem Interesse«, so liegt i.H.d. **werthaltigen** Teils der Forderung bei der PersG eine Einlage und beim G'fter eine Entnahme vor. I.H.d. **nicht werthaltigen** Teils der Forderung liegt bei der PersG ein stpfl. Ertrag vor und beim G'fter kommt es zum (Sonder-)BA-Abzug.
- Verzichtet der G'fter aus »gesellschaftsrechtlichem Interesse«, so kommt dies einer unentgeltlichen Übertragung eines WG zu Buchwerten gleich (unabhängig von der Werthaltigkeit), vgl. § 6 Abs. 5 S. 3 Nr. 2 EStG.

4.2.3.2 Pensionszusagen

Nach älterer Rspr. des BFH sind Rückstellungen für Pensionszusagen an G'fter-GF von PersG nicht mit steuerlicher Aufwandswirkung in der MU-Bilanz zugelassen, da sie in entsprechender Wertung des § 15 Abs. 1 Nr. 2 S. 1 EStG als »nachträgliche« Tätigkeitsvergütungen den MU-Gewinn nicht mindern dürfen. Handelsrechtlich wiederum gibt es für Zusagen, die nach dem 31.12.1986 erfolgten, keinen Ausweg: Es handelt sich um eine passivierungspflichtige Rückstellung gem. § 249 Abs. 1 HGB.

Der BFH hat mit Urteil vom 02.12.1997 (BFH/NV 1998, 779, 781 und 783) entschieden, dass im Rahmen der zweistufigen Gewinnermittlung Pensionsrückstellungen gebildet werden müssen. Durch den Grundsatz der **additiven Gewinnermittlung mit korrespondierender Bilanzierung** muss jedoch in der Sonderbilanz ein der Rückstellung entsprechender Betrag als Aktivposten ausgewiesen werden. Damit hat die Rückstellungsbildung in der StB der PersG keinen Einfluss auf den Gesamtgewinn der MU-schaft, da die Aufwandsbuchung in der PersG (»Pensionsaufwand an Pensionsverpflichtung«) durch die Ertragsbuchung in der Sonderbilanz (»Pensionsanwartschaft an Ertrag bzw. an nachträgliche Tätigkeitsvergütung«) in voller Höhe ausgeglichen wird.

Für den Fall, dass sich diese steuerliche Buchungspraxis einbürgert, wird § 15 Abs. 1 S. 2 i.V.m. Nr. 2 EStG demnächst obsolet werden, zumindest seinen Hauptanwendungsfall »verlieren«. Danach sind (waren) **Pensionszahlungen** nachträgliche gewerbliche Einkünfte, die über die analoge Anwendung von § 15 Abs. 1 Nr. 2 EStG den steuerlichen Gewinn der PersG nicht mindern dürfen. Nach älterer überholter Rechtsauffassung führten erst die Zahlungen – auch an die Witwe des Ex-G'fters – zu einer entsprechenden steuerlichen Null-Wirkung. Wird hingegen bereits die Anwartschaft erfasst, so stellen die späteren Zahlungen nur noch einen gewinnneutralen Aktivtausch dar (BS: Geld (bzw. Entnahme) an Anwartschaft). Nach anderer Ansicht sind bei Zufluss die Pensionsbezüge um die jährliche Minderung des Aktivpostens in der Sonderbilanz zu vermindern.[67]

Im BMF-Schreiben vom 29.01.2008 (BStBl I 2008, 317) schließt sich die Finanzverwaltung unzweideutig der Rspr. an und betont dabei, dass die **aktivische Korrektur nur beim begünstigten G'fter** stattfindet (ebenso BFH vom 05.05.2010, BStBl II 2010, 923, zwar zu § 13a ErbStG, aber mit unmittelbarer Geltung für § 15 Abs. 1 Nr. 2 EStG).

Als weiteres bilanzrechtliches Thema ist der Fall anzusprechen, dass die Anwartschaft auf die Pension durch vorzeitigen Tod oder ein durch anderes im Gesellschaftsvertrag geregeltes Ereignis entfällt. Bei Wegfall der Zusage entsteht in der Sonderbilanz ein Sonderbetriebsaufwand (BS: »sonstiger betrieblicher Aufwand an Pensionsanwartschaft«) und in der Hauptbilanz ein Ertrag (BS: »Pensionsrückstellung an sonstiger betrieblicher Ertrag«).

Zur bilanzsteuerlichen Behandlung (§ 6a EStG) von sog. Nur-Pensionszusagen s. BMF-Schreiben vom 13.12.2012 (BStBl I 2013, 35) sowie von gewinnabhängigen Pensionsleistungen (§ 6a Abs. 1 Nr. 2 EStG) s. BMF-Schreiben vom 18.10.2013 (BStBl I 2013, 1268).

Hinweise:
1. Für den Fall, dass nach Ausscheiden aus dem aktiven Dienst nicht nur die Ex-G'fter, sondern auch deren Witwen eine Pension erhalten, hat der BFH in einer Entscheidung zum ErbSt-Recht vom 05.05.2010 (BStBl II 2010, 923) entschieden, dass auch diese im Sonder-BV des G'fters zu aktivieren war.

---

67 Vgl. nur *Bitz* in *Littmann/Bitz/Pust*, § 15 Rz. 84b.

2. **Ausländische KapG im Sonder-BV einer GmbH & Co. KG**
   Eine britische Ltd war die VertriebsG einer deutschen GmbH & Co. KG. An dieser waren deutsche und ausländische Steuerbürger beteiligt. Da die Vertriebs-Ltd zum Sonder-BV der G'fter der KG gehörte, waren die Zinsen für ein G'fterdarlehen nach dem BFH-Urteil vom 12.06.2013 (Az.: I R 47/12) auch für den ausländischen G'fter (aus Thailand) als Unternehmensgewinne (und nicht als Darlehenszinsen) zu behandeln.
3. **Ausscheiden aus dem Sonder-BV**
   Für den Fall, dass ein Mitunternehmen in seinem Sonder-BV befindliche GmbH-Anteile schenkweise auf einen Angehörigen überträgt, scheiden die GmbH-Anteile mit der Übertragung aus dem Sonder-BV aus. Dies gilt auch dann, wenn die Anteile nach der Übertragung im Außenverhältnis treuhänderisch für den Angehörigen gehalten werden. Der BFH hat im Urteil vom 24.04.2014 (BFH/NV 2014, 1519) entschieden, dass ein etwaiger Entnahmegewinn im Jahr der Übertragung der GmbH-Anteile zu erfassen ist.

4.3 Das Sonder-Betriebsvermögen II

4.3.1 Der Grundtatbestand

Zum notwendigen Sonder-BV II zählen die WG, die in einem unmittelbaren wirtschaftlichen Zusammenhang mit der **Beteiligung** des MU stehen. In der gleichen Abgrenzung wie beim Sonder-BV I (bzw. beim Einzelunternehmer) gehören zum gewillkürten Sonder-BV II diejenigen WG, die objektiv geeignet und subjektiv bestimmt sind, die **Beteiligung** des G'fters zu fördern.

> **Beispiel 6: Falsche oder richtige Bilanz? – Teil II**
> G'fter X der XYZ-KG nimmt bei seiner Bank ein Darlehen i.H.v. 100.000 € zu banküblichen Zinsen (6 %) auf, um seiner Einlageverpflichtung gegenüber der KG nachzukommen. Daneben erwirbt er mit privaten Mitteln Wertpapiere, mit denen er spekulieren möchte und die er später als Verpfändungsmöglichkeit für Kredite der KG bereithalten möchte.
> X (bzw. die KG) hat bis zum heutigen Tage keine Sonderbilanz für X erstellt. Zu Recht?

Das Sonder-BV II ist unter Gestaltungsaspekten von großer Bedeutung, da sich wegen des »Beteiligungsbezugs« Finanzierungskredite mit steuerlicher Absetzungswirkung kreieren lassen. Die Zinsen stellen Sonder-BA dar und lassen sich zur Verlustbildung bei einer gewerblichen MU-schaft optimal einsetzen. Der unmittelbare Finanzierungskredit für die Beteiligung ist ein notwendiges passives WG des Sonder-BV II (so auch der BFH vom 12.02.2004, BFH/NV 2004, 951).

> **Lösung:**
> a) Die unterlassene Passivierung des Kredits ist ein Bilanzierungsfehler, da es sich um notwendiges Sonder-BV II handelt.
> b) Andererseits erfüllt der Erwerb von Wertpapieren mit privaten Mitteln weder die Kriterien von notwendigem noch von gewillkürtem Sonder-BV II. Insoweit liegt notwendiges PV des X vor. In dem Augenblick, in dem er die Wertpapiere für Betriebskredite verpfänden lässt, handelt es sich m.E. um gewillkürtes Sonder-BV I, da die Wertpapiere eher geeignet sind, dem Betrieb der PersG als der Beteiligung zu dienen.

Sonderbilanz X (in T€)			
Minderkapital 100 (2) + 6 (1) ./. 6		Darlehen	100
Schlusskapital 100			

Sonder-G+V (in T€)			
(1) Zinsen	6		
		(2) **Verlust**	6

Sonderprivatkonto[68] (in T€)			
		(1) Einlage	6
(3) Kapitalkonto	6		

X hat aus der Sonderbilanz 6 T€ Verlust erzielt, die bei seinem gewerblichen Ergebnis bei der XYZ-KG berücksichtigt werden.
Verprobung: Nach dem BVV (SB 100 ./. AB 100 ./. Einlage) wird das identische Ergebnis (Verlust i.H.v. 6 T€) erzielt.

4.3.2 Anwendungsfälle zum notwendigen und gewillkürten Sonder-Betriebsvermögen II

Die nachfolgende Tabelle listet die zusätzlichen und wichtigsten vom BFH **positiv** entschiedenen Fälle zum Sonder-BV II auf:

Wichtige entschiedene Anwendungsfälle			
Notwendiges Sonder-BV II		**Gewillkürtes Sonder-BV II**	
Sachverhalt	Zugehörigkeit	Sachverhalt	Zugehörigkeit
Anteile an der Komplementär-GmbH, die vom Kommanditisten einer GmbH & Co. 10 % und < 50 % gehalten werden (s. BFH vom 30.03.1993, BStBl II 1993, 706); die GmbH darf keinen eigenen Geschäftsbetrieb unterhalten. Einzelheiten s. OFD Frankfurt vom 03.12.2015, DStR 2016, 676)	Ja	Anteile eines Kommanditisten einer GmbH & Co. an der Komplementär-GmbH mit einem eigenen Geschäftsbetrieb von nicht ganz untergeordneter Bedeutung	Ja
KapG-Anteile bei der Betriebsaufspaltung	Ja	Vorratsgrundstück (s. BFH vom 19.03.1981, BStBl II 1981, 731)	Ja
Sonstige KapG-Anteile, wenn zur PersG eine enge Beziehung (z.B. GmbH & atypisch still) besteht	Ja	Pkw des G'fters mit einer betrieblichen Nutzung von > 10 % und < 50 %	Ja

---

68 Für den (häufigen) Fall, dass im Sonder-BV für den Zahlungsverkehr kein eigenes Geldkonto (»Sonder-Bank«) geführt wird, ist immer auf den (Sonder-)Privatkonten zu buchen.

| Wichtige entschiedene Anwendungsfälle ||||
| Notwendiges Sonder-BV II || Gewillkürtes Sonder-BV II ||
Sachverhalt	Zugehörigkeit	Sachverhalt	Zugehörigkeit
Bei Bürgschaften (passives Sonder-BV II), Auswirkung als Sonder-BA aber erst bei Inanspruchnahme (s. BFH vom 24.03.1999, BStBl II 2000, 399 und vom 27.06.2006, BStBl II 2006, 874)	Ja	Darlehensforderung des Kommanditisten einer KG gegenüber dem Geschäftspartner der KG, wenn dieser keine wesentliche wirtschaftliche Funktion der KG innehat (s. FG München vom 25.10.2005, Az.: 6 K 4031/04)	Nein
Beteiligung eines Kommanditisten an der Alleingesellschafterin der Komplementär-GmbH bei eigenem Geschäftsbetrieb der Alleingesellschafterin (s. FG Berlin-Brandenburg vom 14.10.2008, EFG 2009, 179; Revision ist eingelegt)	Nein	–	–
<10 %-Anteil des Kommanditisten an der geschäftsführenden Komplementär-GmbH, falls für Abstimmungen das **Mehrheitsprinzip** gilt	**Nein!** (BFH vom 16.04.2015, BStBl II 2015, 705)		

Anders als beim Sonder-BV I gibt es beim Sonder-BV II keinen Vorrang des Sonderbetriebes vor dem Eigenbetrieb für den Fall, dass die WG gleichzeitig im Einzelunternehmen des G'fters erfasst sind.

Auf den konkreten Veranlassungszusammenhang (WG Beteiligung), der für alle Formen des Sonder-BV II zu prüfen ist, hat der BFH nochmals im Beschluss vom 02.04.2003 (BFH/NV 2003, 1309) für einen Fall der Betriebsaufspaltung hingewiesen. Im Beschlussfall ist das vom Besitz-G'fter an die Betriebs-GmbH überlassene WG nur dann Sonder-BV II, wenn sein Einsatz in der GmbH durch die betrieblichen Interessen der BesitzG (!) veranlasst war.

Besonders hohe Anforderungen sind beim gewillkürten Sonder-BV II an die Deutlichkeit der Widmung (des Willkürens) gerichtet. Nach ständiger BFH-Rspr. muss sich die Charakterisierung als BV aus der Buchführung ergeben (BFH vom 07.04.1992, BStBl II 1993, 21). Anderen Willensäußerungen wie etwa der Mitteilung an das FA (durch konkludente Erfassung in der Steuererklärung) steht die Rspr. reserviert gegenüber. Spätestens im Falle eines drohenden Dauerverlustes (z.B. bei Wertpapieren) muss sich der Widmungsakt rechtzeitig aus den Bilanzen ergeben.

4.3.3 Sonderbetriebsvermögen über die Grenze

4.3.3.1 Ausländisches Sonderbetriebsvermögen eines ausländischen Gesellschafters einer inländischen Personengesellschaft

Unbestritten sind etwaige Aufwendungen der inländischen PersG in Zusammenhang mit dem Wirtschaftsgut Betriebsausgaben, die im kollektiven Ergebnis der PersG aufwandswirksam berücksichtigt werden.

Die deutsche Steuerpflicht der Sondervergütungen des ausländischen G'fters hängt allein davon ab, ob mit dem ausländischen Wirtschaftsgut (Grundstück, Patent), das der PersG überlassen wird, eine **inländische Betriebsstätte** (§ 12 AO) begründet wird und die Tätigkeit bzw. das überlassene Wirtschaftsgut dieser Betriebsstätte zuzuordnen ist (s. BFH vom 10.07.2002, BStBl II 2003, 191 und BFH vom 08.09.2010, BFH/NV 2011, 138 sowie BMF vom 16.04.2010, BStBl I 2010, 354, Rn 2.2.1 und 5.1). Falls dies zutrifft, unterliegen die Vergütungen der deutschen Steuerpflicht des ausländischen Gesellschafters.

Falls dies nicht der Fall ist, sind die Vergütungen vorbehaltlich einer DBA-Regelung im Ausland steuerbar.

4.3.3.2 Ausländisches Sonderbetriebsvermögen eines inländischen Gesellschafters

§ 1 Abs. 1 EStG i.V.m. § 15 Abs. 1 S. 1 Nr. 2 S. 1, 2. HS EStG beziehen in doppelter Konzentrationswirkung (Welteinkommensprinzip und im Zweifel gewerbliche Einkünfte) Vergütungen für etwaigen Leistungsaustausch in die deutsche Steuerpflicht mit ein.

Hinweis: Veräußert ein MU'er Sonder-BV, bevor er den ihm verbleibenden MU-Anteil unentgeltlich überträgt, so steht dies der unentgeltlichen Übertragung nach § 6 Abs. 3 EStG nicht entgegen (BFH vom 09.12.2014, BFH/NV 2015, 415).

4.4 Verfahrensrechtliche Fragen

Nach §§ 179, 180 Abs. 1 Nr. 2 Buchst. a AO ergehen einheitliche Feststellungsbescheide bei PersG, da »an der Besteuerungsgrundlage mehrere Personen beteiligt sind und die Einkünfte diesen Personen steuerlich zuzuordnen sind«. Von der Konzentrationswirkung der Grundlagenbescheide sind insb. die Sonder-BE und Sonder-BA der G'fter mit erfasst.[69] So überrascht es nicht, dass die PersG für die Ermittlung der Besteuerungsgrundlagen – und nicht der G'fter – verantwortlich ist.

Kommt es zu einer geänderten Rechtslage (zu Unrecht erfasstes Sonder-BV erweist sich als PV der G'fter und umgekehrt), so gilt im Verhältnis zwischen dem Gewinnfeststellungsbescheid der PersG und dem ESt-Folgebescheid des G'fters nach dem BFH-Urteil vom 15.06.2004 (BStBl II 2004, 914) allerdings nicht § 174 Abs. 5 AO: Die Berichtigungsautomatik der widerstreitenden Steuerfestsetzung gilt hier nicht, da der G'fter nicht als »Dritter« i.S.d. § 174 Abs. 5 AO anzusehen ist.[70]

---

69 S. hierzu auch *Bähr*, Band 3, Teil A, Kap. V 3.
70 Daneben kann aber § 174 Abs. 4 AO in Betracht kommen (identische Voraussetzungen wie § 175 Abs. 5 AO).

III Die Doppelgesellschaften im Konzept der Mitunternehmer-Besteuerung

1 Klarstellung

Unter dem Begriff der Doppelgesellschaften werden zahlreiche Mischformen verstanden, bei denen aus dem Angebot der Rechtsordnung neue Typenkombinationen geschaffen wurden. Nachdem wegen des gesellschaftsrechtlichen Numerus clausus (geschlossener Kreis der zulässigen Gesellschaftsformen) keine neuen Gesellschaften erfunden werden können, obliegt es dem Rechtsverkehr, die vorhandenen Gesellschaften zu kombinieren. Meist sind es steuerliche Optimierungsgründe, die für die Kreationen verantwortlich sind.[71]

Innerhalb der Doppelgesellschaften nehmen die GmbH & Co. KG und die Betriebsaufspaltung alleine wegen der Häufigkeit eine Sonderstellung ein. Auch die Innengesellschaften in Form der GmbH & atypisch still erfreuen sich großer Beliebtheit. Neue Formen wie die Stiftung & Co. sowie die (atypische) KGaA werden in die Darstellung miteinbezogen.

Die (typische) GmbH & Co. KG steht dabei für den gesellschaftsrechtlichen Zusammenschluss, wonach die GmbH und ihre G'fter gleichzeitig G'fter der KG sind. Demgegenüber steht die Betriebsaufspaltung eher für den betriebswirtschaftlichen Zusammenschluss von mehreren rechtlich selbständigen Gesellschaften.

2 Die GmbH & Co. KG[72]

2.1 Grundsatzverständnis und Erscheinungsformen

Die GmbH & Co. KG ist wirtschaftlich eine Doppelgesellschaft, zivilrechtlich eine Personengesellschaft und steuerlich (in den meisten Fällen) eine Mitunternehmerschaft.

An einer KG ist eine Kapitalgesellschaft (GmbH) beteiligt. Somit kommen beide Säulen des Gesellschaftsrechts wie des Steuerrechts gleichzeitig zum Tragen. Anknüpfungspunkt ist aber immer das Recht der **Personengesellschaft** bzw. der Mitunternehmerschaft. Körperschaft(steuer)rechtliche Fragen kommen nur auf der Ebene der G'fter, d.h. bei der GmbH, zum Tragen.

---

[71] Weitere Motive:
- Haftungsbegrenzung (Ausschluss der persönlichen Haftung von natürlichen Personen mit ihrem PV);
- Umgehen der Publizitätspflichten;
- arbeitsrechtliche Mitbestimmungsgründe;
- sozialversicherungsrechtliche Gründe (der GmbH-G'fter kann als GF der Sozialversicherung unterliegen).

[72] S. Näheres zur GmbH & Co. KG: *Karl*, BB 2010, 1311.

```
                        ─── KG ───
         ┌──────────────────────────────────┐
    GmbH als                         Natürliche Personen
    Komplementärin                   als Kommanditisten
```

2.1.1 Zivilrechtliche Grundlagen, insbesondere bei Errichtung der GmbH & Co. KG

Der Unterschied im **Gesellschafterbestand** zu einer KG besteht darin, dass bei **gleichzeitiger Errichtung** von GmbH und KG die Komplementär-GmbH als juristische Person noch nicht besteht (§ 11 und § 13 GmbHG). Während die KG gem. § 123 Abs. 2 HGB bereits mit einvernehmlichem Geschäftsbeginn im Rechtsverkehr wirksam auftritt, hat man es bei der GmbH in Gründung zunächst mit einer Vorgründungsgesellschaft und sodann mit einer Vor-GmbH (bis zur Eintragung im HR) zu tun. Während die Gesellschafterfähigkeit beider Vorstufen einer KapGes keine Probleme verursacht, kann es im Falle der unterlassenen Registereintragung zu »dramatischen« Haftungskonsequenzen für die Gründungsgesellschafter der GmbH kommen.

Die dort von der Rspr. entwickelte Differenzhaftung sowie die gesetzliche Haftung nach § 11 Abs. 2 GmbHG (die sog. Handelndenhaftung) kann – im Zusammenwirken mit der Haftung des Komplementärs gem. § 128 HGB (!) – dazu führen, dass bei einer missglückten Registereintragung der GmbH deren Gründungsgesellschafter wie Komplementäre persönlich und mit ihrem Privatvermögen haften.

Beim Gesellschaftsvertrag ist darauf zu achten, dass § 2 GmbHG die notarielle Beurkundung der Satzung vorschreibt, während der KG-Gesellschaftsvertrag grundsätzlich formfrei ist. Im Unterschied zur KG gibt es im GmbHG zwingende Vorschriften zur Kapitalausstattung (Mindeststammkapital von 25.000 €), zur Sacheinlage (Sachgründungsbericht gem. § 5 Abs. 4 GmbHG) sowie zur notariellen Abtretung der Geschäftsanteile (§ 15 Abs. 3 GmbHG), die nicht nur eingehalten, sondern mit dem grundsätzlich disponiblen KG-Recht abgestimmt werden müssen.

Der GF der GmbH wird gerade bei typischen GmbH & Co. KG mit sich selbst Verträge abschließen (Beispiel: Anstellungsvertrag bei einer Einmann-GmbH). Für diese **In-Sich-Geschäfte** greift das Verbot des Selbstkontrahierens nach § 181 BGB. Der Gesellschaftsvertrag sollte deshalb die Möglichkeit der Befreiung von § 181 BGB vorsehen (wirksam wird die Befreiung erst mit der späteren Eintragung im HR).

Aus den Strukturunterschieden zwischen den PersG und den KapG ergeben sich mehrere abstimmungsbedürftige Punkte, ohne die der Vertrag nicht »steht«; hierzu gehören:

- Selbstorganschaft bei der KG und (mögliche) Fremdorganschaft bei der GmbH;
- die Bedeutung des Gesellschafterwechsels für den Fortbestand von KG (§ 131 Abs. 3 HGB) und von GmbH (unbedeutend);
- die unterschiedlichen Rechtsfolgen bei Ausscheiden (Tod) der jeweiligen G'fter bedingen aufeinander abgestimmte Nachfolgeregeln;
- das Vorverständnis zum Gesellschaftsvermögen (Gesamthandsvermögen bei der KG einerseits und die juristische Person als Trägerin bei der GmbH andererseits);
- Kündigung und Ausschluss von G'ftern sind – trotz unterschiedlicher Terminologie – bei beiden möglich, bestimmen aber wegen der Rechtsfolge der An-/Abwachsung bei der KG (§ 738 BGB) u.U. die Existenz der KG.

Aufgrund des KapCoRiLiG vom 24.02.2000 unterliegen nach einem jahrzehntelangen Streit mit der EU die deutschen GmbH & Co. KG denselben Regeln wie die KapG. Entsprechend der Eingruppierung in die jeweilige Größenklasse werden vergleichbare externe Vorschriften zur Rechnungslegung auch für die GmbH & Co. KG festgelegt, wie sie seit Inkrafttreten des BiRiLiG ab 1986 für alle (mittel-)großen KapG gegolten haben (Umfang des Jahresabschlusses, Publizitäts- und Testatzwang). Der ursprüngliche Vorteil der prüfungsfreien GmbH & Co. KG ist damit verloren gegangen. Durch das BilMoG 2009 sind die Größenklassen (§ 267 HGB) geändert worden (mittelgroße KapG und GmbH & Co. KG ab 19.250.000 € Bilanzsumme bzw. ab 38.500.000 € Umsatz bzw. ab 250 Arbeitnehmer; zwei Merkmale genügen).

2.1.2 Erscheinungsformen der GmbH & Co. KG

Vier konkrete praxisorientierte Gebilde konkurrieren um die Anwendergunst:

1. Unter der **typischen** (personengleichen) GmbH & Co. KG wird die personen- und beteiligungsidentische Doppelgesellschaft verstanden, bei der die G'fter der Komplementär-GmbH und die Kommanditisten identisch sind. Idealtypisch kann dies auch bei einer (natürlichen) Person der Fall sein, die sowohl einzige Gesellschafterin der Komplementär-GmbH wie auch einzige Kommanditistin ist (sog. Einpersonen-GmbH & Co. KG).
2. Daneben gibt es die **GmbH-beherrschte** GmbH & Co. KG mit einer dominanten Rolle der GmbH, die meistens einen Fremd-GF (kein Kommanditist) hat.
3. Ineinander verschachtelt ist schließlich die **Einheitsgesellschaft** (oder Einheits-GmbH & Co. KG), bei der die KG (und nicht ihre Kommanditisten) Allein-Gesellschafterin der GmbH ist. Der Geburtsvorgang wird sich im Regelfall so vollziehen, dass nach der Gründung der GmbH (im Beispiel: mit den G'ftern A/B) eine KG mit den GmbH-G'ftern gegründet wird. Die Kommanditeinlage in die KG erfolgt durch Einbringung der GmbH-Anteile seitens A/B. Auf diese Weise sind beide Gesellschaften durch die gegenseitige Beteiligung miteinander verbunden. Die Einheitsgesellschaft wirft einige Fragen auf.
4. Schließlich gibt es noch die **doppel-(mehrstöckige) GmbH & Co. KG I**, an der als Komplementärin die GmbH & Co. KG II beteiligt ist.

2.1.3 Das dogmatische Grundmuster im Steuerrecht

Die Grundlage zum modernen Verständnis der GmbH & Co. KG legte der BFH im Beschluss vom 25.06.1984 (BStBl II 1984, 751). Zu beurteilen war die Verlustfeststellung für Treugeber-Kommanditisten, die an einer GmbH & Co. KG beteiligt waren, deren Geschäftszweck der Bau und Betrieb eines Containerschiffes nach dem sog. Bremer Modell war (§ 82 f. EStDV). Diese Erscheinungsform einer GmbH & Co. KG wird auch »mittelbare Anlagegesellschaft« genannt. Der (vereinfachte) Sachverhalt zu dieser doppelstöckigen GmbH & Co. KG im Bild:

```
        GmbH & Co. KG I
         ↙         ↘
Komplementär    Kommanditisten
GmbH & Co. KG   TreuhandGmbH
                  ↑↑↑↑↑
                 /  |  \
```

Treugeber[73]-Kommanditisten

Problem: Verlustfeststellung der Kommanditisten an der GmbH & Co. KG I, die in die KG I eine Einlage von insgesamt über 2 Mio. DM zu leisten hatten und der KG I ein Darlehen i.H.v. 4,5 Mio. DM gaben.

Der BFH verwarf im Beschluss von 1984 die sog. alte Geprägerechtsprechung und stellte bei der Beurteilung der steuerlichen Aktivitäten der KG (auch) auf die originären Tätigkeiten der KG ab. Deren Aktivitäten **und** die Tätigkeit der G'fter mussten als gewerblich nach § 15 Abs. 2 (insb. S. 2) EStG (damals § 1 Abs. 1 GewStDV) eingestuft werden, um bei den G'ftern gewerbliche Verluste zum steuerlichen Ausgleich zuzulassen (ansonsten unbeachtliche Liebhaberei). Mit dem Verzicht auf eine verkürzte Betrachtungsweise (»die gewerbliche GmbH als Komplementärin gibt der KG das gewerbliche Gepräge«) stellt die Entscheidung einen Meilenstein in der Entwicklung der MU-schaft als begrenztes (partielles) Steuerrechtssubjekt dar. Die Tatsache, dass der Gesetzgeber später mit einem Federstrich (§ 15 Abs. 3 Nr. 2 EStG) die alte Geprägetheorie wieder einführte, ändert nichts an der wegweisenden und heute uneingeschränkt akzeptierten Grundaussage des BFH-Urteils, demzufolge die KG (und nicht deren Komplementär) in das Zentrum der Beurteilung gerückt wird. Die Auswirkungen verdeutlicht das folgende Beispiel.

Beispiel 1: Die »bunte« GmbH & Co. KG

Ein Wirtschaftsjurist W und ein Makler M sind zu je 30 % als Kommanditisten an einer KG beteiligt. Als Komplementärin fungiert eine GmbH, deren alleinige G'fter W und M (zu je 50 %) sind. Die GmbH ist GF der im Handelsregister eingetragenen KG und bedient sich zur Erledigung dieser Arbeiten des W bzw. fremder Angestellter. Die GmbH selbst erhält neben der GF-Vergütung nur noch einen Haftanteil; am Vermögen und an eventuellen Verlusten ist sie nicht beteiligt.

Variante: Lt. Gesellschaftsvertrag ist W zweiter GF der KG.

Die gesellschaftsrechtlichen und steuerrechtlichen Grundaussagen sind vorzunehmen, der Geschäftszweig der KG ist bewusst offen gelassen.

Bei der vorliegenden GmbH & Co. KG wird der Status der GmbH als »vermögenslos« bezeichnet. Dies ist zulässig, da nicht alle G'fter einer KG am Gesamthandsvermögen beteiligt sein müssen. Die vermögenslose GmbH tritt häufig als reine Komplementärin auf, die an

---

[73] Gem. § 39 Abs. 2 Nr. 1 S. 2 AO werden die WG bei aufgedeckter Treuhandschaft (§ 159 AO) dem Treugeber zugewiesen. Die Aufdeckung erfolgt nur gegenüber der Finanzverwaltung und nicht gegenüber den Mit-G'ftern.

mehreren KG beteiligt ist (sog. »sternförmige GmbH & Co. KG«).[74] Gleichzeitig handelt es sich um eine typische GmbH & Co. KG, da die G'fter in beiden Firmen identisch sind.

Lösung:
1. In **gesellschaftsrechtlicher** Sicht kann der Gegenstand der KG dahingestellt bleiben, da sie mit Eintragung ohnehin als kaufmännische Personenhandelsgesellschaft gewertet wird. Ansonsten erfolgt die Beurteilung der PersG zweigleisig. Wird der Geschäftszweck als »Handelsgewerbe« i.S.d. § 1 Abs. 2 HGB[75] eingestuft, so liegt eine PersHG vor (§ 105 Abs. 1 HGB), bei der die Eintragung im HR nur deklaratorische (bestätigende) Wirkung hat. Ist dies nicht der Fall, so wird die KG gem. § 105 Abs. 2 HGB mit der konstitutiv wirkenden HR-Eintragung eine PersHG, für die die identischen Rechtsfolgen (insb. die Buchführungspflicht gem. § 238 HGB) gelten.

    Alleine dann, wenn die PersG wissenschaftlichen, künstlerischen oder – allgemein – gewerbeunfähigen Aktivitäten nachgeht, bleibt ihr der Status als PersHG verwehrt, sodass materiellrechtlich nur eine GbR vorliegen kann.[76]

2. In **steuerrechtlicher** Sicht beantwortet im Ausgangsfall § 15 Abs. 3 Nr. 2 EStG auf der **Ebene der MU-schaft** die Frage der Gewerblichkeit. Ist – wie hier – die GmbH als Komplementärin alleinige GF, so werden gewerbliche Einkünfte auf der Ebene der KG (MU-schaft) unterstellt. In der **Alternative** (W als zweiter GF der KG) zwingt das Merkmal der Geschäftsführung in § 15 Abs. 3 Nr. 2 EStG zur Überprüfung der konkreten Tätigkeit der KG. Bei echter gewerblicher Betätigung (§ 15 Abs. 2 und Abs. 3 Nr. 1 EStG) ist die Rechtslage mit derjenigen des Ausgangsfalles identisch. Betreibt die GmbH & Co. KG jedoch Vermögensverwaltung, ergeben sich Einkünfte nach §§ 20, 21 EStG. Nur bei der GmbH als G'fterin werden diese umqualifiziert in gewerbliche Einkünfte.

    Die Entscheidung hängt u.a. davon ab, ob die Tätigkeit der KG primär mit der Absicht der Einkommensteuerersparnis verbunden ist. Wird dies bejaht, können wegen § 15 Abs. 2 S. 2 EStG keine gewerblichen Einkünfte vorliegen (Tatfrage[77]).

3. Auf der steuerlichen **Ebene der G'fter** muss zusätzlich deren MU-Eigenschaft geprüft und bejaht werden, sollen und wollen sie gewerbliche Verluste geltend machen (unterstellt, dass die KG als gewerblich einzustufen ist).

    Während dies bei einem Komplementär unterstellt wird, müssen die Kommanditisten die Unternehmerinitiative und das Unternehmerrisiko substantiieren. Zu Recht wurde daher vom BFH 1984 a.a.O. die MU-Eigenschaft bei einem Kommanditisten verneint, wenn – wie im Ausgangsfall bei einigen Treugeber-Kommanditisten – die Beteiligung bis zum Ablauf der Sonderabschreibung befristet war. Ebenso entschied der BFH am 30.06.2005 (BFH/NV 2005, 1994), dass bei einem Treuhand-Kommanditisten mit fehlendem MU-Risiko keine MU-schaft vorliegt.

    Die Berufsträgereigenschaft (Makler/Wirtschaftsjurist) ist hingegen bei einer gewerblich klassifizierten PersG belanglos.

4. Nach vorheriger einkommensteuerlicher Prüfung und (ggf.) Bejahung der Gewerblichkeit der KG ist die GewSt-Pflicht der KG gem. § 2 Abs. 1 S. 2 (i.V.m. § 5 Abs. 1 S. 3) GewStG indiziert.

---

[74] Dort tritt regelmäßig das Problem auf, bei welcher KG die Beteiligung zu erfassen ist. Nach h.A. soll dies diejenige KG sein, an der sie sich zum ersten Mal beteiligt hat.
[75] Hauptkriterium: Umfangreiche, bargeldlose Geschäfte, die eine doppelte Buchführung erfordern.
[76] Vor allem gibt es im Gesellschaftsrecht keine Geprägetheorie.
[77] S. hierzu die Diskussion bei *Preißer*, Band 1, Teil A, Kap. III.

Nicht zu verwechseln ist die hier diskutierte Grundform einer GmbH & Co. KG mit der Gesetzesänderung des § 15 Abs. 3 Nr. 1 EStG durch das JStG 2007.

Bekanntlich entschied der BFH mit dem Urteil vom 06.10.2004 (BStBl II 2005, 383) für einen Fall der **Beteiligung einer vermögensverwaltenden PersG** (Obergesellschaft) an einer gewerblichen PersG (Untergesellschaft), dass diese Beteiligung **nicht** zur Folge habe, dass die Einkünfte der Obergesellschaft damit per se als **gewerblich** gelten. Die Ablehnung dieses Urteils durch die Verwaltung – zunächst durch einen Nichtanwendungserlass zum Ausdruck gebracht (BMF vom 18.05.2005, BStBl I 2005, 698) – führte schlussendlich zur **Änderung des § 15 Abs. 3 EStG**. Seit Inkrafttreten des JStG 2007 findet sich nun in § 15 Abs. 3 **Nr. 1** EStG n.F. **ein zweiter Halbsatz**, welcher auch die Einkünfte einer vermögensverwaltenden PersG durch das (mitunternehmerische) **Halten** einer **Beteiligung an einer PersHG** insgesamt zu gewerblichen Einkünften umqualifiziert.

2.2 Die Gewinnermittlung bei der GmbH & Co. KG

2.2.1 Die Grundaussage

Bei der Ermittlung der Besteuerungsgrundlagen für die KG und ihre G'fter kommt den Erkenntnissen zu § 15 Abs. 1 Nr. 2 EStG besondere Bedeutung zu. Gerade hier erweist sich das Transparenzkonzept als unverzichtbare Säule zum Verständnis der Gesamtsteuerbelastung.

> **Beispiel 2: Die GmbH & Co. KG mit »bunten« Ergebnissen**
> Die GmbH & Co. KG (variiertes **Beispiel 1**: W und M zu je 30 %, die GmbH mit 40 % beteiligt) erzielt einen HB-Gewinn von 100 T€. Die Gewinnverteilung entspricht den Beteiligungsverhältnissen. Die GmbH erhält für ihre GF-Tätigkeit 50 T€, die sie in gleicher Höhe an W (**Alternative**: an einen Angestellten) weiterleitet. Für die Komplementäraufgabe (Haftungsfunktion) bekommt die GmbH 5 T€. M hat zur Finanzierung der Beteiligung ein zu 10 % verzinsliches Darlehen i.H.v. 50 T€ aufgenommen.
> Wie errechnet sich der Gewinn der KG, wie wird er verteilt?

Zunächst sind auch hier beide Gewinnermittlungsstufen nach dem Besteuerungskonzept für MU-schaften zu durchlaufen. Im Anschluss hieran erfolgt die Zusammenfassung zum einheitlichen Gewinn der GmbH & Co. KG, die gleichzeitig deren Gewerbeertrag bildet.

Lösung:

a) Gewinnermittlung auf der ersten Stufe (»Gewinnanteil«)

(in €)	KG	GmbH	M	W
HB-Gewinn	100.000			
Gewinnanteil		40.000	30.000	30.000
Alternative		–	–	–

Entsprechend der festgelegten Kapitalkonten erfolgt die Gewinnverteilung und die Zuweisung der Gewinnanteile nach § 15 Abs. 1 S. 1 Nr. 2, 1. HS EStG. Auch bei der Alternative gibt es keinen geänderten HB-Gewinn. Auf eine etwaige Ergänzungsbilanz ist nicht einzugehen.

b) Gewinnermittlung auf der zweiten Stufe (»Tätigkeitsvergütungen« u.a.)

Im Unterschied zu den Verwaltungsformularen[78] erfolgt hier eine Auflistung nach:

- Tätigkeitsvergütungen,
- Sondervergütungen und
- Ergebnissen aus der Sonderbilanz (Sonder-BE und Sonder-BA i.e.S.).

(in €)	KG (Summe)	GmbH	M	W
Tätigkeitsvergütung	50.000	+ 50.000 ./. 50.000		+ 50.000
Sondervergütung	+ 5.000	5.000		
Sonderbilanz	./. 5.000		./. 5.000	
Ergebnis	50.000	5.000	./. 5.000	+ 50.000

Die GF-Vergütung der GmbH wirkt sich bei ihr wie ein durchlaufender Posten aus. W erzielt – obwohl GF der GmbH – bei ausschließlicher Wahrnehmung der GF-Aufgaben für die KG eine mittelbare Tätigkeitsvergütung im Dienste der KG (BFH vom 06.07.1999, BStBl II 1999, 720), die § 15 Abs. 1 Nr. 2 EStG unterliegt.

Die Haftungsvergütung der GmbH stellt eine Sondervergütung dar, die ebenfalls § 15 Abs. 1 Nr. 2 EStG unterliegt.

M hat schließlich in einer Sonderbilanz das Darlehen (notwendiges passives Sonder-BV II) auszuweisen, als dessen Folge die damit zusammenhängenden Schuldzinsen als Sonder-BA abzugsfähig sind.

Die Vorspalte (KG) fasst redaktionell die Einzelergebnisse zusammen.

Alternative: Nicht W, sondern ein Angestellter der GmbH erhält die GF-Entlohnung.

(in €)	KG (Summe)	GmbH	M	W
Tätigkeitsvergütung	–	+ 50.000 ./. 50.000		–
Sondervergütung	+ 5.000	+ 5.000		
Sonderbilanz	./. 5.000		./. 5.000	
Ergebnis	0	+ 5.000	./. 5.000	

In der Alternative wird die GF-Vergütung im Ergebnis **nicht im Kreis der MU-schaft** versteuert; der Fremdangestellte versteuert 50 T€ gem. § 19 EStG.

---

[78] Die Lektüre der Verwaltungsformulare, Erklärungsvordrucke etc. wird allerdings jedem StB-Kandidaten dringend empfohlen.

c) Zusammenfassung (Ausgangssachverhalt)

(in €)	KG (Summe)	GmbH	M	W
Gewinn(-anteile)	100.000	40.000	30.000	30.000
Tätigkeitsvergütung	50.000	0		50.000
Sondervergütung	5.000	5.000		
Sonderbilanz	./. 5.000		./. 5.000	
Gesamt(-anteil)	**150.000**	**45.000**	**25.000**	**80.000**
Alternative	100.000	45.000	25.000	30.000

Als weitere Anmerkung ist hinzuzufügen, dass die KG im Ausgangsfall wegen § 7 GewStG einen steuerbaren Gewerbeertrag von 150.000 € erzielt, da die individuellen Ergebnisse mitgezählt werden (R 39 und 40 GewStR).

(In der Alternative reduziert sich das Ergebnis um den bei W entfallenden Gewinnanteil; ergo: 100 T€.)

Bei der ebenfalls gewerbesteuerpflichtigen GmbH kommt die Kürzungsvorschrift von § 9 Nr. 2 GewStG zum Tragen. Ihr bereits von der KG versteuerter Beteiligungsertrag ist von der GewSt freigestellt.

2.2.2 Die Familien-GmbH & Co. KG

Die Thematik der Angehörigenverträge (zivilrechtliche Wirksamkeit, Fremdvergleich und tatsächliche Durchführung[79]) kommt bei einer Familien-GmbH & Co. KG in doppelter Hinsicht zum Tragen:

Zum einen sind hiervon die Fragen betroffen, die bei der Aufnahme minderjähriger Kinder in ein Familienunternehmen dem Grunde nach (MU-Initiative und MU-Risiko) und der Höhe nach gelten (angemessener Gewinnanspruch: 15 % – bei geschenkter Beteiligung; s. BFH vom 25.10.2004, BFH/NV 2005, 339). Die Tatsache, dass nunmehr die Eltern die Kinder über ihre Funktion als G'fter-GF der GmbH »beherrschen«, steht der unmittelbaren Einflussnahme als Komplementäre einer KG ggf. den »Kinder-Kommanditisten« gleich.

Zum anderen gelten die Angemessenheitskriterien sowohl bei § 15 Abs. 1 Nr. 2 EStG im Verhältnis der MU untereinander wie auch zur GmbH (Gesichtspunkt der vGA, s. Kap. 2.4).

Eine zusätzliche Prüfungsstation bei einer Familien-KG besteht schließlich in der Frage, inwieweit die Eltern ihren Einfluss auf die Kinder als »wirtschaftliche Eigentümer« der geschenkten Anteile geltend machen mit der Folge, dass ihnen gem. § 39 AO die Anteile zuzurechnen sind.[80]

2.2.3 GmbH & Co. KG und gewerblicher Grundstückshandel

Beim Zwischenschalten einer GmbH & Co. KG für anderweitige Grundstücksaktivitäten, die nicht in die Drei-Objekt-Berechnung einbezogen werden sollen, ist je nach Beteiligungsansatz auf die spezifischen Zuordnungsfragen zu achten.

---

79 S. hierzu ausführlich *Preißer*, Band 1, Teil B, Kap. I 4.4, s. auch *Pfeffer/Zipfel*, BB 2010, 343.
80 S. hierzu *Wacker* in *Schmidt*, EStG, § 15 Rz. 767.

- Bei einer Kommanditbeteiligung gelten Rz. 13 ff. des BMF-Schreibens vom 26.03.2004, BStBl I 2004, 434, die den Transparenzgrundsatz in verschärfter Form auf den gewerblichen Grundstückshandel übertragen.
- Bei einem GmbH-G'fter, der ein MFH an seine GmbH veräußert und wenn diese sodann die Aufteilung und den Verkauf vornimmt, kann dies nach dem BFH-Urteil vom 18.03.2004 (BStBl II 2004, 787) nur unter dem Gesichtspunkt des Gestaltungsmissbrauchs zu einer Zurechnung führen. Nach dem o.g. Urteil ist § 42 AO bereits dann indiziert, wenn die Mittel für den an den G'fter der GmbH zu entrichtenden Kaufpreis zu einem großen Teil erst aus den Weiterverkaufserlösen zu erbringen sind.

2.2.4 Die »Einmann«-GmbH & Co. KG

Bei der Einpersonen-GmbH & Co. KG gibt es nur eine natürliche Person als G'fter sowohl der GmbH wie der KG. In klassischer Umschreibung ist es eine typische GmbH & Co. KG als Organisationsform, bei der die psychologische Motivation eines Einzelunternehmers mit der Haftung einer GmbH und den steuerlichen Transparenz-Vorteilen einer KG (Verlustberücksichtigung) verbunden werden können. Sie hat darüber hinaus noch weitere Vorteile (Diversifizierung der Nachfolgegestaltung).

Es wird diskutiert, ob bei einer gewerblich geprägten »Einmann-GmbH & Co. KG« die Buchwertfortführung gem. § 6 Abs 5 S. 3 EStG gilt, wenn die KapG ein Einzel-WG in die »Schwester-PersG« einlegt.

2.3 Das Betriebsvermögen bei der GmbH & Co. KG

2.3.1 Die Handelsbilanz-Besonderheiten

In formaler Hinsicht (Bilanzgliederung) ist für die HB festzuhalten, dass gem. § 264c HGB die formalen Bilanzvorschriften des § 266 HGB, die grundsätzlich nur für KapG gelten, mit Modifikationen auf die KapG & Co. übertragbar sind.

Der **Eigenkapitalausweis** bei einer GmbH & Co. KG sieht analog § 266 Abs. 3 (A) HGB – wie folgt – aus:

Bezeichnung	Erläuterung
Kapitalanteile	Enthält zusammengefasst (oder einzeln): 1. Kapitalanteile der Komplementäre und **gesondert** 2. Kapitalanteile der Kommanditisten
Rücklagen	Nur solche, die auf einer **gesellschaftsrechtlichen Vereinbarung** gebildet wurden
Gewinnvortrag/Verlustvortrag	Übertrag vom letzten Jahr
Jahresüberschuss/Jahresfehlbetrag	G+V-Ergebnis der GmbH & Co. KG

2.3.2 Das steuerliche Betriebsvermögen

Die GmbH & Co. KG wird gelegentlich als paradigmatischer Testfall des Einkünftedualismus bezeichnet. Es soll der BFH-Rspr. Rechnung getragen werden, die die Anteile der Kommanditisten an der **Komplementär-GmbH als deren Sonder-BV II** mit der Begründung qualifiziert hat, dass damit für die Kommanditisten ein mittelbarer Einfluss auf die KG gegeben sei. Gem. § 20 Abs. 3 EStG sind danach etwaige Gewinnausschüttungen als gewerbliche Einkünfte zu qualifizieren. Zusammenspiel und Konkurrenz der verschiedenen Sonder-BV lassen darüber hinaus die GmbH & Co. KG als beliebten Grundtyp bei schriftlichen Aufgaben zur Steuerberaterprüfung erscheinen, da mit wenigen Zeilen Sachverhalt die Grundzüge des kompletten Ertragsteuerrechts erfasst werden können.

An dieser Auffassung (**Beteiligung an der Komplementär-GmbH als notwendiges BV**) hat der BFH auch jüngst im Urteil vom 12.06.2013 (BB 2013, 2608) für den Fall einer Betriebsaufspaltung selbst dann festgehalten, wenn die Komplementär-GmbH weder zum Besitzunternehmen noch zur Betriebs-KapG unmittelbare Geschäftsbeziehungen unterhalten hat.

> **Beispiel 3: Die GmbH & Co. KG mit »buntem« Sonder-BV**
> 1. A, Einmann-G'fter der am 30.12.15 gegründeten A-GmbH (vollständig eingezahltes Mindeststammkapital), gründet zusammen mit B und C am 31.12.15 eine KG, an der die GmbH als Komplementärin zu 2/5 und die Kommanditisten A, B und C zu je 1/5 beteiligt sind. A, der ein dreigeschossiges Wohn-/Geschäftshaus mit einem Wert von 3 Mio. € geerbt hat, überlässt das EG (gleiche Wertigkeit aller drei Geschossflächen) der KG für deren betriebliche Zwecke. Die KG-Einlage des A wird in Geld geleistet, C erbringt seinen KG-Beitrag durch eine vollwertige Sacheinlage, B kann seinen Beitrag noch nicht leisten. Die GmbH legt ihr ganzes Vermögen ein. **Bilanzen 15?**
> 2. Im Kj. 16 wird B als GF der GmbH angestellt und erhält dafür exakt den Betrag, den die KG als Auslagenersatz an die GmbH bezahlt (100 T€). Die an A bezahlte Jahresmiete beträgt 10 T€, wobei als Verhältnis GruBo/Gebäude an der vererbten Immobilie 1:1 errechnet wurde. Die KG erzielt in 16 einen Gewinn von 25 T€; der auf die GmbH entfallende Gewinn wurde als Vorabgewinn noch in 16 an A in voller Höhe ausgeschüttet. **Gewinn 16?**

Lösung:

1. Die Bilanzfragen des Jahres 15

a) GmbH-Bilanz
Bei der Erstellung der Bilanzen für die GmbH im Kj. 15 (= Wj.) ist es offensichtlich, dass dort anstelle des Bankguthabens i.H.v. 25.000 € nunmehr aufgrund des Aktivtausches die Beteiligung an der KG ausgewiesen ist, während sich auf der Passivseite nichts geändert hat.

A	A-GmbH-Bilanz 31.12.15 (in T€)		P
KG-Beteiligung	25	Gezeichnetes Kapital	25

b) KG-Bilanzen
Die KG-Bilanz nimmt auf der Aktivseite die verschiedenen Beiträge auf und weist auf der Passivseite die Kapitalkonten ihrer G'fter aus.

A	KG-Bilanz 31.12.15 (in T€)		P
Ausstehende Einlage	12,5	GmbH-Kapitalkonto	25,0
AV/UV	12,5	Kapitalkonto A	12,5
Bank	37,5	Kapitalkonto B	12,5
		Kapitalkonto C	12,5
	62,5		62,5

c) Darüber hinaus ist der Gebäudeteil des A, soweit es der KG überlassen ist, als eigenständiges WG (R 4.2 Abs. 12 EStR) des notwendigen **Sonder-BV I** auszuweisen. Dem Aktivposten von 1 Mio. € steht das Sonder- oder Mehrkapital des A in gleicher Höhe gegenüber.

d) Ebenso ist der GmbH-Geschäftsanteil des A (25 T€) als notwendiges **Sonder-BV II** aus seinem privaten **Status** in den (sonder-)betrieblichen Status zu überführen.

2. Gewinnauswirkung in 16

a) Gewinnermittlung erster Stufe

Der HB-Gewinn von 25 T€ wird entsprechend der Kapitalkonten aufgeteilt, die Gewinnanteile betragen:
- für die GmbH: 10 T€,
- für A, B und C: je 5 T€.

b) Gewinnermittlung zweiter Stufe

aa) Tätigkeitsvergütung

Die von der KG an die GmbH und von dieser an B weiterbezahlte GF-Vergütung sind bei B i.H.v. 100 T€ als gewerblicher Gewinn zu erfassen. Der mittelbar über die GmbH für die KG tätige B wird dabei einem G'fter mit direktem Anstellungsvertrag zur KG gleichgestellt (BFH vom 06.07.1999, BStBl II 1999, 720).

bb) Das notwendige Sonder-BV I

Die Sonder-G+V für das überlassene EG weist die Posten auf:

Sonder-G+V (A) 16 (in T€)			
AfA (3 % von 500 T€[81])	15	Mietertrag	10
		Verlust	5

c) Das notwendige Sonder-BV II

Die Aktivierung des GmbH-Geschäftsanteiles als Sonder-BV II bringt es mit sich, dass Gewinnausschüttungen (hier: 10 T€) als gewerbliche Einkünfte nach § 15 Abs. 1 Nr. 2, 2. HS EStG versteuert werden. Bei unterstellter neuer Rechtslage hat die GmbH folgende Steuern von der »Dividende« abzuziehen:

Dividende	10.000 €
./. KSt i.H.v. 15 %	./. 1.500 €
./. 25 % KapESt	./. 2.500 €
= **Nettodividende**	**6.000 €**[82]

---

[81] Gerechnet nach § 7 Abs. 4 Nr. 1 EStG.
[82] Hier ohne SolZ gerechnet.

Dies führt bei A zu folgender gewerblichen steuerbaren Gewinnausschüttung (§ 20 Abs. 8 i.V.m. § 20 Abs. 1 Nr. 1 EStG):

Nettodividende	6.000 €
+ KapESt	2.500 €
= Bardividende	8.500 €

Nachdem hiervon gem. § 3 Nr. 40d i.V.m. § 3 Nr. 40 S. 2 EStG nur 60 % zu versteuern ist, betragen seine gewerblichen steuerbaren Einkünfte aus dem Sonder-BV II **5.100 €**.

3. Zusammenfassung

	KG (zusammen)	GmbH	A	B	C
HBil-Gewinn	25.000 €	10.000 €	5.000 €	5.000 €	5.000 €
Tätigkeitsvergütung	100.000 €			100.000 €	
Sonder-BV I	./. 5.000 €		./. 5.000 €		
Sonder-BV II	5.100 €		5.100 €		
Gesamt	**125.100 €**	**10.000 €**	**5.100 €**	**105.000 €**	**5.000 €**

Die KG hat den Gewerbeertrag von 125.100 € der GewSt zu unterwerfen, während die G'fter die jeweiligen Beteiligungsergebnisse der KSt (GmbH) zu unterwerfen haben bzw. bei ihrer persönlichen Einkommensteuererklärung anzugeben haben (A kann aus dem Vorgang noch einen Kapitalertragsteueranspruch gem. § 36 Abs. 2 Nr. 2 EStG geltend machen).

Hinweis: Bei einem **geringeren Anteil als 10 % des Kommanditisten** an der geschäftsführenden Komplementär-GmbH liegt kein notwendiges Sonder-BV II vor, falls für Abstimmungen das **Mehrheitsprinzip** gilt (BFH vom 16.04.2015, BStBl II 2015, 705).

2.4 Besonderheiten

2.4.1 Die einheitliche GmbH & Co. KG

Die Situation bei der einheitlichen GmbH & Co. KG (auch Einheits-GmbH & Co. KG genannt) ist dadurch gekennzeichnet, dass die KG gleichzeitig Allein-G'fterin ihrer Komplementär-GmbH ist. Dies wird dadurch erreicht, dass die Kommanditisten ihre GmbH-Geschäftsanteile an der GmbH als Einlageleistung in die gemeinsam zu errichtende KG erbringen. Damit ist die KG Allein-Gesellschafterin der GmbH geworden, die ihrerseits an der KG beteiligt ist. Diese grundsätzlich anerkannte Gesellschaftsform[83] führt die gesellschaftsrechtliche Zersplitterung als Doppelgesellschaft wieder zusammen und wird von daher auch als Vereinheitlichungsmodell bezeichnet.

Problematisch ist diese Form der Einheitsgesellschaft, wenn auf die GmbH-Geschäftsanteile noch nicht der volle Betrag geleistet wurde. Die handelsrechtliche Antwort hierauf hält § 172 Abs. 6 HGB bereit, der – in allen Fällen – die Einlage des Kommanditisten in die KG als nicht geleistet ansieht (Sanktion: Aufleben der persönlichen Haftung gem. § 171 HGB), soweit sie in Anteilen an der Komplementär-GmbH der GmbH & Co. KG bestehen.

---

83 Vgl. dazu grundlegend – und immer noch lesenswert – *Knobbe-Keuk*, 1993, 370 ff., 393 ff.

Steuer- und bilanzrechtlich existiert das Problem der »aufgeblähten« Bilanz, wenn und soweit die GmbH-Bilanz die KG-Beteiligung und umgekehrt die KG-Bilanz den GmbH-Geschäftsanteil ausweist. Auch hier verweigert das **Steuerrecht** die Anerkennung nur dann, wenn die Einlagen der GmbH-Gründungsgesellschafter **noch nicht** erbracht sind.

2.4.2 Die Anteilsveräußerung

2.4.2.1 Technische Fragen bei der (unterjährigen) Veräußerung von Anteilen

Europarechtliche, bilanzrechtliche und gesellschaftsrechtliche Aspekte treffen mit steuerlichen Fragen zusammen, wenn inmitten eines Jahres ein GmbH-Anteil, der sich im Sonder-BV eines G'fters befindet, veräußert wird.

> **Beispiel 4: Die »verstrickte« Veräußerung**
> An der B-GmbH & Co. KG sind seit der Gründung (01) A und B als Kommanditisten beteiligt. Bei der B-GmbH (25 T€) sind Frau A (10 T€ Geschäftsanteil) und B (15 T€ Geschäftsanteil) G'fter. In der 2. Jahreshälfte 16 hat A die Anteile von B zu einem Kaufpreis von 20 T€ erworben, sodass nunmehr die B-GmbH den Eheleuten A »gehört«.
> Als »Dividende« schüttete die B-GmbH in der 1. Jahreshälfte 16 für das abgelaufene Geschäftsjahr 15 einen Betrag i.H.v. 10 %, bezogen auf die Stammeinlage (Nominalkapital), aus. Für das Geschäftsjahr 16 wird die Dividende aller Voraussicht nach wieder – wie in den Jahren davor – 20 % betragen.

Wie ist der Vorfall, insb. in Hinblick auf die Sonderbilanzen des B im Jahre 16, zu werten?

Eine der bizarrsten Entwicklungen hat im vorletzten Jahrzehnt (in den 90er Jahren) mit dem Beschluss des GrS des BFH am 07.08.2000 (BStBl II 2000, 632) seinen Abschluss gefunden. Der I. Senat des BFH legte am 16.12.1998 die Frage der zeitkongruenten (oder phasengleichen) Aktivierung von betrieblichen Dividendenansprüchen dem Großen Senat vor (BStBl II 1999, 551). Dessen Entscheidung vom 07.08.2000 (BStBl II 2000, 632) schließlich kommt ohne neue Argumente zu dem einfachen Ergebnis, dass mangels Gewinnausschüttungsbeschlusses im abgelaufenen Jahr (16) kein WG (keine Forderung)[84] vorliegt, das in der Bilanz des Gewinnentstehungsjahres (16) berücksichtigt werden darf.[85]

Damit gibt es in Zukunft im Steuerrecht **keine phasengleiche Aktivierung** des Dividendenanspruchs.

Lösung: Sonderbilanz und Sonder-G+V haben nachfolgendes Aussehen:

A	Sonderbilanz B (II/16) (in €)		P
GmbH-Anteil	15.000	Sonderkapital 01.01.16	15.000
./. Abgang	15.000	./. Entnahme[86]	21.500
		Gewinn	6.500
	0		0

---

84 Rein formal: Es gibt nur rechtlich entstandene Forderungen (dies eben erst im nächsten Jahr) und keine wirtschaftlich entstandenen Forderungen.
85 Demgegenüber billigt die Finanzverwaltung für die Zeit des noch geltenden Anrechnungsverfahrens (2000, spätestens 2001) die bisherige Praxis, die nach der eingeschränkten Nettomethode zum Ausweis der Dividende einschließlich der KapESt führte (BStBl I 2000, 1510).
86 Mangels Bankkonto im Sonder-BV bleibt nur das Privatkonto, auf dem der Erlös erfasst wird.

Sonder-G+V B (in €)			
Gewinn	6.500	Beteiligungsertrag (für 15)[87]	1.500
		Ertrag aus Anlageabgang[88]	5.000
	6.500		6.500

Außerbilanziell ist der Gewinn um 40 % der Betriebsvermögensmehrung durch die Veräußerung der Beteiligung (vgl. § 3 Nr. 40 Buchst. a EStG) zu kürzen. Gem. § 3c Abs. 2 S. 1 EStG sind allerdings 40 % der Betriebsvermögensminderung wieder hinzuzurechnen.

In der Sonderbilanz des A mit AK von 20.000 € für den GmbH-Geschäftsanteil darf noch kein Anspruch auf die Dividende für das Jahr 16 aktiviert werden.

Exkurs:
Für den Fall, dass ein Mitunternehmen in seinem Sonderbetriebsvermögen befindliche GmbH-Anteile schenkweise auf einen Angehörigen überträgt, scheiden die GmbH-Anteile mit der Übertragung aus dem Sonderbetriebsvermögen aus. Dies gilt auch dann, wenn die Anteile nach der Übertragung im Außenverhältnis treuhänderisch für den Angehörigen gehalten werden.

Der BFH hat im Urteil vom 24.04.2014 (BFH/NV 2014, 1519) entschieden, dass ein etwaiger Entnahmegewinn im Jahr der Übertragung der GmbH-Anteile zu erfassen ist.

2.4.2.2 § 15a EStG bei einer GmbH & Co. KG
Aus der großen Anzahl von aktuellen BFH-Entscheidungen zu § 15a EStG, die im Anwendungsbereich einer GmbH & Co. KG spielen, sind zwei hervorzuheben[89]:

- Im Urteil vom 12.02.2004 (BStBl II 2004, 423) wird der Statuswechsel beleuchtet. Der BFH bestätigt die Verwaltungsauffassung, derzufolge mit dem unterjährigen Wechsel eines Kommanditisten in die Stellung eines Komplementärs nur die Ausgleichsfähigkeit der Verluste im Wirtschaftsjahr des Wechsels erreicht werden kann. Eine Umpolung der verrechenbaren Verluste des Vorjahres in ausgleichsfähige Verluste findet nicht statt.
- Für den Fall einer doppelstöckigen GmbH & Co. KG hat der BFH am 07.10.2004 (BFH/NV 2005, 533) zunächst entschieden, dass § 15a EStG auch für Doppelgesellschaften gilt und gleichzeitig bestätigt, dass eine bloße Verlustübernahmeerklärung zu Gunsten der KG (abgegeben im entschiedenen Fall kurz vor Jahresende) nicht das Kapitalkonto des Kommanditisten i.S.d. § 15a EStG erhöht.

2.4.2.3 Die »In Sich«-Veräußerung
Bei der Veräußerung von MU-Anteilen liegt gem. § 16 Abs. 2 S. 3 EStG dann laufender Gewinn vor, wenn auf Seiten des Veräußerers und auf Seiten des Erwerbers dieselben Personen MU sind. Der BFH hatte diese Aussage im Urteil vom 15.06.2004 (BStBl II 2004, 754) auch für eine GmbH angewandt, die als Kommanditistin (!) auf Seiten der veräußernden KG (I) zu 70 % und auf Seiten der erwerbenden KG (II) zu 50 % beteiligt war. Der BFH stellt in der Entscheidung klar, dass der Veräußerungsgewinn insoweit zum laufenden – der GewSt

---

[87] Hier (Steuerwerte) ist im Ergebnis nur der gem. § 3 Nr. 40d EStG stpfl. Teil der Dividende von 3.000 € erfasst.
[88] Erlös (20.000 €) ./. Buchwert (15.000 €) = sonstiger betrieblicher Ertrag (5.000 €).
[89] Zu den anderen Fragen bei § 15a EStG vgl. *Preißer*, Band 1, Teil B, Kap. IV 3.5.

unterliegenden – Gewinn gehört, wenn Personenidentität auf beiden Seiten des Erwerbsvorgangs besteht. Das maßgebliche Beteiligungsverhältnis bestimmt sich nach dem jeweiligen Gewinnverteilungsschlüssel der erwerbenden PersG.

2.4.3 Die verdeckte Gewinnausschüttung bei der GmbH & Co. KG

Einer der häufigsten Anwendungsfälle einer vGA[90] bei einer GmbH & Co. KG, bei der begrifflich die GmbH auf einen Vermögensvorteil verzichtet bzw. konkret eine Vermögensminderung (mit Einkommensauswirkung[91]) erfährt, ist die **Weiterleitung** des GF-Gehalts an ihren GF-Kommanditisten in **unangemessener** Höhe oder der **Verzicht auf eine Haftungsprämie**. Nach ständiger BFH-Rspr. hat zumindest die »vermögenslose« GmbH, die nicht am Vermögen der KG beteiligt ist, einen Anspruch auf eine Haftungsprämie (Avalprovision) i.H.v. 2 %–5 % des potenziellen Haftungsvermögens der GmbH (BFH vom 03.02.1977, BStBl II 1977, 346). Wie immer beim Rechtsinstitut der vGA, sind darüber hinaus die verschiedensten Sachverhalte vorstellbar, bei denen die G'fter der GmbH von Vermögensvorteilen profitieren, für die es keinen schuldrechtlich plausiblen Grund gibt. Die vGA führt bei den personenidentischen Kommanditisten zu gewerblichen Einkünften (§ 20 Abs. 3 i.V.m. § 20 Abs. 1 Nr. 1 S. 2 EStG).

Andere Fälle der vGA sind:
- ist die GmbH am **Kapital beteiligt**, soll sie – neben dem Auslagenersatz – eine Renditeverzinsung von 10 %–20 %, bezogen auf den Kapitaleinsatz, erhalten;
- unangemessene **Gewinnanteile** (entscheidendes Urteil des BFH vom 15.11.1967, BStBl II 1968, 152);
- Fallgruppe des **beherrschenden G'fters** mit dem sog. Rückwirkungsverbot (eindeutig im Vorhinein fixierte Verträge für jedweden Leistungsaustausch zwischen GmbH und beherrschendem G'fter);
- die Änderung von Gewinnverteilungsabreden zu Lasten der GmbH (BFH vom 27.02.1992, BFH/NV 1993, 386).

Beispiel 5: Eine »bunte« vGA
A, Einmann-G'fter und Allein-GF der A-GmbH gründet mit dieser eine GmbH & Co. KG (Beteiligungsverhältnisse = Gewinnbezugsrechte nach Kapitalkonten: GmbH 75 %, A als Kommanditist 25 %). Die A-GmbH erbringt ihre Einlage u.a. durch die Übereignung eines Grundstücks mit dem Teilwert (§ 5 Abs. 4 GmbHG) im Einlagezeitpunkt von 55 T€.

A	Die Eröffnungsbilanz der KG (in €)		P
Grundstück	55.000	Kapital A-GmbH	75.000
Liquide Mittel	45.000	Kapital A	25.000
	100.000		100.000

Die KG verkaufte nach der Einlage das Grundstück ihres Gesamthandsvermögens an A für 82.500 €, nachdem kurz davor ein Bebauungsplan bestandskräftig wurde und die Immobilie dadurch eine Wertsteigerung um 100 % auf 110.000 € erfuhr. Die KG buchte:

---

90 S. im Einzelnen *Maurer*, Teil C, Kap. IV.
91 S. aber BFH vom 06.07.2000, BStBl II 2002, 490: vGA auch dann, wenn sich die Vermögensminderung nicht auf das Einkommen ausgewirkt hat.

Bank	82.500 €	an	Grundstück	55.000 €
			sonstiger betrieblicher Ertrag	27.500 €

A hat sofort nach der Übertragung mit dem Bau eines EFH begonnen.

Lösung: Bei der Übertragung eines WG aus dem Gesamthandsvermögen in das **PV** eines G'fters liegt grundsätzlich eine Entnahme vor (anders, falls das WG in das BV eines G'fters übertragen wird, vgl. § 6 Abs. 5 S. 3 EStG).
Wird – wie vorliegend – ein Entgelt vereinbart, das niedriger als der TW des WG ist, so wird die Differenz zwischen dem Entgelt und dem TW als **Sachentnahme** des G'fters angesetzt (BMF vom 06.02.1981, BStBl I 1981, 76).
Verkauft jedoch eine **GmbH & Co. KG** WG des Gesamthandsvermögens an den G'fter unter dem erzielbaren Marktpreis, so stellt der verdeckte **Wertabfluss i.H.d. Beteiligungsquote** der GmbH an der KG eine **vGA** dar (hier: zu 75 % beteiligt).
I.Ü. ist der (weitere) Wertabfluss als (verdeckte) **Entnahme** (hier: 25 %) anzusehen, die mangels abweichender Gewinnabsprachen den Gewinnanteil des Kommanditisten erhöht.

Lösung (in Zahlen):
- vGA zu 75 % von der Differenz i.H.v. 27.500 € = 20.625 €; davon 60 %[92] stpfl.,
- Sachentnahme (= Mehrgewinnanteil A zu 25 %) = 6.875 €.

Übertragen auf die zweistufige Gewinnermittlung der GmbH & Co. KG bedeutet dies, dass sich der Gewinnanteil des A i.S.d. § 15 Abs. 1 S. 1 Nr. 2, **1. HS** EStG um 6.875 € erhöht und dass zusätzlich Sonder-BE nach § 15 Abs. 1 S. 1 Nr. 2, **2. HS** EStG i.H.v. 20.625 € vorliegen (die außerbilanziell – Teileinkünfteverfahren – um 40 % zu kürzen sind), da die GmbH-Beteiligung des A im Sonder-BV gehalten wird (notwendiges Sonder-BV II).

Rechtsinstitut und -folgen einer vGA bei der GmbH & Co. KG sind auch dann gegeben, wenn eine unangemessen niedrige Gewinnverteilung zulasten der GmbH vereinbart wird. Dies gilt auch bei der Änderung von Gewinnverteilungsabreden zu Lasten der GmbH (BFH vom 27.02.1992, BFH/NV 1993, 386).

Im umgekehrten Fall, führt ein überhöhter Gewinnanteil zu Gunsten der GmbH zu einer verdeckten Einlage, mit der weiteren Konsequenz, dass die Kommanditisten, die gleichzeitig G'fter der GmbH sind, nachträgliche AK auf ihre Beteiligung i.d.H. erzielen, da ihnen zusätzlich Gewinnanteile zugerechnet werden (BFH vom 23.08.1990, BStBl II 1991, 172).

2.4.4 Entnahmen und Einlagen bei der GmbH & Co. KG

Im Bereich der zentralen Korrekturvorschriften zu der Gewinnermittlung, d.h. zu den Entnahmen und Einlagen, liegen zwei bedeutsame BFH-Entscheidungen aus dem Jahre 2004 vor.

Im Beschluss vom 11.02.2004 (BFH/NV 2004, 1060) befasst sich der BFH mit der häufig gestellten Frage, ob die Umwandlung der Einlage eines Kommanditisten in ein Darlehen an seine GmbH & Co. KG als Rückzahlung der Einlage i.S.d § 172 Abs. 4 HGB zu werten ist. Im Beschluss stellt der BFH klar, dass die Umwandlung **nicht** als Rückgewähr i.S.d. § 172 HGB anzusehen ist, solange nicht die Darlehensschuld beglichen ist.

---

92 § 3 Nr. 40 Buchst. d i.V.m. § 3 Nr. 40 S. 2 EStG.

Erfolgt schließlich die Einbringung eines Einzelunternehmens in eine neue GmbH & Co. KG gem. § 24 UmwStG zu Buchwerten und werden weitere Personen an der KG wertmäßig über ihre Einlage hinaus beteiligt, so liegt nach Auffassung des BFH vom 16.12.2004 (BFH/NV 2005, 767) ein entgeltliches Rechtsgeschäft vor. Dies gilt – wie im Urteilsfalle – insb. dann, wenn damit **private Ansprüche** der weiteren G'fter abgefunden werden sollen.

Soweit dem Einbringenden keine Gesellschaftsrechte und auch keine sonstigen Leistungen gewährt werden, liegt eine **verdeckte Einlage** vor.[93] Sie ist grundsätzlich nach § 4 Abs.1 S. 7 EStG n.F. i.V.m. § 6 Abs. 1 Nr. 5 EStG zu bewerten, auch wenn sie in der StB der Gesellschaft das Kapital erhöht.

Eine Übertragung im Wege der verdeckten Einlage ist auch dann anzunehmen, wenn die Übertragung des WG auf einem gesamthänderisch gebundenen **Kapitalrücklagenkonto** gutgeschrieben wird oder als (handelsrechtlicher) Ertrag gebucht wird. Ohne dass in diesen Fällen der Einbringende (neue) Gesellschaftsrechte erhält, erhöhen diese Buchungsvorgänge das Eigenkapital der PersG. Nach dem BMF-Schreiben vom 26.11.2004 (BStBl I 2004, 1190, Tz. 2b) soll in diesen Fällen der Einbringende keine individuelle Rechtsposition erhalten, sondern nur eine Erhöhung des (potenziellen) Auseinandersetzungsanspruchs, wobei der »Mehrwert« allen G'ftern reflexartig und gleichmäßig zugutekommt.

Diese Grundsätze überträgt das BMF-Schreiben a.a.O. (Tz. 2c) auch auf eine »Einmann-GmbH & Co. KG«, bei der es bekanntlich keine Interessensgegensätze gibt. Der G'fter hat es hier in der Hand, die Ausgangsbuchung wieder rückgängig zu machen (z.B. durch den BS: per Kapitalrücklage an Kapitalkonto). Das BMF gibt jedoch zu bedenken, dass es sich gerade in den Fällen einer **Immobilien-Einlage bei einer »Einmann-GmbH & Co. KG«** wegen der Umgehung von § 23 Abs. 1 Nr. 1 EStG um einen Gestaltungsmissbrauch i.S.d. § 42 AO handeln könnte. Dies wird a.a.O. dann angenommen, wenn die Übertragung der Immobilie zunächst einem gesamthänderisch gebundenen Rücklagenkonto gutgeschrieben wird.

2.5 Die »Körperschaftsklausel«

An zwei Stellen sind seit Inkrafttreten des UntStFG 2000 (mit Wirkung ab VZ 2001) sog. Körperschaftsklauseln eingeführt worden: bei § 6 Abs. 5 S. 5f. EStG und bei § 16 Abs. 3 S. 4 EStG. Immer dann, wenn bei einer betrieblichen Umstrukturierung von PersG oder bei einer Auflösung einer PersG in Form der Realteilung an den Vorgängen als **MU eine KapG** beteiligt ist, sieht der Gesetzgeber Handlungsbedarf und »bestraft« eine Übertragung von WG auf eine KapG, die ansonsten im Anwendungsbereich von PersG (MU'ern) zu Buchwerten vorgenommen wird, mit dem (anteiligen) **Teilwertansatz**. Der Anwendungsfall bei der **betrieblichen MU-Umstrukturierung** gem. § 6 Abs. 5 S. 5 EStG ist dadurch gekennzeichnet, dass auf der Erwerberseite eine PersG mit einer KapG als MU vorkommt und der Gesetzgeber befürchtet, dass mit der Übertragung von WG auf eine GmbH & Co. KG nunmehr die Steuervorteile des Halbeinkünfteverfahrens (heute: TEV; § 3 Nr. 40 EStG bzw. § 8b Abs. 2 KStG) erschlichen werden können. Nach der Gesetzesbegründung gilt dies insb. für sog. »Objekt-PersG«, bei denen Grundstücke in KapG-Anteile verpackt werden, um die o.g. Veräußerungsprivilegien zu beanspruchen.

---

93 S. dazu allgemein *Preißer*, Teil A, Kap. I 3.4.3.

Beispiel 6:
Der Kommanditist K, der mit 80 % an der GmbH & Co. KG beteiligt ist (die GmbH soll mit 20 % beteiligt sein), überträgt ein WG aus seinem Einzelunternehmen auf die KG mit einem BW von 100 T€ (Teilwert 200 T€). Zu 80 % kann der Buchwert des WG in der GmbH & Co. KG-Bilanz angesetzt werden (80 T€), während zu 20 % der Teilwert (d.h. 40 T€) anzusetzen ist. Damit verbunden ist eine anteilige Gewinnrealisation im Einzelunternehmen des K (§ 6 Abs. 1 Nr. 4 EStG) sowie eine Erhöhung seiner Anteile an der GmbH, da insoweit eine verdeckte Einlage gem. § 6 Abs. 6 S. 2 EStG vorliegt.

Die anteilige Gewinnrealisation liegt nicht vor, wenn – im umgekehrten Fall – die KapG ein WG in eine Tochter-PersG einbringt, an der die KapG zu 100 % beteiligt ist (BMF vom 07.02.2002, DStR 2002, 635).

2.6 Ausländische KapG im Sonder-BV einer GmbH & Co. KG

Eine britische Ltd war die VertriebsG einer deutschen GmbH & Co. KG. An dieser waren deutsche und ausländische Steuerbürger beteiligt. Da die Vertriebs-Ltd zum Sonder-BV der G'fter der KG gehörte, waren die Zinsen für ein G'fterdarlehen nach dem BFH-Urteil vom 12.06.2013 (Az.: I R 47/12) auch für den ausländischen G'fter (aus Thailand) als Unternehmensgewinne (und nicht als Darlehenszinsen) zu behandeln.

3 Die (atypisch) stille Gesellschaft, insbesondere die GmbH & atypisch still

3.1 Die Grundaussage zur stillen Gesellschaft

3.1.1 Die Unterscheidung zwischen typisch und atypisch stiller Gesellschaft

Die stille Gesellschaft gem. § 230 ff. HGB erfreut sich in der Praxis großer Beliebtheit, da man sich mit ihr an einem Handelsgewerbe beteiligen kann, ohne im Register eingetragen zu sein, m.a.W. ohne Publizitätsakt. Dies ist für bestimmte Berufsträger deshalb von Bedeutung, wenn und weil ihr jeweiliges Berufsrecht (z.B. bei Beamten und weitgehend auch bei Freiberuflern) ein gewerbliches Engagement verbietet. Ein anderer Grund liegt häufig im Gebot der kaufmännischen Verschwiegenheit, das etwa aus Gründen eines Wettbewerbsverbotes ein finanzielles Engagement als tätiger Teilhaber verhindert.

Bei der stillen Gesellschaft wird die Einlage des stillen G'fters (im Folgenden: der Stille) in das BV des Inhabers des Handelsgeschäfts (§ 230 Abs. 1 HGB) geleistet. Dies bedeutet zunächst, dass der Stille und der tätige Teilhaber **kein gemeinsames Gesamthandsvermögen** bilden (Kennzeichen der Innengesellschaft). Andererseits ist die Einlage des Stillen grundsätzlich als Fremdkapital im Unternehmen auszuweisen, da sie dessen Rückzahlungsanspruch darstellt (§ 235 HGB). Dieser kann in der Insolvenz des Unternehmens als reguläre Forderung geltend gemacht werden (§ 236 HGB).

Beispiel 7: Die typisch stille Gesellschaft – eine Art »Risikokapital«
Im Wohnhaus des Rentners Greenspan (G) befindet sich das Büro des Newcomers und Softwareentwicklers Bill (B). G will B finanziell unterstützen, ohne dass sich dabei steuerliche Nachteile oder Haftungsprobleme ergeben sollen. Da er vom geschäftlichen Erfolg des B überzeugt ist, soll die finanzielle Unterstützung mehr erwirtschaften als eine Anlage »auf der Bank«. G ist bewusst, dass sich beim Berufsstart des B auch Durststrecken ergeben können und möchte B auch in dieser Phase begleiten.

Lösung: In nahezu »klassischer« Form bietet sich für G die Unterstützung des B in der Form einer typisch stillen Beteiligung an. Auf alle Fälle soll eine Haftungs- und Steuerverstrickung des privaten Grundstücks vermieden werden. Bei einer offenen gesellschaftsrechtlichen Beteiligung (PersG) wird das an B vermietete Grundstück zum notwendigen (Sonder-)BV und ist damit steuerverstrickt; eine Kommanditbeteiligung scheidet daher aus.
Von den verbleibenden Beteiligungsmöglichkeiten kommen noch das »klassische« Darlehen und das »partiarische« Darlehen in Betracht.
Das klassische Darlehen mit einer festen prozentualen Verzinsung scheidet ebenfalls aus, da G ein riskantes Engagement tätigen will.
Rein theoretisch ist die Abgrenzung der stillen Gesellschaft vom **partiarischen Darlehen**, bei dem sich der Darlehensgeber die Valuta nicht fest, sondern ebenfalls durch eine Gewinnbeteiligung verzinsen lässt, einfach. Bei gleicher Modalität (Gewinnbeteiligung) fußt das partiarische Darlehen auf einem allgemeinen schuldrechtlichen Rechtsgrund, während die stille Gesellschaft auf einer gesellschaftsrechtlichen Causa aufbaut. Die weitergehende Differenzierung kommt zu dem Ergebnis, dass bei **gemeinsamer** Zweckverfolgung (§ 705 BGB) eine stille Gesellschaft vorliegt und dass bei primär eigenen Interessen ein partiarisches Darlehen gegeben ist.
Ein verlässliches Unterscheidungsmerkmal liegt jedoch allein in der Tatsache, dass ein partiarisches Rechtsverhältnis[94] keine **Verlustbeteiligung** kennt, während dies bei einer stillen Gesellschaft möglich ist (§ 231 Abs. 2 HGB). Immer dann, wenn – wie hier (»Unterstützung in der Talsohle«) – auch eine Verlustbeteiligung möglich ist und vereinbart wird, liegt eine stille Gesellschaft vor.
Rein steuerlich und bilanzrechtlich unterscheiden sich die stille Gesellschaft und das partiarische Darlehen nicht, da die jeweiligen jährlichen **Gewinnanteile** zu Einkünften nach § 20 Abs. 1 Nr. 4 EStG führen und in der Bilanz des tätigen Unternehmers als **BA** zu erfassen sind. Von dieser Grundaussage (Gewinnanteile des Stillen = BA des Inhabers) hat der BFH in einem allseits beachteten Urteil vom 06.03.2003 (BStBl II 2003, 656) eine wichtige Ausnahme gemacht:
- Die Rspr. des BFH vom 05.02.2002, BFH/NV 2002, 908 zur privaten Veranlassung einer Darlehensverbindlichkeit – und damit der Eliminierung aus dem BA-Bereich – wurde auf die stille Beteiligung erstreckt und
- damit sind Gewinnanteile des Stillen, soweit dessen Vermögenseinlage zur Finanzierung privater Aufwendungen verwendet wird (im Urteil: zur Deckung einer Zugewinnausgleichsforderung), nicht länger als BA anzusetzen.

Die Einlage (das Darlehen) selbst (Fremdkapital) und die Rückzahlung sind gewinnneutral.
Als Ergebnis bleibt festzuhalten, dass B mit seiner Einlage als **typisch stiller** G'fter anzusehen ist, der Überschusseinkünfte nach § 20 EStG erzielt.
Für die Anerkennung einer stillen Beteiligung eines minderjährigen Kindes gelten schließlich die allgemeinen Grundsätze zu FamilienPersG (BFH vom 14.05.2003, BFH/NV 2003, 1547).[95]

---

94 Neben dem partiarischen Darlehen gibt es auch partiarische Arbeitsverhältnisse.
95 Dies betrifft insb. Fragen der Schenkung und dabei insb. die Heilung nach § 518 Abs. 2 BGB; s. dazu *Preißer*, Band 3, Teil C, Kap. II.

Häufig vereinbaren die Beteiligten eine stärkere gegenseitige Abhängigkeit, als dies bei einer nur finanziellen Gewinnbeteiligung der Fall ist. Die Gründe können im umfangreichen »Mitregieren« des Stillen ebenso liegen wie in einem stärkeren Risikoengagement der Einlage (= Rückzahlungsanspruch).

> **Beispiel 8: Die atypisch stille Gesellschaft – eine Art »risk management«**
> Softwareentwickler B (**Beispiel 7**) expandiert. Er hat für eine Filiale ein zweites Geschäftslokal von Donald (D) angemietet (Monatsmiete: 1.000 €). Nachdem D erkennt, dass die Geschäfte des B immer besser florieren, beteiligt er sich mit einer Einlage von 1 Mio. € als Stiller an dem Softwarehaus des B. Er ist mit 15 % am Gewinn und Verlust beteiligt und hat außerdem die Kontrollrechte eines Kommanditisten (§ 166 HGB und § 233 HGB sind nahezu identisch). Bei Kündigung der stillen Beteiligung (§ 234 HGB) wird eine Auseinandersetzungsbilanz erstellt, in der die Teilwerte der WG einschließlich eines Geschäftswertes anzusetzen sind. Danach bemisst sich sein Abfindungsanspruch. Wie sind die steuerlichen Folgen?

Die (typisch) stille Gesellschaft mutiert steuerlich zu einer **atypisch stillen Gesellschaft** – und damit zu einer **MU-schaft** –, wenn zu den ohnehin schon gegebenen Merkmalen der §§ 230 ff. HGB noch die MU-Initiative und das MU-Risiko hinzukommen (BFH vom 15.10.1998, BStBl II 1999, 286 zur Initiative und BFH vom 27.01.1994, BStBl II 1994, 635 zum Risiko.[96] Im letzten einschlägigen Beschluss vom 14.10.2003, BFH/NV 2004, 188, nimmt der BFH eine atypische stille Gesellschaft auch bei fehlender Beteiligung an den stillen Reserven an, wenn der Stille mit einer erheblichen Vermögenseinlage – und damit einem erheblichen Gewinnanspruch – beteiligt ist). Der BFH bestätigte dies im Urteil vom 01.07.2010 (BFH/NV 2010, 2056) erneut.

> **Lösung:** D erfüllt alle Merkmale eines **atypisch stillen G'fters**. Vor allem die Verlustbeteiligung und die schuldrechtliche[97] Beteiligung an den stillen Reserven, die während seines Engagements gebildet werden, weisen auf ein (sehr) starkes MU-Risiko hin. Dabei genügt eine Kontrollbefugnis entsprechend dem HGB-Regelstatut. Bei einer stärker ausgeprägten Initiative (aktive Geschäftsführungsbefugnisse) müssen nicht alle – der hier vorliegenden – Risikomerkmale erfüllt sein.
> Als (wichtigste) **Folgen** der atypischen stillen Gesellschaft sind zu verzeichnen:
> a) D erzielt mit seinen Gewinnanteilen gewerbliche Einkünfte gem. § 15 Abs. 1 Nr. 2 EStG; eine KapESt – anders als bei der typisch stillen Gesellschaft (vgl. § 43 Abs. 1 Nr. 3 EStG) – ist daher nicht einzubehalten.
> b) Auch bei mehreren atypisch stillen Beteiligungsverhältnissen ist darauf abzustellen, dass und ob gemeinschaftliche Einkünfte aller G'fter vorliegen[98] (atypisch stille Gesellschaft als Gewinnermittlungssubjekt).
> c) Das vermietete Geschäftslokal wird zum Sonder-BV I (überlassenes WG). Die Mieten sind damit ebenfalls gewerblich; der überlassene Gebäudetrakt (R 4.2 EStR) ist steuerverstrickt.

---

96 Dort lässt der BFH endlich auch die Kontrollbefugnisse gem. § 233 HGB gelten, ohne – völlig überflüssig – auf den inhaltsgleichen § 166 HGB abzustellen.

97 Es wird beim (typisch wie atypisch) Stillen nie eine dingliche (unmittelbare, gegenüber jedem wirkende) Beteiligung am Gesellschaftsvermögen geben. Über die Höhe des Abfindungsanspruches kann eine schuldrechtliche Teilhabe an den stillen Reserven erreicht werden.

98 Damit verbunden ist die (problematische) Erkenntnis des BFH vom 05.07.2002 (BFH NV 2002, 1447), dass die erforderliche »Einkunftserzielungsabsicht der Gesellschaft« erst dann abzulehnen ist – und damit Liebhaberei anzunehmen ist –, wenn die verlustverursachenden Umstände sich den einzelnen G'ftern »aufgedrängt« hätten. Auf die Erkenntnis des Geschäftsführers allein kommt es dabei nicht an.

d) Das BV der MU-schaft umfasst neben dem Handelsgeschäft das Sonder-BV I und II des atypisch Stillen (BFH vom 02.05.1984, BStBl II 1984, 820). Nicht geklärt ist, ob ein eigenes Hauptvermögen der MU-schaft zu bilden ist, bei dem sodann auch das Handelsgeschäft den Charakter von Sonder-BV hat.[99]
e) Der Gewinn wird nach §§ 179, 180 Abs. 1 Nr. 2 Buchst. a AO einheitlich und gesondert festgestellt (i.V.m. § 183 Abs. 2 AO); s. auch BFH vom 12.02.2015 (BFH/NV 2015, 1075). Der Feststellungsbescheid ist Grundlagenbescheid für die Besteuerung der Einkünfte des Inhabers des Handelsgewerbes und des stillen G'fters.
f) Bei geschenkten stillen Beteiligungen gelten die Grundsätze zur Angemessenheit der Gewinnverteilung wie bei den FamilienPersG.[100]
g) Bzgl. der Verlustbeteiligung gelten die Restriktionen des § 15a Abs. 5 Nr. 1 EStG.
h) Steuerschuldner des GewSt-Bescheides (und des USt-Bescheides) ist allein der Inhaber des Handelsgeschäfts, da eben nur eine Innengesellschaft vorliegt, die Auswirkungen auf der ESt-Ebene (s. a–c) hat; bestätigt durch BFH vom 28.03.2003, BFH/NV 2003, 1308.
i) Die Kündigung der stillen Gesellschaft führt zu deren Auflösung und zur Auseinandersetzung zwischen dem Inhaber des Handelsgeschäfts und dem stillen G'fter, bei der die wechselseitigen Ansprüche grundsätzlich unselbständige Rechnungsposten der Gesamtabrechnung werden und vor Beendigung der Auseinandersetzung nur ausnahmsweise geltend gemacht werden können, wenn dadurch das Ergebnis der Auseinandersetzung (teilweise) in zulässiger Weise vorweggenommen wird und insb. die Gefahr von Hin- und Herzahlungen nicht besteht (BFH vom 03.02.2015, DB 2015, 1336).
j) Beteiligt sich der G'fter einer KapG an dieser zugleich als atypisch stiller G'fter und verzichtet die KapG im Interesse des stillen G'fters auf eine fremdübliche Gewinnbeteiligung, wird der KapG bei der gesonderten und einheitlichen Feststellung der Einkünfte der atypisch stillen Gesellschaft der angemessene Gewinnanteil zugerechnet (so BFH vom 18.06.2015, BFH/NV 2015, 1640).

Die Abgrenzung zwischen typisch stiller und atypisch stiller Gesellschaft verdeutlicht die folgende Übersicht:

Die MU-schaft ist zu bejahen,	Die MU-schaft ist zu verneinen
• wenn der stille G'fter am laufenden Gewinn **und** Verlust beteiligt ist. Darüber hinaus soll er bei Auflösung der Gesellschaft neben seiner Einlage auch einen Anteil an den Wertsteigerungen des BV einschließlich des Geschäftswertes erhalten (s. BFH vom 09.12.2002, BFH/NV 2003, 601); • wenn das MU-Risiko besonders stark ausgeprägt ist, sodass bereits die Informations- und Kontrollrechte eines stillen G'fters i.S.d. § 233 HGB für eine MU-Initiative ausreichen (s. BFH vom 11.12.1990, BFHE 163, 346; BFH vom 07.11.2006, BFH/NV 2007, 906);	• bei Ausschluss der Gewinnbeteiligung, da die Voraussetzungen aus § 230 HGB nicht erfüllt werden (s. BFH vom 09.07.1969, BStBl II 1969, 690); • bei Fehlen der **Gewinnerzielungsabsicht** des Inhabers des Handelsgeschäfts oder des stillen G'fters, da diese gem. § 15 Abs. 2 EStG als Grundvoraussetzung für die Erzielung von gewerblichen Einkünften gilt (s. BFH vom 14.07.1998, BFH/NV 1999, 169; BFH vom 24.01.2001, BFH/NV 2001, 895);

---

99 Die h.M. (vgl. *Bitz* in *Littmann/Bitz/Pust*, § 15, Rz. 51) geht davon aus, dass es keine Bilanz der atypisch stillen Gesellschaft gibt, d.h. die StB des Geschäftsinhabers ist wie die StB einer KG zu behandeln.
100 S. *Preißer*, Band 1, Teil B, Kap. I 4.4.3.5 (15 %-Grenze).

Die MU-schaft ist zu bejahen,	Die MU-schaft ist zu verneinen
• ist die Beteiligung an den stillen Reserven für den Fall eines vorzeitigen Ausscheidens des Stillen ausgeschlossen, steht es – wie auch bei einem Kommanditisten – **nicht** der Annahme einer MU-schaft entgegen (s. BFH vom 18.02.1993, BFH/NV 1993, 647);	• dies gilt auch für eine GmbH & Still, bei der die GmbH ausschließlich eine vermögensverwaltende Tätigkeit ausübt (dabei ist § 8 Abs. 2 KStG für die Innen-Gesellschaft GmbH & Still unbeachtlich (s. BFH vom 14.07.1998, BFH/NV 1999, 169; Tz. 49 ff.);
• wenn der stille G'fter als GF oder Prokurist bzw. leitender Angestellter des Handelsgewerbes tätig ist. Die MU-Initiative ist besonders stark ausgeprägt; • der Ausschluss bzw. die Beschränkung seiner Beteiligung an den Wertsteigerungen des BV **allein** ist für die Annahme einer MU-schaft unschädlich (s. BFH vom 09.12.2002, BFH/NV 2003, 601; BFH vom 07.11.2006, BFH/NV 2007, 906);	• bei einer Beteiligung am Umsatz oder bei einer festen Vergütung (s. BFH vom 26.06.1990, BStBl II 1994, 645); • bei Vereinbarung einer festen Verzinsung mit der Option auf Gewinnbeteiligung (s. BFH vom 27.05.1993, BStBl II 1994, 700);
• Letzteres gilt auch für den Fall, in dem der stille G'fter in seiner Funktion als GF des Handelsgeschäfts sich mit einer Vermögenseinlage in erheblichem Umfang – und damit einem erheblichen Gewinnanspruch – beteiligt (s. BFH vom 14.10.2003, BFH/NV 2004, 188).	• bei Vereinbarung einer Beteiligung an den stillen Reserven bzw. Geschäftswert, wenn davon ausgegangen werden kann, dass sich keine stillen Reserven bzw. Geschäftswert bilden können (s. BFH vom 18.02.1993, BFH/NV 1993, 647).

3.1.2 Die stille Beteiligung und deren Veräußerung

Die Beteiligung selbst kann im PV (**Beispiel**: Beamter) wie im BV (**Beispiel**: Einzelkaufmann) gehalten werden. Dies hat sowohl Auswirkungen auf die Einkunftsart als auch auf die Erfassung etwaiger Veräußerungsgewinne.

Danach sind **laufende Kapitaleinkünfte** nur bei einer im PV gehaltenen typisch stillen Beteiligung möglich; in allen anderen Fällen liegen immer gewerbliche Einkünfte vor, sei es, dass bei einer atypisch stillen Beteiligung wegen § 15 Abs. 1 Nr. 2 EStG systemimmanent nur gewerbliche Einkünfte vorliegen können, sei es, dass bei einer im BV gehaltenen typisch stillen Beteiligung gem. § 20 Abs. 3 EStG eine Umqualifikation in gewerbliche Einkünfte vorgenommen wird.

Bei der **Veräußerung** von stillen Beteiligungen kommt der Einkunftsarten-Dualismus zum Tragen: grundsätzlich (vorbehaltlich §§ 17, 23 EStG) kommt es nur bei betrieblichen stillen Beteiligungen zu steuerbaren Veräußerungsgewinnen nach § 16 Abs. 1 Nr. 2 (bzw. § 16 Abs. 3) EStG. Zu einer praxisrelevanten Frage hat der BFH am 06.03.2002 (BStBl II 2002, 737) in Abweichung der sonstigen Ermittlungsgrundsätze Stellung bezogen. Im vorliegenden Fall wurde die Einlageforderung des atypisch Stillen, der die Beteiligung im BV gehalten hat, bei der Veräußerung der Beteiligung zurückbehalten und – wider Erwarten – später getilgt. Die Frage war nun, ob es sich bei der späteren Begleichung der (früher wertberichtigten) Forderung um ein rückwirkendes Ereignis i.S.d. § 175 Abs. 1 S. 1 Nr. 2 AO handelt mit der Folge, dass der gewinnwirksame Vorfall rückwirkend bei der Ermittlung des steuerbegünstigten Aufgabegewinnes zu erfassen wäre. Diese sonst vorgesehene Rechtsfolge hat der BFH (a.a.O.) dem Beteiligten jedoch vorenthalten, da davon auszugehen ist, dass nach dem Verlust der MU-Stellung die ursprüngliche gesellschaftliche Einlageforderung einer regulären Kapitalforderung Platz gemacht hat. Für diese gelten sodann die regulären Bilanzierungsgrundsätze, wonach die spätere Begleichung der abgeschriebenen Forderung zu laufendem Ertrag ohne die Steuervergünstigungen der §§ 16, 34 EStG führt.

3.2 Die GmbH & atypisch still – ein Kind der Praxis

Eine gesteigerte Form der Innengesellschaft ist die GmbH & atypisch still. Bei der GmbH kann es sich dabei auch um eine Einmann-GmbH handeln, an der der »Einmann« als atypisch Stiller beteiligt ist. Rein begrifflich bereitet dies keine Probleme, da § 230 Abs. 1 HGB eine stille Beteiligung an dem Handelsgewerbe eines »anderen« zulässt und nach einhelliger Auffassung als »anderer« – wegen der Abschottungswirkung der juristischen Person – jede GmbH zu verstehen ist. Der Grund für die »eigene« GmbH & atypisch still ist weitgehend ein steuerlicher, da mit ihr – neben der Organschaft – die einzige Möglichkeit besteht, auch am Misserfolg der GmbH als atypisch Stiller mit gewerblichen Verlusten steuerlich partizipieren zu können.

Insoweit stellt die GmbH & atypisch still die (gelungene) **Quadratur des Kreises** dar. Anders formuliert: Eine Person wird aus steuerlichen Gründen aufgespalten in zwei Funktionen, einmal in die des GmbH-G'fter und zum zweiten in die des Innen-G'fters. Die Annahme einer »aufgespaltenen Person« des GmbH & Innen-G'fters wurde durch zwei BFH-Urteile zur MU-schaft bei der GmbH & Co. KG erleichtert.[101] Die dortigen Grundsätze zur MU-Initiative und zum MU-Risiko wurden auf die Innengesellschaft übertragen. Damit war der Weg frei für die Anerkennung der GmbH & atypischen still bei einem beherrschenden GmbH-G'fter (BFH vom 05.12.1992, BStBl II 1994, 702). Nachdem der BFH in diesem Zusammenhang auch die Einmann-GmbH & typisch still abgesegnet hat, steht der Anerkennung einer Einmann-GmbH & atypisch still nichts mehr im Wege.

Wegen der – nach wie vor bestehenden – Eigentümlichkeit dieses Gebildes sind Hürden für die Anerkennung einer GmbH & atypisch still zu überwinden. Als Mindestvoraussetzung sind die jeweils auslösenden Vermögensgegenstände (die Einlage bei der GmbH und die stille Einlage bei der Innengesellschaft) getrennt und transparent zu handhaben.

> **Beispiel 9: Das steuerlich-gesellschaftsrechtliche In-sich-Geschäft**
> D ist mit 100.000 € an der D-GmbH als Alleingesellschafter beteiligt. Er leistet gleichzeitig mit 103.000 € eine Einlage als stiller G'fter. Die Rückzahlung erfolgt unter Einbeziehung der zwischenzeitlichen anteiligen stillen Reserven. D erhält aufgrund eines Anstellungsvertrages als GF eine Vergütung von 50.000 €. Bei der Bestellung zum Organ hat man vergessen, die Befreiung vom Selbstkontrahierungsverbot in das HR einzutragen. Für die Einlage als Stiller gibt es folgende Alternativen:
> a) D soll auch am Verlust beteiligt sein.
> b) Die Einlage soll zwei Jahre im Unternehmen stehen bleiben.
> c) Die Rückzahlung der Einlage soll gleichberechtigt mit den Forderungen anderer Gläubiger geltend gemacht werden.
> d) Es wird eine erfolgsabhängige Vergütung vereinbart.

---
101 BFH vom 20.11.1990 (DB 1991, 1052) und vom 11.12.1990 (BStBl II 1991, 390).

Wie bei jeder atypischen Innengesellschaft, muss der präsumtive MU zunächst alle dort bekannten Voraussetzungen (MU-Initiative und MU-Risiko; gewerbliche Qualifikation nach § 15 Abs. 2 EStG) in seiner Person erfüllen. Wegen der Gefahr der Vermengung der verschiedenen Funktionen (GmbH-G'fter einerseits und atypisch Stiller andererseits) wird zusätzlich gefordert, dass der Kapitaleinsatz des Stillen über dem Beitrag als GmbH-G'fter liegt, um auf diese Weise das gesteigerte Interesse zu dokumentieren. Selbstredend sollen wegen der drohenden Interessensvermengung eindeutige und klare vorherige Absprachen über die Aufgabengebiete vorliegen.[102]

Eine der Barrieren zum Gesamtverständnis der GmbH & atypisch Still liegt im Auseinanderfallen des Vermögensträgers in handelsrechtlicher und in steuerrechtlicher Hinsicht. Handelsrechtlich bleibt es immer bei einem Vermögensträger (GmbH als Inhaber des Handelsgewerbes), obwohl das nicht die Bildung von Eigenkapital in der HB ausschließt. In steuerlicher Hinsicht führt die Annahme der MU-schaft nicht nur zu steuerlichem Eigenkapital, sondern auch zu einem einheitlichen Gewinnermittlungssubjekt, an dem der tätige und der stille Teilhaber beteiligt sind (BFH vom 26.11.1996, BStBl II 1998, 328). Eingedenk dieser statusimmanenten Unterscheidung kann der Fall beantwortet werden.

Lösung:

1. Steuerliche Vorfragen

Alle Steuermerkmale für eine MU-schaft (GmbH & atypisch still) liegen vor bzw. sind zu unterstellen (kein Gegenbeweis):

- höherer Kapitaleinsatz des Stillen (103 T€), verglichen mit der Stammeinlage (100 T€),
- Trennung der Aufgabengebiete (Tatfrage),
- MU-Risiko (Abfindungsanspruch),
- MU-Initiative (Allein-GF).

2. Handelsbilanzielle Konsequenzen

Handelsrechtlich geht die h.M. von einem materiellen Kapitalbegriff aus mit der Folge, dass bei kumulativem Vorliegen von zwei Voraussetzungen (Dauerhaftes zur Verfügung Stellen und Nachrangigkeit der Einlage im Insolvenzfall) auch dort die Einlage als Eigenkapital[103] behandelt wird. Vorliegend ist dies bei den Varianten a)[104] und d) der Fall, wenn die Nachrangigkeit hinzukommt, hingegen nicht bei der Variante c) (= Fremdkapital).

Bei Variante b) ist entscheidend, in welchem Bereich die GmbH & atypisch still agiert. Unterliegt sie – z.B. als Finanzierungsinstitut – den Bestimmungen des KWG, so wäre die Haltedauer von zwei Jahren zu kurz. Ansonsten genügt ein zweijähriger Mindestverbleib den Dauerhaftigkeitskriterien der InsO.

3. Steuerliche Folgen:

- In der StB sind die Anteile des atypisch Stillen an der GmbH in einer Sonderbilanz (notwendiges Sonder-BV II) zu erfassen. Losgelöst von der sogleich behandelten Gepräge-Frage des § 15 Abs. 3 Nr. 2 EStG lässt der BFH eine Hintertür für die Qualifizierung der GmbH-Beteiligung als Sonder-BV II offen. Notwendiges Sonder-BV II liegt dann nicht vor, wenn die GmbH noch einer anderen Geschäftstätigkeit (von nicht untergeordneter Bedeutung) nachgeht (BFH vom 31.08.1999, BFH/NV 2000, 420).

---

102 BFH(!) vom 10.04.1997 (BFH/NV 1997, 662). Dies wäre eigentlich eine Erkenntnispflicht des BGH.
103 Der Bilanzausweis erfolgt nach h.M. als »Kapitalrücklage« in der GmbH-Bilanz (§ 272 Abs. 2 HGB).
104 Neben der Einlage (als EK) ist der zu erwartende Verlust als Rückstellung zu erfassen.

- Die jährliche GF-Vergütung i.H.v. 50.000 € ist bei einem beherrschenden GmbH-G'fter-GF – wie hier bei D – dann eine vGA, wenn der Anstellungsvertrag irreparable Fehler (wie hier: Verstoß gegen § 35 Abs. 4 GmbHG und § 181 BGB[105]) aufweist. Auf keinen Fall darf die auch angemessene GF-Vergütung des atypisch Stillen, für die § 15 Abs. 1 Nr. 2 EStG gilt, den Gewerbeertrag der Gesellschaft schmälern (nochmals bekräftigt durch BFH vom 28.03.2003, BFH/NV 2003, 1308).
- Wegen § 20 Abs. 3 EStG (sonderbetriebliche GmbH-Beteiligung) ist die vGA als gewerblich einzustufen und löst damit zusätzlich GewSt aus.

Losgelöst vom Geschäftszweig der GmbH ist die weitere Frage, ob § 15 Abs. 3 Nr. 2 EStG (**Geprägetheorie**) auch auf eine Innengesellschaft anzuwenden ist mit der Folge, dass sodann bei negativen Gesamtergebnissen der MU-schaft **immer** gewerbliche Verluste beim atypisch Stillen vorliegen. Der BFH hat in zwei Entscheidungen (BFH vom 26.11.1996, BStBl II 1998, 328 und BFH vom 15.10.1998, BStBl II 1999, 286) diese Frage bejaht, wenn der stille G'fter im Innenverhältnis dem tätigen G'fter gleichgestellt ist, somit also MU-Initiative und MU-Risiko bei ihm vorliegen. Dies wurde für den Fall angenommen, dass sich der Stille bei Krediten für die GmbH persönlich verbürgt.

Grenzüberschreitend nimmt die Bedeutung der internationalen GmbH & atypisch Still immer stärker zu.[106]

3.3 Optionen der GmbH & atypisch still

Weder die Teileinkünftebesteuerung bei KapG, noch die Thesaurierungsbesteuerung bei Personenunternehmen (und damit die bestehen bleibende Besteuerung bei den G'ftern einer PersG) ändern etwas an der Notwendigkeit eines steuerlichen Verlusttransfers von der GmbH auf die persönliche Ebene des G'fters. Dafür bietet die GmbH & atypisch still bei geringem Gestaltungsaufwand immer noch einen optimalen Rahmen.

Verluste bleiben hier – anders als bei der GmbH – nicht eingesperrt. Trotz der Gefahr des § 15a EStG (die Einbeziehung der GmbH-Anteile als Sonder-BV erhöht nicht das Kapitalkonto[107]) kann durch die konkrete Einlageleistung aus einer nur virtuellen Verrechnungsgröße sogleich ein **aktueller Verlustausgleich** erzielt werden. Die früher durch § 2 Abs. 3 EStG a.F. aufgezwungene »Einkunftsartentreue« stellte bei der GmbH & atypisch Still bei **neutralem** Geschäftszweck kein Gestaltungsproblem dar.

Als Ergebnis der Mindestbesteuerungsdiskussion des StVergAbG-E (2002) sind schließlich § 15 Abs. 4 S. 6 und § 20 Abs. 1 Nr. 4 S. 2 EStG übriggeblieben (s. hierzu BMF vom 19.11.2008, BStBl I 2008, 970).

Danach gibt es für **KapG** als atypisch stille **Beteiligte** wie als typisch stille Beteiligte an einer **anderen KapG** ein **Ausgleichs- und Abzugsverbot für Verluste**.[108] Der interne

---

105 Dies (»irreparabler Fehler«) unterstellt, dass – im Hinblick auf BFH/NV 1998, 746 – keine nachträgliche Genehmigung mehr möglich ist.
106 Hierzu BFH vom 21.07.1999, BStBl II 1999, 812 (Gewinneinkünfte sind keine Zinseinkünfte, sondern Unternehmensgewinne nach Art. 7 OECD-Muster-DBA mit Freistellung); anders BMF vom 28.12.1999 (BStBl I 1999, 1121); EStG-Kartei NW § 2a EStG Nr. 800: Quellenstaatbeurteilung ist entscheidend.
107 BMF vom 15.12.1993 (BStBl I 1993, 976).
108 S. näher *Preißer*, Band 1, Teil B, Kap. IV 3.3: Die Regelung versteht sich als Parallelmaßnahme zur Abschaffung der Mehrmütterorganschaft.

Verlustverrechnungskreis bezieht sich folglich nur auf KapG als mittelbar oder unmittelbar Beteiligte einer »kapitalistischen« Innengesellschaft, was sich aus § 15 Abs. 4 S. 8 EStG ergibt.

Dies ändert jedoch nichts am Verlustausgleich und -abzug einer **natürlichen Person** als Innengesellschafter.

Schließlich lässt sich aus einer Einmann-GmbH durch die Aufnahme von Familienmitgliedern als (typisch/atypisch) stille G'fter zwanglos eine »Einfamilien-GmbH & Still« gründen.

Derzeit offene Anwendungsfragen zu § 35 EStG (s. Kap. VI 2) können unabhängig von künftigen Erkenntnissen der Verwaltung und der Rspr. »maßgeschneidert« gelöst werden.

Für einen besonders komplexen Fall (Beteiligung einer atypisch stillen Gesellschaft an einer doppelstöckigen Personengesellschaft mit ausländischen Zinseinkünften) gelangte der BFH im Beschluss vom 26.04.2005 (BFH/NV 2005, 1560) in verfahrensrechtlicher Hinsicht zu folgender Erkenntnis: Bei einer doppelstöckigen PersG ist ein zweistufiges Feststellungsverfahren durchzuführen, bei dem im Bescheid für die Untergesellschaft der auf die Obergesellschaft entfallende Teil an den Einkünften der Untergesellschaft gesondert und einheitlich festgestellt wird.

4 Die Betriebsaufspaltung

4.1 Kennzeichen der Betriebsaufspaltung und Gestaltungsmöglichkeiten

Weder der sächsische Rechtsanwalt Walther als angeblicher Begründer der Betriebsaufspaltung in den 20er Jahren des vorigen Jahrhunderts noch der RFH in seiner ersten amtlichen Einlassung am 03.12.1924 (RFHE 16, 15) konnten ahnen, in welcher Vielfalt diese **Doppelgesellschaft** einmal vertreten sein würde.

Dabei handelt es sich in der Grundform nur um die – wirtschaftliche – Ausgliederung eines unternehmerischen Außenbereichs (Produktion/Vertrieb/Export etc.) in eine andere Gesellschaft, meistens in eine Kapitalgesellschaft, die »Betriebsgesellschaft« (oder noch allgemeiner: Betriebsunternehmen) genannt wird. Wesentliche Vermögensteile bleiben dabei im Eigentum der ursprünglichen G'fter bzw. des ursprünglichen Inhabers zurück, im sog. Besitzunternehmen. Je nach Erscheinungsform hat man es mit einem Besitz-Einzelunternehmen oder mit einer Besitzgesellschaft zu tun.

Beide Unternehmen (beide Gesellschaften) bleiben dabei **rechtlich selbständig**. Die »Ausgliederung« hat man sich organisatorisch so vorzustellen, dass das Besitzunternehmen einzelne werthaltige WG (wie z.B. Immobilien – Hauptfall) an die Betriebsgesellschaft verpachtet, die ansonsten zusätzliches eigenes Vermögen haben kann.

Im Unterschied zur GmbH & Co. KG steht dabei nicht eine gesellschaftsrechtliche Regelung im Vordergrund, sondern eine **betriebswirtschaftliche Um- oder Neuorganisation**. Sie geht einher mit einer **zivilrechtlichen Haftungsbegrenzung**, da nunmehr allein die Betriebsgesellschaft (die Betriebs-GmbH) als Vertragspartner den Ansprüchen ausgesetzt ist. Damit werden die werthaltigen WG vor dem Gläubigerzugriff der Geschäftspartner (aus Produkthaftung, aus Gewährleistungsansprüchen oder aus deliktischer Haftung) abgeschottet. Dieses Ergebnis lässt sich mit der bloßen Gründung einer Einzelkapitalgesellschaft (einer GmbH) nicht erzielen, da bekanntlich deren ganzes Vermögen, also auch die kraft Sacheinlage eingebrachten WG den Gläubigeransprüchen zur Verfügung stehen.

```
┌─────────────┐          Nutzungsüberlassung einer (1)        ┌─────────────┐
│   Besitz-   │ <------- wesentlichen Betriebsgrundlage, ---> │  Betriebs-  │
│ gesellschaft│          z.B. Fabrikgebäude                   │ gesellschaft│
└─────────────┘                                                └─────────────┘
       ↕                                                              ↕
   Vermögen                                                       Haftung
```

Der engere Begriff der Betriebsaufspaltung hat sich gebildet, weil idealtypisch ursprünglich ein Einzelunternehmen oder eine Personengesellschaft am Markt beteiligt waren, deren Funktion jetzt die GmbH wahrnimmt. Anstelle der Zerschlagung der ursprünglichen wirtschaftlichen Einheit (mit der möglichen Folge eines stpfl. Aufgabegewinnes gem. § 16 EStG!) wird das unternehmerische Engagement von nun an rechtlich auf zwei Schultern verteilt.

Unter dem Terminus der Betriebsaufspaltung mit identischen Rechtsfolgen werden ihrem Erscheinungsbild nach sehr unterschiedliche Phänomene (Doppelunternehmen) erfasst. So versteht man unter dem Begriff der »umgekehrten« Betriebsaufspaltung die Fälle, in denen das Besitzunternehmen eine Kapitalgesellschaft und das Betriebsunternehmen eine Personengesellschaft ist. Des Weiteren haben sich die »mitunternehmerische« Betriebsaufspaltung und die »kapitalistische« Betriebsaufspaltung herausgebildet. Diese Erscheinungsformen sind dadurch gekennzeichnet, dass im ersten Fall ausschließlich Personengesellschaften und im zweiten Fall nur Kapitalgesellschaften beteiligt sind. Die nachfolgende Darstellung basiert jedoch auf dem klassischen – und weit verbreiteten – Modell einer Trennung in ein personalistisches Besitzunternehmen und in eine kapitalistische Betriebsgesellschaft.

Entgegen dem Begriff der Betriebs»**aufspaltung**« werden heute vermehrt synchron Doppelgesellschaften **gegründet**, die die Vorteile der Betriebsaufspaltung von Anfang an in sich vereinen (sog. unechte Betriebsaufspaltung).

Damit lassen sich idealtypisch die Vorteile beider Gesellschaftsformen (Kapitalgesellschaften und Personengesellschaften) kombinieren.

Haupt-Steuervorteile der jeweiligen Gesellschaftsform

Kriterien/Sachverhalt	Personengesellschaft	Kapitalgesellschaft
I. ESt/KSt		
1. Allgemein	Verlusterfassung bei den G'ftern	–
	–	Steuerpflicht bei den G'ftern nur bei Ausschüttung (und bei Verkauf)
2. Austauschbeziehung G'fter zu Gesellschaft (insb. Nutzungsüberlassungen)	–	Keine Steuerverstrickung der WG
	keine Angemessenheitsprüfung	–
	steuerprivilegierte Übertragung der WG	–
	–	Entgelte/Vergütungen sind BA bei der KapG
3. Steuersatz	– (progressiver Steuersatz)	Gleicher Steuersatz (KapG) und Abgeltungsteuer (ab 2009) bzw. Teileinkünfteverfahren beim G'fter
	Anrechnung der GewSt	–
II. GewSt		
1. Bemessungsgrundlagen (BMG)	Individuelle Ergebnisse der G'fter = Teil der BMG	Entgelte der G'fter sind nicht Teil der BMG
2. Steuersatz	Freibetrag	–
	Anrechnung auf ESt	–
III. ErbSt		
1. BMG	gemeiner Wert	gemeiner Wert
2. Steuersatz	§ 13a ErbStG n.F. uneingeschränkt, falls kein (überwiegendes) Verwaltungsvermögen	(§ 13a ErbStG, falls > 25 %) oder »Pool-Regelung«

Die wichtigste Rechtsfolge der Betriebsaufspaltung liegt im **Fortbestand** (bzw. in der Begründung) eines **gewerblichen Besitzunternehmens**, auch wenn deren ursprünglichen operativen (betrieblichen) Aktivitäten nicht mehr ausgeübt werden. In dem gleichen Sinne, wie in der Einkommensteuer eine Aufdeckung der Reserven vermieden wird; ist die GewSt-Pflicht des Besitzunternehmens festgeschrieben (BFH vom 12.11.1985, BStBl II 1986, 296). Für steuerliche Zwecke wird die Besitzgesellschaft, deren eigentliche Tätigkeit sich prototypisch nur noch auf die Verpachtung von WG an die Betriebsgesellschaft beschränkt, über das Medium der Betriebsgesellschaft als Marktteilnehmer fingiert. Die gesetzlichen Grundaussagen zur Gewerblichkeit nach § 15 Abs. 2 EStG (hier: »die Beteiligung am allgemeinen wirtschaftlichen Verkehr«) sowie deren Ausschluss bei § 14 S. 3 AO (»private Vermögensverwaltung«) werden bei diesem Rechtsinstitut nach einhelliger Auffassung überlagert durch eine wirtschaftliche Betrachtungsweise: Danach liegt eine **gewerblich qualifizierte Vermietung/Verpachtung** vor.

Bei der klassischen Betriebsaufspaltung ist Garant für den Fortbestand des gewerblichen Besitzunternehmens – und damit für das Fehlen einer Betriebsaufgabe nach § 16 Abs. 3 EStG – die Figur des »**einheitlichen geschäftlichen Betätigungswillens**« (auch als personelle Verflechtung bezeichnet).

Hinweise:
(1) Die Betriebsaufspaltung stellt auch für **Nachfolgeregelungen** von Todes wegen bei mehreren Nachkommen einen Vorteil dar, da die Vergünstigungen der §§ 13a, 19a ErbStG mehrfach in Anspruch genommen werden können. Vor allem erlaubt die **Diversifikation** der Anteile eine bessere Personalentscheidung für den (die) Unternehmensgründer. So können die echten Unternehmensnachfolger ihren persönlichen Fähigkeiten entsprechend z.B. als GmbH-G'fter mit einer stärkeren Beteiligungsquote berücksichtigt werden, ohne dass die weniger talentierten Nachfolger sogleich auf Pflichtteilsansprüche verwiesen werden müssen.
(2) Auch bei einer **vermögensverwaltenden Betriebsgesellschaft (GmbH)** wird bei Vorliegen der sonstigen Voraussetzungen (personelle und sachliche Verflechtung) eine Betriebsaufspaltung begründet (BFH vom 18.06.2015, BFH/NV 2015, 1405).
(3) Bei nachträglichem Bekanntwerden einer Betriebsaufspaltung (nach einer Außenprüfung) erfolgt eine Korrektur des Gewinnfeststellungsbescheids gem. § 173 Abs. 1 Nr. 1 AO, wenn dies zu einer Erhöhung der Besteuerungsgrundlagen wenigstens eines der Feststellungsbeteiligten führt (BFH vom 16.04.2015, BFH/NV 2015, 1331).

4.2 Steuerrechtliche Gestaltungsparameter (Voraussetzungen) bei der Betriebsaufspaltung

Voraussetzung für eine Betriebsaufspaltung sind die personelle Verflechtung (der einheitliche Geschäftswille) der Besitz- und Betriebsgesellschaft und die sachliche Verflechtung.

```
         ( Besitzgesellschaft )
              ↑          ┊
       personelle    sachliche
       Verflechtung  + Verflechtung
              ↓          ┊
         [ Betriebsgesellschaft ]
```

4.2.1 Die erste Voraussetzung: Die sachliche Verflechtung

Für die sachliche Verflechtung (objektive Verklammerung des einheitlichen Geschäftswillens) lässt es die Rspr. des BFH genügen, dass nur eine der für die Betriebsgesellschaft wesentlichen Betriebsgrundlagen an diese zur Nutzung überlassen wird. Während es nach der früheren BFH-Rspr. noch erforderlich war, dass die Besitzgesellschaft Eigentümerin der überlassenen **wesentlichen Betriebsgrundlage** war, kommt es seit der Entscheidung vom 12.10.1988 (BStBl II 1989, 152) hierauf nicht mehr an. Ebenso bedeutungslos wurde die Frage, auf welcher exakten Rechtsgrundlage (Miete, Pacht, unentgeltliche Leihe, dinglicher Nießbrauch) die **Nutzungsüberlassung** erfolgt (BFH vom 24.04.1991, BStBl II 1991, 713). Während aus diesem Grund die Höhe der Nutzungsvergütung für das Vorliegen einer Betriebsaufspaltung keine Rolle spielt, kommt dieser Frage aber i.R.d. vGA-Diskussion eine gewisse Bedeutung zu. Von einer Ausnahme abgesehen, ist die **funktionale Notwendigkeit** des überlassenen WG für die Betriebsgesellschaft von entscheidender Bedeutung für die Annahme und Begründung der sachlichen Verflechtung (»betriebsnotwendiges WG«).

```
┌─────────────────┐      ┌──────────────────────────┐
│ Sachliche       │─────▶│ = Nutzungsüberlassung einer│
│ Verflechtung?   │      │   wesentlichen           │
│                 │────┐ │   Betriebsgrundlage      │
└─────────────────┘    │ └──────────────────────────┘
                       │
┌─────────────────┐◀───┘ ┌──────────────────────────┐
│ Wesentliche     │─────▶│ = Funktionale Notwendigkeit für das│
│ Betriebsgrundlage?│    │   Betriebsunternehmen?   │
│                 │      │ • WG für die Erreichung des│
│                 │      │   Betriebszwecks erforderlich│
│                 │      │ • WG von nicht nur       │
│                 │      │   untergeordneter wirtschaftlicher│
│                 │      │   Bedeutung              │
└─────────────────┘      └──────────────────────────┘
```

Beispiel 10: Der Legehennenfall und die Betriebsaufspaltung
B betreibt zunächst als Einzelunternehmer ein Bauunternehmen. Er überträgt den Fuhrpark und die Maschinen auf die ihm zu 100 % gehörende B-GmbH (Geschäftszweck: Errichtung und Verkauf von Eigentumswohnungen). B behält als Eigentümer folgende WG (alternativ) zurück, die er der GmbH zur Nutzung überlässt:
a) eine **Wiese** als Vorratsgrundstück für einen künftigen Anbau,
b) das **Fabrikationsgebäude**, auf dem die Anlagen für die Erstellung von Fertigbeton untergebracht sind,
c) das **Bürogebäude**,
d) ein besonderes **Patent** für Bauvorhaben in der Winterzeit, das der GmbH auch Bauten in der Frostperiode ermöglicht.
e) B leiht der GmbH **Geld**.

Die BFH-Rspr. zur sachlichen Verflechtung lässt sich einerseits als Kasuistik (Fallgruppen-Rspr.) und andererseits als das Bemühen um Kriterienfindung charakterisieren. Anhand des Beispiels lassen sich die Entwicklung der BFH-Rspr. und der heutige Rechtsstand exemplarisch verdeutlichen.

- Das **unbebaute Grundstück (a)** stellt eine wesentliche Betriebsgrundlage dar, wenn es nach den Bedürfnissen der Betriebsgesellschaft bebaut werden kann und in einem Funktionszusammenhang mit dem Geschäftszweck steht (BFH vom 26.03.1992, BStBl II 1992, 830). Dies soll nach BFH-Beschluss vom 11.09.2003 (BFH/NV 2004, 180) selbst dann gelten, wenn es sich um ein unbebautes Grundstück handelt und dieses nur zur Überbrückung bis zum Bezug eines angemessenen Grundstücks erforderlich war.
  Unter dem Begriff »Grundstück« ist in diesem Kontext der zusammenhängende Grundbesitz und nicht die katastermäßige Parzelle zu verstehen.
  Fehlt es hingegen an der unmittelbaren Zweckbestimmung oder ist das Grundstück für das Betriebsunternehmen entbehrlich (die Unentbehrlichkeit ist vom BFH als eine »Auffangklausel« eingebaut worden), stellen verpachtete unbebaute Grundstücke keine wesentliche Betriebsgrundlage dar.
  Je nach Zielsetzung des Unternehmens stellt ein unbebautes Grundstück daher eine Gestaltungsoption für/gegen die Betriebsaufspaltung dar. Mit der dauerhaften Widmung (z.B. durch Asphaltierung) als Kfz-Abstellfläche kann eine Betriebsaufspaltung begründet werden. Bei einer gelegentlichen Nutzung als Parkplatz sind diese Rechtsfolgen zwingend noch nicht zu ziehen.
- Überlassene **Fabrikationsgrundstücke (b)** begründen immer eine Betriebsaufspaltung, wenn die Betriebsgesellschaft darauf angewiesen ist (so auch die zitierte Rspr. in H 137 Abs. 5 EStH 2004). Dabei ist es nach dem BFH sogar unerheblich, ob auch andere Firmen die Fabrikationshalle nutzen könnten oder ob sich die konkrete Betriebsgesellschaft anderweitig am Markt hätte bedienen können.
- Bei **Büro- und Verwaltungsgebäuden (c)** war die Rspr. restriktiv und verneinte früher grundsätzlich wegen des fehlenden Geschäftsbezuges die Eignung für eine sachliche Verflechtung (BFH vom 02.04.1997, BStBl II 1997, 565). Eine Ausnahme wurde – im Dienstleistungsbereich (z.B. für Steuerberater) – zugelassen, wenn ein besonderer Zuschnitt für die Belange der Betriebsgesellschaft vorlag.
  Nach dem Grundsatz-Urteil vom 23.05.2000, BStBl II 2000, 621 (bestätigt am 23.01.2001, BFH/NV 2001, 894), genügt es allerdings, dass das Bürogebäude den **räumlichen und funktionalen Mittelpunkt** der Betriebsgesellschaft bildet. Die Verwaltung hat zwischenzeitlich das Urteil übernommen, lässt aber im BMF-Schreiben vom 11.06.2002 (BStBl I 2002, 626) die Rechtsfolgen erst ab 01.01.2003 eintreten.

Hinweis 1: Man wird bei der vorliegenden, von der Verwaltung rezipierten Rspr. bei überlassenen Bürogebäuden nur noch dann eine sachliche Verflechtung – vorbehaltlich der quantitativen Aufgriffsgrenze – verneinen können, wenn es sich um Fälle rein büromäßiger Tätigkeit handelt, bei denen kein besonderer Gebäudezuschnitt erforderlich ist und die GmbH nicht freiberuflich tätig ist.

Diese Rechtsentwicklung hat jedoch ihren Fortgang in zwei Urteilen aus dem Jahre 2003 (BFH vom 11.02.2003, BFH/NV 2003, 910 sowie BFH vom 03.06.2003, BFH/NV 2003, 1321) genommen. Dort verzichtet der BFH auch auf jedweden branchenspezifischen Zuschnitt der Gebäude und nimmt die wesentliche Betriebsgrundlage – in Übereinstimmung mit den o.g. Urteilen aus den Jahren 2000/2001 – bereits dann an, wenn das Gebäude den räumlichen und funktionalen Mittelpunkt der Betriebsgesellschaft bildet.

Hinweis 2: Trotz der immer großzügigeren BFH-Rspr. zur sachlichen Verflechtung, wonach auch bewegliche WG und sogar Umlaufvermögen der Besitzgesellschaft die wesentliche Betriebsgrundlage darstellen können, ist bei **Gebäuden/Grundstücken** auf zwei Besonderheiten hinzuweisen. Diese stellen dann keine wesentliche Betriebsgrundlage dar, wenn sie entweder nicht gewerblich gewidmet sind (Schulgebäude) oder wenn sie unter **quantitativen** Gesichtspunkten im »Immobilienpark« der Betriebsgesellschaft von **untergeordneter** Bedeutung sind. Eine exakte Größe sind sowohl der BFH als auch die Verwaltung schuldig geblieben. Keine sachliche Verflechtung liegt vor bei einem Anteil der von der Besitzgesellschaft angemieteten »Immobilienmasse« von < 10 % – verglichen mit den sonst einschlägig genutzten Grundstücken der Betriebsgesellschaft. Bei einer Fläche von > 22 % befindet man sich im sicheren Bereich (BFH vom 04.11.1992, BStBl II 1993, 245 sowie OFD Frankfurt vom 02.07.2004, StEK EStG § 15/356 Tz. 2.1.1 a.E.).

Kritisch – und demzufolge nur mittels einer verbindlichen Auskunft des FA im Einzelfall klärbar – ist der Bereich zwischen **10 % und 22 %** der angemieteten Fläche, verglichen mit der gesamten genutzten Fläche des Betriebsunternehmens.

Die weiteren Kriterien **für** das Vorliegen einer Betriebsaufspaltung lauten sodann:

1. räumlicher und funktionaler Mittelpunkt für die Betriebsgesellschaft und/oder
2. Unentbehrlichkeit für das Betriebsunternehmen.

Umgekehrt kann eine Betriebsaufspaltung ceterum paribus, also bei ansonsten gleichen Gegebenheiten, in den Fällen »geringwertiger Bürogebäude« **vermieden** werden.

Zusammenfassender Hinweis 3:

a) Eine (vorsichtige) Klärung in der quantitativen Frage der **hinreichenden »Immobilienmasse«** brachte das BFH-Urteil vom 13.07.2006 (BStBl II 2006, 804). Für den Fall, dass die Besitzgesellschaft (paritätische Eheleute-GbR) an ihre Betriebs-GmbH (Beteiligungsidentität) ein **Einfamilienhaus** vermietet, nahm der BFH selbst dann die sachliche Verflechtung an, wenn das EFH nicht für Zwecke der Betriebs-GmbH besonders hergerichtet und gestaltet war. Noch hat der BFH die Prüfungshürde aufgebaut, dass die Geschäftsleitung der GmbH ihren Mittelpunkt in diesen Räumen haben müsse, wobei die Rezensionsliteratur davon ausgeht, dass auch diese Hürde demnächst fällt.[109] Von besonderer (Gestaltungs-)Bedeutung ist allerdings der letzte Satz im Urteilstenor, dass dies nur dann gelte, wenn der überlassene Gebäudeteil die in **§ 8 EStDV** genannten Grenzen unterschreitet. Für den Fall, dass die überlassenen Räume **weniger als 1/5** des gemeinen Werts des gesamten Gebäudes oder dieser weniger als **20.500 €** beträgt, ist wohl eine sachliche Verflechtung vermeidbar.[110]

b) In einem Ausnahmefall entschied der BFH (Urteil vom 19.03.2009, BStBl II 2009, 803), dass auch bei einem Unterschreiten der 10 %-Marke im Einzelfall eine wesentliche Betriebsgrundlage vorliegen könne (im konkreten Sachverhalt war dies ein einzelner Filialraum mit < 10 % der gesamten Nutzfläche der GmbH).[111]

---

109 Vgl. hierzu *Wacker* in *Schmidt*, EStG (35. Aufl., 2016), § 15 Rz. 812 f.
110 Der BFH hat sich dazu nur negativ und nicht positiv – und damit nicht ausdrücklich – geäußert.
111 Kritisch hierzu *Fehling*, NWB 2009, 2382 und 2404.

- **Immaterielle WG (d)** wie Patente oder Erfindungen stellen dann eine wesentliche Betriebsgrundlage dar, wenn sie unmittelbar von der Betriebsgesellschaft genutzt werden können. Im Urteil vom 06.11.1991 (BStBl II 1992, 415) hat der BFH dies sogar für **ungeschützte** Erfindungen (später auch für privat veranlasste Erfindungen, BFH vom 28.03.2000, HFR 2000, 787) angenommen.
- Eine **Kapitalüberlassung** (Darlehen = **(e)**) alleine begründet keine Betriebsaufspaltung.

Lösung: Die unter a), b) und d) genannten überlassenen WG führen zu einer Betriebsaufspaltung; beim Bürogebäude (c) hängt es von der relativen Größe im Verhältnis zu dem ganzen genutzten Grundstücks-Areal ab; allein das Darlehensverhältnis (e) ist nicht geeignet, eine sachliche Verflechtung herbeizuführen.

4.2.2 Die personelle Verflechtung

Mit dem Begriff des einheitlichen geschäftlichen Betätigungswillen (hier: der personellen Verflechtung) ist untrennbar die sog. **Beherrschungsidentität** verbunden. Damit ist als Mindestvoraussetzung für die »personelle Klammer« zu beiden Gesellschaften definiert, dass in **beiden** Gesellschaften **eine Person** oder **eine Personengruppe mehrheitlich beteiligt** sein muss, damit diese in beiden Unternehmen ihren entscheidenden Willen durchsetzen kann. Vorbehaltlich vertraglicher oder gesetzlicher Stimmrechtserfordernisse erfüllt zunächst eine mehrheitliche Beteiligung sowohl an der Besitz-Personengesellschaft als auch an den Geschäftsanteilen der Betriebs-GmbH diese Voraussetzung. Eine darüber hinaus gehende **Beteiligungsidentität** i.d.S., dass in beiden Gesellschaften gleich anteilige (d.h. paritätische) Beteiligungen vorliegen müssen, wird nicht gefordert.

4.2.2.1 Grundzüge, insbesondere die Stimmrechtserfordernisse

Nachdem die Beteiligungsverhältnisse alleine keine Durchsetzung des geschäftlichen Betätigungswillens vermitteln können, hält der BFH die **Stimmrechte** der einzelnen G'fter für die ausschlaggebende Größe (BFH vom 27.08.1992, BStBl II 1993, 134). Diese bestimmen sich nach den entsprechenden gesetzlichen Vorgaben (§ 709 BGB für die GbR, § 119 HGB für die OHG bzw. gem. § 161 HGB auch für die KG, sowie § 47 GmbHG und §§ 133 ff. AktG). Da es sich hierbei um dispositives Recht handelt, sind im Zweifel einzelvertragliche Absprachen vorrangig.

Beispiel 11:
Die aus M und F bestehende Grundstücksgemeinschaft (M zu 60 %; F zu 40 %) verpachtet an die M-GmbH (M als 100 %-G'fter) als wesentliche Betriebsgrundlage ein Gebäude. Folgende Stimmrechtskonstellationen sind zu beurteilen:

```
        F              M
     40 %    60 %         100 %
              ↓  ↓           ↘
         ╭─────────╮              ┌──────────────┐
        (Grundstücks- )  ─Pacht─►  │   M-GmbH     │
        ( gemeinschaft)   - - - -  │  (Betriebs-  │
         ╰─────────╯               │ gesellschaft)│
                                   └──────────────┘
```

1. Variante: Über die Geschäftsführung/Vertretung in der Grundstücksgemeinschaft (hier: GbR) ist nichts vereinbart.
2. Variante: Es handelt sich bei der Grundstücksgemeinschaft um eine OHG (bzw. eine KG).
Frage: Wann liegt eine personelle Verflechtung vor?

Lösung: In der **1. Variante** weist ein Blick in die Regelungen des BGB zur Geschäftsführung/Vertretung den Weg. Nachdem §§ 709, 714 BGB für die GbR gemeinschaftliches Handeln vorsehen und außerdem § 709 Abs. 2 BGB von der gleichen Stimmberechtigung aller G'fter ausgeht, kann M mangels dispositiver vertraglicher Regelungen seinen Willen in der GbR rechtlich nicht durchsetzen. Vorbehaltlich der Ausnahmetatbestände der faktischen Beherrschung und der Stimmrechtsbindungsverträge (s. Kap. 4.2.2.4) liegt in der 1. Variante keine Betriebsaufspaltung vor.
In der **2. Variante (OHG)** gilt zwar grundsätzlich die »Einzelvertretungs- und geschäftsführungsbefugnis« (§§ 114, 125 HGB) eines jeden G'fters. Nur bei Grundlagengeschäften und außergewöhnlichen Geschäften bedarf es der Zustimmung aller G'fter (§ 116 Abs. 2 HGB); dies ist auch die gesetzliche Antwort für die Beschlussfassung in der OHG (§ 119 Abs. 1 HGB). Die vertragliche Stimmrechtswertigkeit selbst bestimmt sich gem. § 119 Abs. 2 HGB nach »Köpfen«, wird aber in den meisten Verträgen in Abhängigkeit von der Einlageleistung definiert. In diesen (praxisrelevanten) Fällen gibt das Kapitalkonto I (auch festes Kapital genannt) Aufschluss über die Wertigkeit der Beteiligung.
Bei einer **KG** wiederum kann nur der Komplementär wirksam die **KG** vertreten (§§ 164, 171 HGB) und auch er ist nur lt. Gesetz geschäftsführungsbefugt; für außergewöhnliche Geschäfte ist aber auch bei der KG die Zustimmung aller G'fter erforderlich. Auch hier kann nur über den Gesellschaftsvertrag und über das Kapitalkonto I (kautelarjuristischer Regelfall) eine verlässliche Aussage zur personellen Verflechtung gewonnen werden.

Hinweis: Ohne Einsichtnahme in die Gesellschaftsverträge kann im Zweifel die Frage der personellen Verflechtung nicht entschieden werden.

4.2.2.2 Die Gruppentheorie

Während die sachliche Verflechtung wegen der tendenziellen und kalkulierbaren Rspr. keine großen Probleme – weder für das Begründen noch für das Vermeiden einer Betriebsaufspaltung – bereitet, ist die personelle Verflechtung zumindest in der zweiten Hälfte der 80er Jahre zu einem Gestaltungsrisiko in der Praxis geworden. Später kamen gesellschaftsrechtliche Besonderheiten hinzu, die das Kriterium der personellen Verflechtung gelegentlich zu einem Vabanque-Spiel werden ließ (und teilweise noch werden lässt). Eine Einführung liefert das nachfolgende Beispiel.

Beispiel 12:

Max M und Felix F sind G'fter einer GmbH mit je 50 % Geschäftsanteilen. Das Grundstück, von dem aus das Unternehmen betrieben wird, ist auf die Belange der GmbH ausgerichtet und von der M und F zu gleichen Teilen gehörenden Grundstücksgemeinschaft angepachtet worden.

```
    MF-GbR                              MF-GmbH
  (Besitz-       Pachtvertrag         (Betriebs-
 gesellschaft)  - - - - - - - ->     gesellschaft)
                  (sachliche
                 Verflechtung)
  50%    50%                       50%     50%
   M      F                         M       F
   _____/                         _____/
      100%   ──── Personelle Verflechtung? ───> 100%
```

Variante: An der Grundstücksgemeinschaft sind diesmal Max (M) und Xaver (X) zu je 50 % beteiligt.

Frage: Liegen die Voraussetzungen der personellen Verflechtung vor und ist dadurch die jeweilige Besitzgesellschaft gewerbesteuerpflichtig?

Lösung: Weder im Ausgangsfall noch in der Variante von Beispiel 12 verfügt eine Einzelperson über die Mehrheit der Anteile. Mit dem Urteil des BFH vom 08.11.1971 (BStBl II 1972, 63) ist das Mehrheitserfordernis auf die mitgliederidentische **Personengruppe** erstreckt worden.
Im **Ausgangsfall** bilden M und F diese Gruppe, die zu 100 % an beiden Unternehmen beteiligt ist. Die personelle Verflechtung liegt vor. Die Voraussetzungen für eine Betriebsaufspaltung sind erfüllt. Die Grundstücksgemeinschaft M-F erzielt gewerbliche und gewerbesteuerpflichtige Einkünfte.
In der **Variante** gibt es keine mitgliederidentische Gruppe, die über die Mehrheit der Anteile an beiden Gesellschaften verfügt. M und X erzielen für die Immobilienüberlassung Einkünfte nach § 21 EStG.

20 Jahre später dehnte der BFH aufgrund einer notwendigen Neuinterpretation der personellen Verflechtung, die durch eine Entscheidung des BVerfG erforderlich wurde, die Gruppentheorie auch auf Familienangehörige, insb. auf Ehegatten aus (BFH vom 28.05.1991, BStBl II 1991, 801). Dies hat nichts mit der sogleich zu besprechenden Problem-Fallgruppe der »Ehegatten-Betriebsaufspaltung« zu tun (s. Kap. 4.2.2.3).

Der **BFH** hat im Urteil vom 28.11.2001 (BFH/NV 2002, 453) auch eine mittelbare personelle Verflechtung genügen lassen, wenn eine GmbH als Hauptmieter eines Grundstücks zwischengeschaltet wird (Untermieter: Betriebs-GmbH) und ansonsten die Voraussetzungen für eine Beherrschung beider Gesellschaften vorliegen. In diesem Fall war der Alleineigentümer des Grundstücks gleichzeitig der Mehrheitsgesellschafter der Betriebs-GmbH. Man spricht hier auch von einer »mittelbaren Vermietung«.

4.2.2.3 Die Ehegatten- (und Familien-)Betriebsaufspaltung
In der Diskussion der personellen Verflechtung nehmen die Angehörigen eine Sonderstellung ein.

Beispiel 13:
Zu beurteilen sind folgende Konstellationen einer Ehegatten-Betriebsaufspaltung (X und Y als Ehegatten; K ist das gemeinsame Kind):

Alt.	Besitzunternehmen		Betriebsgesellschaft	
1	X 60 %	Y 40 %	X 40 %	Y 60 %
2	X 60 %	C 40 %	D 60 %	Y 40 %
3	X 60 %	Y 40 %	Y 60 %	B 40 %
4	X 48 % K 4 %	Y 48 %	X 100 %	

Lösung (1. Teil):
Mit der Übernahme der Gruppentheorie auf Eheleute ist bei **Alt. 1** eine personelle Verflechtung gegeben, da X und Y eine »Gruppe« bilden, die in beiden Unternehmen die alleinige Mehrheit der Anteile innehat; Beteiligungsidentität wird nicht gefordert. Die Tatsache schließlich, dass beide Personen je wechselseitig mehrheitlich beteiligt sind, steht einer Zusammenrechnung und damit einer personellen Verflechtung nicht entgegen.
Bei **Alt. 2** verfügt keiner der beteiligten G'fter und auch keine Gruppe über die Mehrheit der Anteile, sodass hier keine personelle Verflechtung gegeben ist.
Die **Alt. 3** leitet zur Entscheidungspraxis des BVerfG (und später des BFH) zur **Ehegatten-Betriebsaufspaltung** über. Bis zum Jahre 1985 rechneten der BFH und die Verwaltung Ehegattenanteile automatisch zusammen, wenn es galt, über die Gruppenbildung eine Betriebsaufspaltung zu begründen. So hätte in Alt. 3 das Ehepaar XY alleine (bzw. zusammen mit B) die Beherrschungsidentität in beiden Gesellschaften gehabt. In der **Automatik** der Zusammenrechnung erblickte das BVerfG im Beschluss vom 12.03.1985 (BStBl II 1985, 475) einen **Verstoß gegen Art. 3 GG und – vor allem – gegen Art. 6 GG**, da bekanntlich das Steuerrecht die Ehe nicht benachteiligen dürfe. Der steuerliche Nachteil lag nach der Erkenntnis des BVerfG in der für die Annahme einer Betriebsaufspaltung »gesetzesimmanenten« GewSt-Pflicht der Besitzgesellschaft begründet.

Die auf den BVerfG-Beschluss hin eintretende Rechtsunsicherheit (Betriebsaufgabe bei nicht mehr konformer Ehegatten-Betriebsaufspaltung?, echte versus unechte Entnahme) wurde mit dem BMF-Schreiben vom 18.11.1986 (BStBl I 1986, 537) beseitigt.
Seit dem BMF-Schreiben von 1986 werden Anteile von **Ehegatten**, die an beiden Gesellschaften beteiligt sind, nur noch dann **zusammengerechnet**, wenn es Beweisanzeichen für **gleichgerichtete wirtschaftliche Interessen** der Eheleute gibt, die über den familienrechtlichen Interessenskanon der ehelichen Lebensgemeinschaft **hinausgehen**. Indikatoren dafür sind etwa eine unwiderrufliche Stimmrechtsvollmacht. Der BFH hält diesen Nachweis allein aufgrund faktischer Umstände für nicht gegeben, sondern verlangt dafür Mittel des Gesellschaftsrechts (BFH vom 15.10.1998, BStBl II 1999, 445). Den BFH-Entscheidungen lässt sich entnehmen, dass der Ausnahmefall der ehelichen Zweck- und Wirtschaftsgemeinschaft immer vom Vorliegen einer Ehegatten-Innengesellschaft abhängig ist.

So wird bei Ehegatten, die gemeinschaftlich ein Grundstück erwerben, um es im Rahmen einer Ehegatten-Betriebsaufspaltung zu verpachten, vom BFH unterstellt (Urteil vom 29.08.2001, BFH/NV 2002, 185), dass für das Besitzgrundstück eine GbR gebildet wird, um den hervorgehobenen wirtschaftlichen Willen zu begründen. Soweit dies vom BFH auch bei einem ausdrücklichen Bruchteilserwerb von Ehegatten angenommen wird, wird allerdings damit gegen das Verbot der Besteuerung hypothetischer Sachverhalte verstoßen.

Lösung (Fortsetzung):
Liegen die Voraussetzungen der »ultraeherechtlichen« wirtschaftlichen Interessensgemeinschaft bei X und Y (z.B. durch Stimmrechtsgestaltungen) vor, ist im Fall (3) eine Betriebsaufspaltung gegeben.
Im Fall (4) schließlich setzt eine Familien-Betriebsaufspaltung zwischen X und (dem minderjährigen) K nach R 15.7 Abs. 8 S. 4 EStR 2008 voraus, dass X das alleinige Vermögenssorgerecht für das Kind hat (Ausnahmefall). Ansonsten, bei gemeinsamem Sorgerecht der Eltern (gesetzlicher Regelfall), können die Anteile von X und K jedenfalls alleine nicht zusammengerechnet werden. Es existiert sodann keine personelle Verflechtung und damit keine Betriebsaufspaltung.

4.2.2.4 Stimmrechtsvereinbarungen und personelle Verflechtung

Die personelle Verflechtung kann mit Mitteln des Gesellschaftsrechts bei Ehegatten begründet oder verneint werden. Die Thematik der personellen Verflechtung kann jedoch auch unter Dritten von gesellschaftsrechtlichen Stimmrechtsvereinbarungen überlagert werden.

Beispiel 14:
Die aus M und F bestehende Personengesellschaft (M zu 60 %; F zu 40 %) verpachtet an die M-GmbH (M als 100 %-G'fter) als wesentliche Betriebsgrundlage ein Gebäude. Folgende Stimmrechtskonstellationen sind zu beurteilen:

1. In der PersG ist Einstimmigkeit vereinbart.
2. Für Geschäfte zwischen der PersG und der GmbH soll M wegen Interessenskonflikts nicht stimmberechtigt sein.
3. In der GmbH ist M zusammen mit dem Dritten D Geschäftsführer. Auch hier ist vereinbart, dass D für die Geschäfte der GmbH/PersG alleine zuständig sein soll (§ 47 Abs. 4 GmbHG).

Aufgrund der wirtschaftlichen Betrachtungsweise belässt es die Rspr. nicht nur bei einer numerischen Prüfung zur Frage der Mehrheitsbeteiligung, sondern unterzieht die rein nominale Beteiligungsfrage einer rechtlichen Qualitätsprüfung, um den einheitlichen geschäftlichen Betätigungswillen zu untermauern. In die Wertigkeit der Nominalanteile werden gesellschaftsrechtliche **Stimmrechtsabreden** miteinbezogen. Die Verwaltung hat sich nach langem Zögern der Rspr. wie folgt angeschlossen (BMF vom 07.10.2002, BStBl I 2002, 1028).

> **Lösung:** Immer dann, wenn seitens der Besitzgesellschaft das **Einstimmigkeitsprinzip** (1. Variante) vertragsgemäß festgeschrieben ist oder wenn es kraft Gesetzes gilt, verneint der BFH zu Recht die personelle Verflechtung, da M eben alleine seinen Geschäftswillen nicht in beiden Unternehmen durchsetzen kann (BFH vom 29.10.1987, BStBl II 1989, 96).
> Die Verwaltung lässt drei Ausnahmen zu:
> 1. Das Einstimmigkeitsprinzip bezieht sich konkret nicht auf die laufende Verwaltung der vermieteten WG (sog. Geschäfte des täglichen Lebens), sondern nur auf Geschäfte außerhalb des täglichen Lebens (Tz. III des BMF-Schreibens vom 07.10.2002, a.a.O. sowie BFH vom 23.12.2003, Az. beim BFH: IV B 45/02).
> 2. Eine weitere Ausnahme besteht zudem bei **faktischer Beherrschung**. Eine faktische Beherrschung wird dann angenommen, wenn ein G'fter ohne entsprechenden Anteilsbesitz in der Betriebsgesellschaft eine solche Machtposition innehat, dass sich die anderen G'fter seinem Willen unterwerfen (müssen) (BFH vom 27.02.1991, BFH/NV 1991, 454). Dies ist etwa dann der Fall, wenn der betreffende (faktische Macht-)G'fter der Betriebs-GmbH unverzichtbare WG zur Nutzung überlässt und sie ihr ohne weiteres wieder entziehen kann. Auch die Anordnung einer (Dauer-)**Testamentsvollstreckung** ändert nach dem BFH-Urteil vom 05.06.2008 (BStBl II 2008, 858) nichts am einheitlichen geschäftlichen Betätigungswillen des Erben und führt nicht zwangsläufig zur Betriebsaufgabe.
> 3. Eine dritte Ausnahme hat der BFH im Urteil vom 01.07.2003 (BStBl II 2003, 757) trotz einer Einstimmigkeitsabrede dann zugelassen, wenn die Geschäftsführung einem einzelnen beherrschenden G'fter überlassen wurde.
> Noch deutlicher formuliert der BFH im Urteil vom 30.11.2005 (BStBl I 2006, 415): Ein Besitzunternehmer beherrscht die Betriebs-KapG auch, wenn er nur über die einfache Stimmrechtsmehrheit (und nicht über die vorgeschriebene qualifizierte Mehrheit) verfügt, wenn er als GF-G'fter der KapG deren Geschäfte des täglichen Lebens beherrscht, sofern ihm die Geschäftsführungsbefugnis nicht gegen seinen Willen entzogen werden kann.

In der 2. und 3. Variante liegt der vom BFH mehrfach entschiedene Fall des **Stimmrechtsausschlusses** vor. Kann die an sich »beherrschende« Person bei Rechtsgeschäften der Besitzgesellschaft mit der Betriebsgesellschaft nicht abstimmen, so wird ebenfalls eine personelle Verflechtung verneint. Umgekehrt, bei einem Stimmrechtsausschluss bei der Betriebs-GmbH für laufende Geschäfte mit der Besitzgesellschaft, ist dies wegen dem gegenüber einer Personengesellschaft abgeschwächten Geschäftsführer-Status bei der GmbH, allerdings nicht der Fall (BFH vom 26.01.1989, BStBl II 1989, 455).

In allen Fällen, in denen es hiernach zur Ablehnung der personellen Verflechtung kommt (Varianten 2., 3. und bei entsprechender Handhabung auch 1.) ist als letzte Prüfungsstation noch zu prüfen, ob nicht der »Mehrheits-G'fter ohne Stimmrecht« aufgrund **faktischer Beherrschung** beide Gesellschaften dominiert (s. dazu oben Ausführungen bei der 2. Ausnahme).

Hinweis: Im o.g. BMF-Schreiben vom 07.10.2002 werden die Rechtsfolgen einer fehlenden personellen Verflechtung, d.h. die Beendigung der bestehenden Betriebsaufspaltung aufgehoben bzw. relativiert.

Die neue Verwaltungsauffassung führt aber nicht alleine unmittelbar zur Zwangsbetriebsaufgabe des Besitzunternehmens gem. § 16 Abs. 3 EStG (s. hierzu auch BFH-Beschluss vom 01.04.2010, BFH/NV 2010, 1450 zur Notwendigkeit einer Betriebsaufgabeerklärung). Vielmehr ist zu prüfen, ob die der Betriebsgesellschaft überlassenen WG aus anderen Gründen zum Betriebsvermögen der Besitzgesellschaft gehören können. In Betracht kommen:

- das sog. Verpächterwahlrecht (R 16 Abs. 5 EStR 2008),
- die Grundsätze des ruhenden Gewerbebetriebs,
- die Anwendung von § 15 Abs. 3 Nr. 1 und Nr. 2 EStG.

Gestaltungshinweis: Um die Folgen einer drohenden Betriebsaufgabe wegen Annullierung der personellen Verflechtung zu vermeiden, kann über die Implementierung einer GmbH als Geschäftsführerin bei der Besitzgesellschaft (§ 15 Abs. 3 Nr. 2 EStG) oder über eine zusätzlich gewerblich qualifizierende Tätigkeit (Nr. 1 a.a.O.) die Aufdeckung der Reserven (§ 16 Abs. 3 EStG) vermieden werden.

Durch die Erweiterung des Kreises der an die GmbH überlassenen WG auf alle betriebsnotwendigen WG können die Vorteile des Verpächterwahlrechts geltend gemacht werden.

Aktuelle Rspr.: Im Urteil vom 16.05.2013 (GmbH 2013, 1001) zur Personengruppentheorie hat der BFH eine Betriebsaufspaltung wegen fehlender personeller Verflechtung für den Fall **verneint**, da an der **BetriebsG nicht alle G'fter der BesitzG** beteiligt waren und bei dieser die Beschlüsse **einstimmig** gefasst wurden. Der entscheidende Grund liegt nach BFH-Auffassung darin, dass das alleinige Abstellen auf das Mehrheitsprinzip bei Geschäftsführungsmaßnahmen nicht immer dem Erfordernis der Beherrschungsidentität entspricht.

Lösungsansatz: Die zurzeit (noch) offenen Fragen zu Stimmrechtskonstellationen können anhand der §§ 709 ff. BGB erklärt werden und lassen sich wie folgt gliedern:

Annahme A: Fragen der Betriebsaufspaltung gehören zu den Tagesgeschäften
I) Bei Gesamtgeschäftsführung für die täglichen Geschäfte scheidet grds. die personelle Verflechtung aus;
Ia) bei Gesamtgeschäftsführung und ausnahmsweise Stimmenmehrheit der beherrschenden Person nach § 719 Abs. 2 BGB ist die personelle Verflechtung gegeben.
II) Bei Übertragung der Exklusiv-Geschäftsführung auf die beherrschende Person i.S.d § 710 BGB (Ausschluss der übrigen Gesellschafter) ist die personelle Verflechtung gegeben;
IIa) umgekehrt fehlt sie, wenn einem anderen Gesellschafter die exklusive Geschäftsführung übertragen wurde.
III) Bei Co-Geschäftsführung nach § 711 BGB (Alleinbefugnis bei Widerspruchsrecht der anderen) entfällt die personelle Verflechtung.

Annahme B: Fragen der Betriebsaufspaltung gehören zu den außergewöhnlichen Geschäften
I) Grundsatz: Wegen des grundsätzlichen Einstimmigkeitserfordernisses (§ 119 HGB analog) entfällt die personelle Verflechtung.
II) Sieht auch hier ausnahmsweise der Gesellschaftsvertrag die Stimmenmehrheit vor und liegt diese beim beherrschenden Gesellschafter, so besteht Betriebsaufspaltung;
IIa) diese entfällt, wenn der (ansonsten) beherrschende Gesellschafter nicht die Mehrheit innehat.

4.3 Die steuerlichen Folgen der Betriebsaufspaltung

4.3.1 Begründung der Betriebsaufspaltung (der Weg in die Betriebsaufspaltung)[112]

Die echte Betriebsaufspaltung, d.h. die Auslagerung des operativen Geschäfts auf eine Betriebsgesellschaft, geht aus einem ehemaligen aktiven Personenunternehmen (Einzelunternehmen oder Personengesellschaft) hervor.

Bei der unechten Betriebsaufspaltung hingegen werden beide Gesellschaften gleichzeitig errichtet oder die Voraussetzungen einer Betriebsaufspaltung stellen sich erst ein, wenn durch Übertragungsvorgänge im betrieblichen oder im privaten Bereich (!) die tatbestandliche »Weichenstellung« erfolgt. Manchmal geschieht dies sogar ohne willentliches Zutun der G'fter. Die treffendere Bezeichnung hierfür wäre »originäre« Betriebsaufspaltung.

4.3.1.1 Die echte Betriebsaufspaltung

Noch vor der Verpachtung einer wesentlichen Betriebsgrundlage wird das Einzelunternehmen (bzw. die Personengesellschaft) der (späteren) **Betriebs-GmbH einzelne WG** übereignen, damit diese mit ihrem Geschäftsbetrieb beginnen kann. Soweit es sich dabei um Vorgänge handelt, bei denen aus dem Betriebsvermögen des Ausgangsunternehmens WG in eine Betriebskapitalgesellschaft eingebracht werden, liegt keine Einbringung nach § 20 UmwStG vor, da kein kompletter Betrieb eingelegt wird. Es geht beim betriebsinternen Transfer von WG bekanntlich immer um die Frage der möglichen **Buchwertverknüpfung**.

Soweit mit der Übereignung von Einzel-WG eine Sacheinlage in die GmbH getätigt wird, liegt gem. § 6 Abs. 6 S. 1 EStG ein Tausch vor (Übertragung gegen Gewährung von Anteilen), bei dem der gemeine Wert anzusetzen ist.

Mit der seit 01.01.1999 geltenden »Rechtsträger-Ideologie«, wonach es bei der Übertragung von WG auf einen anderen Rechtsträger gem. § 6 Abs. 6 S. 2 und S. 3 EStG immer zu einer Steuerentstrickung kommt (Ansatz des gemeinen Werts), werden bei diesen Gründungsvorgängen die stillen Reserven aufgedeckt. Der Vorgang der Sacheinlage (oder der bloßen Übertragung) eines WG aus einem Personenunternehmen in eine Kapitalgesellschaft wird als offene (bzw. bei der bloßen Übertragung als verdeckte) Einlage gewertet. Damit verbunden ist die Erhöhung der Anteile an der Betriebs-Kapitalgesellschaft um den eingelegten gemeinen Wert.

Hinweis: Es bestehen zwei **Auswege** aus der Zwangsaufdeckung:

1. Die übertragenen WG stellen einen Teilbetrieb dar.
2. Wegen § 6 Abs. 1 Nr. 5a EStG werden junge (allenfalls drei Jahre alte) WG übertragen.

Im Einzelnen:

Zu 1. Soweit es sich bei den übertragenen WG um einen selbständigen lebensfähigen Organismus des (alten) Besitzunternehmens handelt, ist mit der Übertragung zumindest der Tarifvorteil der §§ 16 Abs. 1 Nr. 1 (»Teilbetrieb«), 34 EStG verbunden. Noch optimaler wird es, wenn der – sodann existierende – Teilbetrieb zum Gegenstand einer steuerneutralen Einbringung nach § 20 UmwStG in die Betriebskapitalgesellschaft gemacht wird.

Zu 2. Bei der Übertragung »junger« WG sind ggf. niedrigere historische (fortgeführte) AK anzusetzen.

---

112 Lit.: OFD Frankfurt vom 07.04.2004 und BMF vom 03.03.2005, BB 2005, 1046 (Stellungnahme).

Soweit Einzel-WG auf das **Besitzunternehmen** übertragen werden (z.B. weil es sich beim Ausgangsunternehmen um ein Einzelunternehmen gehandelt hat), ist bei entsprechender Beteiligung des vormaligen Einzelunternehmers an der Besitz-Personengesellschaft gem. § 6 Abs. 5 S. 3 EStG zwingend der Buchwert anzusetzen.

Die Streitfrage, ob bei der Entstehung einer Betriebsaufspaltung auch der **Geschäftswert** vom bisherigen Einzelunternehmen (bzw. der Personengesellschaft) auf die Betriebsgesellschaft entgeltlich übergehen kann, ist vom BFH im Urteil vom 27.03.2001 (BStBl II 2001, 771) grundsätzlich bejaht worden.

Dabei muss man sich vergegenwärtigen, dass die maßgeblichen Kriterien für den Geschäftswert (z.B. Kundenstamm und betriebswirtschaftliches Know-how) zumeist beim operativen Geschäft der GmbH anzusiedeln sind. Einen Verbleib bei der Personengesellschaft (beim jetzigen Besitzunternehmen) wird man sich nur dann vorstellen können, wenn nur das Umlaufvermögen auf die Betriebs-GmbH übertragen wird und das gesamte Anlagevermögen bei dem Besitzunternehmen verbleibt (so auch der BFH vom 14.01.1998, BFHE 185, 230).

Wird hingegen nur das Grundstück zurückbehalten, während Umlauf- und bewegliches Anlagevermögen sowie immaterielle WG auf die Betriebsgesellschaft übertragen werden, so folgt der Geschäftswert diesen WG und ist in der Konsequenz der Betriebsgesellschaft zuzurechnen (BFH vom 28.06.1989, BStBl II 1989, 982).

Im Urteil vom 27.03.2001 (BStBl II 2002, 771) hat der BFH klargestellt, dass der Geschäftswert bei der Betriebsaufspaltung denjenigen geschäftswertbildenden Faktoren folgt, die durch ihn verkörpert werden. Er nannte dabei vor allem die besonders qualifizierte Arbeitnehmerschaft sowie eine spezielle betriebliche Organisation.

Einen gewissen Abschluss brachte das Urteil vom 16.06.2004, BStBl II 2005, 378: Werden bei der Begründung einer Betriebsaufspaltung sämtliche Aktiva und Passiva einschließlich der Firma – mit Ausnahme des Immobilienvermögens (= Gegenstand der Nutzungsüberlassung) – auf die Betriebs-KapG übertragen, so geht der im bisherigen (Einzel-)Unternehmen entstandene originäre Geschäftswert grundsätzlich auf die Betriebs-KapG über.

4.3.1.2 Die unechte Betriebsaufspaltung im Gründungsstadium

Die Rechtsfolge hier ist identisch mit der bei der Begründung einer Betriebsaufspaltung: Erstellen einer Eröffnungsbilanz für das gewerbliche Besitzunternehmen mit den sich aus § 6 Abs. 1 Nr. 6 i.V.m. § 6 Abs. 1 Nr. 5 EStG ergebenden Teilwerten (bzw. mit den fortgeführten AK).

Die Auswirkungen bei der unechten Betriebsaufspaltung, bei der erstmalig ein betriebliches Besitzunternehmen mit WG des Privatvermögens begründet wird, lassen sich am besten anhand eines Kurzfalles aufzeigen:

Beispiel 15:
Anton P (AP), zusammenveranlagt mit Berta P (BP), macht in der Anlage »V« seiner Steuererklärung für das Jahr 16 folgende Angaben:

(I) Angaben zu V+V:
- Grundstück X in P-Stadt, angeschafft in 07 vom verstorbenen Onkel Josef P (JP).
- Eigentümer: seit 01.07.16 AP zu 100 %, Erbfall nach JP (AP ist einziger Erbe).
- Mieteinnahmen: 01.01.16 bis 31.12.16: 18.000 €.
- Allgemeine Angaben:

- GruBo: 2.500 qm erworben durch JP mit Kaufvertrag vom 17.03.07 für 100 T€; heutiger Wert: 260.000 €.
- Gebäude: bis 09 unbebaut; in 11 Bau eines Lagerhauses für 150 T€; derzeitiger Wert: 140 T€.
- AfA: § 7 Abs. 4 Nr. 2 EStG: 2 %.
- Verpachtung 01.04.07 bis Ende 14 an Baufirma XY und ab 01.01.15 an AP-Spielwaren-GmbH (Auslieferungslager).
- WK: AfA (wie Vorjahre): 3.000 € und Grundsteuer (vierteljährlich i.H.v. 500 €): 2.000 €.
- Folglich beträgt die Summe der WK 5.000 €.

(II) Sonstige Erklärungen:
AP und BP sind G'fter der AP-GmbH (Gründung: 01.01.14) mit Sitz in P-Stadt. Die AP-GmbH vertreibt Spielwaren aller Art (Stichtag: 31.12.).
Die Beteiligungsverhältnisse im Einzelnen:
- AP   64.000 €,
- BP   20.000 €,
- H. Flick (F)   16.000 €.

Die GmbH zahlte am 01.09.16 eine Dividende i.H.v. 10 %, bezogen auf das Nominalkapital. Die ertragsteuerlichen Folgen für das Ehepaar P sind aus dem Sachverhalt zu ziehen.

Lösung:

1. Ganzjahresvermietung?

In der ersten Jahreshälfte erzielte JP bis zum Todestag (01.07.16) Einkünfte nach V+V i.H.v. 9.000 €, entsprechende Werbungskosten können in der ersten Jahreshälfte abgezogen werden. Die Einkünfte werden nach den persönlichen Steuermerkmalen des JP besteuert. Die ermittelte ESt-Schuld des JP geht gem. § 45 AO, § 1922 BGB auf AP als Nachlassverbindlichkeit über.

2. Vermietung ab 01.07.16 durch AP

Ab 01.07.16 liegt eine **(unechte) Betriebsaufspaltung** vor. Das Auslieferungslager ist eine wesentliche Betriebsgrundlage für die AP-GmbH (sachliche Verflechtung). Gleichzeitig ist jetzt die personelle Verflechtung gegeben, da das Lager zu 100 % AP gehört und dieser zu 64 % an der GmbH beteiligt ist.

Dies hat zur Konsequenz, dass für das Besitzunternehmen ein gewerblicher Gewinn festzustellen ist. In der Praxis geschieht dies durch das Aufstellen einer Eröffnungsbilanz und durch die Gewinnermittlung mittels Betriebsvermögensvergleich (§ 4 Abs. 1 EStG). In den meisten Fällen würde jedoch bereits eine Einnahme-Überschussrechnung gem. § 4 Abs. 3 EStG genügen, um den Anforderungen der gewerblichen Gewinnermittlung gerecht zu werden. Die Frage, welche Gewinnermittlungstechnik anzuwenden ist, hängt allein von § 141 AO und den dortigen Aufgriffsgrößen ab, da sich mit dem Vorliegen einer Besitzgesellschaft allein im Rahmen einer Betriebsaufspaltung noch kein kaufmännisches Handelsgewerbe (und damit keine Kaufmannseigenschaft) begründen lässt.

Die Begründung einer unechten Betriebsaufspaltung steht einer Betriebseröffnung gem. § 6 Abs. 1 Nr. 6 EStG gleich. Damit sind die nach § 6 Abs. 1 Nr. 5 EStG maßgeblichen Einlage-Werte anzusetzen:

a) Einlage des Grundstücks in das BV mit dem Teilwert   260.000 €
b) Einlage des Gebäudes mit dem Teilwert   140.000 €
c) Einlage der Beteiligung an der GmbH, da notwendiges BV:
   Gem. § 6 Abs. 1 Nr. 5b EStG sind die GmbH-Geschäftsanteile
   des AP mit den historischen AK anzusetzen   64.000 €

3. Ermittlung der Einkünfte **im zweiten Halbjahr 16**
   a) Mieteinnahmen als gewerbliche Einkünfte   9.000 €
   b) Dividendeneinnahmen (§ 20 Abs. 8 EStG i.V.m. § 3 Nr. 40d EStG)   3.840 €

   Summe **Betriebseinnahmen**   12.840 €
   c) Betriebsausgaben:
      aa) Grundsteuer   1.000 €
      bb) AfA   2.100 €
   Die vom verstorbenen JP gem. § 7 Abs. 4 Nr. 2 EStG gebildete 2 %ige lineare AfA ist nach der Einlage nicht mehr zulässig (R 7.4 Abs. 10 EStR 2008). Nach der Einlage müssen die neuen Verhältnisse zugrunde gelegt werden, sodass nunmehr gem. § 7 Abs. 4 Nr. 1 EStG die »betriebliche« AfA von 3 %, bezogen auf die AfA-BMG von 140 T€ zu bilden ist; AfA daher: 4.200 € x 6/12 = 2.100 €

   Summe **Betriebsausgaben**   3.100 €
   Die aus der Betriebsaufspaltung im
   zweiten Halbjahr 16 erzielten gewerblichen
   Einkünfte des AP betragen   9.740 €

   Im ersten Halbjahr 16 stehen den Mieteinnahmen i.H.v. 9.000 € WK von 2.500 € (1.500 € AfA und 1.000 € Grundsteuer) gegenüber; die Einkünfte aus V + V gem. § 21 EStG betragen 6.500 €.

Hinweis: Ebenso wichtig wie das Steuerschicksal der übertragenen WG ist auch die Frage, was bei der erstmaligen **Begründung** einer Betriebsaufspaltung zu geschehen hat. Diese Situation liegt dann vor, wenn mit dem tatbestandlichen Vorliegen einer Betriebsaufspaltung erstmalig ein gewerbliches Besitzunternehmen geschaffen wird (sog. »unechte Betriebsaufspaltung«). In diesem Fall liegt eine »Eröffnung« eines Betriebes i.S.d. § 6 Abs. 1 Nr. 6 EStG vor, mit dessen Verweis auf § 6 Abs. 1 Nr. 5 EStG die Werte für die Eröffnungsbilanz festgeschrieben werden: Grundsätzlicher Ansatz der Teilwerte.

4.3.2 Laufende Besteuerung – Chancen und Gefahren

Die Frage nach den Konsequenzen aus einer angenommenen Betriebsaufspaltung gewinnt in den letzten Jahren die volle Aufmerksamkeit der Rspr. Ausgangspunkt aller Rechtsfolgen ist die Erkenntnis des BFH, dass mit der Besitzgesellschaft und der Betriebsgesellschaft **zwei** rechtlich selbständige **Gewerbebetriebe** bestehen, die beide **gewerbesteuerpflichtig** (BFH vom 02.02.2000, BFH/NV 2000, 1135) sind.

4.3.2.1 Das Betriebsvermögen bei der Betriebsaufspaltung, insbesondere beim Besitzunternehmen (Besitzgesellschaft oder EU)

Zum **notwendigen BV** der Besitzgesellschaft (Einzelunternehmen) zählen:

a) Die WG, die der Betriebsgesellschaft zur Nutzung überlassen werden. Da sie den eigentlichen Geschäftsbetrieb der Besitzgesellschaft abbilden, wäre eine Bilanz falsch, wenn diese WG nicht bilanziert wären. In der Praxis geschieht dies durch das Aufstellen einer Eröffnungsbilanz und durch die Gewinnermittlung mittels Betriebsvermögensvergleichs (§ 4 Abs. 1 EStG).

b) Damit verbunden ist wegen § 15 Abs. 3 Nr. 1 EStG (Allgewerblichkeit oder Abfärbetheorie) die Einbeziehung aller WG des Gesamthandsvermögens der Besitzgesellschaft, wenn es sich dabei um eine **Personengesellschaft** handelt (BFH vom 24.11.1998, BStBl II 1999, 483 sowie BMF vom 08.06.1999, BStBl I 1999, 545). Damit werden auch die WG, die als nicht wesentliche Betriebsgrundlagen an das Betriebsunternehmen vermietet werden, zum notwendigen Betriebsvermögen des Besitzunternehmens.

Bei einem Einzelunternehmen greift bekanntlich die Infektionstheorie nicht.

c) Vor allem gehören die **Anteile** an der **Betriebs-GmbH** grundsätzlich zum notwendigen Betriebsvermögen (Einzelunternehmen bzw. wenn die GmbH-Geschäftsanteile unmittelbar der Personengesellschaft gehören – etwa nach einer Sacheinlage). Vorrangige Folge ist die Umqualifizierung erhaltener Gewinnausschüttungen seitens der GmbH in gewerbliche Beteiligungserträge gem. § 20 Abs. 3 EStG.

Für den Fall einer Besitzgesellschaft, die in der Rechtsform einer **GmbH & Co KG** gehalten wird, stellt sich bei der Subsumtion der **Komplementär-GmbH als notwendiges BV der KG** die Frage nach der Intensität ihrer Geschäftstätigkeit. Hierzu hat der BFH am 12.06.2013 (DB 2013, 2304) entschieden, dass die Komplementär-GmbH keine unmittelbaren Geschäftsbeziehungen zu beiden Gesellschaften halten müsse; es genüge bereits ein **dauerhafter Einfluss** auf den Geschäftsbetrieb der KG, die ihrerseits aufgrund ihrer Geschäftsbeziehungen zur Betriebs-KapG die gewerbliche Betätigung fördert.

d) Mit Urteil vom 25.11.2004 (BFH/NV 2005, 610) hat der BFH ein Darlehen der Besitzpersonengesellschaft an **Geschäftspartner** der Betriebs-GmbH als notwendiges Betriebsvermögen behandelt. Dies gilt auch, wenn nur einer der G'fter der PersG an der Darlehensnehmerin beteiligt ist.

Bei **Einzelunternehmen** als Besitzunternehmen, kann auch **gewillkürtes** Betriebsvermögen gebildet werden. Davon betroffen sind WG, die objektiv den Einfluss auf die Betriebsgesellschaft stärken können und subjektiv dazu bestimmt sind, wie z.B. gegenseitige und wechselbezügliche Darlehensforderungen und -verbindlichkeiten.

Bei einer Besitz**personen**gesellschaft stellen die einzelnen (und unterschiedlichen) Anteile der G'fter an der Betriebs-GmbH **notwendiges Sonder-Betriebsvermögen II** dar, da die Geschäftsanteile unmittelbar der Beteiligung an der Besitzgesellschaft zugutekommen. Vom Sonder-BV II ist auch bei WG auszugehen, die zu Bedingungen überlassen werden, die einem Fremdvergleich nicht standhalten. Dies wurde vom BFH im Urteil vom 19.10.2000 (BStBl II 2001, 335) etwa für den Fall eines ungesicherten und unkündbaren Darlehens mit einer 16-jährigen Laufzeit angenommen, wenn die Zinsen erst am Ende der Laufzeit gezahlt werden. Ist die Überlassung hingegen durch eine andere betriebliche oder private Tätigkeit des G'fters veranlasst, so liegt kein Sonder-BV II vor (so auch BFH vom 17.12.2008, BStBl II 2009, 371: »gleichrangige« außerbetriebliche Interessen).

Für einen möglichen Konkurrenzfall bei einer **mitunternehmerischen BA** mit Beteiligung des Besitz-G'fters und einem überlassenen WG (Sonder-BV I bei der Betriebs-PersG oder Sonder-BV II bei der Besitz-PersG?) hat sich der BFH im Urteil vom 18.08.2005 (BStBl II 2005, 830) eindeutig für den Vorrang von Sonder-BV I entschieden.

Daneben besteht für die G'fter der Besitzgesellschaft die Möglichkeit, gewillkürtes Sonder-Betriebsvermögen zu bilden. Dies wird für den Fall angenommen, wenn ein G'fter der Besitzpersonengesellschaft eigene WG unmittelbar an Dritte vermietet, sofern die Überlassung in einem gewissen objektiven Zusammenhang mit dem Betrieb der Personengesellschaft steht.

§ 8 Abs. 2 KStG schließlich beantwortet für die **Betriebs-GmbH** die Frage nach dem Umfang der bilanzierungspflichtigen WG allumfassend: Es sind alle WG betroffen.

4.3.2.2 Die Ermittlung des laufenden Gewinns

Naheliegend handelt es sich bei den Einnahmen der Besitz-PersG um gewerbliche Einkünfte der G'fter der Besitzgesellschaft. Nicht ganz naheliegend ist diese Rechtsfolge auch für die »Nur-Besitz-G'fter«, die nicht an der Betriebs-GmbH beteiligt sind. Dies liegt an der »Allgewerblichkeit« von § 15 Abs. 3 Nr. 1 EStG. M.a.W. gibt es **keine Zebragesellschaft mit umgekehrtem Vorzeichen**.

Bei der Bilanzierung gilt nach der Rspr. für gegenseitige Pachtansprüche/-verbindlichkeiten immer noch der Grundsatz der **korrespondierenden Bilanzierung**. So müssen die Werte für die Rückstellung bei bestehender Substanzerhaltungspflicht des Pächters mit den aktivierten Ansprüchen (!) des Verpächters übereinstimmen: I.d.R. werden die Wiederbeschaffungskosten angesetzt (BFH vom 23.06.1966, BStBl III 1966, 589 und vom 26.06.1975, BStBl II 1975, 700).

Die **Pachtzahlungen** selbst sind bei der Besitzgesellschaft Betriebseinnahmen und bei der Betriebs-GmbH Betriebsausgaben. Dies hat zur Folge, dass überhöhte Pachtzahlungen als (gewerbliche) vGA (§ 20 Abs. 1 Nr. 1 S. 2 i.V.m. § 20 Abs. 3 EStG) zu beurteilen sind; umgekehrt stellt der Verzicht auf eine werthaltige Pachtforderung eine verdeckte Einlage (Einlagenkonto i.S.d. § 27 KStG) dar. Dies hat nichts damit zu tun, dass Nutzungen und Leistungen für sich betrachtet nicht einlagefähig sind.

Anders als bei der GmbH & Co. KG bleiben **Geschäftsführervergütungen** eines Besitz-G'fters für Dienste bei der Betriebsgesellschaft nichtselbständige Einkünfte nach § 19 EStG (BFH vom 09.07.1970, BStBl II 1970, 722).

Ein besonderes Problem stellt die Behandlung von **Darlehensverlusten** und die Inanspruchnahme bei **Bürgschaften** dar.

Ein **Darlehen** des G'fters des Besitzunternehmens, das dieser zur Verbesserung der Ertrags- und Vermögenssituation der Betriebskapitalgesellschaft gewährt, gehört zum notwendigen Sonder-BV der Besitzgesellschaft (BFH vom 10.11.1994, BStBl II 1995, 452). Die erforderliche **betriebliche** Veranlassung ist dann anzunehmen, wenn das Darlehen in einem engen zeitlichen Zusammenhang mit der Begründung der Betriebsaufspaltung oder zu **fremd- oder marktunüblichen** Konditionen gewährt wurde (BFH vom 19.10.2000, BStBl II 2001, 335). Dies wird insb. bei **kapitalersetzenden** Gesellschafterdarlehen wie z.B. Krisendarlehen oder Finanzplandarlehen angenommen (BMF vom 08.06.1999, BStBl I 1999, 545), die auch nach der Neuregelung des eigenkapitalersetzenden Darlehens (Eliminierung der §§ 32a ff. GmbHG a.F. und »Verbannung« der Fallgruppe in die InsO) Bedeutung haben.

Praxishinweis:
Wegen der aktuellen Bedeutung und wegen der Praxisbedeutung von § 3c EStG werden die Erkenntnisse der Verwaltung an dieser Stelle wiedergegeben (BMF vom 08.11.2010, BStBl I 2010, 1292, Tz. 6).
Tz. 6.1.: Für die Anwendung des Abzugsverbots nach § 3c Abs. 2 EStG ist die Abgrenzung des Rechtsgeschäfts maßgeblich, auf dessen Basis der Geldfluss stattfindet. Überlässt das Besitzunternehmen die Wirtschaftsgüter zu fremdüblichen Konditionen, so ist das Abzugsverbot nicht anzuwenden, da davon auszugehen ist, dass die Aufwendungen vorrangig aufgrund des erwarteten Mietzinses getätigt werden und nicht aufgrund der Beteiligungserträge.

Findet die Sachkapitalüberlassung jedoch zu fremdunüblichen Konditionen statt, so ist anzunehmen, dass Aufwendungen vor allem in Erwartung von Beteiligungserträgen in Form von Ausschüttungen oder Veräußerungserlösen getätigt werden (im Zeitpunkt der Entnahme bzw. des Verkaufs des Anteils an der Betriebsgesellschaft). § 3c Abs. 2 EStG wird somit anwendbar. Für die Behandlung von Darlehen wird a.a.O. ausgeführt:

Tz. 6.2.: Wird ein Darlehen an eine Kapitalgesellschaft gegeben, an der der Darlehensgeber beteiligt ist und der die Beteiligung im Betriebsvermögen hält, so stellt dieses ein einzeln bewertbares Wirtschaftsgut dar, das auch separat von der Beteiligung auszuweisen ist. Für die Zugangsbewertung gilt sowohl handels- als auch steuerrechtlich das AK-Prinzip. Für die Anwendbarkeit des § 3c Abs. 2 EStG ist ebenso wie bei der Sachkapitalüberlassung die Fremdüblichkeit entscheidend. Somit finden dieselben Maßstäbe wie für alle anderen Wirtschaftsgüter Anwendung.

Tz. 6.2.1.: Wird das Darlehen fremdüblich gewährt, so stehen die Aufwendungen mit steuerlich vollumfänglichen Zinseinahmen im Zusammenhang, sodass § 3c Abs. 2 EStG nicht zum Tragen kommt.

Tz. 6.2.2.: Ist das Darlehen jedoch nicht fremdüblich gewährt, so stehen die Aufwendungen mit Einnahmen nach § 3 Nr. 40 EStG im Zusammenhang und das Abzugsverbot kommt zur Anwendung.

In Fällen von teilentgeltlichen Darlehen ist wieder eine Aufteilung vorzunehmen.

Für die Beurteilung der Fremdüblichkeit ist nicht allein auf die Vereinbarung eines Zinses zu achten, sondern auch auf die tatsächliche Einhaltung der vertraglichen Bestimmungen, also darauf, ob der Zins tatsächlich entrichtet wird.

Tz. 6.2.3.: Die verschiedenen Fallkonstellationen

Grundsätzlich wird in folgenden Fällen davon ausgegangen, dass keine Fremdüblichkeit vorliegt:

(1) Das Darlehen ist nicht verzinslich. In diesem Fall ist der Anwendungsbereich des § 3c Abs. 2 EStG in vollem Umfang eröffnet;

(2) Das Darlehen ist zwar voll verzinslich, aber es wurden keine Sicherheiten gestellt, obwohl dies unter Fremden bei einem vergleichbaren Darlehen zu vergleichbaren Konditionen üblich wäre. In diesem Fall ist von einer teilentgeltlichen Überlassung des Darlehens auszugehen, sodass der Anwendungsbereich des § 3c Abs. 2 EStG zumindest teilweise eröffnet ist.

(3) Das Darlehen ist zwar voll verzinslich und es wurden auch Sicherheiten gestellt, diese entsprechen allerdings nicht fremdüblichen Anforderungen. In diesem Fall ist ebenfalls von einer teilentgeltlichen Überlassung des Darlehens auszugehen, sodass der Anwendungsbereich des § 3c Abs. 2 EStG zumindest teilweise eröffnet ist.

(4) Das Darlehen ist verzinslich und es wurden auch Sicherheiten gestellt, aber das Darlehen wird bei Eintritt der Krise der Gesellschaft nicht zurückgefordert. Das Stehenlassen des Darlehens in der Krise der Gesellschaft führt unabhängig davon, ob das Darlehen fremdüblich besichert war, in vollem Umfang zu einer unüblichen Darlehensüberlassung, sodass der Anwendungsbereich des § 3c Abs. 2 EStG in vollem Umfang eröffnet ist.

(5) Für die Sicherheiten im Konzernverbund ist auf die BFH-Rechtsprechung (BFH vom 14.01.2009, BStBl II 2009, 674) zu achten.

(6) Findet jedoch eine Wertaufholung eines Darlehens statt, dessen Aufwendungen dem Abzugsverbot des §3c EStG unterlegen haben, so unterliegen die Gewinne aus der Wertaufholung ebenso auch nur teilweise der Besteuerung (vgl. Tz. 4).

Unter **Tz. 6.3.** werden schließlich Änderungen des Veranlassungszusammenhangs diskutiert.

Bürgschaften schließlich, die zu marktunüblichen Bedingungen der Betriebs-GmbH gegeben werden, sind ebenfalls passives Sonder-BV II. Die **Inanspruchnahme** aus der Bürgschaft führt – anders als bei § 17 EStG – nicht zu nachträglichen AK der im Sonder-BV II gehaltenen Anteile an der GmbH (BFH vom 18.12.2001, BStBl II 2002, 733). Von daher (keine nachträglichen AK) könnten auch Rückstellungen wegen drohender Inanspruchnahme gebildet werden.

Für die Anwendung der Zinsschranke (§ 4h EStG) führt BR-Drs. 16/4841, 50 aus, dass im Falle der Betriebsaufspaltung kein Konzern i.S.d. § 4h Abs. 3 S. 6 EStG vorliegt.

Bei der Anwendung der § 6b-Rücklage in den Fällen der Betriebsaufspaltung wird jeder Betrieb für sich einzeln betrachtet. Darüber hinaus sind aber die Besitzzeiten des »früheren« Personenunternehmens und der nach der Aufspaltung entstandenen Besitzgesellschaft zu addieren.

Für die Frage der Betriebsmerkmale bei § 7g EStG wird ebenfalls auf die Merkmale der Einzelbetriebe abgestellt (R 7g Abs. 4 S. 4 EStR).

4.3.2.3 Gewerbesteuerliche Konsequenzen

Unter gewerbesteuerlichen Gesichtspunkten überrascht zunächst die Versagung der erweiterten Kürzung nach § 9 Nr. 1 S. 2 GewStG durch den BFH (Urteil vom 29.03.1973, BStBl II 1973, 686 und vom 28.06.1973, BStBl II 1973, 688). Der Gewerbeertrag der Besitzgesellschaft kann also nicht um die erhaltenen Mieten/Pachtzinsen gekürzt werden, wie dies ansonsten bei einer exklusiv vermögensverwaltenden Gesellschaft der Fall ist. So auch BFH vom 28.01.2015 (BFH/NV 2015, 1109): Wird eine Kapitalgesellschaft als Besitzunternehmen durch persönliche und sachliche Verflechtung mit einer Betriebsgesellschaft **originär gewerblich** tätig (**kapitalistische Betriebsaufspaltung**), ist ihr die erweiterte Kürzung nach § 9 Nr. 1 S. 2 GewStG zu versagen.

Die Ablehnung dieser faktischen Gewerbesteuerbefreiung stellt aber die »Kehrseite der Medaille« dar. Wenn schon ertragsteuerlich der gewerbliche Fortbestand der Besitzgesellschaft über das Medium der Betriebsgesellschaft fingiert wird, verdient die Rspr. des BFH in diesem Punkt unter dem Gesichtspunkt der Rechtsfolgenkonsistenz Zustimmung.

Die frühere Unterscheidung bei § 8 Nr. 1 GewStG a.F. bzgl. der an die »Partnergesellschaft« bezahlten Darlehensentgelten nach Sachwertdarlehen (Dauerschulden) und solchen Darlehen mit bloßer Pflicht zur Substanzerhaltung (keine Dauerschulden) ist mit der Neufassung des § 8 Nr. 1a GewStG hinfällig geworden. Es werden nunmehr immer 25 % Zinsanteil hinzugerechnet.

Aus dem gleichen Grunde ändert sich für die von der Betriebsgesellschaft angepachteten WG (nicht mehr Teil-/Betrieb) die Hinzurechnungsregel von § 8 Nr. 7 GewStG a.F. Nunmehr führen gem. § 8 Nr. 1d GewStG immer 1/20 der Mietzinsen zur Hinzurechnung, ohne dass es bei der Besitzgesellschaft zur Kürzung kommt (§ 9 Nr. 4 GewStG a.F. ist aufgehoben).

Bei der Besitzgesellschaft kommt es gem. § 9 Nr. 2a GewStG zu einer Kürzung um die nicht steuerbefreite Dividende (§ 3 Nr. 40d EStG) der Betriebsgesellschaft. Geändert hat sich dabei die **Beteiligungsquote, die nunmehr 15 %** beträgt (sog. gewerbesteuerliches Schachtelprivileg).

Die gewerbesteuerliche Selbständigkeit beider Gesellschaften der Betriebsaufspaltung wird schließlich durch den BFH vom 19.03.2002 (DB 2002, 1085) unterstrichen, wo darauf erkannt wurde, dass sich eine GewSt-Befreiung bei der Betriebsgesellschaft (dort: § 3 Nr. 20 GewStG) nicht auf die Besitzgesellschaft erstreckt (so auch noch die Verfügung der OFD

Frankfurt vom 07.04.2004, StEK EStG § 15/356 Tz. 7). Gegen diese Entscheidung richtet sich der X. Senat mit seiner Anfrage an den Großen Senat vom 12.05.2004 (BStBl II 2004, 607), in welcher er von der bisherigen Rspr. abweichen will. Für den Fall eines in der Form einer Betriebsaufspaltung betriebenen Wohn- und Pflegeheimes wird die Erstreckung des § 3 Nr. 20c GewStG auf das Besitzunternehmen gefordert. Mit dem hypothetischen Argument, dass ein als Alternative gedachtes Einheitsunternehmen auch komplett von der GewSt befreit wäre, versucht der BFH die Trendwende herbeizuführen. M.E. sind die eher rechtspolitischen Gründe nicht überzeugend genug, um zu einer Änderung der (zugegeben) formalen Rspr. zu gelangen.

```
      ┌─────────────────────┐           ┌──────────────────────┐
      │                     │ ◄────────►│  Betriebsgesellschaft│
      │  Besitzgesellschaft │           │  Gemeinnützige GmbH  │
      │                     │ ·········►│  (z.B. Krankenhaus)  │
      └─────────┬───────────┘           └──────────┬───────────┘
                │                                  │
  ┌─────────────┴───┐                      ┌───────┴──────┐
  │ Steuerfrei?     │                      │  GewSt-frei  │
  │ S. BFH vom      │                      └──────────────┘
  │ 12.05.2004,     │        ┌─────────────────┐
  │ BStBl II 2004,  │───────►│  Gewerbesteuer  │◄──────
  │ 607             │        └─────────────────┘
  └─────────────────┘
```

Hinweis: In den Urteilen vom 29.03.2006 (BStBl II 2006, 61) und vom 19.10.2006 (BFH/NV 2007, 149) schließen sich der IV. und VIII. Senat der Auffassung des X. Senats (Einheitstheorie = Befreiung auch für die Besitzgesellschaft) an.

4.3.2.4 Die Investitionszulage bei der Betriebsaufspaltung
Anders als (noch) bei der GewSt gehen Rspr. und Verwaltung (BMF vom 19.03.1999, BStBl I 1999, 839) für Fragen der Investitionszulage von der wirtschaftlichen Einheit bei der Betriebsaufspaltung aus. Dies bedeutet, dass es für die Kriterien der Zugehörigkeit und der Behaltefrist zu einer »Merkmalübertragung« auf die Besitzgesellschaft kommt. Man spricht in diesem Zusammenhang von der sog. »Einheitsbetrachtung«.

4.3.2.5 Betriebsaufspaltung und Organschaft
Im Unterschied zur USt wurde bis 2000 eine gewerbesteuerliche und körperschaftsteuerliche Organschaft zwischen der Besitzgesellschaft als Organträger und der Betriebs-Kapitalgesellschaft als Organtochter wegen fehlender wirtschaftlicher Eingliederung versagt. Nachdem ab dem Jahre 2001 nur noch die finanzielle Eingliederung (inkl. eines Ergebnisabführungsvertrags) gefordert ist, steht einer umfassenden Betriebsaufspaltungs-Organschaft nichts mehr im Wege.

Andererseits gibt es wegen § 2 Abs. 2 S. 2 GewStG ab 2002 keine reine GewSt-Organschaft mehr.

Zur Organschaft bei einer Betriebsaufspaltung hat der BFH am 28.08.2003 (BStBl II 2004, 216) grundsätzlich Stellung bezogen. Danach stellen die Anteile von Beteiligten (= Mitunternehmer) der Organträger-Personengesellschaft an der Organgesellschaft (GmbH) notwendiges Sonder-Betriebsvermögen II dar. Dies gilt aber dann nicht, wenn die Anteile weniger als 1 % vom Kapital der GmbH ausmachen und die GmbH auch anderen (eigenen) Geschäften nachgeht. Unter diesen (Negativ-)Voraussetzungen sind die Eingliederungsvoraussetzungen der GmbH nicht gegeben und deren Ergebnisse können nicht direkt in die Ergebnisermittlung der Organträger-Personengesellschaft eingespielt werden.

4.3.2.6 Betriebsaufspaltung und Anrechnung nach § 35 EStG

In der Literatur wird wegen der GewSt-Neutralität, die mit der Anrechnung nach § 35 EStG verbunden ist, die Forderung nach Abschaffung der Betriebsaufspaltung verbunden.[113] Dieser Aspekt greift allein deshalb zu kurz, weil ihm nur steuerliche Überlegungen zugrunde liegen. Die Beweggründe für die Betriebsaufspaltung liegen eher im organisatorisch-betriebswirtschaftlichen Bereich, sodass der Ruf nach dem Ende der Betriebsaufspaltung ungehört blieb.

4.3.3 Beendigung der Betriebsaufspaltung

Wie bereits in der Kritik an der BVerfG-Entscheidung zur »Ehegatten-Betriebsaufspaltung« verdeutlicht wurde, können auch externe Umstände das Ende einer Betriebsaufspaltung herbeiführen. Die steuerliche Entflechtung ist z.B. gegeben, wenn die personellen Voraussetzungen (Beispiel: Unterschreiten der 50 %-Grenze – nach der Gruppentheorie – durch Eintritt eines neuen G'fters) oder die sachlichen Voraussetzungen (Beispiel: die Kündigung des Pachtvertrages oder die Veräußerung des betriebsnotwendigen Grundstücks) entfallen.

Für alle Fälle der Beendigung einer Betriebsaufspaltung, gleich ob sie bewusst herbeigeführt wird oder ob sie ungewollt eintritt, wenden Rspr. und Verwaltung mit einer Ausnahme die Grundsätze der Betriebsaufgabe gem. § 16 Abs. 3 EStG an (BFH vom 22.09.1999, BFH/NV 2000, 559). Danach kommt es – von den bei § 16 Abs. 3 EStG anerkannten Ausnahmen abgesehen (z.B. Strukturwandel) – immer zur kompletten Aufdeckung der stillen Reserven im Betriebsvermögen der Besitzgesellschaft. Wenn es danach nicht gelingen sollte, die Besitzgesellschaft als gewerblich tätige oder gewerblich geprägte Personengesellschaft am »Leben zu halten« – oder die Voraussetzungen der Betriebsverpachtung vorliegen –, so können die nachfolgend aufgelisteten Fälle zur Steuerentstrickung führen, wenn damit die **personelle oder sachliche Entflechtung** verbunden ist:
- Ehescheidung bei (ausnahmsweise zusammengerechneten) Ehegattenanteilen,
- Übertragung von Todes wegen oder im Rahmen der Generationennachfolge,
- Anteilsveräußerung (BFH vom 06.03.1997, BStBl II 1997, 460),
- Wohnsitzverlegung des (der) Besitzgesellschafter(s) in das Ausland,
- Insolvenz der Betriebsgesellschaft (BFH vom 06.03.1997, BStBl II 1997, 460). Der Grund liegt im Wegfall der personellen Verflechtung, da gem. § 81 InsO nunmehr der Insolvenzverwalter die alleinige Verwaltungs- und Verfügungsbefugnis über das Gesellschaftsvermögen erlangt.
  In diesem Zusammenhang ist derzeit ungeklärt, was in den (immer häufigeren) Fällen der eigenkapitalersetzenden Nutzungsüberlassung nach § 39 InsO gilt, wenn die Besitzgesellschaft gezwungen ist, der Betriebsgesellschaft das Grundstück etc. auch im Zeitpunkt der Insolvenz zu überlassen.
- Grundstücksveräußerung der Besitzgesellschaft bzw. eine Neuinvestition der Betriebsgesellschaft können zur sachlichen Entflechtung führen.

---

113 Vgl. *Gosch* in *Kirchhof-kompakt*, § 35 Rz. 4 m.w.N.

Einzig in den Fällen, in denen es bei der (zulässigen) Zusammenrechnung der Elternanteile mit minderjährigen Kindern im Zeitpunkt der **Volljährigkeit** zur personellen Entflechtung kommt, gewährt die Verwaltung in R 16 Abs. 2 S. 4 EStR 2014 der Besitzgesellschaft das Verpächterwahlrecht. Dabei müssen die sonstigen Voraussetzungen des Verpächterwahlrechts (Verpachtung aller wesentlichen Betriebsgrundlagen) nicht vorliegen, da die Betriebsaufspaltung nur die Überlassung einer wesentlichen Betriebsgrundlage erfordert.

Im Anschluss hieran hat sich die Literatur für eine Generalisierung dieser Ausnahme auch für die anderen Fälle ausgesprochen. Man sieht die innere Rechtfertigung für den Aufschub der Besteuerung insb. darin, dass und wenn die Aufdeckung **nicht handlungsbedingt** herbeigeführt wird. Im Urteil vom 11.05.1999 (BFHE 188, 397 = BB 1999, 1537) hat der BFH den Gedanken aufgenommen. Er schlägt dabei den Weg ein, trotz der Verpachtung nicht aller wesentlichen Betriebsgrundlagen bei Wegfall der persönlichen Voraussetzungen von einem »ruhenden Betrieb« auszugehen, der in diesem Zeitpunkt noch nicht die Zwangsrealisation bedeutet. Solange ein ruhender Gewerbebetrieb angenommen werden kann, tritt die Rechtsfolge der Betriebsaufgabe erst durch eine eindeutige Aufgabeerklärung gegenüber dem FA ein.

Eine erste Reaktion auf die Kritik zeigte die Verwaltung im BMF-Schreiben vom 07.10.2002 (BStBl I 2002, 1028), wonach die Suspendierung der strengen Rechtsfolgen der Betriebsaufspaltung auch im Falle des steuerschädlichen **Einstimmigkeitsprinzips** gilt.

Hinweis: In einem Rechtsmittel (bei einem vergleichbaren, aber ausdrücklich nicht geregelten Fall der Beendigung der Betriebsaufspaltung) kann man mit dem Argument der nur exemplarischen (und nicht abschließenden) Verwaltungsauffassung die Erstreckung der o.g. Grundsätze beanspruchen.

4.4 Besondere Erscheinungsformen der Betriebsaufspaltung

4.4.1 Die umgekehrte Betriebsaufspaltung

Eine »umgekehrte« Betriebsaufspaltung liegt vor, wenn die Umstrukturierung nicht von der Personengesellschaft (bzw. dem Einzelunternehmer) ausgelöst wurde, sondern von der Kapitalgesellschaft.

Beispiel 16:
Die G'fter einer unternehmensaktiven GmbH gründen eine Personengesellschaft, die nunmehr mit von der Kapitalgesellschaft gepachteten WG die Geschäfte betreibt.

```
                    Beteiligung
    ┌─────────────┐ ◄──────► ╭─────────────╮
    │   Besitz-   │          │  Betriebs-  │
    │gesellschaft │          │gesellschaft │
    │    KapG     │- - - - ► │   (PersG)   │
    └─────────────┘          ╰─────────────╯
                  Nutzungs-
                  überlassung

    Publizitätspflicht!            keine
                                   Publizitätspflicht!
```

Hier werden Aktiv- und Passivpart in der Unternehmensgruppe umgekehrt zugewiesen. Die jeweilige Gestaltungspriorität hängt nicht selten von gerade geltenden handelsrechtlichen Rahmenbedingungen (zur Bilanzierung, Publizität und Prüfung) ab.

Soweit die Betriebsgesellschaft allerdings – wie so häufig – eine GmbH & Co. KG ist, gelten gem. §§ 264a–264c HGB die Jahres- und Konzernabschlussregelungen der §§ 264 ff. HGB und das Publizitätsgesetz.

4.4.2 Die kapitalistische Betriebsaufspaltung

Die »kapitalistische« Betriebsaufspaltung ist durch das ausschließliche Auftreten zweier Kapitalgesellschaften gekennzeichnet. Der Grund hierfür kann in der Vermeidung der Mitbestimmung liegen, wonach auf diese Weise die Belegschaft »halbiert« wird.

4.4.3 Die mitunternehmerische Betriebsaufspaltung

Bei zwei Personengesellschaften als Beteiligte einer Betriebsaufspaltung kollidieren das gesetzliche Konzept der Besteuerung nach § 15 Abs. 1 Nr. 2 EStG und das Richterrechtsinstitut der Betriebsaufspaltung.

Beispiel 17:
Die M/F-GbR (M zu 60 %, F zu 40 %) verpachtet an die M/X-OHG (M zu 60 %, X zu 40 %; die OHG ist eine sog. Schwester-PersG) als eine wesentliche Betriebsgrundlage eine Immobilie.

Der Sachverhalt kann zwei rechtstechnisch korrekten, aber divergierenden Lösungen zugeführt werden:

- Entweder (**1. Alt.**) wendet man die Grundsätze der Betriebsaufspaltung an mit der Folge, dass die M/F-GbR eine gewerbliche Besitzgesellschaft ist und zu 100 % gewerbliche Einkünfte erzielt oder
- (**2. Alt.**) man orientiert sich primär an der OHG und weist sodann nur (!) dem M einen 60 %igen Anteil am Grundstück als dessen Sonder-BV I bei der OHG zu (§ 15 Abs. 1 S. 1 Nr. 2 S. 1, 2. HS EStG); F würde dabei Vermietungseinkünfte erzielen.

Während nach der früheren Rspr. des BFH die Konkurrenzfrage zu Gunsten des gesetzlichen Mitunternehmer-Konzepts (2. Alt.) beantwortet wurde (BFH vom 25.04.1985, BStBl II 1985, 622), kam mit den Urteilen vom 23.04.1996 (BStBl II 1998, 325) und vom 24.11.1998 (BStBl II 1999, 483) die Kehrtwende. Danach gelten vorrangig die Grundsätze der Betriebsaufspaltung, wenn – wie im Beispiel 17 – die Personengesellschaft (bzw. eine Bruchteilsgemeinschaft) einer Schwester-Personengesellschaft Grundstücke zur Nutzung überlässt.

Lösung (nach BMF vom 28.04.1998, BStBl I 1998, 583):
Mit BMF-Schreiben vom 28.04.1998 hat die Verwaltung das Urteil des BFH mit folgenden Modifikationen übernommen:
- Der Vorrang der Betriebsaufspaltung (1. Alt.) wird davon abhängig gemacht, ob die Besitzgesellschaft mit Gewinnerzielungsabsicht (d.h. gewerblich) verpachtet.
- Andererseits bleibt es beim Vorrang des Mitunternehmer-Konzepts (§ 15 Abs. 1 Nr. 2 EStG = 2. Alt.), wenn sich das überlassene Grundstück im Alleineigentum eines G'fters befindet oder wenn die Grundstücksgesellschaft der Schwester-Personengesellschaft die Immobilie unentgeltlich überlässt (d.h. verleiht), da hier die Gewinnabsicht fehlt.

Für einem möglichen Konkurrenzfall bei einer **mitunternehmerischen BA** mit Beteiligung des BesitzG'fters und einem überlassenen WG (Sonder-BV I bei der BetriebsPersG oder Sonder-BV II bei der BesitzPersG?) hat sich der BFH im Urteil vom 18.08.2005 (BStBl II 2005, 830) eindeutig für den Vorrang von Sonder-BV I entschieden.

Zwei weitere, hier nur in ihrem Tenor wiedergegebene Urteile runden die Rspr. des BFH zur mitunternehmerischen BA ab:
- Für den Fall, dass die Miteigentümer einer **Bruchteilsgemeinschaft** ein Grundstück als wesentliche Betriebsgrundlage an eine von ihnen beherrschte Betriebs-PersG vermietet haben, unterstellt der BFH, dass sich die Bruchteilseigentümer zumindest konkludent zu einer **GbR** und damit zu einer **BesitzPersG** zusammengeschlossen haben (Urteil vom 18.08.2005, BStBl II 2005, 830). Mit Schreiben vom 07.12.2006 (BStBl I 2006, 766) hat die Verwaltung die Rspr. (»konkludente Willensbildungs-GbR«) übernommen und gleichzeitig Tz. 22 f. des BMF-Schreibens vom 03.03.2005 (BStBl I 2005, 458) neu geschrieben.[114]
- Umgekehrt soll die Überlassung eines **Praxisgrundstücks** seitens einer ganz oder teilweise personenidentischen Miteigentümergemeinschaft an eine **Freiberufler-GbR** keine mitunternehmerische BA begründen (BFH vom 10.11.2005, BStBl II 2006, 173).

---

114 Mit der Änderung der steuerlichen Zuordnung durch die unterstellte Willenserklärung (SoBV) findet nach BMF a.a.O. kein Rechtsträgerwechsel zur BesitzPersG statt. Es ist nur Sonder-BV und eben kein Gesamthandsvermögen!
Es ändert sich aber nichts an der Behandlung der Erbauseinandersetzung bei einer qualifizierten Nachfolgeklausel (ähnlich gelagerte Problematik) vgl. Rz. 72–74 des BMF-Schreibens vom 14.03.2006, BStBl I 2006, 432.

Hinweis: Insgesamt halten sich mit der geänderten Rspr. die Vorteile (doppelter GewSt-Freibetrag und erleichterter Zugang zu § 7g EStG) und die Nachteile (insb. für den jetzt gewerblichen »Nur-Besitzgesellschafter«) die Waage.

4.4.4 Sonstige Fälle

Darüber hinaus kursieren zahlreiche Modebegriffe wie das »Wiesbadener Modell« oder die »mehrstufige« Betriebsaufspaltung oder die »überlagerte« Betriebsaufspaltung, bei der die Besitzgesellschaft einen eigenen Gewerbebetrieb unterhält.

Beim Wiesbadener Modell ist jeweils nur ein Ehegatte (bzw. sind beide mit extrem unterschiedlichen Beteiligungsverhältnissen) an der einzelnen Gesellschaft beteiligt. Das Wiesbadener Modell erfüllt nach Verwaltungsauffassung (H 15.7 Abs. 7 EStH 2010 zu R 15.7 EStR 2008) nicht die Voraussetzungen einer Betriebsaufspaltung.

Eine mehrstufige (echte) Betriebsaufspaltung ist durch ineinander geschachtelte Doppelgesellschaften charakterisiert.

4.4.5 Die unerkannte Betriebsaufspaltung (bzw. die Betriebsaufspaltung in der Außenprüfung)

Ein Kuriosum stellt die »unerkannte« Betriebsaufspaltung dar.

Bedingt durch die Organisationsform der Finanzverwaltung und durch die Zufälligkeit von Lebensumständen existieren nicht selten im »wahren Wirtschaftsleben« Doppelgesellschaften, ohne dass die Beteiligten (Steuerbürger wie Finanzverwaltung) davon Kenntnis haben.

Beispiel 15 (Kap. 4.3.1.2), das in anderer Form auch Gegenstand einer Prüfungsfeststellung anlässlich einer Außenprüfung sein kann, verdeutlicht einmal mehr die Konsequenzen der Betriebsaufspaltung, in dem sie zur **Steuerverstrickung** von WG führt, die ohne dieses Rechtsinstitut sog. Privatvermögen wäre. Insoweit kann man die Betriebsaufspaltung als den »**gelebten und praktizierten Dualismus des Einkommensteuerrechts**« bezeichnen.

Wurde eine Betriebsaufspaltung in der Vergangenheit nicht als solche erkannt, so hat das Besitzunternehmen die überlassenen WG und die Anteile an der Betriebskapitalgesellschaft mit den fortgeführten AK bzw. HK zu aktivieren, sofern eine Eröffnungsbilanz wegen bereits eingetretener Bestandskraft nicht mehr erstellt werden kann (BFH vom 30.10.1997, BFH/NV 1998, 578).

Bei **nachträglichem Bekanntwerden** einer Betriebsaufspaltung (nach einer Außenprüfung) erfolgt eine Korrektur des Gewinnfeststellungsbescheids gem. § 173 Abs. 1 Nr. 1

AO, wenn dies zu einer **Erhöhung der Besteuerungsgrundlagen wenigstens eines der Feststellungsbeteiligten** führt (BFH vom 16.04.2015, BFH/NV 2015, 1331).

4.4.6 Betriebsaufspaltung über die Grenze?

Nicht selten kommt es vor, dass eine grenzüberschreitende Doppelgesellschaft vorliegt. Dies ist etwa dann der Fall, wenn der Patentinhaber aus Deutschland wegzieht, qua Lizenzvertrag einer von ihm beherrschten inländischen GmbH die Nutzung und Verwertung der Erfindungen überlässt. Ebenso denkbar ist auch, dass die deutsche Immobilie ausländischen GmbHs bei Vorliegen der personellen und sachlichen Verflechtung zur Nutzung überlassen wird.

Für die **Inlandsbesteuerung** ist es in beiden Fallkonstellationen (1. Fall: inländische Besitzgesellschaft und ausländische Betriebsgesellschaften und 2. Fall: ausländische Besitzgesellschaft und inländische Betriebsgesellschaft) erforderlich, dass sich die jeweilige Geschäftsleitung (§ 10 AO) bzw. Betriebsstätte im Inland befindet.

Von einer echten **Betriebsaufspaltung über die Grenze** (mit der Folge inländischer gewerblicher und gewerbesteuerpflichtiger Einkünfte der **Besitzgesellschaft** = 1. Fall) kann daher nur gesprochen werden, wenn der Inhaber (oder die Gruppenmitglieder) des Besitzunternehmens unbeschränkt stpfl. ist oder wenn er als beschränkt StPfl. im Inland einen ständigen Vertreter (§ 49 Abs. 1 Nr. 2a, 2. Fall EStG) hat.

Ist dies nicht der Fall (der Inhaber der wesentlichen Betriebsgrundlage ist Steuerausländer ohne stpfl. gewerbliche Inlandseinkünfte), so führt dies auch nicht zur (deutschen) Steuerverstrickung der im Inland belegenen wesentlichen Betriebsgrundlage (!). Die isolierende Betrachtungsweise gem. § 49 Abs. 2 EStG vermag zu keinen anderen Erkenntnissen führen, da in diesem Fall immerhin noch V + V-Einkünfte gem. § 49 Abs. 1 Nr. 6 EStG oder sonstige Inlandseinkünfte gem. § 49 Abs. 1 Nr. 9 EStG angenommen werden können.

Beide Tatbestände (§ 49 Abs. 1 Nr. 6 und § 49 Abs. 1 Nr. 9 EStG) werden durch ein ggf. bestehendes DBA nicht berührt.[115]

---

115 S. allgemein Schreiben betr. Anwendung der DBA auf PersG vom 16.04.2010 (BStBl I 2004, 354).

Im umgekehrten Fall (Fall 2) kann die inländische GmbH in keinem Fall eine inländische Gewerbesteuerpflicht der ausländischen Besitzgesellschaft indizieren.

Die identische Rechtsfolge (in Deutschland verbleibendes Steuersubstrat, das vom DBA nicht berührt wird), gilt auch für den Fall, dass nach der Betriebsaufgabe Grundstücke veräußert werden (§ 49 Abs. 1 Nr. 8 EStG), da auch hier die Inlandsbesteuerung nicht durch ein DBA berührt wird.

4.4.7 Der Weg aus der Betriebsaufspaltung

Die Wege aus der Betriebsaufspaltung führen einmal bei der Besitzgesellschaft zur Betriebsaufgabe gem. § 16 Abs. 3 EStG und im umgekehrten Fall – bei Einstellung der unternehmerischen Aktivitäten der Betriebsgesellschaft – zu einem stpfl. Liquidationsgewinn gem. § 11 KStG.

Beide Rechtsfolgen stellen die unerwünschte »ultima ratio« der Beendigung unternehmerischer Aktivitäten dar. Sie können bei beiden Gesellschaften vermieden werden:

- auf der Ebene der Besitzgesellschaft sind hier schon vielfältige Alternativen (gewerblich geprägte Personengesellschaft; anderweitig gewerblich qualifizierte Verpachtung oder Herbeiführen der Voraussetzungen für das Verpächterwahlrecht) aufgezeigt worden;
- auf der Ebene der Betriebskapitalgesellschaft verbleibt u.a. als Restrukturierungsmaßnahme die steuerneutrale Verschmelzung auf die Besitzpersonengesellschaft gem. §§ 3 ff. UmwStG.[116]

5 Die »neue« KGaA und neuere Typenverbindungen

Ohne den Rahmen eines Lehrbuchs zur Vorbereitung auf die StB-Prüfung zu sprengen, wird noch auf zwei neue Gestaltungsmöglichkeiten hingewiesen.

5.1 Die Kapitalgesellschaft-KGaA bzw. die GmbH & Co. KGaA

Die **KGaA** führt zu Unrecht in der Beratungspraxis ein Schattendasein. Dies mag an ihrer Zwitterstellung als Körperschaft einerseits und der partiellen Besteuerung der Komplementäre nach dem Modell der MU-schaft (§ 15 Abs. 1 Nr. 3 EStG) andererseits liegen. Wahrscheinlicher ist jedoch, dass die bei der KGaA bestehende persönliche Haftung des Komplementärs kaum zu Gestaltungsanreizen geführt hat. Besteht hingegen bei einem Familienunternehmen die Notwendigkeit oder der Wunsch nach stärkerer Eigenkapitalausstattung und erfüllt das Unternehmen die Voraussetzungen für eine Aktienemission, so ergeben sich seit dem BGH-Beschluss vom 24.02.1997 (ZIP 1997, 1027) ungeahnte Möglichkeiten. Mit dieser Entscheidung ist die Zulässigkeit einer **GmbH & Co. KGaA** bejaht worden. Die für Kommanditgesellschaften immer schon bestehende Möglichkeit der Haftungsbegrenzung durch

---

116 Zu beachten sind die einschlägigen Änderungen des SEStEG, vgl. Teil D, Kap. VII a.E.

Implementierung einer KapG ist auf die KGaA erstreckt worden; gleichzeitig ist die Praxis der Registergerichte sanktioniert worden, **KapG** als **persönlich haftende** G'fter zuzulassen.

Verbunden mit der exklusiven Möglichkeit einer KGaA (zusammen mit der AG), sich Geld an der Börse zu besorgen, ergeben sich neue Optionen speziell für börsenfähige Familienunternehmen, ohne dabei die Nachteile der AG (Überfremdung und limitierte Gestaltungsfreiheit, § 23 Abs. 5 AktG) in Kauf zu nehmen.

Für die Besteuerungspraxis einer KapG-KGaA bleibt es bei den bekannten Grundsätzen, dass die KGaA als KSt-Subjekt von ihrem Einkommen gem. § 9 Abs. 1 Nr. 1 KStG GF-Vergütungen und die sonstigen Gewinn-Vorteile als BA abziehen darf, die **nicht** auf die **Einlage** entfallen.[117] Umgekehrt stellen diese Gewinnanteile bzw. Sondervergütungen immer gewerbliche Einkünfte des Komplementärs dar. Bei einer natürlichen Person folgt dies aus § 15 Abs. 1 Nr. 3 EStG, bei – neuerdings möglichen – juristischen Personen aus § 8 Abs. 2 KStG und bei – auch neuerdings möglichen – gewerblich geprägten PersG aus § 15 Abs. 3 Nr. 2 EStG. Abgesehen von einem (allerdings) rechtskräftigen Urteil des FG München vom 10.07.2003 (EFG 2003, 1691: keine Ergänzungsbilanzen für Komplementäre) gelten für die Komplementäre einer KGaA die identischen Rechtsfolgen wie für die anderen MU auch (Sonder-BV; korrespondierende Bilanzierung etc.).[118] Ergänzend sei erwähnt, dass die meisten börsenwilligen und -fähigen deutschen Profifußballvereine bei ihren Going-public-Überlegungen bei der GmbH & Co. KGaA angelangt sind.[119]

Bei einer interessanten Sachverhalts-Konstellation (sämtliche Aktien einer KGaA waren in einer GbR gepoolt) gelangte der BFH (Urteil vom 27.08.2003, BFH/NV 2004, 467) zu der Erkenntnis, dass die Pool-GbR und nicht deren G'fter als Anteilsinhaber der KGaA anzusehen sind.

Für eine andere Steuer als die Einkommensteuer, nämlich für die Grunderwerbsteuer, hat der BFH am 27.04.2005 (BFH/NV 2005, 1627) entschieden, dass die KGaA keine Gesamthand (i.S.d. §§ 5, 6 GrEStG) ist.

5.2 Die Stiftung & Co. KG

Für die verselbständigte rechtsfähige Vermögensmasse »Stiftung«, die bekanntlich keine Eigentümer kennt, ergeben sich durch den gesellschaftsrechtlichen Verbund mit Kommanditisten in einer KG steuerliche Vorteile (wie z.B. einen Verlustausgleich), die auch eine inländische Stiftung reizvoll erscheinen lassen.[120]

---

117 Zu Bilanzierungsfragen s. *Semler* in *Gessler/Hefermehl*, § 286 und § 288 HGB.
118 Vgl. auch *Wacker* in *Schmidt*, EStG (2011), § 15 Rz. 891.
Nach dem Urteil des FG München vom 16.01.2003 (EFG 2003, 670) kommt es allerdings nicht zu einer einheitlichen und gesonderten Gewinnfeststellung nach § 180 Abs. 1 Nr. 2 Buchst. a AO zwischen der KGaA und dem Komplementär; a.A. die verfahrensrechtliche Literatur (z.B. *Hübschmann/Hepp/Spitaler* § 180 Anm. 180).
119 Neben den elastischen Satzungsmöglichkeiten hängt dies weitgehend mit der Integration des DFB-Statuts zusammen, wonach die Muttergesellschaft (der Verein) Einflussmöglichkeiten auf die ausgelagerte »Profi«-Tochtergesellschaft haben muss.
120 Zur ausländischen Stiftung s. *Preißer*, Band 3, Teil C, Kap. II a.E.

Voraussetzung ist allerdings, dass die inländische Stiftung der hier erwähnten Art nach den jeweiligen Landesgesetzen genehmigt wurde.[121] Im Unterschied zu den gemeinnützigen Stiftungen bzw. zu den öffentlich-rechtlichen Stiftungen handelt es sich vorliegend um private Stiftungen, genauer: um **Unternehmensstiftungen** in Form von **Familienstiftungen**. Bei dieser Erscheinungsform ist es möglich, das Stiftungsvermögen so zu bündeln, dass ihr Vermögen in einem Unternehmen angelegt wird (sog. Unternehmensträgerstiftung). Damit wird dem Unternehmen (im **Beispiel** einer KG) mit der Einlage des Stiftungsvermögens entsprechendes Eigenkapital zugeführt und andererseits kommen die erwirtschafteten Erträge der Stiftung bzw. den Destinatären der Stiftung zugute. Soweit es sich bei den Empfängern in der Mehrzahl (> 50 %) um Angehörige des Stifters handelt, liegt eine Familienstiftung vor.

Während die (Unternehmens-, Familien-)Stiftung selbst körperschaftsteuerpflichtig ist (§ 1 Abs. 1 Nr. 4 KStG), haben die Destinatäre die Zuwendungen gem. § 22 EStG als wiederkehrende Bezüge zu versteuern.

Der Vorteil einer Stiftung & Co. KG liegt nun darin, dass im Rahmen einer sog. Doppelstiftung vom Stifter gleichzeitig zwei Stiftungen gegründet werden, die seinen Stiftungswillen auf ewige Zeiten perpetuieren:

- eine vermögensschwache gemeinnützige Stiftung und
- eine vermögensstarke private Stiftung.

Während der vermögensschwachen gemeinnützigen Stiftung die Funktion einer Komplementärin bei der KG zugewiesen wird, kann die starke Stiftung (und mit ihr die Destinatäre) an den Erträgen der KG teilhaben.

Anzufügen ist, dass eine gewerbliche Prägung der KG gem. § 15 Abs. 3 Nr. 2 EStG analog nicht in Betracht kommt, d.h. dass die G'fter ihrerseits nur bei gewerblicher Betätigung der KG gewerbliche Einkünfte erzielen.

5.3 Die Limited & Co. KG

Eine interessante Rechtsformvariante ist die Limited & Co. KG, abgekürzt Ltd. & Co. KG. Es handelt sich hierbei um eine deutsche KG, deren einzige Komplementärin eine englische »Private Company Limited by Shares« (Limited bzw Ltd.) ist. Als »deutsche« KG bietet diese Variante Rechtssicherheit und eine vollständige Haftungsbeschränkung. Bekannte Beispiele sind die Drogeriemarktkette Müller Limited & Co. KG sowie die Rolls Royce Deutschland Ltd. & Co. KG

5.3.1 Besteuerung der Limited

Die Ltd. unterliegt als KapG der unbeschränkten KSt-Pflicht gem. § 1 Abs. 1 Nr. 1 KStG, sofern sich der Ort der Geschäftsleitung in Deutschland befindet. Der Satzungssitz einer Ltd. befindet sich zwangsläufig in England. Der Körperschaftsteuer unterliegen sämtliche Einkünfte der Ltd. (**Welteinkommensprinzip**, § 1 Abs. 2 KStG). Befinden sich sowohl der statutarische Sitz der Ltd. als auch der Ort der Geschäftsleitung im Ausland, unterliegt die

---

121 Seit 01.07.2002 besteht allerdings gem. § 80 BGB ein (bundeseinheitlicher) Anspruch auf Genehmigung (Anerkennung), der stärker ist als landesgesetzliche Vorbehalte.

Ltd. mit ihren inländischen Einkünften i.S.d. § 49 EStG der beschränkten KSt-Pflicht gem. § 2 Abs. 1 KStG.

Seit der Abkehr von der Sitztheorie durch die Rechtsprechung des EuGH gilt die Ltd. in Deutschland als rechtsfähige KapG i.S.v. § 1 Abs. 1 Nr. 1 KStG. Durch eine entsprechende Änderung des **§ 8 Abs. 2 KStG** ab VZ 2006 wurde sichergestellt, dass inländische und ausländische KapG korrespondierend besteuert werden. Auch die Ltd. erzielt wie die GmbH kraft gesetzlicher Fiktion **ausschließlich Einkünfte aus Gewerbebetrieb**, wenn der Ort der Geschäftsleitung im Inland liegt, da sie unbeschränkt stpfl. i.S.v. § 1 Abs. 1 Nr. 1 KStG ist. Auf eine Buchführungspflicht nach HGB kommt es insoweit – im Gegensatz zur alten Rechtslage unter Geltung der Sitztheorie – nicht mehr an.

Besteht für die Ltd. mangels Ort der Geschäftsleitung im Inland nur eine beschränkte KSt-Pflicht für die inländischen Einkünfte gem. § 2 Abs. 1 KStG i.V.m. § 49 EStG, kommt es für die Einkünftequalifizierung hingegen auf die tatsächliche Tätigkeit der Ltd. an, da der Anwendungsbereich des § 8 Abs. 2 KStG auf unbeschränkt stpfl. KapG beschränkt ist. I.d.R. dürfte die Ltd. dennoch Einkünfte aus Gewerbebetrieb erzielen, da für ausländische Körperschaften im § 49 EStG Sonderregelungen normiert sind, nach denen u.a. Einkünfte aus der Vermietung und Verpachtung oder Veräußerung von inländischem unbeweglichem Vermögen, Sachinbegriffen oder Rechten auch ohne Vorliegen einer inländischen Betriebsstätte als gewerbliche Einkünfte gelten (s. § 49 Abs. 1 Nr. 2 Buchst. f EStG).

5.3.2 Besteuerung der Limited & Co. KG

Übt die Ltd. & Co. KG gem. § 15 Abs. 2 EStG eine selbständige und nachhaltige Betätigung unter Beteiligung am allgemeinen wirtschaftlichen Verkehr mit Gewinnerzielungsabsicht aus und handelt es sich bei dieser Tätigkeit weder um L + F noch um eine selbständige Tätigkeit gem. §18 EStG oder Vermögensverwaltung, erzielen die G'fter der Ltd. & Co. KG Einkünfte aus Gewerbebetrieb gem. § 15 Abs. 1 S. 1 Nr. 2 S. 1 EStG.

Gem. § 15 Abs. 3 Nr. 2 S. 1 EStG erzielt außerdem eine Ltd. & Co. KG, die keine originär gewerbliche Tätigkeit i.S.v. § 15 Abs. 2 EStG ausübt, in vollem Umfang Einkünfte aus Gewerbebetrieb, wenn ausschließlich die Ltd. persönlich haftender Komplementär ist und nur diese oder Personen, die keine Kommanditisten der PersG sind, zur Geschäftsführung befugt sind (**gewerblich geprägte PersG**).

Ist **neben** der Ltd. ein Kommanditist zur Geschäftsführung befugt, erzielt eine Ltd. & Co. KG Einkünfte derjenigen Einkunftsart, deren Voraussetzungen durch die tatsächliche Tätigkeit erfüllt werden, i.d.R. werden dies Einkünfte aus Kapitalvermögen bzw. V + V gem. §§ 20 und 21 EStG sein. Zu beachten ist in diesen Fällen die **Abfärbetheorie** des § 15 Abs. 3 Nr. 1 EStG: Danach gelten die Einkünfte einer Ltd. & Co. KG in vollem Umfang als gewerblich, wenn sie neben einer anderen Tätigkeit **auch** eine gewerbliche Tätigkeit ausübt, es sei denn, der Anteil der gewerblichen Tätigkeit ist äußerst geringfügig (1,25 % der Gesamtumsätze; BFH vom 11.08.1999, BStBl II 2000, 229 f.).

Im Ergebnis erfolgt die Einkünfte-Qualifizierung entsprechend der für die GmbH & Co. KG geltenden Grundsätze. Im Regelfall werden den G'ftern einer Ltd. & Co. KG gem. § 15 Abs. 1 S. 1 Nr. 2 EStG gewerbliche Einkünfte zugewiesen.

IV Anfang und Ende einer Personengesellschaft

1 Gründung einer Personengesellschaft

Die Gründung einer PersG hängt – und ab hier wird es für die Ertragsteuer relevant – mit einer Einlage der Gründungsgesellschafter zusammen. Soweit es sich dabei um Bareinlagen handelt, ist lediglich der Buchungssatz im Buchungskreis der PersG in Erinnerung zu rufen (BS: Bank an Kapitalkonto). Weitere Folgen ergeben sich daraus nicht.[122]

Bekanntlich können auch Sacheinlagen geleistet werden. Aus rein gesellschaftsrechtlicher Sicht ist bei Sacheinlagen in PersG darauf zu achten, dass diese bei Kommanditisten zu Verkehrswerten erfolgen müssen[123], wenn die haftungsbefreiende Wirkung gem. §§ 171, 172 Abs. 1 HGB herbeigeführt werden soll. Insoweit ist dort die Rechtslage mit derjenigen bei der Sachgründung einer GmbH vergleichbar.

In steuerlicher Hinsicht ist vorweg bei Sacheinlagen nach der Herkunft zu unterscheiden: Stammen die eingelegten Vermögensgegenstände aus dem PV oder aus dem BV des G'fters? Die weitere Differenzierung bei betrieblichen Sacheinlagen erfolgt nach dem Gegenstand der Einlage: Handelt es sich um betriebliche Einzel-WG oder um steuerfunktionale Einheiten? In letzterem Fall liegt eine Einbringung vor (s. Kap. 2).

Von der Rechtsfolge her ist darauf hinzuweisen, dass bei der Einbringung von steuerfunktionalen Einheiten (Sachgesamtheiten) die Einheitstheorie und bei der Einlage von betrieblichen Einzel-WG die Trennungstheorie greift. Der praxisrelevante Unterschied liegt u.a. in der Behandlung einer mitübernommenen Verbindlichkeit: Während die Schuldübernahme bei den steuerfunktionalen Einheiten nicht zu einem (teil-)entgeltlichen Anschaffungsvorgang führt, ist dies bei Einzel-WG umgekehrt der Fall: Dort erhöht die übernommene Schuld – als Teil des Erwerbsvorganges – die AK.

1.1 Sacheinlage aus dem Privatvermögen[124]

An kaum einer anderen Stelle wird die Brüchigkeit des ursprünglichen MU-Erlasses aus dem Jahre 1977 (BStBl I 1978, 8) so deutlich wie in der Frage der Sacheinlage eines G'fters in die PersG.[125] Während nach dem damaligen Verständnis (Tz. 49 des Erlasses) der Aspekt der gewinnneutralen Einlage (vergleichbar dem Einzelunternehmer) im Vordergrund stand,

---

122 Zur grundsätzlichen Bedeutung der Einlage für das Kapitalkonto des G'fters sowie zur Frage der einlagefähigen WG und zu den Begriffen der offenen und verdeckten Einlage s. Teil A, Kap. I 3.4.1 und Kap. I 3.4.2.
123 Bei Komplementären, OHG-G'ftern und den G'ftern einer GbR kann dies wegen der unbeschränkten persönlichen Haftung dahinstehen (kein Gläubigerschutzinteresse). Eine Überbewertung betrifft hier nur das Innenverhältnis und ist damit in Grenzen zulässig.
124 Verwiesen wird auf das Beispiel 26 im Teil A, Kap. I 3.4.2 (kurz: Der G'fter einer OHG erbringt eine Sacheinlage in Form einer privaten 5 %igen Beteiligung an einer GmbH).
125 Nachdem der MU-Erlass auch in anderen wesentlichen Punkten durch die zwischenzeitliche Rspr. als überholt anzusehen ist, wird er auch nicht mehr in den offiziellen Veröffentlichungen des BMF zitiert. Er ist damit nur noch eine historische Erkenntnisquelle.

hat sich durch die zwischenzeitliche »Emanzipation« der PersG (MU-schaft) als partielles Steuerrechtssubjekt eine neue Perspektive ergeben. Im Vordergrund – und dies wird durch die Neufassung des § 6 Abs. 5 und 6 EStG ausdrücklich bestätigt – steht die **betriebliche Einheit der MU-schaft**. Bei einer Sacheinlage aus dem PV des G'fters erfolgt in doppelter Hinsicht ein **Zugang von außen**:

- Zum einen liegt ein Rechtsträgerwechsel vor (Neu-Eigentümer ist die PersG als Gesamthandssubjekt).
- Zum anderen liegt ein »Sphärenwechsel« vor: Aus dem PV der Privatperson wird nun BV der PersG.

Beides zusammen veranlasste den BFH – und ihm folgend die Verwaltung (zuletzt BMF vom 26.11.2004, BStBl I 2004, 1190[126] – den Vorgang der »offenen« Sacheinlage eines privaten Gegenstandes als **tauschähnlichen** Vorgang nach § 6 Abs. 6 S. 1 EStG n.F.[127] sowie BMF vom 20.05.2009 (BStBl I 2009, 671) zu behandeln.[128] Die Annahme als tauschähnlicher Vorgang setzt die Gewährung von Gesellschaftsrechten voraus, sodass § 6 Abs. 6 S. 1 EStG nur angenommen wird, wenn die Einlage die Beteiligungsquote des G'fters erhöht (BS im Buchungskreis der PersG: »Aktivum an Kapitalkonto«). Werden – wie üblich – bei der PersG mehrere (variable) Konten geführt, so liegt immer dann eine Einlage (und damit ein tauschähnlicher Vorgang) vor, wenn das Konto den Charakter eines Kapitalkontos (I/II) hat. Letzteres wird angenommen, wenn dieses entweder ein **Unterkonto** des Kapitalkontos ist oder wenn auf ihm auch Verluste gebucht werden (BMF vom 26.11.2004, BStBl I 2004, 1190, Rz. 1a und 1b). Diese Erkenntnis (Einbringung eines WG aus dem PV in die PersG als tauschähnlicher Vorgang mit **AK** – statt Einlage) auf **jedwedem Kapitalunterkonto** hat der BFH im Urteil vom 29.07.2015 (BStBl II 2016, 593) endgültig verworfen. Die Finanzverwaltung hat sich dem nunmehr angeschlossen (BMF vom 26.07.2016, BStBl I 2016, 684).

Aus Sicht des einbringenden G'fters ist darauf hinzuweisen, dass mit der Annahme eines tauschähnlichen Vorgangs (offene Einlage) bei den privaten WG dann eine **Realisationsgefahr** besteht, wenn die eingelegten WG die Steuerfolgen nach §§ 17, 20 Abs. 2, 23 EStG auslösen.

Kommt es bei der Sacheinlage zu keiner Gegenleistung (d.h. keine Bildung/Erhöhung der Beteiligungsquote; s. hierzu auch BMF vom 11.07.2011, BStBl I 2011, 713), so liegt hiernach eine »**verdeckte Sacheinlage**« vor, die nach § 6 Abs. 1 Nr. 5 EStG beurteilt wird. Rein **buchungstechnisch** wäre dies der Fall, wenn die Übertragung des WG auf einem Konto »(Kapital-)Rücklage« gutgeschrieben wird oder sogar als Ertrag erfasst wird (vgl. Rz. 2a des BMF-Schreibens, a.a.O.).

Bei einer verdeckten Einlage wird dies vermieden, wenn es sich um eine wesentliche Beteiligung (§ 6 Abs. 1 Nr. 5 Buchst. b EStG) oder um »junge WG« (§ 6 Abs. 1 Nr. 5 Buchst. a EStG) handelt: jeweils Ansatz der historischen AK. Bei der Einlage von bebauten Grundstücken ist auf § 23 Abs. 1 S. 5 EStG sowie auf § 6 Abs. 1 Nr. 5 S. 2 EStG zu achten: Ansatz der AK ./. AfA. In diesem Zusammenhang ist bei WG, die vor der Einlage zur Erzielung von Einkünften i.S.d. § 2 Abs. 1 Nr. 4 bis 7 EStG verwendet wurden, auf die Regelung des § 7 Abs. 1 S. 5 EStG hinzuweisen (s. BMF vom 27.10.2010, BStBl I 2010, 1204).

---

126 Vorher BMF vom 29.03.2000, BStBl I 2000, 462.
127 Bis 1998 konnte dafür keine gesetzliche Grundlage genannt werden.
128 BFH vom 19.10.1998 (BStBl II 2000, 230).

1.1.1 Sonderfall: Sacheinlage auf vermögensverwaltende Personengesellschaft

Nach den Urteilen vom 20.04.2004 (BStBl II 2004, 987) und vom 06.10.2004 (BStBl II 2005, 324) geht der BFH bei einer Übertragung von WG auf eine vermögensverwaltende PersG immer von der **Bruchteilsbetrachtung** aus. Danach liegt wegen § 39 Abs. 2 Nr. 2 AO kein Anschaffungsvorgang vor, weil die G'fter weiterhin **im bisherigen** Umfang als Bruchteilseigentümer beteiligt sind. Im Verhältnis der G'fter zueinander liegt allerdings ein Tauschgeschäft vor.

1.1.2 Die Übersicht zu den Einlagen (aus dem Privatvermögen)

Einen ersten Überblick über die verschiedenen Konstellationen von Einlagen gibt die nachfolgende Tabelle.

Nr.	Gegenstand	Gegenleistung	Rechtsfolge
1	Einzel-WG des PV → OHG /KG	Begründung (Erhöhung) des **GesR** an der OHG/KG (= offene Einlage)	tauschähnlicher Vorgang, § 6 Abs. 6 S. 1 EStG analog (Gefahr der Aufdeckung gem. §§ 17, 20 Abs. 2, 23 EStG)
2	Einzel-WG des PV → OHG /KG	**ohne** Begründung eines GesR (bzw. Erhöhung) (= verdeckte Einlage)	verdeckte Einlage, § 6 Abs. 1 Nr. 5 EStG: grds. Teilwertansatz (mit AK-Begrenzung)
3	Einzel-WG des PV → OHG/KG	**kein adäquates** GesR bzw. unentgeltlich	S. Nr. 1 (oben), s. BMF vom 11.07.2011, BStBl I 2011, 713; Rn. II 2a und d)
4		**Umgekehrte Fallgruppe**	
4a	Einzel-WG der OHG/KG → PV	gegen **Minderung** der GesR	tauschähnlicher Vorgang
4b		**ohne** Einfluss auf GesR	Entnahme
4c		keine **vollwertige** Minderung des GesR	Entspr. Anwendung der Grundsätze unter Nr. 3 (oben)

Hinweis: Im zitierten Schreiben vom 11.07.2011 (BStBl I 2011, 713) hat das BMF unter dem Aspekt »verdeckte Einlage« insb. auf den Unterschied zwischen entgeltlicher und unentgeltlicher Übertragung hingewiesen. Dabei geht die Verwaltung allgemein von einer verdeckten Einlage aus, wenn dem Einbringenden keine Gesellschaftsrechte oder sonstigen Gegenleistungen eingeräumt werden (s. auch *Tiede*, StuB 16/2011).

Dabei gibt es folgende **buchungstechnische Indizien**, die beim Ansatz des gemeinen Werts für die eingebrachten WG von einem (vollständig) **entgeltlichen** Übertragungsvorgang ausgehen:

1. Buchung gegen Kapitalkonto I oder gegen ein variables Kapitalkonto,
2. Buchung gegen Kapitalkonto I oder teilweise gegen ein variables Kapitalkonto,
3. Buchung gegen Kapitalkonto I oder ein variables Rücklagenkonto der PersG und teilweise gegen ein **gesamthänderisch** gebundenes Rücklagenkonto der PersG.

Umgekehrt liegen ein unentgeltlicher Vorgang und damit eine **verdeckte Einlage** nur dann vor, wenn dem Einbringenden überhaupt **keine Gesellschaftsrechte** gewährt werden.

1.2 Sacheinlage aus dem Betriebsvermögen – Einzel-Wirtschaftsgüter

Bei einer geringfügigen Variante der soeben diskutierten privaten Einlagevorgänge (hier: betriebliche Beteiligung als Einlagegegenstand) ändern sich sogleich die Voraussetzungen und Rechtsfolgen der (nunmehr betrieblichen) Einlage.[129]

> **Beispiel 1: GmbH-Geschäftsanteil wechselt den betrieblichen Rechtsträger qua Einlage**
> Im Unterschied zu den soeben diskutierten Fällen (WG des PV → steuerliche MU-schaft) legt der G'fter A der AB-OHG nunmehr den in seinem Einzelunternehmen gehaltenen 5 %-GmbH-Geschäftsanteil an der X-GmbH in die OHG ein und steigert damit seine Beteiligungsquote um 10 % auf nunmehr 60 %.

Damit stellte sich die Frage, ob eine (offene, d.h. entgeltliche) Sacheinlage einer Übertragung gleichzustellen ist.

Der Gesetzgeber hat dies ab 2002 bejaht und ordnet nunmehr für die offene Sacheinlage gem. § 6 Abs. 5 S. 3 EStG einen **Buchwertzwang** (= steuerneutrale Übertragung innerhalb der MU-schaft) an.

> **Lösung:** Ab 2002 ist der GmbH-Geschäftsanteil an der X-GmbH in der OHG-Bilanz zu den Buchwerten (d.h. AK), mit denen er im Einzelunternehmen des A aktiviert war, zu übernehmen (§ 6 Abs. 5 S. 3 EStG)

Einen **ersten Grenzfall** hatte der BFH am 11.12.2001 (BStBl II 2002, 420) entschieden, als eine KG I, die hochwertige **Einzel-WG** (8 Mio. € Verkehrswert; Buchwert: 2 Mio. €) in die KG II einbrachte und dafür neben den Gesellschaftsrechten (5 Mio. €) ein zusätzliches Darlehen (3 Mio. €) erhielt.[130] Die Frage war, zu welcher Bewertung dieses sog. **Mischentgelt** (doppelte Gegenleistung: GesR und Darlehensforderung) führt.

Entgegen der h.L.[131] hat der BFH eine Buchwertfortführung nur in dem Verhältnis zugelassen, der dem Wert der erlangten gesellschaftsrechtlichen Beteiligung entspricht. Als Ergebnis dieses Aufspaltungsvorganges sind erfolgsneutral 5/8 des Buchwertes fortzuführen, während i.H.v. 3/8 von 2 Mio. € eine erfolgswirksame Aufdeckung erfolgt.

Einen **zweiten Grenzfall** (Einbringung eines **Betriebs** gegen **Mischentgelt – Gesellschaftsrechte und Darlehen**) hat der BFH am 18.09.2013 (DB 2013, 2538) entschieden. Nach der Verwaltungsauffassung zu § 24 UmwStG (BStBl I 2011, 1314) führen die beiden Teilleistungen zu einem erfolgswirksamen (Darlehen) und einem erfolgsneutralen (Gesellschaftsrechte) Vorgang.

Demgegenüber stellt der BFH die nachfolgende **Gleichung** auf, die eine Erweiterung der neutralen Einbringung ermöglicht:

Keine Gewinnrealisierung (nach § 24 UmwStG), wenn die Summe aus dem Nominalbetrag der **Gutschrift auf dem Kapitalkonto** des Einbringenden und dem gemeinen Wert

---

[129] S. zur Thematik auch OFD Karlsruhe vom 20.06.2005, Az.: S 2241/27 (umfangreicher Leitfaden mit zahlreichen Vordrucken für sog. »Überwachungsfälle«).
[130] Die angeführten Beträge sind die »Saldobeträge«, da die KG II zusätzlich zu den Aktiva noch Schulden von der KG I übernahm.
[131] Statt aller *Reiß* in *Kirchhof-kompakt*, § 15, Rz. 449 m.w.N.: uneingeschränkte Befolgung der Einheitstheorie.

der eingeräumten **Darlehensforderung** den steuerlichen **Buchwert des eingebrachten Einzelunternehmens nicht** übersteigt.

Für die Übertragung von Einzel-WG auf eine PersG unter Beteiligung von KapG (d.h. bei einer GmbH & Co. KG) wird auf das Kapitel zur GmbH & Co. KG (vgl. Kap. III 2.5) sowie auf die Vfg. der OFD Düsseldorf vom 25.10.2004, Az.: S 2241 A – St 112 verwiesen.

Hinweis: Zusätzlich ist in § 6 Abs. 5 S. 3 Nr. 2 EStG geregelt, dass auch die Buchwertübertragung von einzelnen WG aus einer Mitunternehmerschaft in das Sonderbetriebsvermögen des Mitunternehmers in einer **anderen Mitunternehmerschaft** möglich ist. Strittig ist es hingegen, inwieweit die Regelung des § 6 Abs. 5 S. 3 Nr. 2 EStG Anwendung finden soll, wenn es sich um eine Übertragung von WG aus dem Gesamthandsvermögen einer Mitunternehmerschaft (OHG I) in das Gesamthandsvermögen einer anderen (beteiligungsidentischen) Mitunternehmerschaft (sog Schwester-PersG oder OHG II) handelt. Während der I. Senat des BFH mit seinem Urteil vom 25.11.2009 (BStBl II 2010, 471) die Anwendung des § 6 Abs. 5 S. 3 Nr. 2 EStG und somit die Buchwertübertragung in diesem Fall verneint hat, äußerte der IV. Senat des BFH in seinem Beschluss vom 15.04.2010 (BStBl II 2010, 971) ernstliche Zweifel an der Nicht-Anwendung der Regelung und einer damit einhergehenden Gewinnrealisierung (auch s. *Gosch*, DStR 2010, 1173). Die Finanzverwaltung schließt sich der Auffassung des I. Senats des BFH an, sodass es in diesen Fällen zur **Aufdeckung der stillen Reserven** kommen soll (s. BMF vom 08.12.2011, BStBl 2011, 1279, Rn. 18).

Hierzu liegt nun der Beschluss des I. Senats des BFH vom 10.04.2013 (DB 2013, 2304) vor, wonach die Entscheidung des BVerfG eingeholt wird, ob die Versagung der Buchwertübertragung von WG bei beteiligungsidentischen (nicht) gegen das Gleichheitsgebot von Art. 3 Abs. 1 GG verstößt.

Nachdem der IV. Senat zu dieser Problematik (neutraler Übergang der G'fterstellung gem. § 6 Abs. 5 S. 3 Nr. 2 EStG) bei anders gelagerten Sachverhalten (Urteil vom 19.09.2012, DB 2012, 2376: teilentgeltliche Übertragung von WG aus dem Sonder-BV in das Gesamthandsvermögen derselben PersG; Urteil vom 21.06.2012, DB 2012, 1598: teilentgeltliche Übertragung eines WG des Sonder-BV in das Gesamthandsvermögen einer Schwester-PersG; Urteil vom 02.08.2012: Übertragung eines WG des Sonder-BV auf das Gesamthandsvermögen einer anderen PersG) jeweils einen Nichtanwendungserlass (BMF vom 12.09.2013, BStBl I 2013, 1164) veröffentlicht hat, verbleibt es bis auf weitere Erkenntnisse nach Verwaltungsauffassung dabei, dass es eine **gleichzeitige Inanspruchnahme von § 6 Abs. 3 EStG und § 6 Abs. 5 EStG nicht** geben kann.

Für Zwecke der Übertragung der Wirtschaftsgüter zwischen den Gesamthandsvermögen der (beteiligungsidentischen) Mitunternehmerschaften bietet sich die **Zwischenschaltung** einer Übertragung ins **Sonder-BV** an. Nach Auffassung der Finanzverwaltung ist jedoch in diesen Fällen zu prüfen, ob der Buchwertfortführung die Gesamtplanrechtsprechung oder andere missbräuchliche Gestaltungen i.S.d. § 42 AO entgegenstehen (s. BMF vom 08.12.2011, BStBl I 2011, 1279, Rn. 19). Um etwaige Rechtsstreitigkeiten zu vermeiden, ist ggf. vor der Umstrukturierung bzw. Übertragung eine verbindliche Auskunft der Finanzverwaltung i.S.d. § 89 Abs. 2 AO einzuholen.

2 Der Sonderfall: Die Einbringung nach § 24 UmwStG

2.1 Überleitung von der Sacheinlage (Einzel-Wirtschaftsgüter) zur Einbringung funktioneller Einheiten (Betrieb usw.)

2.1.1 Einführung

Die **Gründung einer PersG** liegt auch vor, wenn ein Einzelunternehmer einen neuen G'fter in sein Unternehmen aufnimmt. Eine ähnliche Konstellation ist gegeben, wenn sich zwei Einzelunternehmen zu einer PersG zusammenschließen. Im Unterschied zu den bislang diskutierten Gründungsfällen ist hier Gegenstand der **(Sach-)Einlage** ein **Betrieb**. Die Einlage eines Betriebs (und ihr gleichgestellt: eines Teilbetriebs und eines MU-Anteils = **steuerfunktionale Einheiten**) wird steuerrechtlich als **Einbringung** charakterisiert und jetzt dem siebten Teil des UmwStG unterstellt, wenn – wie hier – die Zielgesellschaft eine PersG ist. Als weiterer Fall der Unternehmensnachfolge gelten bei § 24 UmwStG vorrangig die Regeln des UmwStG, auf die hier nur verwiesen wird. In diesem Zusammenhang wird der Anwendungsbereich des § 24 UmwStG dargestellt, die Rechtsfolgen können weitgehend der Diskussion zum Grundtatbestand (§ 20 UmwStG, Einbringung in eine KapG), entnommen werden.[132]

§ 24 UmwStG wurde im Zuge des SEStEG nahezu wortlautgetreu mit der Altfassung übernommen. Änderungen ergeben sich nur hinsichtlich der beteiligten Rechtsträger und des einheitlichen »neuen« Aufdeckungswerts, d.h. mit dem gemeinen Wert.

Die steuerfunktionalen Einheiten i.S.v. § 24 Abs. 1 UmwStG umfassen den Betrieb, Teilbetrieb und MU-Anteil. Der BFH hat mit Urteil vom 17.07.2008 (BStBl II 2009, 464) entschieden, dass eine 100 %-ige Beteiligung an einer KapG keine steuerfunktionale Einheit i.S.v. § 24 UmwStG ist. Insoweit weicht der BFH mit seiner Definition der steuerfunktionalen Einheit für § 24 UmwStG von der Definition in § 16 Abs. 1 EStG ab, in der die 100 %-Beteiligung explizit genannt wird.

Die Finanzverwaltung weicht von dem Urteil ab und belegt das vorgenannte Urteil mit einem Nichtanwendungserlass (s. BMF vom 20.05.2009, BStBl I 2209, 671). Somit ist auch die 100 %ige Beteiligung an einer KapG ein Teilbetrieb und folglich eine steuerfunktionale Einheit i.S.v. § 24 UmwStG (s. UmwStErlass vom 11.11.2011, Rz. 24.03 i.V.m. 20.06 i.V.m. 15.05).

Die Einbringung eines Anteils an einem MU-Anteil ist ebenfalls i.R.d. § 24 UmwStG möglich (s. UmwStErlass vom 11.11.2011, Rz. 24.03 i.V.m. 20.10). Für einen Veräußerungsgewinn aus der Einbringung eines Anteils eines MU-Anteils gewährt § 24 Abs.3 S. 2 UmwStG jedoch keine begünstigte Besteuerung nach § 24 Abs. 3 UmwStG i.V.m. § 16 Abs. 4, § 34 Abs. 1 und 3 EStG.

Werden MU-Anteile, die zum Betriebsvermögen gehören, eingebracht, so liegen unterschiedliche steuerfunktionale Einheiten vor, für die § 24 UmwStG jeweils anzuwenden ist. Dies gilt auch, wenn der Betrieb, zu dem die MU-Anteile gehören, ebenfalls eingebracht wird. In diesem Fall liegen mehrere steuerfunktionale Einheiten vor. Dies gilt ebenfalls für den Teilbetrieb. Doppelstöckige PersG sind stets eine funktionale Einheit und somit nicht getrennt nach § 24 UmwStG zu beurteilen.

Für den Begriff des Teilbetriebs kommt die europarechtliche Auslegung im UmwStG seit 2011 zur Anwendung. Damit wird – entgegen dem nationalen Teilbetriebsbegriff – zum

---

132 S. Teil D, Kap. VII.

Ausdruck gebracht, dass nunmehr eine ganzheitliche (nicht Einzel-WG-bezogene) Betrachtungsweise erfolgt und dass auch die Schulden (Passiva) in die Beurteilung mit einbezogen werden, ob ein lebensfähiger Teil des Gesamtorganismus »Betrieb« vorliegt.

Grafisch kann die Gründung einer PersG mittels Sachgründung wie folgt dargestellt werden:

```
                    Gründung einer Personengesellschaft
                         mittels Sachgründung
                    ┌─────────────┴─────────────┐
                 Einlage                    Einbringung
                    │                           │
         von einzelnen              von ganzen Betrieben,
         Wirtschaftsgütern          Teilbetrieben,
         aus dem                    Mitunternehmeranteilen
         ┌──────┴──────┐
     Privat-      Betriebs-
     vermögen     vermögen
                                      Wahlrecht
     Gemeiner     Buchwert            Buchwert
     Wert         gem.                Zwischenwert
     gem.         § 6 Abs. 5          Gemeiner Wert
     § 6 Abs. 6   S. 3 EStG
     EStG oder                        gem. § 24 UmwStG
     TW gem.
     § 6 Abs. 1
     Nr. 5 EStG
```

(links: Möglichkeiten / Bewertung)

Hinweis: Zur häufig praktizierten **Einbringung gegen Mischentgelt** (G'fterrechte und Darlehensforderung) hat der BFH am 18.09.2013 (DB 2013, 2538) eine überraschende Entscheidung getroffen.

Nach der Verwaltungsauffassung zu § 24 UmwStG (BStBl I 2011, 1314) führen die beiden Teilleistungen zu einem erfolgswirksamen Vorgang (Darlehen) und zu einen erfolgsneutralen Vorgang (Gesellschaftsrechte).

Demgegenüber stellt der BFH die nachfolgende **Gleichung** auf, die eine Erweiterung der neutralen Einbringung ermöglicht:

Keine Gewinnrealisierung (nach § 24 UmwStG), wenn die Summe aus dem Nominalbetrag der **Gutschrift auf dem Kapitalkonto** des Einbringenden und dem gemeinen Wert der eingeräumten **Darlehensforderung** den steuerlichen **Buchwert des eingebrachten Einzelunternehmens nicht** übersteigt.

§ 24 Abs. 2 S. 2 UmwStG ist schließlich mit Wirkung ab 01.01.2015 geändert worden. Nunmehr ist es unschädlich, wenn der Neu-G'fter neben den Gesellschaftsanteilen noch ein **Darlehen bekommt, das nicht mehr beträgt als 25 % des Buchwerts oder 500.000 €.**

2.1.2 Die Voraussetzungen des § 24 UmwStG

Die wichtigsten Voraussetzungen des § 24 UmwStG sind:

- Beim Einbringenden (= Einbringungssubjekt) der steuerfunktionellen Einheit nach § 24 UmwStG kann es sich um jeden Unternehmensträger (Einzelunternehmer, PersG[133] und KapG) oder um einen MU handeln.
- Zielgesellschaft ist immer eine **inländische PersG**, bei Gesamtrechtsnachfolge muss dies immer eine PersHG (OHG/KG) sein (bzw. der Einbringende = MU der Zielgesellschaft).
- Einbringungsobjekte sind steuerfunktionale Einheiten (Betrieb etc., s. Kap. 2.1.1).
- Der Einbringungsvorgang als solcher geschieht entweder durch Einzelrechtsnachfolge oder durch Gesamtrechtsnachfolge. Letztere vollzieht sich ausschließlich nach dem UmwG.
- Die Einbringung erfolgt gegen Gewährung von Gesellschaftsrechten.

2.1.2.1 Einbringung durch Gesamtrechtsnachfolge

Als Akte der **Gesamtrechtsnachfolge** (**PersHG**) kommen in Betracht:

- die Verschmelzung von PersHG gem. §§ 39 ff. UmwG sowie
- die **Ausgliederung** eines Betriebs (Teilbetriebs) aus Unternehmensträgern (Einzelunternehmen, PersHG und KapG) auf eine PersHG gem. § 123 Abs. 3 UmwG und die
- Auf- oder Abspaltung von PersHG oder PartG auf eine PersHG oder PartG nach § 123 Abs. 1 und 2 UmwG.

Nur bei **Gesamtrechtsnachfolge** ist die **Rückwirkung** (acht Monate) möglich.

2.1.2.2 Einbringung durch Einzelrechtsnachfolge

Vielfältiger sind demgegenüber die Einbringungsakte der **Einzelrechtsnachfolge**, bei denen es im Wesentlichen um die Gründung einer PersG durch die Einbringung eines Betriebes oder durch das Zusammenführen zweier Einzelunternehmen geht.

Die Einbringungsakte durch:

- Aufnahme eines G'fters in ein Einzelunternehmen gegen Geld- oder Sacheinlage,
- Aufnahme eines G'fters in eine PersG gegen Geld- oder Sacheinlage,
- Einbringung eines Einzelunternehmens in eine PersG,
- Zusammenschluss von mindestens zwei Einzelunternehmen zu einer PersG
- Kapitalerhöhung des bestehenden MU-Anteils durch Geld- oder Sacheinlage

vollziehen sich nach der Einzelrechtsnachfolge.

Hinweis: Für die Einzelrechtsnachfolge kann eine sog technische Rückwirkung von sechs bis acht Wochen anerkannt werden (s. OFD Karlsruhe vom 08.10.2007, Az: S1978/20 – St 111).

2.1.2.3 Die Anwachsung

Einen Sonderfall bildet die Einbringung von MU-Anteilen in eine andere MU-schaft unter Anwachsung (s. § 738 BGB, s. § 105 Abs. 3 HGB; s. 161 Abs. 2 HGB) der Wirtschaftsgüter auf die übernehmende MU-schaft.

---

133 A.A. *Reiß* in *Kirchhof-kompakt* § 16, Rz. 30: Die einzelnen G'fter sind Einbringungssubjekte.

Diese stellt einen Unterfall der Gesamtrechtsnachfolge dar, die sog. beschränkte Gesamtrechtsnachfolge (andere Ansicht s. BMF vom 25.03.1998, BStBl I 1998, 268 Rn. 20.02, 22.14, 24.01). Ein Übergang der einzelnen Wirtschaftsgüter i.S.d. Spezialitätengrundsatzes erfolgt bei der Anwachsung nicht, vielmehr geht entsprechend dem Wortlaut des § 738 BGB der Anteil auf die Mitunternehmer über.

2.1.3 Rechtsfolgen der Einbringung

Die wichtigste Rechtsfolge der Einbringung ist das in § 24 Abs. 2 UmwStG vorgesehene Wahlrecht, demzufolge die eingebrachten WG von der PersG mit dem gemeinen Wert angesetzt werden. Auf Antrag kann das übernommene BV auch mit dem Zwischenwert oder dem Buchwert angesetzt werden. Die weiteren Folgen, insb. für den Einbringenden, bestimmen sich nach der Ausübung des Wahlrechts.

Nach § 24 Abs. 3 UmwStG repräsentiert der Ansatz des eingebrachten BV in der Bilanz der PersG (inkl. der Ergänzungsbilanzen der G'fter) den Veräußerungspreis für den Einbringenden gem. § 16 Abs. 2 EStG. Die Gleichung kann aufgestellt werden:

Ansatz des BV bei PersG = Veräußerungspreis für den Einbringenden

Dabei kommen die Tarifprivilegien der §§ 16, 34 EStG für den Einbringenden nur beim Ansatz mit dem **gemeinen Wert** zum Tragen und dies auch nur insoweit, als der Einbringende selbst **nicht** (mehr) an dem Einbringungsobjekt **beteiligt** ist (§ 24 Abs. 3 S. 3 UmwStG).

2.1.4 Änderungen des § 24 UmwStG aufgrund des SEStEG (2006) sowie des JStG 2009

Grundlegende Änderungen des § 24 UmwStG erfolgten durch die Einführung des »Gesetz über steuerliche Begleitmaßnahmen zur Einführung der Europäischen Gesellschaft und zur Änderung weiterer steuerrechtlicher Vorschriften« (SEStEG), das am 13.12.2006 (BGBl I 2006, 2782) in Kraft getreten ist. Ab dem 13.12.2006 sind steuerfunktionale Einheiten grundsätzlich mit dem **gemeinen** Wert anzusetzen.

Der Begriff des **gemeinen Werts** verdrängt damit den zuvor einschlägigen Teilwertbegriff. Ein Vergleich der beiden legal definierten Begriffe i.S.d. §§ 9 Abs. 2 und 10 S. 2 BewG zeigt, dass der Teilwertbegriff die einzelnen WG bewertet, wie sie bei der Veräußerung des ganzen Unternehmens anzusetzen wären. Die Fokussierung liegt auf dem Betrieb. Hingegen beurteilt der gemeine Wert das einzelne WG mit einem Gewinnaufschlag, wie er im gewöhnlichen Geschäftsverkehr vorzunehmen wäre. Die so zum gemeinen Wert zu bewertenden WG bilden als Konglomerat den gemeinen Wert des gesamten BV. Durch den Bewertungswechsel ist die von der Rechtsprechung entwickelte Teilwertvermutung, nach der eine Obergrenze als Wiederbeschaffungspreis des WG und eine Untergrenze als Einzelveräußerungspreis für die Teilwertbeurteilung heranzuziehen war, in diesem Zusammenhang obsolet geworden.

- Das Antragswahlrecht bzgl. Buchwert oder Zwischenwert bleibt unverändert bestehen.
- Durch § 24 Abs. 5 UmwStG wurde die Körperschaftsteuerklausel gegen den Gestaltungsmissbrauch eingeführt.
- Weitere Änderungen erfolgten durch die Unternehmenssteuerreform 2008. Durch Anfügung des Abs. 6 wurde die Fortführung des Zinsvortrags i.S.d. § 4h Abs. 1 S. 2 EStG der aufnehmenden Gesellschaft versagt.

Die neuerlichen und aktuellen Gesetzesänderungen durch das JStG 2009, die sich nur mittelbar auf § 24 UmwStG auswirken, sind in dem nachfolgenden Gesetzesüberblick herausgehoben dargestellt[134]:

§ 24 Abs. 1 UmwStG	Anwendungsbereich: Einbringung von Betrieben, Teilbetrieben, MU-Anteil in eine PersG gegen Gesellschaftsrechte
§ 24 Abs. 2 S. 1 UmwStG	Ansatz eingebrachtes BV zum gemeinen Wert/ für Pensionsrückstellung gilt § 6a EStG
§ 24 Abs. 2 S. 2 UmwStG	Ansatzwahlrecht zum Zwischenwert oder Buchwert
§ 24 Abs. 2 S. 2 Nr. 2 UmwStG i.d.F. des StÄndG 2015	Grenze für **Gegenleistungen**: Der gemeine Wert darf 25 % des Buchwerts des eingebrachten BV oder 500.000 € nicht übersteigen.
§ 24 Abs. 2 S. 3 i.V.m. § 20 Abs. 2 S. 3 UmwStG	Antragsfrist für Zwischenwert/Buchwert
§ 24 Abs. 3 UmwStG	Veräußerungspreis – Verweis auf begünstigte Besteuerung nach § 16 Abs. 4, § 34 Abs. 1 und 3 EStG

§ 24 Abs. 4, 1. HS UmwStG	Einbringung als Einzelrechtsnachfolge
Anzuwendende Vorschriften für Einzelrechtsnachfolge durch Verweis von § 24 Abs. 4, 1. HS UmwStG:	
§ 23 Abs. 1 UmwStG	Ansatz BV zu Buchwert oder Zwischenwert: Verweis auf § 4 Abs. 2 S. 3 UmwStG = Anrechnung Dauer der Zugehörigkeit der WG zum BV des Übertragenden auf den Übernehmenden Verweis auf § 12 Abs. 3, 1. HS UmwStG = Wertkontinuität/»Fußstapfentheorie«
§ 23 Abs. 3 UmwStG	Ansatz zum Zwischenwert: Beschränkung der Wertkontinuität des § 12 Abs. 3, 1. HS UmwStG für AfA-BMG
§ 23 Abs. 4, 1. HS UmwStG	Ansatz zum **gemeinen Wert:** fingiert die WG als Neuanschaffung
§ 23 Abs. 6 UmwStG	Anwendung von § 6 Abs. 1 und 3 UmwStG: Übernahmefolgegewinn durch sog. Konfusion (Gewinn aus Verschmelzung der untereinander bestehenden Forderungen und Verbindlichkeiten)

---

134 Vgl. auch *Preißer/Pung*, Besteuerung der Personen- und Kapitalgesellschaften, 2009, Teil B, Kap. X 4.3.

§ 24 Abs. 4, 2. HS UmwStG	Einbringung als Gesamtrechtsnachfolge
Anzuwendende Vorschriften der Einzelrechtsnachfolge sind **auch** für die Gesamtrechtsnachfolge anzuwenden, jedoch mit **folgenden Zusätzen:**	
§ 23 Abs. 4, 2. HS UmwStG	Ansatz BV zum **Zwischenwert/gemeinen Wert:** Verweis auf § 12 Abs. 3, 1. HS UmwStG = Wertkontinuität/»Fußstapfentheorie« mit Beschränkung der AfA-BMG nach § 23 Abs. 3, Nr. 1 und 2 UmwStG
§ 20 Abs. 5 und 6 UmwStG	Achtmonatige Rückwirkungsfiktion sowie Verweis durch § 20 Abs. 6 S. 4 UmwStG auf § 2 Abs. 3 und **4** UmwStG – **Abs. 4 neu durch JStG 2009**

§ 24 Abs. 5 UmwStG	»Missbrauchsvorschrift«. Achtung: Für VG keine Anwendung von § 16 Abs. 4 EStG und **§ 34 EStG – geändert durch JStG 2009**
§ 24 Abs. 6 UmwStG	Verweis auf § 20 Abs. 9 UmwStG: Zinsvortrag nach § 4h Abs. 1 S. 2 EStG geht bei Einbringung verloren – **beachte Verrechnungsmöglichkeit mit Übertragungsgewinn (§ 2 Abs. 4 UmwStG nach dem JStG 2009)**

2.2 Einführender Fall zu § 24 UmwStG

Ausgehend von einem ersten Akquisitionsgespräch soll zunächst das Grundkonzept und der (natürliche) Interessenswiderstreit bei § 24 UmwStG erläutert werden.

Beispiel 2: Erster Schritt – Das Gespräch
A hatte vor drei Jahren eine Einzelfirma gegründet (13). Im Jahre 14 wurde Grund für 10 T€ erworben, auf dem ein Gebäude (200 T€ HK) errichtet wurde. Außerdem hat A in 14 für 60 T€ Betriebsvorrichtungen (10 % AfA) und für 10 T€ GWG (Nutzungsdauer: drei Jahre) erworben.

A	Bilanz A (31.12.16)		P
GruBo	10.000 €	Kapital	70.000 €
Gebäude	182.000 €	Verbindlichkeiten	164.000 €
BGA	42.000 €		
	234.000 €		234.000 €

A möchte zum 01.01.17 sein Einzelunternehmen in eine OHG umwandeln und bietet seinem Prokuristen (P) die Teilhaberschaft (Beteiligung: je 1/2) an.

Die gemeinen Werte (gW) der bilanzierten WG betragen:

GruBo	20.000 €
Gebäude	300.000 €
BGA	60.000 €
GWG	12.000 €
Insgesamt:	392.000 €

Worüber werden sich A und P unterhalten (einigen)?

Lösung:

1. Mit der Gründung einer OHG geht es A nicht um den (anteiligen) Verkauf seiner Einzelfirma (mit der Möglichkeit, den Eintrittspreis im PV anzulegen), sondern um eine Kapitalstärkung und -akkumulation im Betrieb.
   Danach soll der Eintrittspreis (die Einlage) des P im Betrieb der OHG angelegt werden. Nach der Verbuchung der Einlage ist das Kapitalkonto des P und damit seine künftige Beteiligung am Gesamthandsvermögen der OHG festgelegt. Idealtypisch wird die Einlage auf einem festen Kapitalkonto I verbucht.

2. Nachdem die Beteiligungsquote (je 50 %) feststeht, geht es um die Höhe des Eintrittspreises des P (= konkrete Einlageverpflichtung).
   - Hierbei sind für P die gemeinen Werte (und nicht die Buchwerte) von Bedeutung.
   - Zusätzlich werden sich A und P über einen etwaigen Geschäftswert unterhalten, der im Eintrittspreis zu berücksichtigen ist.
   - Umgekehrt wird P seine Haftung nach § 128 HGB, die sich gem. § 130 HGB auch auf Alt-Verbindlichkeiten bezieht, in die Waagschale werfen.
   - Man wird sich auch über die Gründungskosten unterhalten. Hier ist nur die Grunderwerbsteuer einschlägig, die jedoch gem. § 5 Abs. 2 GrEStG nur zu 50 % anfällt, da der hälftige Anteil des Alteigentümers A beim Übergang auf eine Gesamthand steuerbefreit ist. Üblicherweise trägt das neue Rechtsgebilde (die OHG) die Gründungskosten, die sich in ihrer Eröffnungsbilanz als Anschaffungsnebenkosten des bebauten Grundstücks niederschlagen (§ 255 Abs. 1 S. 2 HGB).

3. Einigungsvorschlag:
   - Nach drei Jahren Geschäftstätigkeit sollen sich der zwischenzeitliche Firmenwert (des A) und das Haftungsrisiko (des P) gleichwertig gegenüberstehen; damit wird für diese beiden immateriellen Faktoren kein zusätzlicher Preis vereinbart.[135]
   - Bei einem Verkehrswert des Unternehmens (A) von 228 T€ (392 T€ ./. Schulden i.H.v. 164 T€) wird sich die Einlage des P auf **228 T€** belaufen.

Die weiteren Entscheidungen hängen von den Voraussetzungen und den Rechtsfolgen des nach § 24 Abs. 2 UmwStG bestehenden Wahlrechts ab. Nach § 24 Abs. 2 UmwStG wird das Wahlrecht in der **Eröffnungsbilanz** der gegründeten **PersG** (OHG) ausgeübt.

---

[135] Ansonsten wird der (Preis für den) errechnete(n) Geschäftswert angesetzt und gem. § 7 Abs. 1 S. 3 EStG in den Folgebilanzen der OHG abgeschrieben. Ein etwaiges privates Haftungsrisiko des P hingegen kann nicht passiviert werden.

2.3 Das Wahlrecht und die unterschiedliche Interessenlage

2.3.1 Grundsätzliche Überlegungen

Die Interessenslage ist im Wesentlichen dadurch festgelegt, dass der »Einbringende« die Besteuerung der stillen Reserven vermeiden will und die neue Zielgesellschaft an hohen Werten interessiert ist, um neues Abschreibungspotenzial zu erhalten.

Als Hauptvorteil der **Buchwertvariante** ist daher die Vermeidung eines aktuellen Veräußerungsgewinnes (§ 16 EStG) beim Einbringenden des Betriebs zu vermerken, während die neue PersG über geringes AfA-Potenzial verfügt (Hauptnachteil). Das aufgelistete Pro und Kontra relativiert sich allerdings bei näherer Betrachtung:

- So wird der Veräußerungsgewinn des Einbringenden nur »aufgeschoben« (Stundungseffekt), da er mit der Einbringung als MU der neuen PersG anzusehen ist und somit spätestens bei Veräußerung des Anteils an der neuen PersG gem. § 16 Abs. 1 Nr. 2 EStG die stillen Reserven aufdecken muss.
- Der »AfA«-Nachteil bei der neuen PersG kommt naturgemäß nur dann zum Tragen, wenn es sich bei den eingebrachten Einzel-WG um abschreibungsfähige WG handelt.

Beim anderen Extrem, der **Variante Gemeiner Wert (gW)**, wenden sich die eben aufgelisteten Vor- und Nachteile in das Gegenteil. Dem neu gewonnenen AfA-Potenzial bei der PersG steht der unvermeidbare »Veräußerungs«-(= Einbringungs-)gewinn des Einbringenden entgegen, § 24 Abs. 3 UmwStG (i.V.m. Rz. 22.11 und Rz. 24.15 ff. UmwSt-Erlass).

- Dabei ist es besonders nachteilig, dass wegen des Verweises in § 24 Abs. 3 S. 3 EStG auf § 16 Abs. 2 S. 3 EStG beim Einbringenden **insoweit** ein **laufender** Gewinn und damit kein steuerbegünstigter Einbringungsgewinn[136] entsteht, als er – wirtschaftlich gesehen – an »**sich selbst veräußert**«. I.H.d. Beteiligungsquote (50 %) an der neuen PersG liegt folglich ein laufender Einbringungsgewinn vor, der gem. Rz. 24.17 UmwSt-Erlass sogar der GewSt unterliegt.
- Als Vorteil der Variante »gW« gilt allerdings die transparente Abbildung der Beteiligungsverhältnisse aller G'fter auf den Kapitalkonten der PersG, da sich der Eintrittspreis des neuen G'fters unschwer nach dem bilanziell aufgedeckten Teilwert des eingebrachten Betriebs bestimmen lässt.

Der dritte Weg, die **Zwischenwertvariante**, hat im aktuellen Einbringungszeitpunkt eigentlich nur Nachteile, da der Einbringungsgewinn in keinem Fall gem. § 24 Abs. 3 S. 2 UmwStG steuerbegünstigt ist (kein Freibetrag und kein ermäßigter Steuersatz).[137] Nachdem hier nicht alle stille Reserven aufgedeckt werden, kann die neue PersG nur eingeschränkt am Reservenpotenzial teilhaben und die Abbildung der Beteiligungsverhältnisse gestaltet sich nach wie vor schwierig. Einzig vor dem Hintergrund der persönlichen Steuerlandschaft des Einbringenden kann sich die Zwischenwertvariante anbieten, wenn Einbringungsgewinne im Rahmen des Verlustausgleiches gem. § 2 Abs. 3 EStG berücksichtigt werden sollen.

In diesem Zusammenhang ist darauf hinzuweisen, dass eine **missglückte Gemeiner-Wert-Einbringung** (die angesetzten »gemeinen Werte« der Einzel-WG halten einer Nachprüfung

---

[136] Außerdem ist bei der gW-Variante ein evtl. vorhandener Firmenwert aufzudecken (Rz. 24.15 i.V.m. Rz. 22.11 UmwSt-Erlass).
[137] Umkehrschluss (»e contrario«).

nicht stand) von der Finanzverwaltung als Einbringung zu Zwischenwerten umgedeutet werden kann (»worst case«). Von daher ist dringend zu raten, die gewünschten gW testieren zu lassen und eine entsprechende Vereinbarung in den Einbringungsvertrag aufzunehmen, dass die Parteien von der gW-Variante ausgingen.

2.3.2 Ein schematischer Überblick

Rechtsfolgen der Einbringung in eine PersG

Ansatz gemeiner Wert

PersG:
- § 24 Abs. 4 UmwStG
- § 23 Abs. 3 UmwStG: Unterstellung einer Anschaffung durch die Personengesellschaft zum Teilwert, wenn Einzelrechtsnachfolge (bei Gesamtrechtsnachfolge wie Zwischenwert)

Einbringender:
- § 24 Abs. 3 UmwStG nach §§ 16 und 34 EStG: begünstigter Veräußerungsgewinn des Einbringenden
- (ab 01.01.2001 u.U. Begünstigung nach § 34 Abs. 1 bzw. 3, allerdings mit »Objektgrenze«)

Buchwertfortführung

PersG:
- § 24 Abs. 4 UmwStG
- § 23 Abs. 1 UmwStG
- § 12 Abs. 3 UmwStG: Rechtsnachfolge (vergleichbar mit § 6 Abs. 3 EStG)
- § 4 Abs. 2 S. 3 UmwStG: Besitzzeitzusammenrechnung

Einbringender:
- § 24 Abs. 3 UmwStG: kein Veräußerungsgewinn für den Einbringenden

Zwischenwertansatz

PersG:
- § 24 Abs. 4 UmwStG
- § 23 Abs. 2 UmwStG
- § 12 Abs. 3 UmwStG ergänzt um: Die aufgedeckten stillen Reserven erhöhen die AfA-Bemessungsgrundlage

Einbringender:
- § 24 Abs. 3 UmwStG: i.H.d. aufgedeckten stillen Reserven erzielt der Einbringende einen nicht nach §§ 16 und 34 EStG begünstigten Veräußerungsgewinn

2.4 Variante – gemeiner Wert[138]

Vor diesem Hintergrund wird das **Beispiel 2** zunächst auf der Basis der gemeinen Werte gelöst. Hier beträgt die realistische Einlageforderung an den paritätisch beteiligten P 228 T€ (392 T€ ./. 164 T€).

Lösung (Variante gW): Der Ansatz mit dem gemeinen Wert führt zu folgender **Eröffnungsbilanz** der OHG:

A	Eröffnungsbilanz		P
GruBo[139]	20.000 €	Kapital (A)	228.000 €
Gebäude	300.000 €	Kapital (P)	228.000 €
Betriebsvorrichtung	60.000 €	Verbindlichkeiten	164.000 €
GWG	12.000 €		
Einlageforderung (bzw. Geldkonto)	228.000 €		
	620.000 €		620.000 €

2.4.1 Folge für die offene Handelsgesellschaft

Für die Gewinnermittlung des Jahres 17 bei der OHG ergeben sich folgende AfA-Beträge:

AfA für Gebäude:	3 % von	300.000 €	9.000 €
AfA BVO:	10 % von	60.000 €	6.000 €
GWG:	100 % von	12.000 €	12.000 €
			27.000 €

2.4.2 Folge für den Einbringenden

Wegen § 24 Abs. 3 S. 1 UmwStG gilt der für das angesetzte BV des A zugrunde gelegte gemeine Wert als Veräußerungspreis des A gem. § 16 Abs. 2 EStG. Der Veräußerungsgewinn (= Einbringungsgewinn) des A i.H.v. 158.000 € (228.000 € ./. 70.000 €) ist wegen § 24 Abs. 3 S. 3 UmwStG – entsprechend dem Beteiligungsverhältnis von 50 : 50 – aufzuteilen in:

- einen **tarifbegünstigten** (§ 34 EStG) Veräußerungsgewinn des A von 79.000 € und
- in einen **laufenden** Gewinn des A i.H.v. 79.000 € (»Veräußerung an sich selbst«).

Während für den Veräußerungsgewinn der Freibetrag gem. § 34 Abs. 4 EStG beansprucht werden kann (§ 24 Abs. 3 S. 2 EStG) und dieser auch nicht gewerbesteuerpflichtig ist, ist der laufende Gewinn nach Verwaltungsauffassung (Rz. 24.17 UmwSt-Erlass) gewerbesteuerpflichtig.

---

138 Früher (bis 12.12.2006) Teilwert, wobei der Unterschied zwischen beiden Werten bei steuerfunktionellen Einheiten mit **Ausnahme des Umlaufvermögens** (dort bei TW: ohne Gewinnaufschlag; bei gW mit Gewinnaufschlag) vernachlässigenswert ist.

139 Der Erwerb der Immobilie führt für die OHG zu einer anteiligen Grunderwerbsteuer von 50 % von 3,5 % gem. § 5 Abs. 2, § 1 Abs. 1 Nr. 3 GrEStG i.H.v. 350 € für GruBo und von 5.250 € für den Gebäudeteil, in der Summe: 5.600 €. Als Objektsteuer sind diese Gründungskosten beim erworbenen WG eigentlich als Anschaffungsnebenkosten zu aktivieren. Wegen § 248 HGB und aus Vereinfachungsgründen unterbleibt eine Hinzuaktivierung.

2.5 Buchwertvariante

2.5.1 Die erste Buchwertvariante (die sog. Netto-Methode: Kapitalkontenanpassung)

In der ersten Buchwertvariante, bei der die OHG das Buchvermögen des Betriebs übernimmt, ist zu berücksichtigen, dass P eine Einlage von 228.000 € leistet, da sich der (rechnerische) »Kaufpreis« für die eingeräumte Beteiligung – nach wie vor – an dem gemeinen Wert orientieren wird. Dies führt zur Aufteilung der Kapitalkonten im Verhältnis 50 : 50 und konkret zu anfänglichen Kapitalständen von A und B i.H.v. je 149.000 €.[140] Im Regelfall wird dieser Anfangsbestand auf dem (festen) Kapitalkonto I gebucht, um für die Zukunft eine unveränderbare Verteilungsgrundlage zu haben.

Lösung: Die Eröffnungsbilanz der OHG hat folgendes Aussehen:

A	Eröffnungsbilanz		P
GruBo	10.000 €	Kapital (A)	149.000 €
Gebäude	182.000 €	Kapital (P)	149.000 €
Betriebsvorrichtung	42.000 €	Verbindlichkeiten	164.000 €
Einlageforderung			
(bzw. Bank)	228.000 €		
	462.000 €		462.000 €

Bei dieser Lösung wird die seitherige AfA für Gebäude (6.000 €) und für BVO (ebenfalls 6.000 €) fortgeführt.

Für A ergäbe sich **kein Veräußerungsgewinn** nach § 16 EStG, da die Buchwerte der eingebrachten WG fortgeführt werden; die Tatsache, dass sein Kapitalkonto erhöht wurde, ändert nichts an dieser Beurteilung, da die Aktivseite relevant ist.

Der **Nachteil** dieser Lösung liegt in dem unterrepräsentierten Kapital des P mit 149.000 €, verglichen mit der Einlageleistung von 228.000 €.

Aus diesem Grunde hat sich in der Praxis das Modell der »Buchwertfortführung mit Kapital-Angleichung« durchgesetzt (so auch Rz. 24.14 UmwSt-Erlass).

Die Differenz von 79.000 € (228.000 € ./. 149.000 €) wird daher in eine **positive Ergänzungsbilanz** des G'fters P eingestellt, womit exakt die Hälfte der stillen Reserven erfasst ist.

A	(Positive) Ergänzungsbilanz P		P
GruBo	5.000 €	Mehrkapital	79.000 €
Gebäude	59.000 €		
Betriebsvorrichtung	9.000 €		
GWG	6.000 €		
	79.000 €		79.000 €

---

140 Berechnung:
Kapital Einzelunternehmen A   70.000 €
+ Einlageforderung   + 228.000 €
Kapitalkonten insgesamt   298.000 €; davon jeder 50 % = 149.000 €.

Als Folge erhält **P** im Jahr 17 **zusätzliche AfA** aus der positiven Ergänzungsbilanz:

AfA Gebäude: 3 % von 59.000 €	1.770 €
AfA BVO (Rest-ND: 7 Jahre): 9.000 € : 7	1.285 €
GWG: voll (bzw. verteilt auf drei Jahre)	6.000 € (bzw. 2.000 €)
	9.055 €

Der **gravierendere Nachteil** dieser Lösung liegt aber nunmehr im Ignorieren der Ausgangsthese (Vermeidung der Aufdeckung der stillen Reserven beim einbringenden A), da die Werte der Ergänzungsbilanz gem. § 24 Abs. 2 UmwStG bei der Ermittlung des Einbringungsgewinnes mitgerechnet werden.

Die Lösung des vermeintlichen Konfliktes liegt in der Aufstellung einer **negativen Ergänzungsbilanz** des A mit exakt **gegenläufigen** Werten:

A	(Negative) Ergänzungsbilanz A		P
Minderkapital	79.000 €	GruBo	5.000 €
		Gebäude	59.000 €
		Betriebsvorrichtung	9.000 €
		GWG	6.000 €
	79.000 €		79.000 €

Gegensätzlich zu P erhält A im Jahre 17 aus der negativen Ergänzungsbilanz einen laufenden **Ertrag** i.H.v. **9.055 €** zugewiesen.

Auf diese Weise wird erreicht, dass es – im Saldo beider Ergänzungsbilanzen – bei der Buchwertvariante ohne Veräußerungsgewinn (§ 24 Abs. 2 UmwStG) verbleibt; gleichzeitig werden im Gesamtergebnis die Kapitalkonten beider G'fter »glattgezogen« mit der Folge, dass A nunmehr in der Addition exakt sein (ehemaliges) Buchkapital von 70.000 € (149.000 € ./. 79.000 €) zugewiesen erhält.

2.5.2 Die zweite Buchwertvariante (die sog. Brutto-Methode)

Das identische Ergebnis wird erzielt, wenn die OHG in ihrer Eröffnungsbilanz die gemeinen Werte mit der Einlageforderung von 228.000 € – und den gleichen Kapitalkonten beider G'fter – ausweist und wenn sodann nur in der Person des einbringenden A eine negative Ergänzungsbilanz aufgestellt wird, mit der die gemeinen Werte auf das Buchwertniveau heruntergefahren werden.

A	Eröffnungsbilanz der OHG		P
GruBo	20.000 €	Kapital (A)	228.000 €
Gebäude	300.000 €	Kapital (P)	228.000 €
Betriebsvorrichtung	60.000 €	Verbindlichkeiten	164.000 €
GWG	12.000 €		
Einlageforderung	228.000 €		
	620.000 €		620.000 €

Gleichzeitig:

A	(Negative) Ergänzungsbilanz A		P
Minderkapital	158.000 €	GruBo – Minderwert –	10.000 €
		Gebäude	118.000 €
		Betriebsvorrichtung	18.000 €
		GWG	12.000 €
	158.000 €		158.000 €

Der Ertrag des A in 17 aus der Entwicklung der Werte verdoppelt sich bei dieser Variante und beträgt nunmehr 18.110 €. Dem stehen – ausgleichend – erhöhte Abschreibungen aus der Hauptbilanz der OHG gegenüber.

2.6 Zwischenwertvariante

Rein buchungstechnisch orientiert sich die Zwischenwertvariante an der Variante gemeiner Wert.

Beispiel 2a:
(s. *Preißer/von Rönn*, KG, 2013, Kap. III 3.3.9.3.):
Ein Einzelunternehmen mit einem Buchwert von 100 T€ und einem gemeinen Wert von 800 T€ (inklusive originären Firmenwert von 300 T€) soll in eine KG zum Zwischenwert eingebracht werden. Die Wirtschaftsgüter werden in der Eröffnungsbilanz der PersG zum Zwischenwert von 600 T€ angesetzt.

Lösung: Für den Zwischenwertansatz i.H.v. 600 T€ sind stille Reserven i.H.v. 500 T€ (Zwischenwert 600 T€ ./. Buchwert 100 T€) aufzudecken. Folglich sind zunächst 100 % der stillen Reserven an den Wirtschaftsgütern aufzudecken (ohne Firmenwert). Die Lücke bis zum Zwischenwert i.H.v. 100 T€ wird mit dem Firmenwert aufgefüllt.
Der Zwischenwert bildet für den Einbringenden den Veräußerungspreis. Mangels der vollständig aufgedeckten stillen Reserven ist § 24 Abs. 3 S. 2 UmwStG i.V.m. §§ 16 Abs. 4, 34 Abs. 1 und 3 EStG nicht anzuwenden. Ein Ansatz zum Zwischenwert ist vorteilhaft, soweit ein mit dem Einbringungsgewinn verrechenbarer Verlustvortrag seitens des Einbringenden besteht. Dieser kann mit dem Veräußerungsgewinn verrechnet werden.

Bei der Zwischenwertvariante ist daher zu beachten:

- Aus **Sicht der PersG:** Gem. §§ 24 Abs. 4, 22 Abs. 2, 12 Abs. 3 UmwStG werden die Buchwerte der übernommenen WG um die aufgedeckten stillen Reserven ergänzt, die die AfA-Bemessungsgrundlage und das AfA-Volumen erhöhen.
- Aus **Sicht des Einbringenden** erzielt dieser i.H.d. aufgedeckten stillen Reserven einen nicht nach §§ 16, 34 EStG begünstigten Veräußerungsgewinn.

2.7 Spezialprobleme bei § 24 UmwStG

Vier Fragen beschäftigen Rspr. und Schrifttum seit Bestehen des UmwStG 1977 und können durch Entscheidungen des BFH sowie einer prompten Reaktion des Gesetzgebers (UntStFG 2001) zumindest in einem Punkt als definitiv geregelt angesehen werden:

1. Inwieweit gehört bei der Einbringung eines MU-Anteils in eine PersG nach § 24 UmwStG das **Sonder-BV** zu den wesentlichen Betriebsgrundlagen? S. Kap. 2.7.3.
2. Ändert sich etwas am steuerneutralen Konzept des § 24 UmwStG, wenn das »Eintrittsgeld« (die **Ausgleichszahlung**) des neuen G'fters nicht in den Betrieb eingelegt wird (so die seitherigen Fälle), sondern auf das **Privatkonto** des Alleinunternehmers bzw. der MU bezahlt wird? S. Kap. 2.7.1.
3. Unterliegt die unentgeltliche Aufnahme eines G'fters in ein Einzelunternehmen (in eine Einzelpraxis) § 24 UmwStG? S. Kap. 2.7.2.
4. Was geschieht bei einer **einseitigen Kapitalerhöhung**?
   Die Fallgruppe ist dadurch gekennzeichnet, dass nur einer der G'fter der aufnehmenden PersG die Einbringung dazu nutzt, durch einen höheren Wertansatz die Beteiligungsverhältnisse an der aufnehmenden PersG zu verändern. Die Alt-G'fter, die in diesem Fall ihre MU-Anteile in die KG einbringen, führen ihre Kapitalkonten unverändert fort und beteiligen sich nicht an einem einheitlichen Ansatz des gemeinen Werts).

Beispiel 2b: Fall des BFH vom 25.04.2006 (BStBl II 2006, 847)
Beim Erwerb einer Beteiligung leistet der neue G'fter eine zusätzliche (d.h. über das übernommene Buchkapital hinausgehende) Einlage in das Gesamthandsvermögen der KG. Mit der zusätzlichen (Bar- oder Sach-)Einlage sollen als Aufgeld die vor der Kapitalerhöhung vorhandenen stillen Reserven im Gesellschaftsvermögen abgegolten werden.

Der Eintritt des Neu-G'fters bedeutet ertragsteuerlich die Gründung einer erweiterten MU-schaft, obwohl die KG handelsrechtlich das identische Rechtssubjekt bleibt.

Es ist offensichtlich, dass die KG das Gesamthandsvermögen zu Buchwerten nach § 24 Abs. 2 S. 1 UmwStG fortführen darf. Werden durch den Beitritt des Neu-G'fters mit einem Zusatzbetrag die Beteiligungsverhältnisse geändert, ist für den Neu-Gfter eine positive Ergänzungsbilanz zu erstellen. In dieser Ergänzungsbilanz wird als Mehr-(oder Ergänzungs-) Kapital der Mehraufwand den einzelnen WG (mit stillen Reserven) anteilig zugeordnet. Die Kombination des Beitritts eines Neu-G'fters bei gleichzeitiger Änderung der Beteiligungsverhältnisse wird vom BFH a.a.O. für zulässig erachtet, während der BFH im Urteil vom 18.03.1999 (BStBl II 1999, 604) diese Frage noch offen ließ.

Lösung: Die KG hat in **negativen Ergänzungsbilanzen** – aufgegliedert nach den Kapitalschlüsseln der Alt-G'fter – ein Minderkapital in gleicher Höhe (in der Summe aller Minderkapitalien) zu aktivieren, wie sie ein Mehrkapital beim Neu-G'fter gebildet hat. Damit ist der Einbringungsgewinn der Alt-G'fter neutralisiert.
Die aus der korrespondierend zur positiven Ergänzungsbilanz des einbringenden Mitunternehmers spiegelbildlich und **fortlaufend** jährlich vorzunehmende Auflösung der negativen Ergänzungsbilanz der Alt-G'fter ist als **laufender Gewinn** bei der Ermittlung des Gewerbeertrags der KG zu erfassen.

2.7.1 Zuzahlung in das Privatvermögen des bisherigen Einzelunternehmers

Auslöser waren die Fälle des BFH im Urteil vom 18.10.1999 (BStBl II 2000, 123) (GrS) und vom 21.09.2000 (BStBl II 2001, 178), wo ein bisheriger Inhaber einer freiberuflichen Einzelpraxis einen Berufsträger gegen Zuzahlung in sein **PV** in die somit neu gegründete Sozietät aufnahm.

```
                    Zuzahlung in das PV
  ┌──────────────┐◄──────────────────────┐
  │ RA-Einzelpraxis │                      │
  └──────────────┘                   ┌──────────┐
         │                           │ Assessor │
         │                           └──────────┘
         ▼                                │
      ╭─────────╮                         │
      │ Sozietät │◄────────────────────────┘
      ╰─────────╯
```

Vorweg zeigt der Sachverhalt den großen und wichtigen Anwendungsbereich des § 24 UmwStG eben auch für personelle Umstrukturierungen bei **freiberuflichen** Zusammenschlüssen auf.[141] Der Sachverhalt ist natürlich auf gewerbliche Einzelunternehmer und die anschließende Gründung einer OHG/KG übertragbar.

In der Entscheidung spielte der Unterschied zwischen der Zuzahlung in das BV der PersG (= Einlage) bzw. in das PV der übertragenden Person eine ebenso große Rolle wie der Unterschied einer Begründung einer PersG mit dem vorherigen Einzelinhaber und der Aufnahme eines neuen G'fters in eine bereits bestehende PersG.

a) **1. Fallgruppe: Zuzahlung** (»Eintrittsgeld«) **in das PV** des Einzelunternehmers – Unterschied zur **Einlage** (in das **BV**)

aa) Die Zahlung in das **PV** behandelt der BFH (vorher schon die Verwaltung) so, als ob der einbringende Einzelunternehmer zunächst »Anteile« an den WG seines Betriebes (seiner Praxis) veräußert[142] und **sodann die ihm verbliebenen (i.d.R. hälftigen) Miteigentumsanteile für eigene Rechnung und die Miteigentumsanteile des Neu-G'fters für dessen Rechnung** in die neue PersG nach § 24 UmwStG einlegt.

Diese Betrachtungsweise führt bei einer beabsichtigten Einbringung zu **Buchwerten** zwangsläufig zu einem Realisationstatbestand (laufender Gewinn!), da wegen der Annahme (Miteigentumsanteile an Einzel-WG) keine steuerfunktionale Einheit eingebracht wird.[143] § 24 UmwStG kann daher für den Zuzahlungstatbestand keine Anwendung finden.

M.a.W. ist der Veräußerungsvorgang nach den allgemeinen Grundsätzen im Zeitpunkt seiner Realisierung als laufender Gewinn zu erfassen. In diesem Zeitpunkt liegt nämlich nach dem Verständnis des BFH keine steuerfunktionale Einheit i.S.v. § 16 Abs. 1 EStG (auch nicht: MU-Anteile; sondern eben: Anteile an WG) vor, da diese erst durch den Übertragungsvorgang begründet wird.

---

141 Weder in § 20 UmwStG noch in § 24 UmwStG sind freiberufliche MU-Anteile als Einbringungsgegenstand und Sozietäten als Zielgesellschaften ausgeschlossen (vgl. Rz. 20.05 ff., auf die in Rz. 24.04 des UmwSt-Erlasses verwiesen wird).
142 Dies kann man auch als gewinnrealisierende Entnahme bezeichnen. I.H.d. Differenz zwischen dem Eintrittsgeld (Ausgleichszahlung) und der anteiligen (i.d.R. hälftigen) Buchwerten der WG wird Gewinn realisiert.
143 Ein MU-Anteil liegt in diesem Zeitpunkt noch nicht vor (vgl. Rz. 24.11 mit Beispiel des geänderten UmwSt-Erlasses vom 21.08.2001 (BStBl I 2001, 543)).

Durch die Zuzahlung entsteht im einzubringenden Betrieb ein Gewinn, der auch nicht durch eine negative Ergänzungsbilanz vermieden werden kann, da der Vorgang noch im Betrieb des Einbringenden stattgefunden hat und somit noch keine PersG entstanden ist (s. UmwStErlass vom 11.11.2011 Rz. 24.08 f.; BFH vom 08.12.1994, BStBl II 1995, 599). Vor Einbringung des Betriebs gilt der durch die Zuzahlung entstandene Gewinn als entnommen.

Beispiel 3:
RA A (Einzelpraxis mit Buchwert 500 T€ und gemeiner Wert 800 T€) nimmt B gegen Zahlung von 450 T€ ins PV auf und gründet mit diesem eine paritätische GbR (PartG).

Lösung:
1. A erzielt einen laufenden Veräußerungsgewinn (§§ 15, 18 EStG) von 200 T€, da er das hälftige BV (250 T€) gegen 450 T€ veräußert.
2. In der EB der GbR wird die Praxis mit dem Buchwert 500 T€ fortgeführt (bei nunmehr zwei gleich hohen Kapitalkonten A/B zu je 250 T€);
3. Der Mehrbetrag von 200 T€ des B wird in eine Ergänzungsbilanz (B) eingestellt.

bb) Bei der Zahlung in das **BV der PersG** geht die Rspr. hingegen davon aus, dass nicht nur die jeweiligen Anteile an den Einzel-WG eingebracht werden, sondern der ihnen innewohnende Gegenwert, womit offensichtlich die neu gebildeten MU-Anteile gemeint sind. Hier ist § 24 UmwStG uneingeschränkt als **einheitlicher Vorgang** anwendbar. Wirtschaftlich betrachtet wird hier – im Unterschied zur Fallgruppe aa) – die Liquidität dem Betrieb zugeführt. Dies erlaubt die Rechtsfolge einer Buchwertfortführung.

Im obigen Kurz-Beispiel würde A bei Buchwertfortführung keinen Veräußerungsgewinn zu versteuern haben. Die Buchwertfortführung selbst wird durch das Aufstellen einer negativen Ergänzungsbilanz des A erreicht, die spiegelbildliche Werte zu der positiven Ergänzungsbilanz des B aufweist.

Wertung: Abgesehen von der gekünstelten – und vor allem am BGB vorbei entwickelten[144] – Argumentationskette ist von besonderer Bedeutung, dass die gewinnrealisierende Entnahme nur bei der beabsichtigten Buchwertübernahme ansteht.

Haben die Partner des Einbringungsvorganges hingegen die **Variante gemeiner Wert** gewählt, gelangt der BFH (BFH vom 18.10.1999, a.a.O.) zur – im Ergebnis richtigen – Erkenntnis, dass insoweit auch die Tarifbegünstigung gem. §§ 16 Abs. 4, 34 EStG anzuwenden ist (gl. Ansicht das BMF vom 21.08.2001 mit geänderter Rz. 24.12 a), BStBl I 2001, 543). Das Ergebnis ist deshalb richtig, weil in diesem Fall die zusammengeballten stillen Reserven konzentriert aufgedeckt werden und deshalb die Tarifbegünstigung gerechtfertigt ist. Es kann aber nicht darüber hinwegtäuschen, dass eine rein **ergebnisorientierte Rspr.** vorliegt, die noch gewaltigen Substantiierungsbedarf hat.

---

144 Nach § 719 Abs. 1 S. 1 BGB gibt es beim Gesamthandsvermögen keinen Anteil des G'fters an den Einzel-WG!

b) 2. Fallgruppe: Aufnahme in eine PersG

Die Rechtsfolge sah bei folgendem Sachverhalt wesentlich steuerfreundlicher aus:

```
[RA 1 = MU] ──→ [RA 2 = MU] ←── Zuzahlung in das PV von RA 2
                                      │
                                  [Assessor]
         ↘     ↙                       │
         (Sozietät) ←──────────────────┘
```

In diesem Fall (auch bei Zahlung in das PV eines der G'fter) gingen Rspr. und Verwaltung von der begünstigten Einbringung von **Bruchteilen von MU-Anteilen** von RA 1 und RA 2 an ihrer schon bestehenden Sozietät in die (nur steuerlich) neue Sozietät aus (Rz. 24.11 a.E. des UmwSt-Erlass sowie noch R 139 Abs. 4 EStR 2001).

Gegen diese Vergünstigung (besser: gegen die Verweigerung der Vergünstigung im erstgenannten Fall der Aufnahme eines Partners in ein Einzelunternehmen) wurde schon immer mit dem Hinweis auf die Ungleichbehandlung beider wirtschaftlich identischer Sachverhalte argumentiert.

Der BFH (BFH vom 18.10.1999, a.a.O.) hat sich dieser Bedenken angenommen und kommt zu dem Schluss, dass die beanspruchte Vergünstigung im zuletztgenannten Fall in der (problematischen) Subsumtion auch der »**Bruchteile** von **MU-Anteilen**« auf § 16 Abs. 1 Nr. 2 EStG a.F. beruhe. Dieser Hypothese, mit der alleine die gewünschte Rechtsfolge begründet werden kann, fehle es jedoch an einer gesetzlichen Grundlage. Solange diese ausbleibt, bleibt es bei der unterschiedlichen Behandlung beider Sachverhalte.

Der Gesetzgeber des UntStFG hat den Appell des BFH gehört. Mit der Neufassung des § 16 Abs. 1 S. 1 Nr. 2 EStG (»Gesamter Anteil […] eines MU-Anteils«) und der redaktionellen Klarstellung in S. 2 (a.a.O.; sinngemäß: »Gewinne aus der Veräußerung von Bruchteilen von MU-Anteilen sind laufender Gewinn«) werden beide Fälle gleich behandelt.

Danach führen **ab 2002** bei der Aufnahme eines G'fters in eine (neue wie bestehende) PersG sämtliche Zuzahlungen in das PV eines Einzelunternehmers sowie eines MU zu **laufendem Gewinn** (so auch § 24 Abs. 3 S. 4 UmwStG n.F.).[145]

c) Auswege/Umwege

(1) Die Praxis hat sich bislang zur Vermeidung dieser Steuerfolgen bei der entgeltlichen Aufnahme eines Partners in das Einzelunternehmen (Einzelpraxis) des sog. »Zweistufenmodells« bedient. Hierbei wurde zunächst eine Minimalbeteiligung (»Zwergenanteil«) an den Neugesellschafter veräußert und im zweiten Schritt erfolgte nunmehr die Aufnahme aus der existenten PersG in dem Verhältnis, wie es ursprünglich intendiert war. Die im Urteil vom 18.10.1999 hiergegen geltend gemachten Bedenken des Gestaltungsmissbrauchs (§ 42 AO) sind wegen der Neuregelung obsolet.
Seit 01.01.2002 ist jedoch durch die Änderung des § 16 Abs. 1 Nr. 2/3 S. 2 EStG der Weg über das Zweistufenmodell (laufender Gewinn!) versperrt.[146]

---

[145] Rz. 24.11 a.E. des UmwSt-Erlasses (und R 139 Abs. 4 EStR 2001) ist (sind) somit überholt. S. auch *Wacker* in *Schmidt* (2016), § 18, Rz. 234 m.w.N.
[146] S. auch *Wacker* in *Schmidt* (2016), § 16 Rz. 565.

(2) Der BFH hatte im Beschluss vom 26.06.2003 (BFH/NV 2003, 1420) den Fall zu entscheiden, ob bei Zurückbehaltung von betrieblichen Schulden, die aus der einzubringenden Einzelpraxis herrühren, eine schädliche Zuzahlung in das PV der (künftigen) MitG'fter vorliegt. Dabei führte er klarstellend aus, dass nicht die Zuzahlung schädlich sei, sondern der teilweise Buchwertansatz in der PersG. Damit ist diese »Zuzahlung« (zurückbehaltene Verbindlichkeiten) als laufender Gewinn zu erfassen. Umgekehrt – bei Einbringung eines Einzelunternehmens in eine PersG zu Buchwerten – und einer Beteiligung der Kinder an der PersG, mit der private Pflichtteilsverbindlichkeiten abgegolten werden, nimmt der BFH im Urteil vom 16.12.2004 (BStBl II 2005, 554) ein entgeltliches Rechtsgeschäft an, das zu laufendem Gewinn führt.

(3) Um den Schwierigkeiten bei der entgeltlichen Aufnahme eines neuen Partners (neuen G'fters) in eine freiberufliche Praxis (Einzelunternehmen) zu entgehen, ist zusätzlich das sog. »**Gewinnvorab-Modell**« entwickelt worden. Hierbei erfolgt die entgeltliche Aufnahme des neuen Partners in der Weise, dass für einen festgelegten Zeitraum trotz einer beabsichtigten paritätischen Beteiligung (je 50 %) eine **abweichende Gewinnvereinbarung** zugrunde gelegt wird (z.B. erhält der »Einbringende« in den ersten vier Jahren 75 % und der »Neugesellschafter« 25 % des Gewinnes, bevor ab dem fünften Jahr gleiche Gewinnbeteiligung gilt). Die Gefahr der in dieser Vereinbarung liegenden »Kaufpreisraten«-Vereinbarung (die Überlassung von 25 % Gewinnanteil für vier Jahre = Kaufpreisraten) und des damit einhergehenden Veräußerungsgewinnes liegt auf der Hand, wird aber im Fachschrifttum nicht geteilt.[147] Diese Gefahr hat der BFH jüngst bestätigt (BFH vom 27.10.2015, BStBl II 2016, 600).

2.7.2 Die unentgeltliche Aufnahme eines Partners: Fall des § 24 UmwStG?

Aufgrund der Trennung der verschiedenen Vorgänge bei der Aufnahme eines neuen Partners in eine zu gründende Sozietät, bei der zunächst eine Veräußerung der ideellen Anteile an den WG und später eine Einbringung eines (noch bestehenden) Betriebs gem. § 24 UmwStG angenommen wird, stellt sich zwangsläufig die Frage, wie die unentgeltliche Beteiligung eines neuen Partners zu würdigen ist. Das FG Schleswig-Holstein nahm in seiner Entscheidung vom 24.06.2004 (EFG 2005, 75) das Differenzierungsgebäude des BFH auf und kam zu der Erkenntnis, dass die Einbringung, die auf **fremde** Rechnung (des Aufzunehmenden) **unentgeltlich** erfolgt, zu laufendem Gewinn führt, da insoweit eine Entnahme der ideellen Anteile an den WG anzunehmen sei.[148]

Durch die Änderung des § 6 Abs. 3 EStG ist die aktuelle Lösung ganz einfach: **zwingende Buchwertfortführung!**

2.7.3 Gegenstand der Einbringung und Voraussetzung für das Wahlrecht

In zweifacher Hinsicht nimmt bei § 24 UmwStG das **Sonder-BV** eine besondere Rolle ein. Zum ersten geht es um die Frage, ob und in welchem Umfang ggf. vorhandenes **Sonder-BV** bei der Einbringung eines MU-Anteils miteingebracht werden muss, um die tatbestandlichen

---

147 Der Vorwurf des § 42 AO wird mit dem Hinweis widerlegt, dass das außersteuerliche Motiv hier im berechtigten höheren Gewinnanteil des Altpartners sowie im Liquiditätsvorteil des Juniorpartners läge (statt aller *Widmann/Mayer*, § 24 UmwStG, Rz. 187). A.A.: BFH vom 27.10.2015, BStBl II 2016, 600).
148 Kritisch zu dieser Annahme äußern sich im Schrifttum *Groh*, DB 2001, 2162 und *Paus*, FR 2001, 342.

Voraussetzungen zu erfüllen. M.a.W. lautet die Frage hier: Gehört zu allen wesentlichen Betriebsgrundlagen eines MU-Anteils auch etwaiges Sonder-BV? Es handelt sich folglich um eine Definitionsfrage bzgl. des **Einbringungssubjektes** »MU-Anteil«.

Zum zweiten stellt sich die Frage, ob gem. § 24 UmwStG (bei der PersG) alle eingebrachten WG eines Betriebs in das **Gesamthandsvermögen** der Ziel-PersG eingebracht werden müssen.

Letzteres ist mit einem von der Verwaltung (Rz. 24.06 des UmwSt-Erlass) übernommenen Urteil des BFH vom 26.01.1994 (BStBl II 1994, 458) nicht der Fall: Danach müssen im Falle der Einbringung eines Betriebes damit zusammenhängende Grundstücke, die im zivilrechtlichen Eigentum des Einbringenden verbleiben, nicht in das Gesamthandsvermögen eingelegt werden. Sie können auch in der Zielgesellschaft die Eigenschaft als Sonder-BV annehmen.

Zurückkommend auf die Ausgangsfrage (**denknotwendige Einbeziehung des Sonder-BV in »alle wesentlichen Betriebsgrundlagen« eines MU-Anteils**) haben zwei Urteile aus dem Jahre 2000 für Aufregung gesorgt.[149] Im ersten Urteil vom 12.04.2000 (BStBl II 2001, 26) wurde für den Fall einer Veräußerung eines (damals noch möglichen) Bruchteiles eines MU-Anteils nach § 16 Abs. 1 Nr. 2 EStG unter Bezugnahme auf § 24 UmwStG ausgeführt, dass auch das anteilige (quotale) Sonder-BV mitveräußert werden müsse (sog. wesentliches Sonder-BV). Im zweiten Urteil wurden die Grundsätze auf die unentgeltliche Übertragung nach § 6 Abs. 3 EStG übertragen.

Während sich das Thema der Mitübertragung des **quotalen Sonder-BV** durch die Neufassung von § 16 Abs. 1 S. 2 EStG i.d.F. des UntStFG 2001 erübrigt hat[150], ist nach wie vor die grundsätzliche Frage zu klären, ob das (jedes) Sonder-BV mit veräußert werden muss, um die Vergünstigungen der §§ 16 Abs. 4, 34 EStG (**Wertansatz gemeiner Wert**) auch in einem Einbringungsfall nach § 24 UmwStG erfolgreich zu reklamieren.[151]

Im Unterschied zu § 16 EStG zählt nach einhelliger Meinung im Umwandlungsteuerrecht **allein** die **funktionale Betrachtungsweise** (BMF vom 16.08.2000, BStBl I 2000, 1253).[152] Diese zu § 20 UmwStG ergangene amtliche Äußerung ist m. E. auch auf § 24 UmwStG zu übertragen. Danach sind m.E. die WG des **notwendigen Sonder-BV I** kraft Definition immer mit einzubeziehen, während es beim gewillkürten Sonder-BV I immer eine Einzelfallentscheidung sein wird, ob das WG für die betrieblichen Belange der PersG unersetzlich ist.[153] In diesem Sinne spricht sich auch das BMF-Schreiben zu § 6 Abs. 3 EStG[154] vom 03.03.2005 (BStBl I 2005, 458) dafür aus, dass **funktional wesentliches Sonder-BV** mit übertragen werden muss. Darunter werden in Rz. 3 a.a.O. solche WG definiert, die für die Funktion des Betriebs von Bedeutung sind. Ausdrücklich wird die quantitative Betrachtungsweise abgelehnt. Für das Sonder-BV II gilt:

Da auch das **Sonder-BV II** zum Betriebsvermögen des G'fters gehört, sind auch die darin enthaltenen funktional wesentlichen Betriebsgrundlagen einzubringen. Für die Anwendung der

---

149 BFH vom 12.04.2000 (BStBl II 2001, 26) und vom 24.08.2000 (ZEV 2001, 82).
150 S. hierzu auch *Wacker* in *Schmidt*, EStG (2016), § 16 Rz. 410 und 412: mangels vollständiger Realisierung immer laufender Gewinn.
151 S. hierzu auch *Reiß* in *Kirchhof-kompakt*, § 16 Rz. 39 sowie zu § 6 Abs. 3 EStG *Fischer* a.a.O. § 6 Rz. 181 und 182.
152 Ausnahme: Gewählter Ansatz des gemeinen Werts!
153 Aber auch hier gilt: Wird der gW-Ansatz gewählt, so müssen auch die quantitativen Aspekte berücksichtigt werden.
Vgl. zum Ganzen *Ley*, KÖSDI 2004, 14024 (31) sowie zur § 6b-Problematik in diesem Zusammenhang *Bogenschütz*, DStR 2003, 1097 (jeweils mit Mindermeinungen, aber die Problematik gut darstellend).
154 § 6 Abs. 3 EStG ist als sedes materiae (Rechtsgrundlage) eher anwendbar als § 16 EStG.

begünstigten Besteuerung nach § 16 Abs. 4 und § 34 Abs. 1 und 3 EStG sind auch quantitativ wesentliche Betriebsgrundlagen bei einer Einbringung zum gemeinen Wert zu übertragen (BFH vom 02.10.1997, BStB lII 1998, 104). Dies gilt zumindest für das notwendige Sonder-BV II.

Zu berücksichtigen ist schließlich noch die »**Gesamtplan**«**-Rspr.** des BFH (auslösendes Urteil: BFH vom 06.09.2000, BStBl II 2001, 229): Immer dann, wenn ein funktional wesentliches Sonder-BV im zeitlichen und sachlichen Zusammenhang mit der Übertragung (Einbringung) des MU-Anteils zum Buchwert in ein anderes BV (z.B. in eine gewerblich geprägte PersG) überführt oder entnommen wird, kann der MU-Anteil nicht zu Buchwerten übertragen werden (s. auch das Bsp. in Rz. 7 des BMF-Schreibens vom 03.03.2005, BStBl I 2005, 458). Diese Rspr. ist vom BFH in weiteren Urteilen nur für einen sehr eng begrenzten Anwendungsfall bestätigt worden. Im Ergebnis hat sie nur noch für Fragen der Begünstigungen nach §§ 16, 34 EStG Gültigkeit (vgl. hierzu im Einzelnen *Wacker*, UbG 2016, 245).

2.8 Zusammenfassung der Rechtsfolgen für die Personengesellschaft

Nachfolgend ein Überblick der Rechtsfolgen für die PersG bei der Einbringung in eine PersG gem. §§ 23, 12 Abs. 3 und 4 Abs. 2 S. 3 UmwStG:

Ansatz gemeiner Wert bei Einzelrechtsnachfolge	• neue AfA-Bemessungsgrundlage (AK i.H.d. gW), • neue AfA-Methode nach nunmehr gültiger RND, • ggf. § 6 Abs. 2 EStG anwendbar, wenn die übrigen Voraussetzungen erfüllt sind, • Anlauf neuer Fristen, soweit diese für die Besteuerung von Bedeutung sind,
Zwischenwertansatz bei Einzel- und Gesamtrechtsnachfolge sowie **Ansatz gemeiner Wert mit Gesamtrechtsnachfolge**	• gleiche AfA-Methode wie in der PersG oder dem EU, • AfA-Bemessungsgrundlage wie EU/PersG + aufgedeckte (ggf. anteilig) stille Reserven, • eventuell für die Besteuerung bedeutsame Fristen laufen neu an, keine Besitzzeitzusammenrechnung (§ 23 Abs. 2 UmwStG verweist nicht auf § 4 Abs. 2 S. 3 UmwStG),
Buchwertansatz bei Einzel- und Gesamtrechtsnachfolge	• gleiche AfA-Methode wie in der PersG oder dem EU, • gleiche AfA-Bemessungsgrundlage wie in PersG/EU, • eventuell für die Besteuerung bedeutsame Fristen laufen weiter, d.h. Besitzzeitzusammenrechnung.

2.9 Zusammenstellung der denkbaren Fälle zu § 24 UmwStG

Die **Wahlmöglichkeiten** nach § 24 UmwStG können – zusammenfassend – bei der Gründung einer PersG nur in folgenden Fällen ausgeübt werden:

- Ein G'fter X leistet eine Bareinlage in das BV, der zweite G'fter Y bringt eine steuerfunktionale Einheit (Betrieb/Teilbetrieb/MU-Anteil) ein;
- X legt ein WG des PV oder des BV ein, Y bringt seinen Betrieb (Teilbetrieb/MU-Anteil) ein;

- es werden jeweils steuerfunktionale Einheiten von X und Y eingebracht;
- eine bestehende PersG XY-OHG (KG) nimmt einen neuen G'fter Z auf gegen Bareinlage/Sacheinlage (aus BV/PV) oder gegen Einbringung eines Betriebes etc.;
- zwei PersG fusionieren zu einer PersG.

3 Die laufende Besteuerung der Personengesellschaft

Der Gliederungspunkt wird an dieser Stelle nur aus redaktionellen Gründen der Komplettierung halber erwähnt. Inhaltlich wird auf die vorherigen Kapitel verwiesen.

4 Die Auflösung der Personengesellschaft

Nach Eintritt der rechtlichen Auflösungsgründe (vgl. § 131 Abs. 1 und 2 HGB) kommt es gem. §§ 145 ff. HGB zur faktischen Abwicklung der PersG.

Das nach Vorwegbefriedigung der Gläubiger verbleibende Restvermögen aus der Veräußerung (Versilberung) der einzelnen Gegenstände wird unter den G'ftern nach der Gewinnabrede aufgeteilt (BMG: die Differenz zwischen dem gemeinen Wert und dem Buchwert der WG gem. § 16 Abs. 3 S. 5 EStG bzw. das liquide Vermögen). Entsprechend § 16 Abs. 3 EStG werden die Ergebnisse der Betriebsaufgabe i.R.d. einheitlichen und gesonderten Gewinnverteilung aufgeteilt und zugewiesen. § 16 Abs. 4 und § 34 EStG sind auch hier einschlägig.

5 Die Realteilung der Personengesellschaft[155]

5.1 Historische Einleitung und gesellschaftsrechtlicher Hintergrund

In einem interessanten Zusammenspiel zweier (damals noch) unfertiger Rechtsgebilde hat sich seit Anfang der 90er Jahre die Realteilung als die »dogmatische Schwester« der Erbauseinandersetzung etabliert. Bis zum grundlegenden BFH-Beschluss vom 05.07.1990 (BStBl II 1990, 837), zur Erbauseinandersetzung gab es lediglich zwei BFH-Urteile zur Realteilung.[156] Dies hinderte den GrS jedoch nicht, als dogmatisches Fundament(!) für die Erbauseinandersetzung die Realteilung auszuwählen, die damals noch kein Rechtsinstitut war. Dieser historische Hinweis erfolgt an dieser Stelle, um die Parallelentwicklung beider Institute zu verdeutlichen. Während dort die Einbindung der **Miterbengemeinschaft** in die Realteilung und das konkrete Problem des Mischnachlasses im Vordergrund der Debatte

---

[155] Siehe zum Thema steueroptimale Umstrukturierungen auch *Jacobsen*, BB 2009, 1955 und *Huber/Ostermayer*, BB 2009, 1327 (hier insb. zu Umstrukturierungen von Freiberufler-Sozietäten).
[156] BFH vom 10.02.1972 (BStBl II 1972, 419) und BFH vom 19.01.1982 (BStBl II 1982, 456).

stehen[157], geht es nachfolgend um die Grund- und Strukturfragen der Auflösung **einer PersG mit Gewinneinkünften** im Wege der Realteilung. Unter dem Gesichtspunkt der »Erkenntnisquellen« bzw. der Hilfsmittel ist zu vermerken, dass sich die Verwaltung des speziellen Themas der Erbauseinandersetzung angenommen (BStBl I 1993, 62) und dass sich der Gesetzgeber schon mehrfach am allgemeinen Thema der Realteilung versucht hat. Beide Prozesse sind nicht immer aufeinander abgestimmt gewesen.

Nach einer mehrfachen Kehrtwendung des Gesetzgebers scheint die Realteilung erstmals seit 01.01.2002 auf gesichertem Boden zu stehen. Die Verwaltung veröffentlichte am 28.02.2006 (BStBl I 2006, 228) Verwaltungsgrundsätze zur Realteilung (nachfolgend zitiert als »**VwReal06**«. **Beachte:** Dieses Schreiben ist durch BMF-Schreiben vom 20.12.2016, DStR 2017, 105 ergänzt worden – auch dieses Schreiben nimmt nicht Bezug auf das Urteil des BFH vom 17.09.2015, HFR 2016, 340).

Beispiel 4: Eine aufzulösende PersG

A	A-KG (in T€)		P
	Buchwert		Buchwert
Teilbetrieb (TB) I	150	Kapital A	150
TB II	150	Kapital B	150
	300		300

Die Auflösung einer PersG ist neben der Liquidation auch in der Form möglich, dass den G'ftern (hier: den Realteilern) einzeln Vermögensgegenstände direkt zugewiesen werden.[158] Gesellschaftsrechtlich wird aus der bisherigen Gesamthandsberechtigung eines jeden G'fters an allen WG der PersG nunmehr **Alleineigentum** an den zugewiesenen **einzelnen Gegenständen.** Diese Form der Auflösung wird Realteilung genannt. Die zugewiesenen Gegenstände heißen »Teilungsmassen« oder »Realteilungsmassen«.

Lösung: Eine Realteilung liegt dann vor, wenn die G'fter A und B die Teilungsmassen TB I und TB II jeweils zu Alleineigentum erhalten.

Unter dem Einfluss der immer stärker ins Blickfeld rückenden PersG als Tatbestandssubjekt hat der BFH 1982 die Realteilung als Unterfall der Betriebsaufgabe einer PersG nach § 16 Abs. 3 EStG behandelt. Allein dadurch wird die Realteilung heute stärker in die Nähe einer betrieblichen **Umstrukturierungsmaßnahme** einer PersG gerückt.

Der Realteilung vergleichbar – aber nur in den Rechtsfolgen gleichgestellt – ist die Sachwertabfindung (s. Kap. V 4) sowie die Gründung einer beteiligungsidentischen Schwestergesellschaft, auf die (Teile des) BV der ersten PersG übertragen werden (sog. Ausgliederungsmodell). Der Unterschied zu diesen Vorgängen liegt in der – nur bei der Realteilung vorliegenden – **Beendigung** der aufgelösten PersG.

---

157 S. dazu auch das BMF-Schreiben vom 11.01.1993 (BStBl I 1993, 62) sowie vom 28.02.2006 (BStBl I 2006, 228).
158 Gem. § 145 Abs. 1 HGB ist dies eine »andere Form« der Auflösung.

Hinweise:
(1) Das FG Hamburg hat in diesem Zusammenhang am 18.04.2012 (Az.: 3 K 89/11) entschieden, dass bei Ausscheiden eines G'fters unter Übernahme **eines Teilbetriebs** dann eine Realteilung (und keine Sachwertabfindung) vorliegt, wenn die MU-schaft unter den übrigen G'ftern fortgesetzt wird. Dies ist vom BFH mit Urteil vom 17.09.2015 (HFR 2016, 340) bestätigt worden.
(2) Die Finanzverwaltung geht auch dann von einer Realteilung aus, wenn die MU-schaft fortgesetzt wird und der ausscheidende G'fter einen Teilbetrieb oder einen MU-Anteil erhält. Für den Fall, dass der ausscheidende G'fter **Einzel-WG** erhält, soll dies kein Fall der Realteilung, sondern ein Fall des § 6 Abs. 5 S. 3 EStG sein, wenn der (die) Verbleibende(n) den Betrieb fortführen (BMF vom 20.12.2016, BStBl I 2017, 36).
Diese Ansicht widerspricht aber dem BFH-Urteil vom 16.03.2017 (DStR 2017, 1376), wonach auch bei Übernahme von Einzel-WG eine Realteilung vorliegen soll.

VwReal06 halten dagegen unter Tz. I am Erfordernis der Beendigung der PersG fest. Dies hat vor allem Bedeutung für die Frage, welche Rolle übernommene Verbindlichkeiten spielen (nur bei der Realteilung gilt die Einheitstheorie, der zufolge übernommene Schulden nicht zu einem (teil)entgeltlichen Anschaffungs- bzw. zu einem Veräußerungsvorgang führen).

Nicht vergleichbar – und damit nicht den Grundsätzen der Realteilung folgend – ist der Fall, dass einer der MitG'fter bei der Auflösung der PersG mit **Geld** abgefunden wird. Dieser Fall stellt vielmehr einen Anwendungsfall zu § 16 Abs. 1 Nr. 1 EStG dar. Dies hat der BFH im Urteil vom 20.02.2003 (BStBl II 2003, 700) auch für den Fall bestätigt, dass zwei personenidentische PersG auf diese Weise auseinandergesetzt werden, dass jeder der G'fter einen Betrieb als Einzelunternehmer fortführt und der jeweils andere in Geld abgefunden wird.

Unter steuerrechtlichen Gesichtspunkten ist noch darauf hinzuweisen, dass die steuerlichen Rechtsfolgen der Realteilung nur dann gewährt werden, wenn die Teilungsmassen in **inländisches BV** überführt werden, da nur dadurch die Versteuerung der stillen Reserven sichergestellt sei (**Tz. V der VwReal 06**). Die Verwaltung verweist dabei auf den Fall der Übertragung in eine ausländische Betriebsstätte, deren Einkünfte nach DBA freigestellt sind.[159]

Bei den aufnehmenden »Betrieben« kann es sich nach den **VwReal06** um L + F, gewerbliche und freiberufliche Betriebe handeln; ebenso ist die Übertragung auf ein Sonder-BV oder auf Unternehmen im Rahmen einer Betriebsaufspaltung zulässig. Dies hängt (»inländisches« BV) mit dem finalen Entnahmebegriff zusammen, wonach nur solange die Steuerverstrickung gewährleistet ist, wie dem nationalen Fiskus der Zugriff auf die im Inland erwirtschafteten Reserven zusteht.[160] Unter dem Gesichtspunkt der personen- und objektdifferenzierenden Betrachtung beziehen die **VwReal06** nur solche Übertragungen in das Rechtsinstitut der Realteilung mit ein, bei denen die Aufteilung und Zuordnung der Teilungsmassen nicht vor Beendigung der PersG erfolgte (Bsp.: Ausgliederungsmodell). Dies ergibt sich schon aus § 16 Abs. 3 S. 8 EStG.

Hinweis: Bei der neutralen Realteilung einer freiberuflichen MU-schaft (ohne Spitzenausgleich) besteht nach dem BFH-Urteil vom 11.04.2013 (DB 2013, 1938) keine Verpflichtung, eine Realteilungsbilanz aufzustellen, wenn die MU in den Einzelpraxen ihre Gewinnermittlung nach § 4 Abs. 3 EStG (EÜR) fortsetzen.

---
159 S. allgemein Schreiben betr. Anwendung der DBA auf PersG vom 16.04.2010 (BStBl I 2010, 354).
160 S. bei der Überführung von WG ins Ausland BMF vom 24.12.1999 (BStBl I 1999, 1076).

5.2 Tatbestand und Rechtsfolgen bei einer Realteilung von steuerfunktionalen Einheiten

5.2.1 Die Grundaussage

Solange es sich bei den Teilungsmassen um steuerfunktionale Einheiten (Betriebe/Teilbetriebe oder MU-Anteile) handelt, waren »nur« die Rechtsfolgen umstritten.

Beispiel 5: Realteilung mit Teilbetrieben (unterschiedliche Werte)

A	C-KG (in T€)				P
	Buchwert	TW		Buchwert	TW
(TB) I	100	200	Kapital C	150	200
TB II	200	200	Kapital D	150	200
	300	400		300	400

C soll im Rahmen der Aufgabe den TB I und D den TB II erhalten. Die Teilbetriebe werden im jeweiligen Einzelunternehmen von C und D fortgeführt.

Bereits der idealtypische Grundfall zur Realteilung, wonach sich die G'fter C und D steuerfunktionale Einheiten (hier: Teilbetriebe) mit identischen Teilwerten zugewiesen und diese betrieblich fortgeführt haben, wurde in der **hauptsächlichen** Rechtsfolge unterschiedlich behandelt.

Lösung: Mit Urteil vom 10.12.1991, BStBl II 1992, 385, hat sich der BFH für die **Kapitalkontenanpassungsmethode**[161] entschieden, wonach die Buchwerte der übernommenen WG (in der Summe = Teilbetrieb) unangetastet bleiben und die Kapitalkonten der Realteiler in ihren Einzelunternehmen **steuerneutral** angepasst werden.[162]

A	Eröffnungsbilanz des C (in T€)		P
	Buchwert		Buchwert
TB I	100	Kapitalkonto C	150
			./. 50 = 100
Sonstige Aktiva	...	Sonstige Verbindlichkeiten	...

Dieser Methode, der sich die Verwaltung (vgl. **Tz. VII der VwReal06**) angeschlossen hat, kann nur unter dem Gesichtspunkt der Praktikabilität zugestimmt werden, da es offensichtlich ist, dass es hier zu einer Verlagerung stiller Reserven zwischen den beiden G'fter kommt, die nicht ihrem vorherigen Anteil entsprechen. Das Überspringen latenter Steuergrößen (wie die stillen Reserven) zwischen zwei Personen (hier: C und D) widerspricht dem Grundsatz der Besteuerung nach der individuellen Leistungsfähigkeit, da nunmehr die Wertigkeit der

---

161 Beim Gegenmodell (**Buchwertanpassung**) werden die Kapitalkonten fortgeführt und die übernommenen Aktiva den Kapitalkonten angepasst.
162 In einer weiteren Entscheidung vom 18.05.1995, BStBl II 1996, 70 führte der BFH aus, dass bei der Anpassung der Kapitalkonten an die Buchwerte der zugeteilten WG auch Auf- und Abstockungen in evtl. Ergänzungsbilanzen zu berücksichtigen sind.

Teilbetriebe verschoben wurde. Der BFH hat das Problem zwischenzeitlich gesehen (Urteil vom 18.05.1995, BStBl II 1996, 70) und die Ungleichbehandlung »hingenommen«.[163]

In diesem Zusammenhang ist die wegweisende Entscheidung des BFH vom 04.05.2004 (BStBl II 2004, 893) zu erwähnen. Es ging um die Frage, ob die mit Buchwerten aufgestellte **Realteilungsschlussbilanz** identisch mit der **Einbringungsbilanz** sein muss, m.a.W. stellte sich hier die Frage: Gilt bei der Realteilung der **Wertverknüpfungsgrundsatz?**

Im konkreten Fall machte der Realteiler (= StB aus der alten Sozietät) in seiner neuen GbR von dem Wahlrecht nach § 24 UmwStG Gebrauch und aktivierte in der Ergänzungsbilanz der neuen GbR den eingebrachten Mandantenstamm, der in der Schlussbilanz der alten Sozietät nicht aufgedeckt wurde. Mit ausführlicher Begründung verneinte der BFH einen unmittelbaren Zusammenhang beider Vorgänge (Realteilung einerseits und Einbringung andererseits), ignorierte einen Wertzusammenhang und gelangte zum Vorrang der Einbringung (d.h. des **dortigen** Bewertungswahlrechts). Bei Buchwertansatz in der Realteilungsschlussbilanz führt die realgeteilte PersG die Buchwerte fort; es kommt zu keinem Steuertatbestand, wenn der Realteiler diese Werte fortführt. Weicht er hingegen – wie vorliegend – in der Einbringungsbilanz von diesem Wertansatz ab, so entsteht ein Einbringungsgewinn.

Hinweis: Das FG Münster hatte am 10.04.2013 (EFG 2013, 1206) den Fall zu entscheiden, dass nach der Realteilung ein **falscher** Bilanzansatz zu **korrigieren** war. Nach dem Grundsatz des **formellen Bilanzzusammenhangs** trägt daher der Realteiler die Folgen und muss den falschen Bilanzansatz in der Nachfolgegesellschaft korrigieren (s. dazu auch *Wellenkemper*, EFG 2013, 1207).

5.2.2 Weitere bilanztechnische Folgen

Zu zwei bilanztechnischen Fragen liegen nach den *VwReal06* (BStBl I 2006, 228) nunmehr amtliche Antworten vor:

Ein originärer Firmenwert kann in der Eröffnungsbilanz eines Realteilers nicht angesetzt werden, während es umgekehrt möglich sein soll, einen derivativen Firmenwert von der aufzulösenden PersG auf die Betriebe der einzelnen Realteiler zu übernehmen.

Für die Frage des Umfangs des Sonder-BV bei einem Transfer eines MU-Anteils verweist Tz. II lapidar auf § 6 Abs. 5 EStG und die dortigen Erkenntnisse.[164]

5.3 Einzelwirtschaftsgüter als Teilungsmassen

Obwohl die früher in Bezug genommene Norm des § 24 UmwStG für die Einbringung steuerliche Funktionseinheiten voraussetzt, erstreckte der BFH im Urteil vom 01.12.1992, BStBl II 1994 (!), 607 die Grundsätze der Realteilung auch auf Einzel-WG.

---

163 Zumindest bei einer zweigliedrigen PersG mit wenigen (bis zu fünf) WG müsste eine verfassungsrechtlich unbedenkliche Lösung an die Kapitalkontenanpassungsmethode anknüpfen und würde in jeweiligen Ergänzungsbilanzen oder in Kapitalausgleichsposten die anteilige Differenz zwischen Teilwert und Buchwert der WG einstellen und korrespondierend fortschreiben. Im Beispiel 5 müsste C sodann den Mehrwert von stillen Reserven des TB I i.H.v. 50 T€ in eine positive Ergänzungsbilanz (Mehrwert Aktiva an Mehrkapital C) und D den Minderwert in eine negative Ergänzungsbilanz einstellen. Entsprechend müsste bei TB II verfahren werden. Beide Ergänzungsbilanzen sind korrespondierend zur Hauptbilanz fortzuentwickeln.
164 Damit wird ausdrücklich auch ein Nebeneinander von § 16 Abs. 3 S. 2ff. EStG und § 6 Abs. 5 EStG anerkannt.

Beispiel 6: Realteilung mit Einzel-WG

A	Bilanz der E-KG (in T€)			P
	Buchwert	gW		Buchwert	gW
Bet. an X-KG	300	700	Kapital E	500	700
Einzel-WG	1.000	1.000	Kapital F	500	700
			Verb.	300	300
	1.300	**1.700**		1.300	**1.700**

Die Zielsetzung der Beteiligten E, F geht dahin, dem E die Einzel-WG – zusammen mit den Schulden – für dessen Betrieb zu übertragen, während F den MU-Anteil an der X-KG erhält. Damit kann zunächst ohne Ausgleichszahlungen eine Auflösung der E-KG erreicht werden.

Lösung: Zunächst gilt einvernehmlich die Aussage, dass die einseitige Übernahme von Betriebsschulden – wie hier durch E, der alle Schulden der E-KG übernimmt – nicht als Gegenleistung bzw. als sog. »Spitzenausgleich« zu werten ist (Ausfluss der Einheitstheorie). Hieraus ergibt sich eine sehr flexible Gestaltung der Realteilung, da durch **disquotale Übernahme von Betriebsschulden** für einen steuerunschädlichen adäquaten Ausgleich gesorgt werden kann. Eine vergleichbare Möglichkeit besteht auch durch die über-/unterquotale Übernahme evtl. vorhandener **liquider Mittel** (Bsp.: Kasse-, Bankguthaben, da es sich insoweit nicht um wesentliche Betriebsgrundlagen handeln kann; vgl. Tz. 3.3. der VwReal06).[165]

Beide Möglichkeiten setzen »taugliche Teilungsmassen« auf der Aktivseite voraus. Im Beispiel 6 fehlt es an einer zweiten steuerfunktionalen Einheit: die Summe von **Einzel-WG** vermag allein keinen Teilbetrieb zu bilden.[166]

§ 16 Abs. 3 S. 2 EStG löste den Normenwiderspruch auf und sprach sich auch bei der Zuteilung von **Einzel-WG** für den **Buchwertzwang** aus.

Dabei werden als zusätzliche Voraussetzung für die neutrale Überführung von bestimmten Einzel-WG (Gebäude, GruBo[167] bzw. »wesentliche Betriebsgrundlagen«) nach S. 3 **Sperr- oder Haltefristen** für die betroffenen WG festgeschrieben. Drei Jahre nach Abgabe der **Feststellungserklärung** enden diese Fristen. Der Begriff der steuerschädlichen Veräußerung (bzw. Entnahme) wird dabei von den VwReal06 sehr weit gefasst. So fallen hierunter (Tz. VIII VwReal06):

- Tatbestände wie die spätere Aufnahme eines weiteren G'fters oder
- die Einbringung der betroffenen Sachgesamtheiten nach §§ 20, 24 UmwStG oder
- die Verwendung im Rahmen eines Formwechsel gem. § 25 UmwStG.

Dabei gilt diese Sperrfrist nur für wesentliche WG wie GruBo, Gebäude und andere wesentliche Betriebsgrundlagen.[168]

---

[165] Nicht zugelassen wird von Tz. 3.3 VwReal06 die sog. Einlagelösung, wo die Wertdifferenz durch Kreditaufnahme bzw. durch Direkteinlage ausgeglichen werden soll (sog. Scheineinlage).
[166] Zum inhaltlichen Erfordernis des Teilbetriebs s. die ausführliche Diskussion *Preißer*, Band 1, Teil B, Kap. II.
[167] Etwas anderes soll nach Tz. 4.2 der VwReal06 aber dann gelten, wenn es sich bei »GruBo« um Umlaufvermögen handelt. Bedenkliche Auslegung contra legem!
[168] Es gilt dabei die kombiniert funktional-quantitative Beurteilung. Umgekehrt können unwesentliche Gebrauchs-WG sofort nach der Realteilung veräußert werden, ohne dass rückwirkend der gemeine Wert anzusetzen ist.

Ebenso gilt nach § 16 Abs. 3 S. 4 EStG die **Körperschaftsklausel**, die bei einer direkten oder reflexartigen Übertragung von Einzel-WG auf eine KapG zur Realisation zwingt. Dies ist immer dann der Fall, wenn die GmbH **vermögensmäßig** an der neuen MU-schaft (KG) beteiligt ist, d.h. bei einer GmbH & Co. KG, in die die Teilungsmassen eingebracht werden. Letzteres gilt auch dann, wenn die Überführung der Einzel-WG auf eine MU-Beteiligung des Realteilers mit einer GmbH im Sonder-BV erfolgt.[169]

Als **Fazit** hat für die Rechtslage ab 2001 eine Realteilung auch mit Einzel-WG zu Buchwerten zu erfolgen. Dies wird nachträglich korrigiert (Aufdeckungszwang), wenn ein **wesentliches Einzel-WG** innerhalb der Sperrfrist veräußert wird. »Profitiert« von der Übertragung direkt oder indirekt eine KapG, so ist insoweit bereits im Zeitpunkt der Zuteilung eine anteilige Aufdeckung der Reserven geboten.

5.4 Der Mitunternehmeranteil als Teilungsgegenstand

Der MU-Anteil, so wie er in § 15 Abs. 1 Nr. 2 EStG definiert ist, ist der idealtypische Teilungsgegenstand, zumal mit ihm sowohl im Ausgangsbetrieb als auch in dem Zielunternehmen wirklich geschlossene funktionelle Einheiten vorliegen.

Aufgrund der zwischenzeitlichen BFH-Rspr. – wenngleich in anderem Zusammenhang – sind derzeit drei Fragen ungeklärt:

a) Ist auch ein Teil eines MU-Anteils begünstigter Gegenstand der Realteilung?
b) Muss (und ggf. wie viel) auch Sonder-BV mitübertragen werden?
c) Können WG – steuerunschädlich – zurückbehalten werden?

Zu a): Ist der **Teil eines MU-Anteils** taugliche Teilungsmasse?
Ein Vergleich der »konkurrierenden« Bestimmungen des § 6 Abs. 3 S. 1 EStG mit § 16 Abs. 3 S. 2 EStG zeigt eindeutig, dass der Gesetzgeber zwar bei § 6 Abs. 3 EStG mit dem 2. HS von S. 1 den Teil eines MU-Anteils einbezogen hat, dies aber in § 16 Abs. 3 S. 2 EStG nicht »nachvollzogen« hat. Dort – und insb. durch die Klarstellung in § 16 Abs. 1 Nr. 2 EStG (»gesamter Anteil« eines MU) – wird eindeutig auf den gesamten MU-Anteil als tauglichen Realteilungsgegenstand abgestellt.

Demgegenüber nimmt ein Teil der Lit. den entgegengesetzten Standpunkt ein und verweist darauf, dass der Gesetzgeber eben nur § 16 Abs. 1 Nr. 2 (gesamter Anteil) geändert hat und § 16 Abs. 3 S. 2 (MU-Anteil) insoweit »ungeschoren« davongekommen sei. Damit nehme der offene Begriff des MU-Anteils in § 16 Abs. 3 S. 2 EStG auch den Teil eines MU-Anteils auf. M.E. liegt eine Auslegung bei § 16 Abs. 3 EStG, die sich an § 16 Abs. 1 EStG orientiert, näher als eine offene Interpretation des Begriffs MU-Anteil. Als Ergebnis der hier vertretenen Auffassung kommen bei der Teilung von Anteilen eines MU-Anteils allenfalls Einzel-WG – mit den Sicherungsklauseln der Sätze 3 und 4 – in Betracht.

Da nunmehr aber auch Einzel-WG teilungsfähig sind, steht der Einbeziehung von Anteilen an MU-Anteilen nichts mehr im Wege.

---

169 Damit wird aber auch deutlich, dass der ursprüngliche Zweck der Körperschaftsklausel, Übertragungen auf solche Ziel-(Kapital-)Gesellschaften zu erschweren, deren Vermögen aus einem WG besteht (vgl. *van Lishaut*, DB 2000, 1787 sowie *Reiß*, BB 2000, 1969), mit der Neufassung nicht mehr vereinbar ist.

Zu b): Zwangsläufige Übertragung des Sonder-BV?

Grundsätzlich zählt das Sonder-BV nach der BFH-Rspr. zum Inhalt des steuerfunktionalen Begriffs des MU-Anteils und stellt eben kein Einzel-WG dar. Im Rahmen der steuerneutralen Realteilung nach § 16 Abs. 3 S. 2 EStG ist somit das Sonder-BV, das zu den wesentlichen Betriebsgrundlagen des MU-Anteils zählt, mit einzubeziehen (sog. wesentliches Sonder-BV). Sind andere Personen an dem Gegenstand des Sonder-BV beteiligt, sollte auch eine kongruente (quotale) Übertragung des wesentlichen Sonder-BV im Rahmen der Realteilung erfolgen, ohne dass für den Teilungsvorgang die Behaltefristen des § 16 Abs. 3 S. 3 und 4 EStG bemüht werden müssen. Strittig ist derzeit, ob die Buchwertfortführung auch bei disquotaler Zuweisung des Sonder-BV gilt, wenn MU-Anteile aufgespalten werden.[170]

Zu c): Steuerunschädliches Zurückbehalten von WG

Losgelöst von der Streitfrage, wie und ob § 6 Abs. 3 EStG und § 16 Abs. 3 S. 2 ff. EStG (eigentliche Realteilungsregelung) aufeinander abzustimmen sind, ist die Zurückbehaltung einzelner WG wegen der zwischenzeitlich zulässigen Realteilung von Einzel-WG heute gegenstandslos geworden. Im schlimmsten Fall (zurückbehaltene wichtige Betriebsgrundlagen) werden sodann als Restmasse – statt des MU-Anteils – Einzel-WG geteilt und zu Buchwerten übertragen; zu achten ist überdies auf die Sicherungsklauseln des § 16 Abs. 3 S. 3 und 4 EStG.

5.5 Realteilung mit Spitzenausgleich

Es sind Fälle denkbar, in denen zwar genügend und geeignete Teilungsmassen für die vorhandenen G'fter (Realteiler) vorhanden sind, die aber unterschiedliche Werte haben. Mangels liquider Mittel oder betrieblicher Verbindlichkeiten, die disproportional aufgeteilt werden, verbleibt den Beteiligten nur der Weg der externen Ausgleichszahlung.

Beispiel 7: Ungleiche Realteilung bei der G-KG/Erbquote zu je 1/2

	Buchwert	gW		Buchwert	gW
Teilungsmasse I	40	400	Kapital G	50	500
Teilungsmasse II	60	600	Kapital H	50	500
	100	**1.000**		100	**1.000**

Die Auflösung der G-KG im Wege der Realteilung wird nur dann erfolgen, wenn derjenige der G'fter (im Beispiel G), der die Teilungsmasse II erhält, bereit ist, den Ex-Partner H auszubezahlen (hier i.H.v. 100 T€).

Die Abfindungszahlungen stellen für den übernehmenden Miterben AK und für die Zahlungsempfänger einen Veräußerungserlös dar (s. Beschluss des GrS BFH vom 05.07.1990, BStBl II 1990, 837 sowie nunmehr BMF vom 14.03.2006, BStBl I 2006, 253, Rn. 12). Hierbei ist es irrelevant, ob die Ausgleichszahlung auf einer Vereinbarung der Miterben oder auf einem Testament des Erblassers basiert (s. BMF vom 14.03.2006, BStBl I 2006, 253, Rn. 16).

---

170 Bejahend *Wacker* in *Schmidt* (2013), § 16 Rz. 544.

Diese Grundsätze sind auch dann anzuwenden, wenn die Erben einzelne WG im Rahmen einer Zwangsversteigerung über den Nachlass erwerben (s. BFH vom 29.04.1992, BStBl II 1992, 727).

In Höhe der Differenz zwischen der Abfindungszahlung und dem Buchwert des hierfür anteilig erworbenen Vermögens sind die stillen Reserven aufzudecken. Im Falle der Übertragung von (Teil-)Betrieben wird der Veräußerungsgewinn ermittelt, indem die Abfindungszahlung dem Teil des Kapitalkontos gegenübergestellt wird, der dem Verhältnis der Abfindungszahlung zum hierdurch erworbenen BV entspricht (s. BMF vom 04.03.2006, BStBl I 2006, 253, Rn. 17). Das hier vorgestellte Vorgehen ist auch für den Fall anzuwenden, dass der Nachlass zwei eigenständige Betriebe zum Gegenstand hat, die aus Sicht der Erbengemeinschaft lediglich zwei Teilbetrieben der Mitunternehmerschaft entsprechen (s. a.a.O., Rn. 17).

Der Veräußerungsgewinn ist nach §§ 16 Abs. 4, 34 EStG begünstigt, sofern die WG anschließend im Rahmen eines einheitlichen Aktes in das PV der Miterben übergehen (s. BMF vom 14.03.2006, BStBl I 2006, 253, Rn. 14).

Gehen die WG aber in das BV der Miterben über, so ist der Veräußerungsgewinn hingegen nicht nach §§ 16 Abs. 4, 34 EStG begünstigt. Gleichwohl unterliegt der Gewinn unter den Voraussetzungen des § 7 S. 2 GewStG nicht der GewSt, sofern dieser nur auf natürliche Personen entfällt (s. a.a.O., Rn. 19).

Übernehmen lediglich ein oder einige Miterben den Gewerbebetrieb und finden die anderen Miterben ab, so entsprechen die Folgen denen der entgeltlichen Veräußerung von Mitunternehmeranteilen (s. BFH vom 14.03.1996, BStBl II 1996, 310). Auch die Abfindung, die ein Miterbe für die nach § 1942 BGB erhält, ist als Veräußerungserlös i.S.v. § 16 Abs. 1 Nr. 2 EStG zu qualifizieren (s. BFH vom 20.04.2004, BStBl II 2004, 110 sowie BMF vom 14.03.2006, BStBl I 2006, 253, Rn. 37), obgleich ihm keine laufenden Einkünfte aus dem Gewerbebetrieb zuzurechnen sind.

Sind einem Erben aufgrund von Abfindungszahlungen Kosten für einen Betrieb, Teilbetrieb oder betrieblich genutzte WG entstanden, so liegen AK vor. In Höhe des dem Erben zustehenden Erbanteils liegt ein teilentgeltliches Erwerbsgeschäft vor und es greift die Fußstapfentheorie. In der Folge sind vorbehaltlich der Ausnahmeregelungen des § 16 Abs. 3 S. 3 und 4 EStG die Buchwerte fortzuschreiben, soweit die WG im BV verbleiben (s. BMF vom 14.03.2006, BStBl I 2006, 253, Rn. 20f.). Überdies werden die Besitzzeiten der Rechtsvorgänger zugerechnet. Dieses ist insb. für die Möglichkeit der Bildung einer Rücklage nach § 6b EStG relevant. Wird das unentgeltlich erworbene WG zu einem späteren Zeitpunkt durch den Erben veräußert, so sind ihm die Besitzzeiten sowohl des Erblassers als auch der Erbengemeinschaft zuzurechnen (s. a.a.O., Rn. 21).

In Höhe des Verhältnisses der Abfindungszahlung zum Verkehrswert des durch den die Abfindung zahlenden Erben übernommenen BV liegt ein teilentgeltliches Erwerbsgeschäft vor. Die AK sind auf die erworbenen WG im Verhältnis ihrer Verkehrswerte zu verteilen[171] und stellen in der Folge die AfA-Bemessungsgrundlage dar (s. BMF vom 14.03.2006, BStBl I 2006, 253, Rn. 17). Die AfA-Methode ist grundsätzlich neu zu bestimmen. Es folgen insoweit keine Besitzzeitanrechnung und keine Buchwertfortführung. Auf die durch Abfindungszahlungen entstandenen AK kann eine vom Erben bereits gebildete § 6b-Rücklage übertragen werden (s. a.a.O., Rn. 21).

---

171 S. auch *Wacker* in *Schmidt*, Rn. 620 zu § 16 EStG.

Lösung (Zahlen zu Beispiel 7):
Der Nachlass hat einen Gesamtwert von 1.000 T€. G und H hätten erbquotal je 500 T€ erhalten sollen. Der von G aufgewendete Ausgleichsbetrag von 100 T€ führt zu einem entgeltlichen Erwerbsanteil von 1/6 (100/600); zu 5/6 erwirbt G unentgeltlich. Auf die Zahlen des Falles bezogen hat G den Buchwert (60 T€) zu 5/6 unentgeltlich (50 €) und zu 1/6 die Teilungsmasse II entgeltlich erworben. Die Aktiva sind um 90 T€ (100 T€ AK zu 10 T€ Buchwert) aufzustocken. Umgekehrt erzielt B einen Veräußerungsgewinn nach § 16 Abs. 1 S. 1 Nr. 2 EStG.

Für das Gebäude eines im BV befindlichen bebauten Grundstücks ergeben sich dabei zwei AfA-Reihen. Hinsichtlich des unentgeltlich erworbenen Teils werden die Buchwerte der Erbengemeinschaft fortgeführt. Die AK stellen die Bemessungsgrundlage für die AfA des entgeltlich erworbenen Teils dar. Im Falle beweglicher WG kann aufgrund der einheitlichen Restnutzungsdauer sowohl für den entgeltlich als auch für den unentgeltlich erworbenen Teil auf eine Aufspaltung der AfA unterbleiben. Die AK werden dem Buchwert hinzugeschrieben und gehen so in die einheitliche AfA-Bemessungsgrundlage ein (s. BMF vom 14.03.2006, BStBl I 2006, 253, Rn. 20).

5.6 Folgewirkungen bei der Realteilung

Mit der Behandlung des Spitzenausgleichs als entgeltlichem Erwerbstatbestand sind Folgefragen verbunden:
Mit dem entgeltlichen Erwerb ist nach BFH-Urteil vom 20.04.2004 (BStBl II 2004, 987) ein Anschaffungsvorgang verbunden, der zum Lauf der Veräußerungs- (früher: Spekulations-) frist des § 23 Abs. 1 S. 1 Nr. 1a EStG führt. Eine ähnliche Beurteilung nimmt der BFH am 08.09.2004 (BStBl II 2005, 41) vor, als er bei der Beurteilung des gewerblichen Grundstückshandels des Erben nur auf den (im Urteilssachverhalt: im Rahmen einer Zwangsversteigerung) entgeltlich erworbenen Part abstellt.

5.7 Auswirkungen auf andere Steuern

Die Realteilung von Teilbetrieben unterliegt § 1 Abs. 1a UStG und stellt somit einen nicht umsatzsteuerbaren Tatbestand dar. Voraussetzung ist auch hier, dass der Teilbetrieb vom Realteiler fortgeführt wird.
Entfielen auf die PersG, deren Teilbetriebe nunmehr fortgesetzt werden, in der Vergangenheit Verluste, so ist beim gewerbesteuerlichen Verlustvortrag nach § 10a GewStG darauf zu achten, dass wegen des Doppelerfordernisses (Unternehmens- und Unternehmeridentität) nur die anteiligen, auf den fortführenden Realteiler entfallenden Verluste vorgetragen werden können.

V Die Beteiligung an einer Personengesellschaft inklusive Personenstandsänderungen, insbesondere die Veräußerung

1 Einführung

Das steuerliche »Innenleben« der PersG wird für einen Augenblick verlassen. Die steuerliche Behandlung des **G'fters (MU)** steht im Vordergrund, insb. seine Beteiligung an der PersG.
 Ein kurzer Rückgriff auf das Gesellschaftsrecht führt in den Kern der Debatte. Die zivilrechtliche Betrachtungsweise der Beteiligung basiert auf dem Verständnis zur Gesamthand (§§ 717, 719 BGB, insb. § 719 Abs. 1 S. 1, 2. HS BGB). Demnach wird im Falle der Übertragung unter Lebenden die Beteiligung an einer PersG als eigenes Recht bzw. genauer als Bündelung der einzelnen Rechtsbeziehungen und somit als ein Anteil an allen WG der Gesamthand betrachtet.[172] Die Verfügung ist allerdings durch die Mitwirkungsbefugnisse (s. § 709 BGB) der übrigen G'fter der PersG eingeschränkt.[173] Eine Beteiligung an (und Verfügung über) einzelne WG ist somit aus zivilrechtlicher Sicht nicht möglich (s. § 719 Abs. 1 S. 1, 1. HS BGB). Vielmehr gibt es bei einer PersG mit Gesellschaftsvermögen nur eine Beteiligung an allen WG der Gesamthand, die allerdings durch die Mitwirkungsbefugnisse der Mitgesellschafter eingeschränkt ist. Ebenso ist der einzelne G'fter nicht befugt, eine Teilung (der WG) zu verlangen (s. § 719 Abs. 1 S. 1, 2. HS BGB). Außerdem bilden die dingliche Vermögensbeteiligung und die Mitwirkungsrechte nach § 717 BGB eine Einheit (sog. Abspaltungsverbot von Vermögensrecht und Mitgliedschaftsrecht).
 Vor diesem Hintergrund haben sowohl das Handelsrecht als auch das Steuerrecht die Aufgabe zu erfüllen, die Beteiligung an einer PersG in ihr jeweiliges Konzept einzufügen. Das Grundproblem der Bilanzierung der Beteiligung an einer PersG in HB und StB – dem Grunde wie der Höhe nach – ergibt sich dabei durch eine grundlegend vom Gesellschaftsrecht abweichende Bilanzierungspraxis im Steuerrecht. Dies entspricht auch der ständigen Rechtsprechung des BFH (ausführlich zuletzt BFH vom 24.06.2009, DStR 2009, 1948, s. BFH vom 02.04.2008, DStRE 2008, 786).
 Solange dabei der G'fter »nur G'fter« ist (d.h. seine Beteiligung im **PV** hält), treten noch keine unüberwindbaren Schwierigkeiten auf. § 16 Abs. 1 Nr. 2 EStG erweitert dabei den Bereich der laufenden gewerblichen Einkünfte nach § 15 Abs. 1 Nr. 2 EStG auch auf die **Veräußerungstatbestände**. Man wird allerdings fragen, ob (und wie) das Konzept des Gesamthandsverständnis in das Bilanzrecht übertragen werden kann, insb. wenn es darum geht, die Aufwendungen eines neuen G'fters für eine erworbene Beteiligung bilanziell zu würdigen. Vorgreiflich der detaillierten Darstellung ist jetzt schon darauf hinzuweisen, dass sich die noch h.M. im Steuerrecht die Beteiligung an einer PersG – anders als das BGB – als die »**ideellen Anteile des G'fters an den einzelnen WG des Gesamthandsvermögens**«

---

172 Vgl. auch *Preißer/Pung*, Die Besteuerung der Personen- und Kapitalgesellschaften, 2012, Teil B, Kap. VI.
173 S. *Palandt*, § 719 BGB, Rn. 1 ff.

vorstellt.[174] Entsprechend entscheidet der BFH in ständiger Rspr., beginnend mit dem Urteil vom 23.07.1985 (DB 1985, 1976) und ausdrücklich zuletzt im Urteil vom 02.04.2008, (BStBl II 2008, 679).[175]

Besonders schwierig wird es, wenn die Beteiligung an einer PersG **im BV** des G'fters gehalten wird und dort die Frage lautet, wie und mit welchen Werten die Beteiligung zu erfassen ist. An dieser Stelle muss man auf eine weitere Schwierigkeit der Praxis hinweisen. Es gibt – von einigen Vorschlägen (IDW/BStB-Kammer) abgesehen – keine einheitliche handelsrechtliche Darstellungsform für den Kapitalausweis eines G'fters einer PersG und schon gar keinen verbindlichen Ausweis für die Beteiligung im BV des G'fters.[176]

Unerheblich ist hingegen, wem die Beteiligung an der PersG als (wirtschaftliches) Eigentum zuzurechnen ist. Die nachfolgenden Ausführungen für die bilanzielle Behandlung der Beteiligung an einer PersG gelten unabhängig davon, ob ein Einzelunternehmen, ein Freiberufler (§ 18 EStG) oder eine andere PersG oder KapG diese Beteiligung hält, sofern diese Gesellschaften gem. §§ 1 Abs. 1, 6 Abs. 2 (für die Kapitalgesellschaften), 238, 242 HGB i.V.m. §§ 140, 141 AO zur Buchführung und zur Aufstellung des Jahresabschlusses verpflichtet sind oder freiwillig Bücher führen und so den steuerlichen Gewinn durch BVV (s. §§ 4 Abs. 1, 5 Abs. 1 und 6 EStG) ermitteln.[177]

2 Die Bilanzierung der Beteiligung

Das nachfolgende Beispiel verdeutlicht schlagartig die Anwendungshäufigkeit ebenso wie es die Notwendigkeit nach einer einheitlichen Regelung, zumindest für die StB, manifestiert.

Beispiel 1: Zwei PersG im Beteiligungsverbund
Eine OHG (A/B zu je 50 %) ist seit 01.07.15 an einer KG als Kommanditistin beteiligt. Der OHG wird gegen Überweisung von 40.000 € eine Beteiligung in dieser Höhe eingeräumt und auf dem Kapitalkonto gebucht. Gleichzeitig zahlt die OHG für anteilige stille Reserven im Warenbestand 5.000 € und für einen Firmenwert 8.000 €.
Die KG hat ein abweichendes Wj. (01.07.–30.06.). Für 15 wird ein Gewinnanteil von 9.000 € erwartet, den die OHG noch im Dezember 15 entnimmt.
Der Gewinnfeststellungsbescheid 15/16 für die KG weist der OHG im Oktober 16 einen anteiligen Gewinn von 20.000 € zu.

Aufgabe: Die Bilanzposten »KG-Beteiligung« sind in der OHG-Bilanz (HB/StB) für die Jahre 15 und 16 darzustellen.

---

174 So der BFH in ständiger Rspr. (beginnend mit BFH vom 23.07.1985, DB 1985, 1976 und ausdrücklich zuletzt Urteil vom 19.01.1989, BStBl II 1989, 393); s. auch für einen Fall der Betriebsaufspaltung BFH vom 30.10.2002, BStBl II 2003, 272. Aus der Lit. statt aller W*acker* in *Schmidt* (2016), § 16 Rz. 480 und *Schmidt*, § 15 Rz. 690.
175 S. auch für einen Fall der Betriebsaufspaltung BFH vom 30.10.2002, BStBl II 2003, 272.
176 Anders als bei der KapG, vgl. § 266 Abs. 3 HGB. Wohl aus diesem Grunde übernimmt häufig die Praxis das Raster des § 266 HGB, um es – ohne Kompatibilitätsprüfung (Kapitalrücklage!) – auf die PersG zu übertragen. Vgl. aber den Kapitalkontenausweis bei einer GmbH & Co. KG, geregelt durch das KapCoG.
177 Vgl. *Preißer/Pung*, Die Besteuerung der Personen- und Kapitalgesellschaften, Teil B, Kap. VI 5 und 13.

2.1 Die Beteiligung in der Handelsbilanz

Für das Handelsrecht gilt die Beteiligung an einer PersG als Vermögensgegenstand (VG) i.S.d. § 246 HGB (bei KapG bzw. bei Anwendbarkeit des § 264a HGB auf bestimmte PersG i.V.m. § 266, § 271 Abs. 1 S. 3 HGB), da sie selbständig verkehrsfähig[178] und damit einzeln bewertbar ist.

Bei der handelsrechtlichen Erstbewertung sind in allen Fällen in der Bilanz der OHG **die AK** der Beteiligung nach § 253 i.V.m. § 255 HGB anzusetzen. Nach der favorisierten Bruttomethode ist der vollständige Einlagebetrag zu aktivieren, etwaige Resteinzahlungsverpflichtungen sind zu passivieren. Der Ausweis erfolgt bei PersG i.S.d. § 264a HGB gem. § 266 HGB bei den Finanzanlagen als Beteiligung, sofern § 271 Abs. 2 HGB erfüllt ist, als Anteil an verbundenen Unternehmen. Liegen die Voraussetzungen des § 264a HGB nicht vor, ist die Anwendung von § 266 HGB für die Bilanzgliederung nicht zwingend. In der Praxis wird § 266 HGB jedoch regelmäßig auch für PersG, die nicht unter § 264a HGB fallen, angewandt (s. auch *Dietel*, DStR 2002, 2140 m.w.N.).

Für die handelsrechtliche Folgebewertung werden mit der steuerrechtlichen »Spiegelbildmethode« (vgl. unten Beteiligung in der Steuerbilanz), einer Darstellung entsprechend dem früheren »Equity-Ansatz« bei Konzernabschlüssen[179] und den allgemeinen Bewertungsvorschriften des HGB, drei verschiedene Auffassungen vertreten. Sowohl Spiegelbildmethode als auch der »Equity-Ansatz« können wegen ihrer anderen genuinen Einsatzfelder hier nicht überzeugen und werden mehrheitlich nicht vertreten. Zu bewerten ist die Beteiligung handelsrechtlich demzufolge anhand der allgemeinen Bewertungsvorschriften des HGB.

Da für die Beteiligung auch für die Folgebewertung das Anschaffungskostenprinzip des § 255 HGB gilt, werden Gewinnanteile über den Ausweis einer entsprechenden Forderung dargestellt. Verlustanteile sind bilanziell hingegen grundsätzlich nicht zu erfassen, es sei denn, es liegt eine voraussichtlich dauernde Wertminderung der Beteiligung vor (s. *Bürkle/Knebel*, DStR 1998, 1067 und *Dietel*, DStR 2002, 2140).

Nach der Folgebewertung, aufgrund handelsrechtlicher Bewertung, sind wegen des Realisationsprinzips (§ 252 Abs. 1 Nr. 4 HGB) Gewinnansprüche erst dann zu erfassen, wenn der zugrunde liegende Rechtsakt wirksam ist. Bei einer PersG (hier: KG) ist dies dann der Fall, wenn der Gewinnanteil dem Konto des G'fters (hier: der OHG) gutgeschrieben wird[180]; vorher muss der Gewinn allerdings entstanden sein.

Gewinnentnahmen[181] ändern den Beteiligungswert bei voll erbrachter Einlage nicht. Umgekehrt sind spätere Einlagen nach erbrachter und ausgewiesener Einlage (freiwillige Nachschüsse) als nachträgliche AK auf die Beteiligung zu aktivieren.

Wichtig in diesem Zusammenhang ist, dass gem. § 253 Abs. 3 S. 3 HGB eine dauernde (zu erwartende) Verlustsituation in der HB zu einer zwingenden Wertminderung der Beteiligung und damit zu einer außerplanmäßigen Abschreibung führt. Nach § 253 Abs. 2 S. 4 HGB kann eine außerplanmäßige Abschreibung auch bei voraussichtlich nicht dauernder

---

[178] Kriterien der Verkehrsfähigkeit: Einzeln beschaffbar, veräußerbar und einlegbar.
[179] Durch die Einführung des BilMoG vgl. nun § 312 Abs. 1 S. 2 HGB, nachdem der »Equity-Ansatz« nur noch in Form des Ausweises des Unterschiedsbetrages zum Buchwert im Konzernanhang ausgewiesen wird.
[180] Der (wenn überhaupt vorkommende) Gewinnverteilungsbeschluss hat bei PersG nicht die Bedeutung wie bei KapG.
[181] Anders Kapitalentnahmen, die das Gegenstück zu späteren Einlagen darstellen und somit den Beteiligungswert mindern (vgl. *Weber*, GoB, 85).

Wertminderung vorgenommen werden, da die Beteiligung gem. § 266 HGB eine Finanzanlage darstellt. Eine planmäßige Abschreibung ist hingegen auch nach neuer Rechtslage nicht vorgesehen, da die Beteiligung keine zeitlich begrenzte Nutzungsdauer (vgl. § 253 Abs. 3 S. 1 HGB) hat.

Lösung – HB:
Die Beteiligung an der KG ist gem. § 246 Abs. 1 HGB i.V.m. § 264a, § 266, § 271 Abs. 1 S. 3 HGB in der Bilanz der OHG zu aktivieren. Die Erstbewertung zu (unstreitigen) Anschaffungskosten beträgt 53.000 €.
Im Jahr 15 ist die Entnahme von 9.000 € zu erfassen.
Weil der Gewinn aufgrund des abweichenden Wj. der KG noch nicht entstanden ist (noch keine Gewinnentnahme), besteht (vorbehaltlich anderer Regelungen im Gesellschaftsvertrag) noch kein Anspruch der OHG auf Auszahlung, sodass die Entnahme durch Ausweis einer Verbindlichkeit gegenüber der KG in der Bilanz der OHG zu erfassen ist. Eine außerplanmäßige Abschreibung des Bilanzpostens KG-Beteiligung ist hier mangels Verlustsituation zu verneinen. In der Bilanz der KG ist das (variable) Kapitalkonto der OHG entsprechend zu mindern.
Allerdings hat im Jahr 16 eine entsprechende Korrektur zu erfolgen, da nun eine **Gewinnentnahme** (durch Feststellung und Gutschreibung des Gewinnanteils auf dem Kapitalkonto der OHG) vorliegt. Der Gewinnanteil von 20.000 € ist in 16 ebenfalls durch Ausweis einer entsprechenden Forderung zu berücksichtigen. Die Höhe der Forderung der OHG gegenüber der KG beträgt am 31.12.16 demnach 20.000 € ./. bereits ausgezahlter 9.000 € = 11.000 €. In der Bilanz der KG ist das zuvor geminderte Kapitalkonto der OHG um 20.000 € zu erhöhen.
Schematisch entwickelt sich die Bilanz der OHG bezogen auf die KG-Beteiligung wie folgt:

AK 01.07.15	53.000 €
ohne Gewinnanteil	–
./. Entnahme 15	
KG-Beteiligung	**53.000 € (31.12.15)**
+ Gewinn 15/16	–
KG-Beteiligung	53.000 € (31.12.16)
Verbindlichkeiten 01.07.15	0 €
+ Entnahme 15	10.000 €
Verbindlichkeiten KG	**10.000 € (31.12.15)**
./. Gewinn 15/16	25.000 €
Forderungen KG	**15.000 € (31.12.16)**

2.2 Die Beteiligung in der Steuerbilanz

Der BFH hat bzgl. der Bilanzierung der Beteiligung an einer KG eine zweistufige Herangehensweise entwickelt. Aufgrund einer rechtsfolgenorientierten Betrachtungsweise weist der BFH im ersten Schritt die Beteiligung an der PersG nicht als eigenständiges WG (mit AK) aus.[182] Nach § 39 Abs. 2 Nr. 2 AO wird die **Gesamthandsbeteiligung** materiell-rechtlich

---
182 Unter anderen BFH vom 24.03.1999, BStBl II 2000, 399 und BFH vom 04.03.2009, 1953.
  Dies ändert jedoch nichts daran, dass in den StB – aus Vereinfachungsgründen – ein Bilanzposten »Beteiligung an PersG« gebildet wird.

umqualifiziert in einen »ideellen Anteil an den einzelnen WG« des Gesamthandsvermögens. In einem zweiten Schritt wird dem (Transparenz-)Konzept des § 15 Abs. 1 Nr. 2 EStG Rechnung getragen, wonach der Gewinn auf der Ebene der PersG, an der sich der G'fter beteiligt, schon erfasst ist und der G'fter in dieser Eigenschaft – ohne weiteres Zutun – stpfl. wird.

In letzter Konsequenz dürfte der BFH die Beteiligung an einer PersG in der StB mangels WG-Qualität überhaupt nicht ausweisen. Dem folgt allerdings die Praxis nicht, weil sich offensichtlich der Anschaffungsaspekt für einen bezifferbaren und veräußerbaren(!) Gegenstand als hartnäckiger erweist als das Artefakt (= Kunstprodukt) des BFH.

Aus diesem Grund hat sich die sog. **Spiegelbild-Methode** durchgesetzt, derzufolge der Beteiligungsausweis in der StB des G'fters (auch Obergesellschaft genannt) spiegelbildlich mit dem Kapitalkontenausweis (einschließlich der Sonder- und Ergänzungsbilanzen) bei der Hauptgesellschaft (auch Untergesellschaft genannt) übereinstimmt. Damit wird erreicht, dass Gewinnanteile nicht doppelt oder gar nicht erfasst werden und dass »Gewinnzuweisungen« (Gewinnausschüttungen) keine Rolle spielen. Das **bilanztechnische Problem**, dass sich durch einen erzielten (und gutgeschriebenen) Gewinnanteil der Aktivposten »Beteiligung« automatisch erhöht und damit grundsätzlich ein Gewinn erhöhender Vorgang eintritt, wird dadurch vermieden, dass die Erhöhung des Aktivums als **»Quasi-Einlage«** oder durch **außerbilanzielle Kürzung** zu einem **erfolgsneutralen** Vorgang heruntergestuft wird (umgekehrt bei Verlustzuweisungen).

Noch bedeutsamer ist allerdings, dass bei der Darstellung nach der Spiegelbildmethode **verhindert** wird, dass eine **drohende Verlustsituation** der Haupt-PersG über eine Teilwertabschreibung im Vorhinein berücksichtigt werden kann. Erst im Augenblick des feststehenden Jahresergebnisses der PersG kann (und muss) dies bei den G'ftern mit exakten Zahlen (konkreter Verlustanteil an der Untergesellschaft) berücksichtigt werden.

Lösung – StB:

1. Aufgrund der Spiegelbildmethode muss zunächst das Kapitalkonto der OHG in der **Bilanz der KG** entwickelt werden (Zwischenstand zum 31.12.15):

A	Kapitalkonto OHG 15		P
Entnahme	9.000 €	AB	40.000 €
SB	**31.000 €**		
	40.000 €		40.000 €

Mangels Gewinnberücksichtigung (vgl. § 4a Abs. 2 Nr. 2 EStG) beträgt das Kapitalkonto der OHG zum 31.12.15 in der Hauptbilanz der KG 31.000 €. Beim Beteiligungsansatz in der OHG-Bilanz wird zusätzlich ein Kapitalausweis in einer evtl. vorhandenen Ergänzungsbilanz berücksichtigt.

Im Beispiel 1 hat die KG in einer positiven Ergänzungsbilanz den Mehraufwand der OHG zu erfassen.

A	Positive Ergänzungsbilanz OHG 16		P
Mehrwert Waren	5.000 €[183]	Mehrkapital	12.733 €
Firmenwert	7.733 €[184]		
	12.733 €		12.733 €

2. In der OHG-Bilanz des Jahres 15 wird die KG-Beteiligung (eigentlich: Beteiligung an den Anteilen der Einzel-WG der KG) folglich mit **43.733 €** (31.000 € Hauptbilanz und 12.733 € Ergänzungsbilanz) ausgewiesen.

3. Zum **31.12.16** wird das Kapitalkonto in der Hauptbilanz um den Gewinnanteil von 20.000 € (gewinnneutraler Zugang am 30.06.16!) auf **51.000 €** erhöht; in der Ergänzungsbilanz beträgt das Schlusskapital **12.200 €** (Fortschreibung des Firmenwerts; kein Warenverkauf).

Der Bilanzposten »KG-Beteiligung« in der OHG-StB (16) beträgt demnach **63.200 €**. Wichtig ist in diesem Zusammenhang der nochmalige Hinweis, dass die Erfassung des Gewinnanteils von 20.000 € steuerneutral (»Quasi-Einlage« oder außerbilanzielle Kürzung) erfolgt. Der Gewinnanteil war bereits auf der Ebene der KG zum 30.06.16 steuerwirksam und darf nicht nochmals zum 31.12.16 gewinnwirksam sein.[185]

3 Der Eintritt in die Personengesellschaft

Der Gliederungspunkt hat hier nur die Funktion eines Erinnerungspostens, um das komplette Schicksal der Beteiligung an einer PersG abzulichten. Inhaltlich wird auf die Diskussion zu § 24 UmwStG verwiesen (s. Kap. IV 2).

4 Die Veräußerung der Beteiligung (§ 16 Abs. 1 Nr. 2 EStG)

4.1 Grundtatbestand und Modalitäten

Bekanntlich interpretiert der BFH die Beteiligung an einer PersG (= MU-Anteil) als die »ideellen Anteile an den WG der PersG« und behandelt – trotz anderslautender Formulierung (gem. § 16 Abs. 1 Nr. 2 EStG: »gesamter Anteil«) – den Veräußerungsvorgang als Übertragung der ideellen Anteile an den WG der PersG.[186] Vergleichbar der Einbringung nach § 24 UmwStG wird die begünstigte (§§ 16, 34 EStG) Veräußerung des **MU-Anteils** nur bei Übertragung **aller wesentlichen** Betriebsgrundlagen angenommen. Dies umfasst zwangsläufig die Ergänzungsbilanzwerte und das notwendige Sonder-BV, dem diese Wertigkeit zukommt. In verfahrensrechtlicher Hinsicht ist zu berücksichtigen, dass die Ermittlung des Veräußerungsgewinnes eines MU im Rahmen der Feststellungswirkung erfolgt, soweit

---

183 Bei den Waren wird unterstellt, dass sie in 10 nicht verkauft wurden.
184 Abschreibung des Firmenwerts von 8.000 € auf 15 Jahre gem. § 7 Abs. 1 S. 3 EStG; davon 1/2 = 267 €.
185 Um Missverständnissen an der Stelle vorzubeugen, ist zu erwähnen, dass eine **einmalige** Einbuchung »Beteiligungsertrag von 20.000 €« genügt!
186 S. die oben zitierten BFH-Urteile; am deutlichsten BFH vom 18.02.1993 BStBl II 1994, 224.

es sich um gemeinschaftlich verwirklichte Tatbestandsmerkmale handelt; darüber hinaus können nur persönliche Gründe in den Folgebescheiden berücksichtigt werden. So kann es im Einzelfall im Folgebescheid zu einer Umqualifizierung in einen laufenden Gewinn des die Beteiligung veräußernden MU kommen (BFH vom 18.04.2012, BStBl II 2012, 647).

4.1.1 Das Sonder-Betriebsvermögen bei § 16 Abs. 1 Nr. 2 EStG

Anders als bei der Einbringung (gem. §§ 20, 24 UmwStG) wird das wesentliche Sonder-BV bei § 16 Abs. 1 Nr. 2 EStG nicht nur nach funktionalen Kriterien, sondern auch nach **quantitativen** Kriterien gebildet (die sog. kombiniert funktional-quantitative Methode).

> **Beispiel 2: Die Grüne Wiese und die Universal-OHG**
> Nach dem Zweiten Weltkrieg nahmen sich die drei Brüder A, B und C gemeinsam des Familienerbes an und schufen im Zentrum einer deutschen Großstadt ein Weltunternehmen (Jahresumsatz: 10 Mrd. €). A hatte der OHG eine Wiese (2.000 qm) zur Nutzung überlassen, auf der früher die Fahrräder der Angestellten »parkten«. Fast 60 Jahre später wird sie kaum mehr genutzt. Gelegentlich dient sie als Mülltonne für Verpackungsmaterial. Die »Wiese« ist mit 1.000 € (»DM-Eröffnungsbilanz«-Wert) im Sonder-BV des A bilanziert.
> Nach Streitigkeiten mit seinen Brüdern findet A im Jahre 2016 einen Käufer K, der bereit ist, für die Beteiligung 105 Mio. € zu zahlen (Buchkapital: 100 Mio. €). Schicksal der Wiese?

Die im (notwendigen) Sonder-BV I erfasste Immobilie des A gehört unter **quantitativen** Gesichtspunkten zu den wesentlichen Betriebsgrundlagen.[187] Wegen der Zielsetzung des § 16 EStG (begünstigte Erfassung aller schlagartig aufgedeckten Reserven) zählen auch solche WG wie die Immobilie des A hierzu, die unter rein funktionalen Aspekten nicht darunterfallen würden. Für das Grundstück gibt es mehrere Möglichkeiten:

a) Verkauf der Wiese an den Erwerber des OHG-Anteils.
b) Verkauf an eine andere Person, während der OHG-Anteil an K verkauft wird.
c) Zurückbehalten der Wiese (PV) und Weitervermietung an die OHG.
d) Übertragung der Wiese auf ein anderes BV des A.
e) Hinzu kommt die Variante, dass sich A und K bei den Verhandlungen zwar über den Kaufpreis der Immobilie (5 Mio. €) verständigen können und demzufolge nur die Wiese an K verkauft wird, hinsichtlich der OHG-Beteiligung aber uneins auseinandergehen und A weiterhin OHG-G'fter bleibt.

Lösung:
1. Begünstigter Veräußerungsvorgang nach § 16 Abs. 1 Nr. 2 EStG
- §§ 16, 34 EStG setzen voraus, dass die Veräußerung der wesentlichen Betriebsgrundlagen an einen Erwerber erfolgen muss. Damit erfüllt nur **Variante a)** die Voraussetzung einer **begünstigten** Veräußerung des MU-Anteils.
- Bei **Variante c)** wird man wegen der Zielsetzung des § 16 EStG zu einer Kombination von Veräußerung des MU-Anteils (§ 16 Abs. 1 Nr. 2 EStG) und einer Aufgabe des wesentlichen

---
187 Zur Parallelproblematik bei unentgeltlichen Übertragungen (§ 6 Abs. 3 EStG) vgl. BMF vom 03.03.2005, BStBl I 2005, 458.

Sonder-BV nach § 16 Abs. 3 EStG (S. 7: Ansatz mit dem gemeinen Wert) EStG gelangen und auf den addierten Veräußerungs-/Aufgabegewinn §§ 16, 34 EStG anwenden.

2. Begünstigte Aufgabe des MU-Anteils nach § 16 Abs. 3 EStG
Bei der Übertragung der wesentlichen Betriebsgrundlagen an verschiedene Erwerber **(Variante b)** wird insgesamt eine Aufgabe – und keine Veräußerung – angenommen. Die Rechtsfolgen sind mit denen zu 1. weitgehend identisch (Ansatz: gemeiner Wert!).

3. Laufender Gewinn nach § 15 Abs. 1 Nr. 2 EStG
Bei **Sachverhalt e)**, in dem nur das wesentliche Sonder-BV veräußert wird, unterliegt der Veräußerungsgewinn bei A der Besteuerung gem. § 15 Abs. 1 Nr. 2 EStG, da das Sonder-BV alleine nie der Auslöser für die steuerfunktionale Einheit »MU-Anteil« sein kann; diese Funktion kommt alleine der Beteiligung an der PersG zu.[188]

4. Überführung in ein anderes BV (Variante d)
Während die Überführung des Grundstücks in ein anderes BV des A nach § 6 Abs. 5 S. 2 EStG zu Buchwerten erfolgt, bleibt in diesem Fall dem A die Vergünstigung der § 16, 34 EStG für den Verkauf der OHG-Beteiligung verwehrt, da es nicht zur schlagartigen Aufdeckung aller »wesentlichen stillen Reserven« kommt.[189]

Zwei weitere Problemfelder gesellen sich zwischenzeitlich hinzu:

1. Für den Fall, dass auch die Wiese den drei G'ftern A, B und C gemeinsam gehörte, stellt sich die Frage, ob und welcher Anteil der Wiese auf den Erwerber K übertragen werden muss, damit A die Tarifvergünstigungen der §§ 16, 34 EStG geltend machen kann. Nach dem BFH vom 12.04.2000 (BStBl II 2001, 91) ist das **Sonder-BV** integraler Bestandteil des MU-Anteils und muss **anteilig** mitveräußert werden. Hieraus ist das Gebot der quotalen (bzw. kongruenten) Übertragung des Sonder-BV abgeleitet worden. Im vorliegenden Fall muss daher 1/3 des Grundstücks (= notwendiges Sonder-BV I) mitübertragen werden.
2. Der MU kann die Tarifermäßigung der §§ 16, 34 EStG dann nicht beanspruchen, wenn das Sonder-BV **unentgeltlich** auf den Erwerber übergeht (BFH vom 06.12.2000, BStBl II 2003, 194), da in diesem Fall keine zusammengeballte Aufdeckung stiller Reserven stattfindet. Dies (keine Anwendung der §§ 16, 34 EStG) gilt auch dann, wenn das Grundstück zu Buchwerten in ein anderes BV überführt wird (BFH vom 02.10.1997, BStBl II 1998, 104).

4.1.2 Bruchteilsveräußerung von Mitunternehmeranteilen

Bruchteile an MU-Anteilen konnten früher in die Veräußerung aufgrund der BFH-Rspr. in den begünstigten Anwendungsbereich von § 16 Abs. 1 Nr. 2 EStG einbezogen werden, sind hingegen ab 2002 durch die Neufassung von § 16 Abs. 1 **S. 2** EStG nicht mehr erfasst. Mit der Neufassung (»gesamter Anteil« eines G'fters) sollte vor allem das Zweistufenmodell unterbunden werden.

---

[188] Nur unter der Voraussetzung, dass das Sonder-BV selbst die Eigenschaft als Teilbetrieb (wie z.B. die 100 %ige Beteiligung an einer GmbH) aufweist, ist nach *Reiß* in *Kirchhof-kompakt*, § 16 Rz. 213 a.E. eine Vergünstigung denkbar. Dies kann aber nur für diesen Ausnahmetatbestand (§ 16 Abs. 1 Nr. 1 S. 2 EStG) gelten, da ein »Teilbetrieb« am »MU-Anteil« nicht vorstellbar ist.

[189] Näheres zur Überführung von WG nach § 6 Abs. 5 EStG s. »Leitfaden zur Bearbeitung von Fällen mit Übertragung oder Übertragung von WG nach § 6 Abs. 5 EStG«, OFD Karlsruhe vom 20.06.2006, Az.: S 2241/27 – St 111, Verteiler S 15.

Bei dem hier vertretenen Konzept (Beteiligung als eigenständiges WG) kommt eine Veräußerung eines Anteils an dem WG »Beteiligung« ohnehin nicht in Betracht, da die Atomisierung eines WG (einer WG-Einheit) grundsätzlich nicht möglich ist (Ausnahme: Gebäude und R 4.2 EStR 2008).

Beispiel 2a:
A ist zu 50 % an der X-KG beteiligt. Sein Mitunternehmeranteil beträgt 50 % an den ideellen Anteilen an den Wirtschaftsgütern der X-KG. Sein Kapitalkonto beträgt 100 T€. Möchte A nun 25 % seines Mitunternehmeranteils veräußern, beträgt der zu veräußernde Anteil seines Mitunternehmeranteils 25 T€. Dies entspricht 25 % seines Mitunternehmeranteils. Es gehen 12,5 % der ideellen Anteile an den WG der Gesellschaft auf den neuen G'fter über.

4.1.3 Veräußerungsvorgang und -zeitpunkt

Die Veräußerung des MU-Anteils selbst stellt sich als dreiseitiges Rechtsgeschäft zwischen dem Ausscheidenden, dem Erwerber und der PersG (Zustimmung ist erforderlich) dar. Sie wird heute als Verkehrsgeschäft verstanden, wobei nach h.M. die Mitgliedschaft (inkl. der Vermögensposition) ein subjektives Recht ist, das nach §§ 413, 398 BGB (Abtretung eines Rechts) übertragen wird.[190]

Da häufig bestimmte »Fix«-Daten in den Übertragungsverträgen (»mit Wirkung vom 31.12. oder am 01.01.«) vereinbart werden, sah sich der BFH im Urteil vom 22.09.1992 (BStBl II 1993, 228) gezwungen, den rechtlich exakten Veräußerungszeitpunkt zu definieren. Danach wird auf das dingliche Erfüllungsgeschäft (und nicht auf das schuldrechtliche Verpflichtungsgeschäft) abgestellt, wobei sowohl die Einräumung des bürgerlich-rechtlichen Eigentums als auch des wirtschaftlichen Eigentums für die Zuordnung zum Feststellungszeitraum herangezogen wird. Für die Zukunft festgelegte Übertragungszeitpunkte sind – anders als rückwirkende Vereinbarungen – anzuerkennen, wenn sie entsprechend vollzogen werden.

Beispiel 3: Vater (V) und Sohn (S)
V überträgt am 01.07.2016 seine Kommanditbeteiligung an S gegen Bezahlung von 5 Mio. €. Vereinbart wird: »Mit Wirkung zum 01.01.2017«. Bereits am Silvesterabend 2016 nahm S erstmalig die Rechte des V in der Gesellschafterversammlung kraft eigenen Rechts wahr.

Lösung: Als maßgeblicher Zeitpunkt kommen entweder der 31.12.2016 oder der 01.01.2017 in Betracht. Die Vereinbarung inmitten des Jahres lässt sich nur als schuldrechtliches Verpflichtungsgeschäft qualifizieren.
Zivilrechtlich sind die Anteile mit Zustimmung der anderen G'fter und den vertraglich vorgesehenen Willenserklärungen zwischen V und S übergegangen. Eine notarielle Form ist bei der Übertragung von Beteiligungen an PersG nicht vorgesehen, auch wenn z.B. Grundstücke zum Gesamthandsvermögen gehören.
Wirtschaftliches Eigentum (und damit im Zweifel der steuerlich maßgebliche Übergangszeitpunkt) wird an dem Tag begründet, ab dem der Erwerber die Gesellschafterrechte kraft eigenen Rechts (und nicht kraft Stimmrechtsbevollmächtigung) wahrnimmt. Damit endet die Beteiligung des V am 30.12.2016 trotz anderslautender vertraglicher Vereinbarung.

---

190 Vgl. *Karsten Schmidt*, GesR 2003, § 45 III.

Hinweis: Für den Fall einer aufschiebenden Bedingung bei der Veräußerung von MU-Anteilen (konkret: kartellrechtliche Zustimmung) entschied der BFH (Urteil vom 25.06.2009, BStBl II 2010, 182), dass das **wirtschaftliche Eigentum** grundsätzlich erst mit dem **Eintritt der Bedingung** übergeht, wenn dieser **Zeitpunkt nicht allein vom Willen und Verhalten des Erwerbers abhängt.**

Keine tarifbegünstigte Veräußerung eines MU-Anteils liegt hingegen vor, wenn wesentliche Betriebsgrundlagen schon vor der eigentlichen Übertragung des MU-Anteils veräußert wurden (BFH vom 06.09.2000, BStBl II 2001, 229).

4.1.4 Sonstige Veräußerungsvorgänge

Neben der Einmalzahlung anlässlich des Veräußerungsvorganges werden MU-Anteile – ähnlich wie andere funktionelle Einheiten – häufig gegen wiederkehrende Bezüge verkauft.

Bei einer Veräußerung des MU-Anteils gegen eine Leibrente hat der veräußernde MU bekanntlich die Wahl zwischen einer sofortigen Versteuerung gem. §§ 16, 34 EStG und einer nicht begünstigten Erfassung der nachträglichen BE gem. § 24 Nr. 2 i.V.m. § 11 EStG.

Für einen Fall der Veräußerung des MU-Anteils gegen einen gewinn- bzw. umsatzabhängigen Kaufpreis sollte der BFH am 14.05.2002 (BStBl II 2002, 532) entscheiden, ob hierauf die o.g. Grundsätze des Leibrentenwahlrechts Anwendung finden oder andere Erkenntnisse greifen. Wegen des Unterschieds der künftigen Zahlungsmodalität (feste Größe bei der Leibrente versus variable Größe bei der gewinnabhängigen Kaufpreiskomponente) hat sich der BFH – in Bestätigung der RFH-Rspr. – gegen das Wahlrecht (und damit gegen die Tarifbegünstigung bei der ersten Alternative) entschieden:

Vielmehr kommt es nur zu einer Zuflussbesteuerung als laufende nachträgliche BE, und zwar in der Höhe, in der die Summe der Kaufpreisentgelte das Schlusskapitalkonto zzgl. der Veräußerungskosten übersteigt.

Scheidet der Komplementär einer KGaA unter Begründung einer atypischen stillen Beteiligung aus, so führt dies nur dann zu einem Aufgabe-/Veräußerungsgewinn, wenn der Ausscheidende ein Entgelt erhält oder von Schulden der Gesellschaft freigestellt wird (BFH vom 16.04.2010, BFH/NV 2010, 1272).

4.2 Die Besteuerung beim Veräußerer

Die Ermittlung des Veräußerungsgewinnes nach § 16 Abs. 1 Nr. 2 EStG lässt sich aufgrund der Gesetzesvorgabe und der Rspr. hierzu im Schema darstellen:

Gegenstand	Grundtatbestand	Mögliche Alternativen	Rspr.-Besonderheit	+/./.
I. Veräußerungspreis (§ 16 Abs. 2 EStG)	Entgelt (Einmal-Kaufpreis) Zu beachten: teilentgeltliche Übertragungen (Einheitstheorie)	Wiederkehrende Bezüge (Renten/Raten): Wahlrecht und »Soll-Prinzip« ggf. zzgl. Wert der internen Haftungsfreistellung	• Bei nachträglicher Änderung des Kaufpreises bzw. bei Aufhebung: § 175 Abs. 1 Nr. 2 AO • Ansonsten: § 24 Nr. 2 EStG	+

Gegenstand	Grundtatbestand	Mögliche Alternativen	Rspr.-Besonderheit	+/./.
II. Buchwert	Kapitalkonto lt. Bilanz in der Hauptbilanz (Buchwert des Gesamthandsvermögens)	Inkl.: • Kapital lt. Ergänzungsbilanzen und • Kapital lt. Sonderbilanz	• Falls inmitten des Jahres: kein Rumpf-Wj. (Schätzung!) • negatives Kapitalkonto	./.
IIa. Veräußerungskosten	Notar-/RA-/StB-Gebühren	Vorfälligkeitsentschädigung von »Schlusskrediten«	Zu unterscheiden von BA für laufendem Geschäftsverkehr	./.
III. Veräußerungsgewinn (§§ 16, 34 EStG)				=

An dieser Stelle wird nur auf Besonderheiten zur Ermittlung des Veräußerungsgewinnes eines MU-Anteils im Vergleich mit der Darstellung zum Grundtatbestand (§ 16 Abs. 1 Nr. 1 EStG)[191] eingegangen:

Zu I.: Die fortbestehende fünfjährige Haftungssituation des ausscheidenden G'fters gem. § 159 HGB kann in dreifacher Hinsicht berücksichtigt werden:
- Bei drohender Inanspruchnahme ist noch in der Sonderbilanz II eine Rückstellung zu bilden;
- Eine nachträgliche tatsächliche Inanspruchnahme führt zu einer nachträglichen Korrektur des Veräußerungsgewinnes gem. § 175 Abs. 1 Nr. 2 AO bzw. zur Ausbuchung der Rückstellung;
- Eine interne Haftungsfreistellung ist ggf. als zusätzliches Entgelt bei § 16 Abs. 2 EStG zu berücksichtigen.

Zu II.: Abzugsgrößen (Buchwerte) sind diejenigen Kapitalposten, die zu den mitveräußerten WG in den jeweiligen Bilanzen gehören. Beim Sonder-BV sind dies nur die mitveräußerten WG.

Soweit es sich um wesentliches Sonder-BV handelt, muss dieses mitveräußert oder in das PV überführt werden.

Zu IIa.: Die Veräußerung ist gem. § 1 Abs. 1a UStG umsatzsteuerfrei. Es fallen daher keine Veräußerungskosten in Form der Umsatzsteuer an.

4.3 Auswirkungen auf die Personengesellschaft und den Neugesellschafter

Der Verkauf des MU-Anteils des Ex-G'fters führt nach dem Verständnis der h.M. (Verkauf der ideellen Anteile an den Einzel-WG des Gesamthandsvermögens) zur Erfassung der anteiligen stillen Reserven. Der Mehraufwand des Erwerbers wird in dessen Ergänzungsbilanz berücksichtigt.

---

[191] Ausführliche Erörterung des Grundtatbestandes bei *Preißer*, Band 1, Teil B, Kap. II 2.

4.3.1 Zu- und Abschreibung (?) in der Ergänzungsbilanz des Erwerbers

Auch im Steuerrecht können aus bereits bilanzierten WG neue »Ersatz-WG« kreiert werden, ohne dass die alten WG verschwinden.

Beispiel 4: »Geklonte« WG in der Ergänzungsbilanz
X und Y haben in 13 ein Softwareunternehmen in der Rechtsform einer OHG gegründet und je 10.000 € Einlage erbracht. Das Unternehmen wird in einer ausgebauten Garage betrieben. Y verkauft am 31.12.16 seinen Anteil an Z.

A	StB (sowie Abschichtungsbilanz) der OHG 31.12.16 (in €)				P
	Buchwert	Verkehrswert	Stille Reserven		
GruBo	5.000	15.000	10.000	Kapital X	10.000
Gebäude[192]	8.000	28.000	20.000	Kapital Y	10.000
UV	35.000	45.000	10.000	Verb.	28.000
Erfindung	–	30.000	30.000		
Geschäftswert	–	30.000	30.000		
	48.000	(148.000)	(100.000)		48.000

Der Kaufpreis beträgt 40.000 €.

Nach allgemeiner Auffassung wird der über dem Buchkapital liegende Erwerbspreis zunächst – entsprechend dem Anteil des ausscheidenden G'fters – auf die aktivierten WG verteilt und ein etwaiger Rest auf bislang nicht aktivierungsfähige, originäre immaterielle Einzel-WG (§ 5 Abs. 2 EStG) und im dritten Schritt auf den Geschäftswert verteilt. Dies stellt kein Problem dar, soweit der Mehraufwand identisch mit den anteiligen stillen Reserven ist. Dies wäre bei vorliegendem Zahlenmaterial (Beispiel 4) bei einem Kaufpreis von 60 T€ (10 T€ für die Übernahme der Buchwerte und 50 T€ für die anteiligen stillen Reserven) der Fall. Nachdem dieses idealtypische Verhältnis selten gegeben ist, ist es den »Erkenntnisträgern« aus der Rspr. und der Literatur überlassen, Theorien für den Mehraufwand zu entwickeln, wenn der Kaufpreis zwar das Buchkapital überschreitet, aber die anteiligen stillen Reserven nicht voll berücksichtigt. Nach h.A. soll der Mehraufwand im Verhältnis der stillen Reserven auf die WG aufgeteilt werden.[193]

Lösung (Darstellung der drei Theorien für das »Klonen« von WG)[194]:

1. Theorie 1 – »Klassische« Stufentheorie

1. Stufe: Zunächst wird der Mehraufwand (30 T€) bei den aktivierten WG anteilig berücksichtigt. Vorliegend können GruBo 5 T€, Gebäude 10 T€ und UV nochmals 5 T€ aufnehmen[195], »Rest« 10 T€.

---

192 Ursprüngliche AK/HK: 12.000 €.
193 Kritisch dazu *Meyering*, DStR 2008, 1011, der eine Verteilung der stillen Reserven im Verhältnis der Teilwerte ansetzt.
194 Vgl. *Wacker* in *Schmidt*, EStG (2016), § 16 Rz. 488 m.w.N.
195 Unterschreitet der Kaufpreis die Hinzuaktivierungshöhe der aktivierten WG (Beispiel: Kaufpreis < 30 T€), so werden die stillen Reserven in ihrem Verhältnis zueinander auf die WG der Ergänzungsbilanz übertragen. Bei einem Kaufpreis von 20 T€ würde der Betrag von 10 T€ im Verhältnis GruBo 2,5 T€, Gebäude 5 T€ und UV 2,5 € aufgeteilt werden.

2. Stufe: Für den noch nicht platzierten Mehrbetrag (10 T€) wird vermutet, dass er auf (das) immaterielle Einzel-WG entfällt (hier: die Erfindung); danach sind in der Ergänzungsbilanz die Mehraufwendungen aufgebraucht.

3. Stufe: Sollte der Kaufpreis auch diesen Betrag übersteigen (d.h. bei einem Kaufpreis > 45 T€), so wird dieser Mehrbetrag als anteiliger Geschäftswert in der Ergänzungsbilanz erfasst.

A	Ergänzungsbilanz		P
Mehrwert GruBo	5.000 €	Mehr-(Ergänzungs-)	
Mehrwert Gebäude	10.000 €	Kapital Z	30.000 €
Mehrwert UV	5.000 €		
Erfindung	10.000 €		
Firmenwert	–		
	30.000 €		30.000 €

2. Theorie 2 – Modifizierte Stufentheorie[196]
Nach dieser Theorie wird der Mehrbetrag (30 T€) proportional auf alle WG (inkl. eines Geschäftswerts) verteilt. Maßgeblich sind die stillen Reserven (oben Spalte 3: 100.000 €). Nachdem nur 3/10 aufgedeckt werden, hat die Ergänzungsbilanz nach dieser Theorie folgendes Aussehen:

A	Ergänzungsbilanz		P
Mehrwert GruBo	3.000 € (3/10 von 10.000 €)	Mehrkapital Z	30.000 €
Mehrwert Gebäude	6.000 € (3/10 von 20.000 €)		
Mehrwert UV	3.000 € (3/10 von 10.000 €)		
Erfindung	9.000 € (3/10 von 30.000 €)		
Geschäftswert[197]	9.000 € (3/10 von 30.000 €)		
	30.000 €		30.000 €

3. Theorie 3 – Weiter modifizierte Stufentheorie oder »Gleichverteilungstheorie« (*Siegel*[198] u.a.)
Nach dieser Auffassung wird der Mehrbetrag (30 T€) im Verhältnis der Teilwerte unter Einbeziehung des Geschäftswertes ermittelt.

A	Ergänzungsbilanz		P
Mehrwert GruBO	3.000 € (15/148 ~ 10 %)	Mehrkapital Z	30.000 €
Mehrwert Gebäude	5.700 € (28/148 ~ 19 %)		
Mehrwert UV	9.300 € (45/148 ~ 31 %)		
Erfindung	6.000 € (30/148 ~ 20 %)		
Geschäftswert	6.000 € (30/148 ~ 20 %)		
	30.000 €		30.000 €

---

[196] Vertreter: BMF vom 25.03.1998, BStBl I 1998, 268 Rz. 24.04 und Rz. 22.08 UmwSt-Erlass a.F. bei der Einbringung zu Zwischenwerten.
[197] Der Geschäftswert wird von der Verwaltung mit einbezogen (Rz. 4.06.), einige beziehen ihn bei der modifizierten Methode noch nicht mit ein (*Niehus/Wilke*, 205 f.).
[198] *Siegel*, DStR 1991, 1478; s. auch *Reiß* in *Kirchhof-kompakt*, § 15 Rz. 321 und (wohl) BFH vom 30.03.1993, BStBl II 1993, 706. So auch UmwStG n.F. (BStBl I 2011, Rz. 20.18 i.V.m. Rz. 03.25 und Rz. 24.03/13 – auch hier – bei Einbringung zu Zwischenwerten).

4. Stellungnahme

Nachdem die Veräußerung des MU-Anteils gleichzeitig als Anschaffung seitens des Erwerbers verstanden wird, spricht viel für die Erfassung des anteiligen Geschäftswerts. In der Ergänzungsbilanz des Erwerbers stellt dieser keinen Bilanz-Fremdkörper dar.[199] Es ist jedenfalls nicht ersichtlich, warum das immaterielle Einzel-WG plötzlich aktiviert werden kann, nicht hingegen der Geschäftswert, auf den die gleichen Bedenken (§ 5 Abs. 2 EStG) zutreffen.

Diese Frage ist auch nur von sekundärer Bedeutung und erweist sich als notwendiges Übel der **atomisierten Betrachtungsweise** der h.M., wonach eben der Kaufpreis anteilig den WG zuzuordnen ist und nicht einer einheitlichen WG »Beteiligung«.

Bei der Frage des Aufteilungsmaßstabes [stille Reserven (Theorie 2) oder Teilwerte der WG (Theorie 3)] ist es – vom Anschaffungskonzept her – konsequent, sich an den Teilwerten zu orientieren und nicht an den stillen Reserven.

Auf dem Boden des vorherrschenden Verständnisses zur Anteils-Veräußerung wird Theorie 3 der Vorzug gegeben, obgleich die Finanzverwaltung in anderem Zusammenhang Theorie 2 zu favorisieren scheint.

4.3.2 Fortschreibung der Ergänzungsbilanz

Zu den im Detail umstrittensten Fragen zählt die Fortschreibung der Ergänzungsbilanzen (vgl. dazu aktuell BFH vom 20.11.2014, FR 2015, 552, der den Eintretenden so weit wie möglich einem Einzelunternehmen gleichstellen will). Dabei besteht noch Einigkeit darin, dass die Korrekturposten (»Mehrwert«/»Minderwert«) **korrespondierend** mit der Hauptbilanz behandelt werden müssen, wenn diese WG durch Verkauf etc. **ausscheiden**. Über die weitergehende Behandlung besteht Streit, den auch nicht die Finanzverwaltung bereit ist, durch eine klärende Äußerung beizulegen.[200] Auf *Uelner* ist der bezeichnende Satz zurückzuführen, dass die Entwicklung der Korrekturposten in der Ergänzungsbilanz zur »sachgerechten Besteuerung« des eintretenden G'fters führen müsse.

Beispiel 5: Fortentwicklung der Ergänzungsbilanz (Beispiel 4/Theorie 3)

A	Hauptbilanz OHG (01.01.17)		P
GruBo	5.000 €	Kapital X	10.000 €
Gebäude	8.000 €	Kapital Z	10.000 €
UV (Waren)	35.000 €	Verbindlichkeiten	28.000 €
	48.000 €		48.000 €

A	Ergänzungsbilanz Z (01.01.17)		P
Mehrwert GruBo	3.000 €	Mehrkapital	30.000 €
Mehrwert Gebäude	5.700 €		
Mehrwert UV	9.300 €		
Erfindung	6.000 €		
Geschäftswert	6.000 €		
	30.000 €		30.000 €

---

199 Anders in der Hauptbilanz der PersG bei An-/Abwachsung.
200 Wenn amtliche Äußerungen einen Sinn machen, dann zu technischen praxisbedeutsamen Fragen; an dieser Stelle können BMF-Schreiben ein Stück »Rechtssicherheit« bewirken.

Neben dem Verkauf eines inventarisierten Warenbestandes von 7.000 € ist zu berücksichtigen, dass für das Gebäude noch für ein Jahr eine erhöhte 10%ige Abschreibung[201] von 1.200 € gewährt wird, die sich als persönliche Steuervergünstigung für die Gründungsgesellschafter X und Y (z.B. § 7 Abs. 5 Nr. 1 EStG) qualifizieren lässt. Der reguläre AfA-Satz für das Gebäude beträgt gem. § 7 Abs. 4 Nr. 1 EStG 360 € (3 % von 12.000 €).

Lösung:[202]

- Bei der Veräußerung von WG oder bei sonstigem Abgang muss dieser Vorfall auch in der Ergänzungsbilanz berücksichtigt werden. Danach führt in der Ergänzungsbilanz der Verkauf von 1/5 des Warenbestandes ebenfalls zu einer Aufwandsbuchung von 1/5 (»Ergänzungs-Wareneinsatz« i.H.v. 1.860 €).
- Ähnlich schlagen außerplanmäßige oder (Teilwert-)Abschreibungen, die in der Hauptbilanz vorgenommen werden, auf die Korrekturposten in der Ergänzungsbilanz nieder, wenn sich nach der TW-AfA in der Hauptbilanz noch ein Abschreibungsbedarf ergibt.
- Bei der Abschreibung von Anlagevermögen wird nach h.M. bei beweglichen WG die Restnutzungsdauer als AfA-Grundlage genommen, und bei Gebäuden soll der typisierende Satz von § 7 Abs. 4 EStG zugrunde gelegt werden.
- Besonders umstritten ist die Behandlung von bereits abgeschriebenen GWG, die beim Anteilserwerb im Kaufpreis berücksichtigt wurden. Nach richtiger Ansicht kann nur der Betrag sofort abgeschrieben werden, der auf WG entfällt, deren anteilige AK unter 410 € liegen und die zusätzlich bei ihrer Erstanschaffung die Voraussetzungen als GWG erfüllt haben.
- Erstmalig aktivierte immaterielle WG sollen entsprechend ihrer voraussichtlichen Nutzungsdauer bzw. nach typisierenden Sätzen (§ 7 Abs. 1 S. 3 EStG) abgeschrieben werden.
- Für die Gebäude-AfA schließlich gilt:
  - In der Hauptbilanz der OHG wird die einmal eingeschlagene AfA (hier: § 7 Abs. 5 EStG) fortgeführt (Gewinnermittlungssubjekt).
  - Die erste Korrektur erfolgt in einer (negativen) Ergänzungsbilanz des Neugesellschafters Z, in dem der ihm nicht zustehende Anteil der erhöhten AfA (1/2 von 10 % von der ursprünglichen BMG) gegenläufig verbucht wird; danach würde auf Z überhaupt keine AfA entfallen.
  - Im nächsten Schritt wird zunächst der AfA-Anteil von Z nach den historischen AK/HK ermittelt (hier: 1/2 von 12.000 € x 3 %) und zusätzlich die AfA (3 %) auf den »Gebäude-Mehrbetrag« beim Erwerb des MU-Anteils.

---

[201] Die maximal mögliche degressive AfA betrug zuletzt 4 % (§ 7 Abs. 5 Nr. 3c EStG) bei Bauantrag (Vertrag) vor 01.01.2006. Das 10%-Beispiel mit der »alten« erhöhten AfA wird beibehalten, um die Folgen drastisch vor Augen zu führen.
[202] S. auch zu den einzelnen Lösungsansätzen *Zimmermann*, Besteuerung der PersG, J.1. Beispiel 3 m.w.N. sowie *Schmidt*, EStG, § 15 Rz. 464 ff.

A	G + V in der Ergänzungsbilanz Z (17) (in €)			P
Aufwand			Ertrag	
AfA-Gebäude[203]			Korrektur-AfA:	
3 % von 1/2 von 12.000	180		10 % von 1/2 von 12.000	
3 % von 5.700	+ 171	351	12.000	600
Wareneinsatz				
1/5 von 7.000		1.860		
Abschreibung				
Erfindung 1/15[204]		400		
Abschreibung				
Firmenwert 1/15		400		
Aufwand (Z)		–		2.411
		3.011		3.011

4.3.3 Besonderheiten

Unter unterschiedlichen Vorzeichen wird die Behandlung von vorhandenen **negativen Kapitalkonten** bei der Anteilsübertragung und die mögliche (?) Erfassung eines **negativen Geschäftswerts** diskutiert. Dabei löst das negative Kapitalkonto den Tatbestand des § 16 Abs. 1 Nr. 2 EStG aus, während der negative Geschäftswert eine Wunsch-Rechtsfolge bleibt.

Beispiel 6: Die doppelte »1«
Bei der L-KG scheiden M und N aus. Beide Anteile werden von O für jeweils 1 € erworben. An der L-KG ist noch der Komplementär L beteiligt. Zwischen den G'ftern ist eine identische Beteiligung (je 1/3) vereinbart.

A		Abschichtungsbilanz L-KG (in €)		P
	Buchwert	Teilwert		
GruBo	10.000	?	Kapitalkonto M	3.001
Sonstige Aktiva	100.000	100.000	Kapitalkonto L	110.000
Kapitalkonto N		3.001		
		113.001		113.001

1. **Die Übernahme des Anteils (M) mit positivem Kapitalkonto zum Preis von 1 €** wirft die Frage auf, ob M einen Veräußerungsverlust gem. § 16 Abs. 1 Nr. 2 EStG erleidet, ggf. wie sodann der Tatbestand in der Ergänzungsbilanz des O zu werten ist.

---

203 Der Erfassung des Mehraufwands durch den Mehrwert in der Ergänzungsbilanz steht die Korrektur der überhöhten AfA in der Hauptbilanz (50 % von 10 % von 12.000 € HK) gegenüber, da Z in seiner Person nicht die »Hersteller«-Voraussetzung gem. § 7 Abs. 5 EStG a.F. erfüllt. Dies kann auch in einer gesonderten negativen Ergänzungsbilanz vorgenommen werden.
Gleichzeitig (»sachgerechte Besteuerung«) muss der hälftige lineare AfA-Satz gem. § 7 Abs. 4 EStG, bezogen auf die ursprünglichen HK, erfasst werden. Die historischen HK sind im Buchkapital enthalten.
204 Bei abschreibungsfähigen immateriellen Einzel-WG ist entweder § 7 Abs. 1 S. 3 EStG analog oder die geschätzte Nutzungsdauer anzusetzen.

Lösung: Veräußerungsverlust (!) und Erwerbsgewinn als negativer Geschäftswert (?)

a) **Veräußerungsverlust des M**
Rein rechnerisch ergibt der Verkauf des MU-Anteils zu 1 € einen Veräußerungsverlust von 3.000 € gem. § 16 Abs. 1 Nr. 2 EStG (1 € ./. 3.001 € = ./. 3.000 €). Dies setzt rein begrifflich voraus, dass es sich um eine entgeltliche Übertragung (= Veräußerung) des Anteils handelt. Soweit eine unentgeltliche Übertragung angenommen wird, greift § 6 Abs. 3 EStG mit der Folge Buchwertzwang und der weiteren Folge, dass M weder einen Verlust noch einen Gewinn »erleidet«, sondern O das Kapitalkonto des M ohne jede Korrektur übernimmt. Daneben besteht noch die (theoretische) Möglichkeit einer teilentgeltlichen Übertragung. Letztere wird bekanntlich im Rahmen der vorweggenommenen Erbfolge angenommen, die hier nicht ersichtlich ist.
Eine **unentgeltliche** Übertragung der steuerfunktionellen Einheit (MU-Anteil) nimmt der BFH aber nur bei Übertragungen unter **Angehörigen** oder – allgemein – bei privater Veranlassung an. Nachdem es für beide Annahmen keinen Anlass gibt, wird ein betrieblicher Vorgang unter Fremden unterstellt.
M erzielt einen gewerblichen **Veräußerungsverlust** von **3.000 €** gem. § 16 Abs. 1 Nr. 2 EStG.

b) **Behandlung in der Ergänzungsbilanz des Erwerbers O**
Zwischen den AK auf die Beteiligung (1 €) und dem übernommenen Kapitalkonto von 3.001 € klafft eine Differenz von 3.000 €, die in einer negativen Ergänzungsbilanz des O zu erfassen ist. Gem. BFH vom 21.04.1994, BStBl II 1994, 745, hat der Erwerber in einem solchen Fall zunächst eine Abstockung der Buchwerte der übernommenen WG vorzunehmen.
Im Beispielsfall ist ersichtlich, dass von der Abstockung das WG »GruBo« betroffen ist, das in der Hauptbilanz nicht abgeschrieben werden durfte, aber von O entsprechend wertmindernd eingeschätzt wurde.

A	Negative Ergänzungsbilanz O		P
Minderkapital O	3.000 €	Minderwert GruBo	3.000 €

Der Wert wird in der negativen Ergänzungsbilanz des O solange fortgeführt, bis die Voraussetzungen für eine dauerhafte Wertminderung vorliegen (§ 6 Abs. 1 Nr. 2 S. 2 EStG). Der Teilwertabschreibung in der Hauptbilanz der KG folgt die **gewinnwirksame Auflösung** in der Ergänzungsbilanz des O.
Für den (hier nicht einschlägigen) Fall, dass eine Zuordnung zu überbewerteten WG und damit eine negative Ergänzungsbilanz nicht möglich ist, wurde in der Lit. die Einstellung des Erwerbsgewinnes in einen »**negativen Geschäftswert**« gefordert.[205] Diesem bilanzrechtlich nicht haltbaren Petitum ist der BFH in einigen Entscheidungen (zuletzt Urteil vom 12.12.1996, BStBl II 1998, 180 und Urteil vom 26.04.2006, BStBl II 2006, 656) entgegengetreten und stellt stattdessen einen passiven Ausgleichsposten in der Ergänzungsbilanz des Erwerbers ein, der gegen künftige Verlustanteile des G'fters erfolgserhöhend aufzulösen ist (»spiegelbildliches betriebsinternes § 15a-Konzept«).

2. Die Übernahme des negativen Kapitalkontos von N

Vorbehaltlich der Detailfragen zum negativen Kapitalkonto eines Kommanditisten und dessen Übernahme[206] stellt die Übernahme eines negativen Kapitalkontos eines Pers-

---
205 S. hierzu *Preißer/Bressler*, BB 2011, 427 (share deal) sowie *Preißer/Preißer*, DStR 2011, 133 (asset deal).
206 S. dazu *Preißer*, Band 1, Teil B, Kap. IV (§ 15a EStG).

G'fters steuerlich immer eine Befreiung von der Ausgleichs-(Nachschuss-?)Pflicht des G'fters gegenüber der PersG dar.

Lösung: Die Tatsache, dass der Erwerber O den gleichen Kaufpreis für eine »Minus-Beteiligung« und für eine »Plus-Beteiligung« bezahlt, kann mit der inneren Wertigkeit der jeweiligen Beteiligung (gesellschaftsrechtliche Ausgestaltung) zusammenhängen und ist alleine noch kein Indiz, den Erwerb von N als privat veranlasst anzusehen.

a) Veräußerungsgewinn des N
N wird von der Schuld gegenüber der KG befreit und erzielt damit einen Veräußerungsgewinn gem. § 16 Abs. 1 Nr. 2 EStG i.H.v. **3.002 €**.

b) Behandlung in der Ergänzungsbilanz O
O wird den Mehraufwand von 3.002 € nach der oben diskutierten »klassischen« Stufentheorie verteilen.

Sollten sich weder aktivierte WG noch originäre immaterielle WG finden, die einen Mehrbetrag aufnehmen können, so ist in einer positiven Ergänzungsbilanz – spiegelbildlich zu Fall 1. – ein aktiver Ausgleichsposten zu bilden, der gegen künftige Gewinne verlustwirksam aufgelöst wird.

c) Exkurs: Erwerb mehrerer Anteile durch einen G'fter
Erwirbt ein Erwerber mehrere MU-Anteile an einer PersG, die beide zu unterschiedlichen Ergänzungsbilanzen führen, sollen nach der BFH-Rspr. beide Ergänzungsbilanzen zusammengefasst werden werden (so z.B. BFH vom 21.04.1994, BStBl II 1994, 745). M.a.W. ist für einen G'fter einer PersG nur eine Ergänzungsbilanz zu führen.

A		Zusammengefasste Ergänzungsbilanz O	P
Ausgleichsposten (N)	3.000 €	Minderwert GruBo	3.000 €
		Mehr-/Minderkapital	0 €
	3.000 €		3.000 €

Durch die Fassung des § 6b Abs. 10 EStG im UntStFG ist ab 2002 die Rücklagenbildung nach **§ 6b EStG** nach einer mehrjährigen Unterbrechung wieder **gesellschafterbezogen** (in einem zunächst reduzierten Umfang) zu interpretieren. Damit ist wieder Platz für die »Schulfälle« in der Vergangenheit, da und wenn einer der G'fter nicht die persönlichen Voraussetzungen der § 6b-Rücklage (sechsjährige Besitzzeit) erfüllt hat.[207]

In diesen Fällen ist in seiner positiven Ergänzungsbilanz der auf ihn entfallende Betrag der Rücklage zu aktivieren und korrespondierend mit der Hauptbilanz zu behandeln. Wird die Rücklage auf ein Reinvestitionsobjekt der PersG übertragen, so ist sie folgerichtig in der positiven Ergänzungsbilanz des G'fters aufwandswirksam aufzulösen.

Sehr spät im Gesetzgebungsverfahren wurde sogar die Rücklagenbildung für veräußerte Anteile an KapG »restauriert«. Die Eckdaten der Regelung sehen wie folgt aus:

- Bei der **Veräußerung von Anteilen an KapG** ist der Bruttogewinn – ohne Anwendung des Halbeinkünfteverfahrens – mittels einer Rücklage zu erfassen.
- Es erfolgt eine Volumenbegrenzung auf 500 T€, die wegen der gesellschafterbezogenen Leseart für jeden einzelnen MU gilt.[208]

---

207 S. *Kölpin*, Teil A, Kap. V (§ 6b EStG).
208 S. auch R 6b.2 Abs. 12 und 13 EStR 2008 und *Loschelder* in *Schmidt*, EStG, § 6b Rz. 94.

- Als Reinvestitionsobjekte kommen neben KapG-Anteilen auch abnutzbare bewegliche WG (jeweils zweijährige »Wartezeit«) sowie Gebäude (vier Jahre) in Betracht.
- Bei linearer Reinvestition (alte wie neue WG sind Anteile an KapG) wird der Gewinn in voller Höhe auf die neuen Anteile übertragen, während ansonsten nur der stpfl. Teil reinvestitionsfähig ist.
- Ein etwaiger nicht übertragungsfähiger Veräußerungsgewinn ist gewinnerhöhend (6 %) aufzulösen und zu erfassen.

5 Das Ausscheiden durch An-/Abwachsung[209]

5.1 Die An-/Abwachsung als Anwendungsfall des § 16 Abs. 1 Nr. 2 EStG

Als zweite Form der Veräußerung nach § 16 Abs. 1 Nr. 2 EStG wird die An-/Abwachsung behandelt. Scheidet ein G'fter aus einer PersG mit Gesamthandsvermögen (AußenG) aus, so wächst sein Anteil am Gesamthandsvermögen den verbleibenden G'ftern zu.[210] Bei einer mehrgliedrigen PersG übernehmen die verbleibenden G'fter den Betrieb der identischen PersG, bei einer **zweigliedrigen** PersG führt das Ausscheiden des vorletzten G'fters zu einer **Umwandlung** der PersG zu einem Einzelunternehmen.[211] Diese außerhalb des UmwG und des UmwStG stattfindende Umstrukturierung fällt ebenfalls unter **§§ 736, 738 BGB** und damit auch unter § 16 Abs. 1 Nr. 2 EStG.[212] Als Ausgleich für den Verlust an seinem Gesamthandsanteil erhält der Ausscheidende einen **Abfindungsanspruch**, der üblicherweise im Gesellschaftsvertrag geregelt ist.

In der Ausgestaltung als **Buchwertklausel** wird damit nur das Buchkapital des Ausscheidenden abgegolten[213] und der Übergang vollzieht sich steuerneutral. Ist im Vertrag vereinbart, dass der ausscheidende G'fter mit dem **Verkehrswert** seiner Beteiligung abgefunden wird und übersteigt der Abfindungsanspruch das Kapitalkonto (das Buchkapital), so wird ein Veräußerungsgewinn realisiert. Umgekehrt unterschreitet bei einem niedrigeren Verkehrswert der Abfindungsanspruch das Kapitalkonto. Speziell in diesem Fall wird eine private Motivation zu prüfen sein, die ggf. den – rein rechnerisch entstehenden – Veräußerungsverlust

---

209 Nach A.A. (*Reiß* in *K/S/M*, § 16 C 110 ff. ders. in *Kirchhof-kompakt*, § 16 Rz. 330 ff. (332)) stellt sich das Ausscheiden des MU als die Aufgabe des MU-Anteils (§ 16 Abs. 3 i.V.m. § 16 Abs. 1 Nr. 2 EStG) dar. Richtig ist an dieser Beurteilung, die sich in den Rechtsfolgen nicht von der Veräußerung (h.M.) unterscheidet, dass der Fall der Sachwertabfindung für einige Jahre als Unterfall der Realteilung nach **§ 16 Abs. 3 EStG** behandelt wurde. Auch die *VerwReal 06* (BStBl I 2006, 228) behandeln die Sachwertabfindung nicht als einen Unterfall der Realteilung, da die PersG nicht beendet wird.
210 Bei Ausscheiden des G'fters ohne Vermögensbeteiligung führen die verbleibenden G'fter die Buchwerte fort, ohne dass hier ein Übertragungsakt vorliegt (kein Fall des § 6 Abs. 3 EStG); vielmehr waren den verbleibenden G'ftern die Anteile schon vorher zuzurechnen (so auch OFD Berlin vom 19.07.2002, Az.: St 122 – S2241 – 2/02 – Fallgruppe 1); identisch OFD Rostock vom 31.03.2003 (n.n.v.).
211 Speziell an dieser Stelle ist darauf hinzuweisen, dass die An-/Abwachsung ein Unterfall der (partiellen) Gesamtrechtsnachfolge ist, da hier uno actu alle Gesamthands-WG auf die (den) verbleibenden G'fter übergehen.
212 So auch der BFH im Urteil vom 03.06.1997, BFH/NV 1997, 838 und im Urteil vom 10.03.1998 (BStBl II 1999, 269) und zuletzt im Urteil vom 20.02.2003 (BStBl II 2003, 700).
213 Sie hat im Steuerrecht eine besondere Bedeutung bei der Anerkennung von Familien-PersG und führt im Erbschaftsteuerrecht zu einer eigenständigen Bewertung.

verhindern wird (§ 12 EStG). Dies (private Veranlassung) unterstellt die Finanzverwaltung, wenn ausschließlich Angehörige an dem Vorgang beteiligt sind.

Die Berechnung des Veräußerungsgewinnes folgt dem Ermittlungsschema des § 16 Abs. 2 EStG:

Abfindungsanspruch
./. Buchwert
./. evtl. Abfindungskosten
= Veräußerungsgewinn

Beispiel 7: Eine »liquide« Trennung
X und Y sind G'fter der X-Y OHG mit gleichen Beteiligungsverhältnissen. X scheidet zum 31.12.16 aus der OHG aus. Nach der Abfindungsklausel erhält X zusätzlich einen Anteil an den stillen Reserven.
Die OHG erstellt folgende Abfindungsbilanz zum 31.12.16 (in €).

A	OHG-Abfindungsbilanz zum 31.12.16 (in €)			P
	Buchwert	(Teilwert)		
WG I	100.000	(120.000)	Kapital X	100.000
WG II	100.000	(140.000)	Kapital Y	100.000
Bank	200.000		Verbindlichkeiten	200.000
	400.000			400.000

1. Wie hoch ist der Abfindungsanspruch?
2. Wie lauten die Buchungssätze anlässlich des Ausscheidens?
3. Wie hoch ist ein evtl. Veräußerungsgewinn des X?
4. Wie sieht die Eröffnungsbilanz des Y aus?

Die lt. Abfindungsanspruch vorzunehmende Erfassung der stillen Reserven der aktivierten WG erfolgt in der Form, dass zunächst der Anteil des ausscheidenden G'fters an den stillen Reserven erfasst und dem Konto des Ausscheidenden gutgeschrieben wird. Im zweiten Schritt wird das Ausscheiden durch den erfolgsneutralen Passivtausch (BS: Aufgestocktes Kapitalkonto an Abfindungsschuld) dokumentiert. Im dritten Schritt wird die Erfüllung der betrieblichen Abfindungsverbindlichkeit verbucht.

Lösung:

1. **Höhe des Abfindungsanspruchs**
   Im Ausgangsfall ist X auch an den stillen Reserven der aktivierten WG beteiligt. Entsprechend der Beteiligungsquote von 50 % erhält X über sein Kapitalkonto hinaus einen Betrag von 30.000 €. Die Abfindungsverbindlichkeit beläuft sich auf 130.000 €.

2. **Buchungssätze anlässlich des Ausscheidens**

1. BS:	WG I	10.000 €	an	Abfindungsschuld	130.000 €
	WG II	20.000 €			
	Kapital	100.000 €			
2. BS:	Abfindungs-schuld	130.000 €	an	Bank	130.000 €

3. **Veräußerungsgewinn des X**
   Der von X gem. §§ 16, 34 EStG zu versteuernde Veräußerungsgewinn für den MU-Anteil gem. § 16 Abs. 1 Nr. 2 EStG beträgt 30 T€ (130 T€ ./. 100 T€).

4. **Eröffnungsbilanz des Y**
   Durch das Ausscheiden des X aus der zweigliedrigen OHG entsteht jetzt ein Einzelunternehmen Y.

A	Eröffnungsbilanz Y 01.01.17 (in €)		P
WG I	110.000	Kapital Y	100.000
WG II	120.000	Verbindlichkeiten	200.000
Bank	70.000		
	300.000		300.000

Die Eröffnungsbilanz zeigt i.V.m. dem Veräußerungsgewinn des X, dass die anteiligen stillen Reserven aufgelöst sind und sich jetzt hinzuaktiviert im alleinigen BV des Y wiederfinden. Der Realisationsakt selbst ist alleine vom ausscheidenden G'fter X zu versteuern. Bei Y ist die **latente Steuergröße** (steuerliche Belastungsdifferenz zwischen Verkehrswert und Buchwert) »**aktiviert**« worden, ohne dass in seiner Person ein steuerrelevanter Tatbestand vorliegt (identische Kapitalkonten des Y – ohne Vorliegen eines privaten Korrekturbestandes).[214] Der verbleibende G'fter Y erwirbt die Anteile des ausgeschiedenen G'fters X mit dem hinzuaktivierten Betrag, der gleichzeitig den Nennwert der Abfindungsschuld ausmacht.[215]

5.2 Problemfelder beim Ausscheiden

Nicht immer ist der Abfindungsanspruch so einfach zu ermitteln wie im letztgenannten Beispiel 7, wo es nur galt, die stillen Reserven in den bereits aktivierten materiellen WG zu ermitteln und anteilig zuzurechnen. Beinhaltet der Abfindungspassus eine zusätzliche Beteiligung am **Geschäftswert**, so ist dieser – ggf. zusammen mit originären immateriellen Einzel-WG – zu ermitteln und anzusetzen.

Beispiel 8: Eine komplizierte Abfindung
An der V-W-OHG (gleiche Beteiligungsverhältnisse von V und W) scheidet V (negatives Kapital von 100.000 €) inmitten des Jahres aus. Er erhält einen Verrechnungsscheck über 100.000 €. W führt den Betrieb als Einzelunternehmen fort.
Die Abschichtungsbilanz der V-W-OHG zum 30.06.16 hat folgendes Aussehen:

A	Abschichtungsbilanz der V-W-OHG zum 30.06.16 (in €)			P
	Buchwerte	Teilwerte		
Anlagevermögen	400.000	600.000	Kapital W	900.000
Umlaufvermögen	400.000	500.000		
Kapital V	100.000			
	900.000			900.000

Buchungssätze und die Eröffnungsbilanz sind zu erstellen.

---
214 Zum darin liegenden Verstoß gegen den Grundsatz der Individualbesteuerung vgl. auch *Reiß* in *Kirchhof-kompakt*, § 16 Rz. 350.
215 Vgl. *Wacker* in *Schmidt*, EStG (32. Aufl., 2013), § 16 Rz. 451 ff. (456 und 463).

Die Höhe der Abfindung von 100 T€ lässt auf eine Abfindungsklausel schließen, bei der nicht nur die stillen Reserven abgegolten werden, sondern darüber hinaus noch eine Beteiligung am Firmenwert, da mit den anteiligen stillen Reserven aller WG i.H.v. 150.000 € (200.000 € : 2 + 100.000 € : 2) alleine nicht der Verrechnungsscheck von 100.000 € erklärt werden kann. Dabei ist zunächst zu unterstellen, dass beim Ausscheiden eines G'fters mit **negativem Kapitalkonto** buchhalterisch eine Schuld des Ausscheidenden gegenüber der PersG gelöscht wird. Die Tilgung der Schuld ist grundsätzlich als Teil des **Veräußerungspreises** anzusehen. Somit erhält V für das Ausscheiden – wirtschaftlich betrachtet – einen Abfindungsanspruch von 200 T€ (Verrechnungsscheck i.H.v. 100 T€ und Schuldbefreiung i.H.v. 100 T€).

Das Ausscheiden eines G'fters inmitten des Jahres führt grundsätzlich nicht zu einem Rumpfwirtschaftsjahr der PersG, sondern ist mittels einer unterjährigen Abschichtungsbilanz zu erfassen. Die Ergebnisse hieraus (§ 16 Abs. 1 Nr. 2 EStG) werden i.R.d. Gewinnfeststellung nach §§ 179, 180 AO den G'ftern zugewiesen. Wenn, wie hier, eine Umwandlung zu einem Einzelunternehmen stattfindet, ist allerdings die Abschichtungsbilanz gleichzeitig die Schlussbilanz der OHG.

Nicht immer enthält der Abfindungsanspruch nur die Differenz zwischen den Teil- und den Buchwerten der WG.[216] Oftmals ist materieller Bestandteil des Abfindungsanspruchs auch eine interne Freistellung von der fünfjährigen Haftung nach § 159 HGB.[217]

Lösung:

Verbuchung des Ausscheidens (in €)

1.	AV	100.000	an	Kapital V	200.000
	UV	50.000			
	Firmenwert	50.000			
2.	Kapital V	100.000	an	Abfindungsverb.	100.000
3.	Abfindungsverb.	50.000	an	Bank (UV)	100.000

A	Eröffnungsbilanz des W (in €)		P
AV	400.000	Kapital W	900.000
	+ 100.000 500.000		
UV	400.000		
	+ 50.000		
	./. 100.000 350.000		
Firmenwert	50.000		
	900.000		900.000

Die Behandlung des negativen Kapitalkontos als Schuldbefreiung (d.h. keine Nachschusspflicht gegenüber der PersG) und damit als Bestandteil des Veräußerungspreises entspricht bei unbeschränkt haftenden G'fter der ständigen BFH-Rspr. (Urteil vom 16.12.1992, BStBl II 1993, 436).[218]

---

[216] Für den Fall, dass der Abfindungsanspruch nicht eindeutig den aktivierten WG zuordenbar ist, stellt sich das identische Problem wie bei der Anteilsübertragung, auf welche WG und in welcher Reihenfolge der Abfindungspreis zu verteilen ist.

[217] Im Außenverhältnis ist die nachlaufende Haftung nicht abdingbar, wohl aber im Innenverhältnis.

[218] Die (nur vertraglich mögliche) Nachschusspflicht gegenüber der PersG ist nicht zu verwechseln mit der indisponiblen Außenhaftung gem. § 159 HGB.

Weiterhin ist zu beachten, dass bei der Ermittlung des Veräußerungsgewinnes gem. § 16 Abs. 2 EStG und zwar beim dortigen Abzug des Buchwerts des Kapitalkontos des Ausgeschiedenen die Kapitalien in einer ggf. vorhandenen Ergänzungs- und einer Sonderbilanz mit einzubeziehen sind. Umgekehrt erhöht der Übernahmepreis für etwaiges Sonder-BV den Veräußerungspreis. Gehört das Sonder-BV zu den wesentlichen Betriebsgrundlagen des MU-Anteils des ausscheidenden G'fters, so muss es in den begünstigten Realisationsvorgang des Ausscheidens entweder durch Veräußerung oder durch Entnahme in das PV (Ansatz gem. § 16 Abs. 3 S. 7 EStG: gemeiner Wert) einbezogen werden.[219]

Für den Fall schließlich, dass die Erfassung des Mehrbetrages als Firmenwert nicht eindeutig möglich und auch kein selbstgeschaffenes immaterielles Einzel-WG ersichtlich ist, hat die BFH-Rspr. den **lästigen G'fter** kreiert (BFH vom 05.10.1989, BFH/NV 1990, 496). Danach sollen Aufwendungen anlässlich des Ausscheidens eines lästigen G'fters (rufschädigender G'fter, den man »loswerden« möchte), die über die stillen Reserven und evtl. immaterielle WG hinausgehen, sofort **abzugsfähige BA** beim Übernehmer sein. Die genaue Lektüre der BFH-Urteile[220] hierzu sowie die zurückhaltende Aufnahme in der Literatur legen jedoch einen sehr sorgfältigen und restriktiven Umgang mit der Kultfigur des lästigen G'fters nahe. Im Regelfall verbirgt sich hinter der »Rechtsfigur« des lästigen G'fters meist ein nicht erkannter (verdeckter) Firmenwert.

5.3 Die Sachwertabfindung als besondere Form der Abfindungsvereinbarung

In vielen Fällen wird der ausscheidende G'fter mit einem WG des BV (häufig mit einem nicht mehr benötigten Betriebsgrundstück) abgefunden.

Beispiel 9: Abfindung mit einer Immobilie[221]
Im Beispiel 7 (stille Reserven bei WG I i.H.v. 20.000 € und bei WG II i.H.v. 40.000 €; gleiche Kapitalkonten von X und Y i.H.v. 100.000 €) erhält der ausscheidende X statt 130.000 € nun das WG I – ein Grundstück mit einem Teilwert von 120.000 € und einem Buchwert von 100.000 € – und zusätzlich 10.000 € in bar.
Das Grundstück soll in das PV (BV) von X übertragen werden.

Bei der Sachwertabfindung mit WG des Gesamthandsvermögens ist vorweg zu differenzieren, ob das WG in das PV oder in das BV des G'fters überführt wird. Bei der **Überführung in das BV** des G'fters unterstellt der Gesetzgeber des StSenkG 2001 die Sachwertabfindung dem Rechtsinstitut der **Realteilung**.[222] Mit dieser gesetzesauthentischen Interpretation ist zumindest die Zuordnungsfrage entschieden.[223]

---

219 S. hierzu auch *Wacker* in *Schmidt*, EStG (35. Aufl., 2016), § 16 Rz. 460 m.w.N. zur Rspr. sowie *Ley*, KÖSDI 2002, 13459 zum Ausfall eines zurückbehaltenen G'fterdarlehens.
220 Folgeurteile des BFH vom 26.10.1996, BFH/NV 1996, 438; Urteil vom 14.06.1994, BStBl II 1995, 246 und Urteil vom 30.03.1993, BStBl II 1993, 706.
221 Zur Sachwertabfindung bei der Miterbengemeinschaft s. *Preißer*, Band 1, Teil B, Kap. III und »Erlass betr. Ausscheiden eines Mitunternehmers aus einer Mitunternehmerschaft gegen Sachwertabfindung« FSen Berlin vom 28.12.2009 (DB 2010, 927).
222 BT-Drs. 14/23, 178.
223 Zu offenen Fragen bis 2001 (nach h.M. wurde damals eher die Gegenansicht vertreten – vgl. *Preißer*, Band 1, Teil B, Kap. II 4.3.2). S. aber Tz. 1.1 und 1.2 der *VerwReal 06*.

Mit der folgenden Äußerung des UntStFG (2001) und der Änderung des § 16 Abs. 3 S. 2 EStG ist die weitere schwelende Konkurrenzfrage zwischen § 6 Abs. 5 S. 3 EStG (Buchwertzwang) und § 16 Abs. 3 EStG i.d.F. StSenkG 2001 (Realisationszwang) jetzt eindeutig zu Gunsten des **Buchwertzwanges** (mit Kapitalkontenanpassung) entschieden.[224] Auch der Fiskus räumt § 16 Abs. 3 EStG eine Vorrangstellung ggü. § 6 Abs. 3, 5 EStG ein (vgl. BMF vom 28.02.2006, BStBl I 2006, 228). Demgegenüber unterstellen die *VwReal06 in Tz. 1.2* die Überführung von WG bei einer Sachwertabfindung in das BV des ausscheidenden G'fters **wieder § 6 Abs. 5 EStG**. Dies hat unter zwei Gesichtspunkten Konsequenzen, während in der Hauptsache die Buchwertfortführung garantiert ist.

Zum einen liegt bei einer gleichzeitigen Schuldübernahme nach Verwaltungsauffassung (vgl. aber dazu wieder BFH vom 19.09.2012, GmbHR 2012, 1193 und den Vorlagebeschluss des X. Senates vom 27.10.2015, GmbHR 2016, 65) – wegen der nun greifenden Trennungstheorie – ein teilentgeltliches Rechtsgeschäft vor.

Zum anderen gelten bei § 6 Abs. 5 EStG die Sperrfristen für alle WG, während sie bei § 16 Abs. 3 S. 2f. EStG nur für wesentliche Betriebsgrundlagen gelten.

Bei der Überführung in das **PV** sind unstreitig (vgl. auch *Tz. 1.2 der VwReal 06*) zunächst die identischen Buchungssätze zu bilden wie im Grundfall der Abfindung mit Geld. Lediglich bei der Erfüllung des Abfindungsanspruches, bei der es zu einem Rechtsträgerwechsel (PersG → G'fter) kommt, trägt das Bilanzrecht dem Umstand Rechnung, dass nunmehr auch bei den verbleibenden G'ftern ein Realisationsakt vorliegt.

Lösung: Die ersten Buchungssätze sind wieder identisch.

1. **Erfassung der anteiligen stillen Reserven bei den Einzel-WG:**

WG I (Grundstück)	10.000 €	an Abfindungsverb.	130.000 €
WG II	20.000 €		
Kapital	100.000 €		

2. **Erfüllung der Abfindungsverbindlichkeit**

Abfindungsverb.	130.000 €	an WG I	110.000 €
		sonst. betr. Ertrag	10.000 €
		Bank	10.000 €

Damit ist der realisierte Gewinn aus den stillen Reserven zur Hälfte tarifermäßigt[225] von X und zur anderen Hälfte als **laufender Gewinn** beim verbleibenden G'fter Y zu erfassen.

A	Eröffnungsbilanz Y 01.01.17 (in €)		P
WG II	120.000	Kapital Y	110.000
Bank	190.000	Verbindlichkeiten	200.000
	310.000		310.000

---

224 S. hierzu die Ausführungen zur Realteilung unter Kap. IV 5.
225 Unterstellt, dass die übrigen Voraussetzungen des § 34 EStG vorliegen.

5.4 Das Anwachsungsmodell

Bei einer zweigliedrigen PersG (GmbH & Co. KG) führt das Ausscheiden des vorletzten G'fters (Co. als natürliche Person) zu einer Umwandlung der PersG in eine KapG. Diese Umwandlung vollzieht sich außerhalb des UmwStG nach §§ 736, 738 BGB sowie nach § 16 Abs. 1 Nr. 2 EStG. Als Ausgleich für seinen Verlust erhält der Ex-Kommanditist eine Abfindungszahlung, die seine Veräußerungspreis i.S.d. § 16 Abs. 2 EStG ausmacht.

Für den Fall, dass der (vorletzte) Kommanditist die GmbH-Anteile im Sonder-BV hält, kann dies zu gewerblichen Einkünften (Aufgabegewinn) im Rahmen der einheitlichen und gesonderten Gewinnfeststellung der GmbH & Co. KG führen.

Erhält der vorletzte Kommanditist keine Abfindung (oder eine geringere Abfindung als sie dem gemeinen Wert des Kommanditanteils entspricht), stellt dies nach ständiger Rspr. eine verdeckte Einlage in den GmbH-Geschäftsanteil dar.

Scheidet die GmbH aus der KG aus und erhält sie dafür eine Abfindung, liegt ein gewerbesteuerpflichtiger Aufgabegewinn vor (§ 7 S. 2 GewStG).

6 Die Vererbung

Aus Komplettierungsgründen wird zur Vererbung und der damit zusammenhängenden Klauseldiskussion auf *Preißer*, Band 1, Teil B, Kap. III 3.4 verwiesen.[226]

---

226 Wegen der erbschaftsteuerlichen Auswirkungen s. *Preißer*, Band 3, Teil C, Kap. I 4.2.1, Kap. II 3 und Kap. III 3.

VI Sonderfragen

1   Inter-/intrasubjektive Übertragungen[227] von Wirtschaftsgütern bei einer Mitunternehmerschaft

Die Übertragung von **Einzel-WG** (BV) im Kreis der MU-schaften (d.h. unter MU der gleichen PersG sowie zwischen MU und der PersG) war bereits unter Geltung des MU-Erlasses (1977) zu Buchwerten möglich (BStBl I 1978, 7). Dort – wie später in der Rspr. des BFH – wurde den Beteiligten ein Wahlrecht für diesen Wertansatz eingeräumt.[228]

Mit der neuen »rechtsträgerbezogenen« Betrachtungsweise des StEntlG wurde für zwei Jahre (1999/2000) die konträre Rechtsfolge, der gewinnrealisierende Teilwertansatz eingeführt.

Der Kritik des Schrifttums folgend, ist nunmehr für Übertragungen von betrieblichen Einzel-WG im Kreis der MU-schaft ab 2001 (StSenkG 2001) **zwingend** der **Buchwertansatz** festgeschrieben. Den Erklärungshintergrund liefert nunmehr die **betriebliche Umstrukturierung**, die steuerneutral durchzuführen ist.

Dieser Zielsetzung folgend, wird in dieser Buchreihe § 6 Abs. 5 S. 3 ff. EStG ausführlich – als Teil der betrieblichen Umstrukturierung – dargestellt (s. *Preißer*, Band 1, Teil B). Nachfolgend werden nur in einem Schema die einzelnen steuerneutralen Transaktionen aufgelistet.

Wegen der rechtstechnischen Verweisung gem. § 6 Abs. 5 S. 3 auf S. 1 EStG wird zunächst der Anwendungsbereich von § 6 Abs. **5 S. 1 und 2** EStG in Erinnerung gerufen, bei dem eine steuerneutrale Buchwertfortführung vorgeschrieben ist:

- Einzel-WG/Übertragung von einem Einzelunternehmen auf ein anderes Einzelunternehmen desselben Unternehmers (intrasubjektive Übertragung oder bloße Überführung),
- Einzel-WG/Übertragung von Einzelunternehmen auf Sonder-BV desselben Unternehmers (intrasubjektive Übertragung oder bloße Überführung),
- Einzel-WG/Übertragung zwischen verschiedenen Sonder-BV desselben Unternehmers (intrasubjektive Übertragung oder bloße Überführung).

Vor diesem Hintergrund ergeben sich für die **steuerneutrale** Übertragung von **betrieblichen Einzel-WG** innerhalb einer **MU-schaft** nach § 6 Abs. 5 S. 3 EStG folgende Möglichkeiten der **intersubjektiven** Übertragung:

---

[227] Dabei ist mit **intrasubjektiven** Übertragungen gemeint, dass der **Rechtsträger identisch** bleibt und eine Übertragung zwischen seinen Betrieben (inkl. seinen Sonder-BV) erfolgt; mit **intersubjektiven** Übertragungen ist ein Rechtsträgerwechsel (natürliche Person → PersG u.a.) verbunden. Daher ist es besser, bei intrasubjektiven Übertragungen von Überführungen zu sprechen.

[228] Daneben konnte – wegen § 24 UmwStG analog reziprok – auch der Teilwert bzw. ein Zwischenwert gewählt werden.

Ausgangs-BV	(Art der Übertragung)	Ziel-BV
Nr. 1: BV des MU (Einzelunternehmen bzw. BV von KapG)	Unentgeltlich oder gegen Gesellschaftsrechte (GesR)	Gesamthandsvermögen seiner MU-schaft
Oder umgekehrt: Gesamthandsvermögen der PersG	Unentgeltlich bzw. gegen Minderung von GesR	Einzelunternehmen bzw. KapG (hier aber Vorrang des Rechtsinstituts der verdeckten Einlage)
Nr. 2 (Fall 1): Sonder-BV eines MU	Unentgeltlich bzw. gegen GesR	Gesamthandsvermögen seiner MU-schaft
oder umgekehrt: Gesamthandsvermögen	Unentgeltlich bzw. gegen Minderung von GesR	Sonder-BV eines MU
Nr. 2 (Fall 2): Sonder-BV eines MU	Unentgeltlich oder gegen GesR	Gesamthandsvermögen einer anderen MU-schaft (= Schwester-PersG)
oder umgekehrt: Schwester-PersG	Unentgeltlich oder gegen Minderung von GesR	Sonder-BV des MU
Nr. 3: Sonder-BV eines MU	Unentgeltlich	Sonder-BV eines anderen MU bei derselben PersG

Die Übertragung eines WG aus dem Gesamthandsvermögen einer PersG auf eine beteiligungsidentische Schwestergesellschaft führt nach aktueller Erkenntnis des BFH vom 25.11.2009 (BStBl II 2010, 471) und des BMF vom 29.10.2010 (BStBl I 2010, 1206) zur Aufdeckung der stillen Reserven. Dies ist ernstlich zweifelhaft.[229]

Hinweis: Zu zwei in der Praxis häufig vorkommenden, in der Theorie umstrittenen Fragen haben sich BFH und BMF geäußert. Dies betrifft

a) **die teilentgeltliche (bzw. mischentgeltliche)** Übertragung von **Einzel-WG** im Anwendungsbereich des § 6 Abs. 5 EStG und
b) »§ 6 Abs. 5-Übertragungen« aufgrund eines **Gesamtplans**.

Zu a): Teilentgeltliche Übertragungen von Einzel-WG

Beispiel: Übertragung eines Einzel-WG (BW: 100; Gegenwert: 75) aus dem Sonder-BV in das Gesamthands-BV
Nach **BMF-Auffassung** (BStBl I 2011, 1279) ist bei teilentgeltlichen Übertragungen von Einzel-WG grundsätzlich die **Trennungstheorie** anzuwenden (Ergebnis: zu 75 unentgeltliche Übertragung; zu 25 sonstiger betrieblicher Ertrag).
Der IV. Senat des **BFH** vertritt hingegen in zwei Urteilen aus dem Jahre 2012 (BFH vom 19.09.2012 = BFH/NV 2012, 1880 sowie vom 21.06.2012, BFH/NV 2012, 1536) die Auffassung, dass

---

[229] S. hierzu auch Urteil des IV. BFH-Senats vom 15.04.2010 (BStBl II 2010, 971) und *Ley*, DStR 2011, 1208.

bei einer Übertragung eines Einzel-WG (im Anwendungsbereich des § 6 Abs. 5 S. 3 EStG) bei Unterschreiten des Buchwerts keine Gewinnrealisierung vorliegt.

Demgegenüber hält die Verwaltung im BMF-Schreiben vom 08.08.2013 (BStBl I 2013, 1164, Tz. II.1.) an ihrer Auffassung (**Trennungstheorie**) bis zur endgültigen Entscheidung über den Vorlagebeschluss des X. Senats (GmbHR 2016, 65) in dieser Frage fest.

Zu b): »§ 6 Abs. 5-Übertragungen« aufgrund eines Gesamtplans
Im Urteil vom 02.08.2012 (BHF/NV 2012, 2118) gelangt der IV. Senat des BFH bei der unentgeltlichen Übertragung eines MU-Anteils bei gleichzeitiger Ausgliederung von Sonder-BV zur **Aufgabe der Gesamtplanrechtsprechung**.

Im konkreten Fall wurden im Wege der vorweggenommenen Erbfolge – bei Zurückbehaltung des Sonder-BV (Grundstück) – 80 % der MU-Anteile an der KG I (inkl. 100 % Komplementär-GmbH) übertragen, während gleichzeitig das Grundstück auf eine (beteiligungsidentische) Schwester-KG II übertragen wurde.

Demgegenüber ging und geht die Verwaltung weiterhin (BMF vom 08.08.2013, BStBl I 2013, 1164, Tz. II.2.) davon aus, dass die **buchwertneutrale Ausgliederung des Sonder-BV der unentgeltlichen Übertragung eines Teil-MU-Anteils nach § 6 Abs. 3 S. 2 EStG entgegenstehe**. Hier hat sich der BFH inzwischen eindeutig gegen die Finanzverwaltung positioniert (BFH vom 02.08.2012, DStR 2012, 2118).

2 § 35 EStG im Recht der Personengesellschaften

2.1 Grundlagen

Bei Bezug von Einkünften aus Gewerbebetrieb aus Wirtschaftsjahren ab 2001 kommt eine Steuerermäßigung nach § 35 EStG in Betracht. Nähere Einzelheiten enthält das Anwendungsschreiben vom 19.09.2007 (BStBl I 2007, 701), in dem das Urteil des BFH vom 27.09.2006 (DStR 2007, 387) zur Ermittlung des Anrechnungshöchstbetrages, insb. zur Verlustverrechnung, aufgenommen ist. Im BMF-Schreiben vom 24.02.2009 (BStBl I 2009, 440) hat schließlich noch die Nichtabzugsfähigkeit der Gewerbesteuer nach § 4 Abs. 5b EStG ihren Niederschlag gefunden. Schließlich hat das BMF mit Schreiben vom 22.12.2009 (BStBl I 2010, 43) und vom 25.11.2010 (BStBl I 2010, 1312) auf das BFH-Urteil vom 07.04.2009 (DB 2009, 1330) zur Nichtberücksichtigung der Vorabgewinnanteile reagiert (s. unten).

Die Ermäßigung kann nur für den Teil der ESt beansprucht werden, der auf die in dem zu versteuernden Einkommen enthaltenen Einkünfte aus Gewerbebetrieb entfällt. Werden die Einkünfte aus einem Einzelunternehmen bezogen, ist die Steuerermäßigung auf das 3,8-Fache des für dieses Unternehmen für den VZ entsprechenden Erhebungszeitraum festgesetzten GewSt-Messbetrages beschränkt. Ab dem VZ 2008 ist als weitere Obergrenze die tatsächlich zu zahlende GewSt (vgl. § 35 Abs. 1 S. 5 EStG) eingeführt worden.

Mitunternehmern ist der gegenüber der Mitunternehmerschaft festgesetzte GewSt-Messbetrag nach Maßgabe des Gewinnverteilungsschlüssels zum Zwecke der Anwendung des § 35 EStG anteilig zuzurechnen. Den Mitunternehmern steht ebenfalls ein Ermäßigungsanspruch i.H.v. maximal dem 3,8-Fachen des ihnen zuzurechnenden Anteils am GewSt-Messbetrag der Mitunternehmerschaft zu. In den Fällen mehrstöckiger Mitunternehmerschaften sind die gegenüber den nachgeschalteten Mitunternehmerschaften festgesetzten GewSt-Messbeträge einzubeziehen.[230] Bezieht ein StPfl. Einkünfte aus mehreren der GewSt unterliegenden Unternehmen, besteht ein Anspruch auf Steuerermäßigung i.H.d. 3,8-Fachen der Summe der ihm zuzurechnenden GewSt-Messbeträge.

Durch die Anrechnung des 3,8-Fachen festgesetzten GewSt-Messbetrages bei der persönlichen Einkommensteuer des Einzel- und Mitunternehmers ist die GewSt – ähnlich wie bei der Rückstellung – an die Einkommensteuer »rückgekoppelt«.

2.2 Persönlicher und sachlicher Anwendungsbereich – allgemein

Nach Rz. 14 des **BMF-Schreibens vom 24.02.2009** (BStBl I 2009, 440) werden die laufenden gewerblichen Einkünfte nur dann nach § 15 EStG als begünstigungsfähig angesehen, wenn sie gewerbesteuerpflichtig sind, grundsätzlich nicht hingegen die Veräußerungseinkünfte nach § 16, 17 EStG bzw. § 18 Abs. 3 UmwStG. Eine Rückausnahme gilt jedoch für Veräußerungsgewinne, die aus der Veräußerung einer 100 %igen KapG-Beteiligung erzielt werden, die nicht im Zusammenhang mit einer Betriebsaufgabe steht.

Ebenfalls einbezogen werden solche Veräußerungsgewinne, die seit der Neufassung des § 7 GewStG als gewerbesteuerpflichtig behandelt werden. Dies sind die Gewinne aus der Veräußerung von Betrieben und Mitunternehmensanteilen, soweit sie nicht auf eine natürliche Person als unmittelbar beteiligter Mitunternehmer entfallen. Erfasst werden daher insb. Veräußerungsgewinne, die auf KapG oder (zwischengeschaltete) PersG entfallen. Die Steuerermäßigung gem. § 35 EStG kommt zwar nur bei unmittelbar oder mittelbar über eine PersG beteiligten natürlichen Personen in Betracht. Sie kann jedoch auch auf dem anteilig auf eine KapG entfallenden Veräußerungsgewinn basieren, da die GewSt auf Ebene der PersG anfällt und der entsprechende GewSt-Messbetrag nach dem allgemeinen Gewinnverteilungsschlüssel aufgeteilt wird.

Inzwischen ist für die VZ 2004 bis 2007 abschließend geklärt, wie Verluste bei der Ermittlung der gewerblichen Einkünfte zu berücksichtigen sind. Nach dem BMF-Schreiben vom 19.09.2007 (BStBl I 2007, 701, Rz. 12) sind negative Einkünfte vorrangig mit nicht gem. § 35 EStG tarifbegünstigten Einkünften zu verrechnen (sog. **Meistbegünstigungsprinzip**). Nur wenn solche Einkünfte nicht oder nicht in ausreichender Höhe zur Verfügung stehen, ist der Verlustausgleich mit den tarifbegünstigten Einkünften durchzuführen (vgl. BFH vom 27.09.2006, DStR 2007, 387). In dem Urteil hat der BFH (ebenfalls in Übereinstimmung mit dem BMF-Schreiben) auch entschieden, dass die Ermittlung des Ermäßigungshöchstbetrages auf Basis der Summe der Einkünfte und nicht auf Basis des zu versteuernden Einkommens erfolgt.

Nach Tz. 16 des aktuellen BMF-Schreibens vom 24.02.2009 (BStBl I 2009, 440) wird der **Ermäßigungshöchstbetrag wie folgt ermittelt:**

$$\frac{\text{Summe der positiven gewerbl. Einkünfte} \times \text{geminderte tarifliche ESt (i.S.d. § 35 EStG)}}{\text{Summe aller positiven Einkünfte}}$$

---

[230] S. hierzu BMF vom 25.11.2010 (BStBl I 2010, 1312) und *Korn*, DStR 2011, 903 mit Beispielsrechnung.

Positive Einkünfte i.S.d. Berechnungsformel sind solche aus der jeweiligen Einkunftsquelle. Eine **Saldierung** der positiven mit den negativen Einkunftsquellen innerhalb der gleichen Einkunftsarten (horizontaler Verlustausgleich) sowie zwischen den verschiedenen Einkunftsarten (vertikaler Verlustausgleich) **findet nicht statt**.

Weiterhin (Tz. 16 a.a.O.) wird fingiert, dass alle aus § 20 EStG stammenden Einkünfte als solche gelten, die aus einer Einkunftsquelle stammen.

Beispiel 1 (Tz. 17 des BMF-Schreibens, Einzelveranlagung):
Einkünfte des A :
- Gewerbebetrieb 1 (§ 15 EStG) ./. 150.000 €
- Gewerbebetrieb 2 (§ 15 EStG) + 120.000 €
- § 17 EStG + 30.000 €
- Grundstück 1 (§ 21 EStG) + 200.000 €
- Grundstück 2 (§ 21 EStG) ./. 100.000 €

Lösung:

$$\frac{120.000\ € \text{ (positiver Betrieb 2)} \times \text{geminderte tarifliche ESt}}{350.000\ € \text{ (120 T€ + 30 T€ + 200 T€)}}$$

Hinweis: Bei zusammenveranlagten Ehegatten, die beide Einkünfte i.S.d. § 35 EStG erzielen, s. Beispiel 2 (Tz. 18 des BMF-Schreibens vom 24.02.2009, a.a.O.): Einkünfteermittlung nach der Individualeinkunftserzielung!

2.3 Besonderheiten (Steuerermäßigung) bei Mitunternehmerschaften

2.3.1 Einheitliche und gesonderte Feststellung (§ 35 Abs. 2 S. 1 EStG)

Mit der Einführung des UntStReformG 2008 (BGBl I 2007, 1912) ist ab **VZ 2008** bei MU-schaften und KGaA der Betrag des **GewSt-Messbetrags**, die **tatsächlich zu zahlende GewSt** und der auf die einzelnen MU oder auf die persönlich haftenden G'fter **entfallende Anteil** gesondert und einheitlich festzustellen.

2.3.1.1 Gewinnverteilungsschlüssel (§ 35 Abs. 2 S. 2 EStG)

Der Anteil des GewSt-Messbetrags eines MU richtet sich gem. § 35 Abs. 2 S. 2 EStG nach dem Anteil am Gewinn der MU-schaft, für dessen Ermittlung der **allgemeine Gewinnverteilungsschlüssel** maßgebend ist. Damit ist die im **Gesellschaftsvertrag vereinbarte** handelsrechtliche Gewinnverteilung gemeint. Sie stimmt i.d.R. mit den **Festkapitalkonten** (Kapitalkonten I) überein. Bei fehlenden gesellschaftsvertraglichen Vereinbarungen sind die **gesetzlichen Regelungen** des HGB heranzuziehen (s. BMF vom 24.02.2009, BStBl I 2009, 440; Tz. 20). Voraussetzung ist jedoch die **steuerliche Anerkennung** der Gewinnverteilung. Besonderheiten ergeben sich jedoch in erster Linie bei sich einander nahe stehenden Personen (**Familien-PersG**). Hier sind Korrekturen vorzunehmen, wenn die Gewinnverteilung in offensichtlichem Missverhältnis zu den Leistungen des G'fters steht (s. R 15.9 Abs. 3 EStR 2008). Des Weiteren hat eine steuerliche Anerkennung auch in den Fällen zu unterbleiben, in denen eine zivilrechtlich zwar zulässige, **steuerlich** jedoch **unzulässige rückwirkende Änderung** der Gewinnverteilungsabrede vorgenommen wurde (s. BFH vom 15.03.2000, BFH/NV 2000, 1185; BFH vom 21.12.1972, BStBl II 1973, 389, BFHE 108, 495).

Beispiel 2:
An der AB-OHG sind die Freunde A und B zu je 50 % als MU beteiligt. Der Gewinn der MU-schaft beträgt 400.000 €. Der Hinzurechnungsbetrag nach § 8 GewStG beträgt (u.a. wegen zwei Darlehen der G'fter A/B) insgesamt 84.500 € (BMG: nach Abzug der 100.000 €/vom Rest 1/4). Demnach beträgt der Gewerbeertrag 484.500 €. Der Hebesatz der Gemeinde beträgt 400 %. Dies führt zu einem GewSt-Messbetrag von 16.100 € (484.500 € ./. 24.500 € = 460.000 € × 3,5 %) und einer GewSt von 64.400 €.

Lösung: Der anteilige GewSt-Messbetrag beträgt gem. dem allgemeinen Gewinnverteilungs-schlüssel 8.050 €, der zu einem entsprechenden Ermäßigungsbetrag i.S.d. § 35 Abs. 1 EStG (8.050 € × 3,8 = 30.590 €) führt.

Bei der Bestimmung des anteiligen GewSt-Messbetrags sind gem. § 35 Abs. 2 S. 2, 2. HS EStG die Vorabgewinnanteile (s. BFH vom 23.01.2001, BStBl II 2001, 621 zur Abgrenzung eines Gewinnvorabs) nicht zu berücksichtigen. Nach dem Schreiben des BMF (a.a.O., Tz. 23 f.) gilt dies auch für die **gewinnunabhängigen** Sondervergütungen i.S.d. § 15 Abs. 1 S. 1 Nr. 2 EStG, Sonderbetriebseinnahmen und Sonderbetriebsausgaben sowie die Ergebnisse aus den Ergänzungsbilanzen des MU. **Gewinnabhängige** Vorabgewinnanteile sowie Sondervergütungen stellten allerdings nach (bisheriger) Auffassung der FinVerw Bestandteil des allgemeinen Gewinnverteilungsschlüssels dar.

Hierüber bestand Uneinigkeit in der Rspr. der Instanzgerichte.[231] Der BFH hat am 07.04.2009 (DB 2009, 1330) entschieden, dass Vorabgewinnanteile (im Urteilsfall: Tätigkeitsvergütungen als Vorabgewinn) bei der Ermittlung des Anteils eines MU am Gewerbesteuermessbetrag für § 35 EStG ebenso wenig wie die Ergebnisse aus einer Ergänzungs- oder Sonderbilanz – entgegen Tz. 23 des BMF (a.a.O.) – nicht zu berücksichtigen sind. Die Verwaltung hat mit Schreiben vom 22.12.2009 (BStBl I 2010, 43) hierauf reagiert. Für nach dem 30.06.2010 beginnende Wj. ist eine Differenzierung zwischen gewinnabhängigen und gewinnunabhängigen Vorabgewinnen nicht mehr vorzunehmen. Für vor dem 01.07.2010 beginnende Wj. sollen jedoch die Regelungen der ursprünglichen Fassung weiterhin gelten, es sei denn, mindestens ein Mitunternehmer beantragt, auf die Anwendung zu verzichten.

Beispiel 2a:
Die Freunde F und N sind zu je 50 % Mitunternehmer der FN-OHG. Der Gewinn der Gesamthand beträgt 10.000 €, an dem jeder gem. seiner Beteiligung beteiligt sein soll. Zusätzlich erhält F für das Überlassen seines Bürogebäudes eine Sondervergütung i.H.v. 202.000 € und für die Hingabe eines Darlehens Zinsvergütungen i.H.v. 222.500 €. Da die Sondervergütungen bereits nach § 15 Abs. 1 S. 1 Nr. 2 EStG über § 7 GewStG im Gewerbeertrag enthalten sind, sind keine Hinzurechnungen nach § 8 GewStG vorzunehmen. Der Gewerbeertrag beträgt mithin insgesamt 434.500 €. Der GewSt-Messbetrag beträgt demnach 14.350 € (434.500 € ./. 24.500 € = 410.000 € × 3,5 %). Bei einem Hebesatz von 400 % beträgt die Gewerbesteuer 57.400 €. Diese ist von der OHG als Steuerschuldnerin gem. § 5 Abs. 1 S. 3 GewStG zu tragen.

Lösung: Der GewSt-Messbetrag ist mit je 1/2 auf die G'fter der FN-OHG und somit i.H.v. 7.175 € zuzurechnen. Der Ermäßigungsbetrag beträgt demnach für jeden 27.265 € (= 7.175 €

---

[231] Einerseits FG Berlin-Brandenburg vom 23.10.2007 (EFG 2008, 219): keine Einbeziehung. Andererseits FG Saarland vom 24.08.2006 (INF 2006, 770).

x 3,8). Für N kann der Ermäßigungsbetrag ins Leere laufen, wenn er keine weiteren bzw. nur geringe Einkünfte erzielt und damit nicht der ESt unterliegt.

§ 35 EStG knüpft ausdrücklich an den allgemeinen Gewinnverteilungsschlüssel an. Dies hat zur Folge, dass den **gesellschaftsvertraglichen Vereinbarungen** im Innenverhältnis der G'fter, die eine anderweitige gewerbesteuerliche Belastung vorsehen – wie etwa die anteilig auf seine gewinnunabhängige Sondervergütung entfallende GewSt – steuerlich **keine Bedeutung** beizumessen ist.

2.3.1.2 Aufteilung bei Auslandsbeteiligungen (§ 35 Abs. 2 S. 3 EStG)

Die Regelung des § 35 Abs. 2 S. 3 EStG wurde im Zuge des Gesetzes zu dem Dritten Zusatzprotokoll vom 04.06.2004 zum DBA Deutschland-Niederlande vom 15.12.2004 eingefügt (BGBl II 2004, 1653). Der Steuerermäßigung des § 35 EStG ist der festgesetzte GewSt-Messbetrag zugrunde zu legen. Bei MU-schaften ist dieser nach § 35 Abs. 2 S. 2 EStG nach Maßgabe des allgemeinen Gewinnverteilungsschlüssels auf die einzelnen MU zu verteilen. Werden jedoch einzelne MU aufgrund eines DBA aus der Besteuerung in Deutschland herausgenommen, wird der GewSt-Messbetrag nur i.H.d. inländischen MU-Anteile festgesetzt.

2.3.1.3 Mehrstöckige Personengesellschaften (§ 35 Abs. 2 S. 5 EStG)

Bei mehrstöckigen MU-schaften sind die **anteilig** auf die Obergesellschaft entfallenden **GewSt-Messbeträge** sämtlicher Untergesellschaften **den G'ftern der Obergesellschaft** nach Maßgabe des allg. Gewinnverteilungsschlüssels **zuzurechnen** (s. BMF vom 24.02.2009, BStBl I 2009, 440, Tz. 27). Mithin findet für Zwecke des § 35 EStG ein Durchreichen der anteiligen GewSt-Messbeträge auf die in Form einer natürlichen Person beteiligten MU statt. Hintergrund der Regelung sind §§ 8 Nr. 8, 9 Nr. 2 GewStG. Demnach finden Anteile an Ergebnissen aus einer Beteiligung an MU-schaften (Untergesellschaften) im GewSt-Messbetrag der Obergesellschaft keine Berücksichtigung. Zur Ermittlung einer zutreffenden Steuerermäßigung i.S.d. § 35 GewStG ist die Zurechnung anteiligen GewSt-Messbeträge notwendig. Dies gilt auch für die Zurechnung eines anteiligen GewSt-Messbetrags einer Untergesellschaft an den mittelbar beteiligten G'fter, wenn sich auf der Ebene der Obergesellschaft ein negativer Gewerbeertrag und damit ein GewSt-Messbetrag von 0 € ergibt.

Dieser Aussage wurden folgende Neuregelungen (BMF vom 24.02.2009, BStBl I 2009, 440, Tz. 27 sowie BMF vom 25.11.2010, BStBl I 2010, 1312) hinzugefügt:

Ein GewSt-Messbetrag der Untergesellschaft oder Obergesellschaft, dem jedoch negative gewerbliche Einkünfte auf Ebene der Obergesellschaft unter Berücksichtigung der Einkünfte aus der Untergesellschaft zugrunde liegen, ist nicht zu berücksichtigen. Für die Berücksichtigung der tatsächlich zu zahlenden GewSt (§ 35 Abs. 1 S. 5 EStG) gelten die obigen Aussagen entsprechend.

Nach geänderter Ansicht des BMF vom 25.11.2010 (BStBl I 2010, 1312, Rz. 27f.) bleibt ein GewSt-Messbetrag, genauer eine Hinzurechnung, die aus einem negativen Saldo der Einkünfte von Ober- und Untergesellschaft resultiert, unberücksichtigt.

Beispiel 2b:
(hierzu s. Beispiel Tz. 28 im BMF vom 24.02.2009, BStBl II 2009, 440 sowie *Kortendick/Peters*, DB 2011, 76; *Korn*, DStR 2011, 903):

An der X-KG sind A mit 70 % und B zu 30 % beteiligt. Die X-KG ist wiederum zusammen mit Z zu je 50 % an der Z-OHG beteiligt. Der Gewinn der X-KG aus der operativen Tätigkeit beträgt ./. 25.000 €. Dagegen beträgt der Gewinn der X-OHG 5.000.000 €. Die Hinzurechnungen nach § 8 GewStG betragen insgesamt 824.500 €, sodass ein Gewerbeertrag i.H.v. 5.824.500 € vorliegt. Dies führt bei der X-OHG zu einem GewSt-Messbetrag i.H.v. 203.000 € (5.824.500 € ./. 24.500 € = 5.800.000 € x 3,5 %). Bei einem Hebesatz von 400 % beträgt die tatsächlich zu zahlende Steuer 812.000 €.

Lösung: Durch die Beteiligung an der Z-OHG erzielt die X-KG einen Gewinn i.H.v. 2.475.000 € (1/2 x 5.000.000 € ./. 25.000 €). Nach § 9 Nr. 2 GewStG ist der Gewinnanteil aus der Z-OHG für Zwecke der Ermittlung des Gewerbeertrags jedoch wieder herauszurechnen. Der danach ermittelte Gewerbeertrag beträgt ./. 25.000 €. Dies führt zu einem GewSt-Messbetrag von 0 €. Für Zwecke des § 35 EStG ist der GewSt-Messbetrag der Z-OHG nach dem allgemeinen Gewinnverteilungsschlüssel auf Z und die X-KG aufzuteilen. Somit sind Z und der X-KG je 101.500 € des GewSt-Messbetrags zuzurechnen. Der GewSt-Messbetrag der X-KG beträgt nun 0 € + 101.500 € = 101.500 € (s. § 35 Abs. 2 S. 5 EStG). Dieser ist entsprechend dem allgemeinen Gewinnverteilungsschlüssel den G'ftern A und B zuzurechnen. Auf A entfällt ein GewSt-Messbetrag von 0,7 x 101.500 € = 71.050 €, auf B dementsprechend 0,3 x 101.500 € = 30.450 €. Demnach beträgt der Ermäßigungsbetrag für A 269.990 € (= 71.050 € x 3,8) bzw. für B 115.710 € (= 30.450 € x 3,8). Die tatsächlich zu zahlende GewSt i.S.d. § 35 Abs. 1 S. 5 EStG beträgt für A 284.200 € (= 1/2 von 812.000 €, davon 70 % auf A entfallend) bzw. für B 121.800 € (= 1/2 von 812.000 €, davon 30 % auf B entfallend).

2.3.1.4 Gewerbesteuer-Messbetrag bei unterjähriger Unternehmensübertragung und Gesellschafterwechsel

Bei einem unterjährig stattfindendem Ein- oder Austritt eines G'fters in/aus eine/r PersG oder einem unterjährigen G'fterwechsel erfolgt die Zurechnung des festgestellten GewSt-Messbetrags an die einzelnen G'fter **zeitanteilig** (s. BMF vom 24.02.2009, BStBl I 2009, 440, Tz. 30). Maßgeblich ist der von den G'ftern gewählte allgemeine Gewinnverteilungsschlüssel sowie die Vereinbarungen, die anlässlich des Ein- oder Austritts des G'fters getroffen worden sind.

Beispiel 3:
Zur Mitte des Geschäftsjahres scheidet B aus der ABC-KG aus. Die Gewinnverteilung erfolgte bis dahin zu je 1/3. Nach seinem Ausscheiden wird der Gewinn zu je 50 % an A und C verteilt. Der Gewinn der ABC-KG beträgt 5.000.000 €. Dabei wird unterstellt, dass auf die beiden Geschäftsjahr-Hälften je 2.500.000 € entfielen. Der Hinzurechnungsbetrag nach § 8 GewStG beträgt insgesamt 824.500 € (u.a. wegen eines Darlehens des C, ebenfalls je 412.250 € je Geschäftsjahr-Hälfte). Dies führt zu einem Gewerbeertrag von 5.824.500 €, sodass der GewSt-Messbetrag der KG zum Jahresende 203.000 € (5.824.500 ./. 24.500 = 5.800.000 € x 3,5 %) beträgt. Aufgrund der gleichmäßigen Gewinnverteilung entfällt auf die beiden Geschäftsjahr-Hälften ein GewSt-Messbetrag i.H.v. je 101.500 € entfallen.

Lösung: Auf A und C entfallen insgesamt 5/6 (1/3 + 1/2) des GewSt-Messbetrags. Auf die beiden verteilt, ist A und C ein Anteil von 5/12 des GewSt-Messbetrags zuzurechnen (= 203.000 € x 5/6 = 169.167 €, davon je 1/2 = 84.583,50 €). Auf B entfällt hingegen ein Anteil von 1/6 (= 203.000 € x 1/6 = 33.833 €).

3 Die Thesaurierungsbegünstigung (ab 2008)

3.1 Die Intention des Unternehmenssteuerreformgesetzes (2008)

Das Motto der Unternehmenssteuerreform war die »Belastungsneutralität der unterschiedlichen Rechtsformen«. KapG und Personenunternehmen, insb. PersG, sollten in ihrer Steuerbelastung gleichgestellt werden, um auch im internationalen Vergleich konkurrenzfähig zu sein. Der Vergleich galt dabei auch den ausländischen KapG, da ausländische Unternehmen – im Unterschied zu Deutschland – diese Rechtsform favorisieren. Der Blick führte zwar über die Grenze zu den ausländischen KapG, letztlich gab aber die (neue) Gesamtsteuerbelastung für deutsche KapG mit GewSt und KSt die Messlatte ab (29 % Gesamtsteuerbelastung – ohne Solidaritätszuschlag –: 15 % KSt und 14 % GewSt bei 400 % Hebesatz). Um dieses Ziel zu erreichen, wurde mit § 34a EStG eine Sondertarifierung für **thesaurierte Gewinne** von PersG eingeführt.[232] Die Tarifbegünstigung soll den Steuerbürgern gewährt werden, die durch den Verzicht auf die private Verwendung von Gewinnen ihrem Unternehmen erwirtschaftetes Kapital weiterhin zur Verfügung stellen und damit die Eigenkapitalbasis ihres Unternehmens nachhaltig stärken.

Durch die Einführung des § 34a EStG wird zunächst die Möglichkeit geschaffen, nicht entnommene Gewinne **ganz oder teilweise** mit einem ermäßigten **Steuersatz von 28,25 %** (zzgl. Solidaritätszuschlag) zu besteuern. Werden diese Gewinne zu einem späteren Zeitpunkt wieder entnommen, wird eine Nachbesteuerung analog zur Dividendenbesteuerung vorgenommen, sodass sich bei einem unterstellten durchschnittlichen Hebesatz für die Gewerbesteuer von 400 % eine Gesamtbelastung von 48,33 % ergeben soll. Dieses Rechenmodell berücksichtigt schon die Nichtabziehbarkeit der Gewerbesteuer.

Der ermäßigte Steuersatz des § 34a EStG verläuft linear und ist somit unabhängig vom persönlichen Steuersatz des StPfl. Beträgt der persönliche Steuersatz demzufolge bereits weniger als 28,25 %, so ergibt sich aus der Thesaurierungsbegünstigung bereits ohne die Komponente der Nachversteuerung kein steuerlicher Vorteil mehr. Ist der persönliche Steuersatz höher als 28,25 %, so ist eine Vergleichsberechnung zwischen einer sofortigen Versteuerung zum persönlichen Steuersatz und einer möglichen späteren Nachversteuerung zu empfehlen.

Der Gesetzgeber blieb dabei hinter den Forderungen der Wissenschaft zurück, die für PersG die Option zur Körperschaftsteuer gefordert hatten.[233] Weitere systemimmanente Unterschiede in der Besteuerung (z.B. die unterschiedliche Verlustverrechnung auf der Ebene der G'fter oder die Möglichkeit der steuerneutralen Übertragung von Einzelwirtschaftsgütern) blieben erhalten.

Das BMF hat mit Schreiben vom 11.08.2008 (BStBl I 2008, 838) umfassend zu § 34a EStG Stellung bezogen. Die entsprechenden Rz. werden bei den Einzelpunkten als **Rz-BMF** vermerkt.

---

232 Die maximale (Grenz-)Belastung der Gewinne von Personengesellschaften würde ab 2008 – ohne § 34a EStG – allein durch ESt und SolZ bei 47,48 % (45 % ESt zzgl. 5,5 % SolZ auf diese) liegen.
233 Stiftung Marktwirtschaft, Steuerpolitisches Programm vom 30.01.2006, S. 16ff.; dazu: *Hering*, Wirtschaftsdienst Heidelberg, Bd. 86, 3, 2006, 147–151.

3.2 Die Regelung im Überblick

3.2.1 Systematische Einordnung

Die **Thesaurierungsbegünstigung** ist im »Tarif«-Abschnitt geregelt und steht damit in einem Regelungszusammenhang mit den »außerordentlichen Einkünften« des § 34 EStG, ohne dass dabei eine systematische Neugliederung dieses Abschnittes vorgenommen wurde.

Die elf Absätze des § 34a EStG sind – wie folgt – aufgebaut:

Absatz des § 34a EStG	Regelungsgehalt
1	Definition des »Grundtatbestandes«; Einschränkungen des begünstigten Betrages; Begründung der Antragspflicht und dessen Regelung im Detail
2	Definition des nicht entnommenen Gewinnes
3	Definition des Begünstigungsbetrages; Definition, Ermittlung und gesonderte Feststellung des nachversteuerungspflichtigen Betrages
4	Definition des Nachversteuerungsbetrages; Grundtatbestand der Nachversteuerung (Entnahme)
5	Nachversteuerung bei Übertragung oder Überführung von Wirtschaftsgütern
6	Weitere Fälle der Nachversteuerung
7	Sonderfälle der unentgeltlichen Übertragung und der Einbringung nach § 24 UmwStG
8	Beschränkung der Verlustverwendung
9, 10, 11	Verfahrensfragen

3.2.2 Regelungsinhalt des § 34a EStG

Der Anteil des Gewinns aus einem Betrieb oder Mitunternehmeranteil, den ein StPfl. im Wirtschaftsjahr nicht entnommen hat, soll auf Antrag nicht mehr dem (höheren) persönlichen progressiven Steuersatz des StPfl., sondern lediglich einem ermäßigten Steuersatz von 28,25 % (zzgl. Solidaritätszuschlag) unterliegen. Die Vergünstigung ist **betriebs- und personenbezogen** ausgestaltet. Ob die Voraussetzungen für die Steuerermäßigung erfüllt sind, ist für jeden Betrieb oder Mitunternehmeranteil eines StPfl. gesondert zu prüfen.

Bei Entnahme in späteren Wirtschaftsjahren erfolgt eine Nachversteuerung mit 25 % zzgl. Solidaritätszuschlag.

Hinweis: Sofern die Thesaurierungsbegünstigung beabsichtigt ist, sollte bei der Übertragung der zugewiesenen Gewinnanteile aus Beteiligungen der PersG an anderen Gesellschaften soweit möglich darauf geachtet werden, dass diese Beteiligungsgesellschaften ihren Gewinn ebenfalls durch Bestandsvergleich ermitteln. Ist dies nicht der Fall, muss der der PersG zugewiesene Gewinn entsprechend §§ 4 Abs. 1 und 5 EStG »neu« ermittelt werden, insb.

müssen Einnahmenzuflüsse und -abflüsse auf Ebene der Beteiligungsgesellschaft auf das Wirtschaftsjahr abgegrenzt werden, da i.R.d. Bestandsvergleiches das Zu- und Abflussprinzip des § 11 EStG keine Anwendung findet.

Bei Gewinnermittlung durch Einnahmenüberschussrechnung (§ 4 Abs. 3 EStG) oder bei pauschalierten Gewinnermittlungen (§§ 5a, 13a EStG) ist eine ermäßigte Besteuerung nicht möglich.

3.3 Die Tatbestandsmerkmale für den »nicht entnommenen Gewinn«

3.3.1 Thesaurierungsbegünstigung

3.3.1.1 Nicht entnommener Gewinn (Rz. 11–21 BMF)

Begünstigt wird das zu versteuernde Einkommen daher nur insofern, als es auf »**nicht entnommene Gewinne**« entfällt. Nach der Definition des § 34a Abs. 2 EStG ist der nicht entnommene Gewinn des Betriebs- oder Mitunternehmeranteils der gem. § 4 Abs. 1 S. 1 EStG oder § 5 EStG ermittelte Gewinn vermindert um den positiven Saldo der Entnahmen und Einlagen des Wirtschaftsjahres. Nicht entnommen ist der Gewinn, der nach Abzug des positiven Saldos der Entnahmen (§ 6 Abs. 1 Nr. 4 EStG) und Einlagen (§ 6 Abs. 1 Nr. 5 EStG) verbleibt.

> **Beispiel 4: Der Grundfall Einzelunternehmen**[234]
> Die Gewinn- und Verlustrechnung des Einzelunternehmers E weist im Geschäftsjahr 01 einen Jahresüberschuss (= Gewinn nach § 4 EStG) von 100.000 € aus. Über sein Privatkonto wurden Ausgaben für seine private Lebensführung von 50.000 € gebucht.
>
> **Lösung:** Es ergibt sich daraus folgender »nicht entnommener Gewinn«:
>
> | | |
> |---|---:|
> | Gewinn des Jahres 01 | 100 € |
> | Entnahmen über Privatkonto | ./. 50 € |
> | Nicht entnommener Gewinn im Jahre 01 | 50 € |

Der begünstigungsfähige Betrag (Abs. 2) errechnet sich somit aus der Differenz des Betriebsvermögens am Ende des Wirtschaftsjahres und des Betriebsvermögens am Ende des vorangegangenen Wirtschaftsjahres.[235]

Zum **Betriebsvermögen** gehören bei einem **Einzelunternehmen** alle WG, die im (mind. wirtschaftlichen) Eigentum des Unternehmers stehen und in einen tatsächlichen oder wirtschaftlichen Förderungszusammenhang zum Betrieb gestellt sind.[236]

Bei **Personengesellschaften** (Rz. 12f und 20 BMF) bilden die WG des Gesamthandsvermögens der Mitunternehmerschaft (inkl. der Ergänzungsbilanzen) sowie die WG des Sonderbetriebs-

---

[234] Die Grundbeispiele 4 und 5 stammen von *von Rönn* und sind aus *Preißer/von Rönn/Schultz-Aßberg*, Die Unternehmensteuerreform 2008, 2007.

[235] Bei vom Kj. abweichendem Wj. ist zwischen den durch die PersG erzielten Gewinneinkünften zu differenzieren (Rz. 19 BMF). Bei Einkünften aus Gewerbebetrieb, die die PersG bezieht, gilt der Gewinn in dem Veranlagungsjahr als bezogen, in dem das Wj. endet (§ 4a Abs. 2 Nr. 2 EStG). Eine Aufteilung des Gewinns des Wj. 2007/2008 sowie der Entnahmen und Einlagen für Zwecke des § 34a EStG ist nicht vorzunehmen.

[236] *Heinicke* in *Schmidt*, EStG (35. Aufl., 2016), § 4 Rz. 101.

vermögens das Betriebsvermögen. Daher sind bei der Ermittlung des begünstigungsfähigen Betrages bei Personengesellschaften die Ergebnisse etwaiger Ergänzungs- oder Sonderbilanzergebnisse zu berücksichtigen. Sonderbetriebseinnahmen, wie z.B. ein vom G'fter vereinnahmtes Geschäftsführergehalt sind damit aus systematischen Gründen bei der Ermittlung der privilegierten Gewinne abzuziehen. Ansonsten könnte auf bereits aus der Gesellschaft im Rahmen von Sonderbetriebseinnahmen abgeflossene Gewinne eine begünstigte Besteuerung in Anspruch genommen werden.[237]

Beispiel 5: Der Grundfall Personengesellschaften
Die A-KG erzielt im Geschäftsjahr 01 einen Jahresüberschuss von 200.000 €. Der Kommanditist A hat ein Geschäftsführergehalt von 50.000 € erhalten, das bei der A-KG in der HB als Aufwand verbucht wurde. In einer für ihn geführten Ergänzungsbilanz bei der A-KG sind im Geschäftsjahr 01 Abschreibungen auf Mehrwerte Aktiva von 20.000 € verbucht. Der A hat über sein Geschäftsführergehalt hinaus im Geschäftsjahr 01 Entnahmen aus dem Gesamthandsvermögen von 130.000 € getätigt.

Lösung: Der nicht entnommene Gewinn für den MU-Anteil (= Kommanditanteil des A) errechnet sich wie folgt:

Gesamthands(= StB-)Ergebnis	200.000 €
Zurechnung nach § 15 Abs. 1 S. 1 Nr. 2, 2. Fall EStG	50.000 €
Zwischensumme	250.000 €
+ / ./. Ergänzungsbilanzergebnis	./. 20.000 €
Gewinn gem. § 4 Abs. 1 EStG	230.000 €
./. Entnahmen i.S.d. § 6 Abs. 1 Nr. 4 EStG	./. 130.000 €
(./. Sonder-BE = Geschäftsführergehalt	./. 50.000 €)
= Nicht entnommener Gewinn i.S.d. § 34a Abs. 2 EStG	50.000 €

Hinweis: Diese Regelung (Abzug der vereinnahmten Sondervergütungen bei der Ermittlung des »nicht entnommenen« Gewinns bei MU-Anteilen) gilt dann nicht, wenn die Sondervergütungen im betrieblichen Bereich verwendet werden (Rz. 20 BMF). Zum betrieblichen Bereich zählt dabei auch das Sonder-BV des G'fters.

Werden die GF-Vergütungen demnach einem Konto gutgeschrieben, das für die Anschaffung von WG dient, die der MU-schaft oder der Beteiligung des G'fters (Sonder-BV) zugutekommen, dann können sie ausnahmsweise bei der Ermittlung des nicht entnommenen Gewinns, soweit er auf einen MU-Anteil entfällt, berücksichtigt werden.[238]

Hinweis: Bei doppel- und mehrstöckigen PersG ist nach Rz. 21 des BMF-Schreibens für den Mitunternehmer der Obergesellschaft nur ein einheitlicher begünstigter Gewinn zu ermitteln. Dieser setzt sich aus dem Gewinn der Obergesellschaft (inkl. Ergebnisse aus Ergänzungs- und Sonderbilanzen) und den Ergebnissen aus einer etwaigen Sonderbilanz nach § 15 Abs. 1 S. 1 Nr. 2 S. 2 EStG bei der Untergesellschaft zusammen. Entnahmen des Mitunternehmers bei der Obergesellschaft sind zu addieren mit Entnahmen, die von ihm aus seinem Sonderbetriebsvermögen bei der Untergesellschaft (§ 15 Abs. 1 S. 1 Nr. 2 S. 2

---

[237] Dörfler/Graf/Reichl, DStR 2007, 645, (647); Kleineidam/Liebchen, DB 2007, 409 (410).
[238] Vgl. auch Barth, UntStReform 2008, Rz. 150 sowie Hey, DStR 2007, 925.

EStG) getätigt werden. Gleiches gilt für Einlagen. In **Organschaftsfällen** ist auch der von der Organgesellschaft an die Organträger-PersG abgeführte Gewinn begünstigungsfähig (Rz. 11 BMF).

Beispiel 6 (nach Rz. 21 BMF):
An der X-KG (Obergesellschaft) ist A zu 50 % als Mitunternehmer beteiligt. Die X-KG ist ihrerseits an der Y-OHG (Untergesellschaft) beteiligt. Die X-KG erzielt (einschließlich des von der Y-OHG stammenden Gewinnanteils) einen Gewinn von 60.000 €, der A zur Hälfte zugerechnet wird. A erzielt aus einem an die Y-OHG vermieteten Grundstück (Sonderbetriebsvermögen des A bei der Y-OHG) einen Gewinn von 10.000 €. Die gesamten Mietzahlungen der Y-OHG i.H.v. 15.000 € hat A privat verwendet. Aus der X-KG hat A 10.000 € entnommen. Weitere Entnahmen oder Einlagen wurden nicht getätigt.

Lösung: Der nicht entnommene Gewinn des A beträgt 15.000 € [(30.000 € Gewinnanteil Obergesellschaft zzgl. 10.000 € Gewinn aus dem Sonderbetriebsvermögen bei der Untergesellschaft) = 40.000 € Gewinn nach § 4 Abs. 1 S. 1 EStG abzgl. Saldo aus Entnahmen (10.000 € aus Obergesellschaft zzgl. 15.000 € aus Sonderbetriebsvermögen bei der Untergesellschaft) = 25.000 €) und Einlagen (0 €)].

Zahlungen (und somit sämtliche Geschäftsbeziehungen) zwischen der Obergesellschaft und der Untergesellschaft haben nach Auffassung des BMF keinen Einfluss auf das Begünstigungsvolumen. Im Allgemeinen wird dies als vorteilhaft gesehen, weil Vermögensverschiebungen zwischen den einzelnen Stufen hierdurch unberücksichtigt bleiben.[239] Folgerichtig ist bei der Überführung eines WG von einem inländischen Betrieb in einen anderen im Ausland belegenen Betrieb desselben unbeschränkt StPfl. (Entnahme aus dem inländischen und eine Einlage in den ausländischen Betrieb) eine Zusammenfassung der beiden Vorgänge – wie bei reinen Inlandsvorgängen – nicht zulässig. Entsprechendes gilt für die Überführung eines WG von einem ausländischen Betrieb in einen anderen im Inland belegenen Betrieb desselben unbeschränkt StPfl. (Rz. 37 BMF).

3.3.1.2 Steuerfreie Gewinnanteile (Rz. 17 und 18 BMF)
Steuerfreie Gewinnanteile (z.B. Auslandsgewinnanteile, die auf eine Betriebsstätte, die aufgrund DBA oder vergleichbarer Vorschriften nicht der deutschen Besteuerung unterliegt (Rz. 18 BMF), entfallen, steuerfreie Teileinkünfte gem. § 3 Nr. 40d EStG oder auch nicht steuerbare Investitionszulagen gem. § 12 S. 1 InvZulG) sind aufgrund ihrer Steuerfreiheit nicht Gegenstand der Thesaurierungsbegünstigung. Steuerfreie Gewinnanteile sind jedoch in dem nicht entnommenen Gewinn enthalten. Entnahmen werden nach Ansicht des Gesetzgebers vorrangig von den steuerfreien Gewinnanteilen des laufenden Wj. abgezogen, ohne dass eine gesetzliche Verwendungsreihenfolge vorgeschrieben ist.[240] Im Ergebnis soll dem StPfl. dadurch ein erhöhtes Thesaurierungsvolumen zur Verfügung stehen. Werden die steuerfreien Anteile hingegen nicht entnommen und können auch nicht mit nicht abziehbaren Betriebsausgaben verrechnet werden, so sind sie bei der Ermittlung des Begünstigungsbetrages außerbilanziell abzuziehen. Werden die steuerfreien Gewinnanteile erst in einem späteren Veranlagungszeitraum entnommen, bleiben sie steuerfrei. Sie können

---

239 Vgl. *Rupp* in *Preißer/Pung*, a.a.O., Teil B, Kap. XV 38 m.w.N.
240 Gesetzesbegründung der Bundesregierung, BR-Drs. 220/07, 102; *Thiel/Sterner*, DB 2007, 1099 (1100).

jedoch nicht mehr vorrangig entnommen werden, sondern erst wenn ein evtl. vorhandener nachversteuerungspflichtiger Betrag vollkommen aufgelöst ist.[241]

Beispiel 7: Investitionszulage und nicht entnommener Gewinn
Der Einzelunternehmer E erzielt im Jahre 2011 einen Gewinn aus Gewerbebetrieb von 80.000 €, in dem eine Investitionszulage von 20.000 € enthalten ist. Im Jahr 2011 tätigt E Entnahmen i.H.v. 20.000 €.

Lösung: E kann den Gewinn i.H.v. 60.000 € nach § 34a EStG begünstigt versteuern, da die Entnahmen vorrangig vor dem steuerfreien Gewinnanteil abgezogen werden.

Beispiel 8: Zusätzliche Einlagen
E (Zahlen aus Beispiel 7) tätigt zusätzlich eine Einlage i. H. v. 10.000 €.

Lösung: Der stpfl. Gewinn beträgt 60.000 € (80.000 € ./. 20.000 € InvZulage).
In dem nicht entnommenen Gewinn sind die steuerfreien Gewinnanteile enthalten, folglich ist von einem Gewinn à 80.000 € auszugehen. Abzüglich des positiven Saldos von Entnahmen und Einlagen i. H. v. 10.000 € (20.000 € Entnahmen ./. 10.000 € Einlagen) ergibt sich ein nicht entnommener Gewinn von 70.000 €.[242]

3.3.1.3 Nicht abzugsfähige Betriebsausgaben (Rz. 16 BMF)
Sofern der im zu versteuernden Einkommen enthaltene Gewinn aufgrund außerbilanzieller Hinzurechnungen (z.B. nichtabzugsfähige Betriebsausgaben gem. § 4 Abs. 5 EStG) entstanden ist, kann die Steuerermäßigung nicht in Anspruch genommen werden. Diese Beträge wurden tatsächlich verausgabt und sind daher nicht entnahmefähig.[243]

Zu beachten ist, dass bei StPfl. mit gewerblichen Einkünften die **Gewerbesteuer** nicht mehr von der Bemessungsgrundlage abziehbar ist (vgl. § 4 Abs. 5 Nr. 5b EStG) und damit den begünstigten Gewinn mindert. Hierdurch erhöht sich auch bei voller Einbehaltung des Gewinns für Unternehmer im Einkommensteuerspitzensteuersatz die Gesamtbelastung auf 32,25 %.[244]

Gleiches gilt auch für andere nichtabzugsfähige Betriebsausgaben, z.B. für Zinsaufwendungen, die nach Anwendung der Zinsschranke gem. § 4h EStG als nichtabzugsfähige Betriebsausgabe gelten.

Die **nichtabziehbaren Betriebsausgaben werden wie entnommene Gewinne** behandelt, obwohl sie dem Einzelunternehmer oder MU nicht zufließen. Sie unterliegen damit dem progressiven ESt-Tarif. Dadurch wird auch eine Ungleichbehandlung mit der KapG herbeigeführt. Bei der KapG werden nichtabziehbare Betriebsausgaben nur auf der Gesellschaftsebene gewinnerhöhend erfasst. Sie unterliegen also der KSt. Da sie den handelsrechtlichen Gewinn gemindert haben, sind sie nicht ausschüttbar und werden damit auf der Ebene des Anteilseigners nicht der Einkommensteuer unterworfen.[245]

---
[241] Vgl. *Blümich*, Kommentar EStG, § 34a EStG, Rz. 44.
[242] Der nicht entnommene Gewinn übersteigt somit den stpfl. Gewinn um 10.000 €; insoweit kann dieser Gewinn noch entnommen werden.
[243] Rz. 16 BMF, BR-Drs. 220/07, 103.
[244] *Knief/Nienaber*, BB 2007, 1311 (1312); *Thiel/Sterner*, DB 2007, 1099.
[245] Kritisch zur Behandlung der nichtabziehbaren Betriebsausgaben auch: *Hey*, a.a.O., 928.

Zur »Beseitigung« dieses Nachteils wird z. T. von der Literatur gefordert[246], die Kompensation durch Einlagen vorzunehmen. Diese Auffassung ist aber abzulehnen (arg.: Kompensation ist nur mit steuerfreien Einnahmen möglich).

3.3.1.4 Gewinneinkünfte

Die Thesaurierungsbegünstigung wird gem. § 34a Abs. 1 EStG nur für Gewinne aus Land- und Forstwirtschaft, Gewerbebetrieb oder selbständiger Arbeit (§ 2 Abs. 1 S. 1 Nr. 1–3 EStG) gewährt. Sie kann nur in Anspruch genommen werden, wenn der Gewinn eines Betriebs oder MU-Anteils durch Betriebsvermögensvergleich ermittelt wurde, nicht jedoch wenn der Gewinn durch Einnahmeüberschussrechnung (§ 4 Abs. 3 EStG) oder nach § 5a EStG oder § 13a EStG pauschaliert ermittelt wurde.

3.3.1.5 Ausnahme für Veräußerungsgewinne (Rz. 4–6 BMF)

Die Thesaurierungsbegünstigung kann zudem nicht in Anspruch genommen werden für thesaurierte Veräußerungsgewinne, für die eine Ermäßigung nach § 34 Abs. 3 EStG oder § 16 Abs. 4 EStG geltend gemacht wird (z.B. bei Veräußerungs- oder Aufgabegewinnen, bei Doppel- oder mehrstöckigen Personengesellschaften, die anlässlich des Verkaufes des Anteils an einer Untergesellschaft entstanden sind).[247] Sofern der StPfl. weder den Freibetrag nach § 16 Abs. 4 noch die Tarifermäßigung nach § 34 Abs. 3 EStG in Anspruch nimmt, kommt eine Thesaurierungsbegünstigung in Betracht.[248] Sind sowohl die Voraussetzungen des § 34a EStG als auch des § 16 Abs. 4 und § 34 Abs. 3 EStG erfüllt, so hat der StPfl. ein Wahlrecht, welche Begünstigung er in Anspruch nimmt (vgl. Rz. 5 BMF).

Wird dagegen der Betrieb oder der MU-Anteil an der Obergesellschaft selbst verändert oder aufgegeben, kommt die Begünstigung nach § 34a EStG selbst dann nicht in Betracht, wenn der Freibetrag gem. § 16 Abs. 4 EStG oder die Tarifermäßigung gem. § 34 Abs. 3 EStG nicht in Anspruch genommen wird. In diesen Fällen ist vielmehr gem. § 34a Abs. 6 S. 1 Nr. 1 EStG eine in Vorjahren in Anspruch genommene Thesaurierungsbegünstigung nachzuversteuern.[249]

3.3.1.6 Antragsrecht

Die Thesaurierungsbegünstigung wird nur auf **Antrag** des StPfl. gewährt (Rz. 7 BMF).

Den Antrag auf Gewährung der Thesaurierungsbegünstigung muss der StPfl. für jeden Betrieb oder MU-Anteil gesondert bei dem für die Einkommensbesteuerung zuständigem Finanzamt stellen (§ 34a Abs. 1 S. 2 EStG). Bei **MU-Anteilen** (Rz. 9 BMF) kann ein Antrag nur gestellt werden, wenn der StPfl. zu **mehr als 10 %** am Gewinn der MU-schaft beteiligt ist oder sein Gewinnanteil mehr als 10.000 € beträgt (§ 34a Abs. 1 S. 3 EStG). Nach der Gesetzesbegründung soll diese Regelung der Verwaltungsvereinfachung dienen und verhindern, dass der StPfl. auch für Gewinnanteile, an denen er nur mit einem geringen Anteil beteiligt ist und seine diesbezügliche MU-Initiative daher minimal ausgeprägt ist, z.B. bei Beteiligungen an geschlossenen Fonds, diese Begünstigung in Anspruch nehmen kann.[250]

---

246 Vgl. *Pohl*, BB 2007, 2483 (2485); a.A. *Kessler u.a. Ernst & Young/BDI*, UntSt-Reform 2008, 29 (FN 60).
247 Identische Rechtslage beim Carried Interest des § 18 Abs.1 Nr. 4 EStG (arg.: hälftige Steuerbefreiung nach § 3 Nr. 40a EStG).
248 So statt aller *von Rönn*, a.a.O., 124.
249 Vgl. dazu Gesetzesbegründung der Bundesregierung, BR-Drs., 220/07, 102.
250 Gesetzesbegründung der Bundesregierung, BR-Drs. 220/07, 102.

Für Einzelunternehmer gilt diese Einschränkung hingegen nicht. Er kann den Antrag unabhängig von der Höhe des Gewinns stellen.

Gem. § 34a Abs. 1 S. 4 EStG ist dem StPfl. die Möglichkeit eingeräumt, den Antrag bis zur Unanfechtbarkeit[251] des Einkommensteuerbescheides des nächsten Veranlagungszeitraumes ganz oder teilweise zurückzunehmen. Durch diese Regelung sollen insb. Sachverhalte begünstigt werden, in denen es im Folgejahr zu unvorhergesehenen Verlusten kommt. Damit soll diese Regelung unbillige Härten vermieden werden.

Wird der Antrag auf Thesaurierungsbegünstigung des nicht entnommenen Gewinnes fristgerecht zurückgenommen, ist der Einkommensteuerbescheid des Kommanditisten entsprechend zu ändern (§ 34a Abs. 1 S. 4 letzter HS EStG). Ein Bescheid über die gesonderte Feststellung des nachversteuerungspflichtigen Betrages (s. sogleich) ist entsprechend aufzuheben bzw. zu ändern, wenn der Antrag auf Thesaurierungsbegünstigung des nicht entnommenen Gewinnes ganz (Aufhebung) oder teilweise (Änderung) zurückgenommen wird und sich die Besteuerungsgrundlagen im Einkommensteuerbescheid ändern (§ 34a Abs. 11 S. 1 EStG).

3.3.1.7 Die persönliche Steuerpflicht

§ 34a EStG findet grundsätzlich sowohl bei unbeschränkter Steuerpflicht (§ 1 Abs. 1 bis 3 EStG) als auch bei beschränkter Steuerpflicht (§ 1 Abs. 4 i.V.m. § 49 ff. EStG) des G'fters der PersG Anwendung. Antragsberechtigt sind jedoch nur natürliche Personen.[252]

Bei beschränkter Steuerpflicht (des G'fters) erstreckt sich die Regelung des § 34a EStG allerdings nur auf die Gewinneinkünfte nach § 49 EStG; Einschränkungen durch DBA sind möglich. Entnahmen und Einlagen, die nicht den Gewinneinkünften des § 49 EStG zugeordnet werden können, bleiben außer Ansatz (Rz. 3 BMF). Ebenso hat die beschränkte Steuerpflicht Auswirkungen auf die antragsgebundene Nichtdurchführung der Nachbesteuerung nach § 34a Abs. 5 EStG bei der grenzüberschreitenden Übertragung oder Überführung von WG (vgl. Rz. 34 ff. BMF).

3.4 Die Nachversteuerung

Sofern Gewinne nach § 34 Abs. 1 EStG ermäßigt besteuert wurden und in einem späteren Veranlagungszeitraum die Entnahmen den laufenden Gewinn übersteigen, erfolgt eine **Nachversteuerung**, die mit der Besteuerung von Ausschüttungen bei KapG vergleichbar ist. Hinsichtlich des Tarifes bei der Nachversteuerung hat sich der Gesetzgeber an der Dividendenbesteuerung mit einem **Abgeltungsteuersatz** von 25 % (zzgl. SolZ) orientiert.

Eine Nachversteuerung ist vorzunehmen, wenn und soweit der positive Saldo aus Entnahmen und Einlagen des Wirtschaftsjahres bei einem Betrieb oder MU-Anteil den laufenden Gewinn des Wirtschaftsjahres übersteigt (§ 34a Abs. 4 S. 1 EStG). Die Nachversteuerung ist auf die Höhe des nachversteuerungspflichtigen Betrages (§ 34a Abs. 3 EStG) begrenzt.

---

251 Hierzu (Ist mit Unanfechtbarkeit auf die materielle oder auf die formelle Bestandskraft abzustellen?) ist ein heftiger Streit in der Literatur entfacht worden (vgl. *Barth* a.a.O. Rz. 138 mit der richtigen Erkenntnis, dass auf die materielle Bestandskraft abzustellen ist).
252 Vgl. auch *Blümich*, Kommentar EStG, § 34a Rz. 25.

3.4.1 Der nachversteuerungspflichtige Betrag (Rz. 23 ff. BMF)

Die Obergrenze für eine Nachversteuerung ist der **nachversteuerungspflichtige Betrag**, der nach § 34a Abs. 3 EStG wie folgt zu ermitteln ist:

»Der Begünstigungsbetrag ist der im Veranlagungszeitraum nach Abs. 1 S. 1 auf Antrag begünstigte Gewinn. Der Begünstigungsbetrag des Veranlagungszeitraums, vermindert um die darauf entfallende Steuerbelastung nach Abs. 1 und den darauf entfallenden Solidaritätszuschlag, vermehrt um den nachversteuerungspflichtigen Betrag des Vorjahres und den auf diesen Betrieb oder MU-Anteil nach Abs. 5 übertragenen nachversteuerungspflichtigen Betrag, vermindert um den Nachversteuerungsbetrag i.S.d. Abs. 4 und den auf einen anderen Betrieb oder MU-Anteil nach Abs. 5 übertragenen nachversteuerungspflichtigen Betrag, ist der nachversteuerungspflichtige Betrag des Betriebs oder MU-Anteils zum Ende des Veranlagungszeitraums. Dieser ist für jeden Betrieb oder MU-Anteil jährlich gesondert festzustellen.«

Der Wortlaut des Gesetzes ist schwer verständlich. Folgende Reihenfolge ist bei der Ermittlung des nachversteuerungspflichtigen Betrages zu beachten[253]:

Der nachversteuerungspflichtige Betrag hat als Bezugsgröße zunächst den Begünstigungsbetrag (§ 34a Abs. 3 S. 1 EStG). Als Begünstigungsbetrag ist der Betrag anzusehen, für den der Unternehmer (MU) die Tarifbegünstigung aufgrund des ihm zustehenden Wahlrechts tatsächlich in Anspruch nimmt.

Entsprechend dem Grundprinzip bei KapG, bei denen Ausschüttungspotenzial nur für die um Ertragsteuern geminderten Gewinne besteht, ist von dem Begünstigungsbetrag die geleistete Steuer zu kürzen, da diese bereits einer Besteuerung mit dem Thesaurierungssteuersatz von 28,25 % zzgl. SolZ unterlag[254]; die Kirchensteuer ist hingegen nicht abzugsfähig (vgl. *Rupp* in *Preißer/Pung*, Die Besteuerung der Personen- und Kapitalgesellschaften, Weil im Schönbuch 2009, Tz. 51).

Beispiel 9 (nach Rz. 24 BMF):
Der StPfl. hat für 120.000 € seines im Jahr 09 nicht entnommenen Gewinns die Tarifbegünstigung nach § 34a EStG beantragt:

Lösung: Der nachversteuerungspflichtige Betrag des Jahres 09 ermittelt sich wie folgt:

Begünstigungsbetrag	120.000,00 €
Abzgl. ESt (28,25 % von 120.000 €)	./. 33.900,00 €
Abzgl. SolZ (5,5 % von 33.900 €)	./. 1.864,50 €
Nachversteuerungspflichtiger Betrag	84.235,50 €

Der Betrag ist ausdrücklich auf Euro und Cent genau zu ermitteln.

Der nachversteuerungspflichtige Betrag ist jährlich zum Ende des Veranlagungszeitraum für jeden Betrieb oder MU-Anteil des StPfl. fortzuschreiben, indem der nachversteuerungspflichtige Betrag des Vorjahres hinzugezählt und im Nachversteuerungsfall um den

---

253 Die nachfolgende Darstellung und der »Rechenweg« orientieren sich an *von Rönn* a.a.O.
254 *Dörfler/Graf/Reichl*, DStR 2007, 645 (648); Gesetzesbegründung der Bundesregierung, BR-Drs. 220/07, 103; kritisch dazu: *Kleineidam/Liebchen*, DB 2007, 409 (410)

Nachversteuerungsbetrag des laufenden Veranlagungszeitraumes vermindert wird (§ 34a Abs. 3 S. 2 EStG).

In die Ermittlung des nachversteuerungspflichtigen Betrages sind außerdem von anderen Betrieben oder MU-Anteilen übertragene nachversteuerungspflichtige Beträge einzubeziehen. Nach § 34a Abs. 5 EStG wird StPfl. auf Antrag die Möglichkeit gewährt, bei der Übertragung von WG eine an die WG gekoppelte Nachversteuerung zu vermeiden, indem sie den nachversteuerungspflichtigen Betrag auf den anderen Betrieb oder MU-Anteil übertragen.

Der nachversteuerungspflichtige Betrag ist für jeden Betrieb oder MU-Anteil jährlich gesondert festzustellen (§ 34a Abs. 3 S. 3 EStG).

Die **Ermittlung des nachversteuerungspflichtigen Betrages** ergibt sich aus der nachfolgenden Berechnung (Rz. 25 BMF):

Nachversteuerungspflichtiger Betrag des vorherigen VZ
+ Nachversteuerungspflichtiger Betrag des laufenden VZ
+ § 34a Abs. 5 EStG (übertragener Nachversteuerungsbetrag von einem anderen Betrieb (MU-Anteil)
./. Nachversteuerungsbetrag des lfd. VZ
./. auf einen anderen Betrieb (MU-Anteil) übertragener Betrag

= Nachversteuerungspflichtiger Betrag des VZ (31.12.)

Beispiel 10:
Bei der A-KG liegen für den VZ 11 die folgenden Angaben vor:

Begünstigungsbetrag nach § 34a Abs. 2 EStG:	50.000,00 €
Nachversteuerungspflichtiger Betrag 10:	25.000,00 €
Nachversteuerungspflichtiger Betrag 11:	35.098,13 €
Nachversteuerungsbetrag 11:	25.000,00 €

Übertragungen von WG/MU-Anteilen auf die A-KG bzw. von der A-KG auf andere Personengesellschaften erfolgten nicht.

Lösung:

Nachversteuerungspflichtiger Betrag des vorherigen VZ	25.000,00 €
+ Nachversteuerungspflichtiger Betrag des laufenden VZ	+ 35.098,13 €
+ § 34a Abs. 5 (übertragener Nachversteuerungsbetrag von einem anderen Betrieb (MU-Anteil))	0,00 €
./. Nachversteuerungsbetrag des lfd. VZ	./. 25.000,00 €
./. auf einen anderen Betrieb (MU-Anteil) übertragener Betrag	0,00 €
= Nachversteuerungspflichtiger Betrag des VZ (31.12.)	35.098,13 €

3.4.2 Nachversteuerungsbetrag (Rz. 27 ff. BMF)

Der Nachbesteuerungsbetrag ist die **Bemessungsgrundlage der Nachversteuerung**, die im Falle sog. »Überentnahmen« erfolgen soll.

»(4) Übersteigt der positive Saldo der Entnahmen und Einlagen des Wirtschaftsjahres bei einem Betrieb oder Mitunternehmeranteil den nach § 4 Abs. 1 S. 1 oder § 5 ermittelten Gewinn (Nachversteuerungsbetrag), ist vorbehaltlich Abs. 5 eine Nachversteuerung durchzuführen, soweit zum Ende des vorangegangenen Veranlagungszeitraums ein nachversteuerungspflichtiger Betrag nach Abs. 3 festgestellt wurde.«

Gem. § 34a Abs. 4 S. 1 EStG wird der Nachversteuerungsbetrag sonst als der Betrag definiert, um den der positive Saldo aus Entnahmen i.S.v. § 6 Abs. 1 Nr. 4 EStG und Einlagen i.S.v. § 6 Abs. 1 Nr. 5 EStG den in diesem Wirtschaftsjahr erzielten Gewinn (einschließlich der steuerfreien Gewinnanteile) übersteigt. Entnahmen, die für die Erbschaftsteuer (Schenkungsteuer) anlässlich der Übertragung des Betriebs oder MU-Anteils entnommen wurden, sind dabei nicht zu berücksichtigen (§ 34a Abs. 4 S. 3 EStG).

Die **Ermittlung des Nachversteuerungsbetrages** ergibt sich entsprechend dem Wortlaut des § 34a Abs. 4 EStG aus nachfolgender Berechnung:

Entnahmen (§ 6 Abs. 1 Nr. 4 EStG)
./. Entnahmen für Erbschaftsteuer (§ 34 Abs. 4 S. 3 EStG)
./. Einlagen (§ 6 Abs. 1 Nr. 5 EStG)
./. Gewinn (§ 4 Abs. 1 S. 1 EStG oder § 5 EStG)
d.h.
Unterschiedsbetrag Betriebsvermögen nach § 4 Abs. 1 S. 1 EStG
+ Entnahmen
./. Einlagen

= Nachversteuerungsbetrag gem. § 34 Abs. 1 S. 1 EStG

Beispiel 11: Die Nachversteuerung (positives Jahr)[255]
Einzelunternehmer E erzielt im VZ 2011 einen Gewinn nach § 4 Abs. 1 S. 1 EStG i.H.v. 50.000 €. Die Entnahmen betragen 120.000 €. Der für das Vorjahr festgestellte nachversteuerungspflichtige Betrag beträgt 60.000 €. Einlagen wurden nicht getätigt.

Lösung: E muss den Gewinn des VZ 2011 (50.000 €) gem. § 32a EStG mit seinem persönlichen Steuersatz versteuern. Die Überentnahme beträgt 70.000 €. Die Nachversteuerung ist allerdings auf den nachversteuerungspflichtigen Betrag von 60.000 € beschränkt, sodass nur insoweit eine Nachsteuer anfällt. Die überschießenden 10.000 € kann E steuerfrei entnehmen.

Beispiel 12: Die Nachversteuerung (schlechtes Jahr)
Der Einzelunternehmer E erzielt im VZ 2011 einen Verlust von 70.000 €. Er entnimmt aus dem Unternehmen 100.000 €. Der positive Saldo von Entnahmen und Einlagen beträgt 100.000 €.

Lösung: Der Nachversteuerungsbetrag beträgt 100.000 € entsprechend dem positiven Saldo der Entnahmen über die Einlagen. Der Verlust erhöht den Nachversteuerungsbetrag nicht.[256]

Beispiel 13: Nachversteuerung bei einem Kommanditisten
Dem zu 100 % an der X-KG beteiligten E wird im VZ 11 ein Ergebnis von 50.000 € zugewiesen. Der Einzelunternehmer E erzielt im VZ 11 ein Ergebnis von 50.000 €. Er entnimmt aus dem Unternehmen 120.000 €. Der nachversteuerungspflichtige Betrag zum Ende des Jahres 11 beträgt 40.000 €.

---

255 Beispiel entnommen der Lüneburger Diplomarbeit von *Kopmann* (2008), 57.
256 Lösung nach *von Rönn*, a.a.O., 128 und nach *Thiel/Sterner*, DB 2007, 1099.

Lösung:
Ermittlung des Nachversteuerungsbetrages:

Entnahmen		120.000 €
Abzgl. Gewinn i.S.d. § 4 EStG		
• Unterschiedsbetrag		./. 70.000 €
• Entnahmen	120.000 €	50.000 €
Nachversteuerungsbetrag		**70.000 €**

In Beispiel 13 sind dem Einzelunternehmer-Kommanditisten 120.000 € zugeflossen. Er hat aber lediglich einen Gewinn von 50.000 € erzielt. Es handelt sich daher um eine der Nachversteuerung zu unterwerfende **Überentnahme** i.H.v. 70.000 €. Nach der Systematik der Vorschrift werden vorrangig der laufende Gewinn (von 50.000 €) und erst anschließend der in den Vorjahren nicht entnommene Gewinn (von 70.000 €) entnommen, der als so genannte Überentnahme hier die Nachversteuerung auslöst.

Die Berechnung des Nachversteuerungsbetrages in dem Beispiel lässt sich vereinfacht wie folgt darstellen:

Gewinn laut StB	50.000 €
Entnahmen	./. 120.000 €
Einlagen	0 €
Nachversteuerungsbetrag	70.000 €

Die Nachversteuerung ist allerdings auf den nachversteuerungspflichtigen Betrag begrenzt. Somit muss E lediglich 40.000 € nachversteuern und kann die übrigen 30.000 € steuerfrei i.S.d. Nachversteuerung entnehmen.

3.4.3 Übertragung und Überführung von Wirtschaftsgütern (Rz. 32 ff. BMF)

Gem. § 34a Abs. 5 EStG führt auch die Übertragung oder die Überführung eines WG zum Buchwert nach § 6 Abs. 5 S. 1–3 EStG unter den Voraussetzungen des § 34a Abs. 4 EStG zu einer Nachversteuerung. Soweit WG in ein anderes **Betriebsvermögen** desselben StPfl. zu **Buchwerten** überführt oder übertragen werden, wird auf Antrag des StPfl. allerdings auf eine ggf. im Veranlagungszeitraum der Überführung oder Übertragung daraus resultierende Nachversteuerung **verzichtet**. Der nachversteuerungspflichtige Betrag wird insoweit auf den das WG übernehmenden Betrieb oder den MU-Anteil übertragen.[257]

§ 34a Abs. 5 EStG ist nicht auf Sachverhalte anwendbar, in denen ein WG gegen Gewährung oder Minderung von Gesellschaftsrechten aus dem Sonderbetriebsvermögen des MU in das Gesamthandsvermögen derselben MU-schaft übertragen wird, da das WG in diesen Fällen in derselben MU-schaft verbleibt und deshalb keine Entnahme i.S.d. § 34a EStG vorliegt.

Der Anwendungsbereich des § 34a Abs. 5 EStG erstreckt sich damit nur auf die Fälle des § 6 Abs. 5 S. 1–3 EStG, in denen WG zwischen verschiedenen Betriebsvermögen desselben MU oder zwischen verschiedenen MU übertragen werden.[258]

Grundsätzlich ist dies nach Ansicht der Finanzverwaltung auch bei der Übertragung oder Überführung von einem inländischen in ein ausländisches Betriebsvermögens desselben StPfl. möglich (Rz. 34 ff. BMF).

---

257 Gesetzesbegründung der Bundesregierung, BR-Drs. 220/07, 103.
258 *Thiel/Sterner*, DB 2007, 1099 (1103).

Hierbei werden die folgenden Fallgruppen unterschieden:

- Überführungen innerhalb eines Betriebs oder Mitunternehmeranteils (Rz. 35 f. BMF),
- Überführungen und Übertragungen zwischen mehreren Betrieben oder Mitunternehmeranteilen (Rz. 37 ff. BMF),
- Grenzüberschreitende Überführungen und Übertragungen bei Einkünften aus Land- und Forstwirtschaft und selbständiger Arbeit (Rz. 40 BMF).

Hinweis: Nach § 34a Abs. 4 S. 3 EStG ist der Nachversteuerungsbetrag um die entnommenen Beträge zur Bezahlung der Erbschaft-/Schenkungsteuer anlässlich des Betriebsübergangs zu mindern. Dies kann als wegweisender Beitrag für interdisziplinäres Steuerrecht nicht hoch genug gewürdigt werden.[259]

3.4.4 Steuersatz bei der Nachversteuerung

Der Steuersatz der Einkommensteuer bei der Nachversteuerung beträgt 25 % (§ 34a Abs. 4 S. 2 EStG). Anders als bei der Abgeltungsteuer besteht keine Möglichkeit bei niedrigen Einkünften, eine Besteuerung nach dem persönlichen Steuersatz zu beantragen.

3.4.5 Nachversteuerung in sonstigen Fällen

Neben dem Hauptanwendungsfall der Nachversteuerung aufgrund späterer Entnahme der begünstigten Gewinne, sind in § 34a Abs. 6 EStG drei weitere Fälle der Nachversteuerung genannt:

3.4.5.1 Betriebsveräußerung, -aufgabe und Einbringung (Rz. 42 BMF)

Zur Nachversteuerung des nachversteuerungspflichtigen Betrages führen gem. § 34a Abs. 6 S. 1 Nr. 1 und 2 EStG eine Betriebsveräußerung oder Betriebsaufgabe i.S.d. §§ 14, 16 Abs. 1 und Abs. 3 EStG sowie des § 18 Abs. 2 EStG sowie die Einbringung eines Betriebs- oder MU-Anteils in eine KapG sowie der Formwechsel einer PersG in eine KapG. Diese Regelung ist vor dem Hintergrund der gesellschafterbezogenen Begünstigung konsequent, weil der StPfl. in diesen Fällen kein Betriebsvermögen mehr unterhält und insoweit nach dem Zweck des Gesetzes der Gewährung eines Steuervorteils nicht mehr bedarf.

Die aus der Nachversteuerung geschuldete Einkommensteuer kann auf Antrag des StPfl. oder seines Rechtsnachfolgers auf höchstens zehn Jahre gestundet werden, um unbillige Härten zu vermeiden. Die Stundung ist ratierlich über den Stundungszeitraum aufzulösen (§ 34a Abs. 6 S. 2 EStG).

3.4.5.2 Wechsel der Gewinnermittlungsart (Rz. 44 BMF)

Ohne Stundungsmöglichkeit nach § 34a Abs. 6 S. 1 Nr. 3 EStG findet eine Nachversteuerung statt, wenn der StPfl. von der Gewinnermittlung durch Vermögensvergleich zur Einnahmeüberschussrechnung nach § 4 Abs. 3 EStG, zur pauschalierten Gewinnermittlung nach § 5a EStG (Tonnagesteuer) oder zur Gewinnermittlung nach Durchschnittssätzen gem. § 13a EStG übergeht. Nach der Gesetzesbegründung können so Umgehungsgestaltungen verhindert werden, die darin bestehen könnten, dass StPfl. durch den Wechsel der Gewinn-

---

[259] Zu Detailfragen vgl. *Grützner*, StuB 2007, 445 und *Barth* a.a.O.

ermittlungsart eine Nachversteuerung endgültig vermeiden, indem sie Entnahmen zeitlich aufschieben und erst nach dem Wechsel der Gewinnermittlungsart vornehmen.[260]

3.4.5.3 Nachversteuerung auf Antrag (Rz. 45 BMF)

Schließlich findet eine Nachversteuerung gem. § 34a Abs. 6 S. 1 Nr. 4 EStG statt, wenn der StPfl. die Nachversteuerung beantragt.

Diese Möglichkeit bietet für den StPfl. Gestaltungsmöglichkeiten. Der Antrag kann z.B. vor einer unentgeltlichen Betriebsübergabe sinnvoll sein, um einen Rechtsnachfolger von der Nachversteuerung zu entlasten.

3.5 Besonderheiten

3.5.1 Unentgeltliche Übertragung und Einbringung gem. § 24 UmwStG (Rz. 47 BMF)

Wird ein Betrieb oder MU-Anteil unentgeltlich (Erbfolge oder Schenkung) übertragen, hat gem. § 34a Abs. 7 S. 1 EStG der Rechtsnachfolger den nachversteuerungspflichtigen Betrag fortzuführen. Auch bei den Fällen der Einbringung eines Betriebes oder MU-Anteils zu Buchwerten nach § 24 UmwStG geht der für den eingebrachten Betrieb oder MU-Anteil festgestellte nachversteuerungspflichtige Betrag auf den neuen MU-Anteil über (§ 34a Abs. 7 S. 2 EStG).

3.5.2 Negative Einkünfte

Ermäßigt besteuerte Gewinne i.S.v. § 34a Abs. 1 S. 1 EStG dürfen nicht mit negativen Einkünften ausgeglichen werden (§ 34a Abs. 8 EStG). Sie nehmen also am Verlustausgleich und Verlustabzug nicht teil.[261]

Auch der Verlustrücktrag gem. § 10d Abs. 1 S. 2 EStG ist ausgeschlossen, soweit die Einkünfte im Vorjahr nach § 34a EStG ermäßigt besteuert wurden. Sofern sich ein Verlustausgleich oder ein Verlustabzug als vorteilhaft erweist, besteht die Möglichkeit, den Antrag auf Begünstigung des nicht entnommenen Gewinnes nach § 34a Abs. 1 S. 4 EStG zurückzunehmen.

3.5.3 Zuständigkeitsregelungen und Verfahrensvorschriften

Zuständig für den Erlass der Feststellungsbescheide über den nachversteuerungspflichtigen Betrag ist – ebenso wie für den Antrag auf Thesaurierungsbegünstigung – das für die Einkommensbesteuerung zuständige FA des Einzelunternehmers/Mitunternehmers (§ 34a Abs. 9 S. 1 EStG). Vorgesehen ist, dass die gesonderten Feststellungen über den nachversteuerungspflichtigen Betrag mit dem Einkommensteuerbescheid verbunden werden können.

§ 34a Abs. 9 EStG enthält keine Regelung über besondere Anforderungen an Aufzeichnungen auf der Ebene des Einzelunternehmens oder der MU-schaft. Die Vorstellung des Gesetzgebers geht offenbar dahin, dass die Betriebsstättenfinanzämter im Rahmen der Feststellung der Einkünfte die Entnahmen und Einlagen sowie den Nachversteuerungsbetrag errechnen und an

---

260 Gesetzesbegründung der Bundesregierung, a.a.O., 104.
261 *Förster*, DB 2007, 760 (764); *Thiel/Sterner*, DB 2007, 1099 (1103).

die Wohnsitzfinanzämter übermitteln. Dies wird zu einem erheblichen Verwaltungsaufwand führen, weil die Ermittlung für jeden MU einer PersG gesondert erfolgen muss.

§ 34a Abs. 10 EStG regelt die entsprechende gesonderte Feststellung der für die Tarifermittlung nach den Abs. 1 bis 7 notwendigen Besteuerungsgrundlagen (Einlagen, Entnahmen und weitere) bei Einkünften aus Land- und Forstwirtschaft und aus selbständiger Arbeit. Hierdurch sollen verfahrensrechtliche Probleme vermieden werden, die sich daraus ergeben, dass nachrichtliche Mitteilungen keine Bindungswirkung entfalten (BT-Drs. 16/11 108, 22). Erst der Feststellungsbescheid nach Satz 1 entfaltet Bindungswirkung für den ESt-Bescheid desselben VZ. Diese Feststellung hat aus dem Wortlaut des Gesetzes (»können«) fakultativen Charakter.

§ 34a Abs. 11 EStG regelt neben dem Erlass der gesonderten Feststellung des nachversteuerungspflichtigen Betrages und dessen Änderung bzw. Aufhebung bei ganz- oder teilweiser Rücknahme des Antrages nach § 34a Abs. 1 EStG durch den StPfl. auch eine entsprechende Anwendung dieser Vorschriften, wenn der Erlass, die Aufhebung oder Änderung des Einkommensteuerbescheids mangels steuerlicher Auswirkung unterbleibt. Vergleichbar der Regelung in § 34a Abs. 1 S. 5 EStG endet die Feststellungsfrist nicht, bevor die Festsetzungsfrist für den Veranlagungszeitraum abgelaufen ist, auf dessen Schluss der nachversteuerungspflichtige Betrag des Betriebs oder MU-Anteils gesondert festzustellen ist (§ 34a Abs. 11 S. 3 EStG).

3.5.4 Vorauszahlungen

Gem. § 37 Abs. 3 S. 5 EStG wird bei der Bemessung von Vorauszahlungen die Steuerermäßigung nach § 34a EStG nicht berücksichtigt. Der Begründung des Gesetzgebers, dies sei erforderlich, weil die Begünstigung antragsgebunden sei und der Antrag erst mit der Einkommensteuererklärung gestellt werden könne[262], kann nur fiskalische (Über-)Motivation beigemessen werden.

4 Belastungsvergleich

Die Neuregelung stellt ein optimales Instrumentarium für Steuerberater dar, die Steuerbelastung bei Personenunternehmen zu berechnen, je nachdem, ob thesauriert oder entnommen wird. Wenn das Bild über mehrere Jahre als virtuelle Steuerlandschaft skizziert wird, darf dabei nur nicht vergessen werden, dass es sich bei der Prognose häufig um weiche Faktoren handelt, die in der Kompetenz des Steuergesetzgebers liegen. So können sich mehrjährige Belastungsvergleiche durchaus als Kaffeesatzlesen oder als ein Blick ins Delphische Orakel erweisen.

Ein Vergleich für ein Jahr, den *Kopmann* im Rahmen seiner Diplomarbeit (S. 140, Tabelle 12) angestrengt hat, soll dem Leser nicht vorenthalten bleiben. Gesetzte Faktoren sind dabei:

- ein einheitlicher (GewSt-)Hebesatz von 400 %,
- ESt-Spitzensatz von 45 %,
- Beträge in Euro.

---

262 Gesetzesbegründung zu § 37 EStG, a.a.O., 114.

ESt-Satz in %	Vollentnahme		Thesaurierung	
Gewinn		100,00		100,00
GewSt		14,00		14,00
begünstigt besteuerter Gewinn				86,00
ESt-Satz (begünstigt)			(28,25 %)	24,30
regulär besteuerter Gewinn		100,00		14,00
ESt-Satz (nicht begünstigt)	(45 %)	45,00	(45 %)	6,30
Summe ESt		45,00		30,60
abzgl. GewSt-Anrechnung		./.13,30		./. 13,30
ESt nach GewSt-Anrechnung	31,70	31,70		17,30
SolZ		1,74		0,95
GewSt/ESt/SolZ		47,44		32,25
Nachversteuerung bei späterer Entnahme				
begünstigter Betrag				86,00
ESt			(28,25 %)	24,30
SolZ			(5,5 %)	1,34
Nachversteuerungsbetrag				60,36
Besteuerung nach § 34a Abs. 4 EStG			(25 %)	15,09
SolZ			(5,5 %)	0,83
Nachversteuerung			15,92	15,92
Steuerbelastung insgesamt		47,44		48,17
Differenz				0,73

5 § 15 Abs. 1 Nr. 2 EStG und das SEStEG

Ein neues Kapitel in der Behandlung der Mitunternehmerschaft wurde mit dem Inkrafttreten des SEStEG (07.12.2006) aufgeschlagen.

Beispiel 14: Das SEStEG und die PersG
Ein grenznaher Handwerksbetrieb in der Rechtsform einer GmbH & Co. KG möchte einzelne WG in die EU-/EWR-Betriebsstätte überführen. An der KG sind neben ihrer Komplementärin (GmbH) noch zwei Kommanditisten beteiligt, der Steuerinländer K1 und K2, die ihre Wohnsitze (gewöhnliche Aufenthalte) in den EU-/EWR-Staaten haben, in dem auch die Betriebsstätte residiert.

Die Entstrickungsfolgen (Ansatz der überführten Einzel-WG mit dem **gemeinen Wert** nach § 4 Abs. 1 S. 3 EStG i.V.m. § 6 Abs. 1 Nr. 4, S. 1, 2. HS EStG)[263] werden auf der Ebene des Gewinnerzielungssubjektes, d.h. hier auf KG-Ebene, erfasst. Anders verhält es sich jedoch beim »Gegensteuern« mit der Bildung eines Ausgleichspostens (APO) nach § 4g EStG. Die Möglichkeit (Antrag!), mit dem APO die Aufdeckungsfolgen (gemeiner Wert ./. Buchwert) auf fünf Jahre zu verteilen, wird man jedoch als **gesellschafterbezogene** Regelung zu verstehen haben.[264]

> **Lösung:** Während der § 4g-Antrag für K1 kein Problem darstellt, ist die Frage der ratierlichen Gewinnstreuung auf fünf Jahre für die GmbH und für die beschränkt stpfl. Kommanditistin K2 zzt. gesetzlich nicht geregelt. Inzwischen ist § 4g EStG durch den Verweis in § 12 Abs. 1 KStG auf eine GmbH entsprechend anzuwenden. Dagegen ist die Rechtslage bzgl. der ausländischen Mitunternehmer nicht geklärt.[265] Die h.M. geht dahin, den **EU-/EWR-Ausländern** im Hinblick auf eine (mögliche) EuGH-Rspr. (Niederlassungsfreiheit) die Antragstellung nach **§ 4g Abs. 1 EStG analog** zu ermöglichen und diese den »Drittstaaten-Ausländern« zu verwehren.
>
> In methodischer Hinsicht wir allerdings eingewandt, dass sich eine Analogie wegen des (auch hier) eindeutigen Wortlauts verbietet und dass bei der dann gebotenen gemeinschaftsrechtskonformen Auslegung möglicherweise auf die Korrespondenzthese abzustellen ist (also Geltung nur gegenüber den EU-Bürgern aus Staaten mit der wechselbezüglichen Vergünstigung). Eine andere einschränkende Auslegung könnte aus Gründen des Gemeinschaftsrechts (Rechtfertigungsgrund: Territorialitätsprinzip) nur den EU-Ausländern das Antragsrecht gewähren, bei denen der Betriebsstättensitz und der Wohnsitz/gewöhnliche Aufenthalt des Mitunternehmers identisch sind.

---

263 S. dazu allgemein *Preißer*, Teil A, Kap. I 3.3.
264 Allein der Wortlaut (»ein unbeschränkt Steuerpflichtiger«) und die weiteren Regelungsinhalte des § 4g EStG (vgl. insb. § 4g Abs. 5 EStG) legen diese Auslegung nahe.
265 Vgl. *Prinz*, FAnwStR-Arbeitsbuch 2007, 319 ff. (320).

Teil C   Körperschaftsteuerrecht

Inhaltsverzeichnis Teil C

C	Körperschaftsteuerrecht	513
I	Das Körperschaftsteuersystem vor und nach dem Steuersenkungsgesetz	513
1	Das Prinzip des Anrechnungsverfahrens	513
2	Das Prinzip der »hälftigen« (anteiligen) Doppelbelastung	514
3	Die Prinzipien der Unternehmenssteuerreform	515
II	Die persönliche Körperschaftsteuerpflicht	516
1	Die persönliche Steuerpflicht von Körperschaften und Sondervermögen	516
1.1	Überblick	516
1.2	Körperschaftsteuerpflicht eines Vereins	517
2	Die persönliche Steuerpflicht von Kapitalgesellschaften	518
2.1	Beginn und Ende der unbeschränkten Steuerpflicht	518
2.1.1	Grundlagen	518
2.1.2	Beginn der unbeschränkten Steuerpflicht	519
2.1.3	Ende der unbeschränkten Körperschaftsteuerpflicht	520
2.2	Folge der unbeschränkten Steuerpflicht	521
2.3	Beschränkte Steuerpflicht von Kapitalgesellschaften	521
2.4	Beschränkte Steuerpflicht sonstiger Körperschaften	521
3	Besteuerung der öffentlichen Hand	522
3.1	Überblick	522
3.2	Tatbestandsmerkmale des Betriebes gewerblicher Art	522
3.3	Rechtsfolgen der wirtschaftlichen Betätigung der öffentlichen Hand	524
4	Besteuerung von steuerbegünstigten Körperschaften	526
4.1	Überblick	526
4.2	Voraussetzung der Steuerbefreiung	527
4.2.1	Formale Anforderungen	527
4.2.2	Materielle Anforderungen	528
4.3	Rechtsfolgen	529
4.3.1	Umfang der Steuerbefreiung	529
4.3.2	Steuerfolge	531
III	Die sachliche Körperschaftsteuerpflicht	534
1	Überblick	534
2	Ermittlung des Einkommens einer Kapitalgesellschaft	534
2.1	Veranlagungszeitraum und Einkommens-Ermittlungszeitraum	534
2.2	Ermittlung des zu versteuernden Einkommens	535
3	Körperschaftsteuerliche Besonderheiten	537
3.1	Überblick	537

3.2	Beteiligungsergebnisse	538
3.2.1	Kürzungen der Beteiligungserträge	539
3.2.2	Nicht abzugsfähige Gewinnminderungen aus Beteiligungen	541
3.2.3	Nicht abzugsfähige Betriebsausgaben	542
3.2.4	Sonderproblem: Anteilsveräußerungen nach vorangegangener Einbringung	544
3.2.4.1	Überblick	544
3.2.4.2	Sonderprobleme	546
3.3	Sonstige Hinzurechnungen und Kürzungen	548
3.3.1	Nicht abzugsfähige Aufwendungen	548
3.3.2	Gewinnanteile an den Komplementär einer Kommanditgesellschaft auf Aktien	549
3.3.3	Abziehbare Spenden	550
4	Verdeckte Gewinnausschüttungen (vGA)	550
4.1	Überblick	550
4.2	Abgrenzung offene Gewinnausschüttung und verdeckte Gewinnausschüttung	552
4.3	Grundlagen der verdeckten Gewinnausschüttung	553
4.3.1	Tatbestand der verdeckten Gewinnausschüttung	553
4.3.1.1	Grundtatbestand	553
4.3.1.2	Sonderfall: Beherrschender Gesellschafter	555
4.3.2	Erscheinungsformen der verdeckten Gewinnausschüttung und Konkurrenzen	556
4.3.2.1	Erscheinungsformen	556
4.3.2.2	Konkurrenzen	558
4.4	Rechtsfolgen der verdeckten Gewinnausschüttung	560
4.4.1	Überblick	560
4.4.2	Rechtsfolgen bei der Kapitalgesellschaft	560
4.4.2.1	Rechtsfolgen auf der Einkommenserzielungsebene	561
4.4.2.2	Rechtsfolgen auf der Einkommensverwendungsebene (bis 2006)	566
4.4.3	Rechtsfolgen beim Anteilseigner	566
4.5	Einzelfälle	568
4.5.1	Verstoß gegen das Wettbewerbsverbot/Geschäftschancenlehre	569
4.5.1.1	Zivilrechtliche Grundlagen	569
4.5.1.2	Steuerliche Folgen	570
4.5.2	Geschäftsführer-Vergütung (außer Pensionszusage)	572
4.5.2.1	Zivilrechtliche Grundlagen	572
4.5.2.2	Steuerliche Folgerungen	573
4.5.3	Pensionszusagen	578
4.5.4	Risikogeschäfte	585
4.6	Unternehmensfremdfinanzierung	586
4.6.1	Grundfragen der Neuregelung	586
4.6.2	Grundtatbestand des § 4h EStG	587
4.6.3	Zinsvortrag und EBITDA-Vortrag	588
4.6.4	Ausnahmen und Rückausnahmen	590
4.6.4.1	Freigrenze	590

4.6.4.2	Konzernklausel	590
4.6.4.3	Eigenkapital-Test	591
5	Verdeckte Einlagen	593
5.1	Überblick	593
5.2	Begriff der verdeckten Einlage	595
5.3	Rechtsfolgen der verdeckten Einlage	596
5.3.1	Rechtsfolgen auf der Ebene der Kapitalgesellschaft	597
5.3.2	Rechtsfolgen auf der Ebene des Anteilseigners	599
5.4	Einzelfälle	601
5.4.1	Forderungsverzicht	601
5.4.2	Verzicht auf eine Pensionszusage	604
5.4.3	Zuwendung von Vorteilen an Schwestergesellschaften	605
5.4.4	Verdeckte Einlage von nahe stehenden Personen	606
6	Materielles und formelles Korrespondenzprinzip	607
6.1	Ausgangslage und Problem	607
6.2	Das formelle und materielle Korrespondenzprinzip bei verdeckten Gewinnausschüttungen	607
6.2.1	Grundtatbestand und Grundfälle	607
6.2.2	Systematische Schwächen	609
6.3	Formelle und materielle Korrespondenz bei verdeckten Einlagen	610
6.4	Korrespondenz in Dreiecksverhältnissen	611
IV	**Die steuerliche Behandlung der Ergebnisverwendung bei Kapitalgesellschaften**	**613**
1	Überblick	613
2	Steuerliche Folgen der Gewinnthesaurierung	613
2.1	Rechtsfolgen in der Übergangszeit (bis 2006)	613
2.2	Rechtsfolgen ab der Umstellung (ab 2007)	613
3	Rechtsfolgen von Gewinnausschüttungen	614
4	Steuerliche Folgen von Verlusten	615
4.1	Grundlagen	615
4.2	Verlustvortrag ab dem Veranlagungszeitraum 2004 (Korb II-Gesetz) – Überblick	616
4.3	Die neue Verlustabzugsbeschränkung des § 8c KStG – Überblick	617
4.3.1	Vom Mantelkauf zum schädlichen Beteiligungserwerb	617
4.3.2	Grundsystematik des § 8c KStG	618
4.3.3	Abmilderungen der Vorschrift	619
V	**Die Bedeutung der Organschaft**	**620**
1	Überblick	620
2	Gesellschaftsrechtliche Grundlagen der Organschaft	620
3	Steuerrechtliche Voraussetzungen der Organschaft	621
3.1	Organgesellschaft und Organträger	621
3.2	Finanzielle Eingliederung	622
3.3	Ergebnisabführungsvertrag	624
4	Einkommensermittlung bei der Organschaft	626

4.1	Überblick	626
4.2	Einkommensermittlung der Organgesellschaft	627
4.3	Einkommensermittlung des Organträgers	631
5	Besonderheiten der Organschaft	634
5.1	Vorzeitige Beendigung von Organschaften und verunglückte Organschaft	634
5.2	Besteuerung von Ausgleichszahlungen	635
5.3	Verfahrensrechtliche Besonderheiten bei der Organschaft	636
VI	**Die steuerliche Behandlung von Kapitalmaßnahmen**	**637**
1	Die Behandlung von Kapitalerhöhungen	637
1.1	Gesellschaftsrechtliche Grundlagen der Kapitalerhöhung	637
1.2	Steuerliche Besonderheiten der Kapitalerhöhung	638
2	Die Behandlung der Kapitalherabsetzung	639
2.1	Die gesellschaftsrechtlichen Grundlagen der Kapitalherabsetzung	639
2.2	Steuerliche Besonderheiten der Kapitalherabsetzung	640
2.2.1	Behandlung der Kapitalherabsetzung nach Systemwechsel	640
2.2.2	Vereinfachte Kapitalherabsetzung ohne Auskehrung von Vermögen	640
3	Die steuerliche Behandlung der Liquidation	641
3.1	Gesellschaftsrechtliche Grundlagen der Liquidation	641
3.2	Besonderheiten der Liquidation auf Gesellschaftsebene	642
3.2.1	Systematische Grundlagen	642
3.2.2	Einkommensermittlung im Abwicklungszeitraum	642
3.2.3	Steuerliche Behandlung der Vermögensverteilung ab 2007	644
3.3	Besonderheiten auf der Ebene des Anteilseigners	645
3.3.1	Systematische Grundlagen	645
3.3.2	Behandlung eines Auflösungsverlustes	645
3.3.3	Auswirkungen auf Anteilseignerebene ab 2007	646

C Körperschaftsteuerrecht

Die Diskussion der Körperschaftsteuer beginnt mit einem sehr kurzen Vergleich der beiden in Deutschland praktizierten Modelle, dem (historischen) Anrechnungsverfahren und der aktuellen Teileinkünftebesteuerung.

I Das Körperschaftsteuersystem vor und nach dem Steuersenkungsgesetz

1 Das Prinzip des Anrechnungsverfahrens

Das Prinzip des Anrechnungsverfahrens beruhte auf dem Grundgedanken, dass die Körperschaftsteuer (KSt) zwar **rechtlich** eine eigene Ertragsteuer für Körperschaften, **wirtschaftlich** aber lediglich eine Interims-Besteuerung darstellt, die im Ausschüttungsfall von der individuellen Besteuerung des Anteilseigners (AE) abgelöst wird. Im Endeffekt (bei Ausschüttung oder spätestens in der Liquidation) wurden die Gewinne mit dem individuellen Steuersatz des AE erfasst.[1]

Technisch wurden die Gewinne zunächst aufgrund einer fiktiv angenommenen Thesaurierung der Tarifbelastung (40 %) unterworfen, die bei der Gewinnausschüttung auf die niedrigere Ausschüttungsbelastung (30 %) heruntergeschleust wurde, wodurch auf der Ebene der KapG ein Anreiz für eine Gewinnausschüttung gegeben war. Die KSt-Minderung, die durch die Gewinnausschüttung realisiert wurde, war Teil der Gewinnausschüttung. Der AE hatte den für die Gewinnausschüttung verwendeten Gewinn (Brutto-Gewinn ohne Abzug der KSt) zu besteuern und konnte die auf der Ebene der KapG einbehaltene KSt auf seine individuelle Steuer (ESt oder KSt) anrechnen. Die KapG war im Ausschüttungsfall wirtschaftlich von der KSt entlastet, der AE nach seinen individuellen Verhältnissen belastet.

---

[1] Vgl. zu den Grundentscheidungen des Anrechnungsverfahrens *Herzig*, FR 1977, 405; *Raupach*, FR 1978, 570 f.

2 Das Prinzip der »hälftigen« (anteiligen) Doppelbelastung

Durch den Wechsel vom Anrechnungsverfahren zum sog. **Teileinkünfteverfahren** (früher: Halbeinkünfteverfahren) ist im Prinzip das »klassische System« wieder eingeführt worden. Die systemtragende Doppelbelastung von Gewinnen auf der Ebene der KapG und auf der Ebene des AE wird dadurch gemildert, dass der KSt-Satz (15 %, bis 2008 25 %) gesenkt worden ist und die Einnahmen auf AE-Ebene nur noch zu **60 %** bzw. zur **Hälfte** erfasst werden (§ 3 Nr. 40d EStG). Auf die Systematik der Abgeltungsteuer wird an dieser Stelle nicht eingegangen.[2]

Um in Beteiligungsketten (Beteiligung von KapG an anderen KapG) Mehrfachbelastungen zu vermeiden, ist in klassischen Systemen die **steuerfreie Ausschüttung zwischen KapG** systemkonform (vgl. § 8b Abs. 1 KStG).[3] Die mit Wirkung ab 2004 eingetretene 5 %ige Belastung von Beteiligungserträgen und Veräußerungsgewinnen (§ 8b Abs. 5 und Abs. 3 KStG) hat nichts mit der beschriebenen systemtragenden Grundentscheidung zu tun.[4]

Beispiel 1: Beteiligung von natürlichen Personen[5]

Gesellschaftsebene:
z.v.E. der KapG		100,00
./. KSt-Belastung	./.	15,00
ausschüttungsfähiger Gewinn		85,00

Gesellschafterebene:
Einnahmen aus Kapitalvermögen		85,00
davon steuerpflichtig (60 %)		51,00

Steuerbelastung nach individuellem Steuersatz:
a)	bei 40 %-ESt-Satz		20,40
	Gesamtbelastung (KSt + ESt)		**35,40**
b)	bei 20 %-ESt-Satz		10,20
	Gesamtbelastung		**25,20**

Daran erkennt man, dass bei geringeren individuellen ESt-Sätzen als ca. 30 % das Teileinkünfteverfahren zu einer höheren Gesamtbelastung führt als das Anrechnungsverfahren. Bei einem individuellen Steuersatz von 0 bleibt als Mindestbelastung die Definitiv-KSt von 15 %. Hierbei sind WK der natürlichen Person noch nicht berücksichtigt. Durch das sog. Teilabzugsverbot des § 3c Abs. 2 EStG verschlechtert sich die Situation für den AE, soweit er WK getragen hat.[6]

Bei Beteiligungen von KapG an anderen KapG ergeben sich verkürzt folgende Steuerbelastungen:

---

[2] S. dazu *Preißer*, Band 1, Teil A, Kap. II.
[3] *Erle/Sauter*, Reform der Unternehmensbesteuerung, 19.
[4] *Gosch*, KStG, 3. Aufl., § 8b Rz. 1 und 452.
[5] Vgl. auch *Preißer*, Band 1, Teil A, Kap. II.
[6] Dieses Teilabzugsverbot gem. § 3c Abs. 2 EStG ist systematisch nicht gerechtfertigt. Es unterstellt, dass Gewinne von KapG nur anteilig besteuert werden. Dies ist jedoch im klassischen System gerade nicht der Fall. Die Besteuerung erfolgt nur auf zwei Ebenen. Insoweit tritt eine nicht gerechtfertigte Mehrbelastung ein.

Beispiel 2: Beteiligung von KapG

Gesellschaftsebene (KapG 1):
Auf Gesellschaftsebene erfolgen ebenfalls keine Änderungen.

Gesellschafterebene (KapG 2):	
Beteiligungsertrag	85,00
davon als Ertrag steuerpflichtig (§ 8b Abs. 1 KStG)	0,00
davon als Betriebsausgaben nicht abzugsfähig (§ 8b Abs. 5 KStG)	4,25
mit KSt belastetes Einkommen bei der KapG	4,25

Bei Weiterausschüttung von KapG 2 an natürliche Personen als AE gelten die im Einführungsschaubild bezeichneten Rechtsfolgen.

Das neue System begünstigt die Thesaurierung von Gewinnen, da eine Ausschüttung i.d.R. zumindest dann eine **Zusatzbelastung** bedeutet, wenn an natürliche Personen ausgeschüttet wird.[7] Die unterschiedliche Belastung von Thesaurierung und Gewinnausschüttungen wird die Praxis nicht nur zu optimalem Ausschüttungsverhalten bzw. anderen Lösungen des Vermögenstransfers von der KapG an die G'fter, z.B. durch Darlehen, sondern auch zu Rechtsformgestaltungen veranlassen, die das Ziel haben, nicht für Konsumzwecke benötigte Gewinne in einer KapG, auszuschüttende bzw. entnahmefähige Gewinne in einer PersG oder sogar unmittelbar bei dem G'fter (z.B. als atypischer stiller G'fter) anfallen zu lassen. Die Rechtsformwahl hat mit dem Systemwechsel eine noch größere Bedeutung eingenommen als früher, da die Rechtsformneutralität der Besteuerung in noch größere Ferne gerückt ist.[8]

3 Die Prinzipien der Unternehmenssteuerreform

Die KSt-Tarifbelastung wurde weiter auf 15 % abgesenkt; allerdings ist die Gewerbesteuer nicht mehr als Betriebsausgabe abzugsfähig, sodass sich die Gesamtbelastung auf knapp 29 % addiert. Die weiteren Gegenfinanzierungsmaßnahmen (insb. bei Fremdfinanzierungen und weitere bei der Gewerbesteuer) relativieren die Tarifsenkung weitgehend.

Bei **Gewinnausschüttungen wird ab 2009** für die Anteilseigner auf eine systemwidrige Abgeltungsteuer (25 %) umgestellt, soweit die Anteilseigner die Anteile im Privatvermögen haben und kein Ausnahmetatbestand i.S.d. § 32 d Abs. 2 EStG vorliegt.[9] Insoweit ist auch ein WK-Abzug ausgeschlossen. Dies bedeutet eine höhere Belastung der Gewinnausschüttung (isoliert betrachtet) gegenüber dem alten Rechtssystem. Die Höherbelastung zeigt sich nicht zuletzt darin, dass sich ab 2009 die Steuerbelastung auf Gewinnausschüttungen auf Anteile, die sich im Betriebsvermögen befinden, von 50 % (§ 3 Nr. 40 Buchst. d EStG) auf 60 % erhöht. In den Beispielen wird überwiegend – aus systematischen Gründen – mit dem Teileinkünfteverfahren gearbeitet. Bitte achten Sie in Klausuren darauf, ob die Voraussetzungen der Anwendung der Abgeltungsteuer vorliegen.

---

7 Die Privilegierung der Thesaurierung ist ein erklärtes Ziel des Systemwechsels, vgl. *Oppenhoff/Rädler/Clausen*, Unternehmensbesteuerung, 13.
8 *Dörner*, INF 2000, 589.
9 Auf die Regelung in § 32d Abs. 2 Nr. 3 EStG (Veranlagungsoption bei unternehmerischer Beteiligung) wird hingewiesen.

II Die persönliche Körperschaftsteuerpflicht

1 Die persönliche Steuerpflicht von Körperschaften und Sondervermögen

1.1 Überblick

Das KStG knüpft die KSt-Pflicht für juristische Personen streng an das von den Mitgliedern/G'ftern/Stiftern verselbständigte Sondervermögen an. Im Ergebnis ist es nicht zu beanstanden, wenn insoweit von einer Akzessorietät des KSt-Rechts an die Rechtsform gesprochen wird. Auf der anderen Seite wird die Maßgeblichkeit der Rechtsform im Ergebnis auch für die mitunternehmerschaftliche Besteuerung von Personenhandelsgesellschaften gelten müssen. Seit der Entscheidung des GrS des BFH vom 25.06.1984 (BStBl II 1984, 756) ist anerkannt, dass Personenhandelsgesellschaften, auch Publikums-Kommanditgesellschaften in der Form der GmbH & Co. KG Mitunternehmerschaften sind, auch wenn sie körperschaftliche Züge tragen.

Die strenge Akzessorietät an die zivilrechtliche Rechtsform gilt nicht in gleicher Weise für die in § 1 Abs. 1 Nr. 5 KStG genannten Körperschaften. Bei diesen Körperschaften ist im Einzelnen zu prüfen, ob die Einkünfte aufgrund der Verteilung der Verfügungsrechte in den Körperschaften dem Verband oder den Mitgliedern unmittelbar zuzurechnen sind (§ 3 Abs. 1 KStG). Diese Abgrenzung ist nach zivilrechtlichen Gegebenheiten vorzunehmen. Maßstab für diese Abgrenzung ist die unterschiedliche Verteilung der Verfügungsrechte bei der Organisationsform des Vereins (rechtsfähig oder nicht-rechtsfähig) einerseits und der Gesellschaft (GbR) andererseits. Entscheidend für die konkrete Abgrenzung wird es insb. auf folgende Indizien ankommen[10]:

- Verteilung der Kompetenzen zwischen GF/Vorstand und Mitgliedern,
- Gestaltung des Ein- und Austrittrechtes bzw. Übertragung der Mitgliedschaft,
- Bindung des Vermögens an die Organisation während der Mitgliedschaft,
- Bindung des Vermögens an die Organisation nach Beendigung der Mitgliedschaft.

Körperschaften sind demnach zum einen aufgrund der Organisationsverfassung (nicht-rechtsfähige Körperschaften, § 1 Abs. 1 Nr. 5 KStG) und zum anderen aufgrund des Vermögenszuordnungsprinzips der juristischen Peron (rechtsfähige Körperschaften, § 1 Abs. 1 Nr. 4 KStG) körperschaftsteuerpflichtig.

Diese Abgrenzung kann ihre Wirkung aber nur für Körperschaften, nicht für Sondervermögen und Stiftungen entfalten. Bei diesen Sondervermögen (Stiftungen und andere Zweckvermögen) der §§ 1 Abs. 1 Nr. 5, 3 KStG kommt es darauf an, ob das Vermögen einem **überindividuellen Zweck** gewidmet und dem **jederzeitigen Zugriff** eines Individuums entzogen ist (**Trennungsprinzip**). Ist dies der Fall, unterliegen die mit dem Vermögen er-

---

10 Wie auch bei ausländischen Körperschaften, bei denen gem. § 2 Nr. 2 KStG die beschränkte Steuerpflicht anhand eines Typenvergleichs zu prüfen ist.

zielten Erträge der KSt, wenn keine Steuerbefreiung (insb. § 5 Abs. 1 Nr. 9 KStG) in Betracht kommt (BFH vom 24.03.1993, BStBl II 1993, 637).

Beispiel 1: Unbürokratische Stiftung
Ein StPfl. S erbt ein Vermögen, welches er unbürokratisch einem gemeinnützigen bzw. mildtätigen Zweck widmen und zuführen will.

Lösung: S kann eine unselbständige Stiftung ohne eigene Rechtsfähigkeit gründen, indem er das Geld auf ein Konto überweist, über welches nur ein Treuhänder nach einer vorgegebenen Stiftungssatzung verfügen darf. Das Vermögen ist dem jederzeitigen Zugriff des S entzogen. Es handelt sich um ein Zweckvermögen i.S.d. § 1 Abs. 1 Nr. 5 KStG. Werden aus diesem Vermögen (Zins-)Erträge erzielt, unterliegen sie der KSt, soweit die Steuerbefreiung des § 5 Abs. 1 Nr. 9 KStG nicht eingreift.

```
                    KSt-Subjekte i.S.v. § 1 Abs. 1 KStG
                    ┌──────────────┴──────────────┐
                Körperschaften              Sondervermögen
```

Körperschaften		Sondervermögen		
rechtsfähige	nicht-rechtsfähige	rechtsfähige	nicht-rechtsfähige	Betrieb gewerblicher Art (Nr. 6)
• KapG (Nr. 1) • Genossenschaften (Nr. 2) • Versicherungsvereine auf Gegenseitigkeit (Nr. 3) • Vereine (Nr. 4)	• Vorgesellschaft (nach h.M. Nr. 1) • nicht-rechtsfähiger Verein (Nr. 5 i.V.m. § 3 KStG)	• Stiftung (Nr. 4)	• Stiftung (Nr. 5 i.V.m. § 3 KStG) • Zweckvermögen	

1.2 Körperschaftsteuerpflicht eines Vereins

Neben den Körperschaften bzw. Sondervermögen sind außer den Erwerbs- und Wirtschaftsgenossenschaften und Versicherungsvereinen auf Gegenseitigkeit (VvaG, § 1 Abs. 1 Nr. 2 und 3 KStG) auch alle sonstigen juristischen Personen des privaten Rechts körperschaftsteuerpflichtig; dazu gehören insb. die rechtsfähigen Vereine und die rechtsfähigen Stiftungen (§ 1 Abs. 1 Nr. 4 KStG). Vereine, die nicht in erster Linie wirtschaftliche Zwecke verfolgen, erlangen die Rechtsfähigkeit durch Eintragung in das Vereinsregister (§ 21 BGB). Diese Vereine verfolgen i.d.R. steuerbegünstigte Zwecke i.S.d. §§ 51 ff. AO, wodurch sich eine partielle Steuerbefreiung ergibt (§ 5 Abs. 1 Nr. 9 KStG). Andere Vereine i.S.d. § 22 BGB erlangen Rechtsfähigkeit durch eine Konzession, die allerdings nur restriktiv verliehen wird (vgl. z.B. privatärztliche Verrechnungsstelle, Funk-Taxi-Zentralen). Unabhängig davon, ob diese Vereine die Rechtsfähigkeit erlangen, sind sie KSt-Subjekte, entweder gem. § 1 Abs. 1 Nr. 4 KStG (bei Rechtsfähigkeit) oder gem. § 1 Abs. 1 Nr. 5 KStG (bei Nichtrechtsfähigkeit).

Die Abgrenzung von Idealvereinen und wirtschaftlichen Vereinen (§§ 21, 22 BGB) hat Bedeutung für die Erlangung der Rechtsfähigkeit. Sie ist im Zivilrecht umstritten, es wird entscheidend darauf ankommen, ob der Verein wie ein sonstiges wirtschaftliches Unternehmen am Markt auftritt und Gläubigerinteressen beeinträchtigen kann.[11]

Das Besondere an diesen Körperschaften ist, dass sie im Gegensatz zu den KapG nicht ausschließlich den Tatbestand der Einkünfte aus Gewerbebetrieb erfüllen (für KapG vgl. § 8 Abs. 2 KStG). Diese Körperschaften können grundsätzlich Tätigkeiten übernehmen, die unter die Tatbestände der §§ 13, 15, 20, 21 und 22 EStG zu subsumieren sind. Diese Vereine können in Bezug auf die Einkünfte aus Gewerbebetrieb buchführungspflichtig sein, wenn sie im Einzelfall die Voraussetzungen, die das HGB an die Buchführungspflicht stellt, erfüllen.

Bei Vereinen (oder anderen Körperschaften i.S.d. § 1 Abs. 1 Nr. 3–5 KStG) werden grundsätzlich keine Gewinnausschüttungen (auch keine vGA) vorgenommen. Doch können auch bei Vereinen zumindest Vermögensverlagerungen von der Körperschaft auf die Vereinsmitglieder vorkommen, die Gewinnausschüttungen oder vGA wirtschaftlich entsprechen.[12] Durch die Absenkung des KSt-Satzes würden solche – Gewinnausschüttungen vergleichbaren – Vermögensverlagerungen beim Verein endgültig mit 15 % KSt besteuert werden, sodass gegenüber der alten Rechtslage ein Wettbewerbsvorteil gegenüber KapG und PersG eintritt. Daher ist mit § 20 Abs. 1 Nr. 9 EStG ein neuer Einnahmetatbestand geschaffen, der solche Vorteile bei den Vereinsmitgliedern nach dem Teileinkünfteverfahren (vgl. § 3 Nr. 40d EStG) besteuert.[13] Damit wird eine mit sonstigen Steuersubjekten vergleichbare Gesamtbelastung wieder hergestellt. Erhält eine an dem Verein beteiligte KapG einen solchen Vorteil, bleibt er bei der Ermittlung des Einkommens der KapG gem. § 8b Abs. 1 i.V.m. § 8b Abs. 5 KStG weitgehend außer Ansatz. Bei Weiterausschüttung an natürliche Personen als AE gelten die allgemeinen Rechtsfolgen.

2 Die persönliche Steuerpflicht von Kapitalgesellschaften

2.1 Beginn und Ende der unbeschränkten Steuerpflicht

2.1.1 Grundlagen

Die unbeschränkte Steuerpflicht von KapG besteht, wenn sie ihren Sitz oder Ort (§§ 10, 11 AO) der Geschäftsleitung im Inland haben. Unter dem Ort der Geschäftsleitung versteht man den tatsächlichen Ort, von dem aus die KapG tatsächlich geführt wird. Dies kann in Ausnahmefällen auch der Wohnsitz eines der GF sein. Der Ort der Geschäftsleitung ist als Auffangtatbestand zu verstehen, da der statutarische Sitz einer KapG frei zu bestimmen ist, sodass die unbeschränkte Steuerpflicht insoweit in das Belieben der G'fter gestellt wäre (vgl. § 4a GmbHG, § 5 AktG).

Besonderheiten ergeben sich für nach **ausländischem Recht** gegründete KapG, die den Ort der tatsächlichen Geschäftsleitung ins Inland verlegt haben. Da eine KapG erst durch

---

11 Vgl. nur *MünchKomm-Reuter*, BGB, §§ 21, 22 Tz. 21 ff.; vgl. *Winheller*, DStR 2012, 1562, neuerdings *Schauhoff/Kirchhain*, ZIP 2016, 1857 ff.
12 Hierzu eingehend *Pel*, DB 2004, 1065.
13 Vgl. hierzu auch die Ausführungen *Preißer*, Band 1, Teil A, Kap. II 2.

Eintragung in das Handelsregister entsteht, wobei gewisse Normativbestimmungen einzuhalten sind, war die persönliche Steuerpflicht von nach ausländischem Recht gegründeten KapG nach früher h.M. nicht bereits nach § 1 Abs. 1 Nr. 1 KStG gegeben. Die KapG galt wegen der in das KSt-Recht übernommenen Sitztheorie in Deutschland nicht als rechtsfähig. Die unbeschränkte KSt-Pflicht solcher KapG ergab sich i.d.R. aus § 1 Abs. 1 Nr. 5, § 3 Abs. 1 KStG, wenn sie nach diesen Kriterien einer Körperschaft entsprachen.[14] Aus der EuGH-Rspr. (Überseering, EuZW 2002, 754, Inspire-Art, DB 2003, 2219), die im Ergebnis die Sitztheorie[15] abgelehnt und der **Gründungstheorie**[16] im Europäischen Recht zum Durchbruch verholfen hat, lassen sich zu der Rechtsfähigkeit bzw. Eintragungsfähigkeit konkrete Rechtsfolgen ableiten: Grenzüberschreitende Sitzverlegungen und Verschmelzungen werden damit leichter ermöglicht.[17] Mit der Gründungstheorie ist es EU-Kapitalgesellschaften (aus Staaten mit Geltung der Gründungstheorie) – unter Beibehaltung ihrer Identität – erlaubt, ihren Verwaltungssitz ins EU-Ausland (z.B. nach Deutschland) zu verlegen. Damit ist eine KSt-Pflicht bereits nach § 1 Abs. 1 Nr. 1 KStG gegeben, was wiederum Bedeutung für die Anwendung des §§ 17, 20 Abs. 1 Nr. 1 EStG hat.[18] Dies ist nunmehr in § 1 Abs. 1 Nr. 1 (Klammerzusatz) klargestellt worden.

Von besonderer Bedeutung ist in diesem Zusammenhang die »Limited« englischen Rechts. Sehr intensiv geht die OFD Hannover (Vfg. vom 15.04.2005, FR 2006, 193) auf die zivil- und steuerrechtlichen Fragen einer Limited ein. Für den Regelfall, dass sie in Großbritannien ihren Satzungssitz und in Deutschland ihren Verwaltungssitz innehat, ist sie nach der (zumindest steuerrechtlichen) Gründungstheorie zwar in beiden Staaten ansässig, aber in Deutschland mit ihrem Welteinkommen körperschaftsteuerpflichtig. Dies gilt jedenfalls dann, wenn sie ihre gesamten Aktivitäten in Deutschland ausübt.[19] Nach dem Austritt von Großbritannien aus der EU werden sich künftig für die Limited sowohl in steuerrechtlicher als auch in gesellschaftsrechtlicher Hinsicht neue Fragestellungen ergeben. So stellt sich in steuerrechtlicher Hinsicht die Frage, ob die Limited im Einzelfall als Körperschaftsteuersubjekt anzusehen ist, und in gesellschaftsrechtlicher Hinsicht, ob die Limited in das deutsche Handelsregister eingetragen werden kann (falls nein, besteht eine unbeschränkte Haftung der Gesellschafter).

2.1.2 Beginn der unbeschränkten Steuerpflicht

Eine KapG entsteht als solche erst durch Eintragung in das Handelsregister (vgl. z.B. § 11 Abs. 1 GmbH, § 41 AktG). Beim Entstehungsprozess (Gründung) einer KapG sind verschiedene Stadien zu unterscheiden. Zunächst verabreden die späteren Gründer, eine KapG zu errichten. In dieser Phase **(Vorgründungsgesellschaft)** werden oft die Geschäfte noch nicht aufgenommen, sodass die Frage der Steuersubjektivität nicht zu entscheiden ist. Falls

---

14 Vgl. BFH vom 23.06.1992 (BStBl II 1992, 872) und vom 01.07.1992 (BStBl II 1993, 222).
15 Nach der Sitztheorie (bisherige Geltung in den meisten kontinentaleuropäischen Staaten) greift bei KapG, die im Ausland gegründet wurden und ihren Sitz verlegt haben, das Recht des »Sitzstaates«.
16 Nach der Gründungstheorie gilt bei Sitzverlegung weiterhin das Recht des Gründungsstaates (Geltung u.a. im angloamerikanischen Raum und in den Niederlanden und in der Schweiz).
17 Näher dazu *Preißer/Schmidt*, Band 1, Teil D, Kap. VI.
18 In diesem Sinne auch *Wassermeyer*, EuZW 2003, 257; vgl. Verfügung der OFD Hannover vom 15.04.2005, FR 2006, 193.
19 Die Frage der Gewinnermittlung richtet sich nach der Eintragung im HR. Falls sie eingetragen ist, sind HB und StB zu erstellen. Falls sie nicht eingetragen ist, kann sie steuerlich ihren Gewinn auch nach § 4 Abs. 3 EStG ermitteln.

dies im Einzelfall anders sein sollte und eine gewerbliche Tätigkeit bereits aufgenommen wird, liegt entsprechend der zivilrechtlichen Einordnung ein Personenunternehmen vor (Einzelunternehmen oder Mitunternehmerschaft gem. § 15 Abs. 1 Nr. 1 und/oder 2 EStG).[20] Eine Identität zwischen Vorgründungsgesellschaft und der sog. Vor-Gesellschaft wird nicht angenommen.

Mit Abschluss des formgültigen Gesellschaftsvertrages hat die Gesellschaft (**Vor-Gesellschaft**) eine körperschaftliche Organisation. Der BGH hat für die Haftung der G'fter einer Vorgesellschaft entschieden, dass die G'fter für Verluste der Vor-Gesellschaft zwar unbeschränkt, aber nur im Innenverhältnis (vgl. §§ 9, 9c GmbHG) haften. Eine Haftung im Außenverhältnis unmittelbar gegenüber den Gläubigern kommt nur dann in Betracht, wenn die Eintragungsabsicht aufgegeben oder die Vor-Gesellschaft bereits in Vermögensverfall geraten ist.[21] Eine KSt-Pflicht kann zu bejahen sein, wenn die Vor-Gesellschaft Vermögen besitzt und ihre Geschäftstätigkeit aufgenommen hat. Die h.M. nimmt eine KSt-Subjektivität gem. § 1 Abs. 1 Nr. 1 KStG an, da zwischen der Vorgesellschaft und der eingetragenen Gesellschaft Identität bestehen soll (genauer ist wohl von einer Rechtskontinuität zu sprechen). Nach h.M. soll die KSt-Subjektivität mit Rückwirkung aufgehoben werden, wenn die Eintragungsabsicht aufgegeben wird oder die Eintragung fehlschlägt (so BFH vom 18.03.2010, DStR 2010, 1072).

Praktische Probleme können bei späterer Verneinung der KSt-Pflicht der Vorgesellschaft auftreten, wenn in dieser Zeit bereits Gewinnausschüttungen vorgenommen und bei Gesellschaft und G'fter steuerlich entsprechend den Gewinnausschüttungen einer KapG behandelt worden sind. Bei Aufgabe der Eintragungsabsicht bzw. bei Fehlschlagen der Eintragung muss die h.M. bestandskräftige Veranlagungen bei der Vor-Gesellschaft und den G'ftern nach § 175 Abs. 1 Nr. 2 AO (rückwirkendes Ereignis) ändern. Gewinne der Gesellschaft sind unmittelbar den G'ftern nach § 15 Abs. 1 Nr. 2 EStG zuzurechnen. Die KSt-Pflicht der Vorgesellschaft mit den entsprechenden Folgen beim G'fter gründet sich nach herrschender Auffassung allein auf die später erfolgende Eintragung.

2.1.3 Ende der unbeschränkten Körperschaftsteuerpflicht

Ähnlich wie das Entstehen ist die Beendigung der KSt-Pflicht einer KapG ein mehrstufiges Verfahren. Zu orientieren hat man sich zunächst an den gesellschaftsrechtlichen Vorgaben. Mit Auflösungsbeschluss wird das Liquidationsverfahren eröffnet (vgl. z.B. §§ 60ff. GmbHG), was an der Steuersubjektivität der Gesellschaft nichts ändert. Erst mit Verteilung des Vermögens und Ablauf des Sperrjahres ist die Körperschaft beendet. Die Beendigung der Liquidation der Körperschaft ist dem Handelsregister anzumelden, die Gesellschaft ist zu löschen (§ 74 Abs. 1 GmbHG). Die KSt-Subjektivität endet erst, wenn diese Voraussetzungen mit Ausnahme der formalen Löschung vorliegen. Die unbeschränkte KSt-Pflicht endet auch, wenn das Vermögen der KapG nach den Vorschriften des UmwG auf einen Rechtsträger übertragen wird (Verschmelzung/Aufspaltung), wobei insb. der Wegfall der Steuerpflicht auf einen früheren Zeitpunkt als die Eintragung in das Handelsregister rückbezogen werden kann (vgl. § 2 UmwStG). Im Grundsatz das Gleiche gilt auch bei einem Formwechsel einer KapG in eine PersG.

---

20 Vgl. zu den USt-Problemen der Vorgründungsgesellschaft, insb. § 1 Abs. 1a UStG beim späteren Übergang auf die Vor-KapG *V. Schmidt*, Band 3, Teil B, Kap. III.
21 BGHZ 134, 333; vgl. *Baumbach/Hueck*, GmbHG, § 11 Tz. 23ff. (sog. unechte Vorgesellschaft).

Eine Beendigung der unbeschränkten Steuerpflicht kommt auch bei Verlegung des Sitzes bzw. des Ortes der Geschäftsleitung vom Inland ins Ausland in Frage; insoweit ist eine Schlussbesteuerung vorzunehmen, die stillen Reserven müssen aufgelöst werden (§ 12 KStG).[22] Diese Rechtsfolge tritt auch dann ein, wenn die Gesellschaft künftig noch inländische Einkünfte i.S.d. § 49 EStG hat und damit im Inland weiterhin beschränkt steuerpflichtig ist. Die Schlussbesteuerung ist notwendig, da eingetretene Vermögenswertsteigerungen im Betriebsvermögen (stille Reserven) nach Wegzug ins Ausland nicht mehr der deutschen Besteuerung unterliegen.

2.2 Folge der unbeschränkten Steuerpflicht

Die Folge der unbeschränkten Steuerpflicht ist, dass die Körperschaft mit ihrem **Welteinkommen** im Wege der Veranlagung besteuert wird (§ 1 Abs. 2 KStG). Einschränkungen des Welteinkommensprinzips ergeben sich durch DBA, in denen aufgrund zwischenstaatlicher Vereinbarungen das Besteuerungsrecht zwischen den Staaten aufgeteilt wird, die einen Zugriff auf das Einkommen haben.

2.3 Beschränkte Steuerpflicht von Kapitalgesellschaften

Der Grundtatbestand der beschränkten Steuerpflicht liegt vor, wenn eine KapG im Inland weder den Ort der Geschäftsleitung noch ihren statuarischen Sitz, aber inländische Einkünfte i.S.d. § 49 Abs. 1 EStG hat (§ 2 Nr. 1 KStG). Nur mit diesen **inländischen Einkünften** unterliegt die KapG im Inland der Steuerpflicht. Hierfür ist zunächst die Frage zu klären, ob die zu beurteilende Organisation eine KapG bzw. sonstige Körperschaft nach deutschem Verständnis ist – es ist ein Typenvergleich mit deutschen Organisationsformen vorzunehmen. Nur bei kapitalistisch-körperschaftlichen Organisationsstrukturen der zu beurteilenden Organisation ist eine KSt-Pflicht anzunehmen (BFH vom 23.06.1992, BStBl II 1992, 792). Als zweites ist zu entscheiden, ob inländische Einkünfte i.S.d. § 49 Abs. 1 EStG vorliegen. Bei KapG sind alle Einkünfte solche aus Gewerbebetrieb, sodass insb. eine Prüfung des Tatbestandes des § 49 Abs. 1 Nr. 2 EStG (insb. Nr. 2a) vorzunehmen ist. Bei dieser Vorgehensweise könnten sich Besteuerungslücken ergeben, die die sog. isolierende Betrachtungsweise (§ 49 Abs. 2 EStG) zu vermeiden sucht.

Bei inländischen Betriebsstätten-Einkünften ausländischer KapG ist i.d.R. eine Einkunftsabgrenzung zwischen den inländischen Betriebsstätten-Einkünften und den »ausländischen Gesellschaftseinkünften« vorzunehmen. Dafür sind verschiedene Methoden (direkte versus indirekte Methode) entwickelt worden.[23]

2.4 Beschränkte Steuerpflicht sonstiger Körperschaften

Eine beschränkte Steuerpflicht kommt schließlich für Körperschaften öffentlichen Rechts in Frage, soweit sie Einkünfte (außerhalb eines Betriebes gewerblicher Art) erzielen, von denen ein Steuerabzug vorzunehmen ist (§ 2 Nr. 2 KStG). Im Ergebnis ebenfalls eine Art

---

[22] Auch hier sind gem. § 12 Abs. 1 KStG die §§ 4 Abs. 1 S. 5, 4g EStG zu beachten.
[23] Vgl. insoweit *Schmidt*, Band 1, Teil D, Kap. III.

der beschränkten Steuerpflicht ist der Ausschluss der Steuerbefreiung gem. § 5 Abs. 2 Nr. 1 KStG für Einkünfte, die dem Steuerabzug unterliegen. Systematisch liegt hier eine Einschränkung der Steuerbefreiung, inhaltlich eine Form der beschränkten Steuerpflicht vor. Erhält ein gemeinnütziger Verein außerhalb eines wirtschaftlichen Geschäftsbetriebes (z.B. im Rahmen einer Vermögensverwaltung) Zinseinkünfte, von denen ein Zinsabschlag vorgenommen worden ist, ist nach § 5 Abs. 2 Nr. 1 KStG dieser Abschlag eine Definitivsteuer mit Abgeltungswirkung. Ausnahmen in Bezug auf die Erhebung der Kapitalertragsteuer gem. §§ 44a Abs. 4 Nr. 1 und Abs. 7 und Abs. 8 EStG modifizieren die Abzugsbesteuerung gem. §§ 2 Nr. 2, 5 Abs. 2 Nr. 1 KStG. Eine Veranlagung kommt in diesen Fällen nicht in Betracht.

3 Besteuerung der öffentlichen Hand

3.1 Überblick

Körperschaften des öffentlichen Rechts, insb. Gebietskörperschaften, unterliegen in Bezug auf hoheitliche Tätigkeiten nicht der Besteuerung. Außerhalb von Betrieben gewerblicher Art können sie mit Einkünften, die dem Steuerabzug unterliegen (insb. Kapitaleinkünfte), beschränkt stpfl. sein (§ 2 Nr. 2 KStG).

Unbeschränkt stpfl. sind sie mit ihren **Betrieben gewerblicher Art** (§ 1 Abs. 1 Nr. 6, § 4 KStG), die eigene **KSt-Ermittlungssubjekte** sind. Die Körperschaft öffentlichen Rechts steht zu dem BgA wie der Alleingesellschafter zu der KapG (Verselbständigungsfiktion des BFH, vgl. insoweit auch § 44 Abs. 6 EStG). Daher können in diesem Verhältnis auch die Grundsätze der vGA angenommen werden, wenn Vermögensübertragungen oder Leistungsbeziehungen zu unangemessenen Konditionen durchgeführt werden.[24]

Die Besteuerung der öffentlichen Hand ist, soweit sie einer privat-wirtschaftlichen Tätigkeit nachgeht, schon aus Gründen der Wettbewerbsneutralität geboten.[25] Darüber hinaus sollte die öffentliche Hand privatwirtschaftlicher Tätigkeit nur in einem Umfang nachgehen, als dies zur Sicherstellung eines ausreichenden Angebots an die Bevölkerung notwendig ist.[26]

Soweit sich die öffentliche Hand privatrechtlicher Organisationsformen bedient, unterliegt sie nach allgemeinen Regeln der KSt-Pflicht (z.B. § 1 Abs. 1 Nr. 1 KStG).

3.2 Tatbestandsmerkmale des Betriebes gewerblicher Art

Nach der gesetzlichen Definition des § 4 Abs. 1 KStG ist ein Betrieb gewerblicher Art (BgA) eine Einrichtung, die einer nachhaltigen wirtschaftlichen Tätigkeit zur Erzielung von Einnahmen außerhalb der Land- und Forstwirtschaft dient und die sich innerhalb der Gesamtbetätigung der juristischen Person heraushebt; eine Gewinnerzielungsabsicht und

---

24 Vgl. *Bauschatz/Strahl*, DStR 2004, 489; *Kessler/Fritz/Gastl*, BB 2004, 2325.
25 Der BFH hat mit Urteil vom 29.10.2008, GmbHR 2009, 280, den Begriff des BgA zu Lasten des Hoheitsbetriebs aus Gründen der Wettbewerbsneutralität des Steuerrechts erheblich ausgedehnt.
26 Sehr ausführlich und vertiefend zu diesem Problemkreis *Seer/Klemke*, BB 2010, 2015; hier wird zu Recht kritisiert, dass die Erfassung der unternehmerischen Betätigung der öffentlichen Hand im KStR und UStR unterschiedlich erfolgt.

eine Beteiligung am allgemeinen wirtschaftlichen Verkehr sind nicht erforderlich. Bloße Vermögensverwaltung begründet noch keinen BgA (BFH vom 17.05.2000, BB 2000, 1822).

Die Tatbestandsmerkmale sind im Einzelnen in A 4.1 KStR wiedergegeben, auf die wichtigsten soll explizit eingegangen werden:

- **Einrichtung**: Unter Einrichtung versteht man eine organisatorische Einheit, die unter einem einheitlichen Willen auf ein bestimmtes wirtschaftliches Ziel ausgerichtet ist. Der Begriff ist extensiv auszulegen und bereits zu bejahen, wenn die notwendigen Tätigkeiten von anderen Stellen unter Einsatz nicht nur für die Einrichtung bestimmten Sachmitteln erledigt wird, wenn eine zeitliche Abgrenzung möglich ist. Indizien sind ein einheitliches Aufgabengebiet, ein geschlossener Geschäftskreis sowie ein eigener Buchhaltungskreis.
- **Nachhaltige wirtschaftliche Betätigung zur Erzielung von Einnahmen**: Bei diesem Tatbestandsmerkmal ist auf den Unternehmerbegriff des § 2 Abs. 1 S. 3 UStG Bezug genommen. Eine wirtschaftliche Betätigung ist gegeben, wenn sich die öffentliche Hand unter Wettbewerbsbedingungen in den Wirtschaftskreislauf einschaltet und die Tätigkeit über Vermögensverwaltung hinausgeht. Bei Beteiligungen an KapG ohne maßgeblichen Einfluss auf die Geschäftsführung ist nach h.M. noch Vermögensverwaltung, bei Beteiligungen an PersG nach h.M. jedoch immer ein BgA gegeben.
- **Wirtschaftliches Herausheben**: Nur bei nachhaltigem Übersteigen des Jahresumsatzes i.S.d. § 1 Abs. 1 Nr. 1 UStG von 35.678 € liegt eine wirtschaftliche Bedeutung vor (vgl. auch § 64 Abs. 3 AO). Bei Verpachtung von BgA kommt es auf den Umsatz des Pächters, nicht auf den Pachtumsatz an.
- **Kein Hoheitsbetrieb i.S.d. § 4 Abs. 5 KStG**: Die Ausübung öffentlicher Gewalt ist eine Erfüllung öffentlich-rechtlicher Aufgaben, die sich aus der Staatsgewalt ableitet. Hier stehen Gebietskörperschaften gerade nicht in Wettbewerb zu privatwirtschaftlichen Unternehmen. Anzumerken ist, dass die Finanzverwaltung (zu Recht) dazu neigt, die Annahme von Hoheitsbetrieben nur selten zu bejahen. Eine Besteuerung der Einnahmen aus diesen Tätigkeiten kommt nicht in Betracht.
- **Typische Betriebe gewerblicher Art sind**: Parkhäuser, Bäder, Versorgungsbetriebe, öffentlicher Nahverkehr (vgl. § 4 Abs. 3 KStG), Tiergarten, Wochenmärkte und die Verpachtung solcher Betriebe.

Die öffentliche Hand kann ihre Steuerbelastung u.a. dadurch optimieren, dass sie gewinn- und verlustträchtige Betriebe gewerblicher Art zusammenfasst. Eine **Zusammenfassung von BgA** ist bei gleichartigen Betrieben uneingeschränkt möglich (§ 4 Abs. 6 KStG, vgl. auch A 4.2 KStR). Verschiedenartige Betriebe gewerblicher Art können nur zusammengelegt werden, wenn objektiv enge wechselseitige technisch-wirtschaftliche Verflechtungen bestehen (vgl. BFH vom 04.12.1991, BStBl II 1992, 432).[27] Hiermit soll eine gewisse Wettbewerbsneutralität zwischen der öffentlichen Hand und Privatunternehmen, die diese Form der Steueroptimierung aus tatsächlichen Gründen nicht haben, hergestellt werden. Im Übrigen ist es der öffentlichen Hand stets möglich, verschiedene Betriebe gewerblicher Art in eine KapG einzubringen und die Beteiligung (bei beherrschendem Einfluss) als BgA zu führen.

---

27 Vgl. ferner *Reich/Helios*, BB 2001, 1442; *Schiffers*, BB 2003, 798.

3.3 Rechtsfolgen der wirtschaftlichen Betätigung der öffentlichen Hand

In diesem Abschnitt werden die Steuerfolgen der wirtschaftlichen Verfügungsmöglichkeit der öffentlichen Hand über Erträge (§ 20 Abs. 1 Nr. 10b EStG) beschrieben.[28] Die Schwierigkeit der Besteuerung der wirtschaftlichen Betätigung liegt darin, dass sich Steuerfolgen auf verschiedenen Ebenen ergeben. Zunächst ist die unbeschränkte Steuerpflicht der öffentlich-rechtlichen Körperschaft mit ihrem BgA gem. §§ 1 Abs. 1 Nr. 6, 4 KStG zu beachten. Dies ergibt im Rahmen der unbeschränkten Steuerpflicht eine Steuerbelastung mit 15 %. Aus Gründen der Wettbewerbsneutralität des Steuerrechtes sollte gewährleistet sein, dass alle wirtschaftlichen Tätigkeiten im Prinzip vergleichbar besteuert werden.

Bei KapG ist für die Gesamtsteuerbelastung auch die Ebene der AE hinzuzuziehen. Daher hatte der Gesetzgeber nach der deutlichen Absenkung des KSt-Tarifs die Aufgabe, die Ebene des »AE« (öffentlich-rechtliche Körperschaft) des BgA in die Überlegung miteinzubeziehen. Aus diesem Grund hat der Gesetzgeber einen Einkunftstatbestand geschaffen (§ 20 Abs. 1 Nr. 10a und b EStG), in dem er die Verfügungsmöglichkeit über wirtschaftliche Erträge – unabhängig von der tatsächlich erfolgten Verfügung – der sachlichen Steuerpflicht unterwirft. Durch diesen Einkunftstatbestand ist es systematisch ermöglicht worden, eine weitere Besteuerungsebene vorzusehen. Die öffentlich-rechtliche Körperschaft erzielt gem. § 20 Abs. 1 Nr. 10 EStG Einkünfte, für die sie der beschränkten Körperschaftsteuerpflicht im Rahmen der Kapitalertragsteuerabzuges (§ 2 Nr. 2 KStG, § 43 Abs. 1 Nr. 7c, § 43a Abs. 1 Nr. 2, § 44a Abs. 8 EStG) unterliegt.

Daneben spielt auch das Rechtsinstitut der **vGA** in dem Verhältnis zwischen der Trägerkörperschaft und dem BgA eine Rolle. Eine Besonderheit ergibt sich bei der Finanzierung von BgA durch die öffentliche Hand. Ist die Fremdfinanzierung unüblich hoch (dies dürfte bei einer niedrigeren Eigenkapital-Quote als 30 % der Fall sein, vgl. BFH vom 09.07.2003, BFH/NV 2003, 1665[29]), können die Zinsen insoweit nicht einkommensmindernd abgezogen werden, da sie als vGA an den Träger des BgA angesehen werden (vgl. A 33 Abs. 2 KStR). Es erhöht sich entsprechend das Einkommen des BgA. Gleiches gilt, wenn der BgA für die Trägerkörperschaft Leistungen zu Bedingungen erbringt, die einem Fremdvergleich nicht standhalten (vgl. BFH vom 28.01.2004, DB 2004, 850). Die Gefahr der Annahme einer vGA eines BgA zugunsten der Trägergemeinde besteht auch dann, wenn der BgA an die Trägergemeinde Spenden tätigt. Die Qualifizierung als vGA – bei vorrangiger Berücksichtigung der Trägergemeinde durch Spenden gegenüber anderen Begünstigten – geht dem Spendenabzug vor.[30] Intensiv wird die Frage diskutiert, ob ein **dauerhaft defizitär** geführter Bäderbetrieb (BgA) einer Gemeinde zwingend zu einer vGA führt.[31] Problematisch ist in dieser Konstellation, dass ein G'fter eine dauerdefizitäre GmbH wohl nicht weiterführen, sondern liquidieren würde. Die öffentlich-rechtliche Körperschaft verhält sich also nicht ökonomisch, wenn sie diesen Betrieb fortführt. Der BFH hat in einem Grundsatzurteil, welches organschaftlich

---

28 Vgl. im Einzelnen BMF vom 12.11.2009, BStBl I 2009, 1303; hierzu *Strahl*, DStR 2010, 193.
29 Im Urteilsfall lag sie bei 26 %. Näher zur Abgrenzung des Betriebsvermögens bei BgA *Gastl*, DStZ 2004, 323.
30 Zu Recht setzt sich *Janssen*, DStZ 2010, 170, kritisch mit dieser Abgrenzung auseinander. Die FinVerw fordert Spenden nach dem »Gießkannen-Prinzip«. Die Abgrenzung ist für die Praxis zu beachten.
31 Vgl. BFH vom 25.01.2005, DB 2005, 1089. Dies hat sich im Ergebnis auch im Urteil des BFH vom 20.08.2007 (DB 2007, 2517) bestätigt; vgl. auch zum Verhältnis von Steuer- und Gesellschaftsrecht in diesem Bereich *Geißelmeier/Bargenda*, DStR 2009, 1333.

verbundene Eigengesellschaften (GmbH) betraf[32], festgestellt, dass die Zusammenführung von dauerdefizitären und gewinnträchtigen Eigengesellschaften in einer kommunalen Holding (OrgT) zu einer vGA des OrgT an die Gemeinde führt. Im JStG 2009 ist der steuerliche Quer-Verbund neu geregelt worden. Gem. § 8 Abs. 7 KStG ist eine vGA bei BgA und bei von der öffentlichen Hand beherrschten KapG nicht bereits deshalb anzunehmen, weil diese auf Dauer nur defizitär wirtschaften können.[33] Soweit KapG von dieser Neuregelung betroffen sind, haben sie ihre einzelnen Tätigkeiten nach Sparten zu gliedern (§ 8 Abs. 9 KStG). Für jede sich ergebende Sparte ist der GdE getrennt zu ermitteln.[34] Dies gilt nur, wenn die dort genannten Voraussetzungen zutreffen. Es werden sich künftig insoweit Abgrenzungsfragen ergeben.[35]

Bei der wirtschaftlichen Betätigung der öffentlichen Hand ist zwischen der unmittelbaren Betätigung über einen BgA, einer mittelbaren wirtschaftlichen Betätigung über eine KapG zu unterscheiden; die Beteiligung an der KapG kann dabei wiederum in einem BgA (maßgeblicher Einfluss auf die Geschäftsführung) oder aber im Rahmen der Vermögensverwaltung (ohne Einfluss auf die Geschäftsführung) gehalten werden. Dabei ist zwischen der unbeschränkten Steuerpflicht des BgA und der beschränkten Steuerpflicht des hoheitlichen Bereichs i.S.d. § 2 Nr. 2 KStG zu unterscheiden.

Beispiel 2: Besteuerung des Tierparks[36]
Die Stadt S unterhält einen Tierpark als unselbständigen BgA (**Eigenbetrieb**). Der Tierpark erwirtschaftet einen Gewinn von 100.

Lösung: Die Steuerfolgen stellen sich wie folgt dar:

Gewinn BgA[37]	100,00
./. 15 % KSt	./. 15,00
»zur Verfügung stehender Gewinn« i.S.d. § 20 Abs. 1 Nr. 10b EStG	85,00
./. 15 % Kapitalertragsteuer (§§ 43 Abs. 1 Nr. 7c, 43a Abs. 1 Nr. 2 EStG)	./. 12,75
Netto-Ertrag	72,25
Steuerbelastung	27,75

Wenn die Beteiligung an einer GmbH von der Körperschaft öffentlichen Rechts unmittelbar i.R.d. Vermögensverwaltung gehalten wird, weil sie keinen unternehmerischen Einfluss auf die GmbH ausübt (Minderheitsbeteiligung), ergeben sich vergleichbare Steuerbelastungen. Es ist zu bedenken, dass die Körperschaft öffentlichen Rechts mit diesen Einkünften – da sie nicht in einem BgA anfallen – nur beschränkt stpfl. ist (§ 2 Nr. 2 KStG). Die auf der Ebene der KapG abgezogenen Steuern wirken für die Körperschaft öffentlichen Rechts endgültig mit der Ausnahme, dass bei Kapitalerträgen u.U. die Kapitalertragsteuer erstattet werden kann (§ 45b EStG).

---

32 BFH vom 22.08.2007, DB 2007, 2517.
33 Grundlegend hierzu und zur Rechtsentwicklung sowie in Bezug auf europarechtliche Bedenken s. *Weitemeyer*, FR 2009, 1.
34 Vgl. näher hierzu *Bracksiek*, FR 2009, 20.
35 Vgl. insoweit *Kirchhof*, DStR 2010, 959 sowie vertiefend *Leippe*, DStZ 2008, 33; ders., DStZ 2010, 106.
36 Siehe auch BMF vom 11.09.2002, DStR 2003, 1713.
37 Der Freibetrag gem. § 24 KStG bleibt unberücksichtigt.

Beispiel 3 (Abwandlung):
Die Stadt S übt ihre Tierpark-Aktivitäten über eine GmbH aus. Die Beteiligung an der Tierpark-GmbH hält die Stadt i.R.d. Vermögensverwaltung, da sie keinen Einfluss auf die Geschäftsführung ausübt (s. Kap. 4.3.1 und 4.3.2).

Lösung:

Ausschüttung von GmbH	85,00
./. 15 % Kapitalertragsteuer	
(§§ 43 Abs. 1 Nr. 1, 43a Abs. 1 Nr. 1, 44a Abs. 8 Nr. 2 EStG)	./. 12,75
ausgezahlter Gewinn	72,25
Steuerbelastung	27,75

Hält die Körperschaft öffentlichen Rechtes eine Beteiligung an der Tierpark-GmbH dagegen in einem BgA, weil sie unternehmerischen Einfluss auf die Geschäftsführung ausüben kann (Mehrheitsbeteiligung), ergeben sich marginale Mehrbelastungen. Diese Mehrbelastungen resultieren daraus, dass Gewinnausschüttungen der GmbH an den fiktiven Beteiligungs-BgA gem. § 8b Abs. 1 i.V.m. § 8b Abs. 5 KStG einer geringen Steuerbelastung bei dem fiktiven Beteiligungs-BgA unterworfen werden. Diese Mehrbelastung ist unerheblich, muss jedoch berücksichtigt werden. Die Weiterleitung der Beteiligungserträge von dem fiktiven Beteiligungs-BgA an die Körperschaft öffentlichen Rechtes erfolgt nach den Grundsätzen des Ausgangsbeispiels (Besteuerung des Tierparks).

4 Besteuerung von steuerbegünstigten Körperschaften

4.1 Überblick

Das KStG enthält für verschiedene Organisationen teils umfassende, teils eingeschränkte Steuerbefreiungen (§ 5 KStG). Bedeutsam sind neben den umfassenden Steuerbefreiungen des § 5 Abs. 1 Nr. 1–2a KStG z.B. für Bundeseisenbahnvermögen der § 5 Abs. 1 Nr. 1 KStG und die Bundesanstalt für vereinigungsbedingte Sonderaufgaben des § 5 Abs. 1 Nr. 2a KStG vor allem die **partiellen Steuerbefreiungen** für unbeschränkt stpfl. Körperschaften bzw. Zweckvermögen, die nach der **Satzung und der tatsächlichen Geschäftsführung** steuerbegünstigte Zwecke gem. §§ 51 ff. AO (gemeinnützige, mildtätige oder kirchliche Zwecke) erfüllen. Diese Steuerbefreiung gilt nur insoweit, als kein wirtschaftlicher Geschäftsbetrieb (wG) unterhalten wird (§ 5 Abs. 1 Nr. 9 KStG). In Frage kommen insb. gemeinnützige Vereine/Stiftungen, aber auch gemeinnützige KapG.

Bei der Prüfung der Reichweite der subjektiven KSt-Pflicht von solchen Körperschaften ist ein dreistufiges Verfahren anzuwenden:

- Zunächst erfolgt die Prüfung, ob die Körperschaft überhaupt steuerbegünstigten Zwecken dient. Nur wenn diese Frage bejaht wird, kommt eine Anwendung der partiellen Steuerbefreiung in Frage.
- Die zweite Prüfung bezieht sich auf die Reichweite der Steuerbefreiung, d.h. ob und inwieweit ein stpfl. wG vorliegt (vgl. § 5 Abs. 1 Nr. 9 KStG) mit der Folge einer partiellen

unbeschränkten Steuerpflicht oder ob eine »beschränkte Steuerpflicht« für Einkünfte, die dem Steuerabzug unterliegen, besteht (§ 5 Abs. 2 Nr. 1 KStG).
- Die Steuerbelastung bei Bejahung einer unbeschränkten bzw. »beschränkten Steuerpflicht«.

Dabei ist streng zwischen der unbeschränkten Steuerpflicht des wG und der »beschränkten Steuerpflicht« des ansonsten steuerbefreiten Vereins (§ 5 Abs. 2 Nr. 1 KStG) in Bezug auf den satzungsmäßigen Bereich des Vereins zu unterscheiden.[38] Bedeutsam ist der Einnahmetatbestand des § 20 Abs. 1 Nr. 10b S. 4 EStG, der die Zugriffsmöglichkeit der steuerbefreiten Organisation auf das Einkommen des wG als **ausschüttungsgleichen Vorgang** – wie bei BgA – der (zusätzlichen) Besteuerung unterwirft. Insoweit liegt bei der steuerbefreiten Organisation eine beschränkte Steuerpflicht (§ 5 Abs. 2 Nr. 1 KStG) vor, die mit dem Kapitalertragsteuerabzug abgegolten ist (§ 32 Abs. 1 Nr. 1 KStG). Die Systematik entspricht der Besteuerung der wirtschaftlichen Betätigung der öffentlichen Hand.

4.2 Voraussetzung der Steuerbefreiung

4.2.1 Formale Anforderungen

Die Voraussetzungen für die partielle Steuerbefreiung liegen vor, wenn die Körperschaft die Anforderungen der §§ 51 ff. AO erfüllt.[39] Es war insoweit kein besonderes Verfahren für die Anerkennung vorgesehen, im Zweifel entschied die Finanzverwaltung im jeweiligen Veranlagungsverfahren (vgl. § 59 AO). In der Praxis bestand ein Bedürfnis an vorläufigen Bescheinigungen, vor allem für den Empfang von steuerbegünstigten Spenden, welche nach der Vorlage der Satzung und deren Vereinbarkeit mit den §§ 60, 61 AO erteilt werden kann (vgl. BMF vom 15.05.2000, BStBl I 2000, 814). Diese vorläufige Bescheinigung entfaltete für die Finanzverwaltung im Hinblick auf das Veranlagungsverfahren keine Bindungswirkung, sodass hieraus kein Anspruch auf Freistellung im Veranlagungsverfahren hergeleitet werden konnte (BFH vom 23.09.1998, BStBl II 2000, 320). Nun ist in § 60a AO ein gesondertes Feststellungsverfahren vorgesehen, um die Rechtssicherheit zu erhöhen. Die Körperschaft hat die Voraussetzungen für die Steuerbefreiung für den ganzen VZ bzw. Bemessungszeitraum zu erfüllen (§§ 60 Abs. 2, 63 AO); auch bei nur zeitweiser Nichterfüllung fällt die Steuerbefreiung für den ganzen Zeitraum fort. Es besteht in diesen Fällen die Möglichkeit, bei Vorliegen bestimmter Voraussetzungen für den nächsten VZ eine vorläufige Freistellungsbescheinigung zu beantragen.

Eine Besonderheit besteht für die Prüfung einer ausreichenden Vermögensbindung i.S.d. § 55 Abs. 1 Nr. 4 AO. Wird die Satzung, die zunächst die Anforderungen erfüllt hat, später so geändert (§ 61 Abs. 3 AO), dass sie den Anforderungen nicht mehr genügt, so gilt die Satzung als von Anfang an (ex tunc) nicht ausreichend. Es können Steuerbescheide geändert werden, die innerhalb der letzten zehn Kalenderjahre vor der Änderung der betreffenden Satzungsbestimmung entstanden sind.

---

38 Zur systematischen Klarstellung: Bei Vorliegen der Voraussetzungen des § 5 Abs. 2 Nr. 1 KStG lebt insoweit die unbeschränkte Steuerpflicht wieder auf.
39 Die Anforderungen sind auch erfüllt, wenn die Zwecke überwiegend im Ausland erfüllt werden, BFH vom 14.07.2004, DB 2004, 2135.

4.2.2 Materielle Anforderungen

Die materiellen Anforderungen, die an das Vorliegen der Steuerbefreiung gestellt werden, können an dieser Stelle nur gestreift werden; es wird insb. auf das Vorliegen der Voraussetzungen eingegangen.

Gemeinnützige Zwecke liegen vor, wenn die Tätigkeit der Körperschaft darauf ausgerichtet ist,

- die Allgemeinheit ausschließlich und unmittelbar (§§ 56, 57 AO)
- auf materiellem, geistigem oder sittlichem Gebiet
- selbstlos (§ 55 AO) zu fördern.

Die Förderung der Allgemeinheit kann insb. durch die in § 52 Abs. 2 AO genannten Zwecke erfolgen. Diese Zwecke sind jedoch lediglich als Regelbeispiele und nicht als abschließende Aufzählung zu verstehen. Die Förderung der Allgemeinheit kann nicht angenommen werden, wenn aufgrund satzungsmäßiger oder faktischer Gegebenheiten der Zugang zur Körperschaft nur für einen verhältnismäßig kleinen, abgeschlossenen Kreis von Bürgern offen steht. Dies kann vor allem bei entsprechend hohen Mitgliedsbeiträgen (einschließlich Aufnahmegebühren und Investitionsumlagen) der Fall sein (vgl. BMF vom 20.10.1998, BStBl I 1998, 1424). Für die Berechnung der höchstzulässigen Mitgliedsbeiträge kommt es auf eine Durchschnittsberechnung an, die in dem genannten BMF-Schreiben genau erläutert ist.

Selbstlosigkeit i.S.d. § 55 AO liegt vor, wenn dadurch nicht in erster Linie eigenwirtschaftliche Zwecke verfolgt werden (§ 55 Abs. 1 AO) und vor allem

- die gesamten Mittel (auch die der wirtschaftlichen Geschäftsbetriebe) nur für satzungsmäßige Zwecke verwendet werden (§ 55 Abs. 1 Nr. 1 AO),
- das Vermögen auf Dauer (auch bei Auflösung) zeitnah diesen Zwecken zugeführt worden ist (§ 55 Abs. 1 Nr. 4 und 5 AO),
- keine übermäßigen Rücklagen mit Ausnahme von § 58 Nr. 6 und 7 AO gebildet worden sind.

Das Mittelverwendungsgebot nur für satzungsmäßige Zwecke schließt eine **notwendige Rücklagenbildung** im wirtschaftlichen Geschäftsbetrieb und auch in der Vermögensverwaltung nicht aus; diese Rücklagen müssen aber im Zweifel gerechtfertigt werden. Bei dem Merkmal der zeitnahen Verwendung ist zu beachten, dass die in § 55 Abs. 1 Nr. 5 AO nicht genannten Mittel einer zulässigen Rücklage zugeführt oder für steuerbegünstigte Zwecke ausgegeben werden.

Fazit: Ergibt die Prüfung in diesem ersten Schritt, dass die Voraussetzungen der Steuerbefreiung gem. § 5 Abs. 1 Nr. 9 KStG grundsätzlich gegeben sind, sind im zweiten Schritt Rechtsfolgen, insb. die Reichweite der Steuerbefreiung zu überprüfen.

Reichweite der Steuerfreiheit gemeinnütziger Organisationen

Tätigkeits-bereiche	Satzungsmäßiger Bereich (§§ 5 Abs. 1 Nr. 9 KStG i.V.m. §§ 51 ff. AO)	Vermögens-verwaltung (§ 14 S. 3 AO)	Zweckbetrieb (§§ 65 ff. AO)[40]	Wirtschaftlicher Geschäftsbetrieb (§§ 14, 64 AO)
Einnahmen insb. durch:	Mitgliedsbeiträge Spenden	langfristige Vermietung von Grund-stücken und Sportstätten, Kapitalanlage	Sportveran-staltungen, Kranken-häuser (§§ 67a, 68 AO)	wirtschaftliche Betätigung wie ein Unterneh-mer (auch bei Betätigung über eine KapG) z.B. Bewirtung bei Festveranstal-tungen
Steuerfolgen:	Steuerbefreiung Aber: § 5 Abs. 2 Nr. 1 KStG	Steuer-befreiung Aber: § 5 Abs. 2 Nr. 1 KStG	Steuer-befreiung Aber: § 5 Abs. 2 Nr. 1 KStG	Steuerpflicht, wenn Bagatell-grenze (35.000 €) überschritten wird (§ 64 Abs. 3 AO)

4.3 Rechtsfolgen

4.3.1 Umfang der Steuerbefreiung

Die Steuerbefreiung reicht nur soweit, als die Einkünfte nicht in einem wirtschaftlichen Geschäftsbetrieb anfallen (partielle Steuerbefreiung).[41] Eine steuerbefreite Körperschaft kann in zulässiger Weise wirtschaftliche Geschäftsbetriebe unterhalten, um mit deren Einnahmen die steuerbegünstigten Zwecke zu erfüllen. Ein solcher wG gefährdet die Steuerbefreiung nicht insgesamt, die Steuerbefreiung ist nur für die auf ihn entfallenden Einkünfte aus-geschlossen (§ 5 Abs. 1 Nr. 9 KStG, § 64 Abs. 1 AO). Die Steuerpflicht für wirtschaftliche Geschäftsbetriebe ist bei Vorliegen eines sog. Zweckbetriebs (§ 65 AO) eingeschränkt.

Bei einer steuerbefreiten Körperschaft ergeben sich gem. § 5 Abs. 1 Nr. 9 KStG, §§ 14, 64, 65 AO folgende steuerlich relevante Tätigkeitsbereiche:

- nichtbegünstigter wirtschaftlicher Geschäftsbetrieb (§ 64 AO),
- begünstigter (wirtschaftlicher) Zweckbetrieb (§ 65 AO),
- nicht-wirtschaftliche Vermögensverwaltung (§ 14 AO),
- satzungsmäßiger (ideeller) Bereich.

Die Körperschaft unterliegt nur mit dem nicht-begünstigten wirtschaftlichen Geschäftsbetrieb der unbeschränkten KSt-Pflicht. In Bezug auf Einkünfte aus den anderen Tätigkeitsbereichen ist sie soweit steuerbefreit, als die Einkünfte nicht im Wege des Steuerabzugs erhoben werden und eine »besondere beschränkte Steuerpflicht« nicht gegeben ist (§ 5 Abs. 2 Nr. 1 KStG).

---

40 Vgl. zu der einschränkenden neueren Rspr. *Hüttemann*, DB 2011, 319.
41 Eine vergleichbare Problematik ergibt sich bei Berufsverbänden, vgl. hierzu *Eggers*, DStZ 2007, 461 und *Kühner*, DStR 2009, 1786.

Die einzelnen Tätigkeitsbereiche sind somit voneinander abzugrenzen, wobei im Folgenden nur auf allgemeine Abgrenzungsmerkmale einzugehen ist:

- **Nichtbegünstigter wirtschaftlicher Geschäftsbetrieb (wG):**
  Darunter ist eine von den nicht-wirtschaftlichen Tätigkeiten abgrenzbare Tätigkeit mit Einnahmeerzielungsabsicht zu verstehen, die auf Wiederholung ausgerichtet ist und über eine Vermögensverwaltung hinausgeht (§ 14 AO). Mehrere wirtschaftliche Geschäftsbetriebe einer Körperschaft sind zwingend zusammenzufassen, wobei die Bagatellgrenze des § 64 Abs. 3 AO zu beachten ist.
  Bei gemeinnützigen Vereinen gehören hierzu z.B. die selbstbetriebene Gaststätte, kurzfristige Vermietung der Sportstätten an wechselnde Nichtmitglieder, die Einnahmen aus Trikotwerbung (vgl. näher unten »Bandenwerbung« bei »Nichtwirtschaftlicher Vermögensverwaltung) und Inseraten in der Vereinszeitschrift. Bei Beteiligungen an anderen KapG wird darauf abgestellt, ob ein maßgeblicher Einfluss auf die laufende Geschäftsführung ausgeübt wird (dann wG) oder nicht (dann Vermögensverwaltung).[42] Eine Beteiligung der steuerbegünstigten Körperschaft an einer PersG ist dagegen stets als wG anzusehen.[43]

- **Begünstigter Zweckbetrieb:**
  Ein Zweckbetrieb erfüllt alle Voraussetzungen, die an einen wG zu stellen sind. Der Zweckbetrieb ist nur deshalb und insoweit begünstigt, als die Körperschaft ihre steuerbegünstigten Zwecke nur durch diese Tätigkeit erfüllen kann und die Körperschaft mit dem Zweckbetrieb zu nichtbegünstigten Unternehmen nicht mehr als notwendig in Wettbewerb tritt (§ 65 AO, Gedanke der Wettbewerbsneutralität).[44] Hinzuweisen ist, dass die Finanzverwaltung im Anwendungserlass zur AO vor allem zu § 67a AO (»sportliche Veranstaltungen«) großzügig die Anwendung der Steuerbefreiung eines Zweckbetriebes bejaht, womit sich Gestaltungsmöglichkeiten (»Sportreisen«) eröffnen[45]; der Zweckbetrieb hat darüber hinaus im Gesetz spezielle Ausprägungen erfahren (§§ 66, 67, 67a, 68 AO).

- **Sonderfall: Sportliche Veranstaltung:**
  Einnahmen aus sportlichen Veranstaltungen sind dann – der Sache nach – dem Zweckbetrieb zuzuordnen, wenn kein bezahlter Sportler an der Veranstaltung teilnimmt (§ 67a Abs. 3 S. 1 Nr. 1 und 2 AO); ansonsten liegt ein wG vor. Diese Abgrenzung ist in der Praxis nicht leicht durchführbar. Daher gewährt § 67a Abs. 1 AO den Vereinen die Möglichkeit, Sportveranstaltungen insgesamt dem Zweckbetrieb zuzuordnen, wenn die Einnahmen 45.000 € nicht übersteigen. Bei Übersteigen dieses Betrages (unabhängig vom Erzielen eines Überschusses) ist allerdings insgesamt ein wG anzunehmen (Freigrenze). Resultieren aus Sportveranstaltungen Verluste, so ist es sinnvoll, auf die Anwendung der Vereinfachungsregel zu verzichten mit der Folge, dass diese in einem nicht steuerbefreiten wG anfallen. Mit dem Urteil vom 19.11.2003 (BFH/NV 2003, 445) hat der BFH schließlich geklärt, dass mehrere Sportveranstaltungen eines **nicht-gemeinnützigen** Vereins zu einem einheitlichen Betrieb zusammengezogen werden.[46]

---

42 Vgl. *Lex*, DB 1997, 349. Vgl. ferner *Arnold*, DStR 2005, 581.
43 BFH vom 27.03.2001 (BFH/NV 2001, 1060). Kritisch *Pezzer*, FR 2001, 838.
44 Vgl. *Kümpel*, DStR 1999, 93; neuestens *Hüttemann*, DB 2011, 319.
45 Vgl. *Bischoff*, StbG 1998, 112.
46 Zu vergleichbaren Aktivitäten bei gemeinnützigen Vereinen s. Kap. 4.3.2.

- **Nicht-wirtschaftliche Vermögensverwaltung (§ 14 AO):**
  Eine steuerbegünstigte Körperschaft kann auch Einnahmen aus einer »nicht-wirtschaftlichen Vermögensverwaltung« erzielen. Daraus erzielte Einnahmen sind von der Steuerbefreiung umfasst, soweit sie nicht dem Steuerabzug unterliegen (§ 5 Abs. 2 Nr. 1 KStG). Typischerweise liegt eine solche Vermögensverwaltung vor, wenn die Körperschaft langfristig Kapital anlegt bzw. unbewegliches Vermögen vermietet oder verpachtet wird. Es kommt für die Abgrenzung zum wirtschaftlichen Geschäftsbetrieb darauf an, ob sich die Körperschaft über die Fruchtziehung hinaus nachhaltig wirtschaftlich betätigt. Die Abgrenzung ist in der Praxis relevant für
  - z.B. **Bandenwerbung**: Eine Vermögensverwaltung liegt vor, wenn die Körperschaft ihre Flächen einem Werbeunternehmer (Dritten) zur Verfügung stellt, der die kurzfristigen Mietverträge mit den Unternehmen abschließt. Der Werbeunternehmer schirmt die Körperschaft vor der nachhaltigen Tätigkeit ab, wenn ihm für seine Tätigkeit ein angemessener Gewinn verbleibt (ca. 15 % der Mieterlöse). Anders, wenn die Körperschaft unmittelbar die Kontrakte mit den Unternehmen abschließt (dann liegt ein wG vor).
  - **Beteiligung an KapG**: Eine Beteiligung an einer wirtschaftlich tätigen KapG ist dann als Vermögensverwaltung anzusehen, wenn sie als Finanzanlage dient. Diese ist dann zu verneinen, wenn die Körperschaft maßgeblichen Einfluss auf die Geschäftsführung nimmt.

- **Satzungsmäßiger/ideeller Bereich:**
  Die Körperschaft erzielt aus dem satzungsmäßigen Bereich in erster Linie Einnahmen durch Mitgliedsbeiträge, Investitionsumlagen und Spenden. Die Notwendigkeit der Abgrenzung zum wG und der Vermögensverwaltung kann bei Einnahmen im Rahmen des sog. »Sponsorings« vorliegen (vgl. hierzu BMF vom 18.02.1998, BStBl I 1998, 212). Wenn die Körperschaft dem »Sponsor« keine Gegenleistung bietet, liegt aus Sicht des Unternehmers eine Spende, aus Sicht des Vereins eine Einnahme im satzungsmäßigen Bereich vor.[47] Wenn der Verein an Werbemaßnahmen des Sponsors aktiv mitwirkt, liegt aus Sicht des Unternehmens eine Betriebsausgabe, aus Sicht des Vereins eine Einnahme im wG vor (z.B. Trikotwerbung, Zurverfügungstellung von Spielern des Vereins für Werbeaufnahmen).

4.3.2 Steuerfolge

Die Körperschaft unterliegt nur mit ihrem wirtschaftlichen Geschäftsbetrieb der KSt. Die Steuerbefreiung der anderen Bereiche ist nur soweit ausgeschlossen, als für die betreffenden Einnahmen ein Steuerabzug vorgenommen worden ist (§ 5 Abs. 2 Nr. 1 KStG). Dabei ist zu berücksichtigen, dass nach § 5 Abs. 1 Nr. 9 KStG steuerbefreite Körperschaften gegenüber Körperschaften des öffentlichen Rechtes Vorteile bei dem Einbehalt der Kapitalertragsteuer genießen. Ab 2004 wird für nach § 5 Abs. 1 Nr. 9 KStG steuerbegünstigte Körperschaften bei Einnahmen gem. § 20 Abs. 1 Nr. 10b EStG entsprechend § 44a Abs. 7 EStG von einem Steuerabzug abgesehen.

Der Kapitalertragsteuerabzug bei einem wG einer steuerbefreiten Organisation bereitet erhebliche gedankliche Schwierigkeiten, weil Schuldner (wG) und Gläubiger (steuerbegün-

---

47 Vgl. zu Pauschalierungsmöglichkeiten von Werbeeinnahmen die Vereinfachungsregel in § 64 Abs. 6 AO.

stigter Teil) der Kapitalerträge derselbe Rechtsträger ist. Es werden gem. § 44 Abs. 6 EStG zwei Rechtsträger fingiert, indem die steuerbefreite Organisation als Gläubiger und der wG als Schuldner der Kapitalerträge angesehen werden.

Im Folgenden sollen – wie bei Körperschaften öffentlichen Rechts mit den BgA – die Besteuerungsgrundsätze wirtschaftlicher Tätigkeiten eines gemeinnützigen Vereins abhängig von der Organisation dieser wirtschaftlichen Tätigkeit dargestellt werden.

Beispiel 4: FC Schwarzwald[48]

Der gemeinnützige Verein unterhält eine Merchandising-Abteilung, die einen Gewinn von 100 erzielt. Der Umsatz liegt über den Grenzen des § 20 Abs. 1 Nr. 10b EStG.

Lösung: Der gemeinnützige Verein ist gem. § 1 Abs. 1 Nr. 4 KStG steuerpflichtig. Die Steuerbefreiung gem. § 5 Abs. 1 Nr. 9 KStG ist ausgeschlossen, soweit ein wG unterhalten wird. Der wG erzielt einen Gewinn von 100, der nach Abzug des Freibetrages gem. § 24 KStG der KSt unterworfen wird.

Hinzu kommt grundsätzlich die beschränkte Steuerpflicht des Vereins für Einkünfte, die einem Steuerabzug unterliegen (§ 5 Abs. 2 Nr. 1 KStG). Die tatsächliche Verfügungsmacht des Vereins über den Gewinn des wG führt zu Einkünften gem. § 20 Abs. 1 Nr. 10b EStG, die gem. §§ 43 Abs. 1 Nr. 7c, 43a Abs. 1 Nr. 2 EStG mit 15 % der Kapitalertragsteuer unterworfen werden. Bei gemeinnützigen Organisationen i.S.d. § 5 Abs. 1 Nr. 9 KStG entfällt allerdings gem. § 44a Abs. 7 EStG der Steuerabzug für Einkünfte des § 20 Abs. 1 Nr. 10b EStG. Daher verbleibt es ausschließlich bei der KSt-Belastung des wG, es besteht also eine Gesamtbelastung von 15 %.

Gewinn wG	100
./. 15 % KSt	./. 15
zur Verfügung stehender Gewinn i.S.d. § 20 Abs. 1 Nr. 10b EStG	85
./. 0 % Kapitalertragsteuer (§ 44a Abs. 7 EStG)	./. 0
Netto-Ertrag	85
Steuerbelastung	15

Beispiel 5 (Abwandlung): FC Schwarzwald

Der FC Schwarzwald hält nunmehr eine 20 %ige Beteiligung an der X-GmbH, die für ihn das Merchandising-Geschäft betreibt. Er kann damit keinen maßgeblichen Einfluss auf die Geschäftsführung ausüben. Die X-GmbH erzielt einen stpfl. Gewinn von 100, den sie in voller Höhe an den Verein ausschüttet. Der Verein verwendet den Kapitalertrag für die Jugendabteilung.

Lösung: Die Körperschaft hält die Beteiligung im steuerbegünstigten Bereich der Vermögensverwaltung. Die Körperschaft ist zwar unbeschränkt steuerpflichtig (§ 1 Abs. 1 Nr. 4 KStG), aber partiell steuerbefreit (§ 5 Abs. 1 Nr. 9 KStG). Die Steuerbefreiung ist soweit ausgeschlossen, als von den Einkünften ein Steuerabzug vorzunehmen ist (§ 5 Abs. 2 Nr. 1 KStG). Auch in Bezug auf die Ausschüttung von der X-GmbH an den Verein wird gem. § 44a Abs. 7 EStG[49] vom Kapitalertragsteuerabzug abgesehen.

---

48 Vgl. hierzu auch *Engelsing/Muth*, DStR 2003, 917.
49 Vgl. den dortigen Hinweis auf § 43 Abs. 1 Nr. 7c EStG.

Wenn der Verein die X-GmbH beherrscht und unternehmerischen Einfluss auf die Geschäftsführung ausüben kann, liegt die Beteiligung in einem wG. Der Verein ist insoweit unbeschränkt steuerpflichtig, da die Steuerbefreiung nach § 5 Abs. 1 Nr. 9 KStG nicht eingreift. Die Ausschüttungen der X-GmbH an den wG werden gem. § 8b Abs. 1 i.V.m. Abs. 5 KStG zu 5 % erfasst. Die Weiterleitung der Beträge von dem wG an den ideellen Bereich des Vereins erfolgt nach den Grundsätzen des Ausgangsbeispiels.

Fazit: Man sieht, dass durch die Qualifizierung der Beteiligung als wG keine Mehrbelastung gegenüber der Qualifizierung der Beteiligung als steuerbefreite Vermögensverwaltung eintritt. Allerdings gilt das ab 2004 nicht mehr uneingeschränkt, da i.H.v. 5 % der Dividenden nicht abzugsfähige BA angenommen werden.

Im Ergebnis bedeutet dies, dass Gewinne im wirtschaftlichen Geschäftsbetrieb einer KSt-Belastung von 15 % unterliegen. Damit werden steuerbefreite Körperschaften i.S.d. § 5 Abs. 1 Nr. 9 KStG gegenüber allen anderen steuerbefreiten Körperschaften begünstigt. Dies ist verfassungsrechtlich m.E. nur dann unbedenklich, wenn die Voraussetzungen des § 5 Abs. 1 Nr. 9 KStG (vor allem die §§ 52 ff. AO) eng ausgelegt werden.

III Die sachliche Körperschaftsteuerpflicht

1 Überblick

Das folgende Kapitel befasst sich mit dem Thema »Ermittlung der Bemessungsgrundlage für die KSt«. Grundsätzlich gilt auch im KSt-Recht, dass sich die Steuerschuld aus den Faktoren des zu versteuernden Einkommens (§ 7 Abs. 1 KStG) und des Tarifs (§ 23 Abs. 1 KStG) zusammensetzt.

2 Ermittlung des Einkommens einer Kapitalgesellschaft

2.1 Veranlagungszeitraum und Einkommens-Ermittlungszeitraum

Die KSt richtet sich nach dem zu versteuernden Einkommen der KapG (§ 7 Abs. 1 KStG), welches sich grundsätzlich nach den einkommensteuerlichen Vorschriften bestimmt (§ 8 Abs. 1 KStG). Die KSt ist dabei eine Jahressteuer, d.h., sie wird – unabhängig von der Gewinnermittlungsperiode – für das Kalenderjahr erhoben. Bei nicht zur Buchführung verpflichteten Körperschaften werden die Grundlagen der Besteuerung (Einkommensermittlung) stets für das Kalenderjahr erhoben. Bei Körperschaften, die zur Buchführung verpflichtet sind, ergibt sich der Einkommensermittlungszeitraum (Wj.) nach dem Gesellschaftsvertrag. Der Gesellschaftsvertrag kann ein abweichendes Wj. bestimmen, das für die Ermittlung des Einkommens zugrunde zu legen ist. Veranlagungszeitraum ist in diesen Fällen das Kalenderjahr, in welchem das Wj. endet (§ 7 Abs. 4 S. 2 KStG).

Die Umstellung von Wj. ist grundsätzlich möglich. Bei Umstellung auf ein abweichendes Wj. (auch von einem abweichenden auf ein anderes abweichendes Wj.) ist allerdings die Zustimmung des Finanzamtes erforderlich. Die Zustimmung des Finanzamtes ist eine Ermessensentscheidung, die sich an dem Sinn des § 7 Abs. 4 KStG zu orientieren hat. Werden gewichtige **betriebswirtschaftliche Gründe** für eine Umstellung vorgebracht, ist es ermessensfehlerhaft, die Zustimmung zu verweigern. Als solche Gründe sind z.B. anzusehen:

- Inventurschwierigkeiten bei Außenanlagen,
- Inventurerleichterungen bei Saisongeschäften,
- Angleichung von Wj. bei Begründung von Organschaften,
- Umstellung des Wj. bei Beendigung der Organschaft,
- Umstellung auf einen konzerneinheitlichen Abschlusszeitpunkt.

Das FA wird die Zustimmung verweigern, wenn keine betriebswirtschaftlichen Gründe für die Umstellung geltend gemacht werden. Rein steuerlich motivierte Umstellungen der Wj., z.B. zur Erlangung einer Steuerpause, können nicht anerkannt werden.

Eine steuerliche Anerkennung der Umstellung kommt nur in Betracht, wenn diese zivilrechtlich wirksam vorgenommen worden ist. Die Umstellung bedarf bei KapG in den meisten Fällen einer Satzungsänderung, die neben den gesellschaftsinternen Anforderungen (z.B. § 53 GmbHG) vor allem die Eintragung in das Handelsregister voraussetzt (vgl. § 54 Abs. 3 GmbHG); vor der Eintragung in das Handelsregister entfaltet die Satzungsänderung keine Wirkung. Deshalb wird gesellschaftsrechtlich die – zutreffende – Ansicht vertreten, eine Änderung des Wj. kann mit Wirkung für das Außenverhältnis nicht mit Rückwirkung vorgenommen werden (§ 54 Abs. 3 GmbHG).[50] Diese Vorrangigkeit des Zivilrechts ist für das Steuerrecht zu beachten, wenn auch hier u.U. Ausnahmen möglich sind, falls die Anmeldung rechtzeitig und die Eintragung alsbald nach Beginn des neuen Wj. erfolgt (vgl. BFH vom 18.09.1996, BFH/NV 1997, 378).[51] Diese Ausnahmen sind jedoch sehr restriktiv zu handhaben.[52]

2.2 Ermittlung des zu versteuernden Einkommens

Das KSt-Recht unterscheidet zwischen den **Einkünften** (vgl. z.B. § 8 Abs. 2 KStG), der **Summe der Einkünfte** (vgl. § 26 Abs. 6 KStG i.V.m. § 34c Abs. 1 S. 2 EStG), dem **Gesamtbetrag der Einkünfte** und dem **Einkommen** (A 7.1 KStR). Die Grenzziehung zwischen den einzelnen Abschnitten verläuft insb. bei KapG nicht so offensichtlich wie im ESt-Recht und bedarf zusätzlich der Modifikation, wie sich aus den §§ 9, 10 KStG ergibt. Dies führt z.B. dazu, dass die abziehbaren Spenden (§ 9 Abs. 1 Nr. 2 KStG) einen Gewinn mindern (bzw. einen abzugsfähigen Verlust erhöhen), während die nicht-abziehbaren Aufwendungen (§ 10 KStG) den Gewinn erhöhen (bzw. umgekehrt einen evtl. Verlust mindern).

Bei KapG, die zwingend eine Bilanz aufstellen, ist das stpfl. Einkommen grundsätzlich zunächst aus der HB zu ermitteln; dabei ist die kapitalgesellschaftsrechtliche Darstellung des Bilanzgewinns zu berücksichtigen, nach der der Bilanzgewinn durch Auflösung bzw. durch Einstellung in Gewinnrücklagen bzw. Berücksichtigung von handelsrechtlichen Verlustvorträgen beeinflusst sein kann (vgl. § 268 HGB). Hiervon ausgehend lässt sich das Einkommen von KapG in folgenden (stark vereinfacht) einzelnen Schritten ermitteln. Bei KapG ist zudem zu beachten, dass alle Einkünfte solche aus Gewerbebetrieb darstellen (§ 8 Abs. 2 KStG), sodass die Einkünfte aus Gewerbebetrieb der Summe der Einkünfte entsprechen.

---

50 Vgl. nur *Rowedder/Zimmermann*, GmbHG, § 54 Tz. 32.
51 Dies ist vor allem in Organschaftsfällen zu beachten, vgl. Kap. V 3.
52 Vgl. nur *Bayer* in *Lutter/Hommelhoff*, GmbHG, § 53 Tz. 42.

Handelsbilanz-Gewinn

./. Gewinnvortrag
+ Verlustvortrag
./. Entnahmen aus Rücklagen
+ Einstellung in Rücklagen

Handelsrechtliches Jahresergebnis (**Jahresüberschuss**)
+ /./. Anpassungskorrekturen zwischen HB und StB

StB-Gewinn [vgl. ab hier auch A 7.1 KStR]
+ steuerlich nicht abzugsfähige Gewinnminderungen
 (z.B. § 8b Abs. 3 S. 3 ff. KStG)
+ nicht abzugsfähige BA (§§ 3c Abs. 1, 4 Abs. 5 EStG, § 4 Abs. 5b EStG,
 § 8b Abs. 3 S. 1 und Abs. 5 KStG) und nicht abzugsfähige BA
 bei Unternehmensfremdfinanzierung (§ 4h EStG i.V.m. § 8a KStG n.F.)
+ steuerlich nicht abzugsfähige Aufwendungen (§ 10 KStG)
+ steuerlich nicht ausgleichsfähige Verluste (vor allem § 8c KStG)
+ Spenden (unabhängig von der Abzugsfähigkeit)
+ vGA (§ 8 Abs. 3 S. 2 KStG)
+ Hinzurechnungsbeträge nach dem AStG
./. steuerfreie Dividenden und Veräußerungsgewinne (§ 8b Abs. 1 und 2 KStG)
./. Gewinnanteile und Vergütungen an den Komplementär einer KGaA
 (§ 9 Abs. 1 Nr. 1 KStG)
./. verdeckte Einlagen
./. steuerfreie Vermögensmehrungen (z.B. Investitionszulage)
+ /./. Verlustübernahme/Gewinnabführung in Organschaftsverhältnissen

Einkünfte aus Gewerbebetrieb (bei KapG = Summe der Einkünfte)
./. abzugsfähige Spenden und Beiträge (§ 9 Abs. 1 Nr. 2 KStG)
./. abzugsfähige Großspenden (§ 9 Abs. 1 Nr. 2 S. 4 und 5 KStG)
+ /./. Einkommenszurechnung in Organschaftsfällen (vgl. dazu Kap. V 4)

Gesamtbetrag der Einkünfte
./. Verlustabzug (§ 10d EStG, § 8c KStG)

Einkommen
./. **Freibetrag** (§§ 24, 25 KStG)

= **zu versteuerndes Einkommen (z.v.E.)**

1. Stufe (= bilanzielle Stufe) Rückabwicklung des § 268 HGB

2. Stufe

3. Stufe

4. Stufe

Es sei bereits an dieser Stelle darauf hingewiesen, dass nur Änderungen auf der **1. Stufe in die StB** eingreifen. Die – in der Praxis und der Klausur wesentlichen – Korrekturen des StB-Gewinns werden oft auf der 2. Stufe **außerhalb der Bilanz** vorgenommen. **In Klausuren sollte anhand dieser Systematik vorgegangen werden. Zunächst sind die Korrekturen innerhalb der Bilanz**[53], **anschließend außerhalb der Bilanz**[54] **vorzunehmen. Die einzelnen Schritte sollten kenntlich gemacht werden.**

Bei einer KapG, die nur eine betriebliche Sphäre hat, sind alle Ausgaben BA i.S.d. § 4 Abs. 4 EStG. Wenn diese Ausgaben nach handelsbilanz- und/oder steuerbilanzrechtlichen Gesichtspunkten zu hoch angesetzt worden sind, hat eine entsprechende Korrektur **innerhalb der Bilanz** zu erfolgen (z.B. bei einer Pensionsrückstellung, die wegen des Verstoßes gegen das sog. Übermaßverbot oder des Schriftformgebotes nicht den Vorgaben des § 6a EStG entspricht[55]). Wenn diese Ausgaben dagegen nur nach steuerrechtlichen Grundsätzen gesellschaftsrechtlich veranlasst sind (**vGA**), dann ändert dies nichts an der betrieblichen Veranlassung auf der 1. Stufe, die Korrekturen haben auf der 2. Stufe **außerhalb der Bilanz** zu erfolgen (BMF vom 28.05.2002, BStBl I 2002, 603 ff.; dies entspricht auch der fast einhelligen Meinung in der Literatur, vgl. zuletzt *Wassermeyer*, DB 2010, 1959).[56]

Die Rspr. hat inzwischen mehrfach klargestellt, dass wegen der Abgeschlossenheit der betrieblichen Sphäre der KapG bei dieser nicht die Grundsätze der Liebhaberei anzuwenden sind (vgl. BFH vom 04.12.1996, DB 1997, 707 und vom 15.05.2002, DB 2002, 2082 sowie BFH vom 17.11.2004, DB 2005, 749).[57] Es ist in diesen Fällen – wiederum auf der 2. Stufe außerhalb der Bilanz – zu prüfen, ob für Ausgaben der KapG die Rechtsbeziehung zu den G'ftern eine Bedeutung gehabt hat, m.a.W. eine vGA angenommen werden muss.[58]

M.a.W.: Die Binnensphäre einer KapG ist immer ausschließlich betrieblich. Die Sphäre nach außen kann durch betriebliche oder gesellschaftsrechtliche Beziehungen gestaltet sein. Nur letztere sind auf der Ebene der KapG außerhalb der Bilanz auf einer 2. Stufe zu korrigieren.

3 Körperschaftsteuerliche Besonderheiten

3.1 Überblick

Die körperschaftsteuerlichen Besonderheiten der Ermittlung der Einkünfte aus Gewerbebetrieb ergeben sich aus der Tatsache, dass die KapG keine private Sphäre hat, d.h. alle Einnahmen und Ausgaben auf der 1. Stufe betrieblich veranlasst sind. Der BFH hat demzufolge auch entschieden, dass bei KapG eine Erbschaft zwingend Betriebseinnahmen darstellt.[59] Innerhalb der Bilanz (1. Stufe) stellt die Erbschaft also zwingend eine Betriebseinnahme dar;

---

53 Vgl. dazu *Preißer*, Teil A, Kap. I; Korrekturen innerhalb und außerhalb der Bilanz.
54 Vgl. insb. Kap. 3–5.
55 Vgl. zuletzt BFH vom 09.11.2005, FR 2006, 173.
56 A.A. – soweit ersichtlich – nur *Bareis*, zuletzt GmbHR 2009, 813 und FR 2014, 493 und Siegel, DB 2009, 2116, neuerdings haben sich dieser unberechtigten Kritik angeschlossen *Briese*, BB 2014, 1567 und 1943 sowie *Weber-Grellet*, BB 2014, 2263. Vgl. ab hier auch A 29 KStR.
57 Vgl. auch *Braun*, BB 2000, 283.
58 Es soll bereits hier auf die Beispiele 20 und 21 unter Kap. 4.3.2.2 verwiesen werden.
59 BFH vom 06.12.2016, DStR 2017, 319 ff.

ob dies außerhalb der Bilanz zu korrigieren ist, ist nach den Grundsätzen der verdeckten Einlage zu beurteilen.[60] An dieser Stelle werden nur die notwendigen Korrekturen auf der 2. und 3. Stufe angesprochen, die außerhalb der Bilanz vorzunehmen sind. Eine Vielzahl von Korrekturen außerhalb der StB sind durch den Systemwechsel verursacht. Erträge und Aufwendungen, die mit Beteiligungen an anderen KapG zusammenhängen, bleiben bei der Ermittlung des Einkommens außer Betracht (vgl. insb. § 8b Abs. 1–5 KStG), wenn es sich nicht um sog. Steuerbesitzdividenden handelt (§ 8b Abs. 4 KStG).

Bezüge, die eine KapG von einer anderen KapG erhält, bleiben bei der Ermittlung des Einkommens außer Betracht (§ 8b Abs. 1 KStG). Dies resultiert aus der Erkenntnis, dass Gewinne von KapG nur auf der Ebene der KapG und der natürlichen Person (Teileinkünfteverfahren) besteuert werden sollen. »Zwischengeschaltete KapG« sollen keine zusätzlichen steuerlichen Folgen auslösen.

Der Gesetzgeber vergleicht den Vorgang der Beteiligungsveräußerung einer Ausschüttung der offenen Rücklagen an den veräußernden AE. Deshalb hat der Gesetzgeber Veräußerungsgewinne von Beteiligungen an KapG freigestellt (§ 8b Abs. 2 KStG). Der Gesetzgeber hat ab 2004 die Besteuerung von inländischen Beteiligungserträgen und Veräußerungsgewinnen der Besteuerung von ausländischen Beteiligungserträgen angeglichen. Es werden 5 % der Bezüge bzw. des Veräußerungsgewinns als nicht abzugsfähige Betriebsausgaben behandelt (vgl. § 8b Abs. 5 KStG und § 8b Abs. 3 S. 1 KStG).[61] Die tatsächlich angefallenen Betriebsausgaben (Zinsen) können dafür uneingeschränkt abgezogen werden. Auf diese Besonderheiten im Zusammenhang mit Beteiligungen an anderen KapG wird der Schwerpunkt gelegt.

3.2 Beteiligungsergebnisse

Aufgrund der Ausgestaltung der KSt als Definitivsteuer ist es, um eine systemwidrige Mehrfachbelastung zu vermeiden, in KapG-Beteiligungsketten notwendig, Dividenden auf einer Zwischenstufe von der Besteuerung auszunehmen (§ 8 b Abs. 1 KStG). Sehr kritisch ist die Besteuerung von sog. Streubesitzdividenden (§ 8 b Abs. 4 KStG) zu sehen. Dies widerspricht der grundsätzlichen und notwendigen Entscheidung des Gesetzgebers, Dividenden freizustellen und widerspricht der verfassungsrechtlich notwendigen Folgerichtigkeit dieser Grundentscheidung, ohne dass es zwingend notwendig gewesen wäre.

Der Gesetzgeber hat, was nicht in gleicher Weise systematisch erforderlich gewesen wäre, die grundsätzliche Freistellung auf Beteiligungsveräußerungsgewinne erweitert. Systematisch fragwürdig und nicht gerechtfertigt ist die Entscheidung des Gesetzgebers, Verluste aus der Veräußerung bzw. Wertminderungen aus Beteiligung an KapG ebenfalls nicht zu berücksichtigen (§ 8b Abs. 3 S. 3 KStG). Ebenfalls nur haushaltspolitisch zu erklären ist die Nichtabzugsfähigkeit von 5 % der Beteiligungserträge als nicht abzugsfähige Betriebsausgaben (vgl. § 8b Abs. 5 und Abs. 3 S. 1 KStG).

---

60 Urteil des Niedersächsischen FG vom 28.06.2016, Az.: 10 K 285/15.
61 Ist der AE eine natürliche Person, verbleibt es dagegen bei dem Halbabzugsverbot gem. § 3c Abs. 2 EStG.

3.2.1 Kürzungen der Beteiligungserträge

Erträge, die eine KapG über eine Beteiligung an einer anderen KapG durch Dividenden oder Beteiligungsveräußerung erzielt, haben das StB-Ergebnis erhöht; sie bleiben gem. § 8b Abs. 1 und 2 KStG bei der Ermittlung des Einkommens außer Ansatz, sind außerhalb der Bilanz zu korrigieren.

Dividenden werden gem. § 8b Abs. 1 und Abs. 5 KStG im Ergebnis mit 5 % belastet. Die Dividenden sind in HB und StB als Beteiligungserträge erfasst, sodass eine entsprechende außerbilanzielle Kürzung zu erfolgen hat. Die Kürzungsmöglichkeit gem. § 8b Abs. 1 i.V.m. Abs. 5 KStG besteht nach § 8b Abs. 4 KStG für sog. Streubesitzdividenden nicht mehr. Die Dividendenbesteuerung stand auf dem europarechtlichen Prüfstand; der EuGH (EuGH vom 20.10.2011, GmbHR 2011, 1211) hat die Behandlung der Streubesitzdividenden für ausländische Anteilseigner (Abzug von Kapitalertragsteuer) als Verstoß gegen das Grundrecht der Kapitalverkehrsfreiheit angesehen. Der Gesetzgeber reagierte dadurch, dass er für Streubesitzdividenden die weitgehende Steuerfreiheit der Dividenden auch für inländische Anteilseigner aufgehoben hat. Danach sind Bezüge i.S.d. § 8b Abs. 1 KStG bei der Ermittlung des Einkommens zu berücksichtigen, wenn die Beteiligung zu Beginn des Kalenderjahres unmittelbar weniger als 10 % des Grund- oder Stammkapitals betragen hat. Nach § 8b Abs. 4 S. 6 KStG besteht die Möglichkeit, dass bei einem unterjährigen Erwerb von mindestens 10 % eine Rückbeziehung auf den Beginn des Kalenderjahres erfolgt. Dies führt zu dem grotesken Ergebnis, dass bei einer Beteiligung von 6 % zu Beginn des Jahres und einem weiteren Erwerb von 7 % im Laufe des Jahres nach dem Wortlaut der Vorschrift keine Rückbeziehungsmöglichkeit besteht, obwohl eine höhere Beteiligung an der Gesellschaft vorhanden ist als nach dem Gesetz erforderlich. Das gleiche Ergebnis soll nach Auffassung der Finanzverwaltung (OFD Frankfurt, DStR 2014, 427) auch dann gelten, wenn ein unterjähriger Hinzuerwerb von z.B. 36 % erfolgt, wenn dabei kein einzelner Erwerb von 10 % enthalten ist. Die Finanzverwaltung nimmt in Konstellationen des Hinzuerwerbs an, dass die Steuerfreiheit nur den Teil der Erträge betrifft, der auf den qualifizierten Hinzuerwerb entfällt. Die Erträge auf die zu Jahresbeginn gehaltene Beteiligung unter 10 % sollen voll steuerpflichtig sein. Auch diese Ansicht widerspricht sowohl dem Ziel als auch dem Wortlaut der Vorschrift.[62]

Soweit § 8b Abs. 4 KStG Anwendung findet, sind Aufwendungen im Zusammenhang mit den Beteiligungen in vollem Umfang abzugsfähig. Aktuell ist der Gesetzesentwurf, nach dem die Veräußerungsgewinne bei Streubesitz künftig ebenfalls nicht mehr unter § 8b Abs. 2 i.V.m. § 8b Abs. 3 S. 1 KStG fallen würden, zunächst auf Eis gelegt worden. Hierdurch würde das Körperschaftsteuersystem insgesamt infrage gestellt.

Schließlich ist auf die Erstreckung des § 8b Abs. 1 und 2 KStG auf **mittelbar über eine Mitunternehmerschaft** gehaltene Anteile an einer anderen KapG hinzuweisen (§ 8b Abs. 6 KStG).[63]

---

62 Zu Recht setzen sich kritisch mit der Ansicht auseinander: *Bolik/Zöller*, DStR 2014, 782; *Mössner*, DStR 2014, 497; *Adrian*, GmbHR 2014, 407 ff.; *Kamphaus/Weihmann/Sauer*, UBg 2014, 258 ff.; *Schönfeld*, DStR 2014, 937, Letzterer mit vielen – interessanten – Beispielen.

63 Vor dem StSenkG hat die FinVerw Befreiungen gem. § 8b Abs. 1 und 2 KStG 1999 dann versagt, wenn die Bezüge über eine Mitunternehmerschaft gelaufen sind, vgl. FinMin Bayern vom 09.05.2000 (DB 2000, 1305).

Beispiel 1: Mittelbare Wohltaten
Die A-GmbH ist an der X-KG als Kommanditistin beteiligt. Zu dem Betriebsvermögen der X-KG gehört eine Beteiligung an der B-AG.
a) Die B-AG schüttet Dividenden an die X-KG aus.
b) Die X-KG verkauft die Beteiligung an der B-AG.
c) Die A-GmbH verkauft die Beteiligung an der X-KG.

Lösung: Gem. § 8b Abs. 6 KStG gelten die Abs. 1–5 soweit, als mittelbar von einer KapG über eine Mitunternehmerschaft Beteiligungen an KapG gehalten werden.
a) Die Dividende erhöht den Gewinnanteil der A-GmbH an der X-KG und ist im StB-Gewinn enthalten. Soweit die Dividende den Gewinnanteil erhöht hat, ist sie außerhalb der Bilanz der A-GmbH gem. § 8b Abs. 6 i.V.m. § 8b Abs. 1 KStG zu kürzen. Die Kürzung betrifft selbstverständlich nur den im gesamten Gewinnanteil enthaltenen Dividendenertrag.
b) Der Gewinnanteil der A-GmbH wird hierdurch erhöht. Er ist bei der A-GmbH um den auf den entfallenden Veräußerungsgewinn außerhalb der Bilanz zu kürzen (§ 8b Abs. 6 i.V.m. § 8b Abs. 2 KStG).
c) Es handelt sich zwar um die Veräußerung eines Mitunternehmeranteils gem. §§ 15, 16 EStG, der zunächst nicht begünstigt ist. Soweit dieser Gewinn durch die Mitveräußerung des Anteils an der B-AG entstanden ist, ist er bei der A-GmbH außerhalb der Bilanz zu kürzen (§ 8b Abs. 6 i.V.m. § 8b Abs. 2 KStG).

Aufgrund des Systemwechsels können sich bei Beteiligungsketten Sachausschüttungen als Alternative zu Umstrukturierungen anbieten. Gesellschaftsrechtlich sind Dividenden in Form von Sachleistungen anerkannt (vgl. § 58 Abs. 5 AktG). Die Sachleistung ist auf der Ebene der ausschüttenden KapG mit dem gemeinen Wert anzusetzen, entsprechend hat die Besteuerung beim AE zu erfolgen.[64] Eine Ausschüttung zum Buchwert kommt nicht in Betracht. Diese Möglichkeit kann, wenn es sich bei dem auszuschüttenden Gegenstand um eine Beteiligung an anderen Gesellschaften handelt, zur Vereinfachung von Umstrukturierungsvorgängen genutzt werden.

Beispiel 2: Umstrukturierung durch Sachdividenden
Die X-AG ist alleinige G'fterin der Y-GmbH. Die Y-GmbH hält ihrerseits eine 100 %ige Beteiligung an der Z-GmbH. Die Beteiligung der Y-GmbH an der Z-GmbH ist mit 80 aktiviert, der Verkehrswert entspricht 150.
Die X-AG als Konzernmutter möchte die Organisationsstruktur ändern und sich die Z-GmbH unmittelbar unterordnen, sodass die Z-GmbH und die Y-GmbH Schwestergesellschaften sind.

Lösung: Unter den Voraussetzungen des § 15 Abs. 1 UmwStG könnte die Y-GmbH die 100 %ige Beteiligung an der Z-GmbH zu Buchwerten auf die X-AG abspalten; die Beteiligung an der Z-GmbH gilt insoweit als fiktiver Teilbetrieb (§ 15 Abs. 1 S. 3 UmwStG). Bei diesem Umstrukturierungsvorgang müsste das bei der Y-GmbH verbleibende Vermögen ebenfalls einen Teilbetrieb darstellen, was nicht immer gesichert ist (doppeltes Teilbetriebserfordernis).
Möglich ist auch die Auskehrung der Beteiligung an der Z-GmbH an die X-AG im Wege der Sachdividende. Nach h.M. (vgl. BMF vom 28.04.2003, BStBl I 2003, 292, Tz. 22) wären im Zeitpunkt der »Sachausschüttung« bei der Y-GmbH die stillen Reserven aus der Beteiligung

---

64 Vgl. *Schulze-Osterloh*, FS Priester 2007, 749.

aufzulösen. Bei der Y-GmbH führt dies zu einem steuerfreien »Veräußerungsgewinn« gem. § 8b Abs. 2 KStG, von dem 5 % als nicht abzugsfähige BA gelten (§ 8b Abs. 3 S. 1 KStG). Bei der X-AG ist die Ausschüttung gem. § 8b Abs. 1 KStG i.V.m. § 8b Abs. 5 KStG i.H.v. 95 % steuerfrei, die Beteiligung wird bei der X-AG mit dem gemeinen Wert angesetzt.

3.2.2 Nicht abzugsfähige Gewinnminderungen aus Beteiligungen

§ 8b Abs. 3 KStG ist durch das UntStFG neu gefasst worden; es besteht ein allgemeiner Ausschluss der Abzugsfähigkeit von Gewinnminderungen, die mit dem Anteil an einer KapG in Zusammenhang stehen.[65]

§ 8b Abs. 3 KStG spielt insb. bei Teilwert-AfA und bei Verlusten aus Veräußerungen von Anteilen i.S.d. § 8b Abs. 2 KStG eine Rolle.[66]

Beispiel 3: Realisierter Verlust
Eine M-GmbH hält Anteile an einer T-AG. Die Anteile sind zu den AK (500) aktiviert. Die M-GmbH veräußert die Anteile in 03 an X zu 350.

Lösung: Die M-GmbH erleidet i.H.d. Differenz zwischen Veräußerungspreis und AK einen Verlust, der in der StB zu berücksichtigen ist. Diese Gewinnminderung (150) ist außerhalb der StB auf der 2. Stufe wieder hinzuzurechnen (§ 8b Abs. 3 KStG).

§ 8b Abs. 3 S. 3 KStG bezog sich bis 2007 nur auf Wertminderungen der Beteiligung, nicht aber auch auf Wertminderungen von **eigenkapitalersetzenden Gesellschafterdarlehen**[67], welche eine KapG als AE der Beteiligungs-KapG gewährt hat. Auf diese Darlehen war eine Abschreibung nach allgemeinen Grundsätzen auch mit steuerlicher Wirkung möglich.[68]

Beispiel 4: Krisendarlehen bei KapG
Die A-KapG ist Alleingesellschafterin der Y-KapG. Die A-KapG gewährt der Y-KapG ein Darlehen, welches sie auch für den Fall der Krise der Y-KapG stehen lassen will. Die Y-KapG gerät in eine wirtschaftliche Krise, worauf die A-KapG eine Teilwert-Abschreibung auf das Darlehen vornehmen will.

Lösung: Durch das JStG (2008) ist § 8b Abs. 3 KStG ergänzt worden. Danach gelten auch Abschreibungen auf Darlehen, die ein maßgeblich Beteiligter gewährt hat, unter bestimmten Voraussetzungen als Wertminderungen auf die »Beteiligungen«. Dies führt zu einer Nichtberücksichtigung der Wertminderung. Systematisch ist die Folge ein weiterer Eingriff in die Besteuerung nach der Leistungsfähigkeit. Die Gesetzgebung bedeutet eine gesetzlich legitimierte Nichtanerkennung der BFH-Rspr. Die Finanzverwaltung versucht zu Unrecht diese Wertung auch für Veranlagungszeiträume vor 2008 durchzusetzen.[69] In § 3c Abs. 2 EStG gab es bisher

---

65 Vgl. *Rödder/Schumacher*, DStR 2002, 105.
66 Vgl. BMF vom 28.04.2003, BStBl I 2003, 292 ff., Tz. 26.
67 Zu beachten ist, dass sich die ursprünglich im GmbHG (§§ 32a, 32b GmbHG) beheimateten Regelungen zum Eigenkapitalersatz nunmehr (seit dem MoMiG 2009) in der InsO wiederfinden (§ 39 InsO) mit - in diesem Punkt - vergleichbarer Rechtsfolge. Die Übertragung der Neuregelung auf das Steuerrecht ist derzeit im Fluss.
68 Vgl. nur *Rödder/Stangl*, DStR 2005, 354 m.w.N.
69 Theoretisch müsste bei solchen Darlehen auch ein Zugang zum steuerlichen Einlagekonto gegeben sein. Ein Verzicht hätte insoweit keine ertragsteuerlichen Auswirkungen auch dann, wenn die Darlehen

keine Gesetzesänderung. Daher hatte es bei der Wirksamkeit der Teilwert-Abschreibung zu verbleiben und eine außerbilanzielle Hinzurechnung zu unterbleiben. Dies hat der BFH gegen die Ansicht der FinVerw festgestellt. Mit Wirkung ab 2015 wird in § 3c Abs. 2 EStG eine dem § 8b Abs. 3 S. 4 ff. KStG entlehnte Formulierung aufgenommen mit der Folge, dass nur 60 % des Verlustes abzugsfähig sind.

Hinweis: Es ist zu vermerken, dass dem StPfl. ein Gegenbeweis möglich ist, dass auch ein fremder Dritter der Gesellschaft in dieser Zeit das Darlehen zu marktüblichen Konditionen gewährt hätte. Dieser Gegenbeweis wird in der Praxis kaum gelingen können. Fehlende Marktüblichkeit bezieht sich insb. auf eine fehlende bzw. unübliche Verzinsung, fehlende Sicherheitsbestellung und auf die Fälle, in denen die Darlehen in der Krise gegeben oder stehengelassen worden sind.

3.2.3 Nicht abzugsfähige Betriebsausgaben

Die steuerliche Abzugsfähigkeit von BA bestimmt sich i.d.R. nach den einkommensteuerlichen Vorschriften, sodass auch für KapG die Vorschrift des § 4 Abs. 5 EStG und des § 4 Abs. 5b EStG (Nichtabzugsfähigkeit der GewSt) Anwendung findet. Eine Korrektur der BA, die gem. §§ 4 Abs. 5 f. EStG nicht abziehbar sind, erfolgt auf der 2. Stufe, d.h. außerhalb der Bilanz.

Ab 2004 können **Finanzierungsaufwendungen** in voller Höhe abgezogen werden. Es werden aber 5 % der Bezüge gem. § 8b Abs. 1 KStG (also auch vGA) als nicht abzugsfähige BA behandelt (vgl. § 8b Abs. 5 KStG). Insoweit werden inländische und ausländische Beteiligungserträge in gleicher Weise behandelt. Die Behandlung als nicht abzugsfähige BA kommt jedoch nur insoweit in Betracht, als in dem betreffenden Wj. tatsächlich steuerfreie Dividenden vereinnahmt werden. Fragwürdig ist die Regelung jedoch, wenn sicher feststeht, dass keine Aufwendungen angefallen sind. In diesen Fällen bedeutet der pauschale Nichtabzug von 5 % der Dividenden ein weiterer Eingriff in die Leistungsfähigkeit und ist steuersystematisch verfehlt. Ein Problem besteht bei Ausschüttungen in mehrstufigen Beteiligungsketten zwischen KapG darin, dass die Behandlung als nicht abzugsfähige BA i.H.v. 5 % der Bezüge **auf jeder Stufe** außerhalb der Bilanz hinzugerechnet werden müssen. Dies ist bei der Finanzierung eines Konzernaufbaus zu beachten. Insoweit bietet die Organschaft einen Ausweg, als beim Organträger keine Beteiligungserträge gem. § 8b Abs. 1 KStG anfallen (sondern unmittelbare gewerbliche Einkünfte) und daher eine Hinzurechnung gem. § 8b Abs. 5 KStG ausscheidet.

Beispiel 5: Fremdfinanzierte Beteiligung
Die M-GmbH ist an der T-GmbH zu 100 % beteiligt. Die AK von 500 hat die M-GmbH über einen Kredit finanziert. Die Zinsaufwendungen betragen jährlich 50. In 02 und 03 werden von der T-GmbH keine Gewinne ausgeschüttet.

Lösung: Es ergeben sich keine Änderungen, da die M-GmbH keine Bezüge i.S.d. § 8b Abs. 1 KStG erhalten hat und daher gem. § 8b Abs. 5 KStG eine Hinzurechnung unterbleiben muss.

---

wertlos geworden sind. So weit will die Finanzverwaltung jedoch nicht gehen. Vgl. insoweit die Rspr. des BFH zum Rangrücktritt vom 15.04.2015, DB 2015, 1633 f.

Beispiel 6: Beteiligungsertrag bei Ausschüttung
Die T-GmbH schüttet in 04 eine Dividende von 30 aus. Die Zinsaufwendungen betragen wiederum 50.

Lösung: Gem. § 8b Abs. 5 KStG gelten 5 % der Bezüge i.S.d. § 8b Abs. 1 KStG als nicht abzugsfähige BA, die außerhalb der Bilanz wieder hinzugerechnet werden müssen. Es hat insoweit eine außerbilanzielle Korrektur des StB-Ergebnisses zu erfolgen. Die Zinsaufwendungen bleiben als Betriebsausgaben abzugsfähig. Wenn die Muttergesellschaft die Beteiligung einer Tochtergesellschaft mit Fremdkapital finanziert hat, führt die Neuregelung zumeist zu einer niedrigeren Steuerbelastung, da die tatsächlich angefallenen Finanzierungsaufwendungen – außerhalb des Regelungsbereichs der Zinsschranke – in voller Höhe abgezogen werden können.

Bei **Anteilen an einer ausländischen Gesellschaft** galt die beschriebene Rechtslage bereits vor 2004. Es besteht ein Abzugsverbot – unabhängig von der Höhe der tatsächlich angefallenen BA – i.H.v. 5 % der Bezüge i.S.d. § 8b Abs. 1 KStG.[70]

Dies bedeutet, dass die angefallenen BA entsprechend der bilanziellen Behandlung weiterhin abzugsfähig bleiben und eine Hinzurechnung i.H.v. 5 % der Dividenden erfolgt, wenn tatsächlich Dividenden geflossen sind. § 8b Abs. 1 i.V.m. Abs. 5 KStG findet auch bei **vGA** Anwendung, sodass vGA innerhalb von KapG-Ketten keine erheblichen Steuerwirkungen auslösen.

Eine vergleichbare Regelung gilt bei Veräußerungen von Beteiligungen. Der Veräußerungsgewinn bleibt gem. § 8b Abs. 2 KStG zunächst steuerfrei, aber es werden 5 % des Veräußerungsgewinns als nicht abzugsfähige BA außerhalb der Bilanz wieder hinzugerechnet (§ 8b Abs. 3 S. 1 KStG).[71] Die Anknüpfung an den **Veräußerungsgewinn** führt im Ergebnis zu einer **Nichtberücksichtigung der Veräußerungskosten** und zusätzlich zu einer Hinzurechnung von 5 % des Veräußerungsgewinns als nichtabzugsfähige Betriebsausgaben. Die Veräußerungskosten sind demnach im Ergebnis nicht bzw. nur zu 5 % abzugsfähig. Zu den gemeinschaftsrechtlichen Problemen der Nichtanerkennung von (Finanzierungs-) Aufwendungen einer deutschen KapG bei Dividenden, die sie von EU-KapG erhalten hat, vgl. BFH vom 14.07.2004, BStBl II 2005, 53 (im Urteil allerdings zu § 3c EStG).

Beispiel 7: Der Beteiligungsverkauf[72]
Die inländische A-KapG verkauft die Beteiligung an der B-KapG zu einem Preis von 250; der Buchwert der Beteiligung beträgt 140, Veräußerungskosten sind i.H.v. 30 angefallen.

Lösung: Gem. § 8b Abs. 3 S. 1 KStG sind 5 % des Veräußerungs**gewinns** als nicht abzugsfähige BA wieder hinzuzurechnen. Der Gewinn beträgt 80, die hinzuzurechnenden (fiktiven) BA 4. Da die Veräußerungskosten den steuerfreien Gewinn mindern, wirken sie sich im Ergebnis nicht aus.

Hinweis: Auch Wertaufholungen bei Beteiligungen an anderen KapG sind nach Maßgabe des § 8b Abs. 2 i.V.m. Abs. 3 KStG zu 95 % steuerfrei. Es gilt jedoch dann nicht, wenn sich

---

70 Inzwischen wird diskutiert, ob eine Hinzurechnung nach § 8b Abs. 5 KStG zu unterbleiben hat, wenn definitiv keine Betriebsausgaben angefallen sind.
71 Nach BFH vom 31.05.2017, BB 2017, 2582 ff. kommt die sog. Schachtelstrafe nicht in Betracht, wenn eine beschränkt ausländische KapG ohne inländische Betriebsstätte Anteile an einer inländischen KapG verkauft. Die Schachtelstrafe läuft in diesen Fällen ins Leere, weil der fingierte betriebliche Aufwand nicht steuerbar wäre.
72 Nach *Dötsch/Pung*, DB 2004, 153.

die Teilwertabschreibung auf die Beteiligung steuerlich ausgewirkt hat. Wenn eine KapG auf eine Beteiligung an einer anderen KapG Abschreibungen vorgenommen hat, die sich einmal steuerlich ausgewirkt haben und bei späteren Abschreibungen gem. § 8b Abs. 3 KStG nicht ausgewirkt haben, stellt sich bei der Wertaufholung das Problem, welche Teilwertabschreibung korrigiert wird. Wird die frühere Abschreibung zunächst korrigiert, bedeutet dies, dass die Wertaufholung voll steuerpflichtig ist, wird dagegen die unter Geltung des § 8b Abs. 3 KStG vorgenommene Abschreibung korrigiert, ist die Wertaufholung zu 95 % steuerfrei. Man wird den Unternehmen aus systematischen Gründen ein Wahlrecht zustehen müssen, wenn sie die Abschreibung und die daran anschließenden Wertaufholungen ausreichend dokumentieren.[73] Die Finanzverwaltung will jedoch dringend die zuerst geltend gemachte Abschreibung (steuerwirksam) auch steuerpflichtig korrigieren.

Unklar ist auch, ob Aufwendungen, die mit einem vergeblichen Beteiligungsverkauf bzw. -erwerb in Zusammenhang stehen, unter die Regel des § 8b Abs. 3 S. 1 und 3 KStG fallen. Systematisch ist dies abzulehnen, da die Vorschriften nur auf Beteiligungen im Vermögen der KapG anzuwenden sind.[74]

3.2.4 Sonderproblem: Anteilsveräußerungen nach vorangegangener Einbringung

3.2.4.1 Überblick

Veräußerung von Beteiligungen an KapG sind auf Ebene der veräußernden KapG gem. § 8b Abs. 2 und Abs. 3 KStG zu 95 % steuerfrei. Dies legt es nahe, vor geplanten Veräußerungen die Veräußerungsgegenstände in Beteiligungen »umzuwandeln«, um von einem »Vollbesteuerungsregime« in das **begünstigte** »**Veräußerungs**-Besteuerungsregime« hinüberzuwechseln. Diesen Sachverhaltskomplex hat bis zur Einführung des SEStEG die hochkomplexe Regelung des § 8b Abs. 4 KStG a.F. behandelt. Diese Regelung ist ab diesem Zeitpunkt aufgehoben und eine Nachfolgeregelung in das UmwStG in den §§ 22, 23 UmwStG eingeführt worden. Mit der Einführung der Regelungen in das UmwStG vollzog sich auch inhaltlich ein Paradigmenwechsel. Der Gesetzgeber hat wohl selbst erkannt, dass die Alt-Regelung des § 8b Abs. 4 KStG nicht nur einen Missbrauch verhinderte, sondern in vielen Fällen zu einer Übermaßbesteuerung führte.

Mit Einführung des **SEStEG** ist die Systematik des § 8b Abs. 4 KStG – wie bereits angedeutet – und des § 21 UmwStG aufgehoben worden. Für am 12.12.2006 einbringungsgeborene oder eingebrachte Anteile gem. diesen Vorschriften gelten die Regeln jedoch weiter (vgl. § 34 Abs. 7a KStG[75]). Ebenso entstehen solche Anteile für Einbringungen bis zu diesem Tage, sodass die vorstehenden Ausführungen noch über Jahre hinweg zu beachten sind,[76] da durch die Weitergeltung der Vorschriften auch deren Anwendungsprobleme in die Zukunft mitgeschleppt werden.

---

[73] Dies hat der BFH in dem Urteil vom 19.08.2009, DB 2009, 2636 gegen die Auffassung der FinVerw bestätigt. Der BFH nimmt mangels gesetzlicher Regelung an, dass der StPfl. so verfahren kann, wie es für ihn am günstigsten ist. Nunmehr gilt auch in der HB nur ein Abschreibungswahlrecht. Vgl. auch EuGH-Urteil vom 22.01.2009, IStR 2009, 133 zum allgemein geltenden (früheren) Abzugsverbot für Teilwertabschreibungen bei Auslandsbeteiligungen: Verstoß gegen Gemeinschaftsrecht.

[74] Zutreffend *Pyszka*, DStR 2010, 1322.

[75] Die Alt-Regelung ist für einbringungsgeborene Anteile, die aus Vorgängen vor Inkrafttreten des SEStEG stammen, weiterhin anzuwenden; vgl. *Haritz*, GmbHR 2007, 169. Gleiches gilt für die komplementäre Vorschrift in § 3 Nr. 40 S. 3 und 4 EStG; dies ist in § 52 Abs. 4b EStG geregelt.

[76] Vgl. zur Langlebigkeit einbringungsgeborener Anteile *Haritz*, GmbHR 2007, 169.

An dieser Stelle soll die **Systematik** der §§ 22, 23 UmwStG in den Grundzügen vorgestellt werden. Durch die Abschaffung des § 8b Abs. 4 KStG a.F. und der vergleichbaren Regelungen im EStG wird die dargestellte Übermaßbesteuerung vermieden. Es findet bei einer Veräußerung des zu Buchwerten übertragenen begünstigten Vermögens eine an der Quelle ansetzende Besteuerung des Einbringungsvorganges statt (**Einbringungsgewinn I und Einbringungsgewinn II**). Dieser Einbringungsgewinn wird über sieben Jahre nach der Einführung **pro Jahr um 1/7 abgeschmolzen**. Durch die Besteuerung des Einbringungsgewinns hat die einbringende Kapitalgesellschaft erhöhte AK auf die erhaltenen Anteile, wodurch der begünstigte Veräußerungsgewinn – bei Veräußerung der erhaltenen Anteile – entsprechend niedriger ausfällt. Zusätzlich darf die übernehmende Kapitalgesellschaft das begünstige Vermögen steuerneutral bis auf den gemeinen Wert aufstocken, wenn die Besteuerung des Veräußerungsgewinns erfolgt ist (§ 23 UmwStG), wodurch eine Verdoppelung der stillen Reserven ausgeschlossen ist. Durch die Berücksichtigung der Folgen an der Quelle (Einbringung) wird vermieden, dass stille Reserven, die sich erst nach dem Zeitpunkt der Einbringung gebildet haben, dem ungünstigen Besteuerungsregime unterworfen werden. Die nach der Einbringung gebildeten stillen Reserven unterliegen in voller Höhe dem Besteuerungsregime, welches für Veräußerungen der Beteiligung gilt. Dies ist sachgerecht und verhindert eine Übermaßbesteuerung.

Mit Abschmelzen des Einbringungsgewinns im Zeitablauf werden die AK der Anteile im Falle einer Veräußerung entsprechend niedriger. Dies hat zur Folge, dass der nichtbegünstigte Einbringungsgewinn zwar entsprechend gemindert, der begünstigte Veräußerungsgewinn aber entsprechend erhöht wird. Gerechtfertigt wird diese Abschmelzungssystematik mit der im Zeitablauf abnehmenden Indizwirkung eines Missbrauchstatbestands. Folgendes Beispiel soll die Systematik verdeutlichen.

Beispiel 8: Der abschmelzende Gewinn
Die A-KapG hat in 01 einen Teilbetrieb zu Buchwerten (Buchwert 100, gemeiner Wert 240) auf die B-KapG gegen Gewährung von Gesellschaftsrechten übertragen.
a) Die A-KapG veräußert unmittelbar im Anschluss an die Einbringung die erhaltenen Anteile zu 240.
b) Die A-KapG veräußert in 04 die erhaltenen Anteile zu 240.

Lösung:
a) **Unmittelbare Veräußerung im Anschluss an die Einbringung**
Die A-KapG hat den Einbringungsvorgang des Teilbetriebs nachträglich zu versteuern (§ 22 Abs. 1 UmwStG). Hieraus resultiert ein nichtbegünstigter Einbringungsgewinn von 140. Die AK auf die erhaltenen Anteile erhöhen sich von 100 auf 240. Durch die Erhöhung der AK wird im Zeitpunkt der Veräußerung kein steuerbegünstigter Veräußerungsgewinn nach § 8b Abs. 2 und Abs. 3 KStG erzielt. Soweit die A-KapG Steuer auf den Einbringungsvorgang entrichtet hat, kann die B-KapG die Werte des Teilbetriebs um 140 steuerneutral aufstocken. Eine Verdoppelung der stillen Reserven wird hierdurch vermieden.
b) **Nachträgliche Veräußerung drei Jahre nach Einbringung**
Die A-KapG hat nachträglich den Einbringungsgewinn zu versteuern. Da die Veräußerung drei Jahre nach Einbringung stattfindet, wird der Einbringungsgewinn um 3/7 (60) abgeschmolzen. Der Einbringungsgewinn beträgt 80. Daher hat die A-KapG entsprechend niedrigere AK auf die Beteiligung an der B-KapG (nunmehr 180). Hierdurch entsteht ein begünstigter Veräußerungsgewinn (§ 8b Abs. 2 i.V.m. § 8b Abs. 3 KStG) i.H.v. 60. Man sieht, dass eine

Substitution des nicht-begünstigten Einbringungsgewinns durch einen begünstigten Veräußerungsgewinn erreicht wird, soweit die Abschmelzung vorgenommen wird.

3.2.4.2 Sonderprobleme

Die dargestellte Systematik enthält trotz der inzwischen ergangenen BMF-Schreiben vom 28.04.2003 (BStBl I 2003, 292) und vom 05.01.2004 (BStBl I 2004, 44) eine Reihe von Schwierigkeiten, die dem Grundsatz nach im Folgenden dargestellt werden sollen.[77] Diese Sonderprobleme stellen sich sowohl bei alter als auch bei neuer Rechtslage.

Grundsätzlich sind zwei Problemfelder zu unterscheiden. Das erste umfasst primär die Frage, ob die veräußerten Anteile infiziert sind; das zweite bezieht sich auf den Ablauf der Sieben-Jahres-Frist.[78]

Beispiel 9: Die gesperrte Beteiligung[79]
Eine A-KapG bringt in eine neu gegründete (oder bestehende) B-KapG einen Teilbetrieb ein. Zu diesem Teilbetrieb gehört seinerseits auch eine 100 %ige Beteiligung an der C-KapG. Die Einbringung erfolgt zum Buchwert, die A-KapG bekommt als Gegenleistung Anteile an der B-KapG.

Lösung: Unter Geltung der neuen Rechtslage hat sich auch insoweit eine systematische Klarheit ergeben, als nach § 22 Abs. 1 UmwStG für eine miteingebrachte Beteiligung an einer KapG, obwohl sie zu einem Teilbetrieb gehört, die Regelung des § 22 Abs. 2 UmwStG einschlägig ist. Dies hat zur Folge, dass durch die Trennung der Rechtsfolgen der Beteiligung an der KapG von den Rechtsfolgen der Einbringung des sonstigen Teilbetriebs bei einer Einbringung durch eine KapG ohne Abwarten einer Sperrfrist eine begünstigte Veräußerung jederzeit möglich ist. Dies ist sachgerecht, da die einbringende KapG diese Beteiligung auch ohne Probleme steuerbegünstigt hätte veräußern können.[80]

Eine große Problematik kann darin bestehen, dass die **Reichweite der Infektion** von Anteilen nicht leicht feststellbar ist. Es können sich in Einbringungsvorgängen stille Reserven von dem Einbringungsgegenstand auf bereits vorhandene Beteiligungen abspalten. In diesen Fällen ist jeweils zu entscheiden, ob und inwieweit sich die Infektion der »Neu-Anteile« auch auf die »Alt-Anteile« erstreckt.

Diese Situation tritt vor allem dann ein, wenn für einen eingebrachten Teilbetrieb ein unverhältnismäßig kleiner Anteil am Nennkapital gewährt wird. Ein unverhältnismäßig kleiner Anteil besteht immer dann, wenn der Nennwert der neu gewährten Anteile im Verhältnis zu dem Nennwert der Alt-Anteile nicht dem Verhältnis der Teilwerte des im Zeitpunkt der Einbringung bereits vorhandenen Betriebsvermögens zu dem eingebrachten Betriebsvermögen entspricht. Das folgende Beispiel soll diese Problematik näher erläutern.

---

77 Vgl. die ausführliche Übersicht bei *Dötsch/Pung* in *Dötsch/Pung/Möhlenbrock*, KStG und EStG, § 8b KStG Tz. 10. Bitte beachten Sie darüber hinaus die Darstellung von *Dötsch/Pung*, DB 2000, Beilage 10.
78 Es soll an dieser Stelle aus didaktischen Gründen zunächst die Alt-Regelung dargestellt werden. Anschließend wird die Lösung nach neuer Rechtslage vorgestellt.
79 Vgl. hierzu BMF vom 05.01.2004, BStBl I 2004, 44.
80 Daher kann eine Veräußerung einer eingebrachten Beteiligung an einer KapG nicht ohne rückwirkende Erfassung des Einbringungsgewinns erfolgen, wenn der Einbringende nicht eine KapG, sondern eine natürliche Person ist. Hier entsteht anschließend der sog. Einbringungsgewinn II, soweit die Gesellschaftsanteile verkauft werden.

Beispiel 10: Infizierte Anteile durch Wertabspaltung

Die A-KapG ist bereits zu 100 % an der T-KapG beteiligt. Der Buchwert der Beteiligung soll dem bisherigen Stammkapital der T-KapG i.H.v. 50 entsprechen. Die Anteile sind im Rahmen der Gründung der T-KapG erworben worden, stille Reserven bestehen insoweit nicht. Die A-KapG bringt nunmehr einen Teilbetrieb gem. § 20 Abs. 1 S. 1 UmwStG zu Buchwerten (ebenfalls 50) in die T-KapG ein; der gemeine Wert des eingebrachten Teilbetriebs beträgt 1.050. Die A-KapG will innerhalb von sieben Jahren die Beteiligung an der T-KapG verkaufen.

Welche Besonderheiten sind bei einem Verkauf unmittelbar nach der Einbringung zu beachten?

Lösung: Es stellt sich die Frage, ob und inwieweit bei einer der Einbringung nachfolgenden Veräußerung rückwirkend der Einbringungsgewinn der Besteuerung unterworfen wird. Gem. § 22 Abs. 7 UmwStG gelten die »Alt-Anteile« insoweit auch als erhaltene Anteile i.S.d. § 22 Abs. 1 UmwStG, als im Zuge der Einbringung des Teilbetriebs stille Reserven auf sie übergehen.[81] Verkauft die A-KapG die »Alt-Beteiligung«, wird sie entsprechend der Beteiligung am Gesamtkaufpreis (1.100) einen Veräußerungspreis von 550 realisieren. Die Alt-Anteile gelten demnach entsprechend nach folgender Formel als erhaltene Anteile i.S.d. § 22 Abs. 1 UmwStG.

$$\frac{\text{Betrag der übergehenden Reserven}}{\text{Wert des Anteils nach Kapitalerhöhung}}$$

Es ergibt sich eine Infektion i.H.v.

500 : 550 = 90,9 %.

Hinweis: Bei einer Veräußerung der Anteile ist im Verhältnis der »Infektion« eine Steuerpflicht anzunehmen; eine Aufteilung der veräußerten Anteile ausschließlich auf den nicht infizierten Teil der Alt-Anteile ist nicht möglich, da dieser Anteil lediglich ideell bestimmbar ist. Sollten in den Alt-Anteilen – wie in der Praxis oft – ebenfalls bereits erhebliche stille Reserven ruhen, die nicht infiziert sind, ist der sog. Infektionsanteil entsprechend geringer.

Bei nacheinander geschalteten Einbringungsvorgängen ist der Beginn der Sperrfrist für die Entsperrung nach § 22 Abs. 1 S. 1 UmwStG entscheidend. Er kann bei nachgeschalteten Einbringungsvorgängen fraglich sein.

Beispiel 11: Ketteneinbringung I[82]

U hat sein Einzelunternehmen 2006 durch Ausgliederung zu Buchwerten in die B-GmbH eingebracht. In 2010 bringt er die Anteile an der B-GmbH im Wege der Sachgründung zu Buchwerten in die H-GmbH ein. Im Jahr 2014 verkauft
a) U die Anteile an der H-GmbH,
b) die H-GmbH die Anteile an der B-GmbH.

Lösung:
a) Die erste Einbringung setzt die Laufzeit für die Entsperrung der Anteile in Gang, da die zweite Einbringung keinen neuen Infektionstatbestand darstellt. Dies bedeutet, dass die Sperrfrist bereits abgelaufen ist. Die Frage der Höhe der Abschmelzung stellt sich in diesem Fall nicht mehr, da keine Infektion zu berücksichtigen ist.

---

81 Vgl. hierzu *Schmitt/Schloßmacher*, DStR 2009, 828.
82 Siehe dazu *Schwedhelm*, BB 2003, 608.

b) Die Sperrfrist läuft in dieser Variante erst ab 2010; dies ergibt sich aus dem Umstand, dass in 2010 eine neuartige Infektion geschaffen worden ist. So findet eine Abschmelzung i.H.v. 4/7 statt. Die Rechtsfolgen sind entsprechend der Lösung des Grundbeispiels für die neue Rechtslage (»der abschmelzende Gewinn«) zu lösen.

Beispiel 12: Ketteneinbringung II
A hält Anteile an der E-GmbH, die nicht einbringungsgeboren sind. A bringt diese Anteile in 01 in die M-GmbH gegen Gewährung von Gesellschaftsrechten ein. Später bringt die M-GmbH in 05 die Anteile an der E-GmbH in die T-GmbH wiederum gegen Gewährung von Gesellschaftsrechten ein. Die T-GmbH veräußert die Anteile an der E-GmbH in 09. Welche Rechtsfolgen treten durch den Verkauf ein?

Lösung: Die Sperrfrist ist bereits abgelaufen. Hierbei ist zu berücksichtigen, dass die aufnehmende T-GmbH in die Rechtstellung der M-GmbH nach den Grundgedanken der §§ 22 Abs. 1 und 2 i.V.m. 12 Abs. 2 S. 1 UmwStG eintritt und daher nur für den Rest der Sieben-Jahres-Frist den Rechtsfolgen des § 22 UmwStG unterliegt. Mit Einbringung der Anteile an der E-GmbH in die T-GmbH wird damit keine neue Sperrfrist in Gang gesetzt. Die Anteile können nach neuer Rechtslage ohne Auswirkungen auf den Einbringungsgewinn steuerbegünstigt verkauft werden.

Hinweis: Eingebrachte Anteile liegen immer nur dann vor, wenn die Kapitalgesellschaft die Anteile von einem **Nicht-Begünstigten unter dem Teilwert** erworben hat. Erfolgt die Einlage im Wege der verdeckten Einlage und treten im Zeitpunkt der Einlage die Rechtsfolgen des § 17 Abs. 1 S. 2 EStG ein, sind die eingebrachten Anteile nicht infiziert. Die stillen Reserven, die im Zeitpunkt der Einlage in den eingebrachten Anteilen ruhten, sind durch die verdeckte Einlage aufgedeckt worden.

3.3 Sonstige Hinzurechnungen und Kürzungen

3.3.1 Nicht abzugsfähige Aufwendungen

In § 10 KStG sind bestimmte nicht abzugsfähige Aufwendungen enthalten. Diese Vorschrift dient z.T. der steuerlichen Gleichstellung von Personenunternehmen mit KapG (vgl. § 10 Nr. 1–3 KStG); die Hinzurechnung der Hälfte der Aufsichtsrats-Vergütungen (§ 10 Nr. 4 KStG) ist systematisch nicht einzuordnen und nur aus einem gewissen Misstrauen bezüglich der Rechtsbeziehungen zwischen der Gesellschaft und den Überwachungsorganen verständlich.[83]

§ 10 Nr. 2 und 3 KStG bestimmen eine Korrektur der auf der 1. Stufe als Betriebsausgabe abgezogenen Aufwendungen, die auch bei natürlichen Personen die Einkünfte bzw. den Gesamtbetrag der Einkünfte nicht mindern dürfen (§ 12 EStG). Diese Aufwendungen sind bilanziell BA, dürfen aus Gründen der Wettbewerbsneutralität des Steuerrechtes bei KapG die BMG nicht mindern. Auch sie sind erst auf der 2. Stufe außerhalb der StB wieder hinzurechnen. Hinzuweisen ist darauf, dass die Rspr. den Anwendungsbereich des § 10 Nr. 2 KStG eingeschränkt hat. Schadenersatzansprüche einer KapG gegen einen Steuerberater, die

---

83 *Clemm/Clemm*, BB 2001, 1873.

aus einer fehlerhaften Beratung resultierten, die zu einer zu hohen KSt-Veranlagung geführt haben, werden nicht mit Erstattungen von KSt gleichgesetzt. Dies hat zur Folge, dass sie voll der KSt unterworfen werden. Die Rspr. trennt hierbei scharf zwischen einer KSt-Erstattung und einer Schadensersatzleistung, die eine zu viel gezahlte KSt ausgleichen soll.

In § 10 Nr. 3 KStG sind nur Strafen bzw. **Geldbußen gegen die KapG** vom Abzug ausgeschlossen; übernimmt hingegen die KapG eine **gegen den GF** persönlich festgesetzte Geldbuße, ist die Zahlung als Betriebsausgabe abzugsfähig und nicht gem. § 10 Nr. 3 KStG außerhalb der Bilanz zu korrigieren. Die Zahlung stellt beim GF Arbeitslohn dar, ein Abzug der Geldbuße als WK kommt gem. § 9 Abs. 5, § 4 Abs. 5 Nr. 8 EStG auch dann nicht in Betracht, wenn dem GF die Geldbuße wegen einer in Ausübung seiner Tätigkeit als GF begangenen Ordnungswidrigkeit auferlegt worden ist.[84] Bei einem G'fter-GF sind vorrangig die Grundsätze einer vGA zu prüfen.

Vergütungen, die eine KapG an Mitglieder eines (auch) zur Überwachung eingesetzten Organs bezahlt, sind zur Hälfte außerhalb der Bilanz wieder hinzuzurechnen (§ 10 Nr. 4 KStG). Es kommt dabei nicht auf die Bezeichnung des Organs, sondern auf dessen Aufgaben an. Die Vergütungen fallen jedoch nur insoweit unter das hälftige Abzugsverbot, als es sich nicht um konkret nachgewiesenen Aufwendungsersatz handelt (vgl. A 10.3 KStR). Es ist darauf hinzuweisen, dass auch bei überhöhten Vergütungen an Aufsichtsrats-Mitglieder, die zugleich G'fter sind, das Rechtsinstitut der vGA gegenüber § 10 Nr. 4 KStG Vorrang hat.

Beispiel 13: Maßlose Aufsichtsräte
Eine AG bezahlt an die drei Aufsichtsrats-Mitglieder (alles Aktionäre) eine Vergütung i.H.v. jeweils 80. Die angemessene Vergütung liegt bei jeweils 60. Die AG hat die Vergütung in voller Höhe als Betriebsausgabe (240) abgezogen.

Lösung: Der Abzug der Aufsichtsrats-Vergütungen als BA auf der 1. Stufe ist richtig. I.H.d. unangemessenen Vergütung von insgesamt (für drei Aufsichtsrats-Mitglieder) 60 hat eine volle (vGA), i.H.d. angemessenen Vergütung eine hälftige Hinzurechnung (§ 10 Nr. 4 KStG) von insgesamt 90 zu erfolgen. Beim AE liegen in Bezug auf die unangemessenen Vergütungen Einnahmen aus Kapitalvermögen, i.H.d. angemessenen Teils Einkünfte aus selbständiger Arbeit (§ 18 Abs. 1 Nr. 3 EStG) vor.
Es kann sich die Situation ergeben, dass die als vGA bezogene Aufsichtsrats-Vergütung geringer besteuert wird, da sie beim AE dem Teileinkünfteverfahren unterliegt.

3.3.2 Gewinnanteile an den Komplementär einer Kommanditgesellschaft auf Aktien

Gem. § 9 Abs. 1 Nr. 1 KStG wird der Gewinn einer KGaA insoweit gekürzt, als er auf den Komplementär entfällt. Abgezogen werden auch die Aufwendungen, soweit sie als Vergütungen für die GF verteilt werden. Die Reichweite des § 9 Abs. 1 Nr. 1 KStG ist unklar. Die Bestimmung muss m.E. im Zusammenhang mit § 15 Abs. 1 Nr. 3 EStG, § 8 Nr. 4 GewStG gesehen werden.[85] Die KGaA ist zwar »nach außen« insgesamt KSt-Subjekt, doch ist sie »nach innen« als Mitunternehmerschaft zwischen dem Aktionärsverein (Gesamtheit der Kommanditaktionäre) und dem Komplementär aufzufassen. Daraus zieht § 9 Abs. 1 Nr. 1 KStG die Konsequenz,

---

[84] Ein überwiegend betriebliches Eigeninteresse des Arbeitgebers dürfte in diesen Fällen meistens ausscheiden.
[85] Vgl. hierzu neuerdings *Kusterer*, DStR 2008, 484.

dass Aufwendungen in der Höhe abgezogen werden können, in der bei dem Komplementär unmittelbar Einkünfte aus Gewerbebetrieb gem. § 15 Abs. 1 Nr. 3 EStG entstehen. Dabei ist jedoch zu berücksichtigen, dass GF-Vergütungen an den Komplementär bereits – unabhängig von § 9 Abs. 1 Nr. 1 KStG – den StB-Gewinn gem. § 4 Abs. 4 EStG gemindert haben. Ein nochmaliger Abzug gem. § 9 Abs. 1 Nr. 1 KStG kommt nicht in Betracht.

3.3.3 Abziehbare Spenden

Die von der KapG bezahlten Spenden sind zunächst **auf der ersten Stufe** Betriebsausgabe, die das StB-Ergebnis entsprechend gemindert haben. § 9 Abs. 1 Nr. 2 KStG ist systematisch im Rahmen der Einkunftsermittlung nur zu verstehen, wenn vor dessen Anwendung alle Spenden hinzuaddiert werden (vgl. **zweite Stufe**). Erst nach Ermittlung der Einkünfte aus Gewerbebetrieb mindern **auf der dritten Stufe**, die abziehbaren Spenden die BMG. Die Abziehbarkeit lehnt sich im Einzelnen an § 10b EStG an; auf die dortige Darstellung wird verwiesen! Anders als im ESt-Recht erhöhen abziehbare Spenden einen berücksichtigungsfähigen Verlust. Dies ergibt sich aus der Systematik der Einkommensermittlung und der Stellung von § 9 Abs. 1 und 2 KStG innerhalb dieser Systematik.

4 Verdeckte Gewinnausschüttungen (vGA)

4.1 Überblick

Das Rechtsinstitut der vGA dient der Einkommenskorrektur bei Körperschaften. Alle Körperschaften, die einen mitgliederähnlichen Verband darstellen, können in rechtlichen Beziehungen zu ihren Mitgliedern/G'ftern treten, die zu Konditionen abgeschlossen werden, die einem Nicht-G'fter nicht eingeräumt worden wären.[86] Das Einkommen der Körperschaften/KapG ist auf der Einkommenserzielungsebene vermindert (**Normalfall**) bzw. nicht entsprechend vermehrt worden (**Ausnahmefall**), wobei diesem Nachteil i.d.R. ein Vorteil bei dem G'fter gegenübersteht.[87]

Die Besonderheit besteht bei KapG darin, dass sie aufgrund ihrer Unternehmensverfassung und Vermögensordnung (einem bestimmten Unternehmen zugeordnete verselbständigte Vermögensmasse) nur einen betrieblichen Bereich haben, d.h. alle Aufwendungen sind auf der **ersten Stufe** der Erfolgsermittlung (StB) BA; es gibt insoweit auch keinen Zweifel, dass diese Aufwendungen betrieblich veranlasst sind (§ 4 Abs. 4 EStG), da die KapG keine Privatsphäre kennt. Dies heißt aber nicht zwingend, dass die Zuordnung der Aufwendungen zu den betrieblich veranlassten Ausgaben bei der Einkommensermittlung der KapG endgültig ist.[88] Bei KapG können aus diesem Grund keine Entnahmen in Betracht kommen. Entnahmen setzen unterschiedliche steuerliche Vermögensbereiche (steuerlich relevante und steuerlich irrelevante) des gleichen Rechtsträgers bzw. des gleichen Steuersubjekts voraus.

---

86 VGA können grundsätzlich auch im Verhältnis einer KöR zu dem BgA auftreten, da die KöR insoweit als Allein-G'fterin des BgA angesehen wird (vgl. hierzu *Pinkos*, DB 2006, 692).
87 Zumindest muss die vGA geeignet sein, dem G'fter einen Vorteil zu verschaffen. Dies hat der BFH in mehreren Entscheidungen wiederholt. Vgl. hierzu Bsp. 29.
88 *Wassermeyer*, GmbHR 2002, 1 (instruktiv hierzu BFH vom 17.11.2004, DB 2005, 940).

KapG haben nur einen betrieblichen Bereich, sodass kein Transfer von einem steuerlich relevanten in einen irrelevanten Bereich denkbar ist.[89] Eine Entnahme ist jedoch bei Vereinen oder juristischen Personen öffentlichen Rechts denkbar, da dort die unterschiedlichen (steuerlichen) Vermögensbereiche bei ein und demselben Rechtsträger vorkommen.

Das Steuerrecht kennt verschiedene Korrekturvorschriften, die das auf der ersten Stufe (StB) gewonnene Ergebnis beeinflussen (z.B. die Vorschriften des AStG, die nicht abziehbaren Aufwendungen in § 10 KStG). Diese Systematik hat zur Folge, dass Leistungen zwischen Gesellschaft und G'fter auf der **zweiten Stufe**[90] danach untersucht werden müssen, ob das auf der ersten Stufe gefundene Ergebnis mit dem Grundsatz übereinstimmt, dass nur Vorgänge, die nach einem **normativen Verständnis** durch die Einkommenserzielung veranlasst sind, das Einkommen auch tatsächlich mindern dürfen. Es geht somit auf dieser zweiten Stufe um einen Kausalzusammenhang und um die Unterscheidung zwischen Einkommenserzielungs- und Einkommensverwendungsebene. Leistungen, die dem G'fter nach normativem Verständnis (**Fremdvergleich**) einen Vorteil und der Gesellschaft einen vermögensbezogenen Nachteil bringen, werden außerhalb der Bilanz auf der 2. Stufe als »**faktische Einkommensverwendung**« behandelt und in die BMG einbezogen. Damit ist auch klargestellt, dass nur dann auf der zweiten Stufe eine Korrektur notwendig ist, wenn durch den Vorgang das Ergebnis der ersten Stufe innerhalb der StB (**Vermögensminderung oder nicht eingetretene Vermögensmehrung**) beeinflusst worden ist. Soweit eine Korrektur innerhalb der Bilanz erfolgen muss, tritt kein Vermögensnachteil bei der KapG ein (**Vorrang der Bilanzkorrektur vor der Einkommenskorrektur**). Es gibt also (nur) aus gesellschaftsrechtlicher Sicht eine vGA mit und ohne Einkommensauswirkung bei der KapG, während die steuerliche vGA immer eine Einkommensauswirkung voraussetzt (s. Kap. 4.2).

Daran erkennt man, dass das Rechtsinstitut der vGA auf verschiedenen Ebenen eine Bedeutung hat, die zwar oft zusammentreffen, dies aber nicht zwingend müssen:

- Einkommensermittlung der KapG (§ 8 Abs. 3 S. 2 KStG),
- Einkommensebene des G'fters (§ 20 Abs. 1 Nr. 1 EStG).[91]

Dabei kann die erste Ebene von der zweiten Ebene völlig getrennt sein, sodass im Einzelnen untersucht werden muss, ob tatsächlich ein Vorgang zwischen KapG und G'fter Auswirkungen auf die Einkommensermittlung der KapG hat (erste Ebene, z.B. Überlassung eines Darlehens an den beherrschenden G'fter ohne entsprechende Sicherung). Es kann allerdings auch vorkommen, dass ausschließlich die erste Ebene von einem Vorgang betroffen ist, wie dies z.B. bei einer unangemessenen Pensionszusage der Fall ist. In diesen Fällen findet auf der Ebene der KapG kein Abfluss (keine Folgen auf der Einkommensverwendungsebene) und auf der Ebene des G'fter-GF kein Zufluss (keine Einnahmenerhöhung beim G'fter) statt.

Zwischen den verschiedenen Ebenen bestanden bis 2006 **keine verfahrensrechtliche Verknüpfungen**. Wenn die Veranlagung der KapG im Jahr der Einkommenserzielung bestandskräftig war und wenn sie nicht mehr geändert werden konnte, kam eine Berück-

---

89 Hierzu kritisch *Bareis*, FR 2014, 493 und *Briese*, BB 2014, 1943. Die Kritik verkennt, dass die KapG eine abgeschlossene betriebliche Einheit ist, deren Ergebnis in der aus der HB abgeleiteten StB abgebildet wird. Körperschaftsteuerliche Besonderheiten sind erst anschließend zu berücksichtigen.
90 Außerhalb der Bilanz bei der Ermittlung der Einkünfte aus Gewerbebetrieb, vgl. zur Einkommensermittlung Kap. 2.2.
91 Oft nimmt die Finanzverwaltung in Hinzuschätzungsfällen »automatisch« auch eine vGA auf der Einkommensebene des G'fters an. Hierzu zu Recht kritisch *Breke*, GmbHR 2010, 911.

sichtigung der vGA auf der Einkommenserzielungsebene der KapG nicht in Betracht. Floss die Leistung in einem späteren Jahr von der KapG an den G'fter, mussten die steuerlichen Folgen der vGA auf der zweiten Ebene dennoch berücksichtigt werden.

Ab 2007 gilt das Korrespondenzprinzip zwischen der Besteuerung der Gesellschaft und des G'fters bei vGA und verdeckten Einlagen, welches teils verfahrensrechtlich, teils materiellrechtlich abgesichert ist.[92]

Beispiel 14 (bis 2006): Die festgefahrene Tantieme
Dem G'fter-GF ist in 01 eine Tantieme i.H.v. 100 zugesagt worden, die aus verschiedenen Gründen in voller Höhe als vGA anzusehen ist. Die GmbH hat in 01 eine entsprechende Tantiemerückstellung gebildet. Eine außerbilanzielle Hinzurechnung ist nicht erfolgt. Eine Zahlung an den GF ist in 06 erfolgt. Die Veranlagung der GmbH in 01 kann nicht mehr geändert werden, eine verfahrensrechtliche Berücksichtigung kommt nicht in Betracht.

Lösung: Da die vGA das Einkommen der KapG gemindert hat und eine Änderung des KSt-Bescheides nicht mehr möglich ist, kommt beim AE eine Besteuerung nach dem Teileinkünfteverfahren nicht in Betracht. Er hat die Tantiemezahlungen zwar als Einkünfte aus Kapitalvermögen (vGA), jedoch ohne Anwendung des Teileinkünfteverfahrens zu erfassen (vgl. § 3 Nr. 40d S. 2 EStG).

Es wird zu zeigen sein, dass das Rechtsinstitut der vGA auch eine gesellschaftsrechtliche und handelsbilanzrechtliche Bedeutung hat. Soweit die Gesellschaft aufgrund von Leistungsbeziehungen zwischen Gesellschaft und G'fter nach handelsbilanzrechtlichen Grundsätzen einen Anspruch erfolgswirksam aktivieren muss, kommt insoweit eine Einkommenskorrektur außerhalb der Bilanz nicht in Frage. Die »richtige Bilanzierung« (1. Stufe) geht insoweit vor (z.B. BFH vom 30.08.1995, DB 1995, 2451). Der inzwischen unbestrittene systematische Vorrang der 1. Stufe wird in der Praxis und in der Rspr. nicht hinreichend beachtet.[93]

4.2 Abgrenzung offene Gewinnausschüttung und verdeckte Gewinnausschüttung

Unter einer vGA i.S.d. § 8 Abs. 3 S. 2 KStG ist

- eine **Vermögensminderung** oder **verhinderte Vermögensmehrung** zu verstehen,
- die durch das **Gesellschaftsverhältnis veranlasst** ist,
- sich **auf die Höhe des Unterschiedsbetrags i.S.d. § 4 Abs. 1 S. 1 EStG**[94] auswirkt und
- **nicht** auf einen den gesellschaftsrechtlichen Vorschriften entsprechenden **Gewinnverteilungsbeschluss beruht** (A 8.5 KStR).

Die Abgrenzung hat zunächst nach **handels- und gesellschaftsrechtlichen Kriterien** zu erfolgen. Die oGA (auch die Vorabausschüttung) hat in der HB und StB nur Auswirkung auf das Eigenkapital, nicht aber auf den Gewinn. Die vGA hat i.d.R. (Ausnahme: vGA durch verhinderte Vermögensmehrung) Auswirkung auf das Ergebnis der KapG, sie wird (soweit

---

92 Vgl. näher unter Kap. 6.
93 Vgl. hierzu den Kommentar von *Schwedhelm/Binnewies*, GmbHR 2005, 65 zu BFH vom 25.05.2004, GmbHR 2005, 60; vgl. ferner *Schütz*, DStZ 2004, 14. S. auch BFH vom 29.04.2008, GmbHR 2008, 940.
94 In den KStR 2004 hat sich insoweit gegenüber der alten Definition eine Änderung ergeben. Damit soll lediglich klargestellt werden, dass sich die vGA auch gewerbesteuerlich auswirkt.

sie auf der Einkommenserzielungsebene gem. § 8 Abs. 3 S. 2 KStG relevant ist) über das Jahresergebniskonto abgewickelt.

Gesellschaftsrechtlich hat die oGA ihren Rechtsgrund in einem Gewinnverwendungsbeschluss, wobei dieser Beschluss in der Zuständigkeit der Gesellschafterversammlung liegt (§ 46 Nr. 1 GmbHG, § 119 Abs. 1 Nr. 2 AktG). Der Rechtsgrund für eine vGA liegt i.d.R. in einem zweiseitigen Rechtsgeschäft zwischen der Gesellschaft und dem G'fter, eine vGA kann aber auch durch eine rein tatsächliche Handlung des betreffenden G'fters oder des Organs verwirklicht werden.[95] Subjektive Momente spielen für das Vorliegen einer vGA keine Rolle, es kommt vielmehr auf ein »**objektiviertes (normatives) Veranlassungsprinzip**« an, nach dem auf der zweiten Stufe der Einkommensermittlung entschieden wird, ob eine betreffende Vermögensverlagerung auf gesellschaftsrechtlichen Gründen beruht.[96]

Durch das Rechtsinstitut der vGA sollen im Ergebnis alle Transaktionen zwischen Gesellschaft und G'fter, die – aufgrund eines normativen Verständnisses – auf dem **gesellschaftlichen Verhältnis** beruhen, der Einkommensverwendungsebene zugeordnet werden. Nur so wird das Einkommen der Gesellschaft und dem G'fter nach normativen Grundsätzen richtig ermittelt und den Rechtssubjekten richtig zugeordnet. Die vGA hat also nach normativen Gesichtspunkten eine Einkommensermittlungs- und eine Einkommenzuordnungsfunktion.

4.3 Grundlagen der verdeckten Gewinnausschüttung

4.3.1 Tatbestand der verdeckten Gewinnausschüttung

4.3.1.1 Grundtatbestand

Eine vGA i.S.d. § 8 Abs. 3 S. 2 KStG ist bei einer KapG eine Vermögensminderung oder verhinderte Vermögensmehrung, die durch das Gesellschaftsverhältnis veranlasst ist, sich auf die Höhe des Einkommens auswirkt und in keinem Zusammenhang mit einer offenen Ausschüttung steht.

Eine Veranlassung durch das Gesellschaftsverhältnis liegt vor, wenn ein ordentlicher und gewissenhafter Geschäftsleiter die Vermögensminderung oder verhinderte Vermögensmehrung gegenüber einer Person, die nicht G'fter ist, unter sonst gleichen Umständen nicht hingenommen hätte.

Dies ist der **Grundtatbestand** der vGA. Entscheidend für das Vorliegen einer vGA i.S.d. § 8 Abs. 3 S. 2 KStG ist demnach, ob die Transaktion – auf rechtsgeschäftlicher oder tatsächlicher Grundlage – zwischen Gesellschaft und G'fter auf dem Gesellschaftsverhältnis beruht (**normatives Veranlassungsprinzip**). Der BFH hat »wohl« klargestellt, dass es für den Tatbestand einer vGA nicht auf den Zuwendungswillen ankommt (Urteil vom 29.04.2008, GmbHR 2008, 940).[97] Dies ist zwar zunächst richtig, weil die vGA nur eine objektive Einkommensverlagerung voraussetzt. Wenn aus einer irrtümlichen Leistung jedoch eine erfolgswirksam zu aktivierende Rückforderung entsteht, fehlt es bereits an der Einkommensauswirkung (streitig, vgl. Kap. 4.4.2 »Rückabwicklung«). Auf dem Gesellschaftsverhältnis beruht eine Transaktion, wenn sie dem sog. **Fremdvergleich** nicht standhält, welcher wieder nach dem vermuteten Verhalten eines GFs gegenüber einem Nicht-G'fter überprüft

---

95 Vgl. *Groh*, DB 1995, 844; vgl. hierzu BFH vom 19.06.2007, BStBl II 2007, 830.
96 Vgl. hierzu *Schmitz*, GmbHR 2009, 910.
97 Allein auf den objektiven Tatbestand abstellend *Schmitz*, GmbHR 2009, 910.

wird. Das Verhältnis zwischen dem Veranlassungsprinzip und dem Fremdvergleich sowie die Einbindung des ordentlichen und gewissenhaften GF in dieses Verhältnis ist nicht immer hinreichend klar. Man sollte von einem folgenden abgestuften Verhältnis ausgehen:

Oberbegriff	Normatives Veranlassungsprinzip »auf dem Gesellschaftsverhältnis beruhend«	
Prüfungsmaßstab	Fremdvergleich	Transparenzgebot
Konkretisierung	Verhalten eines ordentlichen und gewissenhaften Geschäftsführers / Üblichkeit	Sonderfall: Beherrschender Gesellschafter
	Prinzip der Angemessenheit der Transaktion	Prinzip der Transparenz und der Formenstrenge

Dieser Prüfungsmaßstab bedeutet, dass der Fremdvergleich bei gesellschaftsinternen Transaktionen den zwischen Fremden bestehenden Interessengegensatz ersetzt und insoweit auf ein **hypothetisches marktkonformes Verhalten** abgestellt wird.[98] Insoweit wird auf eine »Soll-Gewinnbesteuerung« abgestellt. Diese Soll-Gewinnbesteuerung kann aber nur soweit eingreifen, als es um gesellschaftsinterne Transaktionen geht, weil nur insoweit auf der Einkommensverwendungsebene eine Überprüfung der Veranlassung der Transaktion erfolgt.[99]

Es wird im Ergebnis nicht alles, was einem Fremdvergleich widerspricht, automatisch nach dem Veranlassungsprinzip der Gesellschaftsebene und damit der Einkommensverwendungsebene zugeordnet. Es wird aber **vermutet**, dass die causa (= Rechtsgrund) der Transaktion im Gesellschaftsverhältnis liegt. Diese Vermutung kann und muss im Einzelfall vom StPfl. widerlegt werden (BFH vom 17.10.2001, DB 2001, 2474).[100] Der StPfl. trägt dann, wenn die Transaktion von einem Fremdvergleich abweicht, das Beweisrisiko dafür, dass die Transaktion nicht gesellschaftlich veranlasst ist.[101] Der StPfl. kann darlegen, dass trotz Abweichens von dem objektivierten (standardisierten) fremdüblichen Verhalten betriebliche Gründe für die Vereinbarungen mit den G'ftern zugrunde liegen.

---

98 Das Abstellen auf ein hypothetisches marktkonformes Verhalten entspricht zumindest im Ergebnis weitgehend der Fiktionstheorie.
99 *Wassermeyer*, DB 2001, 2465.
100 Darauf ist in Examensklausuren nur bei konkreten Anhaltspunkten hinzuweisen.
101 *Seer* in *Tipke/Kruse*, AO/FGO, § 162 Tz. 31 und 34.

4.3.1.2 Sonderfall: Beherrschender Gesellschafter

Die Überprüfung der gesellschaftlichen Veranlassung bedarf bei **beherrschenden G'fter** noch einer Ergänzung. Ungeachtet der Angemessenheit bedarf es bei Transaktionen zwischen Gesellschaft und beherrschenden G'fter des Transparenzgebotes und einer gewissen zivilrechtlichen Formenstrenge, weil es sonst – was dem Interesse der KapG nach eigenständigem Gewinnstreben zuwiderlaufen würde – möglich wäre, Ergebnisse der KapG zu manipulieren. Die Möglichkeit der Manipulation aufgrund nicht festgelegter bzw. unklarer Vereinbarungen spricht für die gesellschaftliche Veranlassung, weil sie einem Regelverhalten eines gewinnstrebenden Steuersubjektes nicht entspricht.

Formale Voraussetzungen zur Vermeidung des »Manipulationsverdachtes« bei Vereinbarungen zwischen Gesellschaft und G'fter sind insoweit

- **zivilrechtliche Wirksamkeit** und
- **klare Vorabvereinbarungen**.

In Bezug auf die zivilrechtliche Wirksamkeit ist insb. auf Formvorschriften und innergesellschaftliche Kompetenzordnung (vor allem Verbot des Selbstkontrahierens, Befreiung vom Verbot des Selbstkontrahierens und Zuständigkeit der Gesellschafterversammlung für die Regelung des Anstellungsverhältnisses von GF) zu achten.

Bei dem Erfordernis der klaren Vorabvereinbarung (**Rückwirkungsverbot**) kommt es sowohl auf den **zeitlichen** als auch auf den **inhaltlichen** Aspekt der Vereinbarung an.[102] So ist eine rückwirkende Gehaltserhöhung aufgrund eines Gesellschafterbeschlusses vom 30.06.01 zum 01.01.01 unabhängig von der inhaltlichen Vereinbarung (Fremdvergleich) allein wegen des Rückwirkungsverbotes als vGA anzusehen, soweit es den Zeitraum bis zum 30.06.01 betrifft. Eine Tantiemevereinbarung, welche die BMG für die Tantieme im Unklaren lässt, ist aufgrund der inhaltlichen Unbestimmtheit als gesellschaftlich veranlasst anzusehen. Ein außenstehender Dritter muss die Höhe der Tantieme zweifelsfrei errechnen können. Die Vereinbarung darf keine Ermessensentscheidung beinhalten, da sonst der Raum für eine willkürliche Einkommensverlagerung auf den G'fter gegeben wäre.

Rückwirkend abgeschlossene Vereinbarungen sowie inhaltlich unbestimmte Vereinbarungen begründen zivilrechtlich einen Anspruch des G'fters gegen die Gesellschaft, der in der StB zu einem entsprechenden Aufwand führt. Auf der ersten Stufe (Ermittlung des StB-Ergebnisses) liegen betrieblich veranlasste Aufwendungen vor (§ 4 Abs. 4 EStG). Die entsprechende erfolgswirksame Erfassung der Transaktion in der Bilanz und GuV ist zweifellos zwingend. Die Frage der gesellschaftlichen Veranlassung nach den genannten Kriterien ist erst auf der zweiten Stufe (außerhalb der Bilanz) zu prüfen und durch eine entsprechende Korrektur auszugleichen.[103]

Bei **Dauerschuldverhältnissen** sind die **tatsächliche Übung** und der regelmäßige Leistungsaustausch gegenüber der vereinbarten Form vorrangig (BFH vom 29.07.1992, BStBl II 1993, 139). Die tatsächliche Übung sorgt insoweit für die erforderliche Transparenz.[104]

---

102 Vgl. dazu näher *Gosch*, FR 1997, 438.
103 Diese Sichtweise hat Auswirkungen auf eine spätere Korrekturmöglichkeit. Vgl. hierzu Kap. 4.1 Beispiel 14 und in Kap. 4.4.2.1, Beispiele 26, 27, 28.
104 Diese Grundsätze gelten allerdings nicht für Wiederkehrschuldverhältnisse, da bei diesen kein einheitliches Vertragsverhältnis besteht.

Beispiel 15: Die mündliche Gehaltserhöhung
In dem Anstellungsverhältnis zwischen dem beherrschenden G'fter-GF und der GmbH ist vereinbart, dass Abänderungen der Leistung nur aufgrund eines schriftlichen Vertrages mit Zustimmung der G'fter-Versammlung wirksam sein sollen. Die G'fter-Versammlung stimmt einer Gehaltserhöhung ab 01.01.01 zu, eine schriftliche Vereinbarung wird nicht geschlossen.

Lösung: Wenn die Leistungen ab dem 01.01.01 regelmäßig in der abgeänderten Weise erbracht werden, kann auf das Schriftformerfordernis verzichtet werden. Eine gesellschaftliche Veranlassung liegt dann nicht vor, wenn das Rückwirkungsverbot und der Fremdvergleichsmaßstab beachtet worden sind; so auch aktuell – und zu einem vergleichbaren Fall – der BFH im Urteil vom 17.07.2008, BFH/NV 2009, 417.

Ein **beherrschender Einfluss** liegt dann vor, wenn der betreffende G'fter den Abschluss und den Inhalt erzwingen und bestimmen kann. Es wird also darauf ankommen, ob der G'fter aufgrund der ihm zukommenden Stimmrechte (unmittelbare oder mittelbare Mehrheitsbeteiligungen oder über entsprechende Stimmbindungsverträge) in der Gesellschaft langfristig und rechtlich abgesichert seinen Willen durchsetzen kann. Es kann hierfür ausreichen, dass bei Fehlen der Beherrschung durch einen einzelnen G'fter mehrere G'fter ihren Willen in der Gesellschaft bündeln und für ihre Zwecke gleichgerichtet durchsetzen. Es sollten allerdings eindeutige Indizien vorhanden sein (z.B. Pool-Verträge), da einmaliges gleichgerichtetes Abstimmungsverhalten oder verwandtschaftliche Nähe der G'fter allein nicht ausreichen. Der von der Finanzverwaltung früher vertretenen Ansicht, allein persönliche Beziehungen zwischen G'ftern sprechen für gleichgerichtetes Abstimmungsverhalten in der G'fter-Versammlung, wodurch sie eine beherrschende Stellung ergeben kann **(Cliquentheorie)**, hat das BVerfG eine Absage erteilt (BVerfG vom 01.02.1989, BStBl II 1989, 522). Der G'fter muss die Stimmabgabe des anderen G'fters dauernd und schrankenlos beeinflussen können (vgl. auch § 8a Abs. 3 S. 3 KStG a.F.).

4.3.2 Erscheinungsformen der verdeckten Gewinnausschüttung und Konkurrenzen

4.3.2.1 Erscheinungsformen
Es ist bereits angedeutet worden, dass die vGA mehrere Bereiche der Besteuerung von KapG berührt. Zunächst kann die Ebene der **Einkommenserzielung der KapG**[105] (§ 8 Abs. 3 S. 2 KStG) betroffen sein. Dies ist der Fall, wenn sich eine Transaktion zwischen Gesellschaft und G'fter auf die GuV ausgewirkt hat oder hätte auswirken sollen, was auch bei einer vGA in Form der verhinderten Vermögensmehrung der Fall ist.

Beispiel 16: Das billige Grundstück
Eine GmbH verkauft ihrem Allein-G'fter ein unbebautes Grundstück zum Buchwert von 40.000 €. Der Verkehrswert liegt bei mindestens 70.000 €.

Lösung: Die Transaktion wirkt sich zwar nicht auf die Erfolgsermittlung der Gesellschaft aus, hätte sich bei Vereinbarung von fremdüblichen Konditionen aber auswirken müssen. Es liegt eine vGA in Form der **verhinderten Vermögensmehrung** vor. Das Einkommen der GmbH ist außerhalb der Bilanz zu korrigieren.

---

105 Diese drei Ebenen sind bereits in Kap. 4.1 vorgestellt worden.

Daneben treten **Rechtsfolgen bei dem AE** auf, der einen Beteiligungsertrag bzw. Einnahmen aus Kapitalvermögen erzielt.

Durch das verfahrens- und materiellrechtliche Korrespondenzprinzip wird abgesichert, dass die Rechtsfolgen der vGA bei Gesellschaft und G'fter in gleicher Weise – wenn auch nicht zwingend mit einem systematisch richtigen Ergebnis – eintreten.[106]

In der Praxis kommt es vor, dass Vorgänge nicht unmittelbar zwischen Gesellschaft und G'fter, sondern zwischen Gesellschaft und einer dem G'fter **nahe stehenden Person** verwirklicht werden. Diese nahe stehenden Personen können sowohl nach familienrechtlichen als auch nach gesellschaftsrechtlichen Grundsätzen »nahe stehende« sein. Entscheidend ist, dass vGA nur zwischen Gesellschaft und den G'ftern (Valutaverhältnis) angenommen werden können, die Leistung an den Nicht-G'fter als Einkommensverwendung beim G'fter (Deckungsverhältnis) angesehen wird (BMF vom 20.05.1999, BStBl I 1999, 514).[107]

Beispiel 17: Begünstigung der Ehefrau
Die GmbH veräußert an die Ehefrau des Allein-G'fters ein WG unter dem Verkehrswert.

Lösung: Wenn nach den Prüfungskriterien eine gesellschaftliche Veranlassung der Transaktion angenommen wird, kann dies nur zwischen Gesellschaft und Allein-G'fter zu unmittelbaren Rechtsfolgen führen. Der Allein-G'fter hat Einnahmen aus Kapitalvermögen, zwischen ihm und seiner Ehefrau können steuerliche unbeachtliche Unterhaltsleistungen angenommen werden.

Bei gesellschaftsrechtlichem Näheverhältnis (zwei Schwestergesellschaften unterhalten unübliche Rechtsbeziehungen zueinander, AE ist jeweils die gleiche Person) muss die vGA über den unmittelbaren AE geleitet werden. Die Rechtsfolgen der »Weiterleitung der vGA vom AE an die begünstigte nahe stehende Person« hängen davon ab, ob der zugewendete Vorteil einlagefähig ist oder nicht.[108]

Eine gesellschaftliche Veranlassung kann schließlich auch gegenüber »**Noch-Nicht-G'ftern**« bzw. »**Nicht-Mehr-G'ftern**« angenommen werden. Bei diesem Personenkreis ist jedoch die gesellschaftliche Veranlassung besonders genau zu überprüfen.

Beispiel 18: Der baldige G'fter
Eine GmbH steht mit einem Lieferanten in laufender Geschäftsverbindung. Ab Juni 01 werden an den Lieferanten erhebliche Vorauszahlungen geleistet, zudem haben sich die Konditionen erheblich verschlechtert. Im September 01 wird der Lieferant G'fter der GmbH.

Lösung: Es wird in diesem Fall die gesellschaftliche Veranlassung genau zu überprüfen sein. Obwohl sich Gesellschaft und G'fter im Zeitpunkt der Transaktion nicht in einem gesellschaftsrechtlichen Verhältnis gegenüber gestanden haben, ist fraglich, ob der »Marktmechanismus« bei dem Vorgang unterstellt werden kann. Es wird aufgrund des engen zeitlichen Zusammenhangs des Vorgangs mit dem Gesellschaftsbeitritt der Fremdvergleich anzustellen und eine vGA anzunehmen sein.

---

106 Beim materiellen Korrespondenzprinzip wird dem Gleichlauf des Ergebnisses bei Gesellschaft und G'fter der Vorrang gegenüber der Richtigkeit des Ergebnisses eingeräumt, vgl. dazu unter Kap. III 6.
107 *Frotscher*, GmbHR 1998, 29. Auf die schenkungsteuerlichen Folgen von vGA wird hier nicht eingegangen.
108 Vgl. hierzu die Beispiele 57 und 58 in Kap. 5.4.3.

Ähnliche Probleme stellen sich, wenn einem G'fter aufgrund eines Dauerschuldverhältnisses (i.d.R. Pensionszusagen) Leistungen versprochen werden, die als vGA angesehen werden müssen, und die Auszahlung der Leistung erst in einem Zeitpunkt erfolgt, in dem der G'fter nicht mehr der Gesellschaft angehört.[109]

Beispiel 19: Der »Nicht-Mehr-G'fter«
Die B-GmbH gewährt in 02 ihrem 60-jährigen Allein-G'fter B eine Pensionszusage bei Vollendung des 65. Lebensjahres. In 03 veräußert B die Anteile an C, bleibt aber weiterhin GF der B-GmbH. Die B-GmbH führt in 03 und in den kommenden Jahren entsprechende Beträge der Pensionsrückstellung zu. Ab 07 kommt es zur Auszahlung entsprechender Pensionen.

Lösung: Die Pensionszusage ist mangels Erdienbarkeit in vollem Umfang gesellschaftlich veranlasst und stellt eine vGA dar. Die der Pensionsrückstellung zugeführten Beträge bleiben – soweit sie den Grundsätzen des § 6a EStG entsprechen – in der StB unangetastet, werden aber außerhalb der Bilanz in vollem Umfang hinzugerechnet. Dies gilt auch für die Beträge, die nach Veräußerung der Beteiligung durch B in die Rückstellungen eingestellt werden. Durch die Veräußerung der Beteiligung an C wird die **ursprüngliche gesellschaftliche Veranlassung** nicht beseitigt. Daher sind die Pensionszahlungen an B als Einnahmen aus Kapitalvermögen anzusehen.

4.3.2.2 Konkurrenzen

Das Rechtsinstitut der vGA kann in **Konkurrenz** stehen zu dem Rechtsinstitut der nicht abziehbaren BA gem. § 4 Abs. 5 EStG. Das Konkurrenzverhältnis kann nur bei solchen vGA entstehen, die sich auf der ersten Stufe der Erfolgsermittlung (Ermittlung des StB-Gewinns) als Aufwand ausgewirkt haben. Beiden Rechtsinstituten ist gemeinsam, dass die zugrunde liegenden Vorgänge handels- und steuerbilanzrechtlich Aufwand darstellen. Die Rechtsfolge ist auf der Einkommenserzielungsebene der KapG dem Grunde nach identisch, da die Beträge außerhalb der Bilanz wieder hinzugerechnet werden (Einkommenskorrektur auf der 2. Stufe).

Die Rechtsfolge differiert jedoch in Bezug auf die Höhe, wenn es sich um eine vGA in Form der verhinderten Vermögensmehrung handelt, da bei den **nicht abziehbaren BA nur tatsächlich eingetretene Vermögensminderungen** korrigiert werden, während bei der Korrektur durch die Annahme einer **vGA zusätzlich Gewinnzuschläge** berechnet werden müssen.[110] Zudem besteht ein wesentlicher Unterschied darin, dass die vGA Rechtsfolgen auf der Einkommensverwendungsebene auslöst und beim AE i.d.R. zu Einnahmen führt, während dies bei nicht-abziehbaren BA nicht unbedingt der Fall ist.[111] Die Abgrenzung zwischen beiden Rechtsinstituten hat demnach eine größere Bedeutung, als vielfach angenommen wird. So hat der BFH (Urteil vom 23.01.2008, FR 2008, 963) beispielsweise entschieden, dass bei einer vertragswidrigen privaten Pkw-Nutzung des G'fter-GF die vGA nicht mit 1 % des Listenpreises, sondern nach Fremdvergleichsmaßstäben mit dem gemeinen Wert der Nutzungsüberlassung zuzüglich eines angemessenen Gewinnaufschlags zu bewerten

---

109 Aber auch dann, wenn einem vormaligen G'fter irrtümlich Leistungen gewährt werden, auf die er keinen Anspruch hat, wird vom BFH eine vGA angenommen, BFH vom 29.04.2008, GmbHR 2008, 940.
110 Wie diese Gewinnaufschläge zu berechnen sind, steht nicht zweifelsfrei fest, vgl. *Kohlhepp*, DStR 2009, 357.
111 Vgl. aber jetzt § 4h EStG i.V.m. § 8a KStG wo es zu einer partiellen Doppelbesteuerung kommen kann.

ist. Die Finanzverwaltung lässt hier systemwidrig ausnahmsweise zu, dass die vGA mittels der 1 %-Methode ermittelt werden kann. Ein Fremdvermietungspreis ist nicht einzuholen.

Für die Abgrenzung beider Rechtsinstitute ist maßgebend, dass die nicht-abziehbaren BA auf der zweiten Stufe nicht gesellschaftlich veranlasst sind; soweit eine gesellschaftliche Veranlassung aufgrund eines durchgeführten Fremdvergleichs bejaht werden müsste, geht das Rechtsinstitut der vGA vor. Soweit diese Veranlassung auf der zweiten Stufe nicht gegeben ist, ist das Vorliegen einer nicht abziehbaren Betriebsausgabe zu prüfen. Eine kumulative Anwendung beider Vorschriften kann nie in Frage kommen. Die Rechtsinstitute stehen sich im Verhältnis der Exklusivität gegenüber, wie sich aus der Notwendigkeit der gesellschaftlichen Veranlassung bei der vGA ergibt.

Beispiel 20: Segelyacht I[112]
Eine GmbH, mit Sitz in Friedrichshafen, betreibt eine Lebensmittel-Einzelhandelskette. Sie unterhält auf dem Bodensee eine Segelyacht zu Repräsentationszwecken. Der G'fter-GF nutzt die Yacht fast ausschließlich für berufliche Zwecke (Repräsentationszwecke).

Lösung: Die Aufwendungen für die Segelyacht haben das Ergebnis gemindert. Nach der Veranlassungsprüfung auf der zweiten Stufe ist vorliegend eine gesellschaftliche Veranlassung zu verneinen (Unüblichkeit nicht über den in § 4 Abs. 5 Nr. 4 EStG typisierten Rahmen hinaus). Die Hinzurechnung der Aufwendungen hat ausschließlich nach § 4 Abs. 5 Nr. 4 EStG zu erfolgen, die Annahme einer vGA scheidet aus. Dieser Vorgang löst nur Rechtsfolgen auf der Einkommenserzielungsebene der KapG aus, nicht aber auf der Einkommensverwendungsebene der KapG und ebenfalls nicht beim G'fter.

Beispiel 21: Segelyacht II
Der Allein-G'fter der GmbH legt die von ihm überwiegend privat genutzte Segelyacht in die GmbH ein. Sie wird künftig gelegentlich zu Repräsentationszwecken genutzt.

Lösung: Die Aufwendungen für das Schiff stellen wiederum auf der ersten Stufe BA dar. Die Prüfung der gesellschaftlichen Veranlassung auf der zweiten Stufe ergibt, dass die Einlage (und die Nutzung) aus gesellschaftlichen Gründen erfolgt ist. Die Aufwendungen stellen, soweit sie durch die Repräsentation veranlasst sind, nicht abzugsfähige BA, soweit sie darüber hinausgehen, eine vGA dar. Die auf die Selbstnutzung entfallenden Aufwendungen sind mit einem **entsprechenden Gewinnzuschlag** als vGA bei der KapG und beim G'fter anzusetzen.

Abschließend ist in diesem Zusammenhang darauf hinzuweisen, dass bei der vGA das aus § 12 EStG abgeleitete Aufteilungsverbot nicht gilt.[113] Aufwendungen können daher bei teilweiser nicht-betrieblicher Veranlassung in Betriebsausgaben aufzuteilen sein, die nur teilweise auf der zweiten Stufe der Gewinnermittlung als vGA zu korrigieren sind.

---

[112] Vgl. hierzu das Segelyacht-Urteil vom 07.02.2007, DB 2007, 1118; vgl. hierzu auch *Weber/Grellet* DB 2014, 2265 ff.
[113] Der BFH hat selbst für § 12 EStG neuerdings das Aufteilungsverbot insgesamt in Frage gestellt; vgl. GrS des BFH vom 21.09.2009, DB 2010, 148.

4.4 Rechtsfolgen der verdeckten Gewinnausschüttung

4.4.1 Überblick

Die Rechtsfolgen der vGA auf der **Ebene der KapG** lassen sich unterscheiden in

- Rechtsfolgen auf der Einkommenserzielungsebene und
- Rechtsfolgen auf der Einkommensverwendungsebene (bis 2007).[114]

Bei dem **Anteilseigner** können vGA zu Einnahmen aus Kapitalvermögen führen, wenn ein Vermögensabfluss von der KapG an den AE stattfindet. Hält der AE seine Beteiligung im Betriebsvermögen, bezieht der AE aus der Beteiligung (auch in Bezug auf die vGA) Einkünfte **aus Gewerbebetrieb**. Hat der AE den Zufluss bereits bei einer anderen Einkunftsart erklärt, kommt eine **Umqualifizierung** der Einkünfte in Frage.

Diese Rechtsfolgen kommen nur bei einem Vermögensabfluss an den AE zum Tragen. Dieser findet aber nicht immer statt, z.B. dann nicht, wenn die KapG dem G'fter-GF eine nach steuerrechtlichen Kriterien erhöhte Pensionszusage verspricht. Diese löst nur eine vGA auf der Ebene der Einkommenserzielung bei der KapG aus (außerbilanzielle Korrektur).

> **Beispiel 22: Das hohe Gehalt I**
> Die A-GmbH vereinbart mit dem G'fter-GF A ein um 100 überhöhtes GF-Gehalt, welches auch regelmäßig ausbezahlt wird. Der Sachverhalt wird im Rahmen der BP aufgegriffen.
>
> **Lösung:** Auf der Ebene der A-GmbH ist das Einkommen außerhalb der Bilanz um 100 zu erhöhen. Auf der Ebene des GF hat eine Umqualifizierung der Einkünfte aus nichtselbständiger Arbeit in Einkünfte aus Kapitalvermögen zu erfolgen, die nur zu 60 % erfasst werden (§ 3 Nr. 40d EStG).

Bei überhöhten GF-Gehältern werden Einkünfte aus nichtselbständiger Arbeit in Einkünfte aus Kapitalvermögen umqualifiziert, wobei die Besonderheiten dieser Einkunftsart zu beachten sind (z.B. Einbehalt der Kapitalertragsteuer, Abgeltungsteuer, Teileinkünfteverfahren). Wenn die vGA durch das FA erkannt wird, löst die Ausschüttung an den AE **Kapitalertragsteuer** gem. § 43 Abs. 1 Nr. 1 EStG aus (vgl. noch einmal grundlegend BFH vom 20.08.2008, GmbHR 2008, 1334). Im Zeitpunkt der Ausschüttung ist die Kapitalertragsteuer nicht einbehalten worden, da die Beteiligten den Vorgang gerade nicht als Gewinnausschüttung behandeln wollten. In den meisten Fällen wird von einer nachträglichen Erhebung der Kapitalertragsteuer abgesehen werden, da die Besteuerung durch eine entsprechende Veranlagung des betreffenden G'fters bereits erfolgt ist.

4.4.2 Rechtsfolgen bei der Kapitalgesellschaft

Bei der KapG wird das StB-Ergebnis durch das Aufdecken einer vGA unmittelbar nicht berührt. Die vGA ist außerhalb der Bilanz bei der Ermittlung der Einkünfte aus Gewerbebetrieb hinzuzurechnen (Einkommenskorrektur auf der zweiten Stufe). Das StB-Ergebnis wird durch einen erhöhten Steueraufwand (KSt und GewSt) gemindert, was zur Verminderung

---

[114] Es soll hier darauf hingewiesen werden, dass auf die Behandlung beim AE i.R.d. Abgeltungsverfahrens nicht eingegangen wird.

des Eigenkapitals in der StB führt, was Rechtsfolgen im Hinblick auf die Verwendung des steuerlichen Einlagekontos (§ 27 KStG) auslösen kann.

Die vGA ist mit dem gemeinen Wert anzusetzen. Unstrittig gehört zu dem gemeinen Wert auch die USt, sodass stets von dem Brutto-Betrag auszugehen ist. Diese – überwiegend für richtig erachtete – Folge führt jedoch in manchen Fällen zu einer Überkompensation bei der Einkommensermittlung der KapG. Durch eine vGA soll die eingetretene Vermögensminderung oder die verhinderte Vermögensmehrung ausgeglichen werden. Bei Lieferungen zwischen der Gesellschaft und dem G'fter »unter Preis« ist hinsichtlich des Warenwertes die Differenz zwischen vereinbarter Gegenleistung und allgemein üblichem Verkaufspreis eine vGA eingetreten. Hinsichtlich der USt ist jedoch zu berücksichtigen, dass auf diesen Vorgang USt nur auf die Mindestbemessungsgrundlage, i.d.R. der Einkaufspreis, erhoben wird. Also dürfte das Einkommen der KapG in diesen Fällen auch nur um die Differenz des Warenwertes im beschriebenen Sinne zuzüglich der Differenz der USt auf die vereinbarte Gegenleistung und der Mindestbemessungsgrundlage korrigiert werden. Ein Beispiel[115] möge dies erläutern.

Beispiel 23: Die USt-Differenz
Eine KapG verkauft ihrem G'fter einen Neuwagen für 13.000 € zuzüglich USt, den sie für 15.000 € zuzüglich USt eingekauft hat. Der im normalen Geschäftsgang verlangte Veräußerungspreis liegt bei 20.000 € zuzüglich USt.

Lösung: Durch die Veräußerung ist folgende Vermögensminderung eingetreten:
1. Vermögensminderung bzw. verhinderte Vermögensmehrung in Bezug auf den Warenwert: Nettodifferenz 7.000 € (20.000 € ./. 13.000 €).
2. Vermögensminderung aufgrund erhöhter USt-Schuld: USt auf die Mindestbemessungsgrundlage beträgt 2.850 €, die erhaltene USt 2.470 €, sodass diesbezüglich eine weitere Verminderung i.H.v. 380 € eintritt.
Insgesamt ist also »nur« eine Differenz von 7.380 € eingetreten, weil USt nur auf die Mindestbemessungsgrundlage und nicht auf den im Geschäftsgang zu verlangenden Veräußerungspreis erhoben wird. Nur insoweit ist auch nach unserer Ansicht eine Einkommenskorrektur vorzunehmen.

4.4.2.1 Rechtsfolgen auf der Einkommenserzielungsebene
Eine vGA ist außerhalb der Bilanz dem Einkommen der KapG hinzuzurechnen.

Beispiel 24: Das hohe Gehalt II
Eine KapG gewährt dem G'fter-GF ein um 20.000 € überhöhtes Gehalt. Die gesamten Bezüge haben sich bei der KapG als Personalaufwand ausgewirkt.

Lösung: Gem. § 8 Abs. 3 S. 2 KStG ist das Einkommen der KapG außerhalb der Bilanz um 20.000 € zu erhöhen.[116]

Die Einkommenserhöhung durch die vGA löst bei der KapG nur dann Steuerfolgen aus, wenn es sich bei dem zugerechneten Einkommen nicht um steuerfreie Einkommensbestandteile handelt.

---

115 Nach *Dötsch/Pung/Möhlenbrock*, KStG, § 8 Abs. 3, Teil C, Tz. 425.
116 Vgl. BMF vom 28.05.2002, BStBl I 2002, 603.

Beispiel 25: Die billige Beteiligung
Die T-GmbH ist an der E-GmbH zu 100 % beteiligt. Allein-G'fter der T-GmbH ist ihrerseits die M-GmbH, es liegt ein zweistufiges Konzernverhältnis vor. In der Bilanz der T-GmbH ist die Beteiligung an der E-GmbH zu 100 aktiviert, der Verkehrswert der Beteiligung beträgt 150. Die T-GmbH veräußert die Beteiligung an der E-GmbH zu 100 an die M-GmbH.

Lösung: Es liegt eine vGA i.H.v. 50 in Form der verhinderten Vermögensmehrung der T-GmbH an die M-GmbH vor. Das Einkommen der T-GmbH ist außerhalb der StB um 50 zu erhöhen. Die Frage ist, ob auf diese Einkommenserhöhung bei der T-GmbH § 8b Abs. 2 KStG mit der Folge anzuwenden ist, dass die Einkommenserhöhung steuerlich außer Betracht zu bleiben hat. Dies ist zu bejahen, sodass bei der T-GmbH durch diese vGA nur Steuerfolgen nach Maßgabe der § 8b Abs. 2 i.V.m. Abs. 3 KStG ausgelöst werden (vgl. BFH vom 06.07.2000, DB 2000, 1940). Unstrittig ist, dass bei M Steuerfolgen gem. § 8b Abs. 1 i.V.m. Abs. 5 KStG ausgelöst werden.

Die Rechtsfolge bei der KapG hängt weiter davon ab, wie eine **erfolgte vGA** zu korrigieren ist. Dies ist insb. in Fällen der Übertragung von WG zwischen der Gesellschaft und den G'ftern zu unangemessenen Bedingungen der Fall. Die Korrektur hat jeweils im Zeitpunkt der Vorteilsgewährung anhand eines Vergleichs mit einer fremdüblichen Transaktion zu erfolgen (**Fiktionstheorie**).

Beispiel 26: Das teure Grundstück
An der X-GmbH ist der G'fter Y zu 100 % beteiligt. Y veräußert aus seinem Privatvermögen ein unbebautes Grundstück an die X-GmbH für 200, der Verkehrswert liegt bei 120.[117]

Lösung: Zunächst wird die X-GmbH das Grundstück in der HB und StB zu 200 aktivieren. Dieser Bilanzierungsvorgang hat keine Auswirkungen auf das Einkommen und braucht zunächst nicht als solcher korrigiert zu werden. Die erste Frage ist, ob der Bilanzansatz zu 200 richtig ist bzw. so bleiben kann. Die Auffassungen gehen hierzu auseinander. M.E. hat die GmbH den Bilanzansatz sowohl in der Handels- als auch in der StB auf den Verkehrswert zu korrigieren, wodurch in der StB ein Aufwand i.H.v. 80 entsteht, der auf der zweiten Stufe außerhalb der Bilanz zu korrigieren ist. Die X-GmbH hat auf das Grundstück nur 120 aufgewendet, 80 sind nicht in dem Anschaffungsvorgang begründet (vgl. BMF vom 28.05.2002, BStBl I 2002, 603). Bei der Kürzung handelt es sich nach richtiger Ansicht der Finanzverwaltung nicht um eine TW-Abschreibung, sondern um eine aufwandswirksame Korrektur des Bilanzansatzes. Dies hat zur Folge, dass bei einer späteren Erhöhung des Wertes keine Zuschreibung des Bilanzansatzes zu erfolgen hat (vgl. § 6 Abs. 1 Nr. 1 S. 4 EStG).

Dieses Problem zeigt sich noch schärfer, wenn es sich bei dem Vertragsgegenstand um ein **abnutzungsfähiges WG** handelt.

Beispiel 27: Korrigierte AK
Der G'fter Y überträgt der X-KapG eine Maschine zu 150 (Verkehrswert: 100). Die Restnutzungsdauer soll fünf Jahre betragen.

---

117 Vgl. auch *Briese*, DB 2014, 2610 ff., der allerdings von einem bilanzmäßigen Verständnis der vGA ausgeht. Dies widerspricht der h.M., die die vGA zu Recht außerhalb der Bilanz korrigiert.

Lösung: Nach der hier vertretenen Auffassung hat die X-GmbH den Bilanzansatz aufwandswirksam auf 100 zu korrigieren. Dieser Aufwand wird auf der zweiten Stufe (außerhalb der Bilanz) korrigiert, sodass dieser Vorgang keine Auswirkung auf das Einkommen hat. Die AfA-BMG ist der korrigierte Bilanzansatz, also 100. In der Folgezeit sind keine Korrekturen erforderlich.

Weitere Probleme können entstehen, wenn das WG in dem ersten VZ veräußert wird, der nach verfahrensrechtlichen Vorschriften geändert werden kann.

Beispiel 28: Späterer Verkauf des überteuerten WG
Am 10.01.01 kauft die X-GmbH (Wj. = Kj.) von ihrem AE ein abnutzbares WG, welches eine betriebsgewöhnliche Nutzungsdauer von fünf Jahren hat. Der Anschaffungspreis beträgt 200.000 €, angemessen wären 120.000 €. Die X-GmbH aktiviert das WG mit 200.000 € und schreibt es jährlich mit 40.000 € ab. Die Veranlagungen der Jahre 01 und 02 sind bestandskräftig und können nicht mehr geändert werden. Am 01.01.03 veräußert die X-GmbH das WG für 80.000 € an einen fremden Dritten. Dieser Sachverhalt wird im Rahmen einer BP, welche im Jahr 04 für die Jahre 01–03 durchgeführt wird, aufgegriffen.

Lösung: Der Bilanzansatz zum 31.12.02 hat (nach Abschreibungen für zwei Jahre) bei der X-GmbH 120.000 € betragen, durch die Veräußerung hat sich deshalb ein Verlust von 40.000 € ergeben. Hätte die GmbH zutreffend bilanziert, wäre der Bilanzansatz zum 31.12.02 72.000 € gewesen, es wäre durch den Verkauf ein Gewinn von 8.000 € entstanden. Auch wenn die Veranlagungen in 01 und 02 nicht mehr geändert werden können, kann der Bilanzansatz zum 01.01.03 noch erfolgswirksam berichtigt werden, wodurch im Ergebnis ein Bilanzansatz von 72.000 € herbeigeführt wird und ein Veräußerungsgewinn in 03 von 8.000 € entsteht. Es ist statt eines Veräußerungsverlustes von 40.000 € ein Veräußerungsgewinn von 8.000 € entstanden, der auch in 03 noch berücksichtigt werden kann. Der Bilanzansatz kann auch dann korrigiert werden, wenn die VZ, in denen der unangemessene Kaufpreis bezahlt worden ist, nicht mehr geändert werden können. Insoweit handelt es sich nicht um eine bilanztechnische Verlagerung der vGA in spätere VZ.

Es können sich bei der KapG aufgrund von Übertragungsvorgängen auch Konstellationen ergeben, in denen aus gesellschaftlichen Gründen **Leistungen an Dritte (Zinsen)** zu erbringen sind.

Beispiel 29: Fremdfinanzierte vGA
Die X-GmbH erwirbt vom Allein-G'fter Y ein WG für 200, der Verkehrswert liegt bei 120. Der Kauf des WG ist vollständig über eine Bank fremdfinanziert, die Zinsen betragen p.A. 7 %.

Lösung: Das Beispiel ist bezüglich des Anschaffungsvorganges wie die vorhergehenden Beispiele zu lösen. Hierbei ergeben sich keine Veränderungen. Es stellt sich jedoch zusätzlich die Frage, wie die Zinsen zu behandeln sind, die auf den Teil des Kaufpreises entfallen, der gesellschaftsrechtlich veranlasst ist.
Unstreitig ist zunächst, dass die Schuld gegenüber der Bank in der Bilanz in voller Höhe zu passivieren ist. Die Bank hat einen zivilrechtlich durchsetzbaren Anspruch. Grundsätzlich sind die Zinsen, soweit sie auf den überhöhten Kaufpreis entfallen, gesellschaftsrechtlich veranlasst; hier könnte eine vGA angenommen werden. Es ist aber zu beachten, dass eine vGA nach der Rechtsprechung des BFH[118] nur dann anzunehmen ist, wenn sie grundsätzlich zu einem Vorteil

---
[118] Vgl. insb. die Entscheidung des BFH vom 07.08.2002, BFH/NV 2003, 124.

beim G'fter führen kann (sog. Vorteilsgeneigtheit). Dieses Kriterium versteht der BFH in einem unmittelbaren Sinn, sodass mittelbare Vorteile des G'fters, in unserem Fall der Vorteil, der in dem überhöhten Kaufpreis besteht, nicht ausreicht. Daher nimmt die Rechtsprechung – entgegen ihrer eigenen früheren Auffassung (vgl. BFH vom 18.12.1996, BStBl II 1997, 301) – in diesen Fällen keine vGA an.

In der Praxis bestehen zwischen Anteilseigner und Gesellschaft oft umfangreiche Geschäftsverbindungen (vor allem bei verbundenen Unternehmen). Es stellt sich dann die Frage, ob bei diesen Geschäftsbedingungen innerhalb eines Konzerns für die Annahme einer gesellschaftlichen Veranlassung jede einzelne Transaktion für sich oder die Geschäftsverbindung als »**Verbund**« zu beurteilen ist (Berücksichtigung von **Vorteilsausgleichen**). M.E. sind innerhalb eines Konzerns die sachlich zusammenhängenden Geschäfte zu saldieren und im Zweifel nur der Saldo zu Lasten der KapG als vGA zu werten.[119] Der sachliche Zusammenhang sollte innerhalb von verbundenen Unternehmen eher weit als eng angenommen werden.

Exkurs: Rückabwicklung (Korrektur) einer vGA

Ungeklärte Fragen tauchen in der Praxis dann auf, wenn eine Transaktion zwischen Gesellschaft und G'fter bei der Gesellschaft einen Anspruch auf Rückgewähr des Vorteils gegenüber dem G'fter auslöst. Diese Sachverhalte werden in der Literatur oft undifferenziert als »**Rückgängigmachung von vGA**« diskutiert. U.E. sind verschiedene Fragen auseinander zu halten[120]:

- Ist eine vGA überhaupt entstanden?
- Wie wird die Rückabwicklung einer vGA beurteilt?

Zunächst ist festzustellen, dass das Rechtsinstitut der vGA der Einkommenskorrektur dient und deshalb bei einer erfolgswirksamen Aktivierung eines Anspruchs der Gesellschaft gegen die G'fter ausscheidet, da der richtige Ausweis innerhalb der Bilanz der Korrektur außerhalb der Bilanz vorgeht. Die Rspr. hat deshalb folgerichtig klargestellt, dass zivilrechtliche Ansprüche einer KapG gegen ihren G'fter-GF, die in der StB erfolgswirksam zu aktivieren sind, nicht gleichzeitig die Rechtsfolge des § 8 Abs. 3 S. 2 KStG auslösen können (BFH vom 18.12.1996, BStBl II 1997, 301). Ergänzend ist darauf hinzuweisen, dass in diesen Fällen bereits keine vGA entstanden ist. Im Umkehrschluss kann eine vGA angenommen werden, wenn ein Rechtsgeschäft zwischen KapG und alleinigem G'fter in der Bilanz nicht zutreffend abgebildet worden ist und ein ordentlicher und gewissenhafter GF den Bilanzierungsfehler hätte erkennen können (BFH, Beschluss vom 13.06.2006, GmbHR 2006, 943). Dies gilt jedoch – nach vorstehenden Grundsätzen – nur dann, wenn eine Berichtigung der Bilanz (Aktivierung oder Reduzierung der Passivierung) nicht mehr in Frage kommt bzw. bewusst unterbleibt.

Entscheidend ist, ob ein Ersatzanspruch der KapG gegen ihren G'fter erfolgswirksam oder erfolgsneutral zu aktivieren ist. Bei einer erfolgswirksamen Aktivierung scheidet von vornherein die Annahme einer vGA aus. Nur bei einer erfolgsneutralen Aktivierung des Rückforderungsanspruchs als »Einlageforderung« hat der Vorgang Auswirkungen auf das Einkommen gehabt. Nur insoweit stellt sich das Problem, ob durch die Geltendmachung des Anspruchs die vGA **rückabgewickelt** wird.[121] Darüber besteht im Grundsatz Einigkeit.

---

119 Vgl. die Gesetzessystematik zu §§ 311, 317 AktG.
120 *Wichmann*, BB 1995, 433.
121 *Hoffmann*, DStR 1995, 368; vgl. hierzu auch *Kohlhepp*, DB 2010, 1486.

Die Ansichten gehen allerdings bei der Frage auseinander, ob ein Anspruch erfolgswirksam oder als Rückforderung der erfolgten vGA (als Einlageforderung) erfolgsneutral aktiviert werden muss.[122] Aus meiner Sicht wird dies von der Rspr. nicht ausreichend beachtet. Die Rspr. begründet das Vorliegen einer vGA in diesen Fällen stets damit, dass zivilrechtliche Ansprüche der Gesellschaft gegen den G'fter, die sich aus einem als vGA zu qualifizierenden Vorgang ergeben, stets als Einlageforderung gegen den G'fter zu behandelt ist, die erfolgsneutral zu aktivieren und somit nicht geeignet ist, die durch die vGA bereits eingetretene Vermögensminderung auszugleichen.[123]

Beispiel 30: Untreuer GF
Der G'fter-GF Y der X-GmbH verstößt gegen das bestehende Wettbewerbsverbot. Er hat in eine Geschäftschance der GmbH eingegriffen. Die GmbH macht den Schadensersatzanspruch in entsprechender Anwendung des § 46 Nr. 8 GmbHG i.V.m. den §§ 112, 113 HGB bzw. § 88 AktG gegen den G'fter-GF geltend.

Lösung: Die Lösung hängt davon ab, ob man den Schadensersatzanspruch in der Bilanz erfolgswirksam oder erfolgsneutral als Einlageforderung gegen den G'fter aktiviert. Die Antwort hängt zunächst vom Gesellschafts- und Bilanzrecht ab. Es erscheint aus gesellschafts- und handelsrechtlichen Gründen zwingend, dass der Anspruch gegen den G'fter-GF erfolgswirksam zu aktivieren ist. Dies ergibt sich m.E. aus der Rechtsfolge des § 113 HGB, welche neben dem Schadensersatzanspruch auch ein Eintreten in das Geschäft, welches der G'fter statt der GmbH abwickelt, vorsieht. Bei Eintritt in das Geschäft gem. § 113 HGB wird der Anspruch erfolgswirksam erfasst, der gleichwertige Schadensersatzanspruch kann keine andere Rechtsfolge auslösen. Durch die erfolgswirksame Aktivierung des Schadensersatzanspruches, die zunächst geboten ist, und die Durchsetzung dieses Anspruches zeigt die GmbH, dass die Transaktion marktkonform abgewickelt wird; für das Rechtsinstitut der vGA bleibt nach der hier vertretenen Ansicht kein Raum. Eine vGA kann daher nur in einem späteren Verzicht oder der Nicht-Durchsetzung des Schadensersatzanspruches liegen.
Die Rspr. und Finanzverwaltung gehen in diesem Sachverhalt offenbar davon aus, dass § 8 Abs. 3 S. 2 KStG auf die ursprüngliche Schadenszuführung Anwendung findet und der Ersatzanspruch seinen Rechtsgrund in der wirtschaftlichen Rückgängigmachung einer vGA hat.
Diese Ansicht lässt m.E. unberücksichtigt, dass es der GmbH – als ein von dem G'fter-GF zu unterscheidenden Rechtssubjekt – möglich sein muss, einen Eingriff in ihre Erwerbschancen unter marktkonformen Bedingungen mit erfolgswirksamer Durchsetzung des Schadensersatzanspruches abzuwehren. Bei dieser Abwicklung entsteht bereits keine vGA, eine gesellschaftliche Veranlassung ist nicht gegeben.[124] Es wird ausdrücklich darauf hingewiesen, dass die Rspr. und die Finanzverwaltung in diesen Fällen eine vGA bereits mit Verletzung des Wettbewerbsverbotes annehmen werden.[125]

---

122 Vgl. hierzu die Kontroverse zwischen *Wassermeyer* einerseits und *Schwedhelm/Binnewies* andererseits (GmbHR 2005, 149), die durch das Urteil des BFH vom 26.05.2004, GmbHR 2005, 60 ausgelöst worden ist. Ferner *Schütz*, DStZ 2004, 14.
123 Vgl. Urteil des BFH vom 25.05.2004, GmbHR 2005, 60, sowie Urteil vom 29.05.2008, GmbHR 2008, 940.
124 So auch *Schwedhelm/Binnewies*, DStR 2005, 151.
125 Vgl. *Wassermeyer*, DStR 1997, 681.

Die dargestellte Streitfrage spielt vor allem in den Fällen eine Rolle, in denen die G'fter eigenmächtig in den Vermögensbereich bzw. in die Geschäftschancen der GmbH eingreifen.[126] Soweit dies einvernehmlich geschieht, dürfte kein Anspruch erfolgswirksam zu aktivieren sein. Dann kann es sich nur um eine **echte Rückabwicklung** handeln. Bei einer echten Rückabwicklung (z.B. aufgrund einer in der Satzung vorgesehenen »Steuerklausel«) kann die vGA als tatsächlicher Vorgang in der Tat nicht mehr rückgängig gemacht werden. Die echte Rückabwicklung ist bei der KapG als **Einlageforderung** zu behandeln. Hat die Gesellschaft die Forderung in der StB erfolgswirksam aktiviert, ist sie außerhalb der Bilanz abzuziehen. Eine Rückabwicklung, die gesellschaftsrechtlich veranlasst ist, kann die gesellschaftliche Veranlassung der vGA nicht ungeschehen machen, sondern ist ebenfalls als gesellschaftlicher Einlagevorgang zu qualifizieren (BFH vom 29.05.1996, BStBl II 1997, 92).

Diese beiden Fälle unterscheiden sich in der Praxis zudem in zeitlicher Hinsicht. Die sog. echte Rückgängigmachung von vGA aufgrund von Steuerklauseln wird erst Jahre später durch eine BP vollzogen; der Schadensersatzanspruch, der erfolgswirksam aktiviert und zeitnah durchgesetzt worden ist, wird in einer späteren BP bereits »abgewickelt« sein.

4.4.2.2 Rechtsfolgen auf der Einkommensverwendungsebene (bis 2006)

Eine vGA löste nur dann Rechtsfolgen auf der Einkommensverwendungsebene aus, wenn Vermögen durch diese Transaktion die Ebene der KapG verlassen hat. Dies ist z.B. dann nicht der Fall, wenn die KapG dem G'fter-GF eine überhöhte Pension zusagt. Dieser Vorgang spielt sich lediglich auf der Einkommenserzielungsebene ab, ein Vermögenstransfer an den G'fter findet im Zeitpunkt der Zuführung zu einer Pensionsrückstellung auf der Ebene der KapG nicht statt. Die Einkommensverwendungsebene ist in diesen Fällen erst viele Jahre später bei Auszahlung der Pension berührt.

4.4.3   Rechtsfolgen beim Anteilseigner

Beim AE gehört eine vGA zu den sonstigen Bezügen gem. § 20 Abs. 1 Nr. 1 S. 2 EStG. Es erfolgt eine spiegelbildliche (wertmäßige) Erfassung der vGA auf Gesellschafterebene. In zeitlicher Hinsicht kann eine Berücksichtigung beim AE erst in einem späteren VZ erfolgen. Die vGA wird beim AE, der die Beteiligung im PV hält, erst in dem VZ erfasst, in dem die vGA dem G'fter nach allgemeinen Kriterien zugeflossen ist. Soweit ein G'fter der KapG ein WG zu überhöhtem Preis verkauft und der Kaufpreis in Raten zu zahlen ist, liegt beim AE erst dann eine vGA vor, wenn die Ratenzahlungen den angemessenen Kaufpreis übersteigen.

Besonderheiten können dann auftreten, wenn die vGA bei dem AE bereits einer anderen Einkunftsart zugerechnet worden ist.

Beispiel 31: Gute Gelegenheit
An der X-GmbH ist Y als Allein-G'fter beteiligt. Y veräußert aus seinem Privatvermögen ein unbebautes Grundstück an die X-GmbH zu 200; der Verkehrswert liegt bei 120. Das unbebaute Grundstück hat Y zwei Jahre vor diesem Vorgang zu 80 erworben. Y hat diesen Vorgang als privates Veräußerungsgeschäft gem. §§ 22 Nr. 2, 23 Abs. 1 EStG behandelt.

---

126 Vgl. hierzu auch Urteil des BFH vom 19.06.2007 (VIII. Senat!), BStBl II 2007, 830.

Lösung: Y erzielt Einnahmen aus Kapitalvermögen gem. § 20 Abs. 1 Nr. 1 S. 2 EStG i.H.d. Differenz (80) zwischen Veräußerungspreis (200) und dem Verkehrswert (120). Die Einnahmen unterliegen bei Y dem Teileinkünfteverfahren gem. § 3 Nr. 40d EStG. I.H.d. Differenz des Verkehrswertes zu seinen AK (40) liegt ein privates Veräußerungsgeschäft vor. Entsprechende Korrekturen sind bei der ESt-Veranlagung des Y vorzunehmen.

Eine Umqualifizierung kommt in der Praxis auch vor, wenn der G'fter-GF eine überhöhte GF-Vergütung erhalten hat und i.H.d. gesellschaftlichen Veranlassung (Unangemessenheit) eine vGA anzunehmen ist. Die KapG hat in diesen Fällen bereits Lohnsteuer einbehalten, die nach Umqualifizierung der Einkünfte in Einkünfte aus Kapitalvermögen i.H.d. Überzahlung an den AE rückerstattet werden muss. Grundsätzlich ist auch bei einer vGA gem. § 43 Abs. 1 Nr. 1 EStG **Kapitalertragsteuer** einzubehalten. Durch die Umstellung der Besteuerung der Einkünfte aus Kapitalvermögen auf ein Teileinkünfteverfahren mit entsprechender niedrigerer Steuerbelastung beim AE wird von dem Kapitalertragsteuerabzug in diesen Fällen Abstand genommen, da der AE eine Steuererstattung zu erwarten hat; im Übrigen gilt grundsätzlich der Vorrang der Veranlagung gegenüber dem Steuerabzug, sodass bei nachträglicher Umqualifizierung von Einkünften aus nichtselbständiger Arbeit bzw. §§ 22, 23 EStG in Einkünfte aus Kapitalvermögen von dem Kapitalertragsteuerabzug abgelassen werden kann.

Die vGA führt beim AE im Ergebnis dazu, dass der marktübliche Transaktionspreis den vereinbarten Preis ersetzt und die Differenz durch die vGA ausgeglichen wird.

Beispiel 32: AfA-BMG und vGA

Eine X-GmbH verkauft an Y, ihren Allein-G'fter, ein von ihr nicht mehr benötigtes bebautes Grundstück zu einem Preis von 250, wovon auf Grund und Boden 50 entfallen. Der Verkehrswert des bebauten Grundstücks beträgt 380, wobei auf Grund und Boden 80 entfallen. Y erzielt aus dem Gebäude Einkünfte aus Vermietung und Verpachtung.

Lösung: I.H.d. Differenz des vereinbarten Preises zu dem Verkehrswert (130) liegt bei Y eine vGA vor, die ihm durch Vollzug der Transaktion auch zugeflossen ist (vGA in Form der verhinderten Vermögensmehrung); in dieser Höhe hat Y Einnahmen aus Kapitalvermögen (§ 20 Abs. 1 Nr. 1 S. 2 EStG), die er nach dem Teileinkünfteverfahren zu versteuern hat. Bei seinen Einkünften aus V+V hat Y als AfA-BMG die marktüblichen AK (300) anzusetzen. Dies ist die Konsequenz daraus, dass die gesellschaftlich veranlasste Transaktion durch die marktübliche Transaktion ersetzt wird. Nur diese Lösung entspricht der Systematik der Einkommenskorrektur im Ertragsteuerrecht.

Besonderheiten bestehen dann, wenn eine **KapG AE ist**. Bei einer KapG bleiben Gewinnausschüttungen, auch vGA, die sie von einer anderen KapG erhält nach Maßgabe der § 8b Abs. 1 i.V.m. Abs. 5 KStG zu 95 % außer Ansatz.

Beispiel 33: Günstige vGA

Die X-GmbH veräußert an die Allein-Gesellschafterin Y-AG ein unbebautes Grundstück zu dem Buchwert von 300, der Verkehrswert liegt bei 500.

Lösung: Bei der X-GmbH ist das Einkommen außerhalb der Bilanz um 200 zu erhöhen. Bei der Y-AG handelt es sich um einen Beteiligungsertrag von 200, der gem. § 8b Abs. 1 i.V.m. § 8b

Abs. 5 KStG bei der Ermittlung des Einkommens außer Ansatz bleibt. Das Grundstück ist bei der Y-AG mit 500 zu aktivieren, insoweit ist bei ihr steuerfrei eine stille Reserve gebildet worden. Bei einer späteren Veräußerung fällt ein Veräußerungsgewinn entsprechend niedriger aus.

Bei dem AE kann dem Zufluss der vGA auch ein entsprechender **Verbrauch** gegenüberstehen, sodass insoweit bei dem AE keine Steuerbelastung eintritt.

Beispiel 34: Verbrauchte vGA I
Die X-GmbH gewährt dem Y als Allein-G'fter ein zinsloses Darlehen, welches Y seinem Einzelunternehmen zur Verfügung stellt. Der Zinsvorteil soll jährlich 200 betragen.

Lösung: Der Zinsvorteil ist im Gesellschaftsverhältnis verursacht und als vGA zu qualifizieren. Die vGA i.H.v. 200 ist außerhalb der Bilanz dem Einkommen der X-GmbH hinzuzurechnen. Bei dem Y führt die vGA zu Einnahmen aus Kapitalvermögen und ist nach dem Teileinkünfteverfahren zu besteuern. Nach dem Beschluss des GrS des BFH vom 26.10.1987 (BStBl II 1988, 348) führt der Verbrauch des Zinsvorteils zu Gunsten seines Einzelunternehmens bei Y zu BA innerhalb des Einzelunternehmens. Dieses Ergebnis berücksichtigt, dass der als vGA beurteilten Transaktion eine marktübliche Transaktion gegenüber gestellt wird. Bei einer Transaktion zwischen fremden Dritten hätte die KapG entsprechende Zinsen verlangt, die zu BA des EU geführt hätten. Diese BA stehen nicht mit Einnahmen aus der X-GmbH in unmittelbarem Zusammenhang und dürfen deshalb in voller Höhe abgezogen werden (keine Anwendung des § 3c Abs. 2 EStG).[127]

Beispiel 35 (Abwandlung): Verbrauchte vGA II
Wenn an einer T1-GmbH eine Mutter-KapG beteiligt ist, die den Zinsvorteil einer T2-GmbH zur Verfügung stellt, ergeben sich folgende steuerliche Konsequenzen[128]:

Lösung: Bei der T1-GmbH ist die vGA wiederum außerhalb der Bilanz hinzuzurechnen. Der Zinsvorteil ist bei der M-GmbH als vGA zu erfassen, der bei der Ermittlung des Einkommens außer Ansatz bleibt (§ 8b Abs. 1 KStG). Allerdings sind 5 % der Bezüge gem. § 8b Abs. 5 KStG als nichtabzugsfähige Ausgaben außerhalb der Bilanz wieder hinzuzurechnen. Der Verbrauch des Zinsvorteils stellt sich als Betriebsausgabe der M-GmbH dar, der voll abzugsfähig ist.

4.5 Einzelfälle

Im Folgenden sollen wichtige Einzelfälle dargestellt werden. Es wird insb. auf die Tatbestands-Voraussetzungen der vGA eingegangen, d.h. unter welchen Bedingungen Rspr. und Finanzverwaltung von nicht marktkonformen Transaktionen zwischen Gesellschaft und G'fter ausgehen.

---

127 *Starke*, DB 2000, 2347, der explizit allerdings den in der Abwandlung behandelten Fall anspricht; vgl. nunmehr auch BFH vom 19.05.2005, GmbHR 2005, 1198.
128 Vgl. hierzu auch FG Nürnberg, GmbHR 2010, 831.

4.5.1 Verstoß gegen das Wettbewerbsverbot/Geschäftschancenlehre

4.5.1.1 Zivilrechtliche Grundlagen

Das gesellschaftsrechtliche Wettbewerbsverbot gründet sich auf der gesellschaftsrechtlichen Treuepflicht, nach der die einzelnen G'fter verpflichtet sind, die Interessen der Gesellschaft zu fördern.[129] Dies bedeutet, dass ein Minderheitsgesellschafter der GmbH lediglich einem Schädigungsverbot, ein Mehrheitsgesellschafter aber einem Loyalitätsgebot bzw. Förderungsgebot – vergleichbar mit einem G'fter einer OHG – unterliegen kann (§§ 112, 113 HGB analog). Das gesellschaftsrechtliche Wettbewerbsverbot als Ausfluss der verbandsrechtlichen Treuepflicht unterliegt bei einem Allein-G'fter Beschränkungen, da dieser lediglich dem Kapitalerhaltungsinteresse der GmbH verpflichtet ist.

Aus diesen gesellschaftsrechtlichen Grundlagen wird die Reichweite des Wettbewerbsverbotes klarer. Ein Wettbewerbsverbot kann grundsätzlich nur in Angelegenheiten bestehen, die zum Unternehmensgegenstand der KapG gehören. Für Angelegenheiten außerhalb dieses Unternehmensgegenstandes besteht keine verbandsrechtliche Treuepflicht, da der Wirkungskreis der KapG nicht berührt ist. Aus dem verbandsrechtlichen Ansatz ist weiterhin zu folgern, dass die G'fter-Versammlung »Herrin des Umfanges des Wettbewerbsverbotes« ist. Es besteht für die G'fter-Versammlung die Möglichkeit, die G'fter generell (in der Satzung) oder punktuell von dem Wettbewerbsverbot zu befreien. Die Befreiung kann entgeltlich oder unentgeltlich erfolgen; aus der unentgeltlichen Befreiung kann nicht ohne weiteres auf eine marktunübliche Transaktion geschlossen werden.

Aus der Verletzung des Wettbewerbsverbotes resultiert neben einem Unterlassungs- auch ein Ersatzanspruch; gegebenenfalls kann die Gesellschaft verlangen, dass der G'fter-GF den Gewinn aus dem Geschäft an die Gesellschaft herausgibt (dies entspricht dem oben erwähnten Eintrittsrecht). Ein Ersatzanspruch kann aber i.d.R. nur dann bestehen, wenn die KapG das Geschäft hätte selbst ausnutzen können, dieses Geschäft für sie eine sog. **Geschäftschance** dargestellt hätte. Wenn sich aus dem zunächst abstrakt bestehenden Wettbewerbsverbot kein gesellschaftsrechtlicher Vermögensanspruch gegen den G'fter-GF herleiten lässt (mangels Vermögensschadens), kann nicht das Problem einer marktunüblichen Transaktion (mit der Folge einer vGA) von der Gesellschaft auf den G'fter entstehen, da dieser Transaktion ein Wert beigemessen werden muss, der vorliegend nicht besteht.[130]

Der G'fter-GF verstößt auch dann gegen eine gesellschaftsrechtliche Treuepflicht, wenn er sich Informationen oder **konkrete Geschäftschancen** der GmbH **auch ohne das Bestehen eines ausdrücklichen Wettbewerbsverbotes** zu Eigen macht. Die Zuordnung von Geschäftschancen zum Vermögen der GmbH, wird man in diesen Fällen anhand der auf das Geschäft getätigten Aufwendungen vornehmen müssen. Dies bedeutet im Ergebnis, dass immer dann, wenn die GmbH bereits Aufwendungen auf ein bestimmtes Geschäft vorgenommen hat, eine Geschäftschance der GmbH zugeordnet wird. Ein Eingriff in diese Geschäftschance kann zur Annahme einer vGA führen, wenn nicht von einem ertragswirksam aktivierungspflichtigen Ersatzanspruch gegen den GF ausgegangen wird.

Ergebnis: Ein vermögensrechtlicher Anspruch besteht – unabhängig vom satzungsmäßigen Bestehen eines Wettbewerbsverbots – nur dann, wenn in eine konkrete Geschäftschance

---

[129] *Wiedemann*, FS Heinsius, 949 m.w.N.
[130] Vgl. hierzu grundlegend aus gesellschaftsrechtlicher Sicht *Kübler*, FS Werner, 437.

eingegriffen worden ist, die aus Sicht der KapG einen Wert verkörpert. Dies ist Ausgangspunkt der steuerlichen Überlegungen.

4.5.1.2 Steuerliche Folgen

Der BFH kommt im Anschluss an die zivilrechtlichen Grundlagen (vgl. BFH vom 18.12.1996, BStBl II 1997, 301) zu folgenden Feststellungen:

Schließt der G'fter einer GmbH unter Verstoß gegen ein (vertragliches) Wettbewerbsverbot einen Vertrag mit einem Dritten ab, so kann eine vGA i.S.d. § 8 Abs. 3 S. 2 KStG nur dann angenommen werden, wenn konkrete Anhaltspunkte dafür festgestellt werden, dass der Auftrag geschäftschancenmäßig der GmbH zuzurechnen war. Dabei können Geschäftschancen nicht nach formalen Kriterien (allein durch den satzungsmäßigen Unternehmensgegenstand) zugeordnet werden.

Hieraus ist zu schließen, dass es – entsprechend der gesellschaftsrechtlichen Ausgangslage – auf die **konkrete Geschäftschance** ankommt, da nur diese Gegenstand einer marktunüblichen Transaktion sein kann.

Bei einer **Befreiung von dem Wettbewerbsverbot** hat die Finanzverwaltung (BMF vom 04.02.1992, BStBl I 1992, 137) zunächst gefordert, diese Befreiung müsse entgeltlich erfolgen, da sonst eine vGA angenommen werden müsse. Dieser – mit der zivilrechtlichen Ausgangslage nicht übereinstimmenden – Ansicht hat der BFH eine Absage erteilt:

Wird ein Dispens (= Befreiung) vom Wettbewerbsverbot erteilt, so begründet die fehlende Abgrenzung zwischen den wechselseitigen Geschäftsbereichen für sich genommen noch keine vGA. Es ist Sache der G'fter, die Aufgaben einer KapG zu bestimmen. Das Steuerrecht muss die Aufgabenzuweisung durch die G'fter im Grundsatz akzeptieren.

Nicht geklärt ist jedoch, ob bei Annahme eines Verstoßes gegen das Wettbewerbsverbot bzw. gegen eine Geschäftschance ein Anspruch erfolgswirksam oder erfolgsneutral in der Bilanz erfasst werden muss (vgl. hierzu bereits Kap. 4.4.2.1). Der BFH scheint der Ansicht zuzuneigen, dass die vGA bereits in der Verletzungshandlung liegt, ein Anspruch deshalb auf die Rückabwicklung der vGA gerichtet ist. Dieser Ansicht wird sich hier nicht angeschlossen, da die unserer Ansicht nach notwendige erfolgswirksame Aktivierung des Ersatzanspruches bereits das Entstehen einer vGA ausschließt.[131]

Zur Verdeutlichung und Zusammenfassung möge folgendes **Prüfschema** für eine vGA bei Verletzung eines Wettbewerbsverbotes dienen, welches die Ansicht der Rspr. zugrunde legt.

---

[131] Nochmals der Hinweis auf die Auseinandersetzung zwischen *Schwedhelm/Binnewies* und *Wassermeyer* (GmbHR 2005, 149).

Prüfungsschema[132]

Zivilrechtsebene:

Besteht ein gesetzliches oder vertragliches Wettbewerbsverbot?
- nein
- ja → Ausnutzen einer konkreten Geschäftschance oder Zunutzemachen einer Information der GmbH?
  - nein → keine vGA
  - ja → Folgt daraus ein erfolgswirksam zu aktivierender Herausgabe-/Schadensersatzanspruch der GmbH oder aber eine erfolgsneutral zu aktivierende Einlageforderung?
    - Herausgabe-/Schadensersatzforderung → Verzicht der GmbH auf den Herausgabe- oder Schadensersatzanspruch oder dessen Nichtgeltendmachung
      - nein → keine vGA
      - ja → vGA
    - Einlageforderung → vGA

Steuerrechtsebene:

Ausnutzen einer konkreten Geschäftschance oder Zunutzemachen einer Information der GmbH?
- ja → vGA
- nein → keine vGA

---

132 Vgl. *Gosch*, DStR 1997, 442.

Im Anschluss ist darauf hinzuweisen, dass die Finanzverwaltung diese Grundsätze und die stärkere Anlehnung an das Zivilrecht nicht in gleicher Weise vollzogen hat. Sie hält – offenbar – immer noch die vorherige entgeltliche Befreiung vom Wettbewerbsverbot für erforderlich, um eine vGA zu vermeiden. Der Finanzverwaltung ist insoweit zuzustimmen, als sie bei einem **beherrschenden G'fter** eine klare Vorabbefreiung vom Wettbewerbsverbot für notwendig erachtet. Nachdem sich eine Geschäftschance für die GmbH bereits konkretisiert hat, ist es nicht mehr möglich, diesen Vermögenswert dem G'fter ohne Entgelt zu überlassen; dies wäre in der Tat kein marktübliches Regelverhalten und insoweit als vGA anzusehen.

In die »Geschäftschancenlehre« des BFH ist durch zwei Urteile des I. Senats vom 09.07.2003 Bewegung geraten. Im ersten Fall (BFH/NV 2003, 1349) hat der BFH nochmals erläutert, dass sich die unentgeltliche Befreiung des beherrschenden G'fter-GF einer StB-GmbH vom Wettbewerbsverbot nicht zwangsläufig auf die Überlassung der Mandantenverträge erstrecken kann. Falls dies aber so praktiziert wird, liegt erst im Entgeltsverzicht der GmbH eine vGA.

Im wichtigeren zweiten Fall (BFHE 203, 77) war der Auftrag zunächst dem G'fter-GF angeboten, den dieser sodann der GmbH überlassen hat (Umgekehrte Geschäftschancenüberlassung), während er bei der Abwicklung als Subunternehmer für die GmbH tätig wurde. Bei einer solchen Sachverhaltskonstellation ergibt sich für den BFH zumindest dann keine vGA, wenn zwischen GmbH und G'fter-GF eine angemessene Vergütung vereinbart wird. Soweit es sich hierbei um freiberuflich zu erbringende Leistungen handelt – und dies ist die zweite wichtige Aussage – kann eine sich im **üblichen** Rahmen befindliche **Honorar**abrechnung das ansonsten erforderliche Gebot der klaren **Vorabvereinbarung** ersetzen. Urteil und Entscheidungsgründe dieses BFH-Urteils können als **Gestaltungsanleitung** in der Praxis herangezogen werden.[133]

4.5.2 Geschäftsführer-Vergütung (außer Pensionszusage)

Die Höhe der G'fter-GF-Vergütung stellt vor allem auch nach der Systemumstellung des KSt-Rechts eine Möglichkeit dar, das »Ausschüttungsverhalten« zu optimieren. Es stellt sich die Frage, wie weit sich die Steuerbelastung ändert, wenn statt einer Gewinnausschüttung die Beträge als GF-Vergütung an den GF transferiert werden. Gehaltszahlungen sind – abhängig von der individuellen Steuerbelastung der betreffenden G'fter – in der Gesamtbelastung günstiger als die entsprechende Gewinnausschüttung.

4.5.2.1 Zivilrechtliche Grundlagen

Die Höhe und Art der GF-Vergütung ist zivilrechtlich in das Ermessen der G'fter-Versammlung gestellt (§ 46 Nr. 5 GmbHG).[134] Gesellschaftsrechtlich kann es angezeigt sein, dass der GF bei erheblicher Verschlechterung der finanziellen Rahmenbedingungen einer Herabsetzung der Bezüge zustimmt (vgl. § 87 Abs. 2 AktG). Zunächst bleibt festzuhalten, dass die Art und Höhe der GF-Vergütung relativ frei zu bestimmen ist, das zuständige Organ hierfür bei GmbH die G'fter-Versammlung, bei AktG der Aufsichtsrat ist. Allerdings ist der Inhalt der fortgefallenen der Vorschrift des § 86 Abs. 2 AktG (insb. auch die Berücksichtigung von Verlusten bei der BMG für die Tantieme) weiterhin zu beachten (BFH vom 17.12.2003, BB

---

[133] Noch nicht hat der BFH den Fall entschieden, dass es dem Vertragspartner egal ist, wer (GmbH oder G'fter-GF) ihm als Vertragspartner gegenüber tätig wird.
[134] Zum Verhältnis zwischen Gesellschaftsrecht und Steuerrecht instruktiv OLG Frankfurt vom 22.12.2004, DB 2005, 492.

2004, 1090)[135], nach der die Bemessungsgrundlage des Gewinns vor Abzug der Tantieme und KSt und nach Berücksichtigung von Verlusten zu berechnen ist, die in der Zeit der entsprechenden GF-Tätigkeit des Organs entstanden sind. Die Rspr. orientiert sich in Bezug auf das Vorliegen einer vGA damit weiterhin streng an den zivil- bzw. gesellschaftsrechtlichen Vorgaben. Der BFH (Beschluss vom 06.10.2006, GmbHR 2007, 104) nimmt daher entsprechend der zivilrechtlichen Ausgangssituation bei einer Abgeltung nicht genommenen Urlaubs in der Höhe der Abgeltung nicht ohne weiteres eine vGA an. Er stellt ausdrücklich fest, dass der Abgeltungsanspruch nicht automatisch ab einem bestimmten Zeitpunkt verfällt, sondern den allgemeinen zivilrechtlichen Regeln über Verjährung und Verwirkung unterliegt. Nur wenn er nach diesen Regeln nicht mehr besteht bzw. gegen diesen Anspruch Einreden geltend gemacht werden könnten, ist eine trotzdem vorgenommene Erfüllung des Anspruchs als vGA anzusehen.

4.5.2.2 Steuerliche Folgerungen

Das BMF hat mit Schreiben vom 14.10.2002[136] **die Reihenfolge der Prüfung** der Angemessenheit von G'fter-GF-Vergütungen präzisiert. Weitgehend unberührt von diesem Schreiben ist die Überprüfung der Gesamtausstattung dem Grund und der Höhe nach sowie die Prüfung der einzelnen Bestandteile. Hierfür sind die bisherigen Grundsätze weiter maßgeblich. Daher soll im Folgenden zunächst die methodische Prüfungsreihenfolge beschrieben werden, bevor auf die inhaltliche Prüfung der Gesamtausstattung und der Einzelbestandteile eingegangen wird.[137]

- In einem ersten Schritt sind die **einzelnen vereinbarten Vergütungsbestandteile** daraufhin zu überprüfen, ob sie dem **Grunde nach** einem Fremdvergleich standhalten. Zu beachten sind dabei z.B.
    - das Verbot, für den beherrschenden G'fter-GF rückwirkend Vereinbarungen zu treffen,
    - die Unüblichkeit, dem G'fter-GF eine Überstundenvergütung einzuräumen (BFH vom 27.03.2001, BStBl II 2001, 655), wie auch die Unüblichkeit, Arbeitszeitkonten einzurichten.
    - die grundsätzliche Unangemessenheit, Pensionszusagen ohne Wartezeit einzuräumen oder zeitlich unbefristet ausschließlich Tantiemen als Vergütung zuzusagen (BMF vom 01.02.2002, BStBl I 2002, 219).
- Anschließend sind die (nach Ausschluss der dem Grunde nach unangemessenen Vergütungsbestandteile) **verbleibenden Vergütungsbestandteile** danach zu beurteilen, ob sie **der Höhe nach** als angemessen zu beurteilen sind. – Z.B. Überschreiten des variablen Bestandteils von Tantiemen (hierbei ist für die Überprüfung von der **vereinbarten Gesamtvergütung** auszugehen).
- Schließlich ist die Summe der nach den beiden ersten Schritten noch verbleibenden Bestandteile auf die Angemessenheit der Gesamtausstattung[138] zu untersuchen.[139]

---

135 Vgl. im Einzelnen *Janssen*, BB 2004, 1776. In diesem Zusammenhang ist auf das BFH-Urteil vom 18.09.2007, BStBl II 2008, 314, zu verweisen.
136 BStBl I 2002, 972.
137 Sehr anschaulich zu den einzelnen kritischen Punkten der Angemessenheitsprüfung von Gehältern von G'fter-GF *Ott*, Inf 2004, 188; *Schwedhelm*, GmbHR 2006, 281.
138 Der Aspekt der Gesamtausstattung wird vom BFH insb. bei sog. »Mehrfach-GF« betont, die für mehrere GmbHs tätig sind (Urteil vom 15.12.2004, BFH/NV 2005, 1147).
139 Eine vGA kann – wegen des dreistufigen Prüfungsschemas – auch bei einer bloß geänderten Zusammensetzung der Bezüge (bei unveränderter Höhe) angenommen werden, vgl. hierzu BFH vom 17.02.2010, GmbHR 2010, 820.

Für die steuerlichen Folgen der Vereinbarung von G'fter-GF Vergütung dem Inhalt nach kommt es auf den Fremdvergleich an (externer und interner Betriebsvergleich).[140] Gegenüber einem Fremd-GF verhält sich eine GmbH marktüblich, wenn ihr nach der erwarteten Ertragslage nach Abzug der GF-Vergütung eine **angemessene Verzinsung des Eigenkapitals** verbleibt. Es ist kein marktkonformes Verhalten, wenn durch die GF-Vergütung der Gewinn der GmbH »abgesaugt« wird. Die Angemessenheit der GF-Vergütung ist demnach in erster Linie von den Ertragserwartungen, aber auch vom **Umsatz** bzw. der **Branche** und **Arbeitnehmerzahl** abhängig. Hierzu geben vielfältige Studien der Wirtschaft Anhaltspunkte.[141] Eine **Gewinnabsaugung** ist insb. zu prüfen, wenn der GmbH eine geringere Eigenkapital-Rendite als 10 % verbleibt. Bei dem Eigenkapital sind allerdings nicht die Buchwerte, sondern die Teilwerte unter Einschluss der stillen Reserven anzusetzen.[142] Bei der Angemessenheit der Gesamtausstattung wird auch darauf abzustellen sein, ob der G'fter-GF für mehrere oder nur eine Gesellschaft tätig ist. Bei der **Tätigkeit für mehrere Gesellschaften** ist ein Abschlag von der Summe der angemessenen Vergütung in den einzelnen Gesellschaften vorzunehmen, da auch der Tag eines GF begrenzt ist, sodass der Umfang der Tätigkeit in den einzelnen Gesellschaften zwangsläufig abnehmen muss. Schließlich ist bei der Angemessenheit der Gesamtausstattung zu berücksichtigen, wie viele GF die Tätigkeit unter sich aufteilen. Bei kleineren GmbHs kann bei drei GF im Einzelfall ein Abschlag bis zu 30 % der »angemessenen Normalwerte« erforderlich sein (vgl. auch BFH vom 04.06.2003, DB 2003, 2260). Insb. bei Familiengesellschaften ist die Frage berechtigt, ob nicht manche GF-Verträge eher der Versorgung dienen, als dass sie eine Gegenleistung für die tatsächliche Tätigkeit darstellen. In diesen Fällen wäre eine vGA anzunehmen. Bei der Prüfung der Gesamtausstattung der Bezüge sind einzelne Bestandteile zu bewerten und zu addieren. So ist z.B. bei der Prüfung der Angemessenheit der Gesamtbezüge eine Pensionszusage mit der fiktiven Jahresnettoprämie nach dem Alter des G'fter-GF zum Zeitpunkt der Pensionszusage, die er selbst für eine entsprechende Versicherung zu zahlen hätte, zu berücksichtigen.

Weicht die konkrete Vereinbarung der G'fter-GF-Vergütung von einer marktüblichen Vergütung ab, so steht – wie bereits ausgeführt worden ist – noch nicht fest, dass i.H.d. Differenz eine vGA vorliegt. Die KapG muss allerdings die Umstände darlegen, die die Vergütung trotz des Abweichens noch als marktkonforme Vergütung erscheinen lassen (**Beweisrisikoverteilung**).

Bei der Art der Vergütung spielen in der Vergütungspraxis aus naheliegenden betriebswirtschaftlichen Gründen (anreizorientierte Vergütungssysteme) **Tantiemevereinbarungen**[143] eine immer größere Rolle, zu denen die Rspr. und die Finanzverwaltung verschiedene Grundsätze (BMF vom 01.02.2002[144]) aufgestellt hat. Zu diesen Grundsätzen ist festzuhalten, dass sie betriebswirtschaftliche Kriterien und einem realen Marktvergleich nicht immer standhalten können, in der steuerlichen Praxis aber beachtet werden sollten (vgl. auch A 8.8 KStR), auch wenn die Rspr. die Grundsätze für die Gewinntantiemen gelockert hat.

---

140 Der Fremdvergleich ist auch dann Maßstab, wenn der GF-Vergütung ein statutarischer Beirat zugestimmt hat, vgl. BFH vom 22.10.2015, ZIP 2016, 670 ff.
141 Vgl. z.B. *Tänzer*, GmbHR 1997, 1085; *Feldkamp*, StbG 1999, 136 und 181.
142 Bei einem Unterschreiten der Verzinsung kann jedoch nicht ohne weiteres von einer vGA ausgegangen werden.
143 Tantiemevereinbarungen sollten in der Praxis zwingend alle drei Jahre überprüft werden. Besser erscheint eine jährliche Überprüfung der konkreten Vereinbarung (insb. der Höhe der Beteiligung) i.R.d. Feststellung des Jahresabschlusses.
144 S. BStBl I 2002, 219.

- **Umsatztantieme**
  Leistungsvergütungen in Form von Umsatztantiemen sind grundsätzlich als vGA anzusehen, da sie unabhängig von der Ertragslage zu bezahlen sind und daher dem Gewinninteresse der GmbH widersprechen (BFH vom 20.08.1997, GmbHR 1998, 148; BFH vom 09.09.1998, GmbHR 1999, 196; BFH vom 11.08.2004, GmbHR 2005, 111). Nur in wenigen Ausnahmefällen kann eine Umsatztantieme zulässig sein, z.B. bei einer Gesellschaft im Aufbau, wo nur eine Beteiligung am Umsatz einen Anreiz bieten kann oder bei im Vertrieb tätigen G'fter-GF, wo eine Umsatztantieme noch als üblich angesehen werden kann.
- **Rohgewinntantieme**
  Rohgewinntantiemen stehen grundsätzlich zwischen Umsatztantiemen und Reingewinntantiemen. Die Anknüpfung an den Rohertrag bedeutet eine Einbeziehung von Aufwandspositionen in die BMG. Rohgewinntantiemen sind nicht von vornherein als vGA anzusehen. Je nach Gewichtung dieser Aufwandsposition nähert sich die Rohgewinntantieme der Umsatztantieme oder der Reingewinntantieme an. Je mehr sich unter diesen Aspekten eine Vergleichbarkeit mit der Umsatztantieme ergibt, ist eine nicht-marktkonforme Vergütungsform bereits dem Grunde nach gegeben. Soweit diese Vereinbarungen wegen der Vergleichbarkeit mit einer Reingewinntantieme dem Grunde nach anzuerkennen sind, ist im Einzelfall eine Angemessenheitsprüfung der Höhe nach vorzunehmen.
  Es ist darauf hinzuweisen, dass der BFH auch einer »Nur-Rohgewinntantieme« die Anerkennung nicht bereits aus grundsätzlichen Erwägungen versagt (BFH vom 26.01.1999, BStBl II 1999, 241). Bisher hat die Finanzverwaltung sog. »Nur-Tantiemen« die Anerkennung versagt, da sie nicht einem marktkonformen Regelverhalten entsprechen (vgl. BMF vom 13.10.1997, BStBl I 1997, 900).
- **Reingewinntantieme**
  Reingewinntantiemen unterliegen zunächst geringeren Bedenken als Umsatz- und Rohgewinntantiemen, da sie nur im Gewinnfall zu zahlen sind. Die BMG ist entsprechend dem früheren § 86 Abs. 2 AktG der handelsrechtliche Jahresüberschuss abzüglich eines Verlustvortrages und satzungsgemäß in die Rücklagen einzustellende Beträge. Die Tantieme und die KSt werden nicht von der BMG abgezogen (BFH vom 04.06.2003, DStR 2003, 1747). Eine Vereinbarung einer Tantieme ohne Verlustberücksichtigung ist als vGA anzusehen (BFH vom 17.12.2003, BStBl II 2004, 524 und vom 18.09.2007, DB 2008, 216). Man wird auf den handelsrechtlichen Verlustvortrag abzustellen haben.
- Eine immer größere Rolle spielen Zeitwertkonten für G'fter-GF. Fraglich ist hier, ob bereits die Gutschrift auf dem Konto oder erst die spätere Auszahlung zu einem Zufluss führt. Nun hat der BFH – gegen die überwiegende finanzgerichtliche Rspr.[145] – bereits mit der Gutschrift eine vGA angenommen.[146]

Der BFH (insb. vom 05.10.1994, BStBl II 1995, 549; vom 27.03.2001, DB 2001, 1340 und vom 04.06.2003, DStR 2003, 1747) und ihm folgend die Finanzverwaltung (vgl. das frühere Schreiben des BMF vom 05.01.1998, BStBl I 1998, 90 und das BMF-Schreiben vom 01.02.2002, DB 2002, 295) haben einige **Grundsätze** zu **Tantiemen** in Form einer Regelvermutung aufgestellt. Ein Abweichen von diesen Grundsätzen führt nicht zwangsläufig zu der Annahme einer vGA. Die KapG kann und muss die Umstände darlegen, die eine andere

---
145 Vgl. nur FG D'dorf vom 21.03.2012, EFG 2012, 1400.
146 BFH vom 11.11.2015, DB 2016, 805; vgl. hierzu ausführlich Schwedhelm/Zapf, DB 2016, 2200 ff.

Tantiemeberechnung als marktüblich erscheinen lassen kann (vgl. BFH vom 27.02.2003, DStR 2003, 1567 und BFH vom 04.06.2003, DStR 2003, 1747).

1. Soweit die Tantiemezusagen **insgesamt 50 % des Jahresüberschusses** übersteigen, spricht der Beweis des ersten Anscheins für die Annahme einer vGA (Gedanke der Gewinnabschöpfung). Hält sich die Tantieme (bzw. die Tantiemen) innerhalb dieser Grenzen, ist sie für sich genommen nicht als vGA zu qualifizieren. Es ist aber zu prüfen, ob die Gesamtausstattung (alle Bestandteile inkl. evtl. Pensionszusagen) innerhalb der Angemessenheitsgrenze liegt.[147] Bei Tantiemezusagen über 50 % geht nach Ansicht des BFH das Beweisrisiko für eine marktübliche Vergütung auf die KapG über, während Finanzgerichte (vgl. nur FG München vom 24.08.1999, EFG 1999, 1248) diese Grenze offensichtlich etwas großzügiger handhaben wollen.
2. Neben dieser Gesamthöhe der Tantiemezahlungen spielt nach dieser Rspr. aber auch das **Verhältnis** von Tantiemezahlung zu den Festbezügen eine erhebliche Rolle. Die Jahresgesamtbezüge sind in einen **Festgehaltsanteil von 75 %** und einem **Tantiemeanteil von 25 %** aufzugliedern. Dabei ist der Tantiemeanteil in Relation zum erwarteten Durchschnitts-Gewinn auszudrücken.

Zwischenzeitlich lässt der BFH in drei Entscheidungen aus dem Jahre 2003 erkennen, dass er von der schematischen (und vor allem praxisfremden) 25/75-Relation abrücken will, auch wenn die Verwaltung im Jahre 2002 diesen Schematismus übernommen hat. Dies (eine im Zweifel höhere zulässige Tantieme als 25 % der Gesamtbezüge) soll immer dann gelten, wenn:

- die Gesamtausstattung des G'fter-GF angemessen ist (BFH vom 27.02.2003, BFH/NV 2003, 1346)
- die Tantieme dem entspricht, was der G'fter-GF als früherer angestellter Fremd-GF erhalten hat (BFH vom 09.07.2003, BFH/NV 2004, 88) und
- nochmals bei angemessener Gesamtausstattung (BFH vom 19.11.2003, Az.: I R 42/03, n.n.v.).

Es bleibt abzuwarten, ob die Verwaltung die neuen Urteile übernimmt.

Da der Tantiemeanteil von dem Gewinn der KapG abhängig ist, kann sich dieser Anteil verschieben, sodass allein aufgrund der Abweichung des eingetretenen von dem geplanten (und bei der Festlegung der Tantieme berücksichtigten) Erfolg die Gefahr einer vGA eintritt. Daher hat die Finanzverwaltung bestimmt, dass der Tantieme-Anteil in einem Dreijahresrhythmus überprüft werden muss. Danach führt auch ein kurzfristiger sprunghafter Anstieg einer Gewinntantieme nicht zwangsläufig zu einer vGA (BFH vom 10.07.2002, BStBl II 2003, 418).

Beispiel 36 (nach BFH vom 05.10.1994): Der abweichende Gewinn
Eine GmbH geht im Zeitpunkt des Abschlusses eines GF-Vertrages von einem durchschnittlich erzielbaren Gewinn vor Abzug von KSt, Gewerbeertragsteuer und GF-Vergütungen i.H.v. 800.000 € jährlich aus. Das angemessene GF-Gehalt beträgt 200.000 € (= 25 % von 800.000 €). Es soll i.H.v. 150.000 € als Festgehalt und i.H.v. 50.000 € in Form einer Gewinntantieme ausgezahlt werden, die 6,25 % von dem Gewinn vor Abzug von KSt, Gewerbeertragsteuer und GF-Vergütungen beträgt (kalkulatorische BMG 6,25 % von 800.000 € = 50.000 €).

---

[147] Dabei ist nach der vorgestellten methodischen Prüfungsreihenfolge vorzugehen.

Zwei Jahre später erzielt die GmbH einen Gewinn vor Abzug von KSt, Gewerbeertragsteuer und GF-Vergütungen i.H.v. 2 Mio. € Der GF erhält ein Festgehalt von 150.000 € und eine Gewinntantieme von 6,25 % von 2 Mio. € = 125.000 €. Der Betrag entspricht nun 13,75 % der ursprünglich gedachten BMG. Die Tantieme beträgt jedoch 45,45 % der gesamten GF-Vergütung. Sie ist dennoch angemessen.

Ein weites Jahr später erzielt die GmbH einen Gewinn vor Abzug von KSt, Gewerbeertragsteuer und GF-Vergütungen i.H.v. nur 400.000 €. Der GF erhält ein Festgehalt von 150.000 € und eine Gewinntantieme von 6,25 % von 400.000 € = 25.000 €, insgesamt also 175.000 €. Dieser Betrag entspricht 45,75 % von 400.000 €. Die Tantieme beträgt nur 14,28 % der gesamten GF-Vergütung. Sie ist angemessen.

- **Überstundenvergütung**
  Es ist weiter darauf hinzuweisen, dass in der Rspr. bei der Prüfung der Angemessenheit der Bezüge auch eine **Gleichstellung** zwischen **GF** und sonstigen **leitenden Angestellten** vorgenommen worden ist. So hat der BFH (Urteil vom 13.12.2006, GmbHR 2007, 384) die Gewährung von Zuschlägen für Sonntags-, Feiertags-, Mehr- und Nachtarbeit an eine G'fterin, die **leitende Angestellte** war, nicht den steuerfreien Einnahmen i.S.d. § 3b EStG bei den Einkünften aus dem § 19 EStG, sondern als vGA den Einkünften aus § 20 EStG zugerechnet. Schließlich ist darauf hinzuweisen, dass die Pkw-Nutzung zeitweise zu einer Divergenz zwischen dem I. und VI. Senat des BFH geführt hat. Diese Divergenz ist dahingehend beseitigt worden, dass bei einer **vertragswidrigen** Pkw-Nutzung eine vGA, während bei einer – angemessenen – **vertragsgemäßen** Nutzung Arbeitslohn angenommen wird (vgl. BFH vom 23.01.2008, DB 2008, 962).

- **Besonderheiten beim beherrschenden G'fter**
  Bei Tätigkeitsvergütungen zu Gunsten des beherrschenden G'fters sind zusätzlich zu dem inhaltlichen die formellen Voraussetzungen der Klarheit und der Vorabvereinbarung (**Rückwirkungsverbot**) zu beachten (vgl. dazu eingehend BFH vom 22.10.2003, ZIP 2004, 558). Das Gebot der Klarheit bezieht sich insb. auf die BMG für die Tantieme. Das Gebot der Klarheit ist aber erst verletzt, wenn **nach der gebotenen Auslegung** immer noch Zweifel bestehen (vgl. BFH vom 11.08.2004, GmbHR 2005, 111). So ist z.B. eine Regelung schon aus formalen Erwägungen nicht marktkonform, die die Berechnungsgrundlage für die Tantieme im Unklaren lässt, so z.B. nicht regelt, ob der Jahresüberschuss vor Abzug der KSt bzw. vor Abzug der Tantieme herangezogen werden soll. Die rückwirkende Vereinbarung sowohl der Tantieme an sich als auch ihrer BMG wird von Rspr. und Finanzverwaltung als marktunübliches Verhalten angesehen und somit als vGA qualifiziert.

Beispiel 37: Gesplittete Tantieme I
Die A-GmbH gewährt dem G'fter-GF A eine Tantiemezusage, nach deren Inhalt dem A zum 31.12.01 eine Reingewinntantieme i.H.v. 60.000 € zusteht. Nach den vorgestellten Grundsätzen ist die Tantieme i.H.v. 20.000 € als vGA anzusehen. Die A-GmbH bildet zum 31.12.01 zulässigerweise eine Rückstellung i.H.v. 60.000 €. Die Tantieme wird am 30.06.02 ausbezahlt (vgl. BMF vom 28.05.2002, BStBl I 2002, 603).

Lösung: Bei der A-GmbH kommt es außerhalb der Bilanz zu einer Hinzurechnung i.H.v. 20.000 €. Diese Hinzurechnung erhöht das Einkommen in 01.
Bei A führt der Zufluss in 02 i.H.v. 40.000 € zu Einnahmen aus nicht-selbständiger Arbeit, i.H.v. 20.000 € zu Einnahmen aus Kapitalvermögen (vGA).

Nach BMF vom 28.05.2002 (a.a.O.) ist außerhalb der Bilanz eine Nebenrechnung zu führen, in der festzuhalten ist, in welcher Höhe eine vGA anzunehmen ist (Teilbetrag I) und in welchem Umfang der Teilbetrag I dem StB-Gewinn hinzugerechnet worden ist (Teilbetrag II). Vorliegend entsprechen sich beide Teilbeträge, nach der Auszahlung der Tantieme sind beide Teilbetrage aufzulösen.

Eine steuerliche Relevanz bekommt die Nebenrechnung, wenn eine Tantieme-Rückstellung in der StB z.B. wegen des Verzichtes des G'fter-GF fortfällt. Um keine Doppelbelastung der als vGA qualifizierten Beträge zu erreichen, müssen außerbilanzielle Korrekturen vorgenommen werden.

Beispiel 38: Gesplittete Tantieme II
Dem G'fter-GF G wurde für das Wj. 02 eine Umsatz-Tantieme i.H.v. 30.000 € zugesagt und in der StB eine entsprechende Rückstellung gebildet. Die Tantieme ist in voller Höhe als vGA (dem Grunde nach) zu qualifizieren und wird in der Veranlagung entsprechend hinzugerechnet. Am 15.01.03 verzichtet G aus gesellschaftlichen Gründen auf die Auszahlung der Tantieme, der Anspruch war nur noch zu 70 % werthaltig.

Lösung: Entsprechend der Grundsätze im genannten Schreiben des BMF vom 28.05.2002 betragen die Teilbeträge I und II jeweils 30.000 €. Aufgrund des Verzichtes auf die Tantieme entsteht in der StB ein Ertrag i.H.d. Nennwerts der Rückstellung (30.000 €), außerhalb der Bilanz hat ein Abzug i.H.d. Teilwertes zu erfolgen (verdeckte Einlage). Der Teilwert beträgt 21.000 €. I.H.d. nicht werthaltigen Teils (9.000 €) hat eine außerbilanzielle Kürzung als sog. **negative vGA** zu erfolgen, da der Betrag im Zeitpunkt der Rückstellungsbildung als vGA angenommen worden ist.

Steuerliche Probleme können in Krisensituationen von KapG entstehen. Vorstände bzw. GF von KapG sind gesellschaftsrechtlich u.U. verpflichtet, eine Reduzierung der Bezüge zuzustimmen (vgl. § 87 Abs. 2 AktG). Dabei wird oft vereinbart, dass für die Zukunft auf Gehalt verzichtet wird, im Besserungsfall aber eine Nachzahlung erfolgt.

Die Finanzverwaltung hat in der Vergangenheit überwiegend die Auffassung vertreten, ein solcher Verzicht sei steuerlich nicht möglich und Gehaltsnachzahlungen seien deshalb als vGA mit entsprechenden Folgen auf der Einkommenserzielungs- und Einkommensverwendungsebene anzusehen. Der BFH (Urteil vom 18.12.2002, DStRE 2003, 666) hat dieser Auffassung – zu Recht – eine eindeutige Absage erteilt. Die Gehaltsnachzahlungen stellen auf Ebene der GmbH abzugsfähige BA und beim G'fter-GF Einkünfte gem. § 19 EStG dar. Bei beherrschenden G'fter-GF ist jedoch zu beachten, dass diese Vereinbarungen nicht gegen das formale Transparenzgebot und inhaltliche Rückwirkungsverbot verstoßen dürfen.[148]

4.5.3 Pensionszusagen

Bei der Gewährung von Pensionszusagen hat die GmbH zunächst zu beachten, dass sich die steuerlich abzugsfähigen Beträge bereits in der StB von der handelsrechtlichen Gewinnermittlung unterscheiden (§ 6a EStG). Soweit hier eine Differenz vorliegt, ist diese auf der ersten Stufe der Gewinnermittlung innerhalb der StB zu korrigieren. Bei Pensionszusagen, die die Grenzen des § 6a EStG (vgl. insb. § 6a Abs. 3 Nr. 1 EStG) übersteigen (sog. Überver-

---

148 Zu den steuerlichen Auswirkungen eines Forderungsverzichtes gegen Besserungsschein für die Vergangenheit vgl. Kap. 5.4.1.

sorgung¹⁴⁹, auch in Form der Nur-Pension), hat deshalb **innerhalb der Bilanz** eine Korrektur zu erfolgen. Für alle steuerlich anzuerkennenden Pensionszusagen gilt das strenge **Schriftformgebot**. Dies wurde im Urteil vom 22.10.2003 (BStBl II 2004, 121) nochmals für alle Anwendungsbereiche der Pensionszusage, gegenüber AN wie gegenüber G'fter-GF, betont.¹⁵⁰

Probleme können in Bezug auf die Überversorgung und entsprechender notwendiger Auflösung der Pensionsrückstellung in der Bilanz dann auftreten, wenn der G'fter-GF in Krisenzeiten zeitlich befristet, vielleicht auch dauerhaft, eine Reduzierung seiner Aktivbezüge hinnimmt, ohne aber entsprechend die Pensionszusage zu kürzen. Die konsequente Anwendung der Grundsätze des BFH würde zu einem Zwang der teilweisen Auflösung der Pensionsrückstellung führen, wenn und soweit eine Anpassung der Pensionsrückstellung an die abgesenkten Aktivbezüge erforderlich ist. Auch bei einer dauerhaften Absenkung sollte keine Überversorgung anzunehmen sein, da eine Überversorgung nur dann vorliegt, wenn sie künftige Einkommensentwicklungen vorwegnimmt, aber nicht wenn sie rein rechnerisch durch eine sanierungsbezogene Reduktion der Aktivbezüge entsteht (so aber BFH vom 27.03.2012, DB 2012, 1302).¹⁵¹ Eine vGA sollte demnach nicht in Betracht kommen. Die Rspr. dürfte die Grenzen etwas enger ziehen. Es ist zu erwarten, dass zumindest für die Herabsetzung der Bezüge auch die Grundsätze der Rspr. anzuwenden sind. Für die Vergangenheit dürfte eine Herabsenkung nicht in Frage kommen.

Darüber hinaus stellen Rspr. und Finanzverwaltung Anforderungen an eine marktkonforme Pensionszusage (vgl. im Einzelnen R 8.7 und H 8.7 KStR).¹⁵² Wenn diese Anforderungen nicht eingehalten werden, stellt dies eine vGA dar.

Eine solche Marktkonformität besteht nur dann, wenn die Erfüllung der Verpflichtung ernsthaft gewollt ist und vom GF erdient werden kann. Eine Erfüllbarkeit der Verpflichtung wird dann zu verneinen sein, wenn die KapG wirtschaftlich nicht in der Lage ist, das mit der Pensionszusage übernommene Risiko zu tragen.¹⁵³ Die Rspr. (BFH vom 28.11.2001, GmbHR 2002, 446) hat im Ausnahmefall eine vGA z.B. dann angenommen, wenn die Wahrscheinlichkeit der vorzeitigen Inanspruchnahme der Pensionszusage gegenüber dem Normalablauf außergewöhnlich hoch sei. Dies kann z.B. dann der Fall sein, wenn der G'fter-GF an einer schweren Erkrankung leidet und dies bekannt sei.

Nach der Rspr. und der ihr insoweit folgenden Finanzverwaltung (BMF vom 07.03.1997, BStBl I 1997, 637) gilt eine Pensionszusage dann vom GF als nicht »**erdienbar**«,

- wenn der Zeitraum zwischen dem Zeitpunkt der Zusage der Pension und dem vorgesehenen Zeitpunkt des Eintritts in den Ruhestand weniger als zehn Jahre beträgt (BFH vom 30.01.2002, GmbHR 2002, 795);

---

149 Vgl. auch BMF vom 03.11.2004, DB 2004, 2500; zu den einzelnen Voraussetzungen einer Überversorgung (bei Barlohnumwandlung) s. BFH vom 15.09.2004, BStBl II 2005, 176; BFH vom 09.11.2005, FR 2006, 173: Falls die Versorgung des AN – zusammen mit der gesetzlichen Rentenversicherung – 75 % der am Bilanzstichtag bezogenen Aktivbezüge übersteigt, so liegt eine Überversorgung vor, die zur Kürzung der Pensionsrückstellung (§ 6a EStG) führt.
150 Im Grundfall des § 6a EStG (Pensionszusage gegenüber AN) führt dies bei fehlender Schriftform zur Bilanzberichtigung (bzw. zur Ausbuchung der Verbindlichkeit).
151 *Kohlhaas*, GmbHR 2006, 521.
152 Einen guten Überblick über vGA im Zusammenhang mit Pensionszusagen bieten *Herlinghaus*, GmbHR 2003, 373; *Finsterwalder*, DB 2005, 1189; *Mahlow*, DB 2005, 2651; vgl. BMF vom 06.09.2005, BStBl I 2005, 875 sowie *Brinkmeier*, GmbH-StB 2005, 297.
153 Vgl. zu den Kriterien der Prüfung einer vGA bei Pensionszusagen *Wellisch/Gabl*, BB 2009, 2340.

- oder wenn dieser Zeitraum zwar mindestens drei Jahre beträgt, der G'fter-GF dem Betrieb aber weniger als zwölf Jahre angehört;
- oder wenn eine Pensionszusage kurz vor dem 64. Lebensjahr des GF eingeräumt wurde und die Pension ab dem 70. Lebensjahr gezahlt worden wäre; diese Entscheidung bezog sich auf einen »DDR«-GF, denen gegenüber die Rspr. immer großzügiger war (BFH vom 23.07.2003, BStBl II 2003, 926; ebenso BFH vom 09.11.2005, BFH/NV 2006, 616: vGA bei Gewährung an 63-jährigen GF).

Der **Zehnjahreszeitraum** dient (lediglich) als Anhaltspunkt und als Indiz für die ausschließlich im Dienstverhältnis begründete Veranlassung der Zusage. Er ist jedoch nicht völlig starr anzuwenden, allerdings liegt bei Unterschreiten dieses Zeitraumes das Beweisrisiko für die nicht-gesellschaftliche Veranlassung bei der Gesellschaft (BFH vom 17.07.2004, GmbHR 2005, 112). Der BFH wendet die Grundsätze nicht nur bei der Erstzusage, sondern auch bei nachträglichen Erhöhungen an.[154] Eine Rechtfertigung für die Erhöhung kann darin bestehen, dass die erteilte Pensionszusage wegen nicht vorhersehbarer Steigerung der Lebenshaltungskosten nicht mehr zur Versorgung ausreicht. Das Lebensalter bestimmt sich hierbei nach den Vertragsbedingungen und nicht nach der Regelaltersgrenze der gesetzlichen Rentenversicherung (vgl. hierzu BFH vom 11.09.2013, DB 2014, 758 ff.). Im Urteil vom 23.09.2008 (BFH/NV 2009, 297) hat der BFH seine Rspr. zur zehnjährigen Erdienensdauer auch auf den Fall einer nachträglichen Erhöhung der Pensionszusage erstreckt.

Bei dem **beherrschenden G'fter** ist dabei zusätzlich zu beachten, dass aufgrund des sog. Rückwirkungsverbotes für den Erdienungszeitraums nur die Zeit als GF berücksichtigungsfähig ist. Der beherrschende G'fter muss sich die Pensionszusage in seiner Funktion als GF erdienen.

Neben diesem Erdienungszeitraum ist bis zur Erteilung einer Pensionszusage von dem GF eine Probe- und Wartezeit von zwei bis drei Jahren abzuwarten. Diese Voraussetzungen (**Erdienungszeitraum und Wartezeit**) sind zwischen Finanzverwaltung und Rspr. weitgehend unstreitig. Die Wartezeit kann im Einzelfall auch kürzer oder ganz abbedungen sein.[155] Dies gilt z.B. dann, wenn die GmbH aus einer bereits länger existierenden Gesellschaft hervorgeht (Betriebsaufspaltung bzw. Umwandlung) oder an der künftigen Ertragsfähigkeit der GmbH keine begründeten Zweifel bestehen, weil der GF erheblichen Umsatz (z.B. eigener Mandanten- bzw. Kundenstamm) in die Gesellschaft einbringt (BFH vom 24.04.2002, BStBl II 2002, 670; vgl. auch BFH vom 20.08.2003, DStRE 2004, 273).

Bei einer hinsichtlich der Finanzierbarkeit überhöhten Pensionszusage wird nur der überhöhte Teil als vGA behandelt. Der BFH hat klargestellt, dass die Pensionszusage nicht einheitlich zu würdigen ist, sondern nur der überhöhte Teil außerhalb der Bilanz hinzuzurechnen ist.[156] Es geht einzig um die Frage, in welcher Höhe eine Pensionszusage gegenüber einem fremden GF gegeben worden wäre.[157] Wenn die Pensionszusage nur **z.T. finanzierbar** ist, kommt nach der Rspr. (BFH vom 07.11.2001, GmbHR 2002, 118) eine teilweise steuerliche Anerkennung in Betracht, denn ein gewissenhafter GF würde eine Versorgungszusage nicht völlig verweigern, wenn er nur einen Teil des übernommenen Risikos nicht finanzieren

---

154 BFH vom 23.09.2008, DStR 2009, 43.
155 Vgl. FG Mecklenburg-Vorpommern vom 22.02.2006, DStRE 2006, 607: Eine Wartezeit von drei Jahren und elf Monaten seit der Gründung war ausreichend (keine vGA); ähnlich das FM Mecklenburg-Vorpommern vom 14.06.2006, DStR 2006, 1371.
156 Vgl. *Gosch*, StBp 1999, 276.
157 *Wassermeyer*, GmbHR 2002, 2.

kann. Eine Aufteilung kommt sowohl hinsichtlich der Bestandteile (z.B. Altersversorgung und Invalidität) als auch hinsichtlich des Betrages in Betracht. Etwas anderes kann gelten, wenn der finanzierbare Teil nur einen verhältnismäßig kleinen Umfang ausmacht[158]; dann ist die Pensionszusage insgesamt nicht anzuerkennen. Es bleibt festzuhalten, dass an der ursprünglichen Einheitstheorie der Finanzverwaltung nicht mehr festgehalten werden kann.

Der BFH geht davon aus, dass eine Finanzierbarkeit dann nicht mehr vorliegt, wenn durch das Versorgungsrisiko eine Überschuldung im insolvenzrechtlichen Sinn eintritt (so deutlich BFH vom 04.09.2002, DB 2003, 242; bestätigt vom BFH vom 31.03.2004, BFH/NV 2004, 1191).[159] Allerdings muss der GF bei Erteilung einer Pensionszusage nur dasjenige Versorgungsrisiko berücksichtigen, dass sich im Barwert der künftigen Pensionsleistungen i.S.d. § 6a Abs. 3 S. 2 Nr. 2 EStG (Anwartschaftsbarwert) niederschlägt; für die Prüfung der Überschuldung in einem Insolvenzstatus ist die Pensionszusage nur mit diesem Wert anzusetzen (BFH vom 07.11.2001, a.a.O.). Der Anwartschaftsbarwert wird versicherungstechnisch auch als »Einmalprämie« bezeichnet und stellt nach richtiger Ansicht den heutigen Wert der künftigen Versorgungsleistungen dar. Würde man diese Einmalprämie heute aufwenden, so wären damit die künftigen Pensionsleistungen voll ausfinanziert. Ausnahmsweise kommt für den Ansatz im Insolvenzstatus auch der niedrigere handelsrechtliche TW in Frage. Diesen Ausnahmefall hat jedoch die KapG darzulegen und zu beweisen (BFH vom 04.09.2002, DB 2002, 242[160]).[161] Ist für die Pensionszusage eine Rückdeckungsversicherung abgeschlossen, kommt es für die Frage der Finanzierbarkeit nur auf die jährlichen Versicherungsbeiträge an.

Zur **Klarstellung**: Führt die Aufstockung der Pensionsrückstellung auf den Anwartschaftsbarwert zu einer Überschuldung im insolvenzrechtlichen Sinn, so ist die Pensionszusage insoweit nicht finanzierbar, als die Gesellschaft überschuldet ist. Konkret ist bei der insolvenzrechtlichen Überschuldungsprüfung auch zu berücksichtigen, ob bei positiver Fortführungsprognose ein Insolvenzantrag zu stellen gewesen wäre. Wäre nach insolvenzrechtlichen Kriterien keine Stellung des Insolvenzantrags zwingend erforderlich gewesen, kann es dabei bleiben, dass die Pensionszusage insgesamt finanzierbar ist.[162]

Soweit eine Pensionszusage nach diesen **normativen Kriterien** als vGA anzusehen ist, kommt keine Gewinn erhöhende Auflösung der Rückstellung, sondern lediglich eine Hinzurechnung der im Veranlagungszeitraum erfolgten Zuführungen zur Pensionsrückstellung **außerhalb der Bilanz** in Betracht. Soweit frühere Zuführungen, die als vGA zu werten waren, aus verfahrensrechtlichen Gründen nicht mehr geändert werden können, kommt eine spätere Korrektur nicht mehr in Betracht.

---

158 I.d.S. auch *Buciek*, DStZ 2002, 116.
159 Inwieweit die zeitlich befristete Lockerung des insolvenzrechtlichen Überschuldungsbegriffs durch das FMStG (Finanzmarktstabilisierungsgesetz) Einfluss auf das Kriterium der Finanzierbarkeit haben wird, bleibt abzuwarten.
160 S. nahezu gleichzeitig BMF vom 09.12.2002, GmbH-StB 2003, 10 zu zwei Aspekten der vGA bei Pensionszusagen an G'fter-GF:
  • zum Stichwort »Unverfallbarkeit der Zusage« liegt bei vorzeitigem Ausscheiden dann eine vGA vor, wenn es sich nicht um eine sofortige ratierliche Unverfallbarkeit handelt,
  • zum Stichwort »Erdienungszeitraum« ist die Neufassung des BetrAVG vom 26.06.2001 (Verkürzung der Unverfallbarkeitsfristen) zu beachten.
161 Es deutet viel darauf hin, dass sich die Finanzverwaltung den Grundsätzen des BFH anschließen wird, vgl. OFD Hannover, DB 2005, 747.
162 Hierzu instruktiv *Keil/Prost*, DB 2006, 355.

Nach der zutreffenden Rspr.[163] (BFH vom 24.01.1996, BStBl II 1997, 440) des BFH sind Prämien für eine Rückdeckungsversicherung auch dann keine vGA, wenn sie der Rückdeckung für eine Pensionszusage dienen, die ganz oder teilweise als vGA anzusehen ist. Es fehlt bei der KapG eine Vermögensminderung, da die KapG einen eigenen Anspruch gegen die Rückdeckungsversicherung erwirbt.[164] Dazu fehlt beim Gesellschafter das Kriterium der sog. Vorteilsgeneigtheit.

Spannungsfelder zwischen der bilanzinternen Behandlung und außerbilanzieller Korrektur des Ergebnisses treten auch dann auf, wenn die Pensionsrückstellung innerhalb der Bilanz gewinnerhöhend aufzulösen ist (z.B. bei Tod des Berechtigten) und entsprechende Zuführungen zu dieser Rückstellung das Ergebnis der KapG bereits erhöht haben.

Beispiel 39: Die nicht erlebte Pension I
Die A-GmbH verspricht ihrem G'fter-GF A eine um 50 % (125.000 €) unangemessen hohe Pension. In dieser Höhe kann die A-GmbH die Pension im Versorgungsfall nicht finanzieren. Die Pensionsrückstellung beträgt zum 31.12.01 250.000 €. Am 04.01.02 stirbt A noch während der Leistungsphase. Eine außerbilanzielle Hinzurechnung ist erfolgt.

Lösung: In der Höhe der vGA (125.000 €) ist zum 31.12.01 der Teilbetrag I festzuhalten. In gleicher Höhe ist der Teilbetrag II (tatsächliche Hinzurechnung) festzuhalten. Durch den Todesfall ist in 02 die Rückstellung in voller Höhe erfolgswirksam aufzulösen. I.H.d. als vGA hinzugerechneten Teilbetrags II soll sich die Auflösung nicht noch einmal auf das Einkommen der A-GmbH auswirken. I.H.d. Teilbetrags II hat in 02 eine Kürzung des Einkommens (negative vGA) außerhalb der Bilanz zu erfolgen. Die Nebenrechnung soll doppelte Auswirkungen auf das Einkommen der GmbH vermeiden, die aus der StB nicht ersichtlich sind.

Schließlich bestehen steuerliche Besonderheiten, wenn der G'fter-GF auf seine durch eine Rückdeckungsversicherung abgesicherte Pensionsanwartschaft verzichtet[165] und ihm dafür als Abfindung der Versicherungsanspruch gegen die Rückdeckungsversicherung abgetreten wird.[166]

Folgende Beispiele gehen zunächst davon aus, dass die Abfindung – trotz der einschränkenden Rspr. des BFH (vgl. BFH vom 23.10.2013, DStR 2014, 637 ff.) – betrieblich veranlasst ist.

Beispiel 40: Die abgesicherte Pension I[167]
B verzichtet auf seine Pensionsanwartschaft gegen Abtretung des Versicherungsanspruches, da B seine Beteiligung an der GmbH verkaufen und der Erwerber diese nicht übernehmen will. In der Bilanz der A-GmbH ist zu Gunsten des G'fter-GF B eine Pensionsrückstellung i.H.v. 500 passiviert. Der Anspruch gegen die Rückdeckungsversicherung besteht i.H.v. 400, der Teilwert der Pensionsanwartschaft beträgt 300. B verzichtet auf seine Pensionsanwartschaft gegen Abtretung des Versicherungsanspruches.

---

163 In diesem Zusammenhang ist das BFH-Urteil vom 07.08.2002 (BFH/NV 2003, 124) von Bedeutung, dass die Beiträge einer GmbH zur Rückdeckungsversicherung, die für eine überhöhte Pension bezahlt werden, selbst keine vGA sind.
164 Vgl. BFH vom 07.08.2002, BFH/NV 2003, 124.
165 Es wird vorliegend davon ausgegangen, dass der Verzicht auf gesellschaftlicher Grundlage beruht, vgl. zu der Abgrenzung der betrieblichen und der gesellschaftsrechtlichen Veranlassung, *Heeg*, DStR 2009, 567.
166 Zur bilanziellen Darstellung siehe näher *Perwein*, GmbHR 2010, 523.
167 Vgl. zu den folgenden Fällen auch *Lederle*, GmbHR 2004, 269; ferner BFH vom 14.03.2006, GmbHR 2006, 822.

Lösung: Die GmbH hat in der Bilanz wie folgt zu buchen:

Rückstellung	500	an	Forderung	400
			außerordentlicher Ertrag	100

Die Differenz zwischen dem Teilwert der Pensionsanwartschaft und dem abgetretenen Anspruch gegen die Rückdeckungsversicherung ist als vGA zu beurteilen (100). B hat hierauf keinen Anspruch, die Abtretung ist insoweit aus gesellschaftlichen Gründen erfolgt; die vGA ist außerhalb der Bilanz hinzuzurechnen. Bei B liegen i.H.v. 300 Einkünfte gem. § 19 EStG, i.H.v. 100 Einkünfte gem. § 20 Abs. 1 Nr. 1, 3 Nr. 40d EStG vor.

Die Abfindung einer **verfallbaren** Anwartschaft aus einer Pensionszusage an einen ausscheidenden G'fter-GF im Wege der Abtretung der Anwartschaft aus der Rückdeckungsversicherung führt zu einer vGA. Dies hat das FG Berlin-Brandenburg entschieden.[168] Die Abfindung einer noch verfallbaren Anwartschaft stellt nach dieser Auffassung eine vGA dar, weil ein ordentlicher und gewissenhafter GF diese vermeidbare Vermögensminderung nicht hingenommen hätte. Dies gilt stets bei einer Abfindung auch einer bereits unverfallbaren Anwartschaft, die »ad hoc« vereinbart worden ist. Etwas anderes soll gelten, wenn die Abfindungsmöglichkeit bereits im Versorgungsvertrag vorgesehen ist (BMF vom 06.04.2005, DStR 2005, 2062).[169] Es bleiben Restzweifel, wie lange vor der erfolgten Abfindung die Vereinbarung aufgenommen werden muss.

Beispiel 41 (Abwandlung): Die abgesicherte Pension II
Sachverhalt wie oben, nur beträgt der Anspruch gegen die Rückdeckungsversicherung 300, der Teilwert der Pensionsanwartschaft 400.

Lösung: Die GmbH bucht in der Bilanz wie folgt:

Rückstellung	500	an	Forderung	300
			außerordentlicher Ertrag	200

B **verzichtet** im Ergebnis auf 100, da der abgetretene Anspruch weniger Wert ist als der Teilwert der Pensionsanwartschaft beträgt. Insoweit liegt eine **verdeckte Einlage** vor, die GmbH kürzt außerhalb der Bilanz das StB-Ergebnis um 100; in gleicher Weise erhöht sich das steuerliche Einlagekonto (vgl. sogleich zur verdeckten Einlage unter Kap. 5).
B erzielt Einkünfte aus § 19 EStG i.H.v. 400 (der Verzicht bedeutet insoweit einen fingierten Zufluss); i.H.d. verdeckten Einlage (100) erhöhen sich seine AK auf die Beteiligung (§ 17 EStG, vgl. Einzelheiten unter Kap. 5.4.2).
Die Korrespondenz zwischen dem Verzicht auf die Pensionsanwartschaft als einer verdeckten Einlage bei der GmbH und gleichzeitig der Abfindung für diesen Verzicht als vGA ist im BFH-Urteil vom 14.03.2006 (BFH/NV 2006, 1515) bestätigt worden.[170]

Grundsätzlich ist es möglich, dass die Pensionsanwartschaft bzw. der künftige Anspruch auf die Pension gegen eine Kapitalleistung abgefunden wird. Der BFH sieht das aber als unüblich an, wenn der G'fter-GF nach Fälligkeit der Pensionszusage weiterhin für die

---
168 FG Berlin-Brandenburg, Urteil vom 16.06.2009, EFG 2009, 1677.
169 Vgl. ausführlich zu dem Problemkreis »Pensionszusage und Abfindung« *Bareis*, FR 2014, 493 und *Briese*, BB 2014, 1567.
170 Vgl. hierzu *Briese*, GmbHR 2008, 568, der die Rspr. allerdings missverständlich interpretiert.

GmbH arbeitet und sich die Pensionszusage abfinden lässt. In der Abfindung liegt nach Ansicht des BFH in diesen Fällen eine vGA vor (BFH vom 05.03.2008, FR 2008, 1022).[171] Eine vertragswidrige Abfindung liegt nach Urteil des BFH (BFH vom 23.10.2013, DStR 2014, 637) auch dann vor, wenn der G'fter-GF ohne vereinbarungsgemäßes Ausscheiden die Abfindung erhält. Dies ist in allen Fällen relevant, in denen der GF über den Zeitpunkt des Versorgungsalters weiterarbeitet. So hält der BFH (BFH vom 23.10.2013, DStR 2014, 641) eine gleichzeitige Leistung von laufender Vergütung (bei entsprechendem Weiterarbeiten) und Pensionszahlung für unüblich und wertet sie als vGA. Der BFH hält demnach jede Form der »Doppelvergütung« für problematisch.

Wenn die Abfindung – unabhängig von der Höhe – nach den Kriterien des BFH (z.B. weil der Pensionsberechtigte nicht aus dem Dienstverhältnis mit der GmbH ausscheidet) dem Grunde nach bereits als vGA anzusehen sein sollte, wird der Vorgang nach der Rspr. des BFH in getrennte Vorgänge aufzuteilen sein.

Die Abfindung ist nach dieser Ansicht von einem möglichen Verzicht auf einen Anspruch zu unterscheiden. Mithin wird die Abfindung, z.B. die Abtretung eines Anspruchs gegen die Rückdeckungsversicherung, stets als vGA (gesellschaftsrechtlich veranlasste Vermögensminderung) und der gesellschaftsrechtlich veranlasste Verzicht auf die Pensionszusage als verdeckte Einlage anzusehen sein. Der Verzicht auf den werthaltigen Teil stellt eine verdeckte Einlage dar, die kraft der Zuflussfiktion zu Einkünften nach § 19 EStG und zu nachträglichen Anschaffungskosten auf die GmbH-Beteiligung führt. Die Abfindung führt beim Anteilseigner zu einer vGA. Bei der GmbH hat dies folgende Konsequenzen:

Durch den Verzicht wird die Pensionsrückstellung innerhalb der Bilanz erfolgswirksam aufgelöst, in Höhe des Teilwerts der verdeckten Einlage erfolgt außerhalb der Bilanz ein korrigierender Abzug (vgl. § 8 Abs. 3 S. 3 KStG). Die Abfindungszahlung führt innerhalb der Bilanz zu einem Aufwand, der als vGA außerhalb der Bilanz wieder hinzuzurechnen ist (§ 8 Abs. 3 S. 2 KStG).

Folgendes zusammenfassende Beispiel soll die Folgen einer als vGA anzusehenden Abfindung erläutern.

Beispiel 42: Die verunglückte Abfindung
X hat von der X-GmbH als G'fter-GF eine Pensionszusage erteilt bekommen. Aufgrund von Liquiditätserwägungen verzichtet X auf seine Pensionszusage gegen Abfindung in Höhe des Teilwertes von 500. Die Pensionsrückstellung in der Bilanz der GmbH beträgt 400.

Lösung: Die Abfindung ist, weil sie gesellschaftsrechtlich veranlasst ist, als vGA anzusehen. Der gleichzeitige Verzicht auf die Pensionszusage führt nach der Rspr. des BFH gleichzeitig zu einer verdeckten Einlage.
Bei der GmbH ergeben sich folgende steuerrechtliche Folgen:

Innerhalb der Bilanz:
Auflösung der Pensionsrückstellung	400
Abfindungsleistung	./. 500
außerhalb der Bilanz: verdeckte Einlage	./. 500
vGA	+ 500
Einkommen auf Ebene der GmbH	./. 100

---

171 Kritisch hierzu *Schothöfer/Killat*, DB 2011, 896.

Auf Ebene des Anteilseigners:
Einkünfte aus § 19 (wegen Zuflussfiktion)   500
Nachträgliche Anschaffungskosten i.S.d. § 17   500
Einkünfte aus § 20   500

Die überschießende Besteuerung auf Anteilseignerseite wird gemindert, wenn der Anteilseigner seine Beteiligung verkauft. Dann gleichen sich die höheren Anschaffungskosten auf die Beteiligung und die zugerechnete vGA im Ergebnis wieder aus.

4.5.4 Risikogeschäfte

Zwischen der Finanzverwaltung und dem StPfl. kommt es häufiger zu Auseinandersetzungen bei der Frage, ob und inwieweit G'fter-GF sog. Risikogeschäfte (vor allem in der Form von Devisentermingeschäften) im Interesse der GmbH durchführen können. Die Finanzverwaltung (BMF vom 19.12.1996, BStBl I 1997, 112) geht von einer gesellschaftlichen Veranlassung der Durchführung von Risikogeschäften aus, wenn

- das Geschäft unüblich und
- mit hohen Risiken verbunden sei.

Der BFH überprüft die Marktkonformität solcher Geschäfte mit gesellschaftsrechtlichen Überlegungen (BFH vom 14.09.1994, BStBl II 1997, 89). Es kommt zunächst darauf an, ob der GmbH gegen den G'fter-GF wegen der Durchführung dieser Geschäfte ein Schadensersatzanspruch zustehe, der erfolgswirksam zu aktivieren ist. Nur die Nichtgeltendmachung des Schadensersatzanspruches könne zu der Annahme einer vGA führen.[172] Bei der Beurteilung der Geschäfte ist insb. zu berücksichtigen, dass es Sache der G'fter-Versammlung ist zu entscheiden, in welchen Bereichen sich die GmbH engagiert. Die Zuordnung von Risikogeschäften zu der GmbH kann i.d.R. allein durch die GmbH und nicht durch die Finanzverwaltung erfolgen. Eine vGA kann demnach nur dann vorliegen, wenn

- die Gesellschaft sich verpflichtet, Spekulationsverluste zu tragen, Gewinne aber an den G'fter abzuführen,
- die Spekulationsgeschäfte erst auf die GmbH übertragen werden, wenn sich die dauerhafte Verlustsituation der Geschäfte konkret abzeichnet.

In diesen Fällen kann kein Interesse der GmbH an den Tätigkeiten bestehen, sodass von einem nicht-marktkonformen Verhalten eines G'fter-GF, ausgerichtete am Maßstab eines ordentlichen und gewissenhaften GF, ausgegangen werden kann. Diese einschränkende Annahme von gesellschaftlicher Veranlassung und Anknüpfung an gesellschaftsrechtliche Wertung entspricht der Tendenz in der Rspr. und wird künftig noch stärker zu beachten sein (vgl. BFH vom 08.08.2001, BFH/NV 2001, 1678; das BMF hat mit Schreiben vom 20.05.2003, DStR 2003, 939 in Bezug auf dieses Urteil einen Nichtanwendungserlass herausgegeben. Dieser Ansicht folgt inzwischen auch das BMF (vgl. BMF vom 14.12.2015, GmbHR 2016, 86).

---

[172] Vgl. Kap. 4.5.1.

4.6 Unternehmensfremdfinanzierung

4.6.1 Grundfragen der Neuregelung[173]

Durch das UntStRfG ist die bisherige Regelung der schädlichen G'fter-Fremdfinanzierung (§ 8a KStG a.F.) durch eine rechtsformübergreifende, wenn auch nicht rechtsformneutrale Erfassung der Unternehmens-Fremdfinanzierung abgelöst worden.[174] Regelungsgegenstand ist nicht mehr die aus Sicht des Gesetzgebers missbräuchliche »übermäßige« (qualitativ oder quantitativ) Fremdfinanzierung eines wesentlich beteiligten G'fters[175], sondern allgemein die Schaffung von »asymmetrischen Finanzierungsstrukturen« (BT-Drs. 16/4841, 31) zu Lasten des deutschen Fiskus.[176]

Typische Beispiele sind:

- übermäßige Fremdkapital-Finanzierung einer inländischen Gesellschaft durch eine ausländische Muttergesellschaft;
- Eigenkapitalfinanzierung der deutschen Muttergesellschaft an eine ausländische Tochtergesellschaft, die ihrerseits die inländische Muttergesellschaft oder eine inländische Schwestergesellschaft mit einem Darlehen refinanziert.

Eine G'fter-Fremdfinanzierung wirkt sich bei KapG sozusagen »steuerverschärfend« aus, da die allgemeinen Ausnahmetatbestände des § 4h Abs. 2 S. 1 Buchst. b und c EStG nicht anwendbar sind, wenn eine maßgebliche G'fter-Fremdfinanzierung i.S.d. § 8a Abs. 2 und 3 KStG hinzutritt. Durch die Neuorientierung ergeben sich unzählige Zweifelsfragen, die schon zu einer Flut an literarischen Stellungnahmen geführt haben.[177] Im Folgenden kann nur auf den Grundtatbestand und die Grundprobleme eingegangen werden. Bereits an dieser Stelle sei jedoch darauf hingewiesen, dass neben gravierenden europarechtlichen auch ganz erhebliche verfassungsrechtliche Bedenken geltend gemacht werden.[178] Insoweit ergeben sich Zweifel an der Verfassungsmäßigkeit vor allem in Bezug auf das Leistungsfähigkeitsprinzip in Form des Nettoprinzips, hier in Bezug auf eine Doppelbesteuerung (zumindest zeitlich befristet) und im Hinblick auf die Abhängigkeit des Steuertatbestands von den IFRS (i.S. einer dynamischen Verweisung), die aus deutscher Sicht von einem nicht demokratisch legitimierten Standard-Setter entwickelt und geändert werden (vgl. BFH vom 13.03.2012, DStR 2012, 955). Ökonomische Bedenken bestehen in Bezug auf sanierungsbedürftige

---

173 Es können hier nur Grundlagen der Vorschrift behandelt werden, die aber bereits erhebliche Schwierigkeiten in der Anwendung der Vorschrift erahnen lassen; zu Zweifelsfragen ist – wenn auch nicht immer zufriedenstellend – in dem BMF-Schreiben vom 04.07.2008, BStBl I 2008, 718, Stellung genommen worden.
174 Treffend *Prinz*, DB 2008, 368.
175 Nach früherer Rechtslage hat man die Substitution von Eigenkapital durch Fremdkapital durch G'fter als missbräuchlich angesehen.
176 Diese Regelung sieht sich – zu Recht – starken verfassungsmäßigen Zweifeln ausgesetzt: BFH vom 18.12.2013, DStR 2014, 788 und *Prinz*, DB 2014, 1102. Dagegen *Irmer*, FR 2014, 777 und *Staats*, UBg 2014, 520.
177 Vgl. nur: *Köhler*, DStR 2007, 597; *Rödder/Stangl*, DB 2007, 479; *Töben/Fischer*, GmbHR 2007, 532; *Homburg*, FR 2007, 717; *Dörfler/Vogl*, BB 2007, 1084 jeweils m.w.N.; *Hölzer/Nießner*, FR 2008, 845; *Schwedhelm/Finke*, GmbHR 2009, 281.
178 Siehe nur *Prinz*, DB 2013, 1571 und *Heuermann*, DStR 2013, 1 und *Eilers*, FR 2007, 733 sowie neuerdings *Glahe*, Ubg 2015, 454 ff. jeweils mit weiteren Hinweisen. Interessant ist, dass die Verfassungswidrigkeit der Vorschrift unterschiedlich begründet wird. Der BFH, Beschluss vom 14.10.2015 (FR 2016, 416), hat die Frage dem BVerfG zur Entscheidung vorgelegt. Das FG München hält dagegen die Regelung mit nicht überzeugender Begründung in zwei Gerichtsbescheiden aus dem März 2015 für verfassungsgemäß. Wie FG München auch *Mitschke*, FR 2016, 412 ff.

Unternehmen, bei denen ein steuerlich wirksamer Abzug von Zinsaufwendungen nicht in Frage kommen und der Zinsvortrag i.d.R. verpuffen wird.

4.6.2 Grundtatbestand des § 4h EStG

Nach § 4h Abs. 1 S. 1 EStG sind Zinsaufwendungen eines Betriebs bis zur Höhe des Zinsertrags des Betriebs in voller Höhe abzugsfähig, darüber hinaus (**Nettozinsaufwendungen**) nur bis zur Höhe von 30 % des modifizierten maßgeblichen Einkommens (modifiziertes steuerliches EBITDA).

Das **steuerliche EBITDA** ist nach § 4h Abs. 1 S. 1 und Abs. 3 EStG wie folgt zu ermitteln:

Maßgebliches Einkommen i.S.d. § 8a Abs. 1 S. 2 KStG (entspricht weitgehend Einkünften aus Gewerbebetrieb)
+ Zinsaufwendungen
+ Sofortabschreibung auf GWG gem. § 6 Abs. 2 S. 1 EStG
+ Abschreibungen auf Sammelposten gem. § 6 Abs. 2a S. 2 EStG
+ Absetzungen für Abnutzung gem. § 7 EStG
./. Zinserträge

= **korrigiertes maßgebliches Einkommen (Bemessungsgrundlage für 30 %ige Abzugsbeschränkung)**

Die Bezugnahme auf das maßgebliche Einkommen bei KapG statt des maßgeblichen Gewinns bei Personenunternehmen soll insb. sicherstellen, dass sich die außerhalb der Bilanz vorzunehmenden Korrekturen auf die Bemessungsgrundlage für die abzugfähigen Zinsen auswirken. § 4h EStG stellt auf die Fremdfinanzierung eines Betriebs ab. Natürliche Personen können mehrere Betriebe, PersG und KapG dagegen nur einen Betrieb unterhalten. Bei PersG gehört das Sonderbetriebsvermögen zum Betrieb der PersG, woraus sich rechtsformspezifische Sonderprobleme ergeben[179]; der Organkreis ist ein Betrieb, da sich organschaftsinterne Finanzierungen nicht auf das Einkommen auswirken.

> **Beispiel 43: Zinsschranken-Grundfall**
> Eine KapG (Handelsunternehmen) hat ein maßgebliches Einkommen von 120. Bei der Einkommensermittlung werden Zinsaufwendungen von 100 und Zinserträge von 40 sowie eine lineare Abschreibung (§ 7 Abs. 1 EStG) von 20 berücksichtigt.
>
> **Lösung:** Das steuerlich maßgebende EBITDA beträgt 200 (120 + 100 ./. 40 + 20), die Nettozinsaufwendungen betragen 60. Es ergibt sich ein abziehbarer Zinssaldo von 60. Es können somit alle Zinsaufwendungen abgezogen werden.

Ein anderes Bild ergibt sich, wenn die KapG über entsprechend niedrigere Zinserträge verfügt (höhere Nettozinsaufwendungen). Damit werden Gesellschaften bevorzugt, die Gewinne in Fremdkapital, und nicht in Produktivvermögen oder Beteiligungen anlegen. Die Bevorzugung besteht darin, dass Zinserträge die Abziehbarkeit von Zinsen in voller Höhe erhöhen (eingeschränkt ist nur der Abzug der Nettozinsaufwendungen), während Erträge aus Realinvestitionen nur zu einem erhöhten Zinsabzug i.H.v. 30 % führen. Realinvestitionen werden also benachteiligt.

---
[179] Diese können an dieser Stelle nicht behandelt werden.

Beispiel 44: Fehlen von Zinserträgen
Wie Beispiel 43, nur hat die Gesellschaft keine Zinserträge.

Lösung: Das EBITDA beträgt nunmehr 240, die Nettozinsaufwendungen 100. Es ergeben sich abziehbare Zinsaufwendungen von 72 und ein steuerliches Einkommen von 148. Die nichtabziehbaren Zinsen von 28 werden vorgetragen (Zinsvortrag) und gelten im Vortragsjahr als Zinsaufwendungen.

Die Anknüpfung an das steuerliche EBITDA führt zu weiteren Ungereimtheiten.

Beispiel 45: Holdingproblematik
Es handelt sich um eine Holding-KapG, die Beteiligungserträge von 200 und Zinsaufwendungen von 200 hat. AfA und Zinserträge sollen nicht angefallen sein.

Lösung: Das maßgebliche Einkommen beträgt ./. 190, da die Beteiligungserträge zu 95 % steuerfrei sind (§ 8b Abs. 1 und Abs. 5 KStG). Das EBITDA beträgt 10, die Nettozinsaufwendungen 200. Es können nur Zinsaufwendungen von 30 % des EBITDA (3) abgezogen werden, sodass die KapG ein stpfl. Einkommen von 7 und einen Zinsvortrag von 197 hat.

Das Beispiel zeigt, dass Holding-Gesellschaften die Verlierer der Neuregelung sind; der Zinsvortrag kann sich bei Holding-Gesellschaften ökonomisch wie der nicht mehr anwendbare § 3c Abs. 1 EStG auswirken. Dies ist systematisch nicht zu rechtfertigen.

Bei der Ermittlung des steuerlichen EBITDA ergeben sich weitere Zweifelsfragen. Unstrittig werden nur Zinsen für eine Geldüberlassung (nicht für Sachüberlassungen) von der Vorschrift erfasst. Soweit allerdings diese Zinsen bereits nach allgemeinen Vorschriften nicht die Bemessungsgrundlage der KapG mindern (insb. § 8 Abs. 3 S. 2 KStG, § 15 Abs. 1 Nr. 2 EStG), sind sie von dem Anwendungsbereich der Vorschrift nicht erfasst. Soweit eine KapG an einer PersG beteiligt ist und hieraus Beteiligungserträge erzielt werden, sind diese nach Ansicht der Finanzverwaltung (Tz. 42 des BMF-Schreibens) nicht zu berücksichtigen, um Kaskadeneffekte zu vermeiden.[180] Diese Erträge erhöhen bereits das EBITDA der Mitunternehmerschaft, an der die KapG beteiligt ist und sollen sich nicht doppelt auswirken.

4.6.3 Zinsvortrag und EBITDA-Vortrag

Die nicht abzugsfähigen Zinsen werden vorgetragen und gelten im Vortragsjahr als Zinsaufwendungen und erhöhen in diesem Jahr zwar die Nettozinsaufwendungen, aber nicht das steuerliche EBITDA, welches für die Abzugsfähigkeit entscheidend ist.[181] Dies führt dazu, dass der Zinsvortrag in die Bemessung der Freigrenze einzubeziehen ist. Dies kann zu einem Überschreiten der Freigrenze in einem Folgejahr führen, obwohl die aktuellen Zinsaufwendungen (des Vortragsjahres) geringer als 3 Mio. € sind. Die Nichtberücksichtigung beim EBITDA auf der einen Seite und die Einbeziehung für die Bemessung des Erreichens der Freigrenze auf der anderen Seite sind systematisch nicht zwingend und stellen eine nicht unwesentliche Belastung für die Unternehmen dar.

---

180 Vgl. nur *Schwedhelm/Finke*, GmbHR 2009, 283.
181 Wohl herrschende Ansicht, vgl. nur *Möhlenbrock*, Ubg 2008, 5.

Der Zinsvortrag kann trotz Überschreitens im Folgejahr dann in vollem Umfang abzugsfähig sein, wenn die KapG im Vortragsjahr entweder nicht mehr zu einem Konzern gehört oder aber der KapG der EK-Test erstmalig gelingt und keine Rückausnahme eingreift (vgl. hierzu Kap. 4.6.4.3).

Der Zinsvortrag ist jedoch wie der Verlustvortrag nicht bestandsfest, sondern unterliegt der Gefahr des Verlustes bei Umstrukturierungen (vgl. § 8a Abs. 1 S. 3 KStG). Bei entsprechenden Änderungen im Gesellschafterkreis (vgl. § 8c KStG) oder Umstrukturierungen (vgl. § 4h Abs. 5 EStG) geht der Zinsvortrag anteilig oder ganz unter.[182] Diese Regelungen erschweren die Sanierungen von KapG erheblich.

Durch das »Wachstumsbeschleunigungsgesetz« kann das in der Vergangenheit für den Schuldzinsenabzug nicht ausgeschöpfte EBITDA auf die folgenden fünf Jahre vorgetragen werden. Wenn eine KapG in einem Wj. das für die Abzugsfähigkeit der Zinsen maßgebende EBITDA nicht ausschöpft, kann dieses nicht ausgeschöpfte EBITDA auf fünf Jahre vorgetragen werden, um periodenübergreifend den Grundgedanken der Zinsschranke durchzusetzen. Dabei gilt wegen der zeitlichen Beschränkung des Vortrages eine Verwendungsreihenfolge des EBITDA dergestalt, dass das zeitlich zuerst vorgetragene EBITDA auch zeitlich zuerst ausgenützt wird (»first in – first out«). Ein Vortrag ist nicht möglich, wenn für das Wj. der Grundtatbestand der Zinsschrankenregel nicht angewendet wird, z.B. weil die Freigrenze nicht überschritten wird. Eine nicht geklärte Frage ist, ob in Jahren, in denen ein Zinsertragsüberhang besteht, wodurch die Zinsschrankenregelung in diesem Jahr keine Anwendung findet, ein EBITDA-Vortrag entstehen kann. Der Wortlaut ist insoweit nicht eindeutig, lässt aber vermuten, dass der Vortrag nur entstehen soll, wenn steuerliches EBITDA für Zinsaufwendungen – wenn auch nicht vollständig – verbraucht ist. Der Grundgedanke der Einführung des EBITDA-Vortrags, nicht verbrauchte EBITDA künftig nutzen zu können, zwingt jedoch in diesen Fällen zur Anwendung der EBITDA-Vortrags-Regelung. Hinzuweisen ist auch auf das Paradoxon, dass ein Überhang an Zinserträgen nicht vortragsfähig ist, sondern nur ein entsprechendes EBITDA. Zum Ausgleich von schwankenden Finanzergebnissen wäre dies jedoch sinnvoll und wünschenswert.[183] Verfahrensrechtlich ist der nicht ausgeschöpfte, in der Zukunft verrechenbare EBITDA gesondert festzustellen. Ein Beispiel möge dies erläutern:

Beispiel 46: EBITDA-Vortrag
Die Zinsaufwendungen der X-KapG beliefen sich im Jahr 01 auf 2,5 Mio. € und in den Jahren 02 und 03 jeweils auf 7 Mio. €. Das in den Wj. maßgebende EBITDA betrug in den Jahren 01 und 02 30 Mio. € und 3 Mio. € im Jahr 03.

Lösung: Die Nettozinsaufwendung des Jahres 01 können vollständig abgezogen werden; ein Vortrag des nicht ausgeschöpften EBITDA kommt demnach nicht in Betracht. Im Jahr 02 entsteht ein verrechenbares EBITDA (30 % des EBITDA) i.H.v. 9 Mio. €. Dieses EBITDA wird i.H.v. 2 Mio. € durch die Nettozinsaufwendungen nicht ausgeschöpft und kann in dieser Höhe auf die Folgejahre vorgetragen werden. Im Jahr 03 besteht ein originäres verrechenbares EBITDA i.H.v. 900.000 € und ein vorgetragenes EBITDA i.H.v. 2 Mio. €. Die Nettozinsaufwendungen

---

182 Vgl. im Einzelnen §§ 4 Abs. 2, 12 Abs. 3, 15 Abs. 3, 20 Abs. 9, 24 Abs. 6 UmwStG. Vgl. zum Wegfall des EBITDA und Zinsvortrags beim unterjährigen schädlichen Ereignis FinMin Schleswig-Holstein vom 27.01.2012, DStR 2012, 1555 sowie die Kritik hieran in *Fischer*, DStR 2012, 2000.

183 Vgl. zu diesem Problemkreis *Rödder*, DStR 2010, 529; *Herzig/Liekenbrock*, DB 2010, 690 und schließlich *Kessler/Lindemer*, DB 2010, 472. Die OFD Frankfurt lehnt einen EBITDA-Vortrag in diesen Fällen ab (DStR 2012, 1660).

können demnach i.H.v. 2,9 Mio. € abgezogen werden; i.H.v. 4,1 Mio. € werden die Zinsen in folgende Jahre vorgetragen.

4.6.4 Ausnahmen und Rückausnahmen

4.6.4.1 Freigrenze

Es ist bereits ausgeführt worden, dass eine Abzugsbeschränkung der Nettozinsaufwendungen auf 30 % des steuerlichen EBITDA dann nicht in Frage kommt, wenn die Nettozinsaufwendungen weniger als 3 Mio. € betragen (**Freigrenze**).[184] Diese Freigrenze gilt pro Betrieb und Wirtschaftsjahr. Auch bei Rumpfwirtschaftsjahren kann also die Freigrenze in voller Höhe ausgeschöpft werden. Bei Nichterreichen der Freigrenze bleiben die Nettozinsaufwendungen Betriebsausgaben und mindern in voller Höhe die Bemessungsgründe für die Körperschaftsteuer. Allerdings erfolgt unter den dort zu prüfenden Voraussetzungen eine gewerbesteuerliche Hinzurechnung gem. § 8 Nr. 1 Buchst. a GewStG.

4.6.4.2 Konzernklausel

Eine weitere Ausnahme für die Anwendung der Zinsschrankenregelung besteht dann, wenn die Gesellschaft nicht zu einem Konzern i.S.d. § 4h Abs. 2 S. 5 und 6 EStG gehört (§ 4h Abs. 2 S. 1 Buchst. b EStG). Hiernach ist der steuerliche Konzernkreis größtmöglich anzunehmen, da eine theoretische Konsolidierungsmöglichkeit ausreichend ist und zudem – über die entsprechenden Rechnungslegungsstandards hinaus – ein Konzern auch angenommen werden soll, wenn die Finanz- und Geschäftspolitik mit einem oder mehreren anderen Betrieben einheitlich bestimmt werden kann (S. 6). Diese Klausel soll Gesellschaften einbeziehen, die von einer Privatperson, die auch Mehrheitsbeteiligungen an anderen G'ftern innehat, mehrheitlich beherrscht wird. Obwohl sowohl die Betriebsaufspaltung als auch die GmbH & Co. KG die Merkmale des weiten Konzernbegriffs erfüllen, sieht die Finanzverwaltung davon ab, diese Rechtsinstitute als Konzerntatbestand zu begreifen (vgl. Tz. 63 und 66 des BMF-Schreibens).

Bedeutend in diesem Zusammenhang ist für KapG die Rückausnahme[185] des § 8a Abs. 2 KStG, wonach die Flucht aus § 4h Abs. 1 EStG nur gelingt, wenn die Vergütungen für Fremdkapital an einen

- zu mehr als 25 % beteiligten Anteilseigner oder
- eine diesem nahe stehende Person oder
- ein auf diese Person rückgriffsberechtigter Dritter (insoweit weiter Rückgriffsbegriff – faktische Rückgriffsmöglichkeit ist ausreichend)

nicht mehr als 10 % der Nettozinsaufwendungen betragen und die Körperschaft dies nachweist. Hierbei dürfen die Vergütungen für Fremdkapital der einzelnen qualifiziert beteiligten Gesellschaft nicht addiert werden.[186] Wenn eine solche schädliche G'fter-Fremdfinanzierung vorliegt, gilt wieder die Zinsschranken-Grundregel, auch dann, wenn die Gesellschaft nicht

---

184 Durch das Bürgerentlastungsgesetz vom 16.07.2009 wurde die Freigrenze von 1 Mio. € auf 3 Mio. € zeitlich befristet angehoben. Die zeitliche Befristung wurde durch das Wachstumsbeschleunigungsgesetz aufgehoben. Der angehobene Sockelbetrag gilt gem. § 52 Abs. 12d S. 3 EStG bereits ab dem erstmaligen Inkrafttreten der Zinsschranke.

185 In Prüfungen wird die Rückausnahme zuerst geprüft werden, da bei Erfüllen des Tatbestands der Rückausnahme die Prüfung der Ausnahmevorschrift entfällt. Dies gilt sowohl für § 8a Abs. 2 KStG i.V.m. § 4h Abs. 2 S. 1 Buchst. b KStG als auch für § 8a Abs. 3 i.V.m. § 4h Abs. 2 S. 1 Buchst. c EStG.

186 BFH vom 11.11.2015, NZG 2016, 718 ff. gegen BMF vom 04.07.2008, BStBl I 2008, 718.

zu einem Konzern gehört. Problematisch ist an dieser Vorschrift, dass eine Brutto-Größe (Zinsaufwendungen an den maßgeblich beteiligten G'fter) mit einer Netto-Größe (Nettozinsaufwendungen) verglichen wird. Einleuchtender wäre es gewesen, die Fremdkapitalvergütungen an die G'fter mit dem Gesamtzinsaufwand zu vergleichen.[187] Dies führt zu nicht einleuchtenden Ergebnissen. Die G'fter-Fremdfinanzierung ist umso gefährlicher (bei unterstellten gleich hohem Zinsaufwand), je höher der Zinsertrag der Gesellschaft (desto geringer sind die Netto-Zinsaufwendungen) ist.[188]

Beispiel 47[189]**: Übermäßige Gesellschafterfinanzierung**
An der X-GmbH sind A und B mit jeweils 30 % und C mit 40 % beteiligt. Die Nettozinsaufwendungen betragen 3,5 Mio. €, die Vergütung für G'fter-Fremdkapital an C betragen:
a) 300.000 €,
b) 400.000 €.
Das steuerliche EBITDA soll 5 Mio. € betragen.

Lösung: Die X-GmbH ist nicht konzernzugehörig, sodass die Ausnahme des § 4h Abs. 2 S. 1 Buchst. b infrage kommt.
Im Fall a) betragen die G'fter-Fremdkapitalvergütungen weniger als 10 % der Nettozinsaufwendungen, sodass die Rückausnahme des § 8a Abs. 2 KStG keine Anwendung findet und alle Zinsvergütungen abzugsfähig sind.
Im Fall b) findet die Rückausnahme Anwendung. Es dürfen 30 % des steuerlichen EBITDA (1,5 Mio. €) abgezogen werden und es müssen 1 Mio. € der Nettozinsaufwendungen als Zinsvortrag festgestellt werden.

4.6.4.3 Eigenkapital-Test

Schließlich besteht eine Escape-Möglichkeit, wenn der Gesellschaft der Nachweis gelingt, dass ihre Eigenkapitalquote unter Zugrundelegung einer konzernweiten Analyse dem Durchschnitt entspricht (bzw. nicht wesentlich von dem Durchschnitt abweicht, unwesentliche Abweichung bis 2 % ist unschädlich) und in keiner **Konzerngesellschaft** eine schädliche G'fter-Fremdfinanzierung vorliegt (Rückausnahme i.S.d. § 8a Abs. 3 KStG).

Der hochkomplexe – die Finanzverwaltung und mittelständische Praxis inhaltlich, zeitlich, organisatorisch und finanziell überfordernde[190] – Eigenkapital-Test soll dokumentieren, dass nicht eine missbräuchliche Verlagerung von Fremdkapital nach Deutschland stattgefunden hat. Gehören mehrere KapG zu einem Konzern (inländisch oder international), kann der Eigenkapital-Test bei einer Gesellschaft gelingen und bei der anderen nicht. Liegt allerdings nur bei einer konzerngehörigen Gesellschaft – im Inland oder Ausland – eine nach Maßgabe des § 8a Abs. 3 KStG schädliche G'fter-Fremdfinanzierung vor, hat dies für alle inländischen Betriebe die Konsequenz, dass die Zinsschranken-Grundregel anzuwenden ist.

Der Eigenkapital-Test hat stichtagsbezogen zum vorangegangenen Abschlussstichtag zu erfolgen, wodurch den KapG eine gewisse Planungssicherheit gegeben ist. Als Rechnungslegungsstandard für den Eigenkapital-Test[191] kommen zunächst die IFRS, das Handelsrecht eines anderen EU-Mitgliedstaats oder die US-GAAP in Betracht. Für die Abgrenzung des

---
187 Vgl. insoweit *Dötsch/Pung/Möhlenbrock*, KStG und EStG, § 8a Tz. 30.
188 In diesem Sinn auch *Schwedhelm/Finke*, GmbHR 2009, 288.
189 Nach *Dötsch/Pung/Möhlenbrock*, KStG und EStG, § 8a Tz. 118.
190 Zustimmend *Kußmaul/Pfirmann/Meyering/Schäfer*, DB 2005, 135.
191 Vgl. hierzu *Ganssauge*, DStR 2008, 213 und 267 jeweils m.w.N.

Konsolidierungskreises gilt allerdings ausschließlich IFRS bzw. der steuerlich weitergehende Konsolidierungskreis. Formal sind die Abschlüsse in deutscher Sprache vorzulegen und von einem Abschlussprüfer zu testieren. Dieses Testat bereitet jedoch in der Praxis große Schwierigkeiten, da der Abschlussprüfer einen nicht mit den Grundsätzen der IFRS, nämlich weiteren, Konsolidierungskreis zu untersuchen hat. Darüber hinaus sind in Bezug auf das Eigenkapital noch Besonderheiten zu beachten, die sich aus den unterschiedlichen Abgrenzungen von Eigenkapital- und Fremdkapital nach HGB und IFRS ergeben können. Insoweit gilt der Eigenkapitalbegriff des HGB. Zusätzlich ergeben sich bei PersG diverse Besonderheiten, dass das Sonderbetriebsvermögen dem Eigenkapital der Mitunternehmerschaft zuzuordnen ist, obwohl es handelsrechtlich Privatvermögen darstellt. Man will hier relativ einfache Gestaltungsmöglichkeiten der Verlagerung von Vermögen bzw. Schulden ins Sonderbetriebsvermögen vermeiden.

Schließlich ergeben sich Modifikationen der Berechnung des Eigenkapitals, die folgend nur vereinfacht als tabellarisches Schaubild dargestellt werden sollen:

Eigenkapital nach den jeweils geltenden Rechnungslegungsstandards
(mind. aber Eigenkapital laut HGB)
+   anteiliger Firmenwert (soweit im Konzernabschluss enthalten)
+   Hälfte der Sonderposten mit Rücklagenanteil
./.   stimmrechtsloses Eigenkapital (außer Vorzugsaktien)
./.   Anteile an anderen Konzerngesellschaften
./.   kurzfristige Einlagen
+/./. Sonderbetriebsvermögen (nur bei PersG)

= **modifiziertes Eigenkapital**

Auf die Einzelheiten der einzelnen Modifikationen kann und soll an dieser Stelle nicht eingegangen werden.[192]

Bei KapG ist zudem – wie bereits erwähnt – die Rückausnahme des § 8a Abs. 3 KStG zu beachten. Es kommt die Escape-Klausel unabhängig vom Bestehen des Eigenkapital-Tests nur in Betracht, wenn die Vergütungen für Fremdkapital der Körperschaft oder jeder anderen Körperschaft innerhalb des Gesamtkonzerns an einen

- zu mehr als 25 % beteiligten Anteilseigner oder
- eine diesem nahe stehende Person oder
- einen auf diese Person rückgriffsberechtigten Dritten

nicht mehr als 10 % der Nettozinsaufwendungen betragen und die Körperschaft dies nachweist.

Dabei werden nur Vergütungen für Fremdkapital berücksichtigt, die im konsolidierten Konzernabschluss nicht ausgewiesen werden. Damit werden nur Vergütungen an Gläubiger erfasst, die nicht zu dem Konzern gehören. Wenn die Körperschaft nicht durch in deutscher Sprache vorgelegte Unterlagen den Vergütungsnachweis erbringt und die Vergütungen jeweils (aber **alle**!) niedriger als 10 % der Nettozinsaufwendungen des jeweiligen Rechtsträgers betragen, gibt es für den Gesamtkonzern keine Escape-Möglichkeit nach § 4h Abs. 2 S. 1 Buchst. c EStG. Eine im Konzernverhältnis völlig untergeordnete Fremdkapitalfinanzierung kann somit auch dann den Gesamtkonzern für Zwecke des § 4h i.V.m. § 8a KStG infizieren,

---

192 Vgl. hierzu *Ganssauge*, DStR 2008, 213 und 267.

wenn die schädliche Finanzierung gegenüber einer ausländischen Gesellschaft vorgenommen worden ist. Es bleibt unklar, was diese Erweiterung des Tatbestands des § 4h EStG i.V.m. § 8a Abs. 3 KStG mit den (ohnehin bedenklichen) Zielen der Vorschrift zu tun hat. Die Rechtsfolge ist wiederum die Anwendung der allgemeinen Zinsschrankenregelung.

5 Verdeckte Einlagen

5.1 Überblick

Das Rechtsinstitut der verdeckten Einlage grenzt ähnlich wie das Rechtsinstitut der vGA auf einer **zweiten Stufe** außerhalb der Bilanz die betriebliche von der gesellschaftsrechtlichen Veranlassung ab. Dies entspricht dem Grundgedanken des § 4 Abs. 1 EStG, der auch bei vE in KapG Anwendung findet. Dabei ist die Frage der gesellschaftsrechtlichen Veranlassung nach gleichen Kriterien zu entscheiden wie bei der vGA.[193]

Das Rechtsinstitut der verdeckten Einlage will zum einen sicherstellen, dass alle durch den Betrieb der KapG veranlassten Aufwendungen das steuerliche Ergebnis berühren und zum anderen verhindern, dass beim Einlegenden gebildete stille Reserven nach der Überführung in ein anderes Betriebsvermögen (der KapG) systemwidrig der Besteuerung unterworfen werden. Insoweit dient dieses Rechtsinstitut dem Subjektprinzip der Besteuerung, nach dem Gewinne bzw. stille Reserven grundsätzlich (Ausnahmen § 6 Abs. 3 und Abs. 5 EStG) dort besteuert werden sollen, wo sie entstanden sind (vgl. BFH vom 26.10.1987, BStBl II 1998, 1348).[194]

> **Beispiel 48: Die begünstigte GmbH**
> Der G'fter legt ein WG (TW 500, ND vier Jahre) verdeckt in die GmbH ein.
>
> **Lösung:** Das WG ist mit dem TW anzusetzen, was innerhalb der betrieblichen GuV zu einem außerordentlichen Ertrag i.H.v. 500 führt. Die Abschreibungen mindern das Betriebsergebnis. **Außerhalb der Bilanz** ist das Ergebnis um den Wert der verdeckten Einlage (**TW**) zu mindern. Hierdurch wird erreicht, dass sich die Aufwendungen (AfA) in der GmbH niederschlagen, die Zuführung des WG zum BV entsprechend der gesellschaftlichen Veranlassung jedoch steuerneutral erfolgt. Soweit die stillen Reserven nach allgemeinen Regeln steuerverstrickt sind, sind sie auf der Ebene der Einlegenden zu erfassen.

Die vE dient der unter normativen Gesichtspunkten richtigen Zuordnung von Einkommenszuwächsen. Sie bildet dabei umgekehrte Leistungsbeziehungen zwischen Gesellschaft und G'fter ab wie die vGA. Sie kann aber nicht in jeder Beziehung als Spiegelbild der vGA angesehen werden. Dies zeigt sich insb. bei Aufwendungen von Nutzungsvorteilen zwischen **Schwesterkapitalgesellschaften**.

---

193 Vgl. auch die Ausführung von *Preißer*, Teil A, Kap. I 3.3 und 3.4.1.2.
194 *Heinicke* in *Schmidt*, EStG, § 4 Tz. 300.

Beispiel 49: KapG als Begünstigte
Die M-GmbH hält Beteiligungen an der T1-GmbH und der T2-GmbH. Die T1-GmbH überlässt der T2-GmbH zinslos ein Darlehen.

Lösung: Die Überlassung der Zinsersparnis ist zunächst eine vGA von T1 an M. Da es sich aber lediglich um einen (nicht-einlagefähigen) Nutzungsvorteil handelt, liegt zwischen M und T2 keine verdeckte Einlage vor; die T2 erzielt ein um die Zinsersparnis höheres Einkommen, welches nicht zu korrigieren ist.

Schließlich sei noch angemerkt, dass sich die **Rechtsfolgen** (bzw. der Wertansatz) der verdeckten Einlage bei dem einlegenden G'fter und der KapG zwar häufig, aber nicht zwingend decken müssen. Dies hat der BFH (Beschluss vom 16.05.2001, DB 2001, 1858) zu dem Verzicht des G'fters auf ein **eigenkapitalersetzendes** Gesellschafterdarlehen festgestellt.[195]

Beispiel 50: Hilfe in der Not
Der G'fter Y hat der X-GmbH ein sog. krisenbestimmtes Darlehen (zu dem Begriff vgl. BMF vom 08.06.1999, BStBl I 1999, 545) i.H.v. 120 gegeben. Y verzichtet in der Krise auf das Darlehen, als diesem noch ein Wert von 70 beigelegt werden konnte.

Lösung: Bei der X-GmbH entsteht zunächst ein außerordentlicher Ertrag in der HB und StB i.H.v. 120 (Wegfall der Darlehensverbindlichkeit). Auf der zweiten Stufe (außerhalb der Bilanz) wird die gesellschaftlich veranlasste Einlage mit dem **TW** (!) i.H.v. 70 abgezogen.
Bei dem G'fter Y entstehen nach der Rspr. des VIII. Senates des BFH bei sog. Krisendarlehen (auch bei eigenkapitalersetzenden Darlehen) i.H.d. Nennwertes (120) des Darlehens nachträgliche AK auf die Beteiligung. Die Höhe der nachträglichen AK beim G'fter und die Höhe der verdeckten Einlage decken sich demnach in diesem Fall nicht.
Die Voraussetzungen und Rechtsfolgen sind demnach auf der Ebene der KapG und der Ebene des AE getrennt zu prüfen. Die Abweichung resultiert aus einem – isolierten – normativen AK-Begriff i.R.d. § 17 EStG, der nicht auf Beteiligungen im BV entsprechend anzuwenden ist. Soweit die Darlehensforderung des G'fters gegen die KapG wertlos geworden ist, kommt eine Abschreibung in Betracht. Der durch die Abschreibung entstehende Aufwand unterliegt nach der Änderung des § 3c Abs. 2 EStG ab 2015 nicht dem Abzugsverbot, was zu einer außerbilanziellen Hinzurechnung von 40 % führt.[196]

Die Rspr. des BFH hatte sich in Bezug auf den normativen AK-Begriff am Eigenkapitalersatzrecht des BGH bzw. des § 32a GmbHG orientiert. Durch das MoMiG ist dieses Rechtsinstitut, aber nicht das zugrunde liegende Problem, mit einem Federstrich aufgehoben worden. Es stellt sich insoweit die Frage, ob und inwieweit diese Aufhebung Folgerungen auf die Rspr. zu § 17 EStG bzw. auf den normativen AK-Begriff haben kann. Dies kann an dieser Stelle nicht abschließend und im Detail analysiert werden. Es wird aber mit der h.M.[197] zu erwarten sein, dass die Grundlage der BFH-Rspr. das die Ertragsbesteuerung zugrunde durchziehende objektive Netto-Prinzip ist. Insoweit wird sich durch das MoMiG nichts grundlegend ändern. Die Darlehen sind mit Blick auf das Gesellschaftsverhältnis

---

195 *Eilers/Wienands*, GmbHR 1998, 618; *Buciek*, Stbg. 2000, 109. Die nachfolgenden Grundsätze gelten auch nach Wegfall des Eigenkapitalsatzrechtes fort.
196 Vgl. hierzu *Wassermeyer*, DB 2006, 296.
197 Vgl. insb. *Groh*, FR 2008, 264; *Hölzle*, DStR 2008, 1185.

gegeben worden. Solche Verluste dürfen bei einem endgültigen Verlust (insb. Insolvenz der GmbH) weiter – nach den Wertungen der §§ 39 Abs. 5, 135 InsO – als nachträgliche AK berücksichtigt werden.[198]

5.2 Begriff der verdeckten Einlage

Aus der Abgrenzung zwischen offenen und verdeckten Einlagen ergibt sich unmittelbar der Begriff der verdeckten Einlage, der von Rspr. (vgl. nur GrS des BFH vom 09.06.1997, BStBl II 1998, 308) und Finanzverwaltung (A 8.9 KStR) identisch verwendet wird:

»Eine verdeckte Einlage ist gegeben, wenn ein G'fter oder eine ihm nahe stehende Person außerhalb der gesellschaftsrechtlichen Einlagen einen einlagefähigen Vermögensvorteil zuwendet und die Zuwendung ihre Ursache im Gesellschaftsverhältnis hat. Dies ist dann der Fall, wenn ein Nicht-G'fter bei Anwendung der Sorgfalt eines ordentlichen Kaufmanns der Gesellschaft den Vermögensvorteil nicht eingeräumt hätte. Gegenstand der verdeckten Einlage kann auch der Erlass einer Forderung gegen die Gesellschaft sein. Dem Erlass steht unter dem Gesichtspunkt der Einlage der Verzicht auf die Rückzahlung gleich.«

Die verdeckte Einlage kann nur von einem G'fter oder einer ihm nahe stehenden Person vorgenommen werden. Hierzu gelten die gleichen Ausführungen wie bei der vGA in Bezug auf »Noch-Nicht-G'fter« bzw. »Nicht-Mehr-G'fter«.[199] Wendet eine dem G'fter **nahe stehende** Person (aus familien- oder gesellschaftsrechtlichen Gründen nahe stehend) der KapG den Vorteil zu, wird dies dem G'fter zugerechnet. Welchen Rechtsgrund die (in einem ersten Schritt gedanklich zu vollziehende) Zuwendung von der nahe stehenden Person an den G'fter (Deckungsverhältnis) hatte, ist für die Behandlung der verdeckten Einlage bei der Gesellschaft und den G'fter ohne Belang. Es kann sich bei Darlehens- oder Bürgschaftsübernahmen durch die nahstehende Person die Problematik des **Drittaufwands** ergeben, wenn eine Inanspruchnahme aufgrund der Bürgschaft erfolgt.[200] M.E. führt nur eine konsequente Zurechnung der Steuerfolgen beim AE zu einem sachgerechten **Ergebnis**.

Die Zuwendung muss in einem **einlagefähigen Vermögensvorteil** bestehen. Nach der steuerlichen Rspr. können nur solche WG eingelegt werden, die bei der empfangenden Gesellschaft dem Grundsatz nach bilanzierungsfähig sind. Dabei steht der Wegfall eines Passivpostens der Hinzufügung eines Aktivpostens gleich. Ein grundsätzlich einlagefähiger Vermögensvorteil besteht auch bei immateriellen WG, das Aktivierungsverbot des § 5 Abs. 2 EStG gilt hier nicht.

Fraglich ist, ob die Einlagefähigkeit eine Einschränkung insoweit zu erfahren hat, dass nicht alles, was gesellschaftsrechtlich einlagefähig ist, auch Gegenstand einer verdeckten Einlage sein kann. Der BGH hat zur Einlagefähigkeit von Nutzungen bzw. Nutzungsrechten ausgeführt, dass sich die Bilanzierungsfähigkeit nach der Einlagefähigkeit richte und nicht umgekehrt (GmbHR 2000, 870). Die Einlagefähigkeit richte sich – entsprechend den Grundsätzen der Kapitalaufbringung und der Kapitalerhaltung – entscheidend nach der Bewertbarkeit und Verwertbarkeit in der Zwangsvollstreckung (Gläubigerschutz). Damit hat

---

198 Dies wird dadurch bestärkt, dass die FinVerw nur bei Verzicht auf das »Kleinanleger-Privileg« von nachträglichen AK ausgeht, vgl. auch *Harle*, BB 2013, 91.
199 Vgl. dazu Kap. 4.3.2.
200 *Wassermeyer*, DB 1999, 2486.

der BGH die Einlagefähigkeit von bewertbaren Nutzungsrechten (aber auch Nutzungen) dokumentiert. Aus Gründen einer sachgerechten Besteuerung können diese gesellschaftsrechtlichen Grundsätze nicht uneingeschränkt auf das Steuerrecht – insb. auf die Einlagefähigkeit im Rahmen von verdeckten Einlagen – übertragen werden. Der Ansatz dieser **Nutzungsvorteile** in der Bilanz der aufnehmenden Gesellschaft hätte zur Folge, dass der Nutzungsertrag (Zinsvorteil) im Ergebnis bei der Gesellschaft der Besteuerung entzogen sein würde, da dem Bilanzansatz ein zusätzlicher Aufwand i.H.d. TW-AfA gegenübersteht (BFH vom 26.10.1987, BStBl II 1998, 348).

Beispiel 51: Verlagerung von Vorteilen
Die M-GmbH überlässt der T-GmbH ein Darlehen mit einer Laufzeit von vier Jahren, ohne Zinsen zu verlangen.

Lösung: Es sollen – an dieser Stelle – nur die Auswirkungen auf die T-GmbH betrachtet werden. Bei Ansatz des Nutzungsvorteils in der Bilanz der T-GmbH würde auf der ersten Stufe der Gewinnermittlung (Bilanz bzw. GuV) durch die Zuwendung des Vorteils ein außerordentlicher Ertrag entstehen, der auf der zweiten Stufe – entsprechend der gesellschaftsrechtlichen Veranlassung – neutralisiert werden muss. Zusätzlich würden bei der Aktivierung des Nutzungsvorteils durch die Abschreibung auf das Nutzungsrecht über die Laufzeit des Darlehens Aufwendungen entstehen, sodass der tatsächliche Vorteil der T-GmbH, verbilligt Fremdkapital nutzen zu können, endgültig der Besteuerung entzogen worden wäre.

Man wird also – unabhängig von der Rspr. des BGH – auch weiterhin davon auszugehen haben, dass bloße **Nutzungsvorteile nicht** Gegenstand einer verdeckten **Einlage** sein können. Im vorstehenden Beispiel wird der Nutzungsvorteil nicht aktiviert und nicht abgeschrieben, sodass die ersparten Aufwendungen den Gewinn der T-GmbH erhöhen.

Die **gesellschaftliche Veranlassung** ist – wie bei der vGA – erst auf der zweiten Stufe, d.h. außerhalb der Bilanz zu prüfen. Dies bedeutet, dass eine Korrektur **außerhalb der Bilanz** nur dann möglich ist, wenn der Vorgang sich **innerhalb der Bilanz** ausgewirkt hat. Die gesellschaftliche Veranlassung als solche ist nach den gleichen Maßstäben wie bei der vGA zu prüfen, es hat also ein Fremdvergleich (»Markttest«) stattzufinden; auf obige Ausführungen ist daher zu verweisen.

5.3 Rechtsfolgen der verdeckten Einlage

Bei der Rechtsfolge der verdeckten Einlage ist zwischen der Gesellschafts- und der Gesellschafterebene zu unterscheiden. Beide Ebenen sind ab 2007 durch das formelle und materielle Korrespondenzprinzip miteinander verbunden.[201]

---

201 Zu Problemen bei der Anwendung dieses Korrespondenzprinzips und der Unvollständigkeit des Gesetzesbefehls vgl. *Pohl/Raupach*, GmbHR 2007, 210.

5.3.1 Rechtsfolgen auf der Ebene der Kapitalgesellschaft

Auf der Ebene der KapG hat sich die verdeckte Einlage in der Bilanz auf der ersten Stufe der Gewinnermittlung i.d.R. **ergebniserhöhend** ausgewirkt. Entsprechend der Zielsetzung des § 4 Abs. 1 EStG ist eine Korrektur des Einkommens i.H.d. verdeckten Einlage vorzunehmen (§ 8 Abs. 3 S. 3 KStG – hier erfolgt zum ersten Mal eine gesetzliche Klarstellung). Die verdeckte Einlage ist dabei mit dem **TW** zu bewerten. Bei der Bewertung verdeckter Einlagen sind zusätzlich insoweit allgemeine Bewertungsvorschriften maßgebend (vgl. z.B. § 6 Abs. 1 Nr. 5a EStG), als es um den Wertansatz in der StB der aufnehmenden KapG geht. In diesen Fällen hat die Korrektur entsprechend dem Bilanzansatz zu erfolgen.

Bei der Einlage von abnutzbaren WG, die zuvor zur Erzielung von Einkünften gem. § 2 Abs. 1 Nr. 4–7 EStG verwendet worden sind, ist § 7 Abs. 1 S. 5 EStG zu beachten. Die AfA-BMG vermindert sich um die Abschreibungen (einschließlich der Sonderabschreibungen und erhöhten Absetzungen), die bis zur Einlage vorgenommen worden sind. Damit soll verhindert werden, dass durch die Einlage von WG in BV neues AfA-Volumen ohne stpfl. Aufdeckung der stillen Reserven generiert wird. Diese Neuregelung hat jedoch **keinen Einfluss auf den Einlagewert**, dieser ist unabhängig von der AfA-BMG mit dem TW anzusetzen.

> **Beispiel 52: Das unverbrauchte Gebäude**
> A hat als Alleingesellschafter in die X-GmbH ein bebautes Grundstück verdeckt eingelegt. A hat dieses bebaute Grundstück vor der Einlage 15 Jahre vermietet, soll nun aber betrieblich genutzt werden. Die ursprünglichen AK des Gebäudes betragen 900, die aufgelaufenen Abschreibungen 270, der TW zum heutigen Zeitpunkt 1.100.
>
> **Lösung:** Die Einlage ist bei der KapG mit dem TW (1.100) zu bewerten, in gleicher Höhe hat eine außerbilanzielle Korrektur zu erfolgen. Die AfA-BMG beträgt 830 (1.100 ./. 270), die jährliche Abschreibung 3 % dieser BMG (§ 7 Abs. 4 Nr. 1 EStG). Nach vollständigem Verbrauch des AfA-Volumens bleibt in der Bilanz der X-GmbH ein nicht abschreibungsfähiger Restwert von 270 stehen (vgl. insoweit BFH vom 18.08.2009, DStR 2009, 2655).[202] Dieser Restwert (bzw. der sonstige höhere Buchwert in der Bilanz) wirkt sich im Verkaufsfall (oder Entnahme) erfolgsmindernd aus.
>
> **Hinweis:** Anderes gilt, wenn die Einlage gegen Gewährung von Gesellschaftsrechten erfolgt. Insoweit kann nach allgemeinen Tauschgrundsätzen eine Aufstockung des Wertes auch mit Wirkung für die AfA-Bemessungsgrundlage erfolgen.

Bei **verdeckten Einlagen von Beteiligungen** an anderen KapG i.S.v. § 17 EStG ist die Regelung des § 17 Abs. 1 S. 2 EStG zu beachten, nach der eine verdeckte Einlage einer solchen Beteiligung in eine KapG einer Veräußerung gleichsteht. Zur Vermeidung einer doppelten Besteuerung ist insoweit der Anwendungsbereich des § 6 Abs. 1 S. 1 Nr. 5b EStG einzuschränken und eine **korrespondierende Bewertung** der Beteiligung beim einlegenden G'fter und der aufnehmenden KapG herbeizuführen.

> **Beispiel 53: Einlage von Beteiligungen**
> A ist Alleingesellschafter der X-GmbH; die X-GmbH hat ein Stammkapital von 100, in gleicher Höhe hat A AK auf die Beteiligung gehabt. A ist zudem noch an der Y-GmbH zu 50 % beteiligt;

---

[202] Zu den Rechtsfolgen des Verbots der Doppelabschreibung vgl. *Levedag*, DStR 2010, 249.

die AK dieser Beteiligung haben 150 betragen, der gemeine Wert beträgt 280. A legt seine Beteiligung an der Y-GmbH verdeckt in die X-GmbH ein.

Lösung: Aus Sicht des A ist die verdeckte Einlage der Beteiligung an der Y-GmbH einer Veräußerung an die X-GmbH gleichzustellen (§ 17 Abs. 1 S. 2 EStG); statt eines Veräußerungspreises ist der gemeine Wert anzusetzen (280), bei A entsteht ein entsprechender Veräußerungsgewinn, der dem Teileinkünfteverfahren unterliegt (vgl. § 3 Nr. 40c EStG).
Bei der X-GmbH ist die Beteiligung an der Y-GmbH korrespondierend mit diesem Wert und nicht entsprechend § 6 Abs. 1 S. 1 Nr. 5b EStG mit den ursprünglichen AK anzusetzen (vgl. BMF vom 02.11.1998, BStBl I 1998, 1227). In dieser Höhe entsteht auf der ersten Stufe der Gewinnermittlung bei der X-GmbH ein außerordentlicher Ertrag, der außerhalb der Bilanz zu korrigieren ist. Wenn A an der Y-GmbH zu mehr als 50 % beteiligt ist, muss § 20 Abs. 1 S. 2 UmwStG (ab 2007: § 21 UmwStG) beachtet werden, wenn A als Gegenleistung (tauschähnlicher Vorgang) neue Anteile an der X-GmbH erhält.

Ein anderes Ergebnis kann aber bei der vE von Anteilen der GmbH gerechtfertigt sein, in die die Anteile eingelegt werden. Wenn der Einlegende diese Anteile einlegt, erhöhen sich systematisch die Anschaffungskosten an dieser Beteiligung. Da er aber nach der Einlage dieser Beteiligung nicht mehr an der Gesellschaft beteiligt ist, würden die erhöhten Anschaffungskosten ins Leere gehen. Dies entspricht nicht den Wertungen der verdeckten Einlage, nach der sich die Erhöhung der Anschaffungskosten bei einem späteren Verfall oder sonstiger Realisierung über § 17 EStG auswirken. Aus diesem Gesichtspunkt sind richtiger Ansicht nach bei der vE von eigenen Anteilen an der GmbH, in die die Anteile eingelegt werden, keine stillen Reserven zu realisieren.[203]

Hinweis: Die Abgrenzung von tauschähnlichen Einlagevorgängen und bloßen Einlagen ist in der Rspr. unter verschiedenen Blickwinkeln untersucht und entschieden worden.[204] Entscheidend ist die Gewährung von Gesellschaftsrechten; ob bei einer Kapitalerhöhung darüber hinaus ein über den Wert der gewährten Gesellschaftsrechte hinausgehender Betrag der Sacheinlage in die Kapitalrücklage eingestellt wird, ist unerheblich. Entscheidend ist allein, dass auch Gesellschaftsrechte gewährt werden. Auch eine Teilung des einheitlichen Vorgangs, zum einen die Annahme eines tauschähnlichen Einlagevorgangs (soweit Gesellschaftsrechte gewährt werden), zum anderen die Annahme einer bloßen Einlage (soweit eine Einstellung die Rücklage vorgenommen wird), kommt nach übereinstimmender Ansicht des BFH zu Recht nicht in Betracht.

Trotz der **Neutralisation der verdeckten Einlage** bei der Einkommensermittlung der aufnehmenden Gesellschaft hat die Zuwendung das Eigenkapital in der Bilanz erhöht, welches für Gewinnausschüttungen verwendet werden kann. Da die Rückzahlung einer verdeckten Einlage materiell keine Gewinnausschüttung, sondern eine Kapitalrückzahlung darstellt (vgl. § 20 Abs. 1 Nr. 1 S. 3 EStG), führen sie beim AE nicht zu Einnahmen aus Kapitalvermögen. Aus diesem Grund sind verdeckte Einlagen gesondert auszuweisen, um im Ausschüttungsfall die angemessenen Steuerfolgen ziehen zu können. Der gesonderte Ausweis hat in dem steuerlichen Einlagekonto i.S.d. § 27 KStG zu erfolgen. Werden für eine Gewinnausschüttung

---

203 So richtig *Schmid*, DStR 2017, 1306 ff. gegen BFH vom 16.12.2016, DStR 2017, 1315 ff.
204 Vgl. die Entscheidungen des BFH vom 24.01.2008 (Az.: IV R 37/06), vom 24.04.2007, FR 2007, 1064, vom 25.04.2006, BStBl II 2006, 847.

nach der Differenzrechnung des § 27 Abs. 1 S. 3 KStG Beträge des steuerlichen Einlagekontos mitverwendet, ist diese Verwendung dem AE zu bescheinigen (vgl. § 27 Abs. 3 KStG). Die Rückzahlung dieser Beträge führt unter Beachtung der sog. Differenzrechnung beim AE zu einem veräußerungsgleichen Vorgang (vgl. § 17 Abs. 4 EStG), nicht zu Einnahmen aus Kapitalvermögen. Die AK des AE mindern sich entsprechend, übersteigen die Rückzahlungen die AK des AE entsteht ein Gewinn, der gem. § 17 EStG i.V.m. § 3 Nr. 40c EStG zu erfassen ist. Fraglich ist, wie Rückzahlungen an AE zu behandeln sind, die unterhalb der Schwelle des § 17 Abs. 1 EStG beteiligt sind. Im Rahmen der Abgeltungsteuer unterliegen diese Einkünfte der Steuerpflicht.

Ist eine KapG Anteilseigner, so ist ein den Beteiligungsbuchwert übersteigender Rückzahlungsbetrag nach Ansicht des BFH nicht unter § 8b Abs. 1 EStG, sondern unter § 8b Abs. 2 EStG zu subsumieren.[205] Damit schließt sich der BFH der Ansicht der Finanzverwaltung an.

5.3.2 Rechtsfolgen auf der Ebene des Anteilseigners

Beim Anteilseigner erhöhen sich durch eine verdeckte Einlage, wie bei einer offenen Einlage, die AK der Beteiligung. Die Erhöhung der AK (bzw. des Beteiligungsbuchwertes) korrespondieren i.d.R. mit dem Wertansatz der verdeckten Einlage auf der Ebene der KapG, zwingend ist dies jedoch nicht. Entscheidend ist, was der Anteilseigner »auf seine Beteiligung aufwendet«.

In dem letztgenannten Beispiel 53 wendet A den gemeinen Wert (280) der Beteiligung an der Y-GmbH auf seine Beteiligung an der X-GmbH auf. Die AK an der X-GmbH erhöhen sich demnach um 280 auf 380. In diesem Beispiel korrespondieren die Aufwendungen des A auf seine Beteiligung mit dem Wertansatz der verdeckten Einlage aus Sicht der X-GmbH.

Eine solche Korrespondenz ist aber in der folgenden Konstellation nicht möglich.

Beispiel 54: Die Krise aus der Sicht des G'fters[206]
A gewährt der X-GmbH ein sog. **Krisendarlehen**[207] i.H.v. 600, welches aufgrund einer Absprache[208] ausdrücklich in der Krise zur Stärkung der Kapitalbasis in der Gesellschaft verbleiben soll. In der Krise verzichtet er auf diese Darlehen, der TW des Darlehens beträgt aus Sicht des A (unter Berücksichtigung der Bonität der X-GmbH) noch 200.

Lösung: Auf der Ebene der KapG entsteht auf der ersten Stufe ein außerordentlicher Ertrag i.H.d. Wegfalls der Darlehensverbindlichkeit (600). I.H.d. **TW** (GrS des BFH vom 09.06.1997, BStBl II 1998, 307) der Verbindlichkeit kann eine vE angenommen werden, die zu einer Minderung des Ergebnisses außerhalb der Bilanz führt (**Korrektur um 200**). Auf der Ebene des G'fters führt der Verzicht (im Übrigen auch der Verlust) auf ein sog. Krisendarlehen nach der Rspr. des VIII. Senates (z.B. vom 13.07.1999, BStBl II 1999, 724) in Übereinstimmung mit der Finanzverwaltung (BMF vom 08.06.1999, BStBl I 1999, 545) zu nachträglichen AK i.H.d. **Nennwertes** des Darlehens (**600**). Es besteht also keine Korrespondenz zwischen der Behandlung bei der KapG und dem AE. Dies hängt insoweit mit einem normspezifischen AK-Begriff i.R.d. § 17 EStG zusammen,

---

[205] Vgl. nur BFH vom 28.10.2009, DStR 2010, 215.
[206] Vgl. umfassend *Förster/Wendland*, GmbHR 2006, 169.
[207] Nach MoMiG dürfte es allein auf den Tatbestand der Krise nicht mehr entscheidend ankommen.
[208] Besteht die Bindung nicht gesetzlich, sondern auf vertraglicher Grundlage, sollten die althergebrachten Grundsätze des normspezifischen Anschaffungskostenbegriffs trotz Neuausrichtung der Rspr. weiterhin anwendbar sein; vgl. zu der Neuausrichtung der Rspr. *Kahlert*, DStR 2017, 2305 ff.

der sich nicht auf die Höhe der verdeckten Einlage bei der Gesellschaft übertragen lässt (vgl. zuletzt BFH vom 16.05.2001, DB 2001, 1431).

Hinweis: Eine Einlage kann bei der KapG einerseits so lange (auch bei einem Darlehen mit Rangrücktritt[209]) nicht angenommen werden, als auf das Darlehen nicht verzichtet wird. Das Darlehen muss in Handels- und StB weiterhin passiviert werden.[210] Andererseits liegt eine verdeckte Einlage auch bei einem Verzicht gegen Besserungsschein vor, da dieser Verzicht zunächst wie ein unbedingter Verzicht wirkt. Dies gilt nach h.M. trotz der Entscheidung des BFH vom 15.04.2015 (DB 2015, 1633 ff.), in der dieser § 5 Abs. 2a EStG auf Darlehen anwendet, die nur aus einem zukünftigen Bilanzgewinn und einem etwaigen Liquidationsüberschuss zu tilgen sind. Insoweit hält der BFH – entgegen der h.M. – eine verdeckte Einlage für gegeben. Die Rspr. ist jedoch – wohl unstrittig – dann nicht anwendbar, wenn das Darlehen auch aus sonstigem freien Vermögen rückzahlbar ist.[211]

Auf eine weitere Rechtsfolge auf Seiten des AE hat der BFH (GrS vom 09.06.1997, BStBl II 1998, 307) hingewiesen. Der AE könne der KapG nur etwas zuwenden, worüber er zunächst – zumindest für eine logische Sekunde – die Verfügungsbefugnis gehabt habe. Dies führt bei dem AE bei einem Forderungsverzicht (verdeckte Einlage durch Wegfall eines Passivpostens) zu einer **zweistufigen Betrachtung**.

Beispiel 55: Nicht erhaltene Zinsen als Zufluss

A hat der X-GmbH als Alleingesellschafter ein Darlehen (100) zu einem marktüblichen Zins (8 %) gewährt. Es war vereinbart, dass die Zinsen gestundet werden und am Ende der Laufzeit (fünf Jahre) das Darlehen zusammen mit diesen in einer Summe zurückbezahlt werden. Nach zwei Jahren verzichtet der G'fter auf das Darlehen und den Zins. Das Darlehen ist als vollwertig anzusehen.

Lösung: Bei der X-GmbH liegt bilanziell ein außerordentlicher Ertrag i.H.d. Wegfalls der passivierten Darlehensverbindlichkeit und der Zinsverbindlichkeit vor. Da vorliegend der Nennwert dem TW entspricht, ist diese Erhöhung außerhalb der Bilanz zu korrigieren.
Bei A führt der Verzicht zunächst zur Annahme der wirtschaftlichen Verfügungsbefugnis, weil A nur auf etwas verzichten kann, worüber er auch verfügen kann. A erhält – lediglich fiktiv – den Darlehens- und den Zinsbetrag ausbezahlt, um diesen in einem zweiten Schritt wieder in die Gesellschaft einzulegen. Deshalb sind ihm die Zinsen zugeflossen (§ 11 EStG), die zu Einnahmen aus Kapitalvermögen führen (§ 20 Abs. 1 Nr. 7 EStG). Die »rückgezahlten Beträge« verwendet er – wiederum fiktiv – unmittelbar anschließend zur Einlage in die KapG; entsprechend erhöhen sich seine AK um diese Beträge.

Dieses zweistufige Verfahren ist vor allem bei dem Verzicht auf stehengelassene Forderungen des AE zu beachten, deren Zufluss beim AE zu stpfl. Einnahmen führen, so z.B. **auch beim Verzicht auf gestundete GF-Vergütungen**. In diesen Fällen wird das Korrespondenzprinzip eine größere Rolle spielen. Eine Korrektur des Einkommens auf der Ebene der KapG soll

---

209 Hier können die Beurteilung bei der Gesellschaft und beim G'fter divergieren. Bei der Gesellschaft nimmt die Finanzverwaltung inzwischen bei Vereinbarungen eines einfachen Rangrücktritts die Anwendung des § 5 Abs. 2a EStG an. Vgl. hierzu auch die BFH-Entscheidung vom 15.04.2015, DB 2015, 1633 ff. Zu dem Kontext instruktiv *Schmidt*, DB 2015, 600 ff. sowie *Baschnagel*, Ubg 2014, 769 ff.
210 Dies gilt auch für sog. Finanzplankredite, die eine eigenständige Kategorie der eigenkapitalersetzenden Darlehen bilden; vgl. *Brauer*, GmbHR 1999, 914.
211 Vgl. hierzu *Wacker*, DB 2017, 26 ff.

nur in Betracht kommen, wenn die verdeckte Einlage beim AE erfasst worden ist (vgl. § 8 Abs. 3 S. 3–5 KStG).

5.4 Einzelfälle

5.4.1 Forderungsverzicht

Der GrS des BFH hat mit Beschluss vom 09.06.1997 (BStBl II 1998, 307) entschieden, dass die Bewertung einer vE immer nur mit dem TW zu erfolgen hat; ergänzend hat der BFH im Beschluss vom 16.05.2001 (DB 2001, 858) festgestellt, dass dies auch für Krisendarlehen und Darlehen mit Rangrücktritt zu gelten habe. Dies erklärt sich daraus, dass der AE nur das einlegen könne, über das er selbst verfüge. Dies sei jedoch immer nur das Darlehen mit dem zu dem jeweiligen Zeitpunkt feststellbaren Wert. Die Behandlung auf der **Ebene der Gesellschaft** war somit hinreichend klar; diese Klarheit ist infolge neuerer Rspr. (vgl. etwa BFH vom 11.07.2017, DStR 2017, 2098 ff.) etwas verloren gegangen:

- Solange nicht auf das Darlehen verzichtet worden ist, lag keine Einlage vor. Darlehen, die eigenkapitalersetzend oder mit einem Rangrücktritt versehen waren, bleiben aus der Sicht der KapG Fremdkapital und stellen vor Verzicht keine Einlage dar. Insoweit hat der BFH in steuerbilanzrechtlicher Hinsicht modifiziert, dass gem. § 5 Abs. 2a EStG eine Verbindlichkeit nicht zu passivieren sei, die nur aus Gewinnen oder Liquidationsüberschüssen zurückzuzahlen sei. Dies gelte insb. auch für Verbindlichkeiten, für die ein einfacher Rangrücktritt erklärt worden sei (vgl. BFH vom 15.04.2015, DB 2015, 1633 ff.). Wenn nach steuerbilanzrechtlichen Gesichtspunkten eine solche Verbindlichkeit entweder von vornherein nicht zu passivieren oder später aufzulösen sei, könne eine verdeckte Einlage in Höhe des werthaltigen Teils der Forderung des Gesellschafters vorliegen. Finanzierungstitel, die nach handelsrechtlichen Grundsätzen materielles Eigenkapital darstellen (z.B. aktienähnliche Genussrechte), stellen unabhängig von einem Verzicht Eigenkapital dar, wenn sie zusätzlich den steuerlichen Anforderungen des § 8 Abs. 3 S. 3 KStG entsprechen.[212]
- Bei einem Verzicht auf ein Darlehen liegt eine vE i.H.d. TW vor. Soweit der G'fter auf das Darlehen noch nicht verzichtet hat, sondern lediglich einen Rangrücktritt erklärt hat, wonach das Darlehen nur aus sonstigem freien Vermögen zurückzuzahlen sei, ergeben sich auf Ebene der Gesellschaft auch nach neuerer Rspr. keine Rechtsfolgen.[213] Hier ist allerdings die Rspr. des BFH vom 15.04.2015 (DB 2015, 1633 ff.) zu beachten, nach der der einfache Rangrücktritt, bei dem das Darlehen nur aus einem künftigen Bilanzgewinn zurückzuzahlen sei, in der Regel zu einer Auflösung der Verbindlichkeit führt.
Grundsätzlich gilt aber weiterhin, dass erst **der Verzicht** die Rechtsfolgen der vE auslöst, da erst zu diesem Zeitpunkt wendet der G'fter der Gesellschaft etwas zuwendet.
Dies gilt auch für den sog. **Verzicht gegen Besserungsschein**. Im Zeitpunkt des Verzichts wird die Verbindlichkeit erfolgswirksam ausgebucht. Es liegt eine verdeckte Einlage nur i.H.d. Teilwertes vor, die außerhalb der Bilanz zu korrigieren ist. In dieser Höhe wird das steuerliche Einlagekonto (§ 27 KStG) erhöht. Bei einem Verzicht gegen

---
[212] Vgl. zu den unklaren Anforderungen an Eigenkapital WPg 1994, 419; die OFD Nordrhein-Westfalen hat mit Schreiben vom 12.05.2016, GmbHR 2016, 1338 ff. für Irritationen gesorgt.
[213] Vgl. hierzu *Bäuml*, GmbHR 2009, 632.

Besserungsschein lebt die Verbindlichkeit wieder auf, wenn und soweit sie befriedigt werden kann, ohne das Nennkapital anzugreifen (Befriedigung aus freiem Vermögen ist möglich). In der Bilanz wird die Verbindlichkeit im Zeitpunkt des Wiederauflebens aufwandswirksam passiviert. Außerhalb der Bilanz wird der Betrag i.H.d. verdeckten Einlage wieder hinzugerechnet, die im Zeitpunkt des Verzichts vorgenommene Korrektur außerhalb der Bilanz wird somit rückgängig gemacht (dies kann als **negative verdeckte Einlage** verstanden werden). Insoweit muss ein Abzug vom steuerlichen Einlagekonto vorgenommen werden, das dadurch auch negativ werden kann (vgl. hierzu BMF vom 04.06.2003, BStBl I 2003, 366, Tz. 29; ferner BMF vom 16.12.2003, DB 2004, 35). Wenn im Zeitpunkt des Besserungsfalls auch Zinsen für die Vergangenheit wieder aufleben, wird der frühere Veranlassungszusammenhang wirksam. Daher sind auch die Zinsen, die für den Zeitraum des auflösend bedingten Verzichtes nachgezahlt werden, als Betriebsausgabe abzuziehen unter der Voraussetzung, dass § 4h EStG i.V.m. § 8a KStG nicht eingreift. Dies gilt auch für den beherrschenden G'fter, das Nachzahlungsverbot gilt insoweit nicht.

Hinweis: Ist der Verzicht von dem G'fter oder einem Dritten nicht aus gesellschaftlichen, sondern aus betrieblichen Gründen erfolgt, kommt eine verdeckte Einlage nicht in Betracht. Zu prüfen ist in diesen Fällen, ob nach dem künftigen gesetzlich geregelten (§ 3a EStG) Sanierungserlass eine steuerliche ergebnisneutrale Ausbuchung der Verbindlichkeiten erfolgen kann.[214]

- Durch die Übernahme einer Bürgschaft und die Erfüllung der Verbindlichkeit durch den Bürgen (G'fter-Bürgen) wird noch keine verdeckte Einlage bewirkt. Die Gesellschaft wird noch nicht von einer Verbindlichkeit befreit, sondern erst dann, wenn der Bürge auf die gem. § 774 BGB auf ihn übergegangene Forderung verzichtet. Dann gelten die o.g. Grundsätze entsprechend.

Bei dem G'fter ist die steuerliche Behandlung differenzierter:

- Im Zeitpunkt des Verzichts ist von einer **fiktiven Rückzahlung** i.H.d. werthaltigen Teils der Forderung auszugehen. Soweit es sich um einen Verzicht auf eine Darlehensforderung handelt, ist diese Rückzahlung erfolgsneutral. Besteht bei Zufluss der Forderung aber eine Steuerpflicht (z.B. Verzicht auf gestundete Zinsen, Mietansprüche, Gehalts- und Pensionsansprüche), ist i.H.d. werthaltigen Teils eine stpfl. Einnahme anzusetzen. I.H.d. nicht werthaltigen Teils liegt ein Verlust vor, der nur dann steuerlich wirksam ist, wenn sich die Forderung in einem BV befunden hat bzw. der Verlust als WK bei einer Einkunftsart berücksichtigt werden kann.

Bei einem Forderungsverzicht gegen Besserungsschein werden im Besserungsfall die Rechtsfolgen im Zeitpunkt des Verzichtes wieder »zurückgedreht«. So mindern sich die nachträglichen Anschaffungskosten wieder entsprechend, und in Höhe des nicht werthaltigen Teils der Forderung erzielt der G'fter – im Falle der Auszahlung – entsprechende, u.U. stpfl. Einnahmen. In Höhe des werthaltigen Teils der Forderung wurde bereits im Zeitpunkt des Verzichtes ein Zufluss angenommen, sodass im Zeitpunkt des Wiederauflebens der Forderung nicht noch einmal Einnahmen angenommen werden können.

---

214 Der BFH (Beschluss vom 28.11.2016, BStBl II 2017, 393 ff.) hatte der praktizierten Verwaltungsauffassung des Sanierungserlasses ohne ausreichende Rechtsgrundlage eine Absage erteilt.

- Aufgrund der Neuausrichtung der Rspr. können sich in Bezug auf die Behandlung beim G'fter Änderungen ergeben. Soweit in der Vergangenheit die Anschaffungskosten des G'fters in Anlehnung an das gesellschaftsrechtliche Eigenkapitalersatzrecht bestimmt worden sind, kann diesen Gedanken nach Änderung der Rspr. (vgl. oben) nicht mehr gefolgt werden. Die Vergangenheit führte die Anlehnung an das Eigenkapitalersatzrecht bei verschiedenen Darlehensformen zu einer unterschiedlichen Höhe der nachträglichen Anschaffungskosten, da die Finanzierungsentscheidung zu verschiedenen Zeitpunkten gefällt wurde. Die AK sind in der Höhe der Darlehensforderung begründet, die im Zeitpunkt der Finanzierungsentscheidung bestand.[215] Die Höhe der AK betrug demnach bei den verschiedenen Darlehensformen:

Darlehensform	Höhe der AK
krisenbestimmtes Darlehen	Nennwert
in der Krise gegebenen Darlehen	Nennwert
Finanzplandarlehen/Darlehen mit Rangrücktritt[216]	Nennwert
in der Krise stehengelassenes Darlehen	TW im Zeitpunkt der Prolongation

Bei einem Ausfall (nicht Verzicht) eines G'fter-Darlehens hatten die Rspr. und die Verwaltung im Rahmen des § 17 EStG den »normspezifischen Anschaffungsbegriff« geprägt. In Anlehnung an das gesellschaftsrechtliche alte »Eigenkapitalersatzrecht« der Rspr. des BGH und der §§ 32a, b GmbHG hat man den Verlust solcher als Eigenkapitalersatz anzusehenden Darlehen als nachträgliche Anschaffungskosten zugelassen.[217] Nach Abschaffung des Eigenkapitalersatzrechtes ging man vorläufig von einer Fortgeltung dieses Rechtszustandes aus.[218] Diese Auffassung hat der BFH erstmals 2014 (unter Hinweis auf § 39 Abs. 1 Nr. 5 InsO zur Frage des Kleinanlegers) infrage gestellt und nun 2017 (BFH vom 11.07.2017, DStR 2017, 2098) insgesamt eine Absage erteilt. Es müssten nun eigenständige Kriterien hierfür entwickelt werden. Hierbei wird man auch auf die erhöhte insolvenzrechtliche Bindung abzustellen haben. Es wird vorliegend für richtig erachtet, dass bei individualvertraglicher Bindung von Darlehen, die dem früheren Eigenkapitalersatzrecht entsprochen haben, die ursprüngliche Rspr. zu § 17 EStG und dem normspezifischen Anschaffungskostenbegriff weiterhin Geltung beanspruchen kann (vgl. insoweit auch BFH vom 06.05.2014, DStR 2014, 1597). Der BFH will aber offensichtlich nur solche vertraglichen Bindungen für relevant erachten, die die Finanzierung – wie z.B. bei einem Rangrücktritt – einer Einlage individualvertraglich gleichstellen. Dies scheint zu eng zu sein.

---

215 *Preißer*, Band 1, Teil B, Kap. II.
216 Hier kommt je nach Gestaltung der Bedingungen nach der Rspr. des BFH eine verdeckte Einlage in Betracht.
217 Ausführlich hierzu *Moritz*, DStR 2014, 1636 (insb. S. 1640f.); vgl. auch FG Köln vom 30.09.2015, DB 2016, 800f.
218 Der BMF hat sich im Schreiben vom 21.10.2010, DB 2010, 2417 dieser Ansicht angeschlossen.

5.4.2 Verzicht auf eine Pensionszusage

Die Grundsätze des Beschlusses des BFH vom 09.06.1997 sind grundsätzlich auch auf den Verzicht auf die Pensionszusage anzuwenden.[219] Dies bedeutet bei der KapG, dass i.H.d. TW der Pensionsanwartschaft eine verdeckte Einlage anzunehmen ist (zur Klarstellung: innerhalb der StB entsteht ein außerordentlicher Ertrag i.H.d. Nennwertes, der außerhalb der Bilanz i.H.d. TW korrigiert wird). Dem AE fließt im Zeitpunkt des Verzichts der **TW der Pensionsanwartschaft** zu, in gleicher Höhe entstehen bei ihm nachträgliche AK auf seine Beteiligung. Der AE hat im Zeitpunkt des »fiktiven Zuflusses« Einnahmen aus nichtselbständiger Arbeit gem. § 19 EStG. Die vorstehenden Grundsätze stimmen mit der Ansicht der Finanzverwaltung überein.[220] Wenn nur auf einen Teil der Pensionsanwartschaft, insb. auf die sog. »futures services« verzichtet wird, ist eine verdeckte Einlage insoweit anzunehmen, als der Barwert der bis zum Verzichtszeitpunkt bereits erdienten Versorgungsleistungen den Barwert der nach dem Teilverzicht noch verbleibenden Versorgungsleistungen übersteigt. Demnach muss ein Verzicht auf die künftigen Leistungen nicht stets eine verdeckte Einlage darstellen. Folgendes Beispiel soll dies verdeutlichen (nach BMF vom 14.08.2012, DB 2012, 2016 ff.).

> **Beispiel 56: »Der halbe Verzicht«**
> Der beherrschende G'fter-GF einer GmbH, geb. am 01.01.1960, tritt am 01.01.1986 seinen Dienst in der GmbH an. Am 01.01.1996 erhält er die Zusage für eine Alters- und Invalidenrente über 3.000 €/monatlich. Der Pensionseintritt erfolgt mit Vollendung des 66. Lebensjahres. Am 01.01.2011 wird die Versorgungsanwartschaft auf 1.500 €/monatlich herabgesetzt.
>
> **Lösung:** Der erdiente Anteil der Versorgungsleistungen zum Zeitpunkt der Herabsetzung ermittelt sich wie folgt:
>
> Quotient nach Rz. 3:
> tatsächlich geleistete Dienstjahre ab Zusageerteilung (da beherrschend)/maximal mögliche Dienstjahre ab Zusageerteilung = 15/30 = 0,5 erdienter Anteil zum 01.01.2011: 1.500 €/monatlich. Da die nach Herabsetzung noch verbleibenden Versorgungsleistungen genau dem bereits erdienten Anteil entsprechen, liegt keine verdeckte Einlage vor.

Eine Besonderheit erfährt jedoch die Bestimmung des TW durch die Entscheidung des BFH (vom 15.10.1997, BStBl II 1998, 305), wonach nicht der gem. § 6a EStG ermittelte passivierte Wert, sondern der Wert der Pensionsanwartschaft aus Sicht des G'fter-GF maßgebend sein soll. Es soll für die Bestimmung des Wertes sowohl der verdeckten Einlage auf der Ebene der KapG als auch für die Höhe der Einnahmen aus § 19 EStG sowie die nachträglichen AK auf die Beteiligung entscheidend sein, was der AE für eine Pensionszusage bei einem anderen Versicherungsunternehmen als Einmalprämie hätte aufwenden müssen.[221] Wie dieser Wert aber im Einzelnen – außer durch Vergleichsangebote – zu bestimmen ist, ist in der Rspr. bisher nicht abschließend geklärt (wohl der versicherungsmathematische Anwartschaftsbarwert).

---

219 Instruktiv *Egner/Sartoris*, DB 2011, 2804.
220 Erlass des FinMin Nordrhein-Westfalen vom 17.12.2009, DStR 2010, 603.
221 Vgl. auch hierzu BFH vom 21.08.2007, GmbHR 2008, 108.

Zusätzlich wird die Bonität der KapG zumindest dann von Bedeutung sein, wenn sie für die Pensionszusage keine Rückdeckungsversicherung abgeschlossen hat. Aus Sicht des G'fter-GF ist der Anspruch auf die Pensionszusage vor allem dann vollwertig, wenn die KapG den Anspruch gegen die Rückdeckungsversicherung an ihn zur Sicherheit abgetreten oder verpfändet hat.

Beispiel 57: Die abgesicherte Pension III[222]
In der Bilanz der A-GmbH ist eine Pensionsrückstellung zu Gunsten des G'fter-GF B i.H.v. 500 passiviert; es wurde eine Rückdeckungsversicherung i.H.v. 300 abgeschlossen, der versicherungsmathematische Anwartschaftsbarwert beträgt 400. B verzichtet gegen Abtretung des Anspruches aus der Rückdeckungsversicherung auf diese Pensionszusage.

Lösung: Durch den Verzicht und die Auflösung in der Pensionsrückstellung entsteht in der StB zunächst ein außerordentlicher Ertrag i.H.v. 200 (die Auflösung der Rückstellung wird i.H.v. 300 mit dem Anspruch gegen die Rückdeckungsversicherung »verrechnet«). Der G'fter-GF B verzichtet im Ergebnis auf 100, da der abgetretene Anspruch (300) weniger wert ist, als der Anwartschaftsbarwert der Pensionszusage (400); insoweit liegen eine verdeckte Einlage und stpfl. Einnahmen i.S.d. § 19 EStG vor. Die GmbH hat in dieser Höhe eine Kürzung außerhalb der Bilanz vorzunehmen. In entsprechender Höhe erhöhen sich die AK des G'fter-GF B auf seine Beteiligung. Bei allen Beispielen ist davon ausgegangen worden, dass der Verzicht »causa societatis« erfolgt ist. Verzichtet der G'fter aus betrieblichen Gründen, kommen weder eine außerbilanzielle Korrektur noch ein Zufluss beim G'fter infrage.

5.4.3 Zuwendung von Vorteilen an Schwestergesellschaften

Die Zuwendung von Vorteilen an Schwestergesellschaften findet in der Praxis oft zwischen verbundenen Unternehmen statt. Die Konzernmutter bestimmt nach betriebswirtschaftlichen Kriterien, zu welchen Bedingungen Geschäfte innerhalb des Konzernverbundes, also auch zwischen den Schwestergesellschaften, abgewickelt werden. Der folgende Sachverhalt sei Ausgangspunkt für die Darstellung der Grundproblematik[223]:

Die M-GmbH sei Alleingesellschafterin der T1-GmbH und der T2-GmbH. Zwischen der T1 und der T2 werden Geschäfte auf Weisung der M abgewickelt. Die gesellschaftliche Veranlassung der Transaktionen kann unterstellt werden.

Beispiel 58: Die nette Schwester I
Die T1-GmbH erbringt gegenüber T2-GmbH unentgeltliche Beratungsleistungen; diese haben einen Marktwert von 50.000. Bei T1 und T2 ist jeweils die M-KapG Alleingesellschafterin.

Lösung: Die Transaktion ist in zwei Schritten zu beurteilen. Zunächst liegt in der unentgeltlichen Erbringung von Dienstleistungen der T1 an T2 eine vGA der T1 zu Gunsten der M vor. Bei der T1 ist außerhalb der Bilanz das Einkommen entsprechend zu erhöhen, bei M bleibt die vGA gem. § 8b Abs. 1 und Abs. 5 KStG bei der Ermittlung des Einkommens zu 95 % außer Ansatz. Die Weitergabe des Vorteils von M an die T2 stellt bei dieser einen nicht einlagefähigen Vorteil dar; das Ergebnis der T2 ist im Ergebnis um den Wert der Beratungsleistung erhöht. Bei M stellt

---
[222] Vgl. hierzu auch die Beispiele 40 und 41 (»Abgesicherte Pension I« und »Abgesicherte Pension II«) unter Kap. 4.5.3.
[223] *Starke*, DB 2000, 2347.

diese Weitergabe an T2 einen »Verbrauch der vGA«[224] dar, der bei M zu BA auf die Beteiligung an der T2 führt.[225]

Beispiel 59: Die nette Schwester II
T1 hat bei T2 die Beratungsleistung zu marktüblichen Konditionen durchgeführt. Aufgrund von Liquiditätserwägungen der M verzichtet T1 nachträglich auf die Begleichung der Rechnung.

Lösung: In dem Verzicht liegt zunächst wieder eine vGA von T1 an M vor. Insoweit ändert sich gegenüber dem vorhergehenden Bsp. nichts. Der Verzicht bedeutet jedoch gleichzeitig eine verdeckte Einlage der M an T2 (bei T2 fällt ein Passivposten weg). Bei T2 führt der Wegfall der Verbindlichkeit in der StB zu einem außerordentlichen Ertrag, der als verdeckte Einlage außerhalb der Bilanz korrigiert wird. Bei M führt – anders als im vorhergehenden Beispiel – die verdeckte Einlage zu einer entsprechenden Erhöhung des Beteiligungsansatzes, ein unmittelbarer Abzug als BA kommt nicht in Betracht.

5.4.4 Verdeckte Einlage von nahe stehenden Personen

Verdeckte Einlagen sind auch dann gesellschaftlich veranlasst, wenn sie von einer dem AE nahe stehenden Person erbracht werden. Die vE wird – wie bei der vGA – dem AE (Valutaverhältnis) zugerechnet.[226] Das Verhältnis zwischen nahe stehender Person und G'fter (Deckungsverhältnis) kann eigene Rechtsfolgen auslösen.

Beispiel 60: Nette Verwandtschaft I
Die M-GmbH ist Alleingesellschafterin der T-AG, diese wiederum Alleingesellschafterin der E-GmbH. Die M gibt unmittelbar der E ein Darlehen zu marktüblichen Konditionen. Nach drei Jahren verzichtet M auf die Rückzahlung des Darlehens.

Lösung: In dem Verzicht auf die Rückzahlung des Darlehens ist eine verdeckte Einlage der M in die T und der T in die E zu sehen. Es treten die Rechtsfolgen jeweils in der unmittelbaren gesellschaftsrechtlichen Beziehung ein (verdeckte Einlage durch die gesamte Beteiligungskette). Verdeckte Einlagen durch nahe stehende Personen werden oft auch im Verwandtschaftsverhältnis durchgeführt. Die Rechtsfolgen entsprechen im Wesentlichen dem zuvor Dargestellten.

Beispiel 61: Nette Verwandtschaft II
Die Ehefrau des Alleingesellschafters A der A-GmbH verzichtet auf ein Darlehen, welches sie der A-GmbH gegeben hat.

Lösung: Bei gesellschaftlicher Veranlassung ist der Verzicht auf das Darlehen als **mittelbare verdeckte Einlage** des A in die A-GmbH anzusehen. Eine mittelbare verdeckte Einlage liegt vor,

---

224 Vgl. dazu Kap. 4.4.3, Beispiele 34 und 35 (»Verbrauchte vGA I und II«), sowie BFH vom 19.05.2005, GmbHR 2005, 1198.
225 *Pung* in *Dötsch/Pung/Mühlenbrock*, KStG und EStG, § 3c EStG Tz. 81. Hierzu kritisch *Haussmann*, StuW 2014, 305 ff., die hierin eine unsystematische Verschiebung von Einkommen sieht. M.E. ist dies aber nicht in der Problematik von Dreiecksverhältnissen, sondern in der Systematik der Besteuerung von verdeckten Einlagen bzw. in der Behandlung von nicht einlagefähigen Vorteilen begründet. Wäre in Bsp. 59 der AE M eine natürliche Person, will die h.M. den Aufwand durch Verbrauch nur zu 60 % zum Abzug zulassen.
226 Vgl. zu der Problematik des Drittaufwands *Preißer*, Band 1, Teil B, Kap. I 3.4.

wenn – was meistens der Fall sein dürfte – zunächst eine Zuwendung des Dritten an den G'fter anzunehmen ist, welche der G'fter in die KapG einlegt. Dies kann nur dann zu verneinen sein, wenn der Dritte selbst eine Verpflichtung gegenüber der KapG erfüllen will. Der Verzicht der Ehefrau auf das Darlehen ist dem A zuzurechnen. Eine andere Frage ist, wie die Zuwendung der Ehefrau an den G'fter zu würdigen ist. In Frage kommen sowohl Schenkung als auch ein unterhaltsrechtlicher Rechtsgrund. Die Vereinbarung ist im Einzelfall auszulegen.

6 Materielles und formelles Korrespondenzprinzip

6.1 Ausgangslage und Problem

Die Besteuerung der Gesellschaft und G'fter folgten auch verfahrensrechtlich dem Trennungsprinzip.[227] Beide Besteuerungsebenen waren verfahrensrechtlich nicht miteinander verbunden. Die Körperschaftsteuerbescheide stellten für die Einkommensteuer- bzw. Körperschaftsteuerbescheide der G'fter keine Grundlagenbescheide i.S.d. § 175 Abs. 1 Nr. 1 AO dar, eine verfahrensmäßige Verknüpfung i.S.d. § 174 Abs. 2 AO kam ebenfalls nicht in Betracht (vgl. BFH vom 27.10.1992, BStBl II 1993, 69).

So konnten einerseits für den Bereich der vGA Besteuerungslücken eintreten, wenn auf Ebene der KapG eine vGA übersehen wurde und der Einkommensteuerbescheid nicht mehr geändert werden konnte; der G'fter war nicht gehindert, bei einer späteren Leistung an ihn die Leistung als vGA zu qualifizieren, um in den Genuss des HEV zu kommen.

Andererseits bestand die Gefahr der Doppelbesteuerung, wenn bei einer späteren BP auf Ebene der KapG das Vorliegen einer vGA (z.B. überhöhtes GF-Gehalt) festgestellt wurde, eine Änderung auf Ebene des G'fters aus verfahrensrechtlichen Gründen nicht mehr in Betracht kam.

Vergleichbare Probleme konnten im Zusammenhang mit der vE auftreten. Das Herstellen der steuerlichen Kongruenz auf beiden Ebenen soll durch die Einführung einer sog. materiellen und formellen Korrespondenz für vGA und vE abgesichert werden. Aus Gründen der Übersichtlichkeit wird das materielle und formelle Korrespondenzprinzip für vGA und vE getrennt dargestellt, wobei die Grundprobleme zusammen behandelt werden.

6.2 Das formelle und materielle Korrespondenzprinzip bei verdeckten Gewinnausschüttungen

6.2.1 Grundtatbestand und Grundfälle

Gem. § 32a Abs. 1 KStG wird die Bestandskraft der Steuerbescheide (oder Feststellungsbescheide) auf Ebene der G'fter durchbrochen, soweit auf Ebene der KapG/Körperschaft ein Steuerbescheid in Hinblick auf die Berücksichtigung einer vGA erlassen, aufgehoben oder geändert wird. Es kommt dabei zunächst nicht darauf an, ob der Steuerbescheid der KapG selbst noch änderbar ist oder auch seinerseits angegriffen wird (**formelle Korrespondenz**).[228]

---

227 Vgl. nur OFD München, DB 2002, 1857.
228 Vgl. neuerdings *Stöber*, FR 2013, 448.

Beispiel 62: Die spätere Erkenntnis
Im Rahmen einer BP wird das um 50.000 € überhöhte GF-Gehalt aufgegriffen und der KSt-Bescheid gem. § 164 Abs. 2 AO entsprechend geändert. Der G'fter-GF hatte diese Bezüge bisher seinen Einkünften aus § 19 EStG zugeordnet.

Lösung: Gem. § 32a Abs. 1 KStG kann der Steuerbescheid des Anteilseigners insoweit geändert werden, als die Einkünfte in Bezug auf die Höhe der Vergütung von § 19 in § 20 Abs. 1 Nr. 1 S. 2 EStG i.V.m. § 3 Nr. 40d EStG umqualifiziert werden.

Für die Änderung auf Anteilseigner-Ebene kommt es nicht darauf an, ob die körperschaftsteuerliche Beurteilung richtig ist. Richtiger Ansicht nach hat die Finanzverwaltung – trotz des insoweit unklaren Wortlauts – kein freies Ermessen bei Änderung auf Ebene der Anteilseigner, soweit die Voraussetzungen des § 32a Abs. 1 KStG vorliegen.[229]

Regelmäßig wird sich die Änderungsmöglichkeit des § 32a Abs. 1 KStG zu Gunsten des G'fters auswirken, da dies i.d.R. eine Umqualifizierung von der Voll-Besteuerung unterliegenden Einkünften in Einkünfte bedeutet, die dem Teileinkünfteverfahren unterliegen. Dies kann sich aber im Einzelfall auch zu Ungunsten des StPfl. auswirken, wie folgender Fall zeigt.

Beispiel 63: Billiges Grundstück
Die KapG veräußert an den G'fter ein unbebautes Grundstück zum Buchwert von 100, wobei der Verkehrswert 250 beträgt. Der Sachverhalt wird von einer BP auf Ebene der KapG aufgegriffen und der KSt-Bescheid der KapG entsprechend § 164 Abs. 2 AO geändert.

Lösung: Der Sachverhalt löste – ohne Berücksichtigung der vGA – bei dem G'fter zunächst keine Rechtsfolgen aus. Durch die Änderung des KSt-Bescheids werden beim G'fter erstmalig Einkünfte aus Kapitalvermögen i.H.v. 150 angesetzt und dem Teileinkünfteverfahren unterworfen. Positiv wirkt sich die Änderungsmöglichkeit aus, wenn der G'fter das von der Gesellschaft erworbene Grundstück innerhalb der Spekulationsfrist zu einem hohen Preis wieder weiterveräußert. Die als vGA gewerteten Bezüge von 150 erhöhen seine AK, wodurch der der Voll-Besteuerung unterliegende Veräußerungsgewinn nach § 23 Abs. 3 EStG entsprechend gemindert wird.

I.d.R. gegenläufig wirkt sich die sog. **materielle Korrespondenz** der vGA (vgl. § 3 Nr. 40d S. 2 EStG und § 8b Abs. 1 S. 2 KStG) aus.[230] Beim Anteilseigner werden die materiell-rechtlich als vGA zu wertenden Bezüge nur dann dem Regime des § 3 Nr. 40d EStG bzw. des § 8b Abs. 1 i.V.m. Abs. 5 KStG unterworfen, soweit diese Bezüge das Einkommen der leistenden KapG nicht gemindert haben. Soweit diese Bezüge das Einkommen der KapG gemindert haben und die Körperschaftsteuerbescheide nach allgemeinen Änderungsmöglichkeiten der AO nicht mehr änderbar sind (**Vorrang des formellen Korrespondenzprinzips vor dem materiellen Korrespondenzprinzip**), müssen die Einkünfte zwar als Einkünfte nach § 20 Abs. 1 Nr. 1 EStG, aber eben ohne die für diese Einkünfte normalerweise bestehenden Begünstigungsmöglichkeiten besteuert werden.

Beispiel 64: Die günstige Pension
Die X-GmbH gewährt dem G'fter-GF eine Pensionszusage, die mangels Erdienbarkeit in voller Höhe als vGA zu beurteilen ist. Es wurde vom Finanzamt auf Ebene der KapG nicht berücksich-

---
229 Vgl. insoweit richtig *Trossen*, DStR 2006, 2295; näher dazu *Kohlhaas*, GmbHR 2010, 748.
230 Vgl. hierzu *Birker/Schänzle*, UBg 2016, 320 ff.

tigt, der KSt-Bescheid kann nicht mehr geändert werden. In der Auszahlungsphase behandelt der G'fter-GF die Bezüge als Bezüge i.S.d. § 20 Abs. 1 Nr. 1 S. 2 EStG und unterwirft sie dem Teileinkünfteverfahren.

Lösung: Die Pensionszusage hat das Einkommen der KapG im Zeitpunkt der Zuführung zur Rückstellung gemindert und kann nicht mehr – außerhalb der Bilanz – als vGA erfasst werden. Demzufolge hat der G'fter-GF die Bezüge gem. § 20 Abs. 1 Nr. 1 S. 2 EStG i.V.m. § 3 Nr. 40d S. 2 EStG in voller Höhe der Besteuerung zu unterwerfen.

Ergeben sich nach Aufdecken der vGA weitere Konsequenzen, die mit der vGA in unmittelbarem Zusammenhang stehen, sind auch diese Folgerungen aufgrund des Korrespondenzprinzips zu würdigen.

Beispiel 65: Das günstige Darlehen
Die GmbH gewährt dem G'fter ein Darlehen i.H.v. 1 Mio. € zu einem Zinssatz von 3 %. Der marktübliche Zinssatz beträgt 7 %. Der G'fter stellt das Darlehen seinem Einzelunternehmen zur Verfügung; dieser Sachverhalt wird bei einer BP entdeckt.

Lösung: Der KSt-Bescheid der KapG wird gem. § 164 Abs. 2 AO geändert. Die vGA in Form der verminderten Vermögensmehrung wird dem Einkommen außerhalb der Bilanz hinzugerechnet. Der G'fter hat in gleicher Höhe Einkünfte aus Kapitalvermögen, die mit dem Teileinkünfteverfahren anzusetzen sind. Da er den ersparten Zinsaufwand, d.h. den Vorteil, jedoch einkunftsrelevant verbraucht, hat er bei seinen Einkünften gem. § 15 EStG Betriebsausgaben, die er in voller Höhe (ohne Anwendung des § 3c Abs. 2 EStG) abziehen kann.

6.2.2 Systematische Schwächen

In diesen Grundkonstellationen führt das Korrespondenzprinzip zu befriedigenden Ergebnissen. Dennoch seien erhebliche Schwachpunkte und systematische Ungenauigkeiten nicht verschwiegen. Systematisch fragwürdig ist die Einordnung der Vorschrift in das KSt-Recht; die Vorschrift des § 32a KStG begründet nur eine durchbrechende Bestandskraft der Steuerbescheide auf Anteilseigner-Ebene, nicht jedoch bei der KapG selbst. Dort wird eine Änderung vorausgesetzt. Eine Einordnung in das EStG oder besser in die AO hätte sich systematisch eher angeboten.[231]

Die zweite systematische Schwäche liegt darin begründet, dass § 32a Abs. 1 KStG an die **Änderung der Steuerbescheide** der KapG anknüpft. Es sind jedoch Fälle denkbar, in denen eine vGA keine Auswirkung auf die Bemessungsgrundlage der KapG hat und es deshalb nicht zu einer Änderung des KSt-Bescheides kommt. Zunächst sind dies Fälle, bei denen aufgrund eines hohen Verlustvortrags nur dieser Feststellungsbescheid, nicht aber der KSt-Bescheid aufgrund der vGA geändert wird.[232] Nach dem Wortlaut der Vorschrift kommt es insoweit nicht zu einer Anwendung des § 32a KStG, obwohl der Sachverhalt steuerrelevante Folgewirkungen (schnellerer Verbrauch des Verlustvortrags) auf Ebene der KapG hat. Es gibt aber darüber hinaus verschiedene Konstellationen, in denen das Aufde-

---

231 Vgl. auch *Dötsch/Pung*, DB 2007, 12.
232 *Pohl/Raupach*, FS 2007, 210.

cken einer vGA keine Auswirkungen auf das Einkommen der KapG hat, sich aber indessen bei der Gesellschaft steuerlich nicht neutral verhält.

Beispiel 66: Das teure Grundstück
Die KapG kauft vom G'fter ein Grundstück innerhalb der Spekulationsfrist zu einem überhöhten Preis (Verkehrswert = 450, Preis 700). Die GmbH hat das Grundstück zu 700 aktiviert, der G'fter hat einen Gewinn gem. § 23 Abs. 1 Nr. 1 EStG i.H.v. 500 erklärt; seine AK sollen 200 betragen haben.

Lösung: Im Rahmen einer BP wird der Wert zumindest in der StB (richtiger Ansicht nach auch in der HB) aufwandswirksam auf 450 vermindert. Dies stellt keine Teilwertabschreibung, sondern lediglich eine aufwandswirksame, notwendige Anpassung an den von vornherein vorhandenen richtigen Wert dar. Außerhalb der Bilanz wird diese Abschreibung durch eine entsprechende Hinzurechnung korrigiert. Die vGA wirkt sich auf das Einkommen der KapG neutral aus, der KSt-Bescheid braucht nicht geändert zu werden. Folgewirkungen treten erst ein, wenn das Grundstück von der GmbH verkauft wird. Beim G'fter kommt es nach dem Wortlaut der Vorschrift nicht zwingend zu einer steuerlichen Reduktion des Gewinns gem. § 23 EStG um den überhöhten Preis und ein entsprechender Ansatz einer vGA, die bei ihm nach den Grundsätzen des Teileinkünfteverfahrens zu erfassen ist. M.E. muss § 32a KStG auch auf diesen Fall angewendet oder zumindest eine Änderung nach § 173 Abs. 1 Nr. 2 AO zugelassen werden (vgl. auch Beispiel 65).

6.3 Formelle und materielle Korrespondenz bei verdeckten Einlagen

Die Rechtsfolgen der vE sind – im Gegensatz zur vGA – durch das SEStEG erstmalig im KStG geregelt worden[233] (§ 8 Abs. 3 S. 3 ff. KStG). Ob es dieser ausdrücklichen Anordnung im KStG bedurft hätte, darf mit Blick auf den auch im KSt-Recht anzuwendenden § 4 Abs. 1 EStG bezweifelt werden. Die Vorschrift ist vielmehr auch als Überleitung zum materiellen Korrespondenzprinzip bei vE zu verstehen. Die fehlende verfahrensrechtliche Verknüpfung konnte auch bei vE zu inkongruenten Ergebnissen zwischen der KapG und dem Anteilseigner führen.

Beispiel 67: Die teure Anmietung I
Der G'fter der GmbH mietet von der GmbH von dieser nicht genutzte Bürogebäude an. Der Mietzins beträgt 180, die marktübliche Miete 150. Die GmbH hat die Miete voll umfänglich als Ertrag, der G'fter als Aufwand erfasst. Die Veranlagung der GmbH ist bestandskräftig, die des G'fters kann noch geändert werden.

Lösung: Es liegt eine Zuwendung eines Vorteils des G'fters an die Gesellschaft i.H.v. 30 vor, die ihre Ursache im Gesellschaftsverhältnis hat. Beim G'fter ist der eingetretene Aufwand zu kürzen, da es sich hinsichtlich der überhöhten Zahlung um einen Vorgang handelt, der – normativ betrachtet – die Ursache nicht im Mietverhältnis, sondern im Gesellschaftsverhältnis hat. Es sind die AK um 30 auf die Beteiligung an der KapG aufzustocken. § 32a Abs. 2 KStG legt erstmals die Grundlage für eine Änderung des KSt-Bescheids auf Ebene der KapG. Der Ertrag ist außerhalb der Bilanz um 30 zu kürzen, wodurch die Kongruenz der Besteuerung auf beiden Ebenen erreicht ist.

---

233 Vgl. speziell zum Korrespondenzprinzip für vE *Dieterlen/Dieterlen*, DStZ 2007, 489.

Durch die materielle Korrespondenz (§ 8 Abs. 3 S. 4ff. KStG) wird die gegenläufige verfahrensrechtliche Situation gelöst, in der der KSt-Bescheid – wie oft – noch geändert werden kann, nicht jedoch die Besteuerung auf Ebene des G'fters.

> **Beispiel 68: Die teure Anmietung II**
> Sachverhalt wie oben, nur kann nunmehr noch der KSt-Bescheid der Gesellschaft, nicht aber der ESt-Bescheid des G'fters geändert werden.
>
> **Lösung:** Obwohl der KSt-Bescheid des KapG noch geändert werden kann und eine verdeckte Einlage vorliegt, darf der überhöhte Mietzins nicht außerhalb der Bilanz abgezogen werden (§ 8 Abs. 3 S. 4 KStG). Nur so können Besteuerungslücken vermieden werden, da der G'fter den überhöhten Mietzins bestandskräftig als Aufwand behandelt hat.

Die formelle Korrespondenz führt – von Schwächen abgesehen – zu steuersystematisch richtigen Ergebnissen. Dies wird durch die Durchbrechung der Bestandskraft erreicht. Das Prinzip der materiellen Korrespondenz nimmt bewusst in Kauf, dass bei Gesellschaft und G'fter systematisch – isoliert betrachtet – falsch besteuert wird. Nur durch das korrespondierende Ergebnis auf beiden Ebenen wird insgesamt ein mit den Grundwertungen des Steuerrechts übereinstimmendes Ergebnis erreicht.

6.4 Korrespondenz in Dreiecksverhältnissen

In der Praxis spielen vGA bzw. vE oft in Dreiecksverhältnissen eine erhebliche Rolle. In diesen Konstellationen werden vGA bzw. vE nur über das direkte Verhältnis zwischen G'fter und G'fter steuerlich abgerechnet. Auch insoweit setzt sich das formelle und materielle Korrespondenzprinzip durch. Dies sollen folgende Beispiele zeigen.

> **Beispiel 69: Das unvollständige Dreieck I**
> A ist jeweils alleiniger G'fter der A1-GmbH und der A2-GmbH. Die A2-GmbH überlässt der A1-GmbH ein Grundstück für eine Jahresmiete von 150.000 €. Angemessen wäre lediglich eine Miete i.H.v. 100.000 €. Bei der A2-GmbH ist der Mietertrag i.H.v. 150.000 € im StB-Gewinn erfasst. Die Steuerfestsetzungen der A1-GmbH und des AE A sind bestandskräftig und nicht mehr änderbar. Der KSt-Bescheid der A2-GmbH steht jedoch noch unter dem Vorbehalt der Nachprüfung.
> **Lösung:** Materiell-rechtlich liegt eine vGA der A1-GmbH an A i.H.v. 50.000 € und eine vE des A in die A2-GmbH i.H.v. 50.000 € vor.

```
                              A
vGA = stpfl. Dividende  ↗         ↖  nachträgliche AK auf Beteiligung
         vGA                              vE

   ┌──────────┐                      ┌──────────┐
   │ A1-GmbH  │─── überhöhte Mietzahlung ──→│ A2-GmbH  │
   └──────────┘                      └──────────┘
```

Grundsätzliche materiell-rechtliche Folgen:
A1-GmbH: außerbilanzielle Einkommenskorrektur (+ 50.000 €) nach § 8 Abs. 3 S. 2 KStG;
A: hälftige Besteuerung (bzw. ab 2009 Abgeltungsteuer oder Teileinkünfteverfahren) als erhaltene vGA (§ 20 Abs. 1 Nr. 1 S. 2 EStG/§ 3 Nr. 40d S. 1 Buchst. d EStG),
Nachträgliche AK auf die Beteiligung an der A2-GmbH;
A2-GmbH: außerbilanzielle Steuerfreistellung der überhöhten Mietzahlung (./. 50.000 €; § 8 Abs. 3 S. 3 KStG),
Zugang auf dem steuerlichen Einlagekonto (+ 50.000 €).
Eine Besteuerung der vGA ist jedoch aus **verfahrensrechtlichen Gründen** weder bei der A1-GmbH noch bei A möglich.
Deshalb darf die vE bei der A2-GmbH – obwohl verfahrensrechtlich noch offen – nach § 8 Abs. 3 S. 5 KStG bei der Einkommensermittlung nicht steuerfrei gestellt werden. Insoweit ergeben sich dann auch keine nachträglichen AK des A auf die Anteile an der A2-GmbH (§ 8 Abs. 3 S. 6 KStG). Ein Zugang auf dem Einlagekonto i.H.v. 50.000 € ist jedoch als vE zu erfassen, da § 27 KStG keine entsprechende Ausnahmeregelung enthält.

Beispiel 70: Das unvollständige Dreieck II
A ist jeweils alleiniger G'fter der A1-GmbH und der A2-GmbH. Die A2-GmbH überlässt der A1-GmbH ein Grundstück für eine Jahresmiete von 150.000 €. Angemessen wäre lediglich eine Miete i.H.v. 100.000 €. Bei der A2-GmbH ist der Mietertrag i.H.v. 150.000 € im StB-Gewinn erfasst. Die Steuerfestsetzungen der A1-GmbH sind noch offen und können geändert werden. Die Bescheide des A und der A2-GmbH sind demgegenüber nach den Vorschriften der AO nicht mehr änderbar.

Lösung: Nun kann die Steuerfestsetzung der A1-GmbH nach allgemeinen Vorschriften der AO geändert und die vGA berücksichtigt werden. Somit greift auf der Ebene des A die Regelung des § 32a Abs. 1 KStG. Die vGA wird bei ihm berücksichtigt. Die vGA wurde für die Beteiligung an der A2-GmbH verbraucht und führt bei ihm insoweit zu nachträglichen Anschaffungskosten. Allerdings wirkt sich dies bei A zumindest nicht sofort einkünftemindernd aus. Da bei A die vGA zu einer Änderung des ESt-Bescheids führt und diese vGA auch gleichzeitig wieder eine vE darstellt, greift bei der A2-GmbH die Korrekturvorschrift des § 32a Abs. 2 KStG. Der überhöhte Mietvertrag kann deshalb bei ihr noch außerbilanziell korrigiert werden. Außerdem ist ein entsprechender Zugang zum steuerlichen Einlagekonto anzunehmen.

IV Die steuerliche Behandlung der Ergebnisverwendung bei Kapitalgesellschaften

1 Überblick

Ziel der Unternehmenssteuerreform war u.a. die mit dem Anrechnungsverfahren verbundenen Schwierigkeiten auf der Ebene der KapG, insb. die Gliederung des verwendbaren Eigenkapitals nach der Steuervorbelastung und das Herstellen der Ausschüttungsbelastung, abzuschaffen. Daher soll im neuen Recht eine Gewinnausschüttung auf der Ebene der KapG keine Steuerfolgen mehr auslösen, es sei denn, die Gewinnausschüttung wird aus dem steuerlichen Einlagekonto finanziert (vgl. insb. § 27 Abs. 3 KStG). Dieses überlagernde System wurde durch die Umstellung auf ein ausschüttungsunabhängiges System ab 2007 beendet.

2 Steuerliche Folgen der Gewinnthesaurierung

2.1 Rechtsfolgen in der Übergangszeit (bis 2006)

Die Gewinnthesaurierung von **nach der Systemumstellung** erzielten Einkommensbestandteilen führte bereits in der Übergangszeit zu keinen steuerlichen Rechtsfolgen auf der Einkommensverwendungsebene. Besonderheiten bestehen nur für **vor dem Systemwechsel** erzielte Einkommensbestandteile, die nach der Umgliederungsrechnung i.S.d. § 36 KStG noch in den Übergangszeitraum mitgenommen wurden. Aus diesen »alten Einkommensbestandteilen«, die als KSt-Guthaben (vgl. § 37 KStG) und als EK 02 (vgl. § 38 KStG) u.U. bis zum Ende des Übergangszeitraums jeweils gesondert festgestellt werden müssen, konnten bis 2006 nach einer sog. Differenzrechnung im Ausschüttungsfall weiterhin Steuerfolgen eintreten (vgl. z.B. § 38 Abs. 2 KStG). Die neuen Einkommensbestandteile werden nicht mehr gesondert festgestellt und können nur mittelbar zu Steuerfolgen bei einer Gewinnausschüttung führen.[234]

2.2 Rechtsfolgen ab der Umstellung (ab 2007)

Ab 2007 wurde der lange Übergangszeitraum abgekürzt, indem auf ein ausschüttungsunabhängiges System der Realisierung des KSt-Guthabens (vgl. § 37 Abs. 3 ff. KStG) und der KSt-Erhöhung (durch das JStG 2008 – vgl. den eingeführten § 38 Abs. 4 ff. KStG) umgestellt worden ist. Zum besseren Verständnis soll nur noch sehr kurz auf die Zusammensetzung des Eigenkapitals und dessen Bedeutung für die Gewinnausschüttungen eingegangen werden.

---

234 Vgl. näher Kap. 3 und 4.

3 Rechtsfolgen von Gewinnausschüttungen

Der Gesetzgeber hat durch die Jahressteuergesetze 2007 (§ 37 KStG) und 2008 (§ 38 KStG) den Übergangszeitraum im Hinblick auf die Besonderheiten bei der Einkommensverwendung faktisch beendet. Sowohl das KSt-Guthaben als auch die latente KSt-Erhöhung werden nun ausschüttungsunabhängig realisiert. Der steuerlich einzig relevante Bestandteil des EK bleibt das sog. steuerliche Einlagekonto (§ 27 KStG), dessen Bestand zu diesem Zweck jährlich gesondert festgestellt wird (§ 27 Abs. 2 KStG).

Das KSt-Guthaben wurde letztes Mal auf den 31.12.2006 festgestellt (§ 37 Abs. 4 KStG). Die KapG hat innerhalb eines Auszahlungszeitraumes von 2008 bis 2017 einen Anspruch auf Auszahlung des KSt-Guthabens in zehn gleichen Jahresraten. Diesen ausschüttungsunabhängigen Anspruch hat die KapG in der Bilanz zum 31.12.2006 gewinnerhöhend mit dem Barwert zu aktivieren. Außerhalb der Bilanz hat eine entsprechende Kürzung zu erfolgen, da KSt-Erstattungsansprüche das Einkommen nicht erhöhen dürfen. Dies ergibt sich unmittelbar aus § 37 Abs. 7 KStG, mittelbar jedoch auch aus einer spiegelbildlichen Anwendung des § 10 Nr. 2 KStG.

Durch das Jahressteuergesetz 2008 wurde auch die Realisierung der KSt-Erhöhung auf ein ausschüttungsunabhängiges System umgestellt. Hierbei hatte der Gesetzgeber jedoch zu beachten, dass es den Unternehmen möglich war, die Gewinnausschüttungen so zu planen, dass eine Verwendung des Teilbetrags des EK 02 i.S.d. § 38 KStG (aufgrund der Verwendungsreihenfolge) verhindert wurde. Daher sieht der eingefügte § 38 Abs. 5 KStG vor, dass der Erhöhungsbetrag auf 3/100 des Teilbetrags des EK 02 festgelegt wird.[235] Sowohl der Anspruch aus dem KSt-Guthaben als auch die Verpflichtung aus der KSt-Erhöhung gehen auf Rechtsnachfolger im Wege von Umwandlungen über bzw. müssen sofort realisiert werden.[236]

Besonderheiten können sich bei Gewinnausschüttungen dementsprechend nur ergeben, als es um die Verwendung des **steuerlichen Einlagekontos** geht. Die »fiktive« Verwendung dieses Teilbetrags erfolgt – unabhängig der handelsrechtlichen Einordnung der Auszahlung –, wenn kein sog. neutrales Vermögen vorhanden ist. Dies gilt demnach auch, wenn eine Kapitalrücklage aufgelöst wird. Etwas anderes gilt nur bei ordentlicher Kapitalherabsetzung mit Rückzahlung an die AE (§ 28 Abs. 2 S. 2 KStG).

Folgende Differenzrechnung (§ 27 Abs. 1 S. 3 KStG) ist aufzustellen:

Leistungen ./. ausschüttbarer Gewinn (aG) > 0

Wegen der Besonderheiten der Auszahlung des steuerlichen Einlagekontos auf Gesellschafterebene wird diese Verwendung bescheinigt.

Auch wenn sich das für die Gewinnausschüttung zu verwendende neutrale Vermögen durch eine BP verringert und nach der Differenzrechnung des § 27 Abs. 1 S. 3 KStG mehr aus dem steuerlichen Einlagekonto finanziert werden muss, bleibt die Bescheinigung der Verwendung unverändert, da aus der Bescheinigung u.U. bereits Rechtsfolgen gezogen worden sind. Eine solche Verwendungsfestschreibung macht jedoch keinen Sinn – würde jedoch aber nach dem Wortlaut gedeckt sein –, wenn eine BP für frühere Jahre erstmals eine vGA annimmt, die aus dem steuerlichen Einlagekonto finanziert werden müsste. Dies

---

[235] Gem. § 34 Abs. 16 KStG wurde für besondere Wohnungsbauunternehmen eine Freistellung von der zwangsweisen Realisierung der KSt-Erhöhung erreicht.
[236] Daraus resultieren die Abschaffung des § 10 UmwStG und § 40 KStG durch das Jahressteuergesetz 2008.

gilt vor allem dann, wenn ursprünglich keine Verwendung des steuerlichen Einlagekontos verwendet worden ist (sog. Nullbescheinigung nach § 27 Abs. 5 S. 2 KStG). Die Finanzverwaltung will in diesen Fällen den Grundsatz der Verwendungsfestschreibung anwenden.[237]

Es gibt auch bei gesellschaftsrechtlicher Einlagenrückgewähr keinen direkten Zugriff auf das steuerliche Einlagekonto, die Verwendungsreihenfolge des § 27 Abs. 1 S. 3 KStG gilt auch hier (vgl. BFH vom 11.02.2015, DB 2015, 1635 ff.). Einen direkten Zugriff gibt es also nur bei

- Nennkapitalherabsetzung,
- Mehrabführungen bei Organschaft (§ 27 Abs. 6 KStG),
- Wiederaufleben einer Forderung bei vorhergehendem Forderungsverzicht gegen Besserungsschein.

Besondere Fragen der Korrektur stellen sich, wenn bei Leistungen in die Kapitalrücklage eine entsprechende Erhöhung und entsprechende Feststellung des Einlagekontos vergessen wurde. Hier kommt evtl. eine Änderung nach § 129 AO infrage.[238] Dies gilt insb. dann, wenn bei Gründung von Kapitalgesellschaften Zuzahlung in die Kapitalrücklage vereinbart worden sind und hierbei eine entsprechende Feststellung des steuerlichen Einlagekontos vergessen wurde. Bei verdeckten Einlagen ist § 129 AO nicht anzuwenden, da es hier auch auf eine rechtliche Beurteilung eines Sachverhalts ankommt, welche eine Anwendung des § 129 AO ausschließt.

4 Steuerliche Folgen von Verlusten

4.1 Grundlagen

Der Verlustabzug ist – wie dargestellt – in Form des Verlustrücktrages (VRt) und des Verlustvortrages (VVt) möglich. Ab den Verlusten des Jahres 1999 ist nur noch ein einjähriger VRt möglich, der nach Wahl der KapG überhaupt nicht oder nicht in voller Höhe vorgenommen werden muss (§ 10d Abs. 1 S. 4 und 5 EStG). Auch bei KapG ist die Neuregelung des Verlustabzugs ab 2004 von Bedeutung. Es kann ab 2004 nur noch ein Verlust bis zur Höhe von 1 Mio. € unbeschränkt, darüber hinaus jedoch nur noch bis zu 60 % des 1 Mio. € übersteigenden Gesamtbetrags der Einkünfte als Verlustvortrag abgezogen werden. Diese eingeführte »Deckelung« des Verlustabzugs (sog. **Mindestbesteuerung**) betrifft nur den Verlustvortrag, beim Verlustrücktrag hat sich der rücktragsfähige Verlust von 511.500 € auf 1 Mio. € erhöht. Diese Regeln gelten für die Einkommensermittlung von KapG ab 2004, es können demgemäß von der Deckelung auch »Alt-Verluste« betroffen sein. Darüber hinaus ist zu berücksichtigen, dass – anders als bei der Regelung des Moratoriums gem. § 37 Abs. 2a KStG – diese Deckelung im Liquidationsfall endgültig wirkt. Über die Beschränkun-

---

[237] OFD Münster vom 27.11.2009, FR 2010, 46. Dafür besteht weder eine Notwendigkeit noch eine ausreichende Rechtsgrundlage; vgl. auch FG Rheinland-Pfalz vom 18.07.2014, EFG 2014, 2081. Diese systemwidrige Auffassung wurde vom BFH mit Beschluss vom 18.11.2015 bestätigt (Az.: 1 K 48/14), dagegen *Neyer*, DStR 2016, 1841 ff.
[238] Vgl. hierzu und zu Heilungsmöglichkeiten *Ott*, DStR 2014, 673 ff. sowie DStZ 2016, 227 ff.; vgl. aber FG Baden-Württemberg vom 16.09.2013 und vom 04.02.2015, EFG 2016, 954. Materiellrechtlich kommt eine Kapitalerhöhung aus Gesellschaftsmitteln und anschließender Kapitalherabsetzung infrage.

gen hinausgehende Verluste können in diesen Fällen nicht mehr berücksichtigt werden.[239] Darüber hinaus ist zu bedenken, dass nur die Verluste, die nicht durch die Abzugsbeschränkung des § 8c KStG a.F. bzw. § 8c KStG untergegangen sind, nach § 10d EStG abgezogen werden können. Systematisch wird § 10d EStG erst nach den genannten Vorschriften der §§ 8c KStG a.F. und 8c KStG angewendet.

Es ist bereits angedeutet worden, dass die sog. Mindestbesteuerung verfassungsrechtlichen Zweifeln unterliegt. Sie ist insb. dann kritisch zu sehen, wenn und soweit sie sich in der Zukunft nicht ausgleichen kann, sondern definitiv wirkt. Trotz der verfassungsrechtlichen Bedeutung der Rechtsprechung wird die Form der Mindestbesteuerung, auch soweit sie sich definitiv auswirken kann, nicht für verfassungswidrig gehalten (vgl. nur BFH vom 22.08.2012, DB 2012, 2785). Gegen diese zurückhaltende Rechtsprechung wird in der Literatur zu Recht Kritik geübt.[240]

4.2 Verlustvortrag ab dem Veranlagungszeitraum 2004 (Korb II-Gesetz) – Überblick

Während der Verlustrücktrag (möglich bis 1 Mio. €) nicht geändert wurde, gibt es beim Vortrag im Rahmen der Mindestbesteuerung folgende Einschränkungen:

- Bis zu einem Betrag von 1 Mio. € können Verluste unbeschränkt abgezogen werden (sog. Sockelbetrag).
- Ein über den Sockelbetrag hinausgehender Verlust ist nur bis zu 60 % der verbleibenden positiven Einkünfte verrechenbar.
- Diese Regelung gilt auch für die GewSt.

Im Beispiel bedeutet dies etwa[241]:

nicht rücktragfähige Verluste der X-GmbH in 2004	./.	5.000.000 €
Einkünfte der X-GmbH in 2005	+	4.000.000 €

Verlustvortragsberechnung zum 31.12.2005:

Einkünfte (2005)		4.000.000 €
Uneingeschränkt verrechenbar	./.	1.000.000 €
Verbleiben		3.000.000 €
Bis zu max. 60 % verrechenbar	./.	1.800.000 €
z.v.E. in 2005		**1.200.000 €**

Verbleibender Verlustvortrag (31.12.2005):   5 Mio. € ./. 2,8 Mio. € = 2,2 Mio. €

Die Kürzung bei der **GewSt** um vorgetragene Verluste wird ebenfalls auf 60 % des laufenden Gewerbeertrags mit einem Sockelbetrag von 1 Mio. € begrenzt.

---

239 Vgl. hierzu *Dötsch/Pung*, DB 2004, 151.
240 Vgl. statt vieler *Bareis*, DB 2013, 144.
241 Vgl. *Dötsch/Pung*, DB 2004, 151.

4.3 Die neue Verlustabzugsbeschränkung des § 8c KStG – Überblick[242]

4.3.1 Vom Mantelkauf zum schädlichen Beteiligungserwerb

Mit Wirkung von VZ 2008 ist die Vorschrift des § 8 Abs. 4 KStG a.F. (sog. Mantelkaufregelung) durch die Vorschrift des § 8c KStG abgelöst worden, wodurch sich die Beschränkung bzw. Versagung des Verlustabzugs allein aufgrund einer qualifizierten Anteilsübertragung bzw. eines vergleichbaren Sachverhalts ergeben soll. Darüber hinaus ist jedoch gem. § 34 Abs. 6 KStG die Vorschrift des § 8 Abs. 4 KStG a.F. insoweit weiter anzuwenden, als Anteile an einer KapG vor dem 01.01.2008 übertragen worden sind und innerhalb eines Zeitraumes von fünf Jahren mehr als die Hälfte der Anteile übertragen wird und der Verlust der wirtschaftlichen Identität vor dem 01.01.2013 eintritt.[243] Während gem. § 8 Abs. 4 KStG a.F. der Wechsel der wirtschaftlichen Identität bei einem Anteilseignerwechsel einschließlich einer Zuführung von überwiegend neuem Betriebsvermögen noch als »Missbrauchsvorschrift« angenommen werden konnte, legt § 8c KStG fest, dass allein die Übertragung von einer qualifizierten Höhe an Anteilen für die Beschränkung bzw. Versagen des Verlustabzugs entscheidend sein soll.

Die Änderung der Vorschrift verursacht einen nicht gerechtfertigten Eingriff in das Nettoprinzip.[244] Nicht zu übersehen war, dass die Alt-Regelung des § 8 Abs. 4 KStG a.F. aufgrund in verschiedensten Gesichtspunkten unterschiedlicher Ansichten von Rspr. und Finanzverwaltung zu einem erheblichen Maß an Rechtsunsicherheit geführt hat, welches im Ergebnis die Änderung der Vorschrift mitverursacht hat.

Im Folgenden seien die wesentlichen Zweifelsfragen zu der Regelung des § 8 Abs. 4 KStG a.F. überblicksartig aufgeführt.

- Nach der Rspr. führte nur ein unmittelbarer Anteilseignerwechsel zu der Anwendung des § 8 Abs. 4 KStG; die Finanzverwaltung nahm dagegen einen schädlichen Anteilseignerwechsel sowohl bei einer unmittelbaren als auch bei einer mittelbaren Übertragung der Beteiligung an.
- Anteilsübertragungen können nach der Rspr. nur dann zusammengezählt werden, wenn zwischen ihnen ein Zeitraum von max. zwei Jahren bestand; die Finanzverwaltung nahm demgegenüber einen Zeitraum von fünf Jahren an.
- Zwischen der Übertragung und der Beteiligung und der Zuführung von überwiegend neuem Betriebsvermögen musste nach Ansicht der Rspr. ebenfalls ein vergleichbarer kurzer Zeitraum bestehen; auch hier nahm die Finanzverwaltung einen Zeitraum von fünf Jahren an.
- Bei der Zuführung des überwiegend neuen Betriebsvermögens reicht es nach Ansicht der Rspr. aus, wenn **gegenständlich** überwiegend neues Betriebsvermögen zugeführt wurde; die Finanzverwaltung nahm eine insoweit zu Gunsten des StPfl. **Saldobetrachtung** (oder

---

242 Zu den Einzelheiten hierzu vgl. *Preißer*, Band 1, Teil B, Kap. IV 4 und BMF vom 04.07.2008, GmbHR 2008, 883.
243 Durch diese gesetzliche Übergangsregel hat der Gesetzgeber die Ansicht der Finanzverwaltung gestützt, nach der für den zeitlichen und sachlichen Zusammenhang ein Zeitraum von fünf Jahren angemessen ist. Der BFH hat demgegenüber einen Zeitraum von max. zwei Jahren als angemessen angesehen.
244 Die Literatur zu diesem Problemkreis ist nicht überschaubar; vgl. hierzu nur *Schwedhelm*, GmbHR 2008, 404.

bilanzielle Betrachtung) vor, nach der insb. bei Ersatzbeschaffungen nur der neue Wert abzüglich des ausgeschiedenen alten Wertes als Zuführung gewertet worden ist.
- Des Weiteren gab es unterschiedliche Auffassungen darüber, ob Betriebsvermögen von außen zugeführt werden musste oder ob es ausreichte, wenn Betriebsvermögen durch Gewinne gebildet worden ist.

Die wesentlichen Änderungen des § 8c KStG aufgrund der soeben dargestellten Zweifelsfragen sind wie folgt charakterisiert:

- Hinzuführung von Betriebsvermögen ist irrelevant, sodass die Streitfragen insoweit aufgehoben sind.
- Es ist ein maßgebender Zeitraum von fünf Jahren festgelegt.
- Es werden sowohl unmittelbare als auch mittelbare Beteiligungsveräußerungen eingerechnet.

Man kann feststellen, dass sich die Finanzverwaltung gegenüber der Rspr. beim Gesetzgeber durchgesetzt hat.[245]

4.3.2 Grundsystematik des § 8c KStG

Die Abzugsbeschränkung knüpft technisch nur noch an den sog. **schädlichen Beteiligungserwerb** bzw. einen vergleichbaren Sachverhalt an. Ein schädlicher Beteiligungserwerb liegt immer vor, wenn die in § 8c S. 1 oder S. 2 KStG genannten Schwellen von 25 bzw. 50 % übertreten werden. Erwerbe innerhalb der genannten Schwellen sind unschädlich, wodurch sich interessante – vielleicht auch systemwidrige – Ergebnisse ergeben.

Das BVerfG hat in seiner Entscheidung vom 29.04.2017 (2 BvL 6/11, DB 2017, 1124 ff.) die Vorschrift des § 8c S. 1 KStG für verfassungswidrig erklärt. Im Ergebnis habe der Gesetzgeber im KSt-Recht mit dem Trennungsprinzip eine wesentliche Grundentscheidung getroffen und den Körperschaften eine eigenständige Leistungsfähigkeit zugeschrieben. Diese Grundentscheidung könne nur in sehr engen Fällen durchbrochen werden. Gem. § 8c S. 1 KStG nimmt der Gesetzgeber einen Ausschluss der Verlustberücksichtigung auf Ebene der Körperschaft an, soweit innerhalb eines Zeitraumes von 5 Jahren ein schuldlicher Beteiligungserwerb zwischen 25 % und 50 % der Anteile stattfindet. Das BVerfG hat den bloßen Anteilseignerwechsel in dieser Höhe als keinen Rechtfertigungsgrund für die Durchbrechung des Trennungsprinzips angesehen. Nun hat aktuell das FG Hamburg (DStR 2017, 2377 ff.) in seinem Vorlagebeschluss (2 K 245/17) § 8c S. 2 KStG, nach dem ein vollständiger Ausschluss der Verlustberücksichtigung bei einem schädlichen Beteiligungserwerb von über 50 % angenommen wird, für verfassungswidrig erachtet. Es hat dem BVerfG diese Frage zur Prüfung vorgelegt. Hierbei ist bemerkenswert, dass sich das FG sehr eng an die Argumentation des BVerfG anlehnt.[246]

Der Gesetzgeber hat nach Einführung des § 8c KStG offensichtlich selbst die überschießende Wirkung des § 8c KStG als allgemeine Verlustvernichtungsvorschrift eingesehen und hat sie in verschiedenen Schritten abgemildert, wodurch der Missbrauchscharakter wiederum stärker zum Vorschein gekommen ist.

---

245 Dieses fragwürdige Verständnis des Gewaltenteilungsgrundsatzes lässt sich in der Steuergesetzgebung leider immer mehr beobachten.
246 Vgl. hier ausführlich *Dreßler*, DB 2017, 2629 ff.

4.3.3 Abmilderungen der Vorschrift[247]

Bei der durch das Wachstumsbeschleunigungsgesetz eingeführten **Konzernklausel** sollen Umstrukturierungen innerhalb eines Konzerns erleichtert werden. Die Konzernklausel ließ die Verlustabzugsbeschränkung zunächst nicht eingreifen, wenn an der übertragenden und an der übernehmenden Gesellschaft dieselben G'fter zu 100 % beteiligt sind. Dadurch sind nur Strukturen begünstigt, in denen nicht nur eine Beherrschungsidentität, sondern eine Gesellschafteridentität besteht. Daher musste zumindest ein dreistufiger Konzernaufbau vorliegen. Dies erscheint auch unter rechtspolitischen Aspekten zu eng.[248] Der Gesetzgeber hat diese rechtspolitischen Erwägungen aufgegriffen und entgegen einem bereits vorliegenden Entwurf eines BMF-Schreibens die Konzernklausel i.S.d. herrschenden Auffassung erweitert. Damit ist eine konzerninterne Übertragung auch bei einem zweistufigen Konzernaufbau in vielen Fällen möglich (vgl. § 8c Abs. 1 S. 5 KStG).

Schließlich sollen die Rechtsfolgen des § 8c KStG nicht eingreifen, soweit der Erwerber stille Reserven von im Inland stpfl. Betriebsvermögen erwirbt. Dies bedeutet im Ergebnis, dass i.H.d. stillen Reserven der Verlustabzug unberührt bleibt. Die Anforderungen an die stillen Reserven knüpfen tatbestandlich an den Untergang des Verlustabzugs an.

> **Beispiel 1: Erhöhte Zurechnung von stillen Reserven**
> Der Wert der B-GmbH, deren Alleingesellschafter B ist, beläuft sich auf 2 Mio. € (buchmäßiges Eigenkapital entspricht 500.000 €). Der Verlustvortrag ist auf 2 Mio. € festgestellt. C erwirbt von B 80 % der Beteiligung. Der Kaufpreis beträgt 1,6 Mio. €.
>
> **Lösung:** Ohne die Einführung der Stillen-Reserven-Escape-Klausel würde der gesamte Verlustvortrag untergehen (§ 8c Abs. 1 S. 2 KStG). I.R.d. Anwendung der neu eingeführten Klausel wird deshalb dem C nicht nur der Erwerb der stillen Reserven zu 80 %, sondern zu 100 % zugerechnet. C erwirbt stille Reserven von 1,5 Mio. € (Unternehmenswert von 2 Mio. € abzüglich des buchmäßigen Eigenkapitals von 0,5 Mio. €). Der Verlustvortrag bleibt also i.H.v. 1,5 Mio. € unberührt und geht nur i.H.v. 0,5 Mio. € unter.

Bei einem Erwerb unterhalb der Schwelle von 50 % sind die erworbenen stillen Reserven – entsprechend dem nur quotalen Untergang des Verlustabzugs – dem Erwerber nur anteilig zuzurechnen. Würde im Ausgangsbeispiel C nur 30 % für 600.000 € erwerben, ginge der Verlust – ohne Anwendung der Klausel – i.H.v. 600.000 € unter. Da C 450.000 € stille Reserven erwirbt, geht der Verlustvortrag letztendlich nur i.H.v. 150.000 € unter. Im JStG-E 2010 tritt insoweit eine Verschärfung ein, als »stille Reserven«, soweit sie auf einem negativen Eigenkapital beruhen, den Untergang des Verlustabzugs nicht verhindern können.

---

247 Auf Einzelheiten wird verwiesen auf *Preißer*, Band 1, Teil B, Kap. IV 4; vgl. aber *Ballwieser*, BB 2009, 1502; *Ziegenhagen*, BB 2009, 2116; *Neyer*, BB 2009, 2284; *Sistermann/Brinkmann*, DStR 2009, 1453.
248 Daher insoweit für eine erweiternde Auslegung *Bien/Wagner*, BB 2010, 923 sowie *Franz*, BB 2010, 991. Eine Verlustverschiebung auf Dritte soll durch diese Klausel vermieden werden; dies findet auch bei Strukturen mit einer Beherrschungsidentität nicht statt. Daher für eine umfassende Freistellung von konzerninternen Umstrukturierungen *Ballwieser/Frase*, BB 2009, 1502.

V Die Bedeutung der Organschaft

1 Überblick

Das Rechtsinstitut der Organschaft berücksichtigt die gesellschaftsrechtliche Möglichkeit, Gesellschaften als abhängige – rechtlich zwar selbständige, wirtschaftlich aber eingegliederte – Glieder eines Konzerns zu führen. Diese Gesellschaften verfolgen nicht mehr ein eigenes wirtschaftliches Ziel der Gewinnmaximierung, sondern dienen als Glieder des Unternehmensverbundes der Erreichung eines übergeordneten Konzernerfolgs.[249] Dieser wirtschaftlichen Unselbständigkeit entspricht – mit unterschiedlichen Voraussetzungen und Rechtsfolgen im Einzelnen – der Grundgedanke der Organschaft, dass das abhängige Unternehmen (**Organgesellschaft**) nicht selbst zur Besteuerung herangezogen, sondern das Einkommen der übergeordneten Einheit (**Organträger**) zugerechnet wird.

Die körperschaftsteuerliche Organschaft berücksichtigt die rechtliche Selbständigkeit der OrgG und lässt die Verpflichtung der OrgG, das Einkommen in einem ersten Schritt zu ermitteln, unberührt.[250] Allerdings wird das **ermittelte Einkommen** in einem zweiten Schritt dem Organträger im Prinzip wie ein eigenes Einkommen **zugerechnet**. Das Rechtsinstitut der Organschaft ist insb. wegen des Erfordernisses eines Ergebnisabführungsvertrages (künftig: EAV) und der damit verbundenen Binnenwirkung unter Reformdruck geraten.[251] Ob die Reform in einer Umorientierung der Organschaft zu einer Gruppenbesteuerung führt oder nur kleine Erleichterungen bei Formerfordernissen das Ergebnis sein werden, bleibt abzuwarten. Durch das Gesetz zur Änderung und Vereinfachung der Unternehmensbesteuerung und des steuerlichen Reisekostenrechtes sind nur punktuelle Änderungen, die das Erfordernis des EAV unberührt lassen, aufgenommen worden.[252]

2 Gesellschaftsrechtliche Grundlagen der Organschaft

Für die Frage des Vorliegens der Voraussetzungen einer Organschaft sind die gesellschaftsrechtlichen Vorschriften maßgeblich. Dies gilt insb. für die Frage der **finanziellen Eingliederung**, wo es auf die Mehrheit der Stimmrechte ankommt, die durch gesellschaftsrechtliche Besonderheiten von der kapitalmäßigen Beteiligung abweichen kann; sodann spielen die gesellschaftsrechtlichen Erfordernisse beim **Abschluss des EAV** bei AG (vgl. § 14 Abs. 1 Nr. 3 KStG i.V.m. §§ 293, 294 AktG) als auch mit anderen KapG (§ 17 KStG mit Bezug auf

---

[249] *Hommelhoff*, DB 1992, 309.
[250] Vgl. hierzu BMF vom 26.08.2003, DB 2003, 1982. Manche Äußerungen in diesem Schreiben sind durch divergierende Gesetzgebungstätigkeit bereits wieder überholt.
[251] Vgl. hierzu die Berichte zum 2. Münchner Unternehmenssteuerforum »Organschaft im Umbruch«, DStR 2010, Beihefter zu Heft 30.
[252] Vgl. *Schulze zur Wiesche*, DStZ 2013, 621. Vgl. hierzu auch umfassend *Schneider/Sommer*, GmbHR 2013, 22.

aktienrechtliche Normen) sowie in Bezug auf die **Durchführung des EAV** eine erhebliche Rolle. Der Abschluss eines EAV innerhalb eines Eingliederungskonzerns bedarf – anders als beim Vertragskonzern – nicht der Beschlussfassung der Hauptversammlung der beteiligten Gesellschaften. Bei der Möglichkeit, **Gewinne aus vororganschaftlicher Zeit** an den OrgT auszukehren, unterscheiden sich der Vertragskonzern und der Eingliederungskonzern. Bei dem Vertragskonzern ist aus § 301 S. 2 AktG – aus Schutz der außenstehenden G'fter – zu schließen, dass eine Abführung dieser vororganschaftlicher Rücklagen unzulässig ist, während dies bei Eingliederungskonzernen gem. § 324 Abs. 2 AktG möglich ist. Dieser Unterschied ergibt sich daraus, dass bei Eingliederungskonzernen ab dem Zeitpunkt des Wirksamwerdens der Eingliederung (Eintragung im Handelsregister) außenstehende Aktionäre aus der Gesellschaft »gedrängt« werden und somit Regeln des Minderheitenschutzes nicht mehr beachtet werden müssen (vgl. § 320a AktG). Wenn innerhalb eines Vertragskonzerns gegen die Höchstgrenze der Gewinnabführung des § 301 AktG (zu den steuerlichen Mindestgrenzen vgl. § 14 Abs. 1 Nr. 4 KStG) verstoßen wird, gilt der EAV insoweit als nicht durchgeführt, was insb. innerhalb der ersten fünf Jahre die Unwirksamkeit der körperschaftsteuerlichen Organschaft von Beginn an nach sich zieht (Gefahr einer verunglückten Organschaft, vgl. hierzu Kap. 5.1).

Auf folgende Zusatzschwierigkeit für das **GmbH-Konzernrecht** wird hingewiesen.

Eine der Voraussetzungen für die Anerkennung eines Organschaftsverhältnisses nach § 17 KStG (u.a. GmbH-Konzern) ist die ausdrücklich vereinbarte Verlustübernahme gem. § 302 AktG. § 302 AktG wurde – mit Wirkung ab 01.01.2005 – um eine Verjährungsregel ergänzt, derzufolge nach § 302 Abs. 4 AktG eine zehnjährige Verjährung gilt. Zur Sicherheit sollte im Ergebnisabführungsvertrag vollumfänglich auf § 302 AktG in der jeweiligen Fassung verwiesen werden, auch wenn dies nach der gesellschaftsrechtlichen Ausgangslage unnötig ist, da im GmbH-Konzernrecht analog die Vorschriften des Aktien-Konzernrechtes angewendet werden.[253] Inzwischen hat der Gesetzgeber eine dynamische Verweisungsklausel in § 17 KStG eingeführt, nach der Voraussetzung ist, dass für eine Verlustübernahme ein Verweis auf § 302 AktG »in seiner jeweils gültigen Fassung« vereinbart wird. In der Praxis ist darauf zu achten, dass Altverträge, die den bisherigen Vorschriften entsprochen haben, aber keine dynamische Verweisungsklausel enthalten, bis zum 31.12.2014 (richtiger Ansicht nach 01.01.2015) angepasst werden müssen.

3 Steuerrechtliche Voraussetzungen der Organschaft

3.1 Organgesellschaft und Organträger

Beteiligte eines Organschaftsverhältnisses sind die OrgG als abhängiges Unternehmen und der OrgT als herrschendes Unternehmen.[254] Die OrgG muss eine Kapitalgesellschaft mit Geschäftsleitung im Inland sein; der Sitz der Kapitalgesellschaft kann jedoch in einem anderen EU- oder EWR-Staat liegen. Der doppelte Inlandsbezug ist aufgegeben worden.

---

253 Vgl. hierzu *Hahn*, DStR 2009, 1834. Im JStG 2013 ist eine dynamische Verweisung auf die jeweils gültige Fassung vorgesehen.
254 Vgl. zu dem folgenden Problemkreis BMF vom 26.08.2003, DB 2003, 1982; *Dötsch/Pung*, DB 2003, 1970; neuerdings BMF vom 10.11.2005, DB 2005, 2547; hierzu *Dötsch*, DB 2005, 2541. Diese Quellen sollten **Pflichtlektüre** sein.

Auch eine Vorgesellschaft kann bereits Beteiligte eines Organschaftsverhältnisses sein. Die Beschränkung auf Kapitalgesellschaften als Beteiligte eines Organschaftsverhältnisses auf der Ebene der OrgG ergibt sich daraus, dass bei PersG der Gewinn unabhängig vom Vorliegen eines Organschaftsverhältnisses den G'ftern unmittelbar zugerechnet wird.

PersG kommen ab 2003 als OrgT nur noch in Frage, wenn sie selbst eine **originär gewerbliche** Tätigkeit i.S.d. § 15 Abs. 2 EStG ausüben. Die gewerbliche Prägung ist nicht mehr ausreichend. Hierfür reicht nach bisher h.M. auch eine geringfügige, aber nicht völlig untergeordnete eigengewerbliche Tätigkeit aus, wie z.B. eine Besitzgesellschaft im Rahmen der Betriebsaufspaltung oder eine Managementholdinggesellschaft.[255] Nach dem BMF-Schreiben vom 10.11.2005[256] stellt die FinVerw strengere Anforderungen an die Eigengewerblichkeit[257]; demnach reicht eine bloße Abfärbung von Einkünften in gewerbliche Einkünfte nicht mehr aus. Bei inländischen Kapitalgesellschaften als OrgT ist der **doppelte Inlandsbezug** (Sitz und Geschäftsleitung im Inland) aufgehoben worden, es reicht nunmehr aus, dass sich die Geschäftsleitung im Inland befindet.[258]

Es besteht auch die Möglichkeit, den Gewinn an ein ausländisches gewerbliches Unternehmen abzuführen, wenn das Unternehmen eine Betriebsstätte i.S.d. § 12 AO im Inland hat und die dieser Betriebsstätte zuzurechnenden Einkünfte nach dem anzuwendenden DBA der inländischen Besteuerung unterliegen. Der OrgT kann daher unter den vorgenannten Voraussetzungen auch eine natürliche Person oder Körperschaft sein, die ihre Geschäftsleitung oder Sitz nicht in einem EU- oder EWR-Staat hat[259], der EAV mit einer im Inland im Handelsregister eingetragenen Zweigniederlassung unter deren Firma abgeschlossen ist und die Voraussetzungen der Eingliederung zur Zweigniederlassung bestehen (die Beteiligung an der Organgesellschaft muss sich im Betriebsvermögen der Zweigniederlassung befinden). Demgegenüber ist aus gesellschaftsrechtlichen Gründen eine Organschaft zu einer ausländischen Kapitalgesellschaft, die im Inland unbeschränkt steuerpflichtig ist, nicht möglich.[260]

3.2 Finanzielle Eingliederung

Gem. § 14 Abs. 1 Nr. 1 KStG muss der OrgT die Mehrheit der Stimmrechte an der OrgG halten. Es ist dazu notwendig, dass die Stimmrechtsmehrheit gesellschaftsrechtlich legitimiert ist und nicht allein auf zweiseitigen Verträgen, z.B. Stimmbindungsverträgen, beruht. Die Stimmrechtsmehrheit kann sowohl durch unmittelbare Beteiligung des OrgT an der OrgG als auch durch mittelbare Beteiligungen sowie durch eine Kombination aus unmittelbarer und mittelbarer Beteiligung vermittelt werden. Eine mittelbare Beteiligung kann jedoch

---

255 S. BFH vom 17.09.2003 (drei Az.: I 95, 98/01, n.n.v.). Aus der Literatur: vgl. *Förster*, DB 2003, 903; *Rödder/Schumacher*, DStR 2003, 808; *Orth*, DB 2005, 741; *Rautenstrauch/Adrian*, DB 2005, 1018; das o.g. BMF-Schreiben (in Tz. 17 ff.) stellt ohne ausreichende Begründung weitere einschränkende Anforderungen an die eigene gewerbliche Tätigkeit der PersG auf.
256 Vgl. BStBl I 2005, 1038.
257 Zum Entwurf vgl. *Orth*, DB 2005, 741. Im BMF wird nunmehr eine »Organ«-Gewerblichkeit eigener (oder strengerer) Art für PersG gefordert (vgl. mit § 15 Abs. 1 Nr. 1, Abs. 2 EStG).
258 Vgl. hierzu den Fall einer US-KapG mit tatsächlicher Geschäftsleitung in D als OrgT einer GmbH (BMF vom 08.12.2004, BStBl I 2004, 1181 gegen BFH vom 29.01.2003, GmbHR 2003, 722, das es für zulässig erachtet hat). Vgl. ferner *Gründig/Schmid*, DStR 2013, 617.
259 Hierzu *Schulze zur Wiesche*, DStZ 2013, 622.
260 Fraglich ist, ob dies nach dem sog. Überseering-Urteil des EuGH, EuZW 2002, 754 und der Weiterentwicklung des Urteils in Inspire-Art, DB 2003, 2219, noch haltbar ist.

nur berücksichtigt werden, wenn die Beteiligung des Organträgers an der vermittelnden Gesellschaft die Mehrheit der Stimmrechte gewährt. Liegt diese Voraussetzung vor, kann die mittelbare Beteiligung in voller Höhe – nicht nur quotal – berücksichtigt werden.

Beispiel 1: Finanzielle Eingliederung durch unmittelbare Beteiligung
Eine A-GmbH mit Geschäftsleitung im Inland ist zu 60 % an der B-AG beteiligt.

Lösung: Die unmittelbare Beteiligung vermittelt mehr als die Hälfte der Stimmrechte, eine finanzielle Eingliederung ist gegeben.

Beispiel 2: Finanzielle Eingliederung durch mittelbare Beteiligung
Die A-GmbH ist zu 30 % an der B-AG und zu 60 % an der C-GmbH beteiligt, die wiederum 50 % der Stimmrechte an der B-AG hält.

Lösung: Die B-AG ist finanziell in die A-GmbH eingegliedert, da die unmittelbare und mittelbare Beteiligung die Mehrheit der Stimmrechte gewähren (vgl. hierzu A 14.2 KStR). Die finanzielle Eingliederung würde auch dann bejaht werden, wenn A unmittelbar nur zu 10 % an der B beteiligt wäre. Es kommt bei der mittelbaren Beteiligung der A an der B nicht auf die durchgerechnete quotale Beteiligung (hier 30 %), sondern nur auf die Beteiligung von C an B (50 %) an, wenn A an der vermittelnden Gesellschaft die Mehrheit der Stimmrechte zustehen. Die unmittelbaren (30 %) und mittelbaren (50 %) Beteiligungen sind zu addieren.

Ist der OrgT eine PersG, die ein gewerbliches Unternehmen betreibt, muss die finanzielle Eingliederung im **Verhältnis zur PersG selbst** bestehen (§ 14 Abs. 1 S. 1 Nr. 2 S. 3 KStG).[261]

Ob nach diesen Anforderungen auch eine atypische stille Gesellschaft selbst OrgT sein kann, ist in der Literatur umstritten.[262] Die Finanzverwaltung fordert Zugehörigkeit der Beteiligung an der OrgG zum Gesamthandsvermögen der PersG. Ob das »schuldrechtliche Gesamthandsvermögen« einer atypisch stillen Gesellschaft dem gleichzusetzen ist, erscheint fraglich. Darüber hinaus ist aus systematischen Gründen OrgT stets der Vertragspartner des EAV. Dies ist jedoch nicht die atypisch stille Gesellschaft als solche, sondern stets nur der Inhaber des Handelsgewerbes (z.B. die GmbH). Eine GmbH & atypisch still kommt nach insoweit richtiger Ansicht der Finanzverwaltung als OrgG nicht infrage.

---

261 Bis 2002 konnte die finanzielle Eingliederung sowohl zu der PersG als auch zu den G'ftern bestehen, wenn nur unbeschränkt stpfl. G'fter Mitunternehmer sind, vgl. zur alten Rechtslage *Schmidt/Müller/Stöcker*, Organschaft, Tz. 320.
262 Bejahend u.a.: *Hageböke/Heinz*, DStR 2005, 761 und DB 2006, 473; verneinend u.a.: *Dötsch*, DB 2005, 2543 und DB 2006, 475.

Die finanzielle Eingliederung muss gem. § 14 Abs. 1 Nr. 1 KStG **mit Beginn des Wirtschaftsjahres der OrgG ununterbrochen** bestehen. Erwirbt ein OrgT die Beteiligung an der OrgG in der Mitte des Wj. und soll die Organschaft von Beginn an bestehen, ist das Wj. der OrgG auf den Zeitpunkt des Erwerbs der Beteiligung umzustellen, die Zustimmung ist vom FA in Organschaftsfällen zu erteilen (vgl. § 7 Abs. 4 S. 3 KStG).[263]

Beispiel 3: Notwendigkeit eines Rumpf-Wj.
Die X-GmbH ist zu 100 % an der B-AG beteiligt, ein Organschaftsverhältnis besteht nicht. Das Wj. der B-AG ist das Kalenderjahr. Die X-GmbH verkauft und überträgt die Beteiligung an der B-AG auf den 01.07. an die Y-GmbH. Die Y-GmbH will ab Erwerb der Beteiligung mit der B-AG eine Organschaft bilden (die Voraussetzungen des EAV sollen vorliegen).

Lösung: Die B-AG muss ihr Wj. auf ein abweichendes Wj. vom 01.07. bis 30.06. umstellen, damit sie in die Y-GmbH von Beginn des am 01.07. beginnenden Wj. eingegliedert ist. Die B-AG kann nach dem Erwerb ihr Wj. wieder umstellen; bei Umstellung auf das Kalenderjahr ist die Zustimmung des Finanzamtes nicht erforderlich, bei Umstellung auf ein anderes, im Konzernkreis angewendetes, abweichendes Wj., hat das FA sein Einvernehmen zu erteilen.

Wenn in dem vorgenannten Bsp. die X-GmbH zu der B-AG ein Organschaftsverhältnis gehabt hätte und dies **bis zum Ende** durchführen wollte, ist es bei der OrgG ebenfalls notwendig, zum Verkaufs- und Abtretungszeitpunkt das Wj. umzustellen (A 14.4 KStR).

3.3 Ergebnisabführungsvertrag

Nur durch einen EAV wird die Möglichkeit eröffnet, das Einkommen der OrgG dem OrgT unmittelbar zuzurechnen. Selbst eine gesellschaftsrechtliche Eingliederung (§§ 319 ff. AktG) der OrgG in den OrgT ist für sich allein nicht ausreichend, gesellschaftsrechtlich ergeben sich lediglich Erleichterungen in Bezug auf den Abschluss eines EAV (§ 324 Abs. 2 AktG).

Das Einkommen der OrgG kann dem OrgT erstmals in dem Wj. zugerechnet werden, in dem das Wj. endet, in dem der EAV wirksam (also mit **vollzogener Eintragung**) wird (A 14.5 Abs. 1 KStR).[264] Der bloße Abschluss des EAV zu diesem Zeitpunkt reicht nicht mehr aus. Dies führt insb. bei Unternehmenskäufen oft zu Schwierigkeiten, die nur durch Umstellung des Wj. zu lösen sind.[265] Da nicht hinreichend sicher geklärt ist, ob die fünf Zeitjahre erst ab Vorliegen der weiteren organschaftlichen Voraussetzungen (insb. die finanzielle Eingliederung) zu laufen beginnen (m.E. wohl nein), muss in der Praxis auf eine Absicherung in Form einer Mindestlaufzeit geachtet werden.[266]

Der EAV selbst bedarf lediglich der Schriftform und muss – aus steuerlichen Gründen – die Verpflichtung der vollständigen Gewinnabführung (zur Klarstellung auch der Verlustübernahme) und die Mindestlaufzeit enthalten.

---

263 Vgl. unter Kap. III 2.1.
264 Hierbei ist zudem die Mindestlaufzeit zu beachten; das kann bei Nichtbeachten der Formvorschriften bei Änderung von EAV zu den Rechtsfolgen einer verunglückten Organschaft führen, vgl. BFH, Beschluss vom 22.10.2008, GmbHR 2009, 329.
265 Dies ist in der Praxis bei der Festlegung der erstmaligen Kündigungsmöglichkeit zu beachten.
266 Siehe hierzu *Scheifele/Marx*, DStR 2014, 1793.

Der Vertrag muss auf mindestens **fünf (Zeit-) Jahre** abgeschlossen und für diesen Zeitraum auch durchgeführt werden.[267] Eine Beendigung des EAV während eines Jahres wirkt dabei auf den Beginn dieses Wirtschaftsjahres zurück (vgl. § 14 Abs. 1 Nr. 3 KStG). Der Vertrag muss auch während dieser Zeit entsprechend dem (handelsrechtlichen und steuerlichen) Vertragsinhalt durchgeführt werden.[268] Eine Beendigung des Vertrages vor Ablauf der Mindestlaufzeit führt zu einer rückwirkenden Nichtanerkennung der Organschaft, aus den in der Vertragslaufzeit abgeführten Gewinnen bzw. übernommenen Verlusten sind die allgemeinen steuerlichen Folgerungen zu ziehen.[269] Eine Beendigung vor Ablauf der Mindestzeit ist nur dann (für die Vergangenheit) unschädlich, wenn für die Kündigung des Vertrages ein **wichtiger Grund**[270] bestand, z.B. die Beteiligung an der OrgG verkauft wurde oder eine der Parteien des EAV nach den Vorschriften des UmwG umstrukturiert worden ist.[271] Wurde ein EAV nach fünf Jahren zunächst nicht weiter durchgeführt, anschließend aber wieder aufgenommen, muss die »neue Vertragsdauer« wiederum fünf Jahre betragen. Richtiger Ansicht nach ist bei einer Verlängerung des EAV über fünf Jahre hinaus die Mindestlaufzeit erfüllt. Bei Nichtdurchführung des EAV nach Ablauf von fünf Jahren und Verlängerung der Organschaft ergeben sich die Folgen einer verunglückten Organschaft nur für die Jahre, in denen der EAV nicht durchgeführt wird.[272] (Auch unwesentliche) **Vertragsänderungen** des EAV bedürfen zu ihrer steuerlichen Anerkennung der Eintragung im HR und der Zustimmung der Gesellschafterversammlung der beherrschten Gesellschaft (so der BFH im Beschluss vom 22.10.2008, BFH/NV 2009, 299).

Das **Durchführungsgebot** bezieht sich zum einen auf die tatsächliche Verlustübernahme, zum anderen auf die Abführung des ganzen Gewinns der OrgG auf den OrgT und schließlich auf die Nichtabführung von vororganschaftlichen Gewinnrücklagen an den OrgT bei nichteingegliederten OrgG. Die beteiligten Gesellschaften haben also auf die Mindest- und die Höchstabführung des Gewinnes zu achten. Es ist bei der Höhe des abzuführenden Gewinnes darauf hinzuweisen, dass die Beträge der Gewinnabführung zwischen Gesellschaftsrecht und Steuerrecht differieren. Nach den **gesellschaftsrechtlichen Anforderungen** darf eine nichteingegliederte Organgesellschaft (vgl. § 301 AktG) **höchstens** den ohne die Verpflichtung zur Gewinnabführung entstehenden Jahresüberschuss, vermindert um einen Verlustvortrag aus dem Vorjahr und um die in die gesetzlichen Rücklagen einzustellenden Beträge, abführen. Eine Rücklagenbildung bei der OrgG ist dabei ausdrücklich zugelassen, eine Abführung vororganschaftlicher Rücklagen verboten. **Steuerlich** besteht gem. § 14 Abs. 1 Nr. 4 KStG nur eine eingeschränkte Zulässigkeit der Rücklagenbildung bei der OrgG; nur die Rücklagen (mit Ausnahme der gesetzlichen Rücklagen), die bei **vernünftiger kaufmännischer Beurteilung** zu bilden sind, dürfen den abgeführten Gewinn mindern. Es ist in der Praxis also darauf zu achten, dass bei der OrgG keine Rücklagen entgegen dem Durchführungsgebot des EAV gebildet werden. Auch steuerlich sind die zwingenden – durch das BilMoG entstandenen – Abführungsverbote zu beachten. Eine Besonderheit besteht in Fällen, in denen die OrgG zum Zeitpunkt des Abschlusses eines EAV über einen handelsrechtlichen und steuerlichen

---

267 Darauf wurde wieder von FG hingewiesen.
268 Vgl. zu diesem Problemkreis auch unter gesellschaftsrechtlichen Aspekten *Gärtner*, AG 2014, 793 ff.
269 Sog. verunglückte Organschaften. Die Gewinnabführungen sind als vGA der OrgG, die Verlustübernahme als verdeckte Einlage des OrgT, anzusehen.
270 Dieser wichtige Grund muss nach steuerrechtlichen Kriterien vorliegen, vgl. BFH vom 13.11.2013, BB 2014, 997 und FG Hessen vom 28.05.2015, DStRE 2016, 666 ff.
271 Zu dem wichtigen Grund vgl. BFH vom 13.11.2013, AG 2014, 369 ff.
272 Vgl. auch insoweit *Schneider/Hinz*, UBg 2009, 739 m.w.N.

Verlustvortrag verfügt. Gem. § 301 AktG ist vor einer Gewinnabführung zunächst der Verlustvortrag auszugleichen; bei Nichtbeachtung gilt der EAV steuerlich als nicht durchgeführt.[273] Die Gefahr der »Nicht-Durchführung« des EAV bei fehlerhafter Bilanzierung ist durch die neuen Heilungsmöglichkeiten des § 14 Abs. 1 S. 1 Nr. 3 S. 4 KStG abgemildert worden. Hiernach hat der Gesetzgeber eine Durchführungsfiktion angenommen, wenn

1. der Jahresabschluss wirksam festgestellt ist,
2. die Fehlerhaftigkeit bei Erstellung des Jahresabschlusses unter Anwendung der Sorgfalt eines ordentlichen Kaufmanns nicht hätte erkannt werden müssen (vgl. aber Ausnahme in S. 5) und
3. ein von der Finanzverwaltung beanstandeter Fehler spätestens in dem nächsten nach dem Zeitpunkt der Beanstandung des Fehlers aufzustellenden Jahresabschluss der Organgesellschaft und des Organträgers korrigiert und das Ergebnis entsprechend abgeführt oder ausgeglichen wird, soweit es sich um einen Fehler handelt, der in der Handelsbilanz zu korrigieren ist. Zu beachten ist, dass die Voraussetzungen kumulativ vorliegen müssen.[274] Fraglich ist in den Fällen, wer entscheidet, ob der Fehler in der HB zu korrigieren ist. Während die OFD KA eine Entscheidung des WP zur Korrekturnotwendigkeit für maßgeblich hält, will die OFD Frankfurt offensichtlich selbst über die Notwendigkeit einer Korrektur entscheiden (vgl. jetzt in DStR 2016, 1375f.).

Bei eingegliederten OrgG ist es möglich, auch **vorvertragliche Gewinnrücklagen** an den OrgT auszukehren.[275,276] Ab 2005 ist durch § 14 Abs. 3 KStG geregelt, dass die Mehrabführungen, die ihre Ursache in vororganschaftlicher Zeit haben, als Gewinnausschüttung gelten.[277] Dann sind die allgemeinen Folgen auf der Einkommenserzielungsebene des OrgT (§ 8b Abs. 1, Abs. 5 KStG) zu beachten. Die Auskehrung vororganschaftlicher Rücklagen in Form der Gewinnausschüttung widerspricht nicht dem Durchführungsgebot des EAV.

4 Einkommensermittlung bei der Organschaft

4.1 Überblick

Die steuerliche Einkommensermittlung der Organschaft für die OrgG und den OrgT hat zunächst von der HB der beteiligten Gesellschaften auszugehen. Handelsrechtlich wird die Gewinnabführung bzw. die Verlustübernahme über die GuV abgewickelt, steuerrechtlich handelt es sich um eine außerbilanzielle Einkommenszurechnung. Daher ist zunächst das Einkommen der OrgG und des OrgT so zu ermitteln, als ob sie unabhängige Gesellschaften wären. Daraus folgt, dass die bilanziellen Auswirkungen der Organschaft in einem **ersten**

---

[273] Steuerlich darf der vororganschaftliche Verlust gem. § 15 S. 1 Nr. 1 KStG nicht abgezogen werden. Im Ergebnis resultiert hieraus eine Minderabführung, da das der OrgT hinzugerechnete Einkommen höher ist als die Gewinnabführung. Hierfür hat der OrgT einen aktiven Ausgleichsposten zu bilden.
[274] Vgl. hierzu ausführlich *Schulze zur Wiesche*, DStZ 2013, 625.
[275] Es ist kein Minderheitenschutz notwendig
[276] Nach dem BFH gehen die Regeln der §§ 14ff. KStG den Regeln über die Gewinnausschüttungen vor, soweit sie reichen. Vgl. BFH vom 07.08.2002, GmbHR 2003, 118 und vom 18.12.2002, GmbHR 2003, 363. Diese Urteile betreffen zwar nicht unmittelbar die beschriebene Problematik, haben aber hierauf Auswirkungen.
[277] Die frühere Rspr. vgl. BFH vom 07.08.2002, GmbHR 2003, 118, und vom 18.12.2002, GmbHR 2003, 363, ist damit überholt.

Schritt rückgängig gemacht werden, bevor in einem **zweiten Schritt** das Einkommen der OrgG dem OrgT zugerechnet wird. Diese beiden Schritte werden außerhalb der Bilanz der OrgG und des OrgT vollzogen. Eine Besonderheit bilden Ausgleichszahlungen (§ 304 AktG, § 16 KStG), sie sind jeweils von der OrgG selbst zu versteuern. Die Höhe der Ausgleichszahlungen bildet (zur Sicherstellung der Einmalbesteuerung) »eigenes Einkommen der OrgG« unabhängig davon, wer die Ausgleichszahlungen leistet.

4.2 Einkommensermittlung der Organgesellschaft

Die Organgesellschaft ist steuerlich ein eigenes Einkommensermittlungssubjekt; auszugehen ist – wie bei der unabhängigen Kapitalgesellschaft – von dem allgemeinen Einkommensermittlungsschema, welches sich aus § 8 Abs. 1 KStG ableitet.

Jahresüberschuss lt. Handelsrecht (§§ 275, 277 Abs. 3 HGB)
+ /./. steuerliche Korrekturen

= StB-Ergebnis
+ Ausgleichszahlungen (§ 4 Abs. 5 Nr. 9 EStG)
+ nichtabziehbare BA   } nur beispielhaft[278]
./. Erstattung nicht abziehbarer BA
+ verdeckte Gewinnausschüttung
./. verdeckte Einlagen

= **Einkünfte** aus Gewerbebetrieb (**Zwischensumme I**)
+ an den OrgT abgeführter Gewinn   1. Schritt
./. vom OrgT übernommener Verlustausgleich

= **Zwischensumme II**
./. z.B. abzugsfähige Spenden (§ 9 KStG)

= **Einkommen der OrgG (Zwischensumme III)**
./. dem OrgT zuzurechnendes Einkommen   2. Schritt
+ vom OrgT übernommener Verlust

= **eigenes Einkommen der Organgesellschaft**

Beispiel 4: Einkommensermittlung ohne Rücklagenbildung
Die X-AG ist ein von der Y-AG abhängiges und mit einem EAV verbundenes Unternehmen. Die Voraussetzungen der Organschaft sind erfüllt. Die X-AG erzielt in 01 einen vorläufigen Jahresüberschuss (vor Gewinnabführung) i.H.v. 200, den sie vollständig an die Y-AG als OrgT abführt. Besonderheiten bei der Einkommensermittlung der X-AG (z.B. vGA) haben sich nicht ergeben.

---

[278] Vgl. zur Einkommensermittlung Kap. III 2.2.

Lösung (verkürzt):

Jahresüberschuss laut Handelsrecht (§ 277 Abs. 3 HGB)	0[279]
StB-Ergebnis	0
+/./. außerbilanzielle Korrekturen	0
Einkünfte aus Gewerbebetrieb (Zwischensumme I)	0
+ an den OrgT abgeführter Gewinn	200
Zwischensumme II (entspricht Einkommen der OrgG)	**200**
./. dem OrgT zuzurechnendes Einkommen	./. 200
eigenes Einkommen der OrgG	0

Besonderheiten können sich ergeben, wenn die OrgG steuerlich zulässig (§ 14 Abs. 1 Nr. 4 KStG) Gewinnrücklagen bildet. Der handelsrechtliche Jahresüberschuss besteht in diesem Fall in der Höhe der Rücklagenbildung, die **Gewinnabführung** an den OrgT **unterschreitet** das diesem zuzurechnende Einkommen ebenfalls i.H.d. Rücklagenbildung.[280] Die zulässige Rücklagenbildung hat keinen Einfluss auf das steuerlich dem OrgT zuzurechnende Einkommen.

Beispiel 5: Einkommensermittlung mit Rücklagenbildung
In dem vorgenannten Beispiel hat die X-AG im zulässigen Rahmen von dem vorläufigen Jahresüberschuss 20 in die Gewinnrücklagen eingestellt.

Lösung:

Bilanzgewinn laut Handelsrecht	0
+ Einstellung in die Gewinnrücklagen	20
+/./. steuerliche Korrekturen	0
StB-Ergebnis	20
+/./. außerbilanzielle Korrekturen	0
Einkünfte aus Gewerbebetrieb (Zwischensumme I)	20
+ an den OrgT abgeführter Gewinn	180
Zwischensumme II (entspricht Einkommen der OrgG)	200
./. **dem OrgT zuzurechnendes Einkommen**	./. 200
eigenes Einkommen der OrgG	0

In diesem Fall unterschreitet die handelsrechtliche Gewinnabführung das steuerlich dem OrgT zugerechnete Einkommen, es handelt sich um eine sog. **Minderabführung** aufgrund von während der Organschaft gebildeten Rücklagen. Gem. § 27 Abs. 6 KStG erhöht sich i.H.d. Minderabführung das steuerliche Einlagekonto der OrgG; es wird eine Einlage des OrgT fingiert. Insoweit kann man von einer Fiktion eines Schütt-aus-Hol-zurück-Verfahrens sprechen.[281] Bei

---

[279] 200 (vorläufiger Jahresüberschuss) ./. Abführungsschuld (200) = 0.
[280] In der Literatur wird von einer Mehr-Minderabführung auch dann gesprochen, wenn sich die Gewinnabführung von dem StB-Ergebnis unterscheidet. Der BFH stellt umfassender auf die Differenz zwischen der Gewinnabführung und dem zuzurechnenden Einkommen ab, vgl. statt aller *Gosch*, KStG, 3. Aufl., § 14 Rz. 416a, vgl. neuerdings *Trautmann/Faller*, DStR 2012, 890, die zu Recht eine Bildung von Ausgleichsposten nur bei Einkommensrelevanz von Bilanzabweichungen vornehmen wollen; vgl. insoweit BFH vom 29.08.2012, DStRE 2013, 73 sowie hierzu *Trautmann/Faller*, DStR 2013, 293.
[281] Für das alte System hat der BFH letztmals mit Urteil vom 18.12.2002, GmbHR 2003, 363 diese Rechtsfolge mangels Rechtsgrundlage abgelehnt. M.E. hat der Gesetzgeber die Rechtsgrundlage in § 27 Abs. 6 KStG nachgeholt. Im Jahressteuergesetz 2008 ist nunmehr in § 14 Abs. 4 KStG geregelt, dass der OrgT weiter

Auflösung der Rücklage während des Bestehens der Organschaft ergibt sich das **umgekehrte Bild** bei der Einkommensermittlung der OrgG:

Bilanzgewinn laut Handelsrecht	0
./. Auflösung der Gewinnrücklagen	./. 20
+/./. steuerliche Korrekturen	0
StB-Ergebnis	./. 20
+/./. außerbilanzielle Korrekturen	0
Einkünfte aus Gewerbebetrieb (Zwischensumme I)	./. 20
+ an den OrgT abgeführter Gewinn	20
Zwischensumme II (entspricht Einkommen der OrgG)	0
= Einkommen der OrgG	0
./. **dem OrgT zuzurechnendes Einkommen**	0
eigenes Einkommen der OrgG	0

In dem Fall der Rücklagenauflösung überschreitet die Gewinnabführung das dem OrgT zuzurechnende Einkommen, es handelt sich um eine sog. **Mehrabführung** aufgrund von während der Organschaft gebildeten Rücklagen. Gem. § 27 Abs. 6 KStG wird hierdurch das steuerliche Einlagekonto der OrgG gemindert, das hierdurch auch negativ werden kann. Die Mehrabführung wird steuerlich als Einlagenrückgewähr erfasst (A 14.6 KStR). Eine Saldierung von Mehr- und Minderabführungen kommt nur zwischen innerorganschaftlichen Vorgängen in Betracht. Eine Saldierung von innerorganschaftlichen und vororganschaftlichen Differenzen in der Abführung kommt nicht in Betracht. Ob nur bei einkommenserheblichen oder auch bei sonstigen (bilanziellen) Abweichungen Ausgleichsposten zu bilden sind, ist zwischen der FinVerw und der Literatur streitig. Entgegen der Auffassung der FinVerw wird man – wegen der systematischen Rechtfertigung des Ausgleichspostensystems – auf die Einkommensrelevanz abstellen müssen.[282]

Sog. **Mehr- bzw. Minderabführungen**[283] treten während der Laufzeit des EAV auch bei Abweichungen der steuerlichen Einkommenszurechnung von der handelsrechtlichen Gewinnabführung auf. Solche Differenzen können aufgrund von Bilanzierungsunterschieden in Handels- und StB (z.B. Rückstellung wegen drohender Verluste in der OrgG wird steuerlich nicht anerkannt; Aktivierung von Ingangsetzungsaufwendungen gem. §§ 269, 282 HGB) oder aufgrund von Einkommensermittlungsunterschieden und damit verbundenen Differenzen zwischen Einkommen und Gewinnabführung (bzw. Verlustübernahme) eintreten.[284]

Weitere Differenzen treten auf, wenn der OrgT handelsrechtlich zum vorherigen Ausgleich eines **vororganschaftlichen** Verlustes verpflichtet ist, ein steuerlicher Verlustabzug aber nicht möglich ist (vgl. § 15 Nr. 1 KStG). Wird dem OrgT steuerlich aber wegen § 15 Nr. 1 KStG (merke: ein Abzug vororganschaftlicher Verluste ist während der Organschaft

---

aktive bzw. passive Ausgleichsposten zu bilden hat. Die Einlagenlösung wurde zwar intensiv diskutiert, letztendlich aber abgelehnt.
282 *Faller*, DStR 2013, 1977; *Suchanek/Jansen/Hesse*, Ubg 2013, 280; *Neumann/Suchanek*, Ubg 2013, 549 (sehr lesenswert).
283 Vgl. hierzu grundlegend *Preißer/Seeliger*, BB 1999, 393; ferner *Bareis*, FR 2008, 649; zur Vertiefung wird die Lektüre von *Sedemund*, DB 2010, 1256 dringend empfohlen.
284 Vgl. zu Sonderproblemen von Mehrabführungen i.R.v. Umstrukturierungen *Heerdt*, DStR 2009, 938 und *Meining*, BB 2009, 1444; diese Problematik wird auch unter dem Stichwort »außerorganschaftliche Verursachung« diskutiert, vgl. ausführlich *Sedemund*, DB 2010, 1257.

nicht möglich) das volle Einkommen der OrgG zugerechnet, liegt eine Minderabführung vor, die bei der OrgG zu einer Erhöhung des steuerlichen Einlagekontos führt.[285] Klarstellend sei nochmals betont, dass Mehr- und Minderabführung bedeuten, dass zwischen handelsrechtlicher Gewinnabführung und steuerlicher Einkommenszurechnung eine Differenz besteht. Immer dann, wenn die handelsrechtliche Gewinnabführung die steuerliche Einkommenszurechnung übersteigt (Mehrabführung), ist bei dem OrgT ein passiver Ausgleichsposten, im umgekehrten Fall ein aktiver Ausgleichsposten zu bilden.

Für Wirtschaftsjahre ab 2004 verweist das BMF für die Fallgruppe der vororganschaftlichen Mehr- und Minderabführungen nunmehr (BMF vom 22.12.2004, BStBl I 2005, 65 und vom 28.06.2005, BStBl I 2005, 813) auf § 14 Abs. 3 KStG.[286]

Eine weitere Besonderheit liegt bei **vGA der OrgG an den OrgT** vor.[287] Hierbei ist zu beachten, dass aufgrund der getrennten Einkommensermittlung und der sich hieran anschließenden Einkommenszurechnung an den OrgT eine doppelte Erfassung der vGA beim OrgT, nämlich sowohl beim zugerechneten als auch beim eigenen Einkommen droht. Die h.M. nimmt diese notwendige Korrektur nicht beim zugerechneten, sondern beim eigenen Einkommen des OrgT vor.[288]

Beispiel 6: vGA innerhalb der Organschaft (A 14 Abs. 7 KStR)
Die OrgG verkauft an den OrgT Waren zu einem Preis unterhalb des Marktpreises. Der OrgT verkauft diese Waren innerhalb des gleichen Jahres zu dem Marktpreis an Dritte.

Lösung: Die vGA (in Form der verhinderten Vermögensmehrung) erhöht zunächst das Einkommen der OrgG, welches dem OrgT zugerechnet wird. Bei dem OrgT entsteht jedoch – wegen des zu niedrigen Einkaufspreises – ein zu hoher eigener Gewinn, sodass die vGA doppelt erfasst werden würde. Die Verwaltung und h.M. eliminieren die vGA beim OrgT; diese Korrektur beim OrgT führt jedoch dazu, dass der OrgT bei einem Verkauf erst in einem folgenden Wj. den Bilanzansatz der Waren einkommensneutral auf den »Markt-Einkaufspreis« anheben muss.
M.E. ist eine Korrektur in diesen Fällen bei dem Einkommen der OrgG systematisch befriedigender und praktisch einfacher. Die vGA führt bei der OrgG nicht zu einer Erhöhung des Einkommens, das zugerechnete Einkommen ist entsprechend niedriger. Die vGA wird lediglich bei Veräußerung der Waren an Dritte beim OrgT erfasst. Dies entspricht dem konzernrechtlichen System, dass erst der Umsatz an außenstehende Dritte zu einer Erhöhung des Konzernerfolgs führen soll (vgl. auch BFH vom 20.08.1986, BStBl II 1987, 455).

In diesem Beispiel führen beide Lösungen zu einem vergleichbaren Ergebnis, sodass der Streit eher akademischer Natur ist. Zu einer erheblichen Ergebnisauswirkung führen die unterschiedlichen Auffassungen jedoch in Fällen der unentgeltlichen Nutzungsüberlassung in Dreiecksverhältnissen.

---

285 Dies ist nunmehr durch das Jahressteuergesetz 2008 in § 14 Abs. 4 KStG positiv geregelt worden.
286 Somit können ab 2004 Mehrabführungen gem. § 37 Abs. 2 S. 2 KStG zu einer KSt-Minderung führen.
287 Ausführlich *Herlinghaus*, GmbHR 2002, 989; ders. in *Herzig* (Hrsg.), Organschaft, 124.
288 *Schmidt/Müller/Stöcker*, Organschaft, Tz. 529, 531; vgl. auch neuerdings *Thiel*, DB 2006, 633 und der Hinweis auf sonst – bei bestimmten Konstellationen – eintretenden Besteuerungslücken. *Thiel* wendet sich ausdrücklich gegen die Auffassung von *Wassermeyer*, DB 2006, 296, der die BFH-Lösung nach wie vor für richtig hält.

Beispiel 6a: vGA innerhalb der Organschaft bei doppelter Abhängigkeit[289]
Eine M-KapG ist an T1-KapG und T2-KapG zu 100 % beteiligt. Zu beiden Gesellschaften bestehen Organschaftsverhältnisse. Die T1-KapG überlässt der T2-KapG ein Darlehen, ohne entsprechende Zinsen zu verlangen. Der Zinsvorteil soll 100 betragen.

Lösung:
a) Nach *Wassermeyer* (DB 2006, 296):
   Entsprechend dem Urteil des BFH vom 20.08.1986 (BStBl II 1987, 455) soll zur Vermeidung einer Doppelerfassung der vGA das dem OrgT zuzurechnende Organeinkommen von TG1 nicht nach § 8 Abs. 3 S. 2 KStG erhöht werden. Bei der MG soll die vereinnahmte vGA gem. § 8b Abs. 1 i.V.m. Abs. 5 KStG zu 95 % steuerfrei bleiben. Der verbrauchte Vorteil zum Zwecke ihrer Beteiligung soll zu einem abzugsfähigen Aufwand von 100 führen.
b) Nach *Thiel* (DB 2006, 633):
   Entsprechend A 62 Abs. 2 KStR soll das eigene Einkommen des OrgT gekürzt werden. Bei der Muttergesellschaft führt der Verbrauch des Vorteils zum Zwecke ihrer Beteiligung zu einem abzugsfähigen Aufwand. Es kommt nicht zu einem gem. § 8b Abs. 1 i.V.m. Abs. 5 KStG zu 95 % steuerfreien Kapitalertrag. Der Verbrauch führt bei der Muttergesellschaft ebenfalls zu einem Aufwand von 100.

Stellungnahme:
Für diesen Fall ist die Entscheidung der Streitfrage erheblich. Um eine Besteuerungslücke zu verhindern, ist nicht das zugerechnete Einkommen der OrgG, sondern das eigene Einkommen des OrgT zu kürzen. Zudem wird auch hier die – außerhalb des Organkreises bereits dargestellte – Verbrauchstheorie bei der Muttergesellschaft zur Anwendung gebracht, wodurch bei M – auch ohne entsprechenden Beteiligungsertrag[290] – eine Betriebsausgabe in Bezug auf den für T2 verbrauchten Vorteil anzunehmen ist. Im Verhältnis von T1 zu M wirkt sich die Vorteilszuwendung wie außerhalb des Organkreises nicht aus.

Grundsätzlich können auch im Organkreis verdeckte Einlagen auftreten. Sie werden bei der OrgG nach allgemeinen Regeln behandelt, insoweit sind keine Besonderheiten zu beachten. Beim OrgT werden diese – wie auch außerhalb der Organschaft – dem Beteiligungsbuchwert zugerechnet.

4.3 Einkommensermittlung des Organträgers

Für die Einkommensermittlung des OrgT ist zunächst wiederum an § 8 KStG anzuknüpfen. Ausgangspunkt ist auch hier die handelsrechtliche Gewinnermittlung des OrgT. Dabei ist zu berücksichtigen, dass sich die handelsrechtliche Gewinnabführung als Betriebseinnahme, die Verlustübernahme als Betriebsausgabe (§§ 275, 277 Abs. 3 HGB) ausgewirkt hat, während steuerlich das Einkommen der OrgG **außerhalb der Bilanz** zugerechnet wird. Daher ist das Einkommen des OrgT – ähnlich wie das der OrgG – zweistufig in der Weise zu ermitteln, dass die Gewinnabführung/Verlustübernahme zunächst außerhalb der Bilanz eliminiert und anschließend das Einkommen der OrgG zugerechnet wird.[291]

---

289 Vgl. *Dötsch/Witt* in *Dötsch/Pung/Möhlenbrock*, KStG und EStG, § 14 Tz. 780.
290 Insoweit ist die systematische Kritik von *Wassermeyer* berechtigt.
291 Vgl. hierzu auch *Wassermeyer*, GmbHR 2003, 313.

Einkommensermittlung des OrgT (berücksichtigt sind hier nur die organschaftsspezifischen Ermittlungsschritte):

Handelsrechtlicher Jahresüberschuss (§§ 275, 277 Abs. 3 HGB)
./. steuerliche Korrekturen

= StB-Ergebnis
+/./. Korrektur nach § 15 S. 1 Nr. 2 KStG (Bruttomethode)
./. **von der OrgG abgeführter Gewinn**
+ **an die OrgG geleisteter Verlustausgleich**

= eigenes Einkommen des OrgT
+/./. **zugerechnetes Einkommen der OrgG**

= vom OrgT z.v.E.

Aus diesem Einkommensermittlungsschema lässt sich erkennen, dass nicht die Gewinnabführung bzw. Verlustübernahme, sondern ausschließlich das **zugerechnete Einkommen** steuerpflichtig ist.

Beispiel 7: Das Einkommen des OrgT bei Rücklagenbildung

Die OrgG bildet in handels- und steuerrechtlich zulässiger Weise eine Gewinnrücklage (§ 14 Abs. 1 Nr. 4 KStG), die nicht die Höhe des zugerechneten Einkommens, aber die Höhe der Gewinnabführung beeinflusst. Der (vorläufige, d.h. vor Abführung) Jahresüberschuss der OrgG habe 200, die Gewinnrücklage 20 betragen. Der »eigene Gewinn« des OrgT beläuft sich auf 100.

Lösung:

Handelsrechtlicher Jahresüberschuss	280
./. steuerliche Korrekturbeträge	0
StB-Gewinn	280
./. **von der OrgG abgeführter Gewinn**	./. 180
eigenes Einkommen des OrgT	100
+ **zugerechnetes Einkommen der OrgG**	200
vom OrgT z.v.E.	300

Entsprechendes kann gelten, wenn der handelsbilanzielle Gewinn der OrgG aufgrund von steuerlich unzulässigen Rückstellungen (Aufwands-Rückstellung gem. § 249 Abs. 2 HGB) oder steuerlich unzulässige Mehrabschreibungen in HB geringer ist als das steuerliche Einkommen. In diesen Fällen wird an den OrgT weniger abgeführt als steuerlich zugerechnet (Minderabführung). Der OrgT hat in diesen Fällen ein höheres z.v.E. als handelsrechtlichen Jahresüberschuss; die Differenz liegt in der sog. Minderabführung. Nach **neuem Recht** (§ 14 Abs. 4 KStG i.d.F. des Jahressteuergesetzes 2008) wird die Minderabführung durch einen aktiven **Ausgleichsposten** bei der OrgT berücksichtigt.

Wird die Rücklage bei der OrgG in späteren Jahren aufgelöst, wodurch die Gewinnabführung das zugerechnete Einkommen übersteigt (**Mehrabführung**), hat eine entsprechende Verrechnung mit dem aktiven Ausgleichsposten zu erfolgen.

Hinweis: Es ist in der Praxis oftmals nicht einfach, zwischen inner- und vororganschaftlichen Mehr- und Minderabführungen zu unterscheiden. Dies ist wegen der unterschiedlichen Systematik aber notwendig (vgl. § 14 Abs. 3 und 4 KStG). Mit der h.M. wird man eine innerorganschaftliche Verursachung annehmen, wenn das Ergebnis, auf dem der Unterschied zwischen der HB und der StB bzw. der Einkommenszurechnung beruht, zeitlich in das Bestehen der Organschaft fällt.[292]

Eine besondere Behandlung haben **steuerfreie Erträge** der OrgG gem. § 8b Abs. 1 KStG und die Zurechnung dieser steuerfreien Erträge zum Einkommen des OrgT erfahren. Diese Erträge werden unmittelbar bei der Ermittlung des Einkommens des OrgT erfasst, d.h., diese Erträge unterliegen nicht dem von der OrgG zugerechneten, sondern dem eigenen Einkommen des OrgT. Das zugerechnete Einkommen ist entsprechend zu modifizieren. Nach § 15 Nr. 2 KStG finden abweichend von dem Grundsatz der eigenen Einkommensermittlung auf Ebene der OrgG die Vorschriften des § 8b Abs. 1–6 KStG keine Anwendung. Sie werden unmittelbar beim OrgT erfasst. Daher müssen diese Erträge von den OrgG an den OrgT weitergemeldet werden (**Brutto-Methode**).

> **Beispiel 8: Weiterleitung steuerfreier Erträge**
> Die OrgG erzielt in 01 einen StB-Gewinn i.H.v. 400.000 €; darin sind Beteiligungserträge i.S.v. § 8b Abs. 1 KStG i.H.v. 150.000 € enthalten. Der OrgT erzielt ein eigenes Einkommen (ohne die Gewinnabführung) von 100.000 €.
>
> **Lösung:** Das Einkommen des OrgT wird – **stark vereinfacht** – wie folgt ermittelt:
>
> | | |
> |---|---:|
> | Eigenes Einkommen | 100.000 € |
> | + zugerechnetes Einkommen der OrgG (ohne Anwendung des § 8b Abs. 1 KStG) | 400.000 € |
> | ./. steuerfreie Beteiligungserträge gem. § 8b Abs. 1 KStG (Abzug beim OrgT) | ./. 150.000 € |
> | + fingierte nicht abzugsfähige BA von 5 % (§ 8b V) | 7.500 € |
> | zu versteuerndes Einkommen des OrgT | 357.500 € |

Wenn bei der OrgG im Zusammenhang mit den Beteiligungserträgen Betriebsausgaben anfallen, werden diese zunächst bei der OrgG berücksichtigt. Die Vorschrift des § 8b Abs. 5 KStG wird nur auf der Ebene des OrgT angewendet. Die Einführung der Brutto-Methode hat körperschaftsteuerlich dann keine Auswirkung, wenn sowohl OrgG als auch OrgT in der Rechtsform der KapG organisiert sind. Es findet dann lediglich eine Verlagerung vom zugerechneten auf das eigene Einkommen des OrgT statt.

Nachteilig ist die Brutto-Betrachtung jedoch dann, wenn der OrgT in der Rechtsform einer PersG oder eines Einzelunternehmens geführt wird. In diesem Fall hat der OrgT das Teileinkünfteverfahren für die Beteiligungserträge anzuwenden, eine Weiterleitung der Steuerfreiheit von der OrgG an den OrgT ist nicht mehr möglich.[293]

---

[292] Vgl. *Gosch*, KStG, 3. Aufl., § 14 Rz. 417 m.w.N.
[293] Zu Gestaltungsmöglichkeiten *Heurung/Möbus*, BB 2003, 772.

5 Besonderheiten der Organschaft

5.1 Vorzeitige Beendigung von Organschaften und verunglückte Organschaft

Es ist bereits ausgeführt worden, dass bei Nicht-Einhaltung der Mindestlaufzeit des EAV von fünf Jahren, aber auch bei Verstoß gegen das Durchführungsgebot innerhalb der ersten fünf Jahre (z.B. zu hohe Rücklagenbildung unter Verstoß gegen § 14 Abs. 1 Nr. 4 KStG bzw. die Abführung von vororganschaftlichen Rücklagen im Vertragskonzern) die Wirkungen der körperschaftsteuerlichen Organschaft **von Anfang an** nicht eintreten (**verunglückte Organschaften**). **Dies gilt bei einer vorzeitigen Beendigung nur dann nicht, wenn die Kündigung auf einem wichtigen Grund beruht.** Die bereits gezogenen Folgerungen aus der steuerlichen Organschaft sind bei einer Unwirksamkeit ex tunc für die Vergangenheit rückgängig zu machen.

Die OrgG ist mit ihrem Einkommen zu veranlagen, die vollzogenen Gewinnabführungen sind als **andere Ausschüttungen** zu werten (BFH vom 13.09.1989, BStBl II 1990, 24). Es besteht bei vororganschaftlichen Verlusten und späterem positiven Einkommen der OrgG nunmehr die Möglichkeit, den Verlustabzug auf Ebene der OrgG gem. § 10d EStG geltend zu machen.[294] Hat die OrgG während der Organschaft Verluste erlitten und sind diese vom OrgT im Wege des Verlustausgleichs übernommen worden, ist dies als verdeckte **Einlage** des OrgT in die OrgG anzusehen, die bei der OrgG steuerlich zu neutralisieren ist. Bei der OrgG erhöht sich das steuerliche Einlagekonto, beim OrgT der Buchwert der Beteiligung.

Wegen der erheblichen Rechtsfolgen der verunglückten Organschaft seien nochmals die wesentlichen Ursachen für dieses Rechtsinstitut zusammengefasst[295]:

- Zivilrechtliche Unwirksamkeit des EAV (wegen fehlender Eintragung, fehlendem Formerfordernis, fehlende Regelungen über den Ausgleich nach § 304 AktG),
- Verstoß gegen die Mindestlaufzeit[296],
- fehlerhafter Verweis auf § 302 AktG gem. § 17 KStG[297],
- Verstoß gegen die Mindestabführung (auch bei fehlerhafter HB)[298],

---

[294] Allerdings mit der Einschränkung der Mindestbesteuerung, sodass u.U. nicht alle Verluste steuerlich abgezogen werden können.
[295] Zusammenfassend *Schöneborn*, DB 2010, 245; *Rödder*, DStR 2010, 1218.
[296] Sehr ausführlich hierzu *Fichtelmann*, GmbHR 2010, 577.
[297] Die BFH-Rechtsprechung ist insoweit sehr formal, vgl. zuletzt BFH vom 03.03.2010, DStR 2010, 858 und auflockernd BFH vom 28.07.2010, DB 2010, 2031. Die Finanzverwaltung (OFD Rheinland vom 12.08.2009, DStR 2010, 1136) verlangte noch weiteren Formalismus (vgl. aber nun auch großzügiger BMF vom 19.10.2010, DB 2010, 2362). Im JStG 2010 sollte § 17 Nr. 2 KStG dahingehend entschärft werden, dass eine gesellschaftsrechtlich bestehende Ausgleichsverpflichtung ausreichend sein soll, vgl. insoweit aber FG Köln vom 13.05.2009, DB 2009, 2016, welches wiederholt einen Verweis auf die Vorschrift nach § 302 AktG wegen der zivilrechtlichen Ausgangslage für entbehrlich hält. Diese Änderung wird wegen der genannten Auflockerung der Rechtsprechung – zu Unrecht – nicht umgesetzt.
[298] Allerdings zieht die Finanzverwaltung aus der Änderung des § 301 AktG und § 249 HGB durch das BilMoG für das Bestehen von Organschaftsverhältnissen keine nachteiligen Folgen, vgl. BMF vom 14.01.2010, DStR 2010, 113; zu weiteren Fragen der Mindestabführung vgl. *Meining*, GmbHR 2010, 309 sowie *Schmitt/Werner*, GmbHR 2010, 29.

- Abführung vorvertraglicher Rücklagen,
- Höhe und Art der Ausgleichszahlung nach § 304 AktG.[299]

5.2 Besteuerung von Ausgleichszahlungen

Die OrgG kann verpflichtet sein, an außenstehende Aktionäre Ausgleichszahlungen zu leisten (vgl. § 304 AktG). Dieser Ausgleich kann entweder in einem – auf die Verhältnisse des Vertragsabschlusses abstellenden – festen Ausgleich (sog. Garantiedividende, § 304 Abs. 2 S. 1 AktG) oder in einem – auf die jeweilige Ertragssituation des OrgT abstellenden – variablen Ausgleich (§ 304 Abs. 2 S. 2 AktG) bestehen. Eine Ausgleichszahlung an einen außenstehenden Aktionär mit der zusätzlichen variablen Komponente »Differenz zwischen einem hypothetischen Gewinnanspruchs ohne EAV und dem Festbetrag« wurde vom BFH steuerlich nicht anerkannt (Urteil vom 04.03.2009, BFH/NV 2009, 1716; arg.: keine Ausgleichszahlung, sondern eine Gewinnbeteiligung).[300] Da das KSt-Recht sowohl nach altem als auch nach neuem Recht ein geschlossenes System darstellt, ist die einmalige Erfassung der Ausgleichszahlungen als Einkommen der OrgG sicherzustellen.[301] Da diesen Ausgleichszahlungen gedanklich ein Gewinn der OrgG gegenübersteht, muss insoweit positives Einkommen der Besteuerung unterworfen werden.

Es muss gewährleistet sein, dass »Einkommen von KapG« sowohl auf der Ebene der KapG als auch auf der Ebene der Anteilseigner (Teileinkünfteverfahren) steuerlich erfasst werden.

Der Gesetzgeber hat sich dazu entschieden, die Ausgleichszahlungen bei der Gesellschaft, die sie tatsächlich geleistet hat, als nicht abzugsfähige BA zu behandeln (§ 4 Abs. 5 Nr. 9 EStG) und bei der OrgG ein von dieser z.v.E. i.H.d. Ausgleichszahlungen und der darauf lastenden KSt anzusetzen. Nach altem Recht beträgt das Einkommen 4/3 der Ausgleichszahlung, nach Herabsenkung des Körperschaftsteuersatzes auf 15 % beträgt das Einkommen 20/17 (100 : 85) der Ausgleichszahlungen. Die unterschiedliche Besteuerung entspricht dem unterschiedlichen KSt-Satz.

Die OrgG hat die Ausgleichszahlungen auch dann als eigenes Einkommen zu versteuern, wenn die **Ausgleichszahlungen** tatsächlich vom **OrgT übernommen** werden. Dies hat der OrgT bei der Ermittlung des eigenen Einkommens zu berücksichtigen, indem er das der OrgG zuzurechnende Einkommen i.H.d. Ausgleichszahlungen (ohne KSt) bei seiner Einkommensermittlung abzieht.

Bei einer **verunglückten Organschaft** (z.B. wegen vorzeitiger Beendigung des EAV) müssen auch die Ausgleichszahlungen steuerlich anders gewertet werden. Die von der OrgG geleisteten Ausgleichszahlungen sind andere Gewinnausschüttungen, die Leistung der Ausgleichszahlungen durch den OrgT ist als Einlage in die OrgG anzusehen, wodurch sich der Beteiligungs-Buchwert beim OrgT entsprechend erhöht.

---

299 Vgl. *Lohmann/von Goldacker/Annecke*, BB 2009, 2344; bei GmbH als Organgesellschaft ist gesellschaftsrechtlich strittig, ob es eines Ausgleichs bedarf. Die h.M. hält eine Ausgleichsregelung für entbehrlich, weil sie für den Abschluss eines EAV einen einstimmigen Beschluss voraussetzt, wodurch dem Minderheitenschutz Genüge getan ist. Richtiger Ansicht nach wird man jedoch auch hier nur eine qualifizierte Mehrheit fordern können, wodurch die Regeln des aktienrechtlichen Ausgleichs- und Abfindungssystems angewendet werden müssen.
300 Dies stellt eine Verschärfung gegenüber der bisherigen Verwaltungsauffassung dar, die beide Komponenten weitgehend unkritisch akzeptiert hat (s. auch *Hubertus/Lüdemann*, DStR 2009, 2136).
301 *Sauter/Heurung*, GmbHR 2001, 758.

5.3 Verfahrensrechtliche Besonderheiten bei der Organschaft

Bis 2013 waren die Steuerbescheide von OrgG und OrgT verfahrensrechtlich nicht miteinander verbunden. Der BFH hat dies mit Urteil vom 28.01.2004 (BStBl II 2004, 539) bekräftigt. Trotz der partiellen Durchbrechung des Trennungsprinzips hat der BFH zu Recht darauf abgestellt, dass OrgG und OrgT KSt-Ermittlungssubjekte sind und lediglich das Einkommen der OrgG der OrgT zugerechnet wird. Grundsatz für die verfahrensrechtlichen Schwierigkeiten lagen in dem Auseinanderfallen der formalen und materiellen Sichtweise bei der Organschaft. Formal steht die steuerrechtliche Selbständigkeit der an der Organschaft beteiligten Gesellschaften, materiellrechtlich Einkommenszurechnung im Vordergrund. Obwohl das Einkommen zugerechnet wird, fehlte bis 2013 die verfahrensrechtliche Verknüpfung. Durch § 14 Abs. 5 KStG ist nunmehr ein Feststellungsverfahren geschaffen, wodurch diese Feststellung der Einkommen Bindungswertung i.S.d. § 182 AO erzeugt. Dieser Feststellungbescheid entfaltet Grundlagenwirkung hinsichtlich der Einkommenszurechnung zum OrgT.

VI Die steuerliche Behandlung von Kapitalmaßnahmen

1 Die Behandlung von Kapitalerhöhungen

1.1 Gesellschaftsrechtliche Grundlagen der Kapitalerhöhung

Unter einer Kapitalerhöhung versteht man die Erhöhung des Nennkapitals einer Kapitalgesellschaft. Die Erhöhung des Nennkapitals kann bei Kapitalgesellschaften erfolgen durch eine zusätzliche Zuführung von Kapital von außen (**Kapitalerhöhung gegen Einlagen**, vgl. §§ 182 ff. AktG, §§ 55 ff. GmbHG) oder durch eine **Umwandlung von Rücklagen in Nennkapital** (vgl. §§ 207 ff. AktG, §§ 57c ff. GmbHG).

```
                    Systematik der Kapitalerhöhung
                    /                           \
              gegen Einlagen              aus Gesellschaftsmitteln
                                          (§§ 207 ff. AktG;
                                          §§ 57c ff. GmbHG)
              /        |        \
   ordentliche    genehmigtes    bedingte
   Kapitalerhöhung Kapital       Kapitalerhöhung
   (§§ 182 ff. AktG; (§§ 202 ff. AktG) (§§ 192 ff. AktG)
   §§ 55 ff. GmbHG)
```

Bei Kapitalerhöhung gegen Einlagen kann die Einlage entweder gegen Bar- oder gegen Sacheinlage erfolgen; das Bezugsrecht der G'fter kann unter bestimmten Voraussetzungen ausgeschlossen werden. Die Kapitalerhöhung wird mit der Eintragung in das Handelsregister wirksam (vgl. § 189 AktG, §§ 54 Abs. 3, 57 GmbHG).

Bei der **Kapitalerhöhung aus Gesellschaftsmitteln** erfolgt – anders als bei der Kapitalerhöhung gegen Einlagen – keine Vermehrung des Gesamteigenkapitals der Gesellschaft nicht. Das Eigenkapital der Gesellschaft bleibt unverändert, die Aktivseite der Bilanz wird davon nicht berührt. Es ändert sich jedoch die Bindung des Kapitals an die Gesellschaft.

Unabhängig davon, ob durch die Kapitalerhöhung aus Gesellschaftsmitteln neue Geschäftsanteile gebildet werden oder lediglich der Nennbetrag der Geschäftsanteile erhöht wird, entstehen dem AE steuerlich keine zusätzlichen AK. Die AK der AE verteilen sich nunmehr auf alle Geschäftsanteile im Verhältnis der Nennbeträge (vgl. § 57o GmbHG, § 220 AktG für das Gesellschaftsrecht, § 3 KapErhStG für das Steuerrecht).[302]

Beispiel 1: Verteilung der AK
Bei einer Ein-Mann-GmbH wird das Stammkapital von 30.000 € auf 50.000 € durch Umwandlung von Gewinnrücklagen erhöht. Die ursprünglichen AK der Anteile haben 30.000 € betragen.

Lösung: Nach Kapitalerhöhung verteilen sich die AK nunmehr auf alle Anteile. Veräußert der AE einen 50%igen Anteil (Nennwert entspricht 25.000 €) für 100.000 €, erzielt er einen Veräußerungsgewinn gem. § 17 Abs. 2 EStG i.H.v. 85.000 €, da dem Veräußerungspreis von 100.000 € nur AK von 15.000 € gegenüberstehen. Die Gewinnrücklagen werden im Zeitpunkt der Veräußerung des Anteils der Besteuerung unterworfen.

1.2 Steuerliche Besonderheiten der Kapitalerhöhung

Die Kapitalerhöhung gegen Einlagen führt auf der Ebene der Kapitalgesellschaft zu keinen steuerlichen Besonderheiten. Die Anteilseigner haben insoweit erhöhte AK. Im Ergebnis hat sich durch die Systemumstellung hieran nichts geändert.

Werden die Anteile in Ausübung eines Bezugsrechts erworben, ist der Anschaffungspreis der Einzahlungsbetrag zuzüglich der nach der sog. Gesamtwertmethode ermittelten AK des Bezugsrechtes; die AK der Alt-Anteile mindern sich dabei entsprechend.[303]

Die steuerliche Grundproblematik der **Kapitalerhöhung aus Gesellschaftsmitteln** hat sich auch nach dem Systemwechsel nicht geändert. Das neue System besteuert Gewinne von Kapitalgesellschaften – nach seiner Vorstellung – ebenfalls in einem geschlossenen System, wenn auch auf zwei Ebenen (KapG und AE). Gewinne werden nur dann endgültig richtig erfasst, wenn neben der **Körperschaftsbesteuerung auch das Teileinkünfteverfahren** auf der Ebene des Anteilseigners zur Anwendung kommt. Deshalb muss sichergestellt werden, dass in Nennkapital umgewandelte Gewinnrücklagen dokumentiert werden, damit sie spätestens im Liquidationsfall nach dem Teileinkünfteverfahren besteuert werden und nicht als steuerneutrale Nennkapitalrückzahlungen (u.U. mit der Folge des § 17 Abs. 4 EStG) behandelt werden können.[304]

Gem. § 28 Abs. 1 KStG wird bei Umwandlungen von Rücklagen in Nennkapital ein positiver Bestand des »steuerlichen Einlagekontos« i.S.d. § 27 KStG vor den anderen Rücklagen verwendet; maßgebend ist der sich am Schluss des Wj. der Umwandlung (maßgebend ist die Eintragung im Handelsregister) ergebende Betrag, sodass diese Rechtsfolge steuerlich durch nachträgliche Zuzahlung in das Einlagekonto erreicht werden kann. Werden sonstige (über das steuerliche Einlagekonto hinausgehende) Rücklagen[305] für die Kapitalerhöhung verwendet (steuerliche Gewinne), erfolgt ein **Sonderausweis der Gewinne, der gesondert festzustellen ist (§ 28 Abs. 1 S. 3 KStG)**, da insoweit die Besteuerung auf AE-Ebene noch nicht erfolgt und im Falle der Auskehrung nachzuholen ist.

---

302 Vgl. hierzu kritisch *Kraft*, FS Siegel, 439.
303 *Schmidt*, EStG, § 17 Tz. 157.
304 Vgl. zum Folgenden BMF vom 04.06.2003, DB 2003, 1352, Tz. 31 ff.; *Dötsch/Pung*, DB 2003, 1345.
305 Steuerlich sind das Gewinne.

Eine Veränderung gegenüber dem alten System hat sich durch die Einfügung des § 28 Abs. 3 KStG in Bezug auf die Fortführung des Sonderausweises ergeben. Gem. § 28 Abs. 3 KStG wird der Sonderausweis jeweils am Ende eines Wj., mit einem positiven Stand des steuerlichen Einlagekontos verrechnet. Dies führt im Ergebnis dazu, dass die sonstigen Rücklagen durch nachträgliche Einlagen der Anteilseigner ersetzt werden.[306] Die Regelung des § 28 Abs. 3 KStG dient in erster Linie der Vereinfachung, da der Sonderausweis möglichst schnell abgeschmolzen werden soll. Systematisch ist die Vorschrift des § 28 KStG darauf ausgerichtet, einen Sonderausweis am besten nicht oder nur in geringer Höhe entstehen und – soweit einer gebildet werden musste – möglichst schnell verschwinden zu lassen (diesem Zweck dient § 28 Abs. 3 KStG). Diese Systematik dient im Ausschüttungsfall aber auch der möglichst schnellen Durchsetzung des Teileinkünfteverfahrens, bei dem GA nicht aus dem steuerlichen Einlagekonto finanziert werden können, solange ein Sonderausweis besteht.

Hinweis: Gem. § 28 Abs. 3 KStG wird ein unterjähriger Zugang des steuerlichen Einlagekontos mit dem Sonderausweis verrechnet. Der BFH hat mit Urteil vom 30.01.2013 (GmbHR 2013, 716) dagegen entschieden, dass unterjährige Zugänge zum steuerlichen Einlagekonto nicht bei der Verwendung des steuerlichen Einlagekontos berücksichtigt werden können. Die Verwendung des steuerlichen Einlagekontos ist auf den zum Ende des vorangegangenen Wirtschaftsjahres festgestellten positiven Bestand des Kontos begrenzt. Diese Begrenzung ergibt sich nicht zwingend aus dem Gesetzeswortlaut und widerspricht auch der Rechtsprechung des BFH in vergleichbaren Fällen zum früheren Körperschaftsteuer-Guthaben. Insb. führt sie zu einer ökonomisch und steuersystematisch nicht zu rechtfertigenden Vermehrung von Gewinnen, wie in der Literatur zutreffend festgestellt worden ist.[307]

2 Die Behandlung der Kapitalherabsetzung

2.1 Die gesellschaftsrechtlichen Grundlagen der Kapitalherabsetzung

Gesellschaftsrechtlich unterscheidet man die **ordentliche Kapitalherabsetzung** mit Auskehrung des freiwerdenden Vermögens an die Anteilseigner und die **vereinfachte Kapitalherabsetzung** zum Ausgleich von Verlusten (vgl. für die ordentliche Kapitalherabsetzung: §§ 222 ff. AktG, § 58 GmbHG; für die vereinfachte Kapitalherabsetzung: §§ 229 ff. AktG, §§ 58a ff. GmbHG).

Steuerlich hat die Kapitalherabsetzung als gesellschaftsrechtlicher Vorgang keine **Auswirkungen** auf das **Einkommen** der Gesellschaft. Körperschaftsteuerliche Auswirkungen können sich in erster Linie dann ergeben, wenn eine Kapitalherabsetzung nach erfolgter Kapitalerhöhung aus Gesellschaftsmitteln **mit Auszahlung an die Anteilseigner** erfolgt. Hier ist zu unterscheiden, ob die Auszahlung auf Ebene der Anteilseigner als Gewinnausschüttung oder als Einlagenrückzahlung zu werten ist.

---

306 Vgl. *Linklaters & Oppenhoff/Rädler*, Beilage DB 1/2002, 53.
307 Vgl. hierzu *Bareis*, DB 2013, 2231.

2.2 Steuerliche Besonderheiten der Kapitalherabsetzung

Keine Besonderheiten bestehen zunächst, wenn eine Kapitalherabsetzung ausschließlich unter Verwendung von eingezahltem Nennkapital erfolgt. Auf Ebene der Gesellschaft ergeben sich keine Auswirkungen, auf der Ebene der G'fter führt die Rückzahlung nicht zu Einkünften aus Kapitalvermögen, sondern stellt sich als fingierte »Teil-Veräußerung« dar, welche sich nach § 17 Abs. 4 EStG beurteilt. Einkünfte können entstehen, wenn der zurückgezahlte Betrag die AK der Anteilseigner übersteigt. Auf diesen Teil des Herabsetzungsbetrages ist das Teileinkünfteverfahren gem. § 3 Nr. 40c S. 2 EStG anzuwenden. Bei Beteiligungen im Betriebsvermögen werden die Rückzahlungen mit dem Beteiligungsbuchwert verrechnet, übersteigen die Rückzahlungen den Beteiligungsansatz, liegen Einkünfte gem. §§ 15, 3 Nr. 40a EStG vor. Ist Anteilseigner selber eine Kapitalgesellschaft, findet auf die Rückzahlung, soweit sie den Beteiligungsansatz übersteigt, § 8b Abs. 2 KStG Anwendung[308]; der den Beteiligungsbuchwert übersteigende Rückzahlungsbetrag bleibt bei der Ermittlung des Einkommens nach Maßgabe der § 8b Abs. 2 i.V.m. § 8b Abs. 3 KStG zu 95 % außer Ansatz.[309]

2.2.1 Behandlung der Kapitalherabsetzung nach Systemwechsel

Das KSt-System geht von einer primären Verwendung der in dem Sonderausweis dokumentierten, im Stammkapital gewandelten Gewinnrücklagen aus (§ 28 Abs. 2 S. 1 KStG).

Eine Kapitalherabsetzung mit Ausschüttung an die Anteilseigner führt auf Ebene der KapG zu keinen steuerlichen Folgen. Die KapG bleibt weiterhin berechtigt, die verzinsliche Auszahlung des KSt-Guthabens geltend zu machen bzw. sie ist verpflichtet, den passivierten KSt-Erhöhungsbetrag an das Finanzamt zu leisten (vgl. § 38 Abs. 4 ff. KStG).

2.2.2 Vereinfachte Kapitalherabsetzung ohne Auskehrung von Vermögen

Bei der vereinfachten Kapitalherabsetzung findet auf Ebene der KapG ein zweistufiges Verfahren statt. Zuerst wird gem. § 28 Abs. 2 KStG der Sonderausweis gemindert, der bisher im Sonderausweis festgehaltene Betrag fließt den allgemeinen Rücklagen zu und erhöht somit wiederum den aG. Der den Sonderausweis übersteigende Kapitalherabsetzungsbetrag wird dem steuerlichen Einlagekonto gutgeschrieben. Diese Gutschrift kommt nicht in Frage, soweit noch Einlagen der G'fter offen stehen (vgl. § 28 Abs. 2 S. 1 KStG).

Durch die Systematik wird verhindert, dass umgewandelte Gewinnrücklagen bei Herabsetzung ohne Rückzahlung an die Anteilseigner als Auszahlungen aus dem Einlagekonto im Ergebnis steuerfrei ausgekehrt werden könnten. Durch dieses Verständnis ist zumindest eine Besteuerungslücke verhindert worden; evtl. Auskehrungen aus dem Sonderausweis entsprechenden Kapital unterliegen beim Anteilseigner anschließend als Gewinnausschüttungen dem Teileinkünfteverfahren.

In diesen Fällen steht die Sicherung der Nachbesteuerung beim Anteilseigner durch das Teileinkünfteverfahren im Vordergrund.

---

308 Die Auffassung der Finanzverwaltung hat der BFH im Urteil vom 28.10.2009, DB 2010, 256, bestätigt.
309 Diese Rechtsfolge konnte der BFH in der angesprochenen Entscheidung vom 28.10.2009 offenlassen. Aber nur eine solche Behandlung des den Beteiligungsbuchwert übersteigenden Rückzahlungsbetrags entspricht der Systematik, auch wenn sie vom Wortlaut nicht zwingend gefordert ist.

Beispiel 2: Beispiel zur Kapitalerhöhung aus Gesellschaftsmitteln mit anschließender Kapitalherabsetzung
Eine GmbH erhöht in 03 ihr Nennkapital von 50 auf 400 durch Umwandlung von Gewinnrücklagen in Nennkapital. In 04 setzt die GmbH das Kapital um 300 herab, da sich die Expansionspläne zerschlagen haben.
Die GmbH hat zum 31.12.02 ein steuerliches Einlagekonto i.H.v. 40 festgestellt.
Die GmbH hat in der Bilanz Gewinnrücklagen i.H.v. 420 ausgewiesen. Das steuerliche Einlagekonto verändert sich vom 31.12.02 bis zum Ablauf des Jahres nicht und es werden nach der Rücklagen-Umwandlung dem Konto keine Beträge zugeführt (vgl. § 28 Abs. 3 KStG).

Lösung: Auf Ebene der KapG ist die Behandlung der Kapitalherabsetzung gleich geblieben. Die vorrangige Minderung des Sonderausweises bei der Kapitalherabsetzung dient der schnellen Verwirklichung der Vollbesteuerung von Rücklagen, soweit diese bei einer Kapitalherabsetzung ausbezahlt werden. Es kommt aber nicht zu einer KSt-Erhöhung, da ein KSt-Erhöhungsbetrag ausschüttungsunabhängig von der KapG zu leisten ist. Beim Anteilseigner führen die Auszahlungsbeträge, soweit hier der Sonderausweis in Anspruch genommen ist, zu Einkünften aus Kapitalvermögen gem. § 20 Abs. 1 Nr. 2 EStG. Insoweit tritt keine Änderung ein.

3 Die steuerliche Behandlung der Liquidation

3.1 Gesellschaftsrechtliche Grundlagen der Liquidation

Unter der Liquidation einer Gesellschaft versteht man deren Auflösung in einem geordneten privatautonomen (z.B. §§ 60 ff. GmbHG oder §§ 262 ff. AktG) oder staatlich vorgegebenen (Insolvenzordnung) Verfahren. Eine Gesellschaft kann also durch Beschluss der G'fter, durch Insolvenzeröffnungsbeschluss des Insolvenzgerichts und in Ausnahmefällen auch durch Urteil eines Zivilgerichts **aufgelöst** werden. Sowohl bei dem **privatautonomen** Verfahren als auch dem **Insolvenzverfahren** steht die Sicherung der Gläubiger im Vordergrund. Für die Besteuerung der Gesellschaft in der Liquidation sind gesellschaftsrechtliche und bilanzrechtliche Vorfragen maßgebend, die nicht immer hinreichend beachtet werden.

Nach fast unbestrittener Auffassung endet mit dem Auflösungsbeschluss die Gesellschaft als werbende Gesellschaft. Der Zweck der Gesellschaft ist nunmehr auf die Abwicklung der Gesellschaft und Verteilung des Restvermögens gerichtet. Daher hat der G'fter auf den Tag vor dem Auflösungsbeschluss einen letzten Jahresabschluss für die Gesellschaft aufzustellen.[310] Bilanzidentität zwischen **diesem Jahresabschluss** und der **notwendigen Liquidationseröffnungsbilanz** besteht nach der hier vertretenen Auffassung nicht.[311] Gesellschaftsrechtlich ist – unabhängig von dieser Streitfrage – also **zwingend ein Rumpfwirtschaftsjahr** zu bilden, einer Umstellung des im Gesellschaftsvertrag festgeschriebenen Wirtschaftsjahres bedarf es nicht.[312]

Die Liquidatoren bzw. der Insolvenzverwalter haben während der Liquidation nach allgemeinen Vorschriften einen Jahresabschluss aufzustellen. Für diese Jahresabschlüsse gelten

---
310 Vgl. statt aller *Scholz/Schmidt*, GmbHG, 10. Aufl., § 71 Tz. 8.
311 Vgl. *Hueck/Schulze-Osterloh*, GmbHG, 18. Aufl., § 71 Tz. 3.
312 Vgl. aber *Förschle/Kropp/Deubert*, DB 1994, 1000.

besondere Bewertungsvorschriften (keine Bewertung nach Going-Concern-Grundsätzen), ansonsten unterliegen sie allgemeinen Regeln, wie z.B. in Bezug auf die Prüfung und Offenlegung. Auf den Schluss der Liquidation und nach Ablauf des Sperrjahres haben die Liquidatoren eine Schlussbilanz aufzustellen, sodass auch bei Beendigung der Liquidation ein Rumpf-Wj. entstehen kann.

3.2 Besonderheiten der Liquidation auf Gesellschaftsebene

3.2.1 Systematische Grundlagen

Die Liquidation einer KapG führt auf der Ebene der Gesellschaft in Bezug auf zwei Aspekte zu körperschaftsteuerlichen Folgen, die streng zu unterscheiden sind. Zum einen geht es um die **Besteuerung des während der Abwicklung erzielten Einkommens**, zum anderen um die **Auswirkungen der Verteilung des Vermögens an die G'fter**. Es ging – wie auch bei der werbenden Gesellschaft – um die Trennung der körperschaftsteuerlichen Auswirkungen der **Ebene der Einkommenserzielung** von der **Ebene der Einkommensverwendung**. Durch die ab 2007 geltende Umstellung auf ein ausschüttungsunabhängiges Verfahren der Realisierung des KSt-Guthabens bzw. der KSt-Erhöhung ergeben sich auch bei der Liquidation keine Auswirkungen mehr auf der Einkommensverwendungsebene. Durch die Liquidation wird weder Guthaben realisiert noch wird eine KSt-Erhöhung ausgelöst. Es ist jedoch zu bedenken, dass im Zeitpunkt der Liquidation der KSt-Erhöhungsbetrag, der bereits passiviert ist, in einer Schlussrate zu begleichen ist.

Die FinVerw (A 11 Abs. 1 KStR) gewährt der KapG ein Wahlrecht, ob sie das Einkommen des letzten Wj. bis zum Beginn der Liquidation in den Abwicklungszeitraum einbeziehen oder ob sie insoweit ein **Rumpf-Wj.** bilden will. Die Gesellschaft hat – wie soeben erläutert worden ist – handelsbilanzrechtlich zwingend auf den Tag vor Beginn der Liquidation eine HB aufzustellen, m.a.W. **zwingend** ein Rumpf-Wj. zu bilden.

3.2.2 Einkommensermittlung im Abwicklungszeitraum

Für die Ermittlung des im Abwicklungszeitraum erzielten Einkommens sind neben § 11 KStG die allgemeinen Vorschriften maßgebend. Zu beachten ist, dass der **Einkommensermittlungszeitraum** im Liquidationsstadium die gesamte Liquidation umfasst, aber grundsätzlich drei Jahre nicht übersteigen soll. Dauert die Liquidation ersichtlich länger, soll nach drei Jahren auf Ebene der KapG zwar eine Liquidationsbesteuerung vorzunehmen sein, die in Bezug auf die tatsächliche Besteuerung des längeren Zeitraums lediglich als Zwischenveranlagung anzusehen ist.[313] Die Zwischenveranlagung sollte dann bei Endveranlagung der Liquidation gem. § 175 Abs. 1 Nr. 2 AO aufgehoben werden.[314]

Hinweis: Die Finanzverwaltung (A 11 Abs. 4 KStR) geht davon aus, dass die Zwischenveranlagungen endgültige Veranlagungen sind, deren Ergebnis nach allgemeinen Gewinner-

---

313 Nach richtiger Ansicht des BFH (Urteil vom 18.09.2007), FR 2008, 268 ist die Finanzverwaltung stets berechtigt, nach Ablauf von drei Jahren einen KSt-Bescheid zu erlassen.
314 Im Einzelnen fraglich, vgl. *Hübl* in *H/H/R*, KStG, § 11 Tz. 25 einerseits und *Dötsch/Pung*, DB 2003, 1923 andererseits; vgl. jetzt BFH vom 18.09.2007, FR 2008, 268 (vor allem die Anmerkung von *Pezzer*).

mittlungsregeln zu erfassen ist. Nur für die die Liquidation abschließende Veranlagung ist der Abwicklungsgewinn nach § 11 Abs. 2 KStG zu ermitteln. Dies hat zwingend zur Folge, dass die Bilanz, die der letzten »normalen Veranlagung« zugrunde gelegt worden ist, als die für das Abwicklungs-Anfangsvermögen maßgebende Bilanz anzusehen ist.[315]

Die Ermittlung des Abwicklungsgewinns erfolgt durch Gegenüberstellung des

- Abwicklungsendvermögens (**§ 11 Abs. 3 KStG**) und
- Abwicklungsanfangsvermögens (**§ 11 Abs. 4 KStG**).

Das **Abwicklungsanfangsvermögen** (§ 11 Abs. 4 KStG) ist das Betriebsvermögen am Schluss des der Liquidation vorangegangenen bzw. das Betriebsvermögen der letzten »normalen« Veranlagung. Dieses Vermögen ist zu Buchwerten anzusetzen. Gem. § 11 Abs. 4 S. 3 KStG ist das Anfangsvermögen um Ausschüttungen zu kürzen, die in dem Abwicklungszeitraum vorgenommen worden sind. Auf diese Weise wird technisch sichergestellt, dass Vorgänge der Gewinnverteilung auf die Ermittlung des Gewinns keine Auswirkungen haben können (vgl. § 8 Abs. 3 KStG). Es sei aber darauf hingewiesen, dass nach gesellschaftsrechtlichen Vorgaben mit Auflösungsbeschluss vor Beendigung der Liquidation und Ablauf des Sperrjahres keine Verteilung des Vermögens an die G'fter erfolgen darf. Hierzu zählen auch Gewinnausschüttungen für frühere Jahre und evtl. vorzunehmende Abschlagszahlungen in der Liquidation (**striktes Thesaurierungsgebot**).

Das **Abwicklungsendvermögen** (§ 11 Abs. 3 KStG) ist das zur Verteilung kommende Vermögen abzüglich der steuerfreien Vermögensmehrungen. Das Endvermögen ist entsprechend der Regelung des § 16 Abs. 3 EStG mit dem gemeinen Wert auszusetzen.

Das so ermittelte Abwicklungs-Endvermögen ist erst nach Anwendung allgemeiner Einkommens-Ermittlungsvorschriften der KSt zu unterwerfen. Das bedeutet, dass die Ausgangsgröße vor allem um nicht abzugsfähige BA (§§ 3c, 4 Abs. 5, 4h EStG, § 10 KStG), verdeckte Vermögensverlagerungen auf die G'fter sowie verdeckte Einlagen der G'fter im Abwicklungszeitraum zu korrigieren sind. Das Einkommen im Abwicklungszeitraum kann sich durch einen Verlustvortrag aus früheren Jahren ebenso mindern; ein Verlust im Abwicklungszeitraum ist in gleicher Weise auf den dem Abwicklungszeitraum vorangegangene Veranlagungszeitraum zurückzutragen. Der Verlustvortrag ist ab 2004 betragsmäßig begrenzt worden. In Liquidationsfällen führt das dazu, dass der nicht verbrauchte Verlustvortrag endgültig verloren ist (Minderbesteuerung).

---

315 Vgl. A 51 Abs. 2 KStR und die kritische Anmerkung von *Lohmann/Bascope*, GmbHR 2006, 1313.

Die **Entwicklung des steuerlichen Einkommens** im Abwicklungszeitraum lässt sich – stark vereinfacht – wie folgt darstellen:

	Abwicklungsendvermögen (gemeiner Wert)
./.	steuerfreie Vermögensvermehrungen z.B. Beteiligungserträge (§ 8b Abs. 1 und 2 KStG)
./.	abziehbare Aufwendungen (§ 9 KStG)
./.	verdeckte Einlagen
+	nicht abziehbare BA (§§ 3c, 4 Abs. 5, 4h EStG, § 10 KStG)
+	fingierte nicht abziehbare BA (§§ 8b Abs. 5, 8b Abs. 3 KStG)
+	verdeckte Vermögensverlagerungen auf G'fter (entsprechend § 8 Abs. 3 S. 2 KStG)
=	**Steuerliches Endvermögen**
./.	**steuerliches Anfangsvermögen (Buchwert)** (bereits gekürzt um Gewinnausschüttungen für vorvergangene Jahre)
=	**Steuerlicher Abwicklungsgewinn**
./.	z.B. Verlustvortrag aus früheren Jahren
=	**steuerliches Einkommen im Abwicklungszeitraum**

Die Ermittlung des körperschaftsteuerpflichtigen Einkommens im Rahmen der Liquidation nach diesem Schema ist nur dann schlüssig, wenn – wovon i.d.R. auszugehen ist – die Liquidation **in einem** Besteuerungszeitraum abgeschlossen wird. Erfolgt die Liquidation in mehreren Besteuerungszeiträumen, gilt diese Einkommensermittlung nur für den letzten Besteuerungszeitraum. Für die vorherigen Besteuerungszeiträume ist das Einkommen nach allgemeinen Vorschriften zu ermitteln.

Fraglich sind die Auswirkungen der Mindestbesteuerung auf die Besteuerung im Liquidationszeitraum. Es stellt sich die Frage, ob und inwieweit der Sockelbetrag des uneingeschränkten Verlustabzugs (1 Mio. €) bei einem dreijährigen Liquidationszeitraum mehrfach zu gewähren ist. Würde man während des Liquidationszeitraums – was möglich ist – mehrere Veranlagungszeiträume wählen, ist dieser Sockelbetrag des Verlustabzugs mehrfach zu gewähren; darüber besteht Einigkeit. Der BFH hat (BFH vom 23.01.2013, DB 2013, 1031) die Auffassung vertreten, dass der Sockelbetrag im mehrjährigen Besteuerungszeitraum nach § 11 Abs. 1 KStG nur einmal zu gewähren ist. Diese Auffassung stößt in der Literatur zu Recht auf Kritik.[316] Die Kritik richtet sich insb. dagegen, dass durch die BFH-Rechtsprechung das Einkommen im Liquidationszeitraum je nach Wahl des steuerlich erheblichen Veranlagungszeitraumes unterschiedlich ausfällt. Dies verstößt gegen den Gleichheitsgrundsatz des Art. 3 GG. Diese Kritik ist gut nachzuvollziehen.

3.2.3 Steuerliche Behandlung der Vermögensverteilung ab 2007

Die Vermögensverteilung hat ab 2007 keine Auswirkungen auf die Steuerbelastung der KapG. Durch das Jahressteuergesetz 2008 ist § 40 KStG aufgehoben worden. Der Anspruch auf Erstattung des KSt-Guthabens geht mit dem gemeinen Wert (i.d.R. der StB-Wert) auf die G'fter über, die diesen Anspruch geltend machen können.

---

316 Vgl. hierzu *Bareis*, DB 2013, 1265.

Die Gesellschaft hat zum 30.12.2006 letztmals den Teilbetrag des EK 02 festzustellen und die (abgezinste) Verbindlichkeit (auf der Basis von einem Erhöhungsbetrag von 3/100 des Teilbetrags EK 02) zum 01.01.2007 in die Bilanz aufzunehmen. Gem. § 38 Abs. 8 KStG werden alle entstandenen und festgesetzten Erhöhungsbeträge an dem 30.09. fällig, der auf die Erstellung der Liquidationseröffnungsbilanz folgt. Insoweit ist es nicht verständlich, dass der Gesetzgeber eine Abzinsung – wie bei einer freiwilligen Zahlung in einem Einmalbetrag gem. § 38 Abs. 7 KStG – nicht vorgesehen hat.

3.3 Besonderheiten auf der Ebene des Anteilseigners

3.3.1 Systematische Grundlagen

Das KSt-System versteht sich als geschlossenes System. Eine systemgerechte Besteuerung ist nur unter Einbeziehung der Steuerfolgen beim AE möglich.

Beim Teileinkünfteverfahren kommt es bei Verteilung des Vermögens beim AE zu der »Nachbelastung« i.H. eines Teils der Einnahmen (vgl. § 3 Nr. 40e EStG). Soweit steuerlich keine Gewinne, sondern Einlagen[317] ausgekehrt werden, liegt ein fingierter Veräußerungsvorgang gem. § 17 Abs. 4 EStG vor; bei einem unter der Schwelle des § 17 Abs. 1 S. 1 EStG beteiligten AE, der die Beteiligung im Privatvermögen hält, sind diese Auszahlungen nunmehr gem. § 20 Abs. 2 Nr. 1 EStG steuerbar. Bei einem AE, der die Beteiligung im Betriebsvermögen hält, stellen die den Beteiligungsbuchwert übersteigenden Auszahlungen aus dem steuerlichen Einlagekonto bzw. Nennkapital stpfl. Beteiligungserträge dar, bei KapG als AE steuerfreie Erträge nach Maßgabe der § 8b Abs. 2 i.V.m. § 8b Abs. 3 S. 1 KStG (Finanzverwaltung: § 8b Abs. 2 i.V.m. § 8b Abs. 3 S. 1 KStG).[318]

3.3.2 Behandlung eines Auflösungsverlustes

In vielen Fällen entsteht bei Liquidationen ein **Auflösungsverlust**, da AE der Gesellschaft Krisendarlehen[319] gegeben hatten, die die AK der Beteiligung erhöht hatten, aber in der Liquidation nicht zurückbezahlt werden konnten. Künftig wird für eine Berücksichtigung des Darlehensverlustes eine individualvertragliche Vereinbarung notwendig sein, die das Darlehen einer einlagengleichen Bindung unterwirft.

Nach altem Recht konnten wesentlich beteiligte AE (Beteiligung größer gleich 10 %) einen Auflösungsverlust in voller Höhe gem. § 17 Abs. 4 EStG geltend machen. Nach neuem Recht ist die Beteiligungsgrenze zwar abgesenkt worden, sodass mehr AE in die Anwendung des § 17 Abs. 4 EStG einbezogen werden. Ein Verlust kann aber entsprechend dem Teileinkünfteverfahren nur noch i.H.v. 60 % steuerlich genutzt werden (vgl. § 3c Abs. 2 EStG).

---

317 Die Auszahlung von Beträgen aus dem steuerlichen Einlagenkonto und Nennkapital, welches nicht in dem sog. Sonderausweis enthalten ist, wird steuerlich als Einlagenrückgewähr qualifiziert.
318 Diese Behandlung hat sich der BFH im Urteil vom 28.10.2009, DB 2010, 256 angeschlossen. A.A. *Gosch*, KStG, 3. Aufl., § 8b Rz. 106, der diese Auszahlung als in voller Höhe stpfl. ansieht, soweit sie den Beteiligungsbuchwert überschreitet. Dieser Ansicht kann aus systematischen Gründen nicht zugestimmt werden.
319 Der BFH wird nach seinem Urteil vom 11.07.2017, DB 2017, 2330 ff. prüfen, ob eine erhöhte Buchung aufgrund individualvertraglicher Vereinbarung vorliegt.

Ein Auflösungsverlust ist entstanden, sobald feststeht, dass mit Zuteilungen nach § 17 Abs. 4 S. 2 EStG nicht mehr zu rechnen ist und in welcher Höhe dem AE nachträgliche AK oder sonstige i.R.d. § 17 Abs. 2 EStG zu berücksichtigende Aufwendungen entstanden sind.[320]

3.3.3 Auswirkungen auf Anteilseignerebene ab 2007

Es gelten grundsätzlich die Auswirkungen zu Liquidationen bis 2006. Die »Auszahlung« des bilanzierten Anspruchs auf KSt-Erstattung führt bei dem AE zu Einnahmen aus Kapitalvermögen, da die Aktivierung dieses Anspruches – unabhängig davon, dass dies nicht zu einer Erhöhung des Einkommens der KapG führte – die Gewinnrücklagen erhöht. Ein entsprechendes Ausschüttungsvolumen besteht insoweit nur i.H.d. aktivierten abgezinsten Betrags.

Der passivierte KSt-Erhöhungsbetrag (3/100 des Teilbetrags EK 02) muss im Rahmen der Liquidation bezahlt werden, wodurch sich das Ausschüttungsvolumen entsprechend vermindert. Im Übrigen bleiben die Rechtsfolgen unverändert.

---

[320] Vgl. hierzu BFH vom 25.06.2009, DStR 2009, 1843. Diese Rspr. hat der BFH mehrfach bestätigt, sodass die FinVerw den Nichtanwendungserlass zurückgezogen hat. Im JStG 2010 wird in § 3c Abs. 2 EStG künftig nur auf eine Einnahmeerzielungsabsicht abgestellt, sodass der BFH-Rechtsprechung die rechtliche Grundlage entzogen sein dürfte. Vgl. zu diesem Problemkreis nunmehr auch *Jehke/Pitzal*, DStR 2010, 256 und 1163; *Dötsch/Pung*, DB 2010, 977 und schließlich *Förster*, GmbHR 2010, 1009.

Teil D   Umwandlungssteuerrecht

Teil D   Umwandlungsgesteinsanzeige

Inhaltsverzeichnis Teil D

D	Umwandlungssteuerrecht	653
I	**Allgemeines**	653
1	Entstehungsgeschichte des Umwandlungsgesetzes	653
2	Steuerliches Pendant: das Umwandlungssteuergesetz	655
II	**Zivilrechtliche Grundlagen der Umwandlung**	656
1	Fälle der Verschmelzung	657
1.1	Beteiligte Rechtsträger	657
1.2	Weitere Voraussetzungen	658
1.3	Die Grundentscheidungen des Umwandlungsgesetzes	659
2	Verschmelzung zur Aufnahme	661
3	Verschmelzung zur Neugründung	662
4	Fälle der Spaltung	663
4.1	Aufspaltung zur Aufnahme oder Neugründung	664
4.2	Abspaltung zur Aufnahme oder Neugründung	665
4.3	Ausgliederung zur Aufnahme oder Neugründung	665
5	Formwechsel	666
6	Vermögensübertragung	666
III	**Steuerrechtliche Grundlagen der Umwandlung**	667
1	Aufbau und Rechtsquellen	667
1.1	Allgemein	667
1.2	Geltungsbereich des Umwandlungssteuergesetzes	669
2	Zeitliche Anwendung des Umwandlungssteuergesetzes	670
3	Steuerliche Rückwirkung	670
3.1	Grundzüge, insbesondere zum Übertragungsstichtag	670
3.2	Von der Rückwirkung erfasste Steuerarten	672
3.3	Folgerungen aus der Rückwirkung	673
3.3.1	Leistungsbeziehungen zwischen den beteiligten Rechtsträgern und ihren Gesellschaftern	673
3.3.2	Gewinnausschüttungen	674
3.3.3	Ausnahmen der steuerlichen Rückwirkung	674
IV	**Umwandlung von der Kapitalgesellschaft auf die Personengesellschaft**	678
1	Steuerliche Regelungen für den übertragenden Rechtsträger – Ermittlung des Übertragungsgewinns	679
1.1	Ansatz mit dem gemeinen Wert	679
1.2	Ansatz mit dem Buchwert/Zwischenwert	680

2	Steuerliche Regelungen für den übernehmenden Rechtsträger – Ermittlung des Übernahmeergebnisses bzw. eines Beteiligungskorrekturgewinns...	682
2.1	Wertansatz und Rechtsnachfolge	682
2.2	Beteiligungskorrekturgewinn	685
2.3	Übernahmeergebnis (§§ 4 Abs. 4, 5 UmwStG): Übernahmegewinn/ Übernahmeverlust	686
2.3.1	Übernahmeergebnis Stufe I – Anschaffungs-, Einlage- und Überführungsfiktion..	687
2.3.2	Übernahmeergebnis Stufe II – Besteuerung der offenen Rücklagen	688
2.4	Behandlung des Übernahmeverlustes	692
2.5	Besteuerung des Übernahmegewinns	692
3	Gewinnerhöhung und -minderung durch Vereinigung von Forderungen und Verbindlichkeiten – Übernahmefolgeergebnis................................	694
4	Besteuerung nicht wesentlich beteiligter Anteilseigner	695
5	Vermögensübergang auf eine natürliche Person	695
6	Umwandlung von der GmbH in die GmbH & Co. KG................................	696
7	Formwechsel von einer Kapitalgesellschaft in eine Personengesellschaft	698
V	**Verschmelzung von Kapitalgesellschaften**	**699**
1	Steuerliche Behandlung beim übertragenden Rechtsträger.....................	700
1.1	Ansatz mit dem gemeinen Wert	700
1.2	Ansatz mit dem Buchwert/Zwischenwert	701
1.3	Beteiligungskorrekturgewinn	704
2	Steuerliche Behandlung beim übernehmenden Rechtsträger – Ermittlung des Übernahmeergebnisses bzw. eines Beteiligungskorrekturgewinns	704
2.1	Wertansatz und Rechtsnachfolge	704
2.2	Beteiligungskorrekturgewinn	706
2.3	Übernahmeergebnis und dessen Besteuerung....................................	706
3	Gewinnerhöhung und -minderung durch Vereinigung von Forderungen und Verbindlichkeiten – Übernahmefolgeergebnis................	711
4	Auswirkungen auf den steuerlichen Eigenkapitalausweis: Nennkapitalherabsetzung beim übertragenden Rechtsträger und Nennkapitalerhöhung beim aufnehmenden Rechtsträger..................	711
5	Besteuerung der Anteilseigner der übertragenden Kapitalgesellschaft........	713
5.1	Anwendung des § 13 UmwStG	713
5.2	Bestimmung des fiktiven Veräußerungspreises...................................	714
5.3	Besteuerung des (fiktiven) Veräußerungsgewinns/-verlusts	714
VI	**Spaltung**..	**716**
1	Bilanzielle Darstellung der Spaltung..	718
2	Spaltung im Steuerrecht	719
3	Steuerliche Regelungen für den übertragenden Rechtsträger – Ermittlung des Übertragungsgewinns	720
3.1	Ansatz mit dem gemeinen Wert	720

3.2	Ansatz mit dem Buchwert/Zwischenwert	720
3.2.1	Definition des Teilbetriebs	721
3.2.2	Missbrauchstatbestände des § 15 Abs. 2 UmwStG	723
3.3	Beteiligungskorrekturgewinn	725
3.4	Minderung von Steuerkapazitätspositionen	725
4	Steuerliche Behandlung beim übernehmenden Rechtsträger – Ermittlung des Übernahmeergebnisses bzw. eines Beteiligungskorrekturgewinns	726
5	Auswirkungen auf den steuerlichen Eigenkapitalausweis	726
6	Besteuerung der Anteilseigner der übertragenden Kapitalgesellschaft	726
VII	**Einbringung in eine Kapitalgesellschaft**	730
1	Steuerliche Ansätze bei der Kapitalgesellschaft	733
2	Veräußerungspreis und Anschaffungskosten bei der Einbringung	737
3	Zeitpunkt der Einbringung und Rückwirkung	739
3.1	Besteuerung der Anteilseigner	744
3.2	Veräußerungen von Anteilen aus einer Anteilseinbringung (§ 22 Abs. 2 UmwStG)	746
3.3	Nachweispflicht über das Halten von Anteilen	749
3.4	Rechtsfolgen bei der übernehmenden Gesellschaft	749
VIII	**Formwechsel**	751

D Umwandlungssteuerrecht

I Allgemeines

Aufgrund veränderter wirtschaftlicher Rahmenbedingungen sind Unternehmen häufig gezwungen, sich den neuen Bedingungen anzupassen. Die Folge daraus ist, dass die Unternehmen eine Konzentration oder Dekonzentration ihrer Aktivitäten vornehmen. Hierfür stehen den Unternehmen u.a. mit dem UmwG, das die zivilrechtlichen Voraussetzungen schafft, verschiedene Gestaltungsmöglichkeiten zur Verfügung.

1 Entstehungsgeschichte des Umwandlungsgesetzes

Das UmwG ist durch das Gesetz zur Bereinigung des Umwandlungsrechts vom 28.10.1994[1] neu geregelt worden und stellt seit dem 01.01.1995 einen wesentlichen Bestandteil für die Unternehmen in Deutschland dar, um Umstrukturierungsmaßnahmen aus wirtschaftlicher Sicht einfach durchführen zu können. Vor der Einführung des UmwG von 1995 waren die umwandlungsrechtlich relevanten Regelungen auf verschiedene Gesetze verteilt (z.B. HGB, GmbHG, AktG). Seit seiner Einführung war das UmwG von 1995 Gegenstand mehrerer Änderungen, von denen die nachfolgenden als die mit der größten Relevanz gelten.

Die erste bedeutende Änderung erfolgte durch das Gesetz zur Änderung des UmwG vom 22.07.1998[2] und führte zur Aufnahme von Partnerschaftsgesellschaften i.S.d. PartGG in den Kreis der umwandlungsfähigen Rechtsträger. Mit dem 2. Gesetz zur Änderung des UmwG[3] wurde auch zivilrechtlich die Möglichkeit geschaffen, grenzüberschreitende Verschmelzungen von KapG (§ 122a ff. UmwG) vornehmen zu können. Das UmwG hat im Zweiten Buch einen zehnten Abschnitt mit den §§ 122a–122l UmwG erhalten. Es besteht aber lediglich die Möglichkeit, Verschmelzungen über die Grenze vorzunehmen. Die weiteren Umwandlungsarten wurden nicht mit einbezogen, da laut Gesetzesbegründung nur die Verschmelzungsrichtlinie umgesetzt werden musste. Danach erfolgten weitere Änderungen, von denen das 3. Gesetz zur Änderung des UmwG vom 11.07.2011[4] hervorzuheben ist. Mit dieser Neufassung wurden insb. die Vorgaben der Richtlinie 2009/109/EG über Berichts- und Dokumentationspflichten im Rahmen von Verschmelzungen und Spaltungen umgesetzt.

Die handelsrechtlichen Möglichkeiten der Umwandlungen wurden ab dem 01.01.1995 durch das UmwStG ergänzt, das ab 01.01.1995 für alle Fälle eine Umwandlung ohne Auflösung und Versteuerung stiller Reserven zulässt. Damit wurde die Umwandlungs- und Spaltungsbremse, nämlich die »Versteuerung der stillen Reserven«, abgeschafft. Mit dem

---

1 BGBl I 1994, 3210.
2 BGBl I 1998, 1878.
3 BGBl I 2007, 542.
4 BGBl I 2011, 1338.

SEStEG[5] wurde das UmwStG den Entscheidungen des EuGH (insb. Centros[6], de Lasteyrie du Saillant[7] u.v.a.) angepasst sowie die Umsetzung der Fusionsrichtlinie[8] und anderer Richtlinien vorgenommen. Somit sind für Umwandlungen, die nach dem 12.12.2006 zur Anmeldung beim Register vorgenommen werden, diese Regelungen anzuwenden.

Das Umwandlungsgesetz (UmwG) behandelt die folgenden Arten der Umwandlung:

- Verschmelzung,
- Spaltung,
- Vermögensübertragung,
- Formwechsel.

Hinsichtlich der an den Umwandlungen beteiligten Rechtsträger soll hier nur auf die »gängigen« Rechtsformen (wie AG, GmbH, OHG, KG und GmbH & Co. KG, die Gesellschaft bürgerlichen Rechts (GbR), die PartG und die Einzelunternehmen) eingegangen werden. Bereits einleitend wird darauf verwiesen, dass es sich bei den Unternehmensträgern, die an Umwandlungen (mit Vermögensübertragung) beteiligt sind, um **registerfähige** Rechtsträger handeln muss. Aus diesen Gründen scheidet z.B. die GbR als Rechtsträger für Umwandlungen grundsätzlich aus (einzige Ausnahme: aufnehmender Rechtsträger beim Formwechsel).

Zu den Umwandlungen innerhalb des deutschen Territoriums bzw. mit Rechtsträgern mit Sitz im Inland als Beteiligten, für die das UmwG unmittelbar und alleine anwendbar ist, kommen vergleichbare ausländische Vorgänge oder Verordnungen der EU als weitere Rechtsquellen hinzu, die als Grundlage für die grenzüberschreitende Umwandlung zu berücksichtigen sind. Bei den **vergleichbaren** ausländischen Vorgängen soll nach der Gesetzesbegründung die Umwandlung (grenzüberschreitender oder ausländischer Vorgang) im Wesen einer deutschen Umwandlung entsprechen.[9]

Hinsichtlich der Umwandlungen mit Auslandsbezug sind bei den grenzüberschreitenden Verschmelzungen die folgenden Varianten möglich[10]:

- **Inlandsverschmelzung mit Auslandsbezug**
  Hier sind die an der Verschmelzung beteiligten Gesellschaften im Inland ansässig, während sich die Gesellschafter im Ausland befinden oder das von der Verschmelzung betroffene Vermögen im Ausland vorliegt.

- **Hinausverschmelzung**
  Die übertragende Gesellschaft ist im Inland und die aufnehmende Gesellschaft ist im Ausland ansässig. Die Gesellschafter können dabei sowohl im Inland als auch im Ausland ansässig sein.

- **Hineinverschmelzung**[11]
  Die übertragende Gesellschaft ist im Ausland und die aufnehmende Gesellschaft ist im Inland ansässig. Auch hier können wieder die Gesellschafter sowohl im Inland als auch im Ausland ansässig sein.

---

5 Gesetz über steuerliche Begleitmaßnahmen zur Einführung der Europäischen Gesellschaft und zur Änderung weiterer steuerrechtlicher Vorschriften vom 07.12.2006 (BGBl I 2006, 2782 und 2791).
6 EuGH vom 09.03.1999, Rs. C-212/97, NJW 1999, 2027.
7 EuGH vom 11.03.2004, Rs. C-9/02, DB 2004, 686.
8 Richtlinie 2005/19/EG vom 17.02.2005, ABl EG Nr. L 058, 90.
9 S. hierzu Umwandlungssteuererlass vom 11.11.2011 (UE 2011), BStBl I 2011, 1314, Tz. 01.20 ff.
10 S. *Hagemann/Jakob/Ropohl/Viebrock*, NWB Sonderheft 1/2007, 11.
11 Auch als »Hereinverschmelzung« bezeichnet.

- **Auslandsverschmelzung mit Inlandsbezug**
  Die an der Verschmelzung beteiligten Rechtsträger sind im Ausland ansässig. Zumindest ein Teil der Gesellschafter muss im Inland ansässig sein oder es muss Inlandsvermögen als Gesellschaftsvermögen der verschmelzenden Gesellschaften vorliegen.

2 Steuerliches Pendant: das Umwandlungssteuergesetz

Aufgrund der Reformfreudigkeit des Gesetzgebers hat auch das UmwStG 1995 seit Inkrafttreten bis zum heutigen Tag viele Änderungen[12] hinnehmen müssen. Der Gesetzgeber hat die Änderungen in seinen Begründungen zwar oftmals nur als »Klarstellung« bezeichnet, im Ergebnis dienten diese Änderungen der Beseitigung von Missgeschicken und der Unterbindung von Interpretationen, die der Finanzverwaltung nicht genehm waren, aber auch der – zukünftigen – Verhinderung unerwünschter Vorteile[13] durch Umwandlungen.[14]

Durch das »Gesetz über steuerliche Begleitmaßnahmen zur Einführung der Europäischen Gesellschaft und Änderung weiterer steuerrechtlicher Vorschriften (SEStEG)« vom 07.12.2016[15] wurde das UmwStG, mit Wirkung ab dem 13.12.2006, gravierend geändert.

Eine der wesentlichen Änderungen durch das SEStEG beinhaltete die Erweiterung des Anwendungsbereichs des neuen UmwStG auf grenzüberschreitende und ausländische Umwandlungsvorgänge innerhalb des EU/EWR-Bereichs, soweit diese mit denen des UmwG vergleichbar sind und die beteiligten Rechtsträger auch tatsächlich innerhalb des EU/EWR-Bereichs gegründet wurden bzw. dort ansässig sind.

Weiterhin wurde der zum UmwStG a.F. entstandene Widerspruch (Maßgeblichkeitsgrundsatz – Wahlrecht zum höheren Ansatz in der StB – Buchwertansatz in der HB) zwischen dem Gesetz und der Verwaltungsauffassung bezüglich der Bilanzierung in der steuerlichen Übertragungsbilanz beim übertragenden Rechtsträger beseitigt. Der Gesetzgeber hat das UmwStG in der Weise verändert, dass der **Buchwertansatz** zum **Wahlrecht** geworden ist.

Ebenfalls hat der Gesetzgeber einen Konzeptwechsel bei den Verschmelzungen von der KapG auf die PersG (§§ 3–10 UmwStG n.F.) und bei den Einbringungsfällen (§§ 20–23 UmwStG n.F.) vorgenommen.[16]

Mit dem Umwandlungssteuererlass vom 11.11.2011[17] (UE 2011) hat die Verwaltung zahlreiche – zwischenzeitlich aufgetretene – Zweifelsfragen gelöst und in formaler Hinsicht den Schritt vollzogen, der auch die anderen Verwaltungsemanationen zum Steuerrecht in jüngster Vergangenheit kennzeichnet (formale Orientierung der Verwaltungskommentare an den Gesetzen).

---

12 Zuletzt geändert durch das Gesetz zur Anpassung des nationalen Steuerrechts an den Beitritt Kroatiens zur EU und zur Änderung weiterer steuerlicher Vorschriften (KroatienAnpG) vom 25.07.2014, BGBl I 2014, 1266 sowie durch das Steueränderungsgesetz 2015 vom 02.11.2015, BGBl I 2015, 1834.
13 Zum Beispiel die Verlustnutzung durch Umwandlung.
14 *Hörtnagl* in *Schmitt/Hörtnagl/Stratz*, Umwandlungsgesetz/Umwandlungssteuergesetz, 7. Aufl., Einf. UmwStG, Tz. 9 und 10.
15 BGBl I 2006, 2782.
16 *Dötsch/Pung*, DB 2006, 2704.
17 S. hierzu Umwandlungssteuererlass vom 11.11.2011 (UE 2011), BStBl I 2011, 1314.

II Zivilrechtliche Grundlagen der Umwandlung

Das UmwG ist wie folgt aufgebaut:

Verschmelzung	§§ 2–122 I UmwG
Spaltung	§§ 123–173 UmwG
Vermögensübertragung	§§ 174–189 UmwG
Formwechsel	§§ 190–304 UmwG

Die Verschmelzung – es handelt sich hier um die Übertragung des Vermögens eines Rechtsträgers auf einen anderen bestehenden Rechtsträger bzw. von zwei oder mehreren Rechtsträgern auf einen neu zu gründenden Rechtsträger – ist als »Grundfall« der Umwandlung sehr ausführlich geregelt; die übrigen Formen der Umwandlung greifen darauf zurück, sofern keine vorrangigen Spezialregelungen bestehen. § 1 UmwG legt den Anwendungsbereich[18] des Gesetzes fest. Nach dem Gesetzeswortlaut können an der Umwandlung nur Rechtsträger mit Sitz im Inland beteiligt sein (§ 1 Abs. 1 UmwG). Die frühere h.M. vertrat die Auffassung, dass dies sowohl für den übertragenden als auch für den übernehmenden Rechtsträger gelten müsste, um in den Anwendungsbereich des UmwG zu gelangen. Folge dieser Auffassung ist/war, dass grenzüberschreitende Umwandlungen grundsätzlich ausgeschlossen sind/waren. Bekräftigt durch mehrere Entscheidungen des EuGH, insb. der sog. »SEVIC«-Entscheidung vom 13.12.2005[19], setzt sich jedoch aktuell mehr denn je die Auffassung durch, dass das Erfordernis eines Sitzes im Inland grenzüberschreitende Umwandlungen nicht ausschließt. Vielmehr wird dadurch lediglich die Aussage getroffen, dass das UmwG ausschließlich auf solche Rechtsträger anzuwenden ist, die ihren Sitz im Inland haben. Soweit ausländische Rechtsträger in eine grenzüberschreitende Umwandlung involviert sind, richten sich die Voraussetzungen und die Rechtsfolgen nach der Rechtsordnung der jeweiligen Jurisdiktion[20] oder gar der EU-Verordnungen (z.B. der SE-VO).[21] Diese Sichtweise wird durch die ergänzenden Vorschriften des § 122a-l UmwG bestätigt, wonach innerhalb der EU/EWR eine Verschmelzung von KapG über die Grenze möglich ist, wenn eine der beteiligten KapG dem Recht eines anderen Mitgliedstaats der EU/EWR unterliegt.

---

18 Zur Abgrenzung der Umwandlung zur Anwachsung i.S.d. § 738 BGB s. *Breiteneicher*, DStR 2004, 1405. *Breiteneicher* sieht die Anwachsung (als Anwendungsfall der beschränkten Gesamtrechtsnachfolge) als steuerliches Umwandlungsinstrument, mit Vorteilen gegenüber der Umwandlung aber auch mit einigen Nachteilen (z.B. keine Rückwirkungsmöglichkeit). Zur Gestaltung von Umwandlungen durch das Instrument der Anwachsung s. *Ege/Klett*, DStR 2010, 2463. Die Autoren stellen verschiedene Anwachsungsmodelle hinsichtlich Unternehmensumwandlungen dar.
19 BB 2006, 11 ff.
20 *Hörtnagl* in *Schmitt/Hörtnagl/Stratz*, a.a.O., Einf. UmwG, Tz. 23 ff.; *Drinhausen* in *Semler/Stengel*, Umwandlungsgesetz, Einl. C, Tz. 15 ff. sowie Tz. 36 ff.
21 Verordnung (EG) Nr. 2157/2001 des Rates über das Statut der Europäischen Gesellschaft (SE) vom 08.10.2001, ABl. EG L 294, 1, zuletzt geändert durch Änderungsverordnung (EU) 517/2013 vom 13.05.2013, ABl. L 158, 1.

1 Fälle der Verschmelzung

Die Vorschriften zur Verschmelzung sind im zweiten Buch des UmwG in den §§ 2–122 geregelt. Die Vorschriften der §§ 2–38 UmwG beinhalten den allgemeinen Teil. Diese Regelungen sind bei der Beurteilung der Verschmelzungsanforderungen immer mit heranzuziehen, die besonderen Regelungen der §§ 39–122 UmwG stellen nur ergänzende Vorschriften dar.

Hauptkennzeichen der Verschmelzung ist dabei, dass der (die) übertragende(n) Rechtsträger **ohne Abwicklung** aufgelöst wird (werden). Mit dieser »stillen« Beendigung des übertragenden Rechtsträgers sind weitreichende Vorteile verbunden, die sich auch steuerrechtlich auswirken (möglicher Verzicht auf die Aufdeckung stiller Reserven).

Ebenso bedeutsam ist die Tatsache, dass es sich bei der Vermögensübertragung anlässlich von Verschmelzungen immer um einen Fall der **Gesamtrechtsnachfolge** handeln muss. Damit ist nicht nur der »Rechtskomfort« verbunden, dass alle vom übertragenden Rechtsträger auf den übernehmenden Rechtsträger transferierten Wirtschaftsgüter in einem Akt (uno actu) übergehen und dass hierfür nur eine Handlung erforderlich ist (anstelle der ansonsten dafür vorgesehenen Einzelübertragungsakte). Vielmehr bedeutet dies z.B. auch, dass Schulden ohne Gläubigerzustimmung auf den neuen Rechtsträger übergehen. Umgekehrt erhöhen sich die formalen Voraussetzungen (s. Kap. 1.2), die an den Übergang gebunden sind.

1.1 Beteiligte Rechtsträger

Gem. § 3 UmwG können an der Verschmelzung als übertragende, übernehmende oder neu gegründete Rechtsträger beteiligt sein:

PersHG (OHG, KG) und Partnerschaftsgesellschaften	§ 3 Abs. 1 Nr. 1 UmwG
KapG (GmbH, AG, KGaA)	§ 3 Abs. 1 Nr. 2 UmwG[22]
Eingetragene Genossenschaften	§ 3 Abs. 1 Nr. 3 UmwG
Eingetragene Vereine (§ 21 BGB)	§ 3 Abs. 1 Nr. 4 UmwG
Genossenschaftliche Prüfungsverbände	§ 3 Abs. 1 Nr. 5 UmwG
Versicherungsvereine auf Gegenseitigkeit	§ 3 Abs. 1 Nr. 6 UmwG

Gem. § 3 Abs. 2 und 3 UmwG können noch weitere Rechtsträger an der Verschmelzung beteiligt sein:

Wirtschaftliche Vereine (§ 22 BGB), soweit sie übertragender Rechtsträger sind	§ 3 Abs. 2 Nr. 1 UmwG
Natürliche Personen, die als Alleingesellschafter einer KapG deren Vermögen übernehmen	§ 3 Abs. 2 Nr. 2 UmwG
Aufgelöste Rechtsträger, wenn die Fortsetzung dieser Rechtsträger beschlossen werden kann	§ 3 Abs. 3 UmwG

---

[22] S. hierzu BGH vom 29.06.2001, ZIP 2001, 2006 (zur Frage der Rechtsnachfolge bei einer Verschmelzung – konkret zum Schuldbeitritt).

Nach § 3 Abs. 4 UmwG ist es möglich, dass eine Verschmelzung von Rechtsträgern mit gleicher Rechtsform sowie zwischen Rechtsträgern mit unterschiedlicher Rechtsform (sog. »Mischverschmelzungen«) durchgeführt werden kann. Ein Teil der Verschmelzungsmöglichkeiten ist der nachfolgenden Tabelle zu entnehmen.[23]

Übertragender Rechtsträger	Übernehmender oder neuer Rechtsträger			
	AG	GmbH	PersG	Natürliche Person
AG	§§ 60–77	§§ 46–59 §§ 60–77	§§ 39–45 §§ 60–77	§§ 120–122 §§ 60–77
GmbH	§§ 46–59 §§ 60–77	§§ 46–59	§§ 39–45 §§ 46–59	§§ 120–122 §§ 46–59
PersG	§§ 39–45 §§ 60–77	§§ 39–45 §§ 46–59	§§ 39–45	

1.2 Weitere Voraussetzungen

Mit der obigen Tabelle werden nur die gängigen Verschmelzungsmöglichkeiten aufgezeigt. Die dort aufgeführten Vorschriften beinhalten unter anderem die Verfahrensabläufe aus zivilrechtlicher Sicht (Verschmelzungsbericht, Unterrichtung der G'fter, Gesellschafterversammlungen, Beschlussfassungen u.a.). Das UmwG enthält in den allgemeinen Vorschriften (§§ 2–38 UmwG) die Regelungen, die für alle Verschmelzungsfälle anzuwenden sind. Diese Vorschriften gelten gem. § 125 UmwG auch für die Fälle der Spaltung, soweit dort nichts anderes geregelt ist. Hinsichtlich des Formwechsels bestehen in den §§ 190 ff. UmwG eigenständige Vorschriften. Als besonders wichtig von den allgemeinen Vorschriften des Zweiten Buches – Erster Teil – sind die folgenden Regelungen hervorzuheben:

Verschmelzungsvertrag	§ 4 UmwG
Inhalt des Verschmelzungsvertrags	§ 5 UmwG
Form des Verschmelzungsvertrags	§ 6 UmwG
Verschmelzungsbericht	§ 8 UmwG
Beschlüsse über den Verschmelzungsvertrag	§ 13 UmwG
Anmeldung der Verschmelzung	§ 16 UmwG
Anlagen der Anmeldung – insb. Bilanz des übertragenden Rechtsträgers	§ 17 UmwG
Eintragung und Bekanntmachung der Verschmelzung	§ 19 UmwG
Wirkung der Eintragung	§ 20 UmwG
Wertansätze des übernehmenden Rechtsträgers	§ 24 UmwG
Abfindungsangebot im Verschmelzungsvertrag	§ 29 UmwG

Neben den formalen Vorschriften der §§ 17, 20, 24 und 29 UmwG befinden sich hierunter zentrale Regelungen zu den bilanziellen Möglichkeiten und zur Wirkung der Umwandlung.

---

23 Alle Paragrafen in dieser Übersicht sind solche des UmwG.

So regelt § 20 UmwG, dass mit Eintragung der Verschmelzung – bei der Spaltung gem. § 131 UmwG – der übertragende Rechtsträger sein Vermögen auf den übernehmenden Rechtsträger übertragen hat und er damit erloschen ist, **ohne** dass er **abgewickelt** werden müsste.

Beim Formwechsel, der keinen Vermögensübergang beinhaltet, gibt es hinsichtlich der Wirkung der Umwandlung mit § 202 UmwG eine eigenständige Vorschrift.

Nach § 16 UmwG haben die an der Umwandlung beteiligten Rechtsträger die Verschmelzung, die Spaltung (gem. § 125 i.V.m. § 16 UmwG) und den Formwechsel (§ 198 UmwG) beim Registergericht (Handels-, Partnerschafts-, Genossenschafts- oder Vereinsregister) anzumelden.

Bezüglich des Formwechsels enthält das Fünfte Buch, Erster Teil in § 199 UmwG auch hier wieder eigenständige Regelungen. Die Anforderungen an die Anlagen für die Verschmelzung und die Spaltung sehen neben den Verträgen, Beschlüssen, Zustimmungserklärungen, Verzichtserklärungen im § 17 Abs. 2 UmwG vor, dass die Umwandlung rückwirkend durchgeführt werden kann.

Die Rückwirkungsmöglichkeit wird auf **acht Monate** befristet. Der Gesetzgeber hat diese Frist mit der Bilanz des übertragenden Rechtsträgers gekoppelt, d.h. beim Registerrichter muss als Anlage zur Anmeldung beim Gericht auch eine Bilanz beigefügt werden, die nicht älter als acht Monate sein darf. Als weitere Voraussetzung für die Bilanz sieht § 17 Abs. 2 UmwG vor, dass diese Bilanz nur nach den Vorschriften zur Erstellung einer Jahresbilanz – somit also nach handelsrechtlichen Grundsätzen – aufgestellt sein darf. Auf die Diskrepanz zwischen dem UmwG (§ 17 Abs. 2 UmwG) und dem UmwStG (§ 3 UmwStG) wird in dem steuerrechtlichen Teil eingegangen.

1.3 Die Grundentscheidungen des Umwandlungsgesetzes

Der **übernehmende** Rechtsträger kann gem. § 24 UmwG entscheiden, wie er die WG des übertragenden Rechtsträgers in seiner **Bilanz ansetzen** will. Er ist nicht an die Wertansätze des übertragenden Rechtsträgers gebunden, sondern hat gem. § 24 UmwG **ein Ansatzwahlrecht**. Hintergrund dieses Ansatzwahlrechts ist, dass durch die zwingende Buchwertverknüpfung i.d.R. beim übernehmenden Rechtsträger trotz erheblicher stiller Reserven Verluste entstehen können, die den Wert der Anteile der bisherigen G'fter des übernehmenden Rechtsträgers mindern, obwohl wirtschaftlich keine Wertminderung eingetreten war.[24] Zu Übernahmeverlusten kommt es i.d.R. dann, wenn der übernehmende Rechtsträger höhere AK als den BW des übernommenen Vermögens hat oder die untergehenden Anteile einen höheren BW als das übergehende Vermögen haben.

Mit der Verschmelzung einer geht die Pflicht des übernehmenden Rechtsträgers, den **Anteilsinhabern** des übertragenden Rechtsträgers **Anteile** zu gewähren. Diese Anteilsgewährpflicht korrespondiert mit der weiteren Rechtsfolge der Verschmelzung, wonach die Vermögensübertragung auf den übernehmenden Rechtsträger bei diesem eine **Sachkapitalerhöhung** (vgl. § 55 und § 69 UmwG für KapG) darstellt.[25] Hierbei wiederum ist von entscheidender Bedeutung, dass das **Umtauschverhältnis** der beteiligten Rechtsträger (und deren Anteile) richtig ermittelt wird (vgl. § 12 UmwG).

---

24 S. *Hörtnagl* in *Schmitt/Hörtnagl/Stratz*, a.a.O., Tz. 1 zu § 24 UmwG.
25 Hiervon ausgenommen sind nach § 54 bzw. § 68 UmwG lediglich bestimmte Konzernverschmelzungen, insb. der Upstream-merger (§ 54 Abs. 1 Nr. 1 UmwG); s. Beispiel 2.

Nach § 13 Abs. 1 UmwG wird der **Verschmelzungsvertrag** nur **wirksam**, wenn die Anteilsinhaber der beteiligten Rechtsträger zustimmen. Damit ist jedoch noch nichts über die Qualität dieser Mehrheit ausgesagt. Hinsichtlich der einzelnen Mehrheitsverhältnisse ist zwischen den Gesellschaftsformen zu unterscheiden, somit sind diese in den besonderen Vorschriften des UmwG zu finden. Folgende Mehrheitsverhältnisse sind hier zu berücksichtigen:

Gesellschafts-form	Mehrheitsverhältnisse bezüglich der Zustimmung zum Verschmelzungsvertrag
PersHG[26]	Grundsätzlich Einstimmigkeit gem. § 43 Abs. 1 UmwG. Der Gesellschaftsvertrag kann eine Mehrheitsentscheidung von mindestens 3/4 der Stimmen vorsehen (§ 43 Abs. 2 UmwG).
PartG	Grundsätzlich Einstimmigkeit gem. § 45d Abs. 1 UmwG. Der Gesellschaftsvertrag kann eine Mehrheitsentscheidung von mindestens 3/4 der Stimmen vorsehen (§ 45d Abs. 2 UmwG).
GmbH	Der Verschmelzungsbeschluss bedarf einer Mehrheit von 3/4 der abgegebenen Stimmen der Gesellschafterversammlung (§ 50 Abs. 1 UmwG). Der Gesellschaftsvertrag kann eine **größere** Mehrheit vorsehen.
Aktiengesellschaft[27] und KGaA	Der Verschmelzungsbeschluss bedarf einer Mehrheit von 3/4 des bei Beschlussfassung vertretenen Grundkapitals (§ 65 Abs. 1 UmwG). Der Gesellschaftsvertrag kann eine **größere** Mehrheit vorsehen.

Nach der obigen Übersicht erscheint es, als müssten Minderheitsgesellschafter gegen ihren Willen an einer Umwandlung teilnehmen. Der Gesetzgeber hat mit § 29 UmwG das Abfindungsangebot als zwingenden Bestandteil des Verschmelzungsvertrages vorgesehen. Danach hat der übernehmende Rechtsträger jedem Gesellschafter den Erwerb seiner Anteile gegen eine angemessene Barabfindung anzubieten. Da diese Barabfindung ein zwingender Bestandteil des Verschmelzungsvertrages ist, darf der Registerrichter die Umwandlung beim Fehlen dieser Voraussetzung nicht eintragen. Sollte eine Eintragung dennoch erfolgen, ist die Umwandlung dadurch allerdings nicht gescheitert, denn hier greift die Vorschrift des § 20 Abs. 2 UmwG, wonach Mängel der Verschmelzung die Wirkung der Eintragung gem. § 20 Abs. 1 UmwG unberührt lassen. Die Gesellschafter, die an der Umwandlung nicht teilnehmen wollen, können dieses Angebot gem. § 31 S. 1 UmwG nur binnen zwei Monaten nach dem Tage der Eintragung der Verschmelzung annehmen.

Die Einwendungen der G'fter des übertragenden Rechtsträgers können in zwei unterschiedlichen Verfahren ihre – überstimmten – Bedenken vortragen:

1. als unmittelbare Einwendungen gegen die rechtliche Zulässigkeit der konkreten Verschmelzung als Anfechtungsklage oder Nichtigkeitsklage nach §§ 14 f. UmwG (ggf. i.V.m. §§ 241 ff. AktG)[28], die aber durch das sog. Unbedenklichkeitsverfahren nach § 16 Abs. 3 UmwG ausgehebelt werden können,

---

26 S. hierzu *Priester*, DStR 2005, 788. Priester behandelt die PersG im UmwG und Zivil-/Handelsrecht und stellt in dem Beitrag die Stellung der PersG in den Umwandlungsarten Verschmelzung, Spaltung und Formwechsel umfassend dar.
27 Aktiengesellschaft wird im Folgenden mit AG abgekürzt.
28 Auf diese Bestimmungen wird im GmbH-Recht analog verwiesen. Für PersG gelten die allgemeinen Regeln des HGB und des BGB, gegen G'fter-Beschlüsse vorzugehen.

2. als Klage nach dem SpruchVerfG, die sich gegen die Angemessenheit der neuen Beteiligung bzw. gegen die konkret gewährte Barabfindung richtet.

2 Verschmelzung zur Aufnahme

Bei der Verschmelzung von Rechtsträgern wird unterschieden in

- Verschmelzung zur Aufnahme und
- Verschmelzung zur Neugründung.

Die Verschmelzung zur Aufnahme lässt sich dadurch charakterisieren, dass die Übertragung des Vermögens einer oder mehrerer Rechtsträger als Ganzes auf einen schon **bestehenden** Rechtsträger erfolgt. Den Anteilsinhabern des übertragenden Rechtsträgers sind Anteile an dem übernehmenden Rechtsträger zu gewähren.

Beispiel 1: Verschmelzung zur Aufnahme
Die Gesellschafter A und B der X-GmbH beschließen die Verschmelzung auf die Y-GmbH (Anteilsinhaber C und D). C und D stimmen der Verschmelzung mit der X-GmbH zu. Die Verträge werden am 10.05.2018 unterzeichnet mit der Maßgabe, dass die Verschmelzung rückwirkend zum 01.01.2018 (Verschmelzungsstichtag gem. § 5 Abs. 1 Nr. 6 UmwG) durchgeführt werden soll. Die Anmeldung beim HR erfolgt am 15.06.2018. Die Eintragung ins HR erfolgt am 01.08.2018. Welche Konsequenzen ergeben sich für die G'fter der übertragenden X-GmbH?

Lösung: Durch die Eintragung ins HR ist die übertragende X-GmbH erloschen (§ 20 Abs. 1 Nr. 2 UmwG). Die G'fter der untergegangenen X-GmbH werden nun G'fter des aufnehmenden Rechtsträgers (Y-GmbH). Ihnen sind Anteile an diesem Rechtsträger zu gewähren. Bezüglich dieser Anteile hat die Y-GmbH eine **Kapitalerhöhung** vorzunehmen. Hierfür sind die Vorschriften der §§ 53 und 55 UmwG zu beachten. Die aufnehmende Gesellschaft kann die verschmelzungsbedingte Kapitalerhöhung gem. § 55 UmwG[29] in vereinfachter Form vornehmen, da die strengen Vorschriften des GmbHG (§§ 55 ff. GmbHG) z.T. nicht anzuwenden sind.

Beispiel 2: Upstream-merger
Die M-GmbH ist zu 100 % an der T-GmbH beteiligt. Am 14.04.2018 wird auf der G'fter-Versammlung die Verschmelzung der T-GmbH auf die M-GmbH (sog. Upstream-merger) beschlossen. Welche Konsequenzen ergeben sich bei der M-GmbH hinsichtlich des Stammkapitals?

Lösung: Eine Kapitalerhöhung bei der M-GmbH darf gem. § 54 Abs. 1 Nr. 1 UmwG (bei einer AG gem. § 68 Abs. 1 Nr. 1 UmwG) insoweit nicht vorgenommen werden. Bei der Verschmelzung einer 100 %igen Tochter auf die Muttergesellschaft **entfällt** daher eine **Kapitalerhöhung**. Die Kapitalerhöhung bei der Muttergesellschaft würde i.d.R. dazu führen, dass die übernehmende Gesellschaft durch die Gesamtrechtsnachfolge eigene – und zwar neu geschaffene – Gesellschaftsanteile erhielte, da sie in die Stellung des übertragenden Rechtsträgers eintritt. Im Ergebnis läge also ein Verstoß gegen das Verbot vor, eigene Gesellschaftsanteile durch Kapitalerhöhung zu schaffen.

---

29 Bei AG gem. § 69 UmwG.

Mit dem Verbot der Kapitalerhöhung korrespondiert die noch allgemeinere Vorschrift des § 20 Abs. 1 Nr. 3 UmwG, wonach bei einem **Upstream-merger ein allgemeines Verbot der Anteilsgewährspflicht** besteht.[30]

Die Verschmelzung zur Aufnahme kann zwischen den in § 3 UmwG aufgeführten Rechtsträgern erfolgen. Darunter fällt unter anderem auch die so genannte »Rückumwandlung«, d.h. Verschmelzung von der KapG auf eine bereits bestehende PersG.

3 Verschmelzung zur Neugründung

Bei der Verschmelzung zur Neugründung gehen die übertragenden – **mindestens zwei** – Rechtsträger als Rechtspersonen unter, während ihr Vermögen **im Ganzen** auf einen dadurch neu gebildeten Rechtsträger übergeht. Diese Form der Verschmelzung stellt einen Sonderfall des UmwG dar, da zum Verschmelzungsvorgang als solchen noch die Errichtung eines neuen Rechtsträgers hinzukommt. Gem. § 37 UmwG muss der Verschmelzungsvertrag den Gesellschaftsvertrag und die Satzung des neuen Rechtsträgers enthalten.

Beispiel 3: Verschmelzung zur Neugründung
Die M-GmbH mit den G'ftern A und B und die O-GmbH mit den G'ftern C und D beschließen die Verschmelzung auf die neu zu gründende MO-GmbH. In dem Gesellschaftsvertrag, der gem. § 37 UmwG dem Verschmelzungsvertrag beigefügt bzw. in ihm enthalten sein muss, wird beschlossen, dass das Stammkapital der MO-GmbH 200.000 € betragen soll. Die Verschmelzung wird mit Wirkung zum 01.01.2018 am 20.03.2018 beschlossen. Beide Gesellschaften haben **identische Vermögenswerte**.
Folgende Bilanzen liegen dieser Verschmelzung zugrunde:

A	HB zum 31.12.2017 der M-GmbH		P
Anlagevermögen	100.000 €	Stammkapital	100.000 €
Umlaufvermögen	300.000 €	Rücklagen	50.000 €
		Verbindlichkeiten	250.000 €
	400.000 €		400.000 €

A	HB zum 31.12.2017 der O-GmbH		P
Anlagevermögen	400.000 €	Stammkapital	100.000 €
Umlaufvermögen	200.000 €	Rücklagen	100.000 €
		Verbindlichkeiten	400.000 €
	600.000 €		600.000 €

---

[30] Weitere Fälle des **Verbots der Kapitalerhöhung** (und damit ein **Verbot der Anteilsgewährspflicht**) liegen dann vor, wenn der übertragende Rechtsträger eigene Anteile innehat oder wenn – im Fall des Downstream-mergers – die Anteile nicht voll einbezahlt sind (vgl. § 54 Abs. 1 Nr. 2 und Nr. 3 UmwG).

Lösung: Wegen der identischen Vermögenswerte können die G'fter der übertragenden Rechtsträger an der übernehmenden neu gegründeten Gesellschaft zu je 25 % beteiligt werden. Die Bilanz der übernehmenden Gesellschaft zum 31.12.2017 ist in diesem Fall wie folgt aufzustellen:

A	Bilanz nach Verschmelzung zum 31.12.2017 der MO-GmbH		P
Anlagevermögen	500.000 €	Stammkapital	200.000 €
Umlaufvermögen	500.000 €	Rücklagen	150.000 €
		Verbindlichkeiten	650.000 €
	1.000.000 €		1.000.000 €

Eine HB für den übernehmenden Rechtsträger zum 31.12.2017 kann nicht mehr aufgestellt werden, hierbei handelt es sich ausschließlich um eine StB, da die Verschmelzung rückwirkend schon zum 31.12.2017 erfolgt – s. UE 2011, Tz. 02.03.[31] Die weiteren steuerlichen Maßnahmen werden später behandelt. Handelsrechtlich erfolgt der Übergang erst in der nächsten Jahresbilanz zum 31.12.2018 bzw. bei Verschmelzung zur Neugründung in der EB zum 01.01.2018.

4 Fälle der Spaltung

Die Vorschriften der Spaltung sind im Dritten Buch des UmwG in den **§§ 123–173 UmwG** geregelt. Ebenso wie bei der Verschmelzung gibt es auch bei der Spaltung einen allgemeinen Teil, der dem Spaltungsrecht vorangestellt ist. Im allgemeinen Teil (§§ 123–137 UmwG) sind allgemeinverbindliche Regelungen für die Spaltung von Rechtsträgern normiert. Unter dem Begriff Spaltung als Oberbegriff versteht man, dass das Vermögen einer Gesellschaft auf eine oder mehrere Nachfolgegesellschaften aufgeteilt wird. Kennzeichnend für die Spaltung ist weiterhin, dass die G'fter der Ursprungsgesellschaft oder die ausgliedernde Gesellschaft auch an der/den Nachfolgegesellschaft(en) beteiligt sein müssen. Das Gesetz regelt jedoch nicht, ob die Beteiligung an den Nachfolgegesellschaften der Beteiligung an der Ursprungsgesellschaft entsprechen muss. Es kann deshalb zu **beteiligungswahrenden** oder auch zu **beteiligungsändernden** Spaltungen kommen. Nach § 123 UmwG bestehen drei verschiedene Arten der Spaltung:

1. Aufspaltung gem. § 123 Abs. 1 UmwG,
2. Abspaltung gem. § 123 Abs. 2 UmwG,
3. Ausgliederung gem. § 123 Abs. 3 UmwG,

wobei in allen drei Konstellationen eine Spaltung zur Aufnahme (jeweils Nr. 1) und zur Neugründung (jeweils Nr. 2) in Betracht kommt.

Abweichend von der Verschmelzung kann gem. § 123 Abs. 4 UmwG die Spaltung durch gleichzeitige Übertragung auf bestehende oder neu entstehende Rechtsträger erfolgen.

Die spaltungsfähigen Rechtsträger sind in § 124 UmwG i.V.m. § 3 Abs. 1 UmwG bezeichnet. Über § 124 Abs. 2 UmwG i.V.m. § 3 Abs. 4 UmwG kann es bei der Spaltung auch zu rechtsformübergreifenden (im Gegensatz zu den rechtsformwahrenden) Spaltungen kommen – z.B.

---

[31] S. hierzu Umwandlungssteuererlass vom 11.11.2011 (UE 2011), BStBl I 2011, 1314.

Aufspaltung einer KapG auf zwei PersHG. Bei der Spaltung erfolgt ein Vermögensübergang im Wege der so genannten Sonderrechtsnachfolge (**partielle Gesamtrechtsnachfolge**) auf einen anderen Rechtsträger. Der andere (aufnehmende oder neugegründete) Rechtsträger gewährt dafür Anteile.

Während bei der Auf- und Abspaltung die Anteile an der (den) übernehmenden Rechtsträger(n) auf die Gesellschafter des übertragenden Rechtsträgers übergehen, wird bei der Ausgliederung der übertragende alte Rechtsträger Inhaber der Anteile an dem übernehmenden Rechtsträger (§ 123 Abs. 3 UmwG).

Besondere Probleme tauchen bei der Formulierung im Gesetzestext (§ 123 UmwG) auf, wonach **Teile des Vermögens** tauglicher Übertragungsgegenstand bei den Spaltungen sind. Damit wird erstens zum Ausdruck gebracht, dass das UmwG – anders als das UmStG (vgl. § 15 UmStG, dort ist vom Teilbetrieb die Rede) großzügiger formuliert ist. Andererseits führt die Übertragung eines Einzel-WG nie zu einer Umwandlung.

4.1 Aufspaltung zur Aufnahme oder Neugründung

Wird eine Gesellschaft aufgespalten, geht die **übertragende** Gesellschaft gem. § 131 Abs. 1 Nr. 2 UmwG unter, d.h. sie **erlischt**, ohne dass sie **abgewickelt** wird. Das Vermögen der Gesellschaft geht auf mindestens zwei Rechtsträger – bereits bestehende oder neu entstehende – über. Die **G'fter der übertragenden Gesellschaft erhalten Anteile** an den aufnehmenden Rechtsträgern. Die Vermögensteile gehen jeweils als Ganzes – Sonderrechtsnachfolge – auf den übernehmenden Rechtsträger über.

Beispiel 4: Aufspaltung

Die P-GmbH soll aufgespalten werden. Hierzu haben die G'fter im April 2018 den entsprechenden Beschluss gefasst, dass die Spaltung rückwirkend zum 01.01.2018 erfolgen soll. Als aufnehmende Rechtsträger sind an der Spaltung die bestehende Q-GmbH und die neu zu gründende Z-GmbH beteiligt. Die G'fter an der P-GmbH waren bisher zu je 50 % an der Gesellschaft beteiligt und hielten ihre Anteile im PV. Die P-GmbH hat zum 31.12.2017 folgende HB aufgestellt:

A	HB zum 31.12.2017 der P-GmbH		P
Anlagevermögen (Vermögen I)	200.000 €	Stammkapital	100.000 €
Umlaufvermögen (Vermögen II)	200.000 €	Verbindlichkeiten	300.000 €
	400.000 €		400.000 €

Die HB der bereits bestehenden Q-GmbH weist folgende Werte aus:

A	HB zum 31.12.2017 der Q-GmbH		P
Anlagevermögen	400.000 €	Stammkapital	100.000 €
Umlaufvermögen	200.000 €	Rücklagen	100.000 €
		Verbindlichkeiten	400.000 €
	600.000 €		600.000 €

Bei der neu zu gründenden Z-GmbH wird das Stammkapital auf 50.000 € festgesetzt. Im Spaltungsplan wird ausgeführt, dass das Vermögen I auf die Z-GmbH und das Vermögen II auf die Q-GmbH übergehen soll – beide Vermögen sind gleichmäßig werthaltig.

Lösung: Die Bilanzen – StB – haben nach der Aufspaltung zum 31.12.2017 folgendes Bild:

A	Bilanz nach Aufspaltung zum 31.12.2017 der Q-GmbH		P
Anlagevermögen	400.000 €	Stammkapital	150.000 €
Umlaufvermögen	200.000 €	Rücklagen	100.000 €
Vermögen II	200.000 €	Verbindlichkeiten	400.000 €
		Verbindlichkeiten der P-GmbH	150.000 €
	800.000 €		800.000 €

Die Q-GmbH hat aufgrund der Aufnahme, durch die Aufspaltung der P-GmbH ihr Stammkapital zu erhöhen, damit sie die neuen Anteile an die G'fter der übertragenden Gesellschaft gewähren kann – es handelt sich um eine Form der **Sachgründung gem. § 5 Abs. 4 GmbHG**. Die Stammkapitalerhöhung ist nach den Wertverhältnissen des übergehenden Vermögens zu dem aufnehmenden Vermögen vorzunehmen, es sei denn, den neuen G'ftern wird eine Ausgleichszahlung zugesprochen.

A	Bilanz nach Spaltung zum 31.12.2017 der Z-GmbH		P
Vermögen I	200.000 €	Stammkapital	50.000 €
		Verbindlichkeiten	150.000 €
	200.000 €		200.000 €

Die G'fter der untergehenden P-GmbH erhalten nach der Aufspaltung für ihre Anteile an der P-GmbH nunmehr Anteile an der Q-GmbH und an der Z-GmbH.

4.2 Abspaltung zur Aufnahme oder Neugründung

Der Unterschied zur Aufspaltung besteht bei der Abspaltung darin, dass der übertragende Rechtsträger durch die Abspaltung **nicht untergeht**. Auch hier geht ein Vermögensteil als Ganzes – **Sonderrechtsnachfolge** – auf einen aufnehmenden oder neuen Rechtsträger über. Der aufnehmende bzw. neue Rechtsträger hat im Wege der Abspaltung **Anteile** den **G'ftern** des übertragenden Rechtsträgers zu gewähren.

4.3 Ausgliederung zur Aufnahme oder Neugründung

Der Unterschied der Ausgliederung[32] im Vergleich zur Abspaltung besteht in der Gewährung der Anteile des aufnehmenden bzw. neuen Rechtsträgers. Der übertragende Rechtsträger besteht bei der Ausgliederung weiterhin und erhält die neuen Anteile. Zwischen den Rechtsträgern besteht nach der Ausgliederung ein Mutter-Tochter-Verhältnis. Die Vermögensteile gehen als Ganzes – Sonderrechtsnachfolge (= partielle Gesamtrechtsnachfolge) – auf den übernehmenden Rechtsträger über.

(Nur) die Ausgliederung ist auch in Form der Einzelrechtsnachfolge möglich.

---

[32] Vgl. hierzu BGH vom 08.10.2003 (WM 2003, 2335) zur Auslegung eines Ausgliederungsvertrages i.S.d. § 123 Abs. 3 UmwG.

5 Formwechsel

Der Formwechsel ist im Fünften Buch in den Vorschriften der §§ 190–304 UmwG geregelt. Ebenso wie bei der Verschmelzung und der Spaltung ist das Gesetz auch hier so aufgebaut, dass vorweg ein allgemeiner Teil die allgemeinverbindlichen Regelungen enthält (§§ 190–213 UmwG). Im Vergleich zu den bisher behandelten Umwandlungsarten ist beim Formwechsel nur **ein Rechtsträger** beteiligt. Beim Formwechsel handelt es sich lediglich um die Änderung der Rechtsform eines Rechtsträgers **ohne Vermögensübertragung**, unter Beibehaltung der Identität und ohne Wechsel der Anteilseigner.[33] Welche Rechtsträger formwechselnd umgewandelt werden können, ergibt sich aus § 191 Abs. 1 UmwG. Dies sind:

- Personenhandelsgesellschaften und Partnerschaftsgesellschaften,
- KapG,
- eingetragene Genossenschaften,
- rechtsfähige Vereine,
- Versicherungsvereine auf Gegenseitigkeit,
- Körperschaften und Anstalten des öffentlichen Rechts.

Die möglichen neuen Rechtsformen nach dem Formwechsel sind im Vergleich zu den Rechtsformen vor dem Formwechsel durch den Gesetzgeber beschränkt worden. Nach § 191 Abs. 2 UmwG kommen folgende Rechtsformen in Betracht:

- **Gesellschaften des bürgerlichen Rechts (GbR)**[34],
- Personenhandelsgesellschaften und Partnerschaftsgesellschaften,
- KapG,
- eingetragene Genossenschaften.

Die Aufzählungen in den Abs. 1 und 2 des § 191 UmwG sind abschließend.

6 Vermögensübertragung

Die Vermögensübertragung ist geregelt in den §§ 174–189 UmwG und betrifft die Fälle, bei denen mindestens ein Rechtsträger keine G'fter bzw. Anteilseigner hat. In diesen Fällen kommt eine Verschmelzung/Aufspaltung und Abspaltung nicht in Betracht. Davon sind insb. die Gebietskörperschaften sowie die Versicherungsvereine auf Gegenseitigkeit betroffen. Auf eine vertiefende Erörterung wird hier nachfolgend verzichtet.

---

33 Zum (auch bei einem Formwechsel erforderlichen) Umwandlungsbeschluss s. das umfangreiche BGH-Urteil vom 29.01.2001, NJW 2001, 1428.
34 Dies ist der einzige Fall, in dem eine GbR im UmwG berücksichtigt wird (allerdings nur als **aufnehmender Rechtsträger nach** dem Formwechsel!).

III Steuerrechtliche Grundlagen der Umwandlung

1 Aufbau und Rechtsquellen

1.1 Allgemein

Die Überschrift des Gesetzes lässt vermuten, dass bei Umwandlungen eine entsprechende Steuer zu erheben ist. Das UmwStG regelt jedoch eher den gegenteiligen Fall: Mit dem UmwStG werden die Fälle behandelt, bei denen es durch Umwandlung von einem auf ein anderes Unternehmen grundsätzlich zur Aufdeckung von stillen Reserven kommen würde. Die Besteuerung dieser stillen Reserven wird durch das UmwStG hinausgeschoben (Stichwort: Steuerstundung), da bei Umstrukturierungen in der Regel kein Entgelt fließt. Es kommt jedoch durch das UmwStG nicht zu einer endgültigen Nichtbesteuerung, da die Besteuerung der stillen Reserven in Zukunft entweder im Rahmen von Veräußerungen oder durch schädliche Vorgänge i.S.d. § 22 UmwStG weiterhin erfolgen kann. Ziel des UmwStG ist es, die steuerrechtlichen Vorschriften an die durch das UmwG geschaffenen Umwandlungsmöglichkeiten anzupassen. Betriebswirtschaftlich erwünschte Umstrukturierungen, die durch das UmwG handelsrechtlich möglich sind, sollen nicht durch steuerliche Folgen behindert werden, soweit dem nicht spezifische Belange des Steuerrechts entgegenstehen.[35] Im Ergebnis soll das UmwStG dazu dienen, Umstrukturierungen **erfolgsneutral** begleiten zu können. Daraus folgt, dass das UmwStG ausschließlich die steuerlichen Folgen einer Umwandlung für die **Ertragssteuern** (Körperschaft-, Einkommen- und Gewerbesteuer) regelt. Andere Steuerarten, wie z.B. die Umsatz-, die Grunderwerb- oder die Erbschaftsteuer, regelt das UmwStG nicht.[36]

Das UmwStG besteht insgesamt aus zehn Teilen. Der Aufbau des UmwStG ist der nachfolgenden Übersicht zu entnehmen.[37]

Vorschriften des UmwStG	Umwandlungen von der KapG auf PersG/Einzelunternehmen/KapG
§§ 1–2 (1. Teil des UmwStG)	• Anwendungsbereich und Begriffsbestimmungen (§ 1) • Regelung zur steuerlichen Rückwirkung (§ 2)
§§ 3–19 (2.–5. Teil des UmwStG)	• Verschmelzung von KapG auf PersG/Einzelunternehmen (§§ 3–8) • Verschmelzung von KapG auf KapG (§§ 11–13) • Formwechsel von KapG auf PersG (§ 9) • Auf- und Abspaltung von KapG auf KapG (§ 15) • Auf- und Abspaltung von KapG auf PersG (§ 16) • Gewerbesteuerliche Behandlung der o.g. Umwandlungen (§§ 18–19)

---

35 S. BT-Drs. 12/6885, 14.
36 S. Umwandlungssteuererlass vom 11.11.2011 (UE 2011), BStBl I 2011, 1314, Tz. 01.01.
37 Alle Paragrafen in dieser Übersicht sind solche des UmwStG.

	Umwandlungen von PersG/Einzelunternehmen/KapG auf KapG (sog. Einbringungen auf KapG)
§§ 20–23 und 25 (6. und 8. Teil des UmwStG)	• Verschmelzung von PersG auf KapG • Formwechsel von PersG in KapG • Ausgliederung des Vermögens eines Einzelunternehmers in eine KapG • Ausgliederung des Vermögens einer KapG auf eine andere KapG • Alle übrigen Einbringungsvorgänge in KapG, die nicht unter das UmwG fallen (z.B. Einbringung eines freiberuflichen Vermögens in eine KapG)
	Umwandlungen von PersG/Einzelunternehmen auf PersG (sog. Einbringung auf PersG)
§ 24 (7. Teil des UmwStG)	• Verschmelzung von PersG auf PersG • Spaltung von PersG auf PersG • Ausgliederung von Vermögen eines Einzelunternehmers in eine PersG • Einbringung von freiberuflichen Betriebsvermögens in eine PersG • Aufnahme eines neuen G'fters in Einzelunternehmen bzw. in eine PersG
§ 26 (9. Teil des UmwStG)	Verhinderung von Missbräuchen (weggefallen)
§ 27 (10. Teil des UmwStG)	Zeitliche Anwendungsvorschrift

Neben den in der obigen Übersicht aufgeführten Vorschriften des UmwStG sind auch noch Vorschriften aus anderen Steuergesetzen bei der Umwandlung zu beachten. Hierzu zählen vorrangig die Regelungen des KStG.

§ 27 KStG	Einlagekonto bei Verschmelzung und Spaltung
§ 28 KStG	Umwandlung von Rücklagen in Nennkapital und Herabsetzung des Nennkapitals
§ 29 KStG	Kapitalveränderungen bei Umwandlungen

Ergänzend zu diesen gesetzlichen Normen hat die Verwaltung ihrerseits zum UmwStG Verwaltungsanweisungen herausgegeben. Der Umwandlungssteuererlass (a.a.O.) vom 11.11.2011 ist ein BMF-Schreiben, er hat aber schon fast die Form eines verwaltungsinternen Kommentars und behandelt alle Vorschriften des UmwStG und alle anderen Vorschriften anderer Gesetzesnormen, die mit der Umwandlung im Zusammenhang stehen.[38] Mit BMF-Schreiben vom 16.12.2003, BStBl I 2003, 786[39] hat das BMF darüber hinaus zu den Zweifelsfragen aufgrund der Änderungen durch das Steuersenkungsgesetz und des Gesetzes zur Fortentwicklung des Unternehmenssteuerrechts Stellung genommen.[40]

---

[38] S. *Hörtnagl* in *Schmitt/Hörtnagl/Stratz*, UmwG/UmwStG, 7. Aufl., Tz. 18 ff. Einf. UmwStG.
[39] Die Geltung des genannten BMF-Schreibens wird ausdrücklich nicht durch den Umwandlungssteuererlass vom 11.11.2011 (UE 2011), BStBl I 2011, 1314, Tz. 00.01 außer Kraft gesetzt.
[40] Kritisch hierzu s. *Dötsch/Pung*, DB 2004, 208; *Haritz/Wisniewski*, GmbHR 2004, 150.

1.2 Geltungsbereich des Umwandlungssteuergesetzes

Der Anwendungsbereich des Umwandlungssteuergesetzes wird durch die Vorschriften des § 1 UmwStG konkretisiert. Die Vorschriften des § 1 Abs. 1 und 3 UmwStG umschreiben den sachlichen Anwendungsbereich des UmStG durch Bezugnahme auf die dort aufgezählten Umwandlungsarten. Demnach bestimmt sich der Anwendungsbereich des UmwStG im Grundsatz nach dem **umzuwandelnden Rechtsträger**.

Nach § 1 Abs. 1 Nr. 1 bis 4 UmwStG sind auf Umwandlungen einer KapG (als umzuwandelnden Rechtsträger) nur der zweite bis fünfte Teil des UmwStG anzuwenden. Dabei wird ersichtlich, dass es sich hierbei grundsätzlich nur um Umwandlungen i.S.d. UmwG handelt. Demnach kann es sich um eine Umwandlung einer KapG sowohl in eine andere KapG als auch in eine PersG handeln. Durch die Bezugnahme auf das UmwG fallen gem. § 1 Abs. 1 Nr. 1 UmwStG auch grenzüberschreitende Verschmelzungen von in der EU oder dem EWR ansässigen KapG i.S.d. §§ 122a ff. i.V.m § 2 UmwG in den sachlichen Anwendungsbereich des UmwStG. Dabei ist darauf hinzuweisen, dass eine grenzüberschreitende Verschmelzung i.S.d. § 122a ff. UmwG nur zwischen KapG möglich ist (§ 122b UmwG).

Andere Vermögensübertragungen nach den Regelungen des UmwG, darunter **insb.** Umwandlungen einer PersG in eine KapG im Wege der Gesamtrechtsnachfolge, Sonderrechtsnachfolge oder des Formwechsels, fallen gem. § 1 Abs. 3 UmwStG in den Anwendungsbereich des sechsten bis achten Teils des UmwStG (§§ 20 bis 25 UmwStG). Hierzu zählt jedoch auch die in § 123 Abs. 3 UmwG geregelte Ausgliederung aus einer KapG heraus sowie der Austausch von Anteilen.

Darüber hinaus sind die Regelungen des sechsten bis achten Teils auch auf Vermögensübertragungen i.R.d. Einzelrechtsnachfolge anzuwenden, d.h. in den Fällen, in denen zivilrechtlich die Vermögensgegenstände und Schulden einzeln auf die übernehmende Person übertragen werden müssen (so genannte »Einbringungsfälle«).

Weiterhin fallen in den Anwendungsbereich des § 1 Abs. 1 und Abs. 3 UmwStG auch vergleichbare ausländische Vorgänge, auf die das UmwG zwar keine Anwendung findet, jedoch die Voraussetzungen des § 1 Abs. 2 S. 1 UmwStG vorliegen und ein Inlandsbezug (z.B. inländische Betriebsstätte oder inländischer G'fter[41]) besteht. Ein ausländischer Vorgang ist vergleichbar, wenn er seinem Wesen nach einer Umwandlung i.S.d. UmwG entspricht. Für Zwecke der Vergleichbarkeit ist mithin zunächst im Rahmen eines Rechtstypenvergleichs zu prüfen, ob die ausländischen Rechtsträger einem umwandlungsfähigen Rechtsträger i.S.d. UmwG entsprechen.[42] Weiterhin ist zu prüfen, inwieweit die Umstrukturierung unter Heranziehung von sonstigen Vergleichskriterien (z.B. bare Zuzahlungen) in ihrer Rechtsnatur sowie Rechtsfolgen den Umstrukturierungen des UmwG entspricht.[43]

§ 1 Abs. 2 und 4 UmwStG regeln den persönlichen Anwendungsbereich und beantworten damit die Frage, welche Personen bzw. Gesellschaften an einer Umwandlung nach § 1

---

41 S. *Schell*, IStR 2011, 704, 709.
42 S. UE 2011, Tz. 01.27; BMF vom 24.12.1999, BStBl I 1999, 1076 sowie BMF vom 19.03.2004, BStBl I 2004, 411.
43 Zu den vergleichenden Umstrukturierungsmerkmalen UE 2011, Tz. 01.24; *Hörtnagl* in *Schmitt/Hörtnagl/Stratz*, a.a.O., § 1 UmwStG, Tz. 31 ff.; *Widmann* in *Widmann/Mayer*, Umwandlungsrecht, § 1 UmwStG, Tz. 17 mit Verweis auf *Benecke/Schnitger*, IStR 2006, 765, 769.

Abs. 1 und 3 UmwStG beteiligt sein müssen, damit diese in den Anwendungsbereich des UmwStG fallen.[44]

§ 1 Abs. 1 UmwStG	Umwandlung von Körperschaften • Anwendung der Teile 2–5 • Verschmelzung/Auf- und Abspaltung/Formwechsel i.S.d. § 1 Abs. 2 UmwG • Erfassung vergleichbarer ausländischer Vorgänge • Ausgenommen ist die Ausgliederung nach § 123 Abs. 3 UmwG
§ 1 Abs. 2 UmwStG	Beschränkung der ausländischen Vorgänge auf die EU/EWR-Umwandlungen • Beschreibung der möglichen Rechtsträger/-personen
§ 1 Abs. 3 UmwStG	Einbringungstatbestände i.S.d. §§ 20 ff. UmwStG • Anwendung der Teile 6–8 • Erfassung vergleichbarer ausländischer Vorgänge • Fälle der Einzelrechtsnachfolge
§ 1 Abs. 4 UmwStG	Beschränkung der ausländischen Vorgänge auf die EU/EWR-Umwandlungen • Beschreibung der möglichen Rechtsträger/-personen
§ 1 Abs. 5 UmwStG	Begriffsbestimmungen

2 Zeitliche Anwendung des Umwandlungssteuergesetzes

Die Anwendung des UmwStG ist in § 27 UmwStG geregelt.

§ 27 Abs. 1 S. 1 UmwStG regelt den Grundsatz, dass das Gesetz erstmals auf Umwandlungen anzuwenden ist, bei denen die **Anmeldung zur Eintragung** in das für die Wirksamkeit des jeweiligen Vorgangs maßgebende öffentliche Register **nach dem 12.12.2006** erfolgt ist. Diese Vorschrift ist auf alle Umwandlungsvorgänge anzuwenden, soweit die Umwandlung vor der Eintragung in ein öffentliches Register zu erfolgen hat.

3 Steuerliche Rückwirkung

3.1 Grundzüge, insbesondere zum Übertragungsstichtag

Nach § 20 Abs. 1 UmwG für die Verschmelzung sowie § 202 UmwG für den Formwechsel wird die Umwandlung erst mit der Eintragung in das Handelsregister rechtlich wirksam. Da in den Fällen der Verschmelzung aufgrund des Rechtsträgerwechsels eine Vermögensübertragung stattfindet und die an der Umwandlung teilnehmenden Rechtsträger auf den Tag der Eintragung ins Handelsregister nur bedingt Einfluss nehmen können, ist gem. § 5 Abs. 1 Nr. 6 UmwG der **handelsrechtliche Umwandlungsstichtag** festzulegen, d.h. der Tag, von dem an die Handlungen der KapG als für Rechnung der PersG vorgenommen **gelten**.

---

44 S. *Graw* in *Rödder/Herlinghaus/van Lishaut*, UmwStG, § 1 Tz. 2.

Weiterhin hat der **übertragende Rechtsträger** gem. § 17 Abs. 2 UmwG auf den Schluss des Tages, der dem Umwandlungsstichtag vorausgeht, eine **handelsrechtliche Schlussbilanz** aufzustellen. Die handelsrechtliche Schlussbilanz muss dabei auf einen **höchstens acht Monate** vor der Anmeldung der Umwandlung liegenden Stichtag aufgestellt sein (sog. Rückwirkungsfiktion).

Den handelsrechtlichen Vorschriften entsprechend kennt auch das Steuerrecht für die Umwandlungen einer **KapG** i.S.d. § 1 Abs. 1 UmwStG durch die Regelung des § 2 UmwStG eine Rückwirkungsfiktion (steuerliche Rückwirkung) und bestimmt den **steuerlichen Übertragungsstichtag** als den Tag, auf den die KapG die (steuerliche) Schlussbilanz aufzustellen hat. Dieser liegt ebenfalls einen Tag vor dem handelsrechtlichen Umwandlungsstichtag und ist identisch mit dem Stichtag der handelsrechtlichen Schlussbilanz i.S.d. § 17 Abs. 2 UmwG. Da die Steuerpflicht der **KapG** mit Ablauf des steuerlichen Übertragungsstichtags endet und die des übernehmenden Rechtsträgers beginnt, ist die Wahl des handelsrechtlichen Umwandlungsstichtags von erheblicher Bedeutung. In Fällen des Formwechsels findet hingegen handelsrechtlich keine Vermögensübertragung statt, sodass eine Rückbeziehung in § 202 UmwG nicht erforderlich ist. Steuerlich hingegen ist die ergänzende Rückwirkungsregelung des § 9 UmwStG zu beachten, die inhaltlich den Regelungen des § 2 UmwStG i.V.m. § 17 Abs. 2 UmwG entspricht.

Die Rückwirkungsfiktion erfasst gemäß dem Wortlaut des § 2 Abs. 1 UmwStG nur den **übertragenden und den übernehmenden Rechtsträger**. G'fter sind von der Rückwirkung grundsätzlich **nicht erfasst**, es sei denn, die G'fter stellen ihrerseits einen übernehmenden Rechtsträger dar. Mithin sind ausscheidende G'fter des übertragenden Rechtsträgers (KapG) von der Rückwirkung nicht betroffen. Darüber hinaus bestimmt § 2 Abs. 2 UmwStG eine weitere Ausnahme, dass in dem Fall, in dem es sich bei dem übernehmenden Rechtsträger um eine PersG handelt, die steuerliche Rückwirkung auch für das Einkommen und das Vermögen der G'fter der PersG anzuwenden ist. **Die Folge** der steuerlichen Rückwirkung ist, dass ein Übertragungsgewinn bzw. -verlust i.S.d. §§ 3, 11 UmwStG sowie ein Übernahmeergebnis i.S.d. §§ 4, 13 UmwStG sowie die offenen Rücklagen i.S.d. § 7 UmwStG grundsätzlich in dem Veranlagungszeitraum zu besteuern sind, in dem das Wirtschaftsjahr endet, in das der steuerliche Übertragungsstichtag fällt.[45]

Der steuerliche Übertragungsstichtag für Übertragungen i.S.d. § 1 Abs. 3 UmwStG i.V.m. §§ 20 und 24 UmwStG wird in der Vorschrift des § 20 Abs. 6 UmwStG geregelt. Bei Sacheinlagen **in eine KapG** wird dabei zwischen einer Sacheinlage im Wege des UmwG und einer Sacheinlage außerhalb des UmwG unterschieden. Bei der Sacheinlage nach dem UmwG wird an die Vorschriften des UmwG geknüpft, sodass der steuerliche Übertragungsstichtag in diesen Fällen mit dem handelsrechtlichen Übertragungsstichtag identisch ist. Hingegen wird der steuerliche Übertragungsstichtag bei Sacheinlagen außerhalb des UmwG grundsätzlich durch den Zeitpunkt der Übertragung des **wirtschaftlichen Eigentums** bestimmt.[46] Jedoch gewährt der Gesetzgeber den an der Übertragung beteiligten Parteien die Möglichkeit, den steuerlichen Übertragungsstichtag innerhalb eines Zeitfensters von **acht Monaten** frei zu wählen. Im Ergebnis besteht in beiden Fällen die Möglichkeit die Übertragung rückwirkend bis zu acht Monaten vorzunehmen. Bei Sacheinlagen **in eine PersG** sind die Vorschriften des § 20 Abs. 6 UmwStG gem. § 24 Abs. 4, 2. HS UmwStG nur für Übertragungen im Wege

---

45 S. UE 2011, Tz. 02.03 ff.
46 S. *Mutscher* in *Frotscher/Maas*, KStG/GewStG/UmwStG, § 20 UmwStG, Tz. 402.

einer Gesamtrechtsnachfolge möglich. Bei Sacheinlagen im Wege der Einzelrechtsfolge ist eine Rückbeziehung grundsätzlich nicht vorgesehen.[47]

Beispiel 1: Rückwirkende Verschmelzung
Es wird eine GmbH-1 mit einer GmbH-2 verschmolzen. Der Beschluss der Gesellschafterversammlung dazu wird am 15.03.2018 gefasst. Als Verschmelzungsstichtag wird der 01.01.2018 gewählt, sodass auf den 31.12.2017 eine Umwandlungsbilanz aufgestellt wird. Die Anmeldung der Eintragung in das Handelsregister erfolgt am 17.05.2018, die Eintragung am 04.08.2018.

Lösung: Die Voraussetzungen des § 2 Abs. 1 UmwStG sind erfüllt. Die Umwandlung findet (steuerlich) am 31.12.2017 statt. Damit fallen der Übertragungs- und der Übernahmegewinn im Veranlagungszeitraum 2017 an.

3.2 Von der Rückwirkung erfasste Steuerarten

Das UmwStG soll dazu dienen Umstrukturierungen **erfolgsneutral** durchführen zu können. Daraus folgt, dass das UmwStG ausschließlich die steuerlichen Folgen einer Umwandlung für die **Ertragssteuern** (Körperschaft-, Einkommen- und Gewerbesteuer) regelt. Andere Steuerarten wie z.B. die Umsatz-, die Grunderwerb- oder die Erbschaftsteuer regelt das UmwStG nicht.[48] Dennoch gilt die steuerliche Rückwirkung gem. § 2 Abs. 1 S. 1 UmwStG für Steuern vom Einkommen und Vermögen. Unter die Steuern vom Vermögen fallen insb. die Grundsteuer und die Erbschaftsteuer. Während die steuerliche Rückwirkung auf die Grundsteuer Anwendung finden soll[49], kann eine Begünstigung der erbschaftsteuerlichen Rechtsfolgen nach herrschender Meinung nicht durch eine Umwandlung erreicht werden.[50]

Die steuerliche Rückwirkung gilt gem. § 2 Abs. 1 S. 1 UmwStG für das Einkommen und das Vermögen und somit für alle einkommens- und vermögensbezogenen Steuern.[51] Die Rückwirkung gilt mithin nicht für die Verkehrssteuern (USt und die GrESt). Von der Rückwirkung werden folgende Steuern erfasst:

Die steuerliche Rückwirkung gilt, wie oben dargestellt, nicht für die **Grunderwerbsteuer**. Die Umwandlungsvorgänge mit entsprechender Vermögensübertragung lösen jedoch eine GrESt-Pflicht aus, d.h. für die Fälle der Verschmelzung und der Spaltung, nicht jedoch für die Fälle des Formwechsels.

Die GrESt entsteht mit Eintragung der Umwandlung in das HR. Nach Ansicht der Verwaltung[52] handelt es sich bei der Umwandlung (Verschmelzung/Spaltung) um einen Anschaffungsvorgang. Die objektbezogenen Kosten (hier: GrESt) sind daher grundsätzlich als Nebenkosten der Anschaffung zu aktivieren.

---

47 S. *Mutscher* in *Frotscher/Maas*, a.a.O., § 24 UmwStG, Tz. 259.
48 S. UE 2011, Tz. 01.01.
49 S. *Widmann* in *Widmann/Mayer*, a.a.O., § 2 UmwStG, Tz. R 73.
50 S. *van Lishaut* in *Rödder/Herlinghaus/van Lishaut*, a.a.O., § 2 Tz. 10 m.w.N.; a.A. *Hörtnagl* in *Schmitt/Hörtnagl/Stratz*, a.a.O., § 2 UmwStG, Tz. 36 m.w.N.
51 *Schönherr/Lemaitre*, GmbHR 2005, 912 hinterfragen, ob die Rückwirkungsfiktion nach dem UmwStG auch für die Bewertung von WG in Gestalt der Anteile des übernehmenden Rechtsträgers gilt.
52 S. UE 2011, Tz. 04.34 sowie OFD Nordrhein-Westfalen, Verfügung vom 21.04.2015, DB 2015, 1013.

3.3 Folgerungen aus der Rückwirkung

3.3.1 Leistungsbeziehungen zwischen den beteiligten Rechtsträgern und ihren Gesellschaftern

Die steuerliche Rückwirkung bedeutet, dass das Einkommen und das Vermögen des übertragenden und des übernehmenden Rechtsträgers so ermittelt werden, als ob der Vermögensübergang bereits mit Ablauf des steuerlichen Übertragungsstichtages stattgefunden hätte und (bei Verschmelzung und Aufspaltung) der übertragende Rechtsträger gleichzeitig aufgelöst worden wäre. Kommt jedoch die zivilrechtliche Umwandlung nicht zustande (z.B. keine Eintragung im HR), so ist auch steuerlich keine Umwandlung durchzuführen. Es verbleibt somit bei der bisherigen Rechtsform. Die bisher schon steuerlich vorgenommenen Maßnahmen (z.B. Versteuerung des Übernahmegewinns) sind gem. § 175 Abs. 1 Nr. 2 AO wieder rückgängig zu machen. Für die Ertragsbesteuerung sind die Einkünfte somit schon nach den Besteuerungsgrundsätzen bei dem übernehmenden Rechtsträger zu ermitteln. Schuldrechtliche Vereinbarungen (z.B. Darlehens-, Kauf-, Miet- oder Pachtverträge) zwischen dem übertragenden und dem übernehmenden Rechtsträger dürfen den Gewinn des Übernehmers nicht mehr beeinflussen.

Ausgehend von dem Grundfall des UmwStG – Verschmelzung von der KapG auf eine PersG – ist die Rückwirkung hinsichtlich der **Leistungsbeziehungen** zwischen den beteiligten Rechtsträgern besonders zu betrachten. Die in dem Zeitraum zwischen Übertragungsstichtag und Eintragung in das HR angefallenen Leistungsbeziehungen werden nicht aufgehoben, da es sich hier um reine innerbetriebliche Vorgänge handelt. Die Vergütungen (Miete, Pacht, Gehälter, Zinsen) sind nach dem Übertragungsstichtag von einer KapG auf eine PersG zwar weiterhin BA auf der Gesamthandsebene, die jedoch gleichzeitig Sondervergütungen der G'fter i.S.d. § 15 Abs. 1 S. 1 Nr. 2 EStG darstellen und das steuerliche Gesamtergebnis der PersG nicht mindern, wenn die G'fter gleichzeitig auch MU bei der übernehmenden PersG sind. Ist der G'fter nicht an der übernehmenden PersG beteiligt, stellen diese Ausgaben weiterhin das Gesamtergebnis der PersG mindernde BA dar.

Besonders zu betrachten sind in diesem Zusammenhang die bei der übertragenden KapG gebildeten **Pensionsrückstellungen** für die G'fter der KapG. Diese Pensionsrückstellungen sind nach der Übertragung auf die PersG nicht gewinnerhöhend aufzulösen. Sie werden bei der PersG mit dem Anschaffungsbarwert fortgeführt (UE 2011, Tz. 06.04 ff.). Die Erhöhung der Rückstellung um die jährlichen Zinsen kann von der PersG vorgenommen werden. Weitere Zuführungen sind Vergütungen i.S.d. § 15 Abs. 1 S. 1 Nr. 2 EStG. Wird hingegen eine KapG auf einen Einzelunternehmer übertragen, ist die Pensionsrückstellung gewinnerhöhend aufzulösen (UE 2011, Tz. 06.07). Für den Auflösungsgewinn kann eine steuerliche Rücklage i.S.d. § 6 Abs. 2 UmwStG gebildet werden.

Beispiel 2:
Die A-GmbH wird in die Z-OHG umgewandelt. Gesellschafter der A-GmbH sind A und B, B scheidet im Zuge der Umwandlung aus der A-GmbH aus und wird auch nicht Gesellschafter der Z-OHG. Der steuerliche Übertragungsstichtag ist der 31.12.2017. Die Eintragung der Umwandlung erfolgt am 05.07.2018. Die A-GmbH weist gegenüber A eine Pensionsrückstellung i.H.v. 100.000 € aus. B vermietet an die A-GmbH sein Grundstück für monatlich 5.000 €.

Lösung: Die Pensionsrückstellung gegenüber A wird ab dem 01.01.2018 nach Maßgabe des § 6a EStG in seinem Sonderbetriebsvermögen i.S.d. § 15 Abs. 1 S. 1 Nr. 2 EStG ausgewiesen. Bei B findet eine Umqualifizierung seiner Mieteinkünfte in solche des § 15 EStG nicht statt, da er an der Z-OHG nicht beteiligt wird. Er erzielt in 2018 weiterhin Einkünfte aus Vermietung und Verpachtung gem. § 21 EStG.

3.3.2 Gewinnausschüttungen

Die Problematik bezüglich der von der übertragenden KapG beschlossenen **Gewinnausschüttungen**[53] nach dem steuerlichen Übertragungsstichtag und der Gewinnausschüttungen, die nach dem steuerlichen Übertragungsstichtag abfließen, deren Beschluss aber vor diesem Stichtag lag, hat die Verwaltung in den UE 2011, Tz. 02.25–02.35 für die KSt geregelt. Die steuerliche Behandlung von Gewinnausschüttungen im Zusammenhang mit Umwandlungen hängt zunächst davon ab, ob es sich bei dem übernehmenden Rechtsträger um eine PersG oder eine KapG handelt. Darüber hinaus hängt die steuerliche Behandlung insb. auch vom Zeitpunkt des Ausschüttungsbeschlusses bzw. der Durchführung einer (verdeckten) Gewinnausschüttung ab. Wurden die Ausschüttungen nach dem steuerlichen Übertragungsstichtag beschlossen und durchgeführt, handelt es sich bei der übernehmenden PersG um eine Entnahme der G'fter der PersG.

3.3.3 Ausnahmen der steuerlichen Rückwirkung

Die Regelung zu § 2 Abs. 3 UmwStG beinhaltet die Sonderfälle bei grenzüberschreitenden Umwandlungen. Hier gibt es keine Rückbeziehung des Umwandlungsstichtages, soweit ein Vorgang i.S.d. § 1 Abs. 1 UmwStG vorliegt, der das Besteuerungsrecht eines anderen Staats entzieht. Der Begriff »anderer Staat« wird in der Literatur[54] kritisch hinterfragt. Einhellig wird in der Literatur die Auffassung vertreten, dass es sich bei dieser Vorschrift um die Vermeidung der Entstehung sogenannter »weißer Einkünfte« handeln soll.

> **Beispiel 3: Weiße Einkünfte**[55]
> Das Vermögen der D-GmbH besteht nur aus Patenten. Die D-GmbH wird grenzüberschreitend auf die F-SA verschmolzen, nach dem deutschen Steuerrecht rückwirkend auf den 31.12.2017, während Frankreich den Übergang steuerlich erst ab dem 01.04.2018 wirken lässt.
>
> **Lösung:** Mit der Hinausverschmelzung nach Frankreich werden die Patente steuerlich entstrickt. Durch die unterschiedliche zeitliche Zuordnung in Deutschland und Frankreich entsteht ein Besteuerungsloch von drei Monaten (01.01.2018–31.03.2018). In diesem Zeitraum werden Lizenzerträge und Veräußerungserlöse aus den Patenten in Deutschland und Frankreich nicht besteuert. Nach § 2 Abs. 3 UmwStG gilt in diesem Fall als steuerlicher Übertragungsstichtag der 31.03.2018.

Durch das JStG 2009 wurde vom Gesetzgeber die Vorschrift des § 2 UmwStG um den Abs. 4 erweitert. Nach Ansicht des Gesetzgebers soll mit dieser Vorschrift ein »Aushebeln« der

---

53 S. hierzu auch ausführlich *Pung* in *Dötsch/Pung/Möhlenbrock*, KStG, § 2 UmwStG, Tz. 56 ff.
54 S. hierzu *Dötsch* in *Dötsch/Pung/Möhlenbrock*, a.a.O., § 2 UmwStG, Tz. 77 ff.
55 Entnommen von *van Lishaut* in *Rödder/Herlinghaus/van Lishaut*, a.a.O., § 2 Tz. 103.

Vorschrift des § 8c KStG durch Umwandlungsvorgänge verhindert werden. In der Gesetzesbegründung wird dazu ausgeführt, »dass aufgrund der steuerlichen Rückwirkungsfiktion in § 2 Abs. 1 UmwStG gestalterisch eine Verlustnutzung oder ein Erhalt des Zinsvortrags erreicht werden kann, obwohl der Verlust oder Zinsvortrag wegen § 8c KStG bereits untergegangen ist. Voraussetzung für die Verlustnutzung oder Nutzung des Zinsvortrags durch Rückwirkung ist deshalb, dass ein Verlust oder ein Zinsvortrag auch ohne die Umwandlung hätte ausgeglichen werden können«.

Aufgrund dieser Vorschrift ist bei der rückwirkenden Umwandlung mit Verlustnutzung durch Ansatz eines Übertragungsgewinns zu prüfen, ob die Verlustnutzung auch ohne Rückwirkung vorgenommen hätte werden können. *Rödder/Schönfeld*[56] vertreten dazu die Auffassung, dass die Vorschrift um das ungeschriebene Tatbestandsmerkmal eines schädlichen Beteiligungserwerbs i.S.v. § 8c KStG zu ergänzen sei.

Beispiel 4: Schädlicher Beteiligungserwerb
Die Anteile an der A-GmbH werden durch die B-GmbH am 01.06.2018 zu 100 % erworben. Die A-GmbH hat zum 31.12.2017 einen festgestellten Verlustvortrag i.S.d. § 10d Abs. 4 EStG i.H.v. ./. 500.000 €. Die B-GmbH beschließt am 15.06.2018 die Verschmelzung der A-GmbH auf die B-GmbH – rückwirkend zum 01.01.2018 (steuerlicher Übertragungsstichtag = 31.12.2017). I.R. der Übertragung wird ein Übertragungsgewinn bei der A-GmbH durch Aufdeckung stiller Reserven ermittelt, der mit dem Verlustvortrag kompensiert wird.

Lösung: Nach § 8c Abs. 1 S. 2 KStG wäre durch den Beteiligungserwerb am 01.06.2018 der Verlust der A-GmbH untergegangen, soweit es sich nicht um einen Sachverhalt des § 8c Abs. 1 S. 5 KStG handelt. Durch die Rückwirkung gem. § 2 Abs. 1 UmwStG könnte aufgrund der Verschmelzung die Vorschrift § 8c KStG umgangen werden. Der Gesetzgeber hat mit der Vorschrift § 2 Abs. 4 UmwStG diese Fälle in der Weise geregelt, dass eine Prüfung dahingehend erfolgen muss, ob die A-GmbH auch ohne Anwendung der Vorschrift § 2 Abs. 1 und 2 UmwStG die Verluste hätte nutzen können. Dies ist hier zu verneinen, denn nach § 8c Abs. 1 S. 2 KStG wären die Verluste weggefallen. Zusätzlich ist darauf hinzuweisen, dass auch der neu eingefügte § 8d KStG[57] aufgrund seiner Systematik und seines Anwendungsbereichs an diesem Ergebnis nichts ändert.[58] Es bleibt jedoch abzuwarten, wie die Vorlage des Beschlusses des FG Hamburg vom 29.08.2017[59] an das BVerfG von diesem entschieden wird. Sollte das BVerfG auch die Regelung des § 8c Abs. 1 S. 2 KStG[60] für verfassungswidrig erklären und eine rückwirkende Änderung der Regelung verlangen, ist fraglich, welchen Anwendungsbereich § 2 Abs. 4 UmwStG – ggf. im Zusammenhang mit einer Neuregelung des § 8c KStG – noch haben wird.

Nach § 27 Abs. 9 UmwStG ist diese Regelung (noch) erstmals auf Umwandlungen und Einbringungen anzuwenden, bei denen der schädliche Beteiligungserwerb nach dem 28.11.2008 stattgefunden hat.

---
56 DStR 2009, 560 – a.a.O. auch noch mit weiteren Beispielsfällen.
57 S. Gesetz zur Weiterentwicklung der steuerlichen Verlustverrechnung bei Körperschaften vom 20.12.2016, BGBl I, 2998.
58 S. hierzu *Leibner/Dötsch* in *Dötsch/Pung/Möhlenbrock*, a.a.O., § 8d KStG, Tz. 8.
59 Az.: 2 K 245/17.
60 Die Regelung des §8c Abs. 1 S. 1 KStG hat das BVerfG bereits mit Beschluss vom 29.03.2017, DStR 2017, 1094 als nicht mit dem Grundgesetz vereinbar erklärt.

Wie in den nachfolgenden Ausführungen noch aufgezeigt wird, gehen etwaige Verlustvorträge des **übertragenden** Rechtsträgers im Rahmen einer Verschmelzung auf einen **übernehmenden** Rechtsträger unter. Eine Möglichkeit des übernehmenden Rechtsträgers, an diesen Verlustvorträgen zu partizipieren, besteht demnach nicht. Umgekehrt verhält es sich jedoch, wenn der **übernehmende** Rechtsträger Verluste erwirtschaftet. Etwaige Verlustvorträge können demnach dann genutzt werden, wenn es sich bei dem **übertragenden** Rechtsträger um einen Rechtsträger mit Gewinnen handelt. Insb. ist es aufgrund der Regelung des § 2 Abs. 1 UmwStG grds. möglich, Gewinne des übertragenden Rechtsträgers mit den Verlusten des übernehmenden Rechtsträgers zu verrechnen. Diese Regelung führte in der Praxis zu Gestaltungen, in denen insb. Ein-Objekt-Gesellschaften nach Veräußerung des einzigen werthaltigen WG mit Gewinnrealisierung auf eine Verlustgesellschaft verschmolzen wurden und somit die durch die Veräußerung entstehenden Gewinne der Besteuerung vorenthalten haben. Um diese Gestaltungen zu unterbinden, führte der Gesetzgeber im Rahmen des Amtshilferichtlinie-Umsetzungsgesetzes vom 26.06.2013 (BGBl I 2013, 1809) die Regelungen des § 2 Abs. 4 S. 3 bis 6 UmwStG ein.[61] Nach § 2 Abs. 4 S. 3 UmwStG dürfen nunmehr die positiven Einkünfte des übertragenden Rechtsträgers **im Rückwirkungszeitraum** nicht mit verrechenbaren Verlusten, Verlustvorträgen, nicht ausgeglichenen negativen Einkünften oder einem Zinsvortrag ausgeglichen oder verrechnet werden. Nach den § 2 Abs. 4 S. 4 und 5 UmwStG gilt dies entsprechend im Falle einer Organgesellschaft bzw. im Falle einer PersG als übernehmendem Rechtsträger (Ausschluss des Ausgleichs und Verrechnung beim Organträger bzw. bei den Gesellschaftern der übernehmenden PersG). Ausnahmsweise sollen gem. § 2 Abs. 4 S. 6 UmwStG die genannten Regelungen nicht greifen, wenn es sich bei dem übertragenden und übernehmenden Rechtsträger bereits **vor dem Ablauf des steuerlichen Übertragungsstichtags** um verbundene Unternehmen i.S.d. § 271 Abs. 2 HGB handelte (sog. Konzernklausel).

Beispiel 5[62]**:**
Die G-GmbH wird zum 31.12.2017 auf die V-GmbH verschmolzen. Die V-GmbH als Verlustgesellschaft verfügt über einen festgestellten Verlustvortrag i.S.d. § 10d Abs. 4 EStG i.H.v. ./. 500.000 €. Die Anmeldung zur Eintragung erfolgt am 15.06.2018. Die Eintragung erfolgt am 30.09.2018. Im gesamten Jahr 2018 erzielt die V-GmbH weiterhin Verluste i.H.v. ./. 250.000 €, wohingegen die G-GmbH weiterhin floriert und bis zum 30.09.2018 einen Gewinn i.H.v. 1.000.000 € erzielt. Am 01.10.2018 erzielt die V-GmbH aufgrund einer bereits im Rückwirkungszeitraum noch durch die G-GmbH (erlischt mit Eintragung der Umwandlung) vereinbarten Transaktion außerordentliche Gewinne von 100.000 €.

Lösung: Durch die Verschmelzung der G-GmbH auf die V-GmbH ist der Gewinn i.H.v. 1.000.000 € ab dem 01.01.2018 der V-GmbH zuzurechnen (§ 2 Abs. 1 UmwStG). Ein Ausgleich mit laufenden Verlusten der V-GmbH i.H.v. ./. 250.000 € sowie mit Verlustvorträgen i.H.v. 500.000 € scheidet aus (gesperrte Verlustpositionen). In 2018 hat die V-GmbH ein zu versteuerndes Einkommen von 1.000.000 €. Die sog. gesperrten Verlustpositionen i.H.v. insgesamt ./. 750.000 € können mit Gewinnen i.H.v. 100.000 € verrechnet werden. Es verbleiben zum 31.12.2018 festzustellende Verlustvorträge i.H.v. 650.000 €. Diese können im VZ 2019 unter Anwendung der Regelungen

---

61 Zur Kritik am Wortlaut vgl. *Adrian/Franz*, BB 2013, 1879; *Viebrock/Loose*, DStR 2013, 1364.
62 S. auch *Viebrock/Loose*, DStR 2013, 1364; *Behrendt/Klages*, BB 2013, 1815.

des § 8 Abs. 1 S. 1 KStG i.V.m. § 10d Abs. 2 EStG und § 2 Abs. 4 S. 3 UmwStG mit den in 2019 erzielten positiven Ergebnissen verrechnet werden.

Gem. § 27 Abs. 12 S. 1 UmwStG sind die Reglungen für **eintragungspflichtige** Umwandlungen erstmals anzuwenden, wenn die Anmeldung zur Eintragung der Umwandlung nach dem 06.06.2013 erfolgt ist. Für zur Eintragung angemeldete Umwandlungen bis einschließlich 06.06.2013 bleibt es jedoch bei der alten Regelung und der Möglichkeit der Verlustnutzung im Rückwirkungszeitraum. Für nicht eintragungspflichtige Einbringungen, insb. für solche i.S.d. § 20 Abs. 6 S. 4 UmwStG, ist die Regelung gem. § 27 Abs. 12 S. 2 UmwStG erstmals anzuwenden, wenn das wirtschaftliche Eigentum an den eingebrachten WG nach dem 06.06.2013 übergeht.

IV Umwandlung von der Kapitalgesellschaft auf die Personengesellschaft

Das UmwG bietet den KapG die Möglichkeit, i.R.d. Umwandlung in eine Personen**handels**gesellschaft – insb. durch eine Verschmelzung i.S.d. §§ 2–122 UmwG – das Vermögen im Wege der Gesamtrechtsnachfolge bzw. ohne Rechtsnachfolge im Wege eines Formwechsels i.S.d. §§ 190–304 UmwG auf die PersG zu übertragen. Steuerrechtlich ist die Übertragung des Vermögens einer KapG auf eine PersG im Wege der Umwandlung gem. § 1 Abs. 1 Nr. 1 sowie Nr. 2 UmwStG nach den Vorschriften der §§ 3 bis 8, 9 und 18 UmwStG zu beurteilen. Dabei ist zu beachten, dass, soweit es sich um eine Übertragung im Wege der Gesamtrechtsnachfolge handelt, steuerlich grundsätzlich von einem **tauschähnlichen Vorgang** mit der Folge der Aufdeckung von stillen Reserven ausgegangen wird[63], sodass das UmwStG lediglich dazu dienen soll, Umstrukturierungen **erfolgsneutral** durchzuführen. Die lediglich formwechselnde Umwandlung ohne Vermögensübertragung wird steuerlich aufgrund des Wechsels der Besteuerungssystematik der übertragenden Umwandlung gleichgestellt.[64] Die Gründe für eine Umwandlung können vielschichtig sein und ergeben sich in der Regel durch Aufstellung von steuerlichen Belastungsvergleichen. Insb. können folgende Gründe angeführt werden:

- künftiges niedrigeres Einkommensteuerniveau;
- GewSt-Anrechnung nur für Personenunternehmen;
- erbschaftsteuerliche Aspekte;
- Umstrukturierungen nach § 6 Abs. 5 EStG (dies gilt insb. für Personenunternehmen);
- Unternehmensveräußerungen; der Erwerber eines Unternehmens wird im Zweifel nicht bereit sein, Anteile an KapG zu erwerben, die nicht in Abschreibungssubstrat umsetzbar sind. In diesen Fällen wird vielfach der Veräußerer gezwungen sein, die KapG in eine PersG umzuwandeln und diese hiernach zu veräußern. Der Erwerber hat den Vorteil, dass sein Kaufpreis auf die einzelnen WG aufgeteilt wird und künftig entsprechende Abschreibungen vorgenommen werden können.

Unter die Regelungen der §§ 3 bis 8, 9 und 18 fallen auch **grenzüberschreitende Verschmelzungen**, soweit die **Voraussetzungen des § 1 Abs. 2 S. 1 UmwStG** erfüllt sind.[65] Damit sind steuerrechtlich sowohl die Verschmelzung einer inländischen KapG auf eine in der EU/EWR ansässige ausländische PersG bzw. ausländische natürliche Person (sog. **Hinausverschmelzung**) als auch die Verschmelzung einer EU-/EWR-KapG auf eine inländische PersG bzw. inländische natürliche Person (sog. **Hereinverschmelzung**) möglich.

---

63 S. *Schmitt* in Schmitt/Hörtnagl/Stratz, a.a.O., Vor §§ 3–9 UmwStG, Tz. 6 m.w.N.
64 S. BFH vom 11.12.2001, BStBl II 2004, 474; *Schmitt* in Schmitt/Hörtnagl/Stratz, a.a.O., § 9 UmwStG, Tz. 2 f. und 8.
65 S. tabellarische Übersicht der grenzüberschreitenden Vorgänge von *Möhlenbrock* in Dötsch/Pung/Möhlenbrock, KStG, § 1 UmwStG, Tz. 88 sowie zu Verschmelzungen mit Auslandbezug die Fallübersicht von *Möhlenbrock/Pung* in Dötsch/Pung/Möhlenbrock, a.a.O., § 3 UmwStG, Tz. 119 und *Pung/Werner* in Dötsch/Pung/Möhlenbrock, a.a.O., § 4 UmwStG, Tz. 6.

1 Steuerliche Regelungen für den übertragenden Rechtsträger – Ermittlung des Übertragungsgewinns

Nach dem Aufbau des UmwStG sind zunächst immer die Regelungen für den übertragenden Rechtsträger aufgeführt. Danach werden die übernehmenden Rechtsträger sowie die Anteilseigner/G'fter behandelt. Mithin gelten für den übertragenden Rechtsträger, in diesem Fall die KapG, die Vorschriften des § 3 UmwStG, die in Abhängigkeit der Wertansätze der Ermittlung eines etwaigen **Übertragungsgewinns** dienen sollen.

1.1 Ansatz mit dem gemeinen Wert

Nach § 3 Abs. 1 UmwStG sind die i.R.d. Verschmelzung auf die PersG übergehenden WG in der steuerlichen – auf den Übertragungsstichtag i.S.d. § 2 Abs. 1 UmwStG zu erstellenden – Schlussbilanz der KapG grds. einheitlich mit dem gemeinen Wert anzusetzen. Eine Ausnahme besteht lediglich für die Pensionsrückstellungen, die mit dem Teilwert i.S.d. § 6a EStG anzusetzen sind. Der Ansatz mit dem gemeinen Wert gilt demnach auch für nicht entgeltlich erworbene und selbstgeschaffene immaterielle WG.[66]

Nach dem Willen der Finanzverwaltung handelt es sich bei der steuerlichen Schlussbilanz um eine eigenständige, von der Gewinnermittlung nach §§ 4 Abs. 1, 5 Abs. 1 EStG unabhängige Bilanz, sodass steuerliche Ansatzverbote des § 5 EStG nicht gelten.[67] Die Werte der handelsrechtlichen Schlussbilanz i.S.d. § 17 Abs. 2 UmwG sind dabei mangels Anwendung des Maßgeblichkeitsprinzips für Fälle des Umwandlungssteuerrechts nicht ausschlaggebend. Zur Bestimmung des gemeinen Werts ist mangels eigener Definition auf die Regelung des § 9 Abs. 2 BewG zurückzugreifen. Demnach ist der gemeine Wert der Betrag, der im gewöhnlichen Geschäftsverkehr nach der Beschaffenheit des WG bei einer Veräußerung zu erzielen wäre. Für die Ermittlung des gemeinen Werts von Wertpapieren sowie Anteilen an Tochter-KapG gelten grundsätzlich die Regelungen des § 11 BewG. Der Ansatz der WG mit dem gemeinen Wert führt zur Entstehung eines **Übertragungsgewinns**, der bei der KapG der Besteuerung nach den allgemeinen Vorschriften unterliegt. Etwaige Gewinne aus dem Ansatz von gemeinen Werten von Wertpapieren oder Anteilen an KapG unterliegen mithin den Regelungen des § 8b Abs. 2 und 3 KStG. Die GewSt-Pflicht ergibt sich aus § 18 Abs. 1 i.V.m. § 3 UmwStG. Soweit etwaige Verlustvorträge i.S.d. § 10d Abs. 4 i.V.m. Abs. 2 EStG vorhanden sind, können diese grds. – unter der Voraussetzung der Nichtanwendung des § 2 Abs. 4 UmwStG[68] – mit dem Übertragungsgewinn insoweit verrechnet werden.[69]

Nach § 3 Abs. 3 UmwStG kommt in Fällen einer Verschmelzung mit Bezug zum EU-Ausland eine Anrechnung **fiktiver** ausländischer Steuern auf die durch den Übertragungsgewinn aus-

---

66 In diesem Zusammenhang ist es unklar, inwieweit ein (nicht entgeltlich erworbener bzw. selbstgeschaffener) Firmenwert einen gemeinen Wert haben kann. Vgl. Diskussion von *Möhlenbrock/Pung* in Dötsch/Pung/Möhlenbrock, a.a.O., § 3 UmwStG, Tz. 34 und *Bodden*, FR 2007, 66, 69 sowie *Frotscher* in Frotscher/Maas, a.a.O. § 11 UmwStG, Tz. 78.
67 S. UE 2011, Tz. 03.01 und Tz. 03.04.
68 S. hierzu *Rödder/Schönfeld*, DStR 2009, 560.
69 Zu Möglichkeiten der Nutzung des Verlustvortrags s. *Wittkowski*, GmbHR 2007, 352. Zwar beschränken sich die Ausführungen auf die Verschmelzung von KapG auf eine KapG i.S.d. § 11 bis 13 UmwStG, jedoch gelten die Ausführungen entsprechend, da es sich bei dem übertragenden Rechtsträger jeweils um eine KapG handelt.

gelöste Körperschaftsteuer in Betracht. Die Vorschriften der § 26 KStG i.V.m. § 34c Abs. 1 EStG gelten entsprechend. Dies ist insb. in den Fällen von Bedeutung, in denen eine in Deutschland unbeschränkt stpfl. (umzuwandelnde) KapG über eine Betriebsstätte im EU-Ausland verfügt und mit dem jeweiligen EU-Staat ein DBA besteht, der die Anrechnungsmethode vorsieht. Soweit die Bundesrepublik Deutschland durch die Verschmelzung das Besteuerungsrecht an den WG der ausländischen Betriebsstätte verliert, liegen die Voraussetzungen des § 3 Abs. 2 S. 1 UmwStG nicht vor, sodass die WG insoweit mit dem gemeinen Wert anzusetzen sind. Folgerichtig entsteht insoweit ggf. ein körperschaftsteuerpflichtiger Übertragungsgewinn.

Beispiel 1:
Zum 31.12.2017 soll die A-GmbH auf die Z-OHG verschmolzen werden. Ihre (laufende) Schlussbilanz weist folgende Werte aus:

A	SB zum 31.12.2017 der A-GmbH		P
Grund und Boden	200.000 €	Stammkapital	50.000 €
Gebäude	500.000 €	Kapitalrücklagen	1.030.000 €
Maschinen	600.000 €	Gewinnrücklagen	20.000 €
Waren	100.000 €	Rückstellungen	200.000 €
		Verbindlichkeiten	100.000 €
	1.400.000 €		1.400.000 €

In den Aktiva sind folgende stille Reserven enthalten:

Grund und Boden	50.000 €
Gebäude	150.000 €
Maschinen	10.000 €
Waren	25.000 €
Selbstgeschaffener Firmenwert	500.000 €

Lösung: Neben dem für das Jahr 2017 zu ermittelnden laufenden Ergebnis erzielt die A-GmbH vor Verrechnung mit dem Verlustvortrag einen Übertragungsgewinn, der wie folgt zu ermitteln ist:

Gemeiner Wert Grund und Boden	250.000 €
Gemeiner Wert Gebäude	650.000 €
Gemeiner Wert Maschinen	610.000 €
Gemeiner Wert Vorratsvermögen	125.000 €
Gemeiner Wert Firmenwert	500.000 €
Buchwerte sämtliche Aktiva zum 31.12.2016	1.400.000 €
	735.000 €

Der Übertragungsgewinn ist mit den Verlustvorträgen zu verrechnen und unterliegt im Veranlagungszeitraum 2017 sowohl der KSt als auch der GewSt.

1.2 Ansatz mit dem Buchwert/Zwischenwert

Abweichend vom Grundsatz – Ansatz mit dem gemeinen Wert nach § 3 Abs. 1 UmwStG – können die WG **auf Antrag einheitlich** mit dem Buchwert oder einem Zwischenwert angesetzt werden, **soweit** die Voraussetzungen des § 3 Abs. 2 S. 1 Nr. 1 bis 3 UmwStG vorliegen. Der Buchwert ist dabei gem. § 1 Abs. 5 Nr. 4 UmwStG der Wert, der sich nach den steuerlichen

Vorschriften über die Gewinnermittlung ergibt oder ergäbe. Die **Obergrenze** bildet jedoch stets der gemeine Wert i.S.d. § 3 Abs. 1 UmwStG. Zum **steuerlichen Übertragungsstichtag** müssen folgende Voraussetzungen kumulativ vorliegen[70]:

- Die übergehenden WG werden BV der übernehmenden PersG; die Besteuerung der darin vorhandenen stillen Reserven ist sichergestellt.
- Das Besteuerungsrecht (gesellschafter- und wirtschaftsgutbezogen) der Bundesrepublik Deutschland hinsichtlich der Einkommensteuer oder Körperschaftsteuer ist auch nach der Umwandlung gegeben.[71]
- Eine Gegenleistung wird nicht gewährt oder besteht ausschließlich in Gesellschaftsrechten.[72]

Die Antragsvoraussetzungen sind für **jeden MU der übernehmenden PersG** gesondert zu prüfen. Dies kann unter Umständen dazu führen, dass, soweit die WG einem nicht unbeschränkt steuerpflichtigen G'fter der PersG zuzurechnen sind, sie anteilig mit dem gemeinen Wert anzusetzen sind. Dies gilt auch, soweit einem MU eine Zuzahlung (die z.B. auch durch Verbuchung auf einem Darlehenskonto des jeweiligen G'fters der PersG erfolgt) oder andere Gegenleistungen gewährt werden.

In dem Umfang, in dem die Voraussetzungen für einen Ansatz zu Buchwerten bzw. Zwischenwerten aufgrund des Verlustes des Besteuerungsrechts nicht vorliegen, will die Finanzverwaltung für die dadurch aufgedeckten stillen Reserven für einen ausländischen Anteilseigner eine positive bzw. für die inländischen Anteilseigner eine negative Ergänzungsbilanz bei der übernehmenden PersG bilden.[73]

Weiterhin ist, soweit die Voraussetzungen des § 3 Abs. 2 Nr. 1 bis 3 UmwStG nicht vorliegen, ggf. die Anwendung des § 3 Abs. 3 UmwStG zu prüfen. Dies gilt auch bei einem Ansatz mit einem Zwischenwert. Werden die WG mit dem Buchwert angesetzt, ergibt sich bei der übertragenden KapG **kein Übertragungsgewinn**. Es ist darauf hinzuweisen, dass ein einheitlicher Ansatz mit dem Buchwert ausscheidet, soweit der gemeine Wert der Sachgesamtheit geringer ist als die Summe der Buchwerte der übergehenden WG, sodass insoweit eine **Abstockung** vorzunehmen ist.[74]

Die Ausübung des Wahlrechts des § 3 Abs. 2 UmwStG in Richtung auf einen Zwischenwert ist für den übertragenden Rechtsträger nur sinnvoll, wenn dieser i.H.d. dadurch aufgedeckten stillen Reserven über Verlustvorträge i.S.d. § 10d Abs. 4 EStG verfügt. Diese Verlustvorträge könnten somit – unter der Voraussetzung der Nichtanwendbarkeit des § 2 Abs. 4 UmwStG[75] – noch auf der Ebene des übertragenden Rechtsträgers ausgenutzt werden, da die Verlustvorträge gem. § 4 Abs. 2 S. 2 UmwStG nicht auf die übernehmende PersG übergehen.[76]

---

70 S. UE 2011, Tz. 03.11.
71 S. ausführlich *Schnitter* in *Frotscher/Maas*, a.a.O., § 3 UmwStG, Tz. 150 ff. sowie Bsp. *Widmann* in *Widmann/Mayer*, a.a.O., § 3 UmwStG, Tz. R 63.26 ff.
72 Der Regelfall umfasst die Zahlung eines Spitzenausgleichs an die Anteilseigner der übertragenden KapG. S. UE 2011, Tz. 03.21 bis 03.24 sowie ausführlich *Schnitter* in *Frotscher/Maas*, a.a.O., § 3 UmwStG, Tz. 183 sowie Bsp. *Widmann* in *Widmann/Mayer*, a.a.O., § 3 UmwStG, Tz. R 63.29.
73 S. UE 2011, Tz. 04.24; *Frotscher*, KStG/GewStG/UmwStG, Umwandlungssteuererlass 2011, Tz. 04.24; *Pyszka/Jüngling*, BB Special 1/2011 zu Heft 35, 4, 8; *Schell*, IStR 2011, 704.
74 S. UE 2011, Tz. 03.12.
75 S. hierzu *Rödder/Schönfeld*, DStR 2009, 560.
76 Zur möglichen Verfassungswidrigkeit der Mindestbesteuerung nach § 10d EStG in diesem Zusammenhang s. BFH vom 26.08.2010, BFH/NV 2010, 2356 sowie BFH vom 26.02.2014, BStBl II 2014, 1016.

Daran ändert auch die Regelung des § 8c Abs. 1 S. 5 EStG nichts. Die übernehmende PersG hätte jedoch bei einem Ansatz des gemeinen Werts bzw. bei Zwischenwertansatz in der Bilanz der übertragenden KapG später die Möglichkeit, durch erhöhte Abschreibungen den Verlust nutzbar zu gestalten.

Zur Ermittlung des Übertragungsgewinns wird auf das Beispiel 1 in Kap. IV sowie Beispiel 2 in Kap. V 1.2 verwiesen, mit der Abweichung, dass die Regelungen des § 3 UmwStG anzuwenden sind.

2 Steuerliche Regelungen für den übernehmenden Rechtsträger – Ermittlung des Übernahmeergebnisses bzw. eines Beteiligungskorrekturgewinns

2.1 Wertansatz und Rechtsnachfolge

Nach § 4 Abs. 1 S. 1 UmwStG ist die übernehmende PersG an die Wertansätze der übertragenden KapG ausdrücklich gebunden. Eine Maßgeblichkeit der handelsrechtlich nach § 24 UmwG angesetzten Werte besteht nicht. Mithin kann der gem. § 24 UmwG handelsrechtlich bei der übernehmenden PersG vorzunehmende Wertansatz von dem nach § 4 Abs. 1 S. 1 UmwStG abweichen und je nach Zielsetzung ein **Gestaltungsinstrument** darstellen.

Beispiel 2: Steuerneutrale Verschmelzung
Die M-GmbH soll zum 01.01.2018 auf die Z-KG verschmolzen werden. Die Z-KG hält die Anteile an der M-GmbH und hat sie mit den AK bilanziert. Folgende HB werden zum 31.12.2017 vorgelegt.

A	HB zum 31.12.2017 der M-GmbH		P
Anlagevermögen	150.000 €	Stammkapital	100.000 €
Umlaufvermögen	150.000 €	Rücklagen	50.000 €
		Verbindlichkeiten	150.000 €
	300.000 €		300.000 €

A	HB zum 31.12.2017 der Z-KG		P
Anlagevermögen	400.000 €	Kapital Komplementär	100.000 €
Beteiligung an der M-GmbH	300.000 €	Kapital Kommanditist	100.000 €
		Verbindlichkeiten	500.000 €
	700.000 €		700.000 €

Unter dem Gesichtspunkt, dass die **Z-KG handelsrechtlich keinen Übernahmeverlust** ausweisen möchte, sind die entsprechenden HB zu erstellen. Im Anlagevermögen der M-GmbH sind stille Reserven von 500.000 € vorhanden.

Lösung: Ohne die Aufstockung würde bei der übernehmenden Z-KG ein Übernahmeverlust i.H.v. 150.000 € auszuweisen sein (übergehendes Vermögen von 150.000 € abzüglich BW der Anteile von 300.000 €). Nach § 24 UmwG kann dieser Übernahmeverlust durch Ansatz eines höheren Wertes bei den übergehenden WG ausgeglichen werden. Dieser Ausgleich erfolgt jedoch erst in der nächsten Jahresbilanz, d.h. in der HB zum 31.12.2018. Aufgrund der Umwandlung werden die HB der beteiligten Rechtsträger nicht rückwirkend geändert. Unter der Annahme, dass die Z-KG in 2018 keine weiteren Zugänge in ihrer HB zu verzeichnen hatte, würde sich zum 31.12.2018 folgende Bilanz ergeben.

A	HB zum 31.12.2018 der Z-KG		P
Anlagevermögen	400.000 €	Kapital Komplementär	100.000 €
Beteiligung an der M-GmbH	weggefallen	Kapital Kommanditist	100.000 €
Anlagevermögen der M-GmbH – aufgestockt i.S.d. § 24 UmwG	300.000 €	Verbindlichkeiten	500.000 €
Umlaufvermögen der M-GmbH	150.000 €	Verbindlichkeiten der M-GmbH	150.000 €
	850.000 €		850.000 €

Hier wird ersichtlich, dass über § 24 UmwG der eigentliche handelsbilanzielle Übernahmeverlust ausgeglichen wird.

Ein Wertansatz nach § 3 Abs. 2 UmwStG mit Zwischenwerten in der steuerlichen Übertragungsbilanz der M-GmbH ist nicht sinnvoll, da dies zur Besteuerung des Übertragungsgewinns bei der M-GmbH führen würde (Belastung mit KSt/SolZ/GewSt).

Nach § 4 Abs. 1 UmwStG ist die übernehmende PersG an die Wertansätze der übertragenden KapG ausdrücklich gebunden. Wenn also die M-GmbH die Buchwerte wählt, wären bei der Inanspruchnahme des Wertansatzwahlrechts gem. § 24 UmwG die HB und die StB nicht mehr identisch.

Wird bei der übertragenden Gesellschaft eine **Außenprüfung bzw. Betriebsprüfung** durchgeführt und ändern sich dadurch die Werte in der steuerlichen Schlussbilanz der übertragenden KapG, sind die Werte bei der übernehmenden PersG entsprechend anzupassen.

Nach § 4 Abs. 2 UmwStG tritt die übernehmende PersG i.R.d. Gesamtrechtsnachfolge in die Rechtsstellung der umgewandelten KapG ein, und zwar hinsichtlich der (Sonder-)Abschreibungen, Rücklagen sowie der Dauer der Betriebszugehörigkeit. Dies soll jedoch nicht gelten für einen etwaigen verbleibenden Verlustabzug i.S.d. § 10d EStG[77], verrechenbare Verluste (§§ 2a, 15 Abs. 4 und 15a EStG), vom übertragenden Rechtsträger nicht ausgeglichene negative Einkünfte sowie für den EBITDA- bzw. Zinsvortrag i.S.d. § 4h Abs. 1 S. 3 und 5 EStG. Dies gilt auch, wenn im Übrigen alle Voraussetzungen des § 8c Abs. 1 S. 5 KStG erfüllt sind, da die Regelungen des § 4 Abs. 2 UmwStG von einem Verweis absehen.

Weiterhin zu beachten ist, dass nach Auffassung der Finanzverwaltung die in der steuerlichen Schlussbilanz der übertragenden KapG – entgegen dem Ansatzverbot des § 5 EStG – angesetzten WG bei der übernehmenden PersG in der Folgezeit wieder erfolgswirksam aufzulösen sind.[78] Die Auffassung der Finanzverwaltung führt mithin beim übernehmenden Rechtsträger zum Entstehen eines »Erwerbsgewinns« und widerspricht der Auffassung des BFH, nach der die »angeschafften« Rückstellungen als ungewisse Verbindlichkeiten grundsätzlich mit den Anschaffungskosten oder ihrem höheren TW auszuweisen sind.[79] Da die

---

77 Zur möglichen Verfassungswidrigkeit der Mindestbesteuerung nach § 10d EStG s. BFH vom 26.08.2010, BFH/NV 2010, 2356 sowie BFH vom 26.02.2014, BStBl II 2014, 1016.
78 S. UE 2011, Tz. 04.16; BMF vom 24.06.2011, BStBl I 2011, 627. Kritisch hierzu s. *Pyszka/Jüngling*, BB Special 1/2011 zu Heft 35, 4, 6; *Rogall*, NZG 2011, 810, 812.
79 S. BFH vom 16.12.2009, BStBl II 2011, 566; BFH vom 14.12.2011, BFH/NV 2012, 635, DStR 2012, 386; BFH vom 12.12.2012, BFH/NV 2013, 840.

Auffassung der Finanzverwaltung vor dem Hintergrund der klaren Rechtsprechung des BFH wohl nicht aufrechtzuerhalten war, führte der Gesetzgeber im Rahmen des AIFM-Steuer-Anpassungsgesetzes vom 18.12.2013 (BGBl I 2013, 4318) die Regelungen § 4f EStG bzw. § 5 Abs. 7 EStG ein, von denen insb. § 5 Abs. 7 EStG wohl auch bei Vorgängen i.S.d. UmwStG anzuwenden ist.[80] Eine Ausnahme von der ertragswirksamen Auflösung soll lediglich für den in der Schlussbilanz der KapG angesetzten originären Geschäfts-/Firmenwert der KapG gelten.[81]

Hinweis: Bei KapG mit hohen Verlustvorträgen sollte vor einer Umwandlung in eine PersG zunächst immer die Veräußerung der WG aus der KapG heraus an die übernehmende PersG geprüft werden. Durch diese Gestaltung kann ein hoher Verlustvortrag genutzt werden; die übernehmende PersG kann aus den hohen AK der einzelnen erworbenen WG hohe Abschreibungen generieren.

Soweit i.R.d. Verschmelzung die übertragenen WG mit einem Zwischenwert oder gemeinen Wert angesetzt worden sind, bestimmt sich die **AfA-Bemessungsgrundlage** nach den Vorschriften des § 4 Abs. 3. Eine Besonderheit gilt demnach für Gebäude, deren Abschreibung vor der Umwandlung nach § 7 Abs. 4 S. 1 und Abs. 5 EStG erfolgte. Eine Aufstockung der **Bemessungsgrundlage** um die aufgedeckten stillen Reserven findet dem Wortlaut der Regelung nach in diesen Fällen nicht statt, sodass es zu einer Verlängerung des Abschreibungszeitraums kommt.[82] Die Finanzverwaltung will in diesen Fällen jedoch abweichend hiervon eine Aufstockung der bisherigen Bemessungsgrundlage und die Abschreibung nach dem bisherigen Prozentsatz vornehmen.[83] Demnach kann die nach Umwandlung vorzunehmende Abschreibung wie folgt zusammenfassend dargestellt werden:

Ansatz der WG mit einem Wert über dem bisherigen Buchwert (§ 4 Abs. 3 UmwStG)		
AfA bisher nach	AfA-Bemessungsgrundlage	AfA-Satz
• § 7 Abs. 4 S. 1 EStG • § 7 Abs. 5 EStG	bisherige Bemessungsgrundlage + aufgedeckte stille Reserven = neue AfA-Bemessungsgrundlage	unverändert nach dem bisherigen Prozentsatz
• § 7 Abs. 1 EStG • § 7 Abs. 2 EStG • § 7 Abs. 4 S. 2 EStG	bisheriger Buchwert + aufgedeckte stille Reserven = neue AfA-Bemessungsgrundlage	Linear nach der neu zu schätzenden Rest-Nutzungsdauer (UE 2011, Tz. 04.10)
• § 7 Abs. 1 S. 3 EStG	bisheriger Buchwert + aufgedeckte stille Reserven = neue AfA-Bemessungsgrundlage	1/15 gem. § 7 Abs. 1 S. 3 EStG

---

80 Kritisch *Bohnhardt* in *Haritz/Menner*, UmwStG, § 4 Tz. 98; *Fuhrmann*, DB 2014, 9 (15).
81 S. UE 2011, Tz. 04.16.
82 So auch *Widmann* in *Widmann/Mayer*, a.a.O., § 4 UmwStG, Tz. 873 ff.; *Schmitt* in *Schmitt/Hörtnagl/Stratz*, a.a.O., § 4 UmwStG, Tz. 79 ff.
83 S. UE 2011, Tz. 04.10.

2.2 Beteiligungskorrekturgewinn

Befinden sich die Anteile an der übertragenden KapG im (Sonder-)BV[84] der übernehmenden PersG, so ist vor und für Zwecke der Ermittlung eines Übernahmeergebnisses (§ 4 Abs. 4 UmwStG) zunächst eine etwaige Beteiligungskorrektur nach § 4 Abs. 1 S. 2 UmwStG vorzunehmen. Die Wertaufholung betrifft insb. etwaige in der Vergangenheit **steuerwirksam** vorgenommene TW-Abschreibungen sowie Abzüge i.S.d. § 6b EStG und ähnliche Abzüge. Die Obergrenze der Wertaufholung bildet der gemeine Wert i.S.d. § 11 BewG. In diesem Zusammenhang ist jedoch zu beachten, dass die Wertaufholung vom Buchwert ausgeht, sodass die Zuschreibung nach § 1 Abs. 5 Nr. 4 UmwStG i.V.m. § 6 Abs. 1 Nr. 2 S. 3 i.V.m. Nr. 1 S. 4 EStG Vorrang vor der Wertaufholung nach § 4 Abs. 1 S. 2 UmwStG hat. Der Vorrang der Zuschreibung nach den allgemeinen Vorschriften des EStG wirkt sich insb. dann aus, wenn der steuerliche Übertragungsstichtag auf den regulären Bilanzstichtag fällt. Demnach ist eine Wertaufholung nach § 4 Abs. 1 S. 2 UmwStG nur noch dann vorzunehmen, soweit in der Steuerbilanz die Zuschreibung nach § 6 Abs. 1 Nr. 2 S. 3 i.V.m. Nr. 1 S. 4 EStG bis zum **Teilwert** vorgenommen worden ist und der **gemeine Wert** noch nicht erreicht ist.[85] Die Wertaufholung erfolgt eine logische Sekunde vor der steuerlichen Verschmelzung, sodass ein etwaiger Gewinn nicht zum Übernahmeergebnis gehört und als laufender Gewinn gem. § 4 Abs. 1 S. 3 UmwStG i.V.m. § 8b Abs. 2 S. 4 und 5 KStG sowie § 3 Nr. 40 S. 1 Buchst. a S. 2 und 3 EStG in voller Höhe zu besteuern ist. Er unterliegt gem. § 18 Abs. 1 i.V.m. § 4 Abs. 1 S. 2 UmwStG der GewSt.

Der nach der Zuschreibung bzw. Wertaufholung ermittelte Wert der Beteiligung geht in die Ermittlung des Übernahmeergebnisses nach § 4 Abs. 4 und 5 UmwStG ein (s. Beispiel 4 in Kap. IV 2.3.2).

Beispiel 3:
Die C & D OHG hält 100 % der Anteile an der E-GmbH. Die E-GmbH soll im Wege der Verschmelzung zur Aufnahme gem. § 2 Nr. 1 UmwG auf die C & D OHG verschmolzen werden. Als steuerlicher Übertragungsstichtag wurde der 31.12.2017 bestimmt. Die Umwandlung wurde beim HR am 10.06.2018 angemeldet. Folgende steuerliche Schlussbilanzen liegen vor:

A	SB zum 31.12.2017 der E-GmbH		P
Anlagevermögen	400.000 €	Stammkapital	100.000 €
Umlaufvermögen	300.000 €	Rücklagen	140.000 €
		Jahresüberschuss	75.000 €
		Verbindlichkeiten	360.000 €
		KSt-Rückstellung	25.000 €
	700.000 €		700.000 €

---

84 Ohne die Anwendung der Einlagefiktion nach § 5 Abs. 2 und 3 UmwStG. Für Anteile, die im BV eines Anteilseigners gehalten werden, gelten die entsprechenden Regelungen des § 5 Abs. 3 S. 1 UmwStG.
85 S. *Pung/Werner* in *Dötsch/Pung/Möhlenbrock*, a.a.O., § 4 UmwStG, Tz. 17; *Schnitter* in *Frotscher/Maas*, a.a.O., § 4 UmwStG, Tz. 39.

Die Bilanz der C & D OHG weist zum 31.12.2017 folgende Werte aus:

A	HB zum 31.12.2017 der C & D OHG		P
Anlagevermögen	200.000 €	Kapital C	150.000 €
Beteiligung E-GmbH	100.000 €	Kapital D	150.000 €
Umlaufvermögen	200.000 €	Verbindlichkeiten	200.000 €
	500.000 €		500.000 €

Die C & D OHG hat die Beteiligung an der E-GmbH vor Jahren zu einem Kaufpreis von 300.000 € erworben. Seit dem Erwerb wurden steuerwirksame TW-Abschreibungen i.H.v. 200.000 € vorgenommen. Zum Übertragungsstichtag beträgt der TW 150.000 €, der gemeine Wert hingegen 180.000 €.

Lösung: Zunächst ist eine bilanzielle Zuschreibung i.H.v. 50.000 € nach den allgemeinen Vorschriften gem. § 6 Abs. 1 Nr. 2 S. 3 i.V.m. Nr. 1 S. 4 EStG bis zum TW vorzunehmen, sodass die Bilanz der C & D OHG entsprechend zu berichtigen ist. Darüber hinaus ist zusätzlich außerbilanziell eine Wertaufholung i.H.v. 30.000 € gem. § 4 Abs. 1 S. 2 UmwStG bis zum gemeinen Wert vorzunehmen. Auf beide Hinzurechnungen sind – in Abhängigkeit der Rechtsform der G'fter – die Vorschriften § 8b Abs. 2 S. 4 und 5 KStG und § 3 Nr. 40 S. 1 Buchst. a S. 2 und 3 EStG anzuwenden.

Soweit die C&D OHG neben den steuerwirksamen auch nicht steuerwirksame TW-Abschreibungen vorgenommen hat, gehen diese in der Reihenfolge der Wertaufholung den steuerwirksamen TW-Abschreibungen vor.

2.3 Übernahmeergebnis (§§ 4 Abs. 4, 5 UmwStG): Übernahmegewinn/ Übernahmeverlust

Wird eine KapG auf eine PersG verschmolzen, ist gem. § 4 Abs. 4 und 5 UmwStG ein Übernahmeergebnis zu ermitteln. Die **gesellschafterbezogene** Ermittlung des Übernahmeergebnisses erfolgt in zwei Schritten (Stufe I und II). Aus der gesellschafterbezogenen Ermittlung des Übernahmeergebnisses ergibt sich, dass, soweit G'fter der übertragenden KapG im Zuge der Umwandlung ausscheiden und nicht G'fter der übernehmenden PersG werden, kein Übernahmeergebnis zu ermitteln ist.[86] Die Errechnung des Übernahmeergebnisses kann anhand folgenden Schemas dargestellt werden:

	Wert, mit dem die übergegangenen WG zu übernehmen sind (§ 4 Abs. 1 S. 1 UmwStG)
+	Zuschlag für neutrales Vermögen (§ 4 Abs. 4 S. 2 UmwStG)
./.	Kosten für den Vermögensübergang
./.	Wert der Anteile an dem übertragenden Rechtsträger (nach etwaigen Beteiligungskorrekturen i.S.d. § 4 Abs. 1 S. 2 UmwStG sowie ggf. nach Anwendung der Anschaffungs- bzw. Einlagefiktion des § 5 Abs. 1 bis 3 UmwStG)
=	Übernahmeergebnis i.S.d. **§ 4 Abs. 4 UmwStG, Stufe I**
+	Sperrbetrag gem. § 50c Abs. 4 EStG (weggefallen)
./.	Bezüge i.S.d. § 7 UmwStG
=	Übernahmeergebnis i.S.d. § 4 Abs. 5 UmwStG, **Stufe II** (Gegenstand der gesonderten und einheitlichen Feststellung i.S.d. §§ 179, 180 AO)

---

86 Die Besteuerung der anteiligen offenen Rücklagen gem. § 7 UmwStG bleibt hiervon jedoch unberührt.

2.3.1 Übernahmeergebnis Stufe I – Anschaffungs-, Einlage- und Überführungsfiktion

Befinden sich im Zeitpunkt der Umwandlung die Anteile an der übertragenden KapG nicht im (Sonder-)BV der übernehmenden PersG, ist bei der Ermittlung des Übernahmeergebnisses Stufe I die **Anschaffungs- bzw. Einlage- und die Überführungsfiktion** des § 5 Abs. 1 bis 3 UmwStG zu beachten. So **gelten** nach § 5 Abs. 1 UmwStG insb. Anteile an der übertragenden KapG, die durch die PersG oder einen ihrer G'fter (ggf. zusätzlich) nach dem steuerlichen Übertragungsstichtag angeschafft worden sind, als an diesem Stichtag angeschafft. Zu den Anschaffungen i.S.d. § 5 Abs. 1 UmwStG zählt auch die Übertragung aus dem (Sonder-)BV eines G'fters heraus in das Gesamthandsvermögen der PersG.[87]

Wird eine Beteiligung i.S.d. § 17 EStG (d.h. mind. 1 %-Beteiligung[88]) im **PV** eines G'fters der übernehmenden PersG gehalten, so **gilt** diese gem. § 5 Abs. 2 UmwStG als zum steuerlichen Übertragungsstichtag in das BV der übernehmenden PersG mit den AK eingelegt. Ein etwaiger unter den AK liegender Teilwert ist nicht maßgebend, sodass auch solche Anteile zu erfassen sind, deren Veräußerung zu einem Veräußerungsverlust führen würde. In diesen Fällen ist jedoch zu prüfen, ob ein etwaiger Übernahmeverlust nach § 4 Abs. 6 S. 6 UmwStG i.V.m. § 17 Abs. 2 S. 6 EStG auch zu berücksichtigen ist. Der Umkehrschluss aus der Regelung des § 5 Abs. 2 UmwStG ist, dass Beteiligungen, die im Zeitpunkt der Eintragung der Umwandlung ins Handelsregister[89] die Voraussetzungen des § 17 EStG nicht erfüllen (sog. **Minderheits-G'fter**), für Zwecke der Ermittlung des Übernahmeergebnisses nicht zu erfassen sind. Folgerichtig schreibt § 4 Abs. 4 S. 3 UmwStG deshalb vor, eine entsprechende anteilige Kürzung der auf die PersG übergegangenen WG bei der Ermittlung des Übernahmeergebnisses vorzunehmen. Für die an der PersG weiterhin beteiligten G'fter, die die Voraussetzungen des § 5 Abs. 2 UmwStG nicht erfüllen, ist ein Übernahmeergebnis, wie auch bei ausscheidenden G'ftern, nicht zu ermitteln. Die Besteuerung der anteiligen offenen Rücklagen nach § 7 UmwStG bleibt hiervon jedoch unberührt.

Hält ein an der übernehmenden PersG beteiligter G'fter im Zeitpunkt des steuerlichen Übertragungsstichtags[90] die Beteiligung an der übertragenden KapG in einem (anderen, inländischen oder ausländischen) **BV**, so ist für ihn die **Überführungsfiktion** des § 5 Abs. 3 UmwStG anzuwenden. Die Anteile an der umgewandelten KapG **gelten** als zum – nach Vornahme etwaiger Zuschreibungen und Wertaufholungen erhöhten – Buchwert in das BV der PersG überführt. Es ist darauf hinzuweisen, dass in Fällen des § 5 Abs. 2 und 3 UmwStG eine tatsächliche Einlage bzw. Überführung nicht stattfindet. Die Einlage- bzw. Überführungsfiktion dient lediglich ausschließlich der Ermittlung des Übernahmeergebnisses. In der Bilanz der aufnehmenden PersG bleiben die Fiktionen ohne Auswirkung. Vielmehr

---

87 S. *Widmann* in *Widmann/Mayer*, a.a.O., § 5 UmwStG, Tz. 9; *Schmitt* in *Schmitt/Hörtnagl/Stratz*, a.a.O., § 5 UmwStG, Tz. 13.
88 Dabei kann u.U. auf den Rechtsvorgänger abzustellen sein (§ 17 Abs. 1 S. 4 EStG).
89 S. *Pung* in *Dötsch/Pung/Möhlenbrock*, a.a.O., § 5 UmwStG, Tz. 27; *Widmann* in *Widmann/Mayer*, a.a.O., § 5 UmwStG, Tz. 132; *Schmitt* in *Schmitt/Hörtnagl/Stratz*, a.a.O., § 5 UmwStG, Tz. 25; zu Fragen der Einlagefiktion eines ausländischen G'fters s. *Schell*, IStR 2011, 704.
90 Bei Erwerb der Beteiligung nach dem steuerlichen Übertragungsstichtag und vor der Eintragung der Umwandlung ins Handelsregister gilt die Beteiligung gem. § 5 Abs. 1 UmwStG analog als zum steuerlichen Übertragungsstichtag angeschafft und gem. § 5 Abs. 3 UmwStG eingelegt. S. *Widmann* in *Widmann/Mayer*, a.a.O., § 5 UmwStG, Tz. 504; *Schmitt* in *Schmitt/Hörtnagl/Stratz*, a.a.O., § 5 UmwStG, Tz. 34.

wirken sich diese (Kürzung des Übernahmeergebnisses) für jeden G'fter **getrennt** und **außerhalb** der Bilanz aus.

Die Einlage- und Überführungsfiktion des § 5 UmwStG kann vereinfacht wie folgt zusammengefasst werden:

Anteile an der übertragenden KapG gehören G'fter(n) der übernehmenden PersG und befanden sich am Übertragungsstichtag:	Einlagefiktion bzw. Überführungsfiktion	Vorschrift
im (Sonder-)BV	Kommt nicht zur Anwendung, da die Anteile an der KapG bereits Betriebsvermögen darstellen	§ 4 Abs. 4 UmwStG
im BV eines eigenen Betriebes	Gelten zum Buchwert, höchstens zum gemeinen Wert als in das Betriebsvermögen der PersG überführt	§ 5 Abs. 3 S. 1 UmwStG (i.V.m. § 5 Abs. 1 UmwStG analog)
im PV, die Anteile stellen solche i.S.d. § 17 EStG dar	Gelten mit den AK als in das Betriebsvermögen der PersG eingelegt	§ 5 Abs. 2 UmwStG
keine § 17 EStG-Anteile	Die Einlagefiktion kommt nicht zur Anwendung; keine Ermittlung eines Übernahmeergebnisses; § 7 UmwStG	

2.3.2 Übernahmeergebnis Stufe II – Besteuerung der offenen Rücklagen

Bei der Ermittlung des Übernahmeergebnisses Stufe II ist das Ergebnis der Stufe I gem. § 4 Abs. 5 UmwStG um Bezüge i.S.d. § 7 UmwStG zu mindern. Da der Sperrbetrag i.S.d. alten § 50c Abs. 4 EStG längstens bis zum Jahre 2011 fortbestehen konnte[91] und mithin in der Praxis keine Bedeutung mehr hat, liegt der Schwerpunkt bei der Ermittlung des Übernahmeergebnisses Stufe II insb. in der Kürzung um Bezüge nach § 7 UmwStG. Aus Gründen der Systematik bzw. der Vereinfachung der Ermittlung des Übernahmeergebnisses könnte es dabei sinnvoll sein, bereits **vor der Anwendung der §§ 4 Abs. 4 und 5 UmwStG** die Bezüge nach § 7 UmwStG zu ermitteln. Aufgrund der gesellschafterbezogenen Ermittlung des Übernahmeergebnisses scheidet **die Kürzung** um solche Bezüge i.S.d. § 7 UmwStG aus, die auf G'fter entfallen, für die kein Übernahmeergebnis zu ermitteln ist. Dies gilt für G'fter, die im Zuge der Umwandlung aus der übertragenden KapG ausscheiden, ohne an der übernehmenden PersG beteiligt zu sein bzw. zu werden oder G'fter, deren Anteile an

---

91 Vgl. zur Anwendung § 50c Abs. 3 EStG i.d.F. des StSenkG vom 23.10.2000, BGBl I 2000, 1433 i.V.m. § 52 Abs. 59 EStG a.F. Folgerichtig konnten die Regelungen aufgrund der steuerlichen Rückwirkungsfiktion nur noch bei Umwandlungen bis zum 31.08.2012 Anwendung finden.

der KapG nicht die Voraussetzungen der § 5 Abs. 2 UmwStG i.V.m. § 17 EStG erfüllen (§ 4 Abs. 4 S. 3 UmwStG).

Nach § 7 UmwStG sind die offenen Rücklagen anteilig auf die jeweiligen G'fter **der übertragenden KapG** zu verteilen und als Einnahmen nach § 20 Abs. 1 Nr. 1 EStG zu besteuern. Zur Ermittlung der offenen Rücklagen ergibt sich folgendes Schema:

	Eigenkapital der Steuerbilanz
./.	Bestand des Einlagekontos gem. § 27 KStG **nach Anwendung des § 29 Abs. 1** i.V.m. § 28 Abs. 2 KStG
=	Offene Rücklagen, die im Verhältnis der Anteile zum Nennkapital der übertragenen Körperschaft aufzuteilen sind
=	Einnahmen i.S.d. § 20 Abs. 1 Nr. 1 EStG

Die Einnahmen nach § 20 Abs. 1 Nr. 1 EStG unterliegen unabhängig davon, ob ein Gewinn oder Verlust nach den §§ 4 und 5 UmwStG ermittelt wird, der Besteuerung beim jeweiligen Anteilseigner der übertragenden KapG. Die Besteuerung der Einnahmen erfolgt dabei aufgrund der Anwendung der Rückwirkungsfiktion des § 2 Abs. 2 UmwStG rückwirkend zum steuerlichen Übertragungsstichtag.[92] Bei der Besteuerung ist jedoch zu berücksichtigen, dass soweit für den jeweiligen G'fter ein Übernahmeergebnis zu ermitteln ist, die Einnahmen nach den Regelungen des § 20 Abs. 8 i.V.m. § 3 Nr. 40 EStG bzw. § 8b Abs. 1, 4 und 5 KStG zu besteuern sind, da die Anteile an der KapG – ggf. nach Anwendung der Einlage- und Überführungsfiktion des § 5 Abs. 2 und 3 UmwStG – BV der übernehmenden PersG darstellen. Unterbleibt hingegen die Ermittlung des Übernahmeergebnisses, so erfolgt die Besteuerung der Einnahmen nach allgemeinen Grundsätzen und unter Beachtung der Änderung der Rechtslage ab dem 01.01.2009. Eine GewSt fällt gem. § 18 Abs. 2 S. 2 UmwStG nicht an.

Die Einnahmen i.S.d. § 20 Abs. 1 Nr. 1 EStG unterliegen nach § 43 Abs. 1 Nr. 1 bzw. Nr. 6 i.V.m. § 43a Abs. 1 Nr. 1 EStG der Kapitalertragsteuer. Diese entsteht mit Wirksamwerden der Verschmelzung, d.h. im Zeitpunkt der Eintragung ins Handelsregister der übernehmenden PersG, sodass eine Passivierung der Kapitalertragsteuer in der Schlussbilanz der übertragenden KapG nicht in Betracht kommt. Die Kapitalertragsteuer ist grds. durch die übernehmende PersG als Gesamtrechtsnachfolgerin einzubehalten und nach den Regelungen des § 44 Abs. 1 S. 5 EStG abzuführen[93], sodass auf Ebene der PersG diese als Entnahme zu erfassen ist. Demzufolge ist eine Minderung des Kapitalkontos des jeweiligen Gesellschafters vorzunehmen.[94] In Abhängigkeit von der Besteuerung hat der KapESt-Abzug entweder abgeltende Wirkung gem. § 43 Abs. 5 S. 1 EStG oder ist gem. § 36 Abs. 2 Nr. 2 EStG auf die Einkommen- bzw. Körperschaftsteuerschuld anzurechnen.

Das Übernahmeergebnis der Stufe I und II stellt einen laufenden Gewinn bzw. Verlust dar, der nach § 2 Abs. 1 UmwStG zum steuerlichen Übertragungsstichtag entsteht und nach der Systematik des § 4 Abs. 6 und 7 UmwStG wie ein Veräußerungsgewinn bzw. -verlust besteuert wird. Es ist jedoch darauf hinzuweisen, dass die Anwendung des § 6b Abs. 10 EStG in diesen Fällen nicht in Betracht kommt.

---

92 S. UE 2011, Tz. 02.04.
93 S. UE 2011, Tz. 07.08.
94 S. *Schnitter* in *Frotscher/Maas*, a.a.O., § 7 UmwStG, Tz. 24; *Schmitt* in *Schmitt/Hörtnagl/Stratz*, a.a.O., § 7 UmwStG, Tz. 15.

Die Ermittlung des Übernahmeergebnisses soll anhand folgenden Beispiels verdeutlicht werden:

Beispiel 4:
Die X & Y OHG hält 100 % der Anteile an der I-GmbH. Die G'fter der OHG (X und Y) sind jeweils zu 50 % an der PersG beteiligt. Die I-GmbH soll im Wege der Verschmelzung in die X & Y OHG umgewandelt werden. Als steuerlicher Übertragungsstichtag wurde der 31.12.2017 bestimmt. Die Voraussetzungen für eine Verschmelzung zu Buchwerten sollen vorliegen. Folgende steuerliche Schlussbilanzen liegen der Umwandlung zugrunde:

A	SB zum 31.12.2017 der I-GmbH		P
Anlagevermögen	500.000 €	Stammkapital	50.000 €
Umlaufvermögen	200.000 €	Kapitalrücklagen	250.000 €
		Jahresüberschuss	50.000 €
		Verbindlichkeiten	320.000 €
		Rückstellungen	30.000 €
	700.000 €		700.000 €

Das steuerliche Einlagenkonto der I-GmbH i.S.d. § 27 KStG wurde auf 30.000 € gesondert festgestellt.

A	SB zum 31.12.2017 der X & Y OHG		P
Anlagevermögen	200.000 €	Kapital C	175.000 €
Beteiligung I-GmbH	250.000 €	Kapital D	175.000 €
Umlaufvermögen	300.000 €	Verbindlichkeiten	400.000 €
	750.000 €		750.000 €

Die Beteiligung an der I-GmbH wird mit den AK ausgewiesen. Die Kosten der Umwandlung betragen bei der I-GmbH 1.000 € und wurden als Rückstellung bereits in der Bilanz berücksichtigt. Der X & Y OHG sind Umwandlungskosten i.H.v. ebenfalls zutreffend 1.000 € entstanden, jedoch bilanziell noch nicht erfasst.

Lösung: Die Lösung kann in drei Schritte aufgegliedert werden.

1. Schritt: I.R.d. Verschmelzung hat die I-GmbH zunächst einen Übertragungsgewinn zu ermitteln. Dieser ist abhängig vom Ansatz der auf die X & Y OHG übergehenden WG (§ 3 UmwStG). Da die Voraussetzungen für einen Buchwertansatz nach § 3 Abs. 2 UmwStG gemäß der Vorgabe vorliegen sollen, entsteht bei der I-GmbH kein Übertragungsgewinn.

2. Schritt: Weiterhin hat die X & Y OHG ein Übernahmeergebnis i.S.d. § 4 Abs. 4 und 5 UmwStG zu ermitteln. Dabei bietet es sich an, im Vorwege die offenen Rücklagen gem. § 7 UmwStG für die G'fter der X & Y OHG zu errechnen.

Eigenkapital der I-GmbH lt. Steuerbilanz	350.000 €
./. Einlagenkonto nach Anwendung des § 29 Abs. 1 KStG i.V.m. § 28 Abs. 2 KStG	./. 80.000 €
= offene Rücklagen der Gesellschaft	270.000 €

Die G'fter X und Y haben diese offenen Rücklagen i.H.v. jeweils 135.000 € als Einnahmen aus Kapitalvermögen gem. § 20 Abs. 1 Nr. 1 i.V.m. § 20 Abs. 8 EStG i.V.m. § 15 Abs. 1 Nr. 2 EStG zu 60 %, d.h. jeweils 81.000 €, nach § 3 Nr. 40 S. 2 EStG zu versteuern.

3. Schritt: Im nächsten Schritt ist das Übernahmeergebnis i.S.d. §§ 4 Abs. 4 und 5 UmwStG zu ermitteln.

Übergehendes Vermögen der I-GmbH	350.000 €
./. Umwandlungskosten, jedoch bereits als Rückstellung im übergehenden Vermögen der I-GmbH erfasst	
./. Umwandlungskosten der X & Y OHG	./. 1.000 €
./. Wert der Anteile an der übertragenden Gesellschaft	./. 250.000 €
= Übernahmeergebnis i.S.d. § 4 Abs. 4 UmwStG, Stufe I	99.000 €
./. Bezüge i.S.d. § 7 UmwStG (§ 4 Abs. 5 UmwStG)	./. 270.000 €
= Übernahmeergebnis i.S.d. § 4 Abs. 4 UmwStG, Stufe II	./. 171.000 €

Der Übernahmeverlust entsteht mit Ablauf des 31.12.2017 (steuerlicher Übertragungsstichtag) und ist i.R.d. einheitlichen und gesonderten Feststellung nach §§ 179 Abs. 2, 180 Abs. 1 Nr. 2 Buchst. a AO auf X und Y jeweils i.H.v. ./. 85.500 € zu verteilen. Zur steuerlichen Behandlung wird auf die Ausführungen unter Kap. IV 2.4 und 2.5 verwiesen.

Die X & Y OHG hat die WG mit dem in der Schlussbilanz der I-GmbH angesetzten Wert zu übernehmen. Dabei sind die bilanziell noch nicht erfassten Umwandlungskosten der X & Y OHG von 1.000 € zu berücksichtigen. Der Buchungssatz der Transaktion lautet wie folgt:

Anlagevermögen	500.000 €			
Umlaufvermögen	200.000 €			
Umwandlungsaufwand	1.000 €			
		an	Verbindlichkeiten	320.000 €
			Rückstellungen	31.000 €
			Beteiligung I-GmbH	250.000 €
			Ertrag	100.000 €

Die Steuerbilanz der X & Y OHG hat zum 31.12.2017 (steuerlicher Übertragungsstichtag) unter Berücksichtigung des übergegangenen Vermögens der I-GmbH und der als Rückstellung zu erfassenden Umwandlungskosten der X & Y OHG folgendes Bild:

A	SB zum 31.12.2017 der X & Y OHG nach Umwandlung		P
Anlagevermögen	700.000 €	Kapital X	224.500 €
Beteiligung I-GmbH	entfallen	Kapital Y	224.500 €
Umlaufvermögen	500.000 €	Verbindlichkeiten	720.000 €
		Rückstellungen	31.000 €
	1.200.000 €		1.200.000 €

Der Übernahmegewinn der Stufe I wird den G'ftern der OHG anteilig auf ihren Kapitalkonten zugewiesen. Der Abzug der offenen Rücklagen nach § 4 Abs. 5 i.V.m. § 7 UmwStG erfolgt außerhalb der Bilanz und hat keine Auswirkungen auf das **bilanzielle** Übernahmeergebnis. Die als Rückstellung auszuweisenden Umwandlungskosten der X & Y OHG wirken sich im Ergebnis über § 4 Abs. 6 UmwStG max. nur i.H.v. 60 % aus. Die auf die Einnahmen i.S.d. § 20 Abs. 1 Nr. 1 EStG einzubehaltende und abzuführende KapESt mindert als Entnahme die Kapitalkonten von X und Y im Jahr 2018.

2.4 Behandlung des Übernahmeverlustes

Soweit auf einen G'fter i.R.d. Ermittlung des Übernahmeergebnisses ein Verlust entfällt, hängt die Berücksichtigung des Verlustes nach § 4 Abs. 6 UmwStG von der Rechtspersönlichkeit des MU der übernehmenden PersG ab. So gilt für G'fter in der Rechtsform einer Körperschaft, Personenvereinigung oder Vermögensmasse gem. § 4 Abs. 6 S. 1 UmwStG der Grundsatz, dass die Verluste nicht zu berücksichtigen sind. Eine Ausnahme gibt es nach § 4 Abs. 6 S. 2 und 3 UmwStG für die Anteile an der übertragenden Gesellschaft, die die Voraussetzungen des § 8b Abs. 7 und 8 KStG erfüllen. Hier ist der Übernahmeverlust bis zur Höhe des Werts gem. § 7 UmwStG zu berücksichtigen. In allen anderen Fällen und mithin insb. in den Fällen, in denen der G'fter der übernehmenden PersG eine natürliche Person ist, erfolgt gem. § 4 Abs. 6 S. 4 UmwStG die Berücksichtigung des Verlustes zu 60 %, **höchstens** jedoch 60 % der jeweiligen Bezüge gem. § 7 UmwStG. Im Übrigen kann sich die Nichtberücksichtigung eines Verlustes in den Fällen des § 4 Abs. 6 S. 6 UmwStG i.V.m. § 17 Abs. 2 S. 6 EStG ergeben. Für Zwecke der GewSt ist ein (berücksichtigungsfähiger) Übernahmeverlust nach § 18 Abs. 2 S. 1 UmwStG nicht zu erfassen.

Beispiel 5: Übernahmeverlust
Das Beispiel 4 soll fortgeführt werden. Der mit Ablauf des 31.12.2017 entstandene Übernahmeverlust beträgt ./. 171.000 € und ist i.R.d. einheitlichen und gesonderten Feststellung nach §§ 179 Abs. 2, 180 Abs. 1 Nr. 2 Buchst. a AO auf X und Y jeweils i.H.v. ./. 85.500 € zu verteilen.

	G'fter X	G'fter Y
Einnahmen i.S.d. § 20 Abs. 1 EStG – § 7 UmwStG davon 60 %	135.000 € 81.000 €	135.000 € 81.000 €
Übernahmeverlust Ansatz zu 60 % max. Ansatz sind 60 % der Einnahmen i.S.d. § 7 UmwStG	./. 85.500 € ./. 51.300 € ./. 81.000 €	./. 85.500 € ./. 51.300 € ./. 81.000 €

Mithin kann der Übernahmeverlust i.H.v. 51.300 € geltend gemacht werden. Eine Beschränkung kommt nicht in Betracht.

2.5 Besteuerung des Übernahmegewinns

Wie die Erfassung eines Übernahmeverlustes ist die Besteuerung eines Übernahmegewinns nach § 4 Abs. 7 UmwStG von der Rechtspersönlichkeit des MU der übernehmenden PersG abhängig. Dies ist dem Umstand geschuldet, dass das Übernahmeergebnis **wie** ein (lfd.) Veräußerungsgewinn besteuert werden soll, der in Abhängigkeit von der Rechtspersönlichkeit unterschiedlichen Besteuerungsregelungen unterliegt. Soweit der Übernahmegewinn auf eine Körperschaft, Personenvereinigung oder Vermögensmasse entfällt, gelten gem. § 4 Abs. 7 S. 1 UmwStG die Grundsätze des § 8b Abs. 2 und 3 KStG. Zu beachten ist jedoch, dass, soweit es sich bei dem übertragenden Rechtsträger um eine Gesellschaft i.S.d. § 8b Abs. 7 und 8 KStG handelt, der Übernahmegewinn durch den Verweis des § 4 Abs. 7 S. 1

UmwStG auf § 8b KStG in voller Höhe stpfl. ist. Entfällt ein Übernahmegewinn auf eine natürliche Person, so ist dieser gem. § 4 Abs. 7 S. 2 UmwStG **grds.**[95] nach den Regelungen des Teileinkünfteverfahrens gem. § 3 Nr. 40 und § 3c EStG zu besteuern.

MU	Übernehmende PersG			
	KapG als MU	Inländische Betriebsstätte einer beschränkt stpfl. KapG als MU	PersG als MU	Natürliche Person als MU
Rechtsfolge	**Keine** Besteuerung des Übernahmegewinns; 5 % des Übernahmegewinns als nicht abzugsfähige Betriebsausgabe	**Keine** Besteuerung des Übernahmegewinns, Betriebsstätte wird der inländischen KapG gleichgestellt	Besteuerung in Abhängigkeit der G'fter der PersG	Besteuerung nach dem **Teileinkünfteverfahren**

Der Übernahmegewinn unterliegt keiner Begünstigung (z.B. § 34 EStG), er wird gem. § 18 Abs. 2 S. 1 UmwStG nicht der GewSt unterworfen. Um missbräuchliche Gestaltungen zu verhindern, hat der Gesetzgeber mit der Vorschrift des § 18 Abs. 3 UmwStG die GewSt-Freiheit gem. § 18 Abs. 2 UmwStG dergestalt eingeschränkt, dass eine **Aufgabe** oder **Veräußerung** des aus der Umwandlung der KapG entstandenen Einzelunternehmens oder PersG (§ 16 EStG), die innerhalb von fünf Jahren **nach dem steuerlichen Übertragungsstichtag**[96] vorgenommen wird, schädlich ist und eine Belastung mit GewSt auslöst. Dieses gilt gem. § 18 Abs. 3 S. 2 UmwStG auch, wenn ein Teilbetrieb oder ein Anteil an einer PersG aufgegeben oder veräußert wird.[97] Dabei ist eine Veräußerung innerhalb von fünf Jahren auch dann anzunehmen, wenn ein Verschmelzungsvertrag und ein Vertrag über die Veräußerung eines Anteils an der aufnehmenden PersG den Zeitpunkt der Umwandlung bzw. des Vermögensübergangs und der Veräußerung einheitlich bestimmen.[98]

Mit der Regelung des § 18 Abs. 3 UmwStG soll aus der Sicht des Gesetzgebers die Umgehung der GewSt durch Umwandlung verhindert werden. Würde z.B. eine KapG liquidiert, unterliegt der Liquidationsgewinn der GewSt. Dieses könnte man durch Umwandlung von der KapG auf die PersG (mit natürlicher Person als MU) bzw. auf das Einzelunternehmen und nachfolgender Aufgabe des Betriebs verhindern. Die GewSt ist nach § 18 Abs. 3 S. 3 UmwStG auch nicht auf die ESt i.S.d. § 35 EStG anzurechnen.[99]

Mit der Einführung des JStG 2008 unterliegt gem. § 18 Abs. 3 S. 1 UmwStG auch der Aufgabe- bzw. Veräußerungsgewinn der GewSt, der auf das BV entfällt, das bereits vor der Umwandlung BV der übernehmenden PersG darstellte. Hintergrund dieser Regelungen ist,

---

[95] Inwieweit das Teileinkünfteverfahren durch die i.R.d. JStG 2009 erfolgte Streichung des Verweises auf S. 1 und 2 des § 3 Nr. 40 EStG a.F. auf einbringungsgeborene Anteile anzuwenden ist, ist unklar (s. hierzu *Widmann* in *Widmann/Mayer*, a.a.O., § 4 UmwStG, Tz. 578.3).
[96] S. UE 2011, Tz. 18.05; *Pung* in *Dötsch/Pung/Möhlenbrock*, a.a.O., § 18 UmwStG, Tz. 44.
[97] Zu weiteren Einzelfragen s. OFD Koblenz, Kurzinformation vom 27.12.2004, DStR 2005, 194.
[98] S. BFH vom 26.04.2012, BStBl II 2012, 703.
[99] S. BMF vom 24.02.2009, BStBl I 2009, 440, Tz. 13 sowie BFH vom 15.04.2010, BStBl II 2010, 912; vgl. jedoch für Fälle einer vorher bestehenden Organschaft BFH vom 28.05.2015, DStR 2015, 1796.

dass der BFH entgegen der Verwaltungsauffassung in diesen Fällen insoweit nicht von einer GewSt-Pflicht ausging.[100]

Bei Veräußerung eines Unternehmens oder MU-Anteils gegen wiederkehrende Bezüge sehen *Neu* und *Hamacher*[101] für die Fälle des § 24 Nr. 2 EStG keine Anwendung des § 18 Abs. 3 UmwStG vor.

3 Gewinnerhöhung und -minderung durch Vereinigung von Forderungen und Verbindlichkeiten – Übernahmefolgeergebnis

Bestehen zwischen dem übertragenden Rechtsträger (KapG) und dem übernehmenden Rechtsträger (PersG) am steuerlichen Übertragungsstichtag Forderungen und – ggf. als Rückstellungen ausgewiesene ungewisse – Verbindlichkeiten, führt die Vermögensübertragung im Zuge der Umwandlung dazu, dass sich diese vereinigen und mithin zivilrechtlich erlöschen (sog. Konfusion).[102] Soweit diese sich mit unterschiedlichen Werten gegenüberstehen – **inkongruente Konfusion** – kommt es zur Entstehung eines **Übernahmefolgegewinns** bzw. eines **Übernahmefolgeverlusts**.[103] Die unterschiedlichen sich gegenüberstehenden Werte können insb. in den Fällen des Ausweises von Rückstellungen vorkommen, da für den Rückstellungsbilanzierenden das Imparitätsprinzip des § 252 Abs. 1 Nr. 4 S. 1 HGB gilt. Der etwaige Anspruchsberechtigte darf jedoch aufgrund des Realisationsprinzips des § 252 Abs. 1 Nr. 4 S. 2 HGB grds. keine entsprechende Forderung ausweisen. Weitere Fälle bilden u.a. die unterschiedliche Vornahme von Abzinsungen bzw. Wertberichtigungen.

Das Übernahmefolgeergebnis ist ein laufender Gewinn bzw. Verlust der übernehmenden PersG. Auf einen etwaigen Gewinn fallen somit ESt bzw. KSt und GewSt an. Nach Auffassung der Finanzverwaltung soll ein Übernahmefolgegewinn auch dann in voller Höhe stpfl. sein, wenn sich etwaige Wertberichtigungen auf Forderungen nicht oder nur z.T. ausgewirkt haben.[104] Das Übernahme**folge**ergebnis entsteht eine logische Sekunde nach dem Ablauf des steuerlichen Übertragungsstichtags und ist somit nicht als Teil des Übernahmeergebnisses anzusehen, sodass eine Saldierung nicht vorgenommen werden kann.[105] Soweit eine GewSt angefallen ist, kommt die Steuerermäßigung des § 35 EStG in Betracht.

---

100 S. BFH vom 16.11.2005, BStBl II 2008, 62; BFH vom 20.11.2006, BFH/NV 2007, 637 sowie 793. S. auch BFH vom 28.04.2016, BStBl II 2016, 725 zum § 18 Abs. 4 UmwStG a.F.
101 DStR 2010, 1453.
102 S. *Schmitt* in *Schmitt/Hörtnagl/Stratz*, a.a.O., § 6 UmwStG, Tz. 1. Zu beachten ist, dass zwischen der übertragenden KapG und den G'ftern der übernehmenden PersG bestehende Rechtsbeziehungen zivilrechtlich (mangels eines zivilrechtlichen SBV) zu keiner Konfusion führen. Steuerrechtlich hingegen kann es zu einer Konfusion kommen, wenn die Forderung des G'fters im Zuge der steuerlichen additiven Gewinnermittlung mit korrespondierender Bilanzierung als Eigenkapital auszuweisen ist. S. hierzu *Schmitt* in *Schmitt/Hörtnagl/Stratz*, a.a.O., § 6 UmwStG, Tz. 14 ff.; *Widmann* in *Widmann/Mayer*, a.a.O., § 6 UmwStG, Tz. 78 ff. Zur Behandlung von Pensionsrückstellungen gegenüber den G'ftern s. auch FG Nürnberg vom 26.06.2002, DStRE 2002, 1292 und BMF vom 29.01.2008, BStBl I 2008, 317.
103 Zwar beschränkt sich der Wortlaut des § 6 UmwStG auf eine Gewinnerhöhung, dies schließt die Entstehung eines Übernahmefolgeverlusts und die damit einhergehende Gewinnminderung jedoch nicht aus. S. *Pung* in *Dötsch/Pung/Möhlenbrock*, a.a.O., § 6 UmwStG, Tz. 6; *Widmann* in *Widmann/Mayer*, a.a.O., § 6 UmwStG, Tz. 18 und 73.
104 S. UE 2011, Tz. 06.02.
105 S. UE 2011, Tz. 06.02; *Pung* in *Dötsch/Pung/Möhlenbrock*, a.a.O., § 6 UmwStG, Tz. 6 und 22; *Schmitt* in *Schmitt/Hörtnagl/Stratz*, a.a.O., § 6 UmwStG, Tz. 3.

§ 6 Abs. 1 UmwStG bietet die Möglichkeit, dass ein aus der Konfusion entstandener Gewinn mittels einer Rücklage nicht der sofortigen Besteuerung unterworfen wird. Die Rücklage ist jedoch in den folgenden drei Jahren zu mindestens einem Drittel gewinnerhöhend aufzulösen. Weiterhin zu beachten ist die Missbrauchsklausel des § 6 Abs. 3 UmwStG. Demnach entfällt die Möglichkeit der Bildung einer Rücklage **rückwirkend**, wenn die übernehmende PersG den auf sie übergegangenen Betrieb innerhalb von fünf Jahren nach dem steuerlichen Übertragungsstichtag in eine KapG einbringt oder ohne triftigen Grund veräußert oder aufgibt.

4 Besteuerung nicht wesentlich beteiligter Anteilseigner

Die Regelungen bezüglich der Ermittlung des Übernahmegewinns nach den Vorschriften der §§ 4 ff. UmwStG gelten nicht für die Anteilseigner, die nicht wesentlich i.S.d. § 17 EStG an der übertragenden KapG beteiligt sind. Für diese Personengruppe gilt aber § 7 UmwStG, wonach auch diese Personen die offenen Rücklagen als Einnahmen aus Kapitalvermögen i.S.d. § 20 Abs. 1 Nr. 1 EStG versteuern müssen. Insoweit bleibt der Wert der übergehenden WG bei der Ermittlung des Übernahmegewinns außer Ansatz (vgl. § 4 Abs. 4 S. 3 UmwStG). Diese Folge ergibt sich allerdings automatisch, wenn für jeden G'fter isoliert ein Übernahmegewinn ermittelt wird; insoweit geht das BV zur Ermittlung des Übernahmegewinns nur quotal auf den einzelnen G'fter über.

Dem nicht wesentlich beteiligten Anteilseigner werden i.R.d. Umwandlung die offenen Rücklagen der übertragenden Gesellschaft als Einkünfte aus Kapitalvermögen zum steuerlichen Übertragungsstichtag zugerechnet. Die so ermittelten Einkünfte aus Kapitalvermögen unterliegen ab dem steuerlichen Übertragungsstichtag gem. § 32d Abs. 1 EStG grds. dem einheitlichen Einkommensteuersatz von 25 %. Dadurch, dass die Einkünfte als solche i.S.d. § 20 Abs. 1 Nr. 1 EStG qualifiziert werden, muss für diese Einkünfte Kapitalertragsteuer[106] einbehalten und abgeführt werden (§ 43 Abs. 1 Nr. 1 EStG). Die Kapitalertragsteuer hat dabei gem. § 43 Abs. 5 EStG grds. abgeltende Wirkung. Die AK des unwesentlich beteiligten Anteilseigners sind nicht zum Abzug zu bringen.

5 Vermögensübergang auf eine natürliche Person

Nach §§ 2, 3 Abs. 2 Nr. 2 UmwG ist es auch möglich, die Verschmelzung von der KapG auf den **Allein-G'fter** vorzunehmen. Die Verschmelzung ist nach den Regelungen der § 1 Abs. 1 Nr. 1 i.V.m. §§ 3 bis 8 UmwStG zu behandeln, sodass sich in diesem Fall keine Besonderheiten ergeben.

---

[106] BMF vom 16.12.2003, BStBl I 2003, 786, Tz. 10.

6 Umwandlung von der GmbH in die GmbH & Co. KG

Die Umwandlung von der GmbH in die GmbH & Co. KG ist im Wege der Verschmelzung, Spaltung und des Formwechsels möglich. Es handelt sich hierbei um eine Umwandlung in eine PersG, sodass grds. die allgemeinen Regelungen der §§ 3–9 UmwStG anzuwenden sind. Der umgekehrte Fall (Umwandlung einer GmbH & Co. KG in eine GmbH unter gleichzeitiger Kapitalerhöhung) wird als Anwachsungsmodell bezeichnet und ist nach den Regelungen des § 20 UmwStG zu behandeln.

Bei der Verschmelzung sind die Verschmelzungen zur Neugründung und zur Aufnahme denkbar. Bei der Verschmelzung zur Neugründung wird zunächst eine weitere GmbH (Neu-GmbH) gegründet, die als Komplementärin zusammen mit den G'ftern der zu übertragenden KapG als Kommanditisten eine GmbH & Co. KG begründet. Sodann erfolgt eine Verschmelzung der KapG auf die neu gegründete GmbH & Co. KG. Hinsichtlich der Verschmelzung zur Aufnahme ergeben sich hier keine Besonderheiten.

Als Standardfall für die Umwandlung von der GmbH auf die GmbH & Co. KG gilt jedoch in der Praxis weiterhin der Formwechsel. In diesem Fall **war** es insb. strittig, inwieweit die als **Komplementär-GmbH** vorgesehene GmbH aufgrund des Identitätsprinzips des Formwechsels bereits vor dem Formwechsel an der übertragenden KapG beteiligt sein musste.[107] Um diesen Unsicherheiten vorzubeugen, empfahl es sich, den Formwechsel einer KapG in eine GmbH & Co. KG in Form des sog. **Treuhand-** bzw. alternativ **Rückerwerbermodells** zu gestalten.[108] Beim Treuhandmodell erfolgt zunächst die Gründung einer GmbH (Neu-GmbH), an die ein Anteil i.S.d. § 5 Abs. 1 GmbHG als Treuhänderin übertragen wird. Nach der erfolgten formwechselnden Umwandlung wird das Treuhandverhältnis aufgehoben und der Anteil auf den jeweiligen G'fter rückübertragen. Anstatt der Übertragung im Wege eines Treuhandverhältnisses erfolgt die Übertragung beim Rückerwerbermodell im Rahmen einer Veräußerung bzw. Abtretung. Dabei wird gleichzeitig im Kauf- bzw. Abtretungsvertrag dem jeweiligen G'fter das Recht eingeräumt, den entsprechenden Anteil an der PersG nach dem erfolgten Formwechsel zum gleichen Preis zurück zu erwerben, sodass die Beteiligungsverhältnisse wie vor dem Formwechsel wiederhergestellt werden. Mit der Entscheidung des BGH vom 09.05.2005[109] wurden die Unsicherheiten hinsichtlich der Gesellschafterstellung der Komplementär-GmbH beseitigt, sodass diese i.R.d. Formwechsels nunmehr unmittelbar in die GmbH & Co. KG eintreten kann.[110]

In Sonderfällen, insb. dann, wenn nicht das gesamte Vermögen der GmbH auf **eine** PersG übertragen werden soll, wird eine Spaltung oder die Einbringung von **einzelnen** WG in eine GmbH & Co. KG in Betracht gezogen werden müssen.[111] Die Übertragung erfolgt nach den allgemeinen Vorschriften des § 16 i.V.m. §§ 3 bis 8 und 15 UmwStG[112] für die Auf- und Abspaltung sowie nach § 6 Abs. 5 EStG für die Übertragung von einzelnen WG. Bei der

---

107 Die h.M. sprach sich für die Gesellschafterstellung der Komplementär-GmbH an der übertragenden KapG aus. S. *Bauschatz*, FR 2003, 1116, 1119; *von der Osten*, GmbHR 1995, 438, 439; *Schulze zur Wiesche*, DB 1996, 1539, 1544; a.A. vertraten *K. Schmidt*, GmbHR 1995, 693; *Priester*, DB 1997, 560.
108 S. *Ballreich*, Umwandlungsrecht, S. 81 mit Verweis auf Fall 11, 346, 350 ff.; *Bauschatz*, FR 2003, 1116, 1119; *von der Osten*, GmbHR 1995, 438, 439.
109 BGH vom 09.09.2005, DStR 2005, 1539.
110 S. *Stratz* in *Schmitt/Hörtnagl/Stratz*, a.a.O., § 226 UmwG, Tz. 3 m.w.N.; *Ballreich*, a.a.O., 81 mit Verweis auf Fall 11, 346, 352.
111 *Sigel*, GmbHR 1998, 1209 sowie verschiedene Modellüberlegungen von *Binz/Hagedorn*, DB 2007, 765.
112 Auf die Ausführungen in Kap. VI wird verwiesen.

Auf- und Abspaltung auf neu errichtete Rechtsträger ist jedoch zu beachten, dass für die Übertragung auf eine GmbH & Co. KG die Gesellschafterstellung der Komplementär-GmbH an der übertragenden KapG (Spaltungsträger) vorausgesetzt wird. Dies ergibt sich aus den Regelungen des § 123 UmwG. Demnach liegt eine Auf- bzw. Abspaltung nur vor, wenn das jeweilige Vermögen gegen Gewährung von Gesellschaftsrechten **an die bisherigen Anteilsinhaber** der übertragenden KapG übertragen wird.

Sind an der übertragenden Gesellschaft zunächst nur natürliche Personen bzw. PersG beteiligt, müssen diese G'fter daher Bruchteile ihrer Anteile an eine zuvor neu gegründete GmbH abtreten.[113]

Beispiel 6: Aufspaltung mit Umwegen
An der A-GmbH sind die G'fter B und C (beides natürliche Personen) zu je 50 % beteiligt. Die G'fter planen eine Umstrukturierung ihres Unternehmens dahingehend, dass die beiden Teilbetriebe (nachfolgend TB) TB I + TB II der GmbH im Wege der Aufspaltung auf zwei GmbH & Co. KG übertragen werden sollen. Im Zuge der Vorbereitung wird von den G'ftern B und C die D-GmbH gegründet. Die D-GmbH erhält von den G'ftern B und C durch Abtretung jeweils 5 % Anteile an der A-GmbH.
Die Anteile an der A-GmbH werden nunmehr wie folgt gehalten:

- B: 45 %,
- C: 45 %,
- D-GmbH: 10 %.

Lösung: Durch Spaltungsvertrag werden der TB I und der TB II auf die neu zu gründende PersG übertragen.

```
                    ┌─────────────────────────┐
                    │        A-GmbH           │
                    │  als »Altgesellschaft«  │
                    │     Gesellschafter:     │
                    │    • D-GmbH (10 %)      │
                    │    • B (45 %)           │
                    │    • C (45 %)           │
                    └───────────┬─────────────┘
                     ┌──────────┴──────────┐
                     ▼                     ▼
            ┌────────────────┐    ┌────────────────┐
            │  Teilbetrieb I │    │ Teilbetrieb II │
            ├────────────────┤    ├────────────────┤
            │ B-GmbH & Co. KG│    │ C-GmbH & Co. KG│
            │als »Neu-Gesell-│    │als »Neu-Gesell-│
            │   schaft«      │    │   schaft«      │
            │Gesellschafter: │    │Gesellschafter: │
            │• D-GmbH (10 %) │    │• D-GmbH (10 %) │
            │• B (45 %)      │    │• B (45 %)      │
            │• C (45 %)      │    │• C (45 %)      │
            └────────────────┘    └────────────────┘
```

Dabei reicht es aus, wenn die Übertragung der Beteiligung an der A-GmbH auf die D-GmbH unmittelbar vor Wirksamwerden der Spaltung nach § 131 Abs. 1 UmwG vollzogen wird.[114]

---

[113] S. Bsp. *Schulze zur Wiesche*, DB 1996, 1539, 1542.
[114] S. *Hörtnagl* in Schmitt/Hörtnagl/Stratz, a.a.O., § 131 UmwG, Tz. 87; *Vossius* in Widmann/Mayer, a.a.O., § 131 UmwG, Tz. 186 ff.

7 Formwechsel von einer Kapitalgesellschaft in eine Personengesellschaft

Bei einem zivilrechtlich nach den Vorschriften der § 1 Abs. 1 Nr. 4 i.V.m. §§ 190 bis 304 UmwG zu beurteilenden Formwechsel einer KapG in eine PersG findet eine Vermögensübertragung nicht statt. Steuerrechtlich wird hingegen gem. § 1 Abs. 1 Nr. 2 i.V.m. § 9 UmwStG aufgrund des Wechsels der Besteuerungssystematik ein Vermögensübergang fingiert.[115] Demnach gelten die Vorschriften der §§ 3 bis 8 UmwStG entsprechend, mit der Maßgabe, dass nach § 9 S. 2 UmwStG für den übertragenden Rechtsträger zum **steuerlichen** Übertragungsstichtag eine Übertragungsbilanz und für die PersG eine Eröffnungsbilanz zu erstellen ist.[116]

Folgende Arten des Formwechsels können vorliegen:

Arten des Formwechsels			
Zwischen KapG	Von der KapG in die PersG	Von der PersG in die KapG	Zwischen PersG
Hier liegen keine steuerlichen Folgen vor. Das Steuersubjekt bleibt unverändert.	Die §§ 3–8 UmwStG gelten entsprechend, also wie bei der Umwandlung von der KapG auf die PersG (§ 9 UmwStG).	Behandlung wie bei der Einbringung in die KapG, nach den Vorschriften der §§ 20 ff. UmwStG (§ 25 UmwStG).	Hier liegen keine steuerlichen Folgen vor. Das Steuersubjekt bleibt unverändert.

---

115 S. BFH vom 11.12.2001, BStBl II 2004, 474; allgemeine Ausführungen unter Kap. IV 1 sowie zum steuerlichen Übertragungsstichtag Kap. III 3.1.
116 Hierzu und insb. zur Fortführung der Pensionsrückstellung vgl. FG Nürnberg vom 26.06.2002, DStR 2002, 1292.

V Verschmelzung von Kapitalgesellschaften

Die Verschmelzung einer KapG auf eine andere KapG wird zivilrechtlich in den Vorschriften der §§ 2–122l UmwG geregelt.[117] Dabei stellen nach §§ 122a ff. UmwG auch grenzüberschreitende Verschmelzungen von KapG, die in der EU oder dem EWR ansässig sind, Umwandlungen i.S.d. § 2 UmwG dar. Es handelt sich hierbei um eine Vermögensübertragung im Wege der Gesamtrechtsnachfolge. Steuerrechtlich fällt die Verschmelzung von KapG in den Anwendungsbereich des § 1 Abs. 1 Nr. 1 i.V.m. §§ 11 bis 13 bzw. 19 UmwStG. Soweit es sich um grenzüberschreitende Verschmelzungen[118] handelt, müssen zusätzlich die Voraussetzungen des § 1 Abs. 2 UmwStG erfüllt sein. Weiterhin fallen in den Anwendungsbereich des § 1 Abs. 1 Nr. 1 i.V.m. §§ 11 bis 13 und 19 UmwStG insb. auch vergleichbare ausländische Vorgänge, für die das UmwG keine Anwendung findet, jedoch die Voraussetzungen des § 1 Abs. 2 S. 1 UmwStG vorliegen und ein Inlandsbezug besteht.[119] Bei in den Anwendungsbereich der §§ 11 bis 13 UmwStG fallenden Verschmelzungen von KapG sind insb. folgende Fälle denkbar:

- Verschmelzung einer Tochter-KapG auf die Mutter-KapG (**Up**stream-merger); die steuerliche Behandlung der Verschmelzung richtet sich nach § 1 Abs. 1 Nr. 1 i.V.m. **§§ 11 und 12 bzw. 19 UmwStG**;
- Verschmelzung einer Mutter-KapG auf die Tochter-KapG (**Down**stream-merger); die steuerliche Behandlung der Verschmelzung richtet sich nach § 1 Abs. 1 Nr. 1 i.V.m. **§§ 11 bis 13 und 19 UmwStG**;
- Verschmelzung einer Tochter-KapG auf eine andere Tochter-KapG, ohne dass zwischen diesen ein Beteiligungsverhältnis besteht (**Side**stream-merger); die steuerliche Behandlung der Verschmelzung richtet sich nach § 1 Abs. 1 Nr. 1 i.V.m. **§§ 11 bis 13 und 19 UmwStG**.

Die Regelungen bezüglich des Eigenkapitals der KapG sind dem KStG zu entnehmen. Hierzu sind anzuführen die §§ 27, 28 und 29. Zur Veranschaulichung der Verschmelzung von KapG wird zunächst ein Grundfall vorgestellt.

Beispiel 1: Grundfall zur Verschmelzung von KapG
Die X-GmbH ist an der Y-GmbH zu 100 % beteiligt. Die Tochter (Y-GmbH) soll im Wege der Verschmelzung zur Aufnahme auf die Muttergesellschaft (X-GmbH) verschmolzen werden. Als handelsrechtlicher Verschmelzungsstichtag wurde im Verschmelzungsvertrag der 01.01.2018 aufgenommen. Dem HR wird gem. § 17 Abs. 2 UmwG folgende SB des übertragenden Rechtsträgers (Y-GmbH) zum 31.12.2017 zur Anmeldung vorgelegt:

---

117 Die Ausführungen unter Kap. IV 1 gelten entsprechend.
118 Zu steuerlichen Praxisfragen s. *Beinert/Scheifele* in *Prinz*, Umwandlungen im Internationalen Steuerrecht, Kap. 8 sowie *Figna/Fürstenau*, BB 2010, 12; *Grambow/Stadler*, BB 2010, 977 sowie die Fallstudie von *Kraft/Poley*, Steuer und Studium 2013, 161.
119 S. Fallübersicht von *Möhlenbrock* in *Dötsch/Pung/Möhlenbrock*, a.a.O., § 1 UmwStG, Tz. 86 ff.

A	Bilanz zum 31.12.2017 der Y-GmbH		P
Anlagevermögen	300.000 €	Stammkapital	100.000 €
		Rücklagen	100.000 €
		Jahresüberschuss	50.000 €
		Verbindlichkeiten	50.000 €
	300.000 €		300.000 €

Der aufnehmende Rechtsträger hat zum 31.12.2017 folgende Bilanz vor Verschmelzung aufgestellt:

A	Bilanz zum 31.12.2017 der X-GmbH		P
Anlagevermögen	500.000 €	Stammkapital	200.000 €
Beteiligung Y-GmbH	100.000 €	Rücklagen	200.000 €
		Jahresüberschuss	100.000 €
		Verbindlichkeiten	100.000 €
	600.000 €		600.000 €

Lösung: Für die Verschmelzung sind aus steuerlicher Sicht die § 1 Abs. 1 Nr. 1 i.V.m. §§ 11–13 UmwStG maßgebend, die nachfolgend näher erläutert werden. Die aufnehmende KapG (X-GmbH) hat steuerlich die übergehenden WG der übertragenden KapG (Y-GmbH) zum steuerlichen Übertragungsstichtag (= 31.12.2017) in ihre StB aufzunehmen.
So wird nach der Verschmelzung vom übernehmenden Rechtsträger folgende StB erstellt:

A	Bilanz zum 31.12.2017 der X-GmbH		P
Anlagevermögen	800.000 €	Stammkapital	200.000 €
Beteiligung Y-GmbH	weggefallen	Rücklagen	200.000 €
		Jahresüberschuss	100.000 €
		Übernahmegewinn	150.000 €
		Verbindlichkeiten	150.000 €
	800.000 €		800.000 €

1 Steuerliche Behandlung beim übertragenden Rechtsträger

1.1 Ansatz mit dem gemeinen Wert

Entsprechend den Vorschriften des § 3 Abs. 1 UmwStG hat die übertragende KapG gem. § 11 Abs. 1 UmwStG die übergehenden WG in ihrer steuerlichen – gem. § 2 Abs. 1 UmwStG auf den Übertragungsstichtag aufzustellenden – Schlussbilanz grds. einheitlich mit dem gemeinen Wert anzusetzen. Der Ansatz mit dem gemeinen Wert gilt demnach auch für nicht entgeltlich erworbene und selbstgeschaffene immaterielle WG. Lediglich der Ansatz von Pensionsrückstellungen erfolgt mit dem Teilwert i.S.d. § 6a EStG.

Die steuerliche Schlussbilanz i.S.d. § 11 Abs. 1 i.V.m. § 2 Abs. 1 UmwStG stellt nach Auffassung der Finanzverwaltung eine eigenständige von der Gewinnermittlung nach §§ 4

Abs. 1, 5 Abs. 1 EStG unabhängige Bilanz dar.[120] Steuerliche Ansatzverbote des § 5 EStG gelten demnach nicht. Der Grundsatz der Maßgeblichkeit der Handelsbilanz für die Steuerbilanz ist durch die Änderung des UmwStG durch das SEStEG aufgegeben worden.[121] Zur Ermittlung der gemeinen Werte sind die Vorschriften der §§ 9 Abs. 2 und 11 BewG anzuwenden.[122] Der aufgrund des Ansatzes der WG mit dem gemeinen Wert zum steuerlichen Übertragungsstichtag entstehende Übertragungsgewinn unterliegt der Besteuerung nach den allgemeinen Regelungen. Die Vorschriften des § 8b Abs. 2 und 3 KStG sind anzuwenden. Ein etwaiger vorhandener Verlustvortrag i.S.d. § 10d Abs. 4 EStG kann unter Anwendung der Grundsätze der Mindestbesteuerung des § 10d Abs. 2 EStG – und unter der Voraussetzung der Nichtanwendung des § 2 Abs. 4 UmwStG[123] – mit diesem verrechnet werden. Der Übertragungsgewinn unterliegt gem. § 19 Abs. 1 i.V.m. § 11 UmwStG der GewSt.

Durch den Verweis des § 11 Abs. 3 UmwStG auf die entsprechende Anwendung des § 3 Abs. 3 UmwStG kommt in Fällen einer Verschmelzung mit Bezug zum EU-Ausland eine Anrechnung **fiktiver** ausländischer Steuern auf die durch den Übertragungsgewinn ausgelöste Körperschaftsteuer in Betracht. Die Vorschriften der §§ 26 KStG i.V.m. 34c Abs. 1 EStG gelten entsprechend.

1.2 Ansatz mit dem Buchwert/Zwischenwert

Nach § 11 Abs. 2 S. 1 UmwStG können die übertragenen WG – abweichend von § 11 Abs. 1 UmwStG – **auf Antrag einheitlich** mit dem Buchwert i.S.d. § 1 Abs. 5 Nr. 4 UmwStG oder einem Zwischenwert angesetzt werden, **soweit** die Voraussetzungen des § 11 Abs. 2 S. 1 Nr. 1 bis 3 UmwStG vorliegen. Jedoch ist zu beachten, dass bei einem unter dem Buchwert liegenden gemeinen Wert i.S.d. § 11 Abs. 1 UmwStG, der gemeine Wert die Obergrenze bildet. Die Voraussetzungen müssen **zum steuerlichen Übertragungsstichtag**[124] vorliegen und sind:

- die Sicherstellung der Besteuerung der in den übertragenen WG vorhandenen stillen Reserven,
- das Besteuerungsrecht der Bundesrepublik Deutschland ist **auch** nach der Verschmelzung gegeben[125],
- eine Gegenleistung wird nicht gewährt oder besteht ausschließlich in Gesellschaftsrechten.[126]

---

120 S. UE 2011, Tz. 11.02 und 11.03 i.V.m. Tz. 03.01 bzw. 03.04.
121 S. *Dötsch* in *Dötsch/Pung/Möhlenbrock*, a.a.O., § 11 UmwStG, Tz. 16; *Schmitt* in *Schmitt/Hörtnagl/Stratz*, a.a.O., § 11 UmwStG, Tz. 19.
122 S. entsprechende Ausführungen in Kap. IV 1.1.
123 S. hierzu *Rödder/Schönfeld*, DStR 2009, 560 sowie entsprechende Ausführungen in Kap. III 3.3.3.
124 S. UE 2011, Tz. 11.05.
125 S. ausführlich *Frotscher* in *Frotscher/Maas*, a.a.O., § 11 UmwStG, Tz. 123 ff. sowie Bsp. *Schießl* in *Widmann/Mayer*, a.a.O., § 11 UmwStG, Tz. 50.1–50.73 und *Schönfeld*, IStR 2011, 497.
126 Der Regelfall umfasst die Zahlung eines Spitzenausgleichs an die Anteilseigner der übertragenden KapG. S. UE 2011, Tz. 11.10 i.V.m. Tz. 03.21 bis 03.24 sowie ausführlich *Frotscher* in *Frotscher/Maas*, a.a.O., § 11 UmwStG, Tz. 154 ff. sowie Bsp. *Schießl* in *Widmann/Mayer*, a.a.O., § 11 UmwStG, Tz. 51 ff.

Liegen die Voraussetzungen nur für **einzelne WG** oder nur für einen Teil des übergehenden Vermögens nicht vor, sind für diese WG bzw. für diesen Teil des Vermögens (»soweit«) zwingend die gemeinen Werte anzusetzen.[127]

Werden die WG mit dem Buchwert angesetzt, ergibt sich bei der übertragenden KapG **kein Übertragungsgewinn**. Liegen die Voraussetzungen nicht vor, mit der Folge, dass ein Antragswahlrecht nicht besteht, erfolgt insoweit zwingend der Ansatz mit dem gemeinen Wert i.S.d. § 11 Abs. 1 UmwStG. Dabei ist bei der Besteuerung des Übertragungsgewinns zu prüfen, ob eine Anrechnung fiktiver ausländischer Steuer nach § 11 Abs. 3 i.V.m. § 3 Abs. 3 UmwStG vorgenommen werden kann. Dies gilt auch, soweit die Antragsvoraussetzungen vorliegen, jedoch der Ansatz mit einem Zwischenwert erfolgt. Der Ansatz der WG mit einem Zwischenwert bietet sich insb. in den Fällen an, in denen die übertragende KapG insoweit über Verlustvorträge i.S.d. § 10d Abs. 4 EStG verfügt, die mit einem Übertragungsgewinn verrechnet werden können. Die Grundsätze über die Mindestbesteuerung nach § 10d Abs. 2 EStG sind dabei zu beachten.[128] Ein dabei nach der Verrechnung noch vorhandener Übertragungsgewinn ist nach den allgemeinen Regelungen zu besteuern. Er unterliegt gem. § 19 Abs. 1 i.V.m. § 11 UmwStG der GewSt.

Die Ermittlung des Übertragungsgewinns kann schematisch vereinfacht wie folgt dargestellt werden[129]:

	Übergehende WG zu Buch-, Zwischen- oder **gemeinen** Werten (bei Pensionsrückstellungen der Wert gem. § 6a EStG)
./.	(ggf. auf den Übertragungsstichtag fortgeschriebener) steuerbilanzieller Buchwert der übergehenden WG
=	Buchgewinn (vor Steuern)
./.	Verschmelzungskosten
./.	außerbilanzielle Kürzungen (z.B. § 8b Abs. 2 KStG)
+	außerbilanzielle Hinzurechnungen (z.B. § 8b Abs. 3 KStG)
./.	Verlustvorträge i.S.d. § 10d Abs. 4 i.V.m. Abs. 2 EStG
./.	GewSt und KSt (bilanzieller Aufwand)
+	außerbilanzielle Hinzurechnung von GewSt und KSt (§ 10 Nr. 2 KStG, § 4 Abs. 5b EStG)
=	steuerlich anzusetzender Übertragungsgewinn

Beispiel 2: Verschmelzung ohne den Minderheitsgesellschafter
Die A-GmbH soll im Wege der Verschmelzung auf die B-GmbH umgewandelt werden. Der Minderheitsgesellschafter der A-GmbH, M, wird i.R.d. Verschmelzung mit 500.000 € abgefunden. Die Gegenleistung wird von der B-GmbH gewährt. Die A-GmbH stellt zum 31.12.2017 folgende SB auf.

A	Bilanz der A-GmbH zum 31.12.2017		P
Anlagevermögen	600.000 €	Stammkapital	200.000 €
Umlaufvermögen	700.000 €	Gewinnrücklagen	600.000 €
		Sonstige Passiva	500.000 €
	1.300.000 €		1.300.000 €

---

127 S. *Frotscher* in *Frotscher/Maas*, a.a.O., § 11 UmwStG, Tz. 101.
128 S. *Dötsch/Pung*, DB 2006, 2704, 2714; zu weiteren im Zuge der Aufstockung möglichen Schwierigkeiten s. *Hagemann/Jakob/Ropohl/Viebrock*, NWB 2007, Sonderheft 1, 26.
129 Vgl. *Frotscher* in *Frotscher/Maas*, a.a.O., § 11 UmwStG, Tz. 197.

Zum 31.12.2017 sind folgende stille Reserven vorhanden:

- Firmenwert   1.000.000 €
- immaterielle WG   250.000 €
- Anlagevermögen   250.000 €
- Umlaufvermögen   200.000 €

Lösung:
Der BW der A-GmbH beträgt zum 31.12.2017:   800.000 €
Der gemeine Wert der A-GmbH beträgt zum 31.12.2017: 2.500.000 €
Die Lösung erfolgt in zwei Schritten.

1. Ermittlung des Teils, der entgeltlich übertragen wurde:

$$\frac{\text{Gesamtgegenleistung zum gemeinen Wert}}{\text{Gesamtwert der übergehenden WG zum gemeinen Wert}}$$

In Zahlen ausgedrückt:

500.000 € (Gegenleistung)/2.500.000 € (gemeiner Wert) x 100 = **20 %**

2. Es erfolgt eine Aufstockung der Werte der einzelnen WG i.H.v. 20 % der jeweiligen stillen Reserven (stille Reserven = 2.500.000 € ./. 800.000 € = 1.700.000 €).

Hiernach müsste die A-GmbH zum 31.12.2017 folgende Übertragungsbilanz aufstellen:

A	Bilanz der A-GmbH zum 31.12.2017		P
Firmenwert	200.000 €	Stammkapital	200.000 €
Immaterielle WG	50.000 €	Gewinnrücklagen	600.000 €
Anlagevermögen	650.000 €	Übertragungsgewinn	238.000 €
Umlaufvermögen	740.000 €	Sonstige Passiva	500.000 €
		KSt	51.000 €
		GewSt	51.000 €
	1.640.000 €		1.640.000 €

Der Übertragungsgewinn ermittelt sich wie folgt:

Übergehendes Vermögen		1.140.000 €
BW des Vermögens	./.	800.000 €
		340.000 €
GewSt (Annahme 15 %)	./.	51.000 €
KSt (15 %)	./.	51.000 €
bilanzieller Übertragungsgewinn		238.000 €
GewSt (§ 4 Abs. 5b EStG)	+	51.000 €
KSt (§ 10 Nr. 2 KStG)	+	51.000 €
Übertragungsgewinn		340.000 €

S. hierzu auch ein anderweitiges Beispiel in UE 2011, Tz. 03.23.

1.3 Beteiligungskorrekturgewinn

In Fällen des sog. **Downstream-mergers**, d.h. der Verschmelzung der Mutter-KapG auf die Tochter-KapG, ist bei **Ausübung des Wahlrechts** nach § 11 Abs. 2 S. 1 UmwStG zusätzlich die Regelung des § 11 Abs. 2 S. 2 UmwStG zu beachten. Demnach sind Anteile der Mutter-KapG an der Tochter-KapG im Zuge der Verschmelzung neu zu bewerten und mindestens mit dem Buchwert anzusetzen, erhöht um die **steuerwirksam** in früheren Jahren vorgenommenen (TW-)Abschreibungen sowie Abzüge i.S.d. § 6b EStG und ähnliche Abzüge, höchstens jedoch mit dem gemeinen Wert. Da Gewinne aus der Veräußerung von Anteilen an KapG grds. der Steuerbefreiung des § 8b Abs. 2 und 3 KStG unterliegen und § 6b Abs. 10 EStG auf Körperschaften nicht anzuwenden ist, werden von der Regelung **insb.** die bis zum Veranlagungszeitraum 1999 nach § 6b EStG a.F. vorgenommenen Abzüge sowie die vor dem Veranlagungszeitraum 2002 steuerwirksam vorgenommenen und unter § 8b Abs. 2 S. 4 und 5 KStG fallenden TW-Abschreibungen erfasst. Entsprechend den Ausführungen unter Kap. IV 2.2 zum Beteiligungskorrekturgewinn i.S.d. § 4 Abs. 1 S. 2 UmwStG ist jedoch auch hier zu beachten, dass den Ausgangswert der Buchwert i.S.d. § 1 Abs. 5 Nr. 4 UmwStG bildet, sodass etwaige Zuschreibungen nach § 6 Abs. 1 Nr. 1 S. 4, Nr. 2 S. 3 EStG Vorrang vor der Wertaufholung nach § 11 Abs. 2 S. 2 UmwStG haben. Demnach kommt eine Wertaufholung im Zusammenhang mit TW-Abschreibungen nur noch dann in Betracht, wenn der gemeine Wert den zum Bilanzstichtag nach der Zuschreibung anzusetzenden Teilwert übersteigt. Durch den Verweis auf § 8b Abs. 2 S. 4 und 5 KStG unterliegt ein daraus entstehender Beteiligungskorrekturgewinn als laufender Gewinn in voller Höhe der KSt und der GewSt.[130] Werden die Anteile an der Tochter-KapG als Gegenleistung für die untergehenden Anteile an der Mutter-KapG direkt an die G'fter der Mutter-KapG ausgekehrt, gehören diese grds. nicht zu den übergehenden WG i.S.d. § 11 Abs. 2 S. 1 UmwStG. Es liegt ein sog. **Direkterwerb** und kein **Durchgangserwerb** vor.[131]

2 Steuerliche Behandlung beim übernehmenden Rechtsträger – Ermittlung des Übernahmeergebnisses bzw. eines Beteiligungskorrekturgewinns

2.1 Wertansatz und Rechtsnachfolge

Der übernehmende Rechtsträger, d.h. die KapG, ist gem. § 12 Abs. 1 UmwStG verpflichtet, die Werte der auf sie übergegangenen WG zu übernehmen, die die übertragende KapG in ihrer steuerlichen Schlussbilanz i.S.d. § 2 Abs. 1 UmwStG angesetzt hat. Diese Wertverknüpfung stellt die spätere Besteuerung der stillen Reserven sicher. Demnach können die steuerlichen Werte durch die Aufgabe des Maßgeblichkeitsgrundsatzes von denen der handelsrechtlichen Schlussbilanz nach § 24 UmwG abweichen.[132] Wird bei der übertragenden Gesellschaft eine

---

130 S. UE 2011, Tz. 11.17; *Schießl* in *Widmann/Mayer*, a.a.O., § 11 UmwStG, Tz. 282, insb. Bsp. in Tz. 289; *Dötsch* in *Dötsch/Pung/Möhlenbrock*, a.a.O., § 11 UmwStG, Tz. 111.
131 S. UE 2011, Tz. 11.18 mit Verweis auf BFH vom 28.10.2009, BStBl II 2011, 315; *Schießl* in *Widmann/Mayer*, a.a.O., § 11 UmwStG, Tz. 289 mit Verweis auf *Mayer* in *Widmann/Mayer*, a.a.O., § 5 UmwG, Tz. 38; *Schönfeld*, IStR 2011, 497, 501; *Kessler/Philipp*, DB 2011, 1658.
132 S. *Dötsch* in *Dötsch/Pung/Möhlenbrock*, a.a.O., § 12 UmwStG, Tz. 8; *Frotscher* in *Frotscher/Maas*, a.a.O., § 12 UmwStG, Tz. 13 ff.

Außenprüfung bzw. Betriebsprüfung durchgeführt und ändern sich dadurch die Werte in der steuerlichen Schlussbilanz der übertragenden KapG, sind die Werte bei der übernehmenden KapG entsprechend anzupassen.[133]

Da die Verschmelzung eine Vermögensübertragung im Wege der Gesamtrechtsnachfolge darstellt, tritt die übernehmende KapG gem. § 12 Abs. 3 2. HS i.V.m. § 4 Abs. 2 und 3 UmwStG in die steuerliche Rechtstellung der übertragenden KapG ein. Dies gilt insb. bezüglich der Bewertung, der (Sonder-)Abschreibungen, etwaigen Rücklagen sowie der Besitzzeitanrechnung. Hiervon ausgenommen ist jedoch die Übertragung eines etwaigen Verlustvortrags[134] sowie eines EBITDA- bzw. Zinsvortrags i.S.d. § 4h Abs. 1 S. 3 und 5 EStG der lediglich verrechenbaren Verluste und nicht ausgeglichenen negativen Einkünfte. Dies gilt auch, wenn im Übrigen alle Voraussetzungen des § 8c Abs. 1 S. 5 KStG erfüllt sind, da die Regelungen des § 12 Abs. 3 2. HS i.V.m. § 4 Abs. 2 UmwStG von einem Verweis absehen.

WG, die entgegen dem Ansatzverbot des § 5 EStG in der steuerlichen Schlussbilanz der übertragenden KapG angesetzt worden sind, sollen nach Auffassung der Finanzverwaltung bei der übernehmenden KapG wieder erfolgswirksam aufzulösen sein.[135] Die Auffassung der Finanzverwaltung führt mithin beim übernehmenden Rechtsträger zum Entstehen eines »Erwerbsgewinns« und widerspricht der Auffassung des BFH, der nach die »angeschafften« Rückstellungen als ungewisse Verbindlichkeiten grundsätzlich mit den Anschaffungskosten oder ihrem höheren TW auszuweisen sind.[136] Da die Auffassung der Finanzverwaltung vor dem Hintergrund der klaren Rspr. des BFH wohl nicht aufrechtzuerhalten war, führte der Gesetzgeber im Rahmen des AIFM-Steuer-Anpassungsgesetzes vom 18.12.2013 (BGBl I 2013, 4318) die Regelungen § 4f EStG bzw. § 5 Abs. 7 EStG ein, von denen insb. § 5 Abs. 7 EStG wohl auch bei Vorgängen i.S.d. UmwStG anzuwenden ist.[137] Eine Ausnahme von der ertragswirksamen Auflösung soll lediglich für den in der Schlussbilanz der KapG angesetzten originären Geschäfts-Firmenwert der KapG gelten.[138]

Soweit die übergehenden WG mit einem über dem Buchwert liegenden Wert angesetzt worden sind (Zwischenwert, gemeiner Wert), ist darüber hinaus in künftigen Veranlagungszeiträumen der übernehmenden KapG die **AfA-Bemessungsgrundlage** nach § 12 Abs. 3, 2. HS i.V.m. § 4 Abs. 3 UmwStG zu bestimmen. Auf die Ausführungen unter Kap. IV 2.1 wird insoweit verwiesen.

Neben den in § 12 Abs. 3 UmwStG dargestellten Rechtsfolgen der Verschmelzung sind für die übernehmende KapG darüber hinaus die Regelungen des § 8c KStG[139] zu beachten, da die Umwandlung unter Umständen einen der Anteilsübertragung vergleichbaren Sachverhalt darstellt.[140]

---

133 S. *Schießl* in *Widmann/Mayer*, a.a.O., § 12 UmwStG, Tz. 7.
134 Zur möglichen Verfassungswidrigkeit s. BFH vom 26.08.2010, BFH/NV 2010, 2356 sowie BFH vom 26.02.2014, BStBl II 2014, 1016.
135 S. UE 2011, Tz. 11.03 bzw. 12.04 i.V.m. 03.06 bzw. 04.16.
136 S. BFH vom 16.12.2009, BStBl II 2011, 566; BFH vom 14.12.2011, BFH/NV 2012, 635, DStR 2012, 386; BFH vom 12.12.2012, BFH/NV 2013, 840.
137 Kritisch *Bohnhardt* in *Haritz/Menner*, UmwStG, § 4 Tz. 98; *Fuhrmann*, DB 2014, 9 (15).
138 S. UE 2011, Tz. 04.16.
139 Nach Auffassung mehrerer Finanzgerichte ist es ernsthaft zweifelhaft, dass die Regelung des § 8c KStG den Vorgaben des Verfassungsrechts entspricht. S. FG Münster vom 01.08.2011, EFG 2012, 165; FG Hamburg vom 10.05.2012, Az.: 6 V 156/11 sowie Normenkontrollersuchen des FG Hamburg durch die Vorlage vom 04.04.2011 (EFG 2011, 1460) zum BVerfG; Az.: 2 BvL 6/11.
140 S. BMF vom 04.07.2008, BStBl I 2008, 736 Tz. 7; *Schießl* in *Widmann/Mayer*, a.a.O., Vor § 11 UmwStG, Tz. 141 ff.

2.2 Beteiligungskorrekturgewinn

Parallel zu der Vorschrift des § 11 Abs. 2 S. 2 UmwStG für Fälle der sog. Downstream-merger verweist § 12 Abs. 1 S. 2 UmwStG für Fälle der sog. Upstream-merger auf die Anwendung des § 4 Abs. 1 S. 2 und 3 UmwStG. Demnach kann auf die Ausführungen unter Kap. V 1.3 und Kap IV 2.2 verwiesen werden, mit der Ausnahme, dass für einen etwaigen Beteiligungskorrekturgewinn ausschließlich die Vorschriften des § 8b Abs. 2 S. 4 und 5 KStG anzuwenden sind. Die GewSt-Pflicht ergibt sich aus § 19 Abs. 1 i.V.m. § 12 UmwStG. Die Wertaufholung erfolgt eine logische Sekunde vor der steuerlichen Verschmelzung. Ein etwaiger aus der Korrektur entstandener Gewinn stellt keinen Bestandteil des Übernahmeergebnisses dar, sondern unterliegt als laufender – außerhalb der Bilanz zu berücksichtigender – Gewinn der vollen Besteuerung.[141]

2.3 Übernahmeergebnis und dessen Besteuerung

Durch die Verschmelzung erwirbt die übernehmende KapG die WG der übertragenden KapG mit der Folge, dass ein Übernahmeergebnis zu ermitteln ist. § 12 Abs. 2 S. 1 UmwStG definiert diesen als Unterschiedsbetrag zwischen dem Wert der auf sie übergegangenen WG i.S.d. § 12 Abs. 1 S. 1 UmwStG und dem Buchwert der Anteile an der übertragenden KapG abzüglich etwaiger Umwandlungskosten. Der Abzug eines Buchwerts der Anteile an der übertragenden KapG kann lediglich in den Fällen des Upstream-merger vorgenommen werden, da diese im Zuge der Verschmelzung untergehen. Dabei ist für Anteile, die nach dem steuerlichen Übertragungsstichtag, jedoch vor der Verschmelzung angeschafft worden sind, gem. § 12 Abs. 2 S. 3 UmwStG die Anschaffungsfiktion des § 5 Abs. 1 UmwStG anzuwenden. Mit dem Urteil vom 09.01.2013[142] stellte der BFH zusätzlich klar, dass die Regelung des § 12 Abs. 1 UmwStG auch dann anzuwenden ist, wenn eine Beteiligung an der übertragenden KapG nicht vorhanden ist bzw. war. In diesen Fällen ist als Buchwert ein Betrag von 0,00 € anzusetzen.

Demnach kann die Ermittlung des Übernahmeergebnisses wie folgt dargestellt werden:

	Wert der übergegangenen WG (§ 12 Abs. 1 S. 1 UmwStG)
./.	Buchwert der Anteile (nach Anwendung des § 5 Abs. 1 sowie außerbilanzielle Korrektur i.S.d. § 12 Abs. 1 S. 2 UmwStG)
./.	Umwandlungskosten[143]
=	Übernahmegewinn/-verlust

Nach § 12 Abs. 2 S. 1 UmwStG bleiben sowohl ein Übernahmegewinn als auch ein Übernahmeverlust außer Ansatz. Dies gilt gem. § 19 Abs. 1 i.V.m. § 12 Abs. 2 UmwStG auch für die GewSt. Soweit die übernehmende KapG Anteile an der übertragenden KapG hält (Upstream-merger), sind zusätzlich im Falle eines Übernahme**gewinns** die Regelungen des

---

141 S. *Dötsch* in *Dötsch/Pung/Möhlenbrock*, a.a.O., § 12 UmwStG, Tz. 23 ff.; *Frotscher* in *Frotscher/Maas*, a.a.O., § 12 UmwStG, Tz. 28 sowie Bsp. *Schießl* in *Widmann/Mayer*, a.a.O., § 12 UmwStG, Tz. 112–118.
142 S. BFH/NV 2013, 881.
143 Zur Zuordnung und Abgrenzung zu aktivierungspflichtigen AK s. *Dötsch* in *Dötsch/Pung/Möhlenbrock*, a.a.O., § 12 UmwStG, Tz. 54 ff.; *Frotscher* in *Frotscher/Maas*, a.a.O., § 12 UmwStG, Tz. 60 ff. und *Schießl* in *Widmann/Mayer*, a.a.O., § 12 UmwStG, Tz. 267.16 ff.

§ 12 Abs. 2 S. 2 UmwStG zu beachten. In diesen Fällen wird der Verschmelzungsvorgang einem Veräußerungsvorgang gleichgestellt, sodass gem. § 12 Abs. 2 S. 2 UmwStG i.V.m. § 8b Abs. 3 KStG 5 % des Übernahmegewinns als nicht abzugsfähige Betriebsausgaben gelten. Darüber hinaus sind die Einschränkungen des § 8b Abs. 7 und 8 KStG zu beachten.[144] Soweit der Übernahmegewinn oder -verlust bilanziell entsteht und sich auf das Ergebnis der KapG auswirkt, ist die Korrektur außerbilanziell vorzunehmen.

Beispiel 3:

Die A-GmbH soll im Rahmen eines **Sidestream-mergers** auf die B-GmbH zum 31.12.2017 verschmolzen werden. Die Eintragung der Verschmelzung ins Handelsregister erfolgte am 30.06.2018. G'fter der A-GmbH sind die X-GmbH (60 %, Buchwert: 50.000 €) und A (40 %, Anschaffungskosten: 35.000 €, PV). Voraussetzungen für eine Übertragung zu Buchwerten bzw. Zwischenwerten sollen annahmegemäß gegeben sein. Die Bilanzen der A-GmbH und der B-GmbH sehen zum steuerlichen Übertragungsstichtag vereinfacht wie folgt aus:

A	Bilanz zum 31.12.2017 der A-GmbH		P
Anlagevermögen	400.000 €	Stammkapital	100.000 €
Umlaufvermögen	200.000 €	Verlustvortrag	200.000 €
		Sonstige Passiva	300.000 €
	600.000 €		600.000 €

Der gemeine Wert des Anlagevermögens i.S.d. § 9 BewG beträgt 450.000 € (stille Reserven: 50.000 €). Der gemeine Wert des Umlaufvermögens beträgt hingegen 250.000 € (stille Reserven: 50.000 €). Neben dem ausgewiesenen Vermögen verfügt die A-GmbH trotz der Verluste aufgrund von hervorragenden Zukunftsaussichten über einen Firmenwert i.H.v. 50.000 €. Der in der Bilanz ausgewiesene Verlustvortrag entspricht dem Verlustvortrag i.S.d. § 10d EStG.[145] Der Unternehmenswert der A-GmbH beträgt zum 31.12.2017 375.000 €.

A	Bilanz zum 31.12.2017 der B-GmbH		P
Anlagevermögen	500.000 €	Stammkapital	100.000 €
Umlaufvermögen	600.000 €	Kapitalrücklagen	150.000 €
		Gewinnrücklagen	50.000 €
		Jahresüberschuss	120.000 €
		Sonstige Passiva	680.000 €
	1.100.000 €		1.100.000 €

Die B-GmbH hat einen Vermögenswert von 500.000 €.

Lösung:

1. Schritt: Zunächst ist im Zuge der Verschmelzung bei der B-GmbH eine Kapitalerhöhung für die neuen Anteile von der X-GmbH und A zu ermitteln. Diese ermittelt sich auf Grundlage des Umtauschverhältnisses der tatsächlichen Unternehmenswerte:

Umtauschverhältnis: $\dfrac{375.000\ €}{500.000\ €}$

---

[144] S. *Dötsch* in *Dötsch/Pung/Möhlenbrock*, a.a.O., § 12 UmwStG, Tz. 59; *Frotscher* in *Frotscher/Maas*, a.a.O., § 12 UmwStG, Tz. 75; *Schmitt* in *Schmitt/Hörtnagl/Stratz*, a.a.O., § 12 UmwStG, Tz. 47 ff.
[145] Aus Vereinfachungsgründen wird auf die GewSt nicht eingegangen.

Das Umtauschverhältnis beträgt 0,75, sodass das Nennkapital der B-GmbH um 75 % zu erhöhen ist: 100.000 € x 75 % = 75.000 €. Das Nennkapital der B-GmbH beträgt nach der Verschmelzung 175.000 €.

2. Schritt: Bei der A-GmbH ist gem. § 1 Abs. 1 Nr. 1, Abs. 2 i.V.m. § 11 UmwStG ein **Übertragungsgewinn** zu ermitteln. Laut der getroffenen Annahme liegen die Voraussetzungen für einen Buch- bzw. Zwischenwertansatz vor, sodass grds. eine Übertragung ohne Aufdeckung von stillen Reserven möglich ist. Jedoch verfügt die A-GmbH über steuerliche Verlustvorträge i.H.v. 200.000 €, sodass es sinnvoll ist, **insoweit** die stillen Reserven aufzudecken. Da der Verlustvortrag die stillen Reserven i.H.v. insgesamt 150.000 € (AV: 50.000 €, UV: 50.000 €, Firmenwert: 50.000 €) übersteigt, ist es sinnvoll, auf die Ausübung des Wahlrechts nach § 11 Abs. 2 UmwStG zu verzichten und die WG mit ihrem gemeinen Wert anzusetzen. Die Übertragungsbilanz der A-GmbH sieht demnach nach Aufdeckung der stillen Reserven wie folgt aus:

A	Übertragungsbilanz zum 31.12.2017 der A-GmbH		P
Firmenwert	50.000 €	Stammkapital	100.000 €
Anlagevermögen	450.000 €	Verlustvortrag	200.000 €
Umlaufvermögen	250.000 €	Übertragungsgewinn	150.000 €
		Sonstige Passiva	300.000 €
		KSt auf Übertragungsgewinn	0 €
	750.000 €		750.000 €

Der Übertragungsgewinn ermittelt sich wie folgt:

Übergehendes Vermögen der A-GmbH	750.000 €
Buchwert des Vermögens	./. 600.000 €
Buchgewinn	150.000 €
Verlustvortrag i.S.d. § 10d EStG	./. 150.000 €
stpfl. Übertragungsgewinn	0 €
GewSt/KSt	0 €
Übertragungsgewinn	0 €

3. Schritt: Die B-GmbH hat die in der steuerlichen Übertragungsbilanz der A-GmbH angesetzten Werte nach § 12 Abs. 1 UmwStG zu übernehmen. Sie tritt gem. § 12 Abs. 3 UmwStG in die steuerliche Rechtsstellung der A-GmbH ein. Der nicht verbrauchte Verlustvortrag i.H.v. 50.000 € geht jedoch nicht über (§ 12 Abs. 3, 2. HS i.V.m. § 4 Abs. 2 UmwStG). Die künftige AfA bemisst sich nach den Regelungen des § 12 Abs. 3, 2. HS i.V.m. § 4 Abs. 3 UmwStG.

Mit der Einbuchung des Vermögens geht mangels vorherigen Anteils keine Beteiligung an der A-GmbH unter. Soweit das übergegangene Vermögen den Wert der im Zuge der Kapitalerhöhung geschaffenen neuen Anteile übersteigt, ist dieser als Agio i.S.d. § 272 HGB in die Kapitalrücklage einzustellen.[146]

Ermittlung der Kapitalrücklage:

Übergegangenes Vermögen (750.000 € ./. 300.000 €)	450.000 €
Nennwert neue Anteile	./. 75.000 €
Agio (= Kapitalrücklage)	375.000 €

---

146 In Fällen eines Upstream-mergers werden mangels einer Kapitalerhöhung keine neuen Anteile ausgegeben. Die Beteiligung an der Tochter-KapG ist in diesen Fällen gegen die übergegangenen WG auszubuchen. Die Differenz ist handelsrechtlich als Ertrag und steuerlich über einen Ausgleichsposten einzubuchen.

Der Übernahmegewinn ist gem. § 12 Abs. 2 UmwStG wie folgt zu berechnen:

Übergehendes Vermögen der A-GmbH	450.000 €
abzgl. Anteile an der A-GmbH	./. 0 €
Übernahmegewinn i.S.d. § 12 Abs. 2 UmwStG	450.000 €

Der Übernahmegewinn bleibt gem. § 12 Abs. 2 S. 1 UmwStG außer Ansatz. Eine außerbilanzielle Korrektur ist jedoch nicht vorzunehmen, da aufgrund der Einbuchung in die Kapitalrücklage kein bilanzieller Gewinn entstanden ist. Die Bilanz der B-GmbH sieht nach der Verschmelzung wie folgt aus:

A	Bilanz zum 31.12.2017 der B-GmbH nach Verschmelzung		P
Firmenwert	50.000 €	Stammkapital	175.000 €
Anlagevermögen	950.000 €	Kapitalrücklagen	525.000 €
Umlaufvermögen	850.000 €	Gewinnrücklagen	50.000 €
		Jahresüberschuss	120.000 €
		Sonstige Passiva	980.000 €
	1.850.000 €		1.850.000 €

Zu Besteuerung der Anteilseigner wird auf das Beispiel 6 in Kap. V 5.3 verwiesen.

Beispiel 4:
Die C-GmbH ist an der D-GmbH zu 100 % beteiligt. Die Tochter (D-GmbH) soll im Wege eines **Upstream-mergers** auf die Muttergesellschaft (C-GmbH) verschmolzen werden. Als handelsrechtlicher Verschmelzungsstichtag wurde im Verschmelzungsvertrag der 01.01.2018 aufgenommen. Die Verschmelzung soll steuerlich möglichst neutral durchgeführt werden. Voraussetzungen für eine Übertragung zu Buchwerten bzw. Zwischenwerten sollen annahmegemäß gegeben sein. Im Anlagevermögen der D-GmbH sind stille Reserven i.H.v. 100.000 € enthalten. Dem HR wird gem. § 17 Abs. 2 UmwG folgende SB des übertragenden Rechtsträgers (D-GmbH) zum 31.12.2017 zur Anmeldung vorgelegt:

A	Bilanz zum 31.12.2017 der D-GmbH		P
Anlagevermögen	200.000 €	Stammkapital	100.000 €
Umlaufvermögen	250.000 €	Rücklagen	100.000 €
		Jahresüberschuss	50.000 €
		Verbindlichkeiten	200.000 €
	450.000 €		450.000 €

Der aufnehmende Rechtsträger hat zum 31.12.2017 folgende Bilanz vor Verschmelzung aufgestellt:

A	Bilanz zum 31.12.2017 der C-GmbH		P
Anlagevermögen	300.000 €	Stammkapital	200.000 €
Beteiligung D-GmbH	100.000 €	Rücklagen	300.000 €
Umlaufvermögen	300.000 €	Jahresüberschuss	100.000 €
		Verbindlichkeiten	100.000 €
	700.000 €		700.000 €

Lösung:

1. Schritt: Eine Stammkapitalerhöhung ist bei dieser Umwandlung gem. § 54 Abs. 1 Nr. 1 UmwG nicht vorzunehmen.

2. Schritt: Für die Verschmelzung sind aus steuerlicher Sicht die §§ 11–12 UmwStG maßgebend. Die Verschmelzung ist grundsätzlich so durchzuführen, dass in der Übertragungsbilanz der D-GmbH die gemeinen Werte zum Ansatz kommen. Auf Antrag können gem. § 12 Abs. 2 UmwStG die Buchwerte fortgeführt werden. Die Voraussetzungen sollen hierfür gegeben sein. Ein Übertragungsgewinn entsteht demnach nicht.

3. Schritt: Die C-GmbH hat die in der steuerlichen Übertragungsbilanz der D-GmbH angesetzten Werte nach § 12 Abs. 1 UmwStG zu übernehmen. Sie tritt gem. § 12 Abs. 3 UmwStG in die steuerliche Rechtsstellung der D-GmbH ein. Nach § 12 Abs. 2 S. 1 UmwStG bleibt der Übernahmegewinn/Übernahmeverlust außer Ansatz. Es ist jedoch § 8b KStG anzuwenden (§ 12 Abs. 2 S. 2 UmwStG), soweit die übernehmende Körperschaft an der übertragenden Körperschaft beteiligt ist. Die C-GmbH hält 100 % der Anteile an der D-GmbH.

Übergehendes Vermögen der D-GmbH	250.000 €
abzüglich Buchwert der Anteile an der D-GmbH	100.000 €
Übernahmegewinn i.S.d. § 12 Abs. 2 S. 1 UmwStG	150.000 €
Dieser Übernahmegewinn ist nach den Vorschriften des § 12 Abs. 2 S. 2 UmwStG i.V.m. § 8b Abs. 3 und 5 KStG mit 5 % zu versteuern (fiktive nicht abziehbare Ausgaben)	7.500 €
darauf Gewerbesteuer (ca. 15 %)	1.125 €
Tarifbelastung KSt (15 % von 7.500 €)[147]	1.125 €
gesamte steuerliche Belastung	2.250 €

Diese Steuerbelastung entsteht bei der aufnehmenden C-GmbH zum steuerlichen Übertragungsstichtag.

So wird nach der Verschmelzung vom übernehmenden Rechtsträger folgende StB erstellt:

A	Bilanz zum 31.12.2017 der C-GmbH		P
Anlagevermögen	500.000 €	Stammkapital	200.000 €
Beteiligung B-GmbH	weggefallen	Rücklagen	300.000 €
Umlaufvermögen	550.000 €	Jahresüberschuss	97.750 €
		Übernahmegewinn	150.000 €
		Verbindlichkeiten	302.250 €
	1.050.000 €		1.050.000 €

Die Position Übernahmegewinn in der Bilanz der aufnehmenden C-GmbH soll nur verdeutlichen, dass die Verschmelzung hier zu einem Übernahmegewinn führt. Es wäre auch denkbar, dass die Rücklagen der D-GmbH Rücklagen in der C-GmbH werden. Die Gesamtrechtsnachfolge bezieht sich auch auf die beschlossenen Einstellungen in die Rücklage der übertragenden Gesellschaft.

---

147 Unter Beachtung von § 4 Abs. 5b EStG.

3 Gewinnerhöhung und -minderung durch Vereinigung von Forderungen und Verbindlichkeiten – Übernahmefolgeergebnis

Die Eintragung der Verschmelzung in das Handelsregister der übernehmenden KapG führt dazu, dass Forderungen und (ungewisse) Verbindlichkeiten infolge der Konfusion erlöschen. Soweit sich diese nicht mit gleichen Werten gegenüberstehen (inkongruente Konfusion), kommt es bei der übernehmenden KapG zu einem Übernahmefolgeergebnis, auf den gem. § 12 Abs. 4 UmwStG die Regelungen des § 6 UmwStG anzuwenden sind. Auf die Ausführungen unter Kap. IV 3 wird verwiesen. Ein etwaiger Übernahmefolgegewinn unterliegt der GewSt gem. § 19 Abs. 1 i.V.m. § 12 Abs. 4 UmwStG.

4 Auswirkungen auf den steuerlichen Eigenkapitalausweis: Nennkapitalherabsetzung beim übertragenden Rechtsträger und Nennkapitalerhöhung beim aufnehmenden Rechtsträger

§ 54 UmwG regelt abschließend, in welchen Fällen bei einer Verschmelzung zweier KapG beim übernehmenden Rechtsträger keine Nennkapitalerhöhung vorzunehmen ist. Hierzu zählt die große Gruppe des Upstream-mergers gem. § 54 Abs. 1 Nr. 1 UmwG in den Fällen, in denen die übernehmende Mutter-KapG an der übertragenden Tochter-KapG 100 % der Anteile hält. In allen anderen Fällen erfolgt beim aufnehmenden Rechtsträger immer eine (ggf. anteilige) Kapitalerhöhung. Auf die Kapitalveränderung im Zusammenhang mit einer Umwandlung gelten die Regelungen des § 29 KStG.

Nach § 29 Abs. 1 KStG gilt das Nennkapital der **übertragenden** KapG in Fällen des § 1 UmwG als in vollem Umfang nach § 28 Abs. 2 S. 1 KStG herabgesetzt. Soweit demnach ein Sonderausweis i.S.d. § 28 Abs. 1 KStG nicht vorhanden ist, führt die Kapitalherabsetzung zu einer Erhöhung des steuerlichen Einlagenkontos der übertragenden KapG. Dieser Bestand des Einlagenkontos ist gem. § 29 Abs. 2 KStG dem steuerlichen Einlagenkonto der übernehmenden KapG hinzuzurechnen, soweit die übernehmende KapG nicht an der übertragenden KapG beteiligt ist. Nach Anwendung der § 29 Abs. 1 und 2 ist darüber hinaus grds. die Anpassung des Nennkapitals nach § 29 Abs. 1 KStG und des Sonderausweises nach § 29 Abs. 3 KStG vorzunehmen. Demnach lassen sich die Auswirkungen vereinfacht wie folgt darstellen[148]:

1. Schritt: Fiktive Herabsetzung des Nennkapitals der übertragenden KapG nach § 29 Abs. 1 i.V.m. § 28 Abs. 2 S. 1 KStG.

Rechtsfolge: Minderung/Auflösung eines vorhandenen Sonderausweises und Erhöhung des steuerlichen Einlagenkontos i.H.d. den Sonderausweis übersteigenden Betrags.

2. Schritt: Anpassung der steuerlichen Einlagenkonten der übertragenden bzw. übernehmenden KapG nach § 29 Abs. 2 KStG. Für Fälle der Auf- oder Abspaltung erfolgt die Anpassung nach den Regelungen des § 29 Abs. 3 KStG.

---

[148] S. UE 2011, Tz. K.01 ff.

Rechtsfolge: Soweit die übernehmende KapG an der übertragenden KapG nicht beteiligt ist, erfolgt eine Erhöhung des steuerlichen Einlagenkontos der übernehmenden KapG.

3. Schritt: Anpassung des Nennkapitals der beteiligten Rechtsträger nach § 29 Abs. 4 KStG auf die Verhältnisse nach der Umwandlung.

Beispiel 5:
Eine GmbH soll auf eine andere GmbH verschmolzen werden. Das Stammkapital der aufnehmenden GmbH wird nach der Verschmelzung um 100.000 € erhöht.

Die übertragende GmbH hat folgendes Kapital:
Nennkapital: 300.000 €
Davon Sonderausweis i.S.d. § 28 Abs. 1 KStG: 100.000 €
Rücklagen: 200.000 €

Die übernehmende GmbH hat vor der Verschmelzung folgendes Kapital:
Nennkapital: 200.000 €
Rücklagen: 300.000 €

Lösung: Maßgebend ist hier die Vorschrift § 29 KStG. Zunächst muss bei der übertragenden GmbH gem. § 29 Abs. 1 i.V.m. § 28 Abs. 2 S. 1 KStG eine Kapitalherabsetzung vorgenommen werden.

	Vorspalte	Einlagekonto	Sonderausweis
Anfangsbestand		0 €	100.000 €
Nennkapital	300.000 €		
Abzgl. Verringerung des Sonderausweises	./.100.000 €		./. 100.000 €
Rest – Zugang beim Einlagekonto	./. 200.000 €	200.000 €	
Abgang aus dem Einlagekonto aufgrund der Verschmelzung		./. 200.000 €	

Das Stammkapital bei der aufnehmenden GmbH sieht nach der Umwandlung wie folgt aus:

	Vorspalte	Einlagekonto	Sonderausweis
Anfangsbestand		0 €	0 €
Betrag der fiktiven Kapitalherabsetzung bei der übertragenden Gesellschaft und gleichzeitig Zugang im Einlagekonto der übernehmenden Gesellschaft	200.000 €	200.000 €	
Abgang wegen Kapitalerhöhung gem. § 28 Abs. 1 KStG	./. 100.000 €	./. 100.000 €	
Rest – Zugang beim Einlagekonto	100.000 €	100.000 €	

Hinsichtlich der übergehenden Rücklagen sind keine Feststellungen zu treffen.

5 Besteuerung der Anteilseigner der übertragenden Kapitalgesellschaft

5.1 Anwendung des § 13 UmwStG

Die Verschmelzung führt zum Erlöschen der **übertragenden** KapG, sodass die bisherigen Anteilseigner ihre Anteile an dieser verlieren. Soweit für den Untergang der Anteile den Anteilseignern als Gegenleistung Anteile an der übernehmenden KapG gewährt werden, liegt eine **fiktive** Veräußerung der Anteile an der übertragenden KapG und Anschaffung der Anteile an der übernehmenden KapG vor, die als **tauschähnlicher Vorgang** nach den Regelungen des § 13 UmwStG zu behandeln ist.[149] Im Umkehrschluss folgt daraus, dass insb. in Fällen der Upstream-merger § 13 UmwStG **keine Anwendung** findet, da die übernehmende Mutter-KapG insoweit keine Anteile erhält. Soweit die Gegenleistung für den Verlust der Anteile in anderen Werten als in Gesellschaftsrechten besteht, findet § 13 UmwStG ebenfalls keine Anwendung. Insoweit ist die Gegenleistung nach den allgemeinen Grundsätzen für die (anteilige) Veräußerung der Anteile zu behandeln.[150] Die allgemeinen Grundsätze sind auch dann anzuwenden, soweit die nach der Verschmelzung vorliegenden Anteilsverhältnisse nicht die Verhältnisse vor der Verschmelzung widerspiegeln, sodass – im Wege einer verdeckten Einlage oder verdeckten Gewinnausschüttung – eine Werteverschiebung vorliegt.[151] In diesen Fällen ist nach Auffassung der Finanzverwaltung ggf. eine freigebige Zuwendung zwischen den G'ftern zu prüfen. Eine freigebige Zuwendung soll insb. dann anzunehmen sein, wenn den G'ftern der übertragenden KapG eine Beteiligung gewährt wird, die den (anteiligen) Wert der übertragenden KapG übersteigt.[152]

Darüber hinaus fallen **nicht** in den Anwendungsbereich des § 13 UmwStG solche Anteile an der übertragenden KapG, die **nicht steuerverhaftet** sind (z.B. eines ausländischen Anteilseigners, die nicht unter das Besteuerungsrecht Deutschlands fallen) oder die nach dem 31.12.2008 angeschafften Anteile im PV, die die Voraussetzungen des § 17 EStG nicht erfüllen.[153] Letztere fallen ab dem 01.01.2009 ausdrücklich vorrangig in den Regelungsbereich des § 20 Abs. 4a S. 1 und 2 EStG, sodass bei Vorliegen der Voraussetzungen der Tausch in diesen Fällen **zwingend** steuerneutral vorzunehmen ist. Zu einer Besteuerung kommt es demnach erst, wenn die Anteile an der übernehmenden KapG veräußert werden.

Im Übrigen sind die Vorschriften des § 13 UmwStG auch bei **grenzüberschreitenden** Verschmelzungen sowie bei Verschmelzung in Drittstaaten i.S.d. § 12 Abs. 2 S. 2 KStG und unabhängig von der Ausübung des Bewertungswahlrechts nach § 11 UmwStG anzuwenden.[154]

---

149 S. *Dötsch/Werner* in Dötsch/Pung/Möhlenbrock, a.a.O., § 13 UmwStG, Tz. 1; *Frotscher* in Frotscher/Maas, a.a.O., § 13 UmwStG, Tz. 2 und 10.
150 *Frotscher* in Frotscher/Maas, a.a.O., § 13 UmwStG, Tz. 6 ff.
151 S. UE 2011, Tz. 13.03; BFH vom 09.11.2010, BStBl II 2011, 799.
152 S. gleichlautende Erlasse vom 14.03.2012, BStBl I 2012, 331, Tz. 2.
153 *Frotscher* in Frotscher/Maas, a.a.O., § 13 UmwStG, Tz. 8 f.
154 S. *Dötsch/Werner* in Dötsch/Pung/Möhlenbrock, a.a.O., § 13 UmwStG, Tz. 4 ff.; *Schießl* in Widmann/Mayer, a.a.O., § 13 UmwStG, Tz. 1; *Kraft/Poley*, Steuer und Studium 2013, 161 sowie IStR 2013, 328 und IStR 2013, 866.

5.2 Bestimmung des fiktiven Veräußerungspreises

Nach § 13 Abs. 1 UmwStG gilt als fiktiver Veräußerungspreis grds. der gemeine Wert der Anteile an der übertragenden KapG, der nach den Regelungen des § 11 BewG zu bestimmen ist. Dieser Veräußerungspreis dient der Ermittlung des Veräußerungsgewinns bzw. -verlusts nach den allgemeinen Regelungen gem. §§ 17, 23 Abs. 3 EStG a.F. oder §§ 4 Abs. 1, 5 EStG. Gleichzeitig gilt er in diesen Fällen als Anschaffungspreis der Anteile an der übernehmenden KapG, sodass eine doppelte Erfassung etwaiger stiller Reserven unterbleibt. Abweichend hiervon sind jedoch gem. – in seinem Wortlaut missglückten – § 13 Abs. 2 S. 1 UmwStG die Anteile an der übernehmenden KapG mit dem Buchwert bzw. gem. § 13 Abs. 2 S. 3 UmwStG mit den AK anzusetzen, **wenn** die Voraussetzungen der § 13 Abs. 2 S. 1 Nr. 1 und 2 UmwStG erfüllt sind. Dabei ist zu beachten, dass der Ansatz mit einem Zwischenwert **nicht** möglich ist. Die Antragsvoraussetzungen sind erfüllt[155], wenn

- das deutsche Besteuerungsrecht hinsichtlich der Besteuerung der stillen Reserven der Anteile an der übernehmenden KapG nicht beschränkt wird oder
- die Mitgliedstaaten der EU bei der Verschmelzung Art. 8 der Fusionsrichtlinie anzuwenden haben.

Liegen die Voraussetzungen vor, so treten **auf Antrag** gem. § 13 Abs. 2 S. 2 UmwStG die Anteile an der übernehmenden KapG steuerlich an die Stelle der Anteile an der übertragenden KapG (sog. Fußstapfentheorie). Eine fiktive Veräußerung liegt in diesen Fällen nicht vor.[156] Folglich gehen grds. sämtliche in den untergegangenen Anteilen behafteten Verpflichtungen, (Halte-)Fristen und Beteiligungsverhältnisse auf die neuen Anteile über.[157] Die Besteuerung von Streubesitzdividenden durch die Regelung des § 8b Abs. 4 KStG kann demzufolge nicht vermieden werden, soweit bereits vor der Umwandlung eine Beteiligung von weniger als 10 % bestand und diese sich nach der Umwandlung auf mind. 10 % erhöht hat.

5.3 Besteuerung des (fiktiven) Veräußerungsgewinns/-verlusts

Zum Entstehen eines (fiktiven) Veräußerungsgewinns bzw. -verlusts kommt es nur, wenn die Antragsvoraussetzungen des § 13 Abs. 2 S. 1 UmwStG nicht vorliegen oder das Antragswahlrecht nicht ausgeübt wird. Der Gewinn oder Verlust entsteht im Zeitpunkt der Eintragung der Verschmelzung ins Handelsregister, da die steuerliche Rückwirkung des § 2 UmwStG seinem Wortlaut nach nicht auf die Fälle des § 13 UmwStG angewendet werden kann.[158] Hinsichtlich der Besteuerung gelten die allgemeinen Grundsätze der §§ 17, 23 Abs. 3 EStG a.F. oder §§ 4 Abs. 1, 5 EStG. Die Regelungen des § 8b KStG sowie der §§ 3 Nr. 40, 3c EStG sind ebenfalls anzuwenden. Für Anteile i.S.d. § 20 Abs. 4a EStG sind ggf. die Regelungen des § 20 Abs. 6 EStG zu beachten.

---

155 S. im Einzelnen *Dötsch/Werner* in *Dötsch/Pung/Möhlenbrock*, a.a.O., § 13 UmwStG, Tz. 26 ff.; *Frotscher* in *Frotscher/Maas*, a.a.O., § 13 UmwStG, Tz. 30 ff.
156 S. *Frotscher* in *Frotscher/Maas*, a.a.O., § 13 UmwStG, Tz. 33; a.A. *Dötsch/Werner* in *Dötsch/Pung/Möhlenbrock*, a.a.O., § 13 UmwStG, Tz. 55a.
157 S. im Einzelnen *Klingberg* in *Blümich*, a.a.O., § 13 UmwStG, Tz. 38; *Schmitt* in *Schmitt/Hörtnagl/Stratz*, a.a.O., § 13 UmwStG, Tz. 48.
158 S. UE 2011, Tz. 13.06; *Frotscher* in *Frotscher/Maas*, a.a.O., § 13 UmwStG, Tz. 20; *Dötsch/Werner* in *Dötsch/Pung/Möhlenbrock*, a.a.O., § 13 UmwStG, Tz. 25.

Beispiel 6:
Das Beispiel 3 in Kap. V 2.3 soll nun unter Hinzuziehung der G'fter fortgeführt werden. Die G'fter der auf die B-GmbH verschmolzenen A-GmbH sind demnach die X-GmbH (60 %, Buchwert: 50.000 €) und A (40 %, Anschaffungskosten: 35.000 €, PV). Die Voraussetzungen des § 13 Abs. 2 UmwStG sollen annahmegemäß vorliegen.

Lösung: Die steuerliche Behandlung der X-GmbH und des A richtet sich nach den Regelungen des § 13 UmwStG. Die Anteile des A erfüllen dabei die Voraussetzungen des § 17 EStG. Unabhängig von den Wertansätzen auf Ebene der A-GmbH nach § 11 UmwStG haben sowohl die X-GmbH als auch A ein Wahlrecht.

X-GmbH: Bei der X-GmbH ist die Beteiligung an der A-GmbH auszubuchen und die an der B-GmbH zu bilanzieren. Übt die X-GmbH das Wahlrecht dahingehend aus, dass als Veräußerungspreis der (anteilige) gemeine Wert (375.000 € x 60 % = 225.000 €) angesetzt wird, ist der daraus entstehende Gewinn (225.000 € ./. 50.000 € = 175.000 €) nach § 8b Abs. 2 KStG steuerfrei. Es sind jedoch gem. § 8b Abs. 3 KStG 5 % des Gewinns (= 8.750 €) als nicht abzugsfähige Betriebsausgaben dem Gewinn hinzuzurechnen. Die Rechtsfolgen treten im Jahr 2018 ein. Bei einem Ansatz mit dem Buchwert ändert sich lediglich der Name der Beteiligung.

A: Für A entsteht im Falle des Ansatzes des gemeinen Werts ein Veräußerungsgewinn i.S.d. § 17 Abs. 2 EStG. Der gemeine Wert seiner Beteiligung beträgt 150.000 € (375.000 € x 40 % = 150.000 €). Als Veräußerungspreis ist gem. § 3 Nr. 40 S. 1 Buchst. c EStG ein Wert i.H.v. 90.000 € (= 60 % von 150.000 €) anzusetzen. Die Anschaffungskosten sind gem. § 3c Abs. 2 EStG i.H.v. 21.000 € (= 60 % von 35.000 €) abzuziehen. Es ergibt sich ein Veräußerungsgewinn i.H.v. 69.000 €. Ein Freibetrag i.H.v. 3.624 € (= 40 % von 9.060 €) ist nicht zu gewähren, da eine Kürzung des Freibetrags nach § 17 Abs. 3 S. 2 EStG in voller Höhe erfolgt (3.624 € ./. 40 % von 36.100 € = 14.440 €, verbleibender Freibetrag = 0 €). Der Veräußerungsgewinn ist im Jahr 2018 zu versteuern. Bei einem Ansatz mit dem Buchwert ist kein Veräußerungsgewinn zu ermitteln. In diesem Fall treten die neuen Anteile an der B-GmbH an die Stelle der Anteile an der A-GmbH.

VI Spaltung

Die Spaltung wird zivilrechtlich in den Vorschriften des § 1 Abs. 1 Nr. 2 i.V.m. §§ 123 UmwG ff. geregelt. Die – im Wege der Aufnahme oder im Wege der Neugründung gegen Gewährung von Anteilen – mögliche Spaltung wird gem. § 123 Abs. 1 bis 3 UmwG wie folgt untergliedert:

1. Aufspaltung,
2. Abspaltung,
3. Ausgliederung.

Die Aufspaltung ist in § 123 Abs. 1 UmwG geregelt. Danach wird das Vermögen eines Rechtsträgers unter Auflösung ohne Abwicklung auf mindestens zwei andere Rechtsträger aufgeteilt. Der aufnehmende Rechtsträger hat im Gegenzug den Anteilseignern des übertragenden Rechtsträgers Anteile zu gewähren. Folgendes Schaubild verdeutlicht die Aufspaltung.

Bei der Abspaltung – geregelt in § 123 Abs. 2 UmwG – bleibt der übertragende Rechtsträger bestehen, er überträgt lediglich Teile seines Vermögens auf einen oder mehrere Rechtsträger. Der aufnehmende Rechtsträger hat im Gegenzug den Anteilseignern des übertragenden Rechtsträgers Anteile zu gewähren – s. nachfolgendes Schaubild.

Durch den Verweis in § 125 UmwG auf die – mit Ausnahme einzelner Vorschriften – Anwendung der Regelungen zur Verschmelzung könnte die Spaltung auch als »anteilige« Verschmelzung bezeichnet werden. Dabei ist es im Rahmen der **Auf- und Abspaltung** auch möglich, eine Änderung der Beteiligungsverhältnisse herbeizuführen. In diesen Fällen spricht man von der **nicht verhältniswahrenden Spaltung**, für die zivilrechtlich die Regelungen des § 128 UmwG zu beachten sind.[159] Die nicht verhältniswahrende Spaltung bietet sich insb. zur Trennung von Gesellschafterstämmen an.[160]

Strittig ist, inwieweit das **UmwG** auch auf grenzüberschreitende Spaltungen anzuwenden ist, da § 125 UmwG ausdrücklich nicht auf die Regelungen des §§ 122a UmwG ff. verweist.[161] Unabhängig von der hierzu geführten Diskussion können rein ausländische Vorgänge grds. als vergleichbare ausländische Vorgänge zu qualifizieren sein, auf die das UmwStG Anwendung finden kann.

Die Ausgliederung – § 123 Abs. 3 UmwG – entspricht im Wesentlichen der Abspaltung. Die Anteile an den übernehmenden oder neuen Rechtsträgern fallen jedoch in das Vermögen des ausgliedernden Rechtsträgers.

---

159 S. *Hörtnagl* in *Schmitt/Hörtnagl/Stratz*, a.a.O., § 128 UmwG, Tz. 4 ff.; sowie ausführliches Beispiel *Nagel/Thies*, GmbHR 2004, 83.
160 S. *Dötsch/Pung* in *Dötsch/Pung/Möhlenbrock*, a.a.O., § 15 UmwStG, Tz. 331 ff.; *Hörtnagl* in *Schmitt/Hörtnagl/Stratz*, a.a.O., § 15 UmwStG, Tz. 216 ff.
161 S. hierzu *Hörtnagl* in *Schmitt/Hörtnagl/Stratz*, a.a.O., § 1 UmwStG, Tz. 30; *Dötsch/Pung* in *Dötsch/Pung/Möhlenbrock*, a.a.O., § 15 UmwStG, Tz. 16; *Frotscher* in *Frotscher/Maas*, a.a.O., § 15 UmwStG, Tz. 23 und 51 ff.

1 Bilanzielle Darstellung der Spaltung

Schematisch gesehen erfolgt eine Aufspaltung oder Abspaltung nach dem nachstehend aufgeführten Muster:

- **Aufspaltung**

A	Bilanz der Altgesellschaft XY (vor der Spaltung)		P
Teilbetrieb I Teilbetrieb II	• Stammkapital		50.000 €

A	Bilanz der neu gegründeten KapG A (nach der Spaltung)		P
Teilbetrieb I	• Stammkapital (mindestens 25.000 €/50.000 €[162]) • Gewährung der Anteile für die G'fter der Altgesellschaft, ggf. Kapitalrücklage		50.000 €

A	Bilanz der bisher schon bestehenden KapG B (nach der Spaltung)		P
Bisherige WG der KapG B Teilbetrieb II	• Stammkapital • Kapitalerhöhung um ... €; • Gewährung der Anteile für die G'fter der Altgesellschaft, ggf. steuerfreier Übernahmegewinn		50.000 €

- **Abspaltung**

A	Bilanz der Altgesellschaft Z (vor der Spaltung)		P
Teilbetrieb I Teilbetrieb II	• Stammkapital		50.000 €

A	Bilanz der neu gegründeten KapG A (nach der Spaltung)		P
Teilbetrieb I	• Stammkapital (mindestens 25.000 €/50.000 €) • Gewährung der Anteile für die G'fter der Altgesellschaft, ggf. Kapitalrücklage		50.000 €

---

[162] Das Mindeststammkapital ist abhängig von der Gesellschaftsform (§ 5 Abs. 1 GmbHG: 25.000 € und § 7 AktG: 50.000 €).

A	Bilanz der Altgesellschaft Z (nach der Spaltung)	P
Teilbetrieb II	• Stammkapital	50.000 €
	• Ggf. Kapitalherabsetzung nach § 139 UmwG; allerdings vereinfacht nach § 58a–58f GmbHG	

Der übertragende Rechtsträger hat gem. § 125 i.V.m. § 17 Abs. 2 UmwG eine Bilanz zum Übertragungsstichtag aufzustellen. In den Fällen der Aufspaltung ist die Bilanzierung unproblematisch, da der übertragende Rechtsträger untergeht. In den Fällen der Abspaltung, bei denen die Gegenleistung für die Übertragung eines Teils des Vermögens nicht dem übertragenden Rechtsträger, sondern dessen G'fter gewährt wird, ist für die handelsrechtliche Bilanzierung zu unterscheiden, ob der Saldo aus übertragenen Aktiven und Passiven positiv oder negativ ist. Ein positiver Saldo führt beim übertragenden Rechtsträger zu einer Vermögensminderung, die sich im handelsbilanziellen Ausweis des Eigenkapitals niederschlagen muss. Da die Übertragung der Gesellschaftsrechte unmittelbar an den G'fter erfolgt, ist in der Abspaltung eine Auskehrung eines Teils des Vermögens zu sehen. In diesen Fällen kann es dann auch zu Kapitalherabsetzungen kommen, wenn das zu übertragende Vermögen unter Einbeziehung der stillen Reserven zur Deckung des gezeichneten Kapitals nicht ausreicht.

Beim übernehmenden Rechtsträger sind gem. § 125 UmwG die Vorschriften des UmwG über die Verschmelzung entsprechend anzuwenden. Danach braucht der übernehmende Rechtsträger bei der Spaltung zur Aufnahme keine besondere Bilanz zu erstellen; es handelt sich vielmehr um einen laufenden Geschäftsvorfall. Bei der Spaltung zur Neugründung muss hingegen eine Bilanz (EB) zum Spaltungsstichtag aufgestellt werden.[163]

2 Spaltung im Steuerrecht

Die **Auf- und Abspaltung** sowie diesen vergleichbare ausländische Vorgänge sind steuerrechtlich gem. § 1 Abs. 1 Nr. 1, Abs. 2 UmwStG nach den Regelungen der §§ 15 und 16 UmwStG zu behandeln. In Abhängigkeit des übernehmenden Rechtsträgers sind demnach die Vorschriften der §§ 3 bis 8 bzw. §§ 11 bis 13 UmwStG entsprechend anzuwenden. Dies hat zur Folge, dass die dort genannten Voraussetzungen **neben** denen der §§ 15 und 16 UmwStG vorliegen müssen. Weiterhin führt der Verweis auf die Vorschriften der §§ 3 und 11 UmwStG zu einer entsprechenden Verpflichtung der übertragenden KapG, eine steuerliche Spaltungsbilanz auf den Spaltungsstichtag aufzustellen.[164] Die in § 123 Abs. 3 UmwG geregelte **Ausgliederung** fällt hingegen gem. § 1 Abs. 1 S. 2, Abs. 3 Nr. 2 UmwStG in den Anwendungsbereich der §§ 20, 24 UmwStG. Weiterhin zu beachten ist, dass die Regelungen des UmwStG in Fällen einer zivilrechtlich nicht wirksamen Spaltung keine Anwendung finden, sodass die Regelungen der §§ 15, 16 UmwStG insgesamt nicht anzuwenden sind. Dies hat zur Folge, dass die Aufspaltung wie eine Liquidation und die Abspaltung wie eine Kapitalherabsetzung i.S.d. § 28 Abs. 2 KStG zu behandeln ist. Die Anteilseigner erzielen

---
163 S. *Dötsch/Pung* in *Dötsch/Pung/Möhlenbrock*, a.a.O., § 15 UmwStG, Tz. 56.
164 S. UE 2011, Tz. 15.14.

insoweit Einkünfte aus Kapitalvermögen und führen eine (verdeckte) Einlage zum TW nach § 6 Abs. 1 Nr. 5 EStG bei der übernehmenden KapG bzw. PersG durch.[165] Es gelten insoweit die allgemeinen Grundsätze.

3 Steuerliche Regelungen für den übertragenden Rechtsträger – Ermittlung des Übertragungsgewinns

3.1 Ansatz mit dem gemeinen Wert

Durch den Verweis auf die Regelungen des § 11 bzw. § 3 UmwStG hat die übertragende KapG gem. § 15 Abs. 1 S. 1 bzw. § 16 i.V.m. § 15 UmwStG die WG, die i.R.d. zivilrechtlich wirksamen Spaltung übertragen werden sollen, d.h. in Fällen der Aufspaltung sämtliche und in Fällen der Abspaltung nur die insoweit übergehenden WG, grds. mit dem gemeinen Wert anzusetzen. Die i.R.d. Abspaltung zurückbehaltenen WG sind weiterhin mit dem Buchwert zu bilanzieren. Ein ggf. entstehender Übertragungsgewinn ist sowohl körperschaft- als auch gewerbesteuerpflichtig. Insoweit kann auf die Ausführungen in Kap. IV 1.1 und Kap. V 1.1 verwiesen werden. Der durch den Vermögensabgang entstehende **bilanzielle** Gewinn oder Verlust ist aufgrund seiner gesellschaftsrechtlichen Veranlassung bei der Einkünfteermittlung außerbilanziell zu neutralisieren.[166]

3.2 Ansatz mit dem Buchwert/Zwischenwert

Liegen die Voraussetzungen der §§ 3 Abs. 2 und 11 Abs. 2 UmwStG vor, so können die **übertragenen** WG mit dem Buchwert bzw. einem Zwischenwert nur dann angesetzt werden, **wenn** gem. § 15 Abs. 1 S. 2 (i.V.m. § 16) UmwStG in Fällen der Aufspaltung auf die übernehmende(n) Körperschaft(en) (jeweils) ein **Teilbetrieb** übertragen wird. In Fällen der Abspaltung muss darüber hinaus zusätzlich bei der übertragenden KapG ein (weiterer) Teilbetrieb verbleiben.[167] Nach dem Willen der Finanzverwaltung muss es sich dabei in jedem Falle um einen »Nur-Teilbetrieb« handeln, d.h. in den Fällen, in denen WG nicht zu einem Teilbetrieb zugeordnet werden können, eine erfolgsneutrale Spaltung nicht in Betracht kommt.[168] In diesen Fällen bietet es sich an, die sog. spaltungshindernden WG zu veräußern.

Der Ansatz der WG zu Buchwerten bzw. einem Zwischenwert ist weiterhin auch dann ausgeschlossen, wenn die Tatbestände des § 15 Abs. 2 (i.V.m. § 16) UmwStG erfüllt werden (sog. Missbrauchstatbestände[169]). Sind die Voraussetzungen für eine erfolgsneutrale Spaltung

---

165 S. *Schießl* in *Widmann/Mayer*, a.a.O., § 15 UmwStG, Tz. 134.
166 *Hörtnagl* in *Schmitt/Hörtnagl/Stratz*, a.a.O., § 15 UmwStG, Tz. 245; *Dötsch/Pung* in *Dötsch/Pung/Möhlenbrock*, a.a.O., § 15 UmwStG, Tz. 376.
167 Zur Definition des Teilbetriebs s. nachfolgend in Kap. IV 3.2.1.
168 S. UE 2011, Tz. 15.01; *Dötsch/Pung* in *Dötsch/Pung/Möhlenbrock*, a.a.O., § 15 UmwStG, Tz. 90 und 154; kritisch *Heuerung/Engel/Schröder*, GmbHR 2012, 273.
169 S. nachfolgend in Kap. VI 3.2.2.

gegeben, so kann das Wahlrecht i.S.d. § 3 Abs. 2 bzw. § 11 Abs. 2 UmwStG nach Auffassung der Literatur für **jeden übertragenen Teilbetrieb** unterschiedlich ausgeübt werden.[170]

3.2.1 Definition des Teilbetriebs

Abweichend vom Handelsrecht bzw. UmwG, in dem das Übertragen von bereits einzelnen WG im Wege der Spaltung genügt, ist die steuerlich erfolgsneutrale Übertragung von WG i.R.d. Spaltung zusätzlich an das Vorliegen eines **Teilbetriebs** geknüpft. Da § 15 UmwStG eine eigenständige Definition des Teilbetriebs nicht enthält, ist fraglich, inwieweit der Begriff des Teilbetriebs in Anlehnung an die entwickelten Grundsätze zu § 16 EStG oder gar an die Definition des Art. 2 Buchst. j der Fusionsrichtlinie[171] auszulegen ist.

Nach der ständigen Rechtsprechung des BFH ist unter einem Teilbetrieb ein organisch geschlossener, mit einer gewissen Selbständigkeit ausgestatteter Teil des Gesamtbetriebs zu verstehen, der für sich allein funktions- bzw. lebensfähig ist, d.h. über die für seinen Betrieb wesentlichen Betriebsgrundlagen verfügt.[172] Abweichend von § 16 EStG[173] gilt für Zwecke des UmwStG mithin nur die rein **funktionale** Betrachtungsweise. Weitere Voraussetzung ist, dass sämtliche zum Teilbetrieb gehörenden wesentlichen Betriebsgrundlagen auf den Erwerber übergehen, ein obligatorisches Nutzungsrecht reicht nach Auffassung des BFH dabei nicht aus.[174] Inwieweit von der Übertragung eines Teilbetriebs ausgegangen werden kann, wenn der Erwerber durch das Nutzungsverhältnis wirtschaftlicher (Mit-)Eigentümer der überlassenen WG wird, ließ der BFH hingegen offen. Nach Auffassung der Finanzverwaltung soll die Begründung des **wirtschaftlichen Eigentums** ausreichend sein.[175] In seinem Urteil vom 07.04.2010[176] vertritt der BFH darüber hinaus die Auffassung, dass die Bestimmungen der Fusionsrichtlinie auf § 15 UmwStG keine Anwendung finden, um jedoch gleichwohl festzustellen, dass die Teilbetriebsbegriffe sich grds. im Wesentlichen decken. Die Finanzverwaltung geht hingegen wohl von einem Teilbetrieb i.S.d. Fusionsrichtlinie aus.[177]

---

170 S. *Hörtnagl* in *Schmitt/Hörtnagl/Stratz*, a.a.O., § 15 UmwStG, Tz. 249.
171 Richtlinie 90/434/EWG des Rates vom 23.07.1990 über das gemeinsame Steuersystem für Fusionen, Spaltungen, die Einbringung von Unternehmensteilen und den Austausch von Anteilen, die Gesellschaften verschiedener Mitgliedstaaten betreffen, geändert durch die Richtlinie 2005/19/EG des Rates vom 17.02.2005 und die Richtlinie 2009/133/EG des Rates vom 25.11.2009.
172 S. BFH vom 22.06.2010, BFH/NV 2011, 10; BFH vom 07.04.2010, BStBl II 2011, 467.
173 Für Zwecke des § 16 EStG kann ein Teilbetrieb auch dann vorliegen, wenn die WG zwar keine wesentlichen Betriebsgrundlagen darstellen, jedoch erhebliche stille Reserven enthalten (sog. funktional-quantitative Betrachtungsweise). Vgl. H 16.8 »Begriff der wesentlichen Betriebsgrundlage« EStH.
174 S. BFH vom 07.04.2010, BStBl II 2011, 467 sowie *Pyszka*, DStR 2013, 1462.
175 S. UE 2011, Tz. 15.07. So auch schon *Hörtnagl* in *Schmitt/Hörtnagl/Stratz*, a.a.O., § 15 UmwStG, Tz. 73 und *Schießl* in *Widmann/Mayer*, a.a.O., § 15 Tz. 26.
176 S. BStBl II 2011, 467.
177 S. UE 2011, Tz. 15.02.

Hinweis: Gem. UE 2011, **Tz. 15.02** ist nach Auffassung der Finanzverwaltung für die Anwendung des **UmwStG** nunmehr der **europarechtliche Teilbetriebsbegriff** zugrunde zu legen. Demnach handelt es sich bei einem Teilbetrieb um eine Gesamtheit der in einem Unternehmensteil einer Gesellschaft vorhandenen aktiven und passiven WG, die in organisatorischer Hinsicht einen selbständigen Betrieb, d.h. eine aus eigenen Mitteln funktionsfähige Einheit, konstituieren.

Der Unterschied zum nationalen Teilbetriebsbegriff liegt darin, dass eine **ganzheitliche** Betrachtungsweise stattfindet, bei der auch die **Passiva** zu berücksichtigen sind, die mit übertragen werden müssen.

Besondere Probleme treten in der Praxis bei der **Zuordnung von WG zu Teilbetrieben** auf. Dabei gilt nach UE 2011, Tz. 15.09:

- Werden wesentliche Betriebsgrundlagen zurückbehalten, liegt ein Spaltungshindernis vor.
- Bei nicht eindeutiger (bilanzieller) Zuordnung erfolgt die Zuweisung (zu den TB) nach der überwiegenden Nutzung.
- Bei **neutralem Vermögen** (Beispiel: Software-Programme oder Verrechnungskonten) kann die Zuordnung nach Tz. 15.09 noch im Rückwirkungszeitraum erfolgen.

Nach § 15 Abs. 1 S. 3 UmwStG gelten als – **fiktive** – Teilbetriebe auch **MU-Anteile** sowie **100 %ige** Beteiligungen **an einer KapG**. Ein MU-Anteil stellt auch dann einen Teilbetrieb dar, wenn dieser Anteil selbst als eine funktional wesentliche Betriebsgrundlage eines Teilbetriebs anzusehen ist.[178]

Nach dem Verständnis der Finanzverwaltung soll ein Teilbetrieb in den Fällen nicht steuerneutral übertragen werden können, in denen eine funktional wesentliche Betriebsgrundlage von mehreren Teilbetrieben genutzt wird (sog. Spaltungshindernis). Handelt es sich bei dieser Betriebsgrundlage um ein Grundstück, so ist bis zum Zeitpunkt des Spaltungsbeschlusses eine zivilrechtliche Realteilung vorzunehmen, damit die Spaltung auch steuerlich durchgeführt werden kann. Aus Billigkeitsgründen lässt die Verwaltung eine ideelle Teilung (Bruchteilseigentum) im Verhältnis der tatsächlichen Teilung unmittelbar nach der Spaltung zu.[179]

Nach dem Willen der Finanzverwaltung müssen die Teilbetriebsvoraussetzungen bereits **zum steuerlichen Übertragungsstichtag** vorliegen[180], sodass die in der Vergangenheit gegebene Möglichkeit eines **Teilbetriebs im Aufbau**[181] nicht gegeben sein soll.

---

178 S. BFH vom 25.02.2010, BStBl II 2010, 726. S. auch *Nöcker*, DStR 2013, 1530.
179 S. UE 2011, Tz. 15.08.
180 S. UE 2011, Tz. 15.03; s. auch *Hörtnagl* in *Schmitt/Hörtnagl/Stratz*, a.a.O., § 15 UmwStG, Tz. 84.
181 Dabei müssen insb. die wesentlichen Betriebsgrundlagen bereits vorhanden und bei zielgerichteter Weiterverfolgung des Aufbauplans ein selbständig lebensfähiger Organismus zu erwarten sein (vgl. BFH vom 01.02.1989, BStBl II 1989, 458; BFH vom 22.6.2010, BFH/NV 2011, 10; H 16 Abs. 3 »Teilbetrieb im Aufbau« EStH).

3.2.2 Missbrauchstatbestände des § 15 Abs. 2 UmwStG

Wie bereits eingangs beschrieben, ist die Möglichkeit des Ansatzes der WG zu Buchwerten bzw. Zwischenwerten nur dann gegeben, wenn zusätzlich **neben** den Voraussetzungen des § 15 Abs. 1 S. 2 UmwStG keine der in § 15 Abs. 2 (i.V.m. § 16) UmwStG aufgeführten Missbrauchstatbestände vorliegen.

Gem. § 15 Abs. 2 S. 1 UmwStG liegt ein Missbrauchstatbestand vor, wenn **einzelne WG der zu spaltenden KapG durch Einlage**[182] auf eine PersG oder KapG übertragen werden, die zum Erwerb bzw. Aufstockung **der Beteiligung** (d.h. MU-Anteile und 100 %-Beteiligung an einer KapG) führen und dadurch ein Teilbetrieb i.S.d. § 15 Abs. 1 S. 3 UmwStG geschaffen wird. Der Erwerb bzw. die Aufstockung muss für das Vorliegen des Missbrauchstatbestands innerhalb von drei Jahren vor dem steuerlichen Übertragungsstichtag stattgefunden haben.

Nach einhelliger Auffassung der Literatur fallen jedoch nur solche Übertragungen unter die Regelung des § 15 Abs. 2 S. 1 UmwStG, die **erfolgsneutral**, d.h. ohne Aufdeckung **vorhandener** stiller Reserven, vorgenommen werden.[183] Darunter fallen insb. alle **Einbringungs- und Einlagevorgänge** des UmwStG und des EStG, die als Gegenleistung für die einzelnen WG einen MU-Anteil bzw. Anteil an der KapG zum Gegenstand haben. Im Falle der Abspaltung gilt § 15 Abs. 2 S. 1 UmwStG sowohl für den übertragenen als auch den zurückbehaltenen Teilbetrieb. Mithin sind die Missbrauchstatbestände auch für den zurückbehaltenen Teilbetrieb zu beachten.[184]

> **Beispiel 1: Missbräuchliche Gestaltung?**
> Die E-GmbH hält neben einem echten Teilbetrieb 70 % der Anteile an der X-GmbH. In 2017 bringt die E-GmbH diese Anteile in die neu zu gründende Z-GmbH gegen Gewährung von 100 % der Anteile an der Z-GmbH erfolgsneutral nach § 21 UmwStG ein. In 2018 soll die E-GmbH erfolgsneutral aufgespalten werden.
>
> **Lösung:** Hinsichtlich der 100 %igen Beteiligung an der Z-GmbH handelt es sich um einen Teilbetrieb i.S.d. § 15 Abs. 1 S. 3 UmwStG, sodass grds. eine erfolgsneutrale Aufspaltung möglich ist. Jedoch greift § 15 Abs. 2 UmwStG, da die 70 %ige Beteiligung an der X-GmbH keinen Teilbetrieb i.S.d. § 15 Abs. 1 S. 3 UmwStG darstellte und der Teilbetrieb in Form der Z-GmbH erst durch die erfolgsneutrale Einbringung dieser Beteiligung innerhalb eines Zeitraums von drei Jahren vor dem steuerlichen Übertragungsstichtag geschaffen wurde.

Weiterhin ist gem. § 15 Abs. 2 **S. 2 bis 4** UmwStG eine steuerneutrale Spaltung nicht möglich, wenn die Spaltung nur dazu dient, eine Veräußerung von Anteilen an den beteiligten KapG bzw. PersG an außenstehende Personen[185] zu vollziehen bzw. vorzubereiten. Nach der unwiderlegbaren gesetzlichen Vermutung ist dies der Fall, wenn innerhalb von fünf Jahren nach dem steuerlichen Übertragungsstichtag Anteile an den an der Spaltung be-

---

182 Ein entgeltlicher Erwerb gegen einen Kaufpreis in Geld stellt hingegen keinen Missbrauchstatbestand dar.
183 S. *Frotscher* in *Frotscher/Maas*, a.a.O., § 15 UmwStG, Tz. 144; *Schießl* in *Widmann/Mayer*, a.a.O., § 15 UmwStG, Tz. 175. So auch die Finanzverwaltung, UE 2011, Tz. 15.16 und 15.20.
184 S. UE 2011, Tz. 15.17. Kritisch hierzu Stellungnahme des Ausschusses Steuerrecht des Deutschen Anwaltsvereins, NZG 2011, 819, 823.
185 Gesellschafter sowie konzernzugehörige Unternehmen i.S.d. § 271 Abs. 2 HGB stellen keine außenstehenden Personen dar. S. UE 2011, Tz. 15.26.

teiligten Rechtsträgern (KapG, PersG) **entgeltlich** übertragen werden, die mehr als 20 % der vor Wirksamwerden der Spaltung **an der übertragenden Körperschaft** bestehenden Anteile ausmach(t)en.

Beispiel 2:[186]

Die A-KapG spaltet sich in die B-KapG und in die C-KapG jeweils durch Einbringung eines Teilbetriebs.

Wert des Teilbetriebs 1 (KapG B)	400.000 €
Wert des Teilbetriebs 2 (KapG C)	600.000 €

Der Alleingesellschafter veräußert:
a) 40 % seiner Beteiligung an der KapG B,
b) 40 % seiner Beteiligung an der KapG C,
c) jeweils 30 % seiner Beteiligung an der KapG B + C.

Lösung:

a) Es werden 40 % von 400.000 € = 160.000 € veräußert, was einer Quote von 16 % entspricht und somit unter der Grenze von 20 % liegt. Es handelt sich um keine schädliche Veräußerung i.S.d. § 15 Abs. 2 S. 3 und 4 UmwStG.

b) Es werden 40 % von 600.000 € = 240.000 € veräußert, was einer Quote von 24 % entspricht und somit über der Grenze von 20 %[187] liegt. Es handelt sich um eine schädliche Veräußerung i.S.d. § 15 Abs. 2 S. 3 und 4 UmwStG.

c) Jede Veräußerung für sich gesehen liegt unterhalb von 20 % (12 % und 18 %). Insgesamt beträgt die Quote jedoch 30 %, da spätestens mit der zweiten Veräußerung § 15 Abs. 2 S. 3 und 4 UmwStG greift.

Schließlich wird gem. § 15 Abs. 2 S. 5 UmwStG ein weiterer Missbrauch mit der Folge der Versagung einer erfolgsneutralen Spaltung angenommen, wenn in Fällen der Trennung von Gesellschafterstämmen die Beteiligung an der übertragenden KapG – unabhängig von der Höhe und der Art des Erwerbs – vor dem steuerlichen Übertragungsstichtag nicht mindestens fünf Jahre bestanden hat.[188]

---

186 S. auch *Dötsch/Pung* in *Dötsch/Pung/Möhlenbrock*, a.a.O., § 15 UmwStG, Tz. 271 ff.
187 § 15 Abs. 2 S. 4 UmwStG bestimmt als Bagatellgrenze 20 % der vor Wirksamwerden der Spaltung an der übertragenden Körperschaft bestehenden Anteile. Ein Bezug auf das Nominalkapital wird durch die Vorschrift allerdings nicht hergestellt, sodass es auf den tatsächlichen Wert zum Zeitpunkt des Wirksamwerdens der Spaltung ankommt.
188 S. ausführlich *Dötsch/Pung* in *Dötsch/Pung/Möhlenbrock*, a.a.O., § 15 UmwStG, Tz. 331 ff.; *Frotscher* in *Frotscher/Maas*, a.a.O., § 15 UmwStG, Tz. 224 ff.

Beispiel 3:
An der E-GmbH sind die Gesellschafterstämme A, B und C beteiligt. C hat die Beteiligung erst in 2017 von A erworben. Die E-GmbH hat insgesamt drei Teilbetriebe (I, II und II). Im Zuge der Abspaltung in 2018 sollen der Teilbetrieb I auf die X-GmbH, der Teilbetrieb II auf die Y-GmbH übertragen werden. Alleiniger G'fter der X-GmbH wird C. A und B übernehmen die Anteile an der Y-GmbH.

Lösung: Es liegt eine (nichtverhältniswahrende) Spaltung vor, bei der es zur Trennung von Gesellschafterstämmen kommt, da C nicht an der Y-GmbH und A bzw. B nicht an der X-GmbH beteiligt werden. Die Spaltung ist steuerlich nach den Regelungen des § 15 i.V.m. §§ 11 bis 13 UmwStG zu beurteilen. Soweit die Spaltung den auf die X-GmbH übergehenden Teilbetrieb I betrifft, ist eine erfolgsneutrale Spaltung nach § 15 Abs. 2 S. 5 UmwStG nicht möglich, da C nicht mehr als fünf Jahre an der E-GmbH beteiligt war.

3.3 Beteiligungskorrekturgewinn

Entsprechend einer Verschmelzung einer Mutter-KapG auf eine Tochter-KapG (sog. **Downstream-merger**) ist im Rahmen einer **Downstream-Spaltung** bzw. Abwärtsspaltung, bei der der übernehmende Rechtsträger ebenfalls eine KapG ist, gem. § 15 Abs. 1 S. 1 i.V.m. § 11 Abs. 2 S. 2 UmwStG auch ein etwaiger Beteiligungskorrekturgewinn auf Ebene der übertragenden KapG zu ermitteln. Dies setzt jedoch voraus, dass die Anteile an der übernehmenden KapG im Zuge der Spaltung auch tatsächlich übertragen werden.[189] Auf die weiteren Ausführungen unter Kap. V 1.3 wird verwiesen.

3.4 Minderung von Steuerkapazitätspositionen[190]

Durch den Verweis auf die Regelungen der §§ 3 bis 4 sowie §§ 11 bis 13 UmwStG finden im Rahmen einer **Auf**spaltung die Vorschriften des (§ 12 Abs. 3 2. HS i.V.m.) § 4 Abs. 2 S. 2 UmwStG ebenfalls Anwendung, mit der Folge, dass ungenutzte verrechenbare Verluste, verbleibende Verlustvorträge, nicht ausgeglichene negative Einkünfte sowie ein EBITDA- bzw. Zinsvortrag i.S.d. § 4h Abs. 1 S. 3 und 5 EStG verlorengehen. Da jedoch im Rahmen einer **Ab**spaltung der übertragende Rechtsträger weiter bestehen bleibt, gilt dies gem. § 15 Abs. 3 UmwStG nur in dem Verhältnis, in dem bei Zugrundelegung des gemeinen Werts das Vermögen auf eine andere KapG bzw. über § 16 UmwStG andere PersG übergeht.

---

[189] S. *Dötsch/Pung* in *Dötsch/Pung/Möhlenbrock*, a.a.O., § 15 UmwStG, Tz. 83; *Frotscher* in *Frotscher/Maas*, a.a.O., § 15 UmwStG, Tz. 249.
[190] S. *Klingberg* in *Blümich*, a.a.O., § 15 UmwStG, Tz. 125.

4 Steuerliche Behandlung beim übernehmenden Rechtsträger – Ermittlung des Übernahmeergebnisses bzw. eines Beteiligungskorrekturgewinns

Die Rechtsfolgen der Spaltung für die übernehmende PersG bzw. KapG ergeben sich insoweit aus der entsprechenden Anwendung der Regelungen §§ 4 bis 7 UmwStG sowie § 12 UmwStG. Mithin kann auf die Ausführungen unter Kap. IV 2 und 3 sowie Kap. V 2 und 3 verwiesen werden.

5 Auswirkungen auf den steuerlichen Eigenkapitalausweis

In Fällen der Auf- und Abspaltung, bei denen es sich bei dem aufnehmenden Rechtsträger um eine KapG handelt, sind zusätzlich die Vorschriften des § 29 Abs. 3 KStG zu beachten. Demnach ist das steuerliche Einlagenkonto der übertragenden KapG im Verhältnis der übergehenden Vermögensteile zu dem vor dem Abgang bestehenden Vermögen aufzuteilen. Das Verhältnis ist dabei grds. aus den Angaben zum Umtauschverhältnis der Anteile im Spaltungs- und Übernahmevertrag oder im Spaltungsplan zu entnehmen. In besonderen Fällen kann das Verhältnis auch anhand der gemeinen Werte der übergehenden Vermögensteile zum vorhandenen Vermögen bestimmt werden. Die Ausführungen unter Kap. V 4 gelten sinngemäß.

Liegt hingegen eine Abspaltung vor, bei der es sich bei dem aufnehmenden Rechtsträger um eine PersG handelt, so mindert sich das steuerliche Einlagenkonto der übertragenden KapG gem. § 29 Abs. 3 S. 4 KStG in dem Verhältnis der übergehenden Vermögensteile zu dem vor der Spaltung bestehenden Vermögen.

6 Besteuerung der Anteilseigner der übertragenden Kapitalgesellschaft

Die Besteuerung der Anteilseigner richtet sich nach den für die Spaltung entsprechend geltenden Vorschriften. Demnach ist im Falle eines **übernehmenden** Rechtsträgers in der Rechtsform einer **PersG** für jeden an der PersG beteiligten G'fter insoweit ein Übernahmeergebnis nach § 16 S. 1 i.V.m. § 4 Abs. 4 und 5 UmwStG zu ermitteln, dessen steuerliche Behandlung sich nach den Regelungen des § 4 Abs. 6 und 7 UmwStG richtet. Dabei ist zu beachten, dass für Zwecke der Ermittlung des Übernahmeergebnisses von dem Wert des übergegangenen Teilbetriebs nur der anteilige Buchwert der Anteile an der übertragenden KapG abzuziehen ist. Darüber hinaus haben die G'fter anteilig die offenen Rücklagen nach § 7 UmwStG als Einnahmen i.S.d. § 20 Abs. 1 Nr. 1 EStG zu versteuern. Als Maßstab für die Bestimmung des anteiligen Buchwerts bzw. der anteiligen offenen Rücklagen ist grds. das Umtauschverhältnis der Anteile im Spaltungs- oder Übernahmevertrag bzw. Spaltungsplan oder das Verhältnis der gemeinen Werte der übertragenen zum gesamten vor der Spaltung vorhandenen Vermögen ausschlaggebend.[191] Hinsichtlich weiterer Einzelheiten kann auf die Ausführungen unter Kap. IV 2 und 4 verwiesen werden.

---

191 S. UE 2011, Tz. 16.01 i.V.m. Tz. 15.43.

Handelt es sich hingegen bei dem **übernehmenden** Rechtsträger um eine **KapG**, gelten gem. § 15 Abs. 1 S. 1 UmwStG die Regelungen des § 13 UmwStG. Demnach liegt in Fällen der Spaltung eine fiktive (Teil-)Veräußerung vor, im Rahmen derer die Anteile an der übertragenden KapG grds. mit dem gemeinen Wert zu bewerten sind. Soweit i.R.d. Abspaltung nur eine fiktive Teilveräußerung anzunehmen ist, sind die Anschaffungskosten bzw. die Buchwerte der Anteile an der übertragenden KapG – entsprechend den Regelungen der § 16 i.V.m. §§ 3 bis 7 UmwStG – nach Maßgabe des Umtauschverhältnisses der Anteile im Spaltungs- oder Übernahmevertrag bzw. Spaltungsplan oder der gemeinen Werte des übergehenden Vermögens zum gesamten Vermögen aufzuteilen.[192] Eine Besonderheit ist lediglich dahingehend zu beachten, dass das Wahlrecht des § 13 Abs. 2 UmwStG nach § 15 Abs. 1 S. 2 UmwStG nur dann – bei Vorliegen entsprechender Voraussetzungen – ausgeübt werden kann, wenn es sich i.R.d. Aufspaltung bei dem übergegangenen Vermögen um einen Teilbetrieb handelt bzw. i.R.d. Abspaltung bei der übertragenden KapG zusätzlich ein Teilbetrieb verbleibt. Darüber hinaus kann auf die Ausführungen unter Kap. V 5 verwiesen werden.

Beispiel 4: Abschließendes Beispiel zur Spaltung
An der AB-GmbH sind seit Gründung die G'fter A und B zu je 50 % beteiligt. Die Anteile werden in deren PV gehalten. Die Bilanz 2017 der AB-GmbH wurde am 15.03.2018 erstellt und hat folgendes Bild:

A	Bilanz zum 31.12.2017		P
Teilbetrieb Münzprägerei	3.500.000 €	Stammkapital	200.000 €
Beteiligung EURO Geldautomaten GmbH	500.000 €	Gewinnrücklage	1.000.000 €
		Bilanzgewinn	1.000.000 €
		Verbindlichkeiten	1.800.000 €
	4.000.000 €		4.000.000 €

Die Beteiligung an der EURO Geldautomaten GmbH wird von der AB-GmbH zu 100 % gehalten. Diese Beteiligung wurde zum 31.12.2015 durch Einbringung der Anteile an der ADDI GmbH erworben. Die Anteile an der ADDI GmbH (60 % des Stammkapitals) wurden von der AB-GmbH in 1998 für 500.000 € erworben und so auch in den Bilanzen aufgeführt. Durch Einbringungsvertrag vom 31.12.2015 wurde diese 60 %ige Beteiligung in die EURO Geldautomaten GmbH gegen Gewährung von neuen Gesellschaftsrechten – 100 % – (Sachgründung) eingebracht. Die aufnehmende EURO Geldautomaten GmbH hat die Anteile mit dem BW angesetzt. Die Anteile haben zum 31.12.2017 einen Verkehrswert von 1.000.000 €.
Mit Spaltungsvertrag vom 22.08.2018 wurde beschlossen, dass die Beteiligung an der EURO Geldautomaten GmbH rückwirkend zum 01.01.2018 auf die Z-GmbH abgespalten wird. Die G'fter der Z-GmbH haben einen entsprechenden Gesellschafterbeschluss gefasst. Laut Spaltungsplan entspricht die Beteiligung an der EURO Geldautomaten GmbH einem Anteil von 25 % des Gesamtvermögens der AB-GmbH.
Bei der aufnehmenden Z-GmbH wird aufgrund der Spaltung eine Nennkapitalerhöhung von 100.000 € vorgenommen.

---

192 S. UE 2011, Tz. 15.43.

Die Z-GmbH hat vor der Spaltung die folgende Bilanz aufgestellt:

A	Bilanz zum 31.12.2017 (Z-GmbH)		P
Anlagevermögen	2.500.000 €	Stammkapital	200.000 €
Umlaufvermögen	11.750.000 €	Gewinnrücklage	2.100.000 €
RAP	1.050.000 €	Bilanzgewinn	800.000 €
		Verbindlichkeiten	12.200.000 €
	15.300.000 €		15.300.000 €

Die Spaltung wurde am 15.11.2018 in das HR eingetragen.

Aufgabe: Führen Sie bitte die Spaltung aus steuerlicher Sicht durch. Es soll von einer Gewerbesteuerbelastung von 15 % ausgegangen werden.

Lösung: Gem. §§ 123 ff. UmwG ist die Abspaltung der Beteiligung an der EURO Geldautomaten GmbH möglich. Auch eine rückwirkende Spaltung kann hier vorgenommen werden – § 125 i.V.m. § 17 UmwG. Nach dem Zivilrecht kommt es nur darauf an, dass überhaupt Vermögen abgespalten wird. Durch die Eintragung in das HR wird gem. § 131 Abs. 1 Nr. 1 UmwG bewirkt, dass das im Spaltungsplan vorgesehene Vermögen als Gesamtheit auf den übernehmenden Rechtsträger übergeht.

Nach § 15 Abs. 1 UmwStG sind bei der Abspaltung die §§ 11–13 UmwStG entsprechend anzuwenden. Voraussetzung dafür ist jedoch, dass das abgespaltene Vermögen zum Zeitpunkt des steuerlichen Übertragungsstichtages die Voraussetzungen eines Teilbetriebes erfüllt – Tz. 15.03 UE 2011 – und das verbleibende Vermögen ebenfalls einen Teilbetrieb darstellt.

Als fiktiver Teilbetrieb ist auch die 100 %ige Beteiligung an einer KapG anzusehen – § 15 Abs. 1 S. 3 UmwStG. Gem. § 15 Abs. 2 S. 1 UmwStG ist § 11 Abs. 2 UmwStG – Ansatz mit dem BW – nicht anzuwenden, wenn die Anteile an der KapG innerhalb von drei Jahren vor der Abspaltung durch Einbringung von WG, die keinen Teilbetrieb i.S.d. § 15 Abs. 1 UmwStG darstellen, erworben wurden. In diesem Fall wurde die – nicht als Teilbetrieb zu qualifizierende – 60 %ige Beteiligung an der ADDI GmbH durch Einbringung in die EURO Geldautomaten GmbH zu einer 100 %igen Beteiligung, die damit dann die Voraussetzungen des § 15 Abs. 1 S. 3 UmwStG erfüllt. Da die Einbringung jedoch in einem Zeitraum von drei Jahren vor der Abspaltung gemacht worden ist, kommt die Missbrauchsvorschrift des § 15 Abs. 2 UmwStG zum Tragen. In der Bilanz der übertragenden Gesellschaft ist somit gem. § 11 Abs. 1 UmwStG wegen Tz. 15.12 UE 2011 die Abspaltung des fiktiven Teilbetriebs (100 %ige Beteiligung an der EURO Geldautomaten GmbH) zum gemeinen Wert vorzunehmen. Der gemeine Wert der Beteiligung an der EURO Geldautomaten GmbH beträgt nach dem Sachverhalt 1.000.000 €. Es entsteht ein Übertragungsgewinn i.H.v. 500.000 €, auf den u.E. die Regelungen des § 8b Abs. 2 und 3 KStG anzuwenden sind.[193] Es verbleibt ein körperschafts- und gewerbesteuerpflichtiger Gewinn von 25.000 €. Unter der Annahme einer Steuerbelastung von 30 % fallen Steuern i.H.v. 7.500 € an. Bei den G'ftern A und B der AB-GmbH liegt hingegen eine (Teil-)Veräußerung der Anteile an der AB-GmbH nach § 13 Abs. 1 UmwStG i.V.m. § 17 EStG und eine Anschaffung der Anteile an der Z-GmbH vor. Die Anwendung des Bewertungswahlrechts des § 13 Abs. 2 UmwStG ist insoweit gesperrt. Es kommt zu einer Minderung der Anschaffungskosten der Anteile an der AB-GmbH und zum Erwerb der Anteile an der Z-GmbH i.H.d. Minderungsbetrags. Zu diesem

---

193 S. *Dötsch/Pung* in *Dötsch/Pung/Möhlenbrock*, a.a.O., § 15 UmwStG, Tz. 376; *Beutel* in *Schneider/Ruoff/Sistermann*, UE 2011, Tz. 15.34.

Zwecke sind die Anschaffungskosten nach dem Verhältnis des gemeinen Werts des übergehenden Vermögens zu dem gesamten gemeinen Wert des Vermögens der übertragenden AB-GmbH aufzuteilen. Laut Spaltungsplan entspricht die Beteiligung an der EURO Geldautomaten GmbH einem Anteil von 25 % des Gesamtvermögens der Z-GmbH, sodass eine Veräußerung von 25 % der Anteile an der AB-GmbH anzunehmen ist. Auf die Ausführungen unter Kap. V 5.3 wird verwiesen.

Die Bilanz der AB-GmbH zum steuerlichen Übertragungsstichtag hat folgendes Bild:

A	Bilanz zum 31.12.2017		P
Teilbetrieb Münzprägerei	3.500.000 €	Stammkapital	200.000 €
Beteiligung EURO Geld-		Gewinnrücklage	1.000.000 €
automaten GmbH	1.000.000 €	Bilanzgewinn	1.492.500 €
		KSt und GewSt	7.500 €
		Verbindlichkeiten	1.800.000 €
	4.500.000 €		4.500.000 €

Bei der aufnehmenden Z-GmbH wird die Beteiligung an der EURO Geldautomaten GmbH zum gemeinen Wert angesetzt.

Die Bilanz der Z-GmbH ist zum 31.12.2017 wie folgt aufzustellen:

A	Bilanz zum 31.12.2017 (Z-GmbH)		P
Anlagevermögen	2.500.000 €	Stammkapital	300.000 €
Beteiligung EURO Geld-		Gewinnrücklage	2.100.000 €
automaten GmbH	1.000.000 €	Bilanzgewinn	1.700.000 €
Umlaufvermögen	11.750.000 €	Verbindlichkeiten	12.200.000 €
RAP	1.050.000 €		
	16.300.000 €		16.300.000 €

Die aufgrund der Spaltung beschlossene Nennkapitalerhöhung ist trotz der fehlgeschlagenen steuerneutralen Spaltung durchzuführen. I.H.v. 100.000 € liegt eine gesellschaftsrechtliche Einlage vor, die bei der Einkommensermittlung nicht zu berücksichtigen ist. Der darüber hinausgehende Betrag von 900.000 € ist als gesellschaftsrechtliche Einlage dem steuerlichen Einlagenkonto i.S.d. § 27 KStG der G'fter A und B zuzuschreiben und bei der Ermittlung des Einkommens wieder als sog. »Agiogewinn« abzusetzen.

VII Einbringung in eine Kapitalgesellschaft

Mit dem SEStEG hat der Gesetzgeber den wichtigsten Konzeptwechsel bei der Einbringung von Betrieben, Teilbetrieben oder Mitunternehmeranteilen vorgenommen. Zum einen sind die Vorschriften (§§ 20–23 UmwStG) europäisiert und in manchen Teilen sogar globalisiert worden.[194] Nach § 1 Abs. 3 i.V.m. § 1 Abs. 4 UmwStG ist der 6. bis 8. Teil des UmwStG auch für grenzüberschreitende Einbringungen anzuwenden. Damit können aufnehmende Gesellschaften EU/EWR-Gesellschaften und Einbringende können natürliche Personen mit Ansässigkeit in der EU/EWR sein. Einbringender kann aber auch ein in einem Drittstaat Ansässiger sein (§ 1 Abs. 4 Nr. 2 Buchst. b UmwStG). Dafür ist erforderlich, dass das deutsche Besteuerungsrecht an den erhaltenen Anteilen nicht ausgeschlossen oder beschränkt wird.

Das UmwStG regelt in den Teilen 1–5 die Fälle, bei denen es sich um Umstrukturierungsmaßnahmen handelt, wo als übertragender Rechtsträger eine KapG auftritt. Im 6. und 8. Teil des UmwStG werden vom Gesetzgeber die Einbringungsfälle in eine KapG behandelt. Diese werden auch als Einbringung bezeichnet. Hierunter fallen aber auch die Umwandlungsarten des UmwG, d.h. die Verschmelzung, Spaltung und der Formwechsel in eine KapG sind ebenfalls möglich. Dabei handelt es sich gleichermaßen um Fälle der Gesamtrechtsnachfolge. In den §§ 20–23 UmwStG finden sich Regelungen zur steuerlichen Behandlung der sog. Sacheinlage in eine KapG. Hierunter sind ebenfalls die Fälle der Einzelrechtsnachfolge zu subsumieren wie zum Beispiel[195] die Sacheinlage bei Gründung einer KapG (§ 5 Abs. 4 GmbHG, § 27 AktG), die Sachkapitalerhöhung aus Gesellschaftsmitteln (§§ 56 GmbHG, 183, 194, 205 AktG), die Einbringung eines Einzelunternehmens und der Zusammenschluss von Einzelunternehmungen. Anders als bisher umfasst die Sacheinlage nunmehr nur noch die Einbringung von betrieblichen Sachgesamtheiten.[196] Darüber hinaus werden dann in § 24 UmwStG die Einbringungen von BV in eine PersG behandelt.[197]

Die Vorschriften der Einbringung im Überblick:

Vorschrift	Inhalt
§ 20 UmwStG	Sacheinlage
§ 21 UmwStG	Anteilstausch
§ 22 UmwStG	Besteuerung des Anteilseigners
§ 23 UmwStG	Auswirkungen bei der übernehmenden Gesellschaft

Der Systemwechsel durch das SEStEG hat auch im Bereich der Einbringung zur Folge, dass zunächst die Wertansätze mit dem gemeinen Wert zu erfolgen haben.

Die Voraussetzungen, nach denen eine Einbringung in eine KapG ohne Gewinnrealisierung möglich ist, sind in § 20 Abs. 2 S. 2 UmwStG aufgeführt. Die Einbringung eines Betriebs usw.

---

194 *Dötsch/Pung*, DB 2006, 2763.
195 S. *Knoll*, Grundzüge des UmwG und UmwStG, Tz. 18.4.3.
196 *Patt* in *Dötsch/Pung/Möhlenbrock*, KStG, § 20 UmwStG, Tz. 1.
197 S. hierzu *Preißer*, Teil B, Kap. IV 2.

in eine KapG gegen Gewährung von Gesellschaftsrechten ist ein Tauschvorgang, der grundsätzlich zur Realisierung der stillen Reserven des eingebrachten BV führen müsste, was aber durch die Wahl des Wertansatzes gem. § 20 Abs. 2 S. 2 UmwStG vermieden werden kann.

Schematisch stellt sich eine Einbringung wie folgt dar:

```
┌──────────────┐   Betrieb-/Teilbetrieb-/
│              │   MU-Anteil oder
│ Einbringender│   Kapitalbeteiligung      ┌──────────────┐
│              │ ─────────────────────────►│ Aufnehmende  │
│              │                           │Kapitalgesell-│
│              │ ◄─────────────────────────│ schaft       │
└──────────────┘   Gesellschaftsrechte     └──────────────┘
```

Für die begünstigte Einbringung i.S.d. § 20 UmwStG müssen folgende Tatbestandsvoraussetzungen erfüllt sein, wenn die Rechtsfolgen des § 20 Abs. 2 UmwStG – BW-Fortführung oder Zwischenwertansatz – erreicht werden sollen. Danach muss es sich handeln um die Einbringung eines

- Betriebs,
- Teilbetriebs,
- MU-Anteils.

Die Einbringung muss in eine unbeschränkt steuerpflichtige KapG erfolgen und die aufnehmende KapG muss dem Einbringenden dafür neue Gesellschaftsanteile gewähren.

Bei der Einbringung müssen auch die Tatbestandsvoraussetzungen des § 20 Abs. 1 UmwStG erfüllt sein. Werden nur einzelne WG eingebracht, treten die Rechtsfolgen des § 20 UmwStG nicht ein. Ebenfalls kommt es nicht zu einer Einbringung i.S.d. § 20 UmwStG, wenn einzelne WG, die eine wesentliche Betriebsgrundlage des Betriebs sind, in die KapG nicht miteingebracht werden. Unschädlich ist es jedoch, wenn nicht wesentliche WG nicht mit auf die KapG übergehen. Für diese WG ist dann ein Entnahmegewinn zu versteuern.

Zivilrechtlich und steuerrechtlich wird die **verschleierte Sachgründung** nicht anerkannt. Dabei wird zunächst eine Bareinlage geleistet. Unter Umgehung der strengen Sachgründungsbestimmungen (vgl. § 5 Abs. 4 GmbHG) zahlt anschließend die KapG die Bareinlage zurück und erwirbt einen Sachgegenstand vom G'fter. Als eine andere Möglichkeit der verschleierten Sacheinlage verrechnet die GmbH im Fall einer nur teilweisen Erbringung der Bareinlage den Kaufpreis für den Sachgegenstand mit der noch nicht eingezahlten Bareinlage. Dabei werden im Zuge des Gründungsvorgangs »neue Anteile« i.S.d. § 20 Abs. 1 UmwStG gewährt.[198]

Beispiel 1: Sachgründung
Der Einzelunternehmer Bauer bringt sein Einzelunternehmen in eine KapG (Münster GmbH) ein, die durch diese Sacheinlage gegründet werden soll. Zum 31.12.2017 wurde von dem Einzelunternehmer Bauer folgende Bilanz aufgestellt. Das Stammkapital der KapG soll 50.000 € betragen.

---

198 S. *Patt* in *Dötsch/Pung/Möhlenbrock*, a.a.O., § 20 UmwStG, Tz. 170 ff.

A	Bilanz zum 31.12.2017 des Einzelunternehmers Bauer		P
Anlagevermögen	500.000 €	Kapital	50.000 €
Umlaufvermögen	100.000 €	Verbindlichkeiten	550.000 €
	600.000 €		600.000 €

Die Einbringung soll zum 31.12.2017 erfolgen.

Lösung: Der Einzelunternehmer kann sein Einzelunternehmen im Wege der Sachgründung in eine KapG einbringen. Es handelt sich hier zivilrechtlich um eine Ausgliederung des BV aus dem gesamten Vermögen des Einzelunternehmers Bauer, also eine Unterart der Spaltung – § 152 UmwG. Nach § 20 Abs. 1 i.V.m. Abs. 2 UmwStG kann Bauer bei der KapG die BW fortführen. Die EB der KapG ist wie folgt aufzustellen:

A	Bilanz zum 31.12.2017 (Münster GmbH)		P
AV	500.000 €	Stammkapital	50.000 €
UV	100.000 €	Verbindlichkeiten	550.000 €
	600.000 €		600.000 €

Mit dem Konzeptwechsel durch das SEStEG wurde auch die bisherige Möglichkeit der Einbringung von Anteilen an KapG verlagert. Diese Möglichkeit ist nunmehr als eigenständige Vorschrift in § 21 UmwStG zu finden. Diese Vorschrift beinhaltet den Anteilstausch, unterschieden in **qualifizierten Anteilstausch**[199] und normalen Anteilstausch (Minderheitsbeteiligung ohne Bildung einer Stimmenmehrheit). Voraussetzung für den Anteilstausch ist, dass die aufnehmende Gesellschaft eine EU/EWR-Gesellschaft ist. Als Einbringender kann jedoch jede Person angesehen werden, da die in § 1 Abs. 4 Nr. 2 UmwStG enthaltenen Einschränkungen auf den Anteilstausch i.S.d. § 1 Abs. 3 Nr. 5 UmwStG nicht anzuwenden sind.

Für die Inlandsfälle bleibt der Grundsatz der Wertverknüpfung – § 21 Abs. 2 UmwStG – bestehen. Bei Auslandseinbringungen – grenzüberschreitender Anteilstausch – gilt unabhängig von der Bewertung bei der übernehmenden Gesellschaft der gemeine Wert der eingebrachten Anteile als steuerliche AK der erhaltenen Anteile für den Einbringenden.[200] Auch gibt der Gesetzgeber in § 21 Abs. 2 S. 3 UmwStG auf Antrag wieder Ausnahmen, wenn im Grundsatz das Besteuerungsrecht der Bundesrepublik Deutschland nicht ausgeschlossen ist oder der Gewinn aus dem Anteilstausch nach Art. 8 der Richtlinie 90/434 EWG nicht besteuert werden darf.

Eine Rückwirkung – wie zuvor in § 20 Abs. 8 UmwStG a.F. – gibt es für den Anteilstausch nicht. Es gelten die allgemeinen Grundsätze, d.h. die zivilrechtliche Übertragung der Anteile ist maßgebend.[201]

---

199 Die aufnehmende Gesellschaft hat nach der Einbringung nachweislich die Mehrheit der Stimmrechte (eigene und eingebrachte) an der aufgenommenen Gesellschaft.
200 *Patt* in *Dötsch/Pung/Möhlenbrock*, a.a.O., § 21 UmwStG, Tz. 42.
201 S. hierzu kritische Anmerkungen von *Patt* in *Dötsch/Pung/Möhlenbrock*, a.a.O., § 21 UmwStG, Tz. 43.

1 Steuerliche Ansätze bei der Kapitalgesellschaft

Nach § 20 Abs. 2 S. 1 UmwStG und § 21 Abs. 1 S. 1 UmwStG hat die aufnehmende Gesellschaft die WG mit dem gemeinen Wert anzusetzen.

Im Gegensatz zu den Regelungen der §§ 3 und 11 UmwStG hat das Ansatz**wahlrecht**[202] i.S.d. § 20 Abs. 2 S. 2 bzw. § 21 Abs. 1 S. 2 UmwStG für die übergehenden WG nach dem Gesetzeswortlaut nicht der Einbringende, sondern die **aufnehmende KapG**. Gem. § 20 Abs. 2 S. 2 UmwStG hat die KapG die Wahlmöglichkeit, ob sie die WG mit dem Buchwert oder einem höheren Wert (Zwischenwert) ansetzt.[203] Der Einbringungsgewinn, der sich beim Ansatz der WG über dem BW ergibt, ist von dem Einbringenden zu versteuern.

> **Beispiel 2: Nicht genügend Kapital zur Finanzierung des Stammkapitals**
> Der Einzelunternehmer Lippelt möchte sein Einzelunternehmen zum 31.12.2017 in eine KapG einbringen. Folgende HB wurde zum 31.12.2017 erstellt. In der Bilanz der KapG soll das Mindeststammkapital von 25.000 € ausgewiesen werden.
>
> | A | Bilanz zum 31.12.2017 des Einzelunternehmers Lippelt | | P |
> |---|---|---|---|
> | Anlagevermögen | 400.000 € | Kapital | 10.000 € |
> | (stille Reserven 100.000 €) | | Verbindlichkeiten | 690.000 € |
> | Umlaufvermögen | 300.000 € | | |
> | | 700.000 € | | 700.000 € |
>
> **Lösung:** Wird die Einbringung zu BW durchgeführt, kann das Stammkapital der GmbH i.H.v. 25.000 € nicht finanziert werden. Handelsrechtlich müssen somit stille Reserven von 15.000 € aufgedeckt werden. Hier werden steuerlich gem. § 20 Abs. 2 S. 2 UmwStG Zwischenwerte angesetzt. Ein Buchwertansatz ist nicht mehr möglich, da das Stammkapital aus den Mitteln – Aufdeckung stiller Reserven – finanziert werden muss. Die HB der GmbH hat somit folgendes Bild:
>
> | A | EB (HB) zum 31.12.2017 GmbH | | P |
> |---|---|---|---|
> | AV | 415.000 € | Stammkapital | 25.000 € |
> | UV | 300.000 € | Verbindlichkeiten | 690.000 € |
> | | 715.000 € | | 715.000 € |

Damit entsteht aber für den Einbringenden auch ein Einbringungsgewinn i.H.v. 15.000 €, der von diesem besteuert werden muss.

Die handelsrechtliche Notwendigkeit, stille Reserven aufzudecken, kann steuerrechtlich dadurch vermieden werden, dass in der StB anstatt des Ansatzes der stillen Reserven ein »Luftposten« in der Bilanz eingestellt wird. Die Regelung des § 20 Abs. 2 S. 2 UmwStG a.F. (Bildung eines Luftpostens) ist mit dem SEStEG gestrichen worden. In der Literatur[204] wird jedoch die Auffassung vertreten, dass die Verwaltungsauffassung der Tz. 20.27 UE a.F. auch im neuen

---

[202] Zu den Grenzen des Ansatzwahlrechts nach § 20 Abs. 2 S. 1 UmwStG bei der Einbringung von Anteilen in Kapitalgesellschaften, s. *Starke*, GmbHR 2006, 86.
[203] Das FG München erstreckt – folgerichtig – im Urteil vom 18.09.2001 (EFG 2002, 151) das Wahlrecht auch auf das Eröffnungsinventar und die EB.
[204] S. *Herlinghaus* in *Rödder/Herlinghaus/van Lishaut*, a.a.O., § 20 Tz. 162.

Recht anwendbar sei. In der Tz. 20.20 UE ist auch im neuen Erlass 2011 der Ausgleichsposten (früher »Luftposten«) aufgeführt.

A	EB (StB) zum 31.12.2017 GmbH		P
AV	400.000 €	Stammkapital	25.000 €
UV	300.000 €	Verbindlichkeiten	690.000 €
Ausgleichsposten	15.000 €		
	715.000 €		715.000 €

Der Maßgeblichkeitsgrundsatz der HB für die StB – § 5 Abs. 1 EStG gilt in den Einbringungsfällen nach dem SEStEG nicht mehr. So ist das Wahlrecht des § 20 Abs. 2 UmwStG ein autonomes steuerliches Bewertungswahlrecht, das unabhängig von § 5 Abs. 1 S. 2 EStG ist.[205] Die steuerliche Regelbewertung (gemeiner Wert) und das Wahlrecht (Zwischenwert) hat keine korrespondierenden handelsrechtlichen Bewertungswahlrechte.

Neben dem Grundsatz des § 20 Abs. 2 S. 1 UmwStG bezüglich des Ansatzes der WG in der Bilanz der aufnehmenden KapG, geht der Gesetzgeber in § 20 Abs. 2 S. 2 UmwStG abweichend davon aus, dass die aufnehmende Gesellschaft das Betriebsvermögen mit dem Buchwert oder Zwischenwert (einheitlich höherer Wert) anzusetzen kann, wenn

- sichergestellt ist, dass es später bei der übernehmenden Körperschaft der Besteuerung mit Körperschaftsteuer unterliegt,
- die Passivposten des eingebrachten Betriebsvermögens die Aktivposten nicht übersteigen (vorher § 20 Abs. 2 S. 4 UmwStG a.F.),
- das Recht der Bundesrepublik Deutschland hinsichtlich der Besteuerung des Gewinns aus der Veräußerung des eingebrachten Betriebsvermögens bei der übernehmenden Gesellschaft nicht ausgeschlossen oder beschränkt wird.

Der Antrag (s. Tz. 20.21 i.V.m. Tz. 03.29 ff. UE 2011) ist spätestens mit der Abgabe der steuerlichen Schlussbilanz bei dem Finanzamt der übernehmenden Körperschaft zu stellen.

Abs. 2 S. 2 Nr. 2 UmwStG regelt einen gesetzlichen Zwang zur Aufdeckung von stillen Reserven. In den Fällen, in denen die **Passivposten die Aktivposten übersteigen**, ist das BV so anzusetzen, dass sich die Aktivposten und die Passivposten ausgleichen, wobei das Eigenkapital nicht zu berücksichtigen ist.

Beispiel 3: Teilaufdeckung
Der Einzelunternehmer Moor möchte sein Einzelunternehmen zum 31.12.2017 in eine KapG einbringen. Folgende HB wurde zum 31.12.2017 erstellt. In der Bilanz der KapG soll das Mindeststammkapital von 25.000 € ausgewiesen werden.

A	Bilanz zum 31.12.2017 des Einzelunternehmers Moor		P
Anlagevermögen (stille Reserven 100.000 €)	400.000 €	Verbindlichkeiten	750.000 €
Umlaufvermögen	300.000 €		
Kapital	50.000 €		
	750.000 €		750.000 €

---

205 S. *Patt* in *Dötsch/Pung/Möhlenbrock*, a.a.O., § 20 UmwStG, Tz. 210.

Lösung: Bevor das Vermögen in die KapG eingebracht werden kann, müssen die Aktiv- und die Passivposten ausgeglichen werden. In der Bilanz des Einzelunternehmers Moor sind deshalb zunächst 50.000 € stille Reserven aufzudecken. Zur Finanzierung des Stammkapitals von 25.000 € werden handelsrechtlich aber auch noch weitere stille Reserven von 25.000 € benötigt. Die HB der GmbH hat somit folgendes Bild:

A	EB (HB) zum 31.12.2017 GmbH		P
Anlagevermögen	475.000 €	Stammkapital	25.000 €
Umlaufvermögen	300.000 €	Verbindlichkeiten	750.000 €
	775.000 €		775.000 €

Steuerrechtlich liegt in diesem Fall ein Ansatz mit Zwischenwerten vor. Moor hat einen Einbringungsgewinn i.H.v. 75.000 € zu versteuern. Es ist aber nur erforderlich, dass in der StB das eingebrachte Vermögen mit mindestens 0 angesetzt wird. So ist der § 20 Abs. 2 S. 2 Nr. 2 UmwStG auszulegen. Danach wäre es in diesem Fall möglich, den Einbringungsgewinn auf 50.000 € zu reduzieren. Die StB hätte dann folgendes Bild:

A	EB (StB) zum 31.12.2017 GmbH		P
Anlagevermögen	450.000 €	Stammkapital	25.000 €
Umlaufvermögen	300.000 €	Verbindlichkeiten	750.000 €
aktiver Ausgleichsposten	25.000 €		
	775.000 €		775.000 €

Diese Vorschrift kann auch Auswirkungen haben, wenn nicht ein Einzelunternehmen in eine KapG eingebracht wird, sondern eine PersG. Nach Verwaltungsauffassung – Tz. 20.03 UE 2011 – ist nicht die PersG als eigenständige Rechtspersönlichkeit als Einbringende zu betrachten, sondern vielmehr bringen die einzelnen MU ihren Mitunternehmeranteil in die KapG ein. Verdeutlicht wird dieses durch das nachfolgende Beispiel.

Beispiel 4: Doppelte Aufdeckung
Die Mauer & Kelle OHG mit den G'ftern Mauer und Kelle – zu je 50 % – soll in die Mauer & Kelle GmbH formwechselnd zum 31.12.2017 umgewandelt werden. Zum 31.12.2017 wird folgende Bilanz der OHG aufgestellt.

A	Bilanz zum 31.12.2017 der Mauer & Kelle OHG		P
Anlagevermögen	200.000 €	Kapital Mauer	100.000 €
(stille Reserven 100.000 €)		Kapital Kelle	100.000 €
Umlaufvermögen	200.000 €	Verbindlichkeiten	350.000 €
(stille Reserven 100.000 €)			
Kapital Kelle	150.000 €		
	550.000 €		550.000 €

Das Stammkapital der GmbH soll 25.000 € betragen.

Lösung: Sieht man sich die Summe der Kapitalkonten an, dann übersteigen die Passivposten nicht die Aktivposten, sodass es nicht zum Ausgleich i.S.d. § 20 Abs. 2 S. 2 Nr. 2 UmwStG käme. Da jedoch die Einbringung von jedem MU einzeln vorzunehmen ist, hat der G'fter Kelle ein negatives Kapitalkonto, welches i.S.d. § 20 Abs. 2 S. 2 Nr. 2 UmwStG auszugleichen ist. Der G'fter Kelle muss 50.000 € stille Reserven aufdecken. Die Aufdeckung erfolgt natürlich nur anteilig auf seine persönlichen stillen Reserven. Ihm stehen von Anlage- und Umlaufvermögen jeweils 50 % der stillen Reserven zu. Die Verteilung der stillen Reserven, die aufzudecken sind, erfolgt quotal gleichmäßig auf alle WG. Für den G'fter Kelle werden jeweils 25.000 € im Anlage- und Umlaufvermögen aufgedeckt. Des Weiteren hat der G'fter Kelle noch sein anteiliges Stammkapital von 12.500 € zu finanzieren. In der HB werden dafür stille Reserven aufgedeckt. Der G'fter Kelle könnte auch in diesem Fall analog zur Tz. 20.20 UE 2011 für die Finanzierung des anteiligen Stammkapitals einen steuerlichen Ausgleichsposten (auch Luftposten) wählen.

A	Bilanz (HB) zum 31.12.2017 der Mauer & Kelle GmbH		P
Anlagevermögen	231.250 €	Stammkapital	25.000 €
Umlaufvermögen	231.250 €	Darlehen Mauer	87.500 €
		Verbindlichkeiten	350.000 €
	462.500 €		462.500 €

A	Bilanz (StB) zum 31.12.2017 der Mauer & Kelle GmbH		P
Anlagevermögen	225.000 €	Stammkapital	25.000 €
Umlaufvermögen	225.000 €	Darlehen Mauer	87.500 €
Ausgleichsposten	12.500 €	Verbindlichkeiten	350.000 €
	462.500 €		462.500 €

Aufgrund der aufgedeckten stillen Reserven entsteht in der Bilanz der KapG erhöhtes Abschreibungsvolumen. Dieses Abschreibungsvolumen steht der GmbH und damit den beiden Anteilseignern der GmbH zu. Versteuern muss dieses Abschreibungsvolumen durch seinen Einbringungsgewinn der G'fter Kelle. Anders als bei PersG ist es hier nicht möglich, die Aufstockungsbeträge in Ergänzungsbilanzen einzustellen. Gegebenenfalls müssen sich die beiden G'fter privatrechtlich über einen finanziellen Ausgleich einigen.

Gewährt die aufnehmende KapG dem Einbringenden andere WG neben den Gesellschaftsrechten – und zwar bei der Sach- und Anteilseinbringung (§§ 20 und 21 UmwStG) – so hat bei der aufnehmenden Gesellschaft zwingend eine Wertaufstockung zu erfolgen, wenn der gemeine Wert der anderen WG die Buchwerte übersteigt. Das Eigenkapital wird bei dieser Betrachtung nicht berücksichtigt. Eine Gewährung von zusätzlichen Leistungen kann z.B. begründet sein durch[206]:

- Ausweis eines Gesellschafterdarlehens,
- Übernahme von privaten Schulden des/der Einbringenden,
- Gewährung von Geld- oder Sachwerten (auch eigene Anteile),
- Einräumung einer typischen stillen Beteiligung.

Hierzu gab es eine Änderung durch das StÄndG 2015. Danach wird bei § 20 Abs. 2 S. 2 UmwStG eine neue Nr. 4 eingefügt. Diese lautet – als weitere Voraussetzung für die Buchwertübertragung:

---

206 Entnommen von *Patt* in *Dötsch/Pung/Möhlenbrock*, a.a.O., § 20 UmwStG, Tz. 187.

»[...] soweit der gemeine Wert von sonstigen Gegenleistungen, die neben den neuen Gesellschaftsanteilen gewährt werden, nicht mehr beträgt als

a) 25 Prozent des Buchwerts des eingebrachten Betriebsvermögens

oder

b) 500.000 €, höchstens jedoch den Buchwert des eingebrachten Betriebsvermögens.«

Ebenso erfuhr § 20 Abs. 2 S. 4 UmwStG eine Änderung:

»Erhält der Einbringende neben den neuen Gesellschaftsanteilen auch sonstige Gegenleistungen, ist das eingebrachte Betriebsvermögen abweichend von Satz 2 mindestens mit dem gemeinen Wert der sonstigen Gegenleistungen anzusetzen, wenn dieser den sich nach Satz 2 ergebenden Wert übersteigt.«

Diese Änderungen schlagen auch redaktionell durch auf den qualifizierten Anteilstausch nach § 21 Abs. 1 S. 2 und 3 UmwStG.

Die Sätze 2 und 3 werden wie folgt gefasst:

»Abweichend von Satz 1 können die eingebrachten Anteile auf Antrag mit dem Buchwert oder einem höheren Wert, höchstens jedoch mit dem gemeinen Wert, angesetzt werden, wenn

1. die übernehmende Gesellschaft nach der Einbringung auf Grund ihrer Beteiligung einschließlich der eingebrachten Anteile nachweisbar unmittelbar die Mehrheit der Stimmrechte an der erworbenen Gesellschaft hat (qualifizierter Anteilstausch) und soweit
2. der gemeine Wert von sonstigen Gegenleistungen, die neben den neuen Anteilen gewährt werden, nicht mehr beträgt als
   a) 25 Prozent des Buchwerts der eingebrachten Anteile oder
   b) 500.000 Euro, höchstens jedoch den Buchwert der eingebrachten Anteile.

§ 20 Absatz 2 Satz 3 gilt entsprechend.«

Entsprechende konsekutive Änderungen finden sich bei § 22 UmwStG.

Die Zuführung von Kapital in die offenen Rücklagen stellt hingegen keine zusätzliche Gegenleistung i.S.d. § 20 Abs. 2 S. 4 UmwStG dar.

2 Veräußerungspreis und Anschaffungskosten bei der Einbringung

Eine Sacheinlage stellt begrifflich eine Veräußerung von BV dar. Deshalb ist der Wert, mit dem die KapG die Einlage ansetzt, der Veräußerungspreis des Einbringenden (§ 20 Abs. 3 S. 1 UmwStG).

Der Veräußerungspreis ist also abhängig von dem Ansatz des gemeinen Werts – § 20 Abs. 2 S. 1 UmwStG oder von der Wahlrechtsausübung des § 20 Abs. 2 S. 2 UmwStG. Bei der BW-Fortführung ergibt sich somit ein Veräußerungsergebnis von 0 € (Aktiva abzgl. Passiva).

Beispiel 6: Kein Veräußerungsergebnis?

A	Bilanz zum 31.12.2017 der Schön & Schrill OHG		P
Anlagevermögen	500.000 €	Kapital Schön	100.000 €
Umlaufvermögen	500.000 €	Kapital Schrill	100.000 €
		Verbindlichkeiten	800.000 €
	1.000.000 €		1.000.000 €

Die OHG soll zu BW gem. § 20 Abs. 2 S. 2 UmwStG in die Schön & Schrill GmbH umgewandelt werden. Das Stammkapital wird auf 100.000 € festgesetzt. Das restliche Eigenkapital der G'fter der OHG soll als Darlehen in der Bilanz der GmbH ausgewiesen werden.

Lösung: Die Bilanz der Schön & Schrill GmbH hat nach dem Vorgang der Einbringung folgendes Bild:

A	Bilanz zum 31.12.2017 der Schön & Schrill GmbH		P
Anlagevermögen	500.000 €	Stammkapital	100.000 €
Umlaufvermögen	500.000 €	Darlehen Schön	50.000 €
		Darlehen Schrill	50.000 €
		Verbindlichkeiten	800.000 €
	1.000.000 €		1.000.000 €

Bei der Schön & Schrill GmbH wurde das BV angesetzt mit:

- Stammkapital: 100.000 €,
- andere WG: 100.000 €.

Das Veräußerungsergebnis beträgt 0 €, da das übergehende Vermögen aus der PersG ebenfalls 200.000 € beträgt. Eine Gewährung anderer WG neben den Gesellschaftsrechten i.S.d. § 20 Abs. 2 S. 4 UmwStG liegt nicht vor, da das Darlehen nicht über dem Buchwert des eingebrachten Vermögens hinausgeht. Die Veräußerungspreise sind für jeden G'fter gesondert zu ermitteln.

Bei dem Ansatz mit dem BW ist die Einbringung erfolgsneutral. Wird hingegen seitens der aufnehmenden KapG ein Zwischenwert- oder der Ansatz der gemeinen Werte gewählt, entsteht bei dem Einbringenden ein **Veräußerungsgewinn**. Dieser Veräußerungsgewinn ist nach den Regelungen des § 16 EStG zu besteuern (so zuletzt und eindeutig BFH vom 20.10.2004, BFH/NV 2005, 428[207]). Ein Veräußerungsgewinn wird gem. § 34 EStG ermäßigt besteuert, wenn der Einbringende eine natürliche Person ist (§ 20 Abs. 4 S. 1 UmwStG). Die Folgerungen der §§ 16 Abs. 4 und 17 Abs. 3 EStG gelten nur beim Ansatz mit dem gemeinen Wert (§ 20 Abs. 4 S. 1 UmwStG).

Der Veräußerungsgewinn des jeweiligen Einbringenden ist gem. § 20 Abs. 4 UmwStG – unabhängig vom Ansatz bei der KapG – nach § 34 Abs. 1 EStG begünstigt, wenn der Einbringende eine natürliche Person ist und der Veräußerungsgewinn nicht bereits durch § 3 Nr. 40 Buchst. b und c EStG begünstigt ist. Dies ist immer dann der Fall, wenn in dem eingebrachten Vermögen auch Anteile an anderen KapG enthalten waren. Durch diese Re-

---

207 Mit der Folge, dass im dortigen Sachverhalt eine Ansparrücklage gem. § 7g EStG aufzulösen war. Die Besonderheit lag darin, dass der Gewinnzuschlag gem. § 7g Abs. 5 EStG Teil des tarifbegünstigten Gewinnes nach § 16 EStG wird.

gelung wird sichergestellt, dass der Einbringungsgewinn nur soweit nach § 34 Abs. 1 EStG begünstigt ist, wie er nicht der Teileinkünftebesteuerung unterliegt.

Beispiel 7: Ermäßigte Besteuerung oder Teileinkünfteverfahren?
Der Einzelunternehmer U bringt per 31.12.2017 seinen Betrieb in eine hierfür gegründete KapG U-GmbH gegen Gewährung von Anteilen zum gemeinen Wert ein. In dem eingebrachten Betrieb ist eine Beteiligung an der A-AG enthalten; stille Reserven werden insoweit i.H.v. 300.000 € durch den Einbringungsvorgang aufgedeckt. Durch die Einbringung der übrigen WG des Einzelunternehmens werden weiter stille Reserven i.H.v. 500.000 € aufgedeckt.

Lösung: Nach § 34 EStG (ermäßigter Steuersatz bei Vollendung des 55. Lebensjahres oder bei dauernder Erwerbsunfähigkeit – ansonsten »Fünftelungsregelung«) ist der Einbringungserfolg i.H.v. 500.000 € begünstigt.
Die aufgedeckten stillen Reserven aus den eingebrachten Anteilen an der A-GmbH sind nicht nach § 34 EStG begünstigt, sondern »nur« nach dem Teileinkünfteverfahren gem. § 3 Nr. 40 Buchst. b EStG.

Gem. § 20 Abs. 3 UmwStG gilt als AK[208] der Wert, mit dem die KapG das eingebrachte BV ansetzt. Nach § 20 UmwStG sind die AK für die Anteile an der KapG noch wie folgt zu korrigieren:

- Gem. § 20 Abs. 3 S. 3 UmwStG werden die AK noch um die Gewährung anderer WG vermindert.
- Gem. § 20 Abs. 5 S. 3 UmwStG werden die AK um die Entnahmen vermindert ebenso wie Einlagen die AK erhöhen.

Lösung (Beispiel 6): Bezogen auf das Beispiel 6 ergeben sich für die G'fter Schön und Schrill folgende AK für die neuen Gesellschaftsrechte an der Schön & Schrill GmbH:

	G'fter Schön	G'fter Schrill
Anteilig übergegangenes Vermögen	100.000 €	100.000 €
Abzüglich Darlehen gem. § 20 Abs. 3 S. 3 UmwStG	50.000 €	50.000 €
AK für die Anteile an der Schön & Schrill GmbH	50.000 €	50.000 €

3 Zeitpunkt der Einbringung und Rückwirkung

Da § 2 UmwStG für die Einbringungsfälle nicht anwendbar ist, musste eine eigenständige Regelung für die Frage der steuerlichen Rückwirkung geschaffen werden – vgl. hierzu § 20 Abs. 5 und 6 UmwStG – vgl. auch Tz. 20.13 ff. UE 2011.

Nach § 20 Abs. 5 UmwStG darf auf Antrag die Besteuerung nach den Regeln des übernehmenden Rechtsträgers bereits zum steuerlichen Übertragungsstichtag erfolgen (steuerliche Rückwirkung). Steuerlicher Übertragungsstichtag ist nach § 20 Abs. 6 UmwStG

---
208 Nach der Erkenntnis des FG Köln vom 05.09.2002 (Az.: 13 K 5561/01) stellen allerdings Einbringungsvorgänge i.R.d. **Gesamtrechtsnachfolge** keine Anschaffung dar.

- bei Verschmelzungen oder Spaltungen der Stichtag der Übertragungsbilanz, die beim HR nach § 17 Abs. 2 UmwG einzureichen ist; dieser Stichtag darf höchstens acht Monate vor der Anmeldung beim HR liegen;
- in allen übrigen Fällen (z.B. Einbringung eines freiberuflichen Vermögens) ein Stichtag, der höchstens acht Monate vor dem Einbringungsvertrag liegt.

Wird der Antrag nach § 20 Abs. 5 UmwStG gestellt, sind die Besteuerungsregeln der KapG ab dem steuerlichen Übertragungsstichtag anzuwenden; das gilt allerdings nicht für Entnahmen und Einlagen.

Im Interimszeitraum (Zeitraum zwischen dem steuerlichen Übertragungsstichtag und dem Abschluss des »Einbringungsvertrages«[209]) getätigte Entnahmen und Einlagen mindern das Vermögen der übertragenden PersG bereits zum steuerlichen Übertragungsstichtag.

Bilanztechnisch werden

- die Entnahmen als Passivposten (nachlaufende Entnahmen) und
- die Einlagen als Aktivposten (nachlaufende Einlagen)

in die steuerliche Übertragungsbilanz aufgenommen und gehen über in die Bilanz der KapG. Der Abfluss der Entnahmen bzw. der Zufluss der Einlagen ist dann entsprechend mit diesen Posten zu verrechnen.

Beispiel 8: Nachlaufende Entnahmen
Die vorläufige steuerliche Übertragungsbilanz der A/B/C OHG hat zum 31.12.2017 folgendes Bild:

A	Übertragungsbilanz A/B/C OHG		P
Diverse Aktiva	800.000 €	Kapital A	200.000 €
		Kapital B	100.000 €
		Kapital C	100.000 €
		Diverse Passiva	400.000 €
	800.000 €		800.000 €

Am 30.06.2018 wird der Beschluss gefasst, die PersG rückwirkend zum 01.01.2018 in eine KapG im Wege des Formwechsels umzuwandeln.
Bis zum 30.06.2018 wurden noch Entnahmen der G'fter i.H.v. jeweils insgesamt 60.000 € getätigt.
Lösung: Obwohl bereits am 31.12.2017/01.01.2018 für diesen Personenzusammenschluss die Besteuerungsregelungen für KapG gelten, sind die nach dem steuerlichen Übertragungsstichtag bis zum Ende des so genannten Interimszeitraum (m.E. bis zum Beschluss über die Umwandlung) getätigten Entnahmen (und Einlagen) noch der übertragenden PersG und damit den MU zuzurechnen. Vgl. § 20 Abs. 5 S. 2 UmwStG.
Aus praktischen Gründen werden diese sog. nachlaufenden Entnahmen noch in die Bilanz des übertragenden Rechtsträgers PersG erfolgsneutral als Passivposten eingestellt. Entsprechend verändern (vermindern bei Entnahmen) sich die Kapitalkonten der MU um jeweils 60.000 €.
Unter Berücksichtigung der nachlaufenden Entnahmen hat die Bilanz der PersG folgendes Bild:

---

209 Die Finanzverwaltung geht bezüglich des Interimszeitraums von dem Zeitraum zwischen dem steuerlichen Übertragungsstichtag und dem Tag der Eintragung im HR aus – s. UE 2011, Tz. 20.20 i.V.m. Tz. 02.08/02.07. U.E. ist hier aber auch das Ende des Interimszeitraums mit Abschluss des »Einbringungsvertrages« anzusetzen, da zu diesem Zeitpunkt die G'fter die Einbringung gewollt haben.

A	Bilanz der PersG		P
Diverse Aktiva	800.000 €	Kapital A	140.000 €
		Kapital B	40.000 €
		Kapital C	40.000 €
		Nachlaufende Entnahmen A	60.000 €
		Nachlaufende Entnahmen B	60.000 €
		Nachlaufende Entnahmen C	60.000 €
		Diverse Passiva	400.000 €
	800.000 €		800.000 €

Diese nachlaufenden Entnahmen werden dann in der steuerlichen EB der KapG entsprechend übernommen. Wenn die Mittel abfließen, bucht die KapG als aufnehmender Rechtsträger gegen den Passivposten »nachlaufende Entnahmen«.

Die Entnahmen können auch durch Leistungsentnahmen oder durch Entnahme von WG im Interimszeitraum erfolgen. Bei der Entnahme von WG im Interimszeitraum ist der Entnahmegewinn als laufender Gewinn im Zeitpunkt der Entnahme von den Gesellschaftern zu versteuern und generiert nachträgliche Einkünfte i.S.d. § 18/§ 15 EStG. Der Buchwert des entnommenen WG mindert jedoch das von der PersG eingebrachte Betriebsvermögen. Bei Leistungsentnahmen erfolgt keine Minderung des eingebrachten Betriebsvermögens, soweit keine WG des BV davon betroffen sind.

In gesondert gelagerten Fällen kann es auch dazu kommen, dass durch die nachlaufenden Entnahmen das Buchkapital eines einbringenden MU negativ wird und gem. § 20 Abs. 2 S. 2 Nr. 2 UmwStG stille Reserven zum Ausgleich des negativen Bucheinbringungswerts aufgedeckt werden müssen.

Leistungen an den G'fter im Rückwirkungszeitraum, die aus der Sicht einer KapG vGA darstellen, werden gem. § 20 Abs. 5 UmwStG noch als Entnahmen behandelt.

Nach dem steuerlichen Übertragungsstichtag geschlossene Verträge mit den G'ftern (z.B. Gehalts- oder Mietverträge) wirken nicht auf den steuerlichen Übertragungsstichtag zurück.

Bereits vor dem steuerlichen Übertragungsstichtag geschlossenen Verträge, deren Vergütungen bisher unter § 15 Abs. 1 Nr. 2 EStG fielen, werden mit Ablauf des steuerlichen Übertragungsstichtags auch steuerrechtlich als schuldrechtliche Verträge angesehen, sodass der angemessene Teil hiervon eine BA darstellt; der unangemessene Teil ist im Interimszeitraum allerdings keine vGA, sondern eine Entnahme.[210]

Beispiel 9: Rückwirkende Einbringung
Die Bolle GmbH ist an der Muli GmbH & Co. KG als Kommanditistin mit 60 % am Kommanditkapital beteiligt. Am 15.06.2018 wurde von den G'ftern der Bolle GmbH der Beschluss gefasst, dass der MU-Anteil in die Harder GmbH eingebracht werden soll. Die Einbringung soll rückwirkend zum 31.12.2017 erfolgen.
Die Harder GmbH wird durch diese Sacheinbringung gegründet. Das Stammkapital soll 50.000 € betragen.
Die Bolle GmbH hat zum 31.12.2017 folgende Bilanz aufgestellt.

---

210 S. auch *Patt* in *Dötsch/Pung/Möhlenbrock*, a.a.O., § 20 UmwStG, Tz. 313.

A	Bilanz der Bolle GmbH zum 31.12.2017		P
Anlagevermögen	200.000 €	Stammkapital	100.000 €
Beteiligung	40.000 €	Gewinnrücklage	150.000 €
Umlaufvermögen	495.000 €	Jahresüberschuss	85.000 €
		KSt-Rückstellung 2016	15.000 €
		Restliche Verbindlichkeiten	385.000 €
	735.000 €		735.000 €

Die Bilanz der Muli GmbH & Co. KG wurde vom StB zum 31.12.2017 wie folgt erstellt:

A	Bilanz der Muli GmbH & Co. KG zum 31.12.2017		P
Anlagevermögen	100.000 €	Kapital Muli GmbH	0 €
Umlaufvermögen	200.000 €	Kapital Muli	40.000 €
Variables Kapital der		Kapital Bolle GmbH	60.000 €
Bolle GmbH	20.000 €	Variables Kapital der Muli	100.000 €
		Restliche Verbindlichkeiten	120.000 €
	320.000 €		320.000 €

Im AV der Muli GmbH & Co. KG sind stille Reserven von 200.000 € enthalten.

Aufgabenstellung: Führen Sie bitte die Einbringung i.S.d. UmwStG durch – alle notwendigen Anträge sollen als gestellt gelten – dabei soll der Gewinn steuerlich so niedrig wie möglich bleiben.
– Stellen Sie bitte die EB der Harder GmbH auf.
Welche Auswirkungen ergeben sich für den G'fter Bolle GmbH (Veräußerungsgewinn, Versteuerung, AK der Anteile an der Harder GmbH und Art der Anteile)?

Lösung: Steuerrechtlich erfüllt die vorliegende Umwandlung den Tatbestand der Einbringung i.S.d. §§ 20 ff. UmwStG. Es werden hier MU-Anteile gegen Gewährung von Gesellschaftsrechten in eine KapG eingebracht. Nach § 20 UmwStG liegt eine begünstigende Einbringung vor, wenn diese Voraussetzungen erfüllt sind:

- Einbringung i.S. einer Sacheinlage,
- eines MU-Anteils,
- gegen Gewährung neuer Gesellschaftsanteile,
- zu Gunsten des Einbringenden,
- in eine KapG.

In dem vorliegenden Sachverhalt wird ein MU-Anteil einer KapG in die KapG eingebracht.
Aufgrund der Einbringung in die KapG wird diese steuerlich grundsätzlich zu dem Zeitpunkt wirksam, in dem das wirtschaftliche Eigentum an dem eingebrachten Vermögen auf die KapG übergeht. Die Übertragung des wirtschaftlichen Eigentums erfolgt regelmäßig zu dem im Einbringungsvertrag vorgesehenen Zeitpunkt des Übergangs der Nutzungen und Lasten.
Abweichend hiervon darf der steuerliche Übertragungsstichtag – entsprechend der Regelung des § 17 UmwG – gem. § 20 Abs. 5 und 6 UmwStG auf Antrag der übernehmenden KapG um bis zu acht Monate zurückbezogen werden.
Gem. § 20 Abs. 6 UmwStG ist in diesem Sachverhalt der 31.12.2017 als steuerlicher Übertragungsstichtag anzusehen.

Die Rückwirkung gilt für die ESt, KSt und auch für die GewSt. Ab der Übertragung, also ab dem 31.12.2017, ist der eingebrachte MU-Anteil bei der aufnehmenden KapG auch steuerlich zu berücksichtigen. Das Einkommen beim Einbringenden und bei der übernehmenden KapG ist so zu ermitteln, als wären die WG mit Ablauf des gewählten steuerlichen Übertragungsstichtags in die KapG eingebracht worden.

Die Harder GmbH wird durch Einbringung neu gegründet, und zwar im Wege der Sachgründung. Als Stammkapital wurde lt. Sachverhalt ein Betrag von 50.000 € angesetzt. Aufgrund des übergehenden Vermögens von 40.000 € wären grundsätzlich stille Reserven von 10.000 € aufzudecken, um das Stammkapital von 50.000 € finanzieren zu können. Laut Aufgabenstellung soll das steuerliche Ergebnis dieser Einbringung so niedrig wie möglich bleiben, sodass hier von dem Ausgleichsposten gem. Tz. 20.20 UE 2011 Gebrauch gemacht wird. So wird vermieden, dass stille Reserven i.H.v. 10.000 € aufgedeckt werden. Die EB der Harder GmbH sieht wie folgt aus:

A	EB der Harder GmbH		P
Beteiligung Muli GmbH & Co.	40.000 €	Stammkapital	50.000 €
Ausgleichsposten	10.000 €		
	50.000 €		50.000 €

Gem. § 20 Abs. 3 UmwStG gilt der Wert, mit dem die aufnehmende KapG das Vermögen ansetzt für den Einbringenden als Veräußerungspreis (VP) sowie gleichzeitig als AK für die Anteile.

	VP	AK
Wert mit dem die aufnehmende KapG das Vermögen ansetzt	50.000 €	50.000 €
./. Ausgleichsposten	./. 10.000 €	10.000 €
Veräußerungspreis	40.000 €	
./. BW des MU-Anteils	./. 40.000 €	
Veräußerungsgewinn	0 €	
AK		40.000 €

In der Bilanz der Bolle GmbH treten an die Stelle der MU-Anteile nunmehr die Anteile an der Harder GmbH.

Immer dann, wenn die Einbringung zu BW oder zu Zwischenwerten erfolgt, kommt es gem. § 22 UmwStG zu einer Steuerverstrickung; diesmal sind die erhaltenen Anteile an der neuen KapG betroffen, § 22 Abs. 1 UmwStG. Die stillen Reserven bleiben in einem Zeitraum von sieben Jahren erfasst, bis es aufgrund einer Veräußerung oder eines Ersatztatbestandes gem. § 22 Abs. 1 S. 6 UmwStG zur Aufdeckung der Reserven kommt.[211]

---

[211] S. hierzu *Preißer*, Band 1, Teil B.

3.1 Besteuerung der Anteilseigner

Die Besteuerung der Anteilseigner i.R.d. Einbringung wird in § 22 UmwStG geregelt. Die Vorschrift § 22 UmwStG tritt an die Stelle des § 21 UmwStG a.F. Die nach dem alten Recht vorliegenden »einbringungsgeborenen Anteile« sind in dem neuen Recht nicht mehr vorhanden. Damit hat der Gesetzgeber auch die Vorschriften § 3 Nr. 40 S. 2 und 3 EStG a.F.[212] und § 8b Abs. 4 KStG a.F.[213] gestrichen, da es keine einbringungsgeborenen Anteile nach dem neuen Recht mehr gibt. Bis Ende 2006 war es so, dass die Einbringung zu Buchwerten oder Zwischenwerten die gewährten Anteile als einbringungsgeborene Anteile qualifizierten, mit der Folge, dass die Anteile für immer steuerverstrickt waren.[214] Die Steuerverstrickung blieb solange, bis eine Veräußerung stattfand oder die Versteuerung beantragt wurde (sog. Entstrickung). Kam es zu einem Besteuerungsfall, waren diese Gewinne systematisch unter § 16 EStG zu subsumieren. Von diesem System hat sich der Gesetzgeber mit dem neuen Gesetz verabschiedet – allerdings bleibt die alte Regelung für »Altfälle« immer noch bestehen.

Mit Geltung des SEStEG gibt es nur noch eine zeitlich begrenzte Regelung über eine schädliche Veräußerung von Anteilen, die nicht bei der Einbringung mit dem gemeinen Wert bewertet wurden. Die Anteile werden nunmehr auch nur noch als »erhaltene Anteile« bezeichnet. Eine Besteuerung bleibt dennoch bestehen, wenn die Anteile nach der Einbringung zeitlich befristet veräußert werden.

Die Vorschrift § 22 UmwStG ist wie folgt aufgebaut:

Abs. 1	Veräußerung von Anteilen, die durch eine Sacheinlage unter dem gemeinen Wert erworben wurden Ersatztatbestände, die der Veräußerung gleich gestellt werden Einbringungsgewinn I
Abs. 2	Veräußerung von Anteilen durch die übernehmende Gesellschaft, die aufgrund einer Sacheinlage oder eines Anteilstausches erworben wurden Einbringungsgewinn II
Abs. 3	Meldepflicht des Einbringenden
Abs. 4	Besonderheiten bei juristischen Personen des öffentlichen Rechts und steuerbefreiten Gesellschaften
Abs. 5	Bescheinigung des Finanzamtes über die Höhe des zu versteuernden Einbringungsgewinns
Abs. 6	Rechtsnachfolge
Abs. 7	Mitverstrickung von Anteilen

Werden Anteile i.S.d. § 22 Abs. 1 UmwStG veräußert oder liegt einer der fünf Veräußerungsersatztatbestände vor, also

1. unentgeltliche Übertragung der erhaltenen Anteile auf eine KapG oder Genossenschaft,
2. Buchwerteinbringung,

---

[212] S. hierzu auch *Preißer*, Band 1, Teil A.
[213] S. hierzu auch *Maurer*, Teil C, Kap. III.
[214] S. hierzu (und zur doppelten Buchwertverknüpfung) den BFH-Vorlage-Beschluss vom 07.03.2007, BStBl II 2007, 679: Ist (War) die doppelte Buchwertverknüpfung gemeinschaftswidrig?

3. Auflösung und Kapitalrückzahlung,
4. Buchwerteinbringung mit anschließender Anteilsveräußerung (Nr. 4 und 5),
5. Verlust der Ansässigkeitsvoraussetzungen,

so findet eine Versteuerung der stillen Reserven statt, wenn die Veräußerung innerhalb von sieben Zeitjahren nach der Einbringung erfolgt. Der Gesetzgeber gibt vor, dass die Versteuerung zurückbezogen wird auf den Einbringungszeitpunkt (Hinweis in § 22 Abs. 1 S. 2 UmwStG auf das rückwirkende Ereignis i.S.d. § 175 Abs. 1 S. 1 Nr. 2 AO). Der zu versteuernde Gewinn wird aufgeteilt in einen Gewinn nach § 16 EStG und in einen Gewinn nach den allgemeinen Vorschriften des EStG. Die zeitliche Befristung von sieben Jahren hat aber auch noch zur Folge, dass der Gewinn i.S.d. § 16 EStG je nach Länge der Frist vermindert wird. Die Höhe des Einbringungsgewinns I ist wie folgt definiert:[215]

	Gemeiner Wert	des eingebrachten Betriebsvermögens zum steuerlichen Zeitpunkt der Einbringung
./.	Wert	der Kosten der Vermögensübertragung des Einbringenden
./.	Buchwert oder Zwischenwert	mit dem die übernehmende Gesellschaft das eingebrachte Betriebsvermögen der Sacheinlage tatsächlich auf Antrag angesetzt hat
=	Zwischensumme	
./.	1/7 der Zwischensumme	für jedes seit dem steuerlichen Zeitpunkt der Einbringung abgelaufene Zeitjahr bis zum steuerlichen Zeitpunkt der Veräußerung bzw. dem Realisationszeitpunkt der gleichgestellten Ereignisse
=	Einbringungsgewinn I	
×	Prozentsatz	der nach § 22 Abs. 1 S. 1 und 6 UmwStG übertragenden Beteiligung im Verhältnis zu der bei der Einbringung erhaltenen Beteiligung
=	festzusetzender Einbringungsgewinn I	

Der festzusetzende Einbringungsgewinn I zählt zu den nachträglichen AK der erhaltenen Anteile.

Beispiel 10:
A (natürliche Person) bringt sein Einzelunternehmen in die bereits bestehende B&C GmbH ein. Die Einbringung, Einbringungszeitpunkt ist der 31.12.2015, erfolgt zu Buchwerten. Das Einzelunternehmen hat einen Buchwert am 31.12.2017 i.H.v. 300.000 € und einen gemeinen Wert von 1.350.000 €. A erhält von der B&C GmbH Anteile, deren AK 100.000 € betragen. Im März 2018 veräußert A die Anteile für 2.000.000 €. Bei der Einbringung sind dem Einzelunternehmer A 700 € an Kosten entstanden.

---

[215] Übernommen von *Patt* in *Dötsch/Pung/Möhlenbrock*, a.a.O., § 22 UmwStG, Tz. 54a.

Lösung: Nach § 22 Abs. 1 UmwStG liegt hier eine schädliche Veräußerung vor. Es ist folgende Berechnung vorzunehmen:

Gemeiner Wert des eingebrachten Betriebsvermögens		1.350.000 €
Kosten der Einbringung	./.	700 €
Buchwert	./.	300.000 €
Zwischensumme		1.049.300 €
abzüglich von je 1/7 für jedes abgelaufene Jahr – vom 31.12.2015 bis März 2018 sind zwei Zeitjahre abgelaufen = Abzug von 2/7	./.	299.800 €
Einbringungsgewinn I		749.500 €

Der Einbringungsgewinn I ist als Gewinn i.S.d. § 16 EStG zu versteuern und zwar nach § 22 Abs. 1 S. 1 UmwStG im Jahr 2015. Der Einbringungsgewinn I erhöht aber die AK der erhaltenen Anteile. Damit ergibt sich im Jahr 2018 folgende Berechnung:

Veräußerungspreis		2.000.000 €
abzüglich korrigierte AK	./.	849.500 €
Veräußerungsgewinn i.S.d. § 17 EStG		1.150.500 €

Dieser Veräußerungsgewinn unterliegt dem Teileinkünfteverfahren gem. § 3 Nr. 40 Buchst. a EStG.

Besonderheiten ergeben sich im Jahr der Veräußerung bei der Gesellschaft, die das Einzelunternehmen aufgenommen hat. Nach § 23 Abs. 2 UmwStG kann die Gesellschaft den Antrag stellen, dass der Einbringungsgewinn i.S.d. § 22 Abs. 1 S. 1 und 6 UmwStG im Jahr der Veräußerung als Erhöhungsbetrag bei sich berücksichtigt wird. Maßgebend ist allerdings, dass der Nachweis erbracht wird, dass die Steuer auf den ermittelten Einbringungsgewinn gezahlt worden ist.

Dötsch/Pung[216] setzen sich kritisch mit der praktischen Umsetzung der Vorschrift § 23 Abs. 2 UmwStG auseinander, besonders zur Frage der teilweisen Zahlung (z.B. Stundung) und der Änderung der Bilanzen bei den Gesellschaften (Zahlung erfolgt i.d.R. bis zu mehrere Jahre später). Ein weiteres Problem liegt darin begründet, dass die Umwandlungskosten den Einbringungsgewinn beeinflussen und damit bei der Aufstockung i.S.d. § 23 Abs. 2 UmwStG nicht berücksichtigt werden.

3.2 Veräußerungen von Anteilen aus einer Anteilseinbringung (§ 22 Abs. 2 UmwStG)

Neben den Veräußerungsvorgängen des § 22 Abs. 1 UmwStG hat der Gesetzgeber die Veräußerung von Anteilen an einer KapG, die i.R. einer Sacheinlage (§ 20 Abs. 1 UmwStG) oder durch Anteilstausch (§ 21 Abs. 1 UmwStG) eingebracht wurden, im § 22 Abs. 2 UmwStG gesondert geregelt (Einbringungsgewinn II). Veräußerer ist in diesen Fällen die aufnehmende KapG, aber die Besteuerung erfolgt rückwirkend zum steuerlichen Einbringungsstichtag beim Einbringenden. Folgendes Schema ist hier zu berücksichtigen[217]:

---

216 DB 2006, 2766.
217 Übernommen von *Patt* in *Dötsch/Pung/Möhlenbrock*, a.a.O., § 22 UmwStG, Tz. 78.

	Gemeiner Wert	der eingebrachten Anteile zum steuerlichen Zeitpunkt der Einbringung
./.	Wert	der Kosten der Vermögensübertragung
./.	Buchwert oder Zwischenwert	mit dem der Einbringende (ggf. abweichend vom Wertansatz der übernehmenden Gesellschaft) auf Antrag die erhaltenen Anteile tatsächlich bewertet hat
=	Zwischensumme	
./.	1/7 der Zwischensumme	für jedes seit dem steuerlichen Zeitpunkt der Einbringung abgelaufene Zeitjahr bis zum steuerlichen Zeitpunkt der Veräußerung bzw. dem Realisationszeitpunkt der gleichgestellten Ereignisse
=	Einbringungsgewinn II	
×	Prozentsatz	der nach §§ 20 Abs. 1 oder 21 Abs. 1 S. 2 UmwStG eingebrachten Beteiligung im Verhältnis zu den von der übernehmenden Gesellschaft veräußerten Anteilen
=	festzusetzender Einbringungsgewinn II	als Gewinn des Einbringenden aus der Veräußerung von Anteilen

Beispiel 11:
Die Anteile der F-GmbH wurden von dem Gesellschafter K (natürliche Person) aufgrund einer Sacheinlage gem. § 20 Abs. 1 UmwStG zum 31.12.2015 erworben. Die Sacheinlage erfolgte zu Buchwerten gem. § 20 Abs. 2 S. 2 UmwStG. Der Buchwert des Einzelunternehmens betrug 300.000 € und der gemeine Wert im Zeitpunkt der Einbringung 1.000.000 €. Der Gesellschafter K hält 60 % der Anteile an der F-GmbH nach der Einbringung. Zum 01.03.2017 bringt der Gesellschafter K seine Anteile an der F-GmbH (Buchwert 300.000 €, gemeiner Wert 1.200.000 €) i.R.d. qualifizierten Anteilstausches (§ 21 Abs. 1 S. 2 UmwStG) in die M-GmbH ein und erhält von der M-GmbH Anteile von 40 %.
Die M-GmbH verkauft die Anteile an der F-GmbH am 25.10.2018 zu einem Verkaufspreis von 1.500.000 €.

Lösung: In der Literatur wird die Veräußerung von K kontrovers angesehen.[218] Handelt es sich nun hier schon bei der Weitereinbringung (Anteile an der F-GmbH in die M-GmbH) um einen schädlichen Vorgang i.S.d. § 22 Abs. 1 S. 1–5 UmwStG oder kommt hier der Ersatztatbestand des § 22 Abs. 1 S. 6 Nr. 2 UmwStG zum Tragen? Sollte Letzteres vorliegen, ist die Einbringung zu Buchwerten wieder unschädlich. Durch die Veräußerung der Anteile durch die M-GmbH wird ein Einbringungsgewinn I (§ 22 Abs. 1 S. 6 Nr. 4 UmwStG) und ein Einbringungsgewinn II (§ 22 Abs. 2 S. 1 UmwStG) ausgelöst. *Dötsch/Pung* gehen davon aus, das der Einbringungsgewinn dabei vorrangig zu berechnen und berücksichtigen ist.[219]

---

218 S. *Patt* in *Dötsch/Pung/Möhlenbrock*, a.a.O., § 22 UmwStG, Tz. 15 ff.; *Dötsch/Pung*, DB 2006, Heft 51/52, 2766 f.
219 *Dötsch/Pung*, DB 2006, 2766.

Gemeiner Wert des eingebrachten Betriebsvermögens zum Einbringungszeitpunkt		1.000.000 €
Kosten der Einbringung	./.	0 €
Buchwert	./.	300.000 €
Zwischensumme		700.000 €
abzüglich von je 1/7 für jedes abgelaufene Jahr – vom 31.12.2015 bis März 2017 ist ein Zeitjahr abgelaufen = Abzug von 1/7	./.	100.000 €
Einbringungsgewinn I		600.000 €

Dieser Einbringungsgewinn ist von K im Jahr 2015 als Gewinn i.S.d. § 16 EStG zu versteuern. Entrichtet K die Steuern, erhöhen sich dadurch die Wertansätze bei der aufnehmenden Gesellschaft (F-GmbH). Durch diese Erhöhung verändern sich auch die Wertansätze bei der M-GmbH für die Beteiligung an der F-GmbH um den Betrag von 600.000 €. Es erhöhen sich aber auch die AK des K an der M-GmbH um diesen Betrag, sodass seine AK an der M GmbH nunmehr 900.000 € betragen.

Bei der M-GmbH ist nunmehr der Einbringungsgewinn II zu ermitteln, jedoch unter Berücksichtigung der erhöhten Werte für die Beteiligung F-GmbH. Die Berechnung erfolgt im Jahr 2017 – Zeitpunkt der Einbringung in die M-GmbH.

Gemeiner Wert der eingebrachten Anteile zum Einbringungszeitpunkt		1.200.000 €
Kosten der Einbringung	./.	0 €
Buchwert – erhöht durch Einbringungsgewinn I	./.	900.000 €
Zwischensumme		300.000 €
abzüglich von je 1/7 für jedes abgelaufene Jahr vom 01.03.2017 bis Oktober 2018 ist ein Zeitjahr abgelaufen = Abzug von 1/7	./.	42.857 €
Einbringungsgewinn II		257.143 €

Dieser Einbringungsgewinn II ist von dem Gesellschafter K im Jahr 2016 zu versteuern, allerdings jetzt als Gewinn i.S.d. § 17 EStG. Das Teileinkünfteverfahren findet hier Anwendung (§ 3 Nr. 40 Buchst. a EStG). Dadurch erhöhen sich bei K die AK an der M-GmbH (§ 22 Abs. 2 S. 4 UmwStG). Diese betragen nunmehr 1.157.143 € (Buchwert von 300.000 € + Einbringungsgewinn I 600.000 € + Einbringungsgewinn II 257.143 €).

Durch den Einbringungsgewinn II erhöhen sich wieder die AK der Beteiligung an der F-GmbH bei der M-GmbH, wenn die Steuer von K entrichtet wurde und darüber der Nachweis geführt wurde – § 23 Abs. 2 S. 3 UmwStG. Danach sind jetzt bei der M-GmbH folgende Buchwerte für die Beteiligung an der F-GmbH zu berücksichtigen:

Einbringung zu Buchwerten	300.000 €
Einbringungsgewinn I	600.000 €
Einbringungsgewinn II	257.143 €
neuer Buchwert	1.157.143 €

Der Veräußerungsvorgang bei der M-GmbH führt bei ihr zu weiteren steuerlichen Konsequenzen:

Veräußerungspreis 2017		1.500.000 €
neuer Buchwert		1.157.143 €
Veräußerungsgewinn		342.857 €
steuerfrei gem. § 8b Abs. 2 KStG	./.	342.857 €
nicht abziehbare Betriebsausgaben gem. § 8b Abs. 3 KStG = 5 %		17.142 €

Die Versteuerung bei der M GmbH ist jedoch abhängig von der Vorlage der Bescheinigung von K, dass er die Steuern auf die Einbringungsgewinne auch gezahlt hat. Liegt diese nicht vor, ist der von der M-GmbH zu versteuernde Anteil höher.

3.3 Nachweispflicht über das Halten von Anteilen

In § 22 Abs. 3 UmwStG wurde eine besondere jährliche Nachweispflicht aufgenommen. Danach haben die Gesellschafter oder ihre Rechtsnachfolger innerhalb der Siebenjahresfrist den Verbleib der Anteile jeweils bis zum 31.05. eines Jahres beim Finanzamt nachzuweisen. Nach dem Gesetzeswortlaut handelt es sich hier m.E. um eine Ausschlussfrist. Sollte der Nachweis nicht erbracht werden, gilt die Fiktion der Veräußerung und zwar rückwirkend zum Einbringungszeitpunkt (Tz. 22.28 bis 22.33 UE 2011). Die nachträgliche Erbringung des Nachweises soll jedoch nach Auffassung der Finanzverwaltung dann berücksichtigt werden können, wenn verfahrensrechtlich eine Änderung der betroffenen Bescheide möglich ist (Tz. 22.33 UE 2011).

3.4 Rechtsfolgen bei der übernehmenden Gesellschaft

Die Auswirkungen bei der übernehmenden Gesellschaft werden in § 23 UmwStG geregelt. Die Vorschrift ist wie folgt aufgebaut[220]:

Abs. 1	Gewinnermittlung im Fall der Übernahme des Vermögens nach dem Buchwert
Abs. 2	Erhöhung der Ansätze (Buchwerte) des übernommenen Vermögens, wenn und soweit der Einbringende einen Einbringungsgewinn nachträglich versteuert
Abs. 3	Gewinnermittlung im Fall der Übernahme des Vermögens mit einem Zwischenwert und (weitere) Behandlung der nachträglichen Wertaufstockung
Abs. 4	Gewinnermittlung im Fall der Übernahme des Vermögens mit dem gemeinen Wert (differenziert nach Einbringung durch Einzelübertragung oder Gesamtrechtsnachfolge)
Abs. 5	Abzug eines vortragsfähigen Fehlbetrags im eingebrachten Betriebsvermögen bei der GewSt der Übernehmerin (Sperrung eines Gewerbeverlustes)
Abs. 6	Verteilung eines Einbringungsfolgegewinns auf vier Wirtschaftsjahre durch entsprechende Rücklagenbildung und rückwirkender Verlust der Steuervergünstigung in bestimmten Fällen

Entstehen durch die Einbringung Kosten, sind diese nach dem objektiven Veranlassungsprinzip dem Einbringenden und der aufnehmenden KapG zuzurechnen – hier besteht kein Zuordnungswahlrecht.

---

220 Entnommen von *Patt* in *Dötsch/Pung/Möhlenbrock*, a.a.O., § 23 UmwStG, Tz. 4.

Durch die Einbringung können auch objektbezogene Kosten entstehen (GrESt), die nicht als Betriebsausgaben sofort in Abzug gebracht werden können.[221] Sie sind als Anschaffungsnebenkosten zu aktivieren.

Für die KapG, die durch die Einbringung neu entsteht, ist für das Einlagekonto i.S.d. § 27 KStG erstmals zum Schluss des Gründungsjahres eine Feststellung vorzunehmen.[222]

---

221 S. UE 2011, Tz. 23.01.
222 BMF vom 04.06.2003, BStBl I 2003, 366.

VIII Formwechsel

Hinsichtlich des Formwechsels ergeben sich aus steuerlicher Sicht keine weiteren Besonderheiten gegenüber der Verschmelzung oder der Einbringung. Wird eine KapG formwechselnd in eine PersG umgewandelt, gelten gem. § 9 UmwStG die gleichen Regelungen, wie bei der Verschmelzung von der KapG auf die PersG.[223]

Da handelsrechtlich bei einem Formwechsel i.d.R. keine Bilanzen zum Übertragungsstichtag erstellt werden dürfen, besteht steuerlich die Pflicht, nach § 9 S. 2 UmwStG für den »übertragenden« Rechtsträger eine Übertragungsbilanz und für die PersG eine EB zu erstellen – und zwar auf denselben Stichtag.

Wird eine PersG formwechselnd umgewandelt in eine KapG, sind die entsprechenden Regelungen in § 25 UmwStG aufgeführt. Diesbezüglich gelten die Vorschriften des achten Teils des UmwStG – somit also die §§ 20 ff. UmwStG. Auch in diesem Fall muss von der übertragenden Gesellschaft zum steuerlichen Übertragungsstichtag eine StB aufgestellt werden – § 25 S. 2 UmwStG. Im neuen Umwandlungssteuererlass wird in Tz. 25.01 2011 ausgeführt, dass die Tz. 20.01–23.21 UE 2011 entsprechend auch für den Formwechsel gelten. Die frühere Auffassung der Verwaltung, dass bei einem Formwechsel nur die Buchwerte angesetzt werden können (Tz. 20.30 UE i.d.F. vom 25.03.1998), wird nach der jetzigen Verwaltungsregelung nicht mehr so gesehen.

---

[223] Zur Interpretation der Altfassung des § 18 Abs. 4 UmwStG 1995 (vor der Version des StEntlG 1999/2000/2002) vgl. BFH vom 11.12.2001 (BFH/NV 2002, 600).

Stichwortregister

Abfärbetheorie 420
Abgeld 262
Abgrenzungsgrundsätze 151
Abnutzbares Anlagevermögen
– steuerrechtliche Bewertung 160
Absetzung für außergewöhnliche technische oder wirtschaftliche Abnutzung 92
Abspaltung 665, 716
Abweichungen zwischen Handelsbilanz und Steuerbilanz 137
Abwicklungsanfangsvermögen 643
Abwicklungsendvermögen 643
Abziehbare Spenden 535, 550
Abzinsung einer Forderung 221
Additive Gewinnermittlung mit korrespondierender Bilanzierung 357
AfA 90 f.
– Leistung 98
– lineare 98
Aktive Rechnungsabgrenzung 146
Angemessenheit von GF-Vergütungen
– Gewinnabsaugung 574
Angleichungsbuchungen
– bei Einzelunternehmen 287
– bei KapG 289 f.
– bei PersG 287
Anlagen im Bau 198
Anpassung an die Prüferbilanz 286
Anpassungsbuchung 287
Anrechnungsverfahren 513
Ansatzwahlrecht 733
Anschaffungskosten 171
– Finanzierungskosten 178
– Fremdwährung 176
– Garantierückbehalt 177
– Gesamtkaufpreis für mehrere Wirtschaftsgüter 172
– Korrektur 739
– nachträgliche 177
– nachträgliche Minderung 177
– Tausch 178
– Übernahme von Verbindlichkeiten 176
– Umsatzsteuer (Vorsteuer) 176
– verdeckte Gewinnausschüttung 177
– Zuschüsse 176
Anwachsung/Abwachsung 475
Anwachsungsmodell 481
Anzahlung 198
Atypisch stille Gesellschaft 382
Aufgeld 262

Auflösung stiller Reserven 653
Aufsichtsratsvergütung 549
Aufspaltung 664, 716
Ausgleichszahlung 635
Ausgliederung 665, 717
Ausländisches Sonderbetriebsvermögen eines inländischen Gesellschafters 362
Auslandsverschmelzung mit Inlandsbezug 655
Ausschüttungsbelastung 513
Außenprüfung 683, 705
Außerbilanzielle Gewinnkorrektur 288
Beherrschender Gesellschafter 555
– Dauerschuldverhältnisse 555
– Rückwirkungsverbot 555
Beizulegender Wert 183
Beschränkte Steuerpflicht 521
Besitzgesellschaft 409
Beteiligung
– Begriff 198
– Bewertung 199
– KapG 198
– phasengleiche Aktivierung der Erträge 201
Beteiligung an einer PersG
– Bilanzierung 458
– Veräußerung 462
Beteiligungsergebnisse 538
Beteiligungsertrag 200
Beteiligungskorrekturgewinn 682, 704, 725
Betrieb gewerblicher Art 522
– Beteiligung an KapG 525
– Zusammenfassung von 523
Betriebsaufspaltung 403, 409, 411
– echte 402
– Gesamtdarstellung 388
– mitunternehmerische 355
– umgekehrte 412
– unechte 402
– unerkannte 415
– unternehmerische 413
– Zinsschranke 409
Betriebsausgaben
– bei ausländischen Sonderbetriebsvermögen 362
Betriebskapitalgesellschaft 403
Betriebsmerkmale
– bei § 7g EStG 409
Betriebsprüfung 683, 705
Betriebsstätte
– inländische 362
Betriebs- und Geschäftsausstattung 197

Betriebsvermögen 128
- Gliederung 128, 130
- Qualifikation 128
Betriebsvermögensvergleich 16, 274
- Auswirkung von Bilanzberichtigungen 274
- Gewinnauswirkung der Berichtigung von Entnahmen und Einlagen 275
Betriebsvorrichtung 99
Betriebszugehörigkeit 683
Bewertung
- verdeckte Einlage 597
Bewertungsgrundsatz 150
Bewertungsstetigkeit 151
Bewertungsvorschrift 159
Bezüge
- wiederkehrende 694
Bilanzänderung 294
Bilanzberichtigung 292
Bilanzenzusammenhang 286, 296
Bilanzidentität 150
Bilanzierungsgrundsatz 117
Bilanzierungsverbot 131
Bilanzpostenmethode 276
Börsenpreis 183
Bruchteilseigentum 722
Brutto-Methode 633
Buchwert 703, 708
Buchwertfortführung 737
Buchwertübertragung 736
- Steueränderungsgesetz 2015 736
Buchwertvariante
- bei Einbringung (PersG) 437
Cliquentheorie 556
Damnum 149, 262
Dauernde Wertminderung 163
- abnutzbares Anlagevermögen 164
- nicht abnutzbares Anlagevermögen 166
- Umlaufvermögen 169
Deckungsverhältnis 557, 606
Dekonzentration 653
Devisentermingeschäft 227
Differenzhaftung 364
Direkterwerb 704
Disagio 149
Doppelbesteuerungsabkommen 362
Downstream-merger 699, 704, 725
Downstream-Spaltung 725
Drittaufwand 595
Durchgangserwerb 704
EBITDA-Vortrag 588
Eigenbesitz 119
- Bilanzierung 119
Eigentumsvorbehalt 119

Einbringung 730
- eines Anteils an einem Mitunternehmeranteil 426
- nach § 24 UmwStG 426
- von Mitunternehmeranteilen in eine andere Mitunternehmerschaft unter Anwachsung 428
- Zeitpunkt 739
Einbringungsfälle 669
Einheitsbetrachtung 410
Einheits-GmbH & Co. KG 365, 374
Einkaufskommissionsgeschäfte 119
Einkommen 535
Einlage 69
- beim Einzelunternehmer 77
- Bewertung 79
Einlagefiktion 688
Einnahmeüberschussrechnung
- § 11 EStG 33
- abnutzbares Anlagevermögen 38
- Bargeld 46
- Besonderheiten bei den Betriebseinnahmen 31
- durchlaufender Posten 32
- Einlagen 41
- einzelner Posten 36
- Entnahme 41
- Gesamtdarstellung 23
- nicht abnutzbares Anlagevermögen 40
- Personenkreis 19
- Spezialfragen 41
- Tausch 48
- Umlaufvermögen 36
- Umsatzsteuer 47
- Unterschied zum Betriebsvermögensvergleich 16
- wiederkehrende Zahlung 50
Einpersonen-GmbH & Co. KG 365, 371
Einstimmigkeitsprinzip 400, 412
Einzelbewertung 151
Einzelrechtsnachfolge 669
- technische Rückwirkung 428
Entnahme 69
- beim Einzelunternehmer 71
- Bewertung 72
Ergänzungsbilanz 349
- negative 350
- positive 350
Ergebnisabführungsvertrag 624
- Durchführung 625
Erhöhte Absetzungen 107
Eröffnungsbilanz 751
Ertragsnießbrauch 333 f.
Faktische Beherrschung 400
Familien-GmbH & Co. KG 370

Festwert 217
Fiktive Anschaffungskosten 178
Finaler Entnahmebegriff 72
Finanzielle Eingliederung 622
Finanzierungsaufwendung
- inländische Beteiligung 543
Finanzierungsleasing 121
Firmenwert
- Abschreibung 144
Forderung 218
- Bewertung 219
- Einzel- und Pauschalbewertung 219
- Verrechnungsverbot 222
Forderung in ausländischer Währung
- Bewertung 219
Forderungsverzicht 600
- Besserungsschein 601
Formwechsel 678, 751
Fremdvergleich 551
Fremdwährungsposten 223
- Anschaffung von Vermögensgegenständen 224
- Bankkonto 224
- Bewertungsgrundsatz 224
- Forderung 224
- Geldbestände 224
- schwebendes Geschäft 226
- Verbindlichkeiten 224
- Wertpapiere 229
- Zeitpunkt der Bewertung 225
Fünftelungsregelung 739
Fußstapfentheorie 714
Gaststätteneinbauten 99
Gebäudeabbruch 172
Gebäude auf fremdem Grund und Boden 120, 187
Gebäudeteile 189
- Bestandteile des Gebäudes 189
- selbständige 99
- selbständige Wirtschaftsgüter 189
Geldbußen 549
Gemeiner Wert 186
Gemeinnützige Organisationen 529
Gemeinnützige Zwecke 528
Gepräaerechtsprechung 366
Geringwertige Wirtschaftsgüter 231
- Ausscheiden aus dem BV 40, 232
- Sammelposten 40
- Wertgrenze 40
Gesamtrechtsnachfolge
- bei Einbringung 428
Geschlossene Position 228
Gesellschafterversammlung 672
Gesellschaftsrechtliche Privatvorgänge 82
Gewerblich geprägte Personengesellschaft 420

Gewillkürtes Betriebsvermögen 129
Gewinnbegriff 274
Gewinnermittlung
- Ermittlungstechniken 16
Gewinnerzielungsabsicht 420
GmbH & Co. KG 363, 420
- Anteilsveräußerung 375
- Gewinnermittlung 368
- verdeckte Gewinnausschüttung 377
Going-Concern-Prinzip 150
Grundstücke und Gebäude 187
Grundstücke und Grundstücksteile
- im BV von Einzelunternehmen 191
- im BV von KapG 195
- im BV von PersG 193
Gründung 519
G + V-Methode 277
Handelndenhaftung 364
Herstellungskosten 180
Hinausverschmelzung 654
Hineinverschmelzung 654
Hoheitsbetrieb 523
Horizontaler Verlustausgleich 486
Immaterieller Vermögensgegenstand
- Bilanzierungsgebot 142
- Bilanzierungsverbot 142
- entgeltlicher Erwerb 144
Immaterielles Einzelwirtschaftsgut 144
Immaterielles Gesamtwirtschaftsgut 144
Immaterielles Wirtschaftsgut
- entgeltlicher Erwerb 144
Immobilienleasing 122
Immobilienvermögen 403
Imparitätsprinzip 151
Inlandsverschmelzung mit Auslandsbezug 654
Interimszeit 740
Investitionsabzugsbetrag 111
Juristische Personen 516
Kapitalerhöhung 637
- aus Gesellschaftsmitteln 637
- Sonderausweis 639
Kapitalherabsetzung 639
KGaA 417
Konfusion 694
Konzentration 653
Konzern 409
Körperschaftsklausel 379
Körperschaftsteuersatz 514
Ladeneinbauten 99
Leasing
- bilanzielle Darstellung 123
- Zurechnungskriterien 121
Leibrente 50
Leistungs-AfA 98
Lineare AfA 98

Liquidation 641
Liquidationsbesteuerung
- Abwicklungsanfangsvermögen 642
- Abwicklungsendvermögen 642
Marktpreis 183
Maschinen 197
Maßgeblichkeit 131
- abweichende Steuerbilanz 134
- Aktivierungsgebot 132
- Aktivierungsverbot 132
- Anpassung außerhalb der Bilanz 136
- Bewertungswahlrecht 132
- Bilanzierungswahlrecht 132
- Durchbrechung 133
- Passivierungsgebot 132
- Passivierungsverbot 132
Maßgeblichkeitsprinzip 132, 679
Mehrabführung 629
Mehr/Weniger-Rechnung 276, 342
Miltereinbauten 125
Minderabführung 628 f.
Minderheitsgesellschafter 702
Mindestbesteuerung 615
Missbrauchstatbestand 723
Missbrauchsvorschrift
- Ketteneinbringung 547
Mitunternehmerschaft
- atypische stille Gesellschaft 380
- Doppelgesellschaften 363
- GmbH & atypisch still 385
- korrespondierende Bilanzierung 358
- Übertragung von WG 482
Mobilienleasing 121
Nachlaufende Einlagen 740
Nachlaufende Entnahmen 740
Negative Ergänzungsbilanz 350
Nicht abnutzbares Anlagevermögen
- handelsrechtliche Bewertung 160 ff.
- steuerrechtliche Bewertung 161
Nicht abzugsfähige Aufwendungen 548
Nicht abzugsfähige Betriebsausgaben 284, 542
Nießbrauch 81
Nießbrauch an der Beteiligung
- echte Nießbrauchlösung 333
- Ertragsnießbrauch 333
- Sicherungsnießbrauch 333
- Treuhandlösung 333
- Unternehmensnießbrauch 333
- Vermächtnisnießbrauch 333
- Vorbehaltsnießbrauch 333
- Zuwendungsnießbrauch 333
Notwendiges Betriebsvermögen 129
Notwendiges Privatvermögen 129
Nutzungseinlage 78
Nutzungsüberlassung 403

OHG
- Buchwert-Übertragung von einzelnen Wirtschaftsgütern aus einer Mitunternehmerschaft 425
Organgesellschaft 620
Organschaft 620
- Einkommensermittlung 627
- Ergebnisabführungsvertrag 624
- verunglückte 634
Organträger 620
- Einkommensermittlung 631
Outbound-Bereich 89
Partiarisches Darlehen 381
Partnerschaftsgesellschaften 666
Passive Rechnungsabgrenzung 147
Pensionsrückstellung 251
Pensionszusage 578
Personengesellschaft
- Auflösung 447
- Ausscheiden eines Gesellschafters 475
- Gründung 421
- lästiger Gesellschafter 479
- Pensionszusagen 358
- Realteilung mit Spitzenausgleich 454
- Sacheinlagen 421
Planmäßige Abschreibung 90
Positive Ergänzungsbilanz 350
Privatbereich
- Gesellschafter einer KapG 86
- gesellschaftsrechtliche Gewinnermittlung 82
- Personengesellschafter 84
Realisationsprinzip 151, 156
Rechnungsabgrenzungsposten 146
- Spezialvorschriften 148
- Voraussetzungen 147
Rechtsformneutrale Besteuerung 15
Rechtsträger 657
- neuer 657
- übernehmender 657, 704
- übertragender 657, 700
Reinvestitionsrücklage 236
- Aufgabe oder Veräußerung des Betriebs 244
- Fortführung bei der Realteilung 244
- Übertragungsmöglichkeiten 242
Reinvestitionsrücklage gemäß § 6b Abs. 3 EStG
- Auflösung 238
- Bildung 237
- Gewinnzuschlag 238
Reinvestitionsrücklage gemäß § 6b Abs. 10 EStG 239
- Anwendung auf PersG 241
Rente 51
Rentenverbindlichkeit
- Bewertung 265
Rückdeckungsversicherung 251

Rückgängigmachung von vGA 564
Rücklage
- nach § 6b EStG 409
Rücklage für Ersatzbeschaffung 244
- Aufgabe oder Veräußerung des Betriebs 249
- Auflösung 248
- behördlicher Eingriff 246
- Ersatzwirtschaftsgut 248
- höhere Gewalt 246
Rückstellung 249
- Ansammlungsrückstellung 253
- Begriff 249
- Bewertung in der Steuerbilanz 252
- Handelsbilanz 250
- latente Steuern 259
- öffentlich-rechtliche Verpflichtung 255
- Steuerbilanz 250
- ungewisse Verbindlichkeiten 255
Rückwirkung
- steuerliche 739
Rückwirkungsfiktion 671
Rückwirkungsverbot 555
Rückzahlung 566
Sachdividende 540
Sachgründung
- verschleierte 731
Sachwertabfindung 479
Satzungsklausel 566
Schaufensteranlage 99
Scheinbestandteil 99
Schenkung 179
Schrottwert 110
Schwebendes Geschäft
- in ausländischer Währung 226
SEStEG
- Änderung des § 24 UmwStG 429
Sicherungsnießbrauch 333
Sicherungsübereignung 119
Sidestream-merger 699
Sonderabschreibung
- gem. § 7a EStG 107
- gem. § 7g EStG 111
- Kumulierungsverbot 109
- mehrere Beteiligte 109
Sonderausweis 639
Sonder-Betriebsvermögen 351
- Konkurrenzproblem 354
- spezielle Gewinnermittlung 356
Sonder-Betriebsvermögen I 353
Sonder-Betriebsvermögen II 359, 445
Sonderbilanz 351
Sonderrechtsnachfolge 664, 669
Sondervergütungen
- des ausländischen Gesellschafters 362
Sondervermögen 516

Spaltung 663, 716, 740
Spaltungsbremse 653
Spaltungshindernis 722
Sponsoring 531
Steuerbefreiung 526, 527
Steuerlicher Übertragungsstichtag 739
Steuerliche Rückwirkung 670f., 739
Steuerpflicht 516, 534
Steuersenkungsgesetz 738
Stichtagsprinzip 151
Stiftung 516
Stiftung & Co. KG 418
Stille Gesellschaft 380
- atypische ~ 382
- typische ~ 381
Stimmrechtsabreden 400
Stimmrechtserfordernisse 395
Streubesitzdividenden 539
Tarifbelastung 513
Teilbetrieb 720f.
Teileinkünfteverfahren 514
Teilentgeltliche Übertragungen von Einzel-WG 483
Teilwert 184, 685, 687
- Grenzwerte 184
- Teilwertvermutung 185
Teilwertvariante
- bei Einbringung PersG 436
Trennung von Gesellschafterstämmen 717, 724
Treuhandmodell 696
Treuhandverhältnis 119
Typisch stille Gesellschaft 381
Überführungsfiktion 687f.
Überführung von Wirtschaftsgütern 267
- in eine ausländische Betriebsstätte 271
Übergangszeitraum 613
Übernahmeergebnis 671, 682, 686, 704, 726
Übernahmefolgeergebnis 694, 711
Übernahmefolgegewinn 694
Übernahmefolgeverlust 694
Übernahmegewinn 672, 686
Übernahmeverlust 686
Übertragungsbilanz 703, 708, 740, 751
Übertragungsgewinn 671, 679, 681, 708, 720
Übertragungsstichtag 671, 688
- steuerlicher 739
Übertragungsverlust 671
Übertragung von stillen Reserven
- gem. § 6b Abs. 1 EStG 235
- gem. § 6b Abs. 10 EStG 239
- gem. R 35 EStR 244
Übertragung von Wirtschaftsgütern
- auf das Gesamthandsvermögen einer PersG 267
Umgliederung 613

Umlaufvermögen
- handelsrechtliche Bewertung 162
- steuerrechtliche Bewertung 162

Umwandlung
- Allein-Gesellschafter 695

Umwandlungssteuergesetz 653, 667
Umwandlungsstichtag 670
Unbeschränkte Steuerpflicht 518
Unentgeltlicher Erwerb 178
Unfertige Bauten auf fremdem Grund und Boden 222
Unternehmensnießbrauch 333
Unterwegs befindliche Ware 119
Upstream-merger 699, 711
Valutaverhältnis 557, 606
Veranlagungszeitraum 672
Veräußerungen von Anteilen aus einer Anteilseinbringung (SEStEG) 746
Veräußerungsersatztatbestände 744
Veräußerungsgewinn 738
Veräußerungspreis 737

Verbindlichkeit
- Abzinsung 263
- Anlagevermögen oder Umlaufvermögen 261
- Bewertung 262
- in ausländischer Währung 263
- Saldierungsverbot 266

Verdeckte Einlage 593
- Begriff 595
- Bewertung 597
- Einlagefähigkeit 595
- fiktive Rückzahlung 602
- Forderungsverzicht 600 f.
- mittelbare 606
- Nutzungsvorteile 593
- Schwestergesellschaft 605

Verdeckte Gewinnausschüttung 377, 550, 741
- Abgrenzung zur offenen Gewinnausschüttung 552
- Angemessenheit 555
- beherrschender Gesellschafter 555
- Cliquentheorie 556
- Einzelfälle 568
- Fiktionstheorie 554, 562
- Geschäftsführer 560
- Geschäftsführer-Vergütung 572
- Kapitalertragsteuer 567
- nahe stehende Person 557
- Nicht-Mehr-G'fter 557
- Noch-Nicht-G'fter 557
- normatives Veranlassungsprinzip 553
- Pensionszusagen 578
- Rechtsfolgen 560
- Rückgängigmachung 564
- Tantieme 575
- Tantiemevereinbarung 574
- Überstundenvergütung 577
- Verbrauch 568
- verfahrensrechtliche Verknüpfung 551
- Vermögensminderung oder nicht eingetretene Vermögensmehrung 551
- Wettbewerbsverbot 569

Verdeckte Sacheinlage
- bei PersG 422

Verein 517
Verluste 615
Verlustfreie Bewertung 184
Verlustvortrag 615
Vermächtnisnießbrauch 333
Vermögensgegenstand 117
Vermögensverwaltung 531
- Beteiligung an KapG 531

Verschmelzung 657, 678, 699, 702, 740
Vertikaler Verlustausgleich 486
Vollständigkeitsgebot 117
Vorbehaltsnießbrauch 333
Vor-Gesellschaft 520
Vorgründungsgesellschaft 519
Vorräte 210
- Definition 210
- Durchschnittsbewertung 212
- Gängigkeitsabschlag 211
- Lifo-Methode 214
- Teilwertabschreibung 210
- Verbrauchsfolgeunterstellung 213
- verlustfreie Bewertung 212

Wechsel der Gewinnermittlung 57, 67
Welteinkommensprinzip 362, 419

Wertaufhellung
- Anwendungsgrundsätze 154
- bessere Erkenntnis nach Bilanzaufstellung 154
- Tag der Bilanzaufstellung 154
- wertaufhellende Tatsachen 154
- wertbeeinflussende Tatsachen 155

Wertaufhellungsgrundsatz 152
Wertaufholung 163
- abnutzbares Anlagevermögen 165
- nicht abnutzbares Anlagevermögen 169
- Umlaufvermögen 170

Wertpapiere 202
- Bewertung 202
- Bezugsrechte 206
- Durchschnittsbewertung 205
- in ausländischer Währung 229
- junge Aktien 206
- Stückzinsen 207
- Teilwert 202
- Verbrauchsfolgeverfahren 206

Wertpapiererträge 208

Wertverknüpfungsgrundsatz 451
Wettbewerbsverbot 569
Wirtschaftlicher Geschäftsbetrieb 526
Wirtschaftliches Eigentum 118
Wirtschaftsgüter 117
– ausländische 362
– persönliche Zurechnung 118
Zebragesellschaft 407
Zebra-KG 322

Zinsschranke 409
Zinsvortrag 588
Zu versteuerndes Einkommen 536
Zuwendungsnießbrauch 333
Zweckbetrieb 529, 530
– sportliche Veranstaltung 530
Zweischneidigkeit der Bilanz 274
Zwischenwertvariante
– bei Einbringung (PersG) 439

Den „Kurzvortrag" souverän meistern

Im Mündlichen ist die Zeit für die Vorbereitung auf den Vortrag knapp bemessen. Es gilt, das Thema optimal zu gliedern, Schwerpunkte zu setzen und Details auszuarbeiten. Dafür liefert der Band mit 111 Kurzvorträgen wertvolles Know-how und Fachwissen. Alle Themen sind kompakt und einprägsam aufbereitet. Mit Hinweisen zum Ablauf und zu den Besonderheiten in den einzelnen Bundesländern.

- Ausgewählte Prüfungsthemen als Kurzvorträge
- Basierend auf den Prüfungen der letzten drei Jahre in allen Bundesländern
- Rechtsstand: 30. Mai 2017

Campenhausen|Liebelt|Sommerfeld
DER MÜNDLICHE KURZVORTRAG
Prüfung 2017/2018
16., aktual. Auflage 2017.
365 S. Kart. € 44,95
ISBN 978-3-7910-4016-5

Bequem online bestellen:
www.schaeffer-poeschel.de/shop

SCHÄFFER POESCHEL